경찰채용
경찰간부
경찰승진

최신
(~24.3.)
개정법령 반영

상세한 해설 및
문제 관련 이론
요약 수록

서진호
경찰학
기출문제집

단원별 최근 10년 1200제

1권 총론

독한공무원 | 독한경찰
dokgong.com | police.dokgong.com

머리말

> "시간은 누구에게나 '공평'하게 주어지지만,
> 쓰는 사람에 따라서는 전혀 다른 결과와 가치를 가져다주는
> 매우 '불평등'한 것임을 깨달을 필요가 있다."

모든 수험공부에 있어서 개념에 대한 정확한 이해는 해당 과목을 전반적으로 이해하는 전제조건이 된다면, **기출에 대한 정확한 분석과 출제경향의 파악은 문제에서 요구하는 해답을 찾는 필수조건이** 된다. 즉, 아무리 이론적·개념적 정의를 충분히 학습하였다고 하더라도 **문제해결에 대한 적용력과 능력이 결여되어 있다면, 수험의 최종적인 결과물인 「합격」을 달성하는 것은 매우 요원한 일이다.** 수험공부에 있어서의 기출문제의 중요성은 더할 나위 없는 것이다.

수험가에는 이러한 말이 존재한다. 일반적으로 훌륭하게 정돈된 기본서와 최근 10년의 기출문제만 정확하게 분석하고 회독한다면 그 어떤 객관식 시험도 합격할 수 있다고 한다. 충분히 동의하는 말이다. **「서진호 경찰학 최근 10년 단원별 기출 1200제」는 바로 이러한 인식에서 출발하여 집필된 합격을 위한 필수적인 과정으로서의 산물**이다.

1. 본서는 최근의 경찰간부시험 9개년, 순경채용시험 10개년, 승진시험 7개년, 경행경채 5개년, 법학특채 1개년의 문제를 분석하여 집필하였다.
2. 본서에서 가장 주안점을 둔 것은 문제의 정답에 대한 해설을 단순히 1~2문장의 서술로서 마무리하는 기존의 형태에서 벗어나, 상세한 해설과 함께 관련 이론을 재강조하였다.
3. 기출문제의 유형과 관련 이론을 동시에 해결할 수 있는 기출문제집의 BIBLE이다.
4. 최근 개정된 주요 법령(2023년 12월 기준)과 입법예고안(2024년 3월 기준)에 맞게 기존의 기출문제를 변형하였다.

저자는 수험공부의 평범한 진리를 믿는다. 우리는 전혀 불가능한 목표나 도전을 가리켜 "계란으로 바위치기"라는 표현을 사용한다. 그러나 물방울이 모여 바위를 뚫어가는 섬세한, 그러나 위력적인 원리를 헤아려 보아야 한다. 양적인 축적이 질적인 변화를 가져올 수 있다. **경찰학 고득점을 통한 경찰시험 합격의 비밀은 실제로는 단순할 수 있다.** 많이 읽은 것보다 더 좋은 것은 없다. 진심으로 바라는 것은, 「서진호 경찰학 최근 10년 단원별 기출 1200제」를 적어도 시험 전까지 3~4회독 이상은 해주시기를 바란다.

끝으로 이 책의 출판과정에 애정 어린 관심과 격려를 보내 주신 류진욱 대표님과 마이패스북스 직원 여러분에게 진심으로 감사의 말을 전한다.

2023년 11월 신림동 연구실에서

저자 서진호

제1장 경찰학의 기초이론 | 007
제1절 경찰학의 기원과 선구자
제2절 경찰의 의의
제3절 경찰의 분류
제4절 경찰의 기본이념
제5절 경찰의 임무(경찰개입의 전제조건) 및 수단
제6절 경찰의 관할
제7절 경찰윤리의 확립
제8절 경찰과 범죄
제9절 경찰과 인권

제2장 한국경찰의 역사와 제도 | 213
제1절 전근대적 경찰 – 갑오개혁 이전 시대
제2절 근대적 경찰 – 갑오개혁 이후 한일합병 이전 시대
제3절 식민지 시대 및 대한민국 임시정부의 경찰
제4절 미군정시대의 경찰
제5절 현대적 경찰(정부수립 이후의 경찰)
제6절 한국경찰사의 자랑스러운 표상
제7절 한국경찰사의 구분 – 통합문제

제3장 외국경찰의 역사와 제도 | 257

제4장 경찰행정법Ⅰ – 경찰행정법의 기초 | 263
제1절 경찰과 법치주의
제2절 경찰행정법의 법원
제3절 경찰행정법상의 일반원칙('조리'의 원칙)

제5장 경찰행정법Ⅱ – 경찰조직법 | 289
제1절 경찰조직법 일반 – 경찰행정기관 등
제2절 지역경찰관서
제3절 국가경찰위원회 / 시·도자치경찰위원회
제4절 경찰행정관청 상호간의 관계

제6장 경찰행정법 Ⅲ - 경찰공무원법 | 369

제1절 경찰공무원 근무관계의 성립
제2절 경찰공무원 근무관계의 변경
제3절 경찰공무원 근무관계의 소멸
제4절 경찰공무원 근무관계의 성립·변경·소멸
　　　 통합문제
제5절 경찰공무원의 권리·의무
제6절 경찰공무원의 징계책임
제7절 경찰공무원의 권익보장제도

제7장 경찰행정법 Ⅳ - 경찰작용법 | 463

제1절 경찰작용법의 기초
제2절 경찰상 행정행위
제3절 경찰상 의무이행 확보수단
제4절 「경찰관 직무집행법」 등
제5절 경찰 물리력 행사의 기준과 방법
제6절 경찰의 적극행정과 소극행정

제8장 경찰행정법 Ⅴ - 경찰구제법 | 627

제1절 행정절차법
제2절 국가배상법
제3절 행정심판법
제4절 행정소송법

제9장 경찰행정학 - 경찰관리론 | 671

제1절 경찰행정학의 기초 - 경찰정책결정
제2절 경찰조직관리
제3절 경찰인사관리
제4절 경찰예산관리
제5절 경찰물품·장비·문서관리
제6절 경찰보안관리
제7절 경찰홍보관리
제8절 경찰행정통제

POLICE SCIENCE
서진호 경찰학 기출문제집

제 1 장

경찰학의 기초이론

제 1 절 경찰학의 기원과 선구자

0001

런던수도경찰청을 창시(1829년)한 로버트 필 경(Sr. Robert Peel)이 경찰조직을 운영하기 위하여 제시한 기본적인 원칙(경찰개혁안 포함)에 대한 설명으로 가장 적절하지 않은 것은? |72기 간부|

① 경찰은 정부의 통제하에 있어야 한다.
② 범죄발생 사항은 반드시 전파되어야 한다.
③ 단정한 외모가 시민의 존중을 산다.
④ 경찰의 효율성은 항상 범죄나 무질서를 진압하는 가시적인 모습으로 판단하는 것이다.

• 정답 ④
• 난이도 상 중 하
• 해설
①, ②, ③은 옳은 설명이며, ④는 틀린 설명이다.
④ ✗ 19세기 초 영국의 내무부장관이었던 로버트 필(Robert Pell)이 「영국 수도경찰청의 조직과 운영에 관한 획기적인 개선방안」을 제시한 이후부터, 오늘날의 경찰학은 중립적 학문으로 자리잡기 시작하였다. 로버트 필은 경찰의 능력은 가시적인 경찰력의 행사가 아닌, 실제적인 범죄와 무질서의 감소에 의해서만 평가받아야 한다고 주장하였다.

> **참고** 로버트 필(Robert Pell)의 경찰활동의 원리
> ① 경찰의 기본적인 임무는 범죄와 무질서의 예방이다.
> ② 경찰의 업무달성 능력은 국민의 지지에 의하여 결정된다.
> ③ 경찰은 국민들의 준법정신 함양을 위하여 적극적으로 협력하여야 한다.
> ④ 경찰의 물리력 사용은 국민의 지지를 받기 위하여 최소한으로 사용되어야 한다.
> ⑤ 경찰은 여론이 아니라 절대적으로 공정한 법 집행을 위하여 국민의 지지를 얻고자 노력하여야 한다.
> ⑥ 경찰은 전체 국민의 복지와 안전을 위하여 항상 노력하는 국민의 한 구성원임을 명심하여야 한다.
> ⑦ 경찰은 기능수행에 필요한 정도의 권한만을 행사하여야 한다.
> ⑧ 경찰의 능력은 가시적인 경찰력의 행사가 아닌, 실제적인 범죄와 무질서의 감소에 의해서만 평가받아야 한다.
> ⑨ 범죄발생 사항은 반드시 전파되어야 한다.

0002

1829년 런던수도경찰청을 창설한 로버트 필 경(Sir. Robert Peel)이 경찰조직을 운영하기 위하여 제시한 기본적인 원칙에 해당하지 않는 것은?

| 71기 간부 |

① 경찰은 안정되고 능률적이며, 군대식으로 조직되어야 한다.
② 경찰의 기본적인 임무는 범죄와 무질서의 예방이다.
③ 모방범죄 예방을 위해 범죄정보는 유출되어서는 안 된다.
④ 적합한 경찰관들의 선발과 교육은 필수적인 것이다.

정답 ③

난이도 하 중 상

해설 ①, ②, ④는 옳은 설명이며, ③은 틀린 설명이다.
③ ✗ 로버트 필(Robert Pell)이 제시한 기본원칙에는 모방범죄와 관련한 내용은 주장하지 않았으며, 범죄정보의 유출 역시 주장하지는 않았다.

참고 로버트 필(Robert Pell)의 경찰지휘지침

① 경찰은 안정되고 능률적이며 군대식으로 조직되어야 한다.
② 경찰은 정부지배를 받아야 한다.
③ 범죄의 부재는 경찰효과의 가장 좋은 증명이다.
④ 경찰력을 시기별 또는 지역별로 전개하는 것이 필요하다.
⑤ 완전한 감정통제 이상으로 경찰관에게 절대 필요한 자질은 없으며, 평온하고 결의에 찬 태도는 실력행사 이상의 효과를 갖는다.
⑥ 단정한 외모는 존경을 산다.
⑦ 적격자의 선발훈련은 능률의 근본요소이다.
⑧ 경찰본부는 중앙에 위치하고, 시민이 쉽게 찾을 수 있어야 한다.
⑨ 경찰관의 채용에는 시보기간을 두어야 한다.
⑩ 경찰관의 적절한 배치를 위하여 경찰문서가 필요하다.

0003

근대 한국의 경찰개념 형성에 대한 설명으로 가장 적절하지 않은 것은?

| 71기 간부 |

① 유길준은 경찰의 기본 업무로 치안에 집중할 것을 강조하면서 '위생'을 경찰업무에서 제외할 것을 주장하였다.
② 유길준은 「서유견문」'제10편 순찰의 규제'를 통해 경찰제도 개혁을 주장하였다.
③ 유길준은 경찰제도를 행정경찰과 사법경찰로 구분할 것을 주장하였다.
④ 김옥균, 박영효 등이 일본의 경찰제도로부터 영향을 받은 반면, 유길준은 영국의 경찰제도로부터 영향을 받았다.

정답 ①

난이도

해설 ②, ③, ④는 옳은 설명이며, ①은 틀린 설명이다.
① ✗ 유길준은 경찰의 주요 기능에서 사법권의 분리는 물론 경찰의 기본업무로 치안에 집중할 것을 강조하면서 인민의 건강을 위한 위생(위생경찰)을 경찰업무에 포함시켜 강조하였다.

참고 한국 근대경찰의 아버지 "유길준"

① 유길준은 「서유견문」을 통해 경찰제도 개혁을 주장하면서 영국 근대경찰의 아버지인 로버트 필(Robert-Peel)을 소개하고 영국의 근대 경찰제도를 높이 평가하였다.
② 유길준은 근대적 경찰제도를 치안유지를 위한 중요한 수단으로 보았고, 그 목적이 민생의 복지와 안강(安康)에 있다고 인식하였다.
③ 유길준은 경찰제도를 행정경찰과 사법경찰로 구분하였다. ㉠ 행정경찰은 주로 범죄의 예방과 재난방지에, ㉡ 사법경찰은 이미 발생한 범죄에 대한 수색·체포 등을 주요 임무로 하는 것으로 구분하였다.
④ 경찰의 주요 기능에서 사법권의 분리는 물론 경찰의 기본업무로 치안에 집중할 것을 강조하면서 인민의 건강을 위한 위생(위생경찰)을 경찰업무에 포함시켜 강조하였다.
⑤ 유길준은 영국의 경찰제도로부터 영향을 받았으며, 김옥균 및 박영효 등은 일본의 경찰제도로부터 영향을 받았다.

0004

1829년 런던수도경찰청을 창설한 로버트 필 경(Sir Robert Peel)이 경찰조직을 운영하기 위하여 제시한 기본적인 원칙 중 가장 적절하지 <u>않은</u> 것은? | 20년 1차 순경 |

① 경찰의 기본적인 임무는 범죄에 대한 신속한 대응이다.
② 경찰의 성공은 시민의 인정에 의존한다.
③ 적절한 경찰관들을 확보하기 위한 교육훈련은 필수적인 것이다.
④ 경찰은 군대식으로 조직되어야 한다.

정답 ①

난이도 하 중 상

해설
②, ③, ④는 옳은 설명이며, ①은 틀린 설명이다.
① ✗ 경찰의 기본적인 임무는 범죄에 대한 신속한 대응이 아닌 <u>범죄와 무질서의 예방</u>이다.

제 2 절 경찰의 의의

0005

실질적 의미의 경찰과 형식적 의미의 경찰에 대한 설명으로 적절한 것은 모두 몇 개인가? |73기 간부|

> 가. 실질적 의미의 경찰은 프랑스 행정법학에서 유래한다.
> 나. 형식적 의미의 경찰과 실질적 의미의 경찰은 일치한다.
> 다. 사무를 기준으로 하였을 때 우리나라 자치경찰은 형식적 의미의 경찰과 실질적 의미의 경찰 모두에 해당한다.
> 라. 공물경찰은 실질적 의미의 경찰에 해당한다.
> 마. 사법경찰은 실질적 의미의 경찰에 해당한다.

① 1개
② 2개
③ 3개
④ 4개

- **정답** ②
- **난이도** 하 중 상
- **해설** "다", "라"는 옳은 설명이며, "가", "나", "마"는 틀린 설명이다.

가. ❌ 『실질적 의미의 경찰』개념은 직접적으로 사회공공의 안녕·질서를 유지하기 위하여 일반통치권에 의거하여 일반국민에게 명령·강제하는 권력적 작용을 의미한다. 실질적 의미의 경찰개념은 조직이 아닌 성질·작용을 중심으로 파악한 것이며, 이론적·학문적인 면에서 정립된 개념이다. 특히, 독일의 행정법학에서 말하는 이른바 일반조항의 존재를 전제로, 경찰행정관청에 대한 권한의 포괄적 수권과 법치국가적 요청을 조화시키기 위하여 구성된 도구개념이다.

나. ❌ 형식적 의미의 경찰이 언제나 실질적 의미의 경찰이 되는 것은 아니고, 또한 실질적 의미의 경찰이 모두 형식적 의미의 경찰이 되는 것도 아니다. 즉, 양자는 별개의 개념이며 서로 포함관계는 아니다.

마. ❌ 현대의 법 규정에 경찰이 담당하도록 규정되어 있는 사항은 그 내용 및 성질을 불문하고 모두 형식적 의미의 경찰업무에 속한다. 형식적 의미의 경찰개념은 실무상 확립된 개념으로서 생활안전, 수사(사법경찰활동), 경비, 교통, 공공안녕정보, 안보수사(보안), 외사 등이 해당한다.

참고 공물경찰

① 공물의 안전을 유지하고, 공물의 공공사용에 관한 질서를 유지하기 위하여 하는 경찰권의 작용을 말한다(예 도로경찰, 하천경찰 등).
② 공물의 사용은 그 방법의 여하에 따라서는 공공의 안녕질서에 대한 위해를 발생하는 경우가 있는데, 공공의 질서유지를 위하여 도로통행의 금지·제한 등의 경찰작용이 공물에 대하여 행하여지게 된다.
③ 공공의 안녕·질서를 유지하는 명령·강제·권력적 작용이므로 실질적 의미의 경찰에 해당된다.

0006

경찰개념의 변천과정에 대한 설명 중 적절하지 않은 것은 모두 몇 개인가?

|73기 간부|

> 가. 16세기 독일의 제국경찰법(1530년)에서 교회행정을 제외한 모든 국가활동을 경찰이라 했다.
> 나. 17세기 경찰국가시대의 경찰개념은 외교·국방·재정·사법을 제외한 내무행정 전반을 의미했다.
> 다. 18세기 계몽철학의 영향으로 경찰의 개념이 소극적 위험방지 분야로 한정되었다.
> 라. 프랑스 지방자치법전(1884년)에서 처음으로 행정경찰과 사법경찰을 구분했다.
> 마. 프로이센 경찰행정법(1931년)은 경찰의 직무를 적극적 복리증진으로 규정했다.

① 1개 ② 2개
③ 3개 ④ 4개

정답 ②

해설
"가", "나", "다"는 옳은 설명이며, "라", "마"는 틀린 설명이다.

- 라. ✗ 행정경찰과 사법경찰을 최초로 구분한 것은 1795년 프랑스의 「죄와 형벌법전」이다. 프랑스의 「죄와 형벌법전」은 "경찰은 공공질서를 유지하고 개인의 자유와 재산 및 안전을 유지하기 위한 기관이다"라고 규정하였다. 행정경찰은 공공질서유지·범죄예방을 목적으로 하고, 사법경찰은 범죄의 수사 및 체포를 목적으로 한다.
- 마. ✗ 1931년 독일의 「프로이센 경찰행정법」은 "경찰관청은 일반 또는 개인에 대한 공공의 안녕과 질서를 위협하는 위험을 방지하기 위하여, 현행법의 범위 내에서 의무에 합당한 재량에 따라 필요한 조치를 취하지 않으면 안 된다"고 규정하였다. 이는 경찰의 직무범위를 소극적 목적에 한정하는 경찰개념을 확립한 입법으로 볼 수 있다.

참고 1795년 프랑스 「죄와 형벌법전」
① 경찰은 공공질서를 유지하고 개인의 자유와 재산 및 안전을 유지하기 위한 기관이다.
② 행정경찰은 공공질서유지·범죄예방을 목적으로 하고, 사법경찰은 범죄의 수사 및 체포를 목적으로 한다(행정경찰과 사법경찰을 최초로 구별).

참고 1931년 독일 「프로이센 경찰행정법」
① 경찰관청은 일반 또는 개인에 대한 공공의 안녕과 질서를 위협하는 위험을 방지하기 위하여, 현행법의 범위 내에서 의무에 합당한 재량에 따라 필요한 조치를 취하지 않으면 안 된다.
② 이는 경찰의 직무범위를 소극적 목적에 한정하는 경찰개념을 확립한 입법으로 볼 수 있다.

0007

경찰개념의 형성 및 변천과 관련한 외국의 판례에 관한 설명으로 가장 적절하지 않은 것은?

| 72기 간부 |

① 경찰개입청구권을 최초로 인정한 판결은 띠톱 판결이다.
② 일반적 수권조항에 근거한 경찰권의 발동은 소극적인 위험방지 분야에 한정된다는 사상을 확립시킨 계기가 된 판결은 1882년 크로이츠베르크(Kreuzberg) 판결이다.
③ 위법수집증거 배제법칙이 확립된 판결은 맵(Mapp) 판결이다.
④ 국가배상이 인정된 최초의 판결은 에스코베도(Escobedo) 판결이다.

정답 ④

난이도

해설 ①, ②, ③은 옳은 설명이며, ④는 틀린 설명이다.
④ ✗ 『에스코베도(Escobedo : 1964년) 판결』은 경찰이 피의자 신문시 변호인 조력을 얻을 기회를 주지 않아 자백을 인정하지 않았던 판결이다. 즉, 경찰이 피의자를 조사하는 과정에서 변호인의 조력을 받을 수 있는 권리가 보장되어야 한다는 것이다. 이러한 일련의 판결이 있은 후 1966년에 『미란다 판결』이 나오게 된다. 국가배상이 인정된 최초의 판결(블랑코 판결)은 1873년 프랑스에서 블랑코(Agnès Blanco)라는 소녀가 국가공공기관에 고용된 사람에 의해 상해를 입었던 사건에서, 국가의 공공역무수행에 의한 국가배상책임을 인정한 첫 판결이다.

참고 Blanco 판결

공무원의 직무상 불법행위로 인해 재산 또는 재산 이외의 손해를 입은 국민이 국가 또는 공공단체에 그 손해를 배상하여 주도록 청구할 수 있는 권리인 국가배상청구권의 시초가 된 판결이다. 프랑스에서 블랑코라는 소녀가 보르도 국립 연초공장 직원이 운전하던 담배운반차에 치여 상해를 입은 사건에서 소녀의 아버지는 보르도 민사법원에 손해배상청구소송을 제기하였다. 이에 해당 도지사가 관할권에 대해 항변하여 관할 법원 재판을 받았고, 관할 재판소는 공공역무과실이론에 입각하여 이 사건을 국가배상책임사건(공법적 책임)으로 확정하고 그 관할을 행정재판소로 한다고 판결했다. 1873년에 내려진 이 판결을 「블랑코 판결」이라 한다. 국가는 공익을 실현하는 기능을 가지고 있기 때문에, 국가의 책임은 사인 간의 관계와 다르다고 판단하고, 국가 공공기관에 고용된 사람의 불법행위로 인해 사인에게 가해진 손해는 그 성질상 개인 간의 관계를 규정한 「민법」이 아닌 행정재판소의 관할에 속해야 한다는 취지에서 판결된 것이다. 이 판결은 국가의 공공역무수행에 의한 국가배상책임을 인정하고, 그 관할을 행정재판소가 관장한다는 원칙을 확립한 계기가 됐다.

참고 미국 연방대법원의 주요 판결 내용

구 분	판결의 내용
맬러리(Mallory) 사건 (1957년)	체포 후 즉시 법관에게 인치하지 않고 구금 중에 받은 자백의 능력을 부정하였다.
맵(Map) 판결 (1961년)	불법적인 수색과 압수로 수집한 증거는 피고인에게 불리하게 사용될 수 없다.
에스코베도(Escobedo) 판결 (1964년)	변호인과의 접견교통권을 침해하여 획득한 자백의 증거능력을 부정하였다.
미란다(Miranda) 판결 (1966년)	경찰관은 신문 전에 피의자에게 묵비권, 피의자의 진술이 법정에서 불리하게 작용될 수 있다는 것, 변호인 선임권 등 피의자의 권리를 고지하여야 한다고 판시하였다.

0008

경찰개념에 대한 설명으로 옳지 않은 것은? | 70기 간부 |

① 1794년 프로이센 일반란트(주)법은 '공공의 평온, 안전과 질서를 유지하고 공중 또는 그 구성원에 대한 절박한 위험을 제거하기 위하여 필요한 수단을 강구하는 것이 경찰의 책무이다'라고 규정하였다.
② 1884년 프랑스의 자치경찰법전에 의하면 자치제경찰은 공공의 질서·안전 및 위생을 확보함을 목적으로 하며 행정경찰과 사법경찰을 최초로 구분하여 법제화하였다.
③ 크로이츠베르크(Kreuzberg)판결은 경찰관청이 일반수권규정에 근거하여 법규명령을 발할 수 있는 분야는 소극적인 위험방지에 한정된다는 사상이 법 해석상 확정되는 계기가 되어 경찰작용의 목적 축소에 기여하였다.
④ 띠톱판결은 행정(경찰)개입청구권을 최초로 인정한 판결이다.

- **정답** ②
- **난이도** 상 중 하
- **해설** ①, ③, ④는 옳은 설명이며, ②는 틀린 설명이다.
  ② ✗ 1884년 프랑스의 「자치경찰법전」에 의하면 자치제경찰은 공공의 질서·안전 및 위생을 확보함을 목적으로 한다. 경찰의 직무를 소극목적에 한정하고 있으나, 역시 위생사무 등 협의의 행정경찰적 사무가 포함되어 있는 한계가 있다. 행정경찰과 사법경찰을 최초로 구분하여 법제화한 것은 1795년 프랑스의 「죄와 형벌법전」이다. 이에 의하면, 행정경찰은 공공질서유지·범죄예방을 목적으로 하고, 사법경찰은 범죄의 수사 및 체포를 목적으로 한다.

참고 1884년 프랑스 「지방자치법전」
① 자치제경찰은 공공의 질서·안전 및 위생을 확보함을 목적으로 한다.
② 경찰의 직무를 소극목적에 한정하고 있으나, 역시 위생사무 등 협의의 행정경찰적 사무가 포함되어 있는 한계가 있다.

0009

대륙법계 국가의 경찰 개념에 대한 설명 중 옳지 않은 것은?

| 69기 간부 |

① 1794년 「프로이센 일반란트법」 제10조에서 경찰관청은 공공의 평온, 안녕 및 질서를 유지하고, 또한 공중 및 그의 개개 구성원들에 대한 절박한 위험을 방지하기 위하여 필요한 기관이라고 규정하였다.
② 1795년 프랑스의 「죄와 형벌법전」 제16조에서 경찰은 공공의 질서를 유지하고 개인의 자유와 재산 및 안전을 유지하기 위한 기관이라고 규정하였다.
③ 1882년 프로이센 고등행정법원은 크로이쯔베르크(Kreuzberg) 판결을 통해 경찰관청이 일반수권규정에 근거하여 법규명령을 발할 수 있는 분야는 위험방지 분야에 한정된다고 판시하였다.
④ 1884년 프랑스의 「지방자치법전」 제97조는 경찰의 직무범위에서 협의의 행정경찰적 사무를 제외시킴으로써 경찰의 직무를 소극목적에 한정하였다.

- **정답** ④
- **난이도**
- **해설**
  ①, ②, ③은 옳은 설명이며, ④는 틀린 설명이다.
  ④ ✗ 1884년 프랑스의 「지방자치법전」은 자치제경찰은 공공의 질서·안전 및 위생을 확보함을 목적으로 하고 있다. 위생사무 등 협의의 행정경찰적 사무가 포함되어 있는 한계가 있다.

참고 1884년 프랑스 「지방자치법전」
① 자치제경찰은 공공의 질서·안전 및 위생을 확보함을 목적으로 한다.
② 경찰의 직무를 소극목적에 한정하고 있으나, 역시 위생사무 등 협의의 행정경찰적 사무가 포함되어 있는 한계가 있다.

0010

경찰개념에 대한 설명 중 옳지 않은 것은?
| 69기 간부 |

① 일반행정기관이 실질적 의미의 경찰작용을 하는 경우는 있으나, 형식적 의미의 경찰작용을 하지는 않는다.
② 공공안녕정보경찰의 활동은 실질적 의미의 경찰보다는 형식적 의미의 경찰과 관련이 깊다.
③ 실질적 의미의 경찰은 형식적 의미의 경찰 개념보다 넓은 의미로 형식적 의미의 경찰을 모두 포괄하는 상위 개념이다.
④ 실질적 의미의 경찰은 사회공공의 안녕, 질서유지와 같은 소극적 목적을 위한 권력적 작용이다.

정답 ③
난이도
해설 ①, ②, ④는 옳은 설명이며, ③은 틀린 설명이다.
③ ❌ 형식적 의미의 경찰이 언제나 실질적 의미의 경찰이 되는 것은 아니고, 또한 실질적 의미의 경찰이 모두 형식적 의미의 경찰이 되는 것도 아니다. 즉, 양자는 별개의 개념이며, 서로 포함관계 또는 상위관계가 아니다.

참고 형식적 의미의 경찰과 실질적 의미의 경찰의 구분

구 분	형식적 의미의 경찰	실질적 의미의 경찰
의 의	실정법상 보통경찰기관에 분배되어 있는 직접임무를 달성하기 위하여 행하여지는 경찰활동	사회공공의 안녕과 질서를 유지하기 위하여 일반통치권에 근거하여 사회목적적으로 명령·강제하는 권력적 작용
발 전	역사적·제도적으로 발전(실무상의 정립)	이론적·학문적 발전
유 래	사회와 국가에 따라 개념 차이가 발생	독일의 행정법학에서 유래(일반통치권)
기 준	실정법·조직·제도	성질·작용·활동
사 례	생활안전경찰, 수사경찰, 교통경찰, 경비경찰, 공공안녕정보, 안보수사경찰(보안경찰), 풍속경찰, 권력적 작용, 비권력적 작용(치안서비스 활동)	협의의 행정경찰(건축경찰, 영업경찰, 위생경찰, 산림경찰 등), 권력적 작용(경찰명령, 경찰상 강제집행, 경찰상 즉시강제 등)

0011
대륙법계 국가의 경찰제도에 관한 다음 설명 중 옳지 <u>않은</u> 것은 모두 몇 개인가?

 | 67기 간부 |

> 가. 대륙법계 국가의 경찰개념은 경찰권이라고 하는 일반통치권적 개념을 전제로, 경찰이 시민을 위해서 수행하는 기능 또는 역할을 중심으로 형성되었다.
> 나. 1931년 프로이센 경찰행정법에서는 경찰관청은 일반 또는 개인에 대한 공공의 안녕과 질서를 위협하는 위험을 방지하기 위하여 현행법의 범위 내에서 의무에 합당한 재량에 따라 필요한 조치를 취하지 않으면 안 된다고 규정하였다.
> 다. 경찰이란 용어는 라틴어의 Politia에서 유래한 것으로 도시국가에 관한 일체의 정치, 특히 헌법을 지칭하였다.
> 라. 크로이쯔베르크(Kreuzberg) 판결은 경찰임무의 목적확대에 결정적인 계기를 만든 판결로 유명하다.
> 마. 경찰국가시대에 경찰권은 소극적인 치안유지만 할 뿐, 적극적인 공공복지의 증진을 위하여 강제력을 행사할 수 없었다.
> 바. 17세기 국가작용의 분화현상이 나타나 경찰개념이 외교·군사·재정·사법을 제외한 내무행정 전반에 국한되었다.

① 1개 ② 2개
③ 3개 ④ 4개

정답 ③

난이도

해설 "나", "다", "바"는 옳은 설명이며, "가", "라", "마"는 틀린 설명이다.

가. ✗ 대륙법계 국가의 경찰개념은 경찰권이라고 하는 일반통치권적 개념을 전제로 그 발동범위와 성질을 중심으로 형성된 개념이다. 따라서 전자의 설명은 옳은 설명이다. 그러나 **대륙법계 국가의 경찰개념은 경찰이 시민을 위해서 수행하는 기능 또는 역할(경찰은 무엇을 하는가)을 중심으로 형성된 것이 아니라 <u>경찰이란 무엇인가라는 존재의 관점</u>에서 경찰상 목적을 달성함에 있어서 일반국민의 권리·자유·행동을 제한하는 <u>권력적·명령적·강제적 요소를 강조</u>**한다. 따라서 후자의 설명은 옳지 않은 설명이다.

라. ✗ 1882년 프로이센 고등행정법원의 『<u>크로이쯔베르크(Kreuzberg) 판결</u>』에 의하여 <u>경찰임무는 소극적인 위험방지에 한정된다는 것이 법해석상 최초로 확립</u>되는 계기가 되었다. 베를린의 크로이쯔베르크언덕에 있는 전승기념비의 조망 및 그곳으로부터 시가지 전역을 내려다 볼 수 있는 조망을 방해하지 않기 위해서 주변의 토지에 대한 건축물의 높이를 제한하는 것을 내용으로 하는(건축법상의 규정이 없음에도 불구하고) 베를린 경찰청장이 발한 법규명령에 대하여, 그러한 명령은 심미적 이유로 내려진 것으로 복지의 증진을 목적으로 하는 것이므로 무효라고 함으로써 **경찰의 임무는 위험방지에 한정된다고 하는 사상이 "법해석상" 확정하는 계기를 만든 판결**이다.

마. ✗ **경찰국가시대에는** 군주주권론을 사상적 기초로 하였으며, **적극적인 복지증진을 위해서도 경찰권 발동이 가능**하였다. 이 당시에 관료는 국왕의 절대적인 권력에 복종하고 헌신하는 대신에, 포괄적 권한에 근거하여 재판통제도 받지 않은 채 국민의 권리관계에 간섭하고 지배하였다. **경찰권은 <u>소극적인 치안유지뿐만 아니라 적극적인 공공복지의 증진을 위해서도 강제력을 행사</u>하는 절대주의적 국가권력의 기초**가 되었다.

0012

경찰개념의 발달과정에 대한 다음 설명 중 가장 옳은 것은? | 66기 간부 |

① 14세기 말 프랑스의 경찰개념이 15세기 말 독일에 계수되었고, 16세기 독일 제국경찰법에서 경찰은 외교·군사·재정·사법을 제외한 내무행정 전반을 의미하였다.
② 제2차 세계대전 이후 독일에서는 보안경찰을 포함한 협의의 행정경찰이 다른 행정관청의 사무로 이관되는 비경찰화 과정이 이루어졌다.
③ 프로이센 법원은 크로이쯔베르크 판결을 통해, 경찰관청이 일반적 수권조항에 근거하여 법규명령을 발할 수 있는 분야는 소극적인 위험방지 분야에 한정된다고 보았다.
④ 1884년 프랑스의 자치법전 제97조는 '자치단체 경찰은 공공의 질서·안전을 확보함을 목적으로 한다'고 규정하여 위생사무 등 협의의 행정경찰적 사무를 제외하고 경찰의 직무를 소극목적에 한정하였다.

정답 ③

난이도 하 중 상

해설 ③은 옳은 설명이며, ①, ②, ④는 틀린 설명이다.

① ✗ 14세기 말 프랑스에서 경찰이라는 용어는 국가목적을 위한 모든 국가작용 또는 국가의 평온한 질서 있는 상태를 의미하였다. 그 후 15세기 말 프랑스의 경찰 개념이 독일로 계수되었다. 이 시기의 경찰, 즉 독일은 공동체의 질서 있는 상태를 유지하기 위한 모든 활동, 즉 국가행정 전체를 의미하였다. 이러한 경찰개념은 16세기 독일 제국경찰법에서 교회행정의 권한을 제외한 국가행정 전반을 의미하게 되어, 경찰은 공권력에 의해 세속적인 사회생활의 질서를 유지하는 작용으로 제한되었다.

② ✗ 「비경찰화」란 행정경찰의 영역에서 보안경찰 이외의 행정경찰사무, 즉 영업경찰, 건축경찰, 보건경찰, 위생경찰 등 협의의 행정경찰사무를 다른 행정관청의 사무로 이관하는 것을 의미한다. 제2차 세계대전 패전 이후 독일에 대하여, 연합국측이 점령정책의 일환으로서 중앙집권화된 경찰조직의 폐해를 없애기 위해 진행된 작업이다.

④ ✗ 1884년 프랑스의 「지방자치법전」 제97조는 "자치제경찰은 공공의 질서·안전 및 위생을 확보함을 목적으로 한다"고 규정하고 있다. 경찰의 직무를 소극목적에 한정하고 있으나, 역시 위생사무 등 협의의 행정경찰적 사무가 포함되어 있는 한계가 있다.

참고 중세시대의 경찰(14C 말 ~ 16C)

구 분	내 용
14C 말 프랑스	경찰(la police)이라는 용어는 국가목적을 위한 모든 국가작용 또는 국가의 평온한 질서 있는 상태를 의미하였다.
15C 말 독일	① 프랑스의 경찰개념이 독일로 계승되어 종래 봉건영주의 통치권과 결부되어 공공의 질서와 복리를 위한 특별한 통치권으로서의 경찰권이라는 말이 사용되었다 ② 이 시기의 경찰은 공동체의 질서 있는 상태를 유지하기 위한 모든 활동, 즉 국가행정 전체를 의미하였다.
16C 독일	「제국경찰법」에서 교회행정의 권한을 제외한 국가행정 전반을 의미하게 되어, 경찰은 세속적인 사회생활의 질서를 유지하는 작용으로 제한되었다.

0013

경찰개념에 관한 설명으로 가장 적절하지 않은 것은?

| 23년 2차 순경 |

① 경찰개념은 역사적으로 발전되고 형성된 개념이므로, 근대국가에서의 일반적인 경찰개념을 '공공의 안녕과 질서유지를 위한 권력작용'이라고 할 경우, 이는 각국의 실정법상 경찰개념과 반드시 일치한다고는 할 수 없다.

② 실질적 의미의 경찰을 보안경찰과 협의의 행정경찰로 구분하는 것이 일반적 견해라고 할 때, 보안경찰은 독립적인 경찰기관이 관할하지만, 협의의 행정경찰은 각종의 일반행정기관이 함께 그것을 관장하는 경우가 많다.

③ 18~19세기에 등장한 법치국가는 절대주의적 경찰국가에 대항하는 의미에서 자유주의적 법치국가의 성격을 띠었고, 이와 같은 법치국가적 경찰개념이 처음으로 법제화된 경우로는 1794년의 '프로이센 일반란트법'을 들 수 있다.

④ 경찰의 개념을 형식적 의미의 경찰과 실질적 의미의 경찰로 구분할 때, 사법경찰(수사경찰)은 실질적 의미의 경찰에 포함된다.

정답 ④

난이도 하 중 상

해설 ①, ②, ③은 옳은 설명이며, ④는 틀린 설명이다.

④ ❌ 『형식적 의미의 경찰』 개념은 역사적·제도적으로 발전해 온 개념으로서, 경찰작용의 성질과는 관계없이 실정법상(「국가경찰과 자치경찰의 조직 및 운영에 관한 법률」, 「경찰관 직무집행법」 등) 보통경찰기관에 분배되어 있는 임무를 달성하기 위하여 행하여지는 모든 경찰활동을 의미한다. 형식적 의미의 경찰개념은 경찰의 조직을 중심으로 파악된 개념이다. 형식적 의미의 경찰개념은 실무상 확립된 개념으로서 생활안전, 수사, 경비, 교통, 공공안녕정보, 안보수사(보안), 외사 등이 해당한다. 권력적 활동은 물론 비권력적 활동도 형식적 의미의 경찰작용에 해당한다.

참고 형식적 의미의 경찰과 실질적 의미의 경찰의 관계

① 형식적 의미의 경찰이 언제나 실질적 의미의 경찰이 되는 것은 아니고, 또한 실질적 의미의 경찰이 모두 형식적 의미의 경찰이 되는 것도 아니다. 즉, 양자는 별개의 개념이며 서로 포함관계는 아니다.
② 일반행정기관이 실질적 의미의 경찰작용을 하는 경우는 있으나, 형식적 의미의 경찰작용을 하지는 않는다.
③ 「경찰관 직무집행법」상 불심검문은 경찰상 즉시강제의 권력작용이라는 면에서 실질적 의미의 경찰에 해당하고, 실정법에서 경찰행정기관에 그 권한을 맡기고 있으므로 형식적 의미의 경찰이기도 하다.
④ 의원(회)경찰과 법정경찰은 형식적 의미의 경찰도, 실질적 의미의 경찰도 아니다.

0014

대륙법계 경찰개념에 관한 설명으로 가장 적절하지 않은 것은? | 23년 1차 순경 |

① 경찰이란 용어는 라틴어의 Politia에서 유래한 것으로 도시국가에 관한 일체의 정치, 특히 헌법을 지칭하였다.
② 경찰국가시대에는 국가작용의 분화현상이 일어나 경찰개념이 외교·군사·재정·사법을 제외한 내무행정 전반에 국한되었다.
③ 크로이쯔베르크(Kreuzberg) 판결에 의하면 경찰관청이 일반수권 규정에 근거하여 법규명령을 발할 수 있는 분야는 소극적 위험방지 분야에 한정된다.
④ 경찰은 시민으로부터 자치권한을 위임받은 조직체로서 시민을 위한 기능과 역할에 초점을 맞추어 형성되었다.

- **정답** ④
- **난이도**
- **해설** ①, ②, ③은 옳은 설명이며, ④는 틀린 설명이다.
  ④ ✗ 독일·프랑스·일본의 『대륙법계 경찰개념』은 경찰이란 범죄진압자로서, 일반통치권에 기초하여 그 발동범위와 성질을 중심으로 형성된 개념이다. 『대륙법계 경찰개념』은 경찰개념의 초점을 '경찰이란 무엇인가'라는 존재론적 관점에 두었다. 영국·미국의 『영미법계 경찰개념』은 경찰이란 문제해결자로서, 주권자인 시민으로부터 위임받은 자치권에 기초하여 그 기능을 행사한다. 『영미법계 경찰개념』은 경찰개념의 초점을 '경찰은 무엇을 하는가'라는 활동론적 관점에 두었다.

참고 대륙법계 경찰과 영미법계 경찰의 구분

구 분	대륙법계 경찰개념	영미법계 경찰개념
중심국가(학자)	독일, 프랑스, 일본 (행정법학자)	영국, 미국 (경찰행정학자)
개념의 변천과정	경찰권 발동범위의 축소화 과정	경찰권 발동범위의 확대화 과정
경찰권의 기초	일반통치권	주민자치권
경찰의 역할	범죄진압자	문제해결자
경찰의 수단	권력적 수단을 중시 (규범적 강제작용)	비권력적 수단을 중시 (비권력적 서비스 작용)
경찰의 임무	공공의 안녕과 질서유지에 중점 (소극적 기능)	국민의 생명·신체·재산의 보호에 중점 (적극적 기능)
경찰개념의 초점	'경찰이란 무엇인가'(존재)	'경찰은 무엇을 하는가'(활동)
국민과의 관계	수직적·대립적 관계	수평적·동반자적 관계

0015

형식적 의미의 경찰과 실질적 의미의 경찰에 관한 설명으로 가장 적절하지 않은 것은? | 23년 1차 순경 |

① 형식적 의미의 경찰은 실정법상 개념으로 보통경찰기관에 분배되어 있는 임무를 달성하기 위하여 행하여지는 일체의 경찰작용이다.
② 형식적 의미의 경찰은 모두 실질적 의미의 경찰에 포함된다.
③ 실질적 의미의 경찰은 독일의 행정법학에서 정립된 학문상 개념이다.
④ 실질적 의미의 경찰은 사회공공의 안녕, 질서유지와 같은 소극적 목적을 위한 작용이다.

- **정답** ②
- **난이도** 하 중 상
- **해설** ①, ③, ④는 옳은 설명이며, ②는 틀린 설명이다.
  ② ✗ 형식적 의미의 경찰이 언제나 실질적 의미의 경찰이 되는 것은 아니고, 또한 실질적 의미의 경찰이 모두 형식적 의미의 경찰이 되는 것도 아니다. 즉, 양자는 별개의 개념이며 서로 포함관계는 아니다.

참고 형식적 의미의 경찰과 실질적 의미의 경찰의 관계

① 형식적 의미의 경찰이 언제나 실질적 의미의 경찰이 되는 것은 아니고, 또한 실질적 의미의 경찰이 모두 형식적 의미의 경찰이 되는 것도 아니다. 즉, 양자는 별개의 개념이며 서로 포함관계는 아니다.
② 일반행정기관이 실질적 의미의 경찰작용을 하는 경우는 있으나, 형식적 의미의 경찰작용을 하지는 않는다.
③ 「경찰관 직무집행법」상 불심검문은 경찰상 즉시강제의 권력작용이라는 면에서 실질적 의미의 경찰에 해당하고, 실정법에서 경찰행정기관에 그 권한을 맡기고 있으므로 형식적 의미의 경찰이기도 하다.
④ 의원(회)경찰과 법정경찰은 형식적 의미의 경찰도, 실질적 의미의 경찰도 아니다.

0016

경찰개념에 관한 설명 중 가장 적절하지 않은 것은?

| 22년 2차 순경 |

① 경찰의 개념에 대한 정의는 시대 및 역사 그리고 각국의 전통과 사상을 배경으로 발달하기 때문에 일률적으로 정의를 내리기 어렵다.
② 1648년 독일은 베스트팔렌 조약을 계기로 사법이 국가의 특별작용으로 인정되면서 경찰과 사법이 분리되었다.
③ 독일은 제2차 세계대전 이후 보안경찰 이외의 행정경찰사무, 즉 영업경찰, 건축경찰, 보건경찰 등의 경찰사무를 다른 행정관청의 분장사무로 이관하는 비경찰화 과정을 거쳤다.
④ 독일 프로이센 고등행정법원의 크로이쯔베르크 판결을 계기로 경찰의 권한은 소극적 위험방지 분야로 한정하게 되었으며, 비로소 이 취지의 규정을 둔 「경죄처벌법전」(「죄와 형벌법전」)이 제정되었다.

- **정답** ④
- **난이도** 하 중 상
- **해설**
①, ②, ③은 옳은 설명이며, ④는 틀린 설명이다.
④ ✗ 1882년 프로이센 고등행정법원의 크로이쯔베르크(Kreuzberg) 판결에 의하여 경찰임무는 소극적인 위험방지에 한정된다는 것이 법해석상 최초로 확정되는 계기가 되었다. 1931년 독일 「프로이센 경찰행정법」은 경찰관청은 일반 또는 개인에 대한 공공의 안녕과 질서를 위협하는 위험을 방지하기 위하여, 현행법의 범위 내에서 의무에 합당한 재량에 따라 필요한 조치를 취하지 않으면 안 된다고 규정한다. 이는 경찰의 직무범위를 소극적 목적에 한정하는 경찰개념을 확립한 입법으로 볼 수 있다.

참고 1882년 독일 「크로이쯔베르크 판결」

① 1882년 프로이센 고등행정법원의 「크로이쯔베르크」(Kreuzberg) 판결에 의하여 경찰임무는 소극적인 위험방지에 한정된다는 것이 법해석상 최초로 확정되는 계기가 되었다.
② 베를린의 크로이쯔베르크언덕에 있는 전승기념비에의 조망 및 그곳으로부터 시가지 전역을 내려다 볼 수 있는 조망을 방해하지 않기 위해서 주변의 토지에 대한 건축물의 높이를 제한하는 것을 내용으로 하는(건축법상 규정이 없음에도 불구하고) 베를린 경찰청장이 발한 법규명령에 대하여, 그러한 명령은 심미적 이유로 내려진 것으로 복지의 증진을 목적으로 하는 것이므로 무효라고 함으로써 경찰의 임무는 위험방지에 한정한다고 하는 사상이 법해석상 확정하는 계기를 만든 판결이다.

참고 1931년 독일 「프로이센 경찰행정법」

① 경찰관청은 일반 또는 개인에 대한 공공의 안녕과 질서를 위협하는 위험을 방지하기 위하여, 현행법의 범위 내에서 의무에 합당한 재량에 따라 필요한 조치를 취하지 않으면 안 된다.
② 이는 경찰의 직무범위를 소극적 목적에 한정하는 경찰개념을 확립한 입법으로 볼 수 있다.

0017

실질적 의미의 경찰개념의 역사적 발전과정에 관한 설명 중 가장 적절하지 않은 것은? |22년 1차 순경|

① 요한 쉬테판 퓌터(Johann Stephan Pütter)가 자신의 저서인 『독일공법제도』에서 주장한 "경찰의 직무는 임박한 위험을 방지하는 것이다. 복리증진은 경찰의 본래 직무가 아니다"라는 내용은 경찰국가시대를 거치면서 확장된 경찰의 개념을 제한하기 위한 노력의 일환으로 볼 수 있다.

② 크로이츠베르크 판결(1882)은 승전기념비의 전망을 확보할 목적으로 주변 건축물의 고도를 제한하기 위해 베를린 경찰청장이 제정한 법규명령은 독일의 「제국경찰법」상 개별적 수권조항에 위반되어 무효라고 하였다.

③ 독일의 경우, 15세기부터 17세기에 이르기까지 경찰은 공동체의 질서정연한 상태 또는 공동체의 질서정연한 상태를 창설하고 유지하기 위한 활동으로 이해되었고, 이러한 공동체의 질서정연한 상태를 창설·유지하기 위하여 신민(臣民)의 거의 모든 생활영역이 포괄적으로 규제될 수 있었다.

④ 1931년 제정된 「프로이센 경찰행정법」 제14조 제1항은 "경찰행정청은 현행법의 범위 내에서 공공의 안녕 또는 공공의 질서를 위협하는 위험으로부터 공중이나 개인을 보호하기 위하여 필요한 조치를 의무에 적합한 재량에 따라 취하여야 한다."라고 규정하여 크로이츠베르크 판결(1882)에 의해 발전된 실질적 의미의 경찰개념을 성문화시켰다.

- **정답** ②
- **난이도** 하 중 상
- **해설**
  ①, ③, ④는 옳은 설명이며, ②는 틀린 설명이다.
  ② ✗ 1882년 프로이센 고등행정법원의 크로이쯔베르크(Kreuzberg) 판결에 의하여 경찰임무는 소극적인 위험방지에 한정된다는 것이 법해석상 최초로 확정되는 계기가 되었다. 베를린의 크로이쯔베르크언덕에 있는 전승기념비에의 조망 및 그곳으로부터 시가지 전역을 내려다 볼 수 있는 조망을 방해하지 않기 위해서 주변의 토지에 대한 건축물의 높이를 제한하는 것을 내용으로 하는(건축법상 규정이 없음에도 불구하고) 베를린 경찰청장이 발한 법규명령에 대하여, 그러한 명령은 심미적 이유로 내려진 것으로 복지의 증진을 목적으로 하는 것이므로 무효라고 함으로써 경찰의 임무는 위험방지에 한정한다고 하는 사상이 법해석상 확정하는 계기를 만든 판결이다. 독일의 「제국경찰법」은 교회행정을 제외한 국가행정 전반을 의미하는 것으로, 개별적 수권조항과는 무관하다.

> **참고** 16세기 독일 「제국경찰법」
>
> 「제국경찰법」에서 교회행정의 권한을 제외한 국가행정 전반을 의미하게 되어, 경찰은 공권력에 의해 세속적인 사회생활의 질서를 유지하는 작용으로 제한되었다.

0018

다음은 형식적 의미의 경찰개념과 실질적 의미의 경찰개념에 대한 설명이다. 옳은 것은 모두 몇 개인가?

|20년 1차 순경|

> ㉠ 형식적 의미의 경찰이 언제나 실질적 의미의 경찰이 되는 것은 아니며, 실질적 의미의 경찰이 모두 형식적 의미의 경찰이 되는 것도 아니다.
> ㉡ 실질적 의미의 경찰은 사회공공의 안녕과 질서유지를 위한 권력적 작용이므로 소극목적에 한정된다.
> ㉢ 형식적 의미의 경찰은 사회목적적 작용을 의미하며 작용을 중심으로 파악된 개념이고, 실질적 의미의 경찰은 조직을 기준으로 파악된 개념이다.
> ㉣ 실질적 의미의 경찰은 실무상 정립된 개념이 아니라 학문적으로 정립된 개념으로 독일의 행정법학에서 유래하였다.
> ㉤ 「경찰관 직무집행법」 제2조에 규정된 경찰의 직무범위가 우리나라에서의 형식적 의미의 경찰개념에 해당한다.

① 2개   ② 3개
③ 4개   ④ 5개

정답 ③

해설 ㉠, ㉡, ㉣, ㉤은 옳은 설명이며, ㉢은 틀린 설명이다.

㉢ ✗ 『형식적 의미의 경찰』은 실정법·제도·조직을 중심으로 파악된 개념이고, 『실질적 의미의 경찰』은 성질·작용·활동을 중심으로 파악된 개념이다.

참고 형식적 의미의 경찰과 실질적 의미의 경찰의 구분

구 분	형식적 의미의 경찰	실질적 의미의 경찰
의 의	실정법상 보통경찰기관에 분배되어 있는 직접임무를 달성하기 위하여 행하여지는 경찰활동	사회공공의 안녕과 질서를 유지하기 위하여 일반통치권에 근거하여 사회목적적으로 명령·강제하는 권력적 작용
발 전	역사적·제도적으로 발전(실무상의 정립)	이론적·학문적 발전
유 래	사회와 국가에 따라 개념 차이가 발생	독일의 행정법학에서 유래(일반통치권)
기 준	실정법·조직·제도	성질·작용·활동
사 례	생활안전경찰, 수사경찰, 교통경찰, 경비경찰, 공공안녕정보, 안보수사경찰(보안경찰), 풍속경찰, 권력적 작용, 비권력적 작용(치안서비스 활동)	협의의 행정경찰(건축경찰, 영업경찰, 위생경찰, 산림경찰 등), 권력적 작용(경찰명령, 경찰상 강제집행, 경찰상 즉시강제 등)

0019

18~20세기 독일과 프랑스에서의 경찰개념 형성 및 발달과정에 관한 설명으로 가장 적절하지 <u>않은</u> 것은?

| 19년 2차 순경 |

① 경찰 개념을 소극적 질서유지로 제한하는 주요 법률과 판결을 시간적 순서대로 나열하면 프로이센 일반란트법(제10조) – 프랑스 죄와 형벌법전(제16조) – 크로이츠베르크 판결 – 프랑스 지방자치법전(제97조) – 프로이센 경찰행정법(제4조)의 순이다.
② 크로이츠베르크 판결은 경찰의 직무범위는 위험방지 분야에 한정된다고 하는 사상이 법해석상 확정되는 계기가 되었다.
③ 프랑스 죄와 형벌법전은 행정경찰과 사법경찰을 최초로 구분하여 법제화하였다는 점에 그 의의가 있다.
④ 프랑스 지방자치법전은 경찰의 직무범위에서 협의의 행정경찰적 사무를 제외시킴으로써 경찰의 직무를 소극목적에 한정하였다.

- **정답** ④
- **난이도** 상 중 하
- **해설** ①, ②, ③은 옳은 설명이며, ④는 틀린 설명이다.
  ④ ✗ 프랑스의 「지방자치법전」은 자치제경찰은 공공의 질서·안전 및 위생을 확보함을 목적으로 함을 규정하고 있다. 위생사무 등 협의의 행정경찰적 사무가 포함되어 있는 한계가 있다.

참고 1884년 프랑스 「지방자치법전」
① 자치제경찰은 공공의 질서·안전 및 위생을 확보함을 목적으로 한다.
② 경찰의 직무를 소극목적에 한정하고 있으나, 역시 위생사무 등 협의의 행정경찰적 사무가 포함되어 있는 한계가 있다.

0020

경찰개념에 대한 설명 중 가장 적절하지 않은 것은?　|18년 3차 순경|

① 1794년 프로이센 경찰행정법은 "경찰관청은 공공의 평온, 안녕 및 질서를 유지하고 또한 공중 및 그의 개개 구성원들에 대한 절박한 위험을 방지하기 위하여 필요한 조치를 취하는 것은 경찰의 직무이다"라고 규정하였다.
② 행정경찰과 사법경찰은 프랑스에서 확립된 구분으로, 프랑스 「죄와 형벌법전」에서 유래하였다.
③ 경찰개념의 발달과정에서 경찰사무를 타 행정관청으로 이관하는 현상을 '비경찰화'라고 하는데, 위생경찰, 산림경찰 등을 비경찰화 사무의 예로 들 수 있다.
④ 대륙법계 국가의 경찰개념 형성과정은 경찰의 임무범위를 축소하는 과정이었으며 경찰과 시민을 대립하는 구도로 파악하였다.

- **정답** ①
- **난이도** 하 중 상
- **해설**
  ②, ③, ④는 옳은 설명이며, ①은 틀린 설명이다.
  ① ✗ 1794년 「프로이센 일반란트법」은 "경찰관청은 공공의 평온, 안녕 및 질서를 유지하고 또한 공중 및 그의 개개 구성원들에 대한 절박한 위험을 방지하기 위하여 필요한 조치를 취하는 것은 경찰의 직무이다"라고 규정하였다. 그러나 해당 규정이 엄격하게 지켜진 것은 아니며, 오히려 19세기 전반에는 적극적인 복지경찰도 인정되고 있었다.

참고 1794년 독일 「프로이센 일반란트법」

① 경찰의 책무는 공공의 평온·안전과 질서를 유지하고 공중 또는 그 구성원에 대한 절박한 위험을 제거하기 위하여 필요한 수단을 강구하는 것이다.
② 해당 규정이 엄격하게 지켜진 것은 아니며, 오히려 19세기 전반에는 적극적인 복지경찰도 인정되고 있었다(한계).

0021

경찰의 개념 중 형식적 의미의 경찰과 실질적 의미의 경찰에 대한 설명으로 가장 적절한 것은?

| 17년 2차 순경 |

① 실질적 의미의 경찰 개념은 이론상·학문상 정립된 개념이 아닌 실무상으로 정립된 개념이며, 독일 행정법학에서 유래하였다.
② 경찰이 아닌 다른 일반 행정기관 또한 경찰과 마찬가지로 형식적 의미의 경찰에 해당하는 활동을 할 수 있다.
③ 실질적 의미의 경찰은 형식적 의미의 경찰 개념보다 넓은 의미로 형식적 의미의 경찰을 모두 포괄하는 상위 개념이다.
④ 형식적 의미의 경찰이란 실정법상 보통 경찰기관에 분배되어 있는 임무를 달성하기 위해 행하여지는 경찰 활동을 의미한다.

- **정답** ④
- **난이도** 하 중 상
- **해설** ④는 옳은 설명이며, ①, ②, ③은 틀린 설명이다.
  ① 「실질적 의미의 경찰」은 직접적으로 사회공공의 안녕·질서를 유지하기 위하여 일반통치권에 의거하여 일반 국민에게 명령·강제하는 권력적 작용을 의미한다. 실질적 의미의 경찰개념은 조직이 아닌 성질·작용을 중심으로 파악한 것이며, 이론적·학문적인 면에서 정립된 개념이다. 특히, 독일의 행정법학에서 말하는 이른바 일반조항의 존재를 전제로 한다.
  ② 일반행정기관에 속하는 행정작용 중에서도 실질적 의미의 경찰작용에 속하는 협의의 행정경찰이 포함된다(예 건축경찰, 영업경찰, 위생경찰, 산림경찰, 경제경찰, 보건경찰 등). 경찰이 아닌 일반행정기관은 형식적 의미의 경찰활동을 할 수 없다.
  ③ ✗ 형식적 의미의 경찰이 언제나 실질적 의미의 경찰이 되는 것은 아니고, 실질적 의미의 경찰이 모두 형식적 의미의 경찰이 되는 것도 아니다. 즉, 양자는 별개의 개념이며, 서로 포함관계는 아니다.

참고 형식적 의미의 경찰과 실질적 의미의 경찰의 관계

① 형식적 의미의 경찰이 언제나 실질적 의미의 경찰이 되는 것은 아니고, 또한 실질적 의미의 경찰이 모두 형식적 의미의 경찰이 되는 것도 아니다. 즉, 양자는 별개의 개념이며 서로 포함관계는 아니다.
② 일반행정기관이 실질적 의미의 경찰작용을 하는 경우는 있으나, 형식적 의미의 경찰작용을 하지는 않는다.
③ 「경찰관 직무집행법」상 불심검문은 경찰상 즉시강제의 권력작용이라는 면에서 실질적 의미의 경찰에 해당하고, 실정법에서 경찰행정기관에 그 권한을 맡기고 있으므로 형식적 의미의 경찰이기도 하다.
④ 의원(회)경찰과 법정경찰은 형식적 의미의 경찰도, 실질적 의미의 경찰도 아니다.

0022
다음의 설명에 해당하는 것은 무엇인가?

| 15년 3차 순경 |

> 범죄의 예방과 검거 등 보안경찰 이외의 협의의 행정경찰사무 즉 영업경찰, 건축경찰, 보건경찰 등의 경찰사무를 다른 행정관청의 분장사무로 이관하는 현상

① 비범죄화 ② 비경찰화
③ 사무통합 ④ 경찰국가

정답 ②

난이도 하 중 상

해설 ②는 옳은 설명이며, ①, ③, ④는 틀린 설명이다.

참고 비경찰화 작업

① 「비경찰화」란 행정경찰의 영역에서 보안경찰 이외의 행정경찰사무, 즉 영업경찰, 건축경찰, 보건경찰, 위생경찰 등 협의의 행정경찰사무를 다른 행정관청의 사무로 이관하는 것을 의미한다.
② 제2차 세계대전 패전 이후 독일에 대하여, 연합국측이 점령정책의 일환으로서 중앙집권화된 경찰조직의 폐해를 없애기 위해 진행된 작업이다.

0023

형식적 의미의 경찰과 실질적 의미의 경찰개념에 대한 설명으로 가장 적절하지 않은 것은?

| 15년 1차 순경 |

① 형식적 의미의 경찰이란 실정법상 보통경찰기관에 분배되어 있는 임무를 달성하기 위하여 행하여지는 경찰활동을 의미한다.
② 정보경찰활동과 사법경찰활동은 형식적 의미의 경찰개념에 해당한다.
③ 실질적 의미의 경찰은 조직을 중심으로 파악된 개념에 해당한다.
④ 실질적 의미의 경찰개념은 행정조직의 일부로서가 아니라, 작용을 중심으로 파악한 개념에 해당한다.

정답 ③

난이도

해설 ①, ②, ④는 옳은 설명이며, ③은 틀린 설명이다.
③ ✗ 「실질적 의미의 경찰」은 직접적으로 사회공공의 안녕·질서를 유지하기 위하여 일반통치권에 의거하여 일반 국민에게 명령·강제하는 권력적 작용을 의미한다. 실질적 의미의 경찰개념은 조직이 아닌 성질·작용을 중심으로 파악한 것이며, 이론적·학문적인 면에서 정립된 개념이다. 특히, 독일의 행정법학에서 말하는 이른바 일반조항의 존재를 전제로 한다.

참고 실질적 의미의 경찰의 내용 – 작용(목적) 기준

① 실질적 의미의 경찰은 소급효가 없고 장래에 향하여 사회공공의 안녕과 질서를 유지함을 목적으로 한다.
② 실질적 의미의 경찰은 작용을 기준으로 결정된다. 사회공공의 안녕과 질서를 유지하기 위한 작용인 점에서 사회목적적 작용에 속한다(국가목적적 작용 ×).
③ 수사경찰, 공공안녕정보경찰, 외사경찰 등은 직접목적이 국가적 법질서 확립 및 국가의 안전보장이므로 실질적 의미의 경찰이 아니다.
④ 일반행정기관에 속하는 행정작용 중에서도 실질적 의미의 경찰작용에 속하는 협의의 행정경찰이 포함된다(예 건축경찰, 영업경찰, 위생경찰, 산림경찰, 경제경찰, 보건경찰 등).
⑤ 풍속경찰의 경우에는 형식적 의미의 경찰에 해당한다.

0024

다음 중 경찰개념을 설명한 것으로 <u>틀린</u> 것은 모두 몇 개인가?

| 14년 1차 순경 |

㉠ 형식적 의미의 경찰은 모두 실질적 의미의 경찰에 포함된다.
㉡ 정보경찰의 활동은 실질적 의미의 경찰보다는 형식적 의미의 경찰과 관련이 깊다.
㉢ 실질적 의미의 경찰개념은 학문상으로 정립된 개념이며, 프랑스 행정법학에서 유래하였다.
㉣ 형식적 의미의 경찰개념에 입각한 경찰활동의 범위는 나라마다 차이가 있을 수 있다.

① 1개 ② 2개
③ 3개 ④ 4개

- **정답** ②
- **난이도**
- **해설** ㉡, ㉣은 옳은 설명이며, ㉠, ㉢은 틀린 설명이다.
  - ㉠ ✗ 형식적 의미의 경찰이 언제나 실질적 의미의 경찰이 되는 것은 아니고, 실질적 의미의 경찰이 모두 형식적 의미의 경찰이 되는 것도 아니다. 즉, 양자는 별개의 개념이며, 서로 포함관계는 아니다.
  - ㉢ ✗ 「실질적 의미의 경찰」은 직접적으로 사회공공의 안녕·질서를 유지하기 위하여 일반통치권에 의거하여 일반 국민에게 명령·강제하는 권력적 작용을 의미한다. 실질적 의미의 경찰개념은 조직이 아닌 성질·작용을 중심으로 파악한 것이며, 이론적·학문적인 면에서 정립된 개념이다. 특히, 독일의 행정법학에서 말하는 이른바 일반조항의 존재를 전제로 한다.

0025

형식적 의미의 경찰개념과 실질적 의미의 경찰개념에 관한 설명으로 옳은 것을 모두 고른 것은?

| 23년 승진 |

> ㉠ 정보경찰은 권력적 작용이므로 실질적 의미의 경찰이다.
> ㉡ 실질적 의미의 경찰은 국가의 일반통치권에 근거하여 국민에게 명령·강제하는 권력적 작용으로 독일의 전통적 행정법학에서 정립된 학문상 개념이다.
> ㉢ 형식적 의미의 경찰은 실정법상 보통경찰기관에 분배된 임무를 달성하기 위하여 행해지는 경찰활동으로 그 범위는 나라마다 차이가 있을 수 있다.
> ㉣ 실질적 의미의 경찰은 형식적 의미의 경찰을 모두 포괄한다.

① ㉠, ㉡
② ㉡, ㉢
③ ㉠, ㉡, ㉢
④ ㉡, ㉢, ㉣

- **정답** ②
- **난이도** 하 중 상
- **해설** ㉡, ㉢은 옳은 설명이며, ㉠, ㉣은 틀린 설명이다.
  - ㉠ ❌ 「형식적 의미의 경찰」개념은 실무상 확립된 개념으로서 생활안전, 수사, 경비, 교통, 공공안녕정보, 안보수사(보안), 외사 등이 해당한다. 즉, 정보경찰은 실무상 확립된 개념으로서 형식적 의미의 경찰에 해당한다.
  - ㉣ ❌ 형식적 의미의 경찰이 언제나 실질적 의미의 경찰이 되는 것은 아니고, 또한 실질적 의미의 경찰이 모두 형식적 의미의 경찰이 되는 것도 아니다. 즉, 양자는 별개의 개념이며 서로 포함관계는 아니다.

참고 형식적 의미의 경찰과 실질적 의미의 경찰의 관계
① 형식적 의미의 경찰이 언제나 실질적 의미의 경찰이 되는 것은 아니고, 또한 실질적 의미의 경찰이 모두 형식적 의미의 경찰이 되는 것도 아니다. 즉, 양자는 별개의 개념이며 서로 포함관계는 아니다.
② 일반행정기관이 실질적 의미의 경찰작용을 하는 경우는 있으나, 형식적 의미의 경찰작용을 하지는 않는다.
③ 「경찰관 직무집행법」상 불심검문은 경찰상 즉시강제의 권력작용이라는 면에서 실질적 의미의 경찰에 해당하고, 실정법에서 경찰행정기관에 그 권한을 맡기고 있으므로 형식적 의미의 경찰이기도 하다.
④ 의원(회)경찰과 법정경찰은 형식적 의미의 경찰도, 실질적 의미의 경찰도 아니다.

0026

경찰의 개념에 대한 설명 중 가장 적절하지 않은 것은? | 21년 승진 |

① 실질적 의미의 경찰은 사회공공의 안녕, 질서유지와 같은 소극적 목적을 위한 작용이다.
② 실질적 의미의 경찰은 특별통치권에 근거하여 국민에게 명령·강제하는 권력적 작용으로 독일의 행정법학에서 정립된 학문상 개념이다.
③ 형식적 의미의 경찰작용은 실정법상 보통경찰기관에 분배된 사무를 말하며, 이에 따른 경찰활동의 범위는 나라마다 차이가 있을 수 있다.
④ 형식적 의미의 경찰이 언제나 실질적 의미의 경찰이 되는 것은 아니고, 또한 실질적 의미의 경찰이 모두 형식적 의미의 경찰이 되는 것도 아니다.

정답 ②

난이도 하 중 상

해설
①, ③, ④는 옳은 설명이며, ②는 틀린 설명이다.
② ✗ 「실질적 의미의 경찰」개념은 직접적으로 사회공공의 안녕·질서를 유지하기 위하여 일반통치권에 의거하여 일반국민에게 명령·강제하는 권력적 작용을 의미한다. 실질적 의미의 경찰개념은 조직이 아닌 성질·작용을 중심으로 파악한 것이며, 이론적·학문적인 면에서 정립된 개념이다. 특히, 독일의 행정법학에서 말하는 이른바 일반조항의 존재를 전제로, 경찰행정관청에 대한 권한의 포괄적 수권과 법치국가적 요청을 조화시키기 위하여 구성된 도구개념이다.

참고 형식적 의미의 경찰과 실질적 의미의 경찰의 구분

구 분	형식적 의미의 경찰	실질적 의미의 경찰
의 의	실정법상 보통경찰기관에 분배되어 있는 직접임무를 달성하기 위하여 행하여지는 경찰활동	사회공공의 안녕과 질서를 유지하기 위하여 일반통치권에 근거하여 사회목적적으로 명령·강제하는 권력적 작용
발 전	역사적·제도적으로 발전(실무상의 정립)	이론적·학문적 발전
유 래	사회와 국가에 따라 개념 차이가 발생	독일의 행정법학에서 유래(일반통치권)
기 준	실정법·조직·제도	성질·작용·활동
사 례	생활안전경찰, 수사경찰, 교통경찰, 경비경찰, 공공안녕정보, 안보수사경찰(보안경찰), 풍속경찰, 권력적 작용, 비권력적 작용(치안서비스 활동)	협의의 행정경찰(건축경찰, 영업경찰, 위생경찰, 산림경찰 등), 권력적 작용(경찰명령, 경찰상 강제집행, 경찰상 즉시강제 등)

0027

형식적 의미의 경찰과 실질적 의미의 경찰에 대한 설명으로 가장 적절하지 않은 것은? |20년 승진|

① 실질적 의미의 경찰은 독일의 행정법학에서 정립된 학문상 개념이다.
② 형식적 의미의 경찰은 실정법상 보통경찰기관에 분배되어 있는 임무를 달성하기 위해 행해지는 경찰활동이다.
③ 실질적 의미의 경찰은 사회공공의 안녕, 질서유지와 같은 소극적 목적을 위한 작용이다.
④ 형식적 의미의 경찰은 모두 실질적 의미의 경찰에 포함된다.

- **정답** ④
- **난이도** 하 중 상
- **해설** ①, ②, ③은 옳은 설명이며, ④는 틀린 설명이다.
  ④ ✗ 형식적 의미의 경찰이 언제나 실질적 의미의 경찰이 되는 것은 아니고, 또한 실질적 의미의 경찰이 모두 형식적 의미의 경찰이 되는 것도 아니다. 즉, 양자는 별개의 개념이며 서로 포함관계는 아니다. 형식적 의미의 경찰도, 실질적 의미의 경찰도 아닌 것에는 의원(회)경찰과 법정경찰이 있다.

0028

대륙법계 경찰개념에 대한 설명으로 가장 적절하지 않은 것은? | 19년 승진 |

① 17세기 경찰국가시대에는 국가작용의 분화현상이 나타나 경찰개념이 군사·재정·사법·외교를 제외한 내무행정 전반을 의미하였다.
② 1795년 프랑스「죄와 형벌법전」제16조는 '경찰은 공공질서를 유지하고 개인의 자유와 재산 및 안전을 유지하기 위한 기관'이라고 규정하였다.
③ 범죄의 예방과 검거 등 보안경찰 이외의 산업, 건축, 영업, 풍속경찰 등의 사무를 다른 행정관청의 분장사무로 이관하는 현상을 '비경찰화'라고 한다.
④ 대륙법계 경찰의 업무범위는 국정전반 → 내무행정 → 위험방지 → 보안경찰 순으로 변화하였다.

정답 ③

난이도 하 중 상

해설 ①, ②, ④는 옳은 설명이며, ③은 틀린 설명이다.
③ ✗ 「비경찰화」란 행정경찰의 영역에서 보안경찰 이외의 행정경찰사무, 즉 영업경찰·건축경찰·보건경찰·위생경찰 등 협의의 행정경찰사무를 다른 행정관청의 사무로 이관하는 것을 의미한다. 여기서 「보안경찰」이란 다른 행정작용에 부수하여 수행되지 않고, 오로지 경찰작용만으로 사회공공의 안녕과 질서를 유지하기 위한 경찰을 의미하는 것으로 풍속경찰의 경우에는 보안경찰에 해당된다. 비경찰화의 대상이 되는 협의의 행정경찰사무로는 산업경찰, 건축경찰, 영업경찰, 위생경찰, 경제경찰, 철도경찰, 보건경찰 등이 있다.

참고 비경찰화 작업

① 『비경찰화』란 행정경찰의 영역에서 보안경찰 이외의 행정경찰사무, 즉 영업경찰, 건축경찰, 보건경찰, 위생경찰 등 협의의 행정경찰사무를 다른 행정관청의 사무로 이관하는 것을 의미한다.
② 제2차 세계대전 패전 이후 독일에 대하여, 연합국측이 점령정책의 일환으로서 중앙집권화된 경찰조직의 폐해를 없애기 위해 진행된 작업이다.

0029

경찰개념의 형성 및 역사적 변천과정에 대한 설명으로 가장 적절한 것은? |19년 승진|

① 16세기 독일 제국경찰법은 교회행정을 포함한 국정 전반을 의미하였다.
② 17세기 대륙법계 국가에서는 국가작용의 분화현상이 나타나 경찰개념이 소극적인 위험방지 분야에 한정되었다.
③ 1794년 프로이센 일반란트법 제10조에서 경찰관청은 공공의 평온, 안녕 및 질서를 유지하고, 또한 공중 및 그의 개개 구성원들에 대한 절박한 위험을 방지하기 위하여 필요한 기관이라고 규정하였다.
④ 대륙법계 국가에서는 '경찰은 무엇인가'라는 문제보다 '경찰은 무엇을 하는가' 또는 '경찰활동이란 무엇인가'라는 문제를 중심으로 경찰개념이 논의되었다.

- **정답** ③
- **난이도**
- **해설** ③은 옳은 설명이며, ①, ②, ④는 틀린 설명이다.
  - ① ✗ 16세기 독일「제국경찰법」에서는 교회행정의 권한을 제외한 국가행정 전반을 의미하였다. 경찰은 공권력에 의해 세속적인 사회생활의 질서를 유지하는 작용으로 제한되었다.
  - ② ✗ 17세기 독일에서, 국가활동이 점차 분업화 · 전문화되면서 국가행정 중 외교 · 군사 · 재정 · 사법 등이 분리되어 경찰은 사회공공의 안녕과 복지를 직접 다루는 내무행정만을 의미하였다. 즉, 행정과 경찰의 분화가 시작되었다고 볼 수 있다. 이러한 경찰국가시대에는 적극적인 복지증진을 위해서도 경찰권 발동이 가능하였다. 경찰개념이 소극적인 위험 방지 분야에 한정된 것은 18세기 말에서 19세기 초의 법치국가시대이다. 18세기 후반 계몽주의, 자연주의적 자연법사상, 권력분립주의의 영향으로 법치국가시대의 경찰개념은 복지경찰분야를 제외하면서 더욱 축소되어, 질서유지를 위한 소극적인 위험방지활동에 제한되었고, 특히 내무행정 중에서도 치안행정만을 의미하였다.
  - ④ ✗ 대륙법계 국가에서는 '경찰이란 무엇인가'(존재)에 초점을 두었으며, 영미법계 국가에서는 '경찰은 무엇을 하는가'(활동)에 초점을 두었다.

참고 경찰국가시대의 경찰(17C ~ 18C 말)

구 분	내 용
내무행정	① 17세기 독일에서, 국가활동이 점차 분업화 · 전문화 되면서 국가행정 중 외교, 군사, 재정, 사법 등이 분리되어 경찰은 사회공공의 안녕과 복지를 직접 다루는 내무행정만을 의미하였다. ② 즉, 행정과 경찰의 분화가 시작되었다고 볼 수 있다(고대시대 및 중세시대의 경우에는 행정과 경찰이 미분화되어 있었다).
적극적 복지증진을 위한 경찰권의 발동	경찰권은 소극적인 치안유지뿐 아니라 적극적인 공공복지의 증진을 위해서도 강제력을 행사하는 절대주의적 국가권력의 기초가 되었다.

0030

경찰개념에 대한 설명으로 가장 적절하지 않은 것은?

| 19년 승진 |

① 형식적 의미의 경찰은 실정법상 보통경찰기관에 분배된 임무를 달성하기 위하여 행해지는 경찰활동으로 그 범위는 나라마다 차이가 있을 수 있다.
② 실질적 의미의 경찰은 사회공공의 안녕, 질서유지와 같은 적극적 목적을 위한 작용이다.
③ 실질적 의미의 경찰은 국가의 일반통치권에 근거하여 국민에게 명령·강제하는 권력적 작용이다.
④ 일반행정기관이 실질적 의미의 경찰작용을 하는 경우는 있으나, 형식적 의미의 경찰작용을 하지는 않는다.

 ②
 하 중 상

해설 ①, ③, ④는 옳은 설명이며, ②는 틀린 설명이다.

② ✗ 「실질적 의미의 경찰」은 사회공공의 안녕·질서를 유지하기 위하여 일반통치권에 의거하여 일반국민에게 명령·강제하는 권력적 작용을 의미한다. 실질적 의미의 경찰은 소급효가 없고 장래에 향하여 사회공공의 안녕과 질서를 유지함을 목적으로 한다. 사회공공의 안녕과 질서를 유지하기 위한 작용인 점에서 사회목적적 작용(소극적 작용)에 속한다. 국가목적적 작용(적극적 작용)에 속하지 않는다.

> **참고** 실질적 의미의 경찰의 내용 – 작용(목적) 기준
> ① 실질적 의미의 경찰은 소급효가 없고 장래에 향하여 사회공공의 안녕과 질서를 유지함을 목적으로 한다.
> ② 실질적 의미의 경찰은 작용을 기준으로 결정된다. 사회공공의 안녕과 질서를 유지하기 위한 작용인 점에서 사회목적적 작용에 속한다(국가목적적 작용 ×).
> ③ 수사경찰, 공공안녕정보경찰, 외사경찰 등은 직접목적이 국가적 법질서 확립 및 국가의 안전보장이므로 실질적 의미의 경찰이 아니다.
> ④ 일반행정기관에 속하는 행정작용 중에서도 실질적 의미의 경찰작용에 속하는 협의의 행정경찰이 포함된다(예 건축경찰, 영업경찰, 위생경찰, 산림경찰, 경제경찰, 보건경찰 등).
> ⑤ 풍속경찰의 경우에는 형식적 의미의 경찰에 해당한다.

0031

크로이쯔베르크(Kreuzberg) 판결에 대한 설명으로 적절한 것을 모두 고른 것은? | 18년 승진 |

㉠ 1882년 프로이센 고등행정법원이 판시하였다.
㉡ 베를린 시민이 Kreuzberg 부근에서 국영 담배공장 운반차에 부상을 당하여 민사법원에 손해배상 청구소송을 제기한 사실관계에 기초하여, 손해가 공무원에 의하여 발생한 것이라는 이유에서 관할이 행정재판소로 옮겨지게 된 판결이다.
㉢ 경찰권 발동의 조리상 한계로서 경찰소극목적의 원칙 확립의 계기가 되었다.
㉣ 독일에서 경찰개입청구권을 인정한 판결의 효시로 평가된다.

① ㉠, ㉡
② ㉠, ㉢
③ ㉡, ㉣
④ ㉠, ㉡, ㉢

정답 ②

난이도 하 중 상

해설 ㉠, ㉢은 옳은 설명이며, ㉡, ㉣은 틀린 설명이다.
㉡ X 보기의 설명은 『Blanco 판결』에 관한 내용이다.
㉣ X 독일에서 경찰개입청구권을 인정한 판결의 효시로 평가되는 것은 『띠톱판결』이다.

참고 Blanco 판결

공무원의 직무상 불법행위로 인해 재산 또는 재산 이외의 손해를 입은 국민이 국가 또는 공공단체에 그 손해를 배상하여 주도록 청구할 수 있는 권리인 국가배상청구권의 시초가 된 판결이다. 프랑스에서 블랑코라는 소녀가 보르도 국립 연초공장 직원이 운전하던 담배운반차에 치여 상해를 입은 사건에서 소녀의 아버지는 보르도 민사법원에 손해배상청구소송을 제기하였다. 이에 해당 도지사가 관할권에 대해 항변하여 관할 법원 재판을 받았고, 관할 재판소는 공공역무과실이론에 입각하여 이 사건을 국가배상책임사건(공법적 책임)으로 확정하고 그 관할을 행정재판소로 한다고 판결했다. 1873년에 내려진 이 판결을 「블랑코 판결」이라 한다. 국가는 공익을 실현하는 기능을 가지고 있기 때문에, 국가의 책임은 사인 간의 관계와 다르다고 판단하고, 국가 공공기관에 고용된 사람의 불법행위로 인해 사인에게 가해진 손해는 그 성질상 개인 간의 관계를 규정한 「민법」이 아닌 행정재판소의 관할에 속해야 한다는 취지에서 판결된 것이다. **이 판결은 국가의 공공역무수행에 의한 국가배상책임을 인정하고, 그 관할을 행정재판소가 관장한다는 원칙을 확립한 계기**가 됐다.

참고 띠톱판결

『띠톱판결』(1960년 독일의 연방헌법재판소)은 주거지역에 설치된 석탄제조업체에서 사용하는 띠톱에서 배출되는 먼지와 소음으로 피해를 받고 있던 인근 주민이 행정청에서 건축경찰상의 금지처분을 발할 것을 청구한 것에 대해 **연방헌법재판소가 경찰개입청구권을 인정한 효시로 평가**받고 있다. 특히 **이 판결은 인근 주민의 『무하자 재량행사청구권』을 인정하고, 반사적 이익론의 극복과 재량권의 0으로의 수축법리를 모두 채택하고 있는 점**에서 그 의의가 있다.

0032

경찰의 개념 중 형식적 의미의 경찰과 실질적 의미의 경찰에 대한 설명으로 가장 적절한 것은?

| 17년 승진 |

① 실질적 의미의 경찰개념은 실정법상 보통경찰기관에 분배된 임무를 달성하기 위한 경찰활동이다.
② 형식적 의미의 경찰개념은 작용을 중심으로 파악한 것이다.
③ 형식적 의미의 경찰개념은 일반통치권에 근거하여 국민에게 명령·강제하는 권력적 작용이다.
④ 실질적 의미의 경찰개념은 독일의 행정법학에서 정립된 학문상 개념이다.

- **정답** ④
- **난이도** 하 중 상
- **해설** ④는 옳은 설명이며, ①, ②, ③은 틀린 설명이다.
  - ①, ③ ✕ 『실질적 의미의 경찰』은 사회공공의 안녕·질서를 유지하기 위하여 일반통치권에 의거하여 일반 국민에게 명령·강제하는 권력적 작용을 의미한다. 실질적 의미의 경찰은 소급효가 없고 장래에 향하여 사회공공의 안녕과 질서를 유지함을 목적으로 한다. 사회공공의 안녕과 질서를 유지하기 위한 작용인 점에서 사회목적적 작용(소극적 작용)에 속한다.
  - ② ✕ 『형식적 의미의 경찰』은 실정법·제도·조직을 중심으로 파악된 개념이고, 『실질적 의미의 경찰』은 성질·작용·활동을 중심으로 파악된 개념이다.

참고 형식적 의미의 경찰의 내용

구분	내용
실정법 규정 기준	① 현대의 법 규정에 경찰이 담당하도록 규정되어 있는 사항은 그 내용 및 성질을 불문하고 모두 형식적 의미의 경찰업무에 속한다. ② 대표적으로 「국가경찰과 자치경찰의 조직 및 운영에 관한 법률」 제3조 및 「경찰관 직무집행법」 제2조가 형식적 의미의 경찰개념에 해당한다.
조직 기준	형식적 의미의 경찰개념은 경찰의 조직을 중심으로 파악한 개념이다.
실무상 기준	형식적 의미의 경찰개념은 실무상 확립된 개념(분야별 경찰활동)으로서 생활안전, 수사, 경비, 교통, 공공안녕정보, 안보수사(보안), 외사 등이 해당한다.
비권력적 활동의 포함	① 권력적 활동은 물론 비권력적 활동도 형식적 의미의 경찰작용에 해당한다. ② 대표적으로 경찰의 각종 치안서비스 활동 등이 있다.

0033

경찰의 개념에 관한 설명으로 가장 적절하지 않은 것은?

| 23년 법학특채 |

① 1530년 독일의 「제국경찰법」은 교회행정을 제외한 나머지 국가행정을 경찰의 개념으로 규정하였다.
② 형식적 의미의 경찰개념은 경찰작용의 성질에 따른 것으로서 보건·산림·세무·의료·환경 등을 담당하는 국가기관(특별사법경찰기관)의 권력작용을 포함하여 지방자치단체(특별시, 광역시, 시·군·구)의 권력작용도 경찰로 간주된다.
③ 실질적 의미의 경찰개념은 학문상 정립된 경찰개념이며, 사회공공의 안녕과 질서를 유지하기 위해 국가의 일반통치권에 근거하여 국민에게 명령·강제하는 작용이다.
④ 경찰의 개념을 '경찰업무의 독자성' 여부에 따라 보안경찰과 협의의 행정경찰로 구분한다.

- **정답** ②
- **난이도** 하 중 상
- **해설** ①, ③, ④는 옳은 설명이며, ②는 틀린 설명이다.
  ② ✗ 「형식적 의미의 경찰」개념은 역사적·제도적으로 발전해 온 개념으로서, 경찰작용의 성질과는 관계없이 실정법상(「국가경찰과 자치경찰의 조직 및 운영에 관한 법률」, 「경찰관 직무집행법」 등) 보통경찰기관에 분배되어 있는 임무를 달성하기 위하여 행하여지는 모든 경찰활동을 의미한다. ㉠ 현대의 법 규정에 경찰이 담당하도록 규정되어 있는 사항은 그 내용 및 성질을 불문하고 모두 형식적 의미의 경찰업무에 속한다. ㉡ 형식적 의미의 경찰개념은 경찰의 조직을 중심으로 파악한 개념이다. ㉢ 형식적 의미의 경찰개념은 실무상 확립된 개념(분야별 경찰활동)으로서 생활안전, 수사, 경비, 교통, 공공안녕정보, 안보수사(보안), 외사 등이 해당한다. ㉣ 권력적 활동은 물론 비권력적 활동도 형식적 의미의 경찰작용에 해당한다. 보기의 내용은 「실질적 의미의 경찰개념」에 대한 설명이다.

참고 형식적 의미의 경찰과 실질적 의미의 경찰의 구분

구 분	형식적 의미의 경찰	실질적 의미의 경찰
의 의	실정법상 보통경찰기관에 분배되어 있는 직접임무를 달성하기 위하여 행하여지는 경찰활동	사회공공의 안녕과 질서를 유지하기 위하여 일반통치권에 근거하여 사회목적적으로 명령·강제하는 권력적 작용
발 전	역사적·제도적으로 발전(실무상의 정립)	이론적·학문적 발전
유 래	사회와 국가에 따라 개념 차이가 발생	독일의 행정법학에서 유래(일반통치권)
기 준	실정법·조직·제도	성질·작용·활동
사 례	생활안전경찰, 수사경찰, 교통경찰, 경비경찰, 공공안녕정보, 안보수사경찰(보안경찰), 풍속경찰, 권력적 작용, 비권력적 작용(치안서비스 활동)	협의의 행정경찰(건축경찰, 영업경찰, 위생경찰, 산림경찰 등), 권력적 작용(경찰명령, 경찰상 강제집행, 경찰상 즉시강제 등)

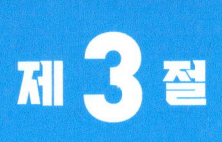

제 3 절 경찰의 분류

0034

경찰의 분류에 대한 설명으로 가장 적절하지 않은 것은? | 72기 간부 변형 |

① 우리나라는 조직법상 행정경찰과 사법경찰의 구분이 없으며, 보통경찰기관이 양 사무를 모두 담당한다.
② 예방경찰과 진압경찰은 경찰권 발동 시점에 따른 구분이다.
③ 행정경찰은 주로 과거의 상황에 대하여 작용하며, 사법경찰은 주로 현재 또는 장래의 상황에 대하여 작용한다.
④ 질서경찰과 봉사경찰은 경찰 활동 시 강제력의 사용유무로 구분된다.

- 정답   ③
- 난이도
- 해설

①, ②, ④는 옳은 설명이며, ③은 틀린 설명이다.
③ ✗ 『행정경찰』은 실질적 의미의 경찰개념으로서, 공공의 안녕과 질서유지를 위한 행정작용을 의미한다. 주로 현재 및 장래의 상황에 대하여 발동된다. 『사법경찰』은 형식적 의미의 경찰개념으로서, 범죄의 수사작용을 의미한다. 주로 이미 발생한 과거의 상황에 대하여 발동된다.

참고 행정경찰과 사법경찰의 구분(목적·임무에 따른 분류)

구분	행정경찰	사법경찰
기준	삼권분립사상, 경찰의 목적·임무	
목적	공공질서유지 및 범죄예방 목적	범죄의 수사 및 범인의 체포
법적 근거	행정법규와 각종 경찰행정법규에 의거	「형사소송법」에 의거
성질	실질적 의미의 경찰개념	형식적 의미의 경찰개념
발동	주로 현재 및 장래의 상황에 대하여 발동	주로 이미 발생한 과거의 상황에 대하여 발동
지휘·감독	① 보안경찰 : 경찰청장의 지휘감독 ② 협의의 행정경찰 : 각 행정관청 주무장관의 지휘감독	① 경찰의 1차적 수사종결권 ② 수사사항에 대한 국가수사본부장의 지휘 및 감독
비고	① 행정경찰과 사법경찰의 구분은 삼권분립사상에 투철했던 프랑스의 「죄와 형벌법전」 제18조(행정경찰은 공공질서 유지와 범죄예방을 목적으로 하고, 사법경찰은 범죄수사와 범인체포를 목적으로 한다)에서 최초로 확립되었다. ② 우리나라의 경우 경찰조직상 행정경찰과 사법경찰이 구분되어 있지 않으므로, 보통경찰기관이 행정경찰사무와 사법경찰사무를 모두 담당한다.	

0035

국가경찰과 자치경찰에 대한 설명으로 적절하지 않은 것은 모두 몇 개인가?

| 72기 간부 |

> 가. 자치경찰은 국가경찰과 비교하여 비권력적 수단보다는 권력적 수단을 통해 국민의 생명과 신체·재산을 보호하고자 한다.
> 나. 국가경찰은 자치경찰과 비교하여 타 행정부문과의 긴밀한 협조·조정이 원활하다.
> 다. 국가경찰은 자치경찰과 비교하여 지역실정을 반영한 경찰조직의 운영·관리가 용이하다.
> 라. 국가경찰은 자치경찰과 비교하여 지역주민에 대한 경찰의 책임의식이 높다.

① 1개　　　　　　　　　　② 2개
③ 3개　　　　　　　　　　④ 4개

정답 ③

난이도

해설 "나"는 옳은 설명이며, "가", "다", "라"는 틀린 설명이다.

　가. ✗ 자치경찰은 국가경찰과 비교하여 비권력적 수단을 상대적으로 강조한다.
　다. ✗ 자치경찰은 국가경찰과 비교하여 상대적으로 지역의 실정에 맞는 경찰 개혁이 용이하고, 지방의 특수성에 따른 경찰행정의 추진이 용이하다.
　라. ✗ 국가경찰은 전국적으로 균등한 경찰서비스의 제공을 할 수 있다는 장점은 있으나, 자치경찰과 비교하여 지역주민에 대한 경찰의 책임의식은 낮다.

참고 국가경찰과 자치경찰의 장·단점 구분

구분	국가경찰	자치경찰
장점	① 전국적으로 균등한 경찰서비스의 제공 ② 경찰활동의 능률성·기동성 확보 ③ 타 경찰기관과의 긴밀한 협조 ④ 전국적 통계자료의 정확성 확보 ⑤ 강력하고 광범위한 집행력	① 지역의 실정에 맞는 경찰 개혁이 용이 ② 인권과 민주성이 더욱 보장됨 ③ 지역 특수성에 따른 경찰행정 추진 용이
단점	① 경찰 본연의 임무에서 벗어나 정부의 특정정책에 어용화 될 가능성이 높음 ② 관료화되어 국민에 대한 봉사의식이 부족할 수 있음 ③ 각 지방의 특수성이 무시될 수 있음	① 지방세력의 간섭으로 인한 정실화 가능성 ② 전국적인 기동성이 저하될 수 있음 ③ 타 경찰기관과의 긴밀한 협조가 약해질 수 있음 ④ 전국적 통계자료의 부정확성

0036

경찰의 분류에 대한 설명으로 적절한 것은 모두 몇 개인가?

| 기기 간부 |

가. 고등경찰과 보통경찰의 구별은 독일에서 유래한 것으로 경찰에 의하여 보호되는 법익을 기준으로 한 구별이다.
나. 질서경찰과 봉사경찰은 경찰서비스의 질과 내용에 따라 구분한 것으로 범죄수사는 질서경찰에 해당하고 방범순찰은 봉사경찰에 해당한다.
다. 평시경찰과 비상경찰은 위해의 정도 및 담당기관에 따라 구분한 것으로 평시경찰은 보통경찰기관이 행하는 경찰작용이고, 비상경찰은 비상사태 발생으로 계엄이 선포될 경우 계엄법에 따라 군대가 담당하는 경찰작용이다.
라. 보안경찰과 협의의 행정경찰은 권한과 책임의 소재에 따라 구분한 것으로 풍속경찰은 보안경찰에 해당하고 산림경찰은 협의의 행정경찰에 해당한다.
마. 행정경찰과 사법경찰은 경찰의 목적에 따른 구분이며 삼권분립사상에서 유래하였다.

① 2개
② 3개
③ 4개
④ 5개

- **정답** ②
- **난이도**
- **해설** "나", "다", "마"는 옳은 설명이며, "가", "라"는 틀린 설명이다.

가. ✗ 고등경찰과 보통경찰의 구별은 프랑스에서 유래한 것으로 사회적 가치나 이익을 기준으로 한 구별이다. 『고등경찰』이란 특별히 고도의 가치가 있는 국가사회의 이익을 보호하는 경찰로서 정당·사회단체·비밀결사·정치집회·사상·정치범죄 등을 단속하는 일종의 정치경찰이다. 『보통경찰』이란 경찰기관의 내부적으로 직무의 분배에 의하여 경찰을 분류한 것으로서의 한 종류이다.

라. ✗ 보안경찰과 협의의 행정경찰은 업무의 독자성 및 타 행정작용과의 부수에 따른 분류이다. 『보안경찰』이란 다른 행정작용에 부수하여 수행되지 않고, 오로지 경찰작용만으로 사회공공의 안녕과 질서를 유지하기 위한 경찰을 의미한다. 『협의의 행정경찰』이란 다른 행정작용과 결합되어 주로 특별한 사회적 이익의 보호를 목적으로 하면서, 그 부수작용으로 사회공공의 안녕과 질서를 유지하기 위한 경찰을 의미한다.

참고 보안경찰과 협의의 행정경찰의 구분(업무의 독자성에 따른 분류)

구 분	내 용
보안경찰 (학문적 의미)	① 『보안경찰』이란 다른 행정작용에 부수하여 수행되지 않고, 오로지 경찰작용만으로 사회공공의 안녕과 질서를 유지하기 위한 경찰을 의미한다(에 생활안전경찰, 교통경찰, 경비경찰, 해양경찰, 소방경찰, 풍속경찰 등). ② 조직상 보통경찰기관이 관장한다.
협의의 행정경찰	① 『협의의 행정경찰』이란 다른 행정작용과 결합되어 주로 특별한 사회적 이익의 보호를 목적으로 하면서, 그 부수작용으로 사회공공의 안녕과 질서를 유지하기 위한 경찰을 의미한다(에 영업경찰, 위생경찰, 경제경찰, 건축경찰, 산림경찰, 철도경찰, 보건경찰 등). ② 조직상 일반행정기관(각 주무장관)이 관장한다. 즉, 형식적 의미에서는 경찰이 아니다. ③ 비경찰화의 대상은 협의의 행정경찰사무이다.

0037

경찰의 분류와 구분기준에 대한 설명 중 옳지 않은 것은 모두 몇 개인가?

| 70기 간부 |

> 가. 보안경찰과 협의의 행정경찰은 업무의 독자성에 따른 구분 또는 경찰작용이 다른 행정작용에 부수(수반) 여부를 기준으로 한다.
> 나. 예방경찰과 진압경찰은 경찰권 발동 시점에 따라 분류한다.
> 다. 광의의 행정경찰과 사법경찰은 경찰의 목적·임무를 기준으로 한 구분이며 이러한 경찰개념의 구분은 삼권분립사상에 투철했던 프랑스에서 확립된 개념이다.
> 라. 국가경찰과 자치경찰은 경찰유지의 권한과 책임의 소재(경찰의 조직·인사·비용부담 등)에 따른 분류이다.
> 마. 평시경찰과 비상경찰은 위해의 정도 및 담당기관에 따른 구분이다.
> 바. 질서경찰과 봉사경찰은 경찰서비스의 질과 내용에 따른 구분이다.

① 0개　　② 1개
③ 2개　　④ 3개

- **정답** ①
- **난이도** 하 중 상
- **해설** "가", "나", "다", "라", "마", "바" 모두 옳은 설명이다.

0038

자치경찰제도의 도입에 따른 장점으로 옳지 않은 설명으로 묶인 것은?

| 67기 간부 |

> 가. 자치경찰제도는 지방에 적합한 경찰행정이 가능하다.
> 나. 자치경찰제도는 타 행정부분과의 긴밀한 협조·조정이 원활하다.
> 다. 자치경찰제도는 지방별로 독립된 조직이므로 조직·운영의 개혁이 용이하다.
> 라. 자치경찰제도는 전국적으로 균등한 경찰서비스를 제공할 수 있다.
> 마. 자치경찰제도는 전국적인 통계자료의 정확성을 기할 수 있다.
> 바. 자치경찰제도는 민주성이 보장되어 주민들의 지지를 받기 쉽다.

① 가, 나, 라　　② 가, 라, 마
③ 나, 다, 라　　④ 나, 라, 마

- **정답** ④
- **난이도** 하 중 상
- **해설** "가", "다", "바"는 옳은 설명이며, "나", "라", "마"는 틀린 설명이다.
  - 나. ❌ 자치경찰제도는 타 경찰기관(행정부분)과의 긴밀한 협조가 약해질 수 있다.
  - 라. ❌ 자치경찰제도는 지방의 치안행정에 집중하므로, 오히려 전국적으로 균등한 경찰서비스의 제공에 한계가 있다.
  - 마. ❌ 자치경찰제도는 전국적 통계자료의 정확성을 확보하기 어렵다.

0039

| 23년 1차 순경 |

경찰의 종류와 구별기준의 연결이 가장 적절하지 않은 것은?

① 질서경찰 – 봉사경찰 : 경찰의 목적에 따른 분류
② 예방경찰 – 진압경찰 : 경찰권 발동시점에 따른 분류
③ 국가경찰 – 자치경찰 : 권한과 책임의 소재에 따른 분류
④ 평시경찰 – 비상경찰 : 위해정도 및 담당기관, 적용법규에 따른 분류

- 정답 ①
- 난이도 하 중 상
- 해설
  ②, ③, ④는 옳은 설명이며, ①은 틀린 설명이다.
  ① ✗ 질서경찰과 봉사경찰은 경찰활동의 질과 내용에 따른 구분이다. 『질서경찰』이란 보통경찰기관이 사회공공의 안녕과 질서를 유지하기 위하여, 강제력이라는 권력적 수단을 통하여 법집행을 행하는 경찰을 의미한다(예 범죄수사 및 진압, 즉시강제, 강제처분, 강제집행, 통고처분 등). 『봉사경찰』이란 보통경찰기관이 강제력이 아닌 비권력적 수단을 통하여 치안서비스 · 계몽 · 지도 등을 행하는 경찰을 의미한다(예 생활안전순찰, 방범지도, 청소년 선도, 교통정보의 제공, 방범순찰, 수상에서의 수색 · 구조 등). 보기에서의 경찰의 목적에 따른 분류는 행정경찰과 『사법경찰을 구분하는 기준』이다.

참고 질서경찰과 봉사경찰의 구분(경찰활동의 질과 내용에 따른 분류)

구 분	내 용
질서경찰	『질서경찰』이란 보통경찰기관이 사회공공의 안녕과 질서를 유지하기 위하여, 강제력이라는 권력적 수단을 통하여 법집행을 행하는 경찰을 의미한다(예 범죄수사 및 진압, 즉시강제, 강제처분, 강제집행, 통고처분 등).
봉사경찰	『봉사경찰』이란 보통경찰기관이 강제력이 아닌 비권력적 수단을 통하여 치안서비스 · 계몽 · 지도 등을 행하는 경찰을 의미한다(예 생활안전순찰, 방범지도, 청소년 선도, 교통정보의 제공, 방범순찰, 수상에서의 수색 · 구조 등).

0040

국가경찰과 자치경찰에 관한 설명으로 가장 적절하지 않은 것은?

| 23년 1차 순경 |

① 자치경찰은 지역사회 특성을 반영한 치안활동이 가능하며 주민들의 지지를 받기 쉽다.
② 국가경찰은 강력하고 광범위한 집행력을 행사할 수 있다.
③ 자치경찰은 지방세력의 간섭으로 인하여 정실주의에 대한 우려가 있다.
④ 국가경찰은 전국 단위의 통계자료 수집 및 정확성 측면에서 불리하다.

- 정답 ④
- 난이도
- 해설 ①, ②, ③은 옳은 설명이며, ④는 틀린 설명이다.
  ④ ✗ 『국가경찰』은 전국 단위의 통계자료 수집 및 정확성 측면에서 『자치경찰』에 비하여 상대적으로 유리하다.

0041

경찰의 분류에 대한 설명으로 가장 적절하지 않은 것은?

| 21년 2차 순경 |

① 우리나라에서는 보통경찰기관이 행정경찰 및 사법경찰 업무를 모두 담당한다.
② 진압경찰은 이미 발생한 위해의 제거나 범죄의 수사를 위한 경찰작용으로 범죄나 수사, 범죄의 제지, 총포·화약류의 취급제한, 광견의 사살 등이 있다.
③ 봉사경찰은 서비스·계몽·지도 등 비권력적인 수단을 통하여 경찰의 직무를 수행하는 경찰활동으로 방범지도, 청소년선도, 교통정보제공 등이 있다.
④ 협의의 행정경찰은 다른 행정작용에 부수하여 그 행정작용과 관련해서 발생하는 위험을 방지하기 위해 행해지는 경찰작용으로 경제경찰, 산림경찰, 철도경찰 등이 있다.

정답 ②

난이도 하 중 상

해설
①, ③, ④는 옳은 설명이며, ②는 틀린 설명이다.
② ✗ 『진압경찰』은 이미 발생된 범죄 및 각종 위해를 진압하기 위한 경찰을 의미한다(예 범죄수사와 범인체포 등). 이는 사법경찰과 그 범위가 일치한다. 광견의 사살의 경우에는 진압경찰에 해당한다. 다만, 총포·화약류의 취급제한은 생활안전경찰활동 영역이며, 동시에 예방경찰에 해당한다.

참고 예방경찰과 진압경찰의 구분(경찰권 발동의 시점에 따른 분류)

구 분	예방경찰	진압경찰
기 준	경찰권의 발동 시점	
범 위	행정경찰보다는 좁은 개념	사법경찰과 그 작용과 범위가 일치
특 징	① 주로 비권력적 수단을 사용 ② 국민의 자유와 권리에 대한 침해가능성이 상대적으로 적음	① 주로 권력적 수단을 사용 ② 국민의 자유와 권리에 대한 침해가능성이 상대적으로 많음

0042

경찰의 분류에 대한 설명으로 가장 적절하지 않은 것은?

| 21년 1차 순경 |

① 행정경찰과 사법경찰 : 경찰의 목적에 따라 구분하며, 프랑스의 「죄와 형벌법전」(「경죄처벌법전」)에서 이와 같은 구분을 최초로 법제화하였다.

② 협의의 행정경찰과 보안경찰 : 다른 행정작용에 부수하느냐의 여부에 따라 구분하며, 협의의 행정경찰은 경찰활동의 능률성과 기동성을 확보할 수 있고 보안경찰은 지역 실정을 반영한 경찰조직의 운영과 관리가 가능하다.

③ 평시경찰과 비상경찰 : 위해의 정도와 담당기관에 따라 구분하며, 평시경찰은 평온한 상태하에서 일반경찰법규에 의하여 보통경찰기관이 행하는 경찰작용이고 비상경찰은 비상사태 발생이나 계엄 선포시 군대가 일반치안을 담당하는 경우이다.

④ 질서경찰과 봉사경찰 : 경찰서비스의 질과 내용에 따라 구분하며, 「경범죄 처벌법」 위반자에 대한 통고처분은 질서경찰의 영역에, 교통정보의 제공은 봉사경찰의 영역에 해당한다.

- **정답** ②
- **난이도**
- **해설** ①, ③, ④는 옳은 설명이며, ②는 틀린 설명이다.

② ✗ 협의의 행정경찰과 보안경찰은 업무의 독자성 및 타 행정작용과의 부수 여부에 따라 분류하는 경찰의 개념이다. 「협의의 행정경찰」은 다른 행정작용과 결합되어 주로 특별한 사회적 이익의 보호를 목적으로 하면서, 그 부수작용으로 사회공공의 안녕과 질서를 유지하기 위한 경찰을 의미한다(예 영업경찰, 위생경찰, 경제경찰, 건축경찰, 산림경찰, 철도경찰, 보건경찰 등). 조직상 일반행정기관(각 주무장관)이 관장한다. 「보안경찰」은 다른 행정작용에 부수하여 수행되지 않고, 오로지 경찰작용만으로 사회공공의 안녕과 질서를 유지하기 위한 경찰을 의미한다(예 생활안전경찰, 교통경찰, 경비경찰, 해양경찰, 소방경찰, 풍속경찰 등). 조직상 보통경찰기관이 관장한다. 보기의 설명은 국가경찰과 자치경찰의 장점을 설명하고 있다.

참고 보안경찰과 협의의 행정경찰의 구분(업무의 독자성에 따른 분류)

구 분	내 용
보안경찰 (학문적 의미)	① 「보안경찰」이란 다른 행정작용에 부수하여 수행되지 않고, 오로지 경찰작용만으로 사회공공의 안녕과 질서를 유지하기 위한 경찰을 의미한다(예 생활안전경찰, 교통경찰, 경비경찰, 해양경찰, 소방경찰, 풍속경찰 등). ② 조직상 보통경찰기관이 관장한다.
협의의 행정경찰	① 「협의의 행정경찰」이란 다른 행정작용과 결합되어 주로 특별한 사회적 이익의 보호를 목적으로 하면서, 그 부수작용으로 사회공공의 안녕과 질서를 유지하기 위한 경찰을 의미한다(예 영업경찰, 위생경찰, 경제경찰, 건축경찰, 산림경찰, 철도경찰, 보건경찰 등). ② 조직상 일반행정기관(각 주무장관)이 관장한다. 즉, 형식적 의미에서는 경찰이 아니다. ③ 비경찰화의 대상은 협의의 행정경찰사무이다.

0043

다음은 국가경찰과 자치경찰에 대한 설명이다. 옳은 것으로 묶인 것은?

| 20년 1차 순경 |

㉠ 국가경찰은 자치경찰과 비교하여 인권과 민주성이 보장되어 주민들의 지지를 받기 쉽다.
㉡ 자치경찰은 국가경찰과 비교하여 권력적 수단보다는 비권력적 수단을 통해 국민의 생명과 신체·재산을 보호하고자 한다.
㉢ 국가경찰은 자치경찰과 비교하여 타 행정부문과의 긴밀한 협조·조정이 원활하다는 장점이 있다.
㉣ 자치경찰은 국가경찰과 비교하여 지역실정을 반영한 경찰조직의 운영·관리가 용이하다.
㉤ 국가경찰은 자치경찰과 비교하여 지역주민에 대한 경찰의 책임의식이 높다.

① ㉠, ㉡, ㉣
② ㉡, ㉢, ㉣
③ ㉡, ㉢, ㉤
④ ㉠, ㉣, ㉤

- **정답** ②
- **난이도**
- **해설** ㉡, ㉢, ㉣은 옳은 설명이며, ㉠, ㉤은 틀린 설명이다.

㉠ ✗ 국가경찰은 단일화된 중앙집권적 조직체계를 통하여 권력적인 수단을 상대적으로 강조하기 때문에 인권과 민주성이 자치경찰과 비교하여 보장되는 측면이 상대적으로 약하다. 따라서 주민들의 지지를 받기 쉽지 않다.

㉤ ✗ 국가경찰은 지방의 특수성에 따른 경찰행정의 추진이 용이하지 않기 때문에 지역주민에 대한 책임의식이 자치경찰과 비교하여 상대적으로 약하다.

참고 | 국가경찰과 자치경찰의 구분(경찰권한의 유지 및 책임소재에 따른 분류)

구 분	국가경찰	자치경찰
기 준	경찰권한의 유지 및 책임의 소재	
조 직	단일화된 중앙집권적 조직체계	지방자치단체별로 분권화된 조직체계
임 무	국가적 이익의 보호와 국가적 질서유지를 강조	개인의 권익보호와 사회공공의 안녕과 질서유지를 강조
수 단	권력적인 수단을 상대적으로 강조	비권력적 수단을 상대적으로 강조
비 고	① 현행「국가경찰과 자치경찰의 조직 및 운영에 관한 법률」에서는 국가경찰사무와 자치경찰사무를 구분하고 있다. ② 시·도경찰청장은 국가경찰사무에 대해서는 경찰청장의 지휘·감독을, 자치경찰사무에 대해서는 시·도자치경찰위원회의 지휘·감독을 받아 관할 구역의 소관사무를 관장하고 소속 공무원 및 소속 경찰기관의 장을 지휘·감독한다. 다만, 수사에 관한 사무에 대해서는 국가수사본부장의 지휘·감독을 받아 관할구역의 소관 사무를 관장하고 소속 공무원 및 소속 경찰기관의 장을 지휘·감독한다.	

0044

다음 중 경찰의 분류와 그 내용으로 가장 적절하지 않은 것은?

| 18년 3차 순경 |

① 경찰권 발동시점에 따라 예방경찰과 진압경찰로 구분할 수 있으며, 위해를 미칠 우려가 있는 정신착란자의 보호는 예방경찰에, 사람을 공격하는 멧돼지를 사살하는 것은 진압경찰에 해당한다.
② 업무의 독자성에 따라 보안경찰과 협의의 행정경찰로 구분할 수 있으며, 교통경찰은 보안경찰에, 건축경찰은 협의의 행정경찰에 해당한다.
③ 삼권분립 사상에 따라 행정경찰과 사법경찰로 구분할 수 있으며, 형식적 의미의 경찰은 행정경찰에, 실질적 의미의 경찰은 사법경찰에 해당한다.
④ 경찰활동의 질과 내용에 따라 질서경찰과 봉사경찰로 구분할 수 있으며, 범죄수사는 질서경찰에, 방범지도는 봉사경찰에 해당한다.

- **정답** ③
- **난이도** 하 중 상
- **해설**
  ①, ②, ④는 옳은 설명이며, ③은 틀린 설명이다.

  ③ ✗ 경찰은 그 목적·임무에 따라 행정경찰과 사법경찰로 분류할 수 있다. 행정경찰과 사법경찰의 구분은 삼권분립사상에 투철했던 프랑스의「죄와 형벌법전」에서 최초로 확립되었다. 우리나라의 경우 경찰조직상 행정경찰과 사법경찰이 구분되어 있지 않으므로, 보통경찰기관이 행정경찰사무와 사법경찰사무를 모두 담당한다.「행정경찰」은 실질적 의미의 경찰개념으로서, 공공의 안녕과 질서유지를 위한 행정작용을 의미한다.「사법경찰」은 형식적 의미의 경찰개념으로서, 범죄의 수사작용을 의미한다.

참고 행정경찰과 사법경찰의 구분(목적·임무에 따른 분류)

구 분	행정경찰	사법경찰
기 준	삼권분립사상, 경찰의 목적·임무	
목 적	공공질서유지 및 범죄예방 목적	범죄의 수사 및 범인의 체포
법적 근거	행정법규와 각종 경찰행정법규에 의거	「형사소송법」에 의거
성 질	실질적 의미의 경찰개념	형식적 의미의 경찰개념
발 동	주로 현재 및 장래의 상황에 대하여 발동	주로 이미 발생한 과거의 상황에 대하여 발동
지휘·감독	① 보안경찰 : 경찰청장의 지휘감독 ② 협의의 행정경찰 : 각 행정관청 주무장관의 지휘감독	① 경찰의 1차적 수사종결권 ② 수사사항에 대한 국가수사본부장의 지휘 및 감독
비 고	① 행정경찰과 사법경찰의 구분은 삼권분립사상에 투철했던 프랑스의「죄와 형벌법전」제18조(행정경찰은 공공질서 유지와 범죄예방을 목적으로 하고, 사법경찰은 범죄수사와 범인체포를 목적으로 한다)에서 최초로 확립되었다. ② 우리나라의 경우 경찰조직상 행정경찰과 사법경찰이 구분되어 있지 않으므로, 보통경찰기관이 행정경찰사무와 사법경찰사무를 모두 담당한다.	

0045

자치경찰제도와 비교하여 국가경찰제도가 갖는 장점으로 가장 적절하지 않은 것은? | 16년 2차 순경 |

① 국가권력을 배경으로 강력하고 광범위한 집행력을 행사할 수 있다.
② 전국적으로 통계의 정확성을 기할 수 있다.
③ 경찰조직의 운영·개혁이 상대적으로 용이하다.
④ 타 행정부문과의 긴밀한 협조·조정이 원활하다.

정답 ③
난이도 하 중 상
해설 ①, ②, ④는 옳은 설명이며, ③은 틀린 설명이다.
③ ✗ 『국가경찰제도』는 경찰조직의 운영 측면에서는 전국적으로 균등한 경찰서비스를 제공할 수 있고, 경찰활동의 능률성·기동성을 확보할 수 있어 유리한 제도이다. 그러나 경찰조직의 개혁에 있어서는 지역 실정에 맞는 특수성이 무시될 수 있어 개혁이 용이하지 않다.

0046

다음 중 경찰의 권한과 책임의 소재에 따라 구분한 것으로 가장 적절한 것은? | 16년 1차 순경 |

① 국가경찰과 자치경찰
② 예방경찰과 진압경찰
③ 보안경찰과 협의의 행정경찰
④ 질서경찰과 봉사경찰

정답 ①
난이도 하 중 상
해설 ①은 옳은 설명이며, ②, ③, ④는 틀린 설명이다.
② ✗ 예방경찰과 진압경찰의 구분은 경찰권 발동의 시점에 따른 분류이다. 『예방경찰』은 경찰상 각종 위해가 발생하기 전에 위해발생을 방지하기 위한 경찰을 의미한다(예 지구대 경찰관의 순찰활동, 정신착란자에 대한 보호조치, 총포·도검·화약류의 소지 및 취급 제한 등). 『진압경찰』은 이미 발생된 범죄 및 각종 위해를 진압하기 위한 경찰을 의미한다(예 범죄수사와 범인체포 등). 이는 사법경찰과 그 범위가 일치한다.
③ ✗ 보안경찰과 협의의 행정경찰은 업무의 독자성 및 타 행정작용과의 부수에 따른 분류이다. 『보안경찰』은 다른 행정작용에 부수하여 수행되지 않고, 오로지 경찰작용만으로 사회공공의 안녕과 질서를 유지하기 위한 경찰을 의미한다(예 생활안전경찰, 교통경찰, 경비경찰, 해양경찰, 소방경찰, 풍속경찰 등). 『협의의 행정경찰』은 다른 행정작용과 결합되어 주로 특별한 사회적 이익의 보호를 목적으로 하면서, 그 부수작용으로 사회공공의 안녕과 질서를 유지하기 위한 경찰을 의미한다(예 영업경찰, 위생경찰, 경제경찰, 건축경찰, 산림경찰, 철도경찰, 보건경찰 등).
④ ✗ 질서경찰과 봉사경찰은 경찰활동의 질과 내용에 따른 분류이다. 『질서경찰』은 보통경찰기관이 사회공공의 안녕과 질서를 유지하기 위하여, 강제력이라는 권력적 수단을 통하여 법집행을 행하는 경찰을 의미한다(예 범죄수사 및 진압, 즉시강제, 강제처분, 강제집행, 통고처분 등). 『봉사경찰』은 보통경찰기관이 강제력이 아닌 비권력적 수단을 통하여 치안서비스·계몽·지도 등을 행하는 경찰을 의미한다(예 생활안전순찰, 방범지도, 청소년 선도, 교통정보의 제공, 방범순찰, 수상에서의 수색·구조 등).

0047

경찰의 분류에 대한 설명으로 적절한 것을 모두 고른 것은?

| 19년 승진 |

㉠ 삼권분립사상에 기초하여 분류할 때 행정경찰은 실질적 의미의 경찰에 해당하고, 사법경찰은 형식적 의미의 경찰에 해당한다.
㉡ 경찰활동의 질과 내용을 기준으로 분류할 때 예방경찰은 경찰상의 위해 발생을 방지하기 위한 작용으로 '위해를 미칠 우려가 있는 정신착란자의 보호'가 이에 해당한다.
㉢ 자치경찰제도는 각 지방특성에 적합한 경찰행정이 가능하지만, 국가경찰제도에 비해 관료화되어 국민을 위한 봉사가 저해될 수 있다.
㉣ 국가경찰제도는 경찰업무집행의 통일을 기할 수 있으나, 정부의 특정정책 수행에 이용되어 본연의 임무를 벗어날 우려가 있다.

① ㉠, ㉡
② ㉠, ㉣
③ ㉡, ㉢
④ ㉢, ㉣

- **정답** ②
- **난이도** 하 중 상
- **해설** ㉠, ㉣은 옳은 설명이며, ㉡, ㉢은 틀린 설명이다.

  ㉡ ✗ 경찰활동의 질과 내용에 따라 경찰을 분류할 때에는 질서경찰과 봉사경찰로 구분할 수 있다. 예방경찰과 진압경찰의 경우에는 경찰권 발동의 시점에 따른 분류에 해당한다.

  ㉢ ✗ 자치경찰제도는 지방의 특수성에 따른 경찰행정의 추진이 용이하고, 지역의 실정에 맞는 경찰개혁이 용이하며, 인권과 민주성이 상대적으로 더욱 보장될 수 있는 장점이 있다. 그러나 지방세력의 간섭으로 인한 정실화 가능성, 전국적인 기동성의 저하, 타 경찰기관과의 긴밀한 협조의 약화, 전국적 통계자료의 부정확성 등의 단점이 있다. 국가경찰제도에 비하여 관료화되지 않고 국민을 위한 봉사가 더욱 강화될 수 있다.

참고 질서경찰과 봉사경찰의 구분(경찰활동의 질과 내용에 따른 분류)

구 분	내 용
질서경찰	『질서경찰』이란 보통경찰기관이 사회공공의 안녕과 질서를 유지하기 위하여, 강제력이라는 권력적 수단을 통하여 법집행을 행하는 경찰을 의미한다(예 범죄수사 및 진압, 즉시강제, 강제처분, 강제집행, 통고처분 등).
봉사경찰	『봉사경찰』이란 보통경찰기관이 강제력이 아닌 비권력적 수단을 통하여 치안서비스·계몽·지도 등을 행하는 경찰을 의미한다(예 생활안전순찰, 방범지도, 청소년 선도, 교통정보의 제공, 방범순찰, 수상에서의 수색·구조 등).

참고 예방경찰과 진압경찰의 구분(경찰권 발동의 시점에 따른 분류)

구 분	예방경찰	진압경찰
기 준	경찰권의 발동 시점	
범 위	행정경찰보다는 좁은 개념	사법경찰과 그 작용과 범위가 일치
특 징	① 주로 비권력적 수단을 사용 ② 국민의 자유와 권리에 대한 침해가능성이 상대적으로 적음	① 주로 권력적 수단을 사용 ② 국민의 자유와 권리에 대한 침해가능성이 상대적으로 많음

제 4 절 경찰의 기본이념

0048

경찰의 기본이념에 대한 설명으로 옳은 것은?

| 70기 간부 변형 |

① 경찰의 중앙과 지방간의 권한 분배, 경찰행정정보의 공개, 성과급제도 확대는 경찰의 민주성 확보 방안이다.
② 인권존중주의는 비록「국가경찰과 자치경찰의 조직 및 운영에 관한 법률」에서는 언급은 없으나, 「헌법」상 기본권 조항 등을 통하여 당연히 유추된다.
③ 국가경찰위원회제도, 「부패방지 및 국민권익위원회의 설치와 운영에 관한 법률」상 국민감사청구제도, 경찰책임의 확보 등은 경찰의 민주성을 확보하기 위한 대내적 민주화 방안이다.
④ 국민의 모든 자유와 권리는 국가안전보장·질서유지 또는 공공복리를 위하여 필요한 경우에 한하여 법률로써 제한할 수 있으며 제한하는 경우에도 자유와 권리의 본질적인 내용을 침해할 수 없다.

- **정답** ④
- **난이도** 하 중 상
- **해설** ④는 옳은 설명이며, ①, ②, ③은 틀린 설명이다.
  ① ✗ 경찰의 중앙과 지방간의 권한 분배는 적합한 조직구조를 지향하는 효율성의 이념에 해당함과 동시에 대내적 민주성을 확보하기 위한 이념에 해당한다. 경찰행정정보의 공개는 대외적 민주성을 확보하기 위한 개념에 해당한다. 성과급제도의 확대는 경영주의의 이념, 즉 효율성에 기초한다.
  ② ✗ 「국가경찰과 자치경찰의 조직 및 운영에 관한 법률」 제5조는 "경찰은 그 직무를 수행할 때 「헌법」과 법률에 따라 국민의 자유와 권리 및 모든 개인이 가지는 불가침의 기본적 인권을 보호하고, 국민 전체에 대한 봉사자로서 공정·중립을 지켜야 하며, 부여된 권한을 남용하여서는 아니 된다"라고 규정하여, 인권존중주의의 이념을 천명하고 있다.
  ③ ✗ 국가경찰위원회제도, 국민감사청구제도 등은 민주성의 이념에 기초하나, 대내적 민주화 방안이 아닌, 대외적 민주화 방안에 해당한다.

참고 대외적 민주성의 확보
① 민주적 통제와 참여장치가 인정된다(예 국가경찰위원회, 시·도자치경찰위원회, 국민감사청구제도 등).
② 경찰활동의 공개가 인정된다(예 「행정절차법」, 「공공기관의 정보공개에 관한 법률」 등).

0049

다음은 경찰활동의 기본이념과 관련된 법적 근거를 제시한 것이다. 이와 관련하여 〈보기 1〉과 〈보기 2〉의 내용이 가장 적절하게 연결된 것은?

| 22년 2차 순경 |

보기1

- (가) 헌법 제1조 제2항에서는 "대한민국 주권은 국민에게 있고, 모든 권력은 국민으로부터 나온다"라고 규정하고 있다.
- (나) 헌법 제37조 제1항에서는 "국민의 자유와 권리는 헌법에 열거되지 아니한 이유로 경시되지 아니한다"라고 규정하고 있다.
- (다) 「국가공무원법」 제65조 제1항에서는 "공무원은 정당이나 그 밖의 정치단체의 결성에 관여하거나 이에 가입할 수 없다"라고 규정하고 있다.

보기2

- ㉠ 인권존중주의
- ㉡ 민주주의
- ㉢ 법치주의
- ㉣ 정치적 중립주의

	(가)	(나)	(다)
①	㉡	㉣	㉠
②	㉢	㉡	㉣
③	㉡	㉠	㉣
④	㉢	㉠	㉣

● 정답 ③

● 난이도 하 중 상

● 해설
(가)는 민주주의(민주성), (나)는 인권존중주의, (다)는 정치적 중립성을 의미한다.

(가) 「민주성」은 경찰권은 국민에게 있고, 경찰이 경찰권을 행사하는 것은 국민으로부터의 위임에 근거한 것임을 의미한다. 또한 경찰조직 측면에서 민주성은 경찰의 조직이나 작용이 민주적이어야 한다는 것을 의미한다. 「헌법」 제1조는 "대한민국의 주권은 국민에게 있고, 모든 권력은 국민으로부터 나온다"라고 규정하고 있다. 경찰공무원이 전체 국민에 대한 봉사자이며, 국민에 대해 책임을 지는 이유가 여기에 있다.

(나) 「인권존중주의」는 경찰이 그 직무를 수행함에 있어서 「헌법」과 법률에 따라 국민의 자유와 권리를 존중해야 함을 의미한다. 「헌법」 제10조는 "모든 국민은 인간으로서의 존엄과 가치를 가지며, 행복을 추구할 권리를 가진다. 국가는 개인이 가지는 불가침의 기본적 인권을 확인하고 이를 보장할 의무를 진다"고 규정하고 있다. 또한, 「국가경찰과 자치경찰의 조직 및 운영에 관한 법률」 제5조는 "경찰은 그 직무를 수행할 때 「헌법」과 법률에 따라 국민의 자유와 권리 및 모든 개인이 가지는 불가침의 기본적 인권을 보호하고, 국민 전체에 대한 봉사자로서 공정·중립을 지켜야 하며, 부여된 권한을 남용하여서는 아니 된다"고 규정하고 있다.

(다) 「정치적 중립성」이란 경찰은 특정 정당, 기타 정치단체의 이익이나 이념을 위해 활동해서는 안되며, 오로지 주권자인 전체 국민과 국가의 이익을 위하여 활동하여야 한다는 것을 의미한다. 「헌법」 제7조 제2항은 "공무원의 신분과 정치적 중립성은 법률이 정하는 바에 의하여 보장된다"라고 규정하고 있다. 또한 「국가경찰과 자치경찰의 조직 및 운영에 관한 법률」 제5조에서도 경찰은 국민 전체에 대한 봉사자로서 공정·중립을 지킬 것을 규정하고 있다. 「국가공무원법」 제65조에서 정치운동금지의무를 부과하고 정당가입을 제한하고 있다.

제 5 절 경찰의 임무 (경찰개입의 전제조건) 및 수단

0050

경찰권 행사에 대한 설명으로 가장 적절하지 않은 것은?

|73기 간부|

① 공공의 안녕은 법질서의 불가침성, 국가존립의 기능성의 불가침성, 개인의 권리와 법익의 보호로 구성되며, 경찰은 사회공공과 관련하여 국가의 존립과 기능을 보호할 의무가 있다.
② 위험은 경찰개입의 전제요건이므로 보호를 받게 되는 법익에 구체적으로 존재해야만 하고 경찰책임자가 누구인지는 불문한다.
③ 범죄수사에 있어서 범죄피해자를 위한 사법경찰권의 적극적인 개입을 인정하는 입법례가 증가하는 추세이다.
④ 공공질서와 관련하여 경찰이 개입할 것인가의 여부는 경찰의 결정에 맡겨져 있더라도, 헌법상 과잉금지원칙이 준수되어야 한다.

 ②

 ①, ③, ④는 옳은 설명이며, ②는 틀린 설명이다.
② ✗ 경찰개입을 위해서는 원칙적으로 구체적 위험이 존재해야 하지만, 범죄예방 및 위험방지 행위를 준비하기 위해서는 추상적 위험으로도 가능하다. 법익의 위험이 인간의 행동에 의한 것인지 또는 단순히 자연력의 결과에 의한 것인지는 불문한다.

참고 구체적 위험과 추상적 위험(위험의 현실성에 따른 분류)

구 분	내 용
구체적 위험	① 「구체적 위험」이란 위험이 개개의 경우에 실제로 존재하는 경우를 의미한다. ② 구체적 위험은 경찰의 권력적 개입의 법적 요건이 된다.
추상적 위험	① 「추상적 위험」이란 위험이 단순히 가설적이고 상상적인 경우로서, 구체적인 위험의 예견가능성을 의미한다. ② 경찰개입을 위해서는 원칙적으로 구체적 위험이 존재해야 하지만, 범죄예방 및 위험방지 행위를 준비하기 위해서는 추상적 위험으로도 가능하다.
보호법익에 대한 위험의 존재 여부	경찰이 개입하기 위해서는 보호법익에 대해서 위험이 반드시 존재할 필요는 없고, 보호법익에 대한 침해의 가능성이 충분히 존재하는 상태이면 충분하다.

0051

경찰의 임무와 관할에 대한 설명으로 적절하지 않은 것은 모두 몇 개인가?

| 72기 간부 |

> 가. 「국가경찰과 자치경찰의 조직 및 운영에 관한 법률」은 경찰의 임무로 국민의 생명·신체 및 재산의 보호, 범죄의 예방·진압 및 수사, 범죄피해자 보호, 교통의 단속과 위해의 방지, 외국 정부기관 및 국제기구와의 국제협력 등을 규정하고 있다.
> 나. 인간의 존엄·자유·명예·생명 등과 같은 개인적 법익뿐만 아니라 사유재산적 가치에 대한 위험방지도 경찰의 임무에 해당하나, 무형의 권리에 대한 위험방지는 경찰의 임무에 해당하지 아니한다.
> 다. 경찰공무원이 국회 안에서 현행범인을 체포한 후에는 국회의장의 지시를 받을 필요가 없지만, 회의장 안에 있는 국회의원에 대하여는 국회의장의 명령 없이 체포할 수 없다.
> 라. 재판장은 법정에서의 질서유지를 위해 필요하다고 인정할 때에는 개정 전후에 상관없이 관할 경찰서장에게 경찰공무원의 파견을 요구할 수 있으며, 파견된 경찰공무원은 법정 내에서만 질서유지에 관하여 재판장의 지휘를 받는다.

① 0개 ② 1개
③ 2개 ④ 3개

- **정답** ④
- **난이도** 하 중 상
- **해설**

"가"는 옳은 설명이며, "나", "다", "라"는 틀린 설명이다.

- 나. ✗ 공공의 안녕과 관련하여 경찰은 사유재산적 가치 및 무형의 권리도 함께 보호해야 한다. 다만, 사유재산권의 보호활동에는 경찰의 개입이 선행적으로 이루어져서는 아니 된다.
- 다. ✗ 경위나 경찰공무원은 국회 안에 현행범인이 있을 때에는 체포한 후 의장의 지시(선체포 후지시)를 받아야 한다. 다만, 회의장 안에서는 의장의 명령 없이 국회의원을 체포할 수 없다(「국회법」 제150조).
- 라. ✗ 재판장은 법정에 있어서의 질서유지를 위하여 필요하다고 인정할 때에는 개정 전·후에 상관없이 관할 경찰서장에게 경찰공무원의 파견을 요구할 수 있다(「법원조직법」 제60조 제1항). 재판장의 요구에 의하여 파견된 경찰공무원은 법정 내·외의 질서유지에 관하여 재판장의 지휘를 받는다(「법원조직법」 제60조 제2항).

참고 개인의 권리·법익의 불가침성 – 보호의 범위

① 공공의 안녕과 관련하여 경찰은 사유재산적 가치 및 무형의 권리도 함께 보호해야 한다.
② 다만, 사유재산권의 보호활동에는 경찰의 개입이 선행적으로 이루어져서는 아니 된다.

0052

경찰의 기본적 임무에 대한 설명 중 옳지 않은 것은 모두 몇 개인가? |70기 간부|

> 가. '공공질서'는 원만한 공동체 생활을 영위하기 위한 불가결적 전제조건이 되는 각 개인의 행동에 대한 불문규범의 총체로서 오늘날 공공질서 개념의 사용 가능 분야는 확대되고 있다.
> 나. 오늘날 복지국가적 행정을 요구하고 있는 시대적 요청에 따라 경찰행정 분야에서도 각 개인이 경찰권의 발동을 요청할 수 있는 권리인 경찰개입청구권을 인정하기에 이르렀는데 이는 '재량권의 0으로의 수축이론'과 관련이 있다.
> 다. 인간의 존엄·자유·명예·생명 등과 같은 개인적 법익뿐만 아니라 사유재산적 가치나 무형의 권리에 대한 위험방지도 경찰의 임무에 해당한다. 그러나 개인적 권리와 법익이 보호된 경우라고 하더라도 경찰의 원조는 잠정적인 보호에 국한되어야 하고, 최종적인 권리구제는 법원에 의하여야 한다.
> 라. 법적 안정성의 확보를 위해 불문규범이 성문화되어 가는 현상으로 인하여 오늘날 공공의 질서라는 개념은 그 범위가 점차 축소되고 있다.
> 마. 위험은 경찰개입의 전제조건이나 위험이 보호를 받게 되는 법익에 구체적으로 존재해야 하는 것은 아니기 때문에 보행자의 통행이 거의 없는 밤 시간에 횡단보도 보행자 신호등이 녹색등일 때 정지하지 않고 진행한 경우에도 통행한 운전자는 경찰책임자가 된다. 이는 공공의 안녕을 보호법익으로 하는「도로교통법」을 침해함으로써 법질서의 불가침성을 침해하기 때문이다.
> 바. 외관적 위험에 대한 경찰권 발동은 경찰상 위험에 해당하는 적법한 개입이므로 경찰관에게 민·형사상 책임을 물을 수 없다. 단, 경찰개입으로 인한 피해가 '공공필요에 의한 특별한 희생'에 해당하는 경우에는 국가의 손실보상 책임은 발생할 수 있다.

① 0개   ② 1개
③ 2개   ④ 3개

 ②

  "나", "다", "라", "마", "바"는 옳은 설명이며, "가"는 틀린 설명이다.

> 가. ❌ 『공공의 질서』란 원만한 공동체 생활을 위한 필수적인 전제조건이며, 공공사회에서 개개인의 행동에 대한 <u>불문규범의 총체</u>가 되는 것을 의미한다. 『공공의 안녕』 개념에 대한 보충적 개념으로 볼 수 있다. 오늘날 대부분의 생활영역에 대한 법적 규범화 추세로 인하여 시대에 따라 변화하는 상대적·유동적 개념인 <u>공공의 질서 개념의 사용 가능 분야는 점차 축소</u>되고 있다.

참고 공공의 질서(불문규범의 총체)

① 『공공의 질서』란 원만한 공동체 생활을 위한 필수적인 전제조건이며, 공공사회에서 개개인의 행동에 대한 <u>불문규범의 총체</u>가 되는 것을 의미한다.
② 공공의 안녕 개념에 대한 보충적 개념으로 볼 수 있다.
③ 오늘날 대부분의 생활영역에 대한 법적 규범화 추세로 인해, 시대에 따라 변화하는 상대적·유동적 개념인 <u>공공의 질서 개념의 사용 가능 분야는 점차 축소</u>되고 있다.

0053

경찰의 임무를 공공의 안녕과 질서에 대한 위험의 방지라고 정의할 때, 위험에 대한 설명 중 가장 옳지 않은 것은?

|68기 간부|

① 오상위험은 객관적으로 판단할 때 위험의 외관 또는 혐의가 정당화되지 않음에도 경찰이 위험의 존재를 잘못 추정한 경우를 말한다.
② 위험에 대한 인식에 따라 외관적 위험, 위험혐의, 오상위험으로 구분된다.
③ 경찰의 개입은 구체적 위험 내지 적어도 오상위험(추정적 위험)이 있을 때 가능하다.
④ 손해란 보호받는 개인 및 공동의 법익에 관한 정상적 상태의 객관적 감소를 뜻하고, 보호법익에 대한 현저한 침해행위가 있어야 한다.

- **정답** ③
- **난이도** 상 중 하
- **해설**
  ①, ②, ④는 옳은 설명이며, ③은 틀린 설명이다.
  ③ ✗ 『구체적 위험』이란 위험이 개개의 경우에 실제로 존재하는 경우를 의미한다. 구체적 위험은 경찰의 권력적 개입의 법적 요건이 된다. 『오상위험』(추측상 위험 또는 추정적 위험)이란 이성적이고 객관적으로 상황판단을 할 때, 의무에 합당한 사려 깊은 판단을 하지 않고 경찰이 객관적 근거 없이 위험의 존재를 잘못 인정해서 개입한 경우를 의미한다. 오상위험의 경우에는 경찰권의 발동은 불가하고, 이에 근거한 경찰의 위험방지조치는 위법하다. 따라서 경찰관에게는 민·형사상의 책임이, 국가에게는 손해배상책임이 발생할 수 있다.

참고 오상위험(추측상 위험 또는 추정상 위험)

① 『오상위험』이란 이성적이고 객관적으로 상황판단을 할 때, 외관적 위험도 위험혐의도 인정되지 않음에도 불구하고, 의무에 합당한 사려 깊은 판단을 하지 않고 경찰이 객관적 근거 없이 위험의 존재를 잘못 인정해서 개입한 경우를 의미한다.
② 오상위험의 경우에 경찰권의 발동은 불가하고, 이에 근거한 경찰의 위험방지조치는 위법하다.
③ 경찰관에게는 민·형사상의 책임이, 국가에게는 손해배상책임이 발생할 수 있다.

0054

경찰의 임무를 공공의 안녕과 질서에 대한 위험의 방지라고 정의할 때, 위험에 대한 설명으로 가장 옳지 않은 것은?

| 65기 간부 |

① 위험은 가까운 장래에 공공의 안녕에 손해가 나타날 수 있는 가능성이 개개의 경우 충분히 존재하는 상태를 말한다.
② 경찰이 의무에 합당한 사려 깊은 판단을 하여 심야에 경찰관이 사람을 살려달라는 외침소리를 듣고 출입문을 부수고 들어갔는데, 실제로는 노인이 크게 켜놓은 TV 형사극 소리였던 경우는 외관적 위험을 인식한 사례에 해당한다.
③ 위험에 대한 인식에 따라 외관적 위험, 위험혐의, 오상위험, 추상적 위험으로 구분된다.
④ 오상위험은 객관적으로 판단할 때 위험의 외관 또는 혐의가 정당화되지 않음에도 경찰이 위험의 존재를 잘못 추정한 경우를 말하며, 위법한 경찰개입이므로 경찰관 개인에게는 민·형사상 책임, 국가에게는 손해배상 책임이 발생할 수 있다.

- **정답** ③
- **난이도**
- **해설** ①, ②, ④는 옳은 설명이며, ③은 틀린 설명이다.
  ③ ❌ 「위험」이란 가까운 장래에 공공의 안녕·질서에 손해가 발생할 수 있는 가능성이 충분이 존재하는 상태를 의미한다. 이러한 위험은 위험의 현실성에 따라 구체적 위험, 추상적 위험으로 분류되고, 위험에 대한 인식에 따라 외관적 위험, 위험혐의, 오상위험으로 분류된다.

참고 위험의 분류

구 분	내 용
위험의 현실성에 따른 분류	① 구체적 위험, ② 추상적 위험
위험에 대한 인식에 따른 분류	① 외관적 위험, ② 위험혐의, ③ 오상위험

0055

경찰의 위험방지 임무에서 말하는 '위험'에 관한 설명으로 가장 적절하지 않은 것은? | 23년 2차 순경 |

① 경찰개입의 대상이 되는 위험은 행위책임에 기인한 것일 수도 있고, 상태책임에 기인한 것일 수도 있다.
② 외관상 위험이 존재할 때의 경찰개입이 적법하더라도, 원칙적으로 국가의 손해배상책임을 발생시킨다.
③ 경찰의 범죄예방 및 위험방지 행위의 준비는 추상적 위험이 존재하는 경우에도 가능하다.
④ 위험혐의의 존재는 위험조사차원의 경찰개입을 정당화시킨다.

- **정답** ②
- **난이도**
- **해설**
  ①, ③, ④는 옳은 설명이며, ②는 틀린 설명이다.
  ② ✗ 『외관적 위험』이란 경찰이 어떠한 상황을 합리적으로 사려 깊게 판단하여 위험이 존재한다고 인식하여 개입하였으나, 실제로는 위험이 없는 경우를 의미한다. 이 경우의 경찰개입은 원칙적으로 적법하다고 여겨지므로 경찰관에게 민·형사상의 책임을 물을 수 없다(예 심야에 순찰중인 경찰관이 사람을 살려달라는 소리를 듣고 남의 집 출입문을 부수고 들어갔는데, 실제로는 귀가 어두운 사람이 TV를 크게 켜놓아 그 소리가 밖으로까지 들린 경우). 그러나 경찰개입으로 인한 피해가 공공필요에 의한 특별한 희생에 해당하는 경우 국가의 손실보상책임이 발생할 수 있다. 결론적으로 적법한 직무집행에 해당하면 손실보상의 문제는 발생할 수 있으나, 손해배상의 문제는 발생하지 않는다.

참고 외관적 위험

① 『외관적 위험』이란 경찰이 어떠한 상황을 합리적으로 사려 깊게 판단하여 위험이 존재한다고 인식하여 개입하였으나, 실제로는 위험이 없는 경우를 의미한다.
② 이 경우의 경찰개입은 원칙적으로 적법하다고 여겨지므로 경찰관에게 민·형사상의 책임을 물을 수 없다(예 심야에 순찰중인 경찰관이 사람을 살려달라는 소리를 듣고 남의 집 출입문을 부수고 들어갔는데, 실제로는 귀가 어두운 사람이 TV를 크게 켜놓아 그 소리가 밖으로까지 들린 경우).
③ 그러나 경찰개입으로 인한 피해가 공공필요에 의한 특별한 희생에 해당하는 경우 국가의 손실보상책임이 발생할 수 있다.
④ 결론적으로 적법한 직무집행에 해당하면 손실보상의 문제는 발생할 수 있으나, 손해배상의 문제는 발생하지 않는다.

0056

공공질서에 관한 설명으로 가장 적절하지 않은 것은? | 23년 1차 순경 |

① 원만한 공동체 생활을 위한 불가결적 전제조건으로서 공공사회에서 각 개인의 행동에 대한 불문규범의 총체이다.
② 공공질서의 개념은 절대적인 것이 아니라, 시대에 따라 변화하는 상대적이고 유동적인 개념이다.
③ 공공질서 개념의 적용 가능분야는 점차 확대되고 있다.
④ 통치권 집행을 위한 개입근거로 활용될 수 있는 공공질서 개념은 엄격한 합헌성이 요구되고, 제한적인 사용이 필요하다.

정답 ③

난이도 하 중 상

해설 ①, ②, ④는 옳은 설명이며, ③은 틀린 설명이다.

③ ❌ 「공공의 질서」란 원만한 공동체 생활을 위한 필수적인 전제조건이며, 공공사회에서 개개인의 행동에 대한 <u>불문규범의 총체</u>가 되는 것을 의미한다. 공공의 안녕 개념에 대한 보충적 개념으로 볼 수 있다. 오늘날 대부분의 생활영역에 대한 법적 규범화 추세로 인해, <u>시대에 따라 변화하는 상대적·유동적 개념인 공공의 질서 개념의 사용 가능 분야는 점차 축소</u>되고 있다.

0057

경찰의 임무를 공공의 안녕과 공공의 질서에 대한 위험의 방지라고 정의할 때, 위험에 관한 설명 중 가장 적절하지 <u>않은</u> 것은? | 22년 1차 순경 |

① 구체적 위험은 개별사례에서 실제로 또는 최소한 경찰관의 사전적 시점에서 사실관계를 합리적으로 평가하였을 때, 가까운 장래에 공공의 안녕이나 공공의 질서에 대한 손해가 발생할 충분한 개연성이 있는 상황과 관련이 있다.
② 오상위험에 근거한 경찰의 위험방지조치가 위법한 경우에는 경찰관 개인에게는 민·형사상 책임이 문제되고 국가에게는 손해배상책임이 발생할 수 있다.
③ 외관적 위험은 경찰관이 의무에 합당한 사려 깊은 상황판단을 하였음에도 위험을 잘못 긍정하는 경우이다.
④ 위험의 혐의만 존재하는 경우에 위험의 존재가 명백해지기 전까지는 예비적 조치로서 위험의 존재 여부를 조사할 권한은 없다.

정답 ④

난이도 상 중 하

해설 ①, ②, ③은 옳은 설명이며, ④는 틀린 설명이다.
④ ✗ 『위험혐의』란 경찰이 의무에 합당한 사려 깊은 상황판단을 할 때, 위험의 발생가능성은 예측되지만, 위험의 실제 발생 여부가 불확실한 경우를 의미한다. 즉, 경찰기관이 위험이 존재한다고 판단할 만한 근거는 가지고 있으나, 그 근거가 충분하지 않아 위험이 존재하지 않을 수도 있다는 것을 경찰기관 스스로가 알고 있는 경우이다. 이 경우 직접적인 경찰권의 발동은 불가하며, 위험의 존재 여부가 명확해질 때까지 위험조사 차원의 예비적 조치만이 가능하다.

참고 위험혐의
① 『위험혐의』란 경찰이 의무에 합당한 사려 깊은 상황판단을 할 때, 위험의 발생가능성은 예측되지만, 위험의 실제 발생 여부가 불확실한 경우를 의미한다.
② 즉, 경찰기관이 위험이 존재한다고 판단할 만한 근거는 가지고 있으나, 그 근거가 충분하지 않아 위험이 존재하지 않을 수도 있다는 것을 경찰기관 스스로가 알고 있는 경우이다(예 항공기 내에 폭발물이 설치되어 있다는 제보).
③ 이 경우 직접적인 경찰권의 발동은 불가하며, 위험의 존재 여부가 명확해질 때까지 위험조사 차원의 예비적 조치만이 가능하다.

0058

경찰의 임무에 대한 설명으로 가장 적절하지 않은 것은?

| 21년 2차 순경 |

① 「국가경찰과 자치경찰의 조직 및 운영에 관한 법률」 제3조에서 경찰의 임무로 '국민의 생명·신체 및 재산의 보호', '범죄피해자 보호', '교통의 단속과 위해의 방지' 등을 규정하고 있다.
② 법질서의 불가침성은 공공의 안녕의 제1요소로서, 공법규범에 대한 위반은 일반적으로 공공의 안녕에 대한 위험으로 취급되어 경찰권 발동의 대상이 된다.
③ 공공질서란 원만한 공동체 생활을 위한 필수적인 전제조건으로서 공공사회에서 개개인의 행동에 대한 불문규범의 총체를 의미한다.
④ 위험이란 가까운 장래에 공공의 안녕이나 질서에 손해가 나타날 수 있는 가능성이 개개의 경우에 충분히 존재하는 상태를 의미한다. 위험은 구체적 위험과 추상적 위험으로 구분할 수 있으며 경찰개입은 구체적 위험이 있을 때만 가능하다.

- **정답** ④
- **난이도**
- **해설**

①, ②, ③은 옳은 설명이며, ④는 틀린 설명이다.

④ ❌ 「위험」이란 가까운 장래에 공공의 안녕이나 질서에 손해가 나타날 수 있는 가능성이 개개의 경우에 충분히 존재하는 상태를 의미한다. 위험은 구체적 위험과 추상적 위험으로 구분할 수 있다. 경찰개입을 위해서는 원칙적으로 구체적 위험이 존재해야 하지만, 범죄예방 및 위험방지 행위를 준비하기 위해서는 추상적 위험으로도 가능하다.

참고 구체적 위험과 추상적 위험(위험의 현실성에 따른 분류)

구 분	내 용
구체적 위험	① 「구체적 위험」이란 위험이 개개의 경우에 실제로 존재하는 경우를 의미한다. ② 구체적 위험은 경찰의 권력적 개입의 법적 요건이 된다.
추상적 위험	① 「추상적 위험」이란 위험이 단순히 가설적이고 상상적인 경우로서, 구체적인 위험의 예견가능성을 의미한다. ② 경찰개입을 위해서는 원칙적으로 구체적 위험이 존재해야 하지만, 범죄예방 및 위험방지 행위를 준비하기 위해서는 추상적 위험으로도 가능하다.
보호법익에 대한 위험의 존재 여부	경찰이 개입하기 위해서는 보호법익에 대해서 위험이 반드시 존재할 필요는 없고, 보호법익에 대한 침해의 가능성이 충분히 존재하는 상태이면 충분하다.

0059

경찰의 임무를 공공의 안녕과 질서에 대한 위험의 방지라고 정의할 때, 이에 대한 설명으로 가장 적절한 것은?

| 20년 2차 순경 |

① '공공의 안녕'이란 개념은 '법질서의 불가침성'과 '국가의 존립 및 국가기관 기능성의 불가침성', '개인의 권리와 법익의 보호'를 포함하며, 이 중 공공의 안녕의 제1요소는 '개인의 권리와 법익의 보호'이다.
② '공공의 질서'란 원만한 공동체 생활을 위해 개인이 준수해야 할 불문규범의 총체를 의미하며, 법적 안전성 확보를 위해 불문규범이 성문화되어가는 현상으로 인하여 그 영역이 점차 축소되고 있다.
③ 경찰이 의무에 합당한 사려 깊은 상황판단을 했음에도 불구하고 위험을 잘못 긍정한 경우를 '오상위험'이라고 한다.
④ 위험의 현실화 여부에 따라 '추상적 위험'과 '구체적 위험'으로 구분할 수 있으며 경찰의 개입은 구체적 위험의 경우에만 정당화된다.

- **정답** ②
- **난이도** 하 중 상
- **해설** ②는 옳은 설명이며, ①, ③, ④는 틀린 설명이다.
  ① ✗ 『공공의 안녕』이란 개념은 ⊙ 법질서의 불가침성 ⓒ 국가의 존립 및 국가기관 기능성의 불가침성, ⓒ 개인의 권리와 법익의 불가침성을 의미하는 성문법규의 총체를 의미한다. 여기서 공공의 안녕의 제1요소는 『법질서의 불가침성』이다.
  ③ ✗ 경찰이 의무에 합당한 사려 깊은 상황판단을 했음에도 불구하고 위험을 잘못 긍정한 경우를 『외관적 위험』이라고 한다. 『오상위험』은 추측상 위험 추정상 위험이라고도 하는데, 이성적이고 객관적인 상황판단을 할 때, 외관적 위험도 위험혐의도 인정되지 않음에도 불구하고, 의무에 합당한 사려 깊은 판단을 하지 않고 경찰이 객관적 근거 없이 위험의 존재를 잘못 인정해서 개입한 경우를 의미한다.
  ④ ✗ 위험은 위험의 현실성 여부에 따라 『구체적 위험』과 『추상적 위험』으로 분류된다. 경찰개입을 위해서는 원칙적으로 구체적 위험이 존재해야 하지만, 범죄예방 및 위험방지 행위를 준비하기 위해서는 추상적 위험으로도 가능하다.

0060

경찰의 기본적 임무 및 수단에 대한 설명으로 가장 적절하지 않은 것은?

| 19년 1차 순경 |

① 경찰강제에는 경찰상 강제집행(대집행·강제징수·집행벌·즉시강제 등)과 경찰상 직접강제가 있는데, 경찰상 강제집행은 의무의 존재 및 그 불이행을 전제로 한다는 점에서 이를 전제로 하지 아니하고 급박한 경우에 행하여지는 경찰상 직접강제와 구별된다.

② 공공질서란 각 개인의 행동에 대한 불문규범의 총체로, 시대에 따라 변화하는 상대적·유동적 개념이다.

③ 경찰의 직무에는 범죄의 예방·진압, 범죄피해자 보호가 포함된다.

④ 「형사소송법」은 임의수사를 원칙으로 하고, 강제수사를 예외적으로 허용하고 있다.

- **정답** ①
- **난이도** 하 중 상
- **해설**

②, ③, ④는 옳은 설명이며, ①은 틀린 설명이다.

① ✗ 「경찰강제」는 경찰목적을 위하여 사인의 의사에 관계없이 그의 신체 또는 재산에 실력을 행사하여 질서유지에 필요한 상태를 실현시키는 권력적 사실행위로서 그 종류에는 「경찰상 강제집행」과 「경찰상 즉시강제」가 있다. 경찰상 직접강제는 경찰상 강제집행의 한 종류이다. ㉠ 「경찰상 강제집행」이란 경찰하명에 따른 경찰의무의 불이행이 있는 경우에, 상대방의 신체·재산·주거 등에 실력을 행사하여 경찰권 자신이 강제적으로 의무를 이행시키거나 이행된 것과 동일한 상태를 실현시키는 작용을 말한다. ㉡ 「경찰상 즉시강제」란 목전의 급박한 경찰상 장해를 미연에 제거하고 장해발생을 예방하기 위하여 미리 의무를 명할 시간적 여유가 없을 때 또는 그 성질상 의무를 명하는 것으로는 그 목적을 달성하기 곤란할 때에 직접 국민의 신체 또는 재산에 실력을 가하여 경찰상 필요한 상태를 실현하는 작용을 말한다(「행정기본법」 제30조 제1항).

참고 실정법상 경찰의 직무

「국가경찰과 자치경찰의 조직 및 운영에 관한 법률」 제3조(경찰의 임무)	「경찰관 직무집행법」 제2조(직무의 범위)
1. 국민의 생명·신체 및 재산의 보호	1. 국민의 생명·신체 및 재산의 보호
2. 범죄의 예방·진압 및 수사	2. 범죄의 예방·진압 및 수사
3. 범죄피해자 보호	2의2. 범죄피해자 보호
4. 경비·요인경호 및 대간첩·대테러 작전 수행	3. 경비, 주요 인사 경호 및 대간첩·대테러 작전 수행
5. 공공안녕에 대한 위험의 예방과 대응을 위한 정보의 수집·작성 및 배포	4. 공공안녕에 대한 위험의 예방과 대응을 위한 정보의 수집·작성 및 배포
6. 교통의 단속과 위해의 방지	5. 교통 단속과 교통 위해의 방지
7. 외국 정부기관 및 국제기구와의 국제협력	6. 외국 정부기관 및 국제기구와의 국제협력
8. 그 밖에 공공의 안녕과 질서유지	7. 그 밖에 공공의 안녕과 질서유지

0061

경찰의 임무에 대한 설명으로 가장 적절하지 않은 것은? |17년 2차 순경|

① '공공의 안녕과 질서에 대한 위험방지'가 경찰의 궁극적 임무라 할 수 있다.
② 오늘날 대부분의 생활 영역에 대한 법적 규범화 추세에 따라 공공질서 개념의 사용 가능 분야는 점점 축소되고 있다.
③ '공공의 안녕'이란 개념은 '법질서의 불가침성'과 '국가의 존립 및 국가기관의 기능성의 불가침성'으로 나눌 수 있는 바, 이 중 '국가의 존립 및 국가기관의 기능성의 불가침성'이 공공의 안녕의 제1요소이다.
④ 경찰의 개입은 구체적 위험 내지 적어도 추상적 위험이 있을 때 가능하다.

- **정답** ③
- **난이도**
- **해설**

①, ②, ④는 옳은 설명이며, ③은 틀린 설명이다.
③ ❌ 『공공의 안녕』이란 개념은 ㉠ 법질서의 불가침성과 ㉡ 국가의 존립 및 국가기관의 기능성의 불가침성, ㉢ 개인의 권리·법익의 불가침성을 의미하는 성문규범의 총체를 의미한다. 이러한 공공의 안녕이라는 개념은 일부는 국가 등 집단과 관련되어 있으며, 일부는 개인과 관련되어 있는 이중적 개념이다. 공공의 안녕의 제1요소는 『법질서의 불가침성』이다.

참고 법질서의 불가침성(공공의 안녕의 제1요소)

구 분	내 용
공법규범 위반	① 공법규범에 대한 침해는 원칙적으로 공공의 안녕에 대한 위험으로 인정되며, 이는 특히 「형법」 및 특별형법 등의 범죄구성요건에 해당한다. ② 공법규범에 위반한 경우에는 경찰의 개입이 인정된다. 이때, 경찰이 개입하기 위해서는 보호법익에 대한 침해 또는 침해 가능성이 객관적으로 존재하여야 하지만, 주관적 구성요건의 실현이나 책임성·구체적 가벌성은 요하지 않는다.
사법규범 위반	① 사법규범에 대한 침해는 원칙적으로 공공의 안녕에 대한 위험으로 인정되지 않는다. ② 예외적으로 경찰은 법적 보호가 적시에 이루어지지 않고, 경찰의 원조 없이는 법을 실현시키는 것이 무효화되거나 사실상 어려워질 경우에만 개입을 할 수 있다(보충성의 원칙). 이때, 경찰의 개입은 잠정적인 보호조치에 국한되어야 하고 최종적인 보호는 법원이 행한다.

0062

다음 중 「국가경찰과 자치경찰의 조직 및 운영에 관한 법률」상 국가경찰의 임무는 모두 몇 개인가?

| 15년 3차 순경 |

㉠ 국민의 생명·신체 및 재산의 보호
㉡ 범죄의 예방·진압 및 수사
㉢ 경비·요인경호 및 대간첩·대테러 작전 수행
㉣ 외국 정부기관 및 국제기구와의 국제협력

① 1개 ② 2개
③ 3개 ④ 4개

- **정답** ④
- **난이도** 하 중 상
- **해설** ㉠, ㉡, ㉢, ㉣ 모두 옳은 설명이다.

참고 실정법상 경찰의 직무(차이점)

① 「국가경찰과 자치경찰의 조직 및 운영에 관한 법률」은 "요인경호", 「경찰관 직무집행법」은 "주요 인사 경호"라는 표현을 사용하고 있다.
② 「국가경찰과 자치경찰의 조직 및 운영에 관한 법률」은 "교통의 단속과 위해의 방지", 「경찰관 직무집행법」은 "교통 단속과 교통 위해의 방지"라는 표현을 사용하고 있다.

0063

경찰의 기본적 임무인 '위험의 방지'에 대한 설명으로 가장 적절하지 않은 것은?

| 22년 승진 |

① 경찰개입을 위해서는 구체적 위험이 존재해야 하지만, 범죄예방 및 위험방지 행위의 준비는 추상적 위험 상황에서도 가능하다.
② 오상위험이란 경찰이 상황을 합리적으로 사려 깊게 판단하여 위험이 존재한다고 인식하여 개입하였으나 실제로는 위험이 없던 경우를 말하며 이 경우 국가의 손실보상책임이 발생할 수 있다.
③ 위험혐의란 경찰이 의무에 합당한 사려 깊은 상황 판단을 할 때, 위험의 발생 가능성은 예측되지만, 위험의 실제 발생 여부가 불확실한 경우를 의미한다.
④ 손해란 보호법익에 대한 현저한 침해행위를 의미하고 정상적 상태의 객관적 감소이어야 하므로, 단순한 성가심이나 불편함은 경찰개입의 대상이 아니다.

정답 ②

난이도 하 중 상

해설 ①, ③, ④는 옳은 설명이며, ②는 틀린 설명이다.
② ✗ 「오상위험」이란 추측상 위험 또는 추정상 위험이라고도 하는데, 이성적이고 객관적으로 상황판단을 할 때, 외관적 위험도 위험혐의도 인정되지 않음에도 불구하고, 의무에 합당한 사려 깊은 판단을 하지 않고 경찰이 객관적 근거 없이 위험의 존재를 잘못 인정해서 개입한 경우를 의미한다. 오상위험의 경우에 경찰권의 발동은 불가하고, 이에 근거한 경찰의 위험방지조치는 위법하다. 경찰관에게는 민·형사상의 책임이, 국가에게는 손해배상책임이 발생할 수 있다.

참고 오상위험

① 「오상위험」이란 추측상 위험 또는 추정상 위험이라고도 하는데, 이성적이고 객관적으로 상황판단을 할 때, 외관적 위험도 위험혐의도 인정되지 않음에도 불구하고, 의무에 합당한 사려 깊은 판단을 하지 않고 경찰이 객관적 근거 없이 위험의 존재를 잘못 인정해서 개입한 경우를 의미한다.
② 오상위험의 경우에 경찰권의 발동은 불가하고, 이에 근거한 경찰의 위험방지조치는 위법하다.
③ 경찰관에게는 민·형사상의 책임이, 국가에게는 손해배상책임이 발생할 수 있다.

0064

경찰의 임무를 공공의 안녕과 질서에 대한 위험의 방지라고 정의할 때, 위험에 대한 설명으로 가장 적절한 것은?

| 20년 승진 |

① '위험'은 보호받는 개인 및 공동의 법익에 관한 정상적 상태의 객관적 감소를 뜻한다.
② 위험에 대한 인식은 외관적 위험, 위험혐의, 추상적 위험으로 구분할 수 있다.
③ '위험혐의'란 경찰이 의무에 합당한 사려 깊은 판단을 할 때 실제로 위험의 가능성은 예측되나 불확실한 경우를 말한다.
④ 외관적 위험에 대한 경찰권의 발동은 경찰상 위험에 해당하는 적법한 개입이므로 경찰관에게 민·형사상 책임을 물을 수도 없고, 국가의 손실보상 책임도 발생하지 않는다.

정답 ③

난이도 상 중 하

해설 ③은 옳은 설명이며, ①, ②, ④는 틀린 설명이다.
① ✗ 『위험』이란 가까운 장래에 공공의 안녕·질서에 손해가 발생할 수 있는 가능성이 충분히 존재하는 상태를 의미한다. 『손해』란 보호법익에 대한 현저한 침해행위를 의미하고 정상적인 상태의 객관적 감소이어야 한다.
② ✗ 위험에 대한 인식은 외관적 위험, 위험혐의, 오상위험으로 구분할 수 있다.
④ ✗ 『외관적 위험』의 경우 경찰개입은 원칙적으로 적법하다고 여겨지므로 경찰관에게 민·형사상 책임을 물을 수 없다. 그러나 경찰개입으로 인한 피해가 공공필요에 의한 특별한 희생에 해당하는 경우 국가의 손실보상책임이 발생할 수 있다. 결론적으로 적법한 직무집행에 해당하면 손실보상의 문제는 발생할 수 있으나, 손해배상의 문제는 발생하지 않는다.

참고 위험과 손해의 의의 구분

구분	내용
위험	『위험』이란 가까운 장래에 공공의 안녕·질서에 손해가 발생할 수 있는 가능성이 충분히 존재하는 상태를 의미한다.
손해	『손해』란 보호법익에 대한 현저한 침해행위를 의미하고 정상적인 상태의 객관적 감소이어야 하므로, 단순한 성가심이나 불편함은 경찰개입의 대상이 아니다.

참고 위험의 분류

구분	내용
위험의 현실성에 따른 분류	① 구체적 위험, ② 추상적 위험
위험에 대한 인식에 따른 분류	① 외관적 위험, ② 위험혐의, ③ 오상위험

0065

경찰의 기본적 임무에 대한 설명 중 가장 적절하지 않은 것은? |20년 승진|

① 경찰의 임무는 행정조직법상의 경찰기관을 전제로 한 개념으로 '공공의 안녕과 질서에 대한 위험의 방지'가 경찰의 궁극적 임무라 할 수 있다.
② 공공질서는 원만한 공동체생활을 영위하기 위한 불가결적 전제조건이 되는 각 개인의 행동에 대한 불문규범의 총체로, 오늘날 공공질서 개념의 사용 가능 분야는 확대되고 있다.
③ 공공의 안녕은 법질서의 불가침성, 개인의 권리와 법익의 불가침성, 국가 등 공권력 주체의 기관과 집행의 불가침성을 의미한다.
④ 법질서의 불가침성은 공공의 안녕의 제1요소이다.

- **정답** ②
- **난이도** 상 중 하
- **해설** ①, ③, ④는 옳은 설명이며, ②는 틀린 설명이다.
  ② ✗ 『공공의 질서』란 원만한 공동체 생활을 위한 필수적인 전제조건이며, 공공사회에서 개개인의 행동에 대한 불문규범의 총체가 되는 것을 의미한다. 공공의 안녕 개념에 대한 보충적 개념으로 볼 수 있다. 오늘날 대부분의 생활영역에 대한 법적 규범화 추세로 인해, 시대에 따라 변화하는 상대적·유동적 개념인 공공의 질서 개념의 사용 가능 분야는 점차 축소되고 있다.

참고 공공의 질서

구 분	내 용
의 의	① 『공공의 질서』란 원만한 공동체 생활을 위한 필수적인 전제조건이며, 공공사회에서 개개인의 행동에 대한 불문규범의 총체가 되는 것을 의미한다. ② 공공의 안녕 개념에 대한 보충적 개념으로 볼 수 있다. ③ 오늘날 대부분의 생활영역에 대한 법적 규범화 추세로 인해, 시대에 따라 변화하는 상대적·유동적 개념인 공공의 질서 개념의 사용 가능 분야는 점차 축소되고 있다.
경찰권 발동	① 개개의 사안에서 공공의 질서와 관련된 경찰권의 발동 여부는 원칙적으로 경찰행정관청의 재량권 결정에 맡겨진다. ② 하지만, 이 경우에는 인권보호와 관련된 「헌법」 규정을 엄격히 준수하는 범위 내에서, 경찰행정관청의 의무에 합당한 재량권 행사이어야 한다.

0066

경찰의 임무를 공공의 안녕과 질서에 대한 위험의 방지라고 정의할 때, 위험에 대한 설명으로 가장 적절한 것은?

| 18년 승진 |

① '위험'은 보호받는 개인 및 공동의 법익에 관한 정상적 상태의 객관적 감소를 뜻한다.
② '오상위험'은 객관적으로 판단할 때 위험의 외관 또는 혐의가 정당화되지 않음에도 경찰이 위험의 존재를 잘못 추정한 경우를 말한다.
③ '외관적 위험'에 대한 경찰개입은 적법하며, 경찰관 개인에게 민·형사상 책임을 물을 수 없고 국가의 손실보상책임도 인정될 여지가 없다.
④ '위험혐의'의 경우 위험의 존재여부가 명백해질 때까지 예비적인 위험조사 차원의 경찰개입은 정당화될 수 없다.

- 정답 ②
- 난이도
- 해설

②는 옳은 설명이며, ①, ③, ④는 틀린 설명이다.
① ❌ 『위험』이란 <u>가까운 장래에 공공의 안녕·질서에 손해가 발생할 수 있는 가능성</u>이 충분히 존재하는 상태를 의미한다. 보기의 내용은 『손해』에 대한 설명이다. 위험은 사실에 기인하여 향후 발생할 사건에 대한 개인의 주관적 추정이지만, <u>경찰개입이 정당하기 위해서는 어느 정도 객관성이 필요</u>하다. 법익의 위험이 인간의 행동에 의한 것인지 또는 단순히 자연력의 결과에 의한 것인지는 불문한다.
③ ❌ 『외관적 위험』이란 경찰이 어떠한 상황을 합리적으로 사려 깊게 판단하여 위험이 존재한다고 인식하여 개입하였으나, 실제로는 위험이 없는 경우를 의미한다. 이 경우의 <u>경찰개입은 원칙적으로 적법</u>하다고 여겨지므로 <u>경찰관에게 민·형사상의 책임을 물을 수 없다</u>(예 심야에 순찰 중인 경찰관이 사람을 살려달라는 소리를 듣고 남의 집 출입문을 부수고 들어갔는데, 실제로는 귀가 어두운 사람이 TV를 크게 켜놓아 그 소리가 밖으로까지 들린 경우). 그러나 <u>경찰개입</u>으로 인한 피해가 공공필요에 의한 특별한 희생에 해당하는 경우 <u>국가의 손실보상책임이 발생</u>할 수 있다.
④ ❌ 『위험혐의』란 경찰이 의무에 합당한 사려 깊은 상황판단을 할 때, 위험의 발생가능성은 예측되지만, 위험의 실제 발생 여부가 불확실한 경우를 의미한다. 이 경우 <u>직접적인 경찰권의 발동은 불가</u>하며, 위험의 존재 여부가 명확해질 때까지 <u>위험조사 차원의 예비적 조치만이 가능</u>하다(예 항공기 내에 폭발물이 설치되어 있다는 제보).

0067

경찰의 임무를 공공의 안녕과 질서에 대한 위험의 방지라고 정의할 때, 위험에 대한 설명으로 가장 적절하지 않은 것은? | 17년 승진 |

① 위험은 가까운 장래에 공공의 안녕에 손해가 나타날 가능성이 개개의 경우에 충분히 존재하는 상태를 말한다.
② 경찰의 개입은 구체적 위험 내지 적어도 오상위험(추정적 위험)이 있을 때 가능하다.
③ 위험은 보호를 받게 되는 법익에 대해 필수적으로 내재해야 하는 것은 아니다.
④ 손해란 보호받는 개인 및 공동의 법익에 관한 정상적 상태의 객관적 감소를 뜻하고, 보호법익에 대한 현저한 침해행위가 있어야 한다.

• 정답 ②
• 난이도 하 중 상
• 해설 ①, ③, ④는 옳은 설명이며, ②는 틀린 설명이다.
② ✗ 『위험』이란 가까운 장래에 공공의 안녕이나 질서에 손해가 나타날 수 있는 가능성이 개개의 경우에 충분히 존재하는 상태를 의미한다. 위험은 구체적 위험과 추상적 위험으로 구분할 수 있다. 경찰개입을 위해서는 원칙적으로 구체적 위험이 존재해야 하지만, 범죄예방 및 위험방지 행위를 준비하기 위해서는 추상적 위험으로도 가능하다.

> **참고** 구체적 위험과 추상적 위험(위험의 현실성에 따른 분류)

구 분	내 용
구체적 위험	① 『구체적 위험』이란 위험이 개개의 경우에 실제로 존재하는 경우를 의미한다. ② 구체적 위험은 경찰의 권력적 개입의 법적 요건이 된다.
추상적 위험	① 『추상적 위험』이란 위험이 단순히 가설적이고 상상적인 경우로서, 구체적인 위험의 예견가능성을 의미한다. ② 경찰개입을 위해서는 원칙적으로 구체적 위험이 존재해야 하지만, 범죄예방 및 위험방지 행위를 준비하기 위해서는 추상적 위험으로도 가능하다.
보호법익에 대한 위험의 존재 여부	경찰이 개입하기 위해서는 보호법익에 대해서 위험이 반드시 존재할 필요는 없고, 보호법익에 대한 침해의 가능성이 충분히 존재하는 상태이면 충분하다.

0068

경찰의 기본적 임무 중 '공공의 안녕과 질서에 대한 위험의 방지'에 관한 설명으로 가장 적절하지 <u>않</u>은 것은?

| 23년 법학특채 |

① 경찰의 개입은 구체적 위험 내지 적어도 오상위험이 있을 때 가능하다.
② 법질서의 불가침성은 공공의 안녕의 제1요소로서, 민주적 정당성을 부여받은 입법자가 창조하고 형성한 법질서는 그 전체로서 보호되어야 한다.
③ 국가의 존립과 기능성을 위험으로부터 보호하기 위하여 가벌성의 범위 내에 이르지 아니하더라도 국민의 자유와 권리를 침해하지 않는 범위 내에서 수사·정보·안보경찰의 첩보수집활동을 할 수 있다.
④ 공공의 안녕을 위해 경찰은 개인의 권리와 법익을 보호해야 한다. 다만, 사법(私法)에서 인정되는 사적인 권리확보수단이 존재하는 경우에는 경찰의 보충적인 보호만 인정된다.

정답 ①

난이도

해설
②, ③, ④는 옳은 설명이며, ①은 틀린 설명이다.
① ❌ 구체적 위험은 경찰의 권력적 개입의 법적 요건이 된다. 경찰개입을 위해서는 원칙적으로 구체적 위험이 존재해야 하지만, <u>범죄예방 및 위험방지 행위를 준비하기 위해서는 추상적 위험으로도 가능</u>하다. 『오상위험』이란 추측상 위험 또는 추정상 위험이라고도 하는데, <u>이성적이고 객관적으로 상황판단을 할 때, 외관적 위험도 위험혐의도 인정되지 않음에도 불구하고, 의무에 합당한 사려 깊은 판단을 하지 않고 경찰이 객관적 근거 없이 위험의 존재를 잘못 인정해서 개입한 경우를 의미한다. 오상위험의 경우에 경찰권의 발동은 불가하고,</u> <u>이에 근거한 경찰의 위험방지조치는 위법</u>하다. <u>경찰관에게는 민·형사상의 책임이, 국가에게는 손해배상책임이 발생</u>할 수 있다.

참고 국가의 존립과 국가기관의 기능성에 대한 불가침성

| 형법상 가벌성의 유무 | ① 개입대상이 형법상 가벌성의 범위 내에 이르지 않았더라도, 경찰은 국민의 자유와 권리를 침해하지 않는 범위 내에서 공공안녕정보·안보수사(보안)·외사경찰활동을 행할 수 있다.
② 폭력성과 명예훼손행위 없이 표출되는 국가기관에 대한 비판은 언론 및 집회의 자유에 해당되므로 경찰의 개입대상이 아니다. |

참고 개인의 권리·법익의 불가침성

구 분	내 용
보호의 범위	① 공공의 안녕과 관련하여 경찰은 사유재산적 가치 및 무형의 권리도 함께 보호해야 한다. ② 다만, 사유재산권의 보호활동에는 경찰의 개입이 선행적으로 이루어져서는 아니 된다.
긴급성·보충성	개인은 효과적인 보호의 시기를 놓쳐 권리가 무효화될 우려가 있을 때에만 경찰에 원조를 요청할 수 있으며, 경찰의 원조는 잠정적인 보호에 국한되어야 하고, 최종적인 규제를 취해서는 안 된다. 최종적인 보호는 법원에 의해 구제받을 수 있다.
예외적 직접조치	개인의 권리 및 법익에 대한 침해가 동시에 「형법」등 공법규범을 위협 또는 침해한 경우라면 경찰은 잠정적인 조치만 취해서는 안 되고 직접적으로 개입해야 한다.

제 6 절 경찰의 관할

0069

경찰의 관할에 대한 설명 중 가장 옳지 <u>않은</u> 것은?

| 제68기 간부 |

① 국회의장은 국회의 경호를 위하여 필요한 때에는 국회운영위원회의 동의를 받아 일정한 기간을 정하여 정부에 대하여 필요한 경찰공무원의 파견을 요구할 수 있다.

② 국회 안에 현행범인이 있을 때에는 경위 또는 경찰공무원은 이를 체포한 후 국회의장의 지시를 받아야 한다. 다만, 국회의원은 회의장 안에 있어서는 국회의장의 명령 없이 이를 체포할 수 없다.

③ 재판장은 법정에서의 질서유지를 위해 필요하다고 인정할 때에는 개정 전후에 상관없이 관할 경찰서장에게 경찰공무원의 파견을 요구할 수 있으며, 파견된 경찰공무원은 법정 내외의 질서유지에 관하여 재판장의 지휘를 받는다.

④ 외교공관과 외교관의 개인주택은 국제법상 치외법권 지역으로 불가침의 대상이 되지만 외교사절의 승용차, 보트, 비행기 등 교통수단은 불가침의 대상이 아니다.

 ④

 ①, ②, ③은 옳은 설명이며, ④는 틀린 설명이다.

④ ✗ 외교공관과 외교관의 개인주택(승용차, 보트, 비행기 등 교통수단을 포함)은 치외법권 지역이므로, 원칙적으로 대한민국 경찰은 외교사절의 요구나 동의가 없는 한 들어갈 수 없다(국제법상 인정). 다만, 화재·전염병의 발생과 같이 공안을 유지하기 위하여 긴급을 요하는 경우에는 외교사절의 동의가 없더라도 공관에 들어갈 수 있다(국제적 관습으로 인정).

참고 | 지역관할의 예외 – 치외법권지역

원 칙	외교공관과 외교관의 개인주택(승용차, 보트, 비행기 등 교통수단을 포함)은 국제법상 치외법권지역이므로, 원칙적으로 대한민국 경찰은 외교사절의 요구나 동의가 없는 한 들어갈 수 없다.
예 외	① 화재·전염병의 발생과 같이 공안을 유지하기 위하여 긴급을 요하는 경우에는 외교사절의 동의가 없더라도 공관에 들어갈 수 있다. ② 이는 국제적 관습으로 인정되고 있다.

0070

경찰의 관할에 대한 다음 설명 중 가장 옳은 것은?

| 66기 간부 |

① 인적관할이란 협의의 경찰권이 발동될 수 있는 인적 범위를 의미한다.
② 우리나라는 대륙법계의 영향을 받아 범죄수사에 관한 임무가 경찰의 사물관할로 인정되고 있다.
③ 재판장은 법정에서의 질서유지를 위해 필요하다고 인정할 때에는 개정 전후를 불문하고 관할 경찰서장에게 경찰공무원의 파견을 요구할 수 있으며, 파견된 경찰공무원은 법정 내외의 질서유지에 관하여 재판장의 지휘를 받는다.
④ 국회 안에 현행범인이 있을 때에는 경찰공무원은 반드시 사전에 국회의장의 지시를 받아 체포하여야 한다.

- **정답** ③
- **난이도** 하 중 상
- **해설** ③은 옳은 설명이며, ①, ②, ④는 틀린 설명이다.
  - ① ✗ 경찰의 『인적관할』이란 경찰행정관청이 광의의 경찰권(협의의 경찰권 + 수사권)을 발동할 수 있는 인적 범위, 즉 경찰권이 어떠한 사람에게 적용되는가의 문제를 의미한다. 경찰행정관청은 원칙적으로 대한민국 내에 있는 모든 사람에 대하여 광의의 경찰권을 행사할 수 있다. 다만, 대통령의 불소추특권, 국회의원의 불체포특권과 면책특권, 외교사절이 가지는 국제법상의 외교특권, 공무수행 중의 주한미군 등에 대해서는 일정한 제한이 따른다.
  - ② ✗ 경찰의 『사물관할』이란 경찰행정관청이 광의의 경찰권(협의의 경찰권 + 수사권)을 발동할 수 있는 업무범위를 의미한다. 우리나라는 영미법계의 영향으로 범죄수사에 관한 임무가 경찰의 사물관할로서 인정되고 있다.
  - ④ ✗ 경위나 경찰공무원은 국회 안에 현행범인이 있을 때에는 체포한 후 의장의 지시(선체포 후지시)를 받아야 한다. 다만, 회의장 안에서는 의장의 명령 없이 국회의원을 체포할 수 없다(「국회법」 제150조). 경호업무는 의장의 지시를 받아 수행하되, 경위는 회의장 건물 안에서, 경찰공무원은 회의장 건물 밖에서 경호한다(「국회법」 제144조 제3항).

0071

경찰의 관할에 대한 설명으로 가장 적절하지 않은 것은? | 23년 1차 순경 |

① 사물관할이란 경찰이 처리할 수 있고 또 처리해야 하는 사무내용의 범위를 말한다.
② 인적관할이란 광의의 경찰권이 어떤 사람에게 적용되는가의 문제이다.
③ 우리나라는 대륙법계의 영향으로 범죄수사를 경찰의 사물관할로 인정하고 있다.
④ 헌법상 대통령은 내란 또는 외환의 죄를 범한 경우를 제외하고는 재직 중 형사상의 소추를 받지 아니한다.

- **정답** ③
- **난이도** 하 중 상
- **해설** ①, ②, ④는 옳은 설명이며, ③은 틀린 설명이다.
  ③ ❌ 우리나라는 영미법계의 영향으로 범죄수사에 관한 임무가 경찰의 사물관할로서 인정되고 있고, 경찰작용법에 해당하는 「경찰관 직무집행법」에 조직법적 임무규정이 포함되어 있다.

참고 경찰의 사물관할(경찰임무의 범위)

구분	내용
의의	① 경찰의 『사물관할』이란 경찰행정관청이 광의의 경찰권(협의의 경찰권 + 수사권)을 발동할 수 있는 업무범위를 의미한다. ② 따라서 경찰의 사물관할 범위를 넘는 영역에 대해서는, 원칙적으로 경찰행정관청은 권한을 행사할 수 없다.
특징	우리나라는 영미법계의 영향으로 범죄수사에 관한 임무가 경찰의 사물관할로서 인정되고 있고, 경찰작용법에 해당하는 「경찰관 직무집행법」에 조직법적 임무규정이 포함되어 있다.

0072

경찰의 관할에 관한 설명 중 가장 적절하지 않은 것은? | 22년 1차 순경 |

① 「국회법」상 경위(警衛)나 경찰공무원은 국회 안에 현행범인이 있을 때에는 체포한 후 국회의장의 지시를 받아야 한다. 다만, 회의장 안에서는 국회의장의 명령 없이 국회의원을 체포할 수 없다.

② 「법원조직법」상 재판장은 법정에서의 질서유지를 위하여 필요하다고 인정할 때에는 개정 전후에 상관 없이 관할 경찰서장에게 경찰공무원의 파견을 요구할 수 있으며, 이에 따라 파견된 경찰공무원은 법정 내외의 질서유지에 관하여 재판장의 지휘를 받는다.

③ 헌법상 대통령은 내란 또는 외환의 죄를 범한 경우를 제외하고는 재직중 형사상의 소추를 받지 아니한다.

④ '사물관할'이란 경찰권이 발동될 수 있는 지역적 범위를 말하고, 대한민국의 영역 내 모든 범위에 적용되는 것이 원칙이다.

- **정답** ④
- **난이도** 하 중 상
- **해설** ①, ②, ③은 옳은 설명이며, ④는 틀린 설명이다.
  ④ ❌ 경찰의 「사물관할」이란 경찰행정관청이 광의의 경찰권(협의의 경찰권 + 수사권)을 발동할 수 있는 업무범위를 의미한다. 따라서 경찰의 사물관할 범위를 넘는 영역에 대해서는, 원칙적으로 경찰행정관청은 권한을 행사할 수 없다. 보기의 내용은 「지역관할」에 대한 설명이다.

0073

경찰의 관할에 대한 설명으로 가장 적절하지 않은 것은? | 20년 2차 순경 |

① 사물관할은 경찰이 처리할 수 있고 또 처리해야 하는 사무내용의 범위를 말하며 우리나라는 범죄수사에 대한 임무가 경찰의 사물관할로 인정되고 있다.
② 경찰은 중대한 죄를 범하고 도주하는 현행범인을 추적하는 때에는 주한미군 시설 및 구역 내에서 범인을 체포할 수 있다.
③ 외교공관은 국제법상 치외법권지역이나 화재, 감염병 발생과 같은 긴급한 상황에서는 외교사절의 동의 없이도 외교공관에 들어갈 수 있다.
④ 국회 경위와 경찰공무원은 국회 안에서 현행범인이 있을 때에는 국회의장의 지시를 받은 후 체포하여야 한다.

- **정답** ④
- **난이도**
- **해설**
  ①, ②, ③은 옳은 설명이며, ④는 틀린 설명이다.
  ④ ✗ 경위나 경찰공무원은 국회 안에 현행범인이 있을 때에는 체포한 후 의장의 지시(선체포 후지시)를 받아야 한다. 다만, 회의장 안에서는 의장의 명령 없이 국회의원을 체포할 수 없다(「국회법」 제150조).

참고 지역관할의 예외 – 국회

국회의장의 국회경호권	① 국회의 경호를 위하여 국회에 경위를 둔다(「국회법」 제144조 제1항). ② 국회의장은 국회의 경호를 위하여 필요할 때에는 국회운영위원회의 동의를 받아 일정한 기간을 정하여 정부에 경찰공무원의 파견을 요청할 수 있다(「국회법」 제144조 제2항). ③ 경호업무는 의장의 지휘를 받아 수행하되, 경위는 회의장 건물 안에서, 경찰공무원은 회의장 건물 밖에서 경호한다(「국회법」 제144조 제3항).
국회 내 현행범의 체포	경위나 경찰공무원은 국회 안에 현행범인이 있을 때에는 체포한 후 의장의 지시를 받아야 한다(선체포 후지시). 다만, 회의장 안에서는 의장의 명령 없이 국회의원을 체포할 수 없다(「국회법」 제150조).

0074

「국회법」과 관련된 경찰의 지역관할에 대한 설명으로 가장 적절하지 않은 것은? | 16년 2차 순경 |

① 국회에 파견된 경찰공무원은 국회의장의 지휘를 받아 국회 회의장 건물 밖에서 경호한다.
② 국회 회의장 안에 있는 국회의원은 국회의장의 명령 없이 이를 체포할 수 없다.
③ 국회의장은 국회의 경호를 위하여 필요한 때에는 국회운영위원회의 동의를 얻어 일정한 기간을 정하여 정부에 대하여 필요한 경찰공무원의 파견을 요구할 수 있다.
④ 국회 안에 현행범인이 있을 때에는 경찰공무원은 국회의장에게 보고 후 지시를 받아 체포하여야 한다.

 ④

①, ②, ③은 옳은 설명이며, ④는 틀린 설명이다.
④ ✗ 경위나 경찰공무원은 국회 안에 현행범인이 있을 때에는 체포한 후 의장의 지시(선체포 후지시)를 받아야 한다. 다만, 회의장 안에서는 의장의 명령 없이 국회의원을 체포할 수 없다(「국회법」 제150조).

참고	지역관할의 예외 – 국회
국회의장의 국회경호권	① 국회의 경호를 위하여 국회에 경위를 둔다(「국회법」 제144조 제1항). ② 국회의장은 국회의 경호를 위하여 필요할 때에는 국회운영위원회의 동의를 받아 일정한 기간을 정하여 정부에 경찰공무원의 파견을 요청할 수 있다(「국회법」 제144조 제2항). ③ 경호업무는 의장의 지휘를 받아 수행하되, 경위는 회의장 건물 안에서, 경찰공무원은 회의장 건물 밖에서 경호한다(「국회법」 제144조 제3항).
국회 내 현행범의 체포	경위나 경찰공무원은 국회 안에 현행범인이 있을 때에는 체포한 후 의장의 지시를 받아야 한다(선체포 후지시). 다만, 회의장 안에서는 의장의 명령 없이 국회의원을 체포할 수 없다(「국회법」 제150조).

0075

경찰의 지역관할에 관한 다음 설명 중 가장 적절하지 않은 것은?

| 14년 2차 순경 |

① 외교공관에 화재나 전염병이 발생하여 긴급을 요하는 경우에는 외교사절의 동의 없이도 공관에 들어 갈 수 있다.
② 국회의장의 요청으로 경찰관이 파견된 경우에는 회의장 건물 밖에서 경호한다.
③ 외교공관과 외교관의 개인주택은 국제법상 치외법권 지역으로 불가침의 대상이 되지만, 외교사절의 승용차, 보트, 비행기 등 교통수단은 불가침의 대상이 아니다.
④ 국회 안에 현행범인이 있을 때에는 이를 체포한 후 의장의 지시를 받아야 한다. 다만, 국회의원은 회의장 안에 있어서는 의장의 명령 없이 이를 체포할 수 없다.

 ③

 하 중 상

해설 ①, ②, ④는 옳은 설명이며, ③은 틀린 설명이다.

③ ✗ 외교공관과 외교관의 개인주택(승용차, 보트, 비행기 등 교통수단을 포함)은 치외법권 지역이므로, 원칙적으로 대한민국 경찰은 외교사절의 요구나 동의가 없는 한 들어갈 수 없다(국제법상 인정). 다만, 화재·전염병의 발생과 같이 공안을 유지하기 위하여 긴급을 요하는 경우에는 외교사절의 동의가 없더라도 공관에 들어갈 수 있다(국제적 관습으로 인정).

0076

경찰의 관할에 대한 설명으로 가장 적절하지 않은 것은? |17년 승진|

① 사물관할은 경찰이 처리할 수 있고 또 처리해야 하는 사무내용의 범위를 말한다.
② 국회 경위와 파견 경찰공무원은 국회의장의 지휘를 받으며, 경위는 회의장 건물 안에서, 경찰관은 회의장 건물 밖에서 경호한다.
③ 국회의장은 국회의 경호를 위하여 필요한 때에는 국가경찰위원회의 동의를 얻어 일정한 기간을 정하여 정부에 대하여 필요한 국가경찰공무원의 파견을 요구할 수 있다.
④ 법원에 파견된 경찰공무원은 재판장의 지휘를 받아 법정 내외의 질서유지를 담당한다.

- **정답** ③
- **난이도**
- **해설** ①, ②, ④는 옳은 설명이며, ③은 틀린 설명이다.
  ③ ✗ 국회의장은 국회의 경호를 위하여 필요할 때에는 국회운영위원회의 동의를 받아 일정한 기간을 정하여 정부에 경찰공무원의 파견을 요청할 수 있다(「국회법」 제144조 제2항). 경호업무는 의장의 지휘를 받아 수행하되, 경위는 회의장 건물 안에서, 경찰공무원은 회의장 건물 밖에서 경호한다(「국회법」 제144조 제3항).

참고	지역관할의 예외 – 법정
재판장의 법정경찰권	재판장은 법정에 있어서의 질서유지를 위하여 필요하다고 인정할 때에는 개정 전·후에 상관없이 관할 경찰서장에게 경찰공무원의 파견을 요구할 수 있다(「법원조직법」 제60조 제1항).
재판장의 지휘	재판장의 요구에 의하여 파견된 경찰공무원은 법정 내·외의 질서유지에 관하여 재판장의 지휘를 받는다(「법원조직법」 제60조 제2항).

제7절 경찰윤리의 확립

0077

장자크 루소(Jean Jacques Rousseau)가 주장한 사회계약론의 내용으로 가장 적절하지 않은 것은?

| 73기 간부 |

① 공동체의 구성원 전체가 개별적인 의지를 초월하는 일반의지에 따를 것을 약속함으로써 국가가 탄생하였으며 일반의지의 표현이 법이고 일반의지의 행사가 주권이 된다.
② 사회계약은 개인들이 문명사회의 현실을 벗어나 하나의 새로운 사회 질서를 창출하는 공동행위이다.
③ 공동체 구성원은 사회계약을 통해서 자연적 자유대신에 사회적 자유를 얻게 된다.
④ 시민들이 기본권을 보호받기 위해 계약을 통해 정부를 구성했으므로 국가가 시민의 기본권을 침해하는 경우 시민은 저항하고 나아가 그 정부를 해산할 수 있는 권리가 있다.

- **정답** ④
- **난이도** 하 중 상
- **해설** ①, ②, ③은 옳은 설명이며, ④는 틀린 설명이다.
  ④ ✗ 보기의 설명은 로크(John Locke, 1632~1679)가 주장한 사회계약론의 내용이다. 로크는 입법과 행정의 2권분립(입법권 우위)으로 제한군주정치가 나타나며, 따라서 시민권의 확보로 혁명이 가능하고, 저항권은 유보된다고 보았다.

참고 사회계약론

구 분	홉스(Hobbes)	로크(Locke)	루소(Rousseau)
저 서	리바이어던	시민정부 2론	사회계약론
자연상태	① 만인에 대한 만인의 투쟁 ② 약육강식의 투쟁 상태	① 각 개인이 자유는 가지고 있음 ② 생명과 재산에 대한 안전의 결여 ③ 인간관계의 확대로 자연권의 유지가 불안	① 소유의 불평등 ② 강자와 약자의 구별 ③ 법률·권력은 특수이익을 위함과 동시에 불평등이라는 악덕을 위한 것
인간본성	성악설(순자)	성선설(맹자)	성선설(맹자)
사회계약	① 자연권의 '전부'를 국가에 양도 ② 각 개인의 자연권 포기	① 자연권의 '일부'를 국가에 양도 ② 자연권은 시민에게 있고, 국왕에게는 없음	① 일반의지는 시민이 보유(국왕은 보유하지 않음) ② 일반의지는 모든 시민의 의지가 통합된 개념
특 징	① 국왕의 통치의지에 절대 복종 ② 절대군주정치 ③ 혁명 불가(저항권 없음)	① 입법과 행정의 2권분립 ② 간접민주정치 ③ 혁명 가능(저항권 유보)	① 국민주권주의의 발동 ② 직접민주정치 ③ 바람직한 상태는 곧 불평등이 시정된 상태 ④ 일반의지라는 미명하에 독재 가능성이 있음

0078

다음은 甲총경과 친족의 재산 현황이다. 「공직자윤리법」을 기준으로 甲총경이 등록해야 하는 재산의 총액으로 가장 적절한 것은? (단, 제시한 자료 이외의 친족 및 재산은 없음) |73기 간부|

> 가. 甲총경이 소유한 미국에 있는 5천만원 상당의 아파트
> 나. 甲총경의 성년아들이 소유한 합계액 500만원의 예금
> 다. 甲총경의 배우자가 소유한 합계액 2천만원의 채권
> 라. 甲총경의 부친이 소유한 합계액 500만원의 현금
> 마. 甲총경의 외조모가 소유한 합계액 3천만원의 주식
> 바. 甲총경의 혼인한 딸이 소유한 합계액 5천만원의 현금

① 7천만원 ② 7천 500만원
③ 8천만원 ④ 8천 500만원

- **정답** ①
- **난이도**
- **해설** "가"와 "다"의 경우에는 甲총경이 등록해야 하는 재산의 총액이며, "나", "라", "마", "바"는 등록의 대상에 해당되지 않는다.

참고 등록대상재산(「공직자윤리법」 제4조)

① 등록의무자가 등록할 재산은 다음 각 호의 어느 하나에 해당하는 사람의 재산(소유 명의와 관계없이 사실상 소유하는 재산, 비영리법인에 출연한 재산과 외국에 있는 재산을 포함한다)으로 한다.
  ㉠ 본인
  ㉡ 배우자(사실상의 혼인관계에 있는 사람을 포함한다. 이하 같다)
  ㉢ 본인의 직계존속·직계비속. 다만, 혼인한 직계비속인 여성과 외증조부모, 외조부모, 외손자녀 및 외증손자녀는 제외한다.
② 등록의무자가 등록할 재산은 다음 각 호와 같다.
  ㉠ 부동산에 관한 소유권·지상권 및 전세권
  ㉡ 광업권·어업권·양식업권, 그 밖에 부동산에 관한 규정이 준용되는 권리
  ㉢ 다음 각 목의 동산·증권·채권·채무 및 지식재산권
    가. 소유자별 합계액 1천만원 이상의 현금(수표를 포함한다)
    나. 소유자별 합계액 1천만원 이상의 예금
    다. 소유자별 합계액 1천만원 이상의 주식·국채·공채·회사채 등 증권
    라. 소유자별 합계액 1천만원 이상의 채권
    마. 소유자별 합계액 1천만원 이상의 채무
    바. 소유자별 합계액 500만원 이상의 금 및 백금
    사. 품목당 500만원 이상의 보석류
    아. 품목당 500만원 이상의 골동품 및 예술품
    자. 권당 500만원 이상의 회원권
    차. 소유자별 연간 1천만원 이상의 소득이 있는 지식재산권
    카. 자동차·건설기계·선박 및 항공기
  ㉣ 출자지분, 주식매수선택권, 가상자산

0079

「경찰청 공무원 행동강령」에 대한 설명으로 가장 적절한 것은?

| 73기 간부 |

① 공무원은 어떠한 경우에도 자신의 직무권한을 행사하여 직무관련자로부터 사적 노무를 제공받거나 요구해서는 안 된다.
② 공무원은 정치인이나 정당 등으로부터 부당한 직무수행을 강요받거나 청탁을 받은 경우에는 별지 제9호 서식 또는 전자우편 등의 방법으로 소속기관장에게 보고하거나 행동강령책임관과 상담할 수 있다.
③ 경찰유관단체원이 경찰업무와 관련하여 경찰관에게 금품을 제공한 경우 행동강령책임관은 해당 경찰유관단체 운영 부서장과 협의하여 소속기관장에게 경찰유관단체원의 해촉 등 필요한 조치를 건의하여야 하며, 보고를 받은 소속기관장은 적절한 조치를 취해야 한다.
④ 공무원은 사례금을 받는 외부강의(외부강의 등을 요청한 자가 국가나 지방자치단체를 포함함)를 할 때에는 외부강의의 요청명세 등을 외부강의 등 신고서에 따라 소속 기관의 장에게 그 외부강의 등을 마친 날부터 10일 이내에 신고하여야 한다.

- **정답** ③
- **난이도** 하 중 상
- **해설** ③은 옳은 설명이며, ①, ②, ④는 틀린 설명이다.
    ① ❌ 공무원은 자신의 직무권한을 행사하거나 지위·직책 등에서 유래되는 사실상 영향력을 행사하여 직무관련자 또는 직무관련공무원으로부터 사적 노무를 제공받거나 요구 또는 약속해서는 아니 된다. 다만, 다른 법령 또는 사회상규에 따라 허용되는 경우에는 그러하지 아니하다(「경찰청 공무원 행동강령」 제13조의2).
    ② ❌ 공무원은 정치인이나 정당 등으로부터 부당한 직무수행을 강요받거나 청탁을 받은 경우에는 서식 또는 전자우편 등의 방법으로 소속 기관의 장에게 보고하거나 행동강령책임관과 상담하여야 한다(「경찰청 공무원 행동강령」 제8조 제1항).
    ④ ❌ 공무원은 사례금을 받는 외부강의등을 할 때에는 외부강의등의 요청 명세 등을 외부강의등 신고서에 따라 소속 기관의 장에게 그 외부강의등을 마친 날부터 10일 이내에 신고하여야 한다. 다만, 외부강의등을 요청한 자가 국가나 지방자치단체인 경우에는 그러하지 아니하다(동 강령 제15조 제2항).

0080

「공직자의 이해충돌방지법」에 대한 설명으로 가장 적절한 것은?

| 73기 간부 |

① 공직자가 소속된 공공기관과 계약을 체결하거나 체결하려는 것이 명백한 개인이나 법인 또는 단체는 직무관련자에 해당한다.
② 고위공직자는 그 직위에 임용되거나 임기를 개시하기 전 3년 이내에 민간부문에서 업무활동을 한 경우, 그 활동내역을 그 직위에 임용되거나 임기를 개시한 다음 날부터 30일 이내에 소속기관장에게 제출하여야 한다.
③ 직무와 관련된 다른 직위에 취임한 공직자는 3천만원 이하의 과태료를 부과한다.
④ 공직자로 채용·임용되기 전 3년 이내에 공직자 자신이 대리하거나 고문·자문 등을 제공했던 개인이나 법인 또는 단체는 사적이해관계자에 해당한다.

- **정답** ①
- **난이도**
- **해설**

①은 옳은 설명이며, ②, ③, ④는 틀린 설명이다.

② ✗ 고위공직자는 그 직위에 임용되거나 임기를 개시하기 전 3년 이내에 민간 부문에서 업무활동을 한 경우, 그 활동내역을 그 직위에 임용되거나 임기를 개시한 날부터(다음 날부터 ✗) 30일 이내에 소속기관장에게 제출하여야 한다(「공직자의 이해충돌방지법」 제8조 제1항).

③ ✗ 직무와 관련된 다른 직위에 취임한 공직자는 2천만원 이하의 과태료를 부과한다(「공직자의 이해충돌방지법」 제28조 제2항).

④ ✗ 공직자로 채용·임용되기 전 2년 이내에 공직자 자신이 대리하거나 고문·자문 등을 제공하였던 개인이나 법인 또는 단체는 사적이해관계자에 해당한다(「공직자의 이해충돌방지법」 제2조 제6호).

참고 「공직자의 이해충돌방지법」상 고위공직자의 민간 부문 업무활동 내역 제출 및 공개

구 분	내 용
업무활동 내역 제출	① 고위공직자는 그 직위에 임용되거나 임기를 개시하기 전 3년 이내에 민간 부문에서 업무활동을 한 경우, 그 활동 내역을 그 직위에 임용되거나 임기를 개시한 날부터 30일 이내에 소속기관장에게 제출하여야 한다(동법 제8조 제1항). ② 업무활동 내역에는 다음 각 호의 사항이 포함되어야 한다(동법 제8조 제2항). 　㉠ 재직하였던 법인·단체 등과 그 업무 내용 　㉡ 대리, 고문·자문 등을 한 경우 그 업무 내용 　㉢ 관리·운영하였던 사업 또는 영리행위의 내용 ③ 소속기관장은 제항에 따라 제출된 업무활동 내역을 보관·관리하여야 한다(동법 제8조 제3항).
업무활동 내역 공개	소속기관장은 다른 법령에서 정보공개가 금지되지 아니하는 범위에서 제2항의 업무활동 내역을 공개할 수 있다(동법 제8조 제4항).

0081

존 클라이니히(John Kleinig)가 주장한 경찰윤리교육의 목적에 대한 설명으로 가장 적절하지 않은 것은? | 73기 간부 |

① 도덕적 결의의 강화 – 경찰이 업무를 수행하면서 내부 및 외부로부터의 여러 압력과 유혹에도 굴복하지 않고 자신의 소신과 직업의식에 따라 일을 처리하는 것이다.
② 도덕적 감수성의 배양 – 경찰이 다양한 계층의 사람들을 모두 인간으로서 존중하고 공평하게 봉사하는 것이다.
③ 도덕적 연대책임 향상 – 경찰윤리교육의 가장 중요한 목적은 경찰의 조직적 연대책임을 강화하도록 하는 것이다.
④ 도덕적 전문능력 함양 – 경찰이 비판적·반성적 사고방식을 배양하여 조직 내에 관습적으로 내려오는 관행을 비판적으로 검토하여 수행하는 것이다.

정답 ③

난이도

해설 ①, ②, ④는 옳은 설명이며, ③은 틀린 설명이다.
③ ❌ 클라이니히가 주장한 경찰윤리교육의 목적에는 <u>도덕적 연대책임 향상은 포함되지 않는다</u>.

참고 경찰윤리교육의 목적

구 분	내 용
도덕적 결의의 강화	경찰관이 실무에서 내·외부로부터 여러 압력과 유혹에도 불구하고 이에 굴복하지 않고 자신의 소신과 직업의식에 따라 일을 처리하는 것이다.
도덕적 감수성의 배양	경찰관이 실무에서 다양한 계층의 사람들에게 모두 인간으로서 존중하고 이타적으로 공평하게 봉사하는 것이다.
도덕적 전문능력의 함양 (가장 중요한 목적)	경찰이 비판적이고 반성적인 사고방식을 배양하여 조직 내에 관습적으로 내려오는 관행을 비판적으로 검토하고 수용하는 것이다.

0082

「부정청탁 및 금품등 수수의 금지에 관한 법률」에 대한 설명으로 가장 적절하지 않은 것은?

|72기 간부|

① 공직자 등은 사례금을 받는 외부강의를 할 때에는 대통령령으로 정하는 바에 따라 외부강의 요청명세 등을 소속 기관장에게 그 외부강의를 마친 날부터 10일 이내에 서면으로 신고하여야 한다. 다만, 외부강의를 요청한 자가 국가나 지방자치단체인 경우에는 그러하지 아니하다.

② 공직자 등은 부정청탁을 받았을 때에는 부정청탁을 한 자에게 부정청탁임을 알리고 이를 거절하는 의사를 명확히 표시하여야 한다.

③ 증여를 포함한 사적 거래로 인한 채무의 이행 등 정당한 권원에 의하여 제공되는 금품등은 수수를 금지하는 금품등에 해당하지 아니한다.

④ 공직자 등은 직무 관련 여부 및 기부·후원·증여 등 그 명목에 관계없이 동일인으로부터 1회에 100만원 또는 매 회계연도에 300만원을 초과하는 금품등을 받거나 요구 또는 약속해서는 아니 된다.

- **정답** ③
- **난이도** 하 중 상
- **해설** ①, ②, ④는 옳은 설명이며, ③은 틀린 설명이다.
  ③ ✗ 사적 거래(증여는 제외한다)로 인한 채무의 이행 등 정당한 권원에 의하여 제공되는 금품등은 수수를 금지하는 금품등에 해당하지 아니한다(「부정청탁 및 금품등 수수의 금지에 관한 법률」 제8조 제3항). 증여는 제외된다는 것을 반드시 구별할 수 있어야 한다.

참고 「부정청탁 및 금품등 수수의 금지에 관한 법률」상 금품등의 수수 금지에 대한 예외

외부강의 등에 관한 사례금 또는 다음의 어느 하나에 해당하는 금품등의 경우에는 수수를 금지하는 금품등에 해당하지 아니한다(동법 제8조 제3항).

① 공공기관이 소속 공직자등이나 파견 공직자등에게 지급하거나 상급 공직자등이 위로·격려·포상 등의 목적으로 하급 공직자등에게 제공하는 금품등
② 원활한 직무수행 또는 사교·의례 또는 부조의 목적으로 제공되는 음식물·경조사비·선물 등으로서 대통령령으로 정하는 가액 범위 안의 금품등. 다만, 선물 중 「농수산물 품질관리법」 제2조 제1항 제1호에 따른 농수산물 및 같은 항 제13호에 따른 농수산가공품(농수산물을 원료 또는 재료의 50퍼센트를 넘게 사용하여 가공한 제품만 해당한다)은 대통령령으로 정하는 설날·추석을 포함한 기간에 한정하여 그 가액 범위를 두 배로 한다.
③ 사적 거래(증여는 제외한다)로 인한 채무의 이행 등 정당한 권원에 의하여 제공되는 금품등
④ 공직자등의 친족이 제공하는 금품등
⑤ 공직자등과 관련된 직원상조회·동호인회·동창회·향우회·친목회·종교단체·사회단체 등이 정하는 기준에 따라 구성원에게 제공하는 금품등 및 그 소속 구성원 등 공직자등과 특별히 장기적·지속적인 친분관계를 맺고 있는 자가 질병·재난 등으로 어려운 처지에 있는 공직자등에게 제공하는 금품등
⑥ 공직자등의 직무와 관련된 공식적인 행사에서 주최자가 참석자에게 통상적인 범위에서 일률적으로 제공하는 교통, 숙박, 음식물 등의 금품등
⑦ 불특정 다수인에게 배포하기 위한 기념품 또는 홍보용품 등이나 경연·추첨을 통하여 받는 보상 또는 상품 등
⑧ 그 밖에 다른 법령·기준 또는 사회상규에 따라 허용되는 금품 등

0083

경찰의 일탈과 부패에 대한 설명으로 가장 적절하지 않은 것은? |72기 간부|

① 펠드버그는 경찰이 시민의 작은 호의를 받았다고 해서 반드시 큰 부패를 범하는 것은 아니라고 하였다.
② 델라트르는 '미끄러지기 쉬운 경사로이론'에 따라 시민의 작은 호의를 받은 경찰관 중 큰 부패로 이어지는 경찰관은 일부에 불과하므로 시민의 작은 호의를 금지할 필요는 없다고 하였다.
③ 윌슨(O.W.Wilson)은 '경찰은 어떤 작은 호의, 심지어 한 잔의 공짜 커피도 받도록 허용되어서는 안 된다'라고 주장하였다.
④ 셔먼의 '미끄러지기 쉬운 경사로이론'은 부패에 해당하지 않는 작은 선물 등의 사소한 호의를 허용하면 나중에는 엄청난 부패로 이어진다는 이론이다.

- **정답** ②
- **난이도** 하 중 상
- **해설**
  ①, ③, ④는 옳은 설명이며, ②는 틀린 설명이다.
  ② ✗ 델라트르(Edwin J. Delattre)는 작은 호의에 대한 반대론적 입장에 있는 학자이다. 델라트르는 작은 호의일지라도 그것이 정례화되면 의무감이나 신세를 가지고 있다는 생각으로 인하여 불공정하게 업무를 처리할 수 있다고 본다. 보기의 설명은 펠드버그가 주장한 내용이다.

참고 작은 호의에 대한 찬반론

구 분	내 용
허용론 (펠드버그)	① 경찰은 비록 자신이 해야 할 일을 하는 경우이지만, 고마움을 표시하는 것은 시민의 입장에서는 당연한 것이다. ② 작은 사례나 호의는 강제된 것이 아니라 자발적으로 이루어진다. ③ 작은 사례나 호의는 경찰과 시민과의 원만하고 긍정적인 사회관계를 만들어주는 형성재의 역할을 한다. 『작은 호의에 대한 형성재 이론』은 작은 호의가 시민과의 긍정적인 협조관계를 만들어 주는 형성재라는 것으로 작은 호의의 긍정적 효과를 강조하는 이론이다. ④ 작은 호의를 받더라도 경찰관은 편파적으로 업무를 처리하지 않는다.
반대론 (델라트르) (셔먼)	① 작은 호의일지라도 그것이 정례화되면 의무감이나 신세를 가지고 있다는 생각으로 인하여 불공정하게 업무를 처리할 수 있다. ② 지속적으로 작은 호의를 받아들이는 사람들은 점점 더 멈추기 어려운 부패, 즉 '미끄러지기 쉬운 경사로' 위에 있는 사람들이다. 즉 바늘 도둑이 소 도둑이 된다는 것을 의미한다. ③ 일부의 경찰관들은 뇌물과 작은 호의를 구별할 능력이 있어도 일부는 양자를 구별할 능력이 없고 특권의식이 형성될 수 있다. ④ 작은 호의도 대개 불순한 의도를 가지고 있다. ⑤ 작은 사례나 호의를 제공하는 것을 보는 제3자의 인식문제가 있다.

0084

「경찰청 공무원 행동강령」에 대한 설명으로 가장 적절하지 않은 것은?

| 72기 간부 |

① 공무원이 대가를 받고 수행하는 외부강의 등은 월 3회를 초과할 수 없다. 다만, 국가나 지방자치단체에서 요청하거나 겸직 허가를 받고 수행하는 외부강의 등은 그 횟수에 포함하지 아니한다.
② 공무원은 「범죄수사규칙」 제30조에 따른 경찰관서 내 수사 지휘에 대한 이의제기와 관련하여 행동강령책임관에게 상담을 요청할 수 있다.
③ 공무원이 상담, 절차 및 규정 안내, 각종 증명서 발급, 기타 이에 준하는 단순 민원업무를 수행하는 경우를 제외하고, 직무 관련자와 200만원 이상의 금전거래가 있는 경우에는 소속 기관의 장에게 해당 사실을 별지 서식에 따라 서면(전자문서를 포함)으로 신고하여야 한다.
④ 공무원은 직무관련자에게 직위를 이용하여 행사 진행에 필요한 직·간접적 경비, 장소, 인력 또는 물품 등의 협찬을 요구하여서는 아니 된다.

정답 ③

난이도

해설 ①, ②, ④는 옳은 설명이며, ③은 틀린 설명이다.
③ ❌ 공무원은 300만원 이상의 금전거래가 있는 자가 직무관련자인 경우에는 소속 기관의 장에게 해당 사실을 신고하여야 한다. 다만, 공무원이 상담, 절차 및 규정 안내, 각종 증명서 발급, 기타 이에 준하는 단순 민원업무를 수행하는 경우에는 그러하지 아니하다(「경찰청 공무원 행동강령」 제5조 제1항).

0085

다음 우리나라 경찰윤리강령들을 제정된 연도가 빠른 것부터 느린 순으로 바르게 연결한 것은?

| 72기 간부 |

가. 새경찰신조
나. 경찰헌장
다. 경찰윤리헌장
라. 경찰서비스헌장

① 가 → 나 → 다 → 라
② 나 → 가 → 다 → 라
③ 나 → 라 → 가 → 다
④ 다 → 가 → 나 → 라

정답 ④

난이도
해설 우리나라는 해방 이후 꾸준히 경찰윤리강령을 제정하여, 경찰공무원으로 하여금 직무수행시 따르도록 하고 있다. 그 제정 순서는 다음과 같다.
경찰윤리헌장(1966년) → 새경찰신조(1980년) → 경찰헌장(1991년) → 경찰서비스헌장(1998년)

0086

경찰부패에 대한 설명으로 가장 적절하지 않은 것은? |71기 간부|

① 미끄러지기 쉬운 경사로 이론(Slippery slope theory)은 공짜 커피, 작은 선물 등의 사소한 호의가 나중에는 큰 부패로 이어질 수 있다는 점을 강조한다.
② 썩은 사과 이론(Rotten apple theory)은 부패의 원인을 개인적 결함보다는 조직의 체계적 원인으로 보고 있으며, 조직차원의 경찰윤리교육의 중요성을 강조한다.
③ 구조원인 가설(Structural hypothesis)은 신임경찰들이 선배경찰에 의해 조직의 부패전통 내에서 사회화되어 신임경찰도 기존경찰처럼 부패로 물들게 된다는 이론이다.
④ 윤리적 냉소주의 가설(Ethical cynicism hypothesis)은 경찰에 대한 외부통제기능을 수행하는 정치권력, 대중매체, 시민단체의 부패는 경찰의 냉소주의를 부채질하고 부패의 전염효과를 가져온다고 한다.

- **정답** ②
- **난이도**
- **해설**
  ①, ③, ④는 옳은 설명이며, ②는 틀린 설명이다.
  ② ✗ 「썩은 사과 가설」에 의하면, 사과상자 속에서 애초에 문제가 있는 사과가 썩듯이, <u>처음부터 경찰관으로서의 자질이 없는 사람이 경찰관이 됨으로써 부패의 원인이 된다고 본다</u>. 즉, 썩은 사과 가설은 <u>부패의 원인이 경찰관 개인 자체에게 있다고 한다</u>. 부패는 개인의 양심이나 도덕성의 결여에 의해 발생하고, 이러한 부패한 사람은 선천적으로 또는 성장과정 속에서 형성된 개인적 속성으로 인해, <u>경찰관이 되기에는 자질이 부족하므로 모집단계에서 부패 가능성이 있는 지원자를 배제하여야 한다</u>.

참고 썩은 사과 가설(경찰개인의 부패 → 경찰조직의 부패)

구 분	내 용
의 의	①『썩은 사과 가설』에 의하면, 사과상자 속에서 애초에 문제가 있는 사과가 썩듯이, 처음부터 경찰관으로서의 자질이 없는 사람이 경찰관이 됨으로써 부패의 원인이 된다. ② 즉, 썩은 사과 가설은 부패의 원인이 경찰관 개인 자체에게 있다고 한다.
내 용	부패는 개인의 양심이나 도덕성의 결여에 의해 발생하고, 이러한 부패한 사람은 선천적으로 또는 성장과정 속에서 형성된 개인적 속성으로 인해, 경찰관이 되기에는 자질이 부족하므로 모집단계에서 부패 가능성이 있는 지원자를 배제하여야 한다.

0087

경찰시험을 준비하는 甲은 언론에서 경찰공무원의 부정부패 기사를 보고 '나는 경찰이 되면 저런 행위를 하지 않겠다'는 생각을 가졌다. 이런 현상에 대한 설명으로 가장 적절하지 <u>않은</u> 것은? |71기 간부|

① 이런 현상을 침묵의 규범이라고 한다.
② 개인적 성향과 조직 내 사회화 과정은 상호보완적 관계에 있다.
③ 경찰공무원의 사회화는 경찰이 되기 전의 가치관에 의해 영향을 받는다.
④ 경찰공무원은 공식적 사회화 과정보다 비공식적 사회화 과정의 영향을 더 많이 받는다.

- **정답** ①
- **난이도**
- **해설** ②, ③, ④는 옳은 설명이며, ①은 틀린 설명이다.
  ① ✗ 위의 문제의 핵심은 경찰공무원이 되기 전에 그 신분에 알맞은 생각과 행동을 학습하는 『예기적 사회화 과정』을 이해하는 것이다. 『침묵의 규범』이란 부패를 잘못된 행위라고 인식하고 있지만, 동료이기 때문에 모르는 척 하면서 눈감아 주는 것을 말한다. 따라서 침묵의 규범은 경찰공무원이 된 이후 조직 내에서 발생하는 사회화 과정의 문제로서, 경찰공무원이 되기 전의 가치관에 의해서 형성되는 결심(즉, 예기적 사회화 과정)은 침묵의 규범과는 아무런 관련성이 없다.

> **참고** 예기적 사회화 과정
> ㉠ 경찰공무원의 사회화는 경찰이 되기 전의 가치관이나 자신의 직접적 경험과 친구나 가족들을 통한 간접적 경험, 나아가 언론매체를 통한 경찰의 이미지 등을 통해서 이루어진다.
> ㉡ 경찰공무원은 공식적 사회화 과정보다 비공식적 사회화 과정을 통해서 더 많은 영향을 받는다.
> ㉢ 개인적 성향과 조직 내 사회화 과정은 상호 보완적 관계에 있다.

0088

경찰의 전문직업화에 대한 설명으로 가장 적절한 것은? | 기기 간부 |

① 미국의 서덜랜드(Edwin H. Sutherland)는 경찰의 높은 사회적 지위를 확보하기 위하여 전문직업화를 추진하였다.
② 경찰의 전문직업화는 경찰이 시민의 입장을 고려하지 않고 전문지식을 바탕으로 일방적으로 의사결정을 하므로 치안서비스의 질이 향상된다.
③ 경찰의 전문직업화는 경제적·사회적 약자가 경찰에 진출할 기회를 증대시켜 준다.
④ 경찰의 전문직업화는 경찰위상과 사기제고, 치안서비스 질의 향상 등의 이점이 있다.

- **정답** ④
- **난이도** 하 중 상
- **해설**
  ④는 옳은 설명이며, ①, ②, ③은 틀린 설명이다.
  ① ✗ 경찰이 높은 사회적 지위를 얻기 위하여 <u>미국의 오거스트 볼머</u> 등에 의하여 전문직업화가 추진되었다.
  ② ✗ 전문직에게 있어 『<u>부권주의</u>』란 아버지가 자식의 문제를 결정하듯이 <u>전문가가 우월적 지식에 근거하여 비전문가의 판단을 전혀 고려하지 않고 일방적인 자신의 판단으로 대신하려는 윤리적 문제점을 의미</u>한다. 이러한 <u>부권주의는 치안서비스의 질을 저하</u>시킬 수 있다.
  ③ ✗ 전문직이 되는데 장기간의 교육과 비용이 들기 때문에 <u>경제적 약자인 가난한 사람은 전문가가 되는 기회를 상실</u>하게 된다. 즉, <u>경찰에의 접근을 차단하는 현상이 발생</u>한다.

참고 전문직의 단점

부권주의	① 전문직에게 있어 『부권주의』란 아버지가 자식의 문제를 결정하듯이 전문가가 우월적 지식에 근거하여 비전문가의 판단을 전혀 고려하지 않고 일방적인 자신의 판단으로 대신하려는 윤리적 문제점을 의미한다. ② 이러한 부권주의는 치안서비스의 질을 저하시킬 수 있다.
사적 이용	전문직들은 그들의 지식과 기술로 상당한 힘을 소유하고, 그 힘을 공공의 이익보다는 사적인 이익을 위해서만 이용하기도 한다.
차 별	전문직이 되는데 장기간의 교육과 비용이 들기 때문에 경제적 약자인 가난한 사람은 전문가가 되는 기회를 상실하게 된다. 즉, 경찰에의 접근을 차단하는 현상이 발생한다.
소 외	전문가가 자신의 국지적인 분야만 보고 전체적인 맥락을 보지 못하게 되는 문제점을 말한다(나무를 보고 숲은 보지 못함).

0089

「공직자의 이해충돌방지법」 제2조(사적이해관계자) 제6호에서 "사적이해관계자"에 해당하는 것은 모두 몇 개인가?

| 70기 간부 변형 |

> 가. 공직자 자신 또는 그 가족
> 나. 공직자 자신 또는 그 가족이 임원·대표자·관리자 또는 사외이사로 재직하고 있는 법인 또는 단체
> 다. 공직자 자신이나 그 가족이 대리하거나 고문·자문 등을 제공하는 개인이나 법인 또는 단체
> 라. 공직자로 채용·임용되기 전 3년 이내에 공직자 자신이 재직하였던 법인 또는 단체
> 마. 공직자로 채용·임용되기 전 3년 이내에 공직자 자신이 대리하거나 고문·자문 등을 제공하였던 개인이나 법인 또는 단체
> 바. 공직자 자신 또는 그 가족이 대통령령으로 정하는 일정 비율 이상의 주식·지분 또는 자본금 등을 소유하고 있는 법인 또는 단체

① 3개 ② 4개
③ 5개 ④ 6개

- **정답** ②
- **난이도**
- **해설** "가", "나", "다", "바"는 사적이해관계자에 해당하며, "라", "마"는 사적이해관계자에 해당하지 않는다.

참고 사적이해관계자(「공직자의 이해충돌방지법」 제2조 제6호)

① 공직자 자신 또는 그 가족(「민법」 제779조에 따른 가족을 말한다. 이하 같다)
② 공직자 자신 또는 그 가족이 임원·대표자·관리자 또는 사외이사로 재직하고 있는 법인 또는 단체
③ 공직자 자신이나 그 가족이 대리하거나 고문·자문 등을 제공하는 개인이나 법인 또는 단체
④ 공직자로 채용·임용되기 전 2년 이내에 공직자 자신이 재직하였던 법인 또는 단체
⑤ 공직자로 채용·임용되기 전 2년 이내에 공직자 자신이 대리하거나 고문·자문 등을 제공하였던 개인이나 법인 또는 단체
⑥ 공직자 자신 또는 그 가족이 대통령령으로 정하는 일정 비율 이상의 주식·지분 또는 자본금 등을 소유하고 있는 법인 또는 단체
　㉠ 공직자 자신이나 그 가족(「민법」 제779조에 따른 가족을 말한다. 이하 같다)이 단독으로 또는 합산하여 발행주식 총수의 100분의 30 이상을 소유하고 있는 법인 또는 단체
　㉡ 공직자 자신이나 그 가족이 단독으로 또는 합산하여 출자지분 총수의 100분의 30 이상을 소유하고 있는 법인 또는 단체
　㉢ 공직자 자신이나 그 가족이 단독으로 또는 합산하여 자본금 총액의 100분의 50 이상을 소유하고 있는 법인 또는 단체
⑦ 최근 2년 이내에 퇴직한 공직자로서 퇴직일 전 2년 이내에 제5조 제1항 각 호의 어느 하나에 해당하는 직무를 수행하는 공직자와 국회규칙, 대법원규칙, 헌법재판소규칙, 중앙선거관리위원회규칙 또는 대통령령으로 정하는 범위의 부서에서 같이 근무하였던 사람
⑧ 그 밖에 공직자의 사적 이해관계와 관련되는 자로서 국회규칙, 대법원규칙, 헌법재판소규칙, 중앙선거관리위원회규칙 또는 대통령령으로 정하는 자

0090

경찰의 부패이론과 내부고발에 대한 설명으로 가장 옳은 것은? |70기 간부|

① '구조원인가설'은 니더호퍼, 로벅, 바커, 윌슨 등이 주장한 이론으로서 신임경찰들이 선배 경찰에 의해 조직의 부패전통 내에서 사회화되어 신임경찰도 기존경찰처럼 부패로 물들게 된다는 이론이다.
② '썩은 사과 가설'은 부패의 원인을 개인적 결함보다는 조직의 체계적 원인으로 보고 있으며 신임경찰 채용단계의 중요성을 강조한다.
③ '미끄러지기 쉬운 경사로 이론'은 필드버그가 주장한 이론으로 공짜 커피나 작은 선물 등의 사소한 호의가 나중에 엄청난 부패로 이어진다는 이론이다.
④ 내부고발의 정당화 요건으로 적절한 도덕적 동기, 최후수단성, 성공 가능성, 중대성, 급박성 등이 있다.

- **정답** ④
- **난이도** 상 중 하
- **해설** ④는 옳은 설명이며, ①, ②, ③은 틀린 설명이다.
  ① ❌ 「구조원인 가설」을 주장한 니더호퍼, 로벅, 바커 등은 경찰부패의 원인을 경찰문화에서 찾고, 신임경찰관들은 선배 경찰관들의 부패행위에서 학습하게 된다고 주장하였다. 신임경찰관들은 선배경찰관들에 의해 조직의 부패문화에 사회화되어 부패의 길에 들어서게 되며, 이런 부패의 관행은 경찰관들 사이에서 문제점을 알면서도 눈감아주는 침묵의 규범 등에 의해 조장된다. 윌슨은 전체사회 가설을 주장한 학자이지, 구조원인 가설을 주장한 학자는 아니다.
  ② ❌ 「썩은 사과 가설」은 사과상자 속에서 애초에 문제가 있는 사과가 썩듯이, 처음부터 경찰관으로서 자질이 없는 사람이 경찰관이 됨으로써 부패의 원인이 된다. 즉, 썩은 사과 가설은 부패의 원인이 경찰관 개인 자체에게 있다고 한다.
  ③ ❌ 셔먼(Sherman)에 의하면, 「미끄러지기 쉬운 경사로 이론」은 사소한 호의(처음에는 부패가 아닌 호의로 시작)일지라도 습관화될 경우에는, 미끄러운 경사로를 타고 내려오듯이 점점 더 큰 부패와 범죄로 연결된다는 가설이다. 펠드버그(필드버그 = Feldberg)는 대부분의 경찰관들이 사소한 호의와 뇌물을 구별할 수 있으므로, 미끄러지기 쉬운 경사로 이론은 비현실적이며, 오히려 경찰관의 지능에 대한 모독이라고 본다.

> **참고** 내부고발의 정당화 요건 : 클라이니히

구 분	내 용
적절한 도덕적 동기	내부고발의 신념에 대한 합리적 근거가 있어야 하며, 조직에 대한 충성과 공익을 모두 고려하여야 한다. 개인적인 출세나 복수심에 의한 내부고발은 부당하다.
위반사항의 중대성 및 급박성	내부고발자는 도덕적 위반이 얼마나 중대한가, 얼마나 급박한가 등의 세심한 고려가 있어야 한다. 사소하고 일상적인 경미한 사항은 내부고발의 대상이 아니다.
합리적 증거에 근거한 객관적 확신	내부고발자는 부적절한 행동을 하도록 지시되었다는 자신의 신념이 합리적 증거에 근거하였는지 확인하여야 한다.
성공가능성	어느 정도의 성공가능성이 있어야 한다.
최후의 수단(보충성)	내부고발자는 특별한 경우를 제외하고는 공표를 하기 전에 자신의 의견을 표시하기 위한 모든 내부적 채널을 다 사용했어야 한다. 즉, 부패가 발견되었다고 해서 가장 먼저 외부에 공표하는 것은 잘못된 일이다.

0091

코헨(Cohen)과 필드버그(Feldberg)가 제시한 사회계약설로부터 도출되는 경찰활동의 기준을 제시하였다. 다음 각 사례와 가장 관련 깊은 경찰활동의 기준을 연결한 것 중 옳지 <u>않은</u> 것은 모두 몇 개인가?

| 70기 간부 |

> 가. 김순경은 절도범을 추격하던 중 도주하는 범인의 등 뒤에서 권총을 쏘아 사망하게 하였다. -【공공의 신뢰】
> 나. 1주일간 출장을 마치고 집에 돌아 온 A는 자신의 TV가 없어진 것을 발견하였다. 그래서 여기저기 찾아보던 중에 평소부터 사이가 좋지 않던 옆집의 B가 A의 TV를 몰래 훔쳐가 사용 중인 것을 창문너머로 확인하였다. 이때 A는 몽둥이를 들고 가서 직접 자기의 TV를 찾아오려다 그만 두고, 경찰에 신고하여 TV를 되찾았다. -【공공의 신뢰】
> 다. 박순경은 순찰 근무 중 달동네는 가려 하지 않고 부자 동네인 구역으로만 순찰을 다니려고 하였다. -【공정한 접근】
> 라. 이순경은 어렸을 적 아버지로부터 가정폭력을 경험하였는데, 가정폭력사건을 처리하면서 모든 잘못은 남편에게 있다고 단정 지었다. -【냉정하고 객관적인 자세】
> 마. 최순경은 경찰입직 전 집에 도둑을 맞은 경험이 있었다. 그런데 경찰에 임용되어 절도범을 검거하자, 과거의 도둑맞은 경험이 생각나 피의자에게 욕설과 가혹행위를 하였다. -【냉정하고 객관적인 자세】
> 바. 탈주범이 자기 관내에 있다는 첩보를 입수한 한순경이 상부에 보고하지 않고 공명심에 단독으로 검거하려다 탈주범 검거에 실패하였다. -【협동】
> 사. 은행강도가 어린이를 인질로 잡고 차량도주를 하고 있다면 경찰은 주위 시민들의 안전에 대한 위험에도 불구하고 추격(법집행)을 하여야 한다. -【생명과 재산의 안전확보】

① 0개   ② 1개
③ 2개   ④ 3개

- **정답** ①
- **난이도** 하 중 상
- **해설** "가", "나", "다", "라", "마", "바", "사" 모두 옳은 설명이다.

> **참고** 사회계약설로부터 도출되는 경찰윤리표준 – 공공의 신뢰(일반시민의 신뢰)

구 분	내 용
의 의	『일반시민의 신뢰』(공공의 신뢰)란 시민들이 자신들의 권리행사를 제한하고 치안을 경찰에게 믿고 맡겼다는 것을 인식하고, 경찰이 이러한 시민의 기대에 부응하는 것을 의미한다.
법집행의 확실성	시민은 경찰이 반드시 법집행을 할 것을 신뢰하고 있다.
적법절차와 비례원칙의 준수	시민은 경찰이 강제력을 행사할 때 시민들의 신뢰에 합당한 방식으로 권한을 행사하고 필요한 만큼의 최소한의 강제력을 사용할 것을 신뢰하고 있다.
경찰의 사익추구 금지	시민은 경찰이 사익을 위해 공권력을 사용하지 않을 것을 신뢰하고 있다.
위반 사례	① A순경은 강도범을 추격 중 골목길에서 칼을 든 강도를 만났는데 추격하는 척하다가 도망가도록 내버려 두었다(법집행의 확실성 위배). ② A형사는 절도범을 추격 중 달아나는 범인의 등 뒤에서 권총을 쏘아 사망케 하였다(적법절차와 비례원칙의 준수 위배).

0092

「부정청탁 및 금품등 수수의 금지에 관한 법률」상 외부강의등의 사례금 수수 제한에 대한 설명 중 옳지 않은 것은?

| 69기 간부 변형 |

① 공직자 등은 자신의 직무와 관련되거나 그 지위·직책 등에서 유래되는 사실상의 영향력을 통하여 요청받은 교육·홍보·토론회·세미나·공청회 또는 그 밖의 회의 등에서 한 강의·강연·기고 등(이하 "외부강의 등"이라 한다)의 대가로서 대통령령으로 정하는 금액을 초과하는 사례금을 받아서는 아니 된다.
② 공직자 등은 사례금을 받는 외부강의 등을 할 때에는 대통령령으로 정하는 바에 따라 외부강의 등의 요청 명세 등을 소속기관장에게 그 외부강의 등을 마친 날부터 10일 이내에 서면으로 신고하여야 한다.
③ 외부강의 등을 요청한 자가 국가나 지방자치단체인 경우에도 신고하여야 한다.
④ 소속기관장은 공직자 등이 신고한 외부강의 등이 공정한 직무수행을 저해할 수 있다고 판단하는 경우에는 그 외부강의 등을 제한할 수 있다.

정답 ③

난이도 하 중 상

해설 ①, ②, ④는 옳은 설명이며, ③은 틀린 설명이다.
③ ✗ 공직자 등은 사례금을 받는 외부강의 등을 할 때에는 대통령령으로 정하는 바에 따라 **외부강의 등의 요청 명세 등을 소속기관장에게 그 외부강의 등을 마친 날부터 10일 이내에 서면으로 신고**하여야 한다. 다만, 사례금을 받더라도 **외부강의 등을 요청한 자가 국가나 지방자치단체인 경우에는 신고의무에서 제외**된다(「부정청탁 및 금품등 수수의 금지에 관한 법률」 제10조 제2항). 또한 **사례금을 받지 않는 외부강의 등도 신고의무에서 제외**된다.

참고 「부정청탁 및 금품등 수수의 금지에 관한 법률」상 외부강의등의 신고

구분	내용
원칙	① 공직자등은 사례금을 받는 외부강의등을 할 때에는 대통령령으로 정하는 바에 따라 외부강의등의 요청 명세 등을 소속기관장에게 그 외부강의등을 마친 날부터 10일 이내에 서면으로 신고하여야 한다(동법 제10조 제2항). ② 외부강의등을 신고하려는 공직자등은 신고자의 성명·소속·직급 및 연락처, 외부강의등의 일시·강의시간 및 장소, 외부강의 등의 주제, 사례금 총액 및 상세 명세, 외부강의등의 요청자·담당자 및 연락처를 적은 서면을 소속기관장에게 제출하여야 한다(동법 시행령 제26조 제1항). ③ 신고를 할 때 상세 명세 또는 사례금 총액 등을 미리 알 수 없는 경우에는 해당 사항을 제외한 사항을 신고한 후 해당 사항을 안 날부터 5일 이내에 보완하여야 한다(동법 시행령 제26조 제2항).
예외	① 사례금을 받지 않는 외부강의등은 신고의무에서 제외된다. ② 사례금을 받더라도 외부강의등을 요청한 자가 국가나 지방자치단체인 경우에는 신고의무에서 제외된다(동법 제10조 제2항 단서).

0093

「부패방지 및 국민권익위원회의 설치와 운영에 관한 법률」에 대한 설명으로 옳지 않은 것은?

| 69기 간부 |

① 국민권익위원회는 신고가 접수된 부패행위의 혐의대상자가 경무관급 이상의 경찰공무원이고, 부패혐의의 내용이 형사처벌을 위한 수사 및 공소제기의 필요성이 있는 경우에는 위원회의 명의로 검찰에 고발할 수 있다.
② 조사기관은 이첩 받은 날부터 60일 이내에 감사·수사 또는 조사를 종결하여야 한다. 다만, 정당한 사유가 있는 경우에는 그 기간을 연장할 수 있으며, 위원회에 그 연장사유 및 연장기간을 통보하여야 한다.
③ 부패행위를 신고하고자 하는 자는 신고자의 인적사항과 신고취지 및 이유를 기재한 문서로써 하여야 하며, 신고대상과 부패행위의 증거 등을 함께 제시하여야 한다.
④ 신고자가 신고의 내용이 허위라는 사실을 알았거나 알 수 있었음에도 불구하고 신고한 경우에는 「부패방지 및 국민권익위원회의 설치와 운영에 관한 법률」의 보호를 받을 수 없다.

- **정답** ①
- **난이도**
- **해설** ②, ③, ④는 옳은 설명이며, ①은 틀린 설명이다.

① ❌ 위원회에 신고가 접수된 당해 부패행위의 혐의대상자가 고위공직자(차관급 이상의 공직자, 특별시장·광역시장·특별자치시장·도지사 및 특별자치도지사, 경무관급 이상의 경찰공무원, 법관 및 검사, 장성급 장교, 국회의원)로서 부패혐의의 내용이 형사처벌을 위한 수사 및 공소제기의 필요성이 있는 경우에는 위원회의 명의로 검찰, 수사처, 경찰 등 관할 수사기관에 고발을 하여야 한다(「부패방지 및 국민권익위원회의 설치와 운영에 관한 법률」 제59조 제4항). 위원회가 고발한 경우 관할 수사기관은 수사결과를 위원회에 통보하여야 한다. 위원회가 고발한 사건이 이미 수사 중이거나 수사 중인 사건과 관련된 사건인 경우에도 또한 같다(「부패방지 및 국민권익위원회의 설치와 운영에 관한 법률」 제59조 제5항).

> **참고** 국민권익위원회에 접수된 신고의 처리
>
> | 관할 수사기관에의 고발 | 위원회에 신고가 접수된 당해 부패행위의 혐의대상자가 다음에 해당하는 고위공직자로서 부패혐의의 내용이 형사처벌을 위한 수사 및 공소제기의 필요성이 있는 경우에는 위원회의 명의로 검찰, 수사처, 경찰 등 관할 수사기관에 고발을 하여야 한다(「부패방지 및 국민권익위원회의 설치와 운영에 관한 법률」 제59조 제6항).
① 차관급 이상의 공직자
② 특별시장, 광역시장, 특별자치시장, 도지사 및 특별자치도지사
③ 경무관급 이상의 경찰공무원
④ 법관 및 검사
⑤ 장성급 장교
⑥ 국회의원 |
> |---|---|

0094

「경찰청 공무원 행동강령」에 대한 다음 설명 중 옳지 <u>않은</u> 것은 모두 몇 개인가? | 68기 간부 변형 |

> 가. 공무원은 경찰관서 내 수사 지휘에 대한 이의제기와 관련하여 행동강령책임관에게 상담을 요청할 수 있다.
> 나. 공무원은 상급자가 자기 또는 타인의 부당한 이익을 위하여 공정한 직무수행을 현저하게 해치는 지시를 하였을 때에는 그 사유를 서식 또는 전자우편 등의 방법으로 상급자에게 소명하고 지시에 따르지 아니하거나, 행동강령에 관한 업무를 담당하는 공무원(행동강령책임관)과 상담할 수 있다. 위와 같은 지시를 이행하지 아니하였는데도 같은 지시가 반복될 때에는 즉시 행동강령책임관과 상담할 수 있다.
> 다. 공무원은 정치인이나 정당 등으로부터 부당한 직무수행을 강요받거나 청탁을 받은 경우에는 소속 기관의 장에게 보고하거나 행동강령책임관과 상담 후 처리하여야 한다.
> 라. 공무원은 사례금을 받는 외부강의 등을 할 때에는 외부강의 등의 요청 명세 등을 외부강의 등 신고서에 따라 소속 기관의 장에게 그 외부강의 등을 마친 날부터 7일 이내에 신고하여야 한다.
> 마. 위 '라'와 관련, 외부강의 등을 요청한 자가 국가나 지방자치단체인 경우에는 신고의무에서 제외된다.
> 바. 공무원은 신고를 할 때 신고사항 중 상세 명세 또는 사례금 총액 등을 알 수 없는 경우에는 해당 사항을 제외한 사항을 신고한 후 해당 사항을 안 날부터 3일 이내에 보완하여야 한다.
> 사. 공무원이 대가를 받고 수행하는 외부강의 등은 월 2회를 초과할 수 없다. 다만, 국가나 지방자치단체에서 요청하거나 겸직 허가를 받고 수행하는 외부강의 등은 그 횟수에 포함하지 아니한다.

① 1개　　② 2개
③ 3개　　④ 4개

- 정답 ④
- 난이도 하 중 상
- 해설 "가", "다", "마"는 옳은 설명이며, "나", "라", "바", "사"는 틀린 설명이다.

  > 나. ✗ 공무원은 상급자가 자기 또는 타인의 부당한 이익을 위하여 공정한 직무수행을 현저하게 해치는 지시를 하였을 때에는 그 사유를 서식 또는 전자우편 등의 방법으로 상급자에게 소명하고 지시에 따르지 아니하거나, <u>행동강령에 관한 업무를 담당하는 공무원(행동강령책임관)과 상담할 수 있다</u>(「경찰청 공무원 행동강령」 제4조 제1항). 위와 같은 지시를 이행하지 아니하였는데도 <u>같은 지시가 반복될 때에는 즉시 행동강령책임관과 상담하여야 한다</u>(「경찰청 공무원 행동강령」 제4조 제1항).
  > 라. ✗ 공무원은 사례금을 받는 외부강의 등을 할 때에는 외부강의 등의 요청 명세 등을 외부강의등 신고서에 따라 <u>소속 기관의 장에게 그 외부강의 등을 마친 날부터 10일 이내에 신고</u>하여야 한다(「경찰청 공무원 행동강령」 제15조 제2항).
  > 바. ✗ 공무원은 신고를 할 때 신고사항 중 상세 명세 또는 사례금 총액 등을 알 수 없는 경우에는 해당 사항을 제외한 사항을 신고한 후 <u>해당 사항을 안 날부터 5일 이내에 보완</u>하여야 한다(「경찰청 공무원 행동강령」 제15조 제3항).
  > 사. ✗ 공무원이 <u>대가를 받고 수행하는 외부강의 등은 월 3회를 초과할 수 없다</u>. 다만, 국가나 지방자치단체에서 요청하거나 겸직 허가를 받고 수행하는 외부강의 등은 그 횟수에 포함하지 아니한다(「경찰청 공무원 행동강령」 제15조 제4항). <u>공무원은 월 3회를 초과하여 대가를 받고 외부강의 등을 하려는 경우에는 미리 소속기관의 장의 승인</u>을 받아야 한다(「경찰청 공무원 행동강령」 제15조 제5항).

0095

경찰부패의 원인에 관한 다음 설명 중 가장 옳은 것은 무엇인가?

 | 67기 간부 |

① 델라트르는 작은 호의를 금지해야 한다고 주장하였다.
② 미국의 로벅은 '시카고 시민이 경찰을 부패시켰다'고 주장하였다.
③ 경찰부패에 대한 내부고발은 '침묵의 규범'과 같은 개념이다.
④ 썩은 사과 가설은 부패의 원인이 개인이 아닌 조직적 결함에 있다고 본다.

- **정답** ①
- **난이도**
- **해설**
  ①은 옳은 설명이며, ②, ③, ④는 틀린 설명이다.
  ② ✗ '시카고 시민이 경찰을 부패시켰다'라는 주장은 윌슨의 『전체사회 가설』에 해당한다. 윌슨은 사회 전체의 풍조와 정서가 경찰조직에 직접적인 영향을 미치게 되는데, 사회 전체가 경찰관의 부패를 묵인하거나 조장할 때, 경찰관은 자연스럽게 부패행위를 하게 된다고 본다.
  ③ ✗ 경찰부패에 대한 『내부고발』은 경찰관이 동료나 상사의 부정부패에 대하여 내부 감찰이나 외부의 언론매체에 공표하는 것을 말한다. 『침묵의 규범』은 부패를 잘못된 행위라고 인식하고 있지만, 동료이기 때문에 모르는 척 하면서 눈감아주는 것이다. 따라서 내부고발과 침묵의 규범은 다른 개념이다.
  ④ ✗ 『썩은 사과 가설』은 처음부터 경찰관으로서 자질이 없는 사람이 경찰관이 됨으로써 부패의 원인이 된다고 보는 이론이다. 즉, 썩은 사과 가설은 부패의 원인이 경찰관 개인 자체에게 있다고 한다.

0096

코헨과 펠드버그는 사회계약설로부터 도출되는 경찰활동의 기준을 제시하였다. 다음 각 사례와 가장 연관이 깊은 경찰활동의 기준으로 바르게 연결된 것은 모두 몇 개인가? |66기 간부|

> ㉠ 甲순경은 절도범을 추격하던 중 도주하는 범인의 등 뒤에서 권총을 쏘아 사망하게 하였다. - 〈공정한 접근〉
> ㉡ 乙경장은 순찰 근무 중 달동네는 가려고 하지 않고 부자 동네인 구역으로만 순찰을 다니려고 하였다. - 〈공공의 신뢰〉
> ㉢ 丙순경은 경찰 입직 전 집에 도둑을 맞은 경험이 있었다. 그런데 경찰이 되어 절도범을 검거하자, 과거 도둑 맞은 경험이 생각나 피의자에게 욕설과 가혹행위를 하였다. - 〈냉정하고 객관적인 자세〉
> ㉣ 丁순경은 강도범을 추격하다가 골목길에서 칼을 든 강도와 조우하였다. 丁순경은 계속 추격하는 척하다가 강도가 도망가도록 내버려 두었다. - 〈공정한 접근〉
> ㉤ 戊경장은 어렸을 적 아버지로부터 가정폭력을 경험하였는데, 가정폭력사건을 처리하면서 모든 잘못은 남편에게 있다고 단정지었다. - 〈공공의 신뢰〉

① 1개 ② 2개
③ 3개 ④ 4개

- **정답** ①
- **난이도** 하 중 상
- **해설** ㉢은 옳은 설명이며, ㉠, ㉡, ㉣, ㉤은 틀린 설명이다.
  - ㉠ ✗ 해당 설명은 <u>적법절차와 비례원칙</u>을 준수할 것이라는 일반시민의 신뢰, 즉 『<u>공공의 신뢰</u>』와 관련된 설명이다.
  - ㉡ ✗ 해당 설명은 『<u>공정한 접근</u>』과 관련된 설명이다. <u>어느 개인에 대한 편들기, 무사안일, 서비스 제공의 해태 및 무시와 같은 차별적 서비스</u>는 허용되지 않는다.
  - ㉣ ✗ 해당 설명은 <u>법집행의 확실성</u>을 기대하는 일반시민의 신뢰, 즉 『<u>공공의 신뢰</u>』와 관련된 설명이다.
  - ㉤ ✗ 해당 설명은 『<u>냉정하고 객관적인 자세</u>』에 관련된 설명이다. 현실적인 업무수행 과정에 있어서 경찰관은 심리적인 평정상태의 유지가 필요하며, <u>경찰관의 과도한 개입(개인적인 편견이나 선호)이나 그 반대인 무관심한 태도(냉소주의) 모두</u> 허용되지 않는다.

참고 사회계약설로부터 도출되는 경찰윤리표준 - 냉정하고 객관적인 자세(객관성)

구분	내용
의의	『객관성』(냉정하고 객관적인 자세)이란 경찰은 사회공공의 안녕과 질서유지라는 공적인 역할을 수행함에 있어서, 사사로운 감정에 잡히지 않고 공평하고 사심이 없어야 한다는 것을 의미한다.
심리적 평정상태 유지	경찰관의 ㉠ 과도한 개입(개인적인 편견이나 선호)이나 그 반대인 ㉡ 무관심한 태도(냉소주의) 모두 허용되지 않는다.
위반 사례	① A순경이 과거 아버지로부터 가정폭력을 많이 경험하여, 가정문제의 모든 잘못은 남자에게 있다고 생각하는 경우(편견) ② A순경이 유흥가 밀집지역의 주취자 신고를 많이 경험한 이후, 주취자에 대한 스트레스로 인해 이들을 위해 노력할 필요를 전혀 느끼지 못하고, 출동 등에도 늦장을 부리며 적극적으로 대처하지 않는 경우(무관심한 태도)

0097

다음은 「경찰헌장」에서 제시된 경찰의 목표를 나열한 것이다. 가장 옳게 연결된 것은? |65기 간부|

> ㉠ 친절한 경찰
> ㉡ 의로운 경찰
> ㉢ 공정한 경찰
> ㉣ 근면한 경찰

> ⓐ 모든 사람의 인격을 존중하고 누구에게나 따뜻하게 봉사하는 경찰
> ⓑ 국민의 신뢰를 바탕으로 오직 양심에 따라 법을 집행하는 경찰
> ⓒ 건전한 상식 위에 전문지식을 갈고 닦아 맡은 일을 성실하게 수행하는 경찰
> ⓓ 정의의 이름으로 진실을 추구하며 어떠한 불의나 불법과도 타협하지 않는 경찰

① ㉡ - ⓒ
② ㉢ - ⓓ
③ ㉣ - ⓑ
④ ㉠ - ⓐ

- **정답** ④
- **난이도** 하 중 상
- **해설** ⓐ는 친절한 경찰(㉠), ⓑ는 공정한 경찰(㉢), ⓒ는 근면한 경찰(㉣), ⓓ는 의로운 경찰(㉡)에 해당한다.

참고 경찰헌장

「경찰헌장」은 전문과 본문으로 구성되어 있으며, 전문에서는 경찰의 전통, 경찰의 본분, 경찰의 각오를 밝히고 있고, 본문은 5개 항에 걸쳐 각각 ㉠ 친절한 경찰, ㉡ 의로운 경찰, ㉢ 공정한 경찰, ㉣ 근면한 경찰, ㉤ 깨끗한 경찰을 목표로 제시하고 있다.
① 우리는 모든 사람의 인격을 존중하고 누구에게나 따뜻하게 봉사하는 친절한 경찰이다.
② 우리는 정의의 이름으로 진실을 추구하며 어떠한 불의나 불법과 타협하지 않는 의로운 경찰이다.
③ 우리는 국민의 신뢰를 바탕으로 오직 양심에 따라 법을 집행하는 공정한 경찰이다.
④ 우리는 건전한 상식 위에 전문지식을 갈고 닦아 맡은 일을 성실하게 수행하는 근면한 경찰이다.
⑤ 우리는 화합과 단결 속에 항상 규율을 지키며 검소하게 생활하는 깨끗한 경찰이다.

0098

부정부패 이론에 대한 다음 설명 중 가장 옳은 것은?

| 65기 간부 |

① 선배경찰의 부패행위로부터 신임경찰이 차츰 사회화되어 신임경찰도 기존 경찰처럼 부패로 물들게 된다는 이론을 '썩은 사과 가설'이라고 한다.
② 경찰관이 동료나 상사의 부정부패에 대하여 감찰이나 외부의 언론매체에 대하여 공표하는 것을 휘슬 블로잉(whistle blowing)이라고 하고, 비지바디니스(busybodiness)는 남의 비행에 대하여 일일이 참견하여 도덕적 충고를 하는 것이다.
③ '형성재'이론은 작은 사례나 호의는 시민과의 부정적인 사회관계를 만들어주는 형성재라는 것으로, 작은 호의의 부정적 효과를 강조하는 이론이다.
④ 니더호퍼, 로벅, 바커 등이 제시한 '구조원인가설'은 부패의 원인은 자질이 없는 경찰관들이 모집단계에서 배제되지 않고 조직 내에 유입됨으로써 경찰의 부패가 나타난다는 이론이다.

- **정답** ②
- **난이도** 하 중 상
- **해설** ②는 옳은 설명이며, ①, ③, ④는 틀린 설명이다.
  ① ❌ 선배경찰의 부패행위로부터 신임경찰이 차츰 사회화되어 신임경찰도 기존 경찰처럼 부패로 물들게 된다는 이론은 『구조원인가설』이다.
  ③ ❌ 『형성재이론』은 작은 사례나 호의가 시민과의 원만하고 긍정적인 사회관계를 만들어주는 형성재라고 보는 이론이다. 따라서 작은 호의의 긍정적 효과를 강조하는 이론이다.
  ④ ❌ 니더호퍼, 로벅, 바커는 『구조원인가설』을 주장한 학자이다. 부패의 원인이 자질이 없는 경찰관들이 모집단계에서 배제되지 않고 조직 내에 유입됨으로써 경찰의 부패가 나타난다고 보는 이론은 『썩은 사과 가설』이다.

0099

경찰조직의 냉소주의에 관한 설명으로 가장 적절한 것은? | 23년 2차 순경 |

① 니더호퍼(Niederhoffer)는 사회체계에 대한 기존의 신념체제가 붕괴된 후 새로운 신념체제에 의해 급하게 대체될 때 냉소주의가 나타날 수 있다고 하였다.
② 조직 내 팽배한 냉소주의는 경찰의 전문직업화를 저해하는 기제로 작동할 수 있다.
③ 회의주의와 비교할 때, 냉소주의는 조직 내 특정한 대상을 합리적 의심을 통해 신뢰하지 않는 것과 관련이 있다.
④ 냉소주의 극복을 위한 가장 효과적인 조직관리방안은 인간을 본래 게으르고 생리적 요구 또는 안전의 욕구에 자극을 주는 금전적 보상이나 제재 등 외재적 유인에 반응한다고 상정하여 조직이 권위적으로 관리할 필요가 있다는 맥그리거(McGregor)의 인간모형에 기초한다.

정답 ②

난이도 하 중 상

해설 ②는 옳은 설명이며, ①, ③, ④는 틀린 설명이다.
① ✗ 니더호퍼(Neither hoffer)에 의하면, 『냉소주의』란 기존의 사회에 대한 자신의 신념체계가 붕괴된 경우 새로운 것에 의해 대체되지 않을 때 나타나는 아노미 현상을 의미한다.
③ ✗ 『냉소주의』는 대게 도덕적 의심에 근거한 불신을 반영하는 것으로 대상이 특정되어 있지 않고 정치일반, 경찰제도 전반에 대하여 아무런 근거 없이 신뢰하지 않는 것으로서 대상을 개선시키겠다는 의지가 없다.
④ ✗ 경찰문화의 냉소주의를 극복하기 위해서는 ⑦ 의사결정과정에의 참여를 통한 의견청취, ⓒ 상사와 부하의 신뢰회복, ⓒ 맥그리거(Mcgregor)의 Y이론에 입각한 행정관리(민주적 관리), ⓔ 하의상달의 의사전달방법을 활용한 커뮤니케이션 과정의 개선 등이 필요하다.

참고 경찰문화에서 나타나는 냉소주의와 회의주의 : 니더호퍼(Neither hoffer)

구 분	냉소주의	회의주의
공통점	도덕적 의심에 근거한 불신을 반영	
대상 특정 유무	대상이 특정화되어 있지 않음	대상이 특정화되어 있음
대상 의심 유무	아무런 근거 없이 신뢰하지 않음	특정 대상을 합리적으로 의심
개선의지 유무	대상을 개선시키겠다는 의지가 없음	대상을 개선시키겠다는 의지가 있음
비 고	냉소주의 극복은 ① 의사결정과정 참여를 통한 의견청취, ② 상사와 부하의 신뢰회복, ③ 맥그리거(Mcgregor)의 Y이론에 입각한 행정관리(민주적 관리), ④ 하의상달의 의사전달방법을 활용한 커뮤니케이션 과정의 개선 등이 필요하다.	

0100

부정부패에 관한 설명으로 가장 적절하지 않은 것은?

| 23년 2차 순경 |

① 작은 호의를 제공받은 경찰관이 도덕적 부채를 느껴 이를 보충하기 위해 결과적으로 선한 후속행위를 하는 상황은 미끄러운 경사(Slippery slope) 가설의 맥락에서 이해할 수 있다.

② 대의명분 있는 부패(noble cause corruption)와 Dirty Harry문제는 부패의 개념적 징표를 개인적 이익 추구를 넘어 조직 혹은 사회적 차원의 이익 추구로 확대하고자 하는 시도라고 볼 수 있다.

③ 고객이 위험을 감수하고서라도 원하는 이익을 확실히 취하기 위해 높은 가격의 뇌물을 지불하는 상황을 부패로 이해한다면, 이는 하이덴하이머(Heidenheimer)가 제시한 세 가지 유형의 부정부패 정의 중 시장중심적 정의와 가장 관련이 크다.

④ 공직자가 직무와 관련하여 그 지위 또는 권한을 남용하거나 법령을 위반하여 자기 또는 제3자의 이익을 도모하는 행위는 「부패방지 및 국민권익위원회의 설치와 운영에 관한 법률」상 부패행위에 해당한다.

- **정답** ①
- **난이도**
- **해설**

②, ③, ④는 옳은 설명이며, ①은 틀린 설명이다.

① ✗ 셔먼(Sherman)에 의하면, 『미끄러지기 쉬운 경사로 이론』은 사소한 호의일지라도 습관화될 경우에는, 미끄러운 경사로를 타고 내려오듯이 점점 더 큰 부패와 범죄로 연결된다는 가설이다. 실제로 부패는 아주 사소한 행위로부터 시작해서 점차적으로 큰 부패로 이어지며, 작은 호의의 수용은 경사로 위에 행위자를 올려놓은 것과 같이 점점 깊이 빠져들게 함으로써, 나중에는 그 속에서 빠져나오지 못하고 부패하게 된다. 다만, 『미끄러지기 쉬운 경사로 이론』의 핵심은 작은 호의의 수용이 점점 더 큰 부패로 연결된다는 것이지, <u>작은 호의의 수용이 경찰관의 선한 후속행위로 연결되는 것과는 일맥상통하지 않는다.</u>

참고 하이덴하이머(A. J. Heidenheimer)의 부패의 정의

관직중심적	부패는 뇌물수수행위와 특히 결부되어 있지만, 반드시 금전적일 형태일 필요가 없는 사적인 이익에 대한 고려의 결과로 권위를 남용하는 경우를 포괄하는 용어이다.
시장중심적	고객들은 잘 알려진 위험을 감수하더라도 원하는 이익을 받을 것을 확실하게 하기 위하여 높은 가격(=뇌물)을 지불하는 결과이다.
공익중심적	관직을 가진 사람이 법적으로 규정되어 있지 않은 금전적인 또는 다른 형태의 보수에 의하여 그러한 보수를 제공하는 사람들에게 이익이 되는 행위를 함으로써 공중의 이익에 손해를 가져올 때 부패가 발생한다.

0101

코헨(Cohen)과 펠드버그(Feldberg)가 사회계약설로부터 도출한 경찰활동의 기준과 그 내용의 연결이 가장 적절하지 <u>않은</u> 것은? |23년 2차 순경|

① 생명과 재산의 안전보호 – 경찰활동은 시민의 생명과 재산의 보호가 궁극적인 목적이며 법집행 자체가 목적은 아니다.
② 냉정하고 객관적인 자세 – 과거 아버지의 가정폭력을 경험한 甲경찰관이 가정폭력 사건을 처리하면서 모든 문제는 남편에게 있다고 단정지어 생각하는 경우는 이 기준에 어긋난다.
③ 공공의 신뢰 – 乙경찰관이 공명심에 앞서서 상부에 보고도 없이 탈주범을 혼자서 검거하려다 실패하였다면 이 기준에 어긋난다.
④ 공정한 접근 보장 – 경찰의 법집행 과정에서 발생하는 차별과 편들기는 이 기준에 어긋난다.

- **정답** ③
- **난이도** 상 중 하
- **해설** ①, ②, ④는 옳은 설명이며, ③은 틀린 설명이다.
  ③ ✗ 『일반시민의 신뢰』(공공의 신뢰)란 시민들이 자신들의 권리행사를 제한하고 치안을 경찰에게 믿고 맡겼다는 것을 인식하고, 경찰이 이러한 시민의 기대에 부응하는 것을 의미한다. 그 내용으로는 ㉠ 법집행의 확실성, ㉡ 적법절차와 비례원칙의 준수, ㉢ 경찰의 사익추구 금지 등이 있다. 보기의 내용은 경찰윤리표준 중 『협력』을 위반한 사례에 해당된다.

참고 사회계약설로부터 도출되는 경찰윤리표준 – 협력과 역할한계

구 분	내 용
의 의	『협력』이란 경찰은 그들에게 부여된 사회적 역할범위 내에서 활동을 해야 하며, 이러한 활동을 함에 있어서 상호협력을 통해 경찰목적을 달성해야 한다는 것을 의미한다.
근 거	① 경찰에게 부여된 목적 달성을 위해 국가기관 상호 간, 행정기관 상호 간, 경찰의 내부구성원 간의 협력의무가 도출된다. ② 경찰공무원간의 협력은 「국가경찰과 자치경찰의 조직 및 운영에 관한 법률」에서, 경찰기관 상호 간의 협력은 「경찰직무 응원법」에서 도출된다.
범 위	협력의 의미는 부서 간 또는 사람 간의 기능적인 업무협조뿐만 아니라 정보교환이라든지 무형적인 것도 포함된다.
위반 사례	① A경장이 특진할 욕심으로 주요 탈옥범을 혼자 검거하려다 실패한 경우(협력 기준에 대한 위배) ② 형사가 범인검거를 넘어 처벌까지 하는 경우(역할한계의 오류)

0102

「부정청탁 및 금품등 수수의 금지에 관한 법률」 및 동법 시행령에 관한 설명으로 가장 적절하지 않은 것은?

| 23년 2차 순경 |

① 공직자등은 직무 관련 여부 및 기부·후원·증여 등 그 명목에 관계없이 동일인으로부터 1회에 100만원, 또는 매 회계연도에 300만원을 초과하는 금품등을 받거나 요구 또는 약속해서는 아니 된다.

② 경찰청에서 근무하는 甲총경은 A전자회사의 요청으로 시간 당 30만원의 사례금을 약속받고 A전자회사의 직원을 대상으로 자신의 직무와 관련된 3시간짜리 강의를 월 1회, 총 3개월간 진행하였다. 이 경우 甲총경이 지급받을 수 있는 최대사례금 총액은 270만원이다.

③ B자동차회사의 요청으로 자신의 직무와 관련된 외부강의를 마치고 소정의 사례금을 약속받은 乙경무관은 대통령령으로 정하는 바에 따라 외부강의의 요청 명세 등을 소속기관장에게 그 외부강의를 마친 날부터 10일 이내에 서면으로 신고하여야 한다.

④ 사단법인 C학회가 주관 및 개최한 토론회에 참석하여 자신의 직무와 관련된 토론을 한 丙경감이 상한액을 초과하는 사례금을 받은 경우 초과사례금을 받은 사실을 안 날부터 2일 이내에 동법 시행령이 정한 사항을 적은 서면으로 소속기관장에게 신고하여야 한다.

- **정답** ②
- **난이도** 하 중 상
- **해설** ①, ③, ④는 옳은 설명이며, ②는 틀린 설명이다.

  ② ❌ 공직자등은 자신의 직무와 관련되거나 그 지위·직책 등에서 유래되는 사실상의 영향력을 통하여 요청받은 교육·홍보·토론회·세미나·공청회 또는 그 밖의 회의 등에서 한 강의·강연·기고 등의 대가로서 대통령령으로 정하는 금액을 초과하는 사례금을 받아서는 아니 된다(「부정청탁 및 금품등 수수의 금지에 관한 법률」 제10조 제1항). 상한액은 강의 등의 경우 1시간당, 기고의 경우 1건당 상한액으로 한다. 1시간을 초과하여 강의 등을 하는 경우에도 사례금 총액은 강의시간에 관계없이 1시간 상한금액의 100분 150에 해당하는 금액을 초과하지 못한다. 따라서 甲총경은 시간당 30만원의 사례금을 약속받은 점, 강의를 3시간을 하였으므로, 1회당 총 45만원을 지급받을 수 있는 점, 월1회 총 3개월을 진행한 점 등에 비추어 볼 때 월 1회차당 최대지급금액인 45만원에 3개월을 곱하면 최대사례금의 액수는 135만원이다.

참고 「부정청탁 및 금품등 수수의 금지에 관한 법률」상 외부강의등의 사례금 수수 제한

구 분	내 용
공직자등별 사례금 상한액	① 「국가공무원법」 또는 「지방공무원법」에 따른 공무원, 그 밖에 다른 법률에 따라 공무원으로 인정된 사람, 공직유관단체 및 기관의 장과 그 임직원 : 40만원 ② 각급 학교의 장과 교직원 및 학교법인의 임직원, 언론사의 대표자와 그 임직원 : 100만원 ③ 위의 ①과 ②에도 불구하고 국제기구, 외국정부, 외국대학, 외국연구기관, 외국학술단체, 그 밖에 이에 준하는 외국기관에서 지급하는 외부강의 등의 사례금 상한액은 사례금을 지급하는 자의 지급기준에 따른다.
적용기준	① 상한액은 강의 등의 경우 1시간당, 기고의 경우 1건당 상한액으로 한다. ② 「국가공무원법」 또는 「지방공무원법」에 따른 공무원, 그 밖에 다른 법률에 따라 공무원으로 인정된 사람, 공직유관단체 및 기관의 장과 그 임직원은 1시간을 초과하여 강의 등을 하는 경우에도 사례금 총액은 강의시간에 관계없이 1시간 상한금액의 100분 150에 해당하는 금액을 초과하지 못한다. ③ 상한액에는 강의료, 원고료, 출연료 등 명목에 관계없이 외부강의 등 사례금 제공자가 외부강의등과 관련하여 공직자등에게 제공하는 일체의 사례금을 포함한다. ④ ③에도 불구하고 공직자등이 소속기관에서 교통비, 숙박비, 식비 등 여비를 지급받지 못한 경우에는 공공기관별로 적용되는 여비 규정의 기준 내에서 실비수준으로 제공되는 교통비·숙박비·식비는 사례금에 포함되지 않는다.

0103

경찰부패의 원인에 관한 설명으로 가장 적절하지 않은 것은?

| 23년 1차 순경 |

① 윌슨은 '시카고 시민이 경찰을 부패시켰다'고 주장하였는데, 이는 시민사회의 부패가 경찰부패의 주원인이라고 보는 입장이다.
② 구조원인가설은 신임경찰관들이 그들의 선배경찰관들에 의해 조직의 부패한 전통 내에서 사회화됨으로써 부패의 길로 들어선다는 이론이다.
③ '미끄러운 경사로 이론'은 사회전체가 경찰의 부패를 묵인하거나 조장할 때 경찰관은 자연스럽게 부패행위를 하게 되며, 초기 단계에는 설령 불법적인 행위를 하지 않더라도 작은 호의에 길들여져 나중에는 명백한 부정부패로 빠져들게 된다는 것이다.
④ 전체사회가설은 니더호퍼, 로벅, 바커 등이 주장한 가설이다.

- **정답** ④
- **난이도**
- **해설**

①, ②, ③은 옳은 설명이며, ④는 틀린 설명이다.

④ ✗ 윌슨(O. W. Wilson)이 시카고 경찰의 부패를 설명하기 위하여 주장한 『전체사회 가설』에 의하면, 사회 전체의 풍조와 정서가 경찰조직에 직접적인 영향을 미치게 되는데, 사회 전체가 경찰관의 부패를 묵인하거나 조장할 때, 경찰관은 자연스럽게 부패행위를 하게 된다. 니더호퍼, 로벅, 바커 등이 주장한 가설은 『구조원인가설』이다.

참고 전체사회가설(사회전체의 부패 → 경찰조직의 부패) : 윌슨

구분	내용
의의	윌슨(O. W. Wilson)이 시카고 경찰의 부패를 설명하기 위하여 주장한 『전체사회가설』에 의하면, 사회 전체의 풍조와 정서가 경찰조직에 직접적인 영향을 미치게 되는데, 사회 전체가 경찰관의 부패를 묵인하거나 조장할 때, 경찰관은 자연스럽게 부패행위를 하게 된다.
내용	① 부패는 비교적 해악이 없고 "좋은 의도를 가진 관행으로부터 시작"하여, 시간이 지남에 따라 명백한 부패로 발전하게 되는데, 이는 전체사회가 그 원인을 제공한 결과인 것이다. ② '시카고 시민들이 시카고 경찰을 부패시켰다'고 주장하면서 시민사회의 부패가 경찰 부패의 주요한 원인이라고 본다. ③ 시민의 호의에 길들여져서 명백한 부패로 빠져들 수 있다는 측면에서 『미끄러지기 쉬운 경사로 이론』과 일맥상통한다.
위반 사례	경찰관이 지역주민과 어울려서 도박을 하고, 지역주민이 경찰관에게 사건을 청탁하는 것이 관행화된 경우, 신임경찰관도 자연스럽게 그러한 관행에 물들게 된다.

0104

「경찰청 공무원 행동강령」에 해당하지 않는 것은?

| 23년 1차 순경 |

① 공무원은 상급자가 자기 또는 타인의 부당한 이익을 위하여 공정한 직무수행을 현저하게 해치는 지시를 하였을 때에는 그 사유를 상급자에게 소명하고 지시에 따르지 아니하거나 행동강령책임관과 상담할 수 있다.
② 공무원은 수사·단속의 대상이 되는 업소 중 경찰청장이 지정하는 유형의 업소 관계자와 부적절한 사적 접촉을 하여서는 아니 되며, 공적 또는 사적으로 접촉한 경우 경찰청장이 정하는 방법에 따라 신고하여야 한다.
③ 공무원은 직무수행 중 알게 된 정보를 이용하여 유가증권, 부동산 등과 관련된 재산상 거래 또는 투자를 하거나 타인에게 그러한 정보를 제공하여 재산상 거래 또는 투자를 돕는 행위를 해서는 아니 된다.
④ 경찰공무원은 정당이나 정치단체에 가입하거나 정치활동에 관여하는 행위를 하여서는 아니 된다.

- **정답** ④
- **난이도** 하 중 상
- **해설** ①, ②, ③은 옳은 설명이며, ④는 틀린 설명이다.
  ④ ✗ 해당 설명은 「경찰청 공무원 행동강령」에 규정되어 있는 것이 아니다. 해당 설명은 경찰공무원의 의무에 관한 내용으로서 「경찰공무원법」 제23조(정치 관여 금지) 제1항에 규정되어 있는 내용이다.

참고 「경찰청 공무원 행동강령」상 수사·단속업무의 공정성 강화

① 공무원은 수사·단속의 대상이 되는 업소 중 경찰청장이 지정하는 유형의 업소 관계자와 부적절한 사적 접촉을 하여서는 아니 되며, 공적 또는 사적으로 접촉한 경우 경찰청장이 정하는 방법에 따라 신고하여야 한다(동 강령 제5조의2 제1항).
② 공무원은 수사 중인 사건의 관계자(경찰청장이 지정하는 자를 말한다)와 부적절한 사적 접촉을 하여서는 아니 되며, 소속 경찰관서 내에서만 접촉하여야 한다. 다만, 현장조사 등 공무상 필요한 경우 외부에서 접촉할 수 있으며, 이 경우에는 수사서류 등 공문서에 기록하여야 한다(동 강령 제5조의2 제2항).

0105

「공직자의 이해충돌 방지법」과 「부정청탁 및 금품등 수수의 금지에 관한 법률」에 관한 설명 중 가장 적절한 것은?

| 22년 2차 순경 |

① 「공직자의 이해충돌 방지법」상 부동산을 직접 또는 간접으로 취급하는 대통령령으로 정한 공공기관의 공직자가 소속 공공기관의 업무와 관련된 부동산을 보유하고 있거나 매수하는 경우 소속기관장에게 그 사실을 구두 또는 서면으로 신고하여야 한다.

② 「부정청탁 및 금품등 수수의 금지에 관한 법률」상 '공직자등'이 부정청탁을 받았을 때에는 부정청탁을 한 자에게 부정청탁임을 알리고 이를 거절하는 의사를 명확히 표시하여야 하며, 이러한 조치를 하였음에도 불구하고 동일한 부정청탁을 다시 받은 경우에는 이를 소속기관장에게 구두 또는 서면(전자서면을 포함)으로 신고하여야 한다.

③ 「부정청탁 및 금품등 수수의 금지에 관한 법률」에 따르면 ○○경찰서 소속 경찰관 甲이 모교에서 자신의 직무와 관련된 강의를 요청받아 1시간 동안 강의를 하고 50만 원의 사례금을 받았다면 대통령령이 정하는 바에 따라 소속기관장에게 신고하고 그 초과금액을 소속기관장에게 지체 없이 반환하여야 한다.

④ 「부정청탁 및 금품등 수수의 금지에 관한 법률」상 「국가공무원법」 또는 「지방공무원법」에 따른 공무원과 그 밖에 다른 법률에 따라 그 자격·임용·교육훈련·복무·보수·신분보장 등에 있어서 공무원으로 인정된 사람은 '공직자등' 개념에 포함된다.

정답 ④

난이도 하 중 상

해설 ④는 옳은 설명이며, ①, ②, ③은 틀린 설명이다.

① ✗ 부동산을 직접적으로(간접적 ✗) 취급하는 대통령령으로 정하는 공공기관의 공직자는 소속 공공기관의 업무와 관련된 부동산을 보유하고 있거나 매수하는 경우 소속기관장에게 그 사실을 서면으로(구두 ✗) 신고하여야 한다(「공직자의 이해충돌 방지법」 제6조 제1항).

② ✗ 공직자등은 부정청탁을 받았을 때에는 부정청탁을 한 자에게 부정청탁임을 알리고 이를 거절하는 의사를 명확히 표시하여야 한다(「부정청탁 및 금품등 수수의 금지에 관한 법률」 제7조 제1항). 공직자등은 이러한 조치를 하였음에도 불구하고 동일한 부정청탁을 다시 받은 경우에는 이를 소속기관장에게 서면으로(구두 ✗) 신고하여야 한다(「부정청탁 및 금품등 수수의 금지에 관한 법률」 제7조 제2항).

③ ✗ 공직자등은 금액을 초과하는 사례금을 받은 경우에는 대통령령으로 정하는 바에 따라 소속기관장에게 신고하고, 제공자에게(소속기관장에게 ✗) 그 초과금액을 지체 없이 반환하여야 한다(「부정청탁 및 금품등 수수의 금지에 관한 법률」 제10조 제5항).

참고 「부정청탁 및 금품등 수수의 금지에 관한 법률」과 「공직자의 이해충돌방지법」상 공공기관

① 「사립학교법」에 따른 학교법인의 경우 「부정청탁 및 금품등 수수의 금지에 관한 법률」상 공공기관에는 포함되지만, 「공직자의 이해충돌방지법」상 공공기관에는 포함되지 않는다.

② 「언론중재 및 피해구제 등에 관한 법률」에 따른 언론사의 경우 「부정청탁 및 금품등 수수의 금지에 관한 법률」상 공공기관에는 포함되지만, 「공직자의 이해충돌방지법」상 공공기관에는 포함되지 않는다.

0106

다음은 경찰의 부정부패 이론(가설)에 관한 설명이다. 주장한 학자와 이론이 가장 적절하게 연결된 것은?

| 22년 2차 순경 |

> ㉠ 부패의 사회화를 통하여 신임경찰이 기존의 부패한 경찰에게 물들게 된다는 것으로 부패의 원인을 개인적 결함이 아닌 조직의 체계적 원인으로 보고 있다.
> ㉡ 시카고 경찰의 부패 원인 중 하나로 '시카고 시민이 경찰을 부패시켰다'라는 주장이 거론된 것처럼 시민사회가 경찰관의 부패를 묵인하거나 용인할 때 경찰관이 부패 행위에 빠져들게 된다.

① ㉠ 델라트르(Delattre) - 미끄러지기 쉬운 경사로 이론
  ㉡ 니더호퍼(Neiderhoffer), 로벅(Roebuck), 바커(Barker) - 구조원인가설
② ㉠ 셔먼(Sherman) - 구조원인가설
  ㉡ 델라트르(Delattre) - 미끄러지기 쉬운 경사로 이론
③ ㉠ 니더호퍼(Neiderhoffer), 로벅(Roebuck), 바커(Barker) - 구조원인가설
  ㉡ 윌슨(Wilson) - 전체사회가설
④ ㉠ 윌슨(Wilson) - 전체사회가설
  ㉡ 펠드버그(Feldberg) - 구조원인가설

- **정답** ③
- **난이도**
- **해설**
  ㉠은 구조원인가설, ㉡은 전체사회가설을 의미한다.
  ㉠ 『구조원인 가설』을 주장한 니더호퍼(A. Neitherhoffer), 로벅(J. Roebuck), 바커(T. Barker) 등은 경찰부패의 원인을 경찰문화에서 찾고, 신임경찰관들은 선배경찰관들의 부패행위에서 학습하게 된다고 주장한다. 신임경찰관들은 선배경찰관들에 의해 조직의 부패문화에 사회화되어 부패의 길에 들어서게 되며, 이런 부패의 관행은 경찰관들 사이에서 문제점을 알면서도 눈감아주는 침묵의 규범 등에 의해 조장된다. 이러한 부패가 구조화된 조직에서는 '법규와 현실의 괴리 현상'이 발생한다. 부패의 원인은 개인적 결함이 아니라 조직의 체계적 원인으로 본다.
  ㉡ 윌슨(O. W. Wilson)이 시카고 경찰의 부패를 설명하기 위하여 주장한 『전체사회 가설』에 의하면, 사회 전체의 풍조와 정서가 경찰조직에 직접적인 영향을 미치게 되는데, 사회 전체가 경찰관의 부패를 묵인하거나 조장할 때, 경찰관은 자연스럽게 부패행위를 하게 된다. 부패는 비교적 해악이 없고 좋은 의도를 가진 관행으로부터 시작하여, 시간이 지남에 따라 명백한 부패로 발전하게 되는데, 이는 전체사회가 그 원인을 제공한 결과인 것이다. '시카고 시민들이 시카고 경찰을 부패시켰다'고 주장하면서 시민사회의 부패가 경찰 부패의 주요한 원인이라고 본다. 시민의 호의에 길들여져서 명백한 부패로 빠져들 수 있다는 측면에서 『미끄러지기 쉬운 경사로 이론』과 일맥상통한다.

0107

다음 사례에서 나타나는 전문직업인으로서 경찰의 윤리적 문제점으로 가장 적절한 것은?

| 22년 2차 순경 |

○○경찰서 경비과 소속 경찰관 甲은 집회 현장에서 시위대가 질서유지선을 침범해 경찰관을 폭행하자 교통, 정보, 생활안전 등 다른 전체적인 분야에 대한 고려 없이 경비분야만 생각하고 검거 결정을 하였다.

① 부권주의
② 소외
③ 차별
④ 사적 이익을 위한 이용

- **정답** ②
- **난이도** 하 중 상
- **해설** 「소외」란 전문가가 자신의 국지적인 분야만 보고 전체적인 맥락을 보지 못하게 되는 문제점을 말한다(나무를 보고 숲은 보지 못함).

참고 전문직의 단점

부권주의	① 전문직에게 있어 『부권주의』란 아버지가 자식의 문제를 결정하듯이 전문가가 우월적 지식에 근거하여 비전문가의 판단을 전혀 고려하지 않고 일방적인 자신의 판단으로 대신하려는 윤리적 문제점을 의미한다. ② 이러한 부권주의는 치안서비스의 질을 저하시킬 수 있다.
사적 이용	전문직들은 그들의 지식과 기술로 상당한 힘을 소유하고, 그 힘을 공공의 이익보다는 사적인 이익을 위해서만 이용하기도 한다.
차 별	전문직이 되는데 장기간의 교육과 비용이 들기 때문에 경제적 약자인 가난한 사람은 전문가가 되는 기회를 상실하게 된다. 즉, 경찰에의 접근을 차단하는 현상이 발생한다.
소 외	전문가가 자신의 국지적인 분야만 보고 전체적인 맥락을 보지 못하게 되는 문제점을 말한다(나무를 보고 숲은 보지 못함).

0108

경찰의 부패에 관한 설명 중 가장 적절하지 <u>않은</u> 것은?　| 22년 1차 순경 |

① 'Dirty Harry 문제'는 도덕적으로 선한 목적을 위해 윤리적, 정치적, 혹은 법적으로 더러운 수단을 동원하는 것이 적절한가와 관련된 딜레마적 상황이다.
② 구조화된 조직적 부패는 서로가 문제점을 알면서도 눈감아주는 침묵의 규범 형성의 가능성을 높인다.
③ 셔먼(1985)의 미끄러운 경사(slippery slope) 개념은 작은 호의를 받는 것에 익숙해진 경찰관들이 결국 부패에 연루될 수 있음을 경고한다.
④ 전체사회가설은 신임경찰관이 조직의 부패 전통 내에서 고참 동료들에 의해 사회화됨으로써 부패의 길로 들어선다는 입장이다.

 ④
 상 중 하

①, ②, ③은 옳은 설명이며, ④는 틀린 설명이다.
④ ✗ 윌슨(O. W. Wilson)이 시카고 경찰의 부패를 설명하기 위하여 주장한 『전체사회 가설』에 의하면, 사회 전체의 풍조와 정서가 경찰조직에 직접적인 영향을 미치게 되는데, 사회 전체가 경찰관의 부패를 묵인하거나 조장할 때, 경찰관은 자연스럽게 부패행위를 하게 된다. 부패는 비교적 해악이 없고 좋은 의도를 가진 관행으로부터 시작하여, 시간이 지남에 따라 명백한 부패로 발전하게 되는데, 이는 전체사회가 그 원인을 제공한 결과인 것이다. 보기의 내용은 『구조원인 가설』에 대한 설명이다.

참고 'Dirty Harry 문제' = 'Dirty Hand'(더러운 손)와 동일한 의미

① 올바른 정치적 행동은 도덕적 규범과 충돌이 있을 수도 있으며, 다음과 같은 질문은 도덕과 정치가 맺고 있는 복잡한 관계를 보여준다.
② "어떤 사회에 더 나은 결과를 불러오기 위해서라면 정치 지도자는 도덕적으로 그릇된 일을 저질러도 되는가?"라는 문제이다.
③ '더러운 손' 이론을 주장하는 학자들은 도덕적 규범이나 근거가 법, 정치, 문화, 사회적인 다른 모든 이유들에 앞선다는 일반적인 견해와는 반대로, 정치 지도자들이 때로는 도덕적 원리 및 원칙을 어기며 그들의 손을 더럽혀야 할 때도 있다고 주장한다.

0109

「부정청탁 및 금품등 수수의 금지에 관한 법률」에 대한 설명으로 가장 적절하지 않은 것은?

| 21년 2차 순경 |

① 공직자등 자신이 수수 금지 금품등을 받거나 그 제공의 약속 또는 의사표시를 받은 경우에는 소속기관장에게 지체 없이 서면 또는 구두로 신고하여야 한다.
② 공직자등은 사례금을 받는 외부강의등을 할 때에는 대통령령으로 정하는 바에 따라 외부강의등의 요청 명세 등을 소속기관장에게 그 외부강의 등을 마친 날부터 10일 이내에 서면으로 신고하여야 한다. 다만, 외부강의등을 요청한 자가 국가나 지방자치단체인 경우에는 그러하지 아니하다.
③ 「부정청탁 및 금품등 수수의 금지에 관한 법률」에 따라 국회, 법원, 헌법재판소, 선거관리위원회, 감사원, 국가인권위원회, 고위공직자범죄수사처, 중앙행정기관(대통령 소속 기관과 국무총리 소속 기관을 포함한다)과 그 소속 기관 및 지방자치단체는 공공기관에 해당한다.
④ 공직자등은 직무 관련 여부 및 기부·후원·증여 등 그 명목에 관계없이 동일인으로부터 1회에 100만원 또는 매 회계연도에 300만원을 초과하는 금품등을 받거나 요구 또는 약속해서는 아니 된다.

- **정답** ①
- **난이도** 하 중 상
- **해설**
  ②, ③, ④는 옳은 설명이며, ①은 틀린 설명이다.
  ① ✗ 공직자 등은 자신 또는 배우자가 수수 금지 금품등을 받거나 그 제공의 약속 또는 의사표시를 받은 경우에는 <u>소속기관장에게 지체 없이 서면으로 신고</u>하여야 한다(「부정청탁 및 금품등 수수의 금지에 관한 법률」 제9조 제1항). <u>구두 신고는 포함되지 않는다.</u>

참고 「부정청탁 및 금품등 수수의 금지에 관한 법률」상 수수 금지 금품등의 신고

① 공직자등은 자신 또는 배우자가 수수 금지 금품등을 받거나 그 제공의 약속 또는 의사표시를 받은 경우에는 소속기관장에게 <u>지체 없이 서면으로 신고</u>하여야 한다(동법 제9조 제1항).
② 공직자등은 자신이 수수 금지 금품등을 받거나 그 제공의 약속이나 의사표시를 받은 경우 또는 자신의 배우자가 수수 금지 금품등을 받거나 그 제공의 약속이나 의사표시를 받은 사실을 알게 된 경우에는 이를 <u>제공자에게 지체 없이 반환</u>하거나 반환하도록 하거나 그 거부의 의사를 밝히거나 밝히도록 하여야 한다(동법 제9조 제2항 본문).
③ 공직자등은 신고나 인도를 감독기관·감사원·수사기관 또는 국민권익위원회에도 할 수 있다(동법 제9조 제6항).

0110

다음은 경찰관들의 일탈 사례와 이를 설명하는 이론(가설)이다. 〈보기 1〉과 〈보기 2〉의 내용이 가장 적절하게 연결된 것은?

| 20년 2차 순경 |

보기1

(가) 경찰관 A는 동료경찰관들이 유흥업소 업주들로부터 접대를 받은 사실을 알고도 모른 체 했다.
(나) 음주운전으로 징계처분을 받은 적이 있는 B가 다시 음주운전으로 적발되어 징계위원회에 회부되었다.
(다) 주류판매로 단속된 노래연습장 업주가 담당경찰관 C에게 사건무마를 청탁하며 뇌물수수를 시도하였다.

보기2

㉠ 썩은사과가설
㉡ 미끄러지기 쉬운 경사로 이론
㉢ 구조원인가설
㉣ 전체사회가설

	(가)	(나)	(다)
①	㉢	㉠	㉣
②	㉠	㉢	㉣
③	㉠	㉢	㉡
④	㉢	㉠	㉡

- **정답** ①
- **난이도** 하 중 상
- **해설** (가)의 경우에는 구조원인가설, (나)의 경우에는 썩은사과가설, (다)의 경우에는 전체사회가설에 해당한다. 미끄러지기 쉬운 경사로 이론의 핵심은 처음에는 사소한 호의로 시작하는 것이다. 〈보기 1〉의 사례에서 사소한 호의로 시작되는 내용은 존재하지 않는다.

참고 미끄러지기 쉬운 경사로 이론 : 셔먼

구분	내용
의의	셔먼(Sherman)에 의하면, 『미끄러지기 쉬운 경사로 이론』은 사소한 호의일지라도 습관화될 경우에는, 미끄러운 경사로를 타고 내려오듯이 점점 더 큰 부패와 범죄로 연결된다는 가설이다.
내용	실제로 부패는 아주 사소한 행위로부터 시작해서 점차적으로 큰 부패로 이어지며, 작은 호의의 수용은 경사로 위에 행위자를 올려놓은 것과 같이 점점 깊이 빠져 들게 함으로써, 나중에는 그 속에서 빠져나오지 못하고 부패하게 된다.
비판	① 펠드버그(Feldberg)는 대부분의 경찰관들이 사소한 호의와 뇌물을 구별할 수 있으므로, 『미끄러지기 쉬운 경사로 이론』은 비현실적이라고 주장하였다. 또한 더 나아가 경찰관의 지능에 대한 모독이라고 본다. ② 인간의 본성은 탐욕스러우며, 작은 부패를 맛본 후에는 큰 부패를 추구하기 시작한다는 주장은 관념적인 가설에 지나지 않는다고 본다.

0111

다음은 경찰부패에 대한 설명이다. ㉠부터 ㉣까지의 설명 중 옳은 것은 모두 몇 개인가?

| 20년 1차 순경 변형 |

> ㉠ 전체사회가설은 니더호퍼, 로벅, 바커 등이 제시한 이론으로 부패의 사회화를 통하여 신임경찰이 기존의 부패한 경찰에 물들게 된다는 입장이다.
> ㉡ 비지바디니스(Busy bodiness)는 남의 비행에 대하여 일일이 참견하면서 도덕적 충고를 하는 것을 의미한다.
> ㉢ 미끄러지기 쉬운 경사로이론은 공짜 커피, 작은 선물 등의 사소한 호의가 나중에는 큰 부패로 이어질 수 있다는 점을 강조한다.
> ㉣ 도덕적 해이(Moral hazard)는 도덕적 가치관이 붕괴되어 동료의 부패를 부패라고 인식하지 못하는 것을 의미하며, 부패를 잘못된 행위로 인식하고 있지만 동료라서 모르는 척하는 침묵의 규범과는 구별되는 개념이다.

① 1개   ② 2개
③ 3개   ④ 4개

- **정답** ③
- **난이도** 하 중 상
- **해설** ㉡, ㉢, ㉣은 옳은 설명이며, ㉠은 틀린 설명이다.
  ㉠ 윌슨(O. W. Wilson)이 시카고 경찰의 부패를 설명하기 위하여 주장한 『전체사회가설』에 의하면, 사회 전체의 풍조가 경찰조직에 직접적인 영향을 미치게 되는데, 사회 전체(=시민사회)가 경찰관의 부패를 묵인하거나 조장할 때, 경찰관은 자연스럽게 부패행위를 하게 된다. 보기의 내용은 『구조원인가설』에 대한 설명이다.

참고 내부고발과의 구분 개념

① 침묵의 규범 : 부패를 잘못된 행위라고 인식하고 있지만, 동료이기 때문에 모르는 척 하면서 눈감아주는 것.
② 비지바디니스(busy bodiness) : 남의 비행에 대하여 일일이 참견하여 도덕적 충고를 하는 것.
③ 도덕적 해이(moral hazard) : 도덕적 가치관이 붕괴되어 동료의 부패를 부패라고 인식하지 못하는 것.
④ 예기적 사회화 과정 : 특정한 "신분이 되기 전에" 그 신분에 알맞은 생각과 행동을 학습하거나 되는 것.
  ㉠ 경찰공무원의 사회화는 경찰이 되기 전의 가치관이나 자신의 직접적 경험이나 친구나 가족들을 통한 간접적 경험, 나아가 언론매체를 통한 경찰의 이미지 등을 통해서 이루어진다.
  ㉡ 경찰공무원은 공식적 사회화 과정보다 비공식적 사회화 과정을 통해서 더 많은 영향을 받는다.
  ㉢ 개인적 성향과 조직 내 사회화 과정은 상호 보완적 관계에 있다.

0112

경찰부패 문제의 해결을 위해 다음과 같이 「경찰청 공무원 행동강령」을 개정하였다고 가정한다면, 이와 같은 개정의 근거가 된 경찰부패이론(가설)으로 가장 적절한 것은? | 19년 2차 순경 |

현행	개정안
공무원은 직무 관련 여부 및 기부·후원·증여 등 그 명목에 관계없이 동일인으로부터 1회에 100만원 또는 매 회계연도에 300만 원을 초과하는 금품등을 받거나 요구 또는 약속해서는 아니 된다.	공무원은 직무 관련 여부 및 기부·후원·증여 등 그 명목에 관계없이 어떠한 금품 등도 받거나 요구 또는 약속해서는 아니 된다.

① 썩은 사과 가설
② 미끄러지기 쉬운 경사로 이론
③ 형성재론
④ 구조원인 가설

• 정답 ②

• 난이도

• 해설 현행 규정은 일정한 금액 이하와 일정한 기간 동안에는 금품등 수수가 가능한 것으로 규정되어 있으나, 개정안 규정은 어떠한 금품등의 수수도 금지하고 있다. 이는 사소한 호의일지라도 습관화될 경우에는 더 큰 부패와 범죄로 연결된다는 가설인 『미끄러지기 쉬운 경사로이론』과 일맥상통한다.

참고 미끄러지기 쉬운 경사로이론

구분	내용
의의	셔먼(Sherman)에 의하면, 『미끄러지기 쉬운 경사로 이론』은 사소한 호의일지라도 습관화될 경우에는, 미끄러운 경사로를 타고 내려오듯이 점점 더 큰 부패와 범죄로 연결된다는 가설이다.
내용	① 미끄러지기 쉬운 경사로 이론은 논리적으로 설명할 수도 있으며 심리학적으로도 설명할 수 있다. ② 논리적으로는 사소한 것이나 중대한 부패 혹은 범죄 사이에는 공평함을 훼손했다는 점에서 논리적인 차이가 없다. 정도의 차이는 있을 수는 있지만, 도덕적 이유를 저버렸다는 점에서는 논리적으로 똑같다. 즉, 양자 모두 비윤리적이다. ③ 심리적으로는 전자가 비윤리적인 것은 아니지만, 후자가 비윤리적인 것으로 나아갈 수 있다는 것이다. ④ 실제로 부패는 아주 사소한 행위로부터 시작해서 점차적으로 큰 부패로 이어지며, 작은 호의의 수용은 경사로 위에 행위자를 올려놓은 것과 같이 점점 깊이 빠져 들게 함으로써, 나중에는 그 속에서 빠져나오지 못하고 부패하게 된다.
비판	① 펠드버그(Feldberg)는 대부분의 경찰관들이 사소한 호의와 뇌물을 구별할 수 있으므로, 『미끄러지기 쉬운 경사로 이론』은 비현실적이라고 주장하였다. 또한 더 나아가 경찰관의 지능에 대한 모독이라고 본다. ② 인간의 본성은 탐욕스러우며, 작은 부패를 맛본 후에는 큰 부패를 추구하기 시작한다는 주장은 관념적인 가설에 지나지 않는다고 본다.

0113

「부정청탁 및 금품등 수수의 금지에 관한 법률」에 대한 설명으로 가장 적절하지 않은 것은?

| 19년 1차 순경 |

① 원활한 직무수행 목적으로 제공되는 음식물·경조사비·선물 등으로서 대통령령으로 정하는 가액 범위 안의 금품등은 수수 금지의 예외 사유이다.
② 사회상규에 따라 허용되는 금품등은 수수 금지의 예외 사유이다.
③ 공직자등은 직무 관련 여부 및 기부·후원·증여 등 그 명목에 관계없이 동일인으로부터 1회에 100만원 또는 매 회계연도에 300만 원을 초과하는 금품등을 받거나 요구 또는 약속해서는 아니 된다.
④ 사적 거래(증여 포함)로 인한 채무의 이행 등 정당한 권원(權原)에 의하여 제공되는 금품등은 수수 금지의 예외 사유이다.

- **정답** ④
- **난이도**
- **해설**
  ①, ②, ③은 옳은 설명이며, ④는 틀린 설명이다.
  ④ ✗ 사적 거래(증여는 제외한다)로 인한 채무의 이행 등 정당한 권원에 의하여 제공되는 금품등은 금품등의 수수 금지에 대한 예외에 해당한다.

참고 「부정청탁 및 금품등 수수의 금지에 관한 법률」상 금품등의 수수 금지에 대한 예외

외부강의 등에 관한 사례금 또는 다음의 어느 하나에 해당하는 금품등의 경우에는 수수를 금지하는 금품등에 해당하지 아니한다(동법 제8조 제3항).
① 공공기관이 소속 공직자등이나 파견 공직자등에게 지급하거나 상급 공직자등이 위로·격려·포상 등의 목적으로 하급 공직자등에게 제공하는 금품등
② 원활한 직무수행 또는 사교·의례 또는 부조의 목적으로 제공되는 음식물·경조사비·선물 등으로서 대통령령으로 정하는 가액 범위 안의 금품등. 다만, 선물 중 「농수산물 품질관리법」 제2조 제1항 제1호에 따른 농수산물 및 같은 항 제13호에 따른 농수산가공품(농수산물을 원료 또는 재료의 50퍼센트를 넘게 사용하여 가공한 제품만 해당한다)은 대통령령으로 정하는 설날·추석을 포함한 기간에 한정하여 그 가액 범위를 두 배로 한다.
③ 사적 거래(증여는 제외한다)로 인한 채무의 이행 등 정당한 권원에 의하여 제공되는 금품등
④ 공직자등의 친족이 제공하는 금품등
⑤ 공직자등과 관련된 직원상조회·동호인회·동창회·향우회·친목회·종교단체·사회단체 등이 정하는 기준에 따라 구성원에게 제공하는 금품등 및 그 소속 구성원 등 공직자등과 특별히 장기적·지속적인 친분관계를 맺고 있는 자가 질병·재난 등으로 어려운 처지에 있는 공직자등에게 제공하는 금품등
⑥ 공직자등의 직무와 관련된 공식적인 행사에서 주최자가 참석자에게 통상적인 범위에서 일률적으로 제공하는 교통, 숙박, 음식물 등의 금품등
⑦ 불특정 다수인에게 배포하기 위한 기념품 또는 홍보용품 등이나 경연·추첨을 통하여 받는 보상 또는 상품 등
⑧ 그 밖에 다른 법령·기준 또는 사회상규에 따라 허용되는 금품 등

0114

경찰의 부정부패 이론에 대한 설명으로 가장 적절하지 않은 것은?

 | 18년 2차 순경 |

① 윌슨이 주장한 전체사회 가설은 '미끄러지기 쉬운 경사로 이론'과 유사하다.
② 구조원인 가설에 따르면, 구조화된 조직적 부패는 서로가 문제점을 알면서도 눈감아주는 '침묵의 규범'을 형성한다.
③ 전체사회 가설은 시민사회의 부패를 경찰부패의 주요 원인으로 본다.
④ 썩은 사과 가설은 일부 부패경찰이 조직 전체를 부패로 물들게 한다는 이론으로 부패의 원인을 조직의 체계적 원인으로 파악한다.

 ④
 하 중 상

해설 ①, ②, ③은 옳은 설명이며, ④는 틀린 설명이다.

④ ❌ 『썩은 사과 가설』에 의하면, 사과상자 속에서 애초에 문제가 있는 사과가 썩듯이, <u>처음부터 경찰관으로서의 자질이 없는 사람이 경찰관이 됨으로써 부패의 원인</u>이 된다. 즉, <u>썩은 사과 가설은 부패의 원인이 경찰관 개인 자체에게 있다고 본다. 부패의 원인을 개인적 결함이 아니라 조직의 체계적 원인으로 보는 것은 『구조원인가설』</u>이다.

참고 썩은 사과 가설(경찰개인의 부패 → 경찰조직의 부패)

구분	내용
의의	① 『썩은 사과 가설』에 의하면, 사과상자 속에서 애초에 문제가 있는 사과가 썩듯이, 처음부터 경찰관으로서의 자질이 없는 사람이 경찰관이 됨으로써 부패의 원인이 된다. ② 즉, 썩은 사과 가설은 부패의 원인이 경찰관 개인 자체에게 있다고 한다.
내용	부패는 개인의 양심이나 도덕성의 결여에 의해 발생하고, 이러한 부패한 사람은 선천적으로 또는 성장과정 속에서 형성된 개인적 속성으로 인해, 경찰관이 되기에는 자질이 부족하므로 모집단계에서 부패 가능성이 있는 지원자를 배제하여야 한다.

0115

「경찰공무원 복무규정」상 기본강령과 그에 대한 내용으로 가장 적절하게 연결된 것은? | 18년 2차 순경 |

① 경찰사명 : 경찰공무원은 주어진 사명을 다하기 위하여 긍지를 가지고 한마음 한뜻으로 굳게 뭉쳐 임무수행에 모든 역량을 기울여야 한다.
② 경찰정신 : 경찰공무원은 국가와 민족을 위하여 충성과 봉사를 다하며, 국민의 생명·신체 및 재산을 보호하고, 공공의 안녕과 질서를 유지함을 그 사명으로 한다.
③ 규율 : 경찰공무원은 성실하고 청렴한 생활태도로써 국민의 모범이 되어야 한다.
④ 책임 : 경찰공무원은 창의와 노력으로써 소임을 완수하여야 하며, 직무수행의 결과에 대하여 책임을 진다.

- **정답** ④
- **난이도**
- **해설** ④는 옳은 설명이며, ①, ②, ③은 틀린 설명이다.

참고 경찰공무원의 기본강령(「경찰공무원 복무규정」 제3조)

구 분	내 용
경찰사명	경찰공무원은 국가와 민족을 위하여 충성과 봉사를 다하며, 국민의 생명·신체 및 재산을 보호하고, 공공의 안녕과 질서를 유지함을 그 사명으로 한다.
경찰정신	경찰공무원은 국민의 수임자로서 일상의 직무수행에 있어서 국민의 자유와 권리를 존중하는 호국·봉사·정의의 정신을 그 바탕으로 삼는다.
규 율	경찰공무원은 법령을 준수하고 직무상의 명령에 복종하며, 상사에 대한 존경과 부하에 대한 존중으로써 규율을 지켜야 한다.
단 결	경찰공무원은 주어진 사명을 다하기 위하여 긍지를 가지고 한마음 한뜻으로 굳게 뭉쳐 임무수행에 모든 역량을 기울여야 한다.
책 임	경찰공무원은 창의와 노력으로써 소임을 완수하여야 하며, 직무수행의 결과에 대하여 책임을 진다.
성실·청렴	경찰공무원은 성실하고 청렴한 생활태도로써 국민의 모범이 되어야 한다.

0116

「경찰청 공무원 행동강령」에 대한 내용으로 가장 적절하지 않은 것은? |18년 1차 순경 변형|

① 공무원은 직무를 수행함에 있어 지연·혈연·학연·종교 등을 이유로 특정인에게 특혜를 주어서는 아니 된다.
② 공무원은 상급자가 자기 또는 타인의 부당한 이익을 위하여 공정한 직무수행을 현저하게 해치는 지시를 하였을 때에는 그 사유를 그 상급자에게 소명하고 지시에 따르지 아니하거나 제23조에 공무원 행동강령에 관한 업무를 담당하는 공무원과 상담할 수 있다.
③ 공무원은 정치인이나 정당 등으로부터 부당한 직무수행을 강요받거나 청탁을 받은 경우에는 소속기관의 장에게 보고하거나 행동강령책임관과 상담한 후 처리하여야 한다.
④ 공무원은 경찰관서 내 수사 지휘에 대한 이의제기와 관련하여 행동강령책임관에게 상담을 요청하여야 한다.

- **정답** ④
- **난이도** 하 중 상
- **해설** ①, ②, ③은 옳은 설명이며, ④는 틀린 설명이다.
  ④ ❌ 공무원은 경찰관서 내 수사 지휘에 대한 이의제기와 관련하여 행동강령책임관에게 상담을 요청할 수 있다(「경찰청 공무원 행동강령」 제4조의2 제1항). 상담요청을 받은 행동강령책임관은 해당 지휘의 취소·변경이 필요하다고 인정되면 소속기관장에게 보고하여야 한다(「경찰청 공무원 행동강령」 제4조의2 제2항).

참고 공정한 직무수행을 해치는 지시에 대한 행동강령책임관과의 상담
① 공정한 직무수행을 해치는 1차적 지시 : 행동강령책임관과 "상담할 수 있다".
② 공정한 직무수행을 해치는 2차적 지시(지시의 반복) : 행동강령책임관과 "상담하여야 한다".

참고 정치인 등의 부당한 요구에 대한 행동강령책임관과의 상담
① 정치인 등의 부당한 요구가 비록 1차에 의한 것이라고 하더라도 행동강령책임관과 "상담하여야 한다".
② 공정한 직무수행을 해치는 상급자의 지시의 경우에는 1차(상담할 수 있다), 2차(상담하여야 한다)가 구분되지만, 정치인 등의 부당한 요구가 있을 경우에는 1차에서 행동강령책임관과 상담하여야 한다.

참고 행동강령책임관의 지정(「경찰청 공무원 행동강령」 제23조)
① 경찰청, 소속기관, 시·도경찰청, 경찰서에 이 규칙의 시행을 담당하는 행동강령책임관을 둔다.
② 경찰청에 감사관, 시·도경찰청에 청문감사인권담당관, 경찰서에 청문감사인권관을 행동강령책임관으로 한다(소속기관 및 청문감사관제 미운영 관서는 감사업무담당 과장으로 한다).

0117

경찰의 부정부패 현상과 그 원인에 대한 설명으로 가장 적절한 것은? | 17년 2차 순경 |

① 사회 전체가 경찰 부패를 묵인하거나 조장할 때 경찰은 부패행위를 하게 되며 시민 사회의 부패가 경찰 부패의 주원인으로 보는 이론은 전체사회 가설이다.
② 일부 부패경찰을 모집 단계에서 배제하지 못하여 조직 전체를 부패로 물들게 한다는 구조원인 가설은 부패의 원인을 개인적 결함이 아닌 조직의 체계적 원인으로 파악한다.
③ 미끄러지기 쉬운 경사로 이론은 부패에 해당하는 작은 호의가 습관화 될 경우 미끄러운 경사로를 타고 내려오듯이 점점 더 큰 부패와 범죄로 빠진다는 가설이다.
④ 썩은 사과 가설은 신임 경찰관들이 그들의 선배 경찰관들에 의해 조직의 부패 전통 내에서 사회화되어 신임 경찰도 기존 경찰처럼 부패로 물들게 된다고 주장한다.

정답 ①

난이도

해설
①은 옳은 설명이며, ②, ③, ④는 틀린 설명이다.
② ❌ 일부 부패경찰을 모집 단계에서 배제하지 못하여 조직 전체를 부패로 물들게 한다는 이론은 『썩은 사과 가설』에 해당한다. 즉, 썩은 사과 가설은 부패의 원인이 경찰관 개인 자체에게 있다고 한다.
③ ❌ 『미끄러지기 쉬운 경사로 이론』은 처음에는 부패에 해당하지 않는 사소한 호의에서 출발한다. 사소한 호의일지라도 습관화될 경우에는 미끄러운 경사로를 타고 내려오듯이 점점 더 큰 부패와 범죄로 연결된다는 가설이다.
④ ❌ 신임 경찰관들이 그들의 선배 경찰관들에 의해 조직의 부패 전통 내에서 사회화되어 신임 경찰도 기존 경찰처럼 부패로 물들게 된다고 보는 이론은 『구조원인가설』이다.

0118

경찰의 부정부패 원인에 대한 설명으로 가장 적절한 것은? | 17년 1차 순경 |

① 미국의 윌슨은 '시카고 시민이 경찰을 부패시켰다'며 '구조원인 가설'을 주장하였다.
② 니더호퍼, 로벅, 바커 등이 주장한 '전체사회 가설'은 '미끄러지기 쉬운 경사로 이론'과 관련이 깊다.
③ 셔먼의 '미끄러지기 쉬운 경사로 이론'에 의하면 공짜 커피 한 잔도 부패에 해당한다.
④ 선배경찰의 부패행태로부터 신임경찰이 차츰 사회화되어 신임경찰도 기존 경찰처럼 부패로 물들게 된다는 이론은 '구조원인 가설'이다.

 ④

④는 옳은 설명이며, ①, ②, ③은 틀린 설명이다.
① ❌ 미국의 윌슨은 '시카고 시민이 경찰을 부패시켰다'며 『전체사회가설』을 주장하였다. 시민사회의 부패가 경찰부패의 주요한 원인이라고 본다.
② ❌ 니더호퍼, 로벅, 바커 등이 주장한 이론은 『구조원인가설』이다. 그리고 『미끄러지기 쉬운 경사로 이론』과 일맥상통하는 이론은 『전체사회가설』이다.
③ ❌ 셔먼의 『미끄러지기 쉬운 경사로 이론』은 공짜 커피 한잔은 사소한 호의라고 본다. 즉, 처음부터 작은 호의가 부패는 아니라고 본다. 다만, 사소한 호의가 습관화될 경우에는, 미끄러운 경사로를 타고 내려오듯이 점점 더 큰 부패와 범죄로 연결된다고 본다.

0119

「경찰청 공무원 행동강령」에 대한 설명으로 가장 적절하지 않은 것은?

| 17년 1차 순경 변형 |

① 공무원은 상급자가 자기 또는 타인의 부당한 이익을 위하여 공정한 직무수행을 현저하게 해치는 지시를 하였을 때에는 그 사유를 그 상급자에게 소명하고 지시에 따르지 아니하거나 행동강령책임관과 상담할 수 있다.
② 경찰청장(소속기관장, 시·도경찰청장, 경찰서장 등을 포함한다)은 소속 공무원에 대하여 이 규칙의 준수를 위한 교육계획을 수립·시행하여야 하며, 매년 2회 이상 교육을 하여야 한다.
③ 공무원은 정치인이나 정당 등으로부터 부당한 직무수행을 강요받거나 청탁을 받은 경우에는 소속 기관의 장에게 보고하거나 행동강령책임관과 상담하여야 한다.
④ 공무원은 직위를 이용하여 다른 공무원의 임용·승진·전보 등 인사에 부당하게 개입해서는 아니 된다.

- **정답** ②
- **난이도** 하 중 상
- **해설** ①, ③, ④는 옳은 설명이며, ②는 틀린 설명이다.
  ② ✗ 경찰청장(소속기관장, 시·도경찰청장, 경찰서장 등을 포함한다)은 소속 공무원에 대하여 이 규칙의 준수를 위한 교육계획을 수립·시행하여야 하며, 매년 1회 이상 교육을 하여야 한다(「경찰청 공무원 행동강령」 제22조 제1항).

참고 「경찰청 공무원 행동강령」에 대한 교육

구분	내용
매년 1회 이상 교육	경찰청장(소속기관장, 시·도경찰청장, 경찰서장 등을 포함한다)은 소속 공무원에 대하여 이 규칙의 준수를 위한 교육계획을 수립·시행하여야 하며, 매년 1회 이상 교육을 하여야 한다(동 강령 제22조 제1항).
기본교육과정에 포함	경무인사기획관은 신임 및 경사, 경위, 경감, 경정 기본교육과정에 이 규칙의 교육을 포함시켜 시행하여야 한다(동 강령 제22조 제2항).

0120

다음의 내용이 설명하는 경찰의 부정부패이론으로 가장 적절한 것은? | 16년 1차 순경 |

> 부정부패의 원인은 자질이 없는 경찰관들이 모집단계에서 배제되지 못하고 조직 내에 유입됨으로써 전체경찰이 부패할 가능성이 있다고 보면서, 부정부패의 원인을 조직의 체계보다는 개인적 결함으로 보고 있다.

① 전체사회 가설
② 구조원인 가설
③ 썩은 사과 가설
④ 미끄러지기 쉬운 경사로 이론

- **정답** ③
- **난이도** 하 중 상
- **해설** 보기의 설명은 『썩은 사과 가설』에 해당하는 설명이다. 『썩은 사과 가설』은 처음부터 경찰관으로서 자질이 없는 사람이 경찰관이 됨으로써 부패의 원인이 된다고 보는 이론이다. 즉, 썩은 사과 가설은 부패의 원인이 경찰관 개인 자체에게 있다고 한다.
  ① ✗ 『전체사회 가설』은 사회 전체의 풍조와 정서가 경찰조직에 직접적인 영향을 미치게 되는데, <u>사회 전체가 경찰관의 부패를 묵인하거나 조장할 때, 경찰관은 자연스럽게 부패행위를 하게 된다고 본다.</u> 시민이 호의에 길들여져서 명백한 부패로 빠져들 수 있다는 측면에서 <u>『미끄러지기 쉬운 경사로 이론』과 일맥상통</u>한다.
  ② ✗ 『구조원인 가설』은 경찰부패의 원인을 경찰문화에서 찾고, <u>신임경찰관들은 선배경찰관들의 부패행위에서 학습하게 된다고 주장한다. 부패의 원인은 개인적 결함이 아니라 조직의 체계적 원인으로 본다.</u>
  ④ ✗ <u>『미끄러지기 쉬운 경사로 이론』은 사소한 호의일지라도 습관화될 경우에는, 미끄러운 경사로를 타고 내려오듯이 점점 더 큰 부패와 범죄로 연결된다는 가설</u>이다.

0121

경찰의 부정부패 현상과 그 원인에 관한 다음 설명 중 가장 적절하지 않은 것은? | 15년 2차 순경 |

① 전체사회 가설은 시민사회의 부패를 경찰부패의 주요 원인으로 본다.
② 구조원인 가설은 윌슨이 주장한 가설로 신참 경찰관들이 그들의 고참 동료들에 의해 조직의 부패전통 내에서 사회화됨으로써 부패의 길로 들어선다는 입장이다.
③ 썩은 사과 가설은 일부 부패경찰이 조직 전체를 부패로 물들게 한다는 이론으로 부패문제를 개인적 결함 문제로 바라본다.
④ 미끄러지기 쉬운 경사로 이론은 부패에 해당하지 않는 작은 호의가 습관화될 경우 미끄러운 경사로를 타고 내려오듯이 점점 더 큰 부패와 범죄로 빠진다는 가설이다.

- **정답** ②
- **난이도**
- **해설** ①, ③, ④는 옳은 설명이며, ②는 틀린 설명이다.
  ② ✗ 『구조원인 가설』을 주장한 학자는 니더호퍼, 로벅, 바커 등이다. 『구조원인가설』은 경찰부패의 원인을 경찰문화에서 찾고, 신임 경찰관들은 선배 경찰관들의 부패행위에서 학습하게 된다고 주장한다. <u>신임경찰관들은 선배경찰관들에 의해 조직의 부패문화에 사회화되어 부패의 길에 들어서게 되며, 이런 부패의 관행은 경찰관들 사이에서 문제점을 알면서도 눈감아주는 '침묵의 규범' 등에 의해 조장된다.</u> 이러한 부패가 구조화된 조직에서는 '법규와 현실의 괴리 현상'이 발생한다. <u>부패의 원인은 개인적 결함이 아니라 조직의 체계적 원인으로 본다.</u>

참고 구조원인가설(경찰조식의 무패 → 경찰개인의 부패) : 니더호퍼, 로벅, 바커

구분	내용
의의	『구조원인가설』을 주장한 니더호퍼(A. Neitherhoffer), 로벅(J. Roebuck), 바커(T. Barker) 등은 경찰부패의 원인을 경찰문화에서 찾고, 신임경찰관들은 선배경찰관들의 부패행위에서 학습하게 된다고 주장한다.
내용	① 신임경찰관들은 선배경찰관들에 의해 조직의 부패문화에 사회화되어 부패의 길에 들어서게 되며, 이런 부패의 관행은 경찰관들 사이에서 문제점을 알면서도 눈감아주는 '침묵의 규범' 등에 의해 조장된다. 이러한 부패가 구조화된 조직에서는 '법규와 현실의 괴리 현상'이 발생한다. ② 부패의 원인은 개인적 결함이 아니라 조직의 체계적 원인으로 본다.
위반 사례	① 유흥업소 등과의 유착관계를 통하여 뇌물을 수수하여 상사에게 전달하거나 동료 간에 주고받거나 부하에게 나누어주는 행위 ② 정직하고 청렴하였던 경찰관이 동료경찰관들이 관내 유흥업소업자들로부터 월정금을 받는 것을 보고 점점 그 방식 등을 답습하는 경우 ③ 퇴근 이후 잠깐 들러서 시간외근무를 조작하는 경우 ④ 혼자 출장을 가면서 두 사람 출장비를 공공연하게 청구하는 경우

0122

「경찰공무원 복무규정」에 관한 다음 설명 중 가장 적절하지 않은 것은? | 15년 2차 순경 변형 |

① 경찰공무원은 상사의 허가를 받거나 그 명령에 의한 경우를 제외하고는 직무와 관계없는 장소에서 직무수행을 하여서는 아니 된다.
② 경찰공무원은 휴무일 또는 근무시간 외에 3시간 이내에 직무에 복귀하기 어려운 지역으로 여행을 하고자 할 때에는 소속 경찰기관의 장에게 신고를 하여야 한다.
③ 경찰공무원은 근무시간 중 음주를 하여서는 아니 된다. 다만, 특별한 사정이 있는 경우에는 예외로 하되, 이 경우 주기가 있는 상태에서 직무를 수행하여서는 아니 된다.
④ 치안상황상 특별한 사정이 있어 경찰청장, 해양경찰청장 또는 경찰기관의 장이 지정하는 기간 중에는 소속 경찰기관의 장의 허가를 받아야 한다.

- **정답** ②
- **난이도** 하 중 상
- **해설**
  ①, ③, ④는 옳은 설명이며, ②는 틀린 설명이다.
  ② ❌ 경찰공무원은 휴무일 또는 근무시간 외에 <u>2시간 이내</u>에 직무에 복귀하기 어려운 지역으로 여행을 하고자 할 때에는 <u>소속 경찰기관의 장에게 신고</u>를 하여야 한다(「경찰공무원 복무규정」 제13조).

> **참고** 「경찰공무원 복무규정」상 여행의 제한
>
> 경찰공무원은 휴무일 또는 근무시간 외에 2시간 이내에 직무에 복귀하기 어려운 지역으로 여행을 하고자 할 때에는 소속 경찰기관의 장에게 신고를 하여야 한다. 다만, 치안상 특별한 사정이 있어 경찰청장, 해양경찰청장 또는 경찰기관의 장이 지정하는 기간 중에는 소속경찰기관의 장의 허가를 받아야 한다(동 규정 제13조).

0123

「경찰청 공무원 행동강령」에 대한 설명으로 옳은 것은 모두 몇 개인가?

| 15년 1차 순경 변형 |

> ㉠ 누구든지 공무원이 이 규칙을 위반한 사항을 알게 되었을 때에는 그 공무원이 소속된 기관의 장, 그 기관의 행동강령책임관 또는 국민권익위원회에 신고하여야 한다. 신고하는 자는 위반행위신고서에 본인과 위반자의 인적 사항과 위반 내용을 구체적으로 제시해야 한다.
> ㉡ 공무원은 사례금을 받는 외부강의등을 할 때에는 외부강의등의 요청 명세 등을 외부강의등 신고서에 따라 소속 기관의 장에게 그 외부강의등을 마친 날부터 7일 이내에 신고하여야 한다. 다만, 외부강의등을 요청한 자가 국가나 지방자치단체인 경우에는 그러하지 아니하다.
> ㉢ 공무원은 상급자가 자기 또는 타인의 부당한 이익을 위하여 공정한 직무수행을 현저하게 해치는 지시를 하였을 때에는 그 사유를 그 상급자에게 소명하고 지시에 따르지 아니하거나 행동강령책임관과 상담하여야 한다.

① 0개 ② 1개
③ 2개 ④ 3개

- **정답** ①
- **난이도** 하 중 상
- **해설** ㉠, ㉡, ㉢ 모두 틀린 설명이다.

㉠ ✗ 누구든지 공무원이 이 규칙을 위반한 사항을 알게 되었을 때에는 그 공무원이 소속된 기관의 장, 그 기관의 행동강령책임관 또는 국민권익위원회에 신고할 수 있다(동 강령 제19조 제1항). 신고하는 자는 위반행위신고서에 본인과 위반자의 인적 사항과 위반 내용을 구체적으로 제시해야 한다(동 강령 제19조 제2항).

㉡ ✗ 공무원은 사례금을 받는 외부강의등을 할 때에는 외부강의등의 요청 명세 등을 외부강의등 신고서에 따라 소속 기관의 장에게 그 외부강의등을 마친 날부터 10일 이내에 신고하여야 한다. 다만, 외부강의등을 요청한 자가 국가나 지방자치단체인 경우에는 그러하지 아니하다(「경찰청 공무원 행동강령」 제15조 제2항).

㉢ ✗ 공무원은 상급자가 자기 또는 타인의 부당한 이익을 위하여 공정한 직무수행을 현저하게 해치는 지시를 하였을 때에는 그 사유를 그 상급자에게 소명하고 지시에 따르지 아니하거나 행동강령책임관과 상담할 수 있다(「경찰청 공무원 행동강령」 제4조 제1항). 위와 같은 지시를 이행하지 아니하였는데도 같은 지시가 반복될 때에는 즉시 행동강령책임관과 상담하여야 한다(「경찰청 공무원 행동강령」 제4조 제2항).

참고 공정한 직무수행을 해치는 지시에 대한 행동강령책임관과의 상담

① 공정한 직무수행을 해치는 1차적 지시 : 행동강령책임관과 상담할 수 있다.
② 공정한 직무수행을 해치는 2차적 지시(지시의 반복) : 행동강령책임관과 상담하여야 한다.

0124

다음은 경찰의 부정부패 원인에 대해 설명한 것이다. 가장 적절한 것은? | 14년 1차 순경 |

① 전체사회가설 : 대표적으로 니더호퍼, 로벅, 바커 등이 주장한 것으로, '미끄러지기 쉬운 경사로 이론'과 관련이 깊다.

② 썩은사과가설 : 경찰의 부정부패 현상이 나타나는 원인으로 미국의 윌슨은 "시카고 시민이 경찰을 부패시켰다"고 주장하면서, 시민사회의 부패가 경찰부패의 주원인이라고 보았다.

③ 구조원인가설 : 신임 경찰관들이 그들의 선배 동료들에 의해 만들어진 조직적인 부패의 전통 내에서 사회화됨으로써 부패의 길로 들어선다는 입장이다.

④ 전체사회가설 : 자질이 없는 경찰관들이 모집단계에서 배제되지 않고 조직 내로 유입됨으로써 경찰의 부패가 나타난다는 이론이다.

 ③

③은 옳은 설명이며, ①, ②, ④는 틀린 설명이다.

① , ④ ✗ '시카고 시민이 경찰을 부패시켰다'라는 주장은 윌슨의 『전체사회 가설』에 해당한다. 윌슨은 사회 전체의 풍조와 정서가 경찰조직에 직접적인 영향을 미치게 되는데, 사회 전체가 경찰관의 부패를 묵인하거나 조장할 때, 경찰관은 자연스럽게 부패행위를 하게 된다고 본다. 시민이 호의에 길들여져서 명백한 부패로 빠져들 수 있다는 측면에서 『미끄러지기 쉬운 경사로 이론』과 일맥상통한다.

② ✗ 『썩은 사과 가설』에 의하면, 사과상자 속에서 애초에 문제가 있는 사과가 썩듯이, 처음부터 경찰관으로서의 자질이 없는 사람이 경찰관이 됨으로써 부패의 원인이 된다. 즉, 썩은 사과 가설은 부패의 원인이 경찰관 개인 자체에게 있다고 본다.

0125

「경찰헌장」의 내용 중 괄호 안에 들어갈 가장 적절한 표현은?

| 23년 승진 |

> 우리는 조국 광복과 함께 태어나 나라와 겨레를 위하여 충성을 다하며 오늘의 자유민주사회를 지켜온 대한민국 경찰이다(중략).
>
> 우리는 정의의 이름으로 진실을 추구하여 어떠한 불의나 불법과 타협하지 않는 (㉠)경찰이다.
> 우리는 국민의 신뢰를 바탕으로 오직 양심에 따라 법을 집행하는 (㉡) 경찰이다.
> 우리는 화합과 단결 속에 항상 규율을 지키며 검소하게 생활하는 (㉢) 경찰이다.

① ㉠ 의로운 – ㉡ 공정한 – ㉢ 깨끗한
② ㉠ 의로운 – ㉡ 깨끗한 – ㉢ 친절한
③ ㉠ 공정한 – ㉡ 깨끗한 – ㉢ 근면한
④ ㉠ 공정한 – ㉡ 의로운 – ㉢ 깨끗한

정답 ①

해설 ㉠은 의로운 경찰, ㉡은 공정한 경찰, ㉢은 깨끗한 경찰에 대한 설명이다.

참고 경찰헌장

① 우리는 모든 사람의 인격을 존중하고 누구에게나 따뜻하게 봉사하는 친절한 경찰이다.
② 우리는 정의의 이름으로 진실을 추구하며 어떠한 불의나 불법과 타협하지 않는 의로운 경찰이다.
③ 우리는 국민의 신뢰를 바탕으로 오직 양심에 따라 법을 집행하는 공정한 경찰이다.
④ 우리는 건전한 상식 위에 전문지식을 갈고 닦아 맡은 일을 성실하게 수행하는 근면한 경찰이다.
⑤ 우리는 화합과 단결 속에 항상 규율을 지키며 검소하게 생활하는 깨끗한 경찰이다.

0126

「공직자의 이해충돌방지법」에 관한 내용 중 적절한 것은 모두 몇 개인가? | 23년 승진 |

> ㉠ 공직자는 배우자가 공직자 자신의 직무관련자(「민법」 제777조에 따른 친족 제외)와 토지 또는 건축물 등 부동산을 거래하는 행위(다만, 공개모집에 의하여 이루어지는 분양이나 공매·경매·입찰을 통한 재산상 거래행위는 제외)를 한다는 것을 사전에 안 경우에는 안 날부터 14일 이내에 소속기관장에게 그 사실을 서면으로 신고하여야 한다.
> ㉡ 공직자는 직무관련자에게 사적으로 노무 또는 조언·자문 등을 제공하고 대가를 받는 행위를 해서는 아니된다(단, 「국가공무원법」 등 타 법령·기준에 따라 허용되는 경우는 제외).
> ㉢ 공직자는 사회상규에 따라 허용되는 경우라 할지라도 직무관련자인 소속 기관의 퇴직자(공직자가 아니게 된 날부터 2년이 지나지 아니한 사람만 해당)와 사적 접촉(골프, 여행, 사행성 오락을 같이 하는 행위)시 소속기관장에게 신고해야 한다.
> ㉣ 사적이해관계자에 공직자 자신 또는 그 가족(「민법」 제779조에 따른 가족)도 해당된다.

① 1개 ② 2개
③ 3개 ④ 4개

정답 ③

난이도 하 중 상

해설 ㉠, ㉡, ㉣은 옳은 설명이며, ㉢은 틀린 설명이다.

㉢ ✗ 공직자는 직무관련자인 소속 기관의 퇴직자(공직자가 아니게 된 날부터 2년이 지나지 아니한 사람만 해당)와 사적 접촉(골프, 여행, 사행성 오락을 같이 하는 행위를 말한다)을 하는 경우 소속기관장에게 신고하여야 한다. 다만, 사회상규에 따라 허용되는 경우에는 그러하지 아니하다(「공직자의 이해충돌방지법 제15조 제1항」).

참고 「공직자의 이해충돌방지법」상 퇴직자 사적 접촉 신고

공직자는 직무관련자인 소속 기관의 퇴직자(공직자가 아니게 된 날부터 2년이 지나지 아니한 사람만 해당)와 사적 접촉(골프, 여행, 사행성 오락을 같이 하는 행위를 말한다)을 하는 경우 소속기관장에게 신고하여야 한다. 다만, 사회상규에 따라 허용되는 경우에는 그러하지 아니하다(동법 제15조 제1항).

0127

경찰의 부패원인가설에 대한 설명이 가장 적절하게 짝지어진 것은?

| 22년 승진 |

> ㉠ P경찰관은 부서에서 많은 동료들이 단독 출장을 가면서도 공공연하게 두 사람의 출장비를 청구하고 퇴근 후 잠깐 들러서 시간외 근무를 한 것으로 퇴근시간을 허위 기록되게 하는 것을 보고, P경찰관도 동료들과 같은 행동을 하였다.
> ㉡ 경찰관은 순찰 중 주민으로부터 피로회복 음료를 무상으로 받았고, 그 다음주는 식사대접을 받았다. 순찰나갈 때 마다 주민들에게 뇌물을 받는 습관이 들었고, 주민들도 경찰관이 순찰을 나가면 마음의 선물이라며 뇌물을 주는 것이 관례가 되어버렸다.

① ㉠ – 전체사회 가설 ㉡ – 구조원인 가설
② ㉠ – 썩은 사과 가설 ㉡ – 구조원인 가설
③ ㉠ – 구조원인 가설 ㉡ – 전체사회 가설
④ ㉠ – 구조원인 가설 ㉡ – 썩은 사과 가설

- **정답** ③
- **난이도**
- **해설** ㉠은 구조원인 가설, ㉡은 전체사회 가설을 설명하고 있다.
  - ㉠ 『구조원인 가설』을 주장한 니더호퍼(A. Neitherhoffer), 로벅(J. Roebuck), 바커(T. Barker) 등은 경찰부패의 원인을 경찰문화에서 찾고, 신임경찰관들은 선배경찰관들의 부패행위에서 학습하게 된다고 주장한다. 신임경찰관들은 선배경찰관들에 의해 조직의 부패문화에 사회화되어 부패의 길에 들어서게 되며, 이런 부패의 관행은 경찰관들 사이에서 문제점을 알면서도 눈감아주는 '침묵의 규범' 등에 의해 조장된다. 이러한 부패가 구조화된 조직에서는 '법규와 현실의 괴리현상'이 발생한다. 부패의 원인은 개인적 결함이 아니라 조직의 체계적 원인으로 본다.
  - ㉡ 윌슨(O. W. Wilson)이 시카고 경찰의 부패를 설명하기 위하여 주장한 『전체사회 가설』에 의하면, 사회 전체의 풍조와 정서가 경찰조직에 직접적인 영향을 미치게 되는데, 사회 전체가 경찰관의 부패를 묵인하거나 조장할 때, 경찰관은 자연스럽게 부패행위를 하게 된다. 부패는 비교적 해악이 없고 좋은 의도를 가진 관행으로부터 시작하여, 시간이 지남에 따라 명백한 부패로 발전하게 되는데, 이는 전체사회가 그 원인을 제공한 결과인 것이다. '시카고 시민들이 시카고 경찰을 부패시켰다'고 주장하면서 시민사회의 부패가 경찰 부패의 주요한 원인이라고 본다. 시민의 호의에 길들여져서 명백한 부패로 빠져들 수 있다는 측면에서 『미끄러지기 쉬운 경사로 이론』과 일맥상통한다.

0128

「부정청탁 및 금품등 수수의 금지에 관한 법률」에 위반되는 사례로 가장 적절한 것은? | 22년 승진 |

① 예술의전당 소속 공연 관련 업무 담당공무원이 예술의 전당 초청 공연작으로 결정된 뮤직드라마의 공연제작사 대표이사 甲 등과 저녁식사를 하고 25만원 상당(1인당 5만 원)의 음식 값을 甲이 지불한 경우
② 경찰서장이 소속부서 직원들에게 위로·격려·포상의 목적으로 회식비를 제공한 경우
③ 결혼식을 앞두고 있는 경찰관이 4촌 형으로부터 500만원 상당의 냉장고를 선물 받은 경우
④ 경찰관이 홈쇼핑에서 물품을 구매한 후 구매자를 대상으로 경품을 추첨하는 행사에서 당첨되어 300만원 상당의 안마의자를 받은 경우

- **정답** ①
- **난이도** 하 중 상
- **해설** ①의 경우 「부정청탁 및 금품등 수수의 금지에 관한 법률」상 수수가 금지되는 금품등에 해당하며, ②, ③, ④의 경우에는 「부정청탁 및 금품등 수수의 금지에 관한 법률」상 금품등의 수수 금지에 대한 예외에 해당한다.

참고 사교·의례·부조의 목적으로 제공되는 음식물·경조사비·선물 등의 가액 범위

구 분	내 용(「부정청탁 및 금품등 수수의 금지에 관한 법률」 시행령 제17조 별표 1)
음식물	제공자와 공직자등이 함께 하는 식사, 다과, 주류, 음료, 그 밖에 이에 준하는 것을 말한다(3만원).
경조사비	① 축의금·조의금은 5만원. 다만, 축의금·조의금을 대신하는 화환 및 조화는 10만원으로 한다(화훼농가에 대한 배려 차원). ② 축의금·조의금과 화환·조화를 함께 받은 경우에는 이를 합산한 금액이 10만원을 초과해서는 안 되며, 합산금액이 10만원을 초과하지 않더라도 축의금·조의금이 5만원을 초과해서는 안 된다.
선 물	① 금전, 유가증권, 음식물 및 경조사비를 제외한 일체의 물품, 상품권 및 그 밖에 이에 준하는 것은 5만원. 다만, 농수산물 및 농수산가공품(농수산물을 원료 또는 재료의 50퍼센트를 넘게 사용하여 가공한 제품만 해당)과 농수산물·농수산가공품 상품권은 15만원으로 한다. 다만, 설날·추석 전 24일부터 설날·추석 후 5일까지(그 기간 중에 우편 등을 통해 발송하여 그 기간 후에 수수한 경우에는 그 수수한 날까지)는 30만원으로 한다. ② 선물과 농수산물·농수산가공품 또는 농수산물·농수산가공품 상품권을 함께 받은 경우에는 이를 합산한 금액이 15만원(설날·추석 전 24일 부터 설날·추석 후 5일까지는 30만원)을 초과해서는 안 된다.

0129

「부정청탁 및 금품등 수수의 금지에 관한 법률」에 대한 설명 중 가장 적절한 것은? | 22년 승진 |

① 공직자등은 직무 관련 여부 및 기부·후원·증여 등 그 명목에 관계없이 동일인으로부터 1회에 100만원 또는 매 회계연도에 300만 원을 초과하는 금품을 받거나 요구 또는 약속해서는 아니 된다.
② 이 법의 위반행위가 발생하였거나 발생하고 있다는 사실을 알게 된 경우에는 이해관계인만 수사기관에 신고할 수 있다.
③ 직급에 상관없이 모든 공직자의 외부강의 사례금 상한액은 1시간당 30만 원이며 1시간을 초과하면 상한액은 45만 원이다.
④ 부정청탁을 받은 공직자등은 부정청탁을 한 자에게 부정청탁임을 알렸다면 이와 별도로 거절하는 의사는 명확하지 않아도 된다.

정답 ①

해설
①은 옳은 설명이며, ②, ③, ④는 틀린 설명이다.
② ✗ <u>누구든지</u> 이 법의 위반행위가 발생하였거나 발생하고 있다는 사실을 알게 된 경우에는 이 법의 위반행위가 발생한 공공기관 또는 그 감독기관, 감사원 또는 수사기관, 국민권익위원회에 <u>신고할 수 있다</u>(「부정청탁 및 금품등 수수의 금지에 관한 법률」 제13조 제1항). 신고를 하려는 자는 자신의 인적사항과 신고의 취지·이유·내용을 적고 서명한 문서와 함께 신고 대상 및 증거 등을 제출하여야 한다(「부정청탁 및 금품등 수수의 금지에 관한 법률」 제13조 제3항).
③ ✗ 「국가공무원법」 또는 「지방공무원법」에 따른 공무원, 그 밖에 다른 법률에 따라 공무원으로 인정된 사람, 공직유관단체 및 기관의 장과 그 임직원의 외부강의 사례금 상한액은 <u>1시간당 40만원</u>이며, <u>1시간을 초과하면 상한액은 60만원</u>을 초과하지 못한다(「부정청탁 및 금품등 수수의 금지에 관한 법률 시행령」 제25조 별표2).
④ ✗ 공직자등은 부정청탁을 받았을 때에는 부정청탁을 한 자에게 부정청탁임을 알리고 이를 거절하는 의사를 명확히 표시하여야 한다(「부정청탁 및 금품등 수수의 금지에 관한 법률」 제7조 제1항). 공직자등은 이러한 조치를 하였음에도 불구하고 <u>동일한 부정청탁을 다시 받은 경우에는 이를 소속기관장에게 서면으로 신고</u>하여야 한다(「부정청탁 및 금품등 수수의 금지에 관한 법률」 제7조 제2항).

참고 공직자등별 사례금 상한액

① 「국가공무원법」 또는 「지방공무원법」에 따른 공무원, 그 밖에 다른 법률에 따라 공무원으로 인정된 사람, 공직유관단체 및 기관의 장과 그 임직원 : 40만원
② 각급 학교의 장과 교직원 및 학교법인의 임직원, 언론사의 대표자와 그 임직원 : 100만원
③ 위의 ①과 ②에도 불구하고 국제기구, 외국정부, 외국대학, 외국연구기관, 외국학술단체, 그 밖에 이에 준하는 외국기관에서 지급하는 외부강의 등의 사례금 상한액은 <u>사례금을 지급하는 자의 지급기준</u>에 따른다.

0130

코헨(Cohen)과 펠드버그(Feldberg)가 제시한 경찰활동의 윤리적 표준에 대한 설명으로 가장 적절하지 않은 것은?

| 22년 승진 |

① 경찰관이 절도범을 추격하던 중 도주하는 범인의 등 뒤에서 권총을 쏘아 사망하게 하는 경우는 '공공의 신뢰' 위반에 해당한다.
② 경찰관이 우범지역인 A지역과 B지역의 순찰업무를 맡았으나, A지역에 가족이 산다는 이유로 A지역에서 순찰 근무시간을 대부분 할애한 경우는 '공정한 접근' 위반에 해당한다.
③ 불법 개조한 오토바이를 단속하던 경찰관이 정지명령에 불응하는 오토바이를 향하여 과도하게 추격한 결과 운전자가 전신주를 들이받고 사망한 경우는 '시민의 생명과 재산의 안전' 위반에 해당한다.
④ 경찰이 사익을 위해 공권력을 사용하거나 필요한 최소한의 강제력을 초과하여 사용하였다면 '공정한 접근' 위반에 해당한다.

정답 ④

난이도

해설 ①, ②, ③은 옳은 설명이며, ④는 틀린 설명이다.

④ ✗ 경찰이 사익을 위해 공권력을 사용하거나 필요한 최소한의 강제력을 초과하여 사용하였다면 『공공의 신뢰』(일반시민의 신뢰) 위반에 해당한다. ㉠ 시민은 경찰이 강제력을 행사할 때 시민들의 신뢰에 합당한 방식으로 권한을 행사하고 필요한 만큼의 최소한의 강제력을 사용할 것을 신뢰하고 있다. ㉡ 시민은 경찰이 사익을 위해 공권력을 사용하지 않을 것을 신뢰하고 있다.

참고 사회계약설로부터 도출되는 경찰윤리표준 – 공공의 신뢰(일반시민의 신뢰)

구분	내용
의의	『일반시민의 신뢰』(공공의 신뢰)란 시민들이 자신들의 권리행사를 제한하고 치안을 경찰에게 믿고 맡겼다는 것을 인식하고, 경찰이 이러한 시민의 기대에 부응하는 것을 의미한다.
법집행의 확실성	시민은 경찰이 반드시 법집행을 할 것을 신뢰하고 있다.
적법절차와 비례원칙의 준수	시민은 경찰이 강제력을 행사할 때 시민들의 신뢰에 합당한 방식으로 권한을 행사하고 필요한 만큼의 최소한의 강제력을 사용할 것을 신뢰하고 있다.
경찰의 사익추구 금지	시민은 경찰이 사익을 위해 공권력을 사용하지 않을 것을 신뢰하고 있다.
위반 사례	① A순경은 강도범을 추격 중 골목길에서 칼을 든 강도를 만났는데 추격하는 척하다가 도망가도록 내버려 두었다(법집행의 확실성 위배). ② A형사는 절도범을 추격 중 달아나는 범인의 등 뒤에서 권총을 쏘아 사망케 하였다(적법절차와 비례원칙의 준수 위배).

0131

「부정청탁 및 금품등 수수의 금지에 관한 법률」 제8조 '금품등의 수수 금지'에 대한 설명으로 가장 적절하지 않은 것은?

| 21년 승진 |

① 경찰서장이 소속경찰서 경무계 직원들에게 격려의 목적으로 제공하는 회식비는 '수수를 금지하는 금품등'에 해당하지 아니한다.
② A 경위가 휴일날 인근 대형마트 행사에서 추첨권에 당첨되어 수령한 수입차는 '수수를 금지하는 금품등'에 해당하지 아니한다.
③ 공직자등이 8촌 이내의 혈족, 4촌 이내의 인척, 배우자로부터 제공받는 금품등은 '수수를 금지하는 금품등'에 해당하지 아니한다.
④ 공직자등은 직무 관련 여부 및 기부·후원·증여 등 그 명목에 관계없이 동일인으로부터 1회에 100만원 또는 매 회계연도에 200만원을 초과하는 금품등을 받거나 요구 또는 약속해서는 아니 된다.

- **정답** ④
- **난이도** 하 중 상
- **해설** ①, ②, ③은 옳은 설명이며, ④는 틀린 설명이다.
  ④ ✗ 공직자등은 직무 관련 여부 및 기부·후원·증여 등 그 명목에 관계없이 <u>동일인으로부터 1회에 100만원 또는 매 회계연도에 300만원</u>을 초과하는 금품등을 받거나 요구 또는 약속해서는 아니 된다(「부정청탁 및 금품등 수수의 금지에 관한 법률」 제8조 제1항).

참고 「부정청탁 및 금품등 수수의 금지에 관한 법률」상 금품등의 수수 금지에 대한 예외

외부강의 등에 관한 사례금 또는 다음의 어느 하나에 해당하는 금품등의 경우에는 수수를 금지하는 금품등에 해당하지 아니한다(동법 제8조 제3항).
① 공공기관이 소속 공직자등이나 파견 공직자등에게 지급하거나 상급 공직자등이 위로·격려·포상 등의 목적으로 하급 공직자등에게 제공하는 금품등
② 원활한 직무수행 또는 사교·의례 또는 부조의 목적으로 제공되는 음식물·경조사비·선물 등으로서 대통령령으로 정하는 가액 범위 안의 금품. 다만, 선물 중 「농수산물 품질관리법」 제2조 제1항 제1호에 따른 농수산물 및 같은 항 제13호에 따른 농수산가공품(농수산물을 원료 또는 재료의 50퍼센트를 넘게 사용하여 가공한 제품만 해당한다)은 대통령령으로 정하는 설날·추석을 포함한 기간에 한정하여 그 가액 범위를 두 배로 한다.
③ 사적 거래(증여는 제외한다)로 인한 채무의 이행 등 정당한 권원에 의하여 제공되는 금품등
④ 공직자등의 친족이 제공하는 금품등
⑤ 공직자등과 관련된 직원상조회·동호인회·동창회·향우회·친목회·종교단체·사회단체 등이 정하는 기준에 따라 구성원에게 제공하는 금품등 및 그 소속 구성원 등 공직자등과 특별히 장기적·지속적인 친분관계를 맺고 있는 자가 질병·재난 등으로 어려운 처지에 있는 공직자등에게 제공하는 금품등
⑥ 공직자등의 직무와 관련된 공식적인 행사에서 주최자가 참석자에게 통상적인 범위에서 일률적으로 제공하는 교통, 숙박, 음식물 등의 금품등
⑦ 불특정 다수인에게 배포하기 위한 기념품 또는 홍보용품 등이나 경연·추첨을 통하여 받는 보상 또는 상품 등
⑧ 그 밖에 다른 법령·기준 또는 사회상규에 따라 허용되는 금품 등

0132

경찰과 윤리에 대한 설명으로 가장 적절한 것은? | 21년 승진 |

① 1945년 국립경찰의 탄생 시 경찰의 이념적 좌표가 된 경찰정신은 대륙법계의 영향을 받은 '봉사와 질서'이다.
② 경찰헌장에서는 "우리는 화합과 단결 속에 항상 규율을 지키며 검소하게 생활하는 근면한 경찰이다"라는 목표를 제시하였다.
③ 「경찰청 공무원 행동강령」에 따르면 공무원은 직무의 범위를 벗어나 사적 이익을 위하여 소속기관의 명칭이나 직위를 공표·게시하는 등의 방법으로 이용하거나 이용하게 하여서는 아니 된다.
④ 경찰윤리강령의 문제점 중 '냉소주의의 문제'란, 경찰관의 도덕적 자각에 따른 자발적인 행동이 아니라 외부로부터 요구된 타율성으로 인해 진정한 봉사가 이루어지지 않을 수 있다는 것을 의미한다.

정답 ③
난이도 하 중 상
해설 ③은 옳은 설명이며, ①, ②, ④는 틀린 설명이다.

① 1945년 국립경찰의 탄생 시 민주적 요소의 강화를 위하여 봉사와 질서를 경찰의 표어로 정하고, 그 정신을 함양하기 위하여 그 표어 마크를 제복에 패용하도록 하였다. 이는 대륙법계의 영향이 아닌, 영미법계의 영향에 기인한 것이다. 1945년 국립경찰의 탄생은 미군정시대의 경찰 역사이기도 하다.

② 1991년 제정된 경찰헌장에서는 ㉠ 친절한 경찰, ㉡ 의로운 경찰, ㉢ 공정한 경찰, ㉣ 근면한 경찰, ㉤ 깨끗한 경찰을 그 목표로 제시하고 있다. 특히, "우리는 화합과 단결 속에 항상 규율을 지키며 검소하게 생활하는 깨끗한 경찰이다"라는 목표를 제시하였다.

④ 「냉소주의의 문제」란 경찰윤리강령은 직원들의 참여에 의하여 이루어진 것이 아니라 상부에서 제정하여 하달된 것으로 냉소주의를 야기할 수 있다는 것을 말한다.

참고 경찰윤리강령의 문제점

구 분	내 용
실행가능성의 문제	경찰윤리강령은 법적 강제력 및 구속력이 없기 때문에 위반했을 경우 제재할 방법이 없다.
최소주의의 위험	경찰윤리강령은 경찰관이 최선을 다하여 헌신 및 봉사를 하려다가도 경찰윤리강령에 포함된 정도의 수준으로만 근무를 함으로써 오히려 경찰윤리강령이 근무수행의 최소기준화가 되는 위험이 있다.
냉소주의의 문제	경찰윤리강령은 직원들의 참여에 의하여 이루어진 것이 아니라 상부에서 제정하여 하달된 것으로 냉소주의를 야기할 수 있다.
비자발성의 조장	경찰윤리강령은 경찰관의 도덕적 자각에 따른 자발적인 행동이 아니라 외부로부터 요구된 것으로서 타율성으로 인해 진정한 봉사가 이루어지지 않을 수 있다.
행위중심적 성격	경찰윤리강령이 특정 행위를 중심으로 규정되어 있어 행위 이전의 의도나 동기를 소홀히 하고 있다.
우선순위 미결정	경찰윤리강령이 구체적인 경우 그보다 더 곤란한 현실문제에 있어서 무엇을 먼저 하고 무엇을 나중에 해야 할지 우선순위를 결정하는 기준이 되지 못한다.

0133

다음은 경찰의 부패원인에 대한 설명이다. 아래 ㉠부터 ㉢까지의 설명 중 옳고 그름의 표시(O, X)가 바르게 된 것은?

| 20년 승진 |

> ㉠ '전체사회 가설'은 시민사회의 부패가 경찰부패의 주요 원인이라고 보는 이론이다.
> ㉡ '썩은 사과 가설'은 선배경찰의 부패행태로부터 신임경찰이 차츰 사회화되어 신임경찰도 기존 경찰처럼 부패로 물들게 된다고 보는 이론이다.
> ㉢ 셔먼의 '미끄러지기 쉬운 경사로 이론'에 대해 펠드버그는 작은 호의를 받았다고 해서 반드시 경찰이 큰 부패를 범하는 것은 아니라고 비판한다.
> ㉣ '구조원인 가설'은 부패에 해당하지 않는 작은 호의가 습관화될 경우 더 큰 부패와 범죄로 빠진다고 보는 이론이다.

① ㉠ (O) ㉡ (X) ㉢ (O) ㉣ (X)
② ㉠ (O) ㉡ (O) ㉢ (O) ㉣ (X)
③ ㉠ (X) ㉡ (O) ㉢ (O) ㉣ (X)
④ ㉠ (O) ㉡ (X) ㉢ (O) ㉣ (O)

정답 ①

난이도 하 중 상

해설
㉠, ㉢은 옳은 설명이며, ㉡, ㉣은 틀린 설명이다.

㉡ ✗ 『썩은 사과 가설』에 의하면, 사과상자 속에서 애초에 문제가 있는 사과가 썩듯이, **처음부터 경찰관으로서의 자질이 없는 사람이 경찰관이 됨으로써 부패의 원인**이 된다. 즉, 썩은 사과 가설은 **부패의 원인이 경찰관 개인 자체에게 있다**고 한다. 부패는 개인의 양심이나 도덕성의 결여에 의해 발생하고, 이러한 부패한 사람은 선천적으로 또는 성장과정 속에서 형성된 개인석 속성으로 인해 **경찰관이 되기에는 자질이 부족하므로 모집단계에서 부패 가능성이 있는 지원자를 배제하여야 한다**.

㉣ ✗ 『**구조원인 가설**』을 주장한 니더호퍼, 로벅, 바커 등은 경찰부패의 원인을 경찰문화에서 찾고, **신임경찰관들은 선배경찰관들의 부패행위에서 학습하게 된다고 주장**한다. 신임경찰관들은 선배경찰관들에 의해 조직의 부패문화에 사회화되어 부패의 길에 들어서게 되며, 이러한 **부패의 관행은 경찰관들 사이에서 문제점을 알면서도 눈감아주는 『침묵의 규범』 등에 의해 조장**된다. 이러한 부패가 구조화된 조직에서는 『법규와 현실의 괴리 현상』이 발생한다. **부패의 원인은 개인적 결함이 아니라 조직의 체계적 원인**으로 본다.

0134

「부정청탁 및 금품등 수수의 금지에 관한 법률」에 대한 설명으로 가장 적절하지 않은 것은?

| 20년 승진 |

① 부정청탁을 받은 공직자등이 그에 따라 직무를 수행한 경우 2년 이하의 징역 또는 2천만원 이하의 벌금에 처한다.
② 공직자등은 직무 관련 여부 및 기부·후원·증여 등 그 명목에 관계없이 동일인으로부터 1회에 100만원 또는 매 회계연도에 300만원을 초과하는 금품등을 받거나 요구 또는 약속해서는 아니 된다.
③ 사적 거래(증여는 제외한다)로 인한 채무의 이행 등 정당한 권원에 의하여 제공되는 금품등은 동법 제8조(금품등의 수수금지)에서 규정하는 수수가 금지된 금품등에 해당하지 않는다.
④ 공직자등과 관련된 직원상조회·동호인회·동창회·향우회·친목회·종교단체·사회단체 등이 정하는 기준에 따라 구성원에게 제공하는 금품등은 동법 제8조(금품등의 수수금지)에서 규정하는 수수를 금지하는 금품등에 해당한다.

정답 ④

난이도

해설 ①, ②, ③은 옳은 설명이며, ④는 틀린 설명이다.

④ ❌ 공직자등과 관련된 직원상조회·동호인회·동창회·향우회·친목회·종교단체·사회단체 등이 정하는 기준에 따라 구성원에게 제공하는 금품등 및 그 소속 구성원 등 공직자등과 특별히 장기적·지속적인 친분관계를 맺고 있는 자가 질병·재난 등으로 어려운 처지에 있는 공직자등에게 제공하는 금품등은 수수를 금지하는 금품등에 해당하지 아니한다(「부정청탁 및 금품등 수수의 금지에 관한 법률」제8조 제3항).

0135

「경찰청 공무원 행동강령」에 대한 설명 중 가장 적절하지 않은 것은?

| 20년 승진 |

① 이 규칙은 경찰청 소속 공무원과 경찰청에 파견된 공무원에게 적용한다.
② 공무원은 상급자가 자기 또는 타인의 부당한 이익을 위하여 공정한 직무수행을 현저하게 해치는 지시를 하였을 때에는 그 사유를 상급자에게 소명하고 지시에 따르지 아니하거나, 행동강령책임관과 상담할 수 있다.
③ 위 ②와 관련 소명 후 지시를 이행하지 아니하였는데도 같은 지시가 반복될 때에는 즉시 행동강령책임관과 상담하여야 한다.
④ 위 ②, ③과 관련 상담 요청을 받은 행동강령책임관은 지시 내용을 확인하는 과정에서 부당한 지시를 한 상급자가 스스로 그 지시를 취소하거나 변경하였을 때에는 소속 기관의 장에게 보고하여야 한다.

정답 ④

난이도 하 중 상

해설
①, ②, ③은 옳은 설명이며, ④는 틀린 설명이다.

④ ❌ 공무원은 상급자가 자기 또는 타인의 부당한 이익을 위하여 공정한 직무수행을 현저하게 해치는 지시를 하였을 때에는 그 사유를 서식 또는 전자우편 등의 방법으로 상급자에게 소명하고 지시에 따르지 아니하거나, 행동강령에 관한 업무를 담당하는 공무원(행동강령책임관)과 상담할 수 있다(「경찰청 공무원 행동강령」 제4조 제1항). 위와 같은 지시를 이행하지 아니하였는데도 같은 지시가 반복될 때에는 즉시 행동강령책임관과 상담하여야 한다(「경찰청 공무원 행동강령」 제4조 제2항). 상담 요청을 받은 행동강령책임관은 지시 내용을 확인하여 지시를 취소하거나 변경할 필요가 있다고 인정되면 소속 기관의 장에게 보고하여야 한다. 다만, 지시 내용을 확인하는 과정에서 부당한 지시를 한 상급자가 스스로 그 지시를 취소하거나 변경하였을 때에는 소속 기관의 장에게 보고하지 아니할 수 있다(「경찰청 공무원 행동강령」 제4조 제3항). 보고를 받은 소속 기관의 장은 필요하다고 인정되면 지시를 취소·변경하는 등 적절한 조치를 하여야 한다. 이 경우 공정한 직무수행을 해치는 지시를 이행하지 아니하였는데도 같은 지시를 반복한 상급자에게는 징계 등 필요한 조치를 할 수 있다(「경찰청 공무원 행동강령」 제4조 제4항).

참고 공정한 직무수행을 해치는 지시에 대한 행동강령책임관과의 상담
① 공정한 직무수행을 해치는 1차적 지시 : 행동강령책임관과 상담할 수 있다.
② 공정한 직무수행을 해치는 2차적 지시(지시의 반복) : 행동강령책임관과 상담하여야 한다.

0136

「부정청탁 및 금품등 수수의 금지에 관한 법률」 및 동법 시행령에 대한 설명으로 가장 적절하지 않은 것은?

| 20년 승진 변형 |

① 원활한 직무수행 또는 사교·의례 또는 부조의 목적으로 제공되는 5만원 이하의 선물(금전, 유가증권 포함)은 동법 제8조 제3항에서 규정한 '금품등의 수수 금지'의 예외사유에 해당한다.
② 원활한 직무수행 또는 사교·의례 또는 부조의 목적으로 제공되는 5만원 이하의 경조사비(단, 화환·조화를 함께 보낼 시 경조사비와 합산하여 10만원까지 가능)는 동법 제8조 제3항에서 규정한 '금품등의 수수 금지'의 예외사유에 해당한다.
③ 공직자 등이 직무와 관련하여 금품을 수수하였고, 대가성까지 있었다면 형법상 뇌물죄 성립이 가능하다.
④ 공직자등의 외부강의 사례금 상한액은 모두 40만원으로 한다. 다만, 국제기구, 외국정부, 외국대학, 외국연구기관, 외국학술단체, 그 밖에 이에 준하는 외국기관에서 지급하는 외부강의 등의 사례금 상한액은 사례금을 지급하는 자의 지급기준에 따른다.

정답 ①

난이도

해설 ②, ③, ④는 옳은 설명이며, ①은 틀린 설명이다.

① ✗ 선물의 경우에는 금전, 유가증권 등은 제외된다. ⑤ 음식물의 경우에는 제공자와 공직자등이 함께 하는 식사, 다과, 주류, 음료, 그 밖에 이에 준하는 것을 말한다(3만원). ⓒ 경조사비의 경우에는 축의금·조의금은 5만원으로 한다. 다만, 축의금·조의금을 대신하는 화환 및 조화는 10만원으로 한다. ⓒ 선물의 경우에는 금전, 유가증권, 음식물 및 경조사비를 제외한 일체의 물품, 그 밖에 이에 준하는 것은 5만원으로 한다. 다만, 농수산물 및 농수산가공품은 15만원으로 한다. 다만, 설날·추석 전 24일부터 설날·추석 후 5일까지는 30만원으로 한다.

참고 사교·의례·부조의 목적으로 제공되는 음식물·경조사비·선물 등의 가액 범위

구 분	내 용(「부정청탁 및 금품등 수수의 금지에 관한 법률」 시행령 제17조 별표 1)
음식물	제공자와 공직자등이 함께 하는 식사, 다과, 주류, 음료, 그 밖에 이에 준하는 것을 말한다(3만원).
경조사비	① 축의금·조의금은 5만원. 다만, 축의금·조의금을 대신하는 화환 및 조화는 10만원으로 한다(화훼농가에 대한 배려 차원). ② 축의금·조의금과 화환·조화를 함께 받은 경우에는 이를 합산한 금액이 10만원을 초과해서는 안 되며, 합산금액이 10만원을 초과하지 않더라도 축의금·조의금이 5만원을 초과해서는 안 된다.
선 물	① 금전, 유가증권, 음식물 및 경조사비를 제외한 일체의 물품, 상품권 및 그 밖에 이에 준하는 것은 5만원. 다만, 농수산물 및 농수산가공품(농수산물을 원료 또는 재료의 50퍼센트를 넘게 사용하여 가공한 제품만 해당)과 농수산물·농수산가공품 상품권은 15만원으로 한다. 다만, 설날·추석 전 24일부터 설날·추석 후 5일까지(그 기간 중에 우편 등을 통해 발송하여 그 기간 후에 수수한 경우에는 그 수수한 날까지)는 30만원으로 한다. ② 선물과 농수산물·농수산가공품 또는 농수산물·농수산가공품 상품권을 함께 받은 경우에는 이를 합산한 금액이 15만원(설날·추석 전 24일 부터 설날·추석 후 5일까지는 30만원)을 초과해서는 안 된다.

0137

「공직자의 이해충돌방지법」에 규정된 내용으로 가장 적절하지 않은 것은?

| 20년 승진 변형 |

① 공공기관이란 국회, 법원, 헌법재판소, 선거관리위원회, 감사원, 고위공직자범죄수사처, 국가인권위원회, 중앙행정기관(대통령 소속 기관과 국무총리 소속 기관을 포함한다)과 그 소속 기관, 지방자치단체의 집행기관 및 지방의회, 교육행정기관, 공직유관단체, 공공기관, 각급 국립·공립 학교를 말한다.

② 고위공직자란 경찰공무원의 경우 치안감 이상의 경찰공무원 및 특별시·광역시·특별자치시·도·특별자치도의 시·도경찰청장을 말한다.

③ 공직자 자신이나 그 가족(「민법」 제779조에 따른 가족을 말한다. 이하 같다)이 단독으로 또는 합산하여 발행주식 총수의 100분의 50 이상을 소유하고 있는 법인 또는 단체, 공직자 자신이나 그 가족이 단독으로 또는 합산하여 출자지분 총수의 100분의 50 이상을 소유하고 있는 법인 또는 단체, 공직자 자신이나 그 가족이 단독으로 또는 합산하여 자본금 총액의 100분의 50 이상을 소유하고 있는 법인 또는 단체는 사적이해관계자에 해당한다.

④ 부동산을 직접적으로 취급하는 대통령령으로 정하는 공공기관의 공직자는 소속 공공기관의 업무와 관련된 부동산을 보유하고 있거나 매수하는 경우 소속기관장에게 그 사실을 서면으로 신고하여야 한다. 신고는 부동산을 보유한 사실을 알게 된 날부터 14일 이내, 매수 후 등기를 완료한 날부터 14일 이내에 하여야 한다.

- **정답** ③
- **난이도**
- **해설**

①, ②, ④는 옳은 설명이며, ③은 틀린 설명이다.

③ ❌ 공직자 자신 또는 그 가족이 대통령령으로 정하는 일정 비율 이상의 주식·지분 또는 자본금 등을 소유하고 있는 법인 또는 단체는 사적이해관계자에 해당한다. 대통령령으로 정하는 비율은 다음과 같다(「공직자의 이해충돌방지법」 제2조 제6호 및 동법 시행령 제3조).

㉠ 공직자 자신이나 그 가족(「민법」 제779조에 따른 가족을 말한다. 이하 같다)이 단독으로 또는 합산하여 발행주식 총수의 100분의 30 이상을 소유하고 있는 법인 또는 단체

㉡ 공직자 자신이나 그 가족이 단독으로 또는 합산하여 출자지분 총수의 100분의 30 이상을 소유하고 있는 법인 또는 단체

㉢ 공직자 자신이나 그 가족이 단독으로 또는 합산하여 자본금 총액의 100분의 50 이상을 소유하고 있는 법인 또는 단체

참고 「부정청탁 및 금품등 수수의 금지에 관한 법률」과 「공직자의 이해충돌방지법」상 공공기관

① 「사립학교법」에 따른 학교법인의 경우 「부정청탁 및 금품등 수수의 금지에 관한 법률」상 공공기관에는 포함되지만, 「공직자의 이해충돌방지법」상 공공기관에는 포함되지 않는다.

② 「언론중재 및 피해구제 등에 관한 법률」에 따른 언론사의 경우 「부정청탁 및 금품등 수수의 금지에 관한 법률」상 공공기관에는 포함되지만, 「공직자의 이해충돌방지법」상 공공기관에는 포함되지 않는다.

0138

경찰윤리에 대한 설명으로 가장 적절한 것은? | 19년 승진 변형 |

① 사회계약설로부터 도출되는 경찰활동의 기준으로 볼 때 경찰관이 사회의 일부분이 아닌 사회 전체의 이익을 염두에 두어야 한다는 것은 '냉정하고 객관적인 자세'에 해당한다.
② 경찰 전문직업화의 문제점으로 '소외'는 전문직이 되는 데 장기간의 교육이 필요하고 비용이 들어, 가난한 사람은 전문가가 되는 기회를 상실하는 것을 말한다.
③ 「경찰청 공무원 행동강령」에 따라 공무원은 「범죄수사규칙」 제30조에 따른 경찰관서 내 수사 지휘에 대한 이의제기와 관련하여 행동강령책임관에게 상담을 요청하여야 한다.
④ 경찰윤리강령의 문제점으로 '비진정성의 조장'은 강령의 내용을 행위의 울타리로 삼아 강령에 제시된 바람직한 행위 그 이상의 자기희생을 하지 않으려는 경향을 의미한다.

정답 ①
난이도 하 중 상
해설
①은 옳은 설명이며, ②, ③, ④는 틀린 설명이다.
② ✗ 경찰 전문직업화의 문제점으로 「소외」는 전문가가 자신의 국지적인 분야만 보고 전체적인 맥락을 보지 못하게 되는 문제점을 말한다. 보기의 내용은 「차별」에 대한 설명이다.
③ ✗ 「경찰청 공무원 행동강령」에 따라 공무원은 「범죄수사규칙」 제30조에 따른 경찰관서 내 수사지휘에 대한 이의제기와 관련하여 행동강령책임관에게 상담을 요청할 수 있다(「경찰청 공무원 행동강령」 제4조의2 제1항). 상담요청을 받은 행동강령책임관은 해당 지휘의 취소·변경이 필요하다고 인정되면 소속기관장에게 보고하여야 한다(「경찰청 공무원 행동강령」 제4조의2 제2항).
④ ✗ 경찰윤리강령의 문제점으로 「비진정성의 조장」(비자발성의 조장)은 경찰윤리강령은 경찰관의 도덕적 자각에 따른 자발적인 행동이 아니라 외부로부터 요구된 것으로서 타율성으로 인해 진정한 봉사가 이루어지지 않을 수 있다는 것을 의미한다. 보기의 내용은 「최소주의의 위험」에 대한 설명이다.

참고 전문직의 단점

구 분	내 용
부권주의	① 전문직에게 있어 「부권주의」란 아버지가 자식의 문제를 결정하듯이 전문가가 우월적 지식에 근거하여 비전문가의 판단을 전혀 고려하지 않고 일방적인 자신의 판단으로 대신하려는 윤리적 문제점을 의미한다. ② 이러한 부권주의는 치안서비스의 질을 저하시킬 수 있다.
사적 이용	전문직들은 그들의 지식과 기술로 상당한 힘을 소유하고, 그 힘을 공공의 이익보다는 사적인 이익을 위해서만 이용하기도 한다.
차 별	전문직이 되는데 장기간의 교육과 비용이 들기 때문에 경제적 약자인 가난한 사람은 전문가가 되는 기회를 상실하게 된다. 즉, 경찰에의 접근을 차단하는 현상이 발생한다.
소 외	전문가가 자신의 국지적인 분야만 보고 전체적인 맥락을 보지 못하게 되는 문제점을 말한다(나무를 보고 숲은 보지 못함).

0139

「부정청탁 및 금품등 수수의 금지에 관한 법률」에 대한 설명으로 가장 적절하지 않은 것은?

| 19년 승진 |

① 누구든지 「부정청탁 및 금품등 수수의 금지에 관한 법률」의 위반행위가 발생하였거나 발생하고 있다는 사실을 알게 된 경우에는 이 법의 위반행위가 발생한 공공기관 또는 그 감독기관, 감사원 또는 수사기관, 국민권익위원회에 신고할 수 있다.
② '공직자등'은 부정청탁을 받았을 때에는 부정청탁을 한 자에게 부정청탁임을 알리고 이를 거절하는 의사를 명확히 표시하여야 한다.
③ 부정청탁을 받은 '공직자등'이 그에 따라 직무를 수행한 경우 2년 이하의 징역 또는 2천만원 이하의 벌금에 처한다.
④ '공직자등'은 '외부강의등'을 할 때에는 대통령령으로 정하는 바에 따라 외부강의등의 요청 명세 등을 소속기관장에게 미리 서면으로 신고할 수 있다. 다만, 외부강의등을 요청한 자가 국가나 지방자치단체인 경우에는 그러하지 아니하다.

정답 ④

난이도 상 중 하

해설
①, ②, ③은 옳은 설명이며, ④는 틀린 설명이다.
④ ✗ 공직자등은 사례금을 받는 외부강의등을 할 때에는 대통령령으로 정하는 바에 따라 외부강의등의 요청 명세 등을 소속기관장에게 그 외부강의등을 마친 날부터 10일 이내에 서면으로 신고하여야 한다. 다만, 외부강의등을 요청한 자가 국가나 지방자치단체인 경우에는 그러하지 아니하다(「부정청탁 및 금품등 수수의 금지에 관한 법률」 제10조 제2항).

참고 외부강의등의 신고 예외
① 사례금을 받지 않는 외부강의등은 신고의무에서 제외된다.
② 사례금을 받더라도 외부강의등을 요청한 자가 국가나 지방자치단체인 경우에는 신고의무에서 제외된다(동법 제10조 제2항 단서).

0140

「부정청탁 및 금품등 수수의 금지에 관한 법률」 제8조에서 규정하는 '금품등의 수수 금지'에 대한 설명으로 가장 적절하지 않은 것은?

| 19년 승진 |

① 공직자등은 직무 관련 여부 및 기부·후원·증여 등 그 명목에 관계없이 동일인으로부터 1회에 100만원 또는 매 회계연도에 300만원을 초과하는 금품등을 받거나 요구 또는 약속해서는 아니 된다.
② 공직자등은 직무와 관련하여 대가성 여부를 불문하고 1회에 100만원 또는 매 회계연도에 300만원 이하의 금품등을 받거나 요구 또는 약속해서는 아니 된다.
③ 공직자등과 관련된 직원상조회·동호인회·동창회·향우회·친목회·종교단체·사회단체 등이 정하는 기준에 따라 구성원에게 제공하는 금품등은 수수를 금지하는 금품등에 해당하지 아니한다.
④ 공직자등의 직무와 관련된 공식적인 행사에서 주최자가 참석자에게 통상적인 범위에서 일률적으로 제공하는 교통, 숙박, 음식물 등의 금품등은 수수를 금지하는 금품등에 해당한다.

- **정답** ④
- **난이도**
- **해설** ①, ②, ③은 옳은 설명이며, ④는 틀린 설명이다.
  ④ ❌ 공직자등의 직무와 관련된 공식적인 행사에서 주최자가 참석자에게 통상적인 범위에서 일률적으로 제공하는 교통, 숙박, 음식물 등의 금품등은 수수를 금지하는 금품등에 해당하지 아니한다(「부정청탁 및 금품등 수수의 금지에 관한 법률」 제8조 제3항).

0141

「경찰청 공무원 행동강령」에 대한 설명으로 가장 적절한 것은?

| 18년 승진 변형 |

① 공무원은 수사·단속의 대상이 되는 업소 중 경찰청장이 지정하는 유형의 업소 관계자와 부적절한 사적 접촉을 하여서는 아니 되며, 공적 또는 사적으로 접촉한 경우 경찰청장이 정하는 방법에 따라 신고할 수 있다.

② 공무원이 국가나 지방자치단체의 요청으로 대가를 받고 외부강의 등을 할 경우 소속기관장에게 미리 서면으로 신고하여야 한다.

③ 서울경찰청 소속 甲경정이 자신의 직무와 관련된 교육강사로 요청받아 월 1회, 1시간 동안 외부강의를 하고 사례금으로 50만원을 받았다면 이는 정당하다.

④ 공무원이 정치인이나 정당 등으로부터 부당한 직무수행을 강요받거나 청탁을 받은 경우에는 소속기관의 장에게 보고하거나 행동강령책임관과 상담하여야 한다.

정답 ④

난이도

해설

④는 옳은 설명이며, ①, ②, ③은 틀린 설명이다.

① ✗ 공무원은 수사·단속의 대상이 되는 업소 중 <u>경찰청장이 지정하는 유형의 업소</u> 관계자와 부적절한 사적 접촉을 하여서는 아니 되며, 공적 또는 사적으로 접촉한 경우 <u>경찰청장이 정하는 방법에 따라 신고</u>하여야 한다(「경찰청 공무원 행동강령」 제5조의2 제1항).

② ✗ 공무원은 사례금을 받는 외부강의등을 할 때에는 외부강의등의 요청 명세 등을 외부강의등 신고서에 따라 소속기관의 장에게 <u>그 외부강의등을 마친 날부터 10일 이내에 신고</u>하여야 한다. 다만, <u>외부강의등을 요청한 자가 국가나 지방자치단체인 경우에는 그러하지 아니하다</u>(「경찰청 공무원 행동강령」 제15조 제2항).

③ ✗ 공무원은 자신의 직무와 관련되거나 그 지위·직책 등에서 유래되는 사실상의 영향력을 통하여 요청받은 교육·홍보·토론회·세미나·공청회 또는 그 밖의 회의 등에서 한 강의·강연·기고 등의 대가로서 <u>직급 구분 없이 40만원을 초과하는 사례금을 받아서는 아니 된다</u>(「경찰청 공무원 행동강령」 제15조 제1항). 외부강의등의 사례금 상한액의 적용기준은 <u>강의 등의 경우 1시간당, 기고의 경우 1건당 상한액</u>으로 한다. 1시간을 초과하여 강의 등을 하는 경우에도 사례금 총액은 강의시간에 관계없이 <u>1시간 상한금액의 100분 150에 해당하는 금액을 초과하지 못한다</u>.

0142

경찰문화의 냉소주의를 극복하기 위한 방안에 대한 설명이다. ㉠부터 ㉤까지 (　) 안에 들어갈 용어를 나열한 것으로 가장 적절한 것은?

|18년 승진|

> 인간관 중 (㉠) 이론은 인간이 책임감 있고 정직하여 (㉡)적인 관리를 해야 한다는 이론이고, (㉢) 이론은 인간을 게으르고 부정직한 것으로 보아 (㉣)적으로 관리해야 한다는 이론으로, (㉤) 이론에 의한 관리가 냉소주의를 극복하는 방안이 된다.

① ㉠ X ㉡ 민주 ㉢ Y ㉣ 권위 ㉤ X
② ㉠ X ㉡ 권위 ㉢ Y ㉣ 민주 ㉤ Y
③ ㉠ Y ㉡ 민주 ㉢ X ㉣ 권위 ㉤ Y
④ ㉠ Y ㉡ 권위 ㉢ X ㉣ 민주 ㉤ X

- **정답** ③
- **난이도** 하 중 상
- **해설** ㉠은 Y, ㉡은 민주, ㉢은 X, ㉣은 권위, ㉤은 Y이다. 경찰문화의 냉소주의를 극복하기 위해서는 ① 의사결정과정에의 참여를 통한 의견청취, ② 상사와 부하의 신뢰회복, ③ 맥그리거(Mcgregor)의 Y이론에 입각한 행정관리, ④ 하의상달의 의사전달방법을 활용한 커뮤니케이션 과정의 개선 등이 필요하다.

참고 맥그리거(Mcgregor)의 X · Y이론

① X이론 : 인간은 원래 태만하고 되도록 적게 일하려고 하며, 선천적으로 이기적이고 책임지기를 싫어할 뿐 아니라 조직의 목적에 무관심하고 주로 안정과 경제적인 만족을 추구한다는 것이다. X이론에 의한 경우에는 강압적·권위적 관리전략을 채택하게 된다.

② Y이론 : 인간은 부지런하고 책임과 자율성 및 창조성을 발휘하고 싶어 하며 조직의 목적을 달성하는 데에 적극적으로 참여하여 자아실현을 추구하고자 한다는 것이다. Y이론에 의한 경우에는 민주적인 관리전략을 채택하게 된다.

0143

경찰의 부패원인가설 중 '구조원인가설'에 관한 설명으로 가장 적절하지 않은 것은? | 23년 특채 |

① 부패의 관행이 경찰조직 내부에서 '침묵의 규범'으로 받아들여진다.
② 니더호퍼(Neitherhoffer), 로벅(Roebuck), 바커(Barker) 등이 주장하였다.
③ 정직하고 청렴한 신임순경 A가 상사인 B로부터 관내 유흥업소 업자들을 소개받고, 이후 B와 함께 근무하면서 B가 유흥업소 업자들로부터 정기적으로 금품을 받는 것을 보고, 점차 부패의 관행을 학습한 경우로 설명할 수 있다.
④ 경찰의 부패원인을 조직의 체계적 원인보다는 개인적 결함으로 보고 있다.

- 정답 ④
- 난이도
- 해설 ①, ②, ③은 옳은 설명이며, ④는 틀린 설명이다.
  ④ ✗ 경찰의 부패원인을 개인적 결함으로 보는 것은 『썩은 사과 가설』에 해당한다. 즉, 『썩은 사과 가설』은 부패의 원인이 경찰관 개인 자체에게 있다고 한다. 『구조원인가설』을 주장한 니더호퍼(A. Neitherhoffer), 로벅(J. Roebuck), 바커(T. Barker) 등은 경찰부패의 원인을 경찰문화에서 찾고, 신임경찰관들은 선배경찰관들의 부패행위에서 학습하게 된다고 주장한다. 신임경찰관들은 선배경찰관들에 의해 조직의 부패문화에 사회화되어 부패의 길에 들어서게 되며, 이런 부패의 관행은 경찰관들 사이에서 문제점을 알면서도 눈감아주는 '침묵의 규범' 등에 의해 조장된다. 이러한 부패가 구조화된 조직에서는 '법규와 현실의 괴리 현상'이 발생한다. 부패의 원인은 개인적 결함이 아니라 조직의 체계적 원인으로 본다.

0144

경찰윤리강령에 따라 발생할 수 있는 문제점에 관한 설명으로 가장 적절하지 않은 것은? |23년 특채|

① 냉소주의 : 직원의 참여에 의하여 이루어지는 것이 아니라 상부에서 제정하여 하달되기 때문에 발생할 수 있는 문제
② 비진정성 : 전문직업인의 내부규율로서 선언적 효력을 가질 뿐 법적인 강제력이 없기 때문에 이를 위반했을 경우 제재할 방법이 미흡하며, 지나친 이상추구의 성격 때문에 발생할 수 있는 문제
③ 행위중심적 성격 : 행위중심적으로 규정되어 있어서 행위 이전의 의도나 동기를 소홀히 하기 때문에 발생할 수 있는 문제
④ 최소주의의 위험 : 경찰관이 최선을 다하여 헌신과 봉사를 하려다가도 경찰윤리강령에 포함된 정도의 수준으로만 근무를 하려 하기 때문에 발생할 수 있는 문제

- **정답** ②
- **난이도**
- **해설**
  ①, ③, ④는 옳은 설명이며, ②는 틀린 설명이다.
  ② ✗ 경찰윤리강령에서 발생할 수 있는 문제점으로서 『비진정성의 조장』(비자발성의 조장)은 경찰윤리강령은 경찰관의 도덕적 자각에 따른 자발적인 행동이 아니라 외부로부터 요구된 것으로서 타율성으로 인해 진정한 봉사가 이루어지지 않을 수 있음을 의미한다. 보기의 설명은 『실행가능성의 문제』에 대한 내용이다.

참고 경찰윤리강령의 문제점

구분	내용
실행가능성의 문제	경찰윤리강령은 법적 강제력 및 구속력이 없기 때문에 위반했을 경우 제재할 방법이 없다.
최소주의의 위험	경찰윤리강령은 경찰관이 최선을 다하여 헌신 및 봉사를 하려다가도 경찰윤리강령에 포함된 정도의 수준으로만 근무를 함으로써 오히려 경찰윤리강령이 근무수행의 최소기준화가 되는 위험이 있다.
냉소주의의 문제	경찰윤리강령은 직원들의 참여에 의하여 이루어진 것이 아니라 상부에서 제정하여 하달된 것으로 냉소주의를 야기할 수 있다.
비자발성의 조장	경찰윤리강령은 경찰관의 도덕적 자각에 따른 자발적인 행동이 아니라 외부로부터 요구된 것으로서 타율성으로 인해 진정한 봉사가 이루어지지 않을 수 있다.
행위중심적 성격	경찰윤리강령이 특정 행위를 중심으로 규정되어 있어 행위 이전의 의도나 동기를 소홀히 하고 있다.
우선순위 미결정	경찰윤리강령이 구체적인 경우 그보다 더 곤란한 현실문제에 있어서 무엇을 먼저 하고 무엇을 나중에 해야 할지 우선순위를 결정하는 기준이 되지 못한다.

제 8 절 경찰과 범죄

0145

지역사회 경찰활동(Community Policing)에 대한 설명으로 가장 적절하지 않은 것은? |73기 간부|

① 지역중심적 경찰활동(Community Oriented Policing) – 경찰과 지역사회가 협력하여 길거리 범죄, 물리적 무질서 등을 확인하고 해결함으로써 주민들의 삶의 질을 개선하고자 노력한다.
② 문제지향적 경찰활동(Problem Oriented Policing) – 경찰과 지역사회가 전통적인 경찰업무로 해결할 수 없거나 그것의 해결을 위하여 특별히 관심을 필요로 하는 사안들에 있어서 그 상황에 맞는 대안들을 개발하기 위해 노력하는 활동에 주력한다.
③ 이웃지향적 경찰활동(Neighborhood Oriented Policing) – 경찰과 주민의 의사소통을 활성화하고 주민들에 의한 순찰을 실시하는 등 지역사회에 기초를 둔 범죄예방활동 등을 위해 노력한다.
④ 관용중심적 경찰활동(Tolerance Oriented Policing) – 소규모 지역공동체 모임의 활성화를 통해 상호감시를 증대하고 단속중심의 경찰활동을 전개함으로써 범죄에 대응하는 전략을 추진한다.

④

①, ②, ③은 옳은 설명이며, ④는 틀린 설명이다.
④ ✗ 보기의 설명은 이웃지향적 경찰활동에 대한 내용이다. 『이웃지향적 경찰활동』은 때로는 구역 클럽(소규모 단체)을 만들어 지역 거주자들에게 지역에 관한 정보를 제공하며, 경찰과 협동해서 범죄를 억제하는 기능을 수행한다.

참고 이웃지향적 경찰활동

구 분	내 용
의 의	① 『이웃지향적 경찰활동』은 1960년대에 처음으로 시작되었으며, 대표적인 학자는 윌리엄스(Williams)이다. ② 『이웃지향적 경찰활동』은 지역주민들이 서로 친밀한 관계를 유지하여 이웃사람들의 습관이나 일상 활동에 대해 잘 알게 되면 자신들의 구역 내에서 의심스러운 사람이나 행동을 쉽게 발견할 수 있어 이를 통해 지역 내의 범죄를 예방하려는 프로그램이다.
내 용	① 지역에서 범죄는 비공식적 사회통제의 약화와 경제적 궁핍이 소외를 정당화하기 때문에 발생한다. ② 따라서 지역조직은 거주자들에게 지역에 관한 정보를 제공하여 경찰과 협동해서 범죄를 억제하는 기능을 수행하여야 한다. ③ 지역조직은 경찰관에게 중요한 역할을 부여받으며, 서로를 위해 감시하고 공식적인 민간순찰을 실시한다.

0146

상황적 범죄예방과 관련된 이론에 대한 설명으로 가장 적절하지 않은 것은? |기기 간부|

① 일상활동이론을 주장한 코헨(Cohen)과 펠슨(Felson)은 절도범죄를 설명하면서 VIVA 모델을 제시했는데, 알파벳 I는 Inertia의 약자로서, '이동의 용이성'을 의미한다.
② 범죄패턴이론은 브랜팅험(Brantingham)이 제시한 이론으로서 지리적 프로파일링의 이론적 배경이 되었다.
③ 상황적 범죄예방이론은 범죄 전이효과가 있다는 비판이 있다.
④ 상황적 범죄예방이론은 개인의 범죄성에 초점을 맞춘 이론으로서 범죄성향이 높은 개인들에게 범죄예방 역량을 집중할 것을 주장한다.

- **정답** ④
- **난이도** 하 중 상
- **해설** ①, ②, ③은 옳은 설명이며, ④는 틀린 설명이다.
  ④ ✗ 『상황적 범죄예방이론』은 범죄행위에 대한 위험과 어려움을 높여 범죄기회를 줄이고, 범죄행위의 이익을 감소시킴으로써, 범죄를 억제·예방하려는 활동이다. 개인의 범죄성에 초점을 맞추기 보다는 <u>범죄행위의 상황성에 초점</u>을 두고 있다.

> **참고** 상황적 범죄예방이론의 한계
> ① 범죄를 예방하는 장치나 수단 등은 실제로 범죄예방에 있어서 효과가 없으며, 범죄기회를 줄인다고 해서 실제적으로 범죄가 줄어드는 것이 아니라 다른 곳으로 전이되어 전체 범죄는 줄어들지 않는다(전이효과).
> ② 모든 사람을 잠재적 범죄인으로 보아 범죄를 줄이기 위해 개인의 사생활 등을 국가가 과도하게 통제하여 인권이나 기본권이 침해될 수 있다(국가통제사회).

0147

지역사회 경찰활동(Community Oriented Policing)에 대한 설명으로 가장 적절하지 않은 것은?

| 기기 간부 |

① 전략지향 경찰활동, 문제지향 경찰활동, 이웃지향 경찰활동 등으로 구성되어 있다.
② 경찰의 역할에서 범죄투사의 역할보다 문제해결자로서의 역할에 중점을 둔다.
③ 범죄의 진압·수사와 같은 사후대응적 경찰활동보다는 범죄예방과 같은 사전예방적 경찰활동을 강조한다.
④ 윌슨(W. Wilson)과 사이몬(H. A. Simon)이 연구한 경찰활동 개념이다.

- **정답** ④
- **난이도**
- **해설**

①, ②, ③은 옳은 설명이며, ④는 틀린 설명이다.
④ ✗ 『지역사회 경찰활동』이란 지역사회의 범죄나 무질서 등의 문제를 발견하고 지역사회의 모든 자원을 동원하여 그 문제의 해결책을 찾는 경찰과 지역사회의 공동노력이다. 대표적인 학자는 스콜닉(Skolnick), 윌리엄스(Willams), 골드슈타인(Goldstein) 등이 있다.

참고 전통적인 경찰활동과 지역사회 경찰활동의 구분

구 분	전통적인 경찰활동	지역사회 경찰활동
주 체	경찰이 법집행의 책임을 지는 유일한 정부기관임	경찰과 시민 모두에게 범죄방지의 의무가 있음
경찰의 역할	범죄해결(법집행자, 범죄해결자)	문제해결(서비스제공, 문제해결자)
업무평가 방식	범인 검거율(사후통제)	범죄 및 무질서의 감소율(사전통제)
업무의 우선순위	범죄와 폭력의 퇴치	범죄와 폭력의 퇴치 + 주민 문제해결
효율성의 측정	범죄 신고에 대한 반응시간	주민의 경찰업무에의 협조의 정도
조직구조	집권화	분권화
타 기관과의 관계	권한과 책임 문제로 인한 갈등구조	공동목적 수행을 위한 협동 및 상생구조
강조사항	① 법과 규범에 의한 규제 ② 법의 엄격한 준수	분권화된 경찰관 개개인의 능력 강조

0148

환경설계를 통한 범죄예방(CPTED)에 대한 설명으로 가장 적절하지 않은 것은? | 71기 간부 |

① 뉴먼(O. Newman)과 제프리(C. Jeffery)가 주장하였다.
② 방어공간(Defensible Space)과 관련하여 영역성, 감시, 이미지, 안전지대의 4가지 관점을 제시하였다.
③ 기본원리 중 자연적 접근통제란 건축물이나 시설을 설계함에 있어서 가시권을 최대한 확보하고, 외부침입에 대한 감시기능을 확대하여 범죄기회를 감소시키는 원리이다.
④ 우리나라에서는 서울시 마포구 염리동에서 적용한 사례가 있고, 자치단체 조례로 「서울특별시 마포구 범죄예방을 위한 도시환경 디자인 조례」가 2018년 제정되어 시행되고 있다.

정답 ③
난이도 하 중 상
해설 ①, ②, ④는 옳은 설명이며, ③은 틀린 설명이다.
③ ❌ CPTED의 5가지 기본원리 중 「접근통제」란 일정한 지역에 접근하는 사람들을 정해진 공간으로 유도하거나 외부인의 출입을 통제하도록 설계하여, 접근에 대한 심리적 부담을 증대시켜 범죄를 예방하는 원리이다(예 차단기, 방범창, 잠금장치, 통행로의 설계, 출입구의 최소화 등).

참고 환경설계를 통한 범죄예방(CPTED)의 5가지 기본원리 – 접근통제

① 「접근통제」란 일정한 지역에 접근하는 사람들을 정해진 공간으로 유도하거나 외부인의 출입을 통제하도록 설계하여, 접근에 대한 심리적 부담을 증대시켜 범죄를 예방하는 원리이다.
② 예 차단기, 방범창, 잠금장치, 통행로의 설계, 출입구의 최소화 등

0149

문제지향경찰활동에 대한 설명으로 가장 옳지 않은 것은?

| 70기 간부 |

① 문제지향경찰활동은 경찰활동이 단순한 법집행자의 역할에서 지역사회 범죄문제의 근원적 원인을 확인하고 해결하는 역할로 전환할 것을 추구한다.
② 지역사회 문제해결을 위해 SARA모형이 강조되며 이는 조사(Scanning) – 평가(Assessment) – 대응(Response) – 분석(Analysis)으로 진행되는 문제해결 단계를 제시한다.
③ 문제지향경찰활동에서는 문제들에 대한 효과적인 대응 전략들을 마련하면서 필요한 경우 경찰과 지역사회가 협력할 수 있는 대응전략들에 보다 높은 가치를 부여한다.
④ 문제지향경찰활동은 종종 지역사회경찰활동과 병행되어 실시되곤 한다.

- **정답** ②
- **난이도**
- **해설** ①, ③, ④는 옳은 설명이며, ②는 틀린 설명이다.
  ② 『문제지향적 경찰활동』은 경찰이 사건에 토대를 둔 반응전략에서 문제지향적 전략으로 바꿔야 한다는 것이다. 문제해결과정은 조사 → 분석 → 대응 → 평가 순으로 이루어진다.

참고 문제지향적 경찰활동

구분	내용
의의	① 『문제지향적 경찰활동』은 경찰이 사건에 토대를 둔 반응전략에서 문제지향적 전략으로 바꿔야 한다는 것이다. ② 골드슈타인(Goldstein)이 제시한 문제지향적 경찰활동은 지역사회로부터의 투입과 함께 그 문제를 해결하는 데 일차적인 관심을 가지는 경찰활동이다.
내용	① 지역사회의 문제를 해결하기 위한 여러 가지 방안을 중점으로 우선순위를 재평가하고, 각각의 문제에 따른 형태별 대응을 강조한다. ② 문제해결 과정은 조사(Scanning) → 분석(Analysis) → 대응(Response) → 평가(Assessment)순으로 이루어진다(SARA모델 : 에크와 스펠만이 구체화). ③ 일선경찰관에게 문제해결권한과 필요한 시간을 부여하고 범죄분석 자료를 제공하며, 대중정보와 비평을 적극적으로 수용할 수 있어야 한다.

0150

다음은 범죄원인에 대한 이론을 설명한 것이다. 옳은 것은 모두 몇 개인가?　| 70기 간부 |

> 가. 아노미이론은 Cohen에 의해 주장되었으며, '범죄는 정상적인 것이며 불가피한 사회적 행위'라는 입장에서 사회 규범의 붕괴로 인해 범죄가 발생한다고 보고 있다.
> 나. J. F. Sheley가 주장한 범죄유발의 4요소는 범죄의 동기, 사회적 재제로부터의 자유, 범죄피해자, 범행의 기술이다.
> 다. 사회학습이론 중 Burgess & Akers의 차별적 강화이론에 의하면 청소년들이 영화의 주인공을 모방하고 자신과 동일시하면서 범죄를 학습한다고 한다.
> 라. Hirschi는 범죄의 원인은 사회적인 유대가 약화되어 통제되지 않기 때문이라고 보고, 비행을 통제할 수 있는 사회적 통제의 결속을 애착, 전념, 기회, 참여라고 하였다.
> 마. 합리적 선택이론에서는 인간의 자유의지를 인정하는 결정론적 인간관에 입각하여 범죄자는 비용과 이익을 계산하고 자신에게 유리한 경우에 범죄를 행한다고 본다.
> 바. 일상생활 이론은 범죄자의 입장에서 범행을 결정하는 데 고려되는 4가지 요소로 가치, 이동의 용이성, 가시성, 접근성을 들고 있다.
> 사. 범죄패턴 이론은 지역사회 구성원들이 범죄문제를 해결하기 위해 적극적으로 참여하는 것이 중요한 범죄예방의 열쇠라고 한다.

① 0개　② 1개
③ 2개　④ 3개

- **정답** ②
- **난이도**
- **해설** "바"는 옳은 설명이며, "가", "나", "다", "라", "마", "사"는 틀린 설명이다.

　가. ✗ 『아노미이론』은 뒤르켐(Durkeim)이 주장한 이론이다. 급격한 사회변화, 전쟁, 사태, 소요 등의 경우에 사회규범이 붕괴되어 제대로 작용하지 못하는 상태를 말한다. 이러한 무규범 및 억제력 상실의 상태에서 범죄가 발생한다고 본다.

　나. ✗ 실리(Sheley)에 따르면, 범죄자의 입장에서 범죄를 일으키는 요소로는 ㉠ 범행동기, ㉡ 사회적 재재로부터의 자유, ㉢ 범행기술, ㉣ 범행기회라는 4가지 요소들이 필요하다(암기 TIP : 3기자유). 이러한 4가지 요소 각각은 범죄실행의 필요조건이지만 충분조건은 되지 못하므로, 범죄실행이 가능하기 위해서는 이들 4가지 요소가 상호작용하여야 한다.

　다. ✗ 사회학습이론 중 버제스(Burgess)와 에이커스(Akers)의 『차별적 강화이론』에 의하면 청소년들의 비행행위는 처벌이 없거나 칭찬을 받게 되면 비행행위가 강화되어 반복적으로 저질러진다고 본다. 범행의 결과 자신에게 보상이 된다면 범죄행위는 계속된다. 청소년들이 영화의 주인공을 모방하고 자신과 동일시하는 범죄를 학습하게 되고, 그러한 과정에서 범죄가 발생한다고 보는 이론은 『차별적 동일시이론』이다.

　라. ✗ 허쉬(Hirschi)의 『사회유대이론』에 따르면, 사회적 유대가 약해지면 일탈의 가능성이 범죄로 발현된다고 본다. 비행을 억제하는 사회적 요소에는 ㉠ 애착, ㉡ 전념, ㉢ 참여, ㉣ 신념의 4가지 요소가 있다(암기 TIP : 애전참신).

　마. ✗ 클락(Clarke)과 코니쉬(Cornish)의 『합리적 선택이론』에 따르면, 인간의 자유의지를 인정하는 의사비결정론적 인간관계에 입각하여 범죄자는 자신의 범죄행위에 있어서 비용과 이익을 계산하고, 자신에게 유리한 경우에 범죄를 행한다고 본다.

　사. ✗ 브랜팅햄(Brantingham)의 범죄패턴이론에 따르면, 범죄에는 일정한 장소적 패턴(시간적 패턴 ✗)이 있으며, 이는 범죄자의 일상적인 행동패턴과 유사하다고 본다. 지역사회 구성원들이 범죄문제를 해결하기 위해 적극적으로 참여하는 것이 중요한 범죄예방의 열쇠라고 보는 것은 샘슨(Sampson)의 『집합적 효율성이론』이다.

0151

환경설계를 통한 범죄예방(CPTED)의 기본원리에 대한 설명으로 가장 옳은 것은? | 70기 간부 |

① 자연적 감시는 건축물이나 시설물의 설계 시 가시권을 최대한 확보하고 외부침입에 대한 감시기능을 확대함으로써 범죄 발각 위험을 증가시켜 기회를 감소시킬 수 있다는 원리이다. 종류로는 조명·조경·가시권 확대, 방범창 등이 있다.

② 영역성 강화는 사적 공간에 대한 경계를 표시함으로써 주민들의 책임의식과 소유의식을 증대함으로써 사적 공간에 대한 관리권과 권리를 강화시키고 외부인들에게는 침입에 대한 불법사실을 인식시켜 범죄의 기회를 차단하는 원리이다. 종류로는 울타리·펜스의 설치, 청결유지 등이 있다.

③ 접근통제는 일정한 지역에 접근하는 사람들을 정해진 공간으로 유도하거나 외부인의 출입을 통제하도록 설계함으로써 접근에 대한 심리적 부담을 증대시켜 범죄를 예방한다는 원리이다. 종류로는 차단기, 통행로의 설계 등이 있다.

④ 유지관리는 처음 설계된 대로 혹은 개선한 의도대로 기능을 지속적으로 유지하도록 관리함으로써 범죄예방을 위한 환경설계의 장기적이고 지속적 효과를 유지하는 원리이다. 종류로는 파손의 즉시 수리, 잠금장치, 조명·조경의 관리 등이 있다.

- **정답** ③
- **난이도** 하 중 상
- **해설** ③은 옳은 설명이며, ①, ②, ④는 틀린 설명이다. CPTED의 5가지 기본원리에는 ㉠ 자연적 감시, ㉡ 접근통제, ㉢ 영역성의 강화, ㉣ 활동성의 증대, ㉤ 기능의 유지관리가 있다. 위의 보기에서 각각의 원리에 대한 의의 개념은 모두 옳게 설명한 것이시만, 그 사례가 잘못된 것을 구별할 수 있는지를 묻고 있다.
  ① 방범창의 경우에는 『접근통제』의 원리에 해당한다.
  ② ✗ 청결유지의 경우에는 『기능의 유지관리』의 원리에 해당한다.
  ④ ✗ 잠금장치는 『접근통제』의 원리에 해당한다.

0152

환경설계를 통한 범죄예방(CPTED) 원리와 그에 대한 적용을 연결한 것 중에 옳지 않은 것은?

| 69기 간부 |

① 자연적 감시 – 조경 · 가시권의 확대를 위한 건물 배치
② 자연적 접근통제 – 출입구의 최소화, 벤치 · 정자의 위치 및 활용성에 대한 설계
③ 영역성의 강화 – 사적 · 공적 공간의 구분, 울타리의 설치
④ 활동의 활성화(활동성의 증대) – 놀이터 · 공원의 설치, 체육시설의 접근성과 이용의 증대

- **정답** ②
- **난이도** 하 중 상
- **해설** ①, ③, ④는 옳은 설명이며, ②는 틀린 설명이다.
  ② ✗ 『접근통제』란 일정한 지역에 접근하는 사람들을 정해진 공간으로 유도하거나 외부인의 출입을 통제하도록 설계하여, 접근에 대한 심리적 부담을 증대시켜 범죄를 예방하는 원리이다(예 차단기, 방범창, 잠금장치, 통행로의 설계, 출입구의 최소화 등). 벤치 · 정자의 위치 및 활용성에 대한 설계는 『활동성의 증대』의 원리에 적용되는 것이다.

> **참고** 환경설계를 통한 범죄예방(CPTED)의 5가지 기본원리 – 활동성의 증대(공적 공간)
> ① 『활동성의 증대』란 지역사회 설계시 주민들이 모여서 상호의견을 교환하고 유대감을 증진할 수 있는 공공장소를 설치 · 이용하도록 함으로써, 거리의 눈을 활용한 자연적 감시와 접근통제의 기능을 확대하는 원리이다.
> ② 예 놀이터 · 공원의 설치, 체육시설의 접근성과 이용의 증대, 벤치 및 정자의 설치 등

0153

범죄원인론에 대한 설명 중 가장 옳지 않은 것은?

| 68기 간부 |

① Glaser는 청소년의 비행행위는 처벌이 없거나 칭찬받게 되면 반복적으로 저질러진다고 하였다.
② Miller는 범죄는 하위문화의 가치와 규범이 정상적으로 반영된 것이라고 하였다.
③ Reckless는 좋은 자아관념은 주변의 범죄적 환경에도 불구하고 비행행위에 가담하지 않도록 하는 중요한 요소라고 한다.
④ Cohen은 하류계층의 청소년들이 목표와 수단의 괴리로 인해 중류계층에 대한 저항으로 비행을 저지르며, 목표달성의 어려움을 극복하기 위해 자신들만의 하위문화를 만들게 되며 범죄는 이러한 하위문화에 의해 저질러진다고 한다.

- **정답** ①
- **난이도**
- **해설**
②, ③, ④는 옳은 설명이며, ①은 틀린 설명이다.
① 글래져(Glaser)가 주장한 범죄이론은 『차별적 동일시이론』으로, 청소년들이 영화의 주인공을 모방하고 자신과 동일시하여 범죄를 학습하게 되고, 그러한 과정에서 범죄가 발생한다고 본다. 청소년들의 비행행위는 처벌이 없거나 칭찬을 받게 되면 비행행위가 강화되어 반복적으로 범죄가 저질러진다고 보는 이론은 버제스(Burgess)와 에이커스(Akers)의 『차별적 강화이론』이다.

참고 『차별적 동일시이론』과 『차별적 강화이론』의 구분

차별적 동일시이론	글래져(Glaser)	청소년들이 영화의 주인공을 모방하고 자신과 동일시하여 범죄를 학습하게 되고, 그러한 과정에서 범죄가 발생한다.
차별적 강화이론	버제스(Burgess) 에이커스(Akers)	① 청소년들의 비행행위는 처벌이 없거나 칭찬을 받게 되면 비행행위가 강화되어 반복적으로 저질러진다. ② 범죄행위의 결과로서 보상이 취득되고 처벌이 회피될 때 그 행위는 강화되는 반면, 보상이 상실되고 처벌이 강화되면 그 행위는 약화된다.

0154

다음의 학자들이 주장한 범죄예방이론에 대한 설명 중 가장 옳지 않은 것은? | 66기 간부 |

① 클락과 코니쉬의 합리적 선택이론 – 체포의 위험성과 처벌의 확실성을 높여 효과적으로 범죄를 예방할 수 있다.
② 브랜팅햄의 범죄패턴이론 – 범죄에는 일정한 시간적 패턴이 있으므로, 일정 시간대의 집중순찰을 통해 효율적으로 범죄를 예방할 수 있다.
③ 샘슨의 집합효율성 이론 – 지역사회 구성원들이 범죄문제를 해결하기 위해 적극적으로 참여하면 효과적으로 범죄를 예방할 수 있다.
④ 윌슨과 켈링의 깨진 유리창 이론 – 경미한 무질서에 대한 무관용의 원칙과 지역주민 간의 상호협력이 범죄를 예방하는 데 중요한 역할을 한다.

- **정답** ②
- **난이도** 하 중 상
- **해설**
  ①, ③, ④는 옳은 설명이며, ②는 틀린 설명이다.
  ② ✗ 브랜팅햄의 『범죄패턴이론』은 범죄에는 일정한 장소적 패턴(시간적 패턴 ×)이 있으며, 이는 범죄자의 일상적인 행동패턴과 유사하다고 보는 입장이다. 범죄자의 이동경로 및 이동수단을 분석한 『지리적 프로파일링』을 통한 범죄지역의 예측활성화에 기여함으로써 연쇄범죄 해결에 유용하다.

> **참고** 브랜팅햄(Brantingham)의 범죄패턴이론
> ① 범죄에는 일정한 장소적 패턴이 있으며, 이는 범죄자의 일상적인 행동패턴과 유사하다.
> ② 범죄자의 이동경로 및 이동수단을 분석한 『지리적 프로파일링』을 통한 범죄지역의 예측활성화에 기여함으로써 연쇄범죄 해결에 유용하다.

0155

환경설계를 통한 범죄예방(CPTED)의 기본원리에 대한 내용과 종류의 연결이 가장 옳지 <u>않은</u> 것은?

| 65기 간부 |

① 자연적 감시 – 조명·조경·가시권 확대를 위한 건물의 배치
② 자연적 접근 통제 – 울타리·펜스의 설치, 사적·공적 공간의 구분
③ 활동성의 활성화 – 놀이터·공원의 설치, 체육시설의 접근성과 이용의 증대
④ 유지관리 – 파손의 즉시 보수, 청결유지, 조명·조경의 관리

- **정답** ②
- **난이도** 하 중 상
- **해설**
 ①, ③, ④는 옳은 설명이며, ②는 틀린 설명이다.
 ② ✗ 「자연적 접근통제」란 일정한 지역에 접근하는 사람들을 정해진 공간으로 유도하거나 외부인의 출입을 통제하도록 설계하여, 접근에 대한 심리적 부담을 증대시켜 범죄를 예방하는 원리이다(예 차단기, 방범창, 통행로의 설계, 출입구의 최소화 등). 보기의 설명은 「영역성의 강화」와 관련된 내용이다.

> **참고** 환경설계를 통한 범죄예방(CPTED)의 5가지 기본원리 – 영역성의 강화(사적 공간)
> ① 「영역성의 강화」란 사적 공간에 대한 경계를 표시함으로써 주민들의 책임의식 및 소유의식을 증대시키고, 사적 공간에 대한 관리권과 권리를 강화시키며, 외부인들에게는 침입에 대한 불법사실을 인식시켜 범죄기회를 차단하는 원리이다.
> ② 예 사적·공적 공간의 분리, 울타리·펜스의 설치 등

0156

'지역사회경찰활동'(Community Policing)에 관한 설명으로 가장 적절하지 <u>않은</u> 것은? | 23년 2차 순경 |

① 범죄가 자주 발생하는 지점에 경찰력을 집중적으로 배치하여 범죄예방효과를 극대화하는 데 중점을 둔다.
② 경찰활동의 목적과 우선순위를 결정할 때 시민의 참여가 중요하다.
③ 사후적 대응보다 사전적 예방 중심의 경찰활동 전개에 주력한다.
④ 경찰은 지역사회 내 지방자치단체, 학교 등 공적 주체들은 물론 시민단체 등 사적 주체들과도 파트너십을 형성할 필요가 있다.

- **정답** ①
- **난이도**
- **해설** ②, ③, ④는 옳은 설명이며, ①은 틀린 설명이다.
  ① ✗ 경찰의 역할을 범죄해결(법집행자, 범죄해결자)에 초점을 두고, 범인검거율이라는 사후통제에 집중하는 것은 『전통적인 경찰활동』의 내용이다.

참고 전통적인 경찰활동과 지역사회 경찰활동의 비교

구 분	전통적인 경찰활동	지역사회 경찰활동
주 체	경찰이 법집행의 책임을 지는 유일한 정부기관임	경찰과 시민 모두에게 범죄방지의 의무가 있음
경찰의 역할	범죄해결(법집행자, 범죄해결자)	문제해결(서비스제공, 문제해결자)
업무평가 방식	범인 검거율(사후통제)	범죄 및 무질서의 감소율(사전통제)
업무의 우선순위	범죄와 폭력의 퇴치	범죄와 폭력의 퇴치 + 주민 문제해결
효율성의 측정	범죄 신고에 대한 반응시간	주민의 경찰업무에의 협조의 정도
조직구조	집권화	분권화
타 기관과의 관계	권한과 책임 문제로 인한 갈등구조	공동목적 수행을 위한 협동 · 상생구조
강조사항	① 법과 규범에 의한 규제 ② 법의 엄격한 준수	분권화된 경찰관 개개인의 능력 강조

0157

다음은 경찰이 수행하는 범죄예방활동 사례 〈보기 1〉과 톤리와 패링턴(Tonry & Farrington)의 구분에 따른 범죄예방전략 유형 〈보기 2〉이다. 〈보기 1〉과 〈보기 2〉의 내용이 가장 적절하게 연결된 것은?

| 23년 2차 순경 |

보기1

(가) 경찰서의 여성청소년 담당부서에서 운영하고 있는 학교전담경찰관(SPO)은 학교에 배치되어 학교폭력예방교육 등 학교폭력 관련 예방과 가해학생 선도 등 사후관리 역할을 담당하고, 학대예방경찰관(APO)은 미취학 혹은 장기결석아동에 대해 점검하고 학대피해 우려가 높은 아동에 대해 지속적으로 모니터링을 실시함으로써 아동학대의 위험성을 감소시키고 아동의 안전 등을 확인하는 역할을 담당하고 있다.

(나) 여성 1인 가구 밀집지역에 대한 경찰순찰을 확대함으로써 공식적 감시기능을 강화하거나 혹은 아파트 입구 현관문에 반사경을 부착함으로써 출입자의 익명성을 감소시켜 범행에 수반되는 발각 위험을 증대하기 위한 조치를 하고 있다.

(다) 위법행위에 대한 단속을 강화하는 무관용 경찰활동을 지향함으로써 처벌의 확실성을 높여 범죄를 억제하고자 노력하고 있다.

보기2

㉠ 상황적 범죄예방　　㉡ 지역사회 기반 범죄예방
㉢ 발달적 범죄예방　　㉣ 법집행을 통한 범죄억제

	(가)	(나)	(다)
①	㉡	㉣	㉠
②	㉢	㉡	㉣
③	㉡	㉢	㉠
④	㉢	㉠	㉣

- 정답 ④
- 난이도 하

해설

(가)는 ⓒ의 발달적 범죄예방, (나)는 ㉠의 상황적 범죄예방, (다)는 ㉣의 법집행을 통한 범죄억제에 해당한다.

㉠ 『상황적 범죄예방이론』은 범죄행위에 대한 위험과 어려움을 높여 범죄기회를 줄이고, 범죄행위의 이익을 감소시킴으로써, 범죄를 억제·예방하려는 활동이다. 여성 1인 가구 밀집지역에 대한 공식적 순찰활동의 강화와 아파트 입구 현관문의 반사경 부착 등의 노력은 범죄행위에 대한 위험성과 어려움을 높이게 하고, 이는 결과론적으로 범죄의 예방에 기여할 수 있다.

㉡ 『지역사회 기반 범죄예방』은 지역 경찰관은 지역의 구성원으로서 재량권을 부여받고 스스로 지역 주민과의 상호작용을 통하여 임무의 목적을 스스로 설정하고 달성하게 하는 것이다. 이러한 분권화를 통해 경찰은 유연한 의사결정을 할 수 있고, 주민들의 치안 요구에 빠르게 답할 수 있다. 이러한 『지역사회 기반 범죄예방』에 관한 내용은 〈보기 1〉에서는 찾아볼 수 없다.

㉢ 『발달적 범죄예방 전략』은 위험요인을 줄이고 청소년들이 정서적으로 보호받을 수 있도록 하여, 범죄 경로들로 이어지는 다양한 요인들을 미치 차단하고 범죄실행의 가능성을 낮추는 것을 목적으로 한다. 이러한 발달적 범죄예방 전략은 개인, 학교, 가족으로 그 주체를 나누어 설명할 수 있다. (가)의 경우에는 학교와 가족에서의 발달적 범죄예방 전략과 관련이 깊다.

㉣ 『법집행을 통한 범죄억제』는 직접적인 피해자가 없는 사소한 무질서행위에 대한 경찰의 강경한 대응을 강조하는 무관용의 원칙과 일맥상통한다.

참고 톤리와 패링턴(Tonry & Farrington)의 구분에 따른 청소년 비행의 요인

톤리(Tonry)와 패링턴 (D. Farrington)에 의하면 청소년 비행의 요인은 다음과 같다.
① 개인적 요인(낮은 자아존중감, 충동적 성향, 아동기 학대 및 상처 경험)
② 가족 요인(불안정한 가족 구조, 낮은 가계 소득, 강압적 양육 태도, 부모의 방임)
③ 또래 및 학교 요인(비행 친구와 사귐, 학교폭력의 경험)
④ 사회·환경요인(비행환경, 부정적인 SNS 환경 노출, 긍정적 모델링의 결핍)

0158

에크와 스펠만(Eck & Spelman)은 경찰관서에서 문제지향경찰활동을 지역문제의 해결에 보다 쉽게 적용할 수 있도록 4단계의 문제해결과정(이른바 SARA 모델)을 제시하였다. 개별 단계에 관한 설명으로 가장 적절하지 않은 것은? | 23년 2차 순경 |

① 조사단계(Scanning)는 일반적으로 지역사회에서 일회적으로 발생하지만 대중의 이목을 집중시키는 심각한 중대범죄 사건을 우선적으로 조사대상화하는 데에서 출발한다.

② 분석단계(Analysis)에서는 각종 통계자료 등 수집된 자료를 활용하여 심층적인 분석을 실시하며, 당면 문제의 성격을 정확하게 파악하기 위해 '문제분석 삼각모형'을 유용한 분석도구로 활용할 수 있다.

③ 대응단계(Response)에서는 경찰이 보유한 자원과 역량만으로는 한계가 있으므로 지역사회 내의 여러 다른 기관들과의 협력을 통한 대응방안을 추구하며, 상황적 범죄예방에서 제시하는 25가지 범죄예방기술을 적용해 볼 수도 있다.

④ 평가단계(Assessment)에서는 과정평가와 효과평가의 두 단계로 구성되며, 이전 문제해결과정에서의 환류를 통해 각 단계가 지속적인 순환과정으로 작동할 수 있도록 한다는 점에서 중요한 의미를 가진다.

- **정답** ①
- **난이도**
- **해설** ②, ③, ④는 옳은 설명이며, ①은 틀린 설명이다.
  - ① 「조사단계」는 문제라고 여겨지는 개인과 관련되는 사건들을 유형별로 분류하고 문제들을 조사하는 과정으로 문제의 범주를 넓히는 단계에 해당한다. 일회적으로 발생하지만 대중의 이목을 집중시키는 심각한 중대범죄 사건을 우선적으로 조사하는 것이 아니라, 지역사회에서 발생하는 범죄문제의 근원적 원인을 지속적으로 확인하는 것에 그 우선을 둔다.

참고 SARA모델 : 에크와 스펠만이 구체화

문제해결 과정은 조사(Scanning) → 분석(Analysis) → 대응(Response) → 평가(Assessment)순으로 이루어진다.
① 「조사」란 문제라고 여겨지는 개인과 관련되는 사건들을 유형별로 분류하고 문제들을 조사하는 과정으로서, 문제의 범주를 넓히는 단계이다.
② 「분석」이란 발견된 문제의 원인과 범위, 그리고 효과들을 파악하는 것으로서, 경찰과 지역사회와의 협력이 필요한 단계이다.
③ 「대응」이란 분석된 문제의 원인을 제거하는 등 문제를 해결하기 위하여 행동하는 단계이다.
④ 「평가」란 대응책이 적절하였는지 여부를 평가하는 단계이다.

0159

화이트칼라범죄(White-collar crimes)에 관한 설명으로 가장 적절하지 않은 것은? | 23년 1차 순경 |

① 초기 화이트칼라범죄를 정의한 학자는 서덜랜드(Sutherland)이다.
② 화이트칼라범죄는 직업활동과 관련하여 높은 지위를 가지고 있는 사람에 의해 저질러지는 범죄이다.
③ 일반적으로 살인·강도·강간범죄는 화이트칼라범죄로 분류된다.
④ 화이트칼라범죄는 상류계층의 경제범죄에 대한 사회적 심각성을 연구하는 과정에서 등장한 개념이다.

- **정답** ③
- **난이도** 하 중 상
- **해설**

①, ②, ④는 옳은 설명이며, ③은 틀린 설명이다.

③ ✗ 「화이트칼라 범죄」라는 말은 1939년 미국의 범죄학자 서덜랜드(Sutherland)가 부유한 사람과 권력 있는 사람들의 범죄활동을 설명하기 위해 처음 사용한 것으로, 그는 화이트칼라 범죄를 높은 사회적 지위를 가지고 존경받고 있는 사람이 자신의 직업과정에서 범하는 범죄로 정의하였다. 기업범죄, 경제범죄, 환경범죄, 공무원범죄 등이 대표적인 화이트칼라 범죄로 최근 들어 범죄 활동을 목적으로 하여 기업과 국가를 이용하는 개인 범죄행위인 조세범죄, 신용카드범죄 또는 정부나 기업에서의 자신의 지위를 이용한 횡령범죄 등도 이에 속한다. 다만, 살인·강도·강간범죄는 화이트칼라범죄에는 속하지 않는 과거부터 전통적으로 자행되어 온 범죄유형이다.

> **참고** 서덜랜드(Sutherland)의 화이트칼라범죄(white-collar crime)
> ① 기업 및 정부 전문가와 같은 권력에 의해 저질러진 금전적 동기, 비폭력적인 범죄를 말한다.
> ② 1939년 사회학자 에드윈 서덜랜드(Edwin Sutherland)에 의해 직업 과정에서 존경과 높은 사회적 지위를 가진 사람에 의해 저질러진 범죄로 처음 정의되었다.
> ③ 전형적인 화이트 칼라 범죄로는 임금절도, 사기, 뇌물, 폰지 사기, 내부자 거래, 횡령, 사이버 범죄, 저작권 침해, 돈세탁, 신분 도용, 위조 등이 포함될 수 있다(살인, 강도, 강간 등은 ×).
> ④ 사회 중산층이나 상류층이 직업 등과 관련하여 부정부패 등의 범죄를 저지르는 경우로, 사람들의 눈에 잘 띄지 않아 발견이 어렵고, 사람들도 무관심하지만 이런 현상이 지속되면 국민들로 하여금 자포자기 의식을 갖게 만들어 사회에 미치는 해독이 큰 범죄이다.

0160

| 23년 1차 순경 |

환경설계를 통한 범죄예방(CPTED)에 관한 설명으로 가장 적절하지 않은 것은?

① CPTED는 근본적이고 효과적인 범죄예방을 위한 방안으로 물리적 환경설계 또는 재설계를 통해 범죄기회를 차단하는 것이 핵심이다.
② '자연적 감시(natural surveillance)'는 건축물이나 시설물의 설계시 가시권을 확보하여 외부침입에 대한 감시기능을 확대함으로써 범죄행위 발견 가능성을 증가시켜 범죄의 기회를 감소시킬 수 있다는 원리이다.
③ '영역성 강화(territorial reinforcement)'는 사적공간에 대한 경계 표시로 주민들의 책임의식과 소유의식을 증대함으로써 사적공간에 대한 관리권과 권리를 강화시키는 원리이다.
④ '유지·관리(maintenance and management)'는 차단기, 방범창, 잠금장치의 파손을 수리하지 않고 유지하는 원리이다.

- **정답** ④
- **난이도** 하 중 상
- **해설**
  ①, ②, ③은 옳은 설명이며, ④는 틀린 설명이다.
  ④ ✗ 『기능의 유지관리』란 처음 설계된 대로 혹은 개선된 의도대로 기능을 지속적으로 유지·관리함으로써, 범죄예방을 위한 환경설계의 장기적·지속적 효과를 유지하는 원리이다(예 파손의 즉시 보수, 청결유지, 조명 및 조경의 관리 등).

참고 환경설계를 통한 범죄예방(CPTED)의 5가지 기본원리 – 기능의 유지관리

① 『기능의 유지관리』란 처음 설계된 대로 혹은 개선된 의도대로 기능을 지속적으로 유지·관리함으로써, 범죄예방을 위한 환경설계의 장기적·지속적 효과를 유지하는 원리이다.
② 예 파손의 즉시 보수, 청결유지, 조명 및 조경의 관리 등

0161

무관용 경찰활동(Zero Tolerance Policing)에 관한 설명으로 가장 적절하지 <u>않은</u> 것은?

| 23년 1차 순경 |

① 사소한 무질서에 관대하게 대응했던 전통적 경찰활동의 전략을 계승하였다.
② 무관용 경찰활동은 1990년대 뉴욕에서 본격적으로 시행되었다.
③ 윌슨(Wilson)과 켈링(Kelling)의 '깨어진 창 이론'에 기초하였다.
④ 경미한 비행자에 대한 무관용 개입은 낙인효과를 유발할 수 있다는 비판이 있다.

- 정답 ①
- 난이도
- 해설 ②, ③, ④는 옳은 설명이며, ①은 틀린 설명이다.
  ① ✗ 윌슨(Wilson)과 켈링(Kelling)의 『깨어진 유리창 이론』에 따르면, 무질서한 행위와 환경을 그대로 방치하면 주민들은 공공장소를 회피하게 되고 범죄에 대한 두려움을 증가시키며, 증가된 무질서와 약화된 사회통제는 범죄를 증가시킨다고 본다. 직접적인 피해자가 없는 사소한 무질서행위에 대한 경찰의 강경한 대응을 강조한다(무관용의 원칙). 『무관용 경찰활동』은 1990년대 뉴욕에서 본격적으로 시행되었으며, 뉴욕시는 1990년대 무관용의 원칙을 바탕으로 범죄예방에 큰 성과를 거두었다. 경미한 비행자에 대한 무관용 개입은 낙인효과를 유발할 수 있다는 비판이 있다. 경미한 무질서에 대한 무관용의 정책과 집합효율성 강화가 범죄예방에 효과적이다.

참고 윌슨(Wilson)과 켈링(Kelling)의 깨어진 유리창 이론

① 무질서한 행위와 환경을 그대로 방치하면 주민들은 공공장소를 회피하게 되고 범죄에 대한 두려움을 증가시키며, 증가된 무질서와 약화된 사회통제는 범죄를 증가시킨다.
② 직접적인 피해자가 없는 사소한 무질서행위에 대한 경찰의 강경한 대응을 강조한다(무관용의 원칙).
③ 무관용 경찰활동은 1990년대 뉴욕에서 본격적으로 시행되었으며, 뉴욕시는 1990년대 무관용의 원칙을 바탕으로 범죄예방에 큰 성과를 거두었다.
④ 경미한 비행자에 대한 무관용 개입은 낙인효과를 유발할 수 있다는 비판이 있다.
⑤ 경미한 무질서에 대한 무관용의 정책과 집합효율성 강화가 범죄예방에 효과적이다.

0162

지역사회 경찰활동(CPO)에 관한 설명으로 가장 적절하지 않은 것은?　|23년 1차 순경|

① 경찰과 시민 모두 지역문제 해결을 위한 치안주체로서 인정하고 협력을 강조한다.
② 업무평가의 주요한 척도는 사전예방을 강조한 범죄나 무질서의 감소율이다.
③ 프로그램으로는 전략지향적 경찰활동(Strategy Oriented Policing : SOP), 이웃지향적 경찰활동(Neighborhood Oriented Policing : NOP) 등이 있다.
④ 범죄신고에 대한 출동소요시간을 바탕으로 효과성을 평가한다.

- **정답** ④
- **난이도** 하 중 상
- **해설** ①, ②, ③은 옳은 설명이며, ④는 틀린 설명이다.
  ④ ✗ 『지역사회 경찰활동』은 효율성의 측정을 주민의 경찰업무에의 협조의 정도로 평가하며, 『전통적인 경찰활동』은 효율성의 측정을 범죄신고에 대한 반응시간(출동소요시간)으로 평가한다.

참고 전통적인 경찰활동과 지역사회 경찰활동의 비교

구 분	전통적인 경찰활동	지역사회 경찰활동
주 체	경찰이 법집행의 책임을 지는 유일한 정부기관임	경찰과 시민 모두에게 범죄방지의 의무가 있음
경찰의 역할	범죄해결(법집행자, 범죄해결자)	문제해결(서비스제공, 문제해결자)
업무평가 방식	범인 검거율(사후통제)	범죄 및 무질서의 감소율(사전통제)
업무의 우선순위	범죄와 폭력의 퇴치	범죄와 폭력의 퇴치 + 주민 문제해결
효율성의 측정	범죄 신고에 대한 반응시간	주민의 경찰업무에의 협조의 정도
조직구조	집권화	분권화
타 기관과의 관계	권한과 책임 문제로 인한 갈등구조	공동목적 수행을 위한 협동 · 상생구조
강조사항	① 법과 규범에 의한 규제 ② 법의 엄격한 준수	분권화된 경찰관 개개인의 능력 강조

0163

다음은 전통적 경찰활동과 지역사회 경찰활동에 관한 비교설명이다(Sparrow, 1988). 질문과 답변의 연결이 가장 적절하지 않은 것은? | 22년 1차 순경 |

① 경찰은 누구인가? – 전통적 경찰활동의 관점에서는 법집행을 주로 책임지는 정부기관이라고 답변할 것이며, 지역사회 경찰활동의 관점에서는 경찰이 시민이고 시민이 경찰이라고 답변할 것이다.

② 언론 접촉 부서의 역할은 무엇인가? – 전통적 경찰활동의 관점에서는 현장경찰관들에 대한 비판적 여론을 차단하는 것이라고 답변할 것이며, 지역사회 경찰활동의 관점에서는 지역사회와의 원활한 소통창구라고 답변할 것이다.

③ 경찰의 효과성은 무엇이 결정하는가? – 전통적 경찰활동의 관점에서는 경찰의 대응시간이라고 답변할 것이며, 지역사회 경찰활동의 관점에서는 시민의 협조라고 답변할 것이다.

④ 가장 중요한 정보란 무엇인가? – 전통적 경찰활동의 관점에서는 범죄자 정보(개인 또는 집단의 활동 사항 관련 정보)라고 답변할 것이며, 지역사회 경찰활동의 관점에서는 범죄사건 정보(특정 범죄사건 또는 일련의 범죄사건 관련 정보)라고 답변할 것이다.

정답 ④

난이도

해설 ①, ②, ③은 옳은 설명이며, ④는 틀린 설명이다.

④ ✗ 『전통적 경찰활동』의 관점에서 가장 중요한 정보는 범죄사건 정보가 되며, 『지역사회 경찰활동』의 관점에서는 가장 중요한 정보가 범죄자 정보가 될 것이다. 즉, 전자는 사후통제에 중점을 두며, 후자는 사전통제에 중점을 두게 된다.

참고 전통적인 경찰활동과 지역사회 경찰활동의 비교

구 분	전통적인 경찰활동	지역사회 경찰활동
주 체	경찰이 법집행의 책임을 지는 유일한 정부기관임	경찰과 시민 모두에게 범죄방지의 의무가 있음
경찰의 역할	범죄해결(법집행자, 범죄해결자)	문제해결(서비스제공, 문제해결자)
업무평가 방식	범인 검거율(사후통제)	범죄 및 무질서의 감소율(사전통제)
업무의 우선순위	범죄와 폭력의 퇴치	범죄와 폭력의 퇴치 + 주민 문제해결
효율성의 측정	범죄 신고에 대한 반응시간	주민의 경찰업무에의 협조의 정도
조직구조	집권화	분권화
타 기관과의 관계	권한과 책임 문제로 인한 갈등구조	공동목적 수행을 위한 협동·상생구조
강조사항	① 법과 규범에 의한 규제 ② 법의 엄격한 준수	분권화된 경찰관 개개인의 능력 강조

0164

다음 경찰활동 예시의 근거가 되는 범죄원인론으로 가장 관련성이 높은 것은?

| 22년 1차 순경 |

> A경찰서는 관내에서 폭행으로 적발된 청소년을 형사입건하는 대신, 학교전담경찰관이 외부 전문가와 함께 3일 동안 다양한 활동으로 구성된 선도프로그램을 제공함으로써 해당 청소년에게 스스로 잘못을 뉘우치고 장차 지역사회로 다시 통합될 수 있는 기회를 제공하였다.

① 낙인이론 ② 일반긴장이론
③ 깨진 유리창 이론 ④ 일상활동이론

- **정답** ①
- **난이도** 하 중 상
- **해설**

① 보기의 설명은 형사입건 대신 선도프로그램을 통하여 청소년을 범죄자로 양산하는 것이 아니라 건전한 지역사회의 일원으로 양산하려는 노력을 보여주고 있다. 『낙인이론』에 의하면 어떤 행위가 일탈이라고 낙인찍으면 그러한 행위를 한 자는 일탈자가 되는데, 이러한 낙인을 찍는 행위는 사회적으로 힘 있는 사람들에 의해서 행해진다. 한번 일탈자라고 낙인찍힌 자들이 스스로 일탈자라고 인식하여 자기관념에 영향을 미치게 되면, 이것이 완전한 범죄인으로 만드는 결과를 낳게 된다.

② ✗ 『긴장이론』(머튼)은 병리적 사회구조가 특정한 사회부분에 긴장을 유발시키고, 이것이 어떻게 비행으로 나아가는지를 설명한다.

③ ✗ 『깨진 유리창 이론』(윌슨, 켈링)에 의하면, 무질서한 행위와 환경을 그대로 방치하면 주민들은 공공장소를 회피하게 되고 범죄에 대한 두려움을 증가시키며, 증가된 무질서와 약화된 사회통제는 범죄를 증가시킨다. 따라서 직접적인 피해자가 없는 사소한 무질서행위에 대한 경찰의 강경한 대응을 강조한다(무관용의 원칙).

④ ✗ 『일상활동이론』(코헨, 펠슨)에 의하면, 범죄기회가 주어지면 누구든지 범죄를 저지를 수 있다고 보아, 모든 개인을 잠재적 범죄자로 파악한다. 범죄자의 입장에서 범죄를 결정하는 데 고려되는 4가지 요소(VIVA 모델)로 ㉠ 대상의 가치(Value), ㉡ 이동의 용이성(Inertia), ㉢ 가시성(Visibility), ㉣ 접근성(Access)을 제시하였다.

참고 탄넨바움(Tannenbaum)의 낙인이론

① 어떤 행위가 일탈이라고 낙인찍으면 그러한 행위를 한 자는 일탈자가 되는데, 이러한 낙인을 찍는 행위는 사회적으로 힘 있는 사람들에 의해서 행해진다.
② 한번 일탈자라고 낙인 찍힌 자들이 스스로 일탈자라고 인식하여 자기관념에 영향을 미치게 되면, 이것이 완전한 범죄인으로 만드는 결과를 낳게 된다.
③ A경찰서가 관내에서 음주소란과 폭행 등으로 적발된 청소년들을 형사입건하는 대신 지역사회 축제에서 실시되는 행사에 보안요원으로 봉사할 수 있는 기회를 제공하는 것은 낙인이론에 기인하는 것이다.

0165

뉴먼(1972)은 방어공간의 구성요소를 구분하였다. 이와 관련된 〈보기 1〉의 설명과 〈보기 2〉의 구성요소가 가장 적절하게 연결된 것은?

| 22년 1차 순경 |

보기 1

(가) 지역의 외관이 다른 지역과 고립되어 있지 않고, 보호되고 있으며, 주민의 적극적 행동의지를 보여줌
(나) 지역에 대한 소유의식은 일상적이지 않은 일이 있을 때 주민으로 하여금 행동을 취하도록 자극함
(다) 특별한 장치의 도움 없이 실내와 실외의 활동을 관찰할 수 있는 능력임

보기 2

㉠ 영역성   ㉡ 자연적 감시
㉢ 이미지   ㉣ 환경

	(가)	(나)	(다)
①	㉢	㉣	㉠
②	㉢	㉠	㉡
③	㉣	㉠	㉢
④	㉣	㉢	㉡

정답 ②

해설 뉴먼의 『방어공간이론』의 출발은 먼저 아무런 일이 일어나지 않을 때 이미지를 통해 자신의 주거지역이 안전하고 자신들의 영역이라고 판단한다(이미지). 다음은 이러한 이미지를 통하여 특별한 장치의 도움 없이 실내와 실외의 활동을 관찰할 수 있는 자연적 감시를 강조한다(자연적 감시). 최종적인 것은 어떠한 일이 발생하였을 때 주거에 대한 영역성의 강화를 통해 주민들이 살고 있는 지역이나 장소를 자신들의 영역이라 생각하고 감시를 게을리하지 않으면 어떤 지역이든 범죄로부터 안전할 수 있다고 본다(영역성).

참고 뉴먼(Newman)의 방어공간이론
① 주거에 대한 영역성의 강화를 통해 주민들이 살고 있는 지역이나 장소를 자신들의 영역이라 생각하고 감시를 게을리하지 않으면 어떤 지역이든 범죄로부터 안전할 수 있다(예 CCTV의 설치 등).
② 방어공간의 구성요소로서 ㉠ 영역성, ㉡ 자연적 감시, ㉢이미지, ㉣ 환경을 제시하였다.

0166

「범죄피해자 보호법」에 관한 설명 중 가장 적절하지 않은 것은? | 22년 1차 순경 |

① '범죄피해자'란 타인의 범죄행위로 피해를 당한 사람과 그 배우자, 직계친족 및 형제자매를 말한다. 다만, 배우자의 경우 사실상의 혼인관계는 제외한다.
② 국가는 범죄피해자가 해당 사건과 관련하여 수사담당자와 상담하거나 재판절차에 참여하여 진술하는 등 형사절차상의 권리를 행사할 수 있도록 보장하여야 한다.
③ 국가는 범죄피해자가 요청하면 가해자에 대한 수사결과, 공판기일, 재판 결과, 형 집행 및 보호관찰 집행 상황 등 형사절차 관련 정보를 대통령령으로 정하는 바에 따라 제공할 수 있다.
④ 국가 및 지방자치단체는 범죄피해자가 형사소송절차에서 한 진술이나 증언과 관련하여 보복을 당할 우려가 있는 등 범죄피해자를 보호할 필요가 있을 경우에는 적절한 조치를 마련하여야 한다.

정답 ①

난이도

해설
②, ③, ④는 옳은 설명이며, ①은 틀린 설명이다.
① ✗ 『범죄피해자』란 타인의 범죄행위로 ㉠ 피해를 당한 사람과 ㉡ 그 배우자(사실상의 혼인관계를 포함한다), ㉢ 직계친족 및 ㉣ 형제자매를 말한다(「범죄피해자 보호법」 제3조 제1항 제1호). ㉤ 범죄피해 방지 및 범죄피해자 구조 활동으로 피해를 당한 사람도 범죄피해자로 본다(「범죄피해자 보호법」 제3조 제2항).

참고 「범죄피해자 보호법」상 관련 개념의 정리

구 분	내 용
범죄피해자	① 『범죄피해자』란 타인의 범죄행위로 ㉠ 피해를 당한 사람과 ㉡ 그 배우자(사실상의 혼인관계를 포함한다), ㉢ 직계친족 및 ㉣ 형제자매를 말한다(동법 제3조 제1항 제1호). ② ㉤ 범죄피해 방지 및 범죄피해자 구조 활동으로 피해를 당한 사람도 범죄피해자로 본다(동법 제3조 제2항).
범죄피해자 보호·지원	『범죄피해자 보호·지원』이란 범죄피해자의 손실 복구, 정당한 권리행사 및 복지 증진에 기여하는 행위를 말한다. 다만, 수사·변호 또는 재판에 부당한 영향을 미치는 행위는 포함되지 아니한다(동법 제3조 제1항 제2호).
구조대상 범죄피해	『구조대상 범죄피해』란 대한민국의 영역 안에서 또는 대한민국의 영역 밖에 있는 대한민국의 선박이나 항공기 안에서 행하여진 사람의 생명 또는 신체를 해하는 죄에 해당하는 행위로 인하여 ㉠ 사망하거나 ㉡ 장해 또는 ㉢ 중상해를 입은 것을 말한다(동법 제3조 제1항 제4호).

0167

범죄원인론에 대한 설명으로 가장 적절하게 연결되지 않은 것은? |21년 2차 순경|

① 쇼와 맥케이(Shaw & Mckay)의 사회해체이론 – 빈민(slum) 지역에서 범죄발생률이 높은 것은 도시의 산업화·공업화 과정에서 지역사회의 제도나 규범 등이 극도로 해체되기 때문으로, 이 지역에서는 비행적 전통과 가치관이 사회통제를 약화시켜서 일탈이 야기되며 이러한 지역은 구성원이 바뀌더라도 비행발생률은 감소하지 않는다.

② 레클리스(Reckless)의 견제(봉쇄)이론 – 고전주의 범죄학 이론에 기반을 둔 것으로, 인간은 범죄로부터 얻을 수 있는 이익보다 더 큰 고통을 받게 되면, 범죄를 저지르지 않을 것이라는 전제를 하고 있다. 범죄통제를 위해서는 처벌의 엄격성, 신속성, 확실성이 요구되며 이 중 처벌의 확실성이 가장 중요하다.

③ 버제스와 에이커스(Burgess & Akers)의 차별적 강화이론 – 범죄행위의 결과로서 보상이 취득되고 처벌이 회피될 때 그 행위는 강화되는 반면, 보상이 상실되고 처벌이 강화되면 그 행위는 약화된다.

④ 머튼(Merton)의 긴장(아노미)이론 – 목표와 그 목표를 이루기 위한 수단과의 간극이 커지면서 아노미 조건이 유발되어 분노와 좌절이라는 긴장이 초래되고, 그 목적을 달성하기 위한 수단으로서 범죄를 선택한다.

- **정답** ②
- **난이도**
- **해설** ①, ③, ④는 옳은 설명이며, ②는 틀린 설명이다.
  ② ✗ 레클레스(Reckless)의 견제이론은 20세기 이후 사회학적 범죄이론으로서 사회통제이론에 해당하는 이론이다. 그 내용은 다음과 같다. ㉠ 강력한 내면적 통제와 이를 보강하는 외부적 통제가 사회적·법적 행위규범의 위반에 대한 하나의 절연체를 구성한다. ㉡ 이러한 좋은 자아관념은 주변의 범죄적 환경에도 불구하고 비행행위에 가담하지 않도록 하는 중요한 요소가 된다. 보기의 내용은 클락과 코니쉬의 「합리적 선택이론」에 대한 설명이다.

참고 레클레스(Reckless)의 견제이론
① 강력한 내면적 통제와 이를 보강하는 외부적 통제가 사회적·법적 행위규범의 위반에 대한 하나의 절연체를 구성한다.
② 좋은 자아관념(내면적 통제)은 주변의 범죄적 환경에도 불구하고 비행행위에 가담하지 않도록 하는 중요한 요소가 된다.

0168

범죄예방 관련 이론에 대한 설명으로 가장 적절하지 않은 것은? | 21년 1차 순경 |

① 합리적 선택이론은 거시적 범죄예방모델에 입각한 특별예방효과에 중점을 둔다.
② 깨진 유리창이론에 이론적 근거를 두고 있는 무관용 경찰활동은 처벌의 확실성을 높여 범죄를 억제하는 전략이다.
③ 범죄패턴이론은 지리적 프로파일링을 통한 범행지역 예측 활성화에 기여할 수 있다.
④ 집합효율성은 지역사회 구성원 간의 연대감, 그리고 문제 상황 발생 시 구성원의 적극적인 개입의지를 결합한 개념이다.

- **정답** ①
- **난이도**
- **해설** ②, ③, ④는 옳은 설명이며, ①은 틀린 설명이다.
  ① ✗ 클락(Clarke)과 코니쉬(Cornish)의 『합리적 선택이론』에 따르면 인간의 자유의지를 인정하는 <u>의사비결정론적 인간관계</u>에 입각하여 범죄자는 자신의 범죄행위에 있어서 비용과 이익을 계산하고, 자신에게 유리한 경우에 범죄를 행한다고 본다. 따라서 체포의 위험성과 처벌의 확실성을 높여야 한다. 이러한 합리적 선택이론은 범죄행위에 대한 위험과 어려움을 높여 범죄기회를 줄이고, 범죄행위의 이익을 감소시킴으로써 범죄를 억제·예방하려는 활동이므로 <u>일반예방효과에 중점</u>을 두고 있다.

참고 클락(Clarke)과 코니쉬(Cornish)의 합리적 선택이론

① 인간의 자유의지를 인정하는 의사비결정론적(의사결정론 ×) 인간관계에 입각하여 범죄자는 자신의 범죄행위에 있어서 비용과 이익을 계산하고, 자신에게 유리한 경우에 범죄를 행한다.
② 체포의 위험성과 처벌의 확실성을 높여야 한다.
③ 미시적(거시적 ×) 범죄예방모델에 입각한 일반예방효과에(특별예방효과 ×) 중점을 둔다.

0169

문제지향 경찰활동에 대한 설명으로 가장 적절하지 않은 것은?

 | 20년 2차 순경 |

① 일선경찰관에게 문제해결 권한과 필요한 시간을 부여하고 범죄분석자료를 제공한다.
② 조사 – 분석 – 대응 – 평가로 이루어진 문제해결과정을 제시한다.
③ 「형법」의 적용은 여러 대응 수단 중 하나에 불과하다.
④ 거주자들에게 지역에 관한 정보를 제공하며, 주민들은 민간순찰을 실시한다.

- **정답** ④
- **난이도**
- **해설**

①, ②, ③은 옳은 설명이며, ④는 틀린 설명이다.

④ ❌ 「문제지향적 경찰활동」은 경찰이 사건에 토대를 둔 반응전략에서 문제지향적 전략으로 바꿔야 한다는 것이다. 골드슈타인(Goldstein)이 제시한 문제지향적 경찰활동은 지역사회의 문제를 해결하기 위한 여러 가지 방안을 중점으로 우선순위를 재평가하고, 각각의 문제에 따른 형태별 대응을 강조한다. 일선경찰관에게 문제해결권한과 필요한 시간을 부여하고 범죄분석자료를 제공하며, 대중정보와 비평을 적극적으로 수용할 수 있어야 한다. 보기의 설명은 문제지향적 경찰활동이 아닌, 「이웃지향적 경찰활동」에 관한 내용이다.

참고 문제지향적 경찰활동

구 분	내 용
의 의	① 「문제지향적 경찰활동」은 경찰이 사건에 토대를 둔 반응전략에서 문제지향적 전략으로 바꿔야 한다는 것이다. ② 골드슈타인(Goldstein)이 제시한 문제지향적 경찰활동은 지역사회로부터의 투입과 함께 그 문제를 해결하는 데 일차적인 관심을 가지는 경찰활동이다.
내 용	① 지역사회의 문제를 해결하기 위한 여러 가지 방안을 중점으로 우선순위를 재평가하고, 각각의 문제에 따른 형태별 대응을 강조한다. ② 문제해결 과정은 조사(Scanning) → 분석(Analysis) → 대응(Response) → 평가(Assessment)순으로 이루어진다(SARA모델 : 에크와 스펠만이 구체화). ③ 일선경찰관에게 문제해결권한과 필요한 시간을 부여하고 범죄분석 자료를 제공하며, 대중정보와 비평을 적극적으로 수용할 수 있어야 한다.

0170

다음은 환경설계를 통한 범죄예방(CPTED)에 대한 설명이다. 〈보기 1〉과 〈보기 2〉의 내용이 가장 적절하게 연결된 것은?

| 20년 1차 순경 |

보기1

(가) 사적공간에 대한 경계를 표시하여 주민들의 책임의식과 소유의식을 증대함으로써 사적 공간에 대한 관리권과 권리를 강화시키고, 외부인들에게는 침입에 대한 불법사실을 인식시켜 범죄기회를 차단하는 원리
(나) 건축물이나 시설물 설계 시 가시권을 최대한 확보, 외부침입에 대한 감시기능을 확대함으로써 범죄행위의 발견 가능성을 증가시키고 범죄기회를 감소시킬 수 있다는 원리
(다) 일정한 지역에 접근하는 사람들을 정해진 공간으로 유도하거나 외부인의 출입을 통제하도록 설계함으로써 접근에 대한 심리적 부담을 증대시켜 범죄를 예방하는 원리
(라) 지역사회 설계 시 주민들이 모여서 상호의견을 교환하고 유대감을 증대할 수 있는 공공장소를 설치하고 이용하도록 함으로써 '거리의 눈'을 활용한 자연적 감시와 접근통제의 기능을 확대하는 원리

보기2

㉠ 조명, 조경, 가시권 확대를 위한 건물의 배치
㉡ 체육시설의 접근성과 이용의 증대, 벤치·정자의 위치 및 활용성에 대한 설계
㉢ 울타리·펜스의 설치, 사적·공적 공간의 구분
㉣ 잠금장치, 통행로의 설계, 출입구의 최소화

	(가)	(나)	(다)	(라)
①	㉢	㉡	㉣	㉠
②	㉣	㉠	㉢	㉡
③	㉢	㉠	㉣	㉡
④	㉣	㉡	㉢	㉠

- **정답** ③
- **난이도**
- **해설** ③은 적절하게 연결된 내용이며, ①, ②, ④는 적절하게 연결되지 않은 내용이다.
  - (가) 환경설계를 통한 범죄예방(CPTED)의 기본원리 중 『영역성의 강화』에 대한 설명이다. 이러한 『영역성의 강화』에는 사적·공적 공간의 분리, 울타리·펜스의 설치 등이 있다.
  - (나) 환경설계를 통한 범죄예방(CPTED)의 기본원리 중 『자연적 감시』에 대한 설명이다. 이러한 『자연적 감시』에는 조명·조경, 가시권 확대를 위한 위치선정 등이 있다.
  - (다) 환경설계를 통한 범죄예방(CPTED)의 기본원리 중 『접근통제』에 대한 설명이다. 이러한 『접근통제』에는 차단기, 방범창, 잠금장치, 통행로의 설계, 출입구의 최소화 등이 있다.
  - (라) 환경설계를 통한 범죄예방(CPTED)의 기본원리 중 『활동성의 증대』에 대한 설명이다. 이러한 『활동성의 증대』에는 놀이터·공원의 설치, 체육시설의 접근성과 이용의 증대, 벤치 및 정자의 설치 등이 있다.

0171

지역사회 경찰활동(Community Policing)에 대한 설명으로 가장 적절하지 않은 것은? | 20년 1차 순경 |

① 업무평가의 주요한 척도는 사후진압을 강조한 범인검거율이 아닌 사전예방을 강조한 범죄나 무질서의 감소율이다.
② 지역사회 경찰활동의 프로그램으로 이웃지향적 경찰활동, 전략지향적 경찰활동, 문제지향적 경찰활동 등이 있다.
③ 타 기관과는 권한과 책임 문제로 인한 갈등구조가 아닌 지역 사회 문제해결의 공동목적 수행을 위한 협력구조를 이룬다.
④ 지역사회 문제해결을 위한 경찰업무 영역의 확대로 일선 경찰관에 대한 감독자의 지휘·통제가 강조된다.

- **정답** ④
- **난이도** 하 중 상
- **해설** ①, ②, ③은 옳은 설명이며, ④는 틀린 설명이다.
  ④ ✗ 『지역사회 경찰활동』은 일선 경찰관에 대한 감독자의 지휘·통제보다는 분권화된 경찰관 개개인의 능력을 강조한다.

참고 전통적인 경찰활동과 지역사회 경찰활동의 비교

구 분	전통적인 경찰활동	지역사회 경찰활동
주 체	경찰이 법집행의 책임을 지는 유일한 정부기관임	경찰과 시민 모두에게 범죄방지의 의무가 있음
경찰의 역할	범죄해결(법집행자, 범죄해결자)	문제해결(서비스제공, 문제해결자)
업무평가 방식	범인 검거율(사후통제)	범죄 및 무질서의 감소율(사전통제)
업무의 우선순위	범죄와 폭력의 퇴치	범죄와 폭력의 퇴치 + 주민 문제해결
효율성의 측정	범죄 신고에 대한 반응시간	주민의 경찰업무에의 협조의 정도
조직구조	집권화	분권화
타 기관과의 관계	권한과 책임 문제로 인한 갈등구조	공동목적 수행을 위한 협동·상생구조
강조사항	① 법과 규범에 의한 규제 ② 법의 엄격한 준수	분권화된 경찰관 개개인의 능력 강조

0172

다음은 관할지역 내 범죄문제 해결을 위해 경찰서별로 실시하고 있는 활동들이다. 각 활동의 근거가 되는 범죄원인론을 가장 적절하게 연결한 것은?

| 19년 2차 순경 |

> ㉠ A경찰서는 관내에서 음주소란과 폭행 등으로 적발된 청소년들을 형사입건하는 대신 지역사회 축제에서 실시되는 행사에 보안요원으로 봉사할 수 있는 기회를 제공하였다.
> ㉡ B경찰서는 지역사회에 만연해 있는 경미한 주취소란에 대해서도 예외 없이 엄격한 법집행을 실시하였다.
> ㉢ C경찰서는 관내 자전거 절도사건이 증가하자 관내 자전거 소유자들을 대상으로 자전거에 일련번호를 각인해 주는 서비스를 제공하였다.
> ㉣ D경찰서는 관내 청소년 비행 문제가 증가하자 청소년들을 대상으로 폭력 영상물의 폐해에 관한 교육을 실시하고, 해당유형의 영상물에 대한 접촉을 삼가도록 계도하였다.

① ㉠ 낙인이론 ㉡ 깨진 유리창이론 ㉢ 상황적 범죄예방 이론 ㉣ 차별적 동일시 이론
② ㉠ 낙인이론 ㉡ 깨진 유리창 이론 ㉢ 상황적 범죄예방 이론 ㉣ 차별적 접촉 이론
③ ㉠ 상황적 범죄예방 이론 ㉡ 깨진 유리창 이론 ㉢ 낙인이론 ㉣ 차별적 접촉 이론
④ ㉠ 상황적 범죄예방 이론 ㉡ 낙인이론 ㉢ 깨진 유리창 이론 ㉣ 차별적 동일시 이론

- **정답** ①
- **난이도** 하 중 상
- **해설** ㉠은 낙인이론, ㉡은 깨진 유리창이론, ㉢은 상황적 범죄예방 이론, ㉣은 차별적 동일시 이론에 바탕을 둔 경찰서별 실시 활동이다.
  - ㉠ 『낙인이론』에 따르면 어떤 행위가 일탈이라고 낙인찍히면 그러한 행위를 한 자는 일탈자가 되는데, 그러한 낙인을 찍는 행위는 사회적으로 힘 있는 사람에 의해 행해진다. 청소년들의 형사입건 행위는 일탈자라고 낙인을 찍는 행위이다.
  - ㉡ 『깨어진 유리창 이론』에 따르면 직접적인 피해자가 없는 사소한 무질서행위에 대한 경찰의 강경한 대응을 강조한다(무관용의 원칙). 따라서 경미한 주취소란에 대해서도 예외 없이 엄격한 법집행이 필요하다.
  - ㉢ 『상황적 범죄예방이론』에 따르면 범죄행위에 대한 위험과 어려움을 높여 범죄기회를 줄이고, 범죄행위의 이익을 감소시킴으로써, 범죄를 억제·예방한다. 관내 자전거 절도사건이 증가하자 관내 자전거 소유자들을 대상으로 자전거에 일련번호를 각인해 주는 서비스를 제공하는 것은 범죄의 위험과 어려움을 높이는 것이다.
  - ㉣ 『차별적 동일시 이론』에 따르면 청소년들이 영화의 주인공을 모방하고 자신과 동일시하여 범죄를 학습하게 되고, 그러한 과정에서 범죄가 발생한다. 청소년들을 대상으로 폭력 영상물의 폐해에 관한 교육을 실시하고, 해당유형의 영상물에 대한 접촉을 삼가도록 계도하는 것은 모방의 근본 원인을 차단하는 것이다.

0173

CPTED(환경설계를 통한 범죄예방)의 원리와 그 내용 및 종류에 대한 설명으로 가장 적절하지 <u>않은</u> 것은?

| 19년 1차 순경 |

① '자연적 감시'란 건축물이나 시설물의 설계 시 가시권을 최대한 확보하고, 외부침입에 대한 감시기능을 확대함으로써 범죄행위의 발견 가능성을 증가시키며, 범죄기회를 감소시킬 수 있다는 원리로서, 종류로는 조명·조경·가시권 확대를 위한 건물의 배치 등이 있다.

② '영역성의 강화'란 사적공간에 대한 경계를 표시하여 주민들의 책임의식과 소유의식을 증대시킴으로써 사적공간에 대한 관리권과 권리를 강화시키고, 외부인들에게는 침입에 대한 불법사실을 인식시켜 범죄기회를 차단한다는 원리이며, 종류로는 출입구의 최소화, 통행로의 설계, 사적·공적 공간의 구분이 있다.

③ '활동의 활성화'란 지역사회의 설계 시 주민들이 모여서 상호의견을 교환하고 유대감을 증대할 수 있는 공공장소를 설치하고 이용하도록 함으로써 자연적 감시와 접근통제의 기능을 확대한다는 원리이며, 종류로는 체육시설의 접근성과 이용의 증대, 벤치·정자의 위치 및 활용성에 대한 설계가 있다.

④ '유지관리'란 처음 설계된 대로 혹은 개선한 의도대로 기능을 지속적으로 유지하도록 관리함으로써 범죄예방을 위한 환경설계의 장기적이고 지속적인 효과를 유지한다는 원리이며, 종류로는 파손의 즉시보수, 청결유지, 조명·조경의 관리가 있다.

정답 ②

난이도 하 중 상

해설 ①, ③, ④는 옳은 설명이며, ②는 틀린 설명이다.

② ✗ 「영역성의 강화」란 사적공간에 대한 경계를 표시하여 주민들의 책임의식과 소유의식을 증대시킴으로써 사적공간에 대한 관리권과 권리를 강화시키고, 외부인들에게는 침입에 대한 불법사실을 인식시켜 범죄기회를 차단한다는 원리이다. 대표적인 예로는 사적·공적 공간의 분리, 울타리·펜스의 설치 등이 있다. 출입구의 최소화·통행로의 설계는 「접근통제」에 해당하는 설명이다.

참고 환경설계를 통한 범죄예방(CPTED)의 5가지 기본원리 – 영역성의 강화(사적 공간)

① 「영역성의 강화」란 사적 공간에 대한 경계를 표시함으로써 주민들의 책임의식 및 소유의식을 증대시키고, 사적 공간에 대한 관리권과 권리를 강화시키며, 외부인들에게는 침입에 대한 불법사실을 인식시켜 범죄기회를 차단하는 원리이다.

② **예** 사적·공적 공간의 분리, 울타리·펜스의 설치 등

0174

다음은 '범죄 통제이론'을 설명한 것이다. 가장 적절하지 않은 것은?

| 18년 3차 순경 |

① '일상활동이론'의 범죄유발의 4요소는 '범행의 동기', '사회적 제재로부터의 자유', '범행의 기술', '범행의 기회'이다.
② 로버트 샘슨과 동료들은 지역주민 간의 상호신뢰 또는 연대감과 범죄에 대한 적극적인 개입을 강조하는 '집합효율성이론'을 주장하였다.
③ '치료 및 갱생이론'은 결정론적 인간관에 입각하여 특별예방효과에 중점을 둔다.
④ '억제이론'은 폭력과 같은 충동적 범죄에 적용하는데 한계가 있다는 비판이 있다.

- **정답** ①
- **난이도** 하 중 상
- **해설** ②, ③, ④는 옳은 설명이며, ①은 틀린 설명이다.
  ① ✗ 코헨과 펠슨이 주장한 『일상활동이론』(일상생활이론)은 범죄기회가 주어지면 누구든지 범죄를 저지를 수 있다고 보아, 모든 개인을 잠재적 범죄자로 파악한다. 범죄자의 입장에서 범죄를 결정하는 데 고려되는 4가지 요소(VIVA 모델)는 ㉠ 대상의 가치, ㉡ 이동의 용이성, ㉢ 가시성, ㉣ 접근성을 제시하였다. 보기에서 설명하고 있는 범죄유발의 4요소인 '범행의 동기', '사회적 제재로부터의 자유', '범행의 기술', '범행의 기회'는 실리(Sheley)가 주장한 범죄발생의 4가지 요소이다.

> **참고** 코헨(Cohen)과 펠슨(Felson)의 일상생활이론(일상활동이론)
> ① 범죄기회가 주어지면 누구든지 범죄를 저지를 수 있다고 보아, 모든 개인을 잠재적 범죄자로 파악한다.
> ② 지역사회의 차등적 범죄율과 변화를 지역사회의 구조적 특성이 아닌 개인들의 일상활동의 변화에서 찾고 있다.
> ③ 구체적 · 미시적 범죄분석에 중점을 둔다.
> ④ 범죄는 ㉠ 범죄를 저지르고자 하는 범죄자, ㉡ 범죄에 적당한 대상, ㉢ 보호자의 부재라는 3가지 조건이 충족될 때 발생한다는 이론이다. 즉, 범죄자의 속성을 범죄의 결정적 요소로 보지 않는다.
> ⑤ 범죄자의 입장에서 범죄를 결정하는 데 고려되는 4가지 요소(VIVA 모델)로 ㉠ 대상의 가치(Value), ㉡ 이동의 용이성(Inertia), ㉢ 가시성(Visibility), ㉣ 접근성(Access)을 제시하였다.

0175

범죄통제이론에 대한 설명으로 가장 적절하지 않은 것은?

| 17년 2차 순경 |

① '억제이론'은 인간의 자유 의지를 인정하지 않는 결정론적 인간관에 바탕으로 두고 특별예방효과에 중점을 둔다.
② '치료 및 갱생이론'은 생물학적·심리학적 범죄 이론에 바탕을 두고 있다.
③ '합리적 선택이론'은 인간이 자유 의지를 가지고 있다고 가정하고 합리적인 인간관을 전제로 하므로 비결정론적 인간관에 바탕을 두고 있다.
④ '일상활동이론'의 범죄 발생 3요소는 '동기가 부여된 잠재적 범죄자(motivated offender)', '적절한 대상(suitable targer)', '보호자의 부재(absence of capable guardianship)'이다.

- **정답** ①
- **난이도**
- **해설** ②, ③, ④는 옳은 설명이며, ①은 틀린 설명이다.
  ① ✗ 고전주의 범죄예방이론인 『억제이론』은 18세기 고전학파 범죄이론을 바탕으로 하여, 형벌의 억제효과를 통해서 범죄를 예방하고자 하는 시도이다. 범죄에 대한 책임은 전적으로 개인에게 있음을 강조하고, 범죄자보다 범죄행위에 관심을 집중한다. 형벌을 통한 범죄억제가 효과적이기 위해서는 처벌의 신속성, 확실성, 엄격성이 요구된다. 이러한 고전주의 범죄예방이론서의 억제이론은 인간을 자유의지를 가진 합리적 인간으로 전제하고(의사비결정론), 일반예방효과에 중점을 둔다.

참고 억제이론(고전주의 범죄예방이론)

구분	내용
의의	① 『억제이론』은 18세기 고전학파 범죄이론을 바탕으로 하여, 형벌의 억제효과를 통해서 범죄를 예방하고자 하는 시도이다. ② 범죄에 대한 책임은 전적으로 개인에게 있음을 강조하고, 범죄자보다 범죄행위에 관심을 집중한다. ③ 형벌을 통한 범죄억제가 효과적이기 위해서 처벌의 신속성, 확실성, 엄격성이 요구된다.
한계	① 합리적 선택이론에 근거하고 있어서 절도 등의 재산범죄에는 어느 정도 적용되지만, 폭력과 같은 충동적 범죄에는 적용되기 어렵다. ② 어떤 범죄를 저지르면 어떤 처벌을 받을 것이라는 것을 일반시민이 인지하고 있어야 하지만, 현실은 그렇지 못하다. ③ 처벌을 통한 예방효과가 실패하였을 경우 이를 보완할 대안이 없다.

0176

환경설계를 통한 범죄예방(CPTED)에 대한 설명으로 가장 적절하지 않은 것은? | 16년 2차 순경 |

① 자연적 감시 – 건축물이나 시설물의 설계 시 가시권을 최대 확보, 외부침입에 대한 감시기능을 확대하여 범죄행위의 발견 가능성을 증가시키고, 범죄기회를 감소시킬 수 있다는 원리이다.

② 자연적 접근통제 – 사적 공간에 대한 경계를 표시하여 주민들의 책임의식과 소유의식을 증대함으로써 사적 공간에 대한 관리권과 권리를 강화시키고, 외부인들에게는 침입에 대한 불법사실을 인식시켜 범죄기회를 차단하는 원리이다.

③ 활동의 활성화 – 지역사회의 설계 시 주민들이 모여서 상호의견을 교환하고 유대감을 증대할 수 있는 공공장소를 설치하고 이용하도록 함으로써 '거리의 눈'을 활용한 자연적 감시와 접근통제의 기능을 확대하는 원리이다.

④ 유지관리 – 처음 설계된 대로 혹은 개선한 의도대로 기능을 지속적으로 유지하도록 관리함으로써 범죄예방을 위한 환경설계의 장기적이고 지속적인 효과를 유지하는 원리이다.

- **정답** ②
- **난이도** 하 중 상
- **해설**
  ①, ③, ④는 옳은 설명이며, ②는 틀린 설명이다.
  ② ✗ 「자연적 접근통제」란 일정한 지역에 접근하는 사람들을 정해진 공간으로 유도하거나 외부인의 출입을 통제하도록 설계하여 접근에 대한 심리적 부담을 증대시켜 범죄를 예방하는 원리이다(예 차단기, 방범창, 잠금장치, 통행로의 설계, 출입구의 최소화 등). 보기의 내용은 「영역성의 강화」에 대한 설명이다.

참고 환경설계를 통한 범죄예방(CPTED)의 5가지 기본원리 – 접근통제

① 「접근통제」란 일정한 지역에 접근하는 사람들을 정해진 공간으로 유도하거나 외부인의 출입을 통제하도록 설계하여, 접근에 대한 심리적 부담을 증대시켜 범죄를 예방하는 원리이다.
② 예 차단기, 방범창, 잠금장치, 통행로의 설계, 출입구의 최소화 등

0177

범죄원인론에서 J. F. Sheley가 주장한 범죄인의 입장에서 바라본 범죄를 일으키는 필요조건 4가지로 가장 적절하지 않은 것은?

| 15년 2차 순경 |

① 범행의 기술
② 보호자(감시자)의 부재
③ 범행의 동기
④ 사회적 제재로부터의 자유

- **정답** ②
- **난이도**

- **해설** 실리(Sheley)에 따르면, 범죄가 발생하기 위해서는 ① 범행동기, ② 사회적 제재로부터의 자유, ③ 범행기술, ④ 범행기회라는 4가지 요소들이 필요하다. 이러한 4가지 요소 각각은 범죄실행의 필요조건이지만 충분조건은 되지 못하므로, 범죄실행이 가능하기 위해서는 이들 4가지 요소가 상호작용하여야 한다.

참고 범죄발생의 4가지 요소 : 실리(Sheley)

구분	내용
4가지 요소	실리(Sheley)에 따르면, 범죄가 발생하기 위해서는 ㉠ 범행동기, ㉡ 사회적 제재로부터의 자유, ㉢ 범행기술, ㉣ 범행기회라는 4가지 요소들이 필요하다(3기자유).
상호작용	이러한 4가지 요소 각각은 범죄실행의 필요조건이지만 충분조건은 되지 못하므로, 범죄실행이 가능하기 위해서는 이들 4가지 요소가 상호작용하여야 한다.

0178

환경설계를 통한 범죄예방(CPTED)에 대한 설명으로 가장 적절하지 않은 것은? | 15년 1차 순경 |

① CPTED는 주거 및 도시지역의 물리적 환경설계 또는 재설계를 통해 범죄기회를 차단하고자 하는 기법이다.
② '자연적 감시'는 건축물이나 시설물의 설계시 가시권을 최대 확보, 외부 침입에 대한 감시 기능을 확대함으로써 범죄행위의 발견가능성을 증가시키고 범죄기회를 감소시킬 수 있는 원리이다.
③ '영역성의 강화'는 지역사회의 설계시 주민들이 모여서 상호의견을 교환하고 유대감을 증대할 수 있는 공공장소를 설치하고 이용하도록 함으로써 거리의 눈을 활용한 자연적 감시와 접근통제의 기능을 확대하는 원리이다.
④ '자연적 접근통제'는 일정한 지역에 접근하는 사람들을 정해진 공간으로 유도하거나 외부인의 출입을 통제하도록 설계함으로써 접근에 대한 심리적 부담을 증대시켜 범죄를 예방하는 원리이다.

- **정답** ③
- **난이도** 하 중 상
- **해설**
  ①, ②, ④는 옳은 설명이며, ③은 틀린 설명이다.
  ③ ✗ 『영역성의 강화』란 사적공간에 대한 경계를 표시하여 주민들의 책임의식과 소유의식을 증대시킴으로써 사적공간에 대한 관리권과 권리를 강화시키고, 외부인들에게는 침입에 대한 불법사실을 인식시켜 범죄기회를 차단한다는 원리이다. 대표적인 예로는 사적·공적 공간의 분리, 울타리·펜스의 설치 등이 있다. 보기의 내용은 『활동성의 증대』에 대한 설명이다.

> **참고** 환경설계를 통한 범죄예방(CPTED)의 5가지 기본원리 – 영역성의 강화(사적 공간)
> ① 『영역성의 강화』란 사적 공간에 대한 경계를 표시함으로써 주민들의 책임의식 및 소유의식을 증대시키고, 사적 공간에 대한 관리권과 권리를 강화시키며, 외부인들에게는 침입에 대한 불법사실을 인식시켜 범죄기회를 차단하는 원리이다.
> ② 예 사적·공적 공간의 분리, 울타리·펜스의 설치 등

0179

다음은 '범죄 통제이론'을 설명한 것이다. 가장 적절하지 않은 것은? | 14년 1차 순경 |

① '억제이론'은 인간의 합리적 판단이 범죄 행동에도 적용된다고 보아서 폭력과 같은 충동적 범죄에는 적용에 한계가 있다.
② '치료 및 갱생이론'은 결정론적 인간관에 입각하여 특별예방효과에 중점을 둔다.
③ '일상활동이론'의 범죄발생 3요소는 '동기가 부여된 잠재적 범죄자', '적절한 대상', '범행의 기술'이다.
④ 로버트 샘슨은 지역주민 간의 상호신뢰 또는 연대감과 범죄에 대한 적극적인 개입을 강조하는 '집합효율성이론'을 주장하였다.

- **정답** ③
- **난이도**
- **해설** ①, ②, ④는 옳은 설명이며, ③은 틀린 설명이다.
  ③ ✗ 코헨과 펠슨의 『일상생활이론』(일상활동이론)은 범죄기회가 주어지면 누구든지 범죄를 저지를 수 있다고 보아, 모든 개인을 잠재적 범죄자로 파악한다. 범죄는 범죄를 저지르고자 하는 ㉠ 범죄자, ㉡ 범죄에 적당한 대상, ㉢ 보호자의 부재라는 3가지 조건이 충족될 때 발생한다는 이론이다. 즉, 범죄자의 속성을 범죄의 결정적 요소로 보지 않는다.

> **참고** 코헨(Cohen)과 펠슨(Felson)의 일상생활이론(일상활동이론)
> ① 범죄기회가 주어지면 누구든지 범죄를 저지를 수 있다고 보아, 모든 개인을 잠재적 범죄자로 파악한다.
> ② 지역사회의 차등적 범죄율과 변화를 지역사회의 구조적 특성이 아닌 개인들의 일상활동의 변화에서 찾고 있다.
> ③ 구체적·미시적 범죄분석에 중점을 둔다.
> ④ 범죄는 ㉠ 범죄를 저지르고자 하는 범죄자, ㉡ 범죄에 적당한 대상, ㉢ 보호자의 부재라는 3가지 조건이 충족될 때 발생한다는 이론이다. 즉, 범죄자의 속성을 범죄의 결정적 요소로 보지 않는다.
> ⑤ 범죄자의 입장에서 범죄를 결정하는 데 고려되는 4가지 요소(VIVA 모델)로 ㉠ 대상의 가치(Value), ㉡ 이동의 용이성(Inertia), ㉢ 가시성(Visibility), ㉣ 접근성(Access)을 제시하였다.

0180

「범죄피해자 보호법」에 관한 설명으로 가장 적절하지 않은 것은? | 23년 법학특채 |

① 범죄피해자는 범죄피해 상황에서 빨리 벗어나 인간의 존엄성을 보장 받을 권리가 있다.
② 범죄피해 방지 및 범죄피해자 구조 활동으로 피해를 당한 사람도 범죄피해자로 본다.
③ 국민은 범죄피해자의 명예와 사생활의 평온을 해치지 아니하도록 유의하여야 하고, 국가 및 지방자치단체가 실시하는 범죄피해자를 위한 정책의 수립과 추진에 최대한 협력하여야 한다.
④ 구조금을 받을 권리는 그 구조결정이 해당 신청인에게 발송된 날부터 1년간 행사하지 아니하면 시효로 인하여 소멸된다.

정답 ④

난이도 상 중 하

해설 ①, ②, ③은 옳은 설명이며, ④는 틀린 설명이다.
④ ✗ 구조금을 받을 권리는 그 구조결정이 해당 신청인에게 송달된 날부터 **2년**간 행사하지 아니하면 시효로 인하여 소멸한다(「범죄피해자 보호법」 제31조). 구조금을 받을 권리는 양도하거나 담보로 제공하거나 압류할 수 없다(「범죄피해자 보호법」 제32조).

참고 「범죄피해자 보호법」상 구조금의 환수, 소멸시효, 수급권의 보호

구 분	내 용
구조금의 환수	국가는 이 법에 따라 구조금을 받은 사람이 다음이 어느 하나에 해당하면 지구심의회 또는 본부심의회의 결정을 거쳐 그가 받은 구조금의 전부 또는 일부를 환수할 수 있다(동법 제30조 제1항). ① 거짓이나 그 밖의 부정한 방법으로 구조금을 받은 경우 ② 구조금을 받은 후 제19조(구조금을 지급하지 아니할 수 있는 사유)에 규정된 사유가 발견된 경우 ③ 구조금이 잘못 지급된 경우
구조금을 받을 권리의 소멸시효	구조금을 받을 권리는 그 구조결정이 해당 신청인에게 송달된 날부터 **2년**간 행사하지 아니하면 시효로 인하여 소멸한다(동법 제31조).
구조금 수급권의 보호	구조금을 받을 권리는 양도하거나 담보로 제공하거나 압류할 수 없다(동법 제32조).

0181

경찰활동 전략별 주요 내용에 대한 설명으로 가장 적절하지 않은 것은? |22년 승진|

① 지역중심 경찰활동(community-oriented policing)은 경찰이 지역사회 구성원과 함께 지역이 당면한 문제를 확인하고 우선순위를 정하여 해결하고자 하는 노력하는 것을 의미한다.
② 지역중심 경찰활동과 문제지향적 경찰활동(problem-oriented policing)은 병행되어 실시될 때 효과성이 제고된다.
③ 무관용 경찰활동(zero tolerance policing)은 지역사회 문제해결을 위해 SARA모형이 강조되는데, 이 모형은 조사(Scanning) - 분석(Analysis) - 대응(Response) - 평가(Assessment)로 진행된다.
④ 문제지향적 경찰활동은 지역문제들에 대한 효과적인 대응 전략들을 고려하면서, 필요시에는 경찰과 지역사회의 협력 전략에 보다 높은 가치를 부여한다.

- 정답 ③
- 난이도 하 중 상
- 해설

①, ②, ④는 옳은 설명이며, ③은 틀린 설명이다.

③ 『문제지향적 경찰활동』은 경찰이 사건에 토대를 둔 반응전략에서 문제지향적 전략으로 바꿔야 한다는 것이다. 골드슈타인(Goldstein)이 제시한 문제지향적 경찰활동은 지역사회로부터의 투입과 함께 그 문제를 해결하는 데 일차적인 관심을 가지는 경찰활동이다. 지역사회의 문제를 해결하기 위한 여러 가지 방안을 중점으로 우선순위를 재평가하고, 각각의 문제에 따른 형태별 대응을 강조한다. 문제해결과정은 조사 → 분석 → 대응 → 평가 순으로 이루어진다. 일선 경찰관에게 문제해결권한과 필요한 시간을 부여하고 범죄분석 자료를 제공하며, 대중정보와 비평을 적극적으로 수용할 수 있어야 한다. 『무관용 경찰활동』은 직접적인 피해자가 없는 사소한 무질서행위에 대한 경찰의 강경한 대응을 강조하는 것이다.

0182

범죄원인이론에 대한 설명 중 가장 적절하지 않은 것은? | 20년 승진 |

① Miller는 범죄는 하위문화의 가치와 규범이 정상적으로 반영된 것이라고 하였다.
② Cohen은 하류계층의 청소년들이 목표와 수단의 괴리로 인해 중류계층에 대한 저항으로 비행을 저지르며, 목표달성의 어려움을 극복하기 위해 자신들만의 하위문화를 만들게 되는데 범죄는 이러한 하위문화에 의해 저질러진다고 한다.
③ '사회해체론'과 '아노미이론'은 범죄의 원인을 사회적 구조의 특성에서 찾는 사회적 수준의 범죄원인 이론이다.
④ Durkheim은 좋은 자아관념이 주변의 범죄적 환경에도 불구하고 비행행위에 가담하지 않도록 하는 중요한 요소라고 한다.

 ④

 ①, ②, ③은 옳은 설명이며, ④는 틀린 설명이다.

④ ✗ 렉클레스(Reckless)의 『견제이론』에 의하면, 강력한 내면적 통제와 이를 보강하는 외부적 통제가 사회적·법적 행위규범의 위반에 대한 하나의 절연체를 구성한다. 좋은 자아관념은 주변의 범죄적 환경에도 불구하고, 비행행위에 가담하지 않도록 하는 중요한 요소가 된다. 뒤르켐(Durkheim)은 『아노미이론』을 주장하면서 무규범 및 억제력 상실의 상태에서 범죄가 발생한다고 본다.

참고 뒤르켐(Durkeim)의 아노미이론

① 급격한 사회변화, 전쟁, 사태, 소요기간 동안에 사회규범이 붕괴되어 제대로 작용하지 못하는 상태를 『아노미 상태』라고 한다.
② 이러한 무규범 및 억제력 상실의 상태에서 범죄가 발생한다.
③ 머튼(Merton)의 긴장이론의 기초가 된다.

0183

환경설계를 통한 범죄예방의 기본원리에 대한 설명 중 가장 적절한 것은? | 20년 승진 |

① 자연적 감시의 종류에는 조명·조경·가시권 확대를 위한 건물의 배치가 있다.
② 영역성의 강화는 일정한 지역에 접근하는 사람들을 정해진 공간으로 유도하거나 외부인의 출입을 통제하도록 설계함으로써 접근에 대한 심리적 부담을 증대시켜 범죄를 예방하는 원리이다.
③ 자연적 접근통제는 지역사회의 설계 시 주민들이 모여서 상호의견을 교환하고 유대감을 증대할 수 있는 공공장소를 설치하고 이용하도록 함으로써 '거리의 눈'을 활용한 자연적 감시와 접근통제의 기능을 확대하는 원리이다.
④ 활동의 활성화의 종류에는 벤치·정자의 위치 및 활용성에 대한 설계, 출입구의 최소화가 있다.

- **정답** ①
- **난이도**
- **해설**
  ①은 옳은 설명이며, ②, ③, ④는 틀린 설명이다.
  ② ✗ 『영역성의 강화』란 사적공간에 대한 경계를 표시하여 주민들의 책임의식과 소유의식을 증대시킴으로써 사적공간에 대한 관리권과 권리를 강화시키고, 외부인들에게는 침입에 대한 불법사실을 인식시켜 범죄기회를 차단한다는 원리이다. 대표적인 예로는 사적·공적 공간의 분리, 울타리·펜스의 설치 등이 있다. 보기의 내용은 『자연적 접근통제』에 대한 설명이다.
  ③ ✗ 『자연적 접근통제』란 일정한 지역에 접근하는 사람들을 정해진 공간으로 유도하거나 외부인의 출입을 통제하도록 설계하여 접근에 대한 심리적 부담을 증대시켜 범죄를 예방하는 원리이다(예 차단기, 방범창, 잠금장치, 통행로의 설계, 출입구의 최소화 등). 보기의 내용은 『활동성의 증대』에 관한 설명이다.
  ④ ✗ 『활동성의 증대』란 지역사회 설계시 주민들이 모여서 상호의견을 교환하고 유대감을 증진할 수 있는 공공장소를 설치·이용하도록 함으로써, 거리의 눈을 활용한 자연적 감시와 접근통제의 기능을 확대하는 원리이다(예 놀이터·공원의 설치, 체육시설의 접근성과 이용의 증대, 벤치 및 정자의 설치 등). 출입구의 최소화는 『자연적 접근통제』의 예시이다.

0184

범죄통제이론에 대한 설명으로 가장 적절하지 않은 것은?

| 19년 승진 |

① '억제이론'은 강력하고 확실한 처벌을 통하여 범죄를 억제할 수 있다고 보며, 범죄의 동기나 원인, 사회적 환경에는 관심이 없다.
② '일상활동이론'은 지역사회 구성원들이 범죄문제를 해결하기 위해 적극적으로 참여하는 것이 중요한 범죄예방의 열쇠라고 한다.
③ '합리적 선택이론'은 인간이 자유 의지를 가지고 있다고 가정하고 합리적인 인간관을 전제로 하므로 비결정론적 인간관에 바탕을 두고 있다.
④ '치료 및 갱생이론'은 비용이 많이 들고 범죄자를 대상으로 하므로 일반 예방효과에 한계가 있다는 비판이 존재한다.

정답 ②

난이도 하 중 상

해설 ①, ③, ④는 옳은 설명이며, ②는 틀린 설명이다.
② ✗ 코헨과 펠슨의 『일상생활이론』(일상활동이론)은 범죄기회가 주어지면 누구든지 범죄를 저지를 수 있다고 보아 <u>모든 개인을 잠재적 범죄자로 파악</u>한다. 범죄는 범죄를 저지르고자 하는 ⊙ 범죄자, ⓒ 범죄에 적당한 대상, ⓒ 보호자의 <u>부재라는 3가지 조건이 충족될 때 발생한다는 이론</u>이다. 즉, 범죄자의 속성을 범죄의 결정적 요소로 보지 않는다. 보기의 내용은 샘슨의 『집합적 효율성 이론』에 대한 설명이다.

참고 샘슨(Sampson)의 집합적 효율성이론

① 『집합적 효율성』이란 지역주민 간의 상호신뢰·연대감과 범죄에 대한 적극적 개입의 결합을 의미한다.
② 지역사회 구성원들이 범죄문제를 해결하기 위하여 적극적으로 참여하는 것이 중요한 범죄예방의 핵심이다.
③ 사회해체가 심한 지역은 지역주민 간의 사회적 응집력과 범죄문제 해결을 위한 지역주민 간의 협력이 부족하여 범죄통제력이 낮아지고 범죄피해율이 높아진다.

0185

범죄원인론에 대한 설명으로 가장 적절하지 않은 것은?  | 19년 승진 |

① 고전주의 범죄학에 따르면 범죄는 인간의 자유의지에 의한 것이 아니고, 외적요소에 의해 강요되는 것이다.
② 마짜(Matza)와 싸이크스(Sykes)는 청소년은 비행의 과정에서 합법적·전통적 관습, 규범, 가치관 등을 중화시킨다고 주장하였다.
③ 허쉬(Hirshi)는 범죄의 원인은 사회적인 유대가 약화되어 통제되지 않기 때문이라고 주장하였다.
④ 글레이저(Glaser)는 청소년들이 영화의 주인공을 모방하고 자신과 동일시하면서 범죄를 학습한다고 주장하였다.

- **정답** ①
- **난이도**
- **해설** ②, ③, ④는 옳은 설명이며, ①은 틀린 설명이다.
  ① ✗ 「고전주의 범죄학」은 인간을 자유의지를 가진 합리적 인간으로 전제한다(의사비결정론). 가장 효과적인 범죄예방은 범죄를 선택하지 못하게 하는 형벌이다. 범죄를 발생시킨 외생변수는 무시하고 그 결과만을 가지고 범죄원인을 분석하므로 일반예방주의, 의사비결정론, 객관주의를 그 특징으로 한다. 고전주의 범죄학은 억제이론과 합리적 선택이론에 영향을 미쳤다.

참고 고전주의 범죄학

구 분	베카리아(1764)	벤담(1789)
주 장	① 범죄와 형벌의 균형을 강조(죄형균형론) ② 형벌은 범죄에 비례하여 부과 ③ 죄형법정주의의 최초 주장 ④ 사형제 폐지 주장	① 공리주의(최대다수의 최대행복) ② 형벌을 통한 범죄의 통제 ③ 사형제 폐지 주장
내 용	① 인간을 자유의지를 가진 합리적 인간으로 전제한다(의사비결정론). ② 범죄는 일을 덜 하고도 더 많은 보수를 얻을 수 있어서 다른 방법보다 매력이 있어 범죄를 선택하기 쉽다(객관주의). ③ 가장 효과적인 범죄예방은 범죄를 선택하지 못하게 하는 형벌이다(일반예방주의). ④ 형벌은 엄격하고, 확실하고, 신속해야 한다(일반예방주의).	
특 징	범죄를 발생시킨 외생변수는 무시하고 그 결과만을 가지고 범죄원인을 분석하므로 일반예방주의, 의사비결정론, 객관주의를 그 특징으로 한다.	
영 향	고전주의 범죄학은 범죄예방이론 중 억제이론과 합리적 선택이론에 영향을 미쳤다.	

0186

범죄원인론에 대한 설명으로 가장 적절하지 않은 것은? | 18년 승진 |

① 범인성 소질은 부모로부터 자식에 전해지는 선천적인 유전물질과 후천적 발전요소(체질과 성격의 이상, 연령, 지능 등) 등에 의하여 형성된다.
② 범죄를 부추기는 가치관으로의 사회화나 범죄에 대한 구조적·문화적 유인에 대한 자기통제의 상실을 범죄의 원인으로 보는 이론은 문화적 전파이론이다.
③ Shaw & Macay의 '사회해체' 개념에 대비해 Hirshi는 이를 '사회적 분화'라는 개념으로 설명하며 개인의 학습을 '사회적 학습'이라고 규정하였다.
④ Miller는 범죄는 하위문화의 가치와 규범이 정상적으로 반영된 것이라고 하였다.

- **정답** ③
- **난이도** 하 중 상
- **해설** ①, ②, ④는 옳은 설명이며, ③은 틀린 설명이다.
  ③ ✗ 쇼와 맥케이는 범죄의 원인이 산업화 및 도시화 → 사회해체 → 사회통제의 악화 및 일탈의 과정을 통하여 발생한다고 본다. 즉, '사회적 학습'이 아닌, '사회적 구조'에서 범죄 원인을 규명한다. 쇼와 맥케이의 「사회해체」 개념에 대비하여 이를 「사회적 분화」라는 개념으로 설명하며 개인의 학습을 '사회적 학습'이라고 규정한 학자는 서덜랜드와 크레시이다.

> **참고** 쇼(Shaw)와 맥케이(Mckay)의 사회해체론
> ① 도심지의 슬럼지역(빈민지역)에서 비행이 일반화되는 이유는 산업화 및 도시화 과정에서 그 지역의 사회조직이 극도로 해체되었기 때문이다.
> ② 이러한 지역은 구성원이 바뀌더라도 비행발생률은 감소하지 않는다고 본다.

0187

CPTED(환경설계를 통한 범죄예방)의 원리와 그 내용 및 종류에 대한 설명으로 가장 적절하지 않은 것은?

| 18년 승진 |

① 건축물이나 시설물의 설계 시 가시권을 최대 확보, 외부침입에 대한 감시기능을 확대함으로써 범죄행위의 발견 가능성을 증가시키고, 기회를 감소시킬 수 있다는 원리를 '자연적 감시'라고 하고, 종류로는 조명·조경·가시권확대를 위한 건물의 배치 등이 있다.

② 사적공간에 대한 경계를 표시하여 주민들의 책임의식과 소유의식을 중대함으로써 사적공간에 대한 관리권과 권리를 강화시키고, 외부인들에게는 침입에 대한 불법사실을 인식시켜 범죄 기회를 차단하는 원리를 '영역성의 강화'라고 하고, 종류로는 울타리·펜스의 설치, 사적·공적 공간의 구분이 있다.

③ 일정한 지역에 접근하는 사람들을 정해진 공간으로 유도하거나 외부인의 출입을 통제하도록 설계함으로써 접근에 대한 심리적 부담을 증대시켜 범죄를 예방하는 원리를 '자연적 접근통제'라고 하고, 종류로는 차단기·방범창 설치, 체육시설에의 접근성과 이용의 증대 등이 있다.

④ 처음 설계된 대로 혹은 개선한 의도대로 기능을 지속적으로 유지하도록 관리함으로써 범죄예방을 위한 환경설계의 장기적이고 지속적인 효과를 유지하는 원리를 '유지관리'라고 하고, 종류로는 파손의 즉시보수, 청결유지 등이 있다.

- **정답** ③
- **난이도** 하 중 상
- **해설** ①, ②, ④는 옳은 설명이며, ③은 틀린 설명이다.

③ 「자연적 접근통제」란 일정한 지역에 접근하는 사람들을 정해진 공간으로 유도하거나 외부인의 출입을 통제하도록 설계하여 접근에 대한 심리적 부담을 증대시켜 범죄를 예방하는 원리이다(예 차단기, 방범창, 잠금장치, 통행로의 설계, 출입구의 최소화 등). 체육시설에의 접근성과 이용의 증대는 「활동성의 증대」에 해당된다.

0188

경찰학의 기초이론에 관한 설명으로 가장 적절하지 않은 것은? | 23년 특채 |

① 지역사회 경찰활동은 지역사회에서 발생하는 범죄와 무질서보다 체포율과 적발 건수가 얼마나 감소하였는지가 업무평가의 기준이 된다.
② 지역사회 경찰활동에서 경찰의 역할은 폭넓은 지역문제를 해결하는 것이다.
③ 정보주도적 경찰활동은 범죄자의 활동, 조직범죄집단, 중범죄자 등에 관한 관리·예방 등에 초점을 두고, 증가하는 범죄를 감소시키기 위해 범죄정보를 통합한 법집행 위주의 경찰활동을 말한다.
④ 문제지향적 경찰활동의 목표는 특정한 문제들을 해결하기 위해서 경찰과 지역사회가 함께 노력하고 적절한 대응방안을 개발함으로써, 문제해결에 대한 특별한 관심을 이끌어 내는 것이다.

- **정답** ①
- **난이도** 하 중 상
- **해설** ②, ③, ④는 옳은 설명이며, ①은 틀린 설명이다.
  ① ❌ 『지역사회 경찰활동』이란 지역사회의 범죄나 무질서 등의 문제를 발견하고 지역사회의 모든 자원을 동원하여 그 문제의 해결책을 찾는 경찰과 지역사회의 공동노력이다(예 자율방범대, 시민경찰학교, 생활안전협의회, 범죄예방교실 등). 경찰과 시민 모두에게 범죄방지의 의무가 있으며, 업무평가의 방식은 <u>범죄 및 무질서의 감소율</u>에 있고, 효율성의 측정은 <u>주민의 경찰업무에의 협조의 정도</u>로 평가된다. 보기의 내용은 『전통적인 경찰활동』에 대한 설명이다.

참고 전통적인 경찰활동과 지역사회 경찰활동의 비교

구 분	전통적인 경찰활동	지역사회 경찰활동
주 체	경찰이 법집행의 책임을 지는 유일한 정부기관임	경찰과 시민 모두에게 범죄방지의 의무가 있음
경찰의 역할	범죄해결(법집행자, 범죄해결자)	문제해결(서비스제공, 문제해결자)
업무평가 방식	범인 검거율(사후통제)	범죄 및 무질서의 감소율(사전통제)
업무의 우선순위	범죄와 폭력의 퇴치	범죄와 폭력의 퇴치 + 주민 문제해결
효율성의 측정	범죄 신고에 대한 반응시간	주민의 경찰업무에의 협조의 정도
조직구조	집권화	분권화
타 기관과의 관계	권한과 책임 문제로 인한 갈등구조	공동목적 수행을 위한 협동·상생구조
강조사항	• 법과 규범에 의한 규제 • 법의 엄격한 준수	분권화된 경찰관 개개인의 능력 강조

제9절 경찰과 인권

0189

「경찰 인권보호 규칙」상 경찰청 인권위원회에 대한 설명으로 가장 적절하지 않은 것은?

| 73기 간부 변형 |

① 위원회는 위원장 1명을 포함하여 7명 이상 13명 이하의 위원으로 구성한다. 이때, 특정 성별이 전체 위원 수의 10분의 6을 초과하지 아니해야 한다.
② 경찰의 직에 있거나 그 직위에서 퇴직한 날부터 3년이 지나지 아니한 사람은 위원이 될 수 없다.
③ 위원장과 위촉위원의 임기는 위촉된 날로부터 3년으로 하며 위원장의 직은 연임할 수 없고, 위촉위원은 두 차례만 연임할 수 있다.
④ 입건 전 조사·수사 중인 사건에 청탁 또는 경찰 인사에 관여하는 행위를 하거나 기타 직무 관련 비위사실이 있는 경우 청장은 위원회의 의견을 들어 위원을 해촉할 수 있다.

- **정답** ③
- **난이도** 하 중 상
- **해설**
  ①, ②, ④는 옳은 설명이며, ③은 틀린 설명이다.
  ③ ❌ 위원장과 위촉 위원의 임기는 <u>위촉된 날로부터 2년</u>으로 하며 <u>위원장의 직은 연임할 수 없고, 위촉 위원은 두 차례만 연임</u>할 수 있다(「경찰 인권보호 규칙」 제7조 제1항). <u>위촉 위원에 결원이 생긴 경우 새로 위촉할 수 있고, 이 경우 새로 위촉된 위원의 임기는 위촉된 날부터 기산</u>한다(「경찰 인권보호 규칙」 제7조 제2항).

참고 「경찰 인원보호 규칙」상 인권위원회 위원의 임기
① 위원장과 위촉 위원의 임기는 <u>위촉된 날로부터 2년</u>으로 하며 <u>위원장의 직은 연임할 수 없고, 위촉 위원은 두 차례만 연임</u>할 수 있다(동 규칙 제7조 제1항).
② 위촉 위원에 결원이 생긴 경우 새로 위촉할 수 있고, 이 경우 새로 위촉된 위원의 임기는 <u>위촉된 날부터 기산</u>한다(동 규칙 제7조 제2항).

0190

「경찰 인권보호 규칙」에 대한 설명이다. 아래 가.부터 라.까지의 설명 중 옳고 그름의 표시가(O, X)가 바르게 된 것은?

|72기 간부|

> 가. 인권보호담당관은 분기별 1회 이상 인권영향평가의 이행 여부를 점검하고, 이를 경찰청 인권위원회에 제출하여야 한다.
> 나. 경찰청장은 경찰관 등이 근무하는 동안 지속적·체계적으로 교육을 받을 수 있도록 매년 단위로 인권교육 종합계획을 수립하여 시행하여야 한다.
> 다. 경찰 활동 전반에 걸친 민주적 통제를 구현하여 경찰력 오·남용을 예방하고, 경찰 행정의 인권 지향성을 높여 인권을 존중하는 경찰 활동을 정립하기 위해 경찰청장 및 시·도경찰청장, 경찰서장의 자문기구로서 각각 경찰청 인권위원회, 시·도경찰청 인권위원회, 경찰서 인권위원회를 설치하여 운영한다.
> 라. 조사담당자는 인권침해 사건을 조사하는 과정에서 감사원의 조사, 경찰·검찰 등 수사기관에서 조사 또는 수사가 개시된 경우로 사건 조사를 진행할 수 없는 경우에는 조사를 중지할 수 있다. 다만, 확인된 인권침해 사실에 대한 구제 절차는 계속하여 이행할 수 있다.

① 가.(O) 나.(X) 다.(O) 라.(X)
② 가.(X) 나.(X) 다.(O) 라.(O)
③ 가.(X) 나.(X) 다.(X) 라.(O)
④ 가.(X) 나.(X) 다.(X) 라.(X)

정답 ③

난이도 하 중 상

해설 "라"는 옳은 설명이며, "가", "나", "다"는 틀린 설명이다.

> 가. ❌ 인권보호담당관은 **반기 1회 이상** 인권영향평가의 이행 여부를 점검하고, 이를 **경찰청 인권위원회에 제출**(국가경찰위원회에 제출 ×)하여야 한다(「경찰 인권보호 규칙」 제24조).
> 나. ❌ **경찰청장은** 경찰관등이 근무하는 동안 지속적·체계적으로 교육을 받을 수 있도록 **3년 단위로** 인권교육종합계획을 수립하여 시행하여야 한다(「경찰 인권보호 규칙」 제18조 제1항). 경찰관서의 장은 인권교육종합계획을 반영하여 **매년** 인권교육 계획을 수립하여 시행하여야 한다(「경찰 인권보호 규칙」 제18조 제2항).
> 다. ❌ 경찰 활동 전반에 걸친 민주적 통제를 구현하여 경찰력 오·남용을 예방하고, 경찰 행정의 인권지향성을 높여 인권을 존중하는 경찰 활동을 정립하기 위해 **경찰청장 및 시·도경찰청장의 자문기구**로서 각각 경찰청 인권위원회, 시·도경찰청 인권위원회를 **설치하여 운영한다**(「경찰 인권보호 규칙」 제3조). **경찰서는 인권위원회의 설치기관이 아니다.**

참고 「경찰 인권보호 규칙」상 경찰 인권교육계획의 수립

① **경찰청장은** 경찰관등이 근무하는 동안 지속적·체계적으로 교육을 받을 수 있도록 **3년 단위로** 인권교육종합계획을 수립하여 시행하여야 한다(동 규칙 제18조의2 제1항).
② **경찰관서의 장은** 인권교육종합계획을 반영하여 **매년** 인권교육 계획을 수립하여 시행하여야 한다(동 규칙 제18조의2 제2항).

0191

「경찰 인권보호 규칙」에 대한 설명 중 가장 적절하지 않은 것은?

| 71기 간부 |

① "경찰관등"이란 경찰청과 그 소속기관의 경찰공무원, 일반직 공무원, 무기계약근로자 및 기간제근로자, 의무경찰을 의미한다.
② 경찰 활동 전반에 걸친 민주적 통제를 구현하여 경찰력 오·남용을 예방하고, 경찰 행정의 인권지향성을 높여 인권을 존중하는 경찰 활동을 정립하기 위해 인권문제에 대한 심의기구로서 각각 경찰청 인권위원회, 시·도경찰청 인권위원회를 설치하여 운영한다.
③ "인권침해"란 경찰관등이 직무를 수행하는 과정에서 모든 사람에게 보장된 인권을 침해하는 것을 말한다.
④ "조사담당자"란 인권침해를 내용으로 하는 진정을 조사하고 이에 따른 구제 업무 등을 수행하는 경찰청과 그 소속기관에 근무하는 공무원을 말한다.

- **정답** ②
- **난이도**
- **해설**
  ①, ③, ④는 옳은 설명이며, ②는 틀린 설명이다.
  ② ❌ 경찰청 및 시·도경찰청의 인권위원회는 심의기구가 아닌 자문기구이다. 경찰 활동 전반에 걸친 민주적 통제를 구현하여 경찰력 오·남용을 예방하고, 경찰 행정의 인권지향성을 높여 인권을 존중하는 경찰 활동을 정립하기 위해 경찰청장 및 시·도경찰청장의 자문기구로서 각각 경찰청 인권위원회, 시·도경찰청 인권위원회를 설치하여 운영한다(「경찰 인권보호 규칙」 제3조).

참고 「경찰 인권보호 규칙」상 관련 개념의 정리

경찰관등	「경찰관등」이란 경찰청과 그 소속기관의 경찰공무원, 일반직공무원, 무기계약근로자 및 기간제근로자, 의무경찰을 의미한다(동 규칙 제2조 제1호).
인권침해	「인권침해」란 경찰관등이 직무를 수행하는 과정에서 모든 사람에게 보장된 인권을 침해하는 것을 말한다(동 규칙 제2조 제2호).
조사담당자	「조사담당자」란 인권침해를 내용으로 하는 진정을 조사하고 이에 따른 구제 업무 등을 수행하는 경찰청과 그 소속기관에 근무하는 공무원을 말한다(동 규칙 제2조 제3호).

0192

경찰활동의 인권지향성을 제고하기 위한 제도적 수단들로 옳은 것은? |70기 간부|

① 「국가재정법」에 따라 경찰은 예산을 편성할 때 예산이 인권에 미친 영향을 평가하는 보고서를 작성하여야 한다.
② 「국가경찰과 자치경찰의 조직 및 운영에 관한 법률」에 따라 인권보호와 관련된 국가경찰의 운영·개선에 관한 사항은 국가경찰위원회의 심의·의결을 거칠 수 있다.
③ 「경찰 인권보호 규칙」에 따라 경찰청장은 인권침해를 예방하고 인권친화적인 치안 행정이 구현되도록 소정의 사항에 대하여 인권영향평가를 실시하여야 한다.
④ 「국가인권위원회법」에 따라 국가인권위원회는 인권의 보호와 향상을 위하여 필요하다고 인정하면 경찰정책과 관행을 개선 또는 시정할 수 있다.

정답 ③
난이도 하 중 상
해설 ③은 옳은 설명이며, ①, ②, ④는 틀린 설명이다.

① ✗ 「국가재정법」상 경찰은 예산을 편성할 때 예산이 인권에 미친 영향을 평가하는 보고서를 작성하여야 한다는 명문의 규정은 없다. 다만, 정부는 예산이 여성과 남성에게 미치는 효과(성인지 예산서)를 평가하고, 그 결과를 정부의 예산편성에 반영하기 위하여 노력하여야 하며, 정부는 예산이 온실가스 감축에 미치는 효과(온실가스감축인지 예산서)를 평가하고, 그 결과를 예산편성에 반영하기 위하여 노력하여야 한다(「국가재정법」 제16조).
② ✗ 국가경찰사무에 관한 인권보호와 관련되는 경찰의 운영·개선에 관한 사항은 국가경찰위원회의 심의·의결을 거쳐야 한다(「국가경찰과 자치경찰의 조직 및 운영에 관한 법률」 제10조 제1항 및 「국가경찰위원회 규정」 제5조).
④ ✗ 「국가인권위원회법」 제19조에 의하면 국가인권위원회는 인권에 관한 법령(입법과정 중에 있는 법령안을 포함한다)·제도·정책·관행의 조사와 연구 및 그 개선이 필요한 사항에 관한 권고 또는 의견의 표명을 할 수 있지만, 개선 또는 시정을 할 수는 없다.

참고 「경찰 인권보호 규칙」상 인권영향평가의 실시

원칙	경찰청장은 인권침해를 예방하고, 인권친화적인 치안 행정이 구현되도록 다음 사항에 대하여 인권영향평가를 실시하여야 한다(동 규칙 제21조 제1항). ① 제·개정하려는 법령 및 행정규칙 ② 국민의 인권에 영향을 미치는 정책 및 계획 ③ 참가인원, 내용, 동원 경력의 규모, 배치 장비 등을 고려하여 인권침해 가능성이 높다고 판단되는 집회 및 시위
제외	다음의 어느 하나에 해당하는 경우에는 인권영향평가 대상에서 제외한다(동 규칙 제21조 제2항). ① 제·개정하려는 법령 및 행정규칙의 내용이 경미한 경우 ② 사전에 청문, 공청회 등 의견 청취 절차를 거친 정책 및 계획

0193

「경찰 인권보호 규칙」상 경찰청 및 시·도경찰청 인권위원회에 관한 설명으로 가장 적절한 것은?

| 23년 2차 순경 |

① 당연직 위원은 경찰청은 청문감사인권담당관, 시·도경찰청은 감사관으로 한다.
② 경찰청 인권위원회와 시·도경찰청 인권위원회 각각의 위원장과 위촉위원의 임기는 위촉된 날로부터 2년으로 하며, 위원장의 직은 연임할 수 없고, 위촉위원은 세 차례만 연임할 수 있다.
③ 경찰청 인권위원회와 시·도경찰청 인권위원회의 정기회의는 각각 분기 1회 개최한다.
④ 경찰의 직에 있거나 그 직에서 퇴직한 날부터 3년이 지나지 아니한 사람은 경찰청 인권위원회나 시·도경찰청 인권위원회의 위촉위원이 될 수 없다.

- **정답** ④
- **난이도**
- **해설** ④는 옳은 설명이며, ①, ②, ③은 틀린 설명이다.
  ① ✗ 당연직 위원은 경찰청은 감사관, 시·도경찰청은 청문감사인권담당관으로 한다(「경찰 인권보호 규칙」 제5조 제3항).
  ② ✗ 위원장과 위촉 위원의 임기는 위촉된 날로부터 2년으로 하며 위원장의 직은 연임할 수 없고, 위촉 위원은 두 차례만 연임할 수 있다(「경찰 인권보호 규칙」 제7조 제1항). 위촉 위원에 결원이 생긴 경우 새로 위촉할 수 있고, 이 경우 새로 위촉된 위원의 임기는 위촉된 날부터 기산한다(「경찰 인권보호 규칙」 제7조 제2항).
  ③ ✗ 정기회의는 경찰청은 월 1회, 시·도경찰청은 분기 1회 개최한다(「경찰 인권보호 규칙」 제11조 제2항).

참고 「경찰 인권보호 규칙」상 인권위원회의 회의

위원회의 회의는 정기회의와 임시회의로 구분하며, 재적위원 과반수의 출석으로 개의하고, 출석위원 과반수의 찬성으로 의결(일반의결정족수)한다(동 규칙 제11조 제1항).

구분	내용
정기회의	정기회의는 경찰청은 월 1회, 시·도경찰청은 분기 1회 개최한다(동 규칙 제11조 제2항).
임시회의	임시회의는 ㉠ 위원장이 필요하다고 인정하거나 ㉡ 청장 또는 ㉢ 재적위원 3분의 1 이상이 소집을 요구하는 경우 위원장이 소집한다(동 규칙 제11조 제3항).

0194

「경찰 인권보호 규칙」에 관한 설명으로 가장 적절하지 않은 것은?

| 23년 1차 순경 |

① "경찰관등"이란 경찰청과 그 소속기관의 경찰공무원, 일반직 공무원을 말한다(단, 무기계약근로자 및 기간제근로자, 의무경찰은 제외한다).

② 경찰활동 전반에 걸친 민주적 통제를 구현하여 경찰력 오·남용을 예방하고, 경찰행정의 인권지향성을 높여 인권을 존중하는 경찰활동을 정립하기 위해 경찰청장 및 시·도경찰청장의 자문기구로서 각각 경찰청 인권위원회, 시·도경찰청 인권위원회를 설치하여 운영한다.

③ 경찰청장은 국민의 인권보호와 증진을 위하여 경찰 인권정책기본계획을 5년마다 수립해야 한다.

④ 인권보호담당관은 인권침해를 예방하고 제도를 개선하기 위해 연 1회 이상 인권 관련 정책 이행 실태, 인권교육 추진 현황, 경찰청과 소속기관의 청사 및 부속 시설 전반의 인권침해적 요소의 존재 여부를 진단하여야 한다.

- **정답** ①
- **난이도** 하 중 상
- **해설**
  ②, ③, ④는 옳은 설명이며, ①은 틀린 설명이다.
  ① ✗ 「경찰관등」이란 경찰청과 그 소속기관의 경찰공무원, 일반직공무원, 무기계약근로자 및 기간제근로자, 의무경찰을 의미한다(「경찰 인권보호 규칙」 제2조 제1호).

참고 「경찰 인권보호 규칙」상 관련 개념의 정리

경찰관등	「경찰관등」이란 경찰청과 그 소속기관의 경찰공무원, 일반직공무원, 무기계약근로자 및 기간제근로자, 의무경찰을 의미한다(동 규칙 제2조 제1호).
인권침해	「인권침해」란 경찰관등이 직무를 수행하는 과정에서 모든 사람에게 보장된 인권을 침해하는 것을 말한다(동 규칙 제2조 제2호).
조사담당자	「조사담당자」란 인권침해를 내용으로 하는 진정을 조사하고 이에 따른 구제 업무 등을 수행하는 경찰청과 그 소속기관에 근무하는 공무원을 말한다(동 규칙 제2조 제3호).

0195

「경찰 인권보호 규칙」에 관한 설명 중 가장 적절하지 않은 것은?

| 22년 1차 순경 |

① '인권침해'란 경찰관등이 직무를 수행하는 과정에서 모든 사람에게 보장된 인권을 침해하는 것을 말한다.
② 경찰 활동 전반에 걸친 민주적 통제를 구현하여 경찰력 오·남용을 예방하고, 경찰 행정의 인권지향성을 높여 인권을 존중하는 경찰 활동을 정립하기 위해 시·도경찰청장 및 경찰서의 심의·의결기구로서 각각 시·도경찰청 인권위원회, 경찰서 인권위원회를 설치하여 운영한다.
③ 경찰청장은 경찰관등이 근무하는 동안 지속적·체계적으로 교육을 받을 수 있도록 3년 단위로 인권교육종합계획을 수립하여 시행하여야 한다.
④ 인권보호담당관은 인권침해를 예방하고 제도를 개선하기 위해 연 1회 이상 인권 관련 정책 이행 실태, 인권교육 추진 현황, 경찰청과 소속기관의 청사 및 부속 시설 전반의 인권침해적 요소의 존재 여부를 진단하여야 한다.

- **정답** ②
- **난이도**
- **해설** ①, ③, ④는 옳은 설명이며, ②는 틀린 설명이다.
  ② ✗ 경찰 활동 전반에 걸친 민주적 통제를 구현하여 경찰력 오·남용을 예방하고, 경찰 행정의 인권지향성을 높여 인권을 존중하는 경찰 활동을 정립하기 위해 경찰청장 및 시·도경찰청장의 자문기구로서 각각 경찰청 인권위원회, 시·도경찰청 인권위원회를 설치하여 운영한다(「경찰 인권보호 규칙」 제3조). 경찰서는 인권위원회의 설치기관이 아니다.

0196

다음 중 「경찰 인권보호 규칙」상 경찰청 및 그 소속기관의 장이 진정을 기각할 수 있는 경우로 가장 적절한 것은? | 21년 2차 순경 |

① 진정인이 진정을 취소한 경우
② 사건 해결과 진상 규명에 핵심적인 중요 참고인의 소재를 알 수 없는 경우
③ 진정 내용이 사실이 아니거나 사실 여부를 확인하는 것이 불가능한 경우
④ 진정의 원인이 된 사실이 공소시효, 징계시효 및 민사상 시효 등이 모두 완성된 경우

정답 ③

난이도 하 중 상

해설 ③의 경우에는 진정을 기각할 수 있는 사유에 해당하며, ①, ②, ④의 경우에는 진정을 각하할 수 있는 사유에 해당한다. 「경찰 인권보호 규칙」상 진정의 각하 사유는 총 11가지, 진정의 기각 사유는 총 3가지가 규정되어 있는 바, 진정의 기각 사유 3가지만 암기하면 될 것이다.

참고 「경찰 인권보호 규칙」상 인권침해 사건 진정의 기각 사유

경찰청 및 그 소속기관의 장은 진정 내용을 조사한 결과 다음의 어느 하나에 해당하는 경우에는 그 진정을 기각할 수 있다(동 규칙 제37조).
① 진정 내용이 사실이 아니거나 사실 여부를 확인하는 것이 불가능한 경우
② 진정 내용이 이미 피해회복이 이루어지는 등 따로 구제조치가 필요하지 아니하다고 인정되는 경우
③ 진정 내용은 사실이나 인권침해에 해당하지 아니하는 경우

0197

「경찰 인권보호 규칙」에 대한 설명으로 옳지 않은 것은?　　　| 19년 1차 순경 |

① 경찰청 인권위원회는 위원장 1명을 포함하여 7명 이상 13명 이하의 위원으로 구성한다. 이때, 특정 성별이 전체 위원 수의 10분의 6을 초과하지 아니해야 한다.
② 위원장과 위촉 위원의 임기는 위촉된 날로부터 2년으로 하며 위촉 위원은 두 차례만 연임할 수 있다.
③ 경찰청장은 매년 인권교육종합계획을 수립하여 시행하여야 한다.
④ 경찰관서의 장은 경찰청 인권교육종합계획의 내용을 반영하여 매년 인권교육 계획을 수립·시행하여야 한다.

- **정답** ③
- **난이도**
- **해설** ①, ②, ④는 옳은 설명이며, ③은 틀린 설명이다.
  ③ ✗ 경찰청장은 경찰관 등이 근무하는 동안 지속적·체계적으로 교육을 받을 수 있도록 3년 단위로 인권교육종합계획을 수립하여 시행하여야 한다(「경찰 인권보호 규칙」 제18조의2 제1항). 경찰관서의 장은 인권교육종합계획을 반영하여 매년 인권교육 계획을 수립하여 시행하여야 한다(「경찰 인권보호 규칙」 제18조의2 제2항).

참고 「경찰 인권보호 규칙」상 경찰 인권교육계획의 수립

① 경찰청장은 경찰관등이 근무하는 동안 지속적·체계적으로 교육을 받을 수 있도록 3년 단위로 인권교육종합계획을 수립하여 시행하여야 한다(동 규칙 제18조의2 제1항).
② 경찰관서의 장은 인권교육종합계획을 반영하여 매년 인권교육 계획을 수립하여 시행하여야 한다(동 규칙 제18조의2 제2항).

0198

「경찰 인권보호 규칙」상 경찰청 및 시·도경찰청 인권위원회에 대한 설명으로 가장 적절한 것은?

| 18년 3차 순경 |

① 위원회는 위원장 1명을 포함하여 7명 이상 15명 이하의 위원으로 구성한다. 이때, 특정 성별이 전체 위원 수의 10분의 6을 초과하지 아니해야 한다.

② 위원회의 회의는 정기회의와 임시회의로 구분하며, 정기회의는 경찰청은 분기 1회, 시·도경찰청은 월1회 개최한다.

③ 위원장과 위촉 위원의 임기는 위촉된 날부터 2년으로 하며 위원장의 직은 연임할 수 없고, 위촉 위원은 두 차례만 연임할 수 있다.

④ 위촉 위원에 결원이 생긴 경우 새로 위촉할 수 있고, 이 경우 위촉된 위원의 임기는 위촉된 날의 다음날부터 기산한다.

- **정답** ③
- **난이도**
- **해설** ③은 옳은 설명이며, ①, ②, ④는 틀린 설명이다.

① ✗ 인권위원회는 위원장 1명을 포함하여 7명 이상 13명 이하의 위원으로 구성한다. 이때, 특정 성별이 전체 위원 수의 10분의 6을 초과하지 아니해야 한다(「경찰 인권보호 규칙」 제5조 제1항).

② ✗ 인권위원회의 회의는 정기회의와 임시회의로 구분하며, 재적위원 과반수의 출석으로 개의하고, 출석위원 과반수의 찬성으로 의결(일반의결정족수)한다(「경찰 인권보호 규칙」 제11조 제1항). 정기회의는 경찰청은 월 1회, 시·도경찰청은 분기 1회 개최한다(「경찰 인권보호 규칙」 제11조 제2항). 임시회의는 ⊙ 위원장이 필요하다고 인정하거나 ⓒ 청장 또는 ⓒ 재적위원 3분의 1 이상이 소집을 요구하는 경우 위원장이 소집한다(「경찰 인권보호 규칙」 제11조 제3항).

④ ✗ 위촉 위원에 결원이 생긴 경우 새로 위촉할 수 있고, 이 경우 위촉된 위원의 임기는 위촉된 날부터(위촉된 날의 다음날부터 ×) 기산한다(「경찰 인권보호 규칙」 제7조 제2항).

참고 「경찰 인권보호 규칙」상 인권위원회의 구성

구 분	내 용
위원회의 구성	인권위원회는 위원장 1명을 포함하여 7명 이상 13명 이하의 위원으로 구성한다. 이때, 특정 성별이 전체 위원 수의 10분의 6을 초과하지 아니해야 한다(동 규칙 제5조 제1항).
당연직 위원과 위촉위원	① 위원장은 위원회에서 호선하며, 위원은 당연직 위원과 위촉 위원으로 구분한다(동 규칙 제5조 제2항). ② 당연직 위원은 경찰청은 감사관, 시·도경찰청은 청문감사인권담당관으로 한다(동 규칙 제5조 제3항).

0199

「경찰 인권보호 규칙」상 인권침해사건 조사절차에 관한 설명으로 가장 적절하지 않은 것은?

| 23년 승진 |

① 조사담당자는 사건 조사 과정에서 진정인·피진정인 또는 참고인 등이 임의로 제출한 물건 중 사건 조사에 필요한 물건은 보관할 수 있다.
② 조사담당자는 제출받은 물건에 사건번호와 표제, 제출자 성명, 물건 번호, 보관자 성명 등을 적은 표지를 붙인 후 봉투에 넣거나 포장하여 안전하게 보관하여야 한다.
③ 진정인이 진정을 취소한 사건에서 진정인이 제출한 물건이 있는 경우에는 진정인이 요구하는 경우에 한하여 반환할 수 있다.
④ 조사담당자는 사건을 조사하는 과정에서 동일한 사건에 대하여 경찰·검찰 등의 수사가 시작된 경우에는 사건 조사를 중지할 수 있다. 다만, 확인된 인권침해 사실에 대한 구제 절차는 계속하여 이행할 수 있다.

- **정답** ③
- **난이도**
- **해설** ①, ②, ④는 옳은 설명이며, ③은 틀린 설명이다.
  ③ ✗ 조사담당자는 사건 조사 과정에서 진정인·피진정인 또는 참고인 등이 임의로 제출한 물건 중 사건 조사에 필요한 물건은 보관할 수 있다(「경찰 인권보호 규칙」 제32조 제1항). 조사담당자는 제출자가 보관 중인 물건의 반환을 요구하는 경우에는 반환하여야 하며, 다음의 어느 하나에 해당하는 경우에는 제출자가 요구하지 않더라도 반환할 수 있다(「경찰 인권보호 규칙」 제32조 제4항).
    ㉠ 진정인이나 피해자의 소재를 알 수 없는 경우
    ㉡ 사건 해결과 진상 규명에 핵심적인 중요 참고인의 소재를 알 수 없는 경우
    ㉢ 그 밖에 제1호 또는 제2호와 유사한 사정으로 더 이상 사건 조사를 진행할 수 없는 경우
    ㉣ 감사원의 조사, 경찰·검찰 등 수사기관에서 조사 또는 수사가 개시된 경우

0200

인권과 관련한 다음 설명 중 가장 적절하지 않은 것은?

| 22년 승진 |

① 「경찰관 인권행동강령」상 경찰관은 직무를 수행하는 과정에서 합리적인 이유 없이 성별, 종교, 장애 등을 이유로 누구도 차별하여서는 아니 되고, 신체적·정신적·경제적·문화적인 차이 등으로 특별한 보호가 필요한 사람의 인권을 보호하여야 한다.

② 「경찰 인권보호 규칙」상 인권보호담당관은 분기 1회 이상 인권영향평가의 이행 여부를 점검하고, 이를 경찰청 인권위원회에 제출하여야 한다.

③ 참가인원, 내용, 동원 경력의 규모, 배치 장비 등을 고려하여 인권침해 가능성이 높다고 판단되는 집회 및 시위의 경우는 「경찰 인권보호 규칙」상 인권영향평가 실시 대상에 해당한다.

④ 「경찰 인권보호 규칙」상 인권침해사건 조사절차에서 사건이 종결되어 더 이상 물건을 보관할 필요가 없는 경우, 조사담당자는 사건 조사 과정에서 진정인이 임의로 제출한 물건을 제출자가 요구하지 않더라도 반환할 수 있다.

- **정답** ②
- **난이도** 하 중 상
- **해설** ①, ③, ④는 옳은 설명이며, ②는 틀린 설명이다.

  ② ✗ 인권보호담당관은 반기 1회 이상 인권영향평가의 이행 여부를 점검하고, 이를 경찰청 인권위원회에 제출(국가경찰위원회에 제출 ×)하여야 한다(「경찰 인권보호 규칙」 제24조).

참고 「경찰 인권보호 규칙」상 인권영향평가의 기준, 절차, 이행 여부 점검

구분	내용
기준	경찰청장은 다음의 기준에 따라 인권영향평가를 실시한다(동 규칙 제22조). ① 법률유보의 원칙 ② 비례의 원칙, 평등의 원칙 등 불문법원칙 ③ 적법절차의 원칙 ④ 인권침해를 유발할 수 있는 재량권의 존재 여부 및 이를 통제할 수 있는 장치의 존재 여부
절차	경찰청장은 다음의 구분에 따른 기한 내에 인권영향평가를 실시하여야 한다(동 규칙 제23조 제1항). 다만, 다음의 기한에 평가를 실시할 수 없는 부득이한 사유가 발생한 경우에는 기한에 관계없이 평가를 실시할 수 있다(동 규칙 제23조 제2항). ① 제·개정하려는 법령 및 행정규칙 : 해당 안건을 국가경찰위원회에 상정하기 60일 이전 ② 국민의 인권에 영향을 미치는 정책 및 계획 : 해당 사안이 확정되기 이전 ③ 참가인원, 내용, 동원 경력의 규모, 배치 장비 등을 고려하여 인권침해 가능성이 높다고 판단되는 집회 및 시위 : 집회 및 시위 종료일로부터 30일 이전
이행 여부 점검	인권보호담당관은 반기 1회 이상 인권영향평가의 이행 여부를 점검하고, 이를 경찰청 인권위원회에 제출하여야 한다(동 규칙 제24조).

0201

「경찰 인권보호 규칙」(경찰청 훈령)에 대한 설명으로 가장 적절하지 <u>않은</u> 것은? |21년 승진|

① 인권보호담당관은 반기 1회 이상 인권영향평가의 이행 여부를 점검하고, 이를 경찰청 인권위원회에 제출하여야 한다.
② 경찰청장은 경찰관등이 근무하는 동안 지속적 · 체계적으로 교육을 받을 수 있도록 매년 인권교육종합계획을 수립 · 시행하여야 한다.
③ 조사담당자는 인권침해 사건을 조사하는 과정에서 동일한 사건에 대하여 감사원의 조사, 경찰 · 검찰 등의 수사가 시작된 경우에는 사건 조사를 즉시 중지할 수 있다. 다만, 확인된 인권침해 사실에 대한 구제 절차는 계속하여 이행할 수 있다.
④ 조사담당자는 제출자가 보관 중인 물건의 반환을 요구하는 경우에는 반환하여야 하며, 사건이 종결되어 더 이상 보관할 필요가 없는 경우에는 제출자가 요구하지 않더라도 반환할 수 있다.

정답 ②

해설 ①, ③, ④는 옳은 설명이며, ②는 틀린 설명이다.
② ✕ 경찰청장은 경찰관등이 근무하는 동안 지속적 · 체계적으로 교육을 받을 수 있도록 <u>3년 단위</u>로 인권교육종합계획을 수립하여 시행하여야 한다(「경찰 인권보호 규칙」 제18조 제1항). 경찰관서의 장은 인권교육종합계획을 반영하여 <u>매년</u> 인권교육계획을 수립하여 시행하여야 한다(「경찰 인권보호 규칙」 제18조 제2항).

> **참고** 「경찰 인권보호 규칙」상 경찰 인권교육계획의 수립
> ① 경찰청장은 경찰관등이 근무하는 동안 지속적 · 체계적으로 교육을 받을 수 있도록 <u>3년 단위</u>로 인권교육종합계획을 수립하여 시행하여야 한다(동 규칙 제18조의2 제1항).
> ② 경찰관서의 장은 인권교육종합계획을 반영하여 <u>매년</u> 인권교육 계획을 수립하여 시행하여야 한다(동 규칙 제18조의2 제2항).

0202

「경찰 인권보호 규칙」에 규정된 인권위원회의 내용으로 가장 적절한 것은?

|17년 승진 변형|

① 경찰청장, 시·도경찰청장 및 경찰서장의 자문기구로서 각각 인권위원회를 설치하여 운영한다.
② 인권위원회는 위원장 1명을 포함하여 7명 이상 13명 이하의 위원으로 구성한다. 위원장은 위원회에서 호선하며, 위원은 당연직 위원과 위촉 위원으로 구분한다.
③ 경찰청 및 그 소속기관의 장은 진정 내용이 명백히 사실이 아니거나 이유가 없다고 인정되는 경우에는 그 진정을 기각할 수 있다.
④ 경찰청 및 그 소속기관의 장은 진정 내용을 조사한 결과 진정 내용은 사실이나 인권침해에 해당하지 아니하는 경우 그 진정을 각하할 수 있다.

- **정답** ②
- **난이도** 하 중 상
- **해설** ②는 옳은 설명이며, ①, ③, ④는 틀린 설명이다.
  ① ✗ 경찰청장 및 시·도경찰청장의 자문기구로서 각각 경찰청 인권위원회, 시·도경찰청 인권위원회를 설치하여 운영한다(「경찰 인권보호 규칙」 제3조).
  ③ ✗ 경찰청 및 그 소속기관의 장은 진정 내용이 명백히 사실이 아니거나 이유가 없다고 인정되는 경우에는 그 진정을 각하할 수 있다(「경찰 인권보호 규칙」 제29조 제1항).
  ④ ✗ 경찰청 및 그 소속기관의 장은 진정 내용을 조사한 결과 진정 내용은 사실이나 인권침해에 해당하지 아니하는 경우 그 진정을 기각할 수 있다(「경찰 인권보호 규칙」 제37조).

참고 「경찰 인권보호 규칙」상 인권침해 사건 진정의 기각 사유

경찰청 및 그 소속기관의 장은 진정 내용을 조사한 결과 다음의 어느 하나에 해당하는 경우에는 그 진정을 기각할 수 있다(동 규칙 제37조).
① 진정 내용이 사실이 아니거나 사실 여부를 확인하는 것이 불가능한 경우
② 진정 내용이 이미 피해회복이 이루어지는 등 따로 구제조치가 필요하지 아니하다고 인정되는 경우
③ 진정 내용은 사실이나 인권침해에 해당하지 아니하는 경우

0203

「경찰 인권보호 규칙」상 경찰청 및 시·도경찰청 인권위원회에 관한 설명으로 가장 적절한 것은?

| 23년 특채 |

① 위원회는 위원장 1명을 포함하여 7명 이상 15명 이하의 위원으로 구성한다. 이때, 특정 성별이 전체 위원 수의 10분의 6을 초과하지 아니해야 한다. 위원장은 위원회에서 호선(互選)하며, 위원은 당연직 위원과 위촉 위원으로 구분한다.

② 경찰청장은 위원회의 위원이 특별한 사유 없이 연속적으로 임시회의에 2회 불참 등 직무를 태만히 한 경우 직권으로 위원을 해촉할 수 있다.

③ 위촉위원 중 「공직선거법」에 따라 실시하는 선거에 의하여 취임한 공무원이거나 그 직에서 퇴직한 날부터 5년이 지나지 아니한 사람은 결격사유에 해당한다.

④ 위원회의 회의는 정기회의와 임시회의로 구분하며, 재적위원 과반수의 출석으로 개의(開議)하고, 출석위원 과반수의 찬성으로 의결한다.

- **정답** ④
- **난이도**
- **해설**

④는 옳은 설명이며, ①, ②, ③은 틀린 설명이다.

① ❌ 인권위원회는 위원장 1명을 포함하여 7명 이상 13명 이하의 위원으로 구성한다. 이때, 특정 성별이 전체 위원 수의 10분의 6을 초과하지 아니해야 한다(「경찰 인권보호 규칙」 제5조 제1항). 위원장은 위원회에서 호선하며, 위원은 당연직 위원과 위촉 위원으로 구분한다(「경찰 인권보호 규칙」 제5조 제2항). 당연직 위원은 경찰청은 감사관, 시·도경찰청은 청문감사인권담당관으로 한다(「경찰 인권보호 규칙」 제5조 제3항).

② ❌ 다음의 어느 하나에 해당하는 경우에는 경찰청장 및 시·도경찰청장은 위원회의 의견을 들어 위원을 해촉할 수 있다(「경찰 인권보호 규칙」 제8조).
  ㉠ 입건 전 조사·수사 중인 사건에 청탁 또는 경찰 인사에 관여하는 행위를 하거나 기타 직무 관련 비위사실이 있는 경우
  ㉡ 위원회의 명예를 실추시키거나 위원으로서의 품위를 손상시키는 행위를 한 경우
  ㉢ 특별한 사유 없이 연속으로 정기회의에 3회 불참 등 직무를 태만히 한 경우
  ㉣ 위원 스스로 직무를 수행하는 것이 곤란하다고 의사를 밝힌 경우
  ㉤ 그 밖에 부득이한 사유로 업무를 수행할 수 없는 경우

③ ❌ 다음의 어느 하나에 해당하는 사람은 위원이 될 수 없다(「경찰 인권보호 규칙」 제6조 제1항). 위촉위원이 다음의 어느 하나에 해당하게 된 때에는 당연히 퇴직한다(「경찰 인권보호 규칙」 제6조 제2항).
  ㉠ 선거에 후보자(예비후보자)로 등록한 사람
  ㉡ 선거에 의하여 취임한 공무원이거나 그 직에서 퇴직한 날부터 3년이 지나지 아니한 사람
  ㉢ 경찰의 직에 있거나 그 직에서 퇴직한 날부터 3년이 지나지 아니한 사람
  ㉣ 선거사무관계자 및 정당의 당원

POLICE SCIENCE
서진호 경찰학 기출문제집

제 2 장

한국경찰의 역사와 제도

제1절 전근대적 경찰 - 갑오개혁 이전 시대

0204
갑오개혁 이전 조선시대 경찰제도에 대한 설명으로 옳지 않은 것은 모두 몇 개인가? |70기 간부|

가. 의금부는 고려의 순군만호부를 개칭한 것으로 왕명을 받들고 국사범이나 왕족관련 범죄, 사형죄 등 중요한 특별범죄를 담당하였다.
나. 포도청은 우리나라 최초의 전문적·독립적 경찰기관으로 도적의 횡포를 막기 위해 만들어졌다.
다. 사헌부는 풍속경찰을 주관하고 민정을 살피어 정사에 반영하는 등 행정경찰 업무도 담당하였다.
라. 초기의 암행어사는 정보경찰 활동을 주로 수행했으며, 이후에는 지방관리에 대한 감찰이나 민생을 암암리에 조사하여 국왕에게 보고하는 등 주로 감독·감찰기관으로서의 업무도 동시에 수행하였다.
마. 형조는 법률, 형사처벌, 소송 등의 업무를 관장하였다.
바. 관비인 '다모'는 여성범죄나 양반가의 수색 등을 담당하였다.

① 0개 ② 1개
③ 2개 ④ 3개

해설 "가", "나", "다", "라", "마" "바" 모두 옳은 설명이다.

참고 조선시대의 경찰제도 – 중앙관제

구 분	내 용
형조	① 『형조』는 법률·소방·노예 등에 관한 업무를 담당하였다. ② 의금부가 왕명을 받은 조정의 큰 사건들을 담당하였다면, 형조는 일반절도나 폭행사건 등을 담당하여 처벌하였다.
사헌부	『사헌부』는 주로 사정을 비판하고, 모든 관리들을 규찰하는 감찰사무를 담당하던 기관임과 동시에 풍속경찰과 민정을 살피고 권력남용을 금지하는 등 행정경찰업무도 주관하였다.
의금부	① 고려시대 후기의 순군만호부가 조선시대에 순위부, 의용순금사로 개칭되고, 다시 태종 14년에 『의금부』로 개칭되었다. ② 의금부는 왕명을 받들고, 왕족의 범죄, 현관·음관으로 관규를 문란케 한 자, 군사범·모역죄·반역죄 등에 관한 사건, 사교에 관한 금령을 범한 자, 상인의 황실 및 왕족에 대한 범죄사건, 사헌부에서 탄핵한 중요한 특별범죄를 관장하였다.
포도청	① 우리나라 최초의 전문적·독립적 경찰기관이었다. 포도청의 설치 목적은 도둑을 예방하고 체포하는 것이었으며, 이를 위해 야간순찰을 행하였다. ② 포도청에는 양반집의 수색과 여자 도적의 체포를 주된 임무로 하는 여자관비인 『다모』가 있었다.

0205

한국경찰제도의 역사에 관한 다음 설명 중 옳지 <u>않은</u> 것은 모두 몇 개인가?

| 67기 간부 |

> 가. 통일신라시대 이방부는 범죄의 수사와 집행을 담당하였다.
> 나. 고려의 순마소는 방도금란의 임무와 왕권보호 업무를 담당하였다.
> 다. 조선의 암행어사제도는 정보와 감찰의 성격을 지니고 있었다.
> 라. 조선의 장예원은 형조의 속아문으로 노예의 장적과 노비 송사를 담당하였다.
> 마. 동예에서는 각 읍락의 경계를 침범하는 경우 노예나 우마로써 배상하는 책화제도가 있었다.
> 바. 조선의 사헌부는 왕명을 받들고 왕족범죄, 모반·반역죄, 국사범 등 중요 특별범죄를 관장하였다.
> 사. 조선의 전옥서는 형조의 속아문으로 감옥과 죄수에 관한 사무를 담당하였다.

① 0개
② 1개
③ 2개
④ 3개

- **정답** ②
- **난이도** 하 중 상
- **해설** "가", "나", "다", "라", "마", "사"는 옳은 설명이며, "바"는 틀린 설명이다.

  바. ❌ 조선의 『사헌부』는 주로 사정을 비판하고, 모든 관리들을 규찰하는 감찰사무를 담당하던 기관임과 동시에 풍속경찰과 민정을 살피고 권력남용을 금지하는 등 행정경찰업무도 주관하였다. 왕명을 받들고 왕족범죄, 모반·반역죄, 국사범 등 중요 특별범죄를 관장한 곳은 『의금부』이다.

참고 조선시대의 경찰제도 - 기타 중앙행정기관

구 분	내 용
암행어사	지방관리의 근무상태를 알아보기 위해 비밀리에 파견되었다(감찰기능).
수성금화사	궁궐·도성·도로·교량수축의 수성업무와, 궁궐·관청·관할 내 민간의 소방업무를 담당하였다(건축경찰기능＋소방경찰기능).
평시서	시전을 순회 점검하고 단속하여 가격의 폭등 및 폭락을 막는 업무를 담당하였다(경제경찰기능).
사산참군	궁성 내·외의 산의 소나무 등 수목의 벌목 단속 및 그 보호를 담당하였다(산림경찰기능).
활인서	수도에 있는 환자를 무료로 치료해 주었다(위생경찰기능).
장예원	형조의 속아문으로 노예의 장적과 노비송사를 담당하였다.
전옥서	형조의 속아문으로 감옥과 죄수에 관한 사무를 담당하였다.

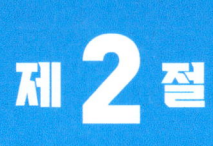

제2절 근대적 경찰 - 갑오개혁 이후 한일 합병 이전 시대

0206

1894년 갑오개혁 당시 추진되었던 경찰제의 내용으로 적절한 것을 모두 고른 것은? | 기기 간부

> 가. 좌우포도청을 통합하여 경무청을 신설하고 전국의 경찰 사무를 관장토록 하였다.
> 나. 경무청은 최초에 법무아문 소속으로 설치하였으나, 곧 내무아문 소속으로 변경되었다.
> 다. 「경무청관제직장」은 일본의 「행정경찰규칙」을 모방한 것이다.
> 라. 한성부의 5부 내에 경찰지서를 설치하고 서장을 경무사로 보하였다.
> 마. 경무청은 영업·소방·전염병 등 광범위한 직무를 담당하였다.

① 가, 나
② 나, 다
③ 나, 마
④ 라, 마

- 정답 ③
- 난이도
- 해설 "나", "마"는 옳은 설명이며, "가", "다", "라"는 틀린 설명이다.
  - 가. ✗ 1894년 7월 14일에 좌·우포도청을 통합하여 한성부에 「경무청」을 신설하고, 한성부 내의 일체의 경찰사무를 관장토록 하였다. 해당 시기의 경무청은 전국관할이 아니었다. 경무청이 전국 관할의 경무청으로 새롭게 재편된 것은 광무개혁에 따른 경부경찰제가 실패로 돌아간 이후 1902년 내부 소속의 경무청을 다시 설치한 시기이다(신경무청시대).
  - 다. ✗ 1894년 7월 14일에 제정된 「경무청관제직장」은 한국 최초의 경찰조직법이라고 할 수 있으며, 일본의 「경시청관제」를 그대로 모방한 것이다. 1894년 7월 14일에 제정된 「행정경찰장정」은 한국 최초의 작용법이라고 할 수 있으며, 일본의 「행정경찰규칙」에 영향을 받았다.
  - 라. ✗ 한성부의 5부 내에 경찰지서를 설치하고 경무관을 서장으로 보하였다. 「경무사」는 경무청의 장이다.

참고 행정경찰장정(한국 경찰 최초의 작용법)

구분	내용
의의 및 성격	1894년 7월 14일에 제정된 「행정경찰장정」은 한국 최초의 경찰작용법이라고 할 수 있으며, 일본의 「행정경찰규칙」(1875)과 「위경죄즉결례」(1885)를 혼합하여 한글로 옮겨 놓은 것이었다.
경무청의 활동범위 규정	작용법적 근거인 「행정경찰장정」은 경무청으로 하여금 ① 영업·시장·회사에 관한 사무, ② 소방·전염병·예방소독·검역·종두·식물·음수·의약·가축 등 위생에 관한 일체의 사무, ③ 결사·집회·신문잡지·도서에 관한 사무까지도 담당하도록 하여 그 활동범위가 매우 광범위하였다.
활동범위의 특징	경무청이 담당했던 직무활동범위의 광범성은 근대국가에서 흔히 나타났던 경찰업무와 일반행정업무의 미분화현상을 보여 준다(경찰업무와 일반행정업무의 완전한 분화는 미군정시기에 나타난다 = 비경찰화 작업).

0207

한국경찰의 역사에 대한 설명으로 가장 옳지 않은 것은?

① 1894년 6월 일본각의에서 한국경찰의 창설을 결정하여 내정개혁의 방안으로서 조선에 경찰창설을 요구하였다. 이에 김홍집 내각은 「각아문관제」에서 경찰을 법무아문 소속으로 설치할 것을 결정하였다. 그러나 곧 경찰을 내무아문 소속으로 변경하였다.

② 구한말 일본이 한국경찰권을 강탈해 가는 과정은 경찰사무에 관한 취극서, 재한국 외국인에 대한 경찰에 관한 한일협정, 한국 사법 및 감옥사무 위탁에 관한 각서, 한국 경찰사무 위탁에 관한 각서의 순으로 진행되었다.

③ 미군정시대에는 경찰의 이념에 민주적인 요소가 도입되면서 최초로 1947년 9인으로 구성된 중앙경찰위원회가 설치되었으며 경제경찰, 고등경찰 등의 사무가 강화되었다.

④ 일제강점기 헌병경찰은 첩보의 수집, 의병의 토벌 등에 그치지 않고 민사소송의 조정, 집달리 업무, 국경세관 업무, 일본어의 보급, 부업의 장려 등 광범위한 영향력을 미치고 있었으며 특히, 지방에서는 한국민의 생사여탈권을 쥐고 있었다.

- **정답** ③
- **난이도** 상 중 하
- **해설** ①, ②, ④는 옳은 설명이며, ③은 틀린 설명이다.
  ③ ✗ 미군정시대의 경찰(1945~1948)은 경무국을 경무부로 승격시키고, 고등경찰을 폐지하였다. 또한 경제경찰업무를 경찰업무로부터 제외하고, 각종 치안입법(「정치범처벌법」, 「치안유지법」, 「예비검속법」, 「보안법」 등)을 정비함으로써 조직법적·작용법적 정비를 하였다. 그러나 당시의 미군정청은 좌익세력에 대항하기 위하여 부득이하게 식민지시대의 경찰조직 및 인력을 그대로 활용하는 정책을 실시하였다. 경찰의 임무는 제국주의적 치안유지가 아니라 국민의 생명과 재산의 보호라는 새로운 자각이 일어나고, 경찰의 조직 측면에서도 「중앙경찰위원회」를 통한 경찰통제를 시도하는 등 민주적 요소가 강화되었다. 미군정시대의 경찰의 대표적인 특징은 민주적 요소의 강화(6인의 위원으로 구성된 중앙경찰위원회, 형사소송법규의 개정, 봉사와 질서), 식민지시대의 비민주적 관행(고등경찰의 폐지, 경제경찰의 폐지, 각종 치안입법의 정비)을 없애고자 한 것으로 파악하면 그 이해가 쉽다.

참고 한국경찰권의 상실과정

구 분	내 용
경찰사무에 관한 취극서 (1908.10.29)	일본의 이사청경찰이 맡아 왔던 재한국 일본인에 대한 경찰사무의 지휘·감독권을 일본관헌의 지휘·감독을 받아 일본계 한국경찰관이 행사하도록 위양하였다.
재한국 외국인민에 대한 경찰에 관한 한일협정 (1909.3.15)	재한국 외국인에 대한 경찰사무의 지휘·감독권을 일본관헌의 지휘·감독을 받아 일본계 한국경찰관이 행사하도록 위양하였다.
한국 사법 및 감옥사무위탁에 관한 각서 (1909.7.12.)	한국의 사법경찰권을 포함하는 사법과 감옥사무가 일본에 위탁됨으로써 한국경찰의 절반은 일본에게 넘어가게 되었다.
한국경찰사무 위탁에 관한 각서 (1910.6.24.)	한국의 경찰사무를 완전히 일본국 정부에 위탁하였다.
한일합병조약 (1910.8.22.)	한국의 주권이 완전히 상실되었다.

제2장 한국경찰의 역사와 제도

0208

갑오개혁 및 광무개혁 당시 경찰제도에 관한 설명 중 옳지 않은 것은 모두 몇 개인가? | 69기 간부 |

> 가. 일본의 「행정경찰규칙」(1875년)과 「위경죄즉결례」(1885년)를 혼합하여 만든 「행정경찰장정」에서 영업·시장·회사 및 소방·위생, 결사·집회, 신문잡지·도서 등 광범위한 영역의 사무가 포함되었다.
> 나. 광무개혁 당시인 1900년에는 중앙관청으로서 경부가 한성 및 개항시장의 경찰업무와 감옥사무를 통할하였고, 이를 지휘하는 경부감독소를 두었다.
> 다. 1895년 「내부관제」의 제정을 통해 내부대신의 경찰에 대한 지휘감독권을 정비하였고, 1896년 「지방경찰규칙」을 제정하여 지방경찰의 작용법적 근거를 마련하였다.
> 라. 「경무청관제직장」에 의해 당시의 좌우포도청을 합하여 경무청을 신설하고(장으로 경무관을 둠), 한성부 내 일체의 경찰사무를 관장하게 하였다.
> 마. 1900년 경부 신설 이후 잦은 대신 교체 등으로 문제가 많아 경무청이 경부의 업무를 관리하게 되었다.

① 1개　　② 2개
③ 3개　　④ 4개

정답 ②

해설 "가", "다", "마"는 옳은 설명이며, "나", "라"는 틀린 설명이다.

나. ✗ 1900년 6월에 「경부관제」에 의해서 중앙관청인 「경부」가 설치되는 획기적인 변화가 있었다. 그 결과 내부의 직할이었던 경찰이 내부와 동등한 중앙관청인 경부에 의해서 관장되었다. 즉, 최초로 행정부서로부터 완전히 독립하게 된 것이다. 경부는 한성 및 각 개항시장의 경찰업무와 감옥를 통할하였다. 중앙에는 궁내경찰서, 한성부 5개 경찰서 및 3개 분서를 두었고, 이를 지휘하는 「경무감독소」(경부감독소 ×)를 두었다.

라. ✗ 「경무청관제직장」에 의해 당시의 좌우포도청을 합설하여 한성부에 「경무청」을 두었다. 경무청을 내무아문에 예속시켜 한성부 내(전국관할이 아님) 일체의 경찰사무와 감옥사무를 총괄하도록 하였다. 경무청에는 그 수장인 「경무사」를 두고 경무사로 하여금 한성부의 경찰사무와 감옥사무를 총괄하고, 범죄인을 체포 및 수사하여 법사에 이송하는 임무를 부여받았다.

참고 경무청관제직장(한국 경찰 최초의 조직법)

구분	내용
의의 및 성격	1894년 7월 14일에 제정된 「경무청관제직장」은 한국 최초의 경찰조직법이라고 할 수 있으며, 일본의 「경시청관제」를 모방한 것으로서 일본의 제도를 그대로 이식한 것이다.
경무청의 신설	「경무청관제직장」에 의해 당시의 좌·우 포도청을 합설하여 한성부에 경무청을 창설하였다.
경무청의 관할 및 업무범위 규정	① 경무청을 내무아문에 예속시켜 한성부 내(전국관할이 아님)의 일체의 경찰사무와 감옥사무를 총괄하도록 하였다. ② 경무청에는 그 수장인 경무사를 두고 경무사로 하여금 한성부의 경찰사무와 감옥사무를 총괄하고, 범죄인을 체포, 수사하여 법사에 이송하는 임무를 부여받았다.

0209

갑오개혁부터 일제강점기 이전의 경찰에 대한 설명으로 가장 적절하지 않은 것은?

| 19년 승진 |

① 일본각의의 결정에 따라, '각아문관제'에서 처음으로 경찰이라는 용어를 사용하였다.
② '경무청관제직장'에 의해 당시의 좌우포도청을 합하여 경무청을 신설하고(장으로 경무사를 둠) 내무아문에 예속되어 한성부 내 일체의 경찰사무를 관장하였다.
③ 광무개혁에 따라 중앙관청으로서 경부가 한성 및 개항시장의 경찰업무와 감옥사무를 통할하였다.
④ 을사조약에 의거 통감부에 의한 통감정치가 시작되면서 경무청을 전국을 관할하는 기관으로 확대하여 사실상 한국경찰을 장악하였다.

- **정답** ④
- **난이도**
- **해설**
①, ②, ③은 옳은 설명이며, ④는 틀린 설명이다.
④ ✗ 1905년 「을사보호조약」에 의거하여 한국 외교를 일본이 감리·지휘하도록 하는 것 이외에, 「통감부 및 이사청관제」를 제정하여, 통감부에 의한 통감정치를 시행하였다. 이 시기의 경찰은 「경무부」로 독립되어 경무총장이 경찰사무를 관장하였다. 경무청이 전국을 관할하는 기관으로 확대된 것은 1902년 경부의 해체 후 신경무청 시대의 시기이다.

참고 통감부의 경무부 경찰제도

구 분	내 용
통감부의 설치	1905년 11월 「을사보호조약」(제2차 한일협약)에 의거하여 한국 외교를 일본이 감리·지휘하도록 하는 것 이외에, 1905년 12월 일본은 「통감부 및 이사청관제」를 제정하여, 통감부에 의한 통감정치를 시행함으로써 한국을 보호국화하였다.
경무부로의 독립	내부대신의 관할 하에 있던 경찰이 「경무부」로 독립되어, 경무총장이 경찰사무를 관장하였다. 이 시기의 경무부는 한국 독립 이후 미군정 하 경무부의 원형이라고 볼 수 있다.
경무서·경무분서의 설치	1906년 6월에 '지방 13도 각 관찰부 경무서 및 분서설치에 관한 건'이 제정되어 지방에 경무관을 장으로 하는 「경무서」가, 총순을 장으로 하는 「경무분서」가 설치됨으로써, 지방경찰 체제가 정비되었다. 이때 경무서는 최초의 근대적 지방경찰기관이며, 지방의 경무관은 각 도의 관찰사의 지휘를 받아 관내 경찰사무를 관장하였다.

제3절 식민지 시대 및 대한민국 임시정부의 경찰

0210

대한민국 임시정부의 경찰에 대한 설명으로 가장 적절하지 않은 것은?

|7기 간부|

① 상해임시정부는 1919년 4월 25일 「대한민국임시정부장정」을 제정하여 임시정부 경찰조직인 내무부 아래 경무국을 두고 초대 경무국장으로 김구를 임명하였다.
② 상해 교민단 산하에 의경대를 설치하여 교민단의 치안을 보전하고 밀정을 색출하는 역할을 수행하였다.
③ 상해임시정부는 연통제를 실시하여 도(道)에 경무사를 두었다.
④ 중경임시정부에는 내무부 아래에 경무국을 두었고, 별도로 경위대를 설치하였다.

- **정답** ④
- **난이도** 하 중 상
- **해설**
 ①, ②, ③은 옳은 설명이며, ④는 틀린 설명이다.
 ④ ✗ 1940년 9월 임시정부가 중국 정부의 임시수도인 중경에 자리를 잡으면서 「정부조직법」 또한 개편되는데, 「대한민국잠행관제」에 따라 <u>내무부 경무과</u>가 만들어졌다. 또한 중경 시기에 임시정부는 1941년 내무부 직속으로 경찰 조직인 <u>경위대</u>를 설치하였다.

참고 | 대한민국 임시정부 경찰의 조직 – 중경 시기(1940 ~ 1945)

구분	내용
경무과	① 1940년 9월 임시정부가 중국 정부의 임시수도인 중경에 자리를 잡으면서 「정부조직법」 또한 개편되는데, 「대한민국잠행관제」에 따라 <u>내무부 『경무과』</u>가 만들어졌다. ② 경무과는 내무부의 하부조직으로 경찰사무, 인구조사, 징병 및 징발, 국내 정보 및 적에 대한 정보수집 등의 업무를 수행하였다.
경위대	① 중경 시기에 임시정부는 1941년 내무부 직속으로 경찰 조직인 <u>『경위대』를 설치</u>하였다. ② 경위대의 주요 임무는 임시정부 청사에 대한 경비, 임시정부 요인의 보호 등 임시정부 수호의 최일선을 담당하였다.

0211

일제 강점기 경찰제도에 관한 다음 설명 중 옳지 않은 것은 모두 몇 개인가?

| 68기 간부 |

> 가. 1910년 일본은 통감부에 경무총감부를, 각 도에 경무부를 설치하여 경찰사무를 관장, 서울과 황궁의 경찰사무는 경무총감부의 직할로 하였다.
> 나. 1910년 「조선주차헌병조령」에 의해 헌병이 일반치안을 담당할 법적 근거를 마련하여 일반경찰은 도시나 개항장 등에, 헌병은 주로 군사경찰상 필요한 지역 또는 의병활동 지역 등에 배치되었다.
> 다. 3·1운동을 계기로 헌병경찰제도에서 보통경찰제도로 전환, 총독부 직속 경무총감부는 폐지되고 경무국이 경찰사무와 위생사무를 감독하였다.
> 라. 3·1운동을 기화로 치안유지법을 제정, 단속체계를 갖추었다.
> 마. 일제강점기의 경찰은 일본 식민지배의 중추기관이었고, 총독에게 주어진 명령권·제령권 등을 통하여 각종 전제주의적·제국주의적 경찰권의 행사가 가능하였다.

① 없음　　　　　　　　　　② 1개
③ 2개　　　　　　　　　　④ 3개

- **정답** ③
- **난이도** 하 중 상
- **해설**

"가", "나", "다"는 옳은 설명이며, "라", "마"는 틀린 설명이다.

라. ✗ 3·1운동을 계기로 제정되어 단속체계를 갖춘 것은 1919년 4월 제정된 조선총독부 제7호 「정치에 관한 범죄처벌의 건」(정치범처벌법)이다. 「치안유지법」의 경우에는 1925년 일본에서 제정된 것을 그대로 우리나라에 적용하는 등 탄압체계를 강화하였다. 즉, 「치안유지법」은 우리나라에서 제정된 것이 아닌, 일본에서 제정된 것을 그대로 우리나라에 적용한 것이다.

마. ✗ 일제강점기의 경찰은 일본 식민지배의 중추기관이었다. 36년간 식민지시대의 경찰이념은 식민지 지배체제의 공고화였다. 일본은 1910년 8월 한국의 국호를 대한제국에서 조선으로 환원시키고, 「조선총독부」라는 새로운 통치기구를 설치하였다. 조선총독에게는 입법권인 「제령권」이 부여되었고, 경무총장 및 경무부장에게는 「명령권」이 부여되었다. 조선총독은 제령권을 통하여 행정·입법·사법의 삼권뿐만 아니라 총독부 권력의 핵심인 경찰권을 행사하였다.

참고 **조선총독부의 설치**

① 일본은 1910년 8월 한국의 국호를 대한제국에서 조선으로 환원시키고, 「조선총독부」라는 새로운 통치기구를 설치하였다.
② 조선총독에게는 입법권인 「제령권」이 부여되었고, 경무총장·경무부장에게는 「명령권」이 부여되었다.
③ 조선총독은 이러한 제령권을 통하여 행정·입법·사법의 3권뿐만 아니라 총독부 권력의 핵심인 경찰권을 행사하였다.

0212

한국 근·현대 경찰사에 대한 설명으로 가장 적절한 것은? | 18년 3차 순경 |

① 일제 강점기에는 총독·경무총장에게 주어진 제령권과 경무부장에게 주어진 명령권 등을 통해 각종 전제주의적·제국주의적 경찰권 행사가 가능하였다는 특징이 있다.
② 「경무청관제직장」에 의해 당시의 좌우포도청을 합하여 경무청을 신설(장으로 경무관을 둠)하였다.
③ 3·1운동 이후 「치안유지법」을 제정하고 일본에서 제정된 「정치범처벌법」을 국내에 적용하는 등 탄압의 지배체제를 더욱 강화하였다.
④ 1894년 「각아문관제」에서 처음으로 경찰이란 용어를 사용하였다.

- **정답** ④
- **난이도**
- **해설**

④는 옳은 설명이며, ①, ②, ③은 틀린 설명이다.

① ❌ 일본은 1910년 한국의 국호를 대한제국에서 조선으로 환원시키고, 「조선총독부」라는 새로운 통치기구를 설치하였다. 조선총독에게는 입법권인 제령권이 부여되었고, 경무총장·경무부장에게는 명령권이 부여되었다. 조선총독은 이러한 제령권을 통하여 행정·입법·사법의 삼권뿐만 아니라 총독부 권력의 핵심인 경찰권을 행사하였다.

② ❌ 「경무청관제직장」에 의해 당시의 좌우포도청을 합설하여 「경무청」을 창설하였다. 경무청의 장인 「경무사」로 하여금 경찰사무와 감옥사무를 총괄하도록 하였고, 범죄인을 체포 및 수사하여 법사에 이송하도록 하는 임무를 부여받았다. 이 시기의 경무청은 한성부 내의 일체의 경찰사무를 관장(전국 관할 ×)하였다.

③ ❌ 3·1운동을 계기로 1919년 4월 「정치에 관한 범죄처벌의 건」이 제정되었고, 일본에서 제정된 「치안유지법」이 우리나라에 그대로 적용되는 등 오히려 탄압체제가 강화되었다.

참고 보통경찰제도로의 전환(1919 ~ 1945) : 1937년 중일전쟁 이전의 경찰

구 분	내 용
이전과 동일한 직무권한의 행사	① 헌병경찰제도에서 보통경찰제도로 전환되었지만, 기본적으로는 경찰의 직무·권한은 변화되지 않았다. ② 즉, 종래 헌병이 행하던 것을 경찰관에게 이양한 것일 뿐, 치안유지를 중심으로 한 경찰 본래의 업무 외에도 각종 조장행정사무, 검사사무, 민사소송 조정사무, 집달관 사무 등도 그대로 수행되었다.
탄압체제의 강화	3·1운동을 계기로 1919년 4월 제정된 악법인 조선총독부제령 제7호 「정치에 관한 범죄처벌의 건」(정치범처벌법)에 의하여, 또한 1925년 일본에서 제정된 「치안유지법」이 우리나라에 그대로 적용되는 등 오히려 탄압체제가 강화되었다.

제4절 미군정시대의 경찰

0213
미군정시기의 경찰에 대한 설명으로 가장 적절하지 않은 것은? | 21년 1차 순경 |

① 경무국을 경무부로 승격·개편하였다.
② 소방업무를 민방위본부로 이관하고 경제경찰과 고등경찰을 폐지하는 등 비경찰화를 단행하였다.
③ 「정치범처벌법」, 「치안유지법」, 「예비검속법」이 폐지되었다.
④ 여자경찰제도를 신설하였다.

- **정답** ②
- **난이도**
- **해설** ①, ③, ④는 옳은 설명이며, ②는 틀린 설명이다.
  ② ✗ 미군정시대에 경찰의 치안유지 기능 이외의 기능을 다른 행정관서로 이관시키는 『비경찰화』 작업을 실시하여 경찰의 역할이 축소되었다. 즉, ㉠ 위생경찰을 위생국으로 이관, ㉡ 경제경찰 및 고등경찰의 폐지, ㉢ 소방업무를 시·읍·면·동의 소방부로의 이관 등이 행해졌다. 소방업무를 민방위본부로 이관시킨 것은 1975년 치안본부 시대의 경찰 시기이다.

참고 미군정시대의 경찰제도의 특성

구분	내 용
조직법적·작용법적 정비	① 미군정시대에 경무국을 경무부로 승격시키고, 고등경찰을 폐지하였다. ② 또한 경제경찰업무를 경찰업무로부터 제외하고, 각종 치안입법(「정치범처벌법」, 「치안유지법」, 「예비검속법」, 「보안법」 등)을 정비함으로써 조직법적·작용법적 정비를 하였다. ③ 그러나 당시의 미군정청은 좌익세력에 대항하기 위하여 부득이하게 식민지시대의 경찰조직 및 인력을 그대로 활용하는 정책을 실시하였다.
비경찰화 작업	① 미군정시대에 경찰의 치안유지기능 이외의 기능을 다른 행정관서로 이관시키는 『비경찰화』 작업을 실시하여 경찰의 역할이 축소되었다. ② ㉠ 위생경찰을 위생국으로 이관, ㉡ 경제경찰 및 고등경찰의 폐지, ㉢ 소방업무를 시·읍·면·동의 소방부로 이관 등이 행해졌다.

0214

다음 중 '미군정시기'의 경찰에 대해 설명한 것으로 <u>틀린</u> 것은 모두 몇 개인가?

| 14년 1차 순경 |

> ㉠ 경찰의 조직법적·작용법적 정비가 이루어졌으며, 비경찰화 작업이 행해져 경찰의 활동영역이 축소되었다.
> ㉡ 비경찰화 작용의 일환으로 위생사무를 위생국으로 이관하였고, 정보경찰과 고등경찰을 폐지하였다.
> ㉢ 1946년 여자경찰제도를 신설하여 14세 미만의 소년범죄와 여성관련 업무 등을 담당하게 하였다.
> ㉣ 1947년 6인의 위원으로 구성된 중앙경찰위원회가 설치되어 경찰의 민주화 개혁에 성공하였다.
> ㉤ 영미법의 영향을 받아 경찰의 이념 및 제도에 민주적 요소가 도입되었다.

① 0개 ② 1개
③ 2개 ④ 3개

- **정답** ③
- **난이도** 상 중 하
- **해설** ㉠, ㉢, ㉤은 옳은 설명이며, ㉡, ㉣은 틀린 설명이다.
  - ㉡ ✗ <u>미군정시대에</u> 경찰의 치안유지기능 이외의 기능을 다른 행정관서로 이관시키는 『비경찰화』 작업을 실시하여 경찰의 역할이 축소되었다. 즉, ㉠ <u>위생경찰을 위생국으로 이관</u>하였고, ㉡ <u>경제경찰과 고등경찰을 폐지</u>하였다. 다만, <u>정보경찰의 경우 1947년 정보업무를 담당할 『정보과』를 신설</u>하였다.
  - ㉣ ✗ 1947년 군정장관이 임명하는 <u>6인의 위원으로 구성된 『중앙경찰위원회』를 설치하여 경찰의 민주화를 추진</u>하였다. 그러나 경찰의 민주화를 위한 조치가 마련되었으나, <u>성공을 거두지는 못하였다</u>.

참고 미군정시대의 중앙경찰위원회의 설치

① <u>1947년 11월 군정장관이 임명하는 6인의 위원으로 구성된 『중앙경찰위원회』</u>를 설치하여 경찰의 민주화를 추진하였다.
② 중요한 경찰정책의 수립 및 경무부장이 회부한 경무정책 및 그 운영의 심의·결정, 경찰의 처분행위에 관하여 경찰관리의 소환 및 심문, 경무부장이 추천하는 5급 이상 경무관리의 임면과 인사이동의 심의·결정, 경찰자문위원회 결정의 재심, 기타 경무부 관계사항으로서 군정장관이 회부한 사항의 회의 등 **경찰의 민주화를 위한 조치가 마련되었으나,** <u>성공을 거두지는 못하였다</u>.

제 5 절 현대적 경찰 (정부수립 이후의 경찰)

0215
정부수립 이후 1991년 이전의 경찰의 특징으로 옳지 않은 것은 모두 몇 개인가? |69기 간부|

가. 종래 식민지배에 이용되거나 또는 군정통치로 주권이 없는 상태 하에서 활동하던 경찰이 비로소 주권국가 대한민국의 존립과 안녕, 대한민국 국민의 생명과 신체 및 재산의 보호라는 경찰 본연의 임무를 수행하였다.
나. 독립국가로서 한국 역사상 최초로 자주적인 입장에서 경찰을 운용하였다.
다. 경찰작용에 관한 기본법으로서「경찰관 직무집행법」이 제정되었다.
라. 경찰의 부정선거 개입 등으로 정치적 중립이 경찰에 대한 국민의 요청이었던 바, 그 연장선상에서 경찰의 기구독립이 조직의 숙원이었다.
마. 해양경찰업무, 전투경찰업무가 경찰의 업무범위에 추가되었다.
바. 1969년 1월 7일「경찰법」이 처음으로 제정되어 그동안「국가공무원법」에서 의거하던 경찰공무원을 특별법으로 규율하게 되었다.

① 1개 ② 2개
③ 3개 ④ 4개

 ①
 하 중 상

해설 "가", "나", "다", "라", "마"는 옳은 설명이며, "바"는 틀린 설명이다.

바. ✗ 1991년 5월 경찰조직의 기본법이라고 할 수 있는「경찰법」이 제정되면서, 경찰청, 지방경찰청(현재는 시·도경찰청), 경찰위원회(현재는 국가경찰위원회) 등 새로운 형태의 경찰조직 및 체계가 형성되었다. 이는 경찰에 대한 국민의 최대 요구가 정치적 중립성의 확보였으며, 이러한 배경 하에서 경찰법이 제정된 것이다. 그리고 1969년 1월 7일 경찰공무원의 임용·교육훈련·복무·신분보장 등에 관하여「국가공무원법」과는 별도로 규정한「경찰공무원법」을 제정하여, 경찰관의 계급구조를 8개에서 10개로 확대하였다(경정·경장 2계급 신설).

0216

정부 수립 이후 경찰과 관련된 설명으로 가장 적절하지 않은 것은?

| 20년 1차 순경 |

① 1953년 경찰작용에 관한 기본법으로 제정된「경찰관 직무집행법」에는 국민의 생명, 신체, 재산의 보호라는 영미법적 사고가 반영되었다.
② 1968년 '무장공비 침투사건' 당시 종로경찰서 자하문 검문소에서 무장공비를 온몸으로 막아내고 순국한 최규식 경무관과 정종수 경사는 호국경찰, 인본경찰, 문화경찰의 표상이다.
③ 1980년 '5·18 민주화 운동' 당시 안병하 전남경찰국장과 이준규 목포서장은 신군부의 무장 강경진압 방침을 거부하였다.
④ 1987년 '6월 민주항쟁' 이후 경찰 내부에서는 정치적 중립을 지키지 못한 과오를 반성하고 경찰 중립화를 요구하는 성명 발표 등 자성의 목소리가 나왔다.

- **정답** ②
- **난이도** 하 중 상
- **해설**
  ①, ③, ④는 옳은 설명이며, ②는 틀린 설명이다.
  ② ✗ 1968년 '무장공비 침투사건(1·21 사태)' 당시 종로경찰서 자하문 검문소에서 무장공비를 온몸으로 막아내고 순국한 <u>최규식 경무관과 정종수 경사</u>는 "<u>호국경찰의 표상</u>"이다. 군 방어선이 뚫린 상태에서 경찰관 최규식·정종수의 순국으로 대한민국을 지켜낸 영웅적인 사례로 기록되고 있다. <u>호국경찰·인본경찰·문화경찰의 표상에 모두 해당하는 인물은 차일혁 경무관</u>이다.

참고 호국경찰의 표상 – 최규식 경무관, 정종수 경사

① 1968년 1.21 무장공비침투사건(김신조 사건) 당시 최규식 총경 등 경찰관 10여명이 격투 끝에 청와대를 사수하는 공적을 세움
② 군 방어선이 뚫린 상태에서 경찰관 최규식·정종수의 순국으로 대한민국을 지켜낸 영웅적인 사례로 기록됨

제6절 한국경찰사의 자랑스러운 표상

0217

우리나라 경찰의 표상이 되는 인물과 활동에 대한 설명이다. 아래 가.부터 라.까지의 설명 중 옳고 그름의 표시(O, X)가 바르게 된 것은?

| 73기 간부 |

> 가. 차일혁 경무관 – 일제강점기에 항일투쟁을 하였고, 6·25 전쟁 기간 제18전투경찰대장으로 부임하여 빨치산토벌작전에서 탁월한 전공을 세웠으며, 1954년 충주경찰서장으로서 충주직업청소년학교를 설립하여 전쟁고아들에게 학교공부와 직업교육의 기회를 주었다.
> 나. 안종삼 서장 – 1950년 7월 24일 구례경찰서 서장으로서 경찰서에 구금 중이던 480명의 국민보도연맹원들을 사살하라는 명령을 받았으나, 이를 거부하고 전원 석방함으로써 국가범죄의 비극적 살육을 막아냈다.
> 다. 박재표 경위 – 1956년 8월 13일 제2대 지방의원 선거 당시 정읍 소성지서에서 순경으로 근무하던 중 투표함을 바꿔치기 하는 부정선거를 목격하고 이를 기자회견을 통해 세상에 알리는 양심적 행동을 하였다.
> 라. 이준규 총경 – 1950년 5·18민주화운동 당시 목포경찰서장으로서 시민과의 유혈충돌을 방지하기 위해 보유 중인 총기들을 목포 인근에 위치한 섬으로 이동시켰고 신군부의 강경한 시위진압에 거부하는 등 시민을 보호하였다.

① 가.(O), 나.(O), 다.(O), 라.(O)
② 가.(O), 나.(O), 다.(O), 라.(X)
③ 가.(X), 나.(O), 다.(O), 라.(X)
④ 가.(X), 나.(X), 다.(O), 라.(X)

- **정답** ①
- **난이도**
- **해설** "가", "나", "다", "라" 모두 옳은 설명이다.

참고 경찰 첫 내부고발자 – 박재표 경위

① 1956년 8·13지방선거 당시 자유당이 저지른 '환표(換票)사건'을 세상에 처음 알린 인물이다.
② 1956년 당시 전북 정읍군 소성(所聲)지서에서 순경으로 근무했다.
③ 선거 직후 투표함을 개표소로 이동하던 중 '표 바꿔치기', 즉 환표를 목격했다. 투표함을 호송하던 경찰관들이 당시 여당인 자유당 후보를 당선시키기 위해 조직적으로 야당 후보에게 투표한 표를 여당 후보 표로 바꾸는 것이었다.

0218

자랑스러운 경찰의 표상에 대한 설명으로 그 인물과 내용이 옳지 않은 것은?

| 70기 간부 |

① 차일혁 경무관 – 빨치산 토벌의 주역이며 구례 화엄사 등 문화재를 수호한 인물로 '보관문화훈장'을 수여받은 호국경찰의 영웅이자 인본경찰·인권경찰·문화경찰의 표상이다.

② 안병하 치안감 – 5.18 광주 민주화운동 당시 과격한 진압을 지시했던 군과 달리, '분산되는 자는 너무 추격하지 말 것, 부상자가 발생치 않도록 할 것, 기타 학생은 연행할 것' 등을 지시하고, '연행과정에서 학생의 피해가 없도록 유의'하라고 지시하였다.

③ 최규식 경무관, 정종수 경사 – 1968년 무장공비 침투사건(1.21 사태) 당시 종로경찰서 자하문검문소에서 무장공비를 온몸으로 막아내고 순국함으로써 청와대를 사수하고 대한민국을 위기에서 건져 올린 호국경찰의 표상이다.

④ 안맥결 총경 – 1980. 5. 18 당시 목포경찰서장으로 재임하면서 안병하 국장의 방침에 따라 경찰총기 대부분을 군부대 등으로 사전에 이동시켰으며 자체 방호를 위해 가지고 있던 소량의 총기마저 격발할 수 없도록 방아쇠 뭉치를 모두 제거해 원천적으로 시민들과의 유혈충돌을 피하도록 조치하여 광주와 달리 목포에서는 사상자가 거의 나오지 않았다.

- **정답** ④
- **난이도**
- **해설** ①, ②, ③은 옳은 설명이며, ④는 틀린 설명이다.
  ④ 보기의 설명은 '안맥결 총경'이 아닌, '이준규 총경'에 대한 설명이다.

참고 제1기 여성경찰간부 – 안맥결 총경

① 도산 안창호 선생의 조카딸로서, 1910년 10월 평양 숭의여학교 재학 중 만세시위에 참가하여 체포되어 20일간 구금됨
② 1936년 임시정부 군자금 조달 혐의로 5개월간 구금
③ 1937년 일제가 조작한 수양동우회 사건으로 만삭의 몸으로 서대문형무소에 수감 후 가석방됨
④ 1946년 5월 미군정하 제1기 여성경찰간부로 임용되며, 경찰에 입직함
⑤ 1952년부터 2년 동안 서울여자경찰서장을 역임하며 풍속·소년·여성보호 등의 업무를 담당함
⑥ 1957년 국립경찰전문학교 교수로 발령받은 후 후배경찰 교육에 힘쓰다 1961년 5·16군사정변이 발생하자 군사정권에 협력할 수 없다며 사표를 제출함

0219

다음은 자랑스러운 경찰의 표상에 관한 서술이다. 해당 인물을 바르게 나열한 것은? | 23년 1차 순경 |

- ㉠ 성산포경찰서장 재직 시 계엄군의 예비검속자 총살 명령에 '부당함으로 불이행'한다고 거부하고 주민들을 방면함
- ㉡ 5·18 광주 민주화운동 당시 무장 강경진압 방침이 내려오자 '분산되는 자는 너무 추적하지 말 것, 부상자가 발생하지 않도록 할 것' 등을 지시하여 비례의 원칙에 입각한 경찰권 행사 및 인권보호를 강조함
- ㉢ 임시정부 경무국 경호원 및 의경대원으로 활동하였고 1926년 12월 식민수탈의 심장인 식산은행과 동양척식회사에 폭탄을 투척함
- ㉣ 구례경찰서장 재임 당시, 재판을 받지 않고 수감된 보도연맹원 480명을 방면하였으며, '내가 만일 반역으로 몰려 죽는다면 나의 혼이 여러분 각자의 가슴에 들어가 지킬 것이니 새 사람이 되어주십시오'라고 당부함

	㉠	㉡	㉢	㉣
①	문형순	안병하	차일혁	안종삼
②	이준규	최규식	안맥결	나석주
③	문형순	안병하	나석주	안종삼
④	이준규	최규식	정종수	나석주

정답 ③

난이도 하 중 상

해설 ㉠은 문형순 경감, ㉡은 안병하 치안감, ㉢은 나석주 의사, ㉣은 안종삼 서장에 대한 설명이다.

참고 임시정부 경찰의 주요 인물

1. 나석주 의사 : 임시정부 경무국 경호원 및 의경대원으로 활동하면서 식민지 수탈의 핵심인 『식산은행』과 『동양척식회사』에 폭탄을 투척하였다.
2. 김용원 열사 : 김구 선생의 뒤를 이어 제2대 경무국장을 역임하였다. 지병으로 인하여 귀국 후 군자금 모금, 체포 및 보석을 반복하다 옥살이의 후유증으로 1934년 순국하였다.
3. 김석 선생 : 의경대원으로 활동하면서 윤봉길 의사를 배후 지원하였다.
4. 김철 선생 : 의경대 심판을 역임하였다. 1932년 상하이에서 일제 경찰에 체포 및 감금되었고, 이 후 석방되었으나 1934년 고문 후유증으로 생애를 마감하였다.

참고 안종삼 구례경찰서장 – 예비검속 보도연맹사건

구례경찰서 안종삼 서장은 1950년 7월 24일 전쟁발발로 예비검속된 보도연맹원들에 대한 총살 명령이 내려오자 480명의 예비검속자 앞에서 "내가 죽더라도 방면하겠으니, 국가를 위해 충성해 달라"라고 연설한 후 전원을 방면하여 구명하였다.

0220

다음은 자랑스러운 경찰의 표상에 대한 서술이다. 해당 인물을 바르게 나열한 것은? | 20년 2차 순경 |

> ⊙ 성산포경찰서장 재직 시 계엄군의 예비검속자 총살 명령에 '부당함으로 불이행'한다고 거부하고 주민들을 방면함
> ⓒ 1946년 5월 미군정하 제1기 여자경찰간부로 임용되며 국립경찰에 투신하였고 1952년부터 2년간 서울여자경찰서장을 역임하며 풍속·소년·여성보호 업무를 담당함(여자경찰제도는 당시 권위적인 사회 속에서 선진적이고 민주적인 제도였음)
> ⓒ 5·18 광주 민주화운동 당시 무장 강경진압 방침이 내려오자 '분산되는 자는 너무 추적하지 말 것, 부상자가 발생하지 않도록 할 것' 등을 지시하여 비례의 원칙에 입각한 경찰권 행사 및 인권보호를 강조함
> ⓒ 임시정부 경무국 경호원 및 의경대원으로 활동하였고 1926년 12월 식민수탈의 심장인 식산은행과 동양척식회사에 폭탄을 투척하였음

① ⊙ 안맥결 ⓒ 문형순 ⓒ 최규식 ⓒ 나석주
② ⊙ 문형순 ⓒ 안맥결 ⓒ 안병하 ⓒ 나석주
③ ⊙ 안병하 ⓒ 문형순 ⓒ 나석주 ⓒ 이준규
④ ⊙ 문형순 ⓒ 안맥결 ⓒ 안병하 ⓒ 이준규

- **정답** ②
- **난이도** 하 중 상
- **해설** ⊙은 문형순 경감, ⓒ은 안맥결 총경, ⓒ은 안병하 치안감, ⓒ은 나석주 의사와 관련된 내용이다.

참고 민주·인권경찰의 표상 – 문형순 경감

① 신흥무관학교를 졸업한 독립군 출신으로 광복 이후 경찰간부로 경력채용되어 경찰에 입직함
② 제주 4·3사건 당시인 1948년 12월에 제주에서 검거된 좌익세력 총책의 명단에 연루된 100여명의 제주 주민들이 처형 위기에 처하자 당시 경찰서장 문형순은 이들에게 선처를 베풀어 자수토록 하고, 후에 자신의 결정으로 전원을 훈방하였다.
③ 1950년 8월 30일 성산포경찰서장으로 재직시 계엄군의 예비검속자 총살 명령에 대하여 "부당함으로 불이행한다"고 명령을 거부하며 278명을 방면함
④ 2018년 경찰영웅으로 선정

0221

다음은 한국경찰사에 있어서 자랑스러운 경찰의 표상에 관한 설명이다. ㉠~㉣에 해당하는 인물을 가장 바르게 나열한 것은?

| 19년 2차 순경 |

> ㉠ 1919년 대한민국 임시정부의 초대 경무국장이다.
> ㉡ 5·18 광주 민주화운동 당시 전남도경국장으로서, 과격한 진압을 지시했던 군과 달리 '분산되는 자는 너무 추격하지 말 것, 부상자 발생치 않도록 할 것' 등과 '연행과정에서 학생의 피해가 없도록 유의하라'고 지시하였다. 신군부의 명령을 어겼다는 이유로 직위해제를 당했다.
> ㉢ 공비들의 근거지가 될 수 있는 사찰을 불태우라는 상부의 명령에 대해 현명하게 대처하여 화엄사(구례), 선운사(고창), 백양사(장성) 등 여러 사찰과 문화재를 보호하였다.
> ㉣ 1968년 1·21 무장공비침투사건 당시 군 방어선이 뚫린 상황에서 격투 끝에 청와대를 사수하였으며, 순국으로 대한민국을 지켜내고 조국의 발전을 가능하게 한 영웅적인 사례로 평가받고 있다.

	㉠	㉡	㉢	㉣
①	김구	안병하	차일혁	정종수
②	김원봉	안병하	최규식	정종수
③	김구	차일혁	안병하	최규식
④	김구	최규식	안병하	차일혁

- **정답** ①
- **난이도** 하 중 상
- **해설** ㉠은 김구, ㉡은 안병하 치안감, ㉢은 차일혁 경무관, ㉣은 최규식 경무관 및 정종수 경사와 관련된 내용이다.

참고 호국·인권·문화경찰의 표상 – 차일혁 경무관

① 전북 18전투경찰대대장으로 재직시 남부군 사령관 이현상을 사살하고 빨치산을 토벌한 주역임(호국경찰)
② 빨치산 토벌 당시 이현상을 적장의 예우로써 화장해 주고, 생포한 공비들에 대하여 관용과 포용으로 귀순을 유도함(인권경찰 및 인본경찰)
③ 공비들의 근거지가 될 수 있는 사찰들을 불태우라는 상부의 명령에 대하여 "절을 태우는 데는 한나절이면 족하지만, 세우는 데는 천 년 이상의 세월로도 부족하다"라고 하며, 사찰의 문짝만 태움으로써 화엄사 등 사찰과 문화재를 보호함(문화경찰)
④ 충주경찰서장 재직 당시 충주직업소년학원을 설립하여 불우아동들에게 배움의 기회를 제공함(문화경찰)
⑤ 2019년 경찰영웅으로 선정

0222

다음은 한국경찰사에 대한 설명이다. 아래 (　)안에 들어갈 내용으로 가장 적절하게 짝지어진 것은?

| 22년 승진 |

> 안병하 치안감은 5·18 광주 민주화운동 당시 전라남도 경찰국장으로서 전라남도 경찰들에게 '분산되는 자는 너무 추적하지 말 것' 등을 지시하고, '연행과정에서 학생의 피해가 없도록 유의하라'고 지시하여 (㉠)에 입각한 경찰권 행사 및 시위대의 (㉡)를 강조하였다.

① ㉠-호국정신 ㉡-인권보호
② ㉠-비례의 원칙 ㉡-질서유지
③ ㉠-호국정신 ㉡-질서유지
④ ㉠-비례의 원칙 ㉡-인권보호

- **정답** ④
- **난이도** 상 중 하
- **해설** ㉠은 "비례의 원칙"을 강조한 것이며, ㉡은 인권보호 또는 인권존중을 강조한 것이다.

참고 민주·인권경찰의 표상 – 안병하 치안감

① 5·18 광주 민주화운동 당시에 무장 강경진압 명령이 내려오자 안병하 국장은 전남경찰들에게 분산되는 자는 추적하지 말 것을 지시하였고, 또한 부상자가 발생되지 않도록 할 것을 지시하였고, 연행과정에서는 학생들의 피해가 없도록 유의할 것을 당부하면서 『비례의 원칙』에 입각한 경찰권 행사 및 시위대에 대한 『인권보호』를 강조
② 신군부의 명령을 어긴 죄로 직위해제 당하고 10여일간 고문을 받은 후, 후유증으로 투병하다가 사망
③ 2017년 경찰영웅으로 선정

0223

한국경찰사에 길이 빛날 경찰의 표상에 대한 설명으로 가장 적절한 것은? | 21년 승진 |

① 안맥결 총경은 1950년 8월 30일 성산포경찰서장 재직시 계엄군의 예비검속자 총살 명령에 '부당함으로 불이행'한다고 거부하였다.
② 이준규 총경은 1957년 국립경찰전문학교 교수로 발령 받아 후배 경찰교육에 힘쓰다 1961년 5·16 군사 정변이 일어나자 군사정권에 협력할 수 없다며 사표를 제출하였다.
③ 문형순 경감은 1980년 5·18 광주 민주화운동 당시 비례의 원칙에 입각한 경찰권 행사 및 시위대의 인권보호를 강조하였다.
④ 백범 김구 선생은 1919년 상하이에 수립된 대한민국 임시정부의 초대 경무국장으로 취임 후 임시정부 경찰을 지휘하며 임시정부의 성공적 정착에 이바지하였다.

정답 ④
난이도 하 중 상
해설 ④는 옳은 설명이며, ①, ②, ③은 틀린 설명이다.

① ✗ 안맥결 총경은 도산 안창호 선생의 조카딸로서, 1910년 10월 평양 숭의여학교 재학 중 만세 시위에 참가하여 체포, 20일간 구금되었다. 미군정하 제1기 여성경찰간부로 임용되며, 경찰에 입직하였다. 1952년부터 2년 동안 서울여자경찰서장을 역임하며 풍속·소년·여성보호 등의 업무를 담당하였다. 보기의 내용은 문형순 경감에 대한 설명이다.

② ✗ 이준규 총경은 1980년 5·18 당시 목포서장으로서 안병하 국장의 방침에 따라 경찰 총기 등을 군 부대로 이동시키고, 자체 방호를 위해 가지고 있던 소총마저 격발할 수 없도록 방아쇠 뭉치를 제거함으로써 원천적으로 시민들과의 유혈충돌을 피하도록 조치하였다. 이에 목포에서는 사상자가 거의 나오지 않았다. 보기의 내용은 안맥결 총경에 대한 내용이다.

③ ✗ 문형순 경감은 제주 4·3사건 당시인 1948년 12월에 제주에서 검거된 좌익세력 총책의 명단에 연루된 100여명의 제주 주민들이 처형 위기에 처하자 당시 경찰서장 문형순은 이들에게 선처를 베풀어 자수토록 하고, 후에 자신의 결정으로 전원을 훈방하였다. 보기의 내용은 안병하 치안감에 대한 설명이다.

참고 민주·인권경찰의 표상 - 이준규 총경

① 1980년 5·18 당시 목포서장으로서 안병하 국장의 방침에 따라 경찰 총기 등을 군 부대로 이동시키고, 자체 방호를 위해 가지고 있던 소총마저 격발할 수 없도록 방아쇠 뭉치를 제거함으로써 원천적으로 시민들과의 유혈충돌을 피하도록 조치하였다. 이에 목포에서는 사상자가 거의 나오지 않았다.
② 신군부에 의해 직무유기 혐의로 구속되어 직위해제된 후 파면됨. 강경 진압 지시 거부 및 자위권 소홀 혐의로 군법회의에서 징역 1년의 선고유예를 받음
③ 2019년 형사판결 재심 무죄 선고 및 파면처분 직권취소 등 명예회복이 이루어짐

0224

한국 경찰사의 자랑스러운 경찰의 표상에 대한 설명 중 연결이 바르지 <u>않은</u> 것은?

| 20년 승진 |

① 빨치산 토벌의 주역이며, 화엄사 등 문화재를 수호한 인물 – 차일혁
② 5. 18. 광주 민주화 운동 당시 비례의 원칙에 입각한 경찰권 행사 강조 – 최규식
③ 1968년 무장공비 침투사건 당시 무장공비를 온몸으로 막아내고 순국 – 정종수
④ 1919년 상하이에서 수립한 대한민국 임시정부의 초대 경무국장 – 김구

- 정답 ②
- 난이도 하 중 상
- 해설 ①, ③, ④는 옳은 설명이며, ②는 틀린 설명이다.
  ② ❌ 5·18 광주 민주화 운동 당시 『비례의 원칙』에 입각한 경찰권의 행사를 강조한 인물은 안병하 치안감이다. 안병하 치안감은 5·18 광주 민주화운동 당시에 무장 강경진압 명령이 내려오자 전남경찰들에게 분산되는 자는 추적하지 말 것을 지시하고, 또한 부상자가 발생되지 않도록 할 것을 지시하였고, 연행과정에서는 학생들의 피해가 없도록 유의할 것을 당부하였다.

참고 민주·인권경찰의 표상 – 안병하 치안감

① 5·18 광주 민주화운동 당시에 무장 강경진압 명령이 내려오자 안병하 국장은 전남경찰들에게 분산되는 자는 추적하지 말 것을 지시하고, 또한 부상자가 발생되지 않도록 할 것을 지시하였고, 연행과정에서는 학생들의 피해가 없도록 유의할 것을 당부하면서 『비례의 원칙』에 입각한 경찰권 행사 및 시위대에 대한 『인권보호』를 강조
② 신군부의 명령을 어긴 죄로 직위해제 당하고 10여일간 고문을 받은 후, 후유증으로 투병하다가 사망
③ 2017년 경찰영웅으로 선정

0225

자랑스러운 경찰의 표상에 대한 서술이다. ㉠부터 ㉢까지의 내용에 해당하는 인물을 바르게 나열한 것은?

| 18년 승진 |

㉠ 1919년 상하이에서 수립한 대한민국 임시정부의 초대 경무국장
㉡ 1968년 무장공비 침투사건(1·21사태) 당시 종로경찰서 자하문 검문소에서 무장공비를 온몸으로 막아내고 순국함으로써 청와대를 사수하고 대한민국을 위기에서 건져 올린 호국경찰의 표상
㉢ 구례 화엄사 등 다수의 사찰을 소실로부터 구해내는 등 문화경찰의 발자취를 남긴 문화경찰의 표상
㉣ 5·18 광주 민주화운동 당시 전남도경국장으로서 비례의 원칙에 입각한 경찰권 행사와 시위대에 대한 인권 보호를 강조

① ㉠ 김원봉 ㉡ 최규식 ㉢ 차일혁 ㉣ 안병하
② ㉠ 김구 ㉡ 최규식 ㉢ 안병하 ㉣ 차일혁
③ ㉠ 김원봉 ㉡ 정종수 ㉢ 안병하 ㉣ 차일혁
④ ㉠ 김구 ㉡ 정종수 ㉢ 차일혁 ㉣ 안병하

정답 ④
난이도
해설 ㉠은 민족의 표상 김구, ㉡은 호국경찰의 표상 최규식 경무관 및 정종수 경사, ㉢은 호국·인권·문화경찰의 표상 차일혁 경무관, ㉣은 민주·인권경찰의 표상 안병하 치안감이다.

제 7 절 한국경찰사의 구분 - 통합문제

0226

갑오개혁 이후부터 일제강점기까지 시행된 법령 등에 대한 아래 가.부터 라.까지 설명 중 옳고 그름의 표시(O, X)가 바르게 된 것은?

| 73기 간부 |

> 가. 「행정경찰장정」은 최초의 경찰작용법으로서 행정경찰의 업무와 목적, 과잉단속 엄금, 순검 채용과 징계 등의 내용으로 구성되어 있다.
> 나. 「순검직무세칙」에는 순검이 근무 중 다치거나 순직했을 때 치료비와 장례비의 지급규정을 명시하고 있다.
> 다. 「범죄즉결례」는 일상생활과 관련된 97개의 행위를 처벌하는 조항으로 이루어져 있다.
> 라. 「치안유지법」은 반정부·반체제 운동을 막기 위해 1925년에 제정되었다.

① 가.(X), 나.(O), 다.(O), 라.(X)
② 가.(X), 나.(O), 다.(X), 라.(X)
③ 가.(O), 나.(X), 다.(O), 라.(O)
④ 가.(O), 나.(X), 다.(X), 라.(O)

 ④

 하 중 상

 "가", "라"는 옳은 설명이며, "나", "다"는 틀린 설명이다.

- 나. ✗ 「순검직무세칙」은 1896년 제정되었다. 내용의 핵심은 순검의 임용과 직무에 관한 것이다. 대표적으로는 ㉠ 민(民)의 피해예방, ㉡ 건강보호, ㉢ 방탕음일 제지, ㉣ 국법 위반자에 대한 탐포(탐지 및 포착) 등이다. 이 밖에도 감옥사무(간수 등), 죄인호송, 고위관리 경호를 맡았다. 순검의 근무 중 다치거나 순직했을 때의 치료비와 장례비 지급규정은 별도로 명시되어 있지 않다.
- 다. ✗ 「범죄즉결례」는 1910년 일본이 조선 지배를 강화하기 위하여 일정한 범죄나 법규 위반 행위에 대해서 재판을 거치지 아니하고 바로 처벌하도록 제정된 법령이다. 과료에 해당하는 범죄와 3개월 이하의 징역 또는 100원 이하의 벌금에 해당하는 범죄 또는 행정 법규 위반 따위가 여기에 해당되었다. 관련 처벌행위는 87개의 행위로 구성되어 있다.

참고 헌병경찰제도하의 법률 및 보통경찰제도하의 법률의 구분

구 분	내 용
헌병경찰제도	「보안법」, 「집회단속에 관한 법률」, 「신문지법」, 「출판법」, 「범죄즉결례」, 「조선태형령」, 「경찰범처벌규칙」, 「행정집행령」 등
보통경찰제도	「정치범처벌법」, 「치안유지법」, 「예비검속법」, 「조선임시보안령」 등

0227

일제강점기와 미군정 시기의 한국경찰에 대한 설명으로 가장 적절하지 않은 것은? | 72기 간부 |

① 미군정하에서는 조직법적, 작용법적 정비가 이루어지고 경찰제도의 개혁이 이루어져 경찰의 활동영역이 확대되었다.
② 광복 이후 신규경찰 채용과정에서 일제 강점기 경찰경력자들이 다수 임용되었으나, 독립운동가 출신들도 상당히 많이 채용되었다.
③ 의경대는 상해임시정부시기 운영된 경찰기구로서 교민사회의 안녕과 질서유지, 호구조사 등을 담당하였다.
④ 3·1운동을 계기로 헌병경찰제도에서 보통경찰제도로 전환되었다.

정답 ①

해설 ②, ③, ④는 옳은 설명이며, ①은 틀린 설명이다.
① ✗ 미군정시대에 경무국을 경무부로 승격시키고, 고등경찰을 폐지하였다. 또한 경제경찰업무를 경찰업무로부터 제외하고, 각종 치안입법(「정치범처벌법」, 「치안유지법」, 「예비검속법」, 「보안법」 등)을 정비함으로써 조직법적·작용법적 정비를 하였다. 그러나 당시의 미군정청은 좌익세력에 대항하기 위하여 부득이하게 식민지시대의 경찰조직 및 인력을 그대로 활용하는 정책을 실시하였다. 미군정시대에 경찰의 치안유지기능 이외의 기능을 다른 행정관서로 이관시키는 「비경찰화」 작업을 실시하여 경찰의 역할이 축소되었다.

참고	미군정시대의 경찰제도의 특성
구 분	내 용
조직법적·작용법적 정비	① 미군정시대에 경무국을 경무부로 승격시키고, 고등경찰을 폐지하였다. ② 또한 경제경찰업무를 경찰업무로부터 제외하고, 각종 치안입법(「정치범처벌법」, 「치안유지법」, 「예비검속법」, 「보안법」 등)을 정비함으로써 조직법적·작용법적 정비를 하였다. ③ 그러나 당시의 미군정청은 좌익세력에 대항하기 위하여 부득이하게 식민지시대의 경찰조직 및 인력을 그대로 활용하는 정책을 실시하였다.
비경찰화 작업	① 미군정시대에 경찰의 치안유지기능 이외의 기능을 다른 행정관서로 이관시키는 「비경찰화」 작업을 실시하여 경찰의 역할이 축소되었다. ② ㉠ 위생경찰을 위생국으로 이관, ㉡ 경제경찰 및 고등경찰의 폐지, ㉢ 소방업무를 시·읍·면·동의 소방부로 이관 등이 행해졌다.

0228

한국 경찰사에 대한 설명으로 적절한 것은 모두 몇 개인가?

| 72기 간부 |

> 가. 광복 이후 미군정은 일제가 운용하던 비민주적 형사제도를 상당 부분 개선하고, 영미식 형사제도를 도입하기로 하였는데, 1945년 미군정 법무국 검사에 대한 훈령 제3호가 발령되어 수사는 경찰, 기소는 검사 체제가 도입되며 경찰의 독자적 수사권이 인정되었다.
> 나. 경찰작용에 관한 기본법으로서 「경찰관 직무집행법」은 정부수립 이후 1948년 제정되었다.
> 다. 경찰법이 제정될 때까지 경찰체제의 근거가 되는 법률은 「정부조직법」이었다.
> 라. 한국경찰 최초의 작용법은 행정경찰장정이고, 한국경찰 최초의 조직법은 경무청관제직장이다.
> 마. 1969년 「경찰공무원법」이 처음으로 제정되어 그동안 「국가공무원법」에 의거하던 경찰공무원을 특별법으로 규율하게 되었다.

① 1개 ② 2개
③ 3개 ④ 4개

정답 ④

난이도 하 중 상

해설 "가", "다", "라", "마"는 옳은 설명이며, "나"는 틀린 설명이다.
나. ✗ 1953년 12월 경찰관의 권한행사의 한계를 규정한 **경찰작용에 관한 기본법**으로서, 「경찰관 직무집행법」이 공포되었다. 「경찰관 직무집행법」 제1조에 국민의 생명·신체·재산의 보호를 명문으로 규정하여 영미법적 사고가 최초로 반영되었다.

0229

한국 경찰의 역사와 제도에 대한 아래 사건들을 시대순으로 바르게 나열한 것은?

| 71기 간부 |

> 가. 국립과학수사연구소 설치
> 나. 「경찰공무원법」 제정
> 다. 「경찰관 직무집행법」 제정
> 라. 내무부 치안국을 치안본부로 개편

① 가-다-나-라 ② 다-가-라-나
③ 다-가-나-라 ④ 가-다-라-나

정답 ③

난이도 하 중 상

해설 「경찰관 직무집행법」 제정(1953년) → 국립과학수사연구소 설치(1955년) → 「경찰공무원법」 제정(1969년) → 내무부 치안국을 치안본부로 개편(1974년)

참고 광복 이후 현대적 경찰조직의 연혁

구 분	내 용
1945. 10. 21	국립경찰의 창설(우리나라 경찰의 창설기념일)
1946. 05. 15	최초의 여자경찰 모집
1947. 11. 25	중앙경찰위원회 설치(6인으로 구성)
1948. 09. 03	치안국 시대(내무부 치안국)
1949. 10. 18	경찰병원 설치
1953. 12. 14	「경찰관 직무집행법」의 제정(국민의 생명·신체 및 재산의 보호라는 영미법적 사고가 최초로 반영된 경찰작용에 관한 기본법)
1953. 12. 23	해양경찰대 설치
1954. 04. 21	「경범죄 처벌법」의 제정
1955. 03. 25	국립과학수사연구소 설치
1962. 04. 03	「청원경찰법」 제정
1966. 07. 01	경찰관 해외주재관 제도 신설
1966. 07. 12	경찰윤리헌장 제정
1968. 09. 01	전투경찰대 설치(1.21 김신조 사태 계기)
1969. 01. 07	「경찰공무원법」 제정(경정, 경장 2계급 신설)
1974. 12. 24	치안본부 시대(내무부 치안본부)
1975. 08. 26	내무부 치안본부의 소방업무가 내무부 민방위본부로 이관
1979. 12. 28	「경찰대학설치법」 제정(1981년 경찰대학 개교)
1982. 12. 31	의무경찰제도 도입
1991. 05. 31	「경찰법」 제정(경찰조직에 관한 기본법)
1991. 08. 01	경찰청 시대(내무부의 외청), 경찰헌장 제정, 경찰위원회 설치(국가경찰위원회)
1996. 08. 08	해양경찰청의 해양수산부로의 이관
1999. 05. 24	경찰서에 청문감사관제도 도입
1999. 12. 28	경찰청장 직속의 운전면허시험관리단 신설(운전면허시험장의 책임운영기관화) → 2010년 도로교통공단으로 변경
2000. 09. 29	사이버테러대응센터 신설
2004. 12. 31	파출소를 지구대·파출소 체제로 개편
2005. 12. 30	경찰병원의 책임운영기관화
2006. 07. 01	제주특별자치도 자치경찰출범
2020. 01. 13	경찰과 검찰의 대등 협력관계 구축(수사는 경찰, 기소는 검찰)
2021	① 자치경찰제의 시행(시·도지사 소속으로 시·도자치경찰위원회의 출범) ② 「경찰법」의 전면개정(「국가경찰과 자치경찰의 조직 및 운영에 관한 법률」) ③ 국가경찰사무와 자치경찰사무로의 구분 ④ 국가수사본부 신설(수사사무에 대한 배타적 지휘·감독권) ⑤ 「검사와 사법경찰관의 상호협력 및 일반적 수사준칙에 관한 규정」 등 시행
2022	① 행정안전부장관이 경찰국을 설치(경찰행정 지원 업무) ② 「행정안전부장관의 소속청장 지휘에 관한 규칙」(행정안전부령) 제정

0230

우리나라 경찰의 역사와 제도에 대한 설명이다. 시기가 올바르게 묶인 것은?

| 68기 간부 |

가. 1947년 경찰병원 설치
나. 1953년 경찰관 직무집행법 제정
다. 1956년 국립과학수사연구소 설치
라. 1966년 경찰관 해외주재관 제도 신설
마. 1970년 경찰공무원법 제정
바. 1974년 내무부 치안국을 치안본부로 개편
사. 1996년 해양경찰청을 해양수산부로 이관
아. 2005년 제주특별자치도 자치경찰출범

① 가, 나, 사, 아 ② 가, 라, 마, 아
③ 나, 라, 바, 아 ④ 나, 라, 바, 사

- **정답** ④
- **난이도**
- **해설** "나", "라", "바", "사"는 옳은 설명이며, "가", "다", "마", "아"는 틀린 설명이다.
  가. ✗ 경찰병원은 1949년에 설치되었다.
  다. ✗ 국립과학수사연구소는 1955년에 감식과를 폐지하면서 설치되었다.
  마. ✗ 「경찰공무원법」은 1969년 제정되었다.
  아. ✗ 제주특별자치도의 자치경찰은 2006년 출범하였다.

0231

한국 근·현대 경찰사에 관한 다음 설명 중 옳지 않은 것으로 묶인 것은? | 67기 간부 |

> 가. 1894년 일본각의 결정에 따라 '각아문관제'에서 처음으로 경찰이란 용어를 사용하였다.
> 나. 경무청의 장(경무사)은 경찰사무를 비롯해 감옥사무를 총괄하였으며, 범죄인을 체포·수사하여 법사에 이송하는 업무를 담당하였다.
> 다. 1906년 통감부가 설치되면서 헌병은 일본의 「헌병조례」에 의해 군사경찰업무와 사법경찰업무만을 수행하였다.
> 라. 미군정기에 고등경찰제도가 폐지되었으며, 정보업무를 담당할 정보과와 경제사범단속을 위한 경제경찰이 신설되었다.
> 마. 미군정기에 6인으로 구성된 중앙경찰위원회가 설치되었으며, 중요한 경무정책의 수립 및 경찰관리의 소환·심문·임면·이동 등에 관한 사항을 심의하였다.
> 바. 1991년 「경찰법」이 제정될 때까지 경찰체제의 근거가 되는 법률은 「경찰관 직무집행법」이었다.
> 사. 소방업무가 경찰업무에서 배제된 것은 소방업무가 민방위본부로 이관되면서부터이다.

① 가, 나, 다
② 다, 라, 마
③ 마, 바, 사
④ 다, 라, 바

- **정답** ④
- **난이도** 하 중 상
- **해설** "가", "나", "마", "사"는 옳은 설명이며, "다", "라", "바"는 틀린 설명이다.
  - 다. ❌ 1910년 9월 「헌병조례」에 의해서 헌병이 일반치안을 담당하는 법적 근거가 마련되어 헌병이 그 신분을 유지한 채 일반경찰관의 직무를 수행할 수 있게 하여 헌병과 경찰을 통합적으로 운영하였다. 헌병경찰은 첩보수집 및 의병토벌 등에 그치지 아니하고 민사소송 조정, 집달관 업무, 국경 세관 업무, 일본어 보급, 부업장려 등 광범위한 영향력을 행사하였다.
  - 라. ❌ 미군정기에 고등경찰제도가 폐지되었으며 경제경찰업무를 경찰업무로부터 제외하였다. 그리고 정보업무를 담당할 정보과가 신설되었다.
  - 바. ❌ 「경찰법」이 제정될 때까지 경찰체제의 근거가 되는 법률은 「정부조직법」이었다.

0232

한국경찰의 역사에 대한 다음 설명 중 옳은 것은 모두 몇 개인가?

| 66기 간부 |

> ㉠ 고구려와 동예에서는 절도범에게 12배의 배상책임을 묻는 일책십이법이 있었다.
> ㉡ 통일신라시대에 이르러 비로소 공무원에 해당하는 관인들의 범죄가 새롭게 처벌대상이 되었다.
> ㉢ 고려시대 순군만호부는 왕권보호를 위해 정치경찰적 활동을 수행하기도 하였다.
> ㉣ 조선시대 안찰사의 사법상 권한은 지방통치에서 발생하는 행정, 형사, 민사에 이르는 광범위하고도 포괄적인 것이었다.
> ㉤ 1894년에 제정된 경무청관제직장은 일본의 행정경찰규칙(1875)과 위경죄즉결례(1885)를 혼합하여 만든 한국경찰 최초의 경찰작용법이라 할 수 있다.
> ㉥ 1919년 3·1운동으로 인해 헌병경찰제도에서 보통경찰제도로 전환되면서 경찰의 직무범위는 축소되고 그 권한도 많이 약화되었다.

① 1개　　② 2개
③ 3개　　④ 4개

정답 ①

난이도 하 중 상

해설 ㉢은 옳은 설명이며, ㉠, ㉡, ㉣, ㉤, ㉥은 틀린 설명이다.

- ㉠ ✗ 부여와 고구려에서는 절도범에게 12배의 배상책임을 묻는 『일책십이법』이 있었다. 동예는 각 읍락마다 경계가 설정되어 있어서 서로 경계를 침범하는 일이 있으면 노예나 우마로써 배상하는 『책화제도』가 있었다.
- ㉡ ✗ 백제에는 관인수재죄(오늘날의 수뢰죄)를 처벌함으로써 공무원에 해당하는 관인들의 범죄가 새롭게 처벌의 대상이 되었다.
- ㉣ ✗ 조선시대 관찰사의 사법상 권한은 지방통치에서 발생하는 행정, 형사, 민사에 이르는 광범위하고도 포괄적인 것이었다. 안찰사는 고려시대의 지방관제이다.
- ㉤ ✗ 1894년 제정된 『경무청관제직장』은 한국 최초의 경찰조직법이라고 할 수 있으며, 일본의 『경시청제』를 모방한 것으로서 일본의 제도를 그대로 이식한 것이다. 일본의 『행정경찰규칙』과 『위경죄즉결례』를 혼합하여 만든 한국경찰 최초의 경찰작용법은 『행정경찰장정』이다.
- ㉥ ✗ 1919년 3·1운동으로 인해 일본의 헌병경찰제도는 보통경찰제도로 전환되었다. 그러나 기본으로는 경찰의 직무·권한은 변화되지 않았다. 즉, 종래 헌병이 행하던 것을 경찰관에게 이양한 것일 뿐, 치안유지를 중심으로 한 경찰 본래의 업무 외에도 각종 조장행정원조, 검사사무, 민사소송 조정사무, 집달관 사무 등도 그대로 수행되었다.

0233

한국경찰의 역사에 대한 다음 설명 중 옳은 것은 모두 몇 개인가?

 | 65기 간부 |

> ㉠ 동예에서는 각 읍락이 서로 경계를 침범하면 노예나 우마로써 배상하는 책화제도가 있었다.
> ㉡ 고구려에서는 천군이 관할하는 소도라는 별읍이 있어 죄인이 도망하여도 잡지 못하였다.
> ㉢ 한국 경찰 최초의 조직법은 행정경찰장정이고, 한국 경찰 최초의 작용법은 경무청관제직장이다.
> ㉣ 미군정 하에서 경제경찰·고등경찰·정보경찰이 폐지되는 등 비경찰화 작업이 진행되었다.
> ㉤ 미군정하에서 1947년 5인의 위원으로 구성된 중앙경찰위원회가 설치되었다.
> ㉥ 1968년 무장공비 침투사건(1.21 사태) 당시 종로경찰서 자하문 검문소에서 무장공비를 온몸으로 막아내고 순국함으로써, 청와대를 사수하고 대한민국을 위기에서 건져 올린 호국경찰의 표상은 최규식 경무관과 정종수 경사이다.

① 0개   ② 1개
③ 2개   ④ 3개

- **정답** ③
- **난이도** 하 중 상
- **해설** ㉠, ㉥은 옳은 설명이고, ㉡, ㉢, ㉣, ㉤은 틀린 설명이다.
  - ㉡ ✗ 삼한(마한, 변한, 진한)에서는 소도라는 별읍은 천군(천관)이 다스렸는데, 이 곳으로 죄인이 도망하여도 잡지 못하였으므로, 오늘날의 치외법권지역에 해당한다.
  - ㉢ ✗ 한국 경찰 최초의 조직법은「경무청관제직장」이고, 한국 경찰 최초의 작용법은「행정경찰장정」이다.
  - ㉣ ✗ 미군정 하에서 경제경찰·고등경찰이 폐지되는 등 비경찰화 작업이 이루어졌다. 다만, 미군정 하에서는 정보업무를 담당할 정보과를 신설하여 정보경찰 업무를 강화하였다.
  - ㉤ ✗ 미군정하에서 1947년 군정장관이 임명하는 6인의 위원으로 구성된「중앙경찰위원회」를 설치하여 경찰의 민주화를 추진하였다. 그러나, 성공을 거두지는 못하였다.

0234

한국경찰의 역사적 사실을 과거에서부터 현재 순으로 바르게 나열한 것은?

| 23년 2차 순경 |

> ㉠ 경찰청 사이버테러대응센터 신설
> ㉡ 경찰서비스헌장 제정
> ㉢ 국가수사본부 신설
> ㉣ 「경찰법」 제정
> ㉤ 제주특별자치도 자치경찰단 설치

① ㉣-㉡-㉠-㉤-㉢
② ㉡-㉣-㉤-㉠-㉢
③ ㉡-㉣-㉠-㉢-㉤
④ ㉣-㉠-㉡-㉤-㉢

- 정답 ①
- 난이도
- 해설 ㉠은 2000년, ㉡은 1998년, ㉢은 2021년, ㉣은 1991년, ㉤은 2006년

0235

우리나라 경찰의 역사에 관한 설명 중 가장 적절하지 <u>않은</u> 것은?

| 22년 2차 순경 |

① 고려시대 중앙에는 형부, 병부, 어사대, 금오위 등이 경찰업무를 수행하였고, 이 중 어사대는 관리의 비리를 규탄하고 풍속교정을 담당하는 등 풍속경찰의 임무를 수행하였다.
② 이준규 서장은 보도연맹원들에 대한 총살명령이 내려오자 480명의 예비검속자 앞에서 "내가 죽더라도 방면하겠으니 국가를 위해 충성해 달라"라는 연설 후 전원 방면하였다.
③ 정부수립 이후 1991년 이전 경찰의 특징을 살펴보면, 전투경찰업무가 경찰의 업무 범위에 추가되었고 소방업무가 경찰의 업무범위에서 배제되는 등 경찰활동의 영역에 변화가 있었다.
④ 구 「경찰법」이 「국가경찰과 자치경찰의 조직 및 운영에 관한 법률」로 개정됨에 따라 자치경찰사무를 관장하게 하기 위하여 특별시장·광역시장·특별자치시장·도지사·특별자치도지사 소속으로 시·도자치경찰위원회를 두었다.

- 정답 ②
- 난이도
- 해설 ①, ③, ④는 옳은 설명이며, ②는 틀린 설명이다.
  ② ✗ 이준규 총경은 <u>1980년 5·18 당시 목포서장</u>으로서 안병하 국장의 방침에 따라 경찰 총기 등을 군 부대로 이동시키고, 자체 방호를 위해 가지고 있던 소총마저 격발할 수 없도록 방아쇠 뭉치를 제거함으로써 <u>원천적으로 시민들과의 유혈충돌을 피하도록 조치</u>하였다. 이에 목포에서는 사상자가 거의 나오지 않았다. <u>보기의 설명은 안종삼 서장(구례경찰서장)</u>에 대한 설명이다.

0236

다음 설명 중 가장 적절한 것은? | 22년 1차 순경 |

① 1919년 3·1운동을 계기로 헌병경찰제도에서 보통경찰제도로의 전환은 이루어졌으나, 일본에서 제정된 「정치범처벌법」을 우리나라에 적용하는 등 일제의 탄압적 지배체제가 강화되었다.
② 미군정기에 고등경찰제도가 폐지되었으며, 경찰에 정보업무를 담당하는 정보과와 경제사범단속을 위한 경제경찰이 신설되었다.
③ 1953년 경찰작용의 기본법인 「경찰관 직무집행법」이 제정되어 경감 이상의 계급정년제가 도입되었고, 1969년 「경찰공무원법」이 제정되어 경정 및 경장 계급이 신설되었다.
④ 대한민국 정부 수립 이후 1974년 내무부 치안국이 치안본부로 개편되었고, 2006년 제주특별자치도 '자치경찰단'이 창설되었다.

- **정답** ④
- **난이도**
- **해설**

④는 옳은 설명이며, ①, ②, ③은 틀린 설명이다.
① ❌ 3·1운동을 계기로 헌병경찰제도에서 보통경찰제도로 전환되었지만, 기본적으로는 경찰의 직무·권한은 변화되지 않았다. 즉, 종래 헌병이 행하던 것을 경찰관에게 이양한 것일 뿐, 치안유지를 중심으로 한 경찰 본래의 업무 외에도 각종 조장행정원조, 검사사무, 민사소송 조정사무, 집달관 사무 등도 그대로 수행되었다. 또한 1919년 4월 제정된 악법인 조선총독부제령 제7호 「정치에 관한 범죄처벌의 건」에 의하여, 또한 1925년 일본에서 제정된 「치안유지법」이 우리나라에 그대로 적용되는 등 오히려 탄압체제가 강화되었다.
② ❌ 미군정시대에 경무국을 경무부로 승격시키고, 고등경찰을 폐지하였다. 또한 경제경찰업무를 경찰업무로부터 제외하고, 각종 치안입법(「정치범처벌법」,「치안유지법」,「예비검속법」,「보안법」등)을 정비함으로써 조직법적·작용법적 정비를 하였다. 1947년 3월 국민의 지원이나 이해가 없는 경찰활동은 성공하기 어렵다는 인식하에, 각 관구경찰청에 「경찰공보실」을 설치하였다. 또한 정보업무를 담당할 「정보과」가 신설되었다.
③ ❌ 1953년 12월 경찰관의 권한행사의 한계를 규정한 경찰작용에 관한 기본법으로서, 「경찰관 직무집행법」이 공포되었다. 1969년 1월 경찰공무원의 임용·교육훈련·복무·신분보장 등에 관하여 「국가공무원법」과는 별도로 규정한 「경찰공무원법」을 제정하여, 경찰관의 계급구조를 8개에서 10개로 확대하였다(경정·경장 2계급 신설).

0237

우리나라 경찰의 역사적 사실을 오래된 것부터 바르게 나열한 것은?

| 21년 2차 순경 |

㉠ 경찰윤리헌장 제정
㉡ 내무부 민방위본부 소방국으로 소방업무 이관
㉢ 경찰공무원법 제정
㉣ 경찰서비스헌장 제정
㉤ 치안본부에서 경찰청으로 승격

① ㉢-㉠-㉣-㉡-㉤
② ㉠-㉡-㉢-㉣-㉤
③ ㉠-㉢-㉡-㉤-㉣
④ ㉡-㉤-㉠-㉢-㉣

• 정답 ③
• 난이도
• 해설 ㉠ 경찰윤리헌장(1966년), ㉡ 내무부 민방위본부 소방국으로 소방업무 이관(1975년), ㉢ 「경찰공무원법」(1969년), ㉣ 경찰서비스헌장 제정(1998년), ㉤ 치안본부에서 경찰청으로 승격(1991년)

0238

다음은 한국 근·현대 경찰의 역사에 대한 설명이다. 아래 ㉠부터 ㉣까지의 내용 중 옳고 그름의 표시(O, X)가 바르게 된 것은? | 18년 2차 순경 |

> ㉠ '경무청관제직장'에 의해 당시의 좌·우포도청을 합하여 경무부를 신설하고, 경무부의 장으로 경무사를 두었다.
> ㉡ 미군정 시기에는 경찰이 담당하였던 위생사무가 위생국으로 이관되는 등 비경찰화 작업이 진행되었다.
> ㉢ 구한말 일본이 한국의 경찰권을 강탈해 가는 과정은 '경찰사무에 관한 취극서'-'재한국 외국인민에 대한 경찰에 관한 한일협정'-'한국 사법 및 감옥사무 위탁에 관한 각서'-'한국 경찰사무 위탁에 관한 각서'의 순서로 진행되었다.
> ㉣ 1953년 「경찰관 직무집행법」이 제정되었으며, 국민의 생명·신체·재산의 보호라는 영·미법적 사고가 반영되었다.

① ㉠(O) ㉡(O) ㉢(O) ㉣(O)
② ㉠(X) ㉡(O) ㉢(O) ㉣(O)
③ ㉠(X) ㉡(O) ㉢(X) ㉣(O)
④ ㉠(O) ㉡(X) ㉢(O) ㉣(X)

- **정답** ②
- **난이도**
- **해설** ㉡, ㉢, ㉣은 옳은 설명이며, ㉠은 틀린 설명이다.

㉠ X 「경무청관제직장」에 의해 당시의 좌·우포도청을 합하여 『경무청』을 신설하고, 경무청의 장으로 『경무사』를 두었다. 1894년 7월 14일에 제정된 「경무청관제직장」은 한국 최초의 경찰조직법이라고 할 수 있으며, 일본의 「경시청제」를 모방한 것으로서 일본의 제도를 그대로 이식한 것이다. 경무청을 내무아문에 예속시켜 한성부 내(전국관할이 아님) 일체의 경찰사무와 감옥사무를 총괄하도록 하였다. 경무청에는 그 수장인 경무사를 두었다. 이때부터 경찰이 행정 및 군사기능과 분리되기 시작한다.

참고 한국경찰권의 상실과정

구 분	내 용
경찰사무에 관한 취극서 (1908.10.29)	일본의 이사청경찰이 맡아 왔던 재한국 일본인에 대한 경찰사무의 지휘·감독권을 일본관헌의 지휘·감독을 받아 일본계 한국경찰관이 행사하도록 위양하였다.
재한국 외국인민에 대한 경찰에 관한 한일협정 (1909.3.15)	재한국 외국인에 대한 경찰사무의 지휘·감독권을 일본관헌의 지휘·감독을 받아 일본계 한국경찰관이 행사하도록 위양하였다.
한국 사법 및 감옥사무위탁에 관한 각서 (1909.7.12.)	한국의 사법경찰권을 포함하는 사법과 감옥사무가 일본에 위탁됨으로써 한국경찰의 절반은 일본에게 넘어가게 되었다.
한국경찰사무 위탁에 관한 각서 (1910.6.24.)	한국의 경찰사무를 완전히 일본국 정부에 위탁하였다.
한일합병조약 (1910.8.22.)	한국의 주권이 완전히 상실되었다.

0239

우리나라 경찰의 역사와 제도에 대한 설명이다. 시대 순으로 나열한 것은?

| 18년 1차 순경 |

- ㉠ 「경찰법」 제정
- ㉡ 「경찰관 직무집행법」 제정
- ㉢ 최초로 여성 경찰관 채용
- ㉣ 제주 자치경찰 출범
- ㉤ 내무부 치안국을 치안본부로 개편

① ㉡-㉢-㉤-㉣-㉠
② ㉡-㉢-㉤-㉠-㉣
③ ㉢-㉡-㉠-㉤-㉣
④ ㉢-㉡-㉤-㉠-㉣

- 정답 ④
- 난이도
- 해설 ㉠은 1991년(경찰청 시대), ㉡은 1953년(치안국시대), ㉢은 1946년(미군정시대), ㉣은 2006년(경찰청 시대), ㉤은 1974년(치안본부 시대의 시작)

0240

우리나라 경찰의 역사와 제도에 대한 설명이다. 과거에서 현재 순으로 가장 바르게 나열한 것은?

| 17년 2차 순경 |

- ㉠ 경찰관 해외주재관제도 신설
- ㉡ 「경찰관 직무집행법」 제정
- ㉢ 경찰위원회 신설(현재는 국가경찰위원회)
- ㉣ 「경찰공무원법」 제정
- ㉤ 내무부 치안국을 치안본부로 개편

① ㉡-㉠-㉤-㉣-㉢
② ㉡-㉠-㉣-㉤-㉢
③ ㉡-㉣-㉠-㉤-㉢
④ ㉣-㉡-㉤-㉢-㉠

- 정답 ②
- 난이도
- 해설 ㉠은 1966년(치안국시대), ㉡은 1953년(치안국시대), ㉢은 1991년(경찰청시대), ㉣은 1969년(치안국시대), ㉤은 1974년(치안본부시대)

0241

갑오개혁 이후 경찰제도에 관한 다음 설명 중 가장 적절한 것은? |14년 2차 순경|

① 「경무청관제직장」은 일본의 '행정경찰규칙(1875)' 과 '위경죄즉결례(1885)'를 혼합하여 만든 한국 경찰 최초의 작용법이다.
② 「경찰사무에 관한 취극서」는 재한국 외국인에 대한 경찰사무의 지휘감독권을 일본관헌의 지휘감독을 받아 일본계 한국경찰관이 행사토록 하는 내용이 있다.
③ 미군정 시대에는 일제강점기의 경찰제도와 인력에 대한 전면적인 개혁이 시행되었다.
④ 경찰법의 제정으로 경찰위원회(현재는 국가경찰위원회)가 도입되었고, 경찰청장과 시·도경찰청장도 경찰관청으로서의 지위를 갖게 되었다.

 ④

④는 옳은 설명이며, ①, ②, ③은 틀린 설명이다.
① ❌ 1894년 제정된 「경무청관제직장」은 한국 최초의 경찰조직법이라고 할 수 있으며, 일본의 「경시청제」를 모방한 것으로서 일본의 제도를 그대로 이식한 것이다. 보기의 내용은 「행정경찰장정」에 대한 설명이다.
② ❌ 「경찰사무에 관한 취극서」는 일본이 재한국 일본인에 대한 경찰사무의 지휘·감독권을 일본 관헌의 지휘·감독을 받아 일본계 한국경찰관이 행사하도록 위양한 것을 말한다. 보기의 내용은 「재한국 외국인민에 대한 경찰에 관한 한일협정」에 대한 설명이다.
③ ❌ 미군정시대에는 미군정청은 좌익세력에 대응하기 위하여 부득이하게 식민지시대의 경찰 조직 및 인력을 그대로 활용하는 정책을 실시하였다.

0242

경찰의 역사와 제도에 대한 설명으로 가장 적절하지 않은 것은?

| 20년 승진 |

① 대한민국 임시정부 초대 경무국장은 백범 김구이며, 대한민국 경찰 역시 임시정부의 경찰활동 또는 경찰 정신을 계승하고 있다고 보아야 할 것이다.
② 미군정 시기에는 경찰작용에 관한 기본법인 「경찰관 직무집행법」이 제정되는 등 조직·작용법적 정비가 이루어졌다.
③ 1946년 이후 중앙행정기관이었던 경무부(警務部)가 1948년 「정부조직법」상에서 내무부 산하의 국(局)으로 격하되었다.
④ 1969년 「국가공무원법」의 특별법인 「경찰공무원법」이 제정되었다.

- **정답** ②
- **난이도** 하 중 상
- **해설**
  ①, ③, ④는 옳은 설명이며, ②는 틀린 설명이다.
  ② ✗ 치안국시대(1948~1974)에 해당하는 1953년 12월 경찰관의 권한행사의 한계를 규정한 경찰작용에 관한 기본법으로서, 「경찰관 직무집행법」이 공포되었다. 「경찰관 직무집행법」 제1조에 국민의 생명·신체·재산의 보호를 명문으로 규정하여 영미법적 사고가 최초로 반영되었다.

> **참고** 민족의 사표 – 백범 김구 선생
> ① 1919년 상해에서 수립한 대한민국 임시정부의 초대 경무국장
> ② 1932년에는 직접 대한교민단 의경대장으로 취임하여 일제의 밀정 색출, 친일파 처단 및 교민사회의 질서유지 등 임무수행
> ③ 1940년에는 대한민국 임시정부 주석으로 선출
> ④ 광복 후에는 1947년 『민주경찰』 창간호에서 자주독립과 민주경찰의 중요성을 강조함

0243

갑오개혁 이후 한국 경찰의 역사와 제도에 대한 설명으로 가장 적절한 것은? | 19년 승진 |

① 1894년에 제정된 행정경찰장정은 일본의 행정경찰규칙(1875년)과 위경죄즉결례(1885년)를 혼합하여 만든 한국경찰 최초의 경찰작용법으로 영업·시장·회사 및 소방·위생, 결사·집회, 신문잡지·도서 등 광범위한 영역의 사무가 포함되었다.
② 1919년 3·1운동을 계기로 보통경찰제도로 전환되면서 경찰의 업무영역에 많은 변화가 발생하였으며, 이를 기화로 정치범처벌법을 제정하여 단속체계를 갖추었다.
③ 미군정시대에는 경찰의 이념에 민주적인 요소가 도입되면서 최초로 6인으로 구성된 '중앙경찰위원회'가 설치되었으며 경제경찰, 정보경찰 등의 사무가 폐지되는 등 비경찰화가 이루어졌다.
④ 최규식 경무관은 1968년 무장공비침투사건 당시 공비들의 근거지가 될 수 있는 사찰들을 불태우라는 상부의 명령에도 불구하고 화엄사, 천은사, 선운사 등 우리 문화재를 수호한 문화경찰의 표본이다.

- **정답** ①
- **난이도**
- **해설** ①은 옳은 설명이며, ②, ③, ④는 틀린 설명이다.
  - ② ✗ 헌병경찰제도하에서 1919년 3·1운동을 계기로 보통경찰제도로 전환되었다. 그러나 기본적으로는 경찰의 직무·권한은 변화되지 않았다. 즉, 종래 헌병이 행하던 것을 경찰관에게 이양한 것일 뿐, 치안유지를 중심으로 한 경찰 본래의 업무 외에도 각종 조장행정원조, 검사사무, 민사소송 조정사무, 집달관 사무 등은 그대로 수행되었다. 3·1운동을 계기로 1919년 4월 제정된 악법인 조선총독부제령 제7호 「정치에 관한 범죄처벌의 건」에 의하여, 또한 1925년 일본에서 제정된 「치안유지법」이 우리나라에 그대로 적용되는 등 오히려 탄압체제가 강화되었다.
  - ③ ✗ 미군정시대에는 경제경찰은 폐지되는 등 비경찰화 작업이 이루어졌으나, 정보경찰은 폐지되지 않았다. 오히려 정보업무를 담당할 정보과가 신설되었다.
  - ④ ✗ 최규식 경무관은 정종수 경사와 함께 1968년 1.21 무장공비침투사건(김신조 사건) 당시 격투 끝에 청와대를 사수하는 공적을 세운 인물이다. 군 방어선이 뚫린 상태에서 경찰관 최규식·정종수의 순국으로 대한민국을 지켜낸 영웅적인 사례로 기록되고 있다. 보기의 내용은 차일혁 경무관에 대한 설명이다.

0244

한국경찰의 역사와 제도에 대한 설명이다. 시대 순으로 가장 바르게 나열한 것은?

| 17년 승진 |

> ㉠ 「경찰법」 제정
> ㉡ 「경찰관 직무집행법」 제정
> ㉢ 「경찰공무원법」 제정
> ㉣ 중앙경찰위원회(6인) 설치

① ㉡-㉣-㉠-㉢
② ㉡-㉣-㉢-㉠
③ ㉣-㉡-㉠-㉢
④ ㉣-㉡-㉢-㉠

• 정답 ④
• 난이도
• 해설 ㉠은 1991년(경찰청 시대), ㉡은 1953년(치안국 시대), ㉢은 1969년(치안국 시대), ㉣은 1947년(미군정시대)

0245

한국경찰사에 관한 설명으로 가장 적절하지 않은 것은? |23년 특채|

① 우리나라에 근대적 의미의 경찰개념이 도입된 것은 갑오개혁 이후로 이 시기에 처음으로 경찰이라는 용어를 사용하였다.
② 한국경찰사 주요 인물 중 1936년 임시정부 군자금 조달 혐의로 5개월간 구금된 인물은 도산 안창호 선생의 조카딸인 안종삼이다.
③ 미군정 시기에는 광범위하게 이루어지던 행정경찰사무가 경찰의 관할에서 분리되는 비경찰화 작업이 진행되었다.
④ 1953년 「경찰관 직무집행법」이 제정되었으며, 국민의 생명·신체·재산의 보호라는 영·미법적 사고가 반영되었다.

- **정답** ②
- **난이도** 하 중 상
- **해설**
  ①, ③, ④는 옳은 설명이며, ②는 틀린 설명이다.
  ② ✗ 도산 안창호 선생의 조카딸로서, 1910년 10월 평양 숭의여학교 재학 중 만세시위에 참가하여 체포되어 20일간 구금되었으며, 1936년 임시정부 군자금 조달 혐의로 5개월간 구금된 인물은 「안맥결 총경」이다. 안맥결 총경은 1946년 5월 미군정하 제1기 여성경찰간부로 임용되며, 경찰에 입직하였다. 1952년부터 2년 동안 서울여자경찰서장을 역임하며 풍속·소년·여성보호 등의 업무를 담당하였으며, 1957년 국립경찰전문학교 교수로 발령받은 후 후배경찰 교육에 힘쓰다 1961년 5·16군사정변이 발생하자 군사정권에 협력할 수 없다며 사표를 제출하였다. 보기에서 설명하고 있는 「안종삼 서장」은 구례경찰서 서장으로 재직 시 1950년 7월 24일 전쟁발발로 예비검속된 보도연맹원들에 대한 총살 명령이 내려오자 480명의 예비검속자 앞에서 "내가 죽더라도 방면하겠으니, 국가를 위해 충성해 달라"라고 연설한 후 전원을 방면하여 구명하였다.

참고 제1기 여성경찰간부 - 안맥결 총경

① 도산 안창호 선생의 조카딸로서, 1910년 10월 평양 숭의여학교 재학 중 만세시위에 참가하여 체포되어 20일간 구금됨
② 1936년 임시정부 군자금 조달 혐의로 5개월간 구금
③ 1937년 일제가 조작한 수양동우회 사건으로 만삭의 몸으로 서대문형무소에 수감 후 가석방됨
④ 1946년 5월 미군정하 제1기 여성경찰간부로 임용되며, 경찰에 입직함
⑤ 1952년부터 2년 동안 서울여자경찰서장을 역임하며 풍속·소년·여성보호 등의 업무를 담당함
⑥ 1957년 국립경찰전문학교 교수로 발령받은 후 후배경찰 교육에 힘쓰다 1961년 5·16군사정변이 발생하자 군사정권에 협력할 수 없다며 사표를 제출함

참고 안종삼 구례경찰서장 - 예비검속 보도연맹사건

구례경찰서 안종삼 서장은 1950년 7월 24일 전쟁발발로 예비검속된 보도연맹원들에 대한 총살 명령이 내려오자 480명의 예비검속자 앞에서 "내가 죽더라도 방면하겠으니, 국가를 위해 충성해 달라"라고 연설한 후 전원을 방면하여 구명하였다.

POLICE SCIENCE

서진호 경찰학 기출문제집

제 3 장

외국경찰의 역사와 제도

0246

20세기 초 미국경찰에 대한 설명으로 적절하지 않은 것은 모두 몇 개인가?

|73기 간부|

> 가. 위커샴 위원회(Wickersham Commission) 보고서에서는 경찰전문성 향상을 위해 경찰관 채용기준 강화, 임금 및 복지개선, 교육훈련 증대의 필요성이 제기되었다.
> 나. 오거스트 볼머(August Vollmer)는 경찰관 선발을 지원하기 위해서 지능·정신병·신경학 검사를 도입했다.
> 다. 윌슨(O. W. Wilson)은 1인 순찰제의 효과성에 관한 체계적인 연구를 수행했다.
> 라. 루즈벨트(F. D. Roosevelt) 대통령의 지시로 1908년 최초의 연방수사 기구가 재무부에 창설되었다.

① 1개   ② 2개
③ 3개   ④ 4개

- **정답** ①
- **난이도**
- **해설**

"가", "나", "다"는 옳은 설명이며, "라"는 틀린 설명이다.

라. ❌ 루즈벨트 대통령의 지시로 1908년 최초의 연방수사 기구로 법무부 수사국이 설립되었다. 수사국이 향후 연방수사국으로 명칭이 변경되었다.

참고 미국 경찰의 역사와 제도 – 개혁시대(1920년 이후)

구 분	내 용
연방범죄수사국의 창설	1908년 루즈벨트 대통령의 지시로 연방정부에 최초로 전담범죄수사기관으로 법무부 『수사국』이 설치되었고, 1935년에 『연방범죄수사국』으로 변경되었다.
위커샴 위원회	① 1929년 『위커샴 위원회』로 널리 알려진 『법 준수 및 집행에 관한 실태조사위원회』가 설치되었다. ② 『위커샴 위원회』는 경찰 전문성의 부족에 대하여 비판하며, ㉠ 경찰에 대한 정치적 간섭의 배제, ㉡ 경찰관 채용기준의 강화, ㉢ 더 나은 임금 및 부가이익을 통한 경찰관의 근무조건 개선, ㉣ 더 많은 교육훈련 등을 주장하였다.
오거스트 볼머 (August Vollmer)	① 오거스트 볼머(August Vollmer)는 미국 경찰을 전문화하기 위해 많은 활동들을 제도화하였다. 즉, 경찰교육훈련의 일부로서 대학 교육훈련을 실시하였다. ② 오거스트 볼머는 캘리포니아 대학에 범죄학부의 개설을 지원하였는데, 이는 미국 전역의 법학 및 형사사법학과와 관련된 프로그램들의 모델이 되었다. ③ 오거스트 볼머는 『현대 미국경찰의 아버지』로서 여겨진다.
O. Wilson의 경찰개혁	① O. Wilson은 상관인 오거스트 볼머의 경찰전문화 운동을 계승하여 경찰개혁 방안을 제시하였다. ② 대표적으로는 ㉠ 전문직업 경찰제도, ㉡ 자동차를 이용한 순찰 및 1인 순찰제, ㉢ 무선통신의 효율성을 통한 경찰업무의 혁신, ㉣ 주기적인 담당구역의 변경 및 시민의 신고에 대한 즉응체제 구축 등을 제시하였다.

0247

외국의 경찰에 대한 설명으로 가장 적절하지 않은 것은? | 72기 간부 |

① 미국은 경찰업무의 집행에 있어 범죄대응의 효율성보다는 인권보장에 중점을 두어 적법절차(Due Process of Law)를 강조하는데, 이는 연방대법원의 판결을 통해 확립되어 있다.
② 프랑스 군인경찰은 군인의 신분으로 국방임무를 수행하면서, 행정경찰과 사법경찰의 기능을 수행한다.
③ 일본 경찰은 일반적으로 수사의 개시·진행권 및 종결권을 가지고 있으며, 검찰과 상호대등한 협력관계를 이룬다.
④ 독일 경찰은 연방차원에서는 각 주(州)가 경찰권을 가지고 있는 자치경찰이지만, 주(州)의 관점에서 본다면 주(州) 내무부장관을 정점으로 하는 주(州) 단위의 국가경찰체제이다.

정답 ③

해설
①, ②, ④는 옳은 설명이며, ③은 틀린 설명이다.
③ ✗ 일본의 경찰은 영장청구권을 가지고 독자적 수사를 할 수 있는 1차적 수사기관이 되고, 검찰은 공소권의 전담자로서 필요한 경우에 스스로 수사를 할 수 있도록 하여, 결국 수사에서 경찰과 검찰의 관계는 상호협력관계(상호대등관계 ✗)로 되었다.

참고 국가별 사법제도의 구분

구 분	영국·미국	독일·프랑스	일본
경찰과 검찰의 관계	상호협력관계	수직적 관계(상명하복)	상호협력관계
기소권		검찰	
수사권	경찰	검찰	경찰(1차), 검찰(2차)
수사종결권	경찰	검찰	검찰
영장청구권	경찰	검찰	경찰 및 검찰

참고 미국 연방대법원의 판결(적법절차의 원칙)

맬러리(Mallory) 사건 (1957년)	체포 후 즉시 법관에게 인치하지 않고 구금 중에 받은 자백의 능력을 부정하였다.
맵(Map) 판결 (1961년)	불법적인 수색과 압수로 수집한 증거는 피고인에게 불리하게 사용될 수 없다.
에스코베도(Escobedo) 판결 (1964년)	변호인과의 접견교통권을 침해하여 획득한 자백의 증거능력을 부정하였다.
미란다(Miranda) 판결 (1966년)	경찰관은 신문 전에 피의자에게 묵비권, 피의자의 진술이 법정에서 불리하게 작용될 수 있다는 것, 변호인 선임권 등 피의자의 권리를 고지하여야 한다고 판시하였다.

0248

다른 나라의 경찰제도에 대한 설명으로 적절하지 <u>않은</u> 것은 모두 몇 개인가?

| 7171 간부 변형 |

> 가. 일본의 관구경찰국은 동경 경시청과 북해도 경찰본부 관할구역을 제외하고 전국에 6개가 설치되어 있다.
> 나. 프랑스의 군인경찰(La Gendarmerie Nationale)은 국립경찰이 배치되지 않는 소규모 인구의 소도시와 농촌 지역에서 경찰업무를 수행한다.
> 다. 독일의 연방헌법보호청은 경찰기관의 하나로서 법집행업무를 수행하는데, 헌법위반과 관련된 사안에 대해서만 구속·압수·수색 등 강제수사를 할 수 있다.
> 라. 미국의 군 보안관(County Sheriff)은 범죄수사 및 순찰 등 모든 경찰권을 행사하며, 대부분의 주에서 군 보안관 선출은 지역주민의 선거로 이루어진다.
> 마. 영국의 지방경찰은 기존의 3원 체제(지방경찰청장, 지방경찰위원회, 내무부장관)에서, 4원 체제(지역치안위원장, 지역치안평의회, 지방경찰청장, 내무부장관)로 변경하면서 자치경찰의 성격을 강화하였다.

① 없음
② 1개
③ 2개
④ 3개

- **정답** ②
- **난이도** 하 중 상
- **해설** "가", "나", "라", "마"는 옳은 설명이며, "다"는 틀린 설명이다.

> 다. 독일의 『연방헌법보호청』은 극좌·극우의 합법·비합법단체, 스파이 등 독일 「기본법」 위반의 혐의가 있는 모든 행위에 대하여 감시업무와 정보수집 및 분석업무를 담당한다. 연방헌법보호청은 경찰기관의 하나이긴 하지만, 법률상 집행업무를 할 수 없고, 경찰권한도 없어서 구속·압수·수색을 할 수 없고, 신문을 위한 소환이나 강제수단도 행할 수 없다. 또한 연방헌법보호청과 『주헌법보호청』은 조직상 상하관계가 아니고, 각각 독립하여 헌법보호와 관련된 일을 하며, 서로 긴밀한 협조 및 연락체계를 유지한다.

참고 독일 경찰의 역사와 제도 - 연방헌법보호청

① 『연방헌법보호청』은 극좌·극우의 합법·비합법단체, 스파이 등 「기본법」 위반의 혐의가 있는 모든 행위에 대하여 감시업무와 정보수집 및 분석업무를 담당한다.
② 연방헌법보호청은 경찰기관의 하나이긴 하지만, 법률상 집행업무를 할 수 없고, 경찰 권한도 없어서 구속·압수·수색을 할 수 없고, 신문을 위한 소환이나 강제수단도 행할 수 없다.
③ 수사단계에서는 수사권을 가진 연방범죄수사청이나 주 경찰에 사건을 이관해야 한다.
④ 또한 연방헌법보호청과 『주헌법보호청』은 조직상 상하관계가 아니고, 각각 독립하여 헌법보호와 관련된 일을 하며, 서로 긴밀한 협조 및 연락체계를 유지한다.독일 경찰의 역사와 제도 - 연방헌법보호청

0249

프랑스 경찰개념의 발달과정에 대한 설명으로 가장 적절하지 않은 것은? | 71기 간부 |

① 11세기경 프랑스에서는 법원과 경찰기능을 가진 프레보(Prevot)가 파리에 도입되었고, 프레보는 왕이 임명하였다.
② 프랑스에서 경찰권이론은 14세기에 등장하였는데, 이 이론에 따르면 군주는 개인 간의 결투와 같은 자구행위를 억제하기 위하여 공동체의 원만한 질서를 보호할 권리와 의무를 갖고 있으며, 이를 위한 필수불가결한 조치를 경찰권에 근거하여 갖고 있다고 보았다.
③ 14세기 프랑스 경찰권 개념은 라 폴리스(La Police)라는 단어에 의해 대표되었는데, 이 단어의 뜻은 초기에는 '공동체의 질서 있는 상태'를 의미했다가 나중에는 '국가목적 또는 국가작용'을 의미하였다.
④ 15세기 말 프랑스에서 독일로 도입된 경찰권이론은 '국민의 공공복리를 위해 강제력을 동원할 수 있는 통치자의 권한'으로 인정되어 절대적 국가권력의 기초를 제공하였다.

정답 ③
난이도 하 중 상
해설 ①, ②, ④는 옳은 설명이며, ③은 틀린 설명이다.
③ ✗ 14세기 말 프랑스에서 경찰(La Police)이라는 용어는 국가목적을 위한 모든 국가작용 또는 국가의 평온한 질서 있는 상태를 의미하였다. 그 후 15세기 말 프랑스의 경찰개념이 독일로 계승되어 종래 봉건영주의 통치권과 결부되어 공공의 질서와 복리를 위한 특별한 통치권으로서의 경찰권이라는 말이 사용되었다. 이 시기의 경찰은 공동체의 질서 있는 상태를 유지하기 위한 모든 활동, 즉 국가행정전체를 의미하였다.

참고 프랑스 경찰의 역사와 제도 - 프레보(국왕친위순찰대)

① 1032년 파리 내의 치안을 유지하기 위하여 『국왕친위순찰대』인 『프레보』를 창설하였다.
② 프레보는 재판 및 경찰을 담당하고, 이것이 오늘날 경찰서장의 시초로 해석되고 있다.

참고 대륙법계 경찰개념의 역사적 변천과정

구 분	내 용
고대시대	국가의 모든 작용 + 도시국가에 관한 일체의 정치(= 헌법)
14세기 말 프랑스(중세시대)	국가목적을 위한 모든 국가작용 + 국가의 평온한 질서 있는 상태
15세기 말 독일(중세시대)	공동체의 질서 있는 상태 + 국가행정 전체
16세기 독일(중세시대)	교회행정을 제외한 국가행정 전반
17세기 독일(경찰국가시대)	국가행정 중 내무행정 + 적극적 복지증진
18세기(법치국가시대)	내무행정 중 치안행정 + 적극적인 복지경찰분야 제외 + 소극적인 위험방지활동에 제한
20세기 이후(현대시대)	비경찰화 작업 + 적극적인 치안서비스

0250

각 국의 수사기관에 관한 설명으로 가장 적절하지 않은 것은? | 23년 1차 순경 |

① 영국의 국립범죄청(NCA)은 2013년 중대조직범죄청(SOCA)과 아동범죄대응센터(CEOPC)를 통합하여 출범하였다.
② 미국의 연방수사국(FBI)은 2001년 9.11 테러 이후 테러예방과 수사에 많은 역량을 집중시키고 있다.
③ 독일의 연방범죄수사청(BKA)은 연방헌법기관 요인들에 대한 신변경호도 담당한다.
④ 한국의 국가수사본부는 고위공직자범죄등에 관한 수사를 독립적으로 수행하기 위하여 법무부장관 소속으로 설치되었다.

- **정답** ④
- **난이도**
- **해설**

①, ②, ③은 옳은 설명이며, ④는 틀린 설명이다.

④ ✗ 경찰청에 국가수사본부를 두며, 국가수사본부장은 치안정감으로 보한다(동법 제16조 제1항). 국가수사본부장은 「형사소송법」에 따른 경찰의 수사에 관하여 각 시·도경찰청장과 경찰서장 및 수사부서 소속 공무원을 지휘·감독한다(동법 제16조 제2항). 따라서, 국가수사본부는 법무부장관 소속도 아니며, 고위공직자범죄등에 관한 수사를 독립적으로 수행하기 위하여 「고위공직자범죄수사처(공수처)를 설치·운영하고 있다.

참고 영국 경찰의 역사와 제도 - 국립범죄청

구 분	내 용
연 혁	① 영국 경찰은 조직적인 범죄나 테러사건 등에 효율적으로 대응하기 위하여 1992년 국립범죄정보국(NCIS), 1997년에 국립범죄수사국(NCS)을 설치하였다. ② 이후 국립범죄정보국과 국립범죄수사국을 통합하여 2006년 국립조직범죄수사청(SOCA)이 설립되었다. ③ 국립조직범죄수사청은 아동착취 및 온라인 아동범죄대응센터(CEOPC)를 흡수하여 2013년 국립범죄청이 설립되었다.
특 징	① 내무부 산하의 수사기관으로서 내무부의 지원을 받지만, 그 활동은 내무부로부터 독립되어 있다. ② 지역경찰과의 협력을 위해 내무부장관이 지방경찰청장 중 국립범죄청장을 임명한다.

참고 독일 경찰의 역사와 제도 - 연방범죄수사청

① 「연방범죄수사청」은 범죄수사분야에서 각 주의 협조 및 지원을 행하는 관서이다.
② 각 주에서 발생하는 범죄의 수사는 원칙적으로 주의 권한에 속하지만, 연방범죄수사청은 관할 주 수사기관의 요청 또는 위임, 연방내무부장관의 지시, 연방검사의 요청이 있을 경우에만 제한적으로 수사업무를 담당하게 된다.
③ 연방정부 내무부소속으로 국제범죄, 조직범죄, 마약, 화폐위조, 국제공조수사에 대한 수사권과 범죄정보수집 및 분석, 주 경찰에 대한 지원, 요인경호 임무를 수행하고 있다.

제 4 장

경찰행정법 I - 경찰행정법의 기초

제1절 경찰과 법치주의

0251

개인의 자유를 침해하거나 의무를 부과하는 행정은 반드시 법률의 근거가 있어야 한다는 원칙을 전제할 때, 법률의 근거 없이도 가능한 것을 모두 고른 것은? (다툼이 있는 경우 판례에 의함)

| 22년 2차 순경 |

㉠ 경찰관의 학교 앞 등교지도
㉡ 주민을 상대로 한 교통정책홍보
㉢ 기초생활수급자에 대한 생계비지원
㉣ 공무원에 대해 특정종교를 금지하는 훈령
㉤ 자살을 시도하는 사람에 대한 경찰관서 보호
㉥ 붕괴위험시설에 대한 예방적 출입금지

① ㉠, ㉡, ㉢
② ㉠, ㉡, ㉤
③ ㉠, ㉢, ㉤
④ ㉡, ㉢, ㉣, ㉥

- **정답** ①
- **난이도** 하 중 상
- **해설** 문제에서는 법치행정의 원칙이 완화되는 경우를 물어보는 것이다. 즉, 비권력적 수단이나 순수한 서비스 활동에 대해서는 완전한 수권규범을 요구하지 않으므로, 비권력적 활동을 선택하면 되는 문제이다. 따라서 ㉠, ㉡, ㉢은 비권력적 활동으로서 법률의 근거가 없어도 가능하다(법률유보의 원칙의 완화).
  - ㉣ ❌ 「헌법」상 종교의 자유를 위반하는 것이다.
  - ㉤ ❌ 자살을 시도하는 사람의 경우 경찰관은 본인의 의사와는 관계없이 강제보호조치를 할 수 있다(「경찰관 직무집행법」 제4조 제1항 제2호).
  - ㉥ ❌ 위험발생을 위한 방지조치로서 「경찰관 직무집행법」 제5조의 근거 규정이 필요하다.

> **참고** 법률유보의 원칙(법치주의의 적극적 측면 = 근거규범)

구 분	내 용
의 의	『법률유보의 원칙』은 법률에 일정한 행위를 일정한 요건 하에 수행하도록 수권하는 근거규정, 즉 근거규범이 없으면 경찰기관은 자기의 판단에 따라 독창적으로 행위할 수 없다는 원칙이다.
근거규범	① 비권력적 수단이나 순수한 서비스 활동에 대해서는 완전한 수권규범을 요구할 수 없지만, 경찰기관의 권력적 수단에 대해서는 법률의 수권이 필요하다. ② 즉, 근거규범은 국민의 자유와 권리를 제한하고, 국민에게 의무를 부과하는 권력적 영역에서만 적용된다.
적용영역	① 모든 경찰작용에는 법률유보의 원칙이 적용되는 것은 아니다. ② 권력적 경찰작용은 비권력적 경찰작용보다 법률유보의 원칙이 더 강하게 요구된다. 즉, 비권력적 작용은 이를 요하지 않는다.

0252

행정의 법률적합성 원칙(법치행정의 원칙)에 관한 설명 중 가장 적절한 것은? (다툼이 있는 경우 판례에 의함) | 22년 2차 순경 |

① 법치행정의 원칙에 관한 전통적 견해는 '법률의 지배', '법률의 우위', '법률의 유보'를 내용으로 한다.
② '법률의 우위'에서의 법률에는 형식적 의미의 법률뿐만 아니라 그 밖에 성문법과 불문법이 포함된다.
③ 법규명령에는 위임명령과 집행명령이 있으며, 모두 국민의 권리·의무에 관한 사항을 규정할 수 있다.
④ 법령의 구체적 위임 없이 최루액의 혼합·살수 방법 등을 규정한 경찰청장의「살수차운용지침」(2014. 4. 3.)은 법률유보의 원칙에 위배되는 측면이 있으나, 그 지침에 따라 살수한 경찰관의 행위는 집회를 해산하기 위한 불가피한 조치라는 점에서 반드시 위헌·위법이라 할 수 없다.

②는 옳은 설명이며, ①, ③, ④는 틀린 설명이다.

① ❌ 경찰활동은 ㉠ 경찰의 임무를 규정하는 조직규범 내에서(법률의 법규창조력), ㉡ 법률을 위반하지 않고(법률우위의 원칙) 수행하여야 하며, ㉢ 적극적으로 어떠한 행위를 하고자 할 때에는 반드시 법률에 근거(법률유보의 원칙)가 있어야 한다.

③ ❌ 「위임명령」은 법률 또는 상위명령에 의하여 개별적·구체적으로 위임받은 사항을 보충하기 위하여 발하는 명령을 의미한다. 이러한 위임명령은 법률의 내용을 보충하는 보충명령으로서의 성질을 가진다. 위임명령은 국민의 권리·의무에 관한 새로운 입법사항을 정할 수 있고, 따라서 법률의 명시적인 수권이 필요하다. 반대로 「집행명령」의 경우에는 국민의 권리·의무에 관한 새로운 입법사항을 정할 수 없고, 따라서 법률의 명시적인 수권이 필요하지 않다.

④ ❌ 살수차와 같은 위해성 경찰장비 사용의 위험성과 기본권 보호 필요성에 비추어 볼 때,「경찰관 직무집행법」과「위해성 경찰장비의 사용기준 등에 관한 규정」에 규정된 위해성 경찰장비의 사용방법은 법률유보의 원칙에 따라 엄격하게 제한적으로 해석하여야 하고, 위해성 경찰장비는 본래의 사용방법에 따라 지정된 용도로 사용되어야 하며 다른 용도나 방법으로 사용하기 위해서는 반드시 법령에 근거가 있어야 한다. 혼합살수방법은 새로운 위해성 경찰장비로서 법령에 근거가 있어야 함에도, 현행 법률 및 대통령령에 근거가 없고, 이 사건 지침에 혼합살수의 근거 규정을 둘 수 있도록 위임하고 있는 법령은 없다. 따라서「경찰관 직무집행법」이나 이 사건 대통령령 등 법령의 구체적 위임 없이 혼합살수방법을 규정하고 있는 이 사건 지침은 법률유보의 원칙에 위배되고, 이 사건 지침만을 근거로 한 이 사건 혼합살수행위는 청구인들의 신체의 자유와 집회의 자유를 침해한 공권력 행사로 헌법에 위반된다.

제 2 절 경찰행정법의 법원

0253

경찰행정법의 법원에 대한 설명으로 가장 적절하지 않은 것은?

| 73기 간부 |

① 헌법에 의하여 체결·공포된 조약과 일반적으로 승인된 국제법규도 법원으로 볼 수 있다.
② 헌법재판소의 위헌결정은 국가경찰 및 자치경찰을 기속하므로 법원성이 인정된다.
③ 경찰행정법의 일반원칙인 평등의 원칙, 비례의 원칙, 권한남용금지의 원칙, 신뢰보호의 원칙은 「행정기본법」에는 규정되어 있지 않다.
④ 신의성실의 원칙은 「민법」뿐만 아니라 경찰행정법을 포함한 모든 법의 일반원칙이며 법원으로 인정된다.

 ③

 ①, ②, ④는 옳은 설명이며, ③은 틀린 설명이다.
③ ❌ 평등의 원칙은 「행정기본법」 제9조, 비례의 원칙은 「행정기본법」 제10조, 권한남용금지의 원칙은 「행정기본법」 제11조 제2항, 신뢰보호의 원칙은 「행정기본법」 제12조에 모두 명시적으로 규정되어 있다.

참고 행정의 법 원칙

구 분	내 용
평등의 원칙	행정청은 합리적 이유 없이 국민을 차별하여서는 아니 된다(동법 제9조).
비례의 원칙	행정작용은 다음 각 호의 원칙에 따라야 한다(동법 제10조). ① 행정목적을 달성하는 데 유효하고 적절할 것(적합성의 원칙) ② 행정목적을 달성하는 데 필요한 최소한도에 그칠 것(필요성의 원칙 = 최소침해의 원칙) ③ 행정작용으로 인한 국민의 이익 침해가 그 행정작용이 의도하는 공익보다 크지 아니할 것(상당성의 원칙 = 협의의 비례원칙)
권한남용금지의 원칙	행정청은 행정권한을 남용하거나 그 권한의 범위를 넘어서는 아니 된다(동법 제11조 제2항).
신뢰보호의 원칙	① 행정청은 공익 또는 제3자의 이익을 현저히 해칠 우려가 있는 경우를 제외하고는 행정에 대한 국민의 정당하고 합리적인 신뢰를 보호하여야 한다(동법 제12조 제1항). ② 행정청은 권한 행사의 기회가 있음에도 불구하고 장기간 권한을 행사하지 아니하여 국민이 그 권한이 행사되지 아니할 것으로 믿을 만한 정당한 사유가 있는 경우에는 그 권한을 행사해서는 아니 된다. 다만, 공익 또는 제3자의 이익을 현저히 해칠 우려가 있는 경우는 예외로 한다(동법 제12조 제2항).

0254

경찰법의 법원(法源)에 관한 설명이다. 아래 가.부터 라.까지 설명 중 옳고 그름의 표시(O, X)가 바르게 된 것은?

|72기 간부|

> 가. 헌법은 국가의 기본적인 통치구조를 정한 기본법으로서 행정의 조직이나 작용의 기본원칙을 정한 부분은 그 한도 내에서 경찰법의 법원이 된다.
> 나. 경찰권 발동은 법률에 근거해야 하므로, 법률은 경찰상의 법률관계에 있어서 중요한 법원이다.
> 다. 불문법원으로서 일반적으로 정의에 합치되는 보편적 원리로서 인정되고 있는 모든 원칙을 조리라 하고, 경찰관청의 행위가 형식상 적법하면 조리에 위반하더라도 위법이 될 수 없다.
> 라. 경찰법의 법원은 일반적으로 성문법원과 불문법원으로 나눌 수 있으며 헌법, 법률, 조약과 국제법규, 규칙은 성문법원이다.

① 가.(O) 나.(X) 다.(X) 라.(O)
② 가.(O) 나.(O) 다.(X) 라.(X)
③ 가.(O) 나.(O) 다.(X) 라.(O)
④ 가.(X) 나.(O) 다.(X) 라.(O)

- ③
-
- 해설 "가", "나", "라"는 옳은 설명이며, "다"는 틀린 설명이다.
  다. ❌ 『조리』는 법령상 명시되어 있지는 않으나, 일반적으로 정의에 합치되는 보편적 원리로 인정되는 원칙을 의미한다. 최근에는 조리상 원칙들이 점차 성문화되어 가고 있다(실질적으로 「행정기본법」 등에 명시적으로 규정되고 있다). 경찰행정관청의 행위가 형식상 적법하더라도, 조리에 위반할 경우에는 위법이 될 수 있다.

참고 조리

구 분	내 용
의 의	① 『조리』는 법령상 명시되어 있지는 않으나, 일반적으로 정의에 합치되는 보편적 원리로 인정되는 원칙을 의미한다. ② 최근에는 조리상 원칙들이 점차 성문화되어 가고 있다(실질적으로 「행정기본법」 등에 명시적으로 규정되고 있다). ③ 경찰행정관청의 행위가 형식상 적법하더라도, 조리에 위반할 경우에는 위법이 될 수 있다.
기 능	① 조리는 성문법 · 관습법 · 판례법이 모두 없는 경우에 적용되는 『최후의 보충적 법원』으로 그 기능을 수행한다. ② 조리는 법령해석의 기준으로서 그리고 재량권 행사의 한계로서 기능을 수행한다.
위반의 효과	경찰의 행위가 형식상 적법하더라도 조리에 위반되는 경우에는, 위헌 또는 위법의 문제가 발생하여 무효 또는 취소의 사유가 될 수 있다.

0255

경찰행정법의 법원(法源)에 대한 설명이다. 옳은 것은 모두 몇 개인가?

| 70기 간부 |

> 가. 경찰법의 법원은 일반적으로 성문법원과 불문법원으로 나눌 수 있으며, 헌법, 법률, 조약과 국제법규, 조리와 규칙은 성문법원이다.
> 나. 국회에서 의결을 거치지 않고 행정기관에 의하여 제정된 법규를 법규명령이라고 한다.
> 다. 조례와 규칙은 지방의회가 정한다.
> 라. 헌법은 국가의 기본적인 통치구조를 정한 기본법으로 행정의 조직이나 작용의 기본원칙을 정한 부분은 그 한도 내에서 경찰법의 법원이 된다.
> 마. 위임명령은 법규명령이고 집행명령은 행정규칙이다.
> 바. 헌법재판소의 위헌결정은 법원이나 기타 국가기관 및 지방자치단체를 기속하므로 법원성이 인정된다.
> 사. 조리는 평등의 원칙, 비례의 원칙, 금반언의 원칙, 신의성실의 원칙, 신뢰보호의 원칙 등으로 구성되어 있으며, 오늘날 법의 일반원칙은 성문화되어 가는 추세이다.

① 1개　　② 2개
③ 3개　　④ 4개

- **정답** ④
- **난이도** 하 중 상
- **해설** "나", "라", "바", "사"는 옳은 설명이며, "가", "다", "마"는 틀린 설명이다.

　가. ✗ 경찰법의 법원은 일반적으로 성문법원과 불문법원으로 구분할 수 있으며, 『성문법원』에는 헌법, 법률, 조약, 국제법규, 조례, 규칙이 있다. 조리의 경우에는 『불문법원』에 해당한다.
　다. ✗ 『조례』는 지방자치단체의 의회가 법령의 범위 안에서 그 사무에 관하여 제정하는 법규를 의미한다. 『규칙』은 지방자치단체의 장이 법령 또는 조례의 범위에서 그 권한에 속하는 사무에 관하여 제정하는 법규를 말한다.
　마. ✗ 위임명령과 집행명령 모두 법규명령이다. 이는 법의 내용에 따라 구분한 것이다. 『위임명령』은 법률 또는 상위명령에 의하여 개별적·구체적으로 위임받은 사항을 보충하기 위하여 발하는 명령이고, 『집행명령』은 법률 또는 상위명령의 규정의 범위 안에서 그 집행에 관한 세부적 사항을 정하는 명령이다.

참고 법내용에 따른 법규명령의 분류

구 분	위임명령	집행명령
의 의	법률 또는 상위명령에 의하여 개별적·구체적으로 위임받은 사항을 보충하기 위하여 발하는 명령	법률 또는 상위명령의 규정의 범위 안에서 그 집행에 관한 세부적 사항을 정하는 명령
목 적	법률의 내용 보충(보충명령)	법률의 집행(절차나 형식)
입법사항	국민의 권리·의무에 관한 새로운 입법사항을 정할 수 있음	국민의 권리·의무에 관한 새로운 입법사항을 정할 수 없음
수권규범	법률의 명시적인 수권이 필요	법률의 명시적인 수권이 불필요
비 고	위임명령과 집행명령은 모두 법규명령으로서 법규성을 가진다.	

0256

법규명령과 행정규칙에 대한 설명으로 가장 옳은 것은? (판례에 의함)

① 법령 규정이 특정 행정기관에 그 법령 내용의 구체적 사항을 정할 수 있는 권한을 부여하면서 그 권한 행사의 절차나 방법을 특정하고 있지 않아 수임행정기관이 행정규칙의 형식으로 그 내용을 구체적으로 정하고 있다면 그 행정규칙은 대외적 구속력이 있는 법규명령으로서의 효력을 가진다.
② 행정입법이란 행정부가 제정하는 법을 의미하며, 행정조직 내부의 사무처리기준에 관한 법규명령과 국민을 구속하는 효력이 있는 행정규칙으로 구분된다.
③ 법규명령의 제정에는 헌법·법률 또는 상위명령의 근거가 필요하지 않아 독자적인 행정입법 작용이 허용된다.
④ 법규명령은 특별한 규정이 없는 한 공포일로부터 30일이 경과해야 효력이 발생하나 행정규칙은 공포를 요하지 않는다.

정답 ①

난이도

해설
①은 옳은 설명이며, ②, ③, ④는 틀린 설명이다.
② ✗ 『행정입법』이란 행정권이 만드는 일반적·추상적인 규범을 의미한다. 입법사항의 증대로 인한 의회입법의 한계, 사정변경에 신속하게 대응하기 위한 탄력적 입법의 필요로 인하여 행정입법이 증대하고 있다. 행정입법은 법규성의 유무에 따라 『법규명령』과 『행정규칙』으로 구분할 수 있다. 『행정규칙』은 행정조직 내부에서 상급기관이 하급기관에 대하여 그 조직이나 업무처리의 절차 또는 기준 등에 관하여 발하는 일반적·추상적 규범을 의미하므로 법규성이 부정된다는 것이 통설 및 판례의 입장이다.
③ ✗ 『법규명령』이란 법률의 위임에 의하여 행정권이 정립하는 일반적·추상적인 규범으로서 법규성을 지닌 것을 말한다. 행정기관은 법률의 근거규정 없이 독자적으로 법규명령을 제정할 수 없다.
④ ✗ 법률과 명령(대통령령·총리령·부령)은 특별한 규정이 없는 한 공포일로부터 20일이 경과해야 효력이 발생한다. 다만, 그 시행일이 정해진 경우에는 그 날부터 효력을 발생한다. 국민의 권리제한 또는 의무부과와 직접 관련되는 법률과 명령(대통령령·총리령·부령)은 긴급히 시행하여야 할 특별한 사유가 있는 경우를 제외하고는, 공포일로부터 적어도 30일이 경과한 날부터 시행되도록 하여야 한다.

참고 법규명령의 효력

구 분	내 용
원 칙	법률과 대통령령·총리령·부령은 특별한 규정이 없는 한 공포일로부터 20일이 경과해야 효력이 발생한다. 다만, 그 시행일이 정해진 경우에는 그 날부터 효력을 발생한다(「법령등 공포에 관한 법률」 제13조).
예 외	국민의 권리제한 또는 의무부과와 직접 관련되는 법률, 대통령령·총리령·부령은 긴급히 시행하여야 할 특별한 사유가 있는 경우를 제외하고는, 공포일로부터 적어도 30일이 경과한 날부터 시행되도록 하여야 한다(「법령등 공포에 관한 법률」 제13조의2).

0257

법규명령과 행정규칙에 관한 설명 중 가장 옳지 않은 것은?

| 68기 간부 |

① 법규명령은 공포를 요하나 행정규칙은 공포를 요하지 않는다.
② 법규명령의 형식(부령)을 취하고 있지만, 그 내용이 행정규칙의 실질을 가지는 경우 판례는 당해 규범을 행정규칙으로 보고 있다.
③ 재량준칙의 제정은 행정청에게 재량권이 인정되는 경우에만 가능하며 행정청이 기속권만을 갖는 경우에는 인정되지 않는다.
④ 위임명령은 법규명령이고 집행명령은 행정규칙이다.

- **정답** ④
- **난이도** 하 중 상
- **해설** ①, ②, ③은 옳은 설명이며, ④는 틀린 설명이다.
  ④ ✗ <u>위임명령과 집행명령 모두 법규명령</u>이다. 『위임명령』은 법률 또는 상위명령에 의하여 개별적·구체적으로 위임받은 사항을 보충하기 위하여 발하는 명령이고, 『집행명령』은 상위명령의 규정의 범위 안에서 그 집행에 관한 세부적 사항을 정하는 명령을 말한다.

참고 법내용에 따른 법규명령의 분류

구 분	위임명령	집행명령
의 의	법률 또는 상위명령에 의하여 개별적·구체적으로 위임받은 사항을 보충하기 위하여 발하는 명령	법률 또는 상위명령의 규정의 범위 안에서 그 집행에 관한 세부적 사항을 정하는 명령
목 적	법률의 내용 보충(보충명령)	법률의 집행(절차나 형식)
입법사항	국민의 권리·의무에 관한 새로운 입법사항을 정할 수 있음	국민의 권리·의무에 관한 새로운 입법사항을 정할 수 없음
수권규범	법률의 명시적인 수권이 필요	법률의 명시적인 수권이 불필요
비 고	① 위임명령과 집행명령은 모두 법규명령으로서 법규성을 가진다. ② 실제 입법에 있어서는 위임명령과 집행명령은 하나의 법령에 혼합되어 있다.	

0258

행정규칙과 법규명령에 대한 설명으로 가장 옳은 것은?

| 65기 간부 |

① 법규명령은 국민과 행정청을 동시에 구속하는 양면적 구속력을 가짐으로써 재판규범이 된다.
② 행정규칙은 대외적 구속력을 갖고 있으므로 위반하면 반드시 위법이 된다.
③ 위임명령은 법규명령이고 집행명령은 행정규칙이다.
④ 법규명령은 공포를 요하지 않으나, 행정규칙은 공포를 요한다.

- **정답** ①
- **난이도** 하 중 상
- **해설** ①은 옳은 설명이며, ②, ③, ④는 틀린 설명이다.
  ② ✗ 『행정규칙』은 행정조직 내부에서 상급기관이 하급기관에 대하여 그 조직이나 업무처리의 절차 또는 기준 등에 관하여 발하는 일반적·추상적 규범을 의미하므로 법규성이 부정된다(통설, 판례). 행정기관은 스스로의 권능으로 행정규칙을 정립할 수 있고, 행정규칙의 제정에는 법령의 특별한 수권을 요하지 않는다. 그러나 법률우위의 원칙은 적용되므로 법령에 반하지 않아야 한다.
  ③ ✗ 위임명령과 집행명령 모두 법규명령이다.
  ④ ✗ 『법규명령』은 관보에 게재하여 공포함으로써 효력이 발생한다. 『행정규칙』은 공포를 요하지 않고, 하급기관에 도달하면 효력이 발생한다.

0259

경찰행정법의 법원(法源)에 관한 설명으로 가장 적절하지 않은 것은? (다툼이 있는 경우 판례에 의함)

| 23년 1차 순경 |

① 경찰행정법의 법원은 일반적으로 성문법원과 불문법원으로 나눌 수 있으며 헌법, 법률, 조례와 규칙은 성문법원에 해당한다.
② 대통령령, 총리령 및 부령은 특별한 규정이 없으면 공포한 날부터 20일이 경과함으로써 효력을 발생한다.
③ 지방자치단체의 장은 법령의 범위에서 그 사무에 관하여 조리(條理)를 제정할 수 있다.
④ 사회의 거듭된 관행으로 생성한 사회생활규범이 사회의 법적 확신과 인식에 의하여 법적 규범으로 승인·강행되기에 이른 것을 관습법이라 한다.

- **정답** ③
- **난이도** 상 중 하
- **해설**
①, ②, ④는 옳은 설명이며, ③은 틀린 설명이다.
③ ✗ 지방자치단체의 장은 법령 또는 조례의 범위에서 그 권한에 속하는 사무에 관하여 『규칙』을 제정할 수 있다(『지방자치법』 제29조). ㉠ 『조례』는 지방자치단체의 의회가 법령의 범위 안에서 그 사무에 관하여 제정하는 법규를 의미한다. ㉡ 『규칙』은 지방자치단체의 장이 법령 또는 조례의 범위에서 그 권한에 속하는 사무에 관하여 제정하는 법규를 말한다.

참고 조례 및 규칙(자치법규)

구 분	내 용
조 례	① 『조례』는 지방자치단체의 의회가 법령의 범위 안에서 그 사무에 관하여 제정하는 법규를 의미한다(『지방자치법』 제28조 제1항). ② 기본적으로는 조례로는 주민의 권리제한 또는 의무부과에 관한 사항을 규정할 수 없고, 죄형법정주의의 원칙상 조례로써 형벌을 부과할 수 없다. ③ 조례로써 주민의 권리제한 또는 의무부과에 관한 사항이나 벌칙을 정하기 위해서는 반드시 법률의 위임이 필요하다. ④ 지방자치단체는 조례를 위반한 행위에 대하여 조례로써 1천만원 이하의 과태료를 정할 수 있다(『지방자치법』 제34조 제1항). ⑤ 조례가 집행행위의 개입 없이도 그 자체로서 직접 국민의 구체적인 권리·의무나 법적 이익에 영향을 미치는 등의 법률상 효과를 발생하는 경우 그 조례는 항고소송의 대상이 되는 행정처분에 해당한다(판례-두밀분교폐지조례사건).
규 칙	『규칙』은 지방자치단체의 장이 법령 또는 조례의 범위에서 그 권한에 속하는 사무에 관하여 제정하는 법규를 말한다.

0260

경찰행정법의 법원(法源)에 관한 설명으로 가장 적절하지 않은 것은? |19년 2차 순경|

① 행정입법이란 행정부가 제정하는 법을 의미하며, 행정조직 내부의 사무처리기준에 관한 법규명령과 국민을 구속하는 효력이 있는 행정규칙으로 구분된다.

② 법규명령은 특별한 규정이 없는 한 공포일로부터 20일 경과 후 효력이 발생하나, 행정규칙은 공포를 요하지 않는다.

③ 최후의 보충적 법원으로서 조리는 일반적·보편적 정의를 의미하는바, 경찰관청의 행위가 형식상 적법하더라도 조리에 위반할 경우 위법이 될 수 있다.

④ 판례에 의할 때 운전면허 취소사유에 해당하는 음주운전을 적발한 경찰관의 소속 경찰서장이 사무착오로 위반자에게 운전면허정지처분을 한 상태에서 위반자의 주소지 관할 시·도경찰청장이 위반자에게 운전면허취소처분을 한 경우 이는 법의 일반원칙인 조리에 반하여 허용될 수 없다.

- **정답** ①
- **난이도** 하 중 상
- **해설**

②, ③, ④는 옳은 설명이며, ①은 틀린 설명이다.

① ✗ 『행정입법』은 행정권이 만드는 일반적·추상적인 규범을 의미한다. 행정입법은 법규성의 유무에 따라 법규명령과 행정규칙으로 구분할 수 있다. 『법규명령』은 국민을 구속하는 효력이 있는 행정입법이고, 『행정규칙』은 행정조직 내부에서 사무처리기준을 정하는 것으로서 국민을 구속하는 효력은 없다.

참고 신뢰보호의 원칙을 위반한 사례로 인정한 경우(신뢰보호의 원칙 적용)

운전면허 취소사유에 해당하는 음주운전을 적발한 경찰관의 소속 경찰서장이 사무착오로 위반자에게 운전면허정지처분을 한 상태에서 위반자의 주소지 관할 시·도경찰청장이 위반자에게 운전면허취소처분을 한 것은 선행처분에 대한 당사자의 신뢰 및 법적 안정성을 저해하는 것으로서 허용될 수 없다.

0261

법률과 법규명령의 공포 및 효력발생시기에 관한 설명으로 가장 적절하지 않은 것은?

① 국회에서 의결한 법률안은 정부에 이송되어 15일 이내에 대통령이 공포한다.
② 법률은 특별한 규정이 없는 한 공포한 날로부터 20일을 경과함으로써 효력을 발생한다.
③ 대통령령, 총리령 및 부령은 특별한 규정이 없으면 공포한 날부터 20일이 경과함으로써 효력을 발생한다.
④ 국민의 권리 제한 또는 의무 부과와 직접 관련되는 법률, 대통령령, 총리령 및 부령은 긴급히 시행하여야 할 특별한 사유가 있는 경우를 제외하고는 공포일로부터 적어도 20일이 경과한 날부터 시행되도록 하여야 한다.

정답 ④

해설
①, ②, ③은 옳은 설명이며, ④는 틀린 설명이다.
④ ✗ 국민의 권리제한 또는 의무부과와 직접 관련되는 법률, 대통령령 · 총리령 · 부령은 긴급히 시행하여야 할 특별한 사유가 있는 경우를 제외하고는 공포일로부터 적어도 30일이 경과한 날부터 시행되도록 하여야 한다(「법령등 공포에 관한 법률」 제13조의2).

0262

법규명령과 행정규칙에 대한 설명 중 가장 적절하지 않은 것은?

| 21년 승진 |

① 행정규칙에 따른 종래의 행정관행이 위법한 경우에는 행정청은 자기구속을 당하지 않는다.
② 법규명령이란 국회의 의결을 거치지 않고 행정기관에 의하여 제정된 성문법규를 말하며, 그 종류에는 위임명령과 집행명령이 있다.
③ 국민의 권리 제한 또는 의무 부과와 직접 관련되는 법률, 대통령령, 총리령 및 부령은 긴급히 시행하여야 할 특별한 사유가 있는 경우를 제외하고는 공포일로부터 적어도 30일이 경과한 날부터 시행되도록 하여야 한다.
④ 위임명령은 상위법령의 집행 시 필요한 절차나 형식을 정하는 데 그쳐야 하며 새로운 법규사항을 정하여서는 안 된다.

- **정답** ④
- **난이도**
- **해설**

①, ②, ③은 옳은 설명이며, ④는 틀린 설명이다.

④ ✗ 『위임명령』은 법률 또는 상위명령에 의하여 개별적 · 구체적으로 위임받은 사항을 보충하기 위하여 발하는 명령을 의미한다. 이러한 위임명령은 법률의 내용을 보충하는 보충명령으로서의 성질을 가진다. 위임명령은 국민의 권리 · 의무에 관한 새로운 입법사항을 정할 수 있고, 따라서 법률의 명시적인 수권이 필요하다. 반대로 『집행명령』의 경우에는 국민의 권리 · 의무에 관한 새로운 입법사항을 정할 수 없고, 따라서 법률의 명시적인 수권이 필요하지 않다.

참고 법내용에 따른 법규명령의 분류

구 분	위임명령	집행명령
의 의	법률 또는 상위명령에 의하여 개별적 · 구체적으로 위임받은 사항을 보충하기 위하여 발하는 명령	법률 또는 상위명령의 규정의 범위 안에서 그 집행에 관한 세부적 사항을 정하는 명령
목 적	법률의 내용 보충(보충명령)	법률의 집행(절차나 형식)
입법사항	국민의 권리 · 의무에 관한 새로운 입법사항을 정할 수 있음	국민의 권리 · 의무에 관한 새로운 입법사항을 정할 수 없음
수권규범	법률의 명시적인 수권이 필요	법률의 명시적인 수권이 불필요
비 고	① 위임명령과 집행명령은 모두 법규명령으로서 법규성을 가진다. ② 실제 입법에 있어서는 위임명령과 집행명령은 하나의 법령에 혼합되어 있다.	

0263

경찰행정법의 법원에 대한 설명 중 옳지 않은 것을 모두 고른 것은?

| 20년 승진 |

> ㉠ 경찰법의 법원은 일반적으로 성문법원과 불문법원으로 나눌 수 있으며, 헌법, 법률, 조약과 국제법규, 조리와 규칙은 성문법원이다.
> ㉡ 국회의 의결을 거치지 않고 행정기관에 의하여 제정된 성문법규를 법규명령이라고 한다.
> ㉢ 국무총리는 직권으로 총리령을 발할 수 있으나, 행정각부의 장은 직권으로 부령을 발할 수 없다.
> ㉣ 지방의회가 법령의 범위 안에서 제정하는 자치법규를 규칙이라고 한다.

① ㉠, ㉡
② ㉠, ㉢
③ ㉠, ㉡, ㉣
④ ㉠, ㉢, ㉣

- **정답** ④
- **난이도** 하 중 상
- **해설**
  ㉡은 옳은 설명이며, ㉠, ㉢, ㉣은 틀린 설명이다.
  - ㉠ ✗ 경찰법의 법원은 일반적으로 성문법원과 불문법원으로 구분할 수 있으며, 『성문법원』에는 헌법, 법률, 조약, 국제법규, 조례, 규칙이 있다. 조리의 경우에는 『불문법원』에 해당한다.
  - ㉢ ✗ 총리령 및 부령은 국무총리 또는 행정각부의 장이 법률이나 대통령령의 위임에 의하여 발하는 명령이다. 법률이나 대통령령의 위임에 의하여 발할 수 있고, 직권으로도 발할 수 있다. 총리령과 부령의 효력은 동일한 것으로 본다(다수설).
  - ㉣ ✗ 지방의회가 법령의 범위 안에서 제정하는 자치법규는 『조례』이다. 『규칙』은 지방자치단체의 장이 법령 또는 조례의 범위에서 그 권한에 속하는 사항에 관하여 제정하는 법규를 의미한다.

참고 법형식에 따른 법규명령의 분류

구분	내용
대통령령	대통령이 법률에서 구체적으로 범위를 정하여 위임받은 사항(위임명령)이나, 법률을 집행하기 위하여 필요한 사항(집행명령)에 관하여 발하는 명령이다.
총리령·부령	① 국무총리 또는 행정각부의 장이 법률이나 대통령령의 위임 또는 직권에 의하여 발하는 명령이다. ② 총리령과 부령의 효력은 동일한 것으로 본다(다수설).

0264

법규명령과 행정규칙에 대한 설명으로 가장 적절하지 않은 것은?

| 19년 승진 |

① 법규명령은 국민과 행정청을 동시에 구속하는 양면적 구속력을 가짐으로써 재판규범이 된다.
② 법규명령의 한계로 행정권에 대한 입법권의 일반적·포괄적 위임은 인정될 수 없으며, 국회 전속적 법률사항의 위임은 원칙적으로 금지된다.
③ 행정규칙의 종류로는 고시·훈령·예규·일일명령 등이 있다.
④ 행정규칙은 행정기관이 법률의 수권 없이 권한 범위 내에서 만든 일반적·추상적 명령을 말하며 대내적 구속력을 갖고 있으므로 경찰관이 이를 위반하면 반드시 위법이 된다.

- **정답** ④
- **난이도**
- **해설**

①, ②, ③은 옳은 설명이며, ④는 틀린 설명이다.

④ ❌ 「행정규칙」은 행정기관의 조직 내부 또는 특별권력관계 내부에서 조직과 활동을 규율하는 일반적·추상적 명령으로서 법규의 성질을 갖지 않는 행정입법이다. 이러한 행정규칙에는 법률유보의 원칙은 적용되지 않으나, 법률우위의 원칙은 적용된다. 따라서 행정기관은 스스로의 권능으로 행정규칙을 정립할 수 있고, 행정규칙의 제정에는 법령의 특별한 수권을 요하지 않는다. 행정규칙은 규칙발령기관의 권한이 미치는 범위 내에서 행정조직 내부에서는 일면적인 법적 구속력을 가진다. 또한 일종의 법적 구속력으로서 그 대상자인 공무원이나 행정기관은 이를 준수할 의무를 지게 되므로, 이를 위반한 경우에는 반드시 위법이 되는 것은 아니며, 내부적으로 징계책임의 원인이 된다.

참고 행정규칙의 효력

구 분	내 용
대내적 효력 (인정)	① 행정규칙은 규칙발령기관의 권한이 미치는 범위 내에서 행정조직 내부에서는 일면적인 법적 구속력을 가진다. ② 일종의 법적 구속력으로서 그 대상자인 공무원이나 행정기관은 이를 준수할 의무를 지게 되므로, 이를 위반한 경우에는 반드시 위법이 되는 것은 아니며, 내부적으로 징계책임의 원인이 된다.
대외적 효력 (부정)	행정규칙으로 국민의 권리·의무를 규정하지 못하고, 법원을 구속하지도 못한다.
재량준칙의 경우 (예외적 인정)	재량준칙은 그 자체가 대외적 구속력을 가진 법은 아니지만, 평등의 원칙을 매개로 할 때에는 예외적으로 국민에 대해서 법규에 준하는 대외적 구속력을 가진다.

0265

행정규칙과 법규명령에 대한 설명으로 가장 적절하지 않은 것은?

| 19년 승진 |

① 법규명령은 대외적 구속력을 갖기 때문에 그에 반하는 행정권 행사는 위법하다.
② 법규명령은 특별한 규정이 없는 한 공포한 날로부터 20일을 경과함으로써 효력을 발생한다.
③ 위임명령은 법규명령이고, 집행명령은 행정규칙이다.
④ 법규명령의 형식(부령)을 취하고 있지만 그 내용이 행정규칙의 실질을 가지는 경우 판례는 당해 규범을 행정규칙으로 보고 있다.

- 정답 ③
- 난이도
- 해설 ①, ②, ④는 옳은 설명이며, ③은 틀린 설명이다.
  ③ ✗ 「법규명령」은 그 내용에 따라 위임명령과 집행명령으로 구분한다. 「위임명령」과 「집행명령」은 모두 법규명령으로서 법규성을 가진다. 실제 입법에 있어서는 위임명령과 집행명령은 하나의 법령에 혼합되어 있다.

참고 법규명령의 효력

구 분	내 용
법규명령에 위반한 행정청의 행위	법규명령에 위반한 행정청의 행위는 위법행위로서 무효 또는 취소사유가 되고, 이로 인해 자신의 권익이 침해된 국민은 행정소송이나 국가배상을 통하여 권리를 구제받을 수 있다.
법규명령이 행정규칙의 실질을 가지는 경우	법규명령의 형식을 취하고 있지만, 그 내용이 행정규칙의 성질을 가지는 경우에는 당해 규범을 행정규칙으로 본다(판례 : 실질설).

0266

경찰행정법의 법원에 대한 설명으로 가장 적절하지 않은 것은? | 17년 승진 |

① 법규명령의 특징은 국민과 행정청을 동시에 구속하는 양면적 구속력을 가짐으로써 재판규범이 된다.
② 대통령령, 총리령 및 부령은 특별한 규정이 없으면 공포한 날부터 14일이 경과함으로써 효력을 발생한다.
③ 국민의 권리 제한 또는 의무 부과와 직접 관련되는 법률, 대통령령, 총리령 및 부령은 긴급히 시행하여야 할 특별한 사유가 있는 경우를 제외하고는 공포일로부터 적어도 30일이 경과한 날부터 시행되도록 하여야 한다.
④ 법규명령의 한계로 행정권에 대한 입법권의 일반적·포괄적 위임은 인정될 수 없고, 국회의 전속적 법률사항의 위임은 원칙적으로 금지되며, 법률에 의하여 위임된 사항을 전부 하위명령에 재위임하는 것은 금지된다.

- **정답** ②
- **난이도** 하 중 상
- **해설** ①, ③, ④는 옳은 설명이며, ②는 틀린 설명이다.
  ② ✗ 법률과 대통령령·총리령·부령은 특별한 규정이 없는 한 공포일로부터 20일이 경과해야 효력이 발생한다. 다만, 그 시행일이 정해진 경우에는 그 날부터 효력을 발생한다(「법령등 공포에 관한 법률」 제13조).

참고 | 법규명령의 효력

구 분	내 용
원 칙	법률과 대통령령·총리령·부령은 특별한 규정이 없는 한 공포일로부터 20일이 경과해야 효력이 발생한다. 다만, 그 시행일이 정해진 경우에는 그 날부터 효력을 발생한다(「법령등 공포에 관한 법률」 제13조).
예 외	국민의 권리제한 또는 의무부과와 직접 관련되는 법률, 대통령령·총리령·부령은 긴급히 시행하여야 할 특별한 사유가 있는 경우를 제외하고는, 공포일로부터 적어도 30일이 경과한 날부터 시행되도록 하여야 한다(「법령등 공포에 관한 법률」 제13조의2).
법규명령에 위반한 행정청의 행위	법규명령에 위반한 행정청의 행위는 위법행위로서 무효 또는 취소사유가 되고, 이로 인해 자신의 권익이 침해된 국민은 행정소송이나 국가배상을 통하여 권리를 구제받을 수 있다.
법규명령이 행정규칙의 실질을 가지는 경우	법규명령의 형식을 취하고 있지만, 그 내용이 행정규칙의 성질을 가지는 경우에는 당해 규범을 행정규칙으로 본다(판례 : 실질설).

제3절 경찰행정법상의 일반원칙 ('조리'의 원칙)

0267

부당결부금지의 원칙에 관한 설명으로 가장 적절한 것은? (다툼이 있는 경우 판례에 의함)

|23년 2차 순경|

① 행정청은 행정작용을 할 때 상대방에게 해당 행정작용과 실질적인 관련이 없는 의무를 부과해서는 아니 된다는 원칙이다.
② 현행법상 명시적인 규정은 없지만, 법치국가의 원리와 자의금지의 원칙으로부터 도출되는 행정법의 일반원칙이다.
③ 지방자치단체장이 사업자에게 주택사업승인계획을 하면서 그 주택사업과는 아무런 관련이 없는 토지를 기부채납하도록 하는 부관을 붙인 경우에는, 기부채납한 토지 가액이 그 주택사업계획의 100분의 1 상당의 금액에 불과하고 사업자가 이의를 제기하지 아니하다가 지방자치단체장이 업무착오로 기부채납한 토지에 대하여 보상협조요청서를 보내자 그 때서야 비로소 부관의 하자를 들고 나왔다고 하더라도 그 부관은 당연무효이다.
④ 甲이 혈중알코올농도 0.140%의 주취상태로 배기량 125cc 이륜자동차를 운전하였다는 이유로 甲의 자동차운전면허[제1종 대형, 제1종 보통, 제1종 특수(대형견인·구난), 제2종 소형]를 취소한 것은 甲이 음주상태에서 운전을 하지 않으면 안 되는 부득이한 사정이 없었더라도 재량권을 일탈·남용한 것이다.

①은 옳은 설명이며, ②, ③, ④는 틀린 설명이다.
② ❌ 행정청은 행정작용을 할 때 상대방에게 해당 행정작용과 실질적인 관련이 없는 의무를 부과해서는 아니 된다(「행정기본법」 제13조). 즉, 「행정기본법」 제13조에 명시적인 규정을 두고 있다.
③ ❌ 주택사업계획승인을 하면서 주택사업과는 아무런 관련이 없는 토지를 기부채납하도록 하는 부관을 붙인 경우 그 부관은 부당결부금지원칙에 위반되어 위법하지만, 지방자치단체장이 승인한 사업자의 주택사업계획은 상당히 큰 규모의 사업임에 반하여, 사업자가 기부채납한 토지 가액은 그 100분의 1 상당의 금액에 불과한 데다가, 사업자가 그 동안 그 부관에 대하여 아무런 이의를 제기하지 아니하다가 지방자치단체장이 업무착오로 기부채납한 토지에 대하여 보상협조요청서를 보내자 그 때서야 비로소 부관의 하자를 들고 나온 사정이 비추어 볼 때 부관의 하자가 중대하고 명백하여 당연무효라고 볼 수는 없다.
④ ❌ ㉠ 운전면허를 받은 사람이 음주운전을 한 경우에 운전면허의 취소 여부는 행정청의 재량행위이나, 음주운전으로 인한 교통사고의 증가와 그 결과의 참혹성 등에 비추어 보면 음주운전으로 인한 교통사고를 방지할 공익상의 필요는 더욱 중시되어야 하고, 운전면허의 취소에서는 일반의 수익적 행정행위의 취소와는 달리 취소로 인하여 입게 될 당사

자의 불이익보다는 이를 방지하여야 하는 일반예방적 측면이 더욱 강조되어야 한다. ⓒ 甲이 혈중알코올농도 0.140%의 주취상태로 배기량 125cc 이륜자동차를 운전하였다는 이유로 관할 지방경찰청장이 甲의 자동차운전면허[제1종 대형, 제1종 보통, 제1종 특수(대형견인·구난), 제2종 소형]를 취소하는 처분을 한 사안에서, 甲에 대하여 제1종 대형, 제1종 보통, 제1종 특수(대형견인·구난) 운전면허를 취소하지 않는다면, 甲이 각 운전면허로 배기량 125cc 이하 이륜자동차를 계속 운전할 수 있어 실질적으로는 아무런 불이익을 받지 않게 되는 점, 甲의 혈중알코올농도는 0.140%로서 도로교통법령에서 정하고 있는 운전면허 취소처분 기준인 0.100%를 훨씬 초과하고 있고 甲에 대하여 특별히 감경해야 할 만한 사정을 찾아볼 수 없는 점, 甲이 음주상태에서 운전을 하지 않으면 안 되는 부득이한 사정이 있었다고 보이지 않는 점, 처분에 의하여 달성하려는 행정목적 등에 비추어 볼 때, 처분이 사회통념상 현저하게 타당성을 잃어 재량권을 남용하거나 한계를 일탈한 것이라고 단정하기에 충분하지 않음에도, 이와 달리 위 처분 중 제1종 대형, 제1종 보통, 제1종 특수(대형견인·구난) 운전면허를 취소한 부분에 재량권을 일탈·남용한 위법이 있다고 본 원심판단에 재량권 일탈·남용에 관한 법리 등을 오해한 위법이 있다.

0268

행정법의 일반원칙에 관한 설명 중 가장 적절하지 않은 것은?

| 22년 2차 순경 |

① 폐기물처리업에 대하여 사전에 관할 관청으로부터 적정통보를 받고 막대한 비용을 들여 허가요건을 갖춘 다음 허가신청을 하였음에도 관할 관청으로부터 '다수 청소업자의 난립으로 안정적이고 효율적인 청소업무의 수행에 지장이 있다'는 이유로 불허가처분을 받은 경우, 그 처분은 신뢰보호원칙 위반으로 인한 위법한 처분에 해당된다.
② 지방자치단체장이 사업자에게 주택사업계획승인을 하면서 그 주택사업과는 아무런 관련이 없는 토지를 기부채납하도록 하는 부관을 주택사업계획승인에 붙인 경우, 그 부관은 부당결부금지 원칙에 위반되어 위법하다.
③ 같은 정도의 비위를 저지른 자들 사이에 있어서도 그 직무의 특성, 비위의 성격 및 정도를 고려하여 징계종류의 선택과 양정을 차별적으로 취급하는 것은 합리적 차별로서 평등원칙에 반하지 아니한다.
④ 적법 및 위법을 불문하고 재량준칙에 따른 행정관행이 성립한 경우라면, 행정의 자기구속 원칙이 적용될 수 있다.

- **정답** ④
- **난이도**
- **해설** ①, ②, ③은 옳은 설명이며, ④는 틀린 설명이다.
  ④ ✗ 재량준칙에 따른 행정관행이 성립한 경우라면, 행정의 자기구속 원칙이 적용될 수 있다. 다만, 행정관행이 성립한 재량준칙이라고 하더라도 그것은 적법한 내용을 전제로 하는 것이며, 위법한 경우까지 인정되는 것은 아니다.

판례 행정의 자기구속의 원칙을 위반한 사례로 인정하지 않은 경우

① 실제의 공원구역과 다르게 경계측량 및 표지를 설치한 십수 년 후 착오를 발견하여 지형도를 수정한 조치가 신뢰보호 원칙에 위배되거나 행정의 자기구속의 법리에 반하는 것이라 할 수 없다.
② 자기구속의 원칙은 통설에 따르면 평등의 원칙에서 유래하는 것이므로 자기구속의 원칙 역시 선행행정작용이 위법한 경우에는 인정되지 않는다.
③ 평등의 원칙은 본질적으로 같은 것을 자의적으로 다르게 취급함을 금지하는 것이고, 위법한 행정처분이 수차례에 걸쳐 반복적으로 행하여졌다 하더라도 그러한 처분이 위법한 것인 때에는 행정청에 대하여 자기구속력을 갖게 된다고 할 수 없다.

0269

다음 〈보기〉의 내용 중 공통된 행정의 법 원칙은 무엇인가?

| 22년 1차 순경 |

> **보기**
>
> - 「행정기본법」 제12조 제1항 "행정청은 공익 또는 제3자의 이익을 현저히 해칠 우려가 있는 경우를 제외하고는 행정에 대한 국민의 정당하고 합리적인 신뢰를 보호하여야 한다."
> - 「행정기본법」 제4조 제2항 "행정청은 법령등의 해석 또는 행정청의 관행이 일반적으로 국민들에게 받아들여졌을 때에는 공익 또는 제3자의 정당한 이익을 현저히 해칠 우려가 있는 경우를 제외하고는 새로운 해석 또는 관행에 따라 소급하여 불리하게 처리하여서는 아니 된다."

① 비례의 원칙
② 평등의 원칙
③ 신뢰보호의 원칙
④ 부당결부금지의 원칙

- **정답** ③
- **난이도**
- **해설** 「신뢰보호의 원칙」은 행정청의 행위의 정당성·존속성에 대한 사인의 보호할 가치가 있는 신뢰는 보호되어야 한다는 원칙을 의미한다. 영미법상의 「금반언의 원칙」과 대체로 유사한 개념이다.

참고 신뢰보호의 원칙의 의의 및 법적 근거

구분	내 용
의의	① 「신뢰보호의 원칙」은 행정청의 행위의 정당성·존속성에 대한 사인의 보호할 가치가 있는 신뢰는 보호되어야 한다는 원칙을 의미한다. ② 영미법상의 「금반언의 원칙」과 대체로 유사한 개념이다.
근거	① 행정청은 법령 등의 해석 또는 행정청의 관행이 일반적으로 국민들에게 받아들여진 때에는 공익 또는 제3자의 정당한 이익을 현저히 해할 우려가 있는 경우를 제외하고는 새로운 해석 또는 관행에 의하여 소급하여 불리하게 처리하여서는 아니 된다(「행정절차법」 제4조 제2항). ② 행정청은 공익 또는 제3자의 이익을 현저히 해칠 우려가 있는 경우를 제외하고는 행정에 대한 국민의 정당하고 합리적인 신뢰를 보호하여야 한다(「행정기본법」 제12조 제1항). ③ 행정청은 권한 행사의 기회가 있음에도 불구하고 장기간 권한을 행사하지 아니하여 국민이 그 권한이 행사되지 아니할 것으로 믿을 만한 정당한 사유가 있는 경우에는 그 권한을 행사해서는 아니 된다. 다만, 공익 또는 제3자의 이익을 현저히 해칠 우려가 있는 경우는 예외로 한다(「행정기본법」 제12조 제2항).

0270

행정의 법원칙에 관한 설명 중 가장 적절하지 않은 것은? (다툼이 있는 경우 판례에 의함)

| 21년 2차 경행경채 |

① 행정작용은 법률에 위반되어서는 아니 되며, 국민의 권리를 제한하거나 의무를 부과하는 경우와 그 밖에 국민생활에 중요한 영향을 미치는 경우에는 법률에 근거하여야 한다.
② 재량준칙은 일반적으로 행정조직 내부에서만 효력을 가질 뿐 대외적인 구속력을 갖는 것은 아니므로 행정처분이 이를 위반하였다고 하여 그러한 사정만으로 곧바로 위법하게 되는 것은 아니다. 다만, 그 재량준칙이 정한 바에 따라 되풀이 시행되어 행정관행이 이루어지게 되면 평등의 원칙이나 신뢰보호의 원칙에 따라 행정기관은 상대방에 대한 관계에서 그 규칙에 따라야 할 자기구속을 받는다.
③ 행정청은 공익 또는 제3자의 이익을 현저히 해칠 우려가 있는 경우를 제외하고는 행정에 대한 국민의 정당하고 합리적인 신뢰를 보호하여야 한다.
④ 고속국도의 관리청이 고속도로 부지와 접도구역에 송유관 매설을 허가하면서 상대방과 체결한 협약에 따라 송유관 시설을 이전하게 될 경우 상대방에게 그 비용을 부담하도록 한 부관은 행정작용과 실질적 관련성이 없는 의무를 부과하는 것으로서 부당결부금지원칙에 위반된다.

정답 ④
난이도 하 중 상
해설 ①, ②, ③은 옳은 설명이며, ④는 틀린 설명이다.
④ ✗ 고속국도의 관리청이 고속도로 부지와 접도구역에 송유관 매설을 허가하면서 상대방과 체결한 협약에 따라 송유관 시설을 이전하게 될 경우 상대방에게 그 비용을 부담하도록 한 부관은 부당결부금지원칙에 위반되지 않는다.

판례 부당결부금지의 원칙을 위반한 사례로 인정하지 않은 경우

① 고속도로 관리청이 고속도로 부지와 접도구역에 송유관 매설을 허가하면서 상대방과 체결한 협약에 따라 송유관 시설을 이전하게 될 경우 그 비용을 상대방에게 부담하도록 한 경우 위 협약에 포함된 부관이 부당결부금지의 원칙에 반하지 않는다.
② 제1종 보통면허로 운전할 수 있는 차량을 음주운전한 경우와 이와 관련된 면허인 제1종 대형면허와 원동기장치자전거 면허까지 취소할 수 있다(제1종 보통면허의 취소에는 원동기장치자전거의 운전까지 금지하는 취지가 포함되어 있다고 본다).

0271

행정법의 일반원칙에 대한 설명으로 옳지 않은 것은?

| 17년 국가직 7급 |

① 신뢰보호의 원칙은, 국민이 법률적 규율이나 제도가 장래에 지속할 것이라는 합리적인 신뢰를 바탕으로 개인의 법적 지위를 형성해 왔을 때에는 국가에게 그 국민의 신뢰를 되도록 보호할 것을 요구하는 법치국가원리의 파생원칙이다.
② 행정청이 위법한 처분을 행정처분을 반복적으로 한 선례가 있다면, 신뢰보호의 원칙과 행정의 자기구속의 원칙에 따라 선례구속의 법리가 통용된다.
③ 국가가 국민의 생명·신체의 안전에 대한 보호의무를 다하지 않았는지 여부에 대한 심사는 과소보호 금지원칙의 위반 여부를 기준으로 삼는다.
④ 부진정입법소급은 원칙적으로 허용되지만, 소급효를 요구하는 공익상의 사유와 신뢰보호의 요청 사이의 형량과정에서 신뢰보호의 관점이 입법자의 형성권에 제한을 가하게 된다.

  ②

①, ③, ④는 옳은 설명이며, ②는 틀린 설명이다.

② ✗ 위법한 관행에 대한 평등대우가 허용되지 않기 때문에 행정청이 위법한 행정처분을 반복적으로 한 선례가 있다 하더라도 신뢰보호의 원칙과 행정의 자기구속의 원칙에 따라 선례구속의 법리 통용을 주장할 수 없다. 평등의 원칙은 본질적으로 같은 것을 자의적으로 다르게 취급함을 금지하는 것이고, **위법한 행정처분이 수차례에 걸쳐 반복적으로 행하여졌다 하더라도 그러한 처분이 위법한 것인 때에는 행정청에 대하여 자기구속력을 갖게 된다고 할 수 없다**(판례).

행정의 자기구속의 원칙을 위반한 사례로 인정하지 않은 경우

① 실제의 공원구역과 다르게 경계측량 및 표지를 설치한 **십수 년 후 착오를 발견하여 지형도를 수정한 조치가 신뢰보호 원칙에 위배되거나 행정의 자기구속의 법리에 반하는 것이라 할 수 없다**.
② 자기구속의 원칙은 통설에 따르면 평등의 원칙에서 유래하는 것이므로 **자기구속의 원칙 역시 선행행정작용이 위법한 경우에는 인정되지 않는다**.
③ 평등의 원칙은 본질적으로 같은 것을 자의적으로 다르게 취급함을 금지하는 것이고, 위법한 행정처분이 수차례에 걸쳐 반복적으로 행하여졌다 하더라도 그러한 **처분이 위법한 것인 때에는 행정청에 대하여 자기구속력을 갖게 된다고 할 수 없다.**

0272

다음의 행정법의 일반원칙에 대한 설명 중 가장 적절하지 않은 것은?

① 징계사유로 삼은 비행의 정도에 대하여 균형을 잃은 과중한 징계처분을 하는 것은 재량권의 한계를 벗어나 위법하다.
② 운전면허 취소사유가 그 사람이 가진 여러 면허에 공통된 것이라면 그 면허 전부를 취소할 수 있다.
③ 반복적으로 행하여진 행정처분이 위법한 것인 때에는 행정청은 그에 구속되지 않는다.
④ 재량권행사의 기준인 행정규칙이 반복적으로 시행되어 행정관행이 성립된 경우라도 그 행정규칙은 내부적 기준에 불과하므로, 이를 위반시 재량권의 일탈·남용에 해당되지 않는다.

- **정답** ④
- **난이도**
- **해설** ①, ②, ③은 옳은 설명이며, ④는 틀린 설명이다.

④ ❌ 재량권 행사의 준칙인 행정규칙이 그 정한 바에 따라 되풀이 시행되어 행정관행이 이루어지게 되면 평등의 원칙이나 신뢰보호의 원칙에 따라 행정기관은 그 상대방에 대한 관계에서 그 규칙에 따라야 할 자기구속을 받게 되므로, 이러한 경우에는 특별한 사정이 없는 한 그에 위반하는 처분은 평등의 원칙이나 신뢰보호의 원칙에 위배되어 재량권을 일탈·남용한 위법한 처분이 된다.

> **판례** 행정의 자기구속의 원칙을 위반한 사례로 인정한 경우
> ① 행정규칙인 재량준칙이 정한 바에 따라 행정관행이 이룩하게 되면 평등의 원칙이나 신뢰보호의 원칙에 따라 행정기관은 그 규칙에 따라야 할 자기구속을 당하게 되고 그러한 경우 행정규칙은 대외적 구속력을 가지게 된다.
> ② 특정인에 대해서만 재량처분기준을 과도하게 초과하는 처분을 한 경우에는 재량권의 한계를 일탈하였다고 볼 만한 여지가 충분하다.

0273

「행정기본법」상 신뢰보호의 원칙에 해당하는 것은?

| 23년 승진 |

① 행정청은 권한 행사의 기회가 있음에도 불구하고 장기간 권한을 행사하지 아니하여 국민이 그 권한이 행사되지 아니할 것으로 믿을 만한 정당한 사유가 있는 경우에는 그 권한을 행사해서는 아니 된다. 다만, 공익 또는 제3자의 이익을 현저히 해칠 우려가 있는 경우는 예외로 한다.
② 행정청은 합리적 이유 없이 국민을 차별해서는 아니 된다.
③ 행정청의 행정작용은 행정목적을 달성하는 데 유효하고 적절해야 하며, 필요한 최소한도에 그칠 것이고, 행정작용으로 인한 국민의 이익 침해가 그 행정작용이 의도하는 공익보다 크지 아니해야 한다.
④ 행정청은 행정작용을 할 때 상대방에게 해당 행정작용과 실질적인 관련이 없는 의무를 부과해서는 아니 된다.

- **정답** ①
- **난이도** 하 중 상
- **해설**

①은 옳은 설명이며, ②, ③, ④는 틀린 설명이다.

② ✗ 보기의 내용은 『평등의 원칙』에 대한 설명이다. 『평등의 원칙』은 행정청은 정당한 사유가 없는 한 제3자에 대한 처분보다 관계자에게 불리한 처분을 하여서는 안 된다는 원칙이다(「행정기본법」 제9조). 즉, 행정작용을 함에 있어서 정당한 합리적 사유가 없는 한 상대방인 국민을 차별적으로 대우해서는 안 된다는 원칙이다. 평등의 원칙은 <u>재량준칙을 외부적 효력을 갖는 법규로서 전환시키는 전환규범으로서의 기능</u>을 한다. 평등의 원칙은 헌법적 효력을 가지는 일반원칙으로서 이를 위반한 국가작용은 <u>위헌·위법</u>이 된다.

③ ✗ 보기의 내용은 『비례의 원칙』에 대한 설명이다. 『비례의 원칙』은 일반적으로 행정작용에 있어 목적 실현을 위한 수단과 해당 목적 사이에는 합리적인 비례관계가 있어야 한다는 것을 의미한다(「행정기본법」 제10조). <u>「경찰관 직무집행법」 제1조 제2항</u>에서는 "경찰관의 직권은 그 직무수행에 필요한 최소한도 내에서 행사되어야 하며, 남용되어서는 아니 된다"고 명시적으로 규정하고 있다. 비례의 원칙은 일반조항에 근거하여 경찰권을 발동하는 경우는 물론 개별적 수권조항에 근거하여 경찰권을 발동하는 경우에도 적용된다.

④ ✗ 보기의 내용은 『부당결부금지의 원칙』에 대한 설명이다. 행정청은 행정작용을 할 때 상대방에게 해당 행정작용과 실질적인 관련이 없는 의무를 부과해서는 아니 된다(「행정기본법」 제13조). 부당결부금지의 원칙에 위반한 행정작용은 <u>위헌·위법</u>이 되며 행정쟁송이나 손해배상을 통해 구제받을 수 있다.

제 5 장

경찰행정법 II - 경찰조직법

제 1 절 경찰조직법 일반 - 경찰행정기관 등

0274

「국가경찰과 자치경찰의 조직 및 운영에 관한 법률」상 국가수사본부장 및 시·도자치경찰위원회에 대한 설명으로 적절하지 않은 것은 모두 몇 개인가?

|73기 간부|

> 가. 대학이나 공인된 연구기관에서 법률학·경찰학 분야에서 조교수 이상의 직이나 이에 상당하는 직에 10년 이상 있었던 사람은 국가수사본부장의 자격이 있다.
> 나. 국가수사본부장이 직무를 집행하면서 헌법이나 법률을 위배하였을 때에는 국회는 탄핵소추를 의결할 수 있다.
> 다. 국가수사본부장의 임기는 2년으로 하며 중임할 수 없고, 임기가 끝나면 당연히 퇴직한다.
> 라. 시·도자치경찰위원회는 위원장 1명을 포함한 7명의 위원으로 구성하되, 위원장은 상임으로 하고, 나머지 위원은 비상임으로 한다.
> 마. 시·도자치경찰위원회 위원은 시·도의회가 추천하는 2명, 국가경찰위원회가 추천하는 2명, 해당 시·도 교육감이 추천하는 1명, 시·도자치경찰위원회 위원추천위원회가 추천하는 1명, 시·도지사가 지명하는 1명을 시·도지사가 임명한다.
> 바. 대학이나 공인된 연구기관에서 법률학·행정학 또는 경찰학 분야의 조교수 이상의 직이나 이에 상당하는 직에 5년 이상 있었던 사람은 시·도자치경찰위원회 위원의 자격이 있다.

① 1개   ② 2개
③ 3개   ④ 4개

- 정답 ②
- 난이도
- 해설 "가", "나", "다", "바"는 옳은 설명이며, "라", "마"는 틀린 설명이다.

라. ✗ 시·도자치경찰위원회는 <u>위원장 1명을 포함한 7명의 위원으로 구성</u>하되, <u>위원장과 1명의 위원은 상임</u>으로 하고, <u>5명의 위원은 비상임</u>으로 한다(「국가경찰과 자치경찰의 조직 및 운영에 관한 법률」 제19조 제1항).

마. ✗ 시·도자치경찰위원회 위원은 다음의 사람을 <u>시·도지사가 임명</u>한다(「국가경찰과 자치경찰의 조직 및 운영에 관한 법률」 제20조 제1항).
  ㉠ 시·도의회가 추천하는 2명
  ㉡ 국가경찰위원회가 추천하는 1명
  ㉢ 해당 시·도 교육감이 추천하는 1명
  ㉣ 시·도자치경찰위원회 위원추천위원회가 추천하는 2명
  ㉤ 시·도지사가 "지명"하는 1명

0275

「국가경찰과 자치경찰의 조직 및 운영에 관한 법률」상 비상사태 등 전국적 치안유지에 대한 설명으로 가장 적절하지 않은 것은?

| 72기 간부 |

① 경찰청장은 비상사태 등 전국적 치안유지를 위한 지휘·명령이 필요한 경우에는 시·도자치경찰위원회에 자치경찰사무를 담당하는 경찰공무원을 직접 지휘·명령하려는 사유 및 내용 등을 구체적으로 제시하여 통보하여야 한다.

② 경찰청장이 비상사태 등 전국적 치안유지를 위한 지휘·명령을 하는 경우에는 국가경찰위원회에 즉시 보고하여야 하지만, 국민안전에 중대한 영향을 미치는 사안에 대하여 다수의 시·도에 동일하게 적용되는 치안정책을 시행할 필요가 있다고 인정할 만한 충분한 사유가 있는 경우에는 미리 국가경찰위원회의 의결을 거쳐야 하며 긴급한 경우에는 우선 조치 후 지체 없이 국가경찰위원회의 의결을 거쳐야 한다.

③ 경찰청장은 비상사태 등 전국적 치안유지를 위한 지휘·명령할 수 있는 사유가 해소된 때에는 경찰공무원에 대한 지휘·명령을 즉시 중단하여야 한다.

④ 시·도자치경찰위원회는 자치경찰사무와 관련하여 해당 시·도의 경찰력으로는 국민의 생명·신체·재산의 보호 및 공공의 안녕과 질서유지가 어려워 경찰청장의 지원·조정이 필요하다고 인정할 만한 충분한 사유가 있는 경우 의결로 지원·조정의 범위·기간 등을 정하여 경찰청장에게 지원·조정을 요청할 수 있다.

- **정답** ②
- **난이도** 하 중 상
- **해설**

①, ③, ④는 옳은 설명이며, ②는 틀린 설명이다.

② 경찰청장은 ⊙ 전시·사변·천재지변·그 밖에 이에 준하는 국가비상사태, 대규모의 테러 또는 소요사태가 발생하였거나 발생할 우려가 있어 전국적인 치안유지를 위하여 긴급한 조치가 필요하다고 인정할 만한 충분한 사유가 있는 경우, ⓒ 국민안전에 중대한 영향을 미치는 사안에 대하여 다수의 시·도에 동일하게 적용되는 치안정책을 시행할 필요가 있다고 인정할 만한 충분한 사유가 있는 경우, ⓒ 자치경찰사무와 관련하여 해당 시·도의 경찰력으로는 국민의 생명·신체·재산의 보호 및 공공의 안녕과 질서유지가 어려워 경찰청장의 지원·조정이 필요하다고 인정할 만한 충분한 사유가 있는 경우에는 자치경찰사무를 수행하는 경찰공무원을 직접 지휘·감독할 수 있다(「국가경찰과 지치경찰의 조직 및 운영에 관한 법률」 제32조 제1항). 이 경우 국가경찰위원회에 즉시 보고하여야 한다. 다만, 위의 ⓒ의 경우에는 미리 국가경찰위원회의 의결을 거쳐야 하며 긴급한 경우에는 우선조치 후 지체 없이 국가경찰위원회의 의결을 거쳐야 한다(「국가경찰과 자치경찰의 조직 및 운영에 관한 법률」 제32조 제4항).

0276

「국가경찰과 자치경찰의 조직 및 운영에 관한 법률」상 자치경찰사무에 대한 설명으로 가장 적절하지 않은 것은?

|72기 간부|

① 국가는 지방자치단체가 이관 받은 사무를 원활히 수행할 수 있도록 인력, 장비 등에 소요되는 비용에 대하여 재정적 지원을 하여야 한다.
② 자치경찰사무의 수행에 필요한 예산은 관할 시·도경찰청장의 의견을 들어 시·도자치경찰위원회의 심의·의결을 거쳐 시·도지사가 수립한다.
③ 시·도지사는 자치경찰사무 담당 공무원에게 조례에서 정하는 예산의 범위에서 재정적 지원 등을 할 수 있다.
④ 시·도의회는 관련 예산의 효율적인 관리를 위하여 의결로써 자치경찰사무에 대해 시·도자치경찰위원회 위원장의 출석 및 자료 제출을 요구할 수 있다.

- **정답** ②
- **난이도** 하 중 상
- **해설**

①, ③, ④는 옳은 설명이며, ②는 틀린 설명이다.
② ✗ 자치경찰사무의 수행에 필요한 예산은 <u>시·도자치경찰위원회의 심의·의결을 거쳐 시·도지사가 수립</u>한다. 이 경우 시·도자치경찰위원회는 <u>경찰청장의 의견</u>을 들어야 한다(「국가경찰과 자치경찰의 조직 및 운영에 관한 법률」 제35조 제1항).

참고 자치경찰사무에 대한 재정적 지원 및 예산

구분	내용
자치경찰사무에 대한 재정적 지원	<u>국가는</u> 지방자치단체가 이관받은 사무를 원활히 수행할 수 있도록 <u>인력, 장비 등에 소요되는 비용에 대하여 재정적 지원을 하여야 한다</u>(「국가경찰과 자치경찰의 조직 및 운영에 관한 법률」 제34조).
자치경찰사무의 수행에 필요한 예산	① 자치경찰사무의 수행에 필요한 예산은 <u>시·도자치경찰위원회의 심의·의결</u>을 거쳐 <u>시·도지사가 수립</u>한다. 이 경우 시·도자치경찰위원회는 <u>경찰청장의 의견</u>을 들어야 한다(「국가경찰과 자치경찰의 조직 및 운영에 관한 법률」 제35조 제1항). ② <u>시·도지사는</u> 자치경찰사무 담당 공무원에게 조례에서 정하는 예산의 범위에서 <u>재정적 지원 등을 할 수 있다</u>(「국가경찰과 자치경찰의 조직 및 운영에 관한 법률」 제35조 제2항). ③ 시·도의회는 관련 예산의 효율적인 관리를 위하여 의결로써 <u>자치경찰사무에 대해 시·도자치경찰위원회 위원장의 출석 및 자료 제출을 요구할 수 있다</u>(「국가경찰과 자치경찰의 조직 및 운영에 관한 법률」 제35조 제3항).

0277

「경찰청과 그 소속기관 직제」상 각 기관과 업무분장 연결이 적절하지 않은 것은 모두 몇 개인가?

| 71기 간부 변형 |

> 가. 치안정보국 – 외사정보의 수집·분석 및 관리 등 외사정보활동
> 나. 안보수사국 – 보안관찰 및 경호안전대책 업무에 관한 사항
> 다. 생활안전교통국 – 교통사고·교통범죄에 관한 수사 지휘·감독
> 라. 치안정보국 – 집회·시위 등 공공갈등과 다중운집에 따른 질서 및 안전 유지에 관한 정보활동
> 마. 경비국 – 예비군의 무기 및 탄약 관리의 지도

① 없음　　　　　　　　　　② 1개
③ 2개　　　　　　　　　　④ 3개

• **정답** ②
• **난이도**
• **해설** "가", "나", "라", "마"는 옳은 설명이며, "다"는 틀린 설명이다.
　　　다. ✗ 교통사고·교통범죄에 관한 수사 지휘·감독은 형사국의 업무분장 사항이다.

참고 형사국의 업무분장사항(「경찰청과 그 소속기관 직제」 제20조)

구 분	내 용
국 장	① 형사국에 국장 1명을 둔다(동 직제 제20조 제1항). ② 국장은 치안감 또는 경무관으로 보한다(동 직제 제20조 제2항).
담당업무	국장은 다음 사항을 분장한다(동 직제 제20조 제3항). ① 강력범죄, 폭력범죄 및 교통사고·교통범죄에 관한 수사 지휘·감독 ② 마약류 범죄 및 조직범죄에 관한 수사 지휘·감독 ③ 성폭력범죄, 아동·청소년 대상 성매매, 가정폭력, 아동학대, 학교폭력 및 실종사건에 관한 수사 지휘·감독 및 아동·청소년 대상 성매매 단속 ④ 제1호부터 제3호까지의 규정에서 정한 범죄 및 외국인 관련 범죄 수사에 관한 기획, 정책·수사지침 수립·연구·분석 및 수사기법 개발 ⑤ 제1호부터 제3호까지의 규정에서 정한 범죄 및 외국인 관련 범죄에 대한 통계 및 수사자료 분석 ⑥ 과학수사의 기획 및 지도 ⑦ 범죄감식 및 증거분석 ⑧ 범죄기록 및 주민등록지문의 수집·관리

0278

「국가경찰과 자치경찰의 조직 및 운영에 관한 법률」상 경찰청장에 대한 다음 설명 중 틀린 것은 모두 몇 개인가?

| 65기 간부 |

> ㉠ 경찰청에 경찰청장을 두며, 경찰청장은 치안총감으로 보한다.
> ㉡ 경찰청장은 국가경찰위원회의 동의를 받아 행정안전부장관의 제청으로 국무총리를 거쳐 대통령이 임명한다. 이 경우 국회의 인사청문을 거쳐야 한다.
> ㉢ 경찰청장이 직무를 집행하면서 헌법이나 법률을 위배하였을 때에는 국회는 탄핵소추를 의결할 수 있다.
> ㉣ 경찰청장의 임기는 2년으로 하고, 중임(重任)할 수 없다.
> ㉤ 차장은 경찰청장을 보좌하며, 경찰청장이 부득이한 사유로 직무를 수행할 수 없을 때에는 그 직무를 대행한다. 차장은 치안정감으로 보한다.

① 0개 ② 1개
③ 2개 ④ 3개

- **정답** ①
- **난이도** 하 중 상
- **해설** ㉠, ㉡, ㉢, ㉣, ㉤ 모두 옳은 설명이다.

참고 경찰청장의 계급, 임기, 임명절차(「국가경찰과 자치경찰의 조직 및 운영에 관한 법률」)

구 분	내 용
계 급	경찰청에 경찰청장을 두며, 경찰청장은 치안총감으로 보한다(동법 제14조 제1항).
임 기	경찰청장의 임기는 2년으로 하고, 중임할 수 없다(동법 제14조 제4항).
임명절차	① 경찰청장은 국가경찰위원회의 동의를 받아 행정안전부장관의 제청으로 국무총리를 거쳐 대통령이 임명한다. 이 경우 국회의 인사청문을 거쳐야 한다(동법 제14조 제2항). ② 국회의 인사청문회는 경찰청장 임명시 필수절차이나, 그 결과가 대통령을 구속하지 않는다.

0279

「국가경찰과 자치경찰의 조직 및 운영에 관한 법률」상 국가수사본부장에 관한 설명으로 가장 적절하지 않은 것은? | 23년 2차 순경 |

① 국가수사본부장은 치안정감으로 보한다.
② 국가수사본부장을 경찰청 외부를 대상으로 모집하여 임용하는 경우 정당의 당원이거나 당적을 이탈한 날부터 3년이 지나지 아니한 사람은 국가수사본부장이 될 수 없다.
③ 국가수사본부장이 직무를 집행하면서 헌법이나 법률을 위배하였을 때에는 국회는 대통령에게 해임을 건의할 수 있다.
④ 국가수사본부장의 임기는 2년으로 하며, 중임할 수 없다.

- **정답** ③
- **난이도**
- **해설**

①, ②, ④는 옳은 설명이며, ③은 틀린 설명이다.
③ ✗ 국가수사본부장이 직무를 집행하면서 헌법이나 법률을 위배하였을 때에는 국회는 탄핵 소추를 의결할 수 있다(「국가경찰과 자치경찰의 조직 및 운영에 관한 법률」 제16조 제5항).

참고 국가수사본부장의 자격 및 결격사유(「국가경찰과 자치경찰의 조직 및 운영에 관한 법률」)

구분	내용
임용자격	국가수사본부장을 경찰청 외부를 대상으로 모집하여 임용할 필요가 있는 때에는 다음의 자격을 갖춘 사람 중에서 임용한다(동법 제16조 제6항). ① 10년 이상 수사업무에 종사한 사람 중 「국가공무원법」에 따른 고위공무원단에 속하는 공무원, 3급 이상 공무원 또는 총경 이상 경찰공무원으로 재직한 경력이 있는 사람 ② 판사 · 검사 또는 변호사의 직에 10년 이상 있었던 사람 ③ 변호사 자격이 있는 사람으로서 국가기관, 지방자치단체, 공공기관에서 법률에 관한 사무에 10년 이상 종사한 경력이 있는 사람 ④ 대학이나 공인된 연구기관에서 법률학 · 경찰학 분야에서 조교수 이상의 직이나 이에 상당하는 직에 10년 이상 있었던 사람 ⑤ 제1호부터 제4호까지의 경력 기간의 합산이 15년 이상
결격사유	다음의 어느 하나에 해당하는 사람은 국가수사본부장이 될 수 없다(동법 제16조 제7항). ① 「경찰공무원법」 제8조 제2항 각 호의 결격사유에 해당하는 사람 ② 정당의 당원이거나 당적을 이탈한 날부터 3년이 지나지 아니한 사람 ③ 선거에 의하여 취임하는 공직에 있거나 그 공직에서 퇴직한 날부터 3년이 지나지 아니한 사람 ④ 제6항 제1호에 해당하는 공무원 또는 제6항 제2호의 판사 · 검사의 직에서 퇴직한 날로부터 1년이 지나지 아니한 사람 ⑤ 제6항 제3호에 해당하는 사람으로서 국가기관 등에서 퇴직한 날로부터 1년이 지나지 아니한 사람

0280

「국가경찰과 자치경찰의 조직 및 운영에 관한 법률」상 자치경찰사무에 관한 내용 중 가장 적절하지 않은 것은?

| 22년 2차 순경 |

① 생활안전을 위한 순찰 및 시설의 운영, 주민참여 방범활동의 지원 및 지도, 주민의 일상생활과 관련된 사회질서의 유지 및 그 위반행위의 지도·단속 등 지역 내 주민의 생활안전 활동에 관한 사무는 자치경찰의 사무에 포함된다.

② 교통법규 위반에 대한 지도·단속, 교통안전시설 및 무인 교통 단속용 장비의 심의·설치·관리 등 지역 내 교통활동에 관한 사무는 자치경찰사무에 포함된다.

③ 학교폭력 등 소년범죄, 가정폭력, 아동학대 범죄, 「형법」 제245조에 따른 공연음란 및 「성폭력범죄의 처벌 등에 관한 특례법」 제11조에 따른 공중밀집 장소에서의 추행행위에 관한 범죄는 자치경찰사무에 포함된다.

④ 지역 내 주민의 생활안전 활동에 관한 사무, 지역 내 교통활동에 관한 사무, 지역 내 다중운집 행사 관련 혼잡 교통 및 안전관리의 자치경찰사무에 관한 구체적인 사항 및 범위등은 대통령령으로 정하는 기준에 따라 시·도조례로 정한다.

- **정답** ③
- **난이도** 하 중 상
- **해설** ①, ②, ④는 옳은 설명이며, ③은 틀린 설명이다.

③ ❌ 수사사무 중 자치경찰사무에 해당하는 것은 ㉠ 학교폭력 등 소년범죄로서 소년(19세 미만인 사람을 말한다)이 한 범죄. 다만, 그 소년이 해당 사건에서 19세 이상인 사람과 공범관계에 있는 경우는 제외한다. ㉡ 가정폭력범죄 및 아동학대범죄, ㉢ 교통사고 및 교통 관련 범죄(다만, 고속도로에서 발생한 교통사고 및 교통 관련 범죄는 제외한다), ㉣ 「형법」 제245조에 따른 공연음란 및 「성폭력범죄의 처벌 등에 관한 특례법」 제12조에 따른 성적 목적을 위한 다중이용장소 침입행위에 관한 범죄, ㉤ 경범죄 및 기초질서 관련 범죄, ㉥ 가출인 및 실종아동등 관련 수색 및 범죄를 말한다(「국가경찰과 자치경찰의 조직 및 운영에 관한 법률」 제4조 제1항 제2호 및 「자치경찰사무와 시·도자치경찰위원회의 조직 및 운영 등에 관한 규정」 제3조). 공중밀집 장소에서의 추행행위에 관한 범죄는 자치경찰사무가 아닌 국가경찰사무에 해당한다.

참고 수사 자치경찰사무(「국가경찰과 자치경찰의 조직 및 운영에 관한 법률」)

「수사 자치경찰사무」에 관한 구체적인 사항 및 범위 등은 대통령령으로 정한다(동법 제4조 제3항).
① 학교폭력 등 소년범죄(19세 미만인 사람을 말한다)
② 가정폭력범죄, 아동학대범죄
③ 교통사고 및 교통 관련 범죄(다만, 고속도로에서 발생한 교통사고 및 교통 관련 범죄는 제외)
④ 공연음란 및 성적 목적을 위한 다중이용장소 침입행위에 관한 범죄
⑤ 경범죄 및 기초질서 관련 범죄
⑥ 가출인 및 실종아동등 관련 수색 및 범죄

0281

「국가경찰과 자치경찰의 조직 및 운영에 관한 법률」에서 국가수사본부장에 대한 설명으로 가장 적절한 것은?　| 21년 2차 순경 |

① 국가수사본부장은 치안감으로 보하며, 임기가 끝나면 당연히 퇴직한다.
② 국가수사본부장의 임기는 2년으로 하며, 중임할 수 있다.
③ 국가수사본부장은 국가경찰사무를 총괄하고 경찰청 업무를 관장하며 소속 공무원 및 각급 경찰기관의 장을 지휘·감독한다.
④ 국가수사본부장이 직무를 집행하면서 헌법이나 법률을 위배하였을 때에는 국회는 탄핵소추를 의결할 수 있다.

정답 ④

난이도 상 중 하

해설 ④는 옳은 설명이며, ①, ②, ③은 틀린 설명이다.
① 경찰청에 국가수사본부를 두며, 국가수사본부장은 치안정감으로 보한다(「국가경찰과 자치경찰의 조직 및 운영에 관한 법률」 제16조 제1항). 국가수사본부장은 임기가 끝나면 당연히 퇴직한다(「국가경찰과 자치경찰의 조직 및 운영에 관한 법률」 제16조 제4항).
② 국가수사본부장의 임기는 2년으로 하며, 중임할 수 없다(「국가경찰과 자치경찰의 조직 및 운영에 관한 법률」 제16조 제3항). 이는 경찰청장의 임기와 동일하다.
③ ⓧ 국가수사본부장은 「형사소송법」에 따른 경찰의 수사에 관하여 각 시·도경찰청장과 경찰서장 및 수사부서 소속 공무원을 지휘·감독한다(「국가경찰과 자치경찰의 조직 및 운영에 관한 법률」 제16조 제2항). 보기의 내용은 경찰청장의 일반적 권한에 대한 설명이다.

0282

경찰청장에 대한 설명으로 가장 적절한 것은?　| 20년 2차 순경 |

① 징계위원회의 의결을 거친 경무관 이상의 강등 및 정직과 경정 이상의 파면 및 해임을 한다.
② 임기는 2년이 보장되나, 직무 수행 중 헌법이나 법률을 위배하였을 때에는 국회는 탄핵할 수 있다.
③ 소속 공무원뿐만 아니라 제주특별자치도의 자치경찰공무원도 언제나 직접 지휘·명령할 수 있다.
④ 대통령령으로 정하는 바에 따라 경찰공무원의 임용에 관한 권한의 일부를 소속 기관의 장, 시·도경찰청장에게 위임할 수 있다.

정답 ④

난이도

해설 ④는 옳은 설명이며, ①, ②, ③은 틀린 설명이다.

① ✗ 경무관 이상의 강등 및 정직과 경정 이상의 파면 및 해임은 대통령이 한다. 『총경 이상 경찰공무원』은 경찰청장 또는 해양경찰청장의 추천을 받아 행정안전부장관 또는 해양수산부장관의 제청으로 국무총리를 거쳐 대통령이 임용한다. 다만, 총경의 전보, 휴직, 직위해제, 강등, 정직 및 복직(전휴직강정복)은 경찰청장 또는 해양경찰청장이 한다(「경찰공무원법」 제7조 제1항). 『경정 이하의 경찰공무원』은 경찰청장 또는 해양경찰청장이 임용한다. 다만, 경정으로의 신규채용, 승진임용 및 면직(신승면)은 "경찰청장 또는 해양경찰청장의 제청"으로 "국무총리"를 거쳐 "대통령"이 한다(「경찰공무원법」 제7조 제2항).

② ✗ 경찰청장의 임기는 2년으로 하고, 중임할 수 없다(「국가경찰과 자치경찰의 조직 및 운영에 관한 법률」 제14조 제4항). 경찰청장이 직무를 집행하면서 「헌법」이나 법률을 위배하였을 때에는 국회는 탄핵소추를 의결할 수 있다(「국가경찰과 자치경찰의 조직 및 운영에 관한 법률」 제14조 제5항).

③ ✗ 경찰청장은 비상사태 등 전국적 치안유지를 위한 지휘·명령의 필요성이 인정되는 경우에만 자치경찰사무를 수행하는 경찰공무원을 직접 지휘·감독할 수 있다(「국가경찰과 자치경찰의 조직 및 운영에 관한 법률」 제32조 제1항).

참고 경찰청장의 비상사태 등 전국적 치안유지를 위한 지휘·명령

경찰청장은 다음의 경우에는 자치경찰사무를 수행하는 경찰공무원을 직접 지휘·감독할 수 있다(「국가경찰과 자치경찰의 조직 및 운영에 관한 법률」 제32조 제1항).

㉠ 전시·사변·천재지변·그 밖에 이에 준하는 국가비상사태, 대규모의 테러 또는 소요사태가 발생하였거나 발생할 우려가 있어 전국적인 치안유지를 위하여 긴급한 조치가 필요하다고 인정할 만한 충분한 사유가 있는 경우
㉡ 국민안전에 중대한 영향을 미치는 사안에 대하여 다수의 시·도에 동일하게 적용되는 치안정책을 시행할 필요가 있다고 인정할 만한 충분한 사유가 있는 경우
㉢ 자치경찰사무와 관련하여 해당 시·도의 경찰력으로는 국민의 생명·신체·재산의 보호 및 공공의 안녕과 질서유지가 어려워 경찰청장의 지원·조정이 필요하다고 인정할 만한 충분한 사유가 있는 경우

0283

「국가경찰과 자치경찰의 조직 및 운영에 관한 법률」에 대한 내용으로 가장 적절하지 않은 것은?

| 18년 2차 순경 |

① 이 법은 경찰의 민주적인 관리·운영과 효율적인 임무수행을 위하여 경찰의 기본조직 및 직무 범위와 그 밖에 필요한 사항을 규정함을 목적으로 한다.
② 경찰의 사무를 지역적으로 분담하여 수행하게 하기 위하여 특별시·광역시·특별자치시·도·특별자치도(이하 "시·도"라 한다)에 시·도경찰청을 두고, 시·도경찰청장 소속으로 경찰서를 둔다. 시·도경찰청장의 소관사무를 분장하기 위하여 시·도경찰청장 소속으로 259개 경찰서의 범위에서 경찰서를 둔다.
③ 경찰청장은 행정안전부장관의 동의를 받아 국무총리를 거쳐 대통령이 임명한다. 이 경우 국회의 인사청문을 거쳐야 한다.
④ 경찰청장의 임기는 2년으로 하고, 중임할 수 없다.

- **정답** ③
- **난이도**
- **해설** ①, ②, ④는 옳은 설명이며, ③은 틀린 설명이다.
  ③ ✗ 경찰청장은 국가경찰위원회의 동의를 받아 행정안전부장관의 제청으로 국무총리를 거쳐 대통령이 임명한다. 이 경우 국회의 인사청문을 거쳐야 한다(「국가경찰과 자치경찰의 조직 및 운영에 관한 법률」 제14조 제2항). 국회의 인사청문회는 경찰청장 임명시 필수절차이나, 그 결과가 대통령을 구속하지는 않는다.

0284

「국가경찰과 자치경찰의 조직 및 운영에 관한 법률」상 지방경찰에 관한 설명으로 가장 적절하지 않은 것은?

| 16년 1차 순경 변형 |

① 시·도경찰청장은 경찰청장의 지휘·감독을 받아 관할구역의 국가경찰사무를 관장하고 소속 공무원 및 소속 국가경찰기관의 장을 지휘·감독한다.
② 자치경찰사무를 관장하게 하기 위하여 특별시장·광역시장·특별자치시장·도지사·특별자치도지사(이하 '시·도지사'라 한다) 소속으로 시·도자치경찰위원회를 둔다. 다만, 시·도에 2개의 시·도경찰청을 두는 경우 시·도지사 소속으로 2개의 시·도자치경찰위원회를 둘 수 있다.
③ 시·도자치경찰위원회는 합의제 행정기관으로서 시·도지사의 지휘·감독을 받아 업무를 수행한다.
④ 시·도경찰청장은 경찰서장의 소관 사무를 분장하기 위하여 경찰청장의 승인을 받아 지구대 또는 파출소를 둘 수 있다.

- **정답** ③
- **난이도** 하 중 상
- **해설** ①, ②, ④는 옳은 설명이며, ③은 틀린 설명이다.
  ③ ✗ 시·도자치경찰위원회는 합의제 행정기관으로서 그 권한에 속하는 업무를 독립적으로 수행한다(「국가경찰과 자치경찰의 조직 및 운영에 관한 법률」 제18조 제2항).

참고 시·도경찰청장에 대한 지휘·감독(「국가경찰과 자치경찰의 조직 및 운영에 관한 법률」)

구 분	내 용(동법 제28조 제3항 및 제4항, 동 직제 제39조 제2항)
국가경찰사무	시·도경찰청장은 국가경찰사무에 대해서는 경찰청장의 지휘·감독을 받아 관할구역의 소관 사무를 관장하고 소속 공무원 및 소속 경찰기관의 장을 지휘·감독한다.
자치경찰사무	① 시·도경찰청장은 자치경찰사무에 대해서는 시·도자치경찰위원회의 지휘·감독을 받아 관할구역의 소관 사무를 관장하고 소속 공무원 및 소속 경찰기관의 장을 지휘·감독한다. ② 시·도자치경찰위원회는 자치경찰사무에 대해 심의·의결을 통하여 시·도경찰청장을 지휘·감독한다. 다만, 시·도자치경찰위원회가 심의·의결할 시간적 여유가 없거나 심의·의결이 곤란한 경우 대통령령으로 정하는 바에 따라 시·도자치경찰위원회의 지휘·감독권을 시·도경찰청장에게 위임한 것으로 본다.
수사에 관한 사무	시·도경찰청장은 수사에 관한 사무에 대해서는 국가수사본부장의 지휘·감독을 받아 관할구역의 소관 사무를 관장하고 소속 공무원 및 소속 경찰기관의 장을 지휘·감독한다.

0285

「국가경찰과 자치경찰의 조직 및 운영에 관한 법률」에 대한 설명으로 가장 적절하지 않은 것은?

| 15년 3차 순경 변형 |

① 이 법은 경찰의 민주적인 관리·운영과 효율적인 임무수행을 위하여 경찰의 기본조직 및 직무 범위와 그 밖에 필요한 사항을 규정함을 목적으로 한다.
② 치안에 관한 사무를 관장하게 하기 위하여 행정안전부장관 소속으로 경찰청을 둔다.
③ 경찰의 사무를 지역적으로 분담하여 수행하게 하기 위하여 특별시·광역시·특별자치시·도·특별자치도(이하 "시·도"라 한다)에 시·도경찰청을 두고, 시·도경찰청장 소속으로 경찰서를 둔다.
④ 경찰청장은 국가경찰위원회의 추천을 받아 행정안전부장관을 거쳐 대통령이 임명한다.

 ④

 ①, ②, ③은 옳은 설명이며, ④는 틀린 설명이다.

④ ✗ 경찰청장은 국가경찰위원회의 동의를 받아 행정안전부장관의 제청으로 국무총리를 거쳐 대통령이 임명한다. 이 경우 국회의 인사청문을 거쳐야 한다(「국가경찰과 자치경찰의 조직 및 운영에 관한 법률」제14조 제2항). 국회의 인사청문회는 경찰청장 임명시 필수절차이나, 그 결과가 대통령을 구속하지는 않는다.

0286

「국가경찰과 자치경찰의 조직 및 운영에 관한 법률」상 경찰청장에 관한 다음 설명 중 **틀린** 것은 모두 몇 개인가?

| 15년 2차 순경 변형 |

> ㉠ 경찰청장은 국가경찰위원회의 동의를 받아 국무총리의 제청으로 대통령이 임명한다. 이 경우 국회의 인사청문을 거쳐야 한다.
> ㉡ 경찰청장은 국가경찰사무를 총괄하고 경찰청 업무를 관장하며 소속 공무원 및 각급 경찰기관의 장을 지휘·감독한다.
> ㉢ 경찰청장이 직무를 집행하면서 대통령의 지시를 위배하였을 때에는 국회는 탄핵 소추를 의결할 수 있다.
> ㉣ 경찰청장의 임기는 2년으로 하고, 중임할 수 없다.

① 1개　　② 2개
③ 3개　　④ 4개

- **정답** ②
- **난이도**
- **해설** ㉡, ㉣은 옳은 설명이며, ㉠, ㉢은 틀린 설명이다.
  - ㉠ ✗ 경찰청장은 <u>국가경찰위원회의 동의</u>를 받아 <u>행정안전부장관의 제청</u>으로 <u>국무총리</u>를 거쳐 <u>대통령이 임명</u>한다. 이 경우 <u>국회의 인사청문을 거쳐야 한다</u>(「국가경찰과 자치경찰의 조직 및 운영에 관한 법률」 제14조 제2항). <u>국회의 인사청문회는 경찰청장 임명시 필수절차이나, 그 결과가 대통령을 구속하지는 않는다.</u>
  - ㉢ ✗ 경찰청장이 직무를 집행하면서 「헌법」이나 법률을 위배하였을 때에는 국회는 <u>탄핵소추를 의결할 수 있다</u>(「국가경찰과 자치경찰의 조직 및 운영에 관한 법률」 제14조 제5항).

0287

「국가경찰과 자치경찰의 조직 및 운영에 관한 법률」에 대한 설명으로 가장 적절하지 않은 것은?

| 22년 승진 |

① 시·도경찰청장은 경찰청장이 시·도자치경찰위원회와 협의하여 추천한 사람 중에서 행정안전부장관의 제청으로 국무총리를 거쳐 대통령이 임용한다.
② 시·도경찰청 차장은 시·도경찰청장을 보좌하여 소관 사무를 처리하고, 시·도경찰청장이 부득이한 사유로 직무를 수행할 수 없을 때에는 그 직무를 대행한다.
③ 국가수사본부장은 「형사소송법」에 따른 경찰의 수사에 관하여 각 시·도경찰청장과 경찰서장 및 수사부서 소속 공무원을 지휘·감독한다.
④ 국가수사본부장이 직무를 집행하면서 헌법이나 법률을 위배하였더라도 국회는 탄핵 소추를 의결할 수 없다.

- **정답** ④
- **난이도** 하 중 상
- **해설** ①, ②, ③은 옳은 설명이며, ④는 틀린 설명이다.
  ④ ✗ 국가수사본부장이 직무를 집행하면서 「헌법」이나 법률을 위배하였을 때에는 국회는 탄핵소추를 의결할 수 있다 (「국가경찰과 자치경찰의 조직 및 운영에 관한 법률」 제16조 제5항).

> **참고** 시·도경찰청장의 임명절차(「국가경찰과 자치경찰의 조직 및 운영에 관한 법률」)
> ① 시·도경찰청장은 경찰청장이 시·도자치경찰위원회와 협의하여 추천한 사람 중에서 행정안전부장관의 제청으로 국무총리를 거쳐 대통령이 임용한다(동법 제28조 제2항).
> ② 대통령의 시·도경찰청장 임명시에는 국회의 인사청문 절차가 필요하지 않다.
>
> 경찰청장의 추천(시·도자치경찰위원회와 협의) → 행정안전부장관의 제청
> → 국무총리 경유 → 대통령의 임명(국회의 인사청문 절차가 필요하지 않다)

0288

「국가경찰과 자치경찰의 조직 및 운영에 관한 법률」상 경찰조직에 대한 설명이다. ㉠부터 ㉣까지의 설명 중 옳고 그름의 표시(O, X)가 바르게 된 것은? |18년 승진|

> ㉠ 경찰청장은 국회의 동의를 받아 행정안전부장관의 제청으로 국무총리를 거쳐 대통령이 임명한다.
> ㉡ 경찰청장은 국가경찰사무를 총괄하고 경찰청 업무를 관장하며 소속 공무원 및 각급 경찰기관의 장을 지휘·감독한다.
> ㉢ 경찰청장의 임기는 2년으로 하고, 중임할 수 없다.
> ㉣ 경찰청장이 헌법이나 법률을 위반했을 때 국회에서 탄핵소추를 의결할 수 있다고 인정되나, 현행 「국가경찰과 자치경찰의 조직 및 운영에 관한 법률」에는 국회의 탄핵소추 의결권이 명기되어 있지 아니하다.

① ㉠(X) ㉡(O), ㉢(O), ㉣(X)
② ㉠(X) ㉡(O), ㉢(X), ㉣(O)
③ ㉠(O) ㉡(X), ㉢(O), ㉣(O)
④ ㉠(O) ㉡(O), ㉢(O), ㉣(X)

 ①

 ㉡, ㉢은 옳은 설명이며, ㉠, ㉣은 틀린 설명이다.
- ㉠ X 경찰청장은 국가경찰위원회의 동의를 받아 행정안전부장관의 제청으로 국무총리를 거쳐 대통령이 임명한다. 이 경우 국회의 인사청문을 거쳐야 한다(「국가경찰과 자치경찰의 조직 및 운영에 관한 법률」 제14조 제2항). 국회의 인사청문회는 경찰청장 임명시 필수절차이나, 그 결과가 대통령을 구속하지는 않는다.
- ㉣ X 경찰청장이 직무를 집행하면서 「헌법」이나 법률을 위배하였을 때에는 국회는 탄핵소추를 의결할 수 있다(「국가경찰과 자치경찰의 조직 및 운영에 관한 법률」 제14조 제5항).

0289

「경찰청과 그 소속기관 직제」에 대한 설명으로 가장 적절한 것은? | 18년 승진 |

① 경찰청장의 관장사무를 지원하기 위하여 경찰청장 소속으로 경찰대학, 경찰인재개발원, 중앙경찰학교, 경찰수사연수원 및 국립과학수사연구원을 둔다.
② 지구대·파출소 및 출장소의 명칭·위치 및 관할구역과 기타 필요한 사항은 관할 경찰서장이 정한다.
③ 경찰서장은 자신의 소관사무를 분장하기 위하여 행정안전부령이 정하는 바에 따라 시·도경찰청장의 승인을 얻어 지구대 또는 파출소를 둘 수 있다.
④ 시·도경찰청장은 임시로 필요한 때에는 출장소를 둘 수 있다.

정답 ④

난이도 하 중 상

해설 ④는 옳은 설명이며, ①, ②, ③은 틀린 설명이다.
① ✗ 경찰청장의 관장사무를 지원하기 위하여 **경찰청장 소속으로 경찰대학·경찰인재개발원·중앙경찰학교 및 경찰수사연수원을 둔다**(「경찰청과 그 소속기관 직제」 제2조 제1항). 경찰청장의 관장사무를 지원하기 위하여 **경찰청장 소속의 책임운영기관으로 경찰병원을 둔다**(「경찰청과 그 소속기관 직제」 제2조 제2항). **「국립과학수사연구원」의 경우** 경찰청장 소속이 아니라 행정안전부 소속이다.
② ✗ 지구대·파출소 및 출장소의 명칭·위치 및 관할구역과 기타 필요한 사항은 시·도경찰청장이 정한다(「경찰청과 그 소속기관 직제」 제43조 제3항).
③ ✗ 시·도경찰청장은 경찰서장의 소관사무를 분장하기 위하여 경찰청장의 승인을 받아 지구대 또는 파출소를 둘 수 있다(「경찰청과 그 소속기관 직제」 제43조 제1항).

제 2 절 지역경찰관서

0290

「지역경찰의 조직 및 운영에 관한 규칙」상 경찰서장이 정하는 사항으로 적절한 것은 모두 몇 개인가?

| 73기 간부 |

> 가. 치안센터 관할구역의 크기
> 나. 순찰팀의 수
> 다. 치안센터 전담근무자의 근무형태 및 근무시간
> 라. 관리팀 및 순찰팀의 인원

① 1개 ② 2개
③ 3개 ④ 4개

- **정답** ③
- **난이도**
- **해설** "나"는 시·도경찰청장이 결정하며, "가", "다", "라"는 경찰서장이 결정한다.
    - (가) <u>치안센터 관할구역의 크기</u>는 설치목적, 배치 인원 및 장비, 교통·지리적 여건 등을 고려하여 <u>경찰서장</u>이 정한다(「지역경찰의 조직 및 운영에 관한 규칙」제11조 제3항).
    - (나) <u>순찰팀의 수</u>는 지역 치안수요 및 인력여건 등을 고려하여 <u>시·도경찰청장</u>이 결정한다(「지역경찰의 조직 및 운영에 관한 규칙」제6조 제2항).
    - (다) <u>치안센터 전담근무자의 근무형태 및 근무시간</u>은 치안센터의 종류 및 운영시간 등을 고려하여 <u>경찰서장</u>이 정한다(「지역경찰의 조직 및 운영에 관한 규칙」제21조).
    - (라) <u>관리팀 및 순찰팀의 인원</u>은 지역 치안수요 및 인력여건 등을 고려하여 <u>경찰서장</u>이 결정한다(「지역경찰의 조직 및 운영에 관한 규칙」제6조 제3항).

0291

「지역경찰의 조직 및 운영에 관한 규칙」상 순찰팀장이 수행하는 직무 내용으로 가장 적절하지 않은 것은? |71기 간부|

① 관내 중요사건 발생시 현장 지휘
② 지역경찰관서의 시설·예산·장비의 관리
③ 근무교대시 주요 취급사항 및 장비 등의 인수인계 확인
④ 관리팀원 및 순찰팀원에 대한 일일근무 지정 및 지휘·감독

- **정답** ②
- **난이도** 하 중 상
- **해설** ①, ③, ④는 옳은 설명이며, ②는 틀린 설명이다.
  ② ✗ 지역경찰관서의 시설·예산·장비의 관리는 『지역경찰관서장』의 직무이다(「지역경찰의 조직 및 운영에 관한 규칙」 제5조 제3항).

> **참고** 지역경찰관서장의 직무(「지역경찰의 조직 및 운영에 관한 규칙」 제5조 제3항)
> ① 관내 치안상황의 분석 및 대책 수립
> ② 지역경찰관서의 시설·예산·장비의 관리
> ③ 소속 지역경찰의 근무와 관련된 제반사항에 대한 지휘 및 감독
> ④ 경찰 중요 시책의 홍보 및 협력치안 활동
>
> **참고** 순찰팀장의 직무(「지역경찰의 조직 및 운영에 관한 규칙」 제8조 제2항)
> ① 근무교대시 주요 취급사항 및 장비 등의 인수인계 확인
> ② 관리팀원 및 순찰팀원에 대한 일일근무 지정 및 지휘·감독
> ③ 관내 중요 사건 발생시 현장 지휘
> ④ 지역경찰관서장 부재시 업무 대행
> ⑤ 순찰팀원의 업무역량 향상을 위한 교육

0292

「지역경찰의 조직 및 운영에 관한 규칙」에 대한 설명 중 옳지 않은 것은 모두 몇 개인가? | 69기 간부 |

> 가. 행정근무를 지정받은 지역경찰은 각종 현황·통계·부책관리 및 중요 사건·사고 발생시 보고·전파 업무를 수행한다.
> 나. 순찰팀의 수는 지역 치안수요 및 인력여건 등을 고려하여 경찰서장이 결정한다.
> 다. 경찰 중요 시책의 홍보 및 협력치안 활동은 지역경찰관서장의 직무로, 관내 중요사건 발생시 현장지휘는 순찰팀장의 직무로 명시되어 있다.
> 라. 경찰서장은 인구, 면적, 교통·지리적 여건 등을 고려하여 경찰서 관할구역을 나누어 지역경찰관서를 설치한다.
> 마. '지역경찰관서'라 함은 「국가경찰과 자치경찰의 조직 및 운영에 관한 법률」 제17조 및 「경찰청과 그 소속기관 직제」 제43조에 규정된 지구대, 파출소 및 치안센터를 말한다.

① 1개 ② 2개
③ 3개 ④ 4개

• **정답** ④

• **난이도** 하 중 상

• **해설** "다"는 옳은 설명이며, "가", "나", "라", "마"는 틀린 설명이다.

가. ✗ 행정근무를 지정받은 지역경찰은 지역경찰관서 내에서 ㉠ 문서의 접수 및 처리, ㉡ 시설·장비의 관리 및 예산의 집행, ㉢ 각종 현황·통계·자료·부책관리, ㉣ 기타 행정업무 및 지역경찰관서장이 지시한 업무를 수행한다(「지역경찰의 조직 및 운영에 관한 규칙」 제23조). 중요 사건·사고 발생시 보고 및 전파 업무를 수행하는 근무자는 상황근무를 지정받은 지역경찰이다(「지역경찰의 조직 및 운영에 관한 규칙」 제24조).

나. ✗ 순찰팀의 수는 지역 치안수요 및 인력여건 등을 고려하여 시·도경찰청장이 결정한다(「지역경찰의 조직 및 운영에 관한 규칙」 제6조 제2항). 경찰서장이 결정하는 것은 관리팀 및 순찰팀의 인원이다(「지역경찰의 조직 및 운영에 관한 규칙」 제6조 제3항).

라. ✗ 시·도경찰청장은 인구, 면적, 행정구역, 교통·지리적 여건, 각종 사건·사고 발생 등을 고려하여 경찰서의 관할구역을 나누어 지역경찰관서를 설치한다(「지역경찰의 조직 및 운영에 관한 규칙」 제4조 제1항). 즉, 지역경찰관서의 설치권자는 시·도경찰청장이다.

마. ✗ 「지역경찰관서」란 지구대 및 파출소를 말한다(「지역경찰의 조직 및 운영에 관한 규칙」 제2조 제1호). 치안센터는 지역경찰관서의 개념에 포함되지 않는다.

참고 지역경찰관서의 의의 및 설치(「지역경찰의 조직 및 운영에 관한 규칙」)

구분	내용
의의	「지역경찰관서」란 지구대 및 파출소를 말한다(동 규칙 제2조 제1호). 치안센터는 지역경찰관서의 개념에 포함되지 않는다.
설치	시·도경찰청장은 인구, 면적, 행정구역, 교통·지리적 여건, 각종 사건·사고 발생 등을 고려하여 경찰서의 관할구역을 나누어 지역경찰관서를 설치한다(동 규칙 제4조 제1항).

0293

다음 중 「지역경찰의 조직 및 운영에 관한 규칙」상 지역경찰의 근무종류와 그 업무가 올바르게 연결된 것은? |68기 간부|

> 가. 시설 및 장비의 작동여부 확인
> 나. 방문민원 및 각종 신고사건의 접수 및 처리
> 다. 주민여론 및 범죄첩보 수집
> 라. 비상 및 작전사태 등 발생 시 차량, 선박 등의 통행 통제

① 가-순찰근무 나-행정근무 다-상황근무 라-순찰근무
② 가-상황근무 나-상황근무 다-순찰근무 라-경계근무
③ 가-상황근무 나-행정근무 다-상황근무 라-순찰근무
④ 가-순찰근무 나-상황근무 다-순찰근무 라-경계근무

- 정답 ②
- 난이도
- 해설 "가"는 상황근무, "나"는 상황근무, "다"는 순찰근무, "라"는 경계근무의 임무에 해당한다. 시설 및 장비와 관련하여 중요한 것은 '시설·장비의 관리'는 행정근무의 임무이지만, '시설·장비의 작동여부 확인'은 상황근무의 임무이다.

참고 지역경찰의 근무의 종류 및 업무(「지역경찰의 조직 및 운영에 관한 규칙」)

구 분	업 무
행정근무 (동 규칙 제23조)	「행정근무」를 지정받은 지역경찰은 지역경찰관서 내에서 다음 업무를 수행한다. ① 문서의 접수 및 처리 ② 시설·장비의 관리 및 예산의 집행 ③ 각종 현황, 통계, 자료, 부책 관리 ④ 기타 행정업무 및 지역경찰관서장이 지시한 업무
상황근무 (동 규칙 제24조)	「상황근무」를 지정받은 지역경찰은 지역경찰관서 및 치안센터 내에서 다음 업무를 수행한다. ① 시설 및 장비의 작동여부 확인 ② 방문민원 및 각종 신고사건의 접수 및 처리 ③ 요보호자 또는 피의자에 대한 보호·감시 ④ 중요 사건·사고 발생시 보고·전파 ⑤ 기타 필요한 문서의 작성
순찰근무 (동 규칙 제25조)	① 「순찰근무」는 그 수단에 따라 112순찰(차량순찰), 방범오토바이 순찰, 자전거순찰, 도보 순찰 등으로 구분한다. ② 112 순찰근무 및 야간 순찰근무는 반드시 2인 이상 합동으로 지정하여야 한다. ③ 순찰근무를 지정받은 지역경찰은 지정된 근무구역에서 다음 업무를 수행한다. 　㉠ 주민여론 및 범죄첩보 수집 　㉡ 각종 사건사고 발생시 초동조치 및 보고, 전파 　㉢ 범죄예방 및 위험발생 방지 활동 　㉣ 범법자의 단속 및 검거 　㉤ 경찰방문 및 방범진단 　㉥ 통행인 및 차량에 대한 검문검색 등
경계근무 (동 규칙 제26조)	① 「경계근무」는 반드시 2인 이상 합동으로 지정하여야 한다. ② 경계근무를 지정받은 지역경찰은 지정된 장소에서 다음 업무를 수행한다. 　㉠ 범법자 등을 단속·검거하기 위한 통행인 및 차량·선박 등에 대한 검문 검색 및 후속조치 　㉡ 비상 및 작전사태 등 발생시 차량·선박 등의 통행 통제

0294

「지역경찰의 조직 및 운영에 관한 규칙」에 관한 다음 설명 중 옳은 것은 모두 몇 개인가? | 67기 간부 |

> 가. 시·도경찰청장 및 경찰서장은 지역경찰의 올바른 직무수행 및 자질 향상을 위해 필요한 교육을 실시하여야 하며 교육시간, 방법, 내용 등 지역경찰 교육과 관련된 세부적인 기준은 시·도경찰청장이 따로 정한다.
> 나. 순찰근무의 근무종류 및 근무구역은 시간대별·장소별 치안수요, 각종 사건사고 발생, 순찰 인원 및 가용 장비, 관할 면적 및 교통·지리적 여건을 고려하여 지정하여야 한다.
> 다. 상황근무를 지정받은 지역경찰은 지역경찰관서 및 치안센터 내에서 시설 및 장비의 작동여부 확인, 방문민원 및 각종 신고사건의 접수 및 처리, 요보호자 또는 피의자에 대한 보호·감시, 중요 사건·사고 발생시 보고 및 전파, 기타 필요한 문서의 작성의 업무를 수행한다.
> 라. 행정근무를 지정받은 지역경찰은 지역경찰관서 내에서 문서의 접수 및 처리, 시설·장비의 관리 및 예산의 집행, 각종 현황·통계·자료·부책관리, 기타 행정업무 및 지역경찰관서장이 지시한 업무를 수행한다.
> 마. 시·도경찰청장은 소속 시·도경찰청의 지역경찰 정원 충원 현황을 연 2회 이상 점검하고 현원이 정원에 미달할 경우, 지역경찰 정원 충원 대책을 수립·시행하여야 한다.

① 1개 ② 2개
③ 3개 ④ 4개

- **정답** ④
- **난이도** 하 중 상
- **해설** "나", "다", "라", "마"는 옳은 설명이며, "가"는 틀린 설명이다.

  가. 시·도경찰청장 및 경찰서장은 지역경찰의 올바른 직무수행 및 자질 향상을 위해 필요한 교육을 실시하여야 한다(「지역경찰의 조직 및 운영에 관한 규칙」 제39조 제1항). 지역경찰 교육과 관련된 세부적인 기준은 경찰청장이 따로 정한다(「지역경찰의 조직 및 운영에 관한 규칙」 제39조 제2항).

참고 인사관리(정원관리)·교육·지도방문(「지역경찰의 조직 및 운영에 관한 규칙」)

구 분	내 용
인사관리	① 경찰서장은 지역경찰관서의 관할면적, 치안수요 등을 고려하여 지역경찰관서에 적정한 인원을 배치하여야 한다(동 규칙 제37조 제1항). ② 경찰서장은 지역경찰의 정원을 다른 부서에 우선하여 충원하여야 한다(동 규칙 제37조 제2항). ③ 시·도경찰청장은 소속 시·도경찰청의 지역경찰 정원 충원 현황을 연 2회 이상 점검하고 현원이 정원에 미달할 경우, 지역경찰 정원 충원 대책을 수립·시행하여야 한다(동 규칙 제37조 제3항).
교 육	① 시·도경찰청장 및 경찰서장은 지역경찰의 올바른 직무수행 및 자질 향상을 위해 필요한 교육을 실시하여야 한다(동 규칙 제39조 제1항). ② 교육시간, 방법, 내용 등 지역경찰 교육과 관련된 세부적인 기준은 경찰청장이 따로 정한다(동 규칙 제39조 제2항).
지도방문	시·도경찰청장 및 경찰서장은 소속 지역경찰의 업무 지도 및 현장 의견 수렴, 사기관리 등을 위하여 지도방문 계획을 수립·시행하여야 한다(동 규칙 제40조).

0295

경찰청예규인 「지역경찰의 조직 및 운영에 관한 규칙」에 대한 다음 설명 중 가장 옳은 것은?

| 66기 간부 |

① "지역경찰관서"라 함은 지구대, 파출소 및 치안센터를 말한다.
② 경찰서장은 인구, 면적, 행정구역, 교통·지리적 여건, 각종 사건사고 발생 등을 고려하여 경찰서의 관할구역을 나누어 지역경찰관서를 설치한다.
③ 지역 치안수요 및 인력여건 등을 고려하여 지역경찰관서의 관리팀 및 순찰팀의 인원은 시·도경찰청장이 결정하고, 순찰팀의 수는 경찰서장이 결정한다.
④ 경찰 중요 시책의 홍보 및 협력치안 활동은 지역경찰관서장의 직무로, 관내 중요 사건 발생시 현장지휘는 순찰팀장의 직무로 명시되어 있다.

- **정답** ④
- **난이도**
- **해설**

④는 옳은 설명이며, ①, ②, ③은 틀린 설명이다.

① ✗ 「지역경찰관서」란 지구대 및 파출소를 말한다(「지역경찰의 조직 및 운영에 관한 규칙」 제2조 제1호). 치안센터는 지역경찰관서에 포함되지 않는다.

② ✗ 시·도경찰청장은 인구, 면적, 행정구역, 교통·지리적 여건, 각종 사건사고 발생 등을 고려하여 경찰서의 관할구역을 나누어 지역경찰관서를 설치한다(「지역경찰의 조직 및 운영에 관한 규칙」 제4조 제1항). 즉, 지역경찰관서의 설치권자는 시·도경찰청장이다.

③ ✗ 지역경찰관서에는 관리팀과 상시·교대근무로 운영하는 복수의 순찰팀을 둔다(「지역경찰의 조직 및 운영에 관한 규칙」 제6조 제1항). 순찰팀의 수는 지역 치안수요 및 인력여건 등을 고려하여 시·도경찰청장이 결정한다(「지역경찰의 조직 및 운영에 관한 규칙」 제6조 제2항). 관리팀 및 순찰팀의 인원은 지역 치안수요 및 인력여건 등을 고려하여 경찰서장이 결정한다(「지역경찰의 조직 및 운영에 관한 규칙」 제6조 제3항).

참고 순찰팀의 수 및 관리팀 및 순찰팀의 인원(「지역경찰의 조직 및 운영에 관한 규칙」)

구 분	내 용
순찰팀의 수	순찰팀의 수는 지역 치안수요 및 인력여건 등을 고려하여 시·도경찰청장이 결정한다(동 규칙 제6조 제2항).
관리팀·순찰팀의 인원	관리팀 및 순찰팀의 인원은 지역 치안수요 및 인력여건 등을 고려하여 경찰서장이 결정한다(동 규칙 제6조 제3항).

0296

「지역경찰의 조직 및 운영에 관한 규칙」에 관한 설명으로 가장 적절한 것은? |23년 2차 순경|

① 경찰청장은 인구, 면적, 행정구역, 교통·지리적 여건, 각종 사건사고 발생 등을 고려하여 경찰서의 관할구역을 나누어 지역경찰관서를 설치한다.
② 순찰팀은 범죄예방 순찰, 각종 사건사고에 대한 초동조치 등 현장 치안활동을 담당한다.
③ 지역경찰관서장은 지역경찰관서의 운영에 관하여 총괄 지휘·감독한다.
④ 「지역경찰의 조직 및 운영에 관한 규칙」 제23조는 "행정근무를 지정받은 지역경찰은 지역경찰관서 및 치안센터 내에서 방문민원 및 각종 신고사건의 접수 및 처리업무를 수행한다"라고 규정하고 있다.

• **정답** ②
• **난이도** 하 중 상
• **해설**

②는 옳은 설명이며, ①, ③, ④는 틀린 설명이다.

① ✗ <u>시·도경찰청장</u>은 인구, 면적, 행정구역, 교통·지리적 여건, 각종 사건사고 발생 등을 고려하여 경찰서의 관할구역을 나누어 <u>지역경찰관서를 설치한다</u>(「지역경찰의 조직 및 운영에 관한 규칙」 제4조 제1항).

③ ✗ 지역경찰관서에 대한 지휘 및 감독은 다음 각호에 따른다(「지역경찰의 조직 및 운영에 관한 규칙」 제9조). <u>지역경찰관서의 운영에 관하여 총괄 지휘·감독하는 것은 경찰서장</u>이다.

구 분	내 용
경찰서장	지역경찰관서의 운영에 관하여 총괄 지휘·감독
경찰서 각 과장 등 부서장	각 부서의 소관업무와 관련된 지역경찰의 업무에 관하여 경찰서장을 보좌
지역경찰관서장	지역경찰관서의 시설·장비·예산 및 소속 지역경찰의 근무에 관한 제반사항을 지휘·감독
순찰팀장	<u>근무시간 중 소속</u> 지역경찰을 지휘·감독

④ ✗ 행정근무를 지정받은 지역경찰은 지역경찰관서 내에서 다음 각 호의 업무를 수행한다(「지역경찰의 조직 및 운영에 관한 규칙」 제23조).
  ㉠ <u>문서의 접수 및 처리</u>
  ㉡ <u>시설·장비의 관리 및 예산의 집행</u>
  ㉢ 각종 현황, 통계, 자료, 부책 관리
  ㉣ 기타 행정업무 및 지역경찰관서장이 지시한 업무

0297

「지역경찰의 조직 및 운영에 관한 규칙」에 관한 설명 중 옳은 것은 모두 몇 개인가? | 22년 1차 순경 |

> ⊙ 시·도경찰청장은 인구, 면적, 행정구역, 교통·지리적 여건, 각종 사건사고 발생 등을 고려하여 경찰서의 관할구역을 나누어 지역경찰관서를 설치한다.
> ⓒ 관리팀원 및 순찰팀원에 대한 일일근무 지정 및 지휘·감독과 관내 중요 사건 발생시 현장 지휘는 순찰팀장의 직무이다.
> ⓒ 직주일체형 치안센터에 배치된 근무자는 근무 종료 후(휴무일 포함)에도 관할구역 내에 위치하며 지역경찰관서와 연락체계를 유지하여야 한다.
> ⓔ 지역경찰관서장은 관내 치안상황의 분석 및 대책을 수립하고 소속 지역경찰의 근무와 관련된 제반사항에 대해 지휘 및 감독한다.
> ⓜ 상황근무를 지정받은 지역경찰은 지역경찰관서 및 치안센터 내에서 방문민원 및 각종 신고사건의 접수 및 처리를 수행한다.

① 5개 ② 4개
③ 3개 ④ 2개

- **정답** ②
- **난이도** 하 중 상
- **해설** ⊙, ⓒ, ⓔ, ⓜ은 옳은 설명이며, ⓒ은 틀린 설명이다.
  ⓒ ✗ 『직주일체형 치안센터』에 배치된 근무자는 근무 종료 후에도 관할구역 내에 위치하며, 지역경찰관서와 연락체계를 유지하여야 한다. 다만, 휴무일은 제외한다.

참고 직주일체형 치안센터(「지역경찰의 조직 및 운영에 관한 규칙」 제18조 및 제19조)

구분	내용
의의	『직주일체형 치안센터』는 출장소형 치안센터 중 근무자가 치안센터 내에서 거주하면서 근무하는 형태의 치안센터를 말한다.
운영	① 직주일체형 치안센터에는 배우자와 함께 거주함을 원칙으로 하며, 배우자는 근무자 부재시 방문 민원접수·처리 등 보조 역할을 수행한다. ② 시·도경찰청장은 직주일체형 치안센터에 배우자가 함께 거주하지 않는 경우에는 의무경찰대원을 상주 배치하여야 한다. ③ 직주일체형 치안센터에 배치된 근무자는 근무 종료 후에도 관할구역 내에 위치하며, 지역경찰관서와 연락체계를 유지하여야 한다. 다만, 휴무일은 제외한다.
특례	① 경찰서장은 직주일체형 치안센터에서 거주하는 근무자의 배우자에게 조력사례금을 지급하여야 하며, 지급 기준 및 금액은 경찰청장이 정한다. ② 직주일체형 치안센터 근무자의 근무기간은 1년 이상으로 하며, 임기를 마친 경찰관은 희망부서로 배치하고, 차기 경비부서의 차출순서에서 1회 면제한다.

0298

「지역경찰의 조직 및 운영에 관한 규칙」에 대한 설명으로 가장 적절하지 <u>않은</u> 것은? |18년 2차 순경|

① 지역경찰의 근무는 행정근무, 상황근무, 순찰근무, 경계근무, 대기근무, 기타근무로 구분한다.
② 순찰팀의 수는 지역 치안수요 및 인력여건 등을 고려하여 경찰서장이 결정한다.
③ 관리팀 및 순찰팀의 인원은 지역 치안수요 및 인력여건 등을 고려하여 경찰서장이 결정한다.
④ '관리팀원 및 순찰팀원에 대한 일일근무 지정 및 지휘·감독'은 순찰팀장의 직무로 명시되어 있다.

- **정답** ②
- **난이도** 하 중 상
- **해설** ①, ③, ④는 옳은 설명이며, ②는 틀린 설명이다.
  ② ❌ <u>순찰팀의 수</u>는 지역 치안수요 및 인력여건 등을 고려하여 <u>시·도경찰청장이 정한다</u>(「지역경찰의 조직 및 운영에 관한 규칙」 제6조 제2항).

참고 지역경찰의 대기근무와 기타근무(「지역경찰의 조직 및 운영에 관한 규칙」)

구 분	업 무
대기근무 (동 규칙 제27조)	① 『대기근무』의 장소는 지역경찰관서 및 치안센터 내로 한다. 단, 식사시간을 대기근무로 지정한 경우에는 <u>식사장소를 대기근무 장소로 지정</u>할 수 있다. ② 대기근무를 지정받은 지역경찰은 지정된 장소에서 휴식을 취하되, 무전기를 청취하며 <u>10분 이내 출동이 가능한 상태</u>를 유지하여야 한다.
기타근무 (동 규칙 제28조)	① 『기타근무』는 치안상황에 효과적으로 대응하기 위하여 지역경찰 관리자가 지정하는 근무를 말한다. ② 기타근무의 근무내용 및 방법 등은 <u>지역경찰관리자가 정한다</u>.

0299

「지역경찰의 조직 및 운영에 관한 규칙」에 대한 다음 설명 중 가장 적절하지 않은 것은? |14년 2차 순경|

① 관리팀은 일근근무, 순찰팀장 및 순찰팀원은 상시·교대근무를 원칙으로 한다.
② 경계근무는 반드시 2인 이상 합동으로 지정하여야 한다.
③ 지역경찰의 근무는 행정근무, 상황근무, 순찰근무, 경계근무, 대기근무, 기타근무로 구분한다.
④ 경찰서장은 인구, 면적, 교통·지리적 여건 등을 고려하여 경찰서의 관할구역을 나누어 지역경찰관서를 설치한다.

- 정답 ④
- 난이도
- 해설 ①, ②, ③은 옳은 설명이며, ④는 틀린 설명이다.
  ④ ✗ 「지역경찰관서」란 **지구대 및 파출소**를 말한다(「지역경찰의 조직 및 운영에 관한 규칙」 제2조 제1호). **시·도경찰청장**은 인구, 면적, 행정구역, 교통·지리적 여건, 각종 사건·사고 발생 등을 고려하여 **경찰서의 관할구역을 나누어 지역경찰관서를 설치한다**(「지역경찰의 조직 및 운영에 관한 규칙」 제4조 제1항).

0300

다음 중 「지역경찰의 조직 및 운영에 관한 규칙」상 지역경찰의 근무종류와 그 업무를 연결한 것으로 옳은 것은 모두 몇 개인가? |14년 1차 순경|

> ㉠ 행정근무 – 방문민원 및 각종 신고사건의 접수 및 처리
> ㉡ 상황근무 – 요보호자 또는 피의자에 대한 보호·감시
> ㉢ 상황근무 – 중요 사건·사고 발생시 보고 및 전파
> ㉣ 순찰근무 – 주민여론 및 범죄첩보 수집
> ㉤ 경계근무 – 비상 및 작전사태 등 발생시 차량, 선박 등의 통행 통제

① 1개 ② 2개
③ 3개 ④ 4개

- **정답** ④
- **난이도** 하 중 상
- **해설** ㉡, ㉢, ㉣, ㉤은 옳은 설명이며, ㉠은 틀린 설명이다.
  ㉠ ✗ 방문민원 및 각종 신고사건의 접수 및 처리는 상황근무의 업무이다.

참고 지역경찰의 상황근무(「지역경찰의 조직 및 운영에 관한 규칙」)

상황근무 (동 규칙 제24조)	「상황근무」를 지정받은 지역경찰은 지역경찰관서 및 치안센터 내에서 다음 업무를 수행한다. ① 시설 및 장비의 작동여부 확인 ② 방문민원 및 각종 신고사건의 접수 및 처리 ③ 요보호자 또는 피의자에 대한 보호·감시 ④ 중요 사건·사고 발생시 보고·전파 ⑤ 기타 필요한 문서의 작성

0301

「지역경찰의 조직 및 운영에 관한 규칙」에 대한 설명 중 가장 적절한 것은? |23년 승진|

① "지역경찰관서"란 「국가경찰과 자치경찰의 조직 및 운영에 관한 법률」 제30조 제3항 및 「경찰청과 그 소속기관 직제」 제43조에 규정된 지구대, 파출소 및 치안센터를 말한다.
② 상황근무를 지정받은 지역경찰은 문서의 접수 및 처리와 중요 사건·사고 발생 시 보고·전파 업무를 수행한다.
③ 지역경찰은 근무 중 중요사항을 근무일지(을지)에 기재하여야 하고, 근무일지는 5년간 보관한다.
④ 대기근무를 지정받은 지역경찰은 지정된 장소에서 휴식을 취하되, 무전기를 청취하며 10분 이내 출동이 가능한 상태를 유지하여야 한다.

- **정답** ④
- **난이도**
- **해설** ④는 옳은 설명이며, ①, ②, ③은 틀린 설명이다.
  ① ❌ 「지역경찰관서」란 지구대 및 파출소를 말한다(「지역경찰의 조직 및 운영에 관한 규칙」 제2조 제1호). 치안센터는 지역경찰관서의 개념에 포함되지 않는다.
  ② ❌ 「상황근무」를 지정받은 지역경찰은 지역경찰관서 및 치안센터 내에서 ㉠ 시설 및 장비의 작동여부 확인, ㉡ 방문민원 및 각종 신고사건의 접수 및 처리, ㉢ 요보호자 또는 피의자에 대한 보호·감시, ㉣ 중요 사건·사고 발생시 보고·전파, ㉤ 기타 필요한 문서의 작성 업무를 수행한다(「지역경찰의 조직 및 운영에 관한 규칙」 제24조). 문서의 접수 및 처리는 행정근무의 업무이다(「지역경찰의 조직 및 운영에 관한 규칙」 제23조).
  ③ ❌ 근무일지는 3년간 보관한다(「지역경찰의 조직 및 운영에 관한 규칙」 제42조 제2항).

참고 근무일지의 기록·보관 및 작성(「지역경찰의 조직 및 운영에 관한 규칙」)

구 분	내 용
근무일지의 기록·보관	① 지역경찰은 근무 중 주요사항을 근무일지에 기재하여야 한다(동 규칙 제42조 제1항). ② 근무일지는 3년간 보관한다(동 규칙 제42조 제2항).
근무일지 등 작성	근무일지, 112순찰차 점검일지는 전산화 업무시스템에 작성한다. 다만, 천재지변 등으로 전산화 업무시스템을 사용할 수 없는 경우에는 수기로 작성할 수 있다(동 규칙 제42조의2).

0302

「지역경찰의 조직 및 운영에 관한 규칙」에 대한 설명으로 가장 적절하지 않은 것은? | 22년 승진 |

① 지역경찰 동원은 근무자 동원을 원칙으로 하되, 불가피한 경우에 한하여 휴무자를 동원할 수 있다.
② 지역경찰관리자는 신고출동태세 유지 등을 위해 필요한 경우에는 휴게 및 식사시간도 기타 근무로 지정할 수 있다.
③ 순찰팀장은 관리팀원에게 행정근무를 지정하고, 순찰팀원에게 상황 또는 순찰근무 지정하는 것을 원칙으로 하되, 필요한 경우에는 다른 근무를 지정하거나 병행하여 수행하도록 지정할 수 있다.
④ 상황근무를 지정받은 지역경찰은 지역경찰관서 및 치안센터 내에서 요보호자 또는 피의자에 대한 보호·감시, 방문민원 및 각종 신고사건의 접수 및 처리 등의 업무를 수행한다.

정답 ②

난이도 하 중 상

해설 ①, ③, ④는 옳은 설명이며, ②는 틀린 설명이다.
② ✗ 『기타근무』는 치안상황에 효과적으로 대응하기 위하여 지역경찰관리자가 지정하는 근무를 말한다. 기타근무의 근무내용 및 방법 등은 지역경찰관리자가 정한다. 휴게 및 식사시간을 근무로 지정하는 것은 『대기근무』에 해당한다.

참고 지역경찰의 동원(「지역경찰의 조직 및 운영에 관한 규칙」)

구분	내용
지역경찰의 동원사유	시·도경찰청장 또는 경찰서장은 다음의 사유에 해당하는 경우로서 특히 필요하다고 인정되는 때에 한하여, 지역경찰의 기본근무에 지장을 초래하지 않는 범위 내에서 지역경찰을 다른 근무에 동원할 수 있다(동 규칙 제31조 제1항). ① 다중범죄진압, 대간첩작전 기타의 비상사태 ② 경호경비 또는 각종 집회 및 행사의 경비 ③ 중요범인의 체포를 위한 긴급배치 ④ 화재, 폭발물, 풍수설해 등 중요사고의 발생 ⑤ 기타 다수 경찰관의 동원을 필요로 하는 행사 또는 업무
근무자 → 비번자 → 휴무자	① 지역경찰 동원은 근무자 동원을 원칙으로 하되, 불가피한 경우에 한하여 비번자, 휴무자 순으로 동원할 수 있다(동 규칙 제31조 제2항). 즉, 근무자 → 비번자 → 휴무자 순이다. ② 시·도경찰청장 또는 경찰서장은 비번자 또는 휴무자를 동원한 때에는 초과근무수당을 지급하거나 추가 휴무를 부여하여야 한다(동 규칙 제31조 제3항).

0303

「지역경찰의 조직 및 운영에 관한 규칙」상 '순찰근무'에 대한 설명으로 가장 적절하지 않은 것은?

|19년 승진|

① 각종 사건사고 발생시 초동조치 및 보고, 전파
② 비상 및 작전사태 등 발생시 차량, 선박 등의 통행 통제
③ 경찰사범의 단속 및 검거
④ 통행인 및 차량에 대한 검문검색 등

- **정답** ②
- **난이도**
- **해설**
  ①, ③, ④는 옳은 설명이며, ②는 틀린 설명이다.
  ② ✗ 비상 및 작전사태 발생시 차량·선박 등의 통행 통제는 『경계근무』의 업무에 대한 내용이다.

참고 지역경찰의 순찰근무(「지역경찰의 조직 및 운영에 관한 규칙」)

순찰근무 (동 규칙 제25조)	① 『순찰근무』는 그 수단에 따라 112순찰(차량순찰), 방범오토바이 순찰, 자전거순찰, 도보 순찰 등으로 구분한다. ② 112 순찰근무 및 야간 순찰근무는 반드시 2인 이상 합동으로 지정하여야 한다. ③ 순찰근무를 지정받은 지역경찰은 지정된 근무구역에서 다음 업무를 수행한다. ㉠ 주민여론 및 범죄첩보 수집 ㉡ 각종 사건사고 발생시 초동조치 및 보고, 전파 ㉢ 범죄예방 및 위험발생 방지 활동 ㉣ 범법자의 단속 및 검거 ㉤ 경찰방문 및 방범진단 ㉥ 통행인 및 차량에 대한 검문검색 등

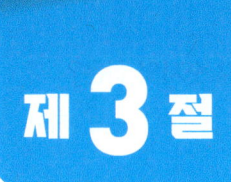

제3절 국가경찰위원회 / 시·도자치경찰위원회

0304

「국가경찰과 자치경찰의 조직 및 운영에 관한 법률」상 국가경찰위원회에 대한 설명으로 적절한 것은 모두 몇 개인가?

| 72기 간부 |

> 가. 국가경찰위원회는 위원장 1명을 포함한 7명의 위원으로 구성하되, 위원장은 당연직 상임이며, 5명의 위원은 비상임으로 하고, 1명의 위원은 상임으로 한다.
> 나. 위원의 임기는 3년으로 하며, 연임할 수 있다. 이 경우 보궐위원의 임기는 전임자 임기의 남은 기간으로 한다.
> 다. 국가경찰위원회의 사무는 자체에서 수행한다.
> 라. 국가경찰위원회의 회의는 재적위원 과반수의 출석과 출석위원 과반수의 찬성으로 의결한다.

① 0개 ② 1개
③ 2개 ④ 3개

- 정답 ②
- 난이도
- 해설

"라"는 옳은 설명이며, "가", "나", "다"는 틀린 설명이다.

가. ✕ 국가경찰위원회는 위원장 1명을 포함한 7명의 위원으로 구성하되, 위원장 및 5명의 위원은 비상임으로 하고, 1명의 위원은 상임위원으로 한다(「국가경찰과 자치경찰의 조직 및 운영에 관한 법률」 제7조 제2항). 위원 중 상임위원은 정무직으로 한다(「국가경찰과 자치경찰의 조직 및 운영에 관한 법률」 제7조 제3항 및 「국가경찰위원회 규정」 제3조 제2항).

나. ✕ 위원의 임기는 3년으로 하며, 연임할 수 없다. 이 경우 보궐위원의 임기는 전임자 임기의 남은 기간으로 한다(「국가경찰과 자치경찰의 조직 및 운영에 관한 법률」 제9조 제1항).

다. ✕ 국가경찰위원회의 사무는 경찰청에서 수행한다(「국가경찰과 자치경찰의 조직 및 운영에 관한 법률」 제11조 제1항).

참고 국가경찰위원회의 설치 및 구성(「국가경찰과 자치경찰의 조직 및 운영에 관한 법률」)

구분	내용
설치	국가경찰행정에 관한 사항을 심의·의결하기 위하여 행정안전부에 국가경찰위원회를 둔다(동법 제7조 제1항).
구성	① 국가경찰위원회는 위원장 1명을 포함한 7명의 위원으로 구성하되, 위원장 및 5명의 위원은 비상임으로 하고, 1명의 위원은 상임위원으로 한다(동법 제7조 제2항). ② 위원 중 상임위원은 정무직으로 한다(동법 제7조 제3항 및 동 규정 제3조 제2항).

0305

「국가경찰과 자치경찰의 조직 및 운영에 관한 법률」상 다음 (　)안에 들어갈 숫자의 합은?

| 71기 간부 |

> 가. 시·도자치경찰위원회는 위원장 1명을 포함한 (　)명의 위원으로 구성하되, 위원장과 (　)명의 위원은 상임으로 하고, (　)명의 위원은 비상임으로 한다.
> 나. 시·도자치경찰위원회 위원 중 (　)명은 인권문제에 관하여 전문적인 지식과 경험이 있는 사람이 임명될 수 있도록 노력하여야 한다.
> 다. 시·도자치경찰위원회 위원장과 위원의 임기는 (　)년으로 하며, 연임할 수 없다.

① 17　　② 18
③ 19　　④ 20

- **정답** ①
- **난이도** 하 중 상
- **해설** 7+1+5+1+3 = 17

가. 시·도자치경찰위원회는 위원장 1명을 포함한 7명의 위원으로 구성하되, 위원장과 1명의 위원은 상임으로 하고, 5명의 위원은 비상임으로 한다(「국가경찰과 자치경찰의 조직 및 운영에 관한 법률」 제19조 제1항).
나. 시·도자치경찰위원회 위원 중 1명은 인권문제에 관하여 전문적인 지식과 경험이 있는 사람이 임명될 수 있도록 노력하여야 한다(「국가경찰과 자치경찰의 조직 및 운영에 관한 법률」 제19조 제3항).
다. 시·도자치경찰위원회 위원장과 위원의 임기는 3년으로 하며, 연임할 수 없다(「국가경찰과 자치경찰의 조직 및 운영에 관한 법률」 제23조 제1항).

참고 시·도자치경찰위원회의 설치 및 구성(「국가경찰과 자치경찰의 조직 및 운영에 관한 법률」)

구분	내용
설치	① 자치경찰사무를 관장하게 하기 위하여 특별시장·광역시장·특별자치시장·도지사·특별자치도지사(이하 '시·도지사'라 한다) 소속으로 시·도자치경찰위원회를 둔다. 다만, 제13조 후단에 따라 시·도에 2개의 시·도경찰청을 두는 경우 시·도지사 소속으로 2개의 시·도자치경찰위원회를 둘 수 있다(동법 제18조 제1항). ② 제1항 단서에 따라 2개의 시·도자치경찰위원회를 두는 경우 해당 시·도자치경찰위원회의 명칭, 관할구역, 사무분장, 그 밖에 필요한 사항은 대통령령으로 정한다(동법 제18조 제3항). ③ 경기도지사 소속으로 경기도남부자치경찰위원회(경기도남부경찰청의 관할구역)와 경기도북부자치경찰위원회(경기도북부경찰청의 관할구역)를 둔다(동 규정 제4조).
구성	① 시·도자치경찰위원회는 위원장 1명을 포함한 7명의 위원으로 구성하되, 위원장과 1명의 위원은 상임으로 하고, 5명의 위원은 비상임으로 한다(동법 제19조 제1항). ② 위원은 특정 성이 10분의 6을 초과하지 아니하도록 노력하여야 한다(동법 제19조 제2항). ③ 위원 중 1명은 인권문제에 관하여 전문적인 지식과 경험이 있는 사람이 임명될 수 있도록 노력하여야 한다(동법 제19조 제3항).

0306

경찰법령상 국가경찰위원회에 대한 설명이다. 옳은 것은 모두 몇 개인가?

| 70기 간부 변형 |

> 가. 국가경찰행정에 관한 중요 사항들을 심의·의결하기 위하여 행정안전부에 국가경찰위원회를 둔다.
> 나. 국가경찰위원회의 정기회의는 특별한 사유가 있는 경우를 제외하고는 매월 1회 위원장이 소집한다.
> 다. 국가경찰위원회 위원장은 위원회의 심의를 위해 필요한 경우에 관계공무원 또는 관계전문가의 출석·발언이나 자료의 제출을 요구할 수 있다.
> 라. 국가경찰위원회는 위원장 1명을 포함한 9명의 위원으로 구성하되, 위원장 및 7명의 위원은 비상임으로 하고, 1명의 위원은 상임위원으로 한다. 위원 중 상임위원은 정무직으로 한다.
> 마. 국가경찰위원회의 위원은 행정안전부장관의 제청으로 국무총리를 거쳐 대통령이 임명한다.
> 바. 국가경찰위원회의 위원의 임기는 2년으로 하며, 연임할 수 없다.
> 사. 국가경찰위원회의 사무는 행정안전부에서 수행한다.

① 1개 ② 2개
③ 3개 ④ 4개

• 정답 ③

• 난이도 하 중 상

• 해설 "가", "다", "마"는 옳은 설명이며, "나", "라", "바", "사"는 틀린 설명이다.

나. ✗ 국가경찰위원회의 『정기회의』는 특별한 사유가 있는 경우를 제외하고는 매월 2회 위원장이 소집한다(「국가경찰위원회 규정」 제7조 제2항). 위원장은 필요한 경우 임시회의를 소집할 수 있으며, ① 위원 3인 이상과 ⓒ 행정안전부장관 또는 ⓒ 경찰청장은 위원장에게 임시회의의 소집을 요구할 수 있다(「국가경찰위원회 규정」 제7조 제3항). 임시회의의 소집요구가 있는 경우에는 위원장은 특별한 사유가 없는 한 회의를 소집하여야 한다(「국가경찰위원회 규정」 제7조 제4항).

라. ✗ 국가경찰위원회는 위원장 1명을 포함한 7명의 위원으로 구성하되, 위원장 및 5명의 위원은 비상임으로 하고, 1명의 위원은 상임위원으로 한다(「국가경찰과 자치경찰의 조직 및 운영에 관한 법률」 제7조 제2항). 위원 중 상임위원은 정무직으로 한다(「국가경찰과 자치경찰의 조직 및 운영에 관한 법률」 제7조 제3항).

바. ✗ 국가경찰위원회의 위원의 임기는 3년으로 하며, 연임할 수 없다. 이 경우 보궐위원의 임기는 전임자 임기의 남은 기간으로 한다(「국가경찰과 자치경찰의 조직 및 운영에 관한 법률」 제9조 제1항).

사. ✗ 국가경찰위원회의 사무는 경찰청에서 수행한다(「국가경찰과 자치경찰의 조직 및 운영에 관한 법률」 제11조 제1항).

0307

「국가경찰과 자치경찰의 조직 및 운영에 관한 법률」상 국가경찰위원회에 대한 다음 설명 중 옳지 <u>않</u><u>은</u> 것은 모두 몇 개인가?

| 68기 간부 변형 |

> 가. 국가경찰위원회는 경찰의 민주주의와 정치적 중립을 보장하기 위하여 경찰청에 설치한 독립적 심의·의결 기구이다.
> 나. 위원 중 2명은 법관의 자격이 있는 사람이어야 한다.
> 다. 위원은 중대한 신체상 또는 정신상의 장애로 직무를 수행할 수 없게 된 경우를 제외하고는 그 의사에 반하여 면직되지 아니한다.
> 라. 경찰, 검찰, 국가정보원 직원 또는 군인의 직에서 퇴직한 날부터 2년이 지나지 아니한 사람은 위원이 될 수 없다.
> 마. 국가경찰 사무와 관련하여 다른 국가기관으로부터 업무협조 요청에 관한 사항이 국가경찰위원회의 심의·의결 대상이 된다.

① 1개
② 2개
③ 3개
④ 4개

- **정답** ③
- **난이도** 하 중 상
- **해설** "나", "다"는 옳은 설명이며, "가", "라", "마"는 틀린 설명이다.

  가. ❌ 국가경찰위원회는 국가경찰행정의 민주적 운영과 정치적 중립보장을 목적으로, <u>행정안전부 소속</u> 하에 있으면서 <u>국가경찰사무와 자치경찰사무의 정책사항에 대해 심의·의결하는 기관</u>이다(경찰의결기관). 국가경찰위원회는 민주적 토론에 의한 결정으로 독임제 경찰행정관청의 단독결정의 단점을 보완하는 기능을 한다. 국가경찰위원회는 대외적인 의사표시 권한까지는 없다는 점에서 경찰행정관청과는 구별된다. 국가경찰위원회는 <u>합의제 심의·의결기관으로서 의결의 구속력이 인정</u>된다. 따라서 국가경찰위원회의 심의·의결사항에 대하여, 경찰행정관청이 국가경찰위원회의 의결을 거치지 않고 권한을 행사한 경우에는 <u>무권한의 행위가 되어 무효</u>가 된다.

  라. ❌ 경찰, 검찰, 국가정보원 직원 또는 군인(경검국군)의 직에서 퇴직한 날부터 <u>3년</u>이 지나지 아니한 사람은 위원이 될 수 없다(「국가경찰과 자치경찰의 조직 및 운영에 관한 법률」 제8조 제5항).

  마. ❌ 국가경찰사무 외에 다른 국가기관으로부터의 업무협조 요청에 관한 사항은 국가경찰위원회의 심의·의결 대상이 된다(「국가경찰과 자치경찰의 조직 및 운영에 관한 법률」 제10조 제1항 및 「국가경찰위원회 규정」 제5조).

> **참고** 국가경찰위원회 위원의 결격사유(「국가경찰과 자치경찰의 조직 및 운영에 관한 법률」)
>
> 다음의 어느 하나에 해당하는 사람은 위원이 될 수 없으며, 위원이 다음의 어느 하나에 해당하는 경우에는 당연퇴직한다(동법 제8조 제5항).
> ① 정당의 당원이거나 당적을 이탈한 날부터 3년이 지나지 아니한 사람
> ② 선거에 의하여 취임하는 공직에 있거나 그 공직에서 퇴직한 날부터 3년이 지나지 아니한 사람
> ③ 경찰, 검찰, 국가정보원 직원 또는 군인(경·검·국·군)의 직에 있거나 그 직에서 퇴직한 날부터 3년이 지나지 아니한 사람
> ④ 「국가공무원법」상의 결격사유에 해당하여 공무원으로 임용될 수 없는 사람

0308

국가경찰위원회와 시·도자치경찰위원회에 관한 다음 설명 중 옳지 않은 것은 모두 몇 개인가?

| 67기 간부 변형 |

> 가. 시·도자치경찰위원회는 위원장을 포함한 위원 9인으로 구성한다.
> 나. 시·도자치경찰위원회의 위원장은 시장 또는 도지사가 된다.
> 다. 국가경찰위원회의 위원은 행정안전부장관의 제청으로 국무총리를 거쳐 대통령이 임명한다.
> 라. 국가경찰위원회 위원 중 상임위원은 정무직으로 한다.
> 마. 국가경찰위원회는 위원장 1명을 포함한 7명의 위원으로 구성하되, 위원장 및 5명의 위원은 비상임으로 하고, 1명의 위원은 상임으로 한다.
> 바. 국가경찰위원회 위원의 임기는 3년으로 하며, 연임할 수 없다. 이 경우 보궐위원의 임기는 전임자 임기의 남은 기간으로 한다.
> 사. 시·도자치경찰위원회 위원장은 정기회의와 임시회의를 소집·개최한다. 이 경우 정기회의는 특별한 사유가 있는 경우를 제외하고는 월 2회 이상 소집·개최한다.

① 0개 ② 1개
③ 2개 ④ 3개

정답 ④

난이도

해설 "다", "라", "마", "바"는 옳은 설명이며, "가", "나", "사"는 틀린 설명이다.

- 가. ✗ 시·도자치경찰위원회는 <u>위원장 1명을 포함한 7명의 위원으로 구성</u>하되, <u>위원장과 1명의 위원은 상임</u>으로 하고, <u>5명의 위원은 비상임</u>으로 한다(「국가경찰과 자치경찰의 조직 및 운영에 관한 법률」 제19조 제1항).

- 나. ✗ <u>자치경찰사무를 관장하게 하기 위하여</u> 특별시장·광역시장·특별자치시장·도지사·특별자치도지사(이하 '시·도지사'라 한다) 소속으로 <u>시·도자치경찰위원회를 둔다</u>(「국가경찰과 자치경찰의 조직 및 운영에 관한 법률」 제18조 제1항). 시·도자치경찰위원회의 소속을 시·도지사에 두는 것이지, <u>시·도지사가 시·도자치경찰위원회의 위원장이 되는 것은 아니다</u>. 시·도자치경찰위원회의 <u>위원장은 위원 중에서 시·도지사가 임명</u>하고, <u>상임위원은 시·도자치경찰위원회의 의결</u>을 거쳐 위원 중에서 <u>위원장의 제청으로</u> 시·도지사가 임명한다. 이 경우 <u>위원장과 상임위원은 지방자치단체 공무원</u>으로 한다(「국가경찰과 자치경찰의 조직 및 운영에 관한 법률」 제20조 제3항).

- 사. ✗ 시·도자치경찰위원회의 회의는 정기적으로 개최하여야 한다. 다만, ㉠ <u>위원장이 필요하다고 인정</u>하는 경우, ㉡ <u>위원 2명 이상</u>이 요구하는 경우 및 ㉢ <u>시·도지사가 필요하다고 인정</u>하는 경우에는 임시회의를 개최할 수 있다(「국가경찰과 자치경찰의 조직 및 운영에 관한 법률」 제26조 제1항). 시·도자치경찰위원회 위원장은 정기회의와 임시회의를 소집·개최한다. 이 경우 『정기회의』는 특별한 사유가 있는 경우를 제외하고는 <u>월 1회 이상</u> 소집·개최한다(「자치경찰사무와 시·도자치경찰위원회의 조직 및 운영에 관한 규정」 제13조 제1항).

0309

「국가경찰과 자치경찰의 조직 및 운영에 관한 법률」과 대통령령인 「국가경찰위원회 규정」상 국가경찰위원회에 대한 다음 설명 중 가장 옳지 않은 것은?

|66기 간부 변형|

① 정기회의는 특별한 사유가 있는 경우를 제외하고는 매월 2회 위원장이 소집한다. 국가경찰위원회의 회의는 재적위원 과반수의 출석과 출석위원 과반수의 찬성으로 의결한다.

② 위원장은 필요한 경우 임시회의를 소집할 수 있으며, 위원 3인 이상과 행정안전부장관 또는 경찰청장은 위원장에게 임시회의의 소집을 요구할 수 있다. 임시회의 소집요구가 있는 경우에는 위원장은 특별한 사유가 없는 한 회의를 소집하여야 한다.

③ 위원장이 사고가 있을 때에는 상임위원, 위원 중 연장자순으로 위원장의 직무를 대리한다.

④ 경찰청장은 위원회에서 심의·의결된 내용이 적정하지 아니하다고 판단할 때에는 재의를 요구할 수 있다.

- **정답** ④
- **난이도**
- **해설** ①, ②, ③은 옳은 설명이며, ④는 틀린 설명이다.

　　④ ✗ <u>행정안전부장관</u>은 국가경찰위원회에서 심의·의결된 내용이 적정하지 아니하다고 판단할 때에는 <u>재의를 요구할 수 있다</u>(「국가경찰과 자치경찰의 조직 및 운영에 관한 법률」 제10조 제2항). 행정안전부장관이 <u>재의를 요구하는 경우에는 의결한 날부터 10일 이내</u>에 재의요구서를 위원회에 제출하여야 한다(「국가경찰위원회 규정」 제6조 제1항). 위원장은 재의 요구가 있는 경우에는 <u>그 요구를 받은 날부터 7일 이내</u>에 회의를 소집하여 다시 의결하여야 한다(「국가경찰위원회 규정」 제6조 제2항).

참고 국가경찰위원회의 회의(「국가경찰과 자치경찰의 조직 및 운영에 관한 법률」)

구 분	내 용
의결정족수	국가경찰위원회의 회의는 <u>재적위원 과반수의 출석과 출석위원 과반수의 찬성으로 의결</u>(일반의결정족수)한다(동법 제11조 제2항).
회의의 종류	위원회의 회의는 정기회의와 임시회의로 구분한다(동 규정 제7조 제1항).
정기회의	정기회의는 특별한 사유가 있는 경우를 제외하고는 <u>매월 2회</u> 위원장이 소집한다(동 규정 제7조 제2항).
임시회의	① 위원장은 필요한 경우 임시회의를 소집할 수 있으며, ㉠ <u>위원 3인 이상</u>과 ㉡ <u>행정안전부장관</u> 또는 ㉢ <u>경찰청장</u>은 위원장에게 임시회의의 소집을 요구할 수 있다(동 규정 제7조 제3항). ② 임시회의 소집요구가 있는 경우에는 위원장은 특별한 사유가 없는 한 회의를 소집하여야 한다(동 규정 제7조 제4항). ③ 즉, 임시회의의 소집권자는 위원장이며, 소집요구권자는 ㉠ <u>위원 3인 이상</u>, ㉡ <u>행정안전부장관</u>, ㉢ <u>경찰청장</u>이다.

0310

「국가경찰과 자치경찰의 조직 및 운영에 관한 법률」상 국가경찰위원회에 대한 다음 설명 중 옳은 것은 모두 몇 개인가?

|65기 간부|

> ㉠ 국가경찰위원회는 위원장 1명을 포함한 7명의 위원으로 구성하되, 위원장 및 5명의 위원은 상임위원으로 하고, 1명의 위원은 비상임으로 한다.
> ㉡ 위원은 행정안전부장관의 제청으로 국무총리를 거쳐 대통령이 임명한다.
> ㉢ 경찰, 검찰, 국가정보원 직원 또는 군인의 직에서 퇴직한 날부터 3년이 지나지 아니한 사람은 위원이 될 수 없다.
> ㉣ 위원의 임기는 3년으로 하며, 연임할 수 있다.
> ㉤ 위원회의 회의는 재적위원 과반수의 출석과 출석위원 과반수의 찬성으로 의결한다.
> ㉥ 위원은 중대한 신체상 또는 정신상의 장애로 직무를 수행할 수 없게 된 경우를 제외하고는 그 의사에 반하여 면직되지 아니한다.

① 2개 ② 3개
③ 4개 ④ 5개

정답 ③

난이도

해설
㉡, ㉢, ㉤, ㉥은 옳은 설명이며, ㉠, ㉣은 틀린 설명이다.
- ㉠ ✕ 국가경찰위원회는 <u>위원장 1명을 포함한 7명의 위원으로 구성</u>하되, <u>위원장 및 5명의 위원은 비상임</u>으로 하고, <u>1명의 위원은 상임위원</u>으로 한다(「국가경찰과 자치경찰의 조직 및 운영에 관한 법률」 제7조 제2항). <u>위원 중 상임위원은 정무직</u>으로 한다(「국가경찰과 자치경찰의 조직 및 운영에 관한 법률」 제7조 제3항).
- ㉣ ✕ 위원의 임기는 <u>3년</u>으로 하며, <u>연임할 수 없다</u>. 이 경우 보궐위원의 임기는 <u>전임자 임기의 남은 기간</u>으로 한다(「국가경찰과 자치경찰의 조직 및 운영에 관한 법률」 제9조 제1항).

참고 국가경찰위원회 위원의 임명절차(「국가경찰과 자치경찰의 조직 및 운영에 관한 법률」)

위원은 <u>행정안전부장관의 제청</u>으로 <u>국무총리</u>를 거쳐 <u>대통령이 임명</u>한다(동법 제8조 제1항).

행정안전부장관의 제청 → 국무총리 경유 → 대통령의 임명

0311

「국가경찰과 자치경찰의 조직 및 운영에 관한 법률」상 시·도자치경찰위원회에 관한 설명으로 가장 적절한 것은? | 23년 2차 순경 |

① 동법 제18조 제1항 단서에 따라 2개의 시·도자치경찰위원회를 두는 경우 해당 시·도자치경찰위원회의 명칭, 관할구역, 사무분장 그 밖에 필요한 사항은 행정안전부령으로 정한다.
② 시·도자치경찰위원회 비상임 위원은 특정 성(性)이 10분의 6을 초과하지 아니해야 한다.
③ 시·도자치경찰위원회 위원장과 위원의 임기는 3년으로 하되, 위원만 한 차례 연임할 수 있다.
④ 시·도자치경찰위원회의 회의는 정기적으로 개최하여야 한다. 다만 위원장이 필요하다고 인정하는 경우, 위원 2명 이상이 요구하는 경우 및 시·도지사가 필요하다고 인정하는 경우에는 임시회의를 개최할 수 있다.

- **정답** ④
- **난이도**
- **해설** ④는 옳은 설명이며, ①, ②, ③은 틀린 설명이다.

① ✗ 자치경찰사무를 관장하게 하기 위하여 특별시장·광역시장·특별자치시장·도지사·특별자치도지사(이하 '시·도지사'라 한다) 소속으로 시·도자치경찰위원회를 둔다. 다만, 제13조 후단에 따라 시·도에 2개의 시·도경찰청을 두는 경우 시·도지사 소속으로 2개의 시·도자치경찰위원회를 둘 수 있다(「국가경찰과 자치경찰의 조직 및 운영에 관한 법률」제18조 제1항). 제1항 단서에 따라 2개의 시·도자치경찰위원회를 두는 경우 해당 시·도자치경찰위원회의 명칭, 관할구역, 사무분장, 그 밖에 필요한 사항은 <u>대통령령으로 정한다</u>(「국가경찰과 자치경찰의 조직 및 운영에 관한 법률」제18조 제3항).

② ✗ 시·도자치경찰위원회는 <u>위원장 1명을 포함한 7명의 위원으로 구성</u>하되, <u>위원장과 1명의 위원은 상임</u>으로 하고, <u>5명의 위원은 비상임</u>으로 한다(「국가경찰과 자치경찰의 조직 및 운영에 관한 법률」제19조 제1항). 위원은 <u>특정 성이 10분의 6을 초과하지 아니하도록 노력하여야 한다</u>(「국가경찰과 자치경찰의 조직 및 운영에 관한 법률」제19조 제2항). <u>위원 중 1명은 인권문제</u>에 관하여 전문적인 지식과 경험이 있는 사람이 임명될 수 있도록 <u>노력하여야 한다</u>(「국가경찰과 자치경찰의 조직 및 운영에 관한 법률」제19조 제3항).

③ ✗ 시·도자치경찰위원회 위원장과 위원의 임기는 <u>3년</u>으로 하며, <u>연임할 수 없다</u>(「국가경찰과 자치경찰의 조직 및 운영에 관한 법률」제23조 제1항). 보궐위원의 임기는 <u>전임자 임기의 남은 기간</u>으로 하되, <u>전임자의 남은 임기가 1년 미만인 경우 그 보궐위원</u>은 <u>한 차례만 연임</u>할 수 있다(「국가경찰과 자치경찰의 조직 및 운영에 관한 법률」제23조 제2항).

0312

「국가경찰과 자치경찰의 조직 및 운영에 관한 법률」 제10조에 따른 국가경찰위원회의 심의·의결사항에 관한 내용으로 가장 적절하지 않은 것은?

| 23년 1차 순경 |

① 국가경찰사무에 관한 인사, 예산, 장비, 통신 등에 관한 주요 정책 및 경찰 업무 발전에 관한 사항
② 국가경찰사무에 관한 인권보호와 관련되는 경찰의 운영·개선에 관한 사항
③ 지방행정과 치안행정의 업무조정에 관한 사항
④ 제주특별자치도의 자치경찰에 대한 경찰의 지원·협조 및 협약체결의 조정 등에 관한 주요 정책사항

정답 ③

난이도 하 중 상

해설 ①, ②, ④는 옳은 설명이며, ③은 틀린 설명이다.
③ ✗ 지방행정과 치안행정의 업무조정과 그 밖에 필요한 협의·조정은 시·도자치경찰위원회의 심의·의결사항이다(「국가경찰과 자치경찰의 조직 및 운영에 관한 법률」 제24조 제1항).

참고 국가경찰위원회의 심의·의결권(「국가경찰위원회 규정」)
① 국가경찰사무에 관한 인사, 예산, 장비, 통신 등에 관한 주요정책 및 경찰업무 발전에 관한 사항
② 국가경찰사무에 관한 인권보호와 관련되는 경찰의 운영·개선에 관한 사항
③ 국가경찰사무 담당공무원의 부패 방지·청렴도 향상에 관한 주요 정책사항
④ 국가경찰사무 외에 다른 국가기관으로부터의 업무협조 요청에 관한 사항
⑤ 제주특별자치도의 자치경찰에 대한 경찰의 지원·협조 및 협약체결의 조정 등에 관한 주요 정책사항
⑥ 시·도자치경찰위원회 위원 추천, 자치경찰사무에 대한 주요 법령·정책 등에 관한 사항, 시·도자치경찰위원회 의결에 대한 재의 요구에 관한 사항
⑦ 국민의 생명·신체 및 재산을 보호하고 공공의 안녕과 질서유지에 필요한 시책 수립에 관한 사항
⑧ 국가비상사태 등 전국적 치안유지를 위한 경찰청장의 지휘·명령에 관한 사항
⑨ 그 밖에 행정안전부장관 및 경찰청장이 중요하다고 인정하여 국가경찰위원회의 회의에 부친 사항

0313

「국가경찰과 자치경찰의 조직 및 운영에 관한 법률」상 국가경찰위원회와 시·도자치경찰위원회에 공통적으로 적용되는 규정 중 가장 적절한 것은? | 22년 2차 순경 |

① 위원장 및 1명의 위원은 상임위원으로 하고 나머지 5명의 위원은 비상임으로 한다.
② 경찰의 직에서 퇴직한 날로부터 3년이 지나지 아니한 사람은 위원이 될 수 없다.
③ 위원 2명이 회의를 요구하는 경우 임시회의를 개최할 수 있다.
④ 보궐위원은 전임자의 남은 임기가 1년 미만인 경우 한 차례에 한해서 연임할 수 있다.

- **정답** ②
- **난이도** 하 중 상
- **해설**

②는 옳은 설명이며, ①, ③, ④는 틀린 설명이다.

① ✗ 국가경찰위원회는 위원장 1명을 포함한 7명의 위원으로 구성하되, 위원장 및 5명의 위원은 비상임으로 하고, 1명의 위원은 상임위원으로 한다(「국가경찰과 자치경찰의 조직 및 운영에 관한 법률」 제7조 제2항). 시·도자치경찰위원회는 위원장 1명을 포함한 7명의 위원으로 구성하되, 위원장과 1명의 위원은 상임으로 하고, 5명의 위원은 비상임으로 한다(「국가경찰과 자치경찰의 조직 및 운영에 관한 법률」 제19조 제1항).

③ ✗ 국가경찰위원회의 위원장은 필요한 경우 임시회의를 소집할 수 있으며, ㉠ 위원 3인 이상과 ㉡ 행정안전부장관 또는 ㉢ 경찰청장은 위원장에게 임시회의의 소집을 요구할 수 있다(「국가경찰위원회 규정」 제7조 제3항). 시·도자치경찰위원회의 임시회의는 ㉠ 위원장이 필요하다고 인정하는 경우, ㉡ 위원 2명 이상이 요구하는 경우 및 ㉢ 시·도지사가 필요하다고 인정하는 경우에는 임시회의를 개최할 수 있다(「국가경찰과 자치경찰의 조직 및 운영에 관한 법률」 제26조 제1항).

④ ✗ 국가경찰위원회 위원의 임기는 3년으로 하며, 연임할 수 없다. 이 경우 보궐위원의 임기는 전임자 임기의 남은 기간으로 한다(「국가경찰과 자치경찰의 조직 및 운영에 관한 법률」 제9조 제1항). 시·도자치경찰위원회 위원장과 위원의 임기는 3년으로 하며, 연임할 수 없고, 보궐위원의 임기는 전임자 임기의 남은 기간으로 하되, 전임자의 남은 임기가 1년 미만인 경우 그 보궐위원은 한 차례만 연임할 수 있다(「국가경찰과 자치경찰의 조직 및 운영에 관한 법률」 제23조 제1항 및 제2항).

0314

「국가경찰과 자치경찰의 조직 및 운영에 관한 법률」상 시·도자치경찰위원회의 설명에 관한 내용 중 가장 적절하지 않은 것은? | 22년 1차 순경 |

① 공무원이 아닌 위원에 대해서는 「국가공무원법」 제55조 및 제57조를 준용한다.
② 위원 중 1명은 인권문제에 관하여 전문적인 지식과 경험이 있는 사람이 임명될 수 있도록 노력하여야 한다.
③ 위원은 정치적 중립을 지켜야 하며, 권한을 남용하여서는 아니 된다.
④ 시·도자치경찰위원회는 합의제 행정기관으로서 그 권한에 속하는 업무를 독립적으로 수행한다.

정답 ①

난이도 하 중 상

해설
②, ③, ④는 옳은 설명이며, ①은 틀린 설명이다.
① ✗ 공무원이 아닌 위원에 대해서는 「지방공무원법」 제52조(비밀엄수의 의무) 및 제57조(정치운동의 금지)를 준용한다(「국가경찰과 자치경찰의 조직 및 운영에 관한 법률」 제20조 제5항). 공무원이 아닌 위원은 그 소관 사무와 관련하여 「형법」이나 그 밖의 법률에 따른 벌칙을 적용할 때에는 공무원으로 본다(「국가경찰과 자치경찰의 조직 및 운영에 관한 법률」 제20조 제6항).

0315

「국가경찰과 자치경찰의 조직 및 운영에 관한 법률」상 시·도자치경찰위원회에 대한 설명으로 적절한 것만을 모두 고른 것은?

| 21년 1차 순경 |

> ㉠ 위원장 1명을 포함한 7명의 위원으로 구성하되, 위원장과 1명의 위원은 상임으로 하고, 5명의 위원은 비상임으로 한다.
> ㉡ 위원 중 2명은 법관의 자격이 있는 사람이어야 한다.
> ㉢ 위원은 시·도의회가 추천하는 2명, 국가경찰위원회가 추천하는 1명, 해당 시·도 교육감이 추천하는 1명, 시·도자치경찰위원회 위원추천위원회가 추천하는 2명, 시·도지사가 지명하는 1명을 시·도지사가 임명한다.
> ㉣ 위원장은 비상임위원 중에서 호선하고, 상임위원은 시·도자치경찰위원회의 의결을 거쳐 위원 중에서 위원장의 제청으로 시·도지사가 임명한다. 이 경우 위원장과 상임위원은 지방자치단체의 공무원으로 한다.

① ㉠, ㉡
② ㉠, ㉢
③ ㉡, ㉢
④ ㉢, ㉣

- **정답** ②
- **난이도** 하 중 상
- **해설** ㉠, ㉢은 옳은 설명이며, ㉡, ㉣은 틀린 설명이다.

  ㉡ 위원 중 2명은 법관의 자격이 있는 사람이어야 하는 경우는 국가경찰위원회 위원의 자격이다(「국가경찰과 자치경찰의 조직 및 운영에 관한 법률」 제8조 제3항). 시·도자치경찰위원회의 경우에는 위원 중 1명은 인권문제에 관하여 전문적인 지식과 경험이 있는 사람이 임명될 수 있도록 노력하여야 한다(「국가경찰과 자치경찰의 조직 및 운영에 관한 법률」 제19조 제3항).

  ㉣ 시·도자치경찰위원회 위원장은 위원 중에서 시·도지사가 임명하고, 상임위원은 시·도자치경찰위원회의 의결을 거쳐 위원 중에서 위원장의 제청으로 시·도지사가 임명한다. 이 경우 위원장과 상임위원은 지방자치단체 공무원으로 한다(「국가경찰과 자치경찰의 조직 및 운영에 관한 법률」 제20조 제3항).

참고 시·도자치경찰위원회 위원의 임명(「국가경찰과 지치경찰의 조직 및 운영에 관한 법률」)

① 시·도자치경찰위원회 위원은 다음의 사람을 시·도지사가 임명한다(동법 제20조 제1항).
  ㉠ 시·도의회가 추천하는 2명
  ㉡ 국가경찰위원회가 추천하는 1명
  ㉢ 해당 시·도 교육감이 추천하는 1명
  ㉣ 시·도자치경찰위원회 위원추천위원회가 추천하는 2명
  ㉤ 시·도지사가 "지명"하는 1명

② 위원장은 위원 중에서 시·도지사가 임명하고, 상임위원은 시·도자치경찰위원회의 의결을 거쳐 위원 중에서 위원장의 제청으로 시·도지사가 임명한다. 이 경우 위원장과 상임위원은 지방자치단체 공무원으로 한다(동법 제20조 제3항).

0316

「국가경찰과 자치경찰의 조직 및 운영에 관한 법률」상 다음 (   )안에 들어갈 숫자의 합은?

| 20년 1차 순경 |

> ㉠ 국가경찰위원회는 위원장 1명을 포함한 (   )명의 위원으로 구성한다.
> ㉡ 국가경찰위원회 위원 중 (   )명은 법관의 자격이 있는 사람이어야 한다.
> ㉢ 국가경찰위원회 위원의 임기는 (   )년으로 하며, 연임할 수 없다.
> ㉣ 경찰청장의 임기는 (   )년으로 하고, 중임할 수 없다.

① 13
② 14
③ 15
④ 16

정답 ②

해설
㉠은 7, ㉡은 2, ㉢은 3, ㉣은 2이다. 따라서 7+2+3+2 = 14이다.
㉠ 국가경찰위원회는 위원장 1명을 포함한 7명의 위원으로 구성하되, 위원장 및 5명의 위원은 비상임으로 하고, 1명의 위원은 상임위원으로 한다(「국가경찰과 자치경찰의 조직 및 운영에 관한 법률」 제7조 제2항).
㉡ 국가경찰위원회 위원 중 2명은 법관의 자격이 있는 사람이어야 한다(「국가경찰과 자치경찰의 조직 및 운영에 관한 법률」 제8조 제3항).
㉢ 국가경찰위원회 위원의 임기는 3년으로 하며, 연임할 수 없다. 이 경우 보궐위원의 임기는 전임자 임기의 남은 기간으로 한다(「국가경찰과 자치경찰의 조직 및 운영에 관한 법률」 제9조 제1항).
㉣ 경찰청장의 임기는 2년으로 하고, 중임할 수 없다(「국가경찰과 자치경찰의 조직 및 운영에 관한 법률」 제14조 제4항).

0317

「국가경찰과 자치경찰의 조직 및 운영에 관한 법률」상 국가경찰위원회에 대한 설명으로 가장 적절하지 않은 것은?

| 18년 3차 순경 변형 |

① 위원의 임기는 3년으로 하며, 연임할 수 없다.
② 경찰, 검찰, 법관, 국가정보원 직원 또는 군인의 직에서 퇴직한 날부터 3년이 지나지 아니한 사람은 위원이 될 수 없다.
③ 위원은 중대한 신체상 또는 정신상의 장애로 직무를 수행할 수 없게 된 경우를 제외하고는 그 의사에 반하여 면직되지 아니한다.
④ 심의·의결사항에는 국가경찰 임무 외에 다른 국가기관으로부터의 업무협조 요청에 관한 사항도 포함된다.

정답 ②

난이도 하 중 상

해설
①, ③, ④는 옳은 설명이며, ②는 틀린 설명이다.
② ✗ 경찰, 검찰, 국가정보원 직원 또는 군인(경검국군)의 직에 있거나 그 직에서 퇴직한 날부터 3년이 지나지 아니한 사람은 국가경찰위원회의 위원이 될 수 없다(「국가경찰과 자치경찰의 조직 및 운영에 관한 법률」 제8조 제5항).

참고 국가경찰위원회 위원의 결격사유(「국가경찰과 자치경찰의 조직 및 운영에 관한 법률」)

다음의 어느 하나에 해당하는 사람은 위원이 될 수 없으며, 위원이 다음의 어느 하나에 해당하는 경우에는 당연퇴직한다(동법 제8조 제5항).
① 정당의 당원이거나 당적을 이탈한 날부터 3년이 지나지 아니한 사람
② 선거에 의하여 취임하는 공직에 있거나 그 공직에서 퇴직한 날부터 3년이 지나지 아니한 사람
③ 경찰, 검찰, 국가정보원 직원 또는 군인(경·검·국·군)의 직에 있거나 그 직에서 퇴직한 날부터 3년이 지나지 아니한 사람
④ 「국가공무원법」상의 결격사유에 해당하여 공무원으로 임용될 수 없는 사람

0318

「국가경찰과 자치경찰의 조직 및 운영에 관한 법률」상 국가경찰위원회에 대한 설명으로 가장 적절한 것은? | 17년 2차 순경 변형 |

① 국가경찰위원회는 경찰의 민주주의와 정치적 중립성을 보장하기 위하여 경찰청에 설치한 독립적 심의·의결 기구이다.
② 국가경찰위원회는 위원장 1명을 포함한 7명의 위원으로 구성되며 위원장 및 1명의 위원은 상임으로 하고, 5명의 위원은 비상임으로 한다.
③ 국가경찰의 부패 방지와 청렴도 향상에 관한 주요 정책사항은 국가경찰위원회의 심의·의결을 거쳐야 한다.
④ 국가경찰위원회의 회의는 재적위원 과반수의 출석과 재적위원 과반수의 찬성으로 의결한다.

- **정답** ③
- **난이도** 하 중 상
- **해설** ③은 옳은 설명이며, ①, ②, ④는 틀린 설명이다.
  ① ✗ 「국가경찰위원회」는 국가경찰행정의 민주적 운영과 정치적 중립보장을 목적으로 행정안전부 소속 하에 있으면서 국가경찰사무와 자치경찰사무의 정책사항에 대해 심의·의결하는 기관이다. 국가경찰행정에 관한 사항을 심의·의결하기 위하여 행정안전부에 국가경찰위원회를 둔다(「국가경찰과 자치경찰의 조직 및 운영에 관한 법률」 제7조 제1항).
  ② ✗ 국가경찰위원회는 위원장 1명을 포함한 7명의 위원으로 구성하되, 위원장 및 5명의 위원은 비상임으로 하고, 1명의 위원은 상임위원으로 한다(「국가경찰과 자치경찰의 조직 및 운영에 관한 법률」 제7조 제2항). 위원 중 상임위원은 정무직으로 한다(「국가경찰과 자치경찰의 조직 및 운영에 관한 법률」 제7조 제3항).
  ④ ✗ 국가경찰위원회의 회의는 재적위원 과반수의 출석과 출석위원 과반수의 찬성으로 의결(일반의결정족수)한다(「국가경찰과 자치경찰의 조직 및 운영에 관한 법률」 제11조 제2항).

0319

「국가경찰과 자치경찰의 조직 및 운영에 관한 법률」상 국가경찰위원회에 대한 규정이다. 아래 ㉠부터 ㉣까지의 설명 중 옳고 그름의 표시(O, X)가 바르게 된 것은? | 17년 1차 순경 |

> ㉠ 국가경찰위원회는 위원장 1명을 포함한 7명의 위원으로 구성하되, 위원장 및 5명의 위원은 상임으로 하고, 1명의 위원은 비상임으로 한다.
> ㉡ 위원 중 3명은 법관의 자격이 있는 사람이어야 한다.
> ㉢ 위원은 행정안전부장관의 제청으로 국무총리를 거쳐 대통령이 임명한다.
> ㉣ 위원의 임기는 3년으로 하며, 연임할 수 있다. 이 경우 보궐위원의 임기는 전임자 임기의 남은 기간으로 한다.

① ㉠(X) ㉡(X) ㉢(O) ㉣(X)   ② ㉠(O) ㉡(X) ㉢(X) ㉣(O)
③ ㉠(X) ㉡(O) ㉢(O) ㉣(O)   ④ ㉠(O) ㉡(O) ㉢(X) ㉣(X)

- 정답 ①
- 난이도
- 해설 ㉢은 옳은 설명이며, ㉠, ㉡, ㉣은 틀린 설명이다.
  - ㉠ ❌ 국가경찰위원회는 위원장 1명을 포함한 7명의 위원으로 구성하되, 위원장 및 5명의 위원은 비상임으로 하고, 1명의 위원은 상임위원으로 한다(「국가경찰과 자치경찰의 조직 및 운영에 관한 법률」 제7조 제2항). 위원 중 상임위원은 정무직으로 한다(「국가경찰과 자치경찰의 조직 및 운영에 관한 법률」 제7조 제3항).
  - ㉡ ❌ 위원 중 2명은 법관의 자격이 있는 사람이어야 한다(「국가경찰과 자치경찰의 조직 및 운영에 관한 법률」 제8조 제3항).
  - ㉣ ❌ 위원의 임기는 3년으로 하며, 연임할 수 없다. 이 경우 보궐위원의 임기는 전임자 임기의 남은 기간으로 한다(「국가경찰과 자치경찰의 조직 및 운영에 관한 법률」 제9조 제1항).

0320

「국가경찰과 자치경찰의 조직 및 운영에 관한 법률」상 국가경찰위원회에 대한 설명으로 가장 적절하지 않은 것은?

| 16년 2차 순경 변형 |

① 국가경찰행정에 관한 일정한 사항을 심의·의결하기 위하여 행정안전부에 국가경찰위원회를 둔다.
② 국가경찰위원회는 위원장 1명을 포함한 7명으로 구성한다.
③ 국가경찰위원회 위원의 임기는 2년으로 하며, 연임할 수 없다.
④ 국가경찰위원회의 회의는 재적위원 과반수의 출석과 출석위원 과반수의 찬성으로 의결한다.

- 정답 ③
- 난이도 하 중 상
- 해설 ①, ②, ④는 옳은 설명이며, ③은 틀린 설명이다.
  ③ ✕ 국가경찰위원회 위원의 임기는 3년으로 하며, 연임할 수 없다. 이 경우 보궐위원의 임기는 전임자 임기의 남은 기간으로 한다(「국가경찰과 자치경찰의 조직 및 운영에 관한 법률」 제9조 제1항).

0321

「국가경찰과 자치경찰의 조직 및 운영에 관한 법률」상 국가경찰위원회에 대한 설명으로 가장 적절하지 않은 것은?

| 15년 3차 순경 |

① 위원회는 위원장 1명을 포함한 7명의 위원으로 구성하되, 위원장 및 5명의 위원은 비상임으로 하고, 1명의 위원은 상임으로 한다.
② 위원의 임기는 2년으로 하며, 연임할 수 없다.
③ 위원회의 사무는 경찰청에서 수행한다.
④ 위원회의 회의는 재적위원 과반수의 출석과 출석위원 과반수의 찬성으로 의결한다.

 ②

 ①, ③, ④는 옳은 설명이며, ②는 틀린 설명이다.
② ❌ 국가경찰위원회 위원의 임기는 3년으로 하며, 연임할 수 없다. 이 경우 보궐위원의 임기는 전임자 임기의 남은 기간으로 한다(「국가경찰과 자치경찰의 조직 및 운영에 관한 법률」 제9조 제1항).

참고 국가경찰위원회 위원의 임기와 시 · 도자치경찰위원회 위원의 임기의 구분

구 분	내 용
공통점	국가경찰위원회 위원의 임기와 시 · 도자치경찰위원회 위원의 임기는 동일(3년, 연임할 수 없다)
차이점 (보궐위원)	다만, 보궐위원의 임기의 경우에는 『국가경찰위원회』의 보궐위원의 임기는 전임자 임기의 남은 기간으로 하지만, 『시 · 도자치경찰위원회』 보궐위원의 임기는 전임자 임기의 남은 기간으로 하되 전임자의 남은 임기가 1년 미만인 경우 그 보궐위원은 한 차례만 연임할 수 있다.

0322

「국가경찰과 자치경찰의 조직 및 운영에 관한 법률」상 국가경찰위원회에 관한 다음 설명 중 가장 적절하지 않은 것은?

| 14년 2차 순경 |

① 위원과 위원장은 행정안전부장관의 제청으로 국무총리를 거쳐 대통령이 임명한다.
② 행정안전부장관은 심의·의결 내용이 적정하지 아니하다고 판단할 때에는 재의를 요구할 수 있다.
③ 위원은 중대한 신체상 또는 정신상의 장애로 직무를 수행할 수 없게 된 경우를 제외하고는 그 의사에 반하여 면직되지 아니한다.
④ 경찰, 검찰, 국가정보원 직원 또는 군인의 직(職)에서 퇴직한 날부터 3년이 지나지 아니한 사람은 위원이 될 수 없다.

- **정답** ①
- **난이도**
- **해설**

②, ③, ④는 옳은 설명이며, ①은 틀린 설명이다.
① ❌ 국가경찰위원회의 위원은 행정안전부장관의 제청으로 국무총리를 거쳐 대통령이 임명한다(「국가경찰과 자치경찰의 조직 및 운영에 관한 법률」 제8조 제1항). 위원장은 비상임위원 중에서 호선한다(「국가경찰위원회 규정」 제2조 제2항).

참고 국가경찰위원회의 위원장(「국가경찰위원회 규정」)

① 위원장은 위원회를 대표하며, 위원회의 사무를 총괄한다(동 규정 제2조 제1항).
② 위원장은 비상임위원 중에서 호선한다(동 규정 제2조 제2항).
③ 위원장이 사고가 있을 때에는 상임위원, 위원 중 연장자순으로 위원장의 직무를 대리한다(동 규정 제2조 제3항).

0323

「국가경찰과 자치경찰의 조직 및 운영에 관한 법률」에 관한 설명으로 가장 적절하지 않은 것은?

| 23년 법학특채 |

① 경찰청장은 국가경찰위원회의 동의를 받아 행정안전부장관의 제청으로 국무총리를 거쳐 대통령이 임명한다. 이 경우 국회의 인사청문을 거쳐야 한다.

② 국가수사본부장을 경찰청 외부를 대상으로 모집하여 임용하는 경우, 정당의 당원이거나 당적을 이탈한 날부터 5년이 지나지 아니한 사람은 국가수사본부장이 될 수 없다.

③ 시·도자치경찰위원회의 위원은 특정 성(性)이 10분의 6을 초과하지 아니하도록 노력하여야 하며 위원 중 1명은 인권문제에 관하여 전문적인 지식과 경험이 있는 사람이 임명될 수 있도록 노력하여야 한다.

④ 시·도자치경찰위원회 위원의 임명은 시·도의회가 추천하는 2명, 국가경찰위원회가 추천하는 1명, 해당 시·도 교육감이 추천하는 1명, 시·도자치경찰위원회 위원추천위원회가 추천하는 2명, 시·도지사가 지명하는 1명으로 시·도지사가 임명한다.

- **정답** ②
- **난이도**
- **해설** ①, ③, ④는 옳은 설명이며, ②는 틀린 설명이다.

② ❌ 국가수사본부장을 경찰청 외부를 대상으로 모집하여 임용할 필요가 있는 때에는 **정당의 당원이거나 당적을 이탈한 날부터 3년이 지나지 아니한 사람**은 국가수사본부장이 될 수 없다(「국가경찰과 자치경찰의 조직 및 운영에 관한 법률」 제16조 제7항).

0324

「국가경찰과 자치경찰의 조직 및 운영에 관한 법률」상 시·도자치경찰위원회의 소관사무에 관한 설명으로 가장 적절하지 않은 것은?

| 23년 승진 |

① 자치경찰사무 담당 공무원의 고충심사 및 사기진작
② 국가경찰사무·자치경찰사무의 협력·조정과 관련하여 시·도경찰청장과 협의
③ 국가경찰위원회에 대한 심의·조정 요청
④ 그 밖에 시·도지사, 시·도경찰청장이 중요하다고 인정하여 시·도자치경찰위원회의 회의에 부친 사항에 대한 심의·의결

• 정답 ②
• 난이도 하 중 상
• 해설 ①, ③, ④는 옳은 설명이며, ②는 틀린 설명이다.
② ✗ 국가경찰사무·자치경찰사무의 협력·조정과 관련하여 경찰청장과 협의하는 것이 시·도자치경찰위원회의 소관 사무에 해당된다(「국가경찰과 자치경찰의 조직 및 운영에 관한 법률」 제24조 제1항).

참고 시·도자치경찰위원회의 소관사무(「국가경찰과 자치경찰의 조직 및 운영에 관한 법률」)

시·도자치경찰위원회의 소관 사무는 다음과 같다(동법 제24조 제1항). 시·도자치경찰위원회 업무와 관련하여 시·도지사는 정치적 목적이나 개인적 이익을 위해 관여하여서는 아니 된다(동법 제24조 제2항).
① 자치경찰사무에 관한 목표의 수립 및 평가
② 자치경찰사무에 관한 인사, 예산, 장비, 통신 등에 관한 주요정책 및 그 운영지원
③ 자치경찰사무 담당 공무원의 임용, 평가 및 인사위원회 운영
④ 자치경찰사무 담당 공무원의 부패 방지와 청렴도 향상에 관한 주요 정책 및 인권침해 또는 권한 남용 소지가 있는 규칙, 제도, 정책, 관행 등의 개선
⑤ 국민의 생명·신체 및 재산을 보호하고 공공의 안녕과 질서유지에 필요한 시책 수립 사항
⑥ 시·도경찰청장의 임용과 관련한 경찰청장과의 협의, 경찰서장의 자치경찰사무 수행에 관한 평가 및 결과의 경찰청장에게의 통보
⑦ 자치경찰사무 감사 및 감사의뢰
⑧ 자치경찰사무 담당 공무원의 주요 비위사건에 대한 감찰요구
⑨ 자치경찰사무 담당 공무원에 대한 징계요구
⑩ 자치경찰사무 담당 공무원의 고충심사 및 사기진작
⑪ 자치경찰사무와 관련된 중요사건·사고 및 현안의 점검
⑫ 자치경찰사무에 관한 규칙의 제정·개정 또는 폐지
⑬ 지방행정과 치안행정의 업무조정과 그 밖에 필요한 협의·조정
⑭ 국가비상사태 등 전국적 치안유지를 위한 경찰청장의 지휘·명령에 관한 사무
⑮ 국가경찰사무·자치경찰사무의 협력·조정과 관련하여 경찰청장과 협의
⑯ 국가경찰위원회에 대한 심의·조정 요청
⑰ 그 밖에 시·도지사, 시·도경찰청장이 중요하다고 인정하여 시·도자치경찰위원회의 회의에 부친 사항에 대한 심의·의결

0325

「국가경찰과 자치경찰의 조직 및 운영에 관한 법률」과 「국가경찰위원회 규정」상 국가경찰위원회에 대한 설명으로 가장 적절한 것은?

| 21년 승진 |

① 행정안전부장관은 위원 임명을 동의할 때, 경찰의 정치적 중립이 보장되도록 하여야 한다.
② 위원장은 필요한 경우 임시회의를 소집할 수 있으며, 위원 3인 이상과 행정안전부장관 또는 경찰청장은 위원장에게 임시회의의 소집을 요구할 수 있다.
③ 경찰, 검찰, 법관, 군인의 직에서 퇴직한 날부터 3년이 지나지 아니한 사람은 위원으로 선임될 수 없다.
④ 「국가경찰위원회 규정」에 규정된 사항 외에 위원회의 운영을 위하여 필요한 사항은 위원회의 의결을 거쳐 행정안전부장관이 정한다.

정답 ②

난이도 하 중 상

해설 ②는 옳은 설명이며, ①, ③, ④는 틀린 설명이다.

① ❌ 행정안전부장관은 위원 임명을 제청할 때 경찰의 정치적 중립이 보장되도록 하여야 한다(「국가경찰과 자치경찰의 조직 및 운영에 관한 법률」 제8조 제2항).

③ ❌ 경찰, 검찰, 국가정보원 직원 또는 군인(경검국군)의 직에 있거나 그 직에서 퇴직한 날부터 3년이 지나지 아니한 사람은 위원이 될 수 없다(「국가경찰과 자치경찰의 조직 및 운영에 관한 법률」 제8조 제5항). 위원 중 2명은 법관의 자격이 있는 사람이어야 한다(「국가경찰과 자치경찰의 조직 및 운영에 관한 법률」 제8조 제3항).

④ ❌ 「국가경찰위원회 규정」에 규정된 사항 외에 위원회의 운영을 위하여 필요한 사항은 위원회의 의결을 거쳐 위원장이 정한다(「국가경찰위원회 규정」 제11조). 행정안전부장관이 정하게 되면, 국가경찰위원회의 정치적 중립성이 훼손될 가능성이 높기 때문이다.

0326

「국가경찰과 자치경찰의 조직 및 운영에 관한 법률」상 국가경찰위원회에 대한 설명으로 가장 적절한 것은? |20년 승진|

① 위원장은 정무직으로 한다.
② 위원회는 위원장 1명을 포함한 7명의 위원으로 구성하되, 위원장 및 5명의 위원은 상임으로 하고, 1명의 위원은 비상임으로 한다.
③ 위원은 경찰청장의 제청으로 행정안전부장관을 거쳐 대통령이 임명한다.
④ 위원의 임기는 3년으로 하며, 연임할 수 없다. 이 경우 보궐위원의 임기는 전임자 임기의 남은 기간으로 한다.

정답 ④

난이도

해설
④는 옳은 설명이며, ①, ②, ③은 틀린 설명이다.
  ①, ② ❌ 국가경찰위원회는 위원장 1명을 포함한 7명의 위원으로 구성하되, 위원장 및 5명의 위원은 비상임으로 하고, 1명의 위원은 상임위원으로 한다(「국가경찰과 자치경찰의 조직 및 운영에 관한 법률」 제7조 제2항). 위원 중 상임위원은 정무직으로 한다(「국가경찰과 자치경찰의 조직 및 운영에 관한 법률」 제7조 제3항).
  ③ ❌ 국가경찰위원회의 위원은 행정안전부장관의 제청으로 국무총리를 거쳐 대통령이 임명한다(「국가경찰과 자치경찰의 조직 및 운영에 관한 법률」 제8조 제1항). 위원장은 비상임위원 중에서 호선한다(「국가경찰위원회 규정」 제2조 제2항).

0327

국가경찰위원회에 대한 설명 중 가장 적절하지 않은 것은?

| 20년 승진 |

① 위원회는 위원장 1명을 포함한 7명의 위원으로 구성하되, 위원장 및 5명의 위원은 비상임으로 하고, 1명의 위원은 상임으로 하며, 위원장은 정무직으로 한다.
② 위원 중 2명은 법관의 자격이 있는 사람이어야 한다.
③ 당적을 이탈한 날부터 3년이 지나지 아니한 사람, 선거에 의하여 취임하는 공직에서 퇴직한 날부터 3년이 지나지 아니한 사람은 위원이 될 수 없다.
④ 위원은 행정안전부장관의 제청으로 국무총리를 거쳐 대통령이 임명한다.

- 정답 ①
- 난이도
- 해설 ②, ③, ④는 옳은 설명이며, ①은 틀린 설명이다.
  ① ❌ 국가경찰위원회는 위원장 1명을 포함한 7명의 위원으로 구성하되, 위원장 및 5명의 위원은 비상임으로 하고, 1명의 위원은 상임위원으로 한다(「국가경찰과 자치경찰의 조직 및 운영에 관한 법률」 제7조 제2항). 위원 중 상임위원은 정무직으로 한다(「국가경찰과 자치경찰의 조직 및 운영에 관한 법률」 제7조 제3항).

참고 국가경찰위원회 위원의 임명절차, 자격(「국가경찰과 자치경찰의 조직 및 운영에 관한 법률」)

구 분	내 용
위원의 임명절차	위원은 행정안전부장관의 제청으로 국무총리를 거쳐 대통령이 임명한다(동법 제8조 제1항). 행정안전부장관의 제청 → 국무총리 경유 → 대통령의 임명
위원의 자격	위원 중 2명은 법관의 자격이 있는 사람이어야 한다(동법 제8조 제3항).

0328

「국가경찰과 자치경찰의 조직 및 운영에 관한 법률」상 국가경찰위원회에 대한 설명으로 가장 적절한 것은? | 18년 승진 |

① 국가경찰위원회는 경찰의 정치적 중립 보장과 중요 정책에 대한 민주적 결정을 위해 설치된 기구로서 행정안전부에 두고, 위원회의 사무도 행정안전부에서 수행한다.
② 경찰, 검찰, 국가정보원 직원 또는 군인의 직에서 퇴직한 날부터 3년이 지나지 아니한 사람은 위원으로 선임될 수 없다.
③ 위원의 임기는 3년으로 하며, 연임할 수 있다.
④ 국가경찰 임무와 관련된 다른 국가기관으로부터의 업무협조 요청에 관한 사항은 국가경찰위원회의 심의·의결을 거쳐야 한다.

- 정답 ②
- 난이도
- 해설 ②는 옳은 설명이며, ①, ③, ④는 틀린 설명이다.
  ① ✗ 국가경찰위원회의 사무는 경찰청에서 수행한다(「국가경찰과 자치경찰의 조직 및 운영에 관한 법률」 제11조 제1항).
  ③ ✗ 국가경찰위원회 위원의 임기는 3년으로 하며, 연임할 수 없다. 이 경우 보궐위원의 임기는 전임자 임기의 남은 기간으로 한다(「국가경찰과 자치경찰의 조직 및 운영에 관한 법률」 제9조 제1항).
  ④ ✗ 국가경찰사무 외에 다른 국가기관으로부터의 업무협조 요청에 관한 사항은 국가경찰위원회의 심의·의결을 거쳐야 한다(「국가경찰과 자치경찰의 조직 및 운영에 관한 법률」 제10조 제1항 및 「국가경찰위원회 규정 제5조」).

0329

시 · 도자치경찰위원회에 대한 설명으로 가장 적절하지 않은 것은? |18년 승진 변형|

① 시 · 도자치경찰위원회는 합의제 행정기관으로서 그 권한에 속하는 업무를 독자적으로 수행한다.
② 시 · 도자치경찰위원회 위원장은 위원 중에서 시 · 도지사가 임명하고, 상임위원은 시 · 도자치경찰위원회의 의결을 거쳐 위원 중에서 위원장의 제청으로 시 · 도지사가 임명한다. 이 경우 위원장과 상임위원은 정무직으로 한다.
③ 시 · 도자치경찰위원회 위원장과 위원의 임기는 3년으로 하며, 연임할 수 없다. 보궐위원의 임기는 전임자 임기의 남은 기간으로 하되, 전임자의 남은 임기가 1년 미만인 경우 그 보궐위원은 한 차례만 연임할 수 있다.
④ 시 · 도자치경찰위원회의 정기회의는 특별한 사유가 있는 경우를 제외하고는 월 1회 이상 소집 · 개최한다.

- **정답** ②
- **난이도**
- **해설**

①, ③, ④는 옳은 설명이며, ②는 틀린 설명이다.
② ❌ 시 · 도자치경찰위원회 위원장은 위원 중에서 시 · 도지사가 임명하고, 상임위원은 시 · 도자치경찰위원회의 의결을 거쳐 위원 중에서 위원장의 제청으로 시 · 도지사가 임명한다. 이 경우 위원장과 상임위원은 지방자치단체 공무원으로 한다(「국가경찰과 자치경찰의 조직 및 운영에 관한 법률」 제20조 제3항).

참고 시 · 도자치경찰위원회 위원의 임명(「국가경찰과 자치경찰의 조직 및 운영에 관한 법률」)

① 시 · 도자치경찰위원회 위원은 다음의 사람을 시 · 도지사가 임명한다(동법 제20조 제1항).
  ㉠ 시 · 도의회가 추천하는 2명
  ㉡ 국가경찰위원회가 추천하는 1명
  ㉢ 해당 시 · 도 교육감이 추천하는 1명
  ㉣ 시 · 도자치경찰위원회 위원추천위원회가 추천하는 2명
  ㉤ 시 · 도지사가 "지명"하는 1명
② 위원장은 위원 중에서 시 · 도지사가 임명하고, 상임위원은 시 · 도자치경찰위원회의 의결을 거쳐 위원 중에서 위원장의 제청으로 시 · 도지사가 임명한다. 이 경우 위원장과 상임위원은 지방자치단체 공무원으로 한다(동법 제20조 제3항).

0330

「국가경찰과 자치경찰의 조직 및 운영에 관한 법률」상 국가경찰위원회에 대한 설명으로 가장 적절하지 않은 것은? |17년 승진|

① 국가경찰위원회는 위원장 1명을 포함한 7명의 위원으로 구성하되, 위원장 및 5명의 위원은 비상임으로 하고, 1명의 위원은 상임(정무직)으로 한다.
② 선거에 의하여 취임하는 공직에서 퇴직한 날로부터 3년이 경과하지 않은 자는 위원이 될 수 없다.
③ 경찰, 검찰, 국가정보원 직원 또는 소방의 직에서 퇴직한 날부터 3년이 경과하지 않으면 위원으로 선임될 수 없다.
④ 위원은 행정안전부장관의 제청으로 국무총리를 거쳐 대통령이 임명한다.

- **정답** ③
- **난이도** 상 중 하
- **해설**
  ①, ②, ④는 옳은 설명이며, ③은 틀린 설명이다.
  ③ ✗ 경찰, 검찰, 국가정보원 직원 또는 군인(경검국군)의 직에 있거나 그 직에서 퇴직한 날부터 3년이 지나지 아니한 사람은 위원이 될 수 없다(「국가경찰과 자치경찰의 조직 및 운영에 관한 법률」 제8조 제5항).

> **참고** 국가경찰위원회 위원의 결격사유(「국가경찰과 자치경찰의 조직 및 운영에 관한 법률」)
>
> 다음의 어느 하나에 해당하는 사람은 위원이 될 수 없으며, 위원이 다음의 어느 하나에 해당하는 경우에는 당연퇴직한다(동법 제8조 제5항).
> ① 정당의 당원이거나 당적을 이탈한 날부터 3년이 지나지 아니한 사람
> ② 선거에 의하여 취임하는 공직에 있거나 그 공직에서 퇴직한 날부터 3년이 지나지 아니한 사람
> ③ 경찰, 검찰, 국가정보원 직원 또는 군인(경·검·국·군)의 직에 있거나 그 직에서 퇴직한 날부터 3년이 지나지 아니한 사람
> ④ 「국가공무원법」상의 결격사유에 해당하여 공무원으로 임용될 수 없는 사람

> **참고** 시·도자치경찰위원회 위원의 결격사유(「국가경찰과 자치경찰의 조직 및 운영에 관한 법률」)
>
> 다음의 어느 하나에 해당하는 사람은 위원이 될 수 없다. 위원이 다음의 어느 하나에 해당한 경우에는 당연퇴직한다(동법 제20조 제7항).
> ① 정당의 당원이거나 당적을 이탈한 날부터 3년이 지나지 아니한 사람
> ② 선거에 의하여 취임하는 공직에 있거나 그 공직에서 퇴직한 날부터 3년이 지나지 아니한 사람
> ③ 경찰, 검찰, 국가정보원 직원 또는 군인(경·검·국·군)의 직에 있거나 그 직에서 퇴직한 날부터 3년이 지나지 아니한 사람
> ④ 국가 및 지방자치단체의 공무원이거나 공무원이었던 사람으로서 퇴직한 날부터 3년이 지나지 아니한 사람. 다만, 위원장과 상임위원이 지방자치단체의 공무원이 된 경우에는 당연퇴직하지 아니한다.
> ⑤ 「지방공무원법」상의 결격사유에 해당하여 공무원으로 임용될 수 없는 사람

제4절 경찰행정관청 상호간의 관계

0331

훈령과 직무명령에 대한 설명으로 가장 옳지 않은 것은?

| 707| 간부|

① 훈령은 원칙적으로 일반적·추상적 사항에 대해서 발해지지만, 개별적·구체적 사항에 대해서도 발해질 수 있다.
② 훈령과 직무명령 모두 법령의 구체적 근거가 없어도 발할 수 있다.
③ 훈령은 법규의 성질을 가지고 있지 않기에 하급경찰관청의 법적 행위가 훈령에 위반하여 행해진 경우에도 위법이 아니며 행위 자체의 효력에도 영향이 없다.
④ 훈령의 실질적 요건으로는 훈령이 법규에 저촉되지 않을 것, 공익에 반하지 않을 것, 실현 가능성이 있을 것, 훈령권이 있는 상급관청이 발할 것 등이 있다.

- **정답** ④
- **난이도** 하 중 상
- **해설** ①, ②, ③은 옳은 설명이며, ④는 틀린 설명이다.
④ ✗ 훈령의 요건은 형식적 요건과 실질적 요건으로 구분된다. 『형식적 요건』으로는 ㉠ 정당한 권한을 가진 상급경찰행정관청이 발할 것 ㉡ 하급경찰행정관청의 권한 내의 사항에 관한 것 ㉢ 하급경찰행정관청의 직무상 독립된 범위에 속하는 사항이 아닌 것이어야 한다. 『실질적 요건』으로는 ㉠ 훈령이 상위 법규에 저촉되지 않을 것 ㉡ 공익에 반하지 않을 것 ㉢ 실현 가능하고 명백할 것이 있다. 따라서 훈령권이 있는 상급관청이 발한 것은 훈령의 실질적 요건이 아닌 형식적 요건에 해당한다.

참고 훈령의 요건

구분	내용
형식적 요건	① 정당한 권한을 가진 상급경찰행정관청이 발한 것이어야 한다. ② 하급경찰행정관청의 권한 내의 사항에 관한 것이어야 한다. ③ 하급경찰행정관청의 직무상 독립된 범위에 속하는 사항이 아니어야 한다. 하급기관에게 권한행사의 독립성이 보장되어 있는 사항에 대해서는 훈령을 발할 수 없다.
실질적 요건	① 훈령이 상위 법규에 저촉되지 않아야 한다(법률우위의 원칙). ② 공익에 반하지 않아야 한다. ③ 실현 가능하고 명백하여야 한다.

0332

훈령과 직무명령에 대한 설명으로 옳지 <u>않은</u> 것은? | 69기 간부 |

① 상호 모순되는 둘 이상의 상급관청의 훈령이 경합할 경우 주관 상급관청이 불명확한 때에는 직근 상급행정관청의 훈령에 따른다.
② 훈령이란 상급관청이 하급관청의 권한행사를 지휘하기 위하여 발하는 명령으로 구성원의 변동이 있는 경우에도 효력에는 영향이 없다.
③ 훈령은 직무명령의 성격을 가지나 직무명령은 훈령의 성격을 갖지 못한다.
④ 훈령은 원칙적으로 일반적·추상적 사항에 대해서 발해야 하지만, 개별적·구체적 사항에 대해서도 발해질 수 있다.

 ①

 하 중 상

②, ③, ④는 옳은 설명이며, ①은 틀린 설명이다.
① ✗ 상호 모순되는 둘 이상의 상급관청의 훈령이 경합할 경우 주관 상급관청이 불명확한 때에는 주관쟁의 방법으로 해결하여야 한다. 여기서 「주관쟁의」란, 같은 종류의 업무를 수행하는 두 행정관청 사이에서 벌어지는 권한이나 권한의 행사에 관한 다툼을 말한다.

참고 훈령의 경합

구 분	내 용
둘 이상의 상급관청의 훈령이 서로 모순되어 경합하는 경우	하급관청은 주관 상급관청의 훈령에 따라야 한다.
주관 상급관청이 서로 상·하 관계에 있는 경우	하급관청은 직근상급관청의 훈령에 따라야 한다(행정조직의 계층제적 질서의 존중).
주관 상급관청이 불명확한 경우	주관쟁의 방법으로 해결하여야 한다.

0333

「행정권한의 위임 및 위탁에 관한 규정」상 행정기관의 위임 및 위탁에 대한 설명 중 옳지 않은 것은 모두 몇 개인가?

|69기 간부|

> 가. "위임"이란 법률에 규정된 행정기관의 장의 권한 중 일부를 그 보조기관 또는 하급행정기관의 장이나 지방자치단체의 장에게 맡겨 그의 권한과 책임 아래 행사하도록 하는 것을 말한다.
> 나. 행정기관의 장은 행정권한을 위임 및 위탁할 때에는 위임 및 위탁하기 전에 수임기관의 수임능력 여부를 점검하고, 필요한 인력 및 예산을 이관할 수 있다.
> 다. 위임 및 위탁기관은 수임 및 수탁기관의 수임 및 수탁사무 처리에 대하여 지휘·감독하고, 그 처리가 위법하거나 부당하다고 인정될 때에는 이를 취소하거나 정지시켜야 한다.
> 라. 수임 및 수탁사무의 처리에 관하여 위임 및 위탁기관은 수임 및 수탁기관에 대하여 사전승인을 받거나 협의를 할 것을 요구할 수 없다.
> 마. 수임 및 수탁사무의 처리에 관한 책임은 수임 및 수탁기관에 있으며, 위임 및 위탁기관의 장은 그에 대한 감독책임을 진다.
> 바. 위임 및 위탁기관은 위임 및 위탁사무 처리의 적정성을 확보하기 위하여 필요한 경우에는 수임 및 수탁기관의 수임 및 수탁사무 처리 상황을 수시로 감사할 수 있다.

① 1개　　　　　　　　　② 2개
③ 3개　　　　　　　　　④ 4개

● 정답　②

● 난이도

● 해설　"가", "라", "마", "바"는 옳은 설명이며, "나", "다"는 틀린 설명이다.

　　나. ❌ 행정기관의 장은 **행정권한을 위임 및 위탁할 때에는 위임 및 위탁하기 전에 수임기관의 수임능력 여부를 점검하고, 필요한** 인력 및 예산을 이관하여야 한다(「행정권한의 위임 및 위탁에 관한 규정」 제3조 제2항).

　　다. ❌ 위임 및 위탁기관은 수임 및 수탁기관의 수임 및 수탁사무 처리에 대하여 지휘·감독하고, 그 처리가 위법하거나 **부당하다고 인정될 때에는 이를** 취소하거나 정지시킬 수 있다(「행정권한의 위임 및 위탁에 관한 규정」 제6조).

0334

훈령과 직무명령에 관한 다음 설명으로 옳은 것은 모두 몇 개인가?

| 67기 간부 |

> 가. 훈령의 내용은 하급관청의 직무상 독립된 범위에 속하는 사항이어야 한다.
> 나. 직무명령은 상관이 직무에 관하여 부하에게 발하는 명령이다.
> 다. 직무명령은 직무와 관련 없는 사생활에는 효력이 미치지 않는다.
> 라. 훈령은 원칙적으로 일반적·추상적 사항에 대하여 발해져야 하지만, 개별적·구체적 사항에 대해서도 발해질 수 있다.
> 마. 직무명령의 형식적 요건으로는 권한이 있는 상관이 발할 것, 부하공무원의 직무범위 내의 사항일 것, 부하공무원의 직무상 독립이 보장된 것이 아닐 것, 법정의 형식이나 절차가 있으면 이를 갖출 것.

① 1개 ② 2개
③ 3개 ④ 4개

- **정답** ④
- **난이도** 하 중 상
- **해설** "나", "다", "라", "마"는 옳은 설명이며, "가"는 틀린 설명이다.

　가. ✗ 훈령의 내용은 하급경찰행정관청의 직무상 독립된 범위에 속하는 사항이 아니어야 한다. 하급기관에게 권한행사의 독립성이 보장되어 있는 사항에 대해서는 훈령을 발할 수 없다.

참고 훈령의 요건

구 분	내 용
형식적 요건	① 정당한 권한을 가진 상급경찰행정관청이 발한 것이어야 한다. ② 하급경찰행정관청의 권한 내의 사항에 관한 것이어야 한다. ③ 하급경찰행정관청의 직무상 독립된 범위에 속하는 사항이 아니어야 한다. 하급기관에게 권한행사의 독립성이 보장되어 있는 사항에 대해서는 훈령을 발할 수 없다.
실질적 요건	① 훈령이 상위 법규에 저촉되지 않아야 한다(법률우위의 원칙). ② 공익에 반하지 않아야 한다. ③ 실현 가능하고 명백하여야 한다.

참고 직무명령의 요건

구 분	내 용
형식적 요건	① 권한 있는 상관이 발한 것이어야 한다. ② 부하공무원의 직무상 범위 내에 속하는 사항이어야 한다. ③ 부하공무원의 직무상 독립된 범위에 속하는 사항이 아니어야 한다. ④ 법정의 형식과 절차가 있으면 이를 구비하여야 한다.
실질적 요건	① 내용이 법령에 저촉되지 않아야 한다. ② 내용이 타당하고 공익에 적합하여야 한다. ③ 내용이 실현 가능하고 명백하여야 한다.

0335

「행정권한의 위임 및 위탁에 관한 규정」에 관한 설명으로 가장 적절하지 않은 것은? (다툼이 있는 경우 판례에 의함) |23년 2차 순경|

① "위임"이란 법률에 규정된 행정기관의 장의 권한 중 일부를 다른 행정기관의 장에게 맡겨 그의 권한과 책임 아래 행사하도록 하는 것을 말한다.

② 위임 및 위탁기관은 수임 및 수탁기관의 수임 및 수탁사무 처리에 대하여 지휘·감독하고, 그 처리가 위법하거나 부당하다고 인정될 때에는 이를 취소하거나 정지시킬 수 있다.

③ 행정기관의 장은 행정권한을 위임 및 위탁할 때에는 위임 및 위탁하기 전에 단순한 사무인 경우를 제외하고는 수임 및 수탁기관에 대하여 수임 및 수탁사무 처리에 필요한 교육을 하여야 하며, 수임 및 수탁사무의 처리지침을 통보하여야 한다.

④ 수임 및 수탁사무의 처리가 부당한지 여부의 판단은 위법성 판단과 달리 합목적적·정책적 고려도 포함되므로, 위임 및 위탁기관이 그 사무처리에 관하여 일반적인 지휘·감독을 하는 경우는 물론이고, 나아가 수임 및 수탁사무의 처리가 부당하다는 이유로 그 사무처리를 취소하는 경우에도 광범위한 재량이 허용된다고 보아야 한다.

- **정답** ①
- **난이도**
- **해설**   ②, ③, ④는 옳은 설명이며, ①은 틀린 설명이다.
  - ① ❌ 『위임』이란 법률에 규정된 행정기관의 장의 권한 중 일부를 그 보조기관 또는 하급행정기관의 장이나 지방자치단체의 장에게 맡겨 그의 권한과 책임 아래 행사하도록 하는 것을 말한다(동 규정 제2조 제1호). 보기의 내용은 『위탁』에 관한 설명이다.

참고 위임 및 위탁의 구분(「행정권한의 위임 및 위탁에 관한 규정」)

구 분	내 용
위 임	『위임』이란 법률에 규정된 행정기관의 장의 권한 중 일부를 그 보조기관 또는 하급행정기관의 장이나 지방자치단체의 장에게 맡겨 그의 권한과 책임 아래 행사하도록 하는 것을 말한다(동 규정 제2조 제1호).
위 탁	『위탁』이란 법률에 규정된 행정기관의 장의 권한 중 일부를 다른 행정기관의 장에게 맡겨 그의 권한과 책임 아래 행사하도록 하는 것을 말한다(동 규정 제2조 제2호).

0336

경찰관청의 '권한의 대리'와 '권한의 위임'에 관한 설명 중 가장 적절하지 않은 것은? (다툼이 있는 경우 판례에 의함)

| 22년 2차 순경 |

① 권한을 위임받은 수임청은 자기의 이름 및 자기의 책임으로 권한을 행사한다.
② 수임청 및 피대리관청은 항고소송에서 피고가 된다.
③ 법정대리의 경우 피대리관청이 사고 등으로 인해 공석이므로 대리의 법적 효과는 대리관청에 귀속된다.
④ 「국가경찰과 자치경찰의 조직 및 운영에 관한 법률」상 "경찰청장이 부득이한 사유로 직무를 수행할 수 없을 때에는 경찰청 차장이 그 직무를 대행한다"는 대리방식을 '협의의 법정대리'라고 한다.

정답 ③

난이도

해설
①, ②, ④는 옳은 설명이며, ③은 틀린 설명이다.
③ ✗ 「법정대리」의 경우 임의대리와 마찬가지로 대리기관의 행위는 피대리관청의 행위로서 효과가 발생한다.

참고 임의대리와 법정대리의 구분

구 분	임의대리	법정대리
수권행위	피대리관청의 수권행위 필요	피대리관청의 수권행위 불필요
법적 근거	법령의 명시적인 근거 불필요	법령의 명시적인 근거 필요
상대방	피대리관청의 보조기관	피대리관청의 보조기관 (예외 경우 있음)
허용범위	일부대리 가능, 형식적 권한 대리불가	전부대리 가능, 형식적 권한 대리가능
효과의 귀속	피대리관청	
감독 및 책임	피대리관청의 지휘·감독권 인정 피대리관청의 책임	피대리관청의 지휘·감독권 불인정 대리기관의 책임
행정소송의 피고	피대리관청	
복대리의 허용	복대리가 허용되지 않음(신임관계)	복대리가 허용됨
대리권의 소멸	피대리관청에 의한 대리명령의 철회	대리권을 발생케 한 법률사실의 소멸

0337

다음은 「행정권한의 위임 및 위탁에 관한 규정」에 대한 설명이다. 적절한 것만을 고른 것은 모두 몇 개인가?

| 21년 1차 순경 |

> ㉠ 위임 및 위탁기관은, 수임 및 수탁기관의 수임 및 수탁사무처리에 대하여 지휘·감독하고, 그 처리가 위법하거나 부당하다고 인정될 때에는 이를 취소하거나 정지시킬 수 있다.
> ㉡ 수임 및 수탁사무의 처리에 관하여 위임 및 위탁기관은 수임 및 수탁기관에 대하여 사전승인을 받거나 협의를 할 것을 요구할 수 없다.
> ㉢ 수임 및 수탁사무의 처리에 관한 책임은 수임 및 수탁기관에 있으며, 위임 및 위탁기관의 장은 그에 대한 감독책임을 진다.
> ㉣ 수임 및 수탁사무에 관한 권한을 행사할 때에는 수임 및 수탁기관의 명의로 하여야 한다.

① 1개
② 2개
③ 3개
④ 4개

- **정답** ④
- **난이도**
- **해설** ㉠, ㉡, ㉢, ㉣ 모두 옳은 설명이다.

참고 「행정권한의 위임 및 위탁에 관한 규정」

구 분	내 용
위임 및 위탁의 기준 등	① 행정기관의 장은 허가·인가·등록 등 민원에 관한 사무, 정책의 구체화에 따른 집행사무 및 일상적으로 반복되는 사무로서 그가 직접 시행하여야 할 사무를 제외한 일부 권한을 그 보조기관 또는 하급행정기관의 장, 다른 행정기관의 장, 지방자치단체의 장에게 위임 및 위탁한다(동 규정 제3조 제1항). ② 행정기관의 장은 행정권한을 위임 및 위탁할 때에는 위임 및 위탁하기 전에 수임기관의 수임능력 여부를 점검하고, 필요한 인력 및 예산을 이관하여야 한다(동 규정 제3조 제2항). ③ 행정기관의 장은 행정권한을 위임 및 위탁할 때에는 위임 및 위탁하기 전에 단순한 사무인 경우를 제외하고는 수임 및 수탁기관에 대하여 수임 및 수탁사무 처리에 필요한 교육을 하여야 하며, 수임 및 수탁사무의 처리지침을 통보하여야 한다(동 규정 제3조 제3항).
지휘·감독	위임 및 위탁기관은 수임 및 수탁기관의 수임 및 수탁사무 처리에 대하여 지휘·감독하고, 그 처리가 위법하거나 부당하다고 인정될 때에는 이를 취소하거나 정지시킬 수 있다(동 규정 제6조).
사전승인 등의 제한	수임 및 수탁사무의 처리에 관하여 위임 및 위탁기관은 수임 및 수탁기관에 대하여 사전승인을 받거나 협의를 할 것을 요구할 수 없다(동 규정 제7조).
책임의 소재 및 명의 표시	① 수임 및 수탁사무의 처리에 관한 책임은 수임 및 수탁기관에 있으며, 위임 및 위탁기관의 장은 그에 대한 감독책임을 진다(동 규정 제8조 제1항). ② 수임 및 수탁사무에 관한 권한을 행사할 때에는 수임 및 수탁기관의 명의로 하여야 한다(동 규정 제8조 제2항).
위임 및 위탁에 따른 감사	위임 및 위탁기관은 위임 및 위탁사무 처리의 적정성을 확보하기 위하여 필요한 경우에는 수임 및 수탁기관의 수임 및 수탁사무 처리 상황을 수시로 감사할 수 있다(동 규정 제9조).

0338

훈령과 직무명령에 관한 설명 중 옳지 <u>않은</u> 것을 모두 고른 것은?

| 19년 2차 순경 |

> ㉠ 직무명령은 직무와 관련 없는 사생활에는 그 효력이 미치지 않는다.
> ㉡ 훈령은 일반적·추상적 사항에 대하여만 발할 수 있으며, 개별적·구체적 사항에 대해서는 발할 수 없다.
> ㉢ 훈령을 발하기 위해서는 법령의 구체적 근거를 요하나, 직무명령은 법령의 구체적 근거가 없이도 발할 수 있다.
> ㉣ 훈령의 종류에는 '협의의 훈령', '지시', '예규', '일일명령' 등이 있으며, 이 중 예규는 반복적 경찰사무의 기준을 제시하기 위하여 발하는 명령을 의미한다.
> ㉤ 훈령은 직무명령을 겸할 수 있으나, 직무명령은 훈령의 성질을 가질 수 없다.

① ㉠, ㉢
② ㉡, ㉢
③ ㉢, ㉤
④ ㉣, ㉤

- **정답** ②
- **난이도** 하 중 상
- **해설** ㉠, ㉣, ㉤은 옳은 설명이며, ㉡, ㉢은 틀린 설명이다.

  ㉡ ✗ 『훈령』은 원칙적으로 일반적·추상적 사항에 대해서 발하지만, 개별적·구체적 사항에 대해서도 발해질 수 있다.

  ㉢ ✗ 『훈령』(행정규칙)은 감독권의 일환으로 행정조직 내부 또는 특별권력관계 내부에서만 효력이 있고, 원칙적으로 국민에 대한 대외적 효력이 없어 법규성이 부정된다. 따라서 훈령은 법원을 구속하지 못하며, 법령의 구체적인 근거 없이도 발할 수 있다. 즉, 법률유보의 원칙은 적용되지 않는다(다만, 법률우위의 원칙은 적용된다). 『직무명령』은 상관이 직무에 대하여 부하공무원에게 발하는 명령으로서, 법규성이 없으므로 법령의 구체적인 근거 없이도 발할 수 있다.

참고 훈령과 직무명령의 구분 – 성질 및 관계

구분	훈령	직무명령
성질	① 경찰기관의 의사를 구속한다. ② 하급경찰행정관청을 구속할 뿐, 일반 국민에 대한 대외적 구속력을 갖지 못한다. ③ 특별한 법적 근거 없어도 가능하다.	① 경찰공무원 개인의 의사를 구속한다. ② 부하공무원을 구속할 뿐, 일반 국민에 대한 대외적 구속력을 갖지 못한다. ③ 특별한 법적 근거 없어도 가능하다.
양자의 관계	훈령은 동시에 직무명령을 겸할 수 있다.	직무명령은 훈령의 성질을 가질 수 없다.

0339

| 19년 1차 순경 |

권한의 위임과 대리에 관한 설명으로 가장 적절하지 않은 것은?

① 임의대리는 복대리가 허용되지 않는 것이 원칙이다.
② 복대리의 성격은 임의대리에 해당한다.
③ 원칙적으로 대리관청이 대리행위에 대한 행정소송의 피고가 된다.
④ 수임관청이 권한의 위임에서 쟁송의 당사자가 된다.

- **정답** ③
- **난이도**
- **해설**
  ①, ②, ④는 옳은 설명이며, ③은 틀린 설명이다.
  ③ ❌ 권한의 대리에 의해서 권한이 대리기관에게 이전되지는 않는다. 즉, 행정소송의 피고는 피대리관청이 된다.

참고 권한의 대리와 위임의 구분 – 효과귀속 및 피고적격

구 분	권한의 대리	권한의 위임
효과 귀속	피대리관청에게 효과가 귀속된다.	수임관청에게 효과가 귀속된다.
피고적격	행정소송의 피고는 피대리관청이 된다.	행정소송의 피고는 수임관청이 된다.

0340

「행정권한의 위임 및 위탁에 관한 규정」에 대한 내용으로 가장 적절하지 않은 것은? | 18년 1차 순경 |

① 위임이란 법률에 규정된 행정기관의 장의 권한 중 일부를 그 보조기관 또는 하급행정기관의 장이나 지방자치단체의 장에게 맡겨 그의 권한과 책임 아래 행사하도록 하는 것을 말한다.

② 위임 및 위탁기관은 수임 및 수탁기관의 수임 및 수탁사무 처리에 대하여 지휘·감독하고, 그 처리가 위법하거나 부당하다고 인정될 때에는 이를 취소하거나 정지시킬 수 있다.

③ 수임 및 수탁사무의 처리에 관한 책임은 수임 및 수탁기관에 있으므로, 위임 및 위탁기관의 장은 그에 대한 감독책임을 지지 않는다.

④ 위임 및 위탁기관은 위임 및 위탁사무 처리의 적정성을 확보하기 위하여 필요한 경우에는 수임 및 수탁기관의 수임 및 수탁사무 처리 상황을 수시로 감사할 수 있다.

- 정답 ③
- 난이도
- 해설 ①, ②, ④는 옳은 설명이며, ③은 틀린 설명이다.
  ③ ❌ 수임 및 수탁사무의 처리에 관한 책임은 수임 및 수탁기관에 있으며, 위임 및 위탁기관의 장은 그에 대한 감독책임을 진다(「행정권한의 위임 및 위탁에 관한 규정」 제8조 제1항). 수임 및 수탁사무에 관한 권한을 행사할 때에는 수임 및 수탁기관의 명의로 하여야 한다(「행정권한의 위임 및 위탁에 관한 규정」 제8조 제2항).

0341
다음 중 훈령에 대한 설명으로 옳은 것은 모두 몇 개인가?

| 16년 2차 순경 |

> ㉠ 훈령은 구체적인 법령의 근거 없이도 발할 수 있다.
> ㉡ 훈령의 내용은 하급관청의 직무상 독립된 범위에 속하는 사항이어야 한다.
> ㉢ 하급경찰관청의 법적 행위가 훈령에 위반하여 행해진 경우 원칙적으로 위법이 아니며, 그 행위의 효력에는 영향이 없다.
> ㉣ 훈령은 원칙적으로 일반적·추상적 사항에 대해서 발해져야 하지만, 개별적·구체적 사항에 대해서도 발해질 수 있다.

① 1개 ② 2개
③ 3개 ④ 4개

- **정답** ③
- **난이도** 하 중 상
- **해설** ㉠, ㉢, ㉣은 옳은 설명이며, ㉡은 틀린 설명이다.
  ㉡ ✗ 훈령의 내용은 하급경찰행정관청의 직무상 독립된 범위에 속하는 사항이 아니어야 한다. 하급기관에게 권한행사의 독립성이 보장되어 있는 사항에 대해서는 훈령을 발할 수 없다.

참고 | 훈령 위반과 직무명령 위반의 효과

훈령	① 법규의 성질을 갖지 않으므로 하급경찰행정관청의 법적 행위가 훈령에 위반한 경우에도 그 행위는 위법이 아니며, 행위 자체의 효력은 유효하다. ② 위반행위를 한 경찰공무원은 직무상 의무위반이 문제가 되어 징계사유가 된다.
직무명령	① 직무명령에 대한 위반행위는 위법이 아니며, 행위 자체의 효력은 유효하다. ② 위반행위를 한 경찰공무원은 직무상 의무위반이 문제가 되어 징계사유가 된다.

0342

훈령의 형식적 요건에 해당하지 <u>않는</u> 것은?

| 23년 법학특채 |

① 훈령권이 있는 상급관청이 발한 것일 것
② 직무상 독립한 범위에 속하는 사항이 아닌 것
③ 내용이 적법하고 타당할 것
④ 하급관청의 권한 내의 사항에 관한 것일 것

- 정답 ③
- 난이도
- 해설 ①, ②, ④는 옳은 설명이며, ③은 틀린 설명이다.
  ③ ❌ 내용이 적법(상위 법규에 저촉되지 않는 것)하고 타당(실현 가능하고 명백한)할 것은 훈령의 실질적 요건에 해당한다.

0343

「행정권한의 위임 및 위탁에 관한 규정」에 대한 설명으로 가장 적절하지 않은 것은? | 21년 승진 |

① 위탁이란 법률에 규정된 행정기관의 장의 권한 중 일부를 다른 행정기관의 장에게 맡겨 그의 권한과 책임 아래 행사하도록 하는 것을 말한다.
② 수임 및 수탁사무의 처리에 관한 책임은 수임 및 수탁기관에 있으며, 수임 및 수탁사무에 관한 권한을 행사할 때에는 위임 및 위탁기관의 명의로 하여야 한다.
③ 위임 및 위탁기관은 수임 및 수탁기관의 수임 및 수탁사무 처리에 대하여 지휘·감독하고, 그 처리가 위법하거나 부당하다고 인정될 때에는 이를 취소하거나 정지시킬 수 있다.
④ 행정기관의 장은 행정권한을 위임 및 위탁할 때에는 위임 및 위탁하기 전에 수임기관의 수임능력 여부를 점검하고, 필요한 인력 및 예산을 이관하여야 한다.

정답 ②
난이도 하 중 상
해설
①, ③, ④는 옳은 설명이며, ②는 틀린 설명이다.
② ✗ 수임 및 수탁사무의 처리에 관한 책임은 수임 및 수탁기관에 있으며, 위임 및 위탁기관의 장은 그에 대한 감독책임을 진다(「행정권한의 위임 및 위탁에 관한 규정」 제8조 제1항). 수임 및 수탁사무에 관한 권한을 행사할 때에는 수임 및 수탁기관의 명의로 하여야 한다(「행정권한의 위임 및 위탁에 관한 규정」 제8조 제2항).

0344

훈령에 대한 설명으로 가장 적절하지 않은 것은?

| 20년 승진 |

① 훈령의 형식적 요건으로는 훈령권이 있는 상급관청이 발한 것일 것, 하급관청의 권한 내의 사항에 관한 것일 것, 하급관청의 직무상 독립성이 보장된 사항일 것을 들 수 있다.
② 훈령의 실질적 요건으로는 내용이 실현 가능하고 명확할 것, 내용이 적법하고 타당할 것, 내용이 공익에 반하지 않을 것을 들 수 있다.
③ 훈령은 원칙적으로 일반적·추상적 사항에 대해서 발해야 하지만, 개별적·구체적 사항에 대해서도 발해질 수 있다.
④ 하급관청 구성원에 변동이 있더라도 훈령의 효력에는 영향이 없다.

- 정답 ①
- 난이도
- 해설

②, ③, ④는 옳은 설명이며, ①은 틀린 설명이다.
① ✗ 『훈령』의 요건은 형식적 요건과 실질적 요건으로 구분된다. 『형식적 요건』으로는 ㉠ 정당한 권한을 가진 상급경찰행정관청이 발할 것 ㉡ 하급경찰행정관청의 권한 내의 사항에 관한 것 ㉢ 하급경찰행정관청의 직무상 독립된 범위에 속하는 사항이 아닌 것이어야 한다. 『실질적 요건』으로는 ㉠ 훈령이 상위 법규에 저촉되지 않을 것(내용이 적법하고 타당할 것) ㉡ 공익에 반하지 않을 것 ㉢ 실현 가능하고 명백할 것이 있다.

0345

행정관청의 권한의 대리에 대한 설명 중 가장 적절하지 않은 것은? |20년 승진|

① 권한의 대리에는 임의대리와 법정대리가 있는데, 보통 대리는 임의대리를 의미한다.
② 법정대리는 협의의 법정대리와 지정대리가 있는데, 협의의 법정대리는 일정한 법정사유가 발생하면 당연히 대리권이 발생하는 경우를 말한다.
③ 권한의 대리는 피대리자의 권한의 전부 또는 일부를 대리자가 피대리자를 위한 것임을 표시하고 자기의 명의로 대행하는 것으로 그 행위는 대리자의 행위로서 효과가 발생한다.
④ 임의대리는 피대리관청의 대리자에 대한 지휘·감독이 가능하나, 법정대리는 원칙적으로 피대리관청의 대리자에 대한 지휘·감독이 불가능하다.

- **정답** ③
- **난이도** 하 중 상
- **해설**
  ①, ②, ④는 옳은 설명이며, ③은 틀린 설명이다.
  ③ ✗ 『권한의 대리』란 대리기관(대리자)이 피대리관청(피대리자)의 권한의 전부 또는 일부를 피대리관청을 위한 것임을 표시하고, 대리기관 자신의 명의로 대행하고(현명주의), 그 행위의 법률상 효과는 피대리관청의 행위로서 효력을 발생토록 하는 것을 의미한다. 권한의 대리에는 『임의대리』와 『법정대리』가 있는데, 일반적으로는 대리는 임의대리를 의미한다.

참고 | 임의대리와 법정대리의 구분

구 분	임의대리	법정대리
수권행위	피대리관청의 수권행위 필요	피대리관청의 수권행위 불필요
법적 근거	법령의 명시적인 근거 불필요	법령의 명시적인 근거 필요
상대방	피대리관청의 보조기관	피대리관청의 보조기관 (예외 경우 있음)
허용범위	일부대리 가능, 형식적 권한 대리불가	전부대리 가능, 형식적 권한 대리가능
효과의 귀속	피대리관청	
감독 및 책임	피대리관청의 지휘·감독권 인정 피대리관청의 책임	피대리관청의 지휘·감독권 불인정 대리기관의 책임
행정소송의 피고	피대리관청	
복대리의 허용	복대리가 허용되지 않음(신임관계)	복대리가 허용됨
대리권의 소멸	피대리관청에 의한 대리명령의 철회	대리권을 발생케 한 법률사실의 소멸

0346

행정관청의 권한의 위임과 대리에 대한 설명이다. 아래 ㉠부터 ㉢까지의 설명 중 옳고 그름의 표시(O, X)가 바르게 연결된 것은? | 19년 승진 |

> ㉠ 권한의 위임이란 상급관청이 하급관청에 권한의 전부를 이전하여 수임기관의 권한으로 행하도록 하는 것으로 위임의 범위에는 제한이 없는 것이 원칙이다.
> ㉡ 권한의 위임은 수임관청에 권한이 이전되므로 수임관청에 효과가 귀속되나, 권한의 대리는 직무의 대행에 불과하므로 임의대리든 법정대리든 피대리관청에 효과가 귀속된다.
> ㉢ 원칙적으로 임의대리는 권한의 일부에 대해서만 가능하고 복대리가 불가능하나, 법정대리는 권한의 전부에 대해서 가능하고 복대리가 가능하다.
> ㉣ 임의대리의 경우 피대리관청은 대리기관의 행위에 대한 지휘·감독상의 책임을 지나, 법정대리의 경우 피대리관청은 원칙적으로 지휘·감독상의 책임을 지지 않는다.

① ㉠(O) ㉡(O), ㉢(X), ㉣(O)
② ㉠(X) ㉡(O), ㉢(O), ㉣(X)
③ ㉠(X) ㉡(O), ㉢(O), ㉣(O)
④ ㉠(X) ㉡(X), ㉢(X), ㉣(X)

③

㉡, ㉢, ㉣은 옳은 설명이며, ㉠은 틀린 설명이다.

㉠ ✗ 『권한의 위임』이란 경찰행정관청(위임관청)이 법령에 근거하여 자신의 권한 일부를 다른 경찰행정기관(수임관청)에게 이전하여, 수임관청 자신의 명의와 책임 하에서 권한을 행사하도록 하는 것을 말한다. 즉, 수임사무에 관한 권한을 행사할 때에는 수임기관의 명의로 하여야 한다.

참고 경찰행정관청 권한의 대리와 위임의 구분

구 분	권한의 대리	권한의 위임
권한이전의 차이	경찰행정관청의 권한이 대리기관에게 이전되지 않는다.	경찰행정관청의 권한이 수임관청에게 이전된다.
법적 근거의 차이	임의대리는 법령상 근거를 요하지 않으나, 법정대리는 반드시 법령상 근거를 요한다.	경찰행정관청의 권한이 이전되기 때문에 반드시 법령상의 명시적인 근거를 필요로 한다.
행위방식의 차이	대리기관의 명의로 행사한다.	수임관청이 자신의 명의로 행사한다.
효과 귀속의 차이	피대리관청에게 효과가 귀속된다.	수임관청에게 효과가 귀속된다.
피고적격의 차이	행정소송의 피고는 피대리관청이다.	행정소송의 피고는 수임관청이 된다.
허용범위의 차이	① 임의대리의 경우 일부대리만 가능하나, 법정대리의 경우 전부대리도 가능하다. ② 임의대리는 형식적 권한의 대리가 불가하지만, 법정대리는 형식적 권한의 대리가 가능하다. ② 임의대리는 복대리가 불가하지만, 법정대리는 복대리가 가능하다.	① 일부위임만 가능하다(전부위임 불가, 주요한 부분 위임 불가) ② 형식적 권한 위임 불가 ③ 법적 근거만 있다면 재위임 가능
지휘감독의 차이	임의대리의 경우 피대리관청의 지휘·감독이 가능하나, 법정대리의 경우 지휘·감독이 불가능하다.	위임관청의 지휘·감독이 가능하다.

0347

훈령과 직무명령에 대한 설명으로 가장 적절하지 않은 것은?

| 19년 승진 |

① 훈령이란 상급관청이 하급관청의 권한행사를 지휘하기 위하여 발하는 명령으로 구성원의 변동이 있는 경우에는 당연히 효력을 상실하게 된다.
② 직무명령이란 상관이 부하공무원에게 발하는 명령으로, 특별한 작용법적 근거 없이 발할 수 있다.
③ 훈령의 형식적 요건으로 훈령권이 있는 상급관청이 발한 것일 것, 하급관청의 권한 내의 사항에 관한 것일 것, 직무상 독립한 범위에 속하는 사항이 아닐 것을 들 수 있다.
④ 훈령은 원칙적으로 일반적·추상적 사항에 대해서 발해야 하지만, 개별적·구체적 사항에 대해서도 발해질 수 있다.

 ①

 하 중 상

 ②, ③, ④는 옳은 설명이며, ①은 틀린 설명이다.

① ✗ 『훈령』은 기관의 구성원이 변경되더라도 그 효력에는 영향이 없다. 즉, 경찰기관의 의사를 계속적으로 구속한다. 그러나 『직무명령』의 경우에는 경찰공무원의 변경에 의해 당연히 효력을 상실한다. 즉, 경찰공무원 개인을 구속한다.

참고 훈령과 직무명령의 구분 – 구성원의 변동

훈령	직무명령
기관 구성원이 변경되더라도 효력에 영향이 없다. 즉, 경찰기관의 의사를 계속적으로 구속한다.	경찰공무원의 변경에 의해 당연히 효력을 상실한다. 즉, 경찰공무원 개인을 구속한다.

0348

경찰관청의 권한의 위임·대리에 대한 설명으로 가장 적절한 것은? | 19년 승진 |

① 권한의 위임은 보조기관, 권한의 대리는 하급관청이 주로 상대방이 된다.
② 권한의 위임으로 인한 사무처리에 소요되는 인력·예산 등은 수임자 부담이 원칙이다.
③ 권한의 위임 시 수임기관의 사무처리가 위법·부당하다고 인정될 때에는 위임기관은 이를 취소 또는 정지할 수 있고, 수임기관에 대하여 사전승인을 받거나 협의할 것을 요구할 수 있다.
④ 임의대리는 원칙적으로 복대리가 허용되지 않으며 피대리관청은 대리자에 대한 지휘·감독이 가능하나, 법정대리는 복대리가 허용되며 피대리관청의 대리자에 대한 지휘·감독이 불가능하다.

- **정답** ④
- **난이도** 하 중 상
- **해설** ④는 옳은 설명이며, ①, ②, ③은 틀린 설명이다.
    ① ✗ 권한의 『위임』은 일반적으로 위임관청의 하급관청이 되며, 권한의 『대리』는 일반적으로 피대리관청의 보조기관이 된다.
    ② ✗ 행정기관의 장은 행정권한을 위임 및 위탁할 때에는 위임 및 위탁하기 전에 수임기관의 수임능력 여부를 점검하고, 필요한 인력 및 예산을 이관하여야 한다(『행정권한의 위임 및 위탁에 관한 규정』 제3조 제2항). 즉, 권한의 위임으로 인한 사무처리에 소요되는 인력·예산 등은 위임자 부담이 원칙이다.
    ③ ✗ 위임 및 위탁기관은 수임 및 수탁기관의 수임 및 수탁사무 처리에 대하여 지휘·감독하고, 그 처리가 위법하거나 부당하다고 인정될 때에는 이를 취소하거나 정지시킬 수 있다(『행정권한의 위임 및 위탁에 관한 규정』 제6조). 수임 및 수탁사무의 처리에 관하여 위임 및 위탁기관은 수임 및 수탁기관에 대하여 사전승인을 받거나 협의를 할 것을 요구할 수 없다(『행정권한의 위임 및 위탁에 관한 규정』 제7조).

POLICE SCIENCE

서진호 경찰학 기출문제집

제 6 장

경찰행정법Ⅲ - 경찰공무원법

제1절 경찰공무원 근무관계의 성립

0349

「경찰공무원 임용령」상 임용시기에 대한 설명으로 가장 적절하지 않은 것은?

| 72기 간부 |

① 경찰공무원은 임용장이나 임용통지서에 적힌 날짜에 임용된 것으로 보며, 임용일자를 원칙적으로 소급할 수 없다.
② 경찰공무원의 사망으로 인한 면직은 사망한 다음 날에 면직된 것으로 본다.
③ 경찰공무원이 재직 중 전사하거나 순직한 경우로서 특별승진 임용하는 경우에는 사망한 날을 임용일자로 본다.
④ 「국가공무원법」제70조 제1항 제4호에 따라 직권으로 면직시키는 경우에는 휴직기간의 만료일 또는 휴직사유의 소멸일을 임용일자로 본다.

- **정답** ③
- **난이도**
- **해설** ①, ②, ④는 옳은 설명이며, ③은 틀린 설명이다.
  ③ ❌ 전사하거나 순직한 사람을 특별승진임용하는 경우에는 ㉠ 재직 중 사망한 경우에는 사망일의 전날, ㉡ 퇴직 후 사망한 경우에는 퇴직일의 전날에 임용된 것으로 본다(「경찰공무원 임용령」 제6조).

> **참고** 임용의 효력발생시기 및 임용시기의 특례(「경찰공무원 임용령」)

구 분	내 용
효력발생시기	① 경찰공무원은 임용장이나 임용통지서에 적힌 날짜에 임용된 것으로 보며, 임용일자를 소급해서는 아니 된다(동령 제5조 제1항). ② 사망으로 인한 면직은 사망한 다음 날에 면직된 것으로 본다(동령 제5조 제2항). ③ 임용일자는 그 임용장이 피임용자에게 송달되는 기간 및 사무인계에 필요한 기간을 참작하여 정하여야 한다(동령 제5조 제3항).
임용시기의 특례	제5조 제1항에도 불구하고 다음 각 호의 어느 하나에 해당하는 경우에는 다음 각 호의 구분에 따른 일자에 임용된 것으로 본다(동령 제6조). ① 전사하거나 순직한 사람을 다음 각 목의 어느 하나에 해당하는 날을 임용일자로 하여 특별승진임용하는 경우 　㉠ 재직 중 사망한 경우 : 사망일의 전날 　㉡ 퇴직 후 사망한 경우 : 퇴직일의 전날 ② 「국가공무원법」 제70조 제1항 제4호에 따라 직권으로 면직시키는 경우 : 휴직기간의 만료일 또는 휴직사유의 소멸일 ③ 경찰간부후보생, 경찰대학의 학생 또는 시보임용예정자가 경찰공무원의 직무수행과 관련된 실무수습 중 사망한 경우 : 사망일의 전날

0350

경찰공무원의 임용에 대한 설명으로 적절하지 않은 것은 모두 몇 개인가? | 71기 간부 |

> 가. 채용후보자 명부의 유효기간은 2년으로 하되, 경찰청장은 필요에 따라 1년의 범위에서 그 기간을 연장할 수 있다.
> 나. 임용권자 또는 임용제청권자는 채용후보자 명부에 등재된 채용후보자가 학업을 계속하는 경우 채용후보자 명부의 유효기간의 범위에서 기간을 정하여 임용 또는 임용제청을 유예할 수 있다. 다만, 유예기간 중이라도 그 사유가 소멸한 경우에는 임용 또는 임용제청을 할 수 있다.
> 다. 신규채용시험에 합격한 사람이 채용후보자 명부에 등재된 이후 그 유효기간 내에 「병역법」에 따른 병역 복무를 위하여 군에 입대한 경우(대학생 군사훈련 과정 이수자를 포함한다)의 의무복무기간은 채용후보자 명부의 유효기간에 넣어 계산하지 아니한다.
> 라. 채용후보자가 임용 또는 임용제청에 응하지 아니한 경우에는 채용후보자로서의 자격을 상실한다.

① 없음 ② 1개
③ 2개 ④ 3개

정답 ①

난이도 상 중 하

해설 "가", "나", "다", "라" 모두 옳은 설명이다.

참고 채용후보자 명부의 유예기간 및 유예사유(『경찰공무원 임용령』)

구 분	내 용
채용후보자 명부의 유효기간	① 채용후보자 명부의 유효기간은 2년으로 하되, 경찰청장은 필요에 따라 1년의 범위에서 그 기간을 연장할 수 있다(동법 제12조 제3항 및 동령 제18조 제3항). ② 신규채용시험에 합격한 사람이 채용후보자 명부에 등재된 이후 그 유효기간 내에 「병역법」에 따른 병역 복무를 위하여 군에 입대한 경우의 의무복무 기간은 채용후보자 명부의 유효기간에 넣어 계산하지 아니한다(동법 제12조 제4항). ③ 경찰청장은 채용후보자 명부의 유효기간을 연장하기로 결정한 경우에는 그 사실을 공고하여야 한다(동법 제12조 제5항).
임용 또는 임용제청의 유예	임용권자 또는 임용제청권자는 채용후보자 명부에 등재된 채용후보자가 다음의 어느 하나에 해당하는 경우에는 채용후보자 명부의 유효기간의 범위에서 기간을 정하여 임용 또는 임용제청을 유예할 수 있다. 다만, 유예기간 중이라도 그 사유가 소멸한 경우에는 임용 또는 임용제청을 할 수 있다(동령 제18조의2 제1항). ① 「병역법」에 따른 병역복무를 위하여 징집 또는 소집되는 경우 ② 학업을 계속하는 경우 ③ 6개월 이상의 장기요양이 필요한 질병이 있는 경우 ④ 임신하거나 출산한 경우 ⑤ 임용 또는 임용제청의 유예가 부득이하다고 인정되는 경우

0351

「경찰공무원법」 및 「경찰공무원 임용령」상 경찰의 인사에 관한 다음 설명 중 옳지 않은 것은 모두 몇 개인가?

| 68기 간부 변형 |

> 가. 경찰공무원인사위원회(이하 "인사위원회"라 한다)는 위원장을 포함하여 3명 이상 7명 이하의 위원으로 구성한다.
> 나. 인사위원회의 위원장은 경찰청 및 해양경찰청 인사담당 국장이 되고, 위원은 경찰청 및 해양경찰청 소속 총경 이상의 경찰공무원 중에서 위원장이 임명한다.
> 다. 인사위원회의 회의는 재적위원 과반수의 출석과 출석위원 과반수의 찬성으로 의결한다.
> 라. 경찰청장은 경찰공무원의 임용에 관한 권한의 일부를 특별시장·광역시장·도지사·특별자치시장 또는 특별자치도지사(이하 "시·도지사"라 한다), 국가수사본부장, 소속 기관의 장, 시·도경찰청장에게 위임할 수 있다.
> 마. 시·도경찰청장은 소속 경감 이하 경찰공무원에 대한 해당 경찰서 안에서의 전보권을 경찰서장에게 다시 위임할 수 있다.
> 바. 임용권의 위임을 받은 시·도경찰청장은 경감 또는 경위를 승진시키고자 할 때에는 미리 경찰청장의 승인을 받아야 한다.

① 1개 ② 2개
③ 3개 ④ 4개

- **정답** ④
- **난이도**
- **해설** "라", "마"는 옳은 설명이며, "가", "나", "다", "바"는 틀린 설명이다.

가. ❌ 경찰공무원인사위원회는 위원장을 포함하여 5명 이상 7명 이하의 위원으로 구성한다(「경찰공무원 임용령」 제9조 제1항). 경찰공무원인사위원회는 경찰공무원의 인사에 관한 중요사항에 대하여 경찰청장 또는 해양경찰청장의 자문에 응하기 위하여 경찰청과 해양경찰청에 두는 비상설 자문기관이다. 경찰청장과 해양경찰청장은 경찰공무원인사위원회의 결정에 구속되지 않는다.

나. ❌ 인사위원회의 위원장은 경찰청 및 해양경찰청 인사담당 국장이 되고, 위원은 경찰청 및 해양경찰청 소속 총경 이상의 경찰공무원 중에서 경찰청장과 해양경찰청장이 각각 임명한다(「경찰공무원 임용령」 제9조 제2항).

다. ❌ 위원장은 인사위원회의 회의를 소집하고 그 의장이 된다(「경찰공무원 임용령」 제11조 제1항). 회의는 재적위원 과반수의 찬성으로 의결(특별의결정족수)한다(「경찰공무원 임용령」 제11조 제2항).

바. ❌ 소속기관 등의 장은 ㉠ 경감 또는 경위를 신규채용하거나 ㉡ 경위 또는 경사를 승진시키려면 미리 경찰청장의 승인을 받아야 한다(「경찰공무원 임용령」 제4조 제10항).

0352

「경찰공무원법」상 경찰공무원의 임용권자가 바르게 연결된 것은 모두 몇 개인가? | 66기 간부 |

> ㉠ 총경의 휴직 – 경찰청장
> ㉡ 총경의 강등 – 대통령
> ㉢ 총경의 복직 – 경찰청장
> ㉣ 경정의 면직 – 대통령
> ㉤ 경정으로의 승진 – 경찰청장
> ㉥ 총경의 정직 – 대통령

① 1개 ② 2개
③ 3개 ④ 4개

- 정답 ③
- 난이도
- 해설 ㉠, ㉢, ㉣은 옳은 설명이며, ㉡, ㉤, ㉥은 틀린 설명이다.
  - ㉡ ✗ 총경의 강등은 경찰청장 또는 해양경찰청장이 한다(「경찰공무원법」 제7조 제1항).
  - ㉤ ✗ 경정으로의 승진은 경찰청장 또는 해양경찰청장의 제청으로 국무총리를 거쳐 대통령이 한다(「경찰공무원법」 제7조 제2항).
  - ㉥ ✗ 총경의 정직은 경찰청장 또는 해양경찰청장이 한다(「경찰공무원법」 제7조 제1항).

참고 임용권자 – 총경 이상의 임용, 경정 이하의 임용(「경찰공무원법」)

구 분	내 용
총경 이상의 임용	총경 이상 경찰공무원은 경찰청장 또는 해양경찰청장의 추천을 받아 행정안전부장관 또는 해양수산부장관의 제청으로 국무총리를 거쳐 대통령이 임용한다. 다만, 총경의 전보, 휴직, 직위해제, 강등, 정직 및 복직(전휴직강정복)은 경찰청장 또는 해양경찰청장이 한다(동법 제7조 제1항). 경찰청장의 추천 → 행정안전부장관의 제청 → 국무총리 경유 → 대통령 임용 (총경의 전보, 휴직, 직위해제, 강등, 정직, 복직은 경찰청장이 행한다)
경정 이하의 임용	경정 이하의 경찰공무원은 경찰청장 또는 해양경찰청장이 임용한다. 다만, 경정으로의 신규채용, 승진임용 및 면직(신승면)은 경찰청장 또는 해양경찰청장의 제청으로 국무총리를 거쳐 대통령이 한다(동법 제7조 제2항). 경정 이하의 경찰공무원의 임용 → 경찰청장(경정으로의 신규채용, 승진임용, 면직은 경찰청장 제청 → 국무총리 경유 → 대통령이 행한다)

0353

「경찰공무원법」 제7조에 따른 임용권자에 관한 설명으로 가장 적절하지 않은 것은? | 23년 1차 순경 |

① 총경 이상 경찰공무원은 경찰청장 또는 해양경찰청장의 추천을 받아 행정안전부장관 또는 해양수산부장관의 제청으로 국무총리를 거쳐 대통령이 임용한다.
② 총경의 전보, 휴직, 직위해제, 강등, 정직 및 복직은 행정안전부장관 또는 해양수산부장관이 임용한다.
③ 경정 이하의 경찰공무원은 경찰청장 또는 해양경찰청장이 임용한다. 다만, 경정으로의 신규채용, 승진임용 및 면직은 경찰청장 또는 해양경찰청장의 제청으로 국무총리를 거쳐 대통령이 한다.
④ 경찰청장은 대통령령으로 정하는 바에 따라 경찰공무원의 임용에 관한 권한의 일부를 특별시장·광역시장·도지사·특별자치시장 또는 특별자치도지사, 국가수사본부장, 소속 기관의 장, 시·도경찰청장에게 위임할 수 있다.

- **정답** ②
- **난이도** 하 중 상
- **해설** ①, ③, ④는 옳은 설명이며, ②는 틀린 설명이다.
  ② ✗ 총경 이상 경찰공무원은 경찰청장 또는 해양경찰청장의 추천을 받아 행정안전부장관 또는 해양수산부장관의 제청으로 국무총리를 거쳐 대통령이 임용한다. 다만, 총경의 전보, 휴직, 직위해제, 강등, 정직 및 복직(총경의 전휴직강정복)은 경찰청장 또는 해양경찰청장이 한다(「경찰공무원법」 제7조 제1항).

0354

「경찰공무원법」과 「국가공무원법」상 공통된 임용결격사유가 아닌 것은?

| 21년 2차 순경 |

① 피성년후견인 또는 피한정후견인
② 파산선고를 받고 복권되지 아니한 사람
③ 공무원으로 재직기간 중 직무와 관련하여 「형법」제355조(횡령, 배임) 및 제356조(업무상의 횡령과 배임)에 규정된 죄를 범한 자로서 300만원 이상의 벌금형을 선고받고 그 형이 확정된 후 2년이 지나지 아니한 사람
④ 「성폭력범죄의 처벌 등에 관한 특례법」제2조(성폭력범죄)에 규정된 죄를 범한 사람으로서 100만원 이상의 벌금형을 선고받고 그 형이 확정된 후 3년이 지나지 아니한 사람

정답 ①

난이도 하 중 상

해설 ②, ③, ④는 「경찰공무원법」과 「국가공무원법」상 공통된 임용결격사유이며, ①의 경우에는 공통된 임용결격사유는 아니다.
① ✕ 「경찰공무원법」에서는 피성년후견인 또는 피한정후견인 양자를 모두 임용결격사유로 규정하고 있으며, 「국가공무원법」에서는 피성년후견인만을 임용결격사유로 규정하고 있다.

참고 「국가공무원법」상의 결격사유와 「경찰공무원법」상의 결격사유의 비교
① 복수국적을 지닌 사람은 일반공무원으로 임용될 수 있으나, 경찰공무원으로는 임용될 수 없다.
② 피한정후견인은 일반공무원으로 임용될 수 있으나, 경찰공무원으로는 임용될 수 없다.
③ 일반공무원의 경우에는 파면처분 후 5년, 해임처분 후 3년이 경과하면 일반공무원으로 임용될 수 있으나, 경찰공무원은 파면·해임처분이 있으면 기간 경과와 상관없이 경찰공무원으로 임용될 수 없다.

0355

다음은 「경찰공무원법」 제7조에서 규정하는 '경찰공무원 임용결격사유'이다. ㉠~㉤의 내용 중 옳고 그름의 표시(O, X)가 모두 바르게 된 것은?

| 20년 2차 순경 |

> ㉠ 미성년자에게 대한 다음 각 목의 어느 하나에 해당하는 죄를 저질러 형 또는 치료감호가 확정된 사람(집행유예를 선고 받은 후 그 집행유예기간이 경과한 사람을 포함한다)
> 　가. 「성폭력범죄의 처벌 등에 관한 특례법」 제2조에 따른 성폭력
> 　나. 「아동·청소년의 성보호에 관한 법률」 제2조 제2호에 따른 아동·청소년대상 성범죄
> ㉡ 벌금의 형을 선고받은 사람
> ㉢ 대한민국 국적을 가지지 아니한 사람
> ㉣ 공무원으로 재직기간 중 직무와 관련하여 「형법」 제355조(횡령, 배임) 및 제356조(업무상의 횡령과 배임)에 규정된 죄를 범한 사람으로서 300만원 이상의 벌금형을 선고받고 그 형이 확정된 후 2년이 지난 사람
> ㉤ 징계에 의하여 파면 또는 해임처분을 받은 사람

① ㉠(O) ㉡(O) ㉢(O) ㉣(X) ㉤(O)
② ㉠(O) ㉡(X) ㉢(O) ㉣(O) ㉤(X)
③ ㉠(X) ㉡(O) ㉢(X) ㉣(O) ㉤(X)
④ ㉠(O) ㉡(X) ㉢(O) ㉣(X) ㉤(O)

- 정답 ④
- 난이도 하 중 상
- 해설 ㉠, ㉢, ㉤은 「경찰공무원법」상 임용결격사유에 해당하며, ㉡, ㉣은 「경찰공무원법」상 임용결격사유에 해당하지 않는다.
  - ㉡ X 자격정지 이상의 형을 선고받은 사람은 경찰공무원으로 임용될 수 없다(「경찰공무원법」 제8조 제2항 제5호).
  - ㉣ X 공무원으로 재직기간 중 직무와 관련하여 「형법」 제355조(횡령, 배임) 및 제356조(업무상의 횡령과 배임)에 규정된 죄를 범한 자로서 300만원 이상의 벌금형을 선고받고 그 형이 확정된 후 2년이 지나지 아니한 사람은 경찰공무원으로 임용될 수 없다(「경찰공무원법」 제8조 제2항 제7호).

> 참고 「경찰공무원법」상 경찰공무원 임용결격사유(「경찰공무원법」 제8조 제2항)
> ① 대한민국 국적을 가지지 아니한 사람
> ② 「국적법」 제11조의2 제1항에 따른 복수국적자
> ③ 피성년후견인 또는 피한정후견인
> ④ 파산선고를 받고 복권되지 아니한 사람
> ⑤ 자격정지 이상의 형을 선고받은 사람
> ⑥ 자격정지 이상의 형의 선고유예를 선고받고 그 유예기간 중에 있는 사람
> ⑦ 공무원으로 재직기간 중 직무와 관련하여 「형법」 제355조(횡령, 배임) 및 제356조(업무상의 횡령과 배임)에 규정된 죄를 범한 자로서 300만원 이상의 벌금형을 선고받고 그 형이 확정된 후 2년이 지나지 아니한 사람
> ⑧ 「성폭력범죄의 처벌 등에 관한 특례법」 제2조에 규정된 죄를 범한 사람으로서 100만원 이상의 벌금형을 선고받고 그 형이 확정된 후 3년이 지나지 아니한 사람
> ⑨ 미성년자에 대한 다음의 어느 하나에 해당하는 죄를 저질러 형 또는 치료감호가 확정된 사람(집행유예를 선고받은 후 그 집행유예기간이 경과한 사람을 포함한다).
> 　㉠ 「성폭력범죄의 처벌 등에 관한 특례법」 제2조에 따른 성폭력범죄
> 　㉡ 「아동·청소년의 성보호에 관한 법률」 제2조 제2호에 따른 아동·청소년대상 성범죄
> ⑩ 징계에 의하여 파면 또는 해임처분을 받은 사람

0356

「경찰공무원 임용령」상 임용권의 위임에 대한 설명 중 가장 적절하지 않은 것은? |20년 1차 순경 변형|

① 임용권을 위임받은 소속기관등의 장은 경감 또는 경위를 신규 채용하거나 경사 또는 경장을 승진시키려면 미리 경찰청장의 승인을 받아야 한다.
② 시·도경찰청장은 소속 경감 이하 경찰공무원에 대한 해당 경찰서 안에서의 전보권을 경찰서장에게 다시 위임할 수 있다.
③ 경찰청장은 경찰대학·경찰인재개발원·중앙경찰학교·경찰수사연수원·경찰병원 및 시·도경찰청(소속기관 등)의 장에게 그 소속 경찰공무원 중 경정의 전보·파견·휴직·직위해제 및 복직에 관한 권한과 경감 이하의 임용권을 위임한다.
④ 임용권의 위임에도 불구하고 경찰청장은 경찰공무원의 정원조정, 승진임용, 인사교류 또는 파견을 위하여 필요한 경우에는 임용권을 행사할 수 있다.

 ①

해설 ②, ③, ④는 옳은 설명이며, ①은 틀린 설명이다.
① ✗ 소속기관등의 장은 ㉠ 경감 또는 경위를 신규채용하거나 ㉡ 경위 또는 경사를 승진시키려면 미리 경찰청장의 승인을 받아야 한다(「경찰공무원 임용령」 제4조 제10항).

참고 임용권의 행사에 따른 제한사항(「경찰공무원 임용령」)

구 분	내 용
경찰청장	경찰청장은 수사부서에서 총경을 보직하는 경우에는 국가수사본부장의 추천을 받아야 한다(「동령」 제4조 제7항).
시·도자치경찰위원회	시·도자치경찰위원회는 임용권을 행사하는 경우에는 시·도경찰청장의 추천을 받아야 한다(「동령」 제4조 제8항).
시·도경찰청장 및 경찰서장	시·도경찰청장 및 경찰서장은 지구대장 및 파출소장을 보직하는 경우에는 시·도자치경찰위원회의 의견을 사전에 들어야 한다(「동령」 제4조 제9항).
소속기관등의 장	소속기관등의 장은 ㉠ 경감 또는 경위를 신규채용하거나 ㉡ 경위 또는 경사를 승진시키려면 미리 경찰청장의 승인을 받아야 한다(「동령」 제4조 제10항).

0357

「경찰공무원법」상 경찰공무원의 임용에 대한 설명으로 가장 적절한 것은? | 19년 1차 순경 |

① 총경 이상의 경찰공무원은 경찰청장의 제청으로 국무총리를 거쳐 대통령이 임용한다.
② 퇴직한 경찰공무원으로서 퇴직 시에 재직하였던 계급의 채용시험에 합격한 사람을 재임용하는 경우 시보임용을 거치지 않는다.
③ 경찰청장은 경찰공무원의 채용시험 또는 경찰간부후보생 공개경쟁선발시험에서 부정행위를 한 응시자에 대하여는 해당 시험을 정지 또는 무효로 하고, 그 처분이 있은 날부터 3년간 시험응시자격을 정지한다.
④ 경찰청장은 경찰공무원의 임용에 관한 권한의 일부를 소속기관등의 장에게 위임할 수 없다.

 ②
 하 중 상

해설 ②는 옳은 설명이며, ①, ③, ④는 틀린 설명이다.
① ✗ 총경 이상의 경찰공무원은 경찰청장 또는 해양경찰청장의 추천을 받아 행정안전부장관 또는 해양수산부장관의 제청으로 국무총리를 거쳐 대통령이 임용한다. 다만, 총경의 전보, 휴직, 직위해제, 강등, 정직 및 복직(총경의 전휴직강정복)은 경찰청장 또는 해양경찰청장이 한다(「경찰공무원법」 제7조 제1항).
③ ✗ 경찰청장 또는 해양경찰청장은 경찰공무원의 채용시험 또는 경찰간부후보생 공개경쟁선발시험에서 부정행위를 한 응시자에 대해서는 해당 시험을 정지 또는 무효로 하고, 그 처분이 있은 날부터 5년간 시험응시자격을 정지한다(「경찰공무원법」 제11조).
④ ✗ 경찰청장은 경찰대학·경찰인재개발원·중앙경찰학교·경찰수사연수원·경찰병원 및 시·도경찰청의 장에게 그 소속 경찰공무원 중 ㉠ 경정의 전보·파견·휴직·직위해제 및 복직(전파휴직복)에 관한 권한과 ㉡ 경감 이하의 임용권을 위임한다(「경찰공무원 임용령」 제4조 제3항).

참고 시보임용의 적용대상·시보기간 및 면제대상(「경찰공무원법」)

구분	내용
적용대상·시보기간	① 경정 이하의 경찰공무원을 신규채용할 때에는 1년간 시보로 임용하고, 그 기간이 만료된 다음 날에 정규 경찰공무원으로 임용한다(동법 제13조 제1항). ② ㉠ 휴직기간, ㉡ 직위해제기간 ㉢ 정직처분 ㉣ 감봉처분을 받은 기간(견책처분 ✗)은 시보임용 기간에 산입하지 아니한다(동법 제13조 제2항).
면제대상 (시보임용의 예외)	다음의 경우에는 시보임용을 거치지 아니한다(동법 제13조 제4항). ① 경찰대학을 졸업한 사람 또는 경찰간부후보생으로서 정하여진 교육을 마친 사람을 경위로 임용하는 경우 ② 경찰공무원으로서 대통령령으로 정하는 상위계급으로의 승진에 필요한 자격 요건을 갖추고 임용예정 계급에 상응하는 공개경쟁채용시험에 합격한 사람을 해당 계급의 경찰공무원으로 임용하는 경우 ③ 퇴직한 경찰공무원으로서 퇴직 시에 재직하였던 계급의 채용시험에 합격한 사람을 재임용하는 경우 ④ 자치경찰공무원을 그 계급에 상응하는 경찰공무원으로 임용하는 경우

0358

다음은 「경찰공무원법」 및 「경찰공무원 임용령」상 경찰공무원의 임용에 대하여 설명한 것이다. 옳은 것을 모두 고른 것은?

| 18년 2차 순경 |

> ㉠ 휴직기간, 직위해제기간 및 징계에 의한 감봉처분 또는 견책처분을 받은 기간은 시보임용기간에 산입하지 아니한다.
> ㉡ 경정으로의 신규채용, 승진임용 및 면직은 경찰청장 또는 해양경찰청장의 제청으로 국무총리를 거쳐 대통령이 한다.
> ㉢ '징계에 의하여 파면 또는 해임처분을 받은 사람'은 경찰공무원으로 임용될 수 없다.
> ㉣ 경찰공무원은 임용장이나 임용통지서에 적힌 날짜에 임용된 것으로 보며, 사망으로 인한 면직은 사망한 날에 면직된 것으로 본다.
> ㉤ 총경의 전보, 휴직, 직위해제, 강등, 정직 및 복직은 경찰청장 또는 해양경찰청장이 한다.

① ㉠, ㉡, ㉣
② ㉠, ㉢, ㉣
③ ㉡, ㉢, ㉤
④ ㉡, ㉢, ㉣, ㉤

- **정답** ③
- **난이도** 하 중 상
- **해설** ㉡, ㉢, ㉤은 옳은 설명이며, ㉠, ㉣은 틀린 설명이다.

> ㉠ ✗ 경정 이하의 경찰공무원을 신규채용할 때에는 1년간 시보로 임용하고, 그 기간이 만료된 다음 날(그 기간이 만료된 날 ×)에 정규 경찰공무원으로 임용한다(「경찰공무원법」 제13조 제1항). ① 휴직기간, ② 직위해제기간 및 징계에 의한 ③ 정직처분 또는 ④ 감봉처분을 받은 기간은 시보임용기간에 산입하지 아니한다(「경찰공무원법」 제13조 제2항).
> ㉣ ✗ 경찰공무원은 임용장이나 임용통지서에 적힌 날짜에 임용된 것으로 보며, 임용일자를 소급해서는 아니 된다(「경찰공무원 임용령」 제5조 제1항). 사망으로 인한 면직은 사망한 다음 날(사망한 날 ×)에 면직된 것으로 본다(「경찰공무원 임용령」 제5조 제2항).

0359

「경찰공무원법」상 시보임용에 대한 설명 중 가장 적절하지 않은 것은?

| 17년 1차 순경 |

① 퇴직한 경찰공무원으로서 퇴직 시에 재직하였던 계급의 채용시험에 합격한 사람을 재임용하는 경우에는 시보임용을 거치지 아니한다.
② 경정 이하의 경찰공무원을 신규채용할 때에는 1년간 시보로 임용하고, 그 기간이 만료된 다음 날에 정규 경찰공무원으로 임용한다.
③ 경찰대학을 졸업한 사람 또는 경찰간부후보생으로서 정하여진 교육을 마친 사람을 경위로 임용하는 경우에는 시보임용을 거치지 아니한다.
④ 자치경찰공무원을 그 계급에 상응하는 경찰공무원으로 임용하는 경우에는 시보임용을 거쳐야 한다.

- **정답** ④
- **난이도** 하 중 상
- **해설**
  ①, ②, ③은 옳은 설명이며, ④는 틀린 설명이다.
  ④ ❌ 자치경찰공무원을 그 계급에 상응하는 경찰공무원으로 임용하는 경우에는 시보임용을 거치지 아니한다(「경찰공무원법」 제13조 제4항).

참고 시보임용의 면제대상(「경찰공무원법」)

다음의 경우에는 시보임용을 거치지 아니한다(동법 제13조 제4항).
① 경찰대학을 졸업한 사람 또는 경찰간부후보생으로서 정하여진 교육을 마친 사람을 경위로 임용하는 경우
② 경찰공무원으로서 대통령령으로 정하는 상위계급으로의 승진에 필요한 자격 요건을 갖추고 임용예정 계급에 상응하는 공개경쟁채용시험에 합격한 사람을 해당 계급의 경찰공무원으로 임용하는 경우
③ 퇴직한 경찰공무원으로서 퇴직 시에 재직하였던 계급의 채용시험에 합격한 사람을 재임용하는 경우
④ 자치경찰공무원을 그 계급에 상응하는 경찰공무원으로 임용하는 경우

0360

「경찰공무원법」상 시보임용에 대한 설명으로 옳은 것은?

| 16년 2차 순경 |

① 경정 이하 경찰공무원을 신규채용할 때에는 시보임용하고, 그 기간이 만료된 날 정규 경찰공무원으로 임용한다.
② 직위해제기간 및 징계에 의한 정직처분이나 감봉처분을 받은 기간은 시보임용기간에 산입하지 않지만, 휴직기간은 시보임용 기간에 산입한다.
③ 퇴직한 경찰공무원으로서 퇴직 시 재직하였던 계급의 채용시험에 합격한 사람을 재임용하는 경우 시보임용을 거치지 아니한다.
④ 시보임용기간 중에 있는 경찰공무원이 근무성적 또는 교육훈련성적이 불량할 때는 면직시키거나 면직을 제청하여야 한다.

- **정답** ③
- **난이도** 하 중 상
- **해설** ③은 옳은 설명이며, ①, ②, ④는 틀린 설명이다.
    ① ✗ 경정 이하의 경찰공무원을 신규채용할 때에는 1년간 시보로 임용하고, 그 기간이 만료된 다음날(그 기간이 만료된 날 ×)에 정규 경찰공무원으로 한다(「경찰공무원법」 제13조 제1항).
    ② ✗ ㉠ 휴직기간, ㉡ 직위해제기간 및 징계에 의한 ㉢ 정직처분 또는 ㉣ 감봉처분을 받은 기간은 시보임용기간에 산입하지 아니한다(「경찰공무원법」 제13조 제2항).
    ④ ✗ 시보임용기간 중에 있는 경찰공무원이 근무성적 또는 교육훈련성적이 불량할 때에는 면직시키거나 면직을 제청할 수 있다(「경찰공무원법」 제13조 제3항).

0361

「경찰공무원법」상 경찰공무원의 임용결격사유에 관한 설명으로 옳은 것은 모두 몇 개인가?

| 16년 1차 순경 |

㉠ 피성년후견인 또는 피한정후견인
㉡ 파산선고를 받고 복권되지 아니한 사람
㉢ 자격정지 이상의 형을 선고받은 사람
㉣ 자격정지 이상의 형의 선고유예를 선고받고 그 유예기간 중에 있는 사람
㉤ 징계에 의하여 파면 또는 해임처분을 받은 사람

① 2개
② 3개
③ 4개
④ 5개

- **정답** ④
- **난이도** 하 중 상
- **해설** ㉠, ㉡, ㉢, ㉣, ㉤ 모두 옳은 설명이다.

> **참고** 「경찰공무원법」상 경찰공무원 임용결격사유(「경찰공무원법」 제8조 제2항)
> ① 대한민국 국적을 가지지 아니한 사람
> ② 「국적법」 제11조의2 제1항에 따른 복수국적자
> ③ 피성년후견인 또는 피한정후견인
> ④ 파산선고를 받고 복권되지 아니한 사람
> ⑤ 자격정지 이상의 형을 선고받은 사람
> ⑥ 자격정지 이상의 형의 선고유예를 선고받고 그 유예기간 중에 있는 사람
> ⑦ 공무원으로 재직기간 중 직무와 관련하여 「형법」 제355조(횡령, 배임) 및 제356조(업무상의 횡령과 배임)에 규정된 죄를 범한 자로서 300만원 이상의 벌금형을 선고받고 그 형이 확정된 후 2년이 지나지 아니한 사람
> ⑧ 「성폭력범죄의 처벌 등에 관한 특례법」 제2조에 규정된 죄를 범한 사람으로서 100만원 이상의 벌금형을 선고받고 그 형이 확정된 후 3년이 지나지 아니한 사람
> ⑨ 미성년자에 대한 다음의 어느 하나에 해당하는 죄를 저질러 형 또는 치료감호가 확정된 사람(집행유예를 선고받은 후 그 집행유예기간이 경과한 사람을 포함한다).
>   ㉠ 「성폭력범죄의 처벌 등에 관한 특례법」 제2조에 따른 성폭력범죄
>   ㉡ 「아동·청소년의 성보호에 관한 법률」 제2조 제2호에 따른 아동·청소년대상 성범죄
> ⑩ 징계에 의하여 파면 또는 해임처분을 받은 사람

0362

경찰공무원의 임용에 대한 설명으로 가장 적절하지 않은 것은?

|15년 1차 순경 변형|

① 경찰공무원은 임용장 또는 임용통지서에 기재된 일자에 임용된 것으로 보며, 사망으로 인한 면직은 사망한 다음 날에 면직된 것으로 본다.

② 경찰청장은 경찰공무원의 채용시험 또는 경찰간부후보생 공개경쟁선발시험에서 부정행위를 한 응시자에 대하여는 해당 시험을 정지 또는 무효로 하고, 그 처분이 있은 날부터 5년간 시험응시자격을 정지한다.

③ 경찰청장은 순경에서 5년 이상 근속자를 경장으로, 경장에서 6년 이상 근속자를 경사로, 경사에서 7년 6개월 이상 근속자를 경위로, 경위에서 12년 이상 근속자를 경감으로 각각 근속승진임용 할 수 있다.

④ 경정 이하의 경찰공무원을 신규채용할 때에는 1년간 시보(試補)로 임용하고, 그 기간이 만료된 다음 날에 정규 경찰공무원으로 임용한다.

정답 ③

난이도 하 중 상

해설
①, ②, ④는 옳은 설명이며, ③은 틀린 설명이다.
③ ✗ 경찰청장은 ⊙ 순경에서 **4년 이상** 근속자를 경장으로, ⓒ 경장에서 **5년 이상** 근속자를 경사로, ⓒ 경사에서 **6년 6개월 이상** 근속자를 경위로, ⓔ 경위에서 **8년 이상** 근속자를 경감으로 각각 근속승진임용할 수 있다(「경찰공무원법」 제16조 제1항).

참고 근속승진의 기간(「경찰공무원법」)

경찰청장은 다음의 해당 계급에서 다음의 기간 동안 재직한 사람을 경장, 경사, 경위, 경감으로 각각 근속승진임용할 수 있다. 다만, 인사교류 경력이 있거나 주요 업무의 추진 실적이 우수한 공무원 등 경찰행정 발전에 기여한 공이 크다고 인정되는 경우에는 대통령령으로 정하는 바에 따라 그 기간을 단축할 수 있다(동법 제16조 제1항).

① 순경을 경장으로 근속승진임용 : 해당 계급에서 **4년 이상** 근속자
② 경장을 경사로 근속승진임용 : 해당 계급에서 **5년 이상** 근속자
③ 경사를 경위로 근속승진임용 : 해당 계급에서 **6년 6개월 이상** 근속자
④ 경위를 경감으로 근속승진임용 : 해당 계급에서 **8년 이상** 근속자

0363

경찰공무원 임용에 관한 다음 설명 중 가장 적절한 것은?　|14년 2차 순경|

① 총경 이상의 경찰공무원은 경찰청장의 제청으로 국무총리를 거쳐 대통령이 임명한다. 다만, 총경의 전보, 휴직, 직위해제, 강등 및 정직은 경찰청장이 한다.
② 경정 이하의 경찰공무원을 신규채용 할 때에는 1년간 시보로 임용하고, 그 기간이 만료된 날에 정규 경찰공무원으로 임용한다.
③ 경정으로의 신규채용, 승진임용 및 면직은 경찰청장의 제청으로 국무총리를 거쳐 대통령이 한다.
④ 휴직기간, 직위해제기간 및 징계에 의한 정직처분 또는 견책처분을 받은 기간은 시보임용 기간에 산입하지 아니한다.

정답 ③
난이도 상 중 하
해설 ③은 옳은 설명이며, ①, ②, ④는 틀린 설명이다.
① ✗ 총경 이상의 경찰공무원은 경찰청장 또는 해양경찰청장의 추천을 받아 행정안전부장관 또는 해양수산부장관의 제청으로 국무총리를 거쳐 대통령이 임용한다. 다만, 총경의 전보, 휴직, 직위해제, 강등, 정직 및 복직(총경의 전휴직강정복)은 경찰청장 또는 해양경찰청장이 한다(「경찰공무원법」 제7조 제1항).
② ✗ 경정 이하의 경찰공무원을 신규채용할 때에는 1년간 시보로 임용하고, 그 기간이 만료된 다음 날(그 기간이 만료된 날 ×)에 정규 경찰공무원으로 임용한다(「경찰공무원법」 제13조 제1항).
④ ✗ ㉠ 휴직기간, ㉡ 직위해제기간 및 징계에 의한 ㉢ 정직처분 또는 ㉣ 감봉처분을 받은 기간은 시보임용 기간에 산입하지 아니한다(「경찰공무원법」 제13조 제2항).

0364

「경찰공무원 임용령」에 관한 설명으로 옳은 것을 모두 고른 것은?

| 23년 승진 |

> ㉠ 경찰공무원은 임용장이나 임용통지서에 적힌 날짜에 임용된 것으로 보며, 임용일자를 소급해서는 아니 된다. 사망으로 인한 면직은 사망한 날에 면직된 것으로 본다.
> ㉡ 「경찰공무원법」 제10조 제3항 제1호에 따라 재임용된 경찰공무원의 계급정년 연한은 재임용 전에 해당 계급의 경찰공무원으로 근무한 연수를 합하여 계산한다.
> ㉢ 종전의 재직기관에서 감봉 이상의 징계처분을 받은 사람은 경력경쟁채용 등의 대상이 될 수 없다.
> ㉣ 임용권자 또는 임용제청권자는 채용후보자 명부에 등재된 채용후보자가 학업을 계속하는 경우 채용후보자 명부의 유효기간의 범위에서 기간을 정하여 임용 또는 임용제청을 유예할 수 있다. 다만, 유예기간 중이라도 그 사유가 소멸한 경우에는 임용 또는 임용제청을 할 수 있다.

① ㉠, ㉡
② ㉡, ㉢
③ ㉡, ㉢, ㉣
④ ㉠, ㉢, ㉣

 ③

㉡, ㉢, ㉣은 옳은 설명이며, ㉠은 틀린 설명이다.

㉠ ✗ 경찰공무원은 임용장이나 임용통지서에 적힌 날짜에 임용된 것으로 보며, 임용일자를 소급해서는 아니 된다(「경찰공무원 임용령」 제5조 제1항). 사망으로 인한 면직은 사망한 다음 날(사망한 날 ×)에 면직된 것으로 본다(「경찰공무원 임용령」 제5조 제2항).

0365

경찰공무원의 임용에 대한 설명으로 가장 적절하지 않은 것은?

| 22년 승진 |

① 「경찰공무원 임용령」상 시·도경찰청장 및 경찰서장은 지구대장 및 파출소장을 보직하는 경우에는 시·도자치경찰위원회의 의견을 사전에 들어야 한다.
② 「국가공무원법」상 임용권자는 공무원이 중앙인사관장기관의 장이 지정하는 연구기관이나 교육기관 등에서 연수하게 된 때에는 공무원의 의사에도 불구하고 휴직을 명하여야 한다.
③ 「경찰공무원 임용령」상 임용권자 또는 임용제청권자는 경찰공무원을 신규 채용할 때 경과를 부여해야 한다.
④ 「경찰공무원법」상 총경 이상 경찰공무원은 경찰청장 또는 해양경찰청장의 추천을 받아 행정안전부장관 또는 해양수산부장관의 제청으로 국무총리를 거쳐 대통령이 임용한다. 다만, 총경의 전보, 휴직, 직위해제, 강등, 정직 및 복직은 경찰청장 또는 해양경찰청장이 한다.

- **정답** ②
- **난이도** 하 중 상
- **해설** ①, ③, ④는 옳은 설명이며, ②는 틀린 설명이다.
  ② ✗ 중앙인사관장기관의 장이 지정하는 연구기관이나 교육기관 등에서 연수하게 된 때에는 휴직의 유형 중 『의원휴직』의 유형에 해당한다. 따라서 해당 경우에는 임용권자는 공무원이 휴직을 원하면 휴직을 명할 수 있다(「국가공무원법」 제71조 제2항). 이 경우의 휴직기간은 2년 이내로 한다(「국가공무원법」 제72조).

참고 경찰공무원의 경과의 부여시기 및 대상(「경찰공무원 임용령」)

① 임용권자 또는 임용제청권자는 경찰공무원을 신규채용할 때에 경과를 부여해야 한다(동령 제3조 제2항).
② 총경 이하의 경찰공무원은 경과로 구분한다. 다만, 수사경과 및 보안경과는 경정 이하 경찰공무원에게만 부여한다(동령 제3조 제1항).
③ 경찰청장은 전시·사변 또는 이에 준하는 비상사태가 발생한 경우에는 경과의 일부를 폐지 또는 병합하거나 신설할 수 있다(동령 제3조 제3항).

0366

「경찰공무원법」 및 「경찰공무원 임용령」상 경찰공무원의 임용에 대한 설명으로 가장 적절하지 <u>않은</u> 것은?

| 17년 승진 변형 |

① 총경 이상의 경찰공무원은 경찰청장의 추천을 받아 행정안전부장관의 제청으로 국무총리를 거쳐 대통령이 임용한다. 다만, 총경의 전보, 휴직, 직위해제, 강등, 정직 및 복직은 경찰청장이 한다.

② 경정 이하의 경찰공무원은 경찰청장이 임용한다. 다만, 경정으로의 신규채용·승진임용·면직은 경찰청장의 제청으로 국무총리를 거쳐 대통령이 한다.

③ 경찰공무원은 임용장 또는 임용통지서에 기재된 일자에 임용된 것으로 본다. 다만, 사망으로 인한 면직은 사망한 날에 면직된 것으로 본다.

④ 경찰청장은 대통령령으로 정하는 바에 따라 경찰공무원의 임용에 관한 권한의 일부를 특별시장·광역시장·도지사·특별자치시장 또는 특별자치도지사(이하 "시·도지사"라 한다), 국가수사본부장, 소속 기관의 장, 시·도경찰청장에게 위임할 수 있다. 이 경우 시·도지사는 위임받은 권한의 일부를 시·도자치경찰위원회, 시·도경찰청장에게 위임할 수 있다.

정답 ③

난이도

해설 ①, ②, ④는 옳은 설명이며, ③은 틀린 설명이다.

③ 경찰공무원은 <u>임용장 또는 임용통지서에 적힌 날짜</u>에 임용된 것으로 보며, 임용일자를 소급해서는 아니 된다(「경찰공무원 임용령」 제5조 제1항). 다만, <u>사망으로 인한 면직은 사망한 다음 날(사망한 날 ×)</u>에 면직된 것으로 본다(「경찰공무원 임용령」 제5조 제2항).

참고 경찰청장의 임용권의 위임(「경찰공무원 임용령」)

구 분	내 용
경찰청장의 → 시·도지사 (위임한다)	경찰청장은 시·도지사에게 해당 시·도의 자치경찰사무를 담당하는 경찰공무원(시·도자치경찰위원회, 시·도경찰청, 경찰서에서 근무하는 경찰공무원. 다만, 지구대 및 파출소는 제외) 중 ① 경정의 전보·파견·휴직·직위해제 및 복직(전파휴직복)에 관한 권한과 ② 경감 이하의 임용권(신규채용 및 면직에 관한 권한은 제외)을 위임한다(「동령」 제4조 제1항).
경찰청장 → 국가수사본부장 (위임한다)	경찰청장은 국가수사본부장에게 국가수사본부 안에서의 경정 이하에 대한 전보권을 위임한다(「동령」 제4조 제2항).
경찰청장 → 소속기관의 장 (시·도경찰청장 포함) (위임한다)	경찰청장은 경찰대학·경찰인재개발원·중앙경찰학교·경찰수사연수원·경찰병원 및 시·도경찰청의 장에게 그 소속 경찰공무원 중 ① 경정의 전보·파견·휴직·직위해제 및 복직(전파휴직복)에 관한 권한과 ② 경감 이하의 임용권을 위임한다(「동령」 제4조 제3항).
비 고	경찰청장은 경찰공무원의 정원 조정, 승진임용, 인사교류, 파견을 위하여 필요한 경우에는 임용권을 행사할 수 있다(「동령」 제4조 제11항).

제 2 절 경찰공무원 근무관계의 변경

0367
경찰공무원의 근무성적평정에 대한 내용 중 옳지 않은 것은 모두 몇 개인가?

|70기 간부|

가. 총경 이하의 경찰공무원에 대해서는 매년 근무성적을 평정하여야 하며, 근무성적 평정의 결과는 승진 등 인사관리에 반영하여야 한다.
나. 근무성적 평정 시 제2평정(주관)요소들에 대한 평정은 수(20%), 우(40%), 양(30%), 가(10%)의 분포비율에 맞도록 하여야 한다.
다. 근무성적평정 결과는 공개한다. 다만, 경찰청장은 근무성적 평정이 완료되기 전이라도 필요하면 평정 대상 경찰공무원에게 해당 근무성적 평정 예측결과를 통보할 수 있다.
라. 정기평정 이후에 신규채용되거나 승진임용된 경찰공무원에 대해서는 3개월이 지난 후부터 근무성적을 평정하여야 한다.
마. 근무성적 평정은 연1회 실시하며, 근무성적 평정자는 3명으로 한다.

① 2개 ② 3개
③ 4개 ④ 5개

- 정답 ①
- 난이도 가 중 상
- 해설 "가", "나", "마"는 옳은 설명이며, "다", "라"는 틀린 설명이다.
  다. 근무성적평정의 결과는 공개하지 아니한다. 다만, 경찰청장은 근무성적 평정이 완료되면 평정대상 경찰공무원에게 해당 근무성적 평정 결과를 통보할 수 있다. 즉, 경찰청장은 근무성적평정이 완료되기 전이라도 필요하면 평정 대상 경찰공무원에게 해당 근무성적 평정 예측결과를 통보할 수 없다.
  라. 정기평정 이후에 신규채용되거나 승진임용된 경찰공무원에 대해서는 2개월이 지난 후부터 근무성적을 평정하여야 한다(「경찰공무원 승진임용 규정」 제8조 제5항).

참고 총경 및 경정 이하의 근무성적평정(「경찰공무원 승진임용 규정 시행규칙」)

구 분	내 용
총경의 근무성적평정	총경은 제2평정요소에 의하여만 평정한다. 근무실적, 직무수행능력 및 직무수행태도에 대하여 제1차 평정자가 20점을 최고점으로 하여 평정한 점수와 제2차·제3차 평정자가 각각 15점을 최고점으로 하여 평정한 점수를 합산한다(동 규정 시행규칙 제7조 제2항).
경정 이하의 근무성적평정	① 경정 이하의 경우에는 제1평정요소와 제2평정요소를 모두 평정하여 합산한다(동 규정 시행규칙 제7조 제3항). ② 제1평정요소에 대해서는 제1차평정자가 30점을 최고점으로 하여 평정한 점수를 제2차평정자와 제3차평정자가 확인한다. ③ 제2평정요소에 대해서는 제1차평정자가 10점을 최고점으로 하여 평정한 점수와 제2차평정자와 제3차평정자가 각각 5점을 최고점으로 하여 평정한 점수를 합산한다.

0368

「국가공무원법」상 휴직사유와 휴직기간을 연결한 것 중 옳지 <u>않은</u> 것은 모두 몇 개인가? |68기 간부|

가. 천재지변이나 전시·사변, 그 밖의 사유로 생사 또는 소재가 불명확하게 된 때 – 1개월 이내
나. 국제기구, 외국 기관, 국내외의 대학·연구기관, 다른 국가기관 또는 대통령령으로 정하는 민간기업, 그 밖의 기관에 임시로 채용될 때 – 채용기간(단, 민간기업이나 그 밖의 기관에 채용되면 2년 이내로 한다)
다. 국외 유학을 하게 된 때 – 2년 이내(부득이한 경우에는 2년의 범위에서 연장 가능)
라. 중앙인사관장기관의 장이 지정하는 연구기관이나 교육기관 등에서 연수하게 된 때 – 2년 이내
마. 외국에서 근무·유학 또는 연수하게 되는 배우자를 동반하게 된 때 – 3년 이내(부득이한 경우에는 3년의 범위에서 연장 가능)
바. 대통령령 등으로 정하는 기간 동안 재직한 공무원이 직무관련 연구과제 수행 또는 자기개발을 위하여 학습·연구 등을 하게 된 때 – 1년 이내

① 1개 ② 2개
③ 3개 ④ 4개

정답 ④

해설 "라", "바"는 옳은 설명이며, "가", "나", "다", "마"는 틀린 설명이다.

가. ✗ 천재지변이나 전시·사변, 그 밖의 사유로 생사 또는 소재가 불명확하게 된 때(휴직기간은 3개월 이내로 한다). 다만, 실종된 경찰공무원의 휴직기간은 법원의 실종선고를 받는 날까지로 한다(「경찰공무원법」 제29조).
나. ✗ 국제기구, 외국기관, 국내·외의 대학·연구기관, 다른 국가기관 또는 대통령령으로 정하는 민간기업, 그 밖의 기관에 임시로 채용될 때(휴직기간은 그 채용기간으로 한다. 다만, 민간기업이나 그 밖의 기관에 채용되면 3년 이내로 한다)
다. ✗ 국외 유학을 하게 된 때(휴직기간은 3년 이내로 하되, 부득이한 경우 2년의 범위에서 연장할 수 있다)
마. ✗ 외국에서 근무·유학 또는 연수하게 되는 배우자를 동반하게 된 때(휴직기간은 3년 이내로 하되, 부득이한 경우 2년의 범위에서 연장할 수 있다)

0369

경찰의 대우공무원제도에 대한 다음 설명 중 <u>틀린</u> 것을 모두 고른 것은?

| 65기 간부 변형 |

㉠ 대우공무원에게는 「공무원수당 등에 관한 규정」에서 정하는 바에 따라 수당을 지급할 수 있다.
㉡ 대우공무원은 총경 이하의 경찰공무원으로서 해당 계급에서 5년 이상 근무한 사람을 대상으로 선발한다.
㉢ 징계 또는 직위해제 처분을 받은 경우 대우공무원 수당을 감액하여 지급하나, 휴직한 경우에는 지급하지 아니한다.
㉣ 대우공무원이 상위계급으로 승진임용되거나 강등되는 경우 그 해당일에 대우공무원의 자격은 별도 조치 없이 당연히 상실된다.
㉤ 임용권자나 임용제청권자는 매 분기 말 5일 전까지 대우공무원 발령일을 기준으로 하여 대우공무원 선발요건을 충족하는 대상자를 결정하여야 하고, 그 다음 분기 첫 달 1일에 일괄하여 대우공무원으로 발령하여야 한다.

① ㉠, ㉡, ㉤   ② ㉡, ㉢, ㉤
③ ㉠, ㉢, ㉣   ④ ㉡, ㉣, ㉤

- **정답** ②
- **난이도** 하 중 상
- **해설**
  ㉠, ㉣은 옳은 설명이며, ㉡, ㉢, ㉤은 틀린 설명이다.

  ㉡ 대우공무원으로 선발되기 위해서는 승진소요 최저근무연수가 지난 <u>총경 이하 경찰공무원</u>으로서 ① <u>총경·경정의 경우에는 해당 계급에서 7년 이상</u>, ② <u>경감 이하의 경우에는 해당 계급에서 5년 이상</u> 근무하여야 한다. 다만, 국정과제를 담당하여 높은 성과를 내거나 적극적인 업무수행으로 경찰공무원의 업무행태 개선에 기여하는 등 직무수행능력이 탁월하고 경찰행정 발전에 공헌을 했다고 <u>경찰청장 또는 소속기관 등의 장이 인정하는 경우에는 그 기간을 1년 단축할 수 있다</u>(「경찰공무원 승진임용 규정 시행규칙」 제35조 제1항).

  ㉢ 대우공무원이 징계 또는 직위해제 처분을 받거나 휴직하여도 대우공무원수당은 계속 지급하지만, <u>감액하여 지급</u>한다(「경찰공무원 승진임용 규정 시행규칙」 제37조 제2항).

  ㉤ 임용권자나 임용제청권자는 <u>매 월말(매 분기말 ×) 5일 전까지</u> 대우공무원 발령일을 기준으로 <u>대우공무원 선발요건을 충족하는 대상자를 결정하여야 하고, <u>그 다음 달 1일</u>에 일괄하여 대우공무원으로 <u>발령하여야 한다</u>(「경찰공무원 승진임용 규정 시행규칙」 제36조).

0370

「국가공무원법」상 직위해제에 관한 설명으로 가장 적절하지 않은 것은? | 23년 1차 순경 |

① 임용권자는 직무수행 능력이 부족하거나 근무성적이 극히 나쁜 자에게 직위를 부여하지 아니할 수 있다.
② 형사사건으로 기소된 자(약식명령이 청구된 자는 제외한다)에게는 직위를 부여하지 아니할 수 있다.
③ 제73조의3 제1항에 따라 직위를 부여하지 아니한 경우에 그 사유가 소멸되면 임용권자는 7일 이내에 직위를 부여할 수 있다.
④ 임용권자는 제1항 제2호에 따라 직위해제된 자에게 3개월의 범위에서 대기를 명한다.

- **정답** ③
- **난이도** 하 중 상
- **해설**
  ①, ②, ④는 옳은 설명이며, ③은 틀린 설명이다.
  ③ ✗ 직위해제가 된 때에는 직무에 종사하지 못하고, 출근의무도 없으며, 봉급의 일부만 지급한다. 임용권자 또는 임용제청권자는 직위해제의 사유가 소멸되면 지체 없이 직위를 부여하여야 한다(「국가공무원법」 제73조의3 제2항).

참고 직위해제의 사유 및 봉급의 감액지급(「경찰공무원법」)

임용권자는 다음의 어느 하나에 해당하는 자에게는 직위를 부여하지 아니할 수 있다(동법 제73조의3 제1항).

직위해제의 사유	봉급의 감액지급
① 직무수행능력이 부족하거나 근무성적이 극히 나쁜 자 ② 위의 경우 3개월의 범위에서 대기를 명한 후 임용권자 또는 임용제청권자는 대기명령을 받은 자에게 능력 회복이나 근무성적의 향상을 위한 교육훈련 또는 특별한 연구과제의 부여 등 필요한 조치를 하여야 한다(동법 제73조의3 제3항 및 제4항).	봉급의 80% 지급
파면·해임·강등 또는 정직(중징계)에 해당하는 징계 의결이 요구 중인 자	봉급의 50% 지급
형사 사건으로 기소된 자(약식명령이 청구된 자는 제외한다)	봉급의 50% 지급
고위공무원단에 속하는 일반직공무원으로서 적격심사를 요구받은 자	봉급의 70% 지급
금품비위, 성범죄 등 대통령령으로 정하는 비위행위로 인하여 감사원 및 검찰·경찰 등 수사기관에서 조사나 수사 중인 자로서 비위의 정도가 중대하고 이로 인하여 정상적인 업무수행을 기대하기 현저히 어려운 자	봉급의 50% 지급

① 고위공무원단에 속하는 일반직공무원으로서 적격심사를 요구받아 직위해제된 사람의 경우 직위해제일로부터 3개월이 지나도 직위를 부여받지 못한 경우에는 그 3개월이 지난 후의 기간 중에는 봉급의 40퍼센트를 지급한다.
② ㉠ 파면·해임·강등 또는 정직에 해당하는 징계 의결이 요구 중인 자, ㉡ 형사 사건으로 기소된 자(약식명령이 청구된 자는 제외한다), ㉢ 금품비위, 성범죄 등 대통령령으로 정하는 비위행위로 인하여 감사원 및 검찰·경찰 등 수사기관에서 조사나 수사 중인 자로서 비위의 정도가 중대하고 이로 인하여 정상적인 업무수행을 기대하기 현저히 어려운 자로서 직위해제된 사람의 경우 직위해제일로부터 3개월이 지나도 직위를 부여받지 못한 경우에는 그 3개월이 지난 후의 기간 중에는 봉급의 30퍼센트를 지급한다.

0371

경찰공무원 관련 법령에 따를 때, 승진에 관한 설명 중 가장 적절하지 않은 것은? (다툼이 있는 경우 판례에 의함)
| 22년 2차 순경 |

① ○○지구대에 근무하는 순경 甲이 승진후보자명부에 등재된 후 경장으로 승진임용되기 전에 정직 3개월의 징계처분을 받아 임용권자가 순경 甲을 승진후보자명부에서 삭제함으로써 순경 甲이 승진임용의 대상에서 제외되었다면, 임용권자의 승진후보자명부에서의 삭제 행위 그 자체는 행정처분에 해당한다.

② 만 7세인 초등학교 1학년 외동딸을 양육하기 위하여 1년간 휴직한 경사 乙의 위 휴직기간 1년은 승진소요 최저근무연수에 포함된다.

③ 통상적인 근무시간보다 짧은 시간을 근무하는 시간선택제전환경찰공무원으로 경위 계급에서 1년간 근무한 경위 丙의 위 근무기간 1년은 승진소요 최저근무연수에 포함된다.

④ 위법·부당한 처분과 직접적 관계없이 50만 원의 향응을 받아 감봉 1개월의 징계처분을 받은 경감 丁이 그 징계처분을 받은 후 해당 계급에서 경찰청장 표창을 받은 경우(그 외 일체의 포상을 받은 사실 없음)에는 징계처분의 집행이 끝난 날부터 18개월이 지나면 승진임용될 수 있다.

- **정답** ①
- **난이도** 하 중 상
- **해설** ②, ③, ④는 옳은 설명이며, ①은 틀린 설명이다.
  ① ✗ 임용권자나 임용제청권자는 심사승진후보자 명부에 기록된 사람이 승진임용되기 전에 정직 이상의 징계처분을 받은 경우에는 심사승진후보자 명부에서 제외하여야 한다(「경찰공무원 승진임용 규정」제24조 제2항). 따라서 임용권자의 승진후보자명부에서의 삭제 행위 그 자체는 행정처분이 아니라, 법률의 규정에 의해서 당연히 발생하는 것이다.

참고 승진임용 제한기간의 단축(「경찰공무원 승진임용 규정」)

경찰공무원이 징계처분을 받은 후 해당 계급에서 다음의 포상을 받은 경우에는 제1항 제2호 및 제3호에 따른 승진임용 제한기간의 2분의 1을 단축할 수 있다(동 규정 제6조 제3항).
① 훈장
② 포장
③ 모범공무원 포상
④ 대통령 표창 또는 국무총리 표창(경찰청장 등 표창 ×)
⑤ 제안이 채택·시행되어 받은 포상

0372

경찰의 근무성적평정에 관한 설명 중 가장 적절하지 않은 것은?

| 22년 2차 순경 |

① 공무원에 대한 근무성적평정은 현대에 이르러 조직발전의 기초로 작용하는 공무원의 능력개발과 행정제도개선의 수단으로도 활용될 수 있다.
② 전통적 근무성적평정제도는 생산성과 능률성에 중점을 두어 공무원의 직무수행능력을 측정하고 이를 인사행정의 표준화와 직무수행의 통제를 위한 수단으로 활용하였다.
③ 근무성적평정과정에서 평정자에 의한 집중화·엄격화 등의 오류를 방지하기 위해 경찰서 수사과에서 고소·고발 등에 대한 조사업무를 직접 처리하는 경위 계급의 경찰공무원의 제2평정요소에 따른 근무성적평정은 수 20%, 우 40%, 양 30%, 가 10%로 분배해야 한다.
④ 총경에 대한 근무성적평정은 매년 하되, 근무실적, 직무수행능력 및 직무수행태도로만 평정한다.

- **정답** ③
- **난이도** 하 중 상
- **해설** ①, ②, ④는 옳은 설명이며, ③은 틀린 설명이다.
  ③ ✗ 경정 이하의 경우에는 제1평정요소와 제2평정요소를 모두 평정하여 합산한다(「경찰공무원 승진임용 규정 시행규칙」 제7조 제3항). 근무성적평정의 방법은 강제배분법의 방식을 취한다. 평정의 집중화·관대화 경향을 막기 위한 방법으로서, 그 평정결과는 수(20%), 우(40%), 양(30%), 가(10%)의 분포비율에 맞도록 하되, '가'에 해당하는 사람이 없을 때에는 '양'의 비율에 가산한다(「경찰공무원 승진임용 규정 시행규칙」 제7조 제3항).

> **참고** 근무성적평정의 예외(「경찰공무원 승진임용 규정」)
> ① 휴직·직위해제 등의 사유로 해당 연도의 평정기관에서 6개월 이상 근무하지 아니한 경찰공무원에 대해서는 근무성적을 평정하지 아니한다(동 규정 제8조 제1항).
> ② 교육훈련 외의 사유로 국가기관, 지방자치단체 또는 인사혁신처장이 지정하는 기관에 2개월 이상 파견근무하게 된 경찰공무원에 대해서는 파견받은 기관의 의견을 고려하여 근무성적을 평정하여야 한다(동 규정 제8조 제3항).
> ③ 평정대상자인 경찰공무원이 전보된 경우에는 그 경찰공무원의 근무성적 평정표를 전보된 기관에 이관하여야 한다. 다만, 평정기관을 달리하는 기관으로 전보된 후 2개월 이내에 정기평정을 할 때에는 전출기관에서 전출전까지의 근무기간에 대한 근무성적을 평정하여 이관하여야 하며, 전입기관에서는 받은 평정 결과를 고려하여 평정하여야 한다(동 규정 제8조 제4항).
> ④ 정기평정 이후에 신규채용되거나 승진임용된 경찰공무원에 대해서는 2개월이 지난 후부터 근무성적을 평정하여야 한다(동 규정 제8조 제5항).

0373

「경찰공무원 승진임용 규정」상 승진에 관한 설명 중 가장 적절하지 않은 것은? | 22년 1차 순경 |

① 경찰공무원의 승진임용은 심사승진임용·시험승진임용 및 특별승진임용으로 구분한다.
② 「경찰공무원 승진임용 규정」 제6조 제1항 제2호에 따르면 소극행정으로 감봉에 해당하는 징계처분을 받은 경찰공무원은 징계처분의 집행이 끝난 날부터 18개월이 지나지 아니하면 심사승진임용될 수 없다.
③ 임용권자나 임용제청권자는 시험승진후보자 명부에 기록된 사람이 승진임용되기 전에 감봉 이상의 징계처분을 받은 경우에는 시험승진후보자 명부에서 그 사람을 제외하여야 한다.
④ 총경 이하의 경찰공무원에 대해서는 매년 근무성적을 평정하여야 하나 휴직·직위해제 등의 사유로 해당 연도의 평정기관에서 6개월 이상 근무하지 아니한 경찰공무원에 대해서는 근무성적을 평정하지 아니한다.

- **정답** ③
- **난이도**
- **해설**
  ①, ②, ④는 옳은 설명이며, ③은 틀린 설명이다.
  ③ ✗ 임용권자나 임용제청권자는 심사승진후보자 명부에 기록된 사람이 승진임용되기 전에 정직 이상의 징계처분을 받은 경우에는 심사승진후보자 명부에서 그 사람을 제외하여야 한다(「경찰공무원 승진임용 규정」 제24조 제2항).

참고 승진임용의 제한(「경찰공무원 승진임용 규정」)

원칙	다음의 어느 하나에 해당하는 경찰공무원은 승진임용될 수 없다(동 규정 제6조 제1항). ① 징계의결 요구, 징계처분, 직위해제, 휴직(공무상 질병 또는 부상 등의 경우는 제외) 또는 시보임용 기간 중에 있는 사람 ② 징계처분의 집행이 끝난 날부터 다음의 구분에 따른 기간(금품 및 향응 수수, 공금의 횡령·유용, 소극행정, 음주운전, 음주측정 불응, 성폭력, 성희롱, 성매매에 따른 징계처분의 경우에는 각각 6개월을 더한 기간)이 지나지 않은 사람 　㉠ 강등·정직 : 18개월 　㉡ 감봉 : 12개월 　㉢ 견책 : 6개월 ③ 계급정년이 연장된 사람

0374

「국가공무원법」상 직위해제에 대한 설명으로 가장 적절한 것은? | 21년 1차 순경 |

① 임용권자는 형사사건으로 기소된 자(약식명령이 청구된 자를 포함한다)에게 직위를 부여하지 아니할 수 있다.
② 임용권자는 신체·정신상의 장애로 장기 요양이 필요한 자에게 직위를 부여하지 아니할 수 있다.
③ 임용권자는 직무수행 능력이 부족하거나 근무성적이 극히 나빠 직위해제된 자에게 3개월의 범위에서 대기를 명한다.
④ 「국가공무원법」 제73조의3 제1항에 따라 직위를 부여하지 아니한 경우에 그 직위해제 사유가 소멸되면 임용권자는 직위를 부여할 수 있다.

- **정답** ③
- **난이도**
- **해설** ③은 옳은 설명이며, ①, ②, ④는 틀린 설명이다.
  ① ✗ 임용권자는 형사사건으로 기소된 자(약식명령이 청구된 자는 제외한다)에게 직위를 부여하지 아니할 수 있다(「국가공무원법」 제73조의3 제1항).
  ② ✗ 신체·정신상의 장애로 장기요양이 필요한 경우는 직위해제의 사유에 해당하지 않는다. 신체·정신상의 장애로 장기요양이 필요한 경우에는 직권휴직의 사유에 해당한다(「국가공무원법」 제71조 제1항).
  ④ ✗ 임용권자 또는 임용제청권자는 직위해제의 사유가 소멸되면 지체 없이 직위를 부여하여야 한다(「국가공무원법」 제73조의3 제2항).

0375

다음 중 「국가공무원법」상 직위해제의 사유는 모두 몇 개인가? | 15년 2차 순경 |

> ㉠ 직무수행 능력이 부족하거나 근무성적이 극히 나쁜 자
> ㉡ 휴직 기간이 끝나거나 휴직 사유가 소멸된 후에도 직무에 복귀하지 아니하거나 직무를 감당할 수 없을 때
> ㉢ 형사 사건으로 기소된 자(약식명령이 청구된 자는 제외한다)
> ㉣ 파면·해임·강등 또는 정직에 해당하는 징계 의결이 요구 중인 자
> ㉤ 직제와 정원의 개폐 또는 예산의 감소 등에 따라 폐직 또는 과원이 되었을 때

① 2개 ② 3개
③ 4개 ④ 5개

- **정답** ②
- **난이도**
- **해설** ㉠, ㉢, ㉣은 직위해제의 사유에 해당한다. ㉡, ㉤은 직권면직의 사유에 해당한다.

0376

직위해제에 대한 설명으로 가장 적절하지 않은 것은?

| 21년 승진 |

① 직위해제는 휴직과 달리 제재적 성격을 가지는 보직의 해제이다.
② 직무수행능력이 부족하여 직위해제를 한 경우 대기명령 기간 중 근무성적의 향상을 기대하기 어렵다고 인정될 때에는 징계위원회의 동의를 얻어 임용권자가 직권면직시킬 수 있다.
③ 직위해제 기간은 원칙적으로 승진소요 최저근무연수에 포함되지 않으나, 파면·해임·강등 또는 정직에 해당하는 징계 의결 요구로 직위해제된 사람에 대하여 관할 징계위원회가 징계하지 아니하기로 의결한 경우 등은 승진소요 최저근무연수에 포함된다.
④ 「국가공무원법」제73조의3 제1항 제5호(고위공무원단에 속하는 일반직공무원으로서 제70조의2 제1항 제2호부터 제5호까지의 사유로 적격심사를 요구받은 자)에 따라 직위해제된 사람이 직위해제일부터 3개월이 지나도 직위를 부여받지 못한 경우에는 그 3개월이 지난 후의 기간 중에는 봉급의 50퍼센트를 지급한다.

- **정답** ④
- **난이도**
- **해설**
  ①, ②, ③은 옳은 설명이며, ④는 틀린 설명이다.
  ④ ✗ 고위공무원단에 속하는 일반직 공무원으로서 적격심사를 요구받아 직위해제된 사람의 경우 직위해제일로부터 3개월이 지나도 직위를 부여받지 못한 경우에는 그 3개월이 지난 후의 기간 중에는 봉급의 40퍼센트를 지급한다(「국가공무원법」제73조의3).

참고 승진소요 최저근무연수에 포함하지 않는 경우(「경찰공무원 승진임용 규정」)
① ㉠ 휴직기간, ㉡ 직위해제기간, ㉢ 징계처분 기간 ㉣ 승진임용 제한기간은 「승진소요 최저근무연수」에 포함하지 아니한다(동 규정 제5조 제2항 본문).
② ㉤ 경찰대학을 졸업하고 경위로 임용된 사람이 의무경찰대의 대원으로 복무한 기간은 「승진소요 최저근무연수」에 포함하지 아니한다(동 규정 제5조 제3항).

0377

「국가공무원법」상 휴직에 대한 설명으로 가장 적절하지 않은 것은?

| 20년 승진 |

① 공무원이 천재지변이나 전시·사변, 그 밖의 사유로 생사 또는 소재가 불명확하게 된 때의 휴직기간은 3개월 이내로 한다.
② 공무원이 국외 유학을 하게 된 때 휴직을 원하면 임용권자는 휴직을 명할 수 있으며, 휴직 기간은 3년 이내로 하되, 부득이한 경우에는 2년의 범위에서 연장할 수 있다.
③ 휴직 기간 중 그 사유가 없어지면 지체 없이 임용권자 또는 임용제청권자에게 신고하여야 하며, 임용권자는 30일 이내에 복직을 명하여야 한다.
④ 대통령령등으로 정하는 기간 동안 재직한 공무원이 직무 관련 연구과제 수행 또는 자기개발을 위하여 학습·연구 등을 하게 된 때 휴직 기간은 1년 이내로 한다.

- **정답** ③
- **난이도**
- **해설** ①, ②, ④는 옳은 설명이며, ③은 틀린 설명이다.

③ ✕ 휴직 중인 공무원은 신분은 보유하나 직무에 종사하지 못한다(「국가공무원법」제73조 제1항). 휴직기간 중 그 사유가 없어지면 **30일 이내**에 임용권자 또는 임용제청권자에게 신고하여야 하며, 임용권자는 **지체 없이 복직**을 명하여야 한다(「국가공무원법」제73조 제2항). 휴직기간이 끝난 공무원이 30일 이내에 복귀 신고를 하면 당연히 복직된다(「국가공무원법」제73조 제3항). 휴직기간은 승진소요 최저근무연수에 산입되지 않는다(「경찰공무원 승진임용 규정」제5조 제2항).

참고 휴직 – 의원휴직(「국가공무원법」)

임용권자는 공무원이 다음의 어느 하나에 해당하는 사유로 휴직을 원하면 휴직을 명할 수 있다(동법 제71조 제2항). 휴직기간은 다음과 같다(동법 제72조).

① 국제기구, 외국기관, 국내·외의 대학·연구기관, 다른 국가기관 또는 대통령령으로 정하는 민간기업, 그 밖의 기관에 임시로 채용될 때(휴직기간은 그 채용기간으로 한다. 다만, 민간기업이나 그 밖의 기관에 채용되면 3년 이내로 한다)
② 국외 유학을 하게 된 때(휴직기간은 3년 이내로 하되, 부득이한 경우 2년의 범위에서 연장할 수 있다)
③ 연구기관이나 교육기관 등에서 연수하게 된 때(휴직기간은 2년 이내로 한다)
④ 만 8세 이하 또는 초등학교 2학년 이하의 자녀를 양육하기 위하여 필요하거나, 여성공무원이 임신 또는 출산하게 된 때. 이 경우 대통령령으로 정하는 특별한 사정이 없으면 휴직을 명하여야 한다(휴직기간은 자녀 1명에 대하여 3년 이내로 한다). 임용권자는 해당 휴직을 이유로 인사에 불리한 처우를 하여서는 아니 된다(동법 제73조 제4항).
⑤ 조부모, 부모(배우자의 부모를 포함한다), 배우자, 자녀 또는 손자녀를 부양하거나 돌보기 위하여 필요한 경우(휴직기간은 1년 이내로 하되, 재직기간 중 총 3년을 넘을 수 없다)
⑥ 외국에서 근무·유학 또는 연수하게 되는 배우자를 동반하게 된 때(휴직기간은 3년 이내로 하되, 부득이한 경우 2년의 범위에서 연장할 수 있다)
⑦ 공무원이 직무관련 연구과제 수행 또는 자기개발을 위하여 학습·연구 등을 하게 된 때(휴직기간은 1년 이내로 한다)

0378

「국가공무원법」상 직위해제에 대한 설명 중 가장 적절하지 않은 것은? | 20년 승진 |

① 임용권자는 직무수행 능력이 부족하거나 근무성적이 극히 나쁜 사유로 직위해제된 자에게 3개월 범위에서 대기를 명한다.
② 파면·해임·강등·정직 또는 감봉에 해당하는 징계 의결이 요구 중인 자는 직위해제 대상이다.
③ 직위해제 사유가 소멸한 때에는 임용권자는 지체 없이 직위를 부여하여야 한다.
④ 직위해제는 휴직과 달리 제재적 성격을 가지는 보직의 해제이며 복직이 보장되지 않는다.

- 정답 ②
- 난이도
- 해설 ①, ③, ④는 옳은 설명이며, ②는 틀린 설명이다.
  ② ✗ 파면·해임·강등 또는 정직(즉, 중징계)에 해당하는 징계의결이 요구 중인 자는 직위해제의 대상이다. 감봉과 견책(즉, 경징계)의 징계의결이 요구 중인 자는 직위해제의 대상이 되지 않는다.

0379

「국가공무원법」상 휴직 사유와 휴직 기간에 대한 설명으로 가장 적절하지 않은 것은? | 19년 승진 |

① 중앙인사관장기관의 장이 지정하는 연구기관이나 교육기관 등에서 연수하게 된 때 휴직기간은 3년 이내로 한다.
② 「병역법」에 따른 병역 복무를 마치기 위하여 징집 또는 소집된 때 휴직 기간은 그 복무 기간이 끝날 때까지로 한다.
③ 만 8세 이하 또는 초등학교 2학년 이하의 자녀를 양육하기 위하여 필요하거나 여성공무원이 임신 또는 출산하게 된 때 휴직 기간은 자녀 1명에 대하여 3년 이내로 한다.
④ 외국에서 근무·유학 또는 연수하게 되는 배우자를 동반하게 된 때 휴직 기간은 3년 이내로 하되, 부득이한 경우에는 2년의 범위에서 연장할 수 있다.

- 정답 ①
- 난이도
- 해설 ②, ③, ④는 옳은 설명이며, ①은 틀린 설명이다.
  ① ✗ 중앙인사관장기관의 장이 지정하는 연구기관이나 교육기관 등에서 연수하게 된 때에는 임용권자는 공무원이 휴직을 원하면(의원휴직) 휴직을 명할 수 있다(「국가공무원법」 제71조 제2항). 휴직기간은 2년 이내로 한다(「국가공무원법」 제72조).

0380

「국가공무원법」상 휴직사유와 휴직기간을 연결한 것으로 가장 적절하지 않은 것은? | 18년 승진 |

① 「병역법」에 따른 병역 복무를 마치기 위하여 징집 또는 소집된 때 – 그 복무기간이 끝날 때까지
② 국외 유학을 하게 된 때 – 3년 이내(다만, 부득이한 경우에는 2년의 범위에서 연장할 수 있다)
③ 중앙인사관장기관의 장이 지정하는 연구기관이나 교육기관 등에서 연수하게 된 때 – 2년 이내
④ 대통령령 등으로 정하는 기간 동안 재직한 공무원이 직무 관련 연구과제 수행 또는 자기개발을 위하여 학습·연구 등을 하게 된 때 – 2년 이내

- **정답** ④
- **난이도** 하 중 상
- **해설** ①, ②, ③은 옳은 설명이며, ④는 틀린 설명이다.
  ④ ✗ 대통령령 등으로 정하는 기간 동안 재직한 공무원이 직무 관련 연구과제 수행 또는 자기개발을 위하여 학습·연구 등을 하게 된 때에는 휴직을 명할 수 있다(「국가공무원법」 제71조 제2항). 휴직기간은 1년 이내로 한다(「국가공무원법」 제72조).

> **참고** 휴직 – 직권휴직(「국가공무원법」)
>
> 공무원이 다음의 어느 하나에 해당하면 임용권자는 본인의 의사에도 불구하고 휴직을 명하여야 한다(동법 제71조 제1항). 휴직기간은 다음과 같다(동법 제72조).
> ① 신체·정신상의 장애로 장기요양이 필요할 때(휴직기간은 1년 이내로 하되, 부득이한 경우 1년의 범위에서 연장할 수 있다). 다만, 공무상 부상 또는 질병으로 인한 휴업기간은 3년으로 하되, 의학적 소견 등을 고려하여 2년의 범위에서 연장할 수 있다.
> ② 병역 복무를 마치기 위하여 징집 또는 소집된 때(휴직기간은 그 복무기간이 끝날 때까지로 한다)
> ③ 천재지변이나 전시·사변, 그 밖의 사유로 생사 또는 소재가 불명확하게 된 때(휴직기간은 3개월 이내로 한다). 다만, 실종된 경찰공무원의 휴직기간은 법원의 실종선고를 받는 날까지로 한다(「경찰공무원법」 제29조).
> ④ 법률의 규정에 따른 의무를 수행하기 위하여 직무를 이탈하게 된 때(휴직기간은 그 복무기간이 끝날 때까지로 한다)
> ⑤ 노동조합 전임자로 종사하게 된 때(휴직기간은 그 전임기간으로 한다)

0381

「국가공무원법」상 직권휴직과 직위해제 사유를 설명한 것이다. 아래 ㉠부터 ㉥까지의 설명 중 직권휴직 사유를 모두 고른 것은?

|17년 승진|

> ㉠ 직무수행 능력이 부족하거나 근무성적이 극히 나쁜 자
> ㉡ 파면 · 해임 · 강등 또는 정직에 해당하는 징계 의결이 요구중인 자
> ㉢ 신체 · 정신상의 장애로 장기 요양이 필요할 때
> ㉣ 「병역법」에 따른 병역 복무를 마치기 위하여 징집 또는 소집된 때
> ㉤ 형사사건으로 기소된 자(약식명령이 청구된 자 제외)
> ㉥ 천재지변이나 전시 · 사변, 그 밖의 사유로 생사 또는 소재가 불명확하게 된 때

① ㉠, ㉡, ㉤   ② ㉠, ㉢, ㉣
③ ㉢, ㉣, ㉥   ④ ㉢, ㉤, ㉥

- **정답** ③
- **난이도**
- **해설** ㉢, ㉣, ㉥은 직권휴직 사유에 해당하며, ㉠, ㉡, ㉤은 직위해제 사유에 해당한다.

참고 직위해제의 사유 및 봉급의 감액지급(「경찰공무원법」)

임용권자는 다음의 어느 하나에 해당하는 자에게는 직위를 부여하지 아니할 수 있다(동법 제73조의3 제1항).

직위해제의 사유	봉급의 감액지급
① 직무수행능력이 부족하거나 근무성적이 극히 나쁜 자 ② 위의 경우 3개월의 범위에서 대기를 명한 후 임용권자 또는 임용제청권자는 대기명령을 받은 자에게 능력 회복이나 근무성적의 향상을 위한 교육훈련 또는 특별한 연구과제의 부여 등 필요한 조치를 하여야 한다(동법 제73조의3 제3항 및 제4항).	봉급의 80% 지급
파면 · 해임 · 강등 또는 정직(중징계)에 해당하는 징계 의결이 요구 중인 자	봉급의 50% 지급
형사 사건으로 기소된 자(약식명령이 청구된 자는 제외한다)	봉급의 50% 지급
고위공무원단에 속하는 일반직공무원으로서 적격심사를 요구받은 자	봉급의 70% 지급
금품비위, 성범죄 등 대통령령으로 정하는 비위행위로 인하여 감사원 및 검찰 · 경찰 등 수사기관에서 조사나 수사 중인 자로서 비위의 정도가 중대하고 이로 인하여 정상적인 업무수행을 기대하기 현저히 어려운 자	봉급의 50% 지급

① 고위공무원단에 속하는 일반직공무원으로서 적격심사를 요구받아 직위해제된 사람의 경우 직위해제일로부터 3개월이 지나도 직위를 부여받지 못한 경우에는 그 3개월이 지난 후의 기간 중에는 봉급의 40퍼센트를 지급한다.
② ㉠ 파면 · 해임 · 강등 또는 정직에 해당하는 징계 의결이 요구 중인 자, ㉡ 형사 사건으로 기소된 자(약식명령이 청구된 자는 제외한다), ㉢ 금품비위, 성범죄 등 대통령령으로 정하는 비위행위로 인하여 감사원 및 검찰 · 경찰 등 수사기관에서 조사나 수사 중인 자로서 비위의 정도가 중대하고 이로 인하여 정상적인 업무수행을 기대하기 현저히 어려운 자로서 직위해제된 사람의 경우 직위해제일로부터 3개월이 지나도 직위를 부여받지 못한 경우에는 그 3개월이 지난 후의 기간 중에는 봉급의 30퍼센트를 지급한다.

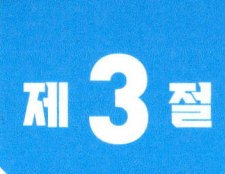

제 3 절 경찰공무원 근무관계의 소멸

0382 ☐☐☐☐ ✎

다음 직권면직 사유 중 「경찰공무원법」 및 「국가공무원법」상 징계위원회의 동의가 필요한 사유에 해당하지 않는 것은?

|65기 간부|

① 직위해제로 인한 대기명령을 받은 자가 그 기간에 능력 또는 근무성적의 향상을 기대하기 어렵다고 인정된 때
② 경찰공무원으로서 부적합할 정도로 직무수행능력 또는 성실성이 현저히 결여된 자로서 대통령령으로 정하는 사유에 해당한다고 인정될 때
③ 휴직기간이 끝나거나 휴직사유가 소멸된 후에도 직무에 복귀하지 아니하거나 직무를 감당할 수 없을 때
④ 직무수행에 있어서 위험을 일으킬 우려가 있을 정도의 성격 또는 도덕적 결함이 있는 자로서 대통령령으로 정하는 사유에 해당한다고 인정될 때

- **정답** ③
- **난이도** 하 중 상
- **해설** ①, ②, ④는 징계위원회의 동의가 필요하고, ③은 징계위원회의 동의가 필요하지 않다.

> **참고** 직권면직의 사유

임용권자는 경찰공무원이 다음의 어느 하나에 해당될 때에는 직권으로 면직시킬 수 있다(「경찰공무원법」 제28조 제1항). 다만, 일정한 경우에는 징계위원회의 동의가 필요하다(「경찰공무원법」 제28조 제2항).

직권면직의 사유	징계위원회 동의 여부
직제와 정원의 개폐 또는 예산의 감소 등에 따라 폐직 또는 과원이 되었을 때(「국가공무원법」 제70조 제1항 제3호)	징계위원회 동의 불요
휴직기간이 끝나거나 휴직사유가 소멸된 후에도 직무에 복귀하지 아니하거나 직무를 감당할 수 없을 때(「국가공무원법」 제70조 제1항 제4호)	징계위원회 동의 불요
직위해제에 따라 대기명령을 받은 자가 그 기간에 능력 또는 근무성적의 향상을 기대하기 어렵다고 인정된 때(「국가공무원법」 제70조 제1항 제5호)	징계위원회 동의 필요
경찰공무원으로는 부적합할 정도로 직무 수행능력이나 성실성이 현저하게 결여된 사람으로서 대통령령으로 정하는 사유에 해당된다고 인정될 때(「경찰공무원법」 제28조 제1항 제2호)	징계위원회 동의 필요
직무를 수행하는 데에 위험을 일으킬 우려가 있을 정도로 성격적 또는 도덕적 결함이 있는 사람으로서 대통령령으로 정하는 사유에 해당된다고 인정될 때(「경찰공무원법」 제28조 제1항 제3호)	징계위원회 동의 필요
해당 경과에서 직무를 수행하는 데 필요한 자격증의 효력이 상실되거나 면허가 취소되어 담당 직무를 수행할 수 없게 되었을 때(「경찰공무원법」 제28조 제1항 제4호)	징계위원회 동의 불요

0383

「경찰공무원법」상 경찰공무원의 직권면직사유 중 직권면직 처분을 위해 징계위원회의 동의가 필요한 사유로 옳은 것은 모두 몇 개인가? | 22년 1차 순경 |

> ㉠ 해당 경과에서 직무를 수행하는 데 필요한 자격증의 효력이 상실되거나 면허가 취소되어 담당 직무를 수행할 수 없게 되었을 때
> ㉡ 직무를 수행하는 데에 위험을 일으킬 우려가 있을 정도의 성격적 또는 도덕적 결함이 있는 사람으로서 대통령령으로 정하는 사유에 해당된다고 인정될 때
> ㉢ 경찰공무원으로는 부적합할 정도로 직무 수행능력이나 성실성이 현저하게 결여된 사람으로서 대통령령으로 정하는 사유에 해당된다고 인정될 때
> ㉣ 휴직 기간이 끝나거나 휴직 사유가 소멸된 후에도 직무에 복귀하지 아니하거나 직무를 감당할 수 없을 때

① 1개 ② 2개
③ 3개 ④ 4개

- 정답 ②
- 난이도
- 해설 ㉡, ㉢은 직권면직 처분을 위해 징계위원회의 동의가 필요하며, ㉠, ㉣은 직권면직 처분을 위해 징계위원회의 동의가 필요하지 않다.

0384

「경찰공무원법」상 규정이다. (   )안에 들어갈 숫자를 모두 더한 값은? | 17년 1차 순경 |

> 경찰공무원의 정년은 다음과 같다.
> 1. 연령정년 : 60세
> 2. 계급정년
>   치안감 : (   )년, 경무관 : (   )년, 총경 : (   )년, 경정 : (   )년

① 35
② 34
③ 33
④ 32

정답 ①

해설 계급정년은 치안감은 4년, 경무관은 6년, 총경 11년, 경정 14년이다(「경찰공무원법」 제30조 제1항). 따라서 4+6+11+14=35이다.

참고 계급정년

구 분	내 용
원 칙	치안감 4년, 경무관 6년, 총경 11년, 경정 14년이다(동법 제30조 제1항 제2호).

예 외	① 수사, 정보, 외사, 보안, 자치경찰사무 등 특수 부문에 근무하는 경찰공무원으로서 대통령령으로 정하는 바에 따라 지정을 받은 사람은 총경 및 경정의 경우에는 4년의 범위에서 대통령령으로 정하는 바에 따라 계급정년을 연장할 수 있다(동법 제30조 제3항).
	② 경찰청장은 전시·사변이나 그 밖에 이에 준하는 비상사태에서는 2년의 범위에서 계급정년을 연장할 수 있다(동법 제30조 제4항).
	  ㉠ 경무관 이상의 경찰공무원에 대해서는 행정안전부장관과 국무총리를 거쳐 대통령의 승인을 받아야 한다.
	  ㉡ 총경·경정의 경찰공무원에 대해서는 국무총리를 거쳐 대통령의 승인을 받아야 한다.
	③ 계급정년을 산정할 때 제주특별자치도의 자치경찰공무원으로 근무한 경력이 있는 경찰공무원의 경우에는 그 계급에 상응하는 자치경찰공무원으로 근무한 연수를 산입한다(동법 제30조 제6항).
	④ 징계로 인하여 강등(경감으로 강등된 경우를 포함한다)된 경찰공무원의 계급정년은 강등되기 전 계급 중 가장 높은 계급의 계급정년으로 한다. 이 경우 계급정년을 산정할 때에는 강등되기 전 계급의 근무연수와 강등 이후의 근무연수를 합산한다(동법 제30조 제2항).

0385

경찰공무원의 직권면직 사유 가운데, 직권면직 처분을 위해서 징계위원회의 동의가 필요한 경우가 아닌 것은?

| 19년 승진 |

① 휴직기간이 끝나거나 휴직사유가 소멸된 후에도 직무에 복귀하지 아니하거나 직무를 감당할 수 없을 때
② 경찰공무원으로서 부적합할 정도로 직무 수행능력 또는 성실성이 현저하게 결여된 사람으로서 대통령령이 정하는 사유에 해당한다고 인정될 때
③ 「국가공무원법」 제73조의3 제3항에 따라 대기 명령을 받은 자가 그 기간에 능력 또는 근무성적의 향상을 기대하기 어렵다고 인정된 때
④ 직무를 수행하는 데에 위험을 일으킬 우려가 있을 정도의 성격적 또는 도덕적 결함이 있는 사람으로서 대통령령이 정하는 사유에 해당한다고 인정될 때

- **정답** ①
- **난이도** 하 중 상
- **해설** ②, ③, ④는 직권면직 처분을 위해서 징계위원회의 동의가 필요하며, ①은 징계위원회의 동의가 필요하지 않다.

참고 직권면직의 사유

임용권자는 경찰공무원이 다음의 어느 하나에 해당될 때에는 직권으로 면직시킬 수 있다(「경찰공무원법」 제28조 제1항). 다만, 일정한 경우에는 징계위원회의 동의가 필요하다(「경찰공무원법」 제28조 제2항).

직권면직의 사유	징계위원회 동의 여부
직제와 정원의 개폐 또는 예산의 감소 등에 따라 폐직 또는 과원이 되었을 때(「국가공무원법」 제70조 제1항 제3호)	징계위원회 동의 불요
휴직기간이 끝나거나 휴직사유가 소멸된 후에도 직무에 복귀하지 아니하거나 직무를 감당할 수 없을 때(「국가공무원법」 제70조 제1항 제4호)	징계위원회 동의 불요
직위해제에 따라 대기명령을 받은 자가 그 기간에 능력 또는 근무성적의 향상을 기대하기 어렵다고 인정된 때(「국가공무원법」 제70조 제1항 제5호)	징계위원회 동의 필요
경찰공무원으로는 부적합할 정도로 직무 수행능력이나 성실성이 현저하게 결여된 사람으로서 대통령령으로 정하는 사유에 해당된다고 인정될 때(「경찰공무원법」 제28조 제1항 제2호)	징계위원회 동의 필요
직무를 수행하는 데에 위험을 일으킬 우려가 있을 정도의 성격적 또는 도덕적 결함이 있는 사람으로서 대통령령으로 정하는 사유에 해당된다고 인정될 때(「경찰공무원법」 제28조 제1항 제3호)	징계위원회 동의 필요
해당 경과에서 직무를 수행하는 데 필요한 자격증의 효력이 상실되거나 면허가 취소되어 담당 직무를 수행할 수 없게 되었을 때(「경찰공무원법」 제28조 제1항 제4호)	징계위원회 동의 불요

제4절 경찰공무원 근무관계의 성립·변경·소멸 통합문제

0386

「경찰공무원법」에 대한 설명으로 가장 적절한 것은?

| 73기 간부 |

① 경정 이하의 경찰공무원을 신규채용할 때에는 1년간 시보로 임용하고, 그 기간이 만료된 날에 정규 경찰공무원으로 임용한다.
② 경찰공무원의 복제에 관한 사항은 대통령령으로 정한다.
③ 임용권자는 경찰공무원이 해당 경과에서 직무를 수행하는 데 필요한 자격증의 효력이 상실되거나 면허가 취소되어 담당 직무를 수행할 수 없게 되었을 때에는 직권으로 면직시킬 수 있으며, 이 경우에는 징계위원회의 동의를 받아야 한다.
④ 징계처분, 휴직처분, 면직처분, 그 밖에 본인의 의사에 반하는 불리한 처분에 대한 행정소송은 경찰청장을 피고로 하는 것이 원칙이며, 예외도 있다.

- **정답** ④
- **난이도**
- **해설**
  ④는 옳은 설명이며, ①, ②, ③은 틀린 설명이다.
  ① ✗ 경정 이하의 경찰공무원을 신규채용할 때에는 1년간 시보로 임용하고, 그 기간이 만료된 다음 날(만료된 날 ×)에 정규 경찰공무원으로 임용한다(「경찰공무원법」 제13조 제1항).
  ② ✗ 경찰공무원의 복제에 관한 사항은 행정안전부령 또는 해양수산부령으로 정한다(「경찰공무원법」 제26조 제3항).
  ③ ✗ 임용권자는 해당 경과에서 직무를 수행하는 데 필요한 자격증의 효력이 상실되거나 면허가 취소되어 담당 직무를 수행할 수 없게 되었을 때에는 직권으로 면직시킬 수 있다(「경찰공무원법」 제28조 제1항). 이 경우 징계위원회의 동의는 필요하지 않다.

0387

「경찰공무원법」에 대한 설명으로 가장 적절하지 않은 것은?

| 72기 간부 |

① 경위 이하의 경찰공무원으로서 모든 경찰공무원의 귀감이 되는 공을 세우고 전사하거나 순직한 사람에 대하여는 2계급 특별승진 시킬 수 있다.
② 경찰청장은 전시·사변이나 그 밖에 이에 준하는 비상사태에서는 2년의 범위에서 동법에 따른 계급정년을 연장할 수 있고, 이 경우 총경 이상의 경찰공무원에 대하여는 행정안전부장관과 국무총리를 거쳐 대통령의 승인을 받아야 한다.
③ 경찰청 소속 경무관 이상의 강등 및 정직과 경정 이상의 파면 및 해임은 경찰청장의 제청으로 행정안전부장관과 국무총리를 거쳐 대통령이 한다.
④ 경무관 이상의 경찰공무원에 대한 징계의결은 「국가공무원법」에 따라 국무총리 소속으로 설치된 징계위원회에서 한다.

- **정답** ②
- **난이도** 상 중 하
- **해설**
  ①, ③, ④는 옳은 설명이며, ②는 틀린 설명이다.
  ② ✗ 경찰청장은 전시·사변이나 그 밖에 이에 준하는 비상사태에서는 2년의 범위에서 계급 정년을 연장할 수 있다. 이 경우 경무관 이상의 경찰공무원에 대해서는 행정안전부장관과 국무총리를 거쳐 대통령의 승인을 받아야 하고, 총경·경정의 경찰공무원에 대해서는 국무총리를 거쳐 대통령의 승인을 받아야 한다(「경찰공무원법」 제30조 제4항).

참고 계급정년

구분	내용
원칙	치안감 4년, 경무관 6년, 총경 11년, 경정 14년이다(동법 제30조 제1항 제2호).
예외	① 수사, 정보, 외사, 보안, 자치경찰사무 등 특수 부문에 근무하는 경찰공무원으로서 대통령령으로 정하는 바에 따라 지정을 받은 사람은 총경 및 경정의 경우에는 4년의 범위에서 대통령령으로 정하는 바에 따라 계급정년을 연장할 수 있다(동법 제30조 제3항). ② 경찰청장은 전시·사변이나 그 밖에 이에 준하는 비상사태에서는 2년의 범위에서 계급정년을 연장할 수 있다(동법 제30조 제4항). 　㉠ 경무관 이상의 경찰공무원에 대해서는 행정안전부장관과 국무총리를 거쳐 대통령의 승인을 받아야 한다. 　㉡ 총경·경정의 경찰공무원에 대해서는 국무총리를 거쳐 대통령의 승인을 받아야 한다. ③ 계급정년을 산정할 때 제주특별자치도의 자치경찰공무원으로 근무한 경력이 있는 경찰공무원의 경우에는 그 계급에 상응하는 자치경찰공무원으로 근무한 연수를 산입한다(동법 제30조 제6항). ④ 징계로 인하여 강등(경감으로 강등된 경우를 포함한다)된 경찰공무원의 계급정년은 강등되기 전 계급 중 가장 높은 계급의 계급정년으로 한다. 이 경우 계급정년을 산정할 때에는 강등되기 전 계급의 근무연수와 강등 이후의 근무연수를 합산한다(동법 제30조 제2항).

0388

경찰공무원 관련 법령에 따를 때, 다음 설명 중 가장 적절한 것은? | 22년 2차 순경 |

① ○○경찰서 소속 지구대장 경감 甲과 동일한 지구대 소속 순경 乙이 관련된 징계등 사건(甲의 감독상 과실책임만으로 관련된 경우, 관련자에 대한 징계등 사건을 분리하여 심의·의결하는 것이 타당하다고 인정되는 경우는 제외)은 ○○경찰서에 설치된 징계위원회에서 심의·의결한다.

② 경찰공무원 임용 당시 임용결격사유가 있었더라도 국가의 과실에 의해 임용결격자임을 밝혀내지 못했다면, 그 임용행위는 당연무효로 볼 수 없다.

③ 국가경찰사무를 담당하는 ○○경찰서 소속 경사 丙에 대한 정직처분은 소속기관장인 ○○경찰서장이 행하지만, 그 처분에 대한 행정소송의 피고는 경찰청장이다.

④ 징계의결이 요구된 경정 丁에게 국무총리 표창을 받은 공적이 있는 경우에 징계위원회는 징계를 감경할 수 있지만, 그 표창이 丁에게 수여된 표창이 아니라 丁이 속한 ○○경찰서에 수여된 단체표창이라면 감경할 수 없다.

정답 ④

해설 ④는 옳은 설명이며, ①, ②, ③은 틀린 설명이다.

① ✗ 경정 이상의 경찰공무원을 장으로 하는 경찰서에 설치되는 징계위원회는 소속 경위 이하의 경찰공무원만 징계의결하므로 순경 乙에 대해서는 징계의결할 수 있으나 경감 甲에 대해서는 징계의결할 수 없다. 경감 甲에 대해서는 징계령 제4조 제4항에 따라 바로 위 상급 경찰기관에 설치된 보통징계위원회에서 심의·의결하므로 시·도경찰청에 설치되는 징계위원회에서 징계의결한다. 「경찰공무원 징계령」 제5조(관련 사건의 관할) 제1항에 따르면 상위 계급과 하위 계급의 경찰공무원이 관련된 징계등 사건은 제4조에도 불구하고 상위 계급의 경찰공무원을 관할하는 징계위원회에서 심의·의결하므로 경감 甲과 순경 乙에 대해서 시·도경찰청에 설치되는 징계위원회에서 징계의결한다.

② ✗ 경찰공무원 임용 당시 임용결격사유가 있었더라도 국가의 과실에 의해 임용결격자임을 밝혀내지 못했다고 하더라도, 그 임용행위는 당연무효이다.

③ ✗ 국가경찰사무를 담당하는 ○○경찰서 소속 경사 丙에 대한 정직처분은 경감 이하의 임용권을 가진 시·도경찰청장이 행하며, 그 처분에 대한 행정소송의 피고 역시 임용권의 위임을 받은 시·도경찰청장이 된다.

참고 상훈·표창·모범공무원에 따른 징계의 감경(「경찰공무원 징계령 세부시행규칙」)

징계위원회는 징계의결이 요구된 자가 다음의 어느 하나에 해당하는 공적이 있는 경우 징계를 감경할 수 있다(동령 세부시행규칙 제8조 제1항).

㉠ 「상훈법」에 따라 훈장 또는 포장을 받은 공적
㉡ 「정부표창규정」에 따라 국무총리 이상의 표창을 받은 공적. 다만, 경감 이하의 경찰공무원 등은 경찰청장 또는 중앙행정기관 차관급 이상 표창을 받은 공적
㉢ 「모범공무원규정」에 따라 모범공무원으로 선발된 공적

0389

다음은 「경찰공무원법」에 대한 설명이다. ㉠~㉤의 내용 중 옳고 그름의 표시(O, X)가 모두 바르게 된 것은?

| 20년 1차 순경 |

㉠ 경찰청장 또는 해양경찰청장은 경찰공무원의 채용시험 또는 경찰간부후보생 공개경쟁선발시험에서 부정행위를 한 응시자에 대하여는 해당 시험을 정지 또는 무효로 하고, 그 처분이 있은 날부터 5년간 시험응시자격을 정지한다.

㉡ 총경 이상 경찰공무원은 경찰청장 또는 해양경찰청장의 추천을 받아 행정안전부장관 또는 해양수산부장관의 제청으로 국무총리를 거쳐 대통령이 임용한다. 다만, 총경의 전보, 휴직, 직위해제, 강등, 정직 및 복직은 경찰청장 또는 해양경찰청장이 한다.

㉢ 경찰청장 또는 해양경찰청장은 전시·사변이나 그 밖에 이에 준하는 비상사태에서는 2년의 범위에서 계급정년을 연장할 수 있다. 이 경우 치안감의 경찰공무원에 대하여는 행정안전부장관 또는 해양수산부장관과 국무총리를 거쳐 대통령의 승인을 받아야 하고, 경무관·총경·경정의 경찰공무원에 대하여는 국무총리를 거쳐 대통령의 승인을 받아야 한다.

㉣ 경장을 경사로 근속승진임용하려는 경우에는 해당 계급에서 6년 이상 근속자이어야 한다.

㉤ 경찰공무원은 그 정년이 된 날이 1월에서 6월 사이에 있으면 6월 30일에 당연퇴직하고, 7월에서 12월 사이에 있으면 12월 31일에 당연퇴직한다.

① ㉠(O) ㉡(O) ㉢(O) ㉣(X) ㉤(O)
② ㉠(O) ㉡(X) ㉢(O) ㉣(O) ㉤(X)
③ ㉠(X) ㉡(O) ㉢(X) ㉣(O) ㉤(X)
④ ㉠(O) ㉡(O) ㉢(X) ㉣(X) ㉤(O)

정답 ④
난이도 하 중 상
해설 ㉠, ㉡, ㉤은 옳은 설명이고, ㉢, ㉣은 틀린 설명이다.

㉢ 경찰청장 또는 해양경찰청장은 전시·사변이나 그 밖에 이에 준하는 비상사태에서는 2년의 범위에서 계급정년을 연장할 수 있다. 이 경우 경무관 이상의 경찰공무원에 대해서는 행정안전부장관 또는 해양수산부장관과 국무총리를 거쳐 대통령의 승인을 받아야 하고, 총경·경정의 경찰공무원에 대해서는 국무총리를 거쳐 대통령의 승인을 받아야 한다(「경찰공무원법」 제30조 제4항).

㉣ 경장을 경사로 근속승진임용하려는 경우에는 해당 계급에서 5년 이상 근속자이어야 한다(「경찰공무원법」 제16조 제1항).

참고 근속승진의 기간(「경찰공무원법」)

경찰청장은 다음의 해당 계급에서 다음의 기간 동안 재직한 사람을 경장, 경사, 경위, 경감으로 각각 근속승진임용할 수 있다. 다만, 인사교류 경력이 있거나 주요 업무의 추진 실적이 우수한 공무원 등 경찰행정 발전에 기여한 공이 크다고 인정되는 경우에는 대통령령으로 정하는 바에 따라 그 기간을 단축할 수 있다(동법 제16조 제1항).
① 순경을 경장으로 근속승진임용 : 해당 계급에서 4년 이상 근속자
② 경장을 경사로 근속승진임용 : 해당 계급에서 5년 이상 근속자
③ 경사를 경위로 근속승진임용 : 해당 계급에서 6년 6개월 이상 근속자
④ 경위를 경감으로 근속승진임용 : 해당 계급에서 8년 이상 근속자

0390

다음은 경찰공무원 근무관계의 발생, 변동, 소멸에 대한 설명이다. 아래 ㉠부터 ㉣까지의 설명 중 옳고 그름의 표시(O, X)가 바르게 된 것은?

| 22년 승진 |

> ㉠ 「경찰공무원법」상 자치경찰공무원을 그 계급에 상응하는 경찰공무원으로 임용할 때에는 시보임용을 거친다.
> ㉡ 「경찰공무원 승진임용 규정」상 임용권자나 임용제청권자는 심사승진후보자 명부에 기록된 사람이 승진임용 되기 전에 정직 이상의 징계처분을 받은 경우에는 심사승진후보자 명부에서 그 사람을 제외하여야 한다.
> ㉢ 「국가공무원법」상 임용권자는 금품비위, 성범죄 등 대통령령으로 정하는 비위행위로 인하여 감사원 및 검찰·경찰 등 수사기관에서 조사나 수사 중인 자로서 비위의 정도가 중대하고 이로 인하여 정상적인 업무수행을 기대하기 현저히 어려운 자는 직위해제 할 수 있다.
> ㉣ 「경찰공무원법」상 임용권자는 경찰공무원이 경찰공무원으로는 부적합할 정도로 직무 수행능력이나 성실성이 현저하게 결여된 사람으로서 대통령령으로 정하는 사유에 해당된다고 인정되는 사람을 직권으로 면직시킬 수 있다.

① ㉠ (X) ㉡ (O) ㉢ (X) ㉣ (O)
② ㉠ (O) ㉡ (X) ㉢ (O) ㉣ (O)
③ ㉠ (X) ㉡ (O) ㉢ (O) ㉣ (O)
④ ㉠ (X) ㉡ (O) ㉢ (O) ㉣ (X)

- 정답 ③
- 해설 ㉡, ㉢, ㉣은 옳은 설명이며, ㉠은 틀린 설명이다.
  ㉠ ✗ 자치경찰공무원을 그 계급에 상응하는 경찰공무원으로 임용하는 경우에는 시보임용을 거치지 아니한다(「경찰공무원법」 제13조 제4항).

0391

경찰공무원 근무관계의 성립·변동·소멸에 대한 설명으로 적절한 것을 모두 고른 것은? | 18년 승진 |

> ⊙ 징계에 의하여 해임의 처분을 받았더라도 그 후 3년이 경과하였다면 경찰공무원에 임용될 수 있다.
> ⓒ 「국가공무원법」상 강임은 하위 직급에의 임용으로서 경찰공무원에게도 적용된다.
> ⓒ 감사업무를 담당하는 경찰공무원은 부적격자로 인정되는 경우가 아닌 한 해당 직위에 임용된 날부터 3년 이내에는 다른 직위에 전보할 수 없다.
> ② 경찰공무원으로서 자격정지 이상의 형의 선고유예를 받고 그 선고유예 기간 중에 있는 자는 당연퇴직된다.

① 없음
② ⓒ
③ ⓒ
④ ⊙, ②

정답 ①

난이도 하 중 상

해설 ⊙, ⓒ, ⓒ, ② 모두 틀린 설명이다.
　⊙ ✗ 해임은 경찰관의 신분을 박탈하는 것으로서, 해임에 의하여 경찰공무원 근무관계는 소멸한다. 해임의 처분을 받은 경우에는 향후 경찰관 임용이 불가능하다. 다만, 경찰공무원이 아닌 일반공무원의 해임의 경우에는 3년간 임용이 제한되며, 3년이 경과한 후에는 일반공무원에 임용될 수 있다.
　ⓒ ✗ 경찰공무원에게는 강임은 적용되지 않는다.
　ⓒ ✗ 임용권자 또는 임용제청권자는 감사업무를 담당하는 경찰공무원이 부적격자로 인정되는 경우가 아닌 한 해당 직위에 임용된 날부터 2년 이내에는 다른 직위에 전보할 수 없다(「경찰공무원 임용령」 제27조 제1항 본문).
　② ✗ 경찰공무원으로서 자격정지 이상의 형의 선고유예를 받고 그 선고유예 기간 중에 있는 자는 그 사유가 성관련 범죄 및 횡령·배임죄일 경우에만 당연퇴직된다.

참고 당연퇴직의 사유(「경찰공무원법」 제27조)

① 경찰공무원이 임용(신규채용) 결격사유에 해당하는 경우. 다만, 제4호와 제6호는 아래의 경우에만 당연퇴직 사유에 해당한다.
　⊙ 파산선고를 받고 복권되지 아니한 사람. 이 경우에는 파산선고를 받은 사람으로서 「채무자 회생 및 파산에 관한 법률」에 따라 신청기한 내에 면책신청을 하지 아니하였거나 면책불허가 결정 또는 면책취소가 확정된 경우만 당연퇴직의 사유가 된다.
　ⓒ 자격정지 이상의 형의 선고유예를 선고받고 그 선고유예기간 중에 있는 자. 이 경우에는 「형법」 제129조(수뢰 및 사전수뢰)부터 제132조(알선수뢰)까지, 「성폭력범죄의 처벌 등에 관한 특례법」 제2조(성폭력범죄), 「아동·청소년의 성보호에 관한 법률」 제2조 제2호(아동·청소년대상 성범죄)및 직무와 관련하여 「형법」 제355조(횡령, 배임) 또는 제356조(업무상의 횡령과 배임)에 규정된 죄를 범한 사람으로서 자격정지 이상의 형의 선고유예를 받은 경우만 해당한다.
② 사망한 경우
③ 연령정년(60세)에 도달한 경우
④ 계급정년에 도달한 경우

제5절 경찰공무원의 권리·의무

0392

「경찰공무원법」상 경찰공무원의 의무에 해당하는 것은 모두 몇 개인가?

| 71기 간부 |

가. 정치관여금지 의무
나. 영리업무종사금지 의무
다. 품위유지 의무
라. 법령준수의 의무
마. 지휘권 남용 등의 금지 의무
바. 집단행위금지 의무
사. 비밀엄수 의무
아. 거짓 보고 등의 금지 의무

① 3개 ② 4개
③ 5개 ④ 6개

- 정답 ①
- 난이도
- 해설 "나", "다", "라" "바" "사"는 「국가공무원법」상 규정된 경찰공무원의 의무에 해당하며, "가", "마", "아"는 「경찰공무원법」상 규정된 경찰공무원의 의무에 해당한다.

참고 「경찰공무원법」상 직무상의 의무

① 거짓 보고 등의 금지의무
② 직무유기 등의 금지의무
③ 지휘권 남용 등의 금지의무
④ 제복착용의무(권리임과 동시에 의무)

참고 「경찰공무원법」상 신분상의 의무

정치관여 금지의무

0393

경찰공무원의 의무와 근거법령이다. 옳지 <u>않은</u> 것은?

①	경찰공무원법	• 거짓보고 및 직무유기금지 의무 • 지휘권남용금지 의무 • 제복착용 의무
②	국가공무원법	• 법령준수 의무 • 친절공정 의무 • 종교중립 의무
③	경찰공무원 복무규정	• 근무시간 중 음주금지 의무 • 품위유지 의무(직무 내외 불문) • 민사분쟁에 부당개입금지 의무
④	공직자윤리법	• 재산의 등록과 공개의무 • 선물신고 의무 • 취업금지 의무(퇴직공직자 취업제한)

정답 ③

난이도 하 중 상

해설 ①, ②, ④는 옳은 설명이며, ③은 틀린 설명이다.
③ ✗ 「경찰공무원 복무규정」상 경찰공무원의 의무에는 ㉠ 지정장소 외에서의 직무수행 금지의무, ㉡ 근무시간 중 음주금지 의무, ㉢ 민사분쟁에의 부당개입 금지의무, ㉣ 여행시 소속경찰기관에게 신고의무 등이 있다. 품위유지의무는 「국가공무원법」상의 의무이다.

참고 「경찰공무원 복무규정」상 경찰공무원의 의무
① 지정장소 외에서의 직무수행 금지의무
② 근무시간 중 음주금지 의무
③ 민사분쟁에의 부당개입 금지의무
④ 여행시 소속 경찰기관장에게 신고의무

0394

「경찰공무원법」상 경찰공무원의 의무는 모두 몇 개인가?

| 69기 간부 |

가. 영리업무종사금지 의무
나. 거짓 보고 등의 금지 의무
다. 품위유지 의무
라. 법령준수 의무
마. 제복착용 의무
바. 집단행위금지 의무
사. 비밀엄수 의무
아. 지정장소 외에서의 직무수행금지 의무

① 2개 ② 3개
③ 4개 ④ 5개

• 정답 ①
• 난이도

• 해설 "나", "마"는 「경찰공무원법」상 경찰공무원의 의무에 해당한다. "가", "다", "라", "바", "사"는 「국가공무원법」상 경찰공무원의 의무에 해당한다. "아"는 「경찰공무원 복무규정」상 경찰공무원의 의무에 해당한다.

참고 「경찰공무원법」상 직무상의 의무
① 거짓 보고 등의 금지의무
② 직무유기 등의 금지의무
③ 지휘권 남용 등의 금지의무
④ 제복착용의무(권리임과 동시에 의무)

참고 「경찰공무원법」상 신분상의 의무
정치관여 금지의무

0395

다음 중 「국가공무원법」상 직무상의 의무에 해당하는 것은 모두 몇 개인가?

| 68기 간부 |

> 가. 종교중립의 의무
> 나. 복종의 의무
> 다. 비밀엄수의 의무
> 라. 친절·공정의 의무
> 마. 정치운동의 금지
> 바. 법령준수의 의무

① 3개 ② 4개
③ 5개 ④ 6개

- **정답** ②
- **난이도** 하 중 상
- **해설** "가", "나", "라", "바"의 경우에는 「국가공무원법」상 직무상의 의무에 해당하며, "다", "마"의 경우에는 「국가공무원법」상 신분상의 의무에 해당한다.

참고 「국가공무원법」상 직무상의 의무
① 법령준수의 의무
② 복종의 의무
③ 직무전념의 의무(직장이탈 금지, 영리업무 금지, 겸직 금지)
④ 친절·공정의 의무
⑤ 종교중립의 의무

참고 「국가공무원법」상 신분상의 의무
① 비밀엄수의 의무
② 청렴의 의무
③ 외국정부의 영예·증여 등의 제한
④ 품위유지의 의무
⑤ 정치운동금지의무
⑥ 집단행위금지의무

0396

경찰공무원의 의무에 대한 다음 설명 중 가장 옳지 않은 것은?

| 66기 간부 |

① 소속 상관의 허가 또는 정당한 사유가 없으면 직장을 이탈하지 못한다.
② 외국 정부로부터 영예나 증여를 받을 경우에는 대통령의 허가를 받아야 한다.
③ 「공직자윤리법」에서는 총경 이상의 경찰공무원을, 「공직자윤리법 시행령」에서는 경위 이상의 경찰공무원을 각각 재산등록의무자로 규정하고 있다.
④ 친절·공정의 의무는 국가공무원법에 규정된 법적인 의무이다.

- **정답** ③
- **난이도**
- **해설**

①, ②, ④는 옳은 설명이며, ③은 틀린 설명이다.

③ ✗ 총경 이상의 경찰공무원은 재산등록의무자이다(「공직자윤리법」 제3조). 국가경찰공무원 중 경정, 경감, 경위, 경사 역시 재산등록의무자이다(「공직자윤리법 시행령」 제3조). 따라서 경사 이상의 경찰공무원(경사, 경위, 경감, 경정, 총경, 경무관, 치안감, 치안정감, 치안총감)은 재산등록의무자이다. 여기서 치안감 이상의 경찰공무원 본인과 배우자 및 본인의 직계존속·직계비속의 재산에 관한 사항은 공개하여야 한다(「공직자윤리법」 제10조). 따라서, 치안감 이상(치안감, 치안정감, 치안총감)의 경우에는 재산등록의무자임과 동시에 재산공개의무자에 해당된다.

참고 경찰공무원의 재산등록의무 및 재산공개의무

재산등록의무 (경사 이상)	다음의 어느 하나에 해당하는 공직자는 재산을 등록하여야 한다(「공직자윤리법」 제3조 및 동법 시행령 제3조). ① 총경(자치총경을 포함한다) 이상의 경찰공무원(「공직자윤리법」 제3조) ② 국가경찰공무원 중 경정, 경감, 경위, 경사와 자치경찰공무원 중 자치경정, 자치경감, 자치경위, 자치경사(동법 시행령 제3조) ③ 따라서, 경사 이상의 경찰공무원은 재산등록의무의 대상이다.
재산공개의무 (치안감 이상) (배우자 등 포함)	다음의 어느 하나에 해당하는 공직자 본인과 배우자 및 본인의 직계존속·직계비속의 재산에 관한 사항 등록사항과 변동사항 신고내용을 등록기간 또는 신고기간 만료 후 1개월 이내에 관보 또는 공보에 게재하여 공개하여야 한다(「공직자윤리법」 제10조). ① 치안감 이상의 경찰공무원 ② 시·도경찰청장

0397

「경찰공무원 복무규정」상 경찰공무원의 의무에 대한 설명으로 가장 적절하지 않은 것은?

| 21년 1차 순경 |

① 경찰공무원은 상사의 허가를 받거나 그 명령에 의한 경우를 제외하고는 직무와 관계없는 장소에서 직무수행을 하여서는 아니 된다.
② 경찰공무원은 신규채용·승진·전보·파견·출장·연가·교육훈련기관에의 입교, 기타 신분관계 또는 근무관계 또는 근무관계의 변동이 있는 때에는 소속상관에게 신고를 하여야 한다.
③ 경찰공무원은 직위 또는 직권을 이용하여 부당하게 타인의 민사분쟁에 개입하여서는 아니 된다.
④ 경찰공무원은 휴무일 또는 근무시간외에 2시간 이내에 직무에 복귀하기 어려운 지역으로 여행을 하고자 할 때에는 소속상관의 허가를 받아야 한다.

 ④

 ①, ②, ③은 옳은 설명이며, ④는 틀린 설명이다.
④ ❌ 경찰공무원은 휴무일 또는 근무시간 외에 2시간 이내에 직무에 복귀하기 어려운 지역으로 여행을 하고자 할 때에는 소속 경찰기관의 장에게 신고를 하여야 한다. 다만, 치안상 특별한 사정이 있어 경찰청장, 해양경찰청장 또는 경찰기관의 장이 지정하는 기간 중에는 소속 경찰기관의 장의 허가를 받아야 한다(「경찰공무원 복무규정」 제13조).

0398

경찰공무원의 의무 중 그 근거 법령이 나머지 셋과 다른 하나는?

| 19년 2차 순경 |

① 법령을 준수하며 성실히 직무를 수행하여야 한다.
② 직무를 수행할 때 소속 상관의 직무상 명령에 복종하여야 한다.
③ 직무에 관하여 거짓으로 보고나 통보를 하여서는 아니 된다.
④ 소속 상관의 허가 또는 정당한 사유가 없으면 직장을 이탈하지 못한다.

정답 ③

난이도

해설 ①, ②, ④의 경우에는 「국가공무원법」상의 경찰공무원의 의무이며, ③의 경우에는 「경찰공무원법」상 거짓 보고 등의 금지의무에 해당한다.

참고 「경찰공무원법」상 직무상의 의무
① 거짓 보고 등의 금지의무
② 직무유기 등의 금지의무
③ 지휘권 남용 등의 금지의무
④ 제복착용의무(권리임과 동시에 의무)

참고 「경찰공무원법」상 신분상의 의무
정치관여 금지의무

0399

「국가공무원법」상 경찰공무원의 의무에 대한 설명으로 가장 적절한 것은? | 18년 3차 순경 |

① 공무원이 외국정부로부터 증여를 받을 경우에는 소속 기관장의 허가를 받아야 한다.
② 공무원은 취임할 때에 소속 기관장 앞에서 대통령령 등으로 정하는 바에 따라 선서하여야 한다. 다만, 불가피한 사유가 있으면 취임 후에 선서하게 할 수 있다.
③ 공무원은 소속 기관장의 허가 또는 정당한 사유가 없으면 직장을 이탈하지 못한다.
④ 공무원은 직무와 관련하여 직접적인 경우(간접적인 경우 제외) 사례·증여 또는 향응을 주거나 받을 수 없다.

정답 ②

난이도 하 중 상

해설 ②는 옳은 설명이며, ①, ③, ④는 틀린 설명이다.
① ✗ 공무원이 외국정부로부터 영예나 증여를 받을 경우에는 대통령의 허가를 받아야 한다(「국가공무원법」 제62조). 이는 공무에 대한 외국정부의 영향력을 배제하려는 데 그 목적이 있다.
③ ✗ 공무원은 소속 상관의 허가(소속 기관장의 허가 ×) 또는 정당한 사유가 없으면 직장을 이탈하지 못한다(「국가공무원법」 제58조 제1항).
④ ✗ 공무원은 직무와 관련하여 직접적이든 간접적이든 사례·증여 또는 향응을 주거나 받을 수 없으며(「국가공무원법」 제61조 제1항), 직무상의 관계가 있든 없든 그 소속 상관에게 증여하거나 소속 공무원으로부터 증여를 받아서는 아니 된다(「국가공무원법」 제61조 제2항).

0400

경찰공무원의 권리와 의무에 대한 설명으로 가장 적절하지 않은 것은? | 17년 2차 순경 |

① 「국가공무원법」상 공무원은 소속 상관의 허가 또는 정당한 사유가 없으면 직장을 이탈하지 못한다.
② 복종의 의무와 관련하여, 「경찰공무원법」은 경찰공무원이 구체적 사건수사와 관련된 상관의 적법성 또는 정당성에 대하여 이견이 있을 때에는 이의를 제기할 수 있다고 규정하고 있다.
③ 「국가공무원법」상 공무원은 공무 외에 영리를 목적으로 하는 업무에 종사하지 못하며 소속 기관장의 허가 없이 다른 직무를 겸할 수 없다.
④ 「공직자윤리법」상 등록의무자(취업심사대상자)는 퇴직일부터 3년간 퇴직 전 5년 동안 소속하였던 부서 또는 기관의 업무와 밀접한 관련성이 있는 취업제한기관에 취업할 수 없다. 다만, 관할 공직자윤리위원회의 승인을 받은 때에는 그러하지 아니하다.

- **정답** ②
- **난이도**
- **해설**
  ①, ③, ④는 옳은 설명이며, ②는 틀린 설명이다.
  ② ✗ 경찰공무원은 구체적 사건 수사와 관련된 소속 상관의 지휘·감독의 적법성 또는 정당성에 대하여 이견이 있을 때에는 이의를 제기할 수 있다(「국가경찰과 자치경찰의 조직 및 운영에 관한 법률」 제6조 제2항). 다만, 해당 규정은 「경찰공무원법」상에 명시적으로 규정하고 있는 것은 아니다. 「국가경찰과 자치경찰의 조직 및 운영에 관한 법률」 제6조 제2항에 명시적인 규정을 두고 있다.

참고 경찰공무원의 취업의 제한 및 선물수령 신고의무

취업의 제한 (총경 이상)	총경 이상의 경찰공무원은 퇴직일로부터 3년간 퇴직 전 5년 동안 소속하였던 부서 또는 기관의 업무와 밀접한 관련이 있는 일정 규모 이상의 영리사기업체 또는 협회에 취업할 수 없다. 다만, 관할 공직자윤리위원회의 승인을 받은 때에는 그러하지 아니하다(「공직자윤리법」 제17조 제1항).
선물수령 신고의무 (경찰공무원 전체) (가족 포함)	① 경찰공무원이 외국 또는 그 직무와 관련하여 외국인(외국단체 포함)으로부터 선물(100달러 이상이거나 10만원 이상인 선물. 다만, 현금은 제외한다)을 받은 때에는 지체 없이 소속기관·단체의 장에게 신고하고 당해 선물을 인도하여야 한다. 이들의 가족이 외국으로부터 선물을 받거나 그 공무원이나 공직유관단체 임직원의 직무와 관련하여 외국인에게 선물을 받은 경우에도 또한 같다(「공직자윤리법」 제15조). ② 신고된 선물은 신고 즉시 국가 또는 지방자치단체에 귀속된다(「공직자윤리법」 제16조 제1항).

0401

「국가공무원법」상 공무원의 복무에 관한 다음 설명 중 가장 적절하지 않은 것은? | 16년 1차 순경 |

① 공무원은 노동운동이나 그 밖에 공무 외의 일을 위한 집단행위를 하여서는 아니 된다. 또한, 사실상 노무에 종사하는 공무원도 포함한다.
② 공무원이 외국 정부로부터 영예나 증여를 받을 경우에는 대통령의 허가를 받아야 한다.
③ 공무원은 공무 외에 영리를 목적으로 하는 업무에 종사하지 못하며 소속 기관장의 허가 없이 다른 직무를 겸할 수 없다.
④ 공무원은 정당이나 그 밖의 정치단체의 결성에 관여하거나 이에 가입할 수 없다.

 ①
 하 중 상
 ②, ③, ④는 옳은 설명이며, ①은 틀린 설명이다.
① ✗ 공무원은 노동운동이나 그 밖에 공무 외의 일을 위한 집단행위를 하여서는 아니 된다. 다만, 사실상 노무에 종사하는 공무원은 예외로 한다(「국가공무원법」제66조 제1항). 여기서 경찰공무원은 사실상 노무에 종사하는 공무원이 아니므로 집단행위가 금지된다. 경찰공무원으로서 집단행동 금지의무를 위반한 사람은 2년 이하의 징역 또는 200만원 이하의 벌금에 처한다(「경찰공무원법」제37조 제4항).

0402

「국가공무원법」상 공무원의 의무에 관한 다음 설명 중 가장 적절하지 않은 것은? | 15년 2차 순경 |

① 공무원이 외국 정부로부터 영예나 증여를 받을 경우에는 소속 기관장의 허가를 받아야 한다.
② 공무원은 재직 중은 물론 퇴직 후에도 직무상 알게 된 비밀을 엄수하여야 한다.
③ 공무원은 직무상의 관계가 있든 없든 그 소속 상관에게 증여하거나 소속 공무원으로부터 증여를 받아서는 아니 된다.
④ 공무원은 소속 상관의 허가 또는 정당한 사유가 없으면 직장을 이탈하지 못한다.

 ①
 하 중 상
 ②, ③, ④는 옳은 설명이며, ①은 틀린 설명이다.
① ✗ 공무원이 외국 정부로부터 영예나 증여를 받을 경우에는 대통령의 허가를 받아야 한다(「국가공무원법」제62조). 이는 공무원에 대한 외국정부의 영향력을 배제하는 데 그 목적이 있다.

0403

다음은 경찰공무원의 의무를 설명한 것이다. 가장 적절하지 않은 것은? | 14년 1차 순경 |

① '비밀엄수의 의무'에서 비밀의 범위는 자신이 처리하는 직무에 직결된 비밀뿐만 아니라, 직무와 관련하여 알게 된 모든 비밀을 포함한다.
② '거짓보고 금지의무'는 「경찰공무원법」에 명시되어 있다.
③ 「국가공무원법」상 '종교중립의 의무'는 신분상 의무가 아니라 직무상 의무에 속한다.
④ 「경찰공무원법」상 '성실 의무'는 공무원의 기본적 의무로서 모든 의무의 원천이 된다.

- 정답 ④
- 난이도
- 해설 ①, ②, ③은 옳은 설명이며, ④는 틀린 설명이다.
  ④ ✕ 모든 공무원은 법령을 준수하며 성실히 직무를 수행하여야 한다(「국가공무원법」 제56조). 성실의 의무는 명시적인 법적 근거를 갖고 있고, 공무원의 기본적 의무이며, 모든 의무의 원천이기도 하다.

> **참고** 경찰공무원의 기본적 의무
> ① 선서의 의무.
> ② 성실의 의무(모든 의무의 원천)

0404

「국가공무원법」상 공무원의 의무에 관한 설명으로 가장 적절하지 않은 것은? | 23년 승진 |

① 공무원은 재직 중은 물론 퇴직 후에도 직무상 알게 된 비밀을 엄수하여야 한다.
② 공무원은 직무와 관련하여 간접적인 사례·증여 또는 향응을 주거나 받을 수 있다.
③ 공무원이 외국 정부로부터 영예나 증여를 받을 경우에는 대통령의 허가를 받아야 한다.
④ 공무원은 종교에 따른 차별 없이 직무를 수행하여야 한다.

- 정답 ②
- 난이도
- 해설 ①, ③, ④는 옳은 설명이며, ②는 틀린 설명이다.
  ② ✕ 공무원은 직무와 관련하여 직접적이든 간접적이든 사례·증여 또는 향응을 주거나 받을 수 없다(「국가공무원법」 제61조 제1항). 직무상의 관계가 있든 없든 그 소속 상관에게 증여하거나 소속 공무원으로부터 증여를 받아서는 아니 된다(「국가공무원법」 제61조 제2항).

0405

경찰공무원의 권리와 의무에 대한 설명으로 가장 적절하지 않은 것은? |22년 승진|

① 「경찰공무원법」상 모든 계급의 경찰공무원은 형의 선고, 징계처분 또는 「국가공무원법」 및 「경찰공무원법」에 정하는 사유에 따르지 아니하고는 본인의 의사에 반하여 휴직·강임 또는 면직을 당하지 아니한다.
② 「경찰공무원 복무규정」상 경찰공무원은 직위 또는 직권을 이용하여 부당하게 타인의 민사분쟁에 개입하여서는 아니 된다.
③ 「경찰공무원법」상 경찰공무원을 지휘하는 사람은 전시·사변, 그 밖에 이에 준하는 비상사태이거나 작전수행 중인 경우 또는 많은 인명손상이나 국가재산 손실의 우려가 있는 위급한 사태가 발생한 경우, 정당한 사유 없이 그 직무수행을 거부 또는 유기하거나 경찰공무원을 지정된 근무지에서 진출·퇴각 또는 이탈하게 하여서는 아니 된다.
④ 「공직자윤리법」은 총경(자치총경 포함) 이상의 경찰공무원을 재산등록의무자로 규정하고 있고, 「공직자윤리법 시행령」은 경찰공무원 중 경정, 경감, 경위, 경사와 자치경찰공무원 중 자치경정, 자치경감, 자치경위, 자치경사를 재산등록의무자로 규정하고 있다.

정답 ①
난이도
해설 ②, ③, ④는 옳은 설명이며, ①은 틀린 설명이다.

① ✗ 「강임」은 같은 직렬 내에서 하위 직급에 임명하거나 하위 직급이 없어 다른 직렬의 하위 직급으로 임명하거나 고위공무원단에 속하는 일반직공무원을 고위공무원단 직위가 아닌 하위 직위에 임명하는 것을 말한다. 임용권자는 직제 또는 정원의 변경이나 예산의 감소 등으로 직위가 폐지되거나 하위의 직위로 변경되어 과원이 된 경우 또는 본인의 동의한 경우에는 소속 공무원을 강임할 수 있다(「국가공무원법」 제73조의4 제1항). 경찰공무원에게는 적용되지 않는다. 또한 「국가공무원법」상 「전직」의 경우에도 경찰공무원에게는 적용되지 않는다.

0406

경찰공무원의 권리와 의무를 규정하는 법령에 대한 설명으로 가장 적절하지 않은 것은?

| 21년 승진 변형 |

① 「공직자윤리법」상 공무원 또는 공직유관단체의 임직원은 외국으로부터 선물(대가 없이 제공되는 물품 및 그 밖에 이에 준하는 것을 말하되, 현금은 제외한다. 이하 같다)을 받거나 그 직무와 관련하여 외국인(외국단체 포함)에게 선물을 받으면 지체 없이 소속 기관·단체의 장에게 신고하고 그 선물을 인도하여야 한다.

② ①에 따라 「공직자윤리법 시행령」상 신고하여야 할 선물은 그 선물 수령 당시 증정한 국가 또는 외국인이 속한 국가의 시가로 미국 화폐 100달러 이상이거나 국내 시가로 10만원 이상인 선물로 한다.

③ 경무관 이상의 경찰공무원은 퇴직일로부터 3년간 퇴직전 5년 동안 소속하였던 부서 또는 기관의 업무와 밀접한 관련이 있는 일정 규모 이상의 영리사기업체 또는 협회에 취업할 수 없다. 다만, 관할 공직자윤리위원회의 승인을 받은 때에는 그러하지 아니하다.

④ 경사 이상의 경찰공무원은 재산을 등록하여야 한다. 치안감 이상의 경찰공무원과 시·도경찰청장은 본인과 배우자 및 본인의 직계존속·직계비속의 재산에 관한 등록사항과 변동사항 신고내용을 등록기간 또는 신고기간 만료 후 1개월 이내에 관보 또는 공보에 게재하여 공개하여야 한다.

- **정답** ③
- **난이도**
- **해설**

①, ②, ④는 옳은 설명이며, ③은 틀린 설명이다.

③ ✗ **총경 이상**의 경찰공무원은 **퇴직일로부터 3년**간 **퇴직전 5년 동안 소속하였던 부서 또는 기관**의 업무와 밀접한 관련이 있는 일정 규모 이상의 영리사기업체 또는 협회에 취업할 수 없다. 다만, 관할 공직자윤리위원회의 승인을 받은 때에는 그러하지 아니하다(「공직자윤리법」 제17조 제1항).

참고 경찰공무원의 취업의 제한 및 선물수령 신고의무

취업의 제한 (총경 이상)	**총경 이상**의 경찰공무원은 **퇴직일로부터 3년**간 **퇴직 전 5년 동안 소속하였던 부서 또는 기관**의 업무와 밀접한 관련이 있는 일정 규모 이상의 영리사기업체 또는 협회에 취업할 수 없다. 다만, 관할 공직자윤리위원회의 승인을 받은 때에는 그러하지 아니하다(「공직자윤리법」 제17조 제1항).
선물수령 신고의무 (경찰공무원 전체) (가족 포함)	① 경찰공무원이 외국 또는 그 직무와 관련하여 외국인(외국단체 포함)으로부터 선물(100달러 이상이거나 10만원 이상인 선물. 다만, 현금은 제외한다)을 받은 때에는 지체 없이 소속기관·단체의 장에게 신고하고 당해 선물을 인도하여야 한다. 이들의 가족이 외국으로부터 선물을 받거나 그 공무원이나 공직유관단체 임직원의 직무와 관련하여 외국인에게 선물을 받은 경우에도 또한 같다(「공직자윤리법」 제15조). ② 신고된 선물은 신고 즉시 국가 또는 지방자치단체에 귀속된다(「공직자윤리법」 제16조 제1항).

0407

「국가공무원법」과 「경찰공무원법」상 경찰공무원의 의무에 대한 설명 중 가장 적절한 것은?

| 20년 승진 |

① '성실의 의무'는 공무원의 가장 기본적 의무로서 모든 의무의 원천이 되므로 법률에 명시적 규정이 없다.
② '비밀엄수의 의무', '청렴의 의무', '친절·공정의 의무'는 신분상의 의무에 해당한다.
③ '거짓 보고 등의 금지', '지휘권 남용 등의 금지', '제복 착용'은 「경찰공무원법」에 규정되어 있다.
④ 「국가공무원법」상 수사기관이 현행범으로 체포한 공무원을 구속하려면 그 소속 기관의 장에게 미리 통보하여야 한다.

정답 ③

난이도

해설 ③은 옳은 설명이며, ①, ②, ④는 틀린 설명이다.
① ❌ 모든 공무원은 법령을 준수하며 성실히 직무를 수행하여야 한다(「국가공무원법」 제56조). 『성실의 의무』는 명시적인 법적 근거를 갖고 있고, 공무원의 기본적 의무이며, 모든 의무의 원천이기도 하다.
② ❌ 『친절·공정의 의무』는 직무상의 의무이며, 『비밀엄수의 의무』 및 『청렴의 의무』는 신분상의 의무이다. 공무원은 국민 전체의 봉사자로서 친절하고 공정하게 직무를 수행하여야 한다(「국가공무원법」 제59조). 공무원은 재직 중은 물론 퇴직 후에도 직무상 알게 된 비밀을 엄수하여야 한다(「국가공무원법」 제60조). 공무원은 직무와 관련하여 직접적이든 간접적이든 사례·증여 또는 향응을 주거나 받을 수 없으며, 직무상의 관계가 있든 없든 그 소속 상관에게 증여하거나 소속 공무원으로부터 증여를 받아서는 아니 된다(「국가공무원법」 제61조 제1항 및 제2항).
④ ❌ 현행범의 체포의 경우에는 그 소속 기관의 장에게 미리 통보할 필요는 없다.

0408

경찰공무원의 「국가공무원법」상 의무에 대한 설명으로 가장 적절한 것은? | 19년 승진 |

① 공무원의 직무상 의무로서 직무전념의 의무, 친절·공정의 의무, 법령준수의 의무, 종교중립의 의무, 비밀엄수의 의무, 복종의 의무를 규정하고 있다.
② 복종의 의무와 관련하여 경찰공무원은 구체적 사건수사와 관련하여 상관의 지휘·감독의 적법성 또는 정당성에 대하여 이견이 있을 때에는 이의를 제기할 수 없다.
③ 공무원은 공무 외에 영리를 목적으로 하는 업무에 종사하지 못하며 소속 기관장의 허가 없이 다른 직무를 겸할 수 없다.
④ 공무원은 종교에 따른 차별 없이 직무를 수행하여야 하며, 소속 상관이 종교중립의 의무에 위배되는 직무상 명령을 한 경우에는 이에 따르지 아니하여야 한다.

- 정답 ③
- 난이도
- 해설 ③은 옳은 설명이며, ①, ②, ④는 틀린 설명이다.
  ① ✗ 「비밀엄수의 의무」는 공무원의 신분상 의무에 해당한다.
  ② ✗ 「복종의 의무」와 관련하여 경찰공무원은 구체적 사건 수사와 관련하여 소속 상관의 지휘·감독의 적법성 또는 정당성에 대하여 이견이 있을 때에는 이의를 제기할 수 있다(「국가경찰과 자치경찰의 조직 및 운영에 관한 법률」 제6조 제2항).
  ④ ✗ 공무원은 종교에 따른 차별 없이 직무를 수행하여야 한다(「국가공무원법」 제59조의2 제1항). 소속 상관이 종교중립의 의무에 위배되는 직무상 명령을 한 경우에는 이에 따르지 아니할 수 있다(「국가공무원법」 제59조의2 제2항).

0409

「국가공무원법」상 국가공무원의 의무 중 신분상 의무에 해당하지 않는 것은? | 18년 승진 |

① 공무원은 재직 중은 물론 퇴직 후에도 직무상 알게 된 비밀을 엄수하여야 한다.
② 공무원이 외국정부로부터 영예나 증여를 받을 경우 대통령의 허가를 받아야 한다.
③ 공무원은 종교에 따른 차별 없이 직무를 수행하여야 하며, 소속 상관이 이에 위배되는 직무상 명령을 한 경우에는 따르지 아니할 수 있다.
④ 공무원은 직무와 관련 없는 경우에도 그 소속 상관에게 증여하거나 소속 공무원으로부터 증여를 받아서는 아니 된다.

- 정답 ③
- 난이도
- 해설 ①, ②, ④는 옳은 설명이며, ③은 틀린 설명이다.
  ③ ✗ 「종교중립의 의무」는 「국가공무원법」상 직무상의 의무에 해당한다.

참고 경찰공무원의 의무의 유형별 구분

구 분	관련 법령	내 용
기본적 의무	「국가공무원법」	① 선서의 의무 ② 성실의 의무(모든 의무의 원천)
직무상의 의무	「국가공무원법」	① 법령준수의 의무 ② 복종의 의무 ③ 직무전념의 의무(직장이탈 금지의무, 영리업무 금지의무, 겸직 금지의무) ④ 친절·공정의 의무 ⑤ 종교중립의 의무
	「경찰공무원법」	① 거짓 보고 등의 금지의무 ② 직무유기 등의 금지의무 ③ 지휘권 남용 등의 금지의무 ④ 제복착용의무(권리임과 동시에 의무)
	「경찰공무원 복무규정」	① 지정장소 외에서의 직무수행 금지의무 ② 근무시간 중 음주금지 의무 ③ 민사분쟁에의 부당개입 금지의무 ④ 여행시 소속 경찰기관장에게 신고의무
신분상의 의무	「국가공무원법」	① 비밀엄수의 의무 ② 청렴의 의무 ③ 외국정부의 영예·증여 등의 제한 ④ 품위유지의 의무 ⑤ 정치운동금지의무 ⑥ 집단행위금지의무
	「경찰공무원법」	정치관여 금지의무
	「공직자윤리법」	① 재산등록의무(경사 이상) ② 재산공개의무(치안감 이상, 시·도경찰청장) ③ 선물신고의무(100달러 또는 10만원 이상) ④ 퇴직공직자의 취업제한(총경 이상)

제 6 절 경찰공무원의 징계책임

0410

「경찰공무원 징계령」상 징계위원회의 회의에 대한 설명으로 가장 적절하지 않은 것은? |73기 간부|

① 징계위원회의 회의는 위원장과 징계위원회가 설치된 경찰기관의 장이 회의마다 지정하는 4명 이상 6명 이하의 위원으로 성별을 고려하여 구성하되, 민간위원의 수는 위원장을 포함한 위원 수의 2분의 1 이상이어야 한다.
② 징계사유가 「성폭력범죄의 처벌 등에 관한 특례법」에 따른 성폭력범죄, 「양성평등기본법」에 따른 성희롱에 해당하는 징계사건이 속한 징계위원회의 회의를 구성하는 경우에는 피해자와 같은 위원의 성별이 위원장을 포함한 위원 수의 3분의 1 이상 포함되어야 한다.
③ 위원장이 부득이한 사유로 직무를 수행할 수 없거나 위원장이 필요하다고 인정하는 경우에는 출석한 위원 중 최상위 계급 또는 이에 상응하는 직급에 있거나 최상위 계급 또는 이에 상당하는 직급에 먼저 승진임용된 공무원이 위원장이 된다.
④ 징계위원회의 위원장은 위원회의 사무를 총괄하며 위원회를 대표하고, 표결권을 가진다.

정답 ②

난이도

해설
①, ③, ④는 옳은 설명이며, ②는 틀린 설명이다.
② ✗ 징계사유가 다음의 어느 하나에 해당하는 징계 사건이 속한 징계위원회의 회의를 구성하는 경우에는 피해자와 같은 성별의 위원이 위원장을 제외한 위원 수의 3분의 1 이상 포함되어야 한다(「경찰공무원 징계령」 제7조 제2항).
  ㉠ 「성폭력범죄의 처벌 등에 관한 특례법」에 따른 성폭력범죄
  ㉡ 「양성평등기본법」에 따른 성희롱

> **참고** 징계위원회의 위원장(「경찰공무원 징계령」)
> ① 징계위원회의 위원장은 공무원위원 중 최상위 계급 또는 이에 상응하는 직급에 있거나 최상위 계급 또는 이에 상응하는 직급에 먼저 승진임용된 공무원이 된다(동령 제6조 제4항).
> ② 징계위원회 위원장은 위원회의 사무를 총괄하며 위원회를 대표한다(동령 제7조 제3항).
> ③ 징계위원회의 회의는 위원장이 소집하며, 위원장은 표결권을 가진다(동령 제7조 제4항 및 제5항).
> ④ 위원장이 부득이한 사유로 직무를 수행할 수 없거나 위원장이 필요하다고 인정하는 경우에는 출석한 위원 중 최상위 계급 또는 이에 상응하는 직급에 있거나 최상위 계급 또는 이에 상응하는 직급에 먼저 승진임용된 공무원이 위원장이 된다(동령 제7조 제6항).

0411

「경찰공무원 징계령」상 징계와 관련된 규정에 대한 설명으로 가장 적절하지 않은 것은? |71기 간부|

① 각 징계위원회는 위원장 1명을 포함하여 11명 이상 51명 이하의 공무원위원과 민간위원으로 구성한다.
② 징계위원회의 회의는 위원장과 징계위원회가 설치된 경찰기관의 장이 회의마다 지정하는 4명 이상 6명 이하의 위원으로 성별을 고려하여 구성하되, 민간위원의 수는 위원장을 포함한 위원 수의 2분의 1 이상이어야 한다.
③ 징계위원회가 징계등 심의 대상자의 출석을 요구할 때에는 출석통지서로 하되, 징계위원회 개최 5일 전까지 그 징계등 심의 대상자에게 도달되도록 하여야 한다.
④ 징계등 의결을 요구한 자는 중징계의 징계등 의결을 통지받았을 때에는 통지받은 날부터 15일 이내에 징계등 처분 대상자의 임용권자에게 의결서 정본을 보내어 해당 징계등 처분을 제청하여야 한다. 다만, 경무관 이상의 강등 및 정직, 경정 이상의 파면 및 해임 처분의 제청, 총경 및 경정의 강등 및 정직의 집행은 경찰청장 또는 해양경찰청장이 한다.

정답 ④

난이도 하 중 상

해설 ①, ②, ③은 옳은 설명이며, ④는 틀린 설명이다.
④ ✗ 징계등 의결을 요구한 자는 중징계의 징계 등 의결을 통지받았을 때에는 지체 없이 징계등 처분 대상자의 임용권자에게 의결서 정본을 보내어 해당 징계등 처분을 제청하여야 한다. 다만, ㉠ 경무관 이상의 강등 및 정직, 경정 이상의 파면 및 해임 처분의 제청, ㉡ 총경 및 경정의 강등 및 정직의 집행은 경찰청장 또는 해양경찰청장이 한다(「경찰공무원 징계령」 제19조 제1항). 중징계 처분의 제청을 받은 임용권자는 15일 이내에 의결서 사본에 징계등 처분사유 설명서를 첨부하여 징계등 처분 대상자에게 보내야 한다(「경찰공무원 징계령」 제19조 제2항).

참고 징계의결의 집행(「경찰공무원 징계령」)

구 분	내 용
경징계 등의 집행	① 징계 등 의결을 요구한 자는 경징계의 징계 등 의결을 통지받았을 때에는 통지받은 날부터 15일 이내에 징계 등을 집행하여야 한다(동령 제18조 제1항). ② 징계 등 의결을 요구한 자는 징계 등 의결을 집행할 때에는 의결서 사본에 징계 등 처분 사유 설명서를 첨부하여 징계 등 처분 대상자에게 보내야 한다(동령 제18조 제2항).
중징계 등의 처분 제청과 집행	① 징계 등 의결을 요구한 자는 중징계의 징계 등 의결을 통지받았을 때에는 지체 없이 징계 등 처분 대상자의 임용권자에게 의결서 정본을 보내어 해당 징계 등 처분을 제청하여야 한다. 다만, ㉠ 경무관 이상의 강등 및 정직, 경정 이상의 파면 및 해임 처분의 제청, ㉡ 총경 및 경정의 강등 및 정직의 집행은 경찰청장이 한다(동령 제19조 제1항). ② 중징계 처분의 제청을 받은 임용권자는 15일 이내에 의결서 사본에 징계 등 처분 사유 설명서를 첨부하여 징계 등 처분 대상자에게 보내야 한다(동령 제19조 제2항).

0412

대통령령인 「경찰공무원 징계령」에 대한 다음 설명 중 가장 옳지 않은 것은?

| 66기 간부 |

① 경찰공무원 중앙징계위원회는 위원장 1명을 포함한 위원 11명 이상 51명 이하의 공무원위원과 민간위원으로, 경찰공무원 보통징계위원회는 위원장 1명을 포함한 위원 11명 이상 51명 이하의 공무원위원과 민간위원으로 구성한다.

② 경찰공무원 중앙징계위원회와 보통징계위원회는 위원 수의 2분의 1 이상을 성별을 고려하여 민간위원으로 위촉해야 한다.

③ 징계위원회가 설치된 경찰기관의 장은 징계 등 심의대상자보다 상위 계급인 경위 이상의 소속 경찰공무원 또는 상위 직급에 있는 6급 이상의 소속 공무원 중에서 징계위원회의 공무원위원을 임명한다.

④ 징계위원회가 징계 등 심의대상자의 출석을 요구할 때에는 징계위원회 개최 2일 전까지 그 징계등 심의대상자에게 출석통지서가 도달되도록 하여야 한다.

- **정답** ④
- **난이도**
- **해설** ①, ②, ③은 옳은 설명이며, ④는 틀린 설명이다.

④ ✗ 징계위원회가 징계등 심의대상자의 출석을 요구할 때에는 출석통지서로 하되, 징계위원회 개최일 5일 전까지 그 징계등 심의대상자에게 도달되도록 하여야 한다(「경찰공무원 징계령」 제12조 제1항). 징계위원회는 출석 통지를 하였음에도 불구하고 징계등 심의대상자가 정당한 사유 없이 출석하지 아니하였을 때에는 그 사실을 기록에 분명히 적고 서면심사로 징계 등 의결을 할 수 있다(「경찰공무원 징계령」 제12조 제3항).

참고 징계위원회에의 출석심사(「경찰공무원 징계령」)

구 분	내 용
징계 등 심의대상자의 출석요구	① 징계위원회가 징계 등 심의대상자의 출석을 요구할 때에는 출석통지서로 하되, 징계위원회 개최일 5일 전까지 그 징계 등 심의대상자에게 도달되도록 하여야 한다(동령 제12조 제1항). ② 징계위원회는 징계 등 심의대상자가 그 징계위원회에 출석하여 진술하기를 원하지 아니할 때에는 진술권 포기서를 제출하게 하여 이를 기록에 첨부하고 서면심사로 징계 등 의결을 할 수 있다(동령 제12조 제2항). ③ 징계위원회는 출석 통지를 하였음에도 불구하고 징계 등 심의대상자가 정당한 사유 없이 출석하지 아니하였을 때에는 그 사실을 기록에 분명히 적고 서면심사로 징계 등 의결을 할 수 있다(동령 제12조 제3항 본문).
징계 등 심의대상자의 소재가 분명하지 아니한 경우 등	징계 등 심의대상자의 소재가 분명하지 아니한 때에는 출석통지를 관보에 게재하고, 그 게재일로부터 10일이 지나면 출석통지가 송달된 것으로 보며, 징계 등 의결을 할 때에는 관보 게재의 사유와 그 사실을 기록에 분명히 적어야 한다(동령 제12조 제3항 단서).

0413

경찰공무원의 징계에 관한 설명으로 가장 적절하지 않은 것은? (다툼이 있는 경우 판례에 의함)

| 23년 2차 순경 |

① 공무원인 피징계자에게 징계사유가 있어서 징계처분을 하는 경우 어떠한 처분을 할 것인가는 징계권자의 재량에 맡겨진 것이고, 다만 징계권자가 재량권의 행사로서 한 징계처분이 사회통념상 현저하게 타당성을 잃어 징계권자에게 맡겨진 재량권을 남용한 것이라고 인정되는 경우에 한하여 그 처분을 위법하다고 할 수 있다.

② 동료 경찰관에 대한 성희롱을 이유로 징계에 의하여 해임처분을 받은 경찰관은 해임처분을 받은 때부터 3년이 지나면 경찰공무원으로 임용될 수 있다.

③ 징계등 의결 요구를 받은 징계위원회는 그 요구서를 받은 날부터 30일 이내에 징계등에 관한 의결을 하여야 하나, 부득이한 사유가 있을 때에는 해당 징계등 의결을 요구한 경찰기관의 장의 승인을 받아 30일 이내의 범위에서 그 기한을 연기할 수 있다.

④ 징계위원회는 징계등 의결을 하였을 때에는 지체 없이 징계등 의결을 요구한 자에게 의결서 정본(正本)을 보내어 통지하여야 한다.

정답 ②

난이도 하 중 상

해설 ①, ③, ④는 옳은 설명이며, ②는 틀린 설명이다.
② ✗ 징계에 의하여 파면 또는 해임처분을 받은 사람은 경찰공무원으로 임용될 수 없다(「경찰공무원법」 제8조 제2항).

참고 징계의결 기한(「경찰공무원 징계령」)

30일 이내 징계의결	① 징계 등 의결을 요구받은 징계위원회는 그 요구서를 받은 날로부터 30일 이내에 징계 등에 관한 의결을 하여야 한다. 다만, 부득이한 사유가 있을 때에는 해당 징계의결을 요구한 경찰기관의 장의 승인을 받아 30일 이내의 범위 안에서 그 기한을 연기할 수 있다(동령 제11조 제1항). ② 징계 등 의결이 요구된 사건에 대한 징계 등 절차의 진행이 감사원이나 수사기관의 조사·수사개시 통지에 따라 중지되었을 때에는 그 중지된 기간은 징계 등 의결기한에서 제외한다(동령 제11조 제2항).

0414

경찰공무원의 징계책임에 대한 설명으로 가장 적절한 것은? |21년 2차 순경|

① 「경찰공무원 징계령」상 중징계에는 파면, 해임 및 강등이 있으며, 경징계에는 정직, 감봉 및 견책이 있다.
② 「경찰공무원 징계령」상 징계등 심의 대상자는 증인의 심문을 신청할 수 있다. 이 경우 징계위원회의 위원장이 그 채택 여부를 결정한다.
③ 「국가공무원법」상 정직은 1개월 이상 3개월 이하의 기간으로 하고, 정직 처분을 받은 자는 그 기간 중 공무원의 신분은 보유하나 직무에 종사하지 못하며 보수의 3분의 2를 감한다.
④ 「경찰공무원법」상 경무관 이상의 경찰공무원에 대한 징계의결은 「국가공무원법」에 따라 국무총리 소속으로 설치된 징계위원회에서 한다.

정답 ④

난이도 하 중 상

해설 ④는 옳은 설명이며, ①, ②, ③은 틀린 설명이다.
① ✗ 「경찰공무원 징계령」상 징계의 종류로는 『중징계』로서 파면·해임·강등·정직이 있고, 『경징계』로서 감봉·견책이 있다(「경찰공무원 징계령」 제2조).
② ✗ 징계 등 심의대상자는 증인의 심문을 신청할 수 있다. 이 경우 징계위원회는 의결로써 그 채택 여부를 결정하여야 한다(「경찰공무원 징계령」 제13조 제3항).
③ ✗ 「국가공무원법」상 정직은 1개월 이상 3개월 이하의 기간으로 하고, 정직 처분을 받은 자는 그 기간 중 공무원의 신분은 보유하나 직무에 종사하지 못하며 보수의 전액을 감한다.

참고 정직
① 1개월 이상 3개월 이하 정직 → 경찰관 신분은 그대로 보유, 직무정지, 보수의 전액 감액
② 정직기간 + 18개월 동안 승진임용·호봉승급 제한, 승진소요 최저근무연수에 불포함
③ 금품·향응 수수, 공금횡령·유용, 소극행정, 음주운전, 음주측정불응, 성폭력, 성희롱, 성매매로 인한 정직의 경우에는 6개월을 더한 기간 승진 및 승급 제한
④ 경력평정 기간에서 제외
⑤ 정직은 1개월~3개월의 기간을 정하여야 하고, 해당 기간을 추가하는 것은 불가

0415

「경찰공무원 징계령」상 경찰공무원 징계에 대한 설명으로 가장 적절한 것은?  | 21년 1차 순경 변형 |

① 징계위원회는 징계 등 사건을 의결할 때에는 징계 등 심의대상자의 비위행위 당시 계급 및 직위, 비위행위가 공직 내외에 미치는 영향, 평소 행실, 공적, 뉘우치는 정도나 그 밖의 정상과 징계 등 의결을 요구한 자의 의견을 고려할 수 있다.

② 징계등 의결 요구를 받은 징계위원회는 그 요구서를 받은 날부터 60일 이내에 징계등에 관한 의결을 하여야 한다. 다만, 부득이한 사유가 있을 때에는 해당 징계등 의결을 요구한 경찰기관의 장의 승인을 받아 30일 이내의 범위에서 그 기간을 연장할 수 있다.

③ 징계등 심의 대상자의 소재가 분명하지 아니할 때에는 출석통지를 관보에 게재하고, 그 게재일부터 7일이 지나면 출석통지가 송달된 것으로 보며, 징계등 의결을 할 때에는 관보게재의 사유와 그 사실을 기록에 분명히 적어야 한다.

④ 징계위원회의 의결은 위원장을 포함한 위원 과반수의 출석과 출석위원 과반수의 찬성으로 의결하되, 의견이 나뉘어 출석위원 과반수의 찬성을 얻지 못한 경우에는 출석위원 과반수가 될 때까지 징계등 심의 대상자에게 가장 불리한 의견을 제시한 위원의 수를 그 다음으로 불리한 의견을 제시한 위원의 수에 차례로 더하여 그 의견을 합의된 의견으로 본다.

 ④

 하 중 상

해설 ④는 옳은 설명이며, ①, ②, ③은 틀린 설명이다.

① ✗ 징계위원회는 징계 등 사건을 의결할 때에는 징계 등 심의대상자의 비위행위 당시 계급 및 직위, 비위행위가 공직 내외에 미치는 영향, 평소 행실, 공적, 뉘우치는 정도나 <u>그 밖의 정상과 징계 등 의결을 요구한 자의 의견을 고려해야 한다</u>(「경찰공무원 징계령」 제16조).

② ✗ 징계등 의결을 요구받은 징계위원회는 그 요구서를 받은 날로부터 <u>30일 이내</u>에 징계등에 관한 의결을 하여야 한다. 다만, 부득이한 사유가 있을 때에는 해당 <u>징계등 의결을 요구한 경찰기관의 장의 승인</u>을 얻어 <u>30일 이내의 범위</u> 안에서 그 기간을 연기할 수 있다(「경찰공무원 징계령」 제11조 제1항).

③ ✗ 징계등 심의 대상자의 소재가 분명하지 아니할 때에는 <u>출석통지를 관보에 게재</u>하고, 그 게재일부터 <u>10일</u>이 지나면 <u>출석통지가 송달된 것</u>으로 보며, 징계등 의결을 할 때에는 관보게재의 사유와 그 사실을 기록에 분명히 적어야 한다(「경찰공무원 징계령」 제12조 제3항 단서).

0416

경찰공무원의 징계에 대한 설명으로 가장 적절하지 않은 것은?

| 19년 1차 순경 |

① 파면 징계처분을 받은 자(재직기간 5년 미만)의 퇴직급여는 1/4을 감액한 후 지급한다.
② 성폭력, 성희롱 및 성매매에 따른 강등 징계처분을 받은 자는 그 처분의 집행이 끝난 날부터 24개월이 지나지 않은 경우 승진임용될 수 없다.
③ 정직 징계처분을 받은 자는 1개월 이상 3개월 이하의 기간 동안 직무에 종사하지 못하며, 정직기간 중 보수는 1/3을 감한다.
④ 임용(제청)권자는 승진후보자 명부에 기록된 사람이 승진임용되기 전에 정직 이상 징계처분을 받은 경우에는 승진후보자 명부에서 그 후보자를 제외하여야 한다.

- **정답** ③
- **난이도**
- **해설** ①, ②, ④는 옳은 설명이며, ③은 틀린 설명이다.
  ③ ✗ 『정직』 징계처분을 받은 자는 1개월 이상 3개월 이하의 기간 동안 직무에 종사하지 못하며, 정직기간 중 보수는 전액 감액한다.

참고 파면

① 경찰관 신분을 박탈, 즉 경찰공무원 근무관계의 소멸
② 향후 경찰관 임용이 불가능(일반공무원의 파면의 경우에는 5년간 임용 제한)
③ 퇴직급여액의 감액지급
  ㉠ 재직기간이 5년 미만인 자 : 퇴직급여액의 4분의 1을 감액하고 지급
  ㉡ 재직기간이 5년 이상인 자 : 퇴직급여액의 2분의 1을 감액하고 지급
  ㉢ 퇴직수당을 재직기간 상관없이 2분의 1을 감액하고 지급

0417

「경찰공무원 징계령」에 대한 내용으로 가장 적절하지 않은 것은? |18년 2차 순경|

① 징계위원회의 위원장은 위원회의 사무를 총괄하고 위원회를 대표하며, 표결권을 가진다.
② 징계위원회는 출석 통지를 하였음에도 불구하고 징계등 심의대상자가 정당한 사유 없이 출석하지 아니하였을 때에는 그 사실을 기록에 분명히 적고 서면심사로 징계등 의결을 할 수 있다. 다만, 징계등 심의 대상자의 소재가 분명하지 아니할 때에는 출석 통지를 관보에 게재하고, 그 게재일부터 10일이 지나면 출석 통지가 송달된 것으로 보며, 징계등 의결을 할 때에는 관보 게재의 사유와 그 사실을 기록에 분명히 적어야 한다.
③ 징계등 의결을 요구한 자는 경징계의 징계등 의결을 통지받았을 때에는 통지받은 날부터 15일 이내에 징계등을 집행하여야 한다.
④ 징계등 의결 요구를 받은 징계위원회는 그 요구서를 받은 날부터 30일 이내에 징계등에 관한 의결을 하여야 한다. 다만, 부득이한 사유가 있을 때에는 해당 징계등 심의 대상자에게 그 사유를 고지하고 30일 이내의 범위에서 그 기간을 연장할 수 있다.

 ④

해설 ①, ②, ③은 옳은 설명이며, ④는 틀린 설명이다.
④ ✗ 징계등 의결을 요구받은 징계위원회는 그 요구서를 받은 날부터 30일 이내에 징계등에 관한 의결을 하여야 한다. 다만, 부득이한 사유가 있을 때에는 해당 징계의결을 요구한 경찰기관의 장의 승인을 얻어 30일 이내의 범위 안에서 그 기간을 연기할 수 있다(「경찰공무원 징계령」 제11조 제1항).

참고 징계의결 기한(「경찰공무원 징계령」)

30일 이내 징계의결	① 징계 등 의결을 요구받은 징계위원회는 그 요구서를 받은 날로부터 30일 이내에 징계 등에 관한 의결을 하여야 한다. 다만, 부득이한 사유가 있을 때에는 해당 징계의결을 요구한 경찰기관의 장의 승인을 받아 30일 이내의 범위 안에서 그 기한을 연기할 수 있다(동령 제11조 제1항). ② 징계 등 의결이 요구된 사건에 대한 징계 등 절차의 진행이 감사원이나 수사기관의 조사·수사개시 통지에 따라 중지되었을 때에는 그 중지된 기간은 징계 등 의결기한에서 제외한다(동령 제11조 제2항).

0418

「경찰공무원 징계령」상 경찰공무원 징계에 대하여 설명한 것이다. 옳은 것을 모두 고른 것은?

| 17년 2차 순경 변형 |

> ㉠ 경찰공무원 보통징계위원회는 해당 징계위원회가 설치된 경찰기관 소속 경정 이하 경찰공무원에 대한 징계등 사건을 심의·의결한다.
> ㉡ 경찰공무원 보통징계위원회는 위원장 1명을 포함하여 11명 이상 51명 이하의 공무원위원과 민간위원으로 구성한다.
> ㉢ 징계등 의결 요구를 받은 징계위원회는 그 요구서를 받은 날부터 30일 이내에 징계등에 관한 의결을 하여야 한다. 다만, 부득이한 사유가 있을 때에는 해당 징계등 의결을 요구한 경찰기관의 장의 승인을 받아 30일 이내의 범위에서 그 기간을 연장할 수 있다.
> ㉣ 징계위원회의 위원 중 징계등 심의 대상자의 친족이나 그 징계사유와 관계가 있는 사람은 그 징계등 사건의 심의에 관여하지 못한다.
> ㉤ 징계위원회는 징계등 사건을 의결할 때에는 징계등 심의대상자의 비위행위 당시 계급 및 직위, 비위행위가 공직 내외에 미치는 영향, 평소 행실, 공적, 뉘우치는 정도나 그 밖의 정상과 징계등 의결을 요구한 자의 의견을 고려할 수 있다.

① ㉠, ㉤
② ㉡, ㉢, ㉣
③ ㉡, ㉢, ㉤
④ ㉡, ㉢, ㉣, ㉤

- **정답** ②
- **난이도** 하 중 상
- **해설** ⓒ, ⓒ, ⓔ은 옳은 설명이며, ⓐ, ⓓ은 틀린 설명이다.
  - ⓐ ✗ 경찰공무원 「보통징계위원회」는 해당 징계위원회가 설치된 경찰기관 소속 경감 이하 경찰공무원에 대한 징계등 사건을 심의·의결한다(「경찰공무원 징계령」제4조 제2항). 경찰공무원 보통징계위원회는 경찰청, 시·도경찰청, 경찰대학, 경찰인재개발원, 중앙경찰학교, 경찰수사연수원, 경찰병원, 경찰서, 경찰기동대, 의무경찰대 및 경찰청장이 지정하는 경감 이상의 경찰공무원을 장으로 하는 기관에 둔다(「경찰공무원 징계령」제3조 제2항).
  - ⓓ ✗ 징계위원회는 징계등 사건을 의결할 때에는 징계등 심의대상자의 비위행위 당시 계급 및 직위, 비위행위가 공직 내외에 미치는 영향, 평소 행실, 공적, 뉘우치는 정도나 그 밖의 정상과 징계등 의결을 요구한 자의 의견을 고려해야 한다(「경찰공무원 징계령」제16조).

참고 경찰공무원 보통징계위원회(「경찰공무원 징계령」)

구분	내용
설치 및 관할	① 보통징계위원회는 경찰청, 시·도경찰청, 경찰대학, 경찰인재개발원, 중앙경찰학교, 경찰수사연수원, 경찰병원, 경찰서, 경찰기동대, 의무경찰대 및 경찰청장이 지정하는 경감 이상의 경찰공무원을 장으로 하는 기관에 둔다(동령 제3조 제2항). ② 보통징계위원회는 해당 징계위원회가 설치된 경찰기관 소속 경감 이하 경찰공무원에 대한 징계 등 사건을 심의·의결한다(동령 제4조 제2항). ③ ⓐ 경정 이상의 경찰공무원을 장으로 하는 경찰서, ⓑ 경찰기동대 등 총경 이상의 경찰공무원을 장으로 하는 경찰기관에 설치된 보통징계위원회는 소속 경위 이하의 경찰공무원에 대한 징계를 심의·의결한다(동령 제4조 제2항 제1호). ④ 의무경찰대 등 경감 이상의 경찰공무원을 장으로 하는 경찰기관에 설치된 보통징계위원회는 소속 경사 이하의 경찰공무원에 대한 징계를 심의·의결한다(동령 제4조 제2항 제2호). ⑤ 경찰청에 설치된 보통징계위원회는 경찰청장이 징계 등 의결을 요구하는 경찰공무원에 대한 징계 등 사건을 심의·의결한다(동령 제4조 제3항). ⑥ 보통징계위원회의 징계 관할에서 제외되는 경찰공무원의 징계 등 사건은 바로 위 상급 경찰기관에 설치된 보통징계위원회에서 심의·의결한다(동령 제4조 제4항).
구성	① 보통징계위원회는 위원장 1명을 포함하여 11명 이상 51명 이하의 공무원위원과 민간위원으로 구성한다(동령 제6조 제1항). 즉, 중앙징계위원회와 동일하다. ② 보통징계위원회는 위원 수의 2분의 1 이상을 민간위원으로 위촉한다. 이 경우 특정 성별의 위원이 민간위원 수의 10분의 6을 초과하지 않도록 해야 한다(동령 제6조 제3항). 즉, 중앙징계위원회와 동일하다.

0419

「경찰공무원법」상 징계에 관한 다음 설명 중 가장 적절하지 않은 것은? | 16년 1차 순경 변형 |

① 경무관 이상의 경찰공무원에 대한 징계의결은 「국가공무원법」에 따라 국무총리 소속으로 설치된 징계위원회에서 한다.
② 경찰공무원 중앙징계위원회는 총경 및 경정에 대한 징계 또는 징계부가금 부과 사건에 대한 심의·의결을 담당한다.
③ 경무관 이상의 강등 및 정직과 경정 이상의 파면 및 해임처분의 제청은 행정안전부장관의 제청으로 국무총리를 거쳐 대통령이 한다.
④ 국무총리 소속 징계위원회는 위원장 1명을 포함하여 17명 이상 33명 이하의 공무원위원과 민간위원으로 구성한다. 경찰공무원 중앙징계위원회와 보통징계위원회는 위원장 1명을 포함하여 11명 이상 51명 이하의 공무원위원과 민간위원으로 구성한다.

- **정답** ③
- **난이도**
- **해설**

①, ②, ④는 옳은 설명이며, ③은 틀린 설명이다.

③ ❌ 징계 등 의결을 요구한 자는 중징계의 징계 등 의결을 통지받았을 때에는 지체 없이 징계 등 처분대상자의 임용권자에게 의결서 정본을 보내어 해당 징계 등 처분을 제청하여야 한다. 다만, ㉠ 경무관 이상의 강등 및 정직, 경정 이상의 파면 및 해임 처분의 제청, ㉡ 총경 및 경정의 강등 및 정직의 집행은 경찰청장이 한다(「경찰공무원 징계령」 제19조 제1항).

참고 경찰공무원 중앙징계위원회(「경찰공무원 징계령」)

구분	내용
설치 및 관할	① 중앙징계위원회는 경찰청 및 해양경찰청에 둔다(동령 제3조 제2항). ② 중앙징계위원회는 총경 및 경정에 대한 징계 또는 징계부가금 부과 사건에 대한 심의·의결을 담당한다(동령 제4조 제1항).
구성	① 중앙징계위원회는 위원장 1명을 포함하여 11명 이상 51명 이하의 공무원위원과 민간위원으로 구성한다(동령 제6조 제1항). ② 중앙징계위원회는 위원 수의 2분의 1 이상을 민간위원으로 위촉한다. 이 경우 특정 성별의 위원이 민간위원 수의 10분의 6을 초과하지 않도록 해야 한다(동령 제6조 제3항). 즉, 보통징계위원회와 동일하다.

0420

경찰공무원의 징계에 대한 설명으로 가장 적절하지 않은 것은? | 15년 3차 순경 변형 |

① 강등은 1계급 아래로 직급을 내리고 공무원신분은 보유하나 1개월 이상 3개월 이하의 기간 동안 직무에 종사하지 못하며 그 기간 중 보수의 전액을 감한다.
② 정직은 1개월 이상 3개월 이하의 기간으로 하고, 정직 처분을 받은 자는 그 기간 중 공무원의 신분은 보유하나 직무에 종사하지 못하며 보수의 전액을 감한다.
③ 견책은 전과에 대하여 훈계하고 회개하게 한다.
④ 감사원과 검찰·경찰, 그 밖의 수사기관은 조사나 수사를 시작한 때와 이를 마친 때에는 10일 내에 소속 기관의 장에게 그 사실을 통보하여야 한다.

- **정답** ①
- **난이도**
- **해설** ②, ③, ④는 옳은 설명이며, ①은 틀린 설명이다.
  ① ❌ 「강등」은 1계급 아래로 직급을 내리고 공무원신분은 보유하나 <u>3개월의 기간</u> 동안 직무에 종사하지 못하며 그 기간 중 <u>보수의 전액을 감한다</u>. 「정직」의 경우에는 <u>1개월 이상 3개월 이하</u>의 기간 동안 직무에 종사하지 못하나, 강등의 경우에는 직무에 종사하지 못하는 기간이 3개월로 명시적으로 규정되어 있다.

> **참고** 강등
> ① 1계급 강등 + 정직 3개월 → 경찰관 신분은 그대로 보유, 직무정지, 정직기간 보수의 전액 감액
> ② 정직 3개월 + 18개월 동안 승진임용·호봉승급 제한, 승진소요 최저근무연수에 불포함
> ③ 금품·향응 수수, 공금횡령·유용, 소극행정, 음주운전, 음주측정불응, 성폭력, 성희롱, 성매매로 인한 강등의 경우에는 6개월을 더한 기간 승진 및 승급 제한
> ④ 강등 이전의 계급 정년을 그대로 유지

0421

「경찰공무원 징계령」에 대한 설명으로 **틀린** 것은 모두 몇 개인가?

| 15년 1차 순경 변형 |

> ㉠ 중징계란 파면, 해임, 강등을 말하며, 경징계란 정직, 감봉 및 견책을 말한다.
> ㉡ 경찰공무원 보통징계위원회는 해당 징계위원회가 설치된 경찰기관 소속 경정 이하 경찰공무원에 대한 징계 등 사건을 심의·의결한다.
> ㉢ 경찰공무원 중앙징계위원회는 위원장 1명을 포함하여 11명 이상 51명 이하의 공무원위원과 민간위원으로 구성한다.
> ㉣ 징계위원회의 의결은 위원장을 포함한 위원 과반수의 출석과 출석위원 2/3의 찬성으로 의결한다.
> ㉤ 소속이 다른 2명 이상의 경찰공무원이 관련된 징계 등 사건으로서 관할 징계위원회가 서로 다른 경우에는 모두를 관할하는 바로 위 상급 경찰기관에 설치된 징계위원회에서 심의·의결한다.

① 0개　　　　　　　　　　② 1개
③ 2개　　　　　　　　　　④ 3개

정답 ④

난이도 하 중 상

해설 ㉢, ㉤은 옳은 설명이며, ㉠, ㉡, ㉣은 틀린 설명이다.
　㉠ ✗ 『중징계』란 파면, 해임, 강등, 정직을 말한다. 『경징계』란 감봉 및 견책을 말한다(「경찰공무원 징계령」 제2조).
　㉡ ✗ 경찰공무원 『보통징계위원회』는 해당 징계위원회가 설치된 경찰기관 소속 경감 이하 경찰공무원에 대한 징계 등 사건을 심의·의결한다(「경찰공무원 징계령」 제4조 제2항).
　㉣ ✗ 징계위원회의 의결은 위원장을 포함한 위원 과반수의 출석과 출석위원 과반수의 찬성으로 의결(일반의결정족수)하되, 의결이 나뉘어 출석위원 과반수의 찬성을 얻지 못한 경우에는 출석위원 과반수가 될 때까지 징계등 심의대상자에게 가장 불리한 의견을 제시한 위원의 수를 그 다음으로 불리한 의견을 제시한 위원의 수에 차례로 더하여 그 의견을 합의된 의견으로 본다(「경찰공무원 징계령」 제14조 제1항).

참고 징계의 의결 - 의결정족수(「경찰공무원 징계령」)

징계위원회의 의결은 위원장을 포함한 위원 과반수의 출석과 출석위원 과반수의 찬성으로 의결(일반의결정족수)하되, 의견이 나뉘어 출석위원 과반수의 찬성을 얻지 못한 경우에는 출석위원 과반수가 될 때까지 징계 등 심의대상자에게 가장 불리한 의견을 제시한 위원의 수를 그 다음으로 불리한 의견을 제시한 위원의 수에 차례로 더하여 그 의견을 합의된 의견으로 본다(동령 제14조 제1항).

0422

다음은 경찰공무원 징계를 설명한 것이다. 가장 적절한 것은? | 14년 1차 순경 변형 |

① 총경과 경정의 강등 및 정직의 집행은 경찰청장이 행한다.
② 경무관 이상의 경찰공무원에 대한 징계의결은 「국가공무원법」에 따라 경찰청에 설치된 경찰공무원 중앙징계위원회에서 한다.
③ 징계 등 의결을 요구한 자는 경징계의 징계 등 의결을 통지 받았을 때에는 통지받은 날부터 30일 이내에 징계 등을 집행하여야 한다.
④ 중징계 처분의 제청을 받은 임용권자는 30일 이내에 의결서 사본에 징계등 처분사유설명서를 첨부하여 징계등 처분대상자에게 보내야 한다.

 ①

해설 ①은 옳은 설명이며, ②, ③, ④는 틀린 설명이다.

② ✗ 경무관 이상의 경찰공무원에 대한 징계의결은 국무총리 소속으로 설치된 「국무총리 소속 징계위원회」에서 한다 (「경찰공무원법」 제32조 제1항).

③ ✗ 징계 등 의결을 요구한 자는 경징계의 징계 등 의결을 통지 받았을 때에는 통지받은 날부터 15일 이내에 징계 등을 집행하여야 한다(「경찰공무원 징계령」 제18조 제1항).

④ ✗ 중징계 처분의 제청을 받은 임용권자는 15일 이내에 의결서 사본에 징계등 처분사유설명서를 첨부하여 징계등 처분대상자에게 보내야 한다(「경찰공무원 징계령」 제19조 제2항).

참고 국무총리 소속 징계위원회(「경찰공무원 징계령」)

구 분	내 용
설치 및 관할	경무관 이상의 경찰공무원에 대한 징계 의결은 국무총리 소속으로 설치된 징계위원회에서 의결한다(「경찰공무원법」 제32조 제1항).
구 성	국무총리 소속 징계위원회는 위원장 1명을 포함하여 17명 이상 33명 이하의 공무원위원과 민간위원으로 구성한다. 이 경우 민간위원의 수는 위원장을 제외한 위원 수의 2분의 1 이상이어야 한다(「공무원 징계령」 제4조 제1항).

0423

「경찰공무원 징계령」에 관한 설명으로 가장 적절하지 않은 것은?

|23년 승진|

① 징계위원회는 위원과 징계등 심의대상자, 징계등 의결을 요구하거나 신청한 자, 증인, 관계인 등 회의에 출석하는 사람이 동영상과 음성이 동시에 송수신되는 장치가 갖추어진 서로 다른 장소에 출석하여 진행하는 원격영상회의 방식으로 심의·의결할 수 있다.
② 징계위원회는 위원장 1명을 포함하여 11명 이상 51명 이하의 공무원위원과 민간위원으로 구성한다.
③ 징계등 의결 요구를 받은 징계위원회는 그 요구서를 받은 날로부터 30일 이내에 징계등에 관한 의결을 하여야 한다. 다만, 부득이한 사유가 있을 때에는 해당 징계등 심의대상자의 동의를 받아 30일 이내의 범위에서 그 기한을 연기할 수 있다.
④ 징계위원회가 설치된 경찰기관의 장은 위원 수의 2분의 1 이상을 자격이 있는 민간위원으로 위촉한다. 이 경우 특정 성별의 위원이 민간위원 수의 10분의 6을 초과하지 않도록 해야 한다.

- **정답** ③
- **난이도**
- **해설** ①, ②, ④는 옳은 설명이며, ③은 틀린 설명이다.
  ③ ✗ 징계 등 의결을 요구받은 징계위원회는 그 요구서를 받은 날로부터 30일 이내에 징계 등에 관한 의결을 하여야 한다. 다만, 부득이한 사유가 있을 때에는 해당 징계의결을 요구한 경찰기관의 장의 승인을 받아 30일 이내의 범위 안에서 그 기한을 연기할 수 있다(「경찰공무원 징계령」 제11조 제1항). 징계 등 의결이 요구된 사건에 대한 징계 등 절차의 진행이 감사원이나 수사기관의 조사·수사개시 통지에 따라 중지되었을 때에는 그 중지된 기간은 징계 등 의결기한에서 제외한다(「경찰공무원 징계령」 제11조 제2항).

0424

「경찰공무원 징계령」에 대한 설명으로 가장 적절하지 않은 것은?

| 20년 승진 변형 |

① 징계등 의결 요구를 받은 징계위원회는 그 요구서를 받은 날부터 30일 이내에 징계등에 관한 의결을 하여야 한다. 다만, 부득이한 사유가 있을 때에는 당해 징계심의대상자의 동의를 얻어 30일 이내의 범위에서 그 기간을 연장할 수 있다.
② 징계위원회가 징계등 심의 대상자의 출석을 요구할 때에는 출석통지서로 하되, 징계위원회 개최일 5일 전까지 그 징계등 심의 대상자에게 도달되도록 하여야 한다.
③ 징계등 심의 대상자의 소재가 분명하지 아니할 때에는 출석통지를 관보에 게재하고, 그 게재일로부터 10일이 지나면 출석통지가 송달된 것으로 본다.
④ 징계등 의결을 요구한 자는 경징계의 징계등 의결을 통지받았을 때에는 통지받은 날부터 15일 이내에 징계등을 집행하여야 한다.

- **정답** ①
- **난이도**
- **해설** ②, ③, ④는 옳은 설명이며, ①은 틀린 설명이다.
  ① ❌ 징계등 의결을 요구받은 징계위원회는 그 요구서를 받은 날로부터 30일 이내에 징계등에 관한 의결을 하여야 한다. 다만, 부득이한 사유가 있을 때에는 해당 징계의결을 요구한 경찰기관의 장의 승인을 얻어 30일 이내의 범위 안에서 그 기간을 연기할 수 있다(「경찰공무원 징계령」 제11조 제1항).

0425

「경찰공무원 징계령 세부시행규칙」상 감독자의 정상참작사유로 가장 적절하지 않은 것은? | 20년 승진 |

① 부임기간이 1개월 미만으로 부하직원에 대한 실질적인 감독이 곤란하다고 인정된 때
② 업무매뉴얼에 규정된 직무상의 절차를 충실히 이행한 때
③ 부하직원의 의무위반행위를 사전에 발견하여 적법 타당하게 조치한 때
④ 기타 부하직원에 대하여 평소 철저한 교양감독 등 감독자로서의 임무를 성실히 수행하였다고 인정된 때

- **정답** ②
- **난이도** 하 중 상
- **해설** ①, ③, ④는 감독자에 대한 징계책임의 감경사유에 해당하며, ②는 행위자(본인)에 대한 징계책임의 감경사유에 해당한다.

> **참고 감독자에 대한 징계책임의 감경**
>
> 징계요구권자 또는 징계위원회는 감독자에게 다음의 어느 하나에 해당하는 사유가 있을 때에는 징계책임을 감경하여 징계의결요구 또는 징계의결하거나 징계책임을 묻지 아니할 수 있다(「경찰공무원 징계령 세부시행규칙」 제5조 제2항).
> ① 부하직원의 의무위반행위를 사전에 발견하여 적법 타당하게 조치한 때
> ② 부하직원의 의무위반행위가 감독자 또는 행위자의 비번일, 휴가기간, 교육기간 등에 발생하거나, 소관업무와 직접 관련 없는 등 감독자의 실질적 감독범위를 벗어났다고 인정된 때
> ③ 부임기간이 1개월 미만으로 부하직원에 대한 실질적인 감독이 곤란하다고 인정된 때
> ④ 교정이 불가능하다고 판단된 부하직원의 사유를 명시하여 인사상 조치(전출 등)를 상신하는 등 성실히 관리한 이후에 같은 부하직원이 의무위반행위를 야기하였을 때
> ⑤ 기타 부하직원에 대하여 평소 철저한 교양감독 등 감독자로서의 임무를 성실히 수행하였다고 인정된 때

0426

경찰공무원의 징계의 종류와 효과에 대한 설명 중 가장 적절하지 않은 것은?  | 20년 승진 변형 |

① 경찰공무원의 징계는 파면·해임·강등·정직·감봉·견책으로 구분한다.
② 강등은 1계급 아래로 직급을 내리고 공무원신분은 보유하나 3개월간 직무에 종사하지 못하며 그 기간 중 보수는 전액을 감한다.
③ 징계에 의하여 파면된 경우, 재직기간이 5년 이상인 사람의 퇴직급여는 2분의 1을 감액하고, 재직기간이 5년 미만인 사람의 퇴직급여는 3분의 1을 감액한다.
④ 금품 및 향응 수수로 징계 해임된 자의 경우 재직기간이 5년 이상인 사람의 퇴직급여는 4분의 3을 지급하고, 재직기간이 5년 미만인 사람의 퇴직급여는 8분의 7을 지급한다.

- **정답** ③
- **난이도**
- **해설** ①, ②, ④는 옳은 설명이며, ③은 틀린 설명이다.
  ③ ✗ 징계에 의하여 파면된 경우, ㉠ 재직기간이 5년 이상인 사람의 퇴직급여는 2분의 1을 감액하고, ㉡ 재직기간이 5년 미만인 사람의 퇴직급여는 4분의 1을 감액한다.

참고 해임
① 경찰관 신분을 박탈, 즉 경찰공무원 근무관계의 소멸
② 향후 경찰관 임용이 불가능(일반공무원의 해임의 경우에는 3년간 임용 제한)
③ 퇴직급여액의 전액지급 원칙
④ 다만, 금품·향응 수수, 공금횡령·유용으로 해임된 경우 감액지급
  ㉠ 재직기간이 5년 미만인 자 : 퇴직급여액의 8분의 1을 감액하고 지급
  ㉡ 재직기간이 5년 이상인 자 : 퇴직급여액의 4분의 1을 감액하고 지급
  ㉢ 퇴직수당은 재직기간 상관없이 4분의 1을 감액하고 지급

0427

경찰공무원의 징계와 관련된 규정에 대한 설명으로 가장 적절하지 않은 것은? | 19년 승진 |

① 경찰기관의 장은 소속 경찰공무원 중 징계사유가 있다고 인정할 때와 징계등 의결 요구의 신청을 받은 때에는 지체 없이 관할 징계위원회를 구성하여 징계등 의결을 요청하여야 한다.
② 강등 징계시 3개월간 직무에 종사하지 못하며 금품 또는 향응 수수로 강등의 징계처분을 받은 경우 그 처분의 집행이 끝난 날로부터 21개월이 지나지 않으면 승진임용을 할 수 없다.
③ 감독자의 부임 기간이 1개월 미만으로 부하직원에 대한 실질적 감독이 곤란하다고 인정된 때에는 정상을 참작할 수 있다.
④ 행위자가 간첩 또는 사회이목을 집중시킨 중요사건의 범인을 검거한 공로가 있을 때나 업무매뉴얼에 규정된 직무상의 절차를 충실히 이행한 때에는 정상을 참작할 수 있다.

• 정답 ②
• 난이도 하 중 상
• 해설

①, ③, ④는 옳은 설명이며, ②는 틀린 설명이다.

② 강등 징계시 3개월간 직무에 종사하지 못한다. 그리고 정직 3개월의 기간과 이후의 18개월의 기간 동안 승진임용·호봉승급이 제한된다. 그리고 금품 또는 향응 수수로 해당 강등의 징계처분을 받은 경우에는 6개월을 더한 기간 승진 및 승급이 제한된다. 따라서 3개월 + 18개월 + 6개월의 기간, 즉 총 27개월의 기간 동안 승진임용할 수 없다(3개월 정직처분의 집행이 끝난 날부터는 24개월이 지나지 않으면 승진임용을 할 수 없다).

참고 행위자(본인)에 대한 징계책임의 감경

징계요구권자 또는 징계위원회는 다음의 어느 하나에 해당하는 사유가 있을 때에는 행위자의 징계책임을 감경하여 징계의결 요구 또는 징계의결하거나 징계책임을 묻지 아니할 수 있다(동령 세부시행규칙 제4조 제2항).
① 과실로 인한 의무위반행위가 다른 법령에 의해 처벌사유가 되지 않고 비난가능성이 없는 때
② 국가 또는 공공의 이익을 증진하기 위해 성실하고 능동적으로 업무를 처리하는 과정에서 부분적인 절차상 하자 또는 비효율, 손실 등의 잘못이 발생한 때
③ 업무매뉴얼에 규정된 직무상의 절차를 충실히 이행한 때
④ 의무위반행위의 발생을 방지하기 위해 최선을 다하였으나 부득이한 사유로 결과가 발생하였을 때
⑤ 발생한 의무위반행위에 대하여 자진신고하거나 사후조치에 최선을 다하여 원상회복에 크게 기여한 때
⑥ 간첩 또는 사회이목을 집중시킨 중요사건의 범인을 검거한 공로가 있을 때
⑦ 의무위반행위 중 직무와 관련이 없는 사고로 인한 의무위반행위로서 사회통념에 비추어 공무원의 품위를 손상하지 아니한 때

0428

「경찰공무원 징계령」에 관한 설명으로 가장 적절하지 않은 것은?

| 23년 법학특채 |

① 경찰기관의 장은 그 소속 경찰공무원에 대한 징계등 사건이 상급 경찰기관에 설치된 징계위원회의 관할에 속한 경우에는 그 상급 경찰기관의 장에게 징계의결서 등을 첨부하여 징계등 의결의 요구를 신청하여야 한다.

② 징계위원회의 회의는 위원장과 징계위원회가 설치된 경찰기관의 장이 회의마다 지정하는 4명 이상 6명 이하의 위원으로 성별을 고려하여 구성하되, 「성폭력범죄의 처벌 등에 관한 특례법」에 따른 성폭력범죄, 「양성평등기본법」에 따른 성희롱에 해당하는 징계 사건이 속한 징계위원회의 회의를 구성하는 경우에는 피해자와 같은 성별의 위원이 위원장을 제외한 위원 수의 2분의 1 이상 포함되어야 한다.

③ 징계위원회는 징계등 심의대상자가 그 징계위원회에 출석하여 진술하기를 원하지 아니할 때에는 진술권 포기서를 제출하게 하여 이를 기록에 첨부하고 서면심사로 징계등 의결을 할 수 있다.

④ 징계등 의결을 요구한 자 또는 징계등 의결의 요구를 신청한 자는 징계위원회에 출석하여 의견을 진술하거나 서면으로 의견을 진술할 수 있다. 다만, 중징계나 중징계 관련 징계부가금 요구 사건의 경우에는 특별한 사유가 없는 한 징계위원회에 출석하여 의견을 진술해야 한다.

- **정답** ②
- **난이도** 하 중 상
- **해설** ①, ③, ④는 옳은 설명이며, ②는 틀린 설명이다.

  ② ✗ 징계위원회의 회의는 <u>위원장과 징계위원회가 설치된 경찰기관의 장이 회의마다 지정하는</u>(위원장이 지정하는 ✗) <u>4명 이상 6명 이하의 위원으로 성별을 고려하여 구성</u>하되, <u>민간위원의 수는 위원장을 포함한 위원 수의 2분의 1 이상</u>이어야 한다(「경찰공무원 징계령」 제7조 제1항). 징계사유가 다음의 어느 하나에 해당하는 징계 사건이 속한 징계위원회의 회의를 구성하는 경우에는 <u>피해자와 같은 성별의 위원이 위원장을 제외한 위원 수의 3분의 1 이상 포함</u>되어야 한다(「경찰공무원 징계령」 제7조 제2항).
  ㉠ 「성폭력범죄의 처벌 등에 관한 특례법」에 따른 성폭력범죄
  ㉡ 「양성평등기본법」에 따른 성희롱

참고 징계의결의 요청(「경찰공무원 징계령」)

① 경찰기관의 장은 징계사유가 있다고 인정하거나 징계의결요구의 신청을 받은 때에는, 지체 없이 관할 징계위원회를 구성하여 징계의결을 요청하여야 한다(동령 제9조 제1항).

② 경찰기관의 장은 그 소속 경찰공무원에 대한 징계 등 사건이 상급 경찰기관에 설치된 징계위원회의 관할에 속한 경우에는 그 상급 경찰기관의 장에게 징계의결서 등을 첨부하여 징계 등 의결의 요구를 신청하여야 한다(동령 제9조 제2항).

③ 경찰기관의 장이 징계 등 의결 요구 또는 그 신청을 할 때에는 중징계 또는 경징계로 구분하여 요구하거나 신청하여야 한다(동령 제9조 제4항).

제7절 경찰공무원의 권익보장제도

0429　|71기 간부|

경찰공무원 고충심사에 대한 설명으로 가장 적절하지 <u>않은</u> 것은?

① 계급이 경사인 경찰공무원이 종교를 이유로 불합리한 차별을 겪어 고충을 당한 사안일 경우, 보통고충심사위원회에서 고충을 심사하는 것이 부적당하다고 인정될 경우에는 중앙고충심사위원회에서 심사할 수 있다.
② 경찰공무원 고충심사위원회를 두는 「경찰공무원법」 제31조 제1항에서 "대통령령이 정하는 경찰기관"이라 함은 경찰대학·경찰인재개발원·중앙경찰학교·경찰수사연수원·경찰서·경찰기동대·경비함정 기타 경정 이상의 경찰공무원을 장으로 하는 기관 중 행정안전부장관 또는 해양수산부장관이 지정하는 경찰기관을 말한다.
③ 경찰공무원 고충심사위원회는 위원장 1명을 포함하여 7명 이상 15명 이하의 공무원위원과 민간위원으로 구성한다. 이 경우 민간위원의 수는 위원장을 제외한 위원 수의 2분의 1 이상이어야 한다.
④ 경찰공무원 고충심사위원회의 위원장은 설치기관 소속 공무원 중에서 인사 또는 감사 업무를 담당하는 과장 또는 이에 상당하는 직위를 가진 사람이 된다.

- 정답 ②
- 난이도 상 중 하
- 해설 ①, ③, ④는 옳은 설명이며, ②는 틀린 설명이다.
  - ② ❌ 대통령령이 정하는 경찰기관이라 함은 경찰대학·경찰인재개발원·중앙경찰학교·경찰수사연수원·경찰서·경찰기동대·경비함정 기타 경감 이상의 경찰공무원을 장으로 하는 기관 중 행정안전부장관 또는 해양수산부장관이 지정하는 경찰기관을 말한다(「공무원고충처리규정」 제3조의2 제1항).

참고 경찰공무원 고충심사위원회의 설치 및 구성(「경찰공무원법」, 「공무원고충처리규정」)

구 분	내 용
설 치	① 경찰공무원의 인사상담 및 고충을 심사하기 위하여 경찰청, 해양경찰청, 시·도자치경찰위원회, 시·도경찰청, 대통령령으로 정하는 경찰기관 및 지방해양 경찰관서에 『경찰공무원 고충심사위원회』를 둔다(경찰공무원법 제31조 제1항). ② 대통령령으로 정하는 경찰기관이라 함은 경찰대학, 경찰인재개발원, 중앙경찰학교, 경찰수사연수원, 경찰서, 경찰기동대 기타 경감 이상의 경찰공무원을 장으로 하는 기관 중 행정안전부장관이 지정하는 경찰기관(경찰청장이 지정하는 기관 ×)을 말한다(동 규정 제3조의2 제1항).
심사대상	위원회는 경감 이하 경찰공무원의 고충심사를 담당한다.
구 성	경찰공무원 고충심사위원회는 위원장 1명을 포함하여 7명 이상 15명 이하의 공무원위원과 민간위원으로 구성한다. 이 경우 민간위원의 수는 위원장을 제외한 위원 수의 2분의 1 이상이어야 한다(동 규정 제3조의2 제2항).

0430

인사혁신처 소속의 소청심사위원회에 대한 설명으로 가장 옳지 않은 것은?

| 65기 간부 |

① 소청사건의 결정은 재적위원 3분의 2 이상 출석과 출석위원 과반수의 합의에 의하여 결정한다.
② 소청심사위원회의 위원은 금고 이상의 형벌이나 장기의 심신쇠약으로 직무를 수행할 수 없게 된 경우를 제외하고는 본인의 의사에 반하여 면직되지 아니한다.
③ 소청심사위원회는 위원장 1명을 포함한 5명 이상 7명 이하의 상임위원과 상임위원 수의 2분의 1 이상인 비상임위원으로 구성되며, 위원은 인사혁신처장이 임명한다.
④ 대학에서 정치학을 담당한 부교수 이상의 직에 5년 이상 근무한 자는 위원이 될 수 있다.

- **정답** ③
- **난이도**
- **해설**

①, ②, ④는 옳은 설명이며, ③은 틀린 설명이다.

③ ✗ 인사혁신처에 설치된 소청심사위원회는 위원장 1명을 포함한 5명 이상 7명 이하의 상임위원과 상임위원 수의 2분의 1 이상인 비상임위원으로 구성하되, 위원장은 정무직으로 보한다(「국가공무원법」 제9조 제3항). 소청심사위원은 인사혁신처장의 제청으로 국무총리를 경유하여 대통령이 임명한다(「국가공무원법」 제10조 제1항). 『소청심사』란 공무원이 징계처분 기타 본인의 의사에 반하는 불리한 처분을 받은 자가 관할 소청심사위원회에 심사를 청구하는 제도로서 일종의 특별행정심판이다.

참고 소청심사위원회의 위원의 임명절차 및 자격(「국가공무원법」)

구분	내용
임명절차	소청심사위원은 인사혁신처장의 제청으로 국무총리를 경유하여 대통령이 임명한다(동법 제10조 제1항). 인사혁신처장의 제청 → 국무총리 경유 → 대통령의 임명
자격	① 상임위원의 자격은 다음의 어느 하나에 해당하는 자 중에서 임명하여야 한다(동법 제10조 제1항). ㉠ 법관·검사 또는 변호사의 직에 5년 이상 근무한 자 ㉡ 대학에서 행정학·정치학 또는 법률학(암기 TIP : 행정법)을 담당한 부교수 이상의 직에 5년 이상 근무한 자(경찰학 담당 ×) ㉢ 3급 이상 해당 공무원 또는 고위공무원단에 속하는 공무원으로서 3년 이상 근무한 자 ② 비상임위원의 자격은 다음의 어느 하나에 해당하는 자 중에서 임명하여야 한다(동법 제10조 제1항). ㉠ 법관·검사 또는 변호사의 직에 5년 이상 근무한 자 ㉡ 대학에서 행정학·정치학 또는 법률학(암기 TIP : 행정법)을 담당한 부교수 이상의 직에 5년 이상 근무한 자(경찰학 담당 ×)

0431

「국가공무원법」 및 관련 법령에 따를 때, 소청심사와 관련하여 아래 사례에 관한 설명 중 가장 적절하지 않은 것은? | 22년 2차 순경 |

> ○○경찰서 소속 지구대에서 근무하는 순경 甲이 법령준수 의무위반 등 각종 비위행위로 인하여 관련 절차를 거쳐 징계권자로부터 해임의 징계처분을 받았다. 이에 순경 甲은 소청심사를 제기하고자 한다.

① 소청심사위원회는 소청심사 결과 甲의 비위행위의 정도에 비해 해임의 징계처분이 경미하다는 판단에 이르더라도 파면의 징계처분으로 변경하는 결정을 할 수 없다.
② 소청심사위원회에서 해임처분 취소명령결정을 내릴 경우, 그 해임의 징계처분은 소청심사위원회의 결정에 따른 징계나 그 밖의 처분이 있기 전에 당연히 효력을 상실한다.
③ 소청심사위원회에서 해임처분을 취소 또는 변경하고자 할 경우에는 재적 위원 3분의 2 이상의 출석과 출석 위원 3분의 2 이상의 합의가 있어야 한다.
④ 甲이 징계처분사유 설명서를 받은 날부터 30일 이내(甲에게 책임이 없는 사유로 소청심사를 청구할 수 없는 기간은 없다고 전제한다) 소청심사를 제기하지 않은 경우에는 행정소송을 제기할 수 없다.

- **정답** ②
- **난이도** 하 중 상
- **해설** ①, ③, ④는 옳은 설명이며, ②는 틀린 설명이다.
  ② 소청심사위원회의 취소명령 또는 변경명령 결정은 그에 따른 징계나 그 밖의 처분이 있을 때까지는 종전에 행한 징계처분 또는 징계부가금 부과 처분에 영향을 미치지 아니한다(「국가공무원법」 제14조 제7항).

참고 소청심사위원회의 결정의 효력(「국가공무원법」)

① 소청심사위원회의 결정은 처분행정청을 기속한다(동법 제15조).
② 소청심사위원회는 직접 처분의 취소·변경을 하거나, 처분청에 명할 수 있다.
③ 인사혁신처장은 소청심사위원회의 결정이 부당하다고 인정될 때에도 재심을 청구할 수 없다.
④ 소청심사위원회의 취소명령 또는 변경명령 결정은 그에 따른 징계나 그 밖의 처분이 있을 때까지는 종전에 행한 징계처분 또는 징계부가금 부과 처분에 영향을 미치지 아니한다(동법 제14조 제7항).
⑤ 소청심사위원회의 결정은 그 이유를 구체적으로 밝힌 결정서로 하여야 한다(동법 제14조 제9항).

0432

「국가공무원법」의 소청심사위원회 및 소청심사위원회 위원에 대한 내용이다. 아래 ㉠부터 ㉣까지의 내용 중 옳고 그름의 표시(O, X)가 바르게 된 것은? |18년 1차 순경|

> ㉠ 대학에서 행정학·정치학 또는 법률학을 담당한 부교수 이상의 직에 3년 이상 근무한 자는 위원이 될 수 있다.
> ㉡ 국회사무처, 법원행정처, 헌법재판소사무처 및 중앙선거관리위원회사무처에 설치된 소청심사위원회는 위원장 1명을 포함한 위원 5명 이상 7명 이하의 상임위원으로 구성한다.
> ㉢ 소청사건의 결정은 재적위원의 2분의 1 이상의 출석과 출석위원 과반수의 합의에 의하여 결정한다.
> ㉣ 소청심사위원회의 위원은 벌금 이상의 형벌이나 장기의 심신쇠약으로 직무를 수행할 수 없게 된 경우 외에는 본인의 의사에 반하여 면직되지 아니한다.

① ㉠ (X) ㉡ (X) ㉢ (O) ㉣ (O)
② ㉠ (X) ㉡ (O) ㉢ (X) ㉣ (X)
③ ㉠ (O) ㉡ (X) ㉢ (X) ㉣ (X)
④ ㉠ (X) ㉡ (X) ㉢ (X) ㉣ (X)

정답 ④

난이도 하 중 상

해설 ㉠, ㉡, ㉢, ㉣ 모두 틀린 설명이다.

㉠ X 인사혁신처에 설치된 소청심사위원회는 위원장 1명을 포함한 5명 이상 7명 이하의 『상임위원』과 상임위원 수의 2분의 1 이상인 『비상임위원』으로 구성하되, 위원장은 정무직으로 보한다(「국가공무원법」 제9조 제3항). 대학에서 행정학·정치학 또는 법률학(암기 TIP : 행정법)을 담당한 부교수 이상의 직에 5년 이상 근무한 자(암기 Tip : 행정법부 5년 이상)는 상임위원 또는 비상임위원이 될 수 있다(「국가공무원법」 제10조 제1항).

㉡ X 국회(사무처), 법원(행정처), 헌법재판소(사무처) 및 선거관리위원회(사무처) 소속 공무원의 소청에 관한 사항을 심사·결정하게 하기 위하여 각각 해당 소청심사위원회를 둔다(「국가공무원법」 제9조 제2항). 각각의 소청심사위원회 위원의 구성 수는 상이하다.

㉢ X 소청사건의 결정은 재적위원 3분의 2 이상의 출석과 출석위원 과반수의 합의에 따르되, 의견이 나뉠 경우에는 출석위원 과반수에 이를 때까지 소청인에게 가장 불리한 의견에 차례로 유리한 의견을 더하여 그 중 가장 유리한 의견을 합의된 의견으로 본다(「국가공무원법」 제14조 제1항). 제1항에도 불구하고 ㉠ 파면·해임·강등 또는 정직에 해당하는 징계처분(즉, 중징계의 경우)을 취소 또는 변경하려는 경우와 ㉡ 효력 유무 또는 존재 여부에 대한 확인을 하려는 경우(즉, 무효확인결정 또는 부존재확인결정)에는 재적위원 3분의 2 이상의 출석과 출석위원 3분의 2 이상의 합의가 있어야 한다. 이 경우 구체적인 결정의 내용은 출석위원 과반수의 합의에 따르되, 의견이 나누어 출석위원 과반수의 합의에 이르지 못하였을 때에는 과반수에 이를 때까지 소청인에게 가장 불리한 의견에 차례로 유리한 의견을 더하여 그 중 가장 유리한 의견을 합의된 의견으로 본다(「국가공무원법」 제14조 제2항).

㉣ X 소청심사위원회의 위원은 금고 이상의 형벌이나 장기의 심신쇠약으로 직무를 수행할 수 없게된 경우 외에는 본인의 의사에 반하여 면직되지 아니한다(「국가공무원법」 제11조).

0433

경찰공무원의 소청심사에 관한 다음 설명 중 가장 적절하지 않은 것은? | 14년 2차 순경 |

① 소청심사위원회가 소청 사건을 심사하기 위하여 징계요구 기관이나 관계기관의 소속 공무원을 증인으로 소환하면 해당 기관의 장은 이에 따라야 한다.
② 경찰공무원의 소청심사와 행정소송의 관계에 대하여 현행법은 임의적 전치주의를 원칙으로 하고 있다.
③ 소청심사위원회 상임위원의 임기는 3년으로 하며, 한번만 연임할 수 있다.
④ 소청심사위원회는 「국가공무원법」에 따른 소청을 접수하면 지체 없이 심사하여야 한다.

- **정답** ②
- **난이도** 하 중 상
- **해설** ①, ③, ④는 옳은 설명이며, ②는 틀린 설명이다.
  ② X 소청심사와 행정소송과의 관계는 「소청심사전치주의」를 채택하고 있다. 즉, 징계처분·강임·휴직·직위해제 또는 면직처분, 그 밖에 본인의 의사에 반한 불리한 처분이나 부작위에 관한 행정소송은 소청심사위원회의 심사·결정을 거치지 아니하면 행정소송을 제기할 수 없다(「국가공무원법」 제16조 제1항).

참고 소청심사위원회의 결정에 따른 불복(「국가공무원법」)

구 분	내 용
재심청구불가	인사혁신처장은 소청심사위원회의 결정이 부당하다고 인정될 때에도 재심을 청구할 수 없다.
행정소송의 제기	① 경찰공무원은 ㉠ 소청심사위원회의 결정이 위법하다고 인정되는 경우, ㉡ 소청제기 후 60일이 경과하여도 소청심사위원회의 결정이 없는 경우에는 행정소송을 제기할 수 있다. ② 징계처분, 휴직처분, 면직처분, 그 밖에 본인의 의사에 반하는 불리한 처분에 대한 행정소송의 경우에는 경찰청장을 피고로 한다. 다만, 임용권을 위임한 경우에는 그 위임을 받은 자를 피고로 한다(「경찰공무원법」 제34조).
소청심사전치주의 (행정소송과의 관계)	① 징계처분·강임(경찰공무원은 미적용)·휴직·직위해제 또는 면직처분, 그 밖에 본인의 의사에 반한 불리한 처분이나 부작위에 관한 행정소송은 소청심사위원회의 심사·결정을 거치지 아니하면 제기할 수 없다(동법 제16조 제1항). ② 이를 「행정심판전치주의」라고 한다.

0434

다음 중 인사혁신처 소속의 '소청심사위원회'를 설명한 것으로 **틀린** 것은 모두 몇 개인가?

| 14년 1차 순경 |

> ㉠ 대학에서 행정학·정치학 또는 법률학을 담당한 부교수 이상의 직에 5년 이상 근무한 자는 위원이 될 수 있다.
> ㉡ 위원장 1명을 포함한 5명 이상 7명 이내의 상임위원과 상임위원 수의 2분의 1 이상인 비상임위원으로 구성하되, 위원장은 정무직으로 보한다.
> ㉢ 소청 사건의 결정은 재적위원 3분의 2 이상의 출석과 재적위원 과반수의 합의에 따르되, 의견이 나뉠 경우에는 출석위원 과반수에 이를 때까지 소청인에게 가장 불리한 의견에 차례로 유리한 의견을 더하여 그 중 가장 유리한 의견을 합의된 의견으로 본다.
> ㉣ 상임위원의 임기는 3년으로 하며, 연임할 수 없다.
> ㉤ 상임위원은 다른 직무를 겸할 수 없다.

① 1개 ② 2개
③ 3개 ④ 4개

정답 ②

난이도 하 중 상

해설 ㉠, ㉡, ㉤은 옳은 설명이며, ㉢, ㉣은 틀린 설명이다.

㉢ ✗ 소청사건의 결정은 <u>재적위원 3분의 2 이상의 출석과 출석위원 과반수의 합의</u>에 따르되, <u>의견이 나뉠 경우에는 출석위원 과반수에 이를 때까지 소청인에게 가장 불리한 의견에 차례로 유리한 의견을 더하여 그 중 가장 유리한 의견을 합의된 의견으로 본다</u>(「국가공무원법」제14조 제1항).

㉣ ✗ 상임위원의 임기는 <u>3년(비상임위원의 임기는 2년)</u>으로 하되, <u>한 번만 연임</u>할 수 있으며, 다른 직무를 겸할 수 없다(「국가공무원법」제10조 제2항 및 제4항).

참고 소청심사위원회의 위원(「국가공무원법」)

구분	내용
위원의 임기 및 겸직금지	① 상임위원의 임기는 <u>3년(비상임위원의 임기는 2년)</u>으로 하되, <u>한 번만 연임</u>할 수 있으며, 다른 직무를 겸할 수 없다(동법 제10조 제2항 및 제4항). ② 소청심사위원회의 공무원이 아닌 위원은 「형법」이나 그 밖의 법률에 다른 벌칙을 적용할 때 **공무원으로 본다**(동법 제10조 제5항).
위원의 결격사유	다음의 어느 하나에 해당하는 자는 소청심사위원회의 위원이 될 수 없다(동법 제10조의2 제1항). ① 「국가공무원법」상 공무원 결격사유에 해당하는 자 ② 「정당법」에 따른 정당의 당원 ③ 「공직선거법」에 따라 실시하는 선거에 후보자로 등록한 자
위원의 당연퇴직	소청심사위원회의 위원이 결격사유에 해당하게 된 때에는 당연히 퇴직한다(동법 제10조의2 제2항).
위원의 신분보장	소청심사위원은 <u>금고 이상의 형벌</u>이나 장기의 심신쇠약으로 직무를 수행할 수 없게 된 경우 외에는 본인의 의사에 반하여 면직되지 아니한다(동법 제11조).

0435

고충처리에 대한 설명으로 가장 적절하지 않은 것은? | 22년 승진 |

① 「국가공무원법」에 따라 공무원은 인사·조직·처우 등 각종 직무조건과 그 밖에 신상 문제와 관련한 고충에 대하여 상담을 신청하거나 심사를 청구할 수 있다.
② 「경찰공무원법」에 따라 '경찰공무원 고충심사위원회'의 심사를 거친 재심청구와 경정 이상 경찰공무원의 인사상담 및 고충심사는 「국가공무원법」에 따라 설치된 중앙고충심사위원회에서 한다.
③ 「공무원고충처리규정」에 따라 고충심사위원회가 청구서를 접수한 때에는 30일 이내에 고충심사에 대한 결정을 하여야 한다. 다만, 부득이하다고 인정되는 경우에는 고충심사위원회의 의결로 30일을 연장할 수 있다.
④ 「국가공무원법」에 따라 중앙인사관장기관의 장, 임용권자 또는 임용제청권자는 기관 내 성폭력 범죄 또는 성희롱 발생 사실의 신고를 받은 경우에는 지체 없이 사실 확인을 위한 조사를 하고 그에 따라 필요한 조치를 할 수 있다.

- **정답** ④
- **난이도**
- **해설** ①, ②, ③은 옳은 설명이며, ④는 틀린 설명이다.
  ④ ✗ 중앙인사기관의 장, 임용권자 또는 임용제청권자는 기관 내 성폭력 범죄 또는 성희롱 발생 사실의 신고를 받은 경우에는 지체 없이 사실 확인을 위한 조사를 하고 그에 따라 필요한 조치를 하여야 한다(「국가공무원법」 제76조의2 제3항).

참고 성희롱·성폭력 발생 사실의 신고 및 조사(「성희롱·성폭력 근절을 위한 공무원 인사관리규정」)

구분	내용
발생 사실의 신고	행정부 소속 국가공무원은 누구나 공직 내 성희롱 또는 성폭력 발생 사실을 알게 된 경우 그 사실을 임용권자 또는 임용제청권자에게 신고할 수 있다(동 규정 제3조).
사실확인을 위한 조사	① 임용권자 등은 신고를 받거나 공직 내 성희롱 또는 성폭력 발생 사실을 알게 된 경우에는 지체 없이 그 사실 확인을 위한 조사를 하여야 하며, 수사의 필요성이 있다고 인정하는 경우 수사기관에 통보하여야 한다(동 규정 제4조 제1항). ② 임용권자 등은 조사 과정에서 성희롱 또는 성폭력과 관련하여 피해를 입은 사람 또는 피해를 입었다고 주장하는 사람(피해자 등)이 성적 불쾌감 등을 느끼지 아니하도록 하고, 사건 내용이나 신상 정보의 누설 등으로 인한 피해가 발생하지 아니하도록 하여야 한다(동 규정 제4조 제2항). ③ 임용권자 등은 조사 기간 동안 피해자 등이 요청한 경우로서 피해자 등을 보호하기 위하여 필요하다고 인정하는 경우 그 피해자 등이나 성희롱 또는 성폭력과 관련하여 가해행위를 했다고 신고된 사람에 대하여 근무 장소의 변경, 휴가 사용 권고 등 적절한 조치를 하여야 한다(동 규정 제4조 제3항).

0436

「성희롱·성폭력 근절을 위한 공무원 인사관리규정」에 대한 설명으로 가장 적절하지 <u>않은</u> 것은?

| 21년 승진 |

① 행정부 소속 국가공무원은 누구나 공직 내 성희롱 또는 성폭력 발생 사실을 알게 된 경우 그 사실을 임용권자 또는 임용제청권자(이하 "임용권자등")에게 신고할 수 있다.

② 임용권자등은 ①에 따른 신고를 받거나 공직 내 성희롱 또는 성폭력 발생 사실을 알게 된 경우 그 사실 확인을 위해 조사할 수 있으며, 수사의 필요성이 인정되면 수사기관에 통보하여야 한다.

③ 임용권자등은 ②에 따른 조사 기간 동안 피해자등이 요청한 경우로서 피해자등을 보호하기 위하여 필요하다고 인정하는 경우 그 피해자등이나 성희롱 또는 성폭력과 관련하여 가해행위를 했다고 신고된 사람에 대하여 근무 장소의 변경, 휴가사용 권고 등 적절한 조치를 하여야 한다.

④ 임용권자등은 ②에 따른 조사 결과 공직 내 성희롱 또는 성폭력 발생 사실이 확인되면 피해자의 의사에 반(反)하지 않는 한, 피해자에게「공무원 임용령」제41조에 따른 교육훈련 등 파견근무 조치를 할 수 있다.

- **정답** ②
- **난이도**
- **해설**
 ①, ③, ④는 옳은 설명이며, ②는 틀린 설명이다.
 ② ✗ 임용권자 등은 신고를 받거나 공직 내 성희롱 또는 성폭력 발생 사실을 알게 된 경우에는 지체 없이 그 사실 확인을 위한 조사를 하여야 하며, 수사의 필요성이 있다고 인정하는 경우 수사기관에 통보하여야 한다(「성희롱·성폭력 근절을 위한 공무원 인사관리규정」제4조 제1항).

> **참고** 피해자 또는 신고자의 보호(「성희롱·성폭력 근절을 위한 공무원 인사관리규정」)

구분	내용
성희롱·성폭력 피해자에 대한 보호	임용권자 등은 조사 결과 공직 내 성희롱 또는 성폭력 발생 사실이 확인되면 피해자에게 다음의 어느 하나에 해당하는 조치를 할 수 있다. 다만, 임용권자 등은 피해자의 의사에 반하여 조치를 하여서는 아니 된다(동 규정 제5조 제1항). ① 교육훈련 등 파견근무 ② 다른 직위에의 전보 ③ 근무 장소의 변경, 휴가 사용 권고 및 그 밖에 임용권자 등이 필요하다고 인정하는 적절한 조치
신고를 이유로 한 신고자에 대한 보호	임용권자 등은 성희롱 또는 성폭력 발생 사실을 신고한 사람이 그 신고를 이유로 집단 따돌림, 폭행 또는 폭언으로 인한 정신적·신체적 피해를 호소하는 경우에는 제1항 각 호의 어느 하나에 해당하는 조치를 할 수 있다. 다만, 임용권자 등은 신고자의 의사에 반하여 조치를 하여서는 아니 된다(동 규정 제5조 제2항).

0437

소청심사에 대한 설명으로 가장 적절하지 않은 것은?

| 19년 승진 |

① 소청심사란 징계처분 기타 그의 의사에 반하는 불이익처분을 받은 자가 관할 소청심사위원회에 심사를 청구하는 행정심판의 일종이다.
② 경찰공무원이 징계처분 등 불리한 처분을 받았을 때 행정소송은 소청심사위원회의 심사·결정을 거치지 아니하면 제기할 수 없다.
③ 소청심사위원회는 소청을 접수하면 지체 없이 심사하여야 하며, 심사할 때 필요하면 검증·감정, 그 밖의 사실조사를 하거나 증인을 소환하여 질문하거나 관계 서류를 제출하도록 명할 수 있다.
④ 3급 이상 공무원 또는 고위공무원단에 속하는 공무원으로 3년 이상 근무한 자는 비상임위원이 될 수 있다.

정답 ④

난이도 하 중 상

해설 ①, ②, ③은 옳은 설명이며, ④는 틀린 설명이다.
④ ✕ 3급 이상 공무원 또는 고위공무원단에 속하는 공무원으로서 3년 이상 근무한 자는 소청심삼위원회의 상임위원이 될 수 있다. 비상임위원의 자격요건에는 해당하지 않는다.

참고 소청심사위원회의 심사(「국가공무원법」)

구 분	내 용
지체 없이 심사	소청심사위원회는 소청이 접수되었을 때에는 지체 없이 이를 심사하여야 한다(동법 제12조 제1항).
공무원에 대한 증인소환 등	① 소청심사위원회는 심사를 할 때 필요하면 검증·감정, 그 밖의 사실조사를 하거나 증인을 소환하여 질문하거나 관계 서류를 제출하도록 명할 수 있다(동법 제12조 제2항). ② 소청심사위원회가 소청 사건을 심사하기 위하여 징계 요구 기관이나 관계 기관의 소속 공무원을 증인으로 소환하면 해당 기관의 장은 이에 따라야 한다(동법 제12조 제3항). ③ 소청심사위원회는 필요하다고 인정하면 소속 직원에게 사실조사를 하게 하거나 특별한 학식·경험이 있는 자에게 검증이나 감정을 의뢰할 수 있다(동법 제12조 제4항).
소청인의 진술권	① 소청사건을 심사할 때에는 소청인 또는 대리인에게 반드시 진술할 기회를 부여하여야 한다(동법 제13조 제1항). ② 진술의 기회를 부여하지 아니하고 한 결정은 무효이다(동법 제13조 제2항).

0438

인사혁신처에 설치된 소청심사위원회에 대한 설명으로 가장 적절하지 않은 것은?　|19년 승진|

① 소청심사위원회의 위원은 금고 이상의 형벌이나 장기의 심신쇠약으로 직무를 수행할 수 없게 된 경우 외에는 본인의 의사에 반하여 면직되지 아니한다.
② 위원장 1명을 포함한 5명 이상 7명 이하의 상임위원과 상임위원수의 2분의 1 이상인 비상임위원으로 구성되며, 위원은 인사혁신처장의 제청으로 국무총리를 거쳐 대통령이 임명한다.
③ 3급 이상 공무원 또는 고위공무원단에 속하는 공무원으로 3년 이상 근무한 자는 비상임위원은 될 수 있으나, 상임위원은 될 수 없다.
④ 소청심사위원회의 취소명령 또는 변경명령 결정은 그에 따른 징계나 그 밖의 처분이 있을 때까지는 종전에 행한 징계처분에 영향을 미치지 아니한다.

정답 ③

해설
①, ②, ④는 옳은 설명이며, ③은 틀린 설명이다.
③ ✗ 3급 이상 공무원 또는 고위공무원단에 속하는 공무원으로 3년 이상 근무한 자는 상임위원은 될 수 있으나, 비상임위원은 될 수 없다(「국가공무원법」 제10조 제1항).

참고 소청심사위원회 위원의 자격(「국가공무원법」)

① **상임위원의 자격**은 다음의 어느 하나에 해당하는 자 중에서 임명하여야 한다(동법 제10조 제1항).
　㉠ 법관·검사 또는 변호사의 직에 5년 이상 근무한 자
　㉡ 대학에서 행정학·정치학 또는 법률학(암기 TIP : 행정법)을 담당한 부교수 이상의 직에 5년 이상 근무한 자(경찰학 담당 ✗)
　㉢ 3급 이상 해당 공무원 또는 고위공무원단에 속하는 공무원으로서 3년 이상 근무한 자
② **비상임위원의 자격**은 다음의 어느 하나에 해당하는 자 중에서 임명하여야 한다(동법 제10조 제1항).
　㉠ 법관·검사 또는 변호사의 직에 5년 이상 근무한 자
　㉡ 대학에서 행정학·정치학 또는 법률학(암기 TIP : 행정법)을 담당한 부교수 이상의 직에 5년 이상 근무한 자(경찰학 담당 ✗)

0439

경찰공무원의 권익보장제도에 대한 설명으로 적절한 것을 모두 고른 것은? | 18년 승진 |

> ㉠ 경찰공무원에 대하여 징계처분을 할 때에는 그 처분권자 또는 처분제청권자는 처분사유를 적은 설명서를 교부하여야 한다.
> ㉡ 징계처분으로 처분사유 설명서를 받은 경찰공무원이 그 징계처분에 불복할 때에는 그 설명서를 받은 날부터 30일 이내에 소청심사위원회에 이에 대한 심사를 청구할 수 있다.
> ㉢ 경찰공무원의 권리구제 범위 확대를 위해 징계처분 등 불리한 처분을 받았을 때 소청심사 청구와 행정소송 제기 중 하나를 선택하는 것이 가능하다.
> ㉣ 소청심사위원회는 심사 중 다른 비위사실이 발견되는 등 특단의 사정이 없는 한 원징계처분보다 중한 징계를 부과하는 결정을 할 수 없다.

① ㉠, ㉡
② ㉠, ㉢
③ ㉡, ㉣
④ ㉢, ㉣

- **정답** ①
- **난이도** 하 중 상
- **해설** ㉠, ㉡은 옳은 설명이며, ㉢, ㉣은 틀린 설명이다.
  - ㉢ ✕ 소청을 제기한 자가 ① 소청심사위원회의 결정에 불복하거나 ② 소청심사위원회가 60일이 지나도 결정을 하지 않을 때에는, 소청결정서 정본 또는 징계처분 사유설명서를 송달받은 날부터 90일 이내에 관할 행정법원에 행정소송을 제기할 수 있다(「행정소송법」 제18조 및 제20조).
  - ㉣ ✕ 소청심사위원회가 징계처분 또는 징계부가금 부과 처분을 받은 자의 청구에 따라 소청을 심사할 경우에는 원징계처분보다 무거운 징계 또는 원징계부가금 부과처분보다 무거운 징계부가금을 부과하는 결정을 하지 못한다(「국가공무원법」 제14조 제8항). 이러한 불이익 변경의 금지의 원칙에는 예외사유는 없다.

참고 경찰공무원의 권익보장제도로서의 처분사유설명서의 교부

① 공무원에 대하여 징계처분 등을 할 때나 강임(경찰공무원은 제외)·휴직·직위해제 또는 면직처분을 할 때에는 그 처분권자 또는 처분제청권자는 처분사유를 적은 설명서를 교부하여야 한다(동법 제75조 제1항).
② 처분사유설명서 교부제도는 피처분권자에게 소청심사위원회에 소청심사를 청구할 수 있는 기회를 부여하는 사전적 권익보장의 의미를 지닌다.
③ 처분권자는 피해자가 요청하는 경우 다음 각 호의 어느 하나에 해당하는 사유로 처분사유 설명서를 교부할 때에는 그 징계처분결과를 피해자에게 함께 통보하여야 한다(동법 제75조 제2항).
  ㉠ 「성폭력범죄의 처벌 등에 관한 특례법」 제2조에 따른 성폭력범죄
  ㉡ 「양성평등기본법」 제3조제2호에 따른 성희롱
  ㉢ 직장에서의 지위나 관계 등의 우위를 이용하여 업무상 적정범위를 넘어 다른 공무원 등에게 부당한 행위를 하거나 신체적·정신적 고통을 주는 등의 행위로서 대통령령등으로 정하는 행위
④ 본인의 원에 따른 강임(경찰공무원은 제외)·휴직(의원휴직) 또는 면직(의원면직)처분은 처분사유설명서를 교부하지 않는다(동법 제75조 제2항 단서).

0440

「국가공무원법」의 소청심사위원회 및 소청심사위원회 위원에 대한 설명이다. 아래 ㉠부터 ㉣까지의 설명 중 옳고 그름의 표시(O, X)가 바르게 된 것은? |17년 승진|

> ㉠ 행정기관 소속 공무원의 징계처분, 그 밖에 그 의사에 반하는 불리한 처분이나 부작위에 대한 소청을 심사·결정하게 하기 위하여 인사혁신처에 소청심사위원회를 둔다.
> ㉡ 인사혁신처에 설치된 소청심사위원회는 위원장 1명을 포함한 5명 이상 7명 이하의 비상임위원과 비상임위원 수의 2분의 1 이상인 상임위원으로 구성한다.
> ㉢ 소청심사위원회가 징계처분 또는 징계부가금 부과처분을 받은 자의 청구에 따라 소청을 심사할 경우에는 원징계처분보다 무거운 징계 또는 원징계부가금 부과처분보다 무거운 징계부가금을 부과하는 결정을 하지 못한다.
> ㉣ 소청심사위원회의 위원은 금고 이상의 형벌이나 장기의 심신쇠약으로 직무를 수행할 수 없게 된 경우 외에는 본인의 의사에 반하여 면직되지 아니한다.

① ㉠ (O) ㉡ (X) ㉢ (O) ㉣ (O)
② ㉠ (O) ㉡ (X) ㉢ (O) ㉣ (X)
③ ㉠ (X) ㉡ (O) ㉢ (O) ㉣ (X)
④ ㉠ (X) ㉡ (X) ㉢ (X) ㉣ (O)

- 정답 ①
- 난이도
- 해설
  ㉠, ㉢, ㉣은 옳은 설명이며, ㉡은 틀린 설명이다.
  ㉡ X 인사혁신처에 설치된 「소청심사위원회」는 위원장 1명을 포함한 5명 이상 7명 이하의 상임위원과 상임위원 수의 2분의 1 이상인 비상임위원으로 구성하되, 위원장은 정무직으로 보한다(「국가공무원법」 제9조 제3항).

| 참고 | 소청심사위원회의 설치 |

구분	내용
인사혁신처에 설치	① 행정기관 소속 공무원의 징계처분, 그 밖의 그 의사에 반하는 불리한 처분이나 부작위에 대한 소청을 심사·결정하게 하기 위하여 인사혁신처에 소청심사위원회를 둔다(「국가공무원법」 제9조 제1항). ② 소청심사위원회는 합의제 행정관청이며, 이러한 소청심사는 행정관청의 징계처분에 대한 행정심판의 일종으로 볼 수 있다.
기타 소청심사위원회의 설치	국회(사무처), 법원(행정처), 헌법재판소(사무처) 및 선거관리위원회(사무처) 소속 공무원의 소청에 관한 사항을 심사·결정하게 하기 위하여 각각 해당 소청심사위원회를 둔다(「국가공무원법」 제9조 제2항).

제 7 장

경찰행정법 IV - 경찰작용법

제 1 절 경찰작용법의 기초

0441

경찰권의 발동과 한계에 대한 설명으로 가장 적절하지 않은 것은? (다툼이 있는 경우 판례에 의함)

| 73기 간부 |

① 「경찰관 직무집행법」 제1조 제2항은 경찰비례의 원칙을 명시적으로 선언하고 있는 것이며, 이는 공공의 안녕과 질서유지라는 공익목적과 이를 실현하기 위하여 개인의 권리나 재산을 침해하는 수단 사이에는 합리적인 비례관계가 있어야 한다는 의미를 갖는다.
② 「경찰관 직무집행법」상 경찰장비 규정은 경찰관의 직무수행 중 경찰장비의 사용 여부, 용도, 방법 및 범위에 관하여 재량의 한계를 정한 것이라고 할 수 있고, 특히 위해성 경찰장비는 그 사용의 위험성과 기본권 보호 필요성에 비추어 볼 때 본래의 사용방법에 따라 지정된 용도로 사용되어야 하며 다른 용도나 방법으로 사용하기 위해서는 반드시 법령에 근거가 있어야 한다.
③ 형법상 공무집행방해죄는 공무원의 직무집행이 적법한 경우에 한하여 성립하며, 이때 적법한 공무집행은 그 행위가 공무원의 추상적 권한에 속함에 더불어 구체적 직무집행에 관한 법률상 요건과 방식을 갖춘 경우를 가리키므로, 경찰관이 적법절차를 준수하지 않은 채 실력으로 현행범인을 연행하려 하였다면 적법한 공무집행이라고 할 수 없다.
④ 위법이나 비난의 정도가 미약한 사안을 포함한 모든 경우에 부정 취득하지 않은 운전면허까지 필요적으로 취소하고 이로 인해 2년 동안 해당 운전면허 역시 받을 수 없게 하는 것은, 공익의 중대성을 감안하더라도 지나치게 기본권을 제한하는 것은 아니므로 비례의 원칙에 위배되지 않는다.

①, ②, ③은 옳은 설명이며, ④는 틀린 설명이다.
④ ✗ 부정 취득하지 않은 운전면허까지 필요적으로 취소하도록 한 것은 피해의 최소성과 법익의 균형성 원칙에 위배된다. 부정취득하지 않은 운전면허를 위법의 정도나 비난의 정도가 미약한 사안 등을 포함한 모든 경우 모두 취소하도록 한 것은 달성하려는 공익의 중대성을 감안하더라도 지나치게 운전면허 소지자의 기본권을 제한하는 것이다(헌법재판소 판례).

0442

다음 상황에 대한 설명으로 가장 적절하지 않은 것은?

|72기 간부|

> A는 자신이 운영하는 옷가게에서 여자모델 B에게 수영복만을 입게 하여 쇼윈도우에 서 있도록 하였다. 지나가던 사람들이 이를 구경하기 위해 쇼윈도우 앞에 몰려들어 도로교통상의 심각한 장해가 발생하였다.

① 조건설에 의하면 군중, A, B 모두 경찰책임자가 된다.
② 의도적 간접원인제공자이론(목적적 원인제공자책임설)을 인정한다면 A에게 경찰권을 발동하여 A로 하여금 B를 쇼윈도우에서 나가도록 하라고 할 수 있다.
③ 직접원인설에 의할 때 경찰책임자는 B이다.
④ 교통장해가 그다지 중대하지 않다면 A를 경찰책임자로 보아서는 안 될 것이다.

- **정답** ③
- **난이도** 하 중 상
- **해설**
  ①, ②, ④는 옳은 설명이며, ③은 틀린 설명이다.
  ③ ✗ 『직접원인설』에 따르면 공공의 안녕과 질서에 대한 위해를 직접 야기시키는 행위만이 경찰책임의 대상이 된다. 따라서, 쇼윈도 앞 구경꾼들이 경찰위반상태에 대하여 책임을 진다(직접원인설).

참고 경찰책임의 종류로서의 행위책임

구분	내용
의의	『행위책임』이란 공공의 안녕·질서에 대한 위험이 자기 또는 자기의 보호·감독하에 있는 자의 행위로 인하여 경찰위반상태가 발생한 경우에 지는 책임을 말한다.
자기책임 (대위책임 ×)	① 타인을 보호·감독할 지위에 있는 자(친권자, 사용자 등)는 자신의 지배를 받는 자의 행위로부터 발생하는 경찰위반상태에 대하여도 책임을 진다. ② 이는 자기책임이며 대위책임이 아니다.
행위책임의 귀속	① 경찰위반상태에 대해 직접적인 원인을 야기한 자에게만 행위책임이 귀속된다(직접원인설). ② 경찰상 위해에 대해 단지 간접적인 원인을 제공한 사람은 경찰책임자로서 경찰권 발동의 대상이 아니다. ③ 팬들에게 둘러싸여 교통을 마비시킨 유명연예인은 경찰책임자가 아니다. 이 경우 책임을 져야 하는 자는 팬들이다. ④ 상점의 TV에서 하는 스포츠 중계를 보려고 군중이 모여 도로통행에 방해를 준 경우에는 책임을 져야 하는 자는 TV를 설치한 상점 주인이 아니라 군중이다.

0443

경찰책임에 대한 설명으로 가장 적절하지 않은 것은?

 | 72기 간부 |

① 형사미성년자도 행위책임의 주체가 될 수 있다.
② 행위자의 고의나 과실에 무관하게 행위책임을 진다.
③ 행위자의 작위나 부작위에 상관없이 위험을 야기시키면 행위책임을 진다.
④ 경찰책임자에 대한 경찰의 경찰권발동으로 경찰책임자에게 재산적 손해가 발생한 경우, 그 경찰책임자에게 손실보상청구권이 인정된다.

- **정답** ④
- **난이도**
- **해설** ①, ②, ③은 옳은 설명이며, ④는 틀린 설명이다.

④ ✗ 경찰책임자에 대한 경찰의 경찰권 발동으로 경찰책임자에게 재산적 손해가 발생한 경우, 손실보상의 문제는 발생하지 않는다. 다만, 경찰책임의 원칙에 위반하는 경찰권 발동은 위법이며, 위법의 정도에 따라 무효 또는 취소사유가 된다.

참고 경찰책임의 주체(경찰책임자)

구 분	내 용
자연인·법인	경찰위반상태는 공공의 안녕·질서를 위협하는 행위 또는 상태로부터 나오므로 자연인과 법인 모두 경찰책임자가 될 수 있다.
고의·과실 유무 등	자기의 생활범위 안에서 객관적으로 경찰위반상태가 발생한 경우에는, 그것에 대한 ⊙ 고의·과실 유무, ⓒ 행위능력·책임능력 유무, ⓒ 위법성 유무, ⓔ 정당한 권원 유무, ⓜ 위험에 대한 인식 여부 등을 묻지 않고 경찰책임을 지게 된다.
다수인의 행위 또는 다수인이 지배하는 물건의 상태	다수인의 행위 또는 다수인이 지배하는 물건의 상태로 인하여 하나의 질서위반상태가 발생한 경우에, 위반사항에 따라서 책임자 중 일부 또는 전체에 대하여 경찰권이 발동될 수 있으며, 침해상태가 해소되지 않는 한 발동대상자 이외의 자의 경찰책임 또한 소멸되지 않는다.

0444

경찰상 긴급상태(경찰비책임자에 대한 경찰권발동)에 대한 설명으로 가장 적절하지 않은 것은?

| 72기 간부 |

① 위험이 이미 현실화되었거나 위험의 현실화가 목전에 급박하여야 한다.
② 경찰상 긴급상태에 대한 일반적 근거는 「경찰관 직무집행법」에 규정되어 있다.
③ 경찰비책임자에 대한 경찰권발동을 위해서 보충성은 전제조건이므로 경찰책임자에 대한 경찰권발동 또는 경찰 자신의 고유한 수단으로는 위험방지가 불가능한지 여부를 먼저 심사하여야 한다.
④ 경찰권발동으로 인하여 손실을 입은 경찰비책임자에게는 정당한 보상이 행해져야 하며, 결과제거청구와 같은 구제수단이 마련되어야 한다.

정답 ②

난이도 하 중 상

해설
①, ③, ④는 옳은 설명이며, ②는 틀린 설명이다.
② ✗ 경찰긴급권은 예외적인 것으로 목전에 급박한 위해를 제거하는 경우에 한하여 반드시 법령에 근거하여 행해져야 한다. 경찰긴급권에 대한 일반법은 존재하지 않는다. 개별법으로서 「소방기본법」, 「경찰관 직무집행법」, 「경범죄 처벌법」, 「수상에서의 수색·구조 등에 관한 법률」 등이 있다.

참고 경찰책임의 예외(경찰긴급권)

구분	내용
의의	① 『경찰긴급권』은 경찰권은 경찰위반의 직접 책임자에게만 발동되는 것이 원칙이지만, 예외적으로 ㉠ 긴급한 필요가 있고 ㉡ 법령상의 근거에 기하여서만 질서위반의 책임이 없는 제3자에게 경찰권의 발동이 허용되는 경우를 말한다. ② 경찰긴급권에 의한 조치는 「형법」상의 긴급피난과 동일한 법리에 의한 것이다.
법적 근거	① 경찰긴급권은 예외적인 것으로 목전에 급박한 위해를 제거하는 경우에 한하여 반드시 법령에 근거하여 행해져야 한다. ② 경찰긴급권에 대한 일반법은 존재하지 않으며, 개별법으로서 「소방기본법」, 「경찰관 직무집행법」, 「경범죄 처벌법」, 「수상에서의 수색·구조 등에 관한 법률」 등이 있다.

0445

경찰권 발동의 조리상 한계에 대한 설명으로 가장 적절하지 않은 것은?

| 7171 간부 |

① 경찰공공의 원칙이란 경찰권은 공공의 안녕·질서유지에 관계없는 사적관계에 대해서 발동되어서는 안 된다는 원칙을 의미한다.
② 경찰비례의 원칙 중 필요성의 원칙은 협의의 비례원칙이라고도 불리며, 경찰기관의 조치는 그 목적을 달성하는데 적합하여야 한다는 원칙이다.
③ 경찰책임의 원칙이란 경찰권은 원칙적으로 경찰위반상태를 야기한 자, 즉 공공의 안녕·질서의 위험에 대하여 행위책임 또는 상태책임을 질 자에게만 발동될 수 있다는 원칙이다.
④ 경찰평등의 원칙이란 경찰권은 그 대상이 되는 모든 사람에게 차별 없이 평등하게 행사되어야 한다는 것을 의미한다.

정답 ②

난이도

해설 ①, ③, ④는 옳은 설명이며, ②는 틀린 설명이다.
② ✗ 『경찰비례의 원칙』이란 경찰권은 공공의 안녕·질서의 유지를 위하여 묵과할 수 없는 장해가 발생한 경우에(경찰권 발동의 조건), 이를 해결하기 위하여 필요한 최소한도 범위 내에서 발동되어야 한다(경찰권 발동의 정도)는 원칙을 말한다. 경찰비례의 원칙은 「헌법」 제37조 제2항, 「경찰관 직무집행법」 제1조 제2항, 「행정기본법」 제10조 등에 규정되어 있다. 경찰비례의 원칙 중 필요성의 원칙은 『최소침해의 원칙』이라고도 한다. 보기에서 설명하는 『협의의 비례원칙』은 상당성의 원칙에 대한 내용이다.

0446

경찰책임의 원칙에 대한 설명 중 옳지 않은 것은?

| 69기 간부 |

① 경찰책임의 주체는 모든 자연인이 될 수 있다. 또한 권리능력 유무에 관계없이 모든 사법인도 경찰책임자가 될 수 있다.
② 경찰이 경찰긴급권에 의하여 예외적으로 경찰책임이 없는 자에게 경찰권을 발동함으로써 제3자에게 손실을 입힌 경우에는 그 손실을 보상하여야 한다.
③ 다수인의 행위 또는 다수인이 지배하는 물건의 상태로 인하여 하나의 질서위반상태가 발생한 경우, 일부 또는 전체에 대하여 경찰권 발동이 가능하다.
④ 타인을 보호 감독할 지위에 있는 자가 피지배자의 행위로 발생한 경찰위반에 대하여 경찰책임을 지는 경우, 자기의 지배범위 내에서 발생한 데에 대한 대위책임이다.

정답 ④

난이도 하 중 상

해설
①, ②, ③은 옳은 설명이며, ④는 틀린 설명이다.
④ ❌ 「경찰책임의 원칙」이란 경찰권은 원칙적으로 경찰위반상태를 야기한 자, 즉 공공의 안녕·질서의 위험에 대하여 행위책임 또는 상태책임을 질 자(경찰책임자)에게만 발동할 수 있고, 이와 관계없는 제3자에 대해서는 발동될 수 없다는 원칙을 말한다. 그러나 긴급한 필요가 있고 법령상 근거가 있는 경우에는 예외적으로 경찰책임자가 아닌 제3자에게 대해서도 경찰권을 발동할 수 있다(경찰긴급권). 타인을 보호·감독할 지위에 있는 자(친권자, 사용자 등)는 자신의 지배를 받는 자의 행위로부터 발생하는 경찰위반상태에 대하여도 책임을 진다. 이는 자기책임이며, 대위책임이 아니다.

0447

경찰책임의 원칙에 대한 다음 설명 중 가장 옳지 않은 것은?

| 66기 간부 |

① 경찰책임은 그 위해의 발생에 대한 고의·과실, 위법성의 유무, 위험에 대한 인식여부 등을 묻지 않는다.
② 모든 자연인은 경찰책임자가 될 수 있으므로 행위능력, 불법행위능력, 형사책임능력, 국적여부 등은 문제되지 않는다.
③ 사법인뿐만 아니라 권리능력 없는 사단도 경찰책임자가 될 수 있다.
④ 긴급한 필요가 있는 경우 예외적으로 경찰책임자가 아닌 자에 대해서 법령상 근거 없이 경찰권을 발동할 수 있다.

- **정답** ④
- **난이도** 상 중 하
- **해설**

①, ②, ③은 옳은 설명이며, ④는 틀린 설명이다.

④ ✗ 「경찰긴급권」은 경찰권은 경찰위반의 직접 책임자에게만 발동되는 것이 원칙이지만, **예외적으로 긴급한 필요가 있고, 법령상의 근거**에 기하여서만 질서위반의 책임이 없는 제3자에게 경찰권의 발동이 허용되는 경우를 말한다. 이러한 경찰긴급권에 의한 조치는 「형법」상의 긴급피난과 동일한 법리에 의한 것이다. 경찰긴급권은 예외적인 것으로 목전에 급박한 위해를 제거하는 경우에 한하여 **반드시 법령에 근거**하여 행해져야 한다. 경찰긴급권에 대한 일반법은 존재하지 않으며, 개별법으로서 「소방기본법」, 「경찰관 직무집행법」, 「경범죄 처벌법」, 「수상에서의 수색·구조 등에 관한 법률」 등이 있다.

0448

경찰권 발동의 근거와 한계에 관한 설명으로 가장 적절하지 않은 것은? (다툼이 있는 경우 판례에 의함)

| 23년 1차 순경 |

① 일반수권조항이란 경찰권의 발동 근거가 되는 개별적인 작용법적 근거가 없을 때 경찰권 발동의 일반적·보충적 근거가 될 수 있도록 개괄적으로 수권된 일반조항을 말한다.

② 「경찰관 직무집행법」 제5조는 형식상 경찰관에게 재량에 의한 직무수행 권한을 부여한 것처럼 되어 있으나, 경찰관에게 그러한 권한을 부여한 취지와 목적에 비추어 볼 때 구체적인 사정에 따라 경찰관이 그 권한을 행사하여 필요한 조치를 취하지 아니하는 것이 현저하게 불합리하다고 인정되는 경우에는 그러한 권한의 불행사는 직무상의 의무를 위반한 것이 되어 위법하게 된다.

③ 경찰청장과 해양경찰청장은 경찰관이 「경찰관 직무집행법」 제2조 각 호에 따른 직무의 수행으로 인하여 민·형사상 책임과 관련된 소송을 수행할 경우 변호인 선임 등 소송 수행에 필요한 지원을 할 수 있다.

④ 「경찰관 직무집행법」은 "경찰공무원은 직위 또는 직권을 이용하여 부당하게 타인의 사생활에 개입하여서는 아니 된다"고 규정하고 있다.

- **정답** ④
- **난이도** 하 중 상
- **해설** ①, ②, ③은 옳은 설명이며, ④는 틀린 설명이다.
  ④ ✗ 보기의 규정은 「경찰관 직무집행법」상 그 어디에도 명시적인 규정이 없다.

참고 개괄적 수권조항(일반적 수권조항 – 조직법적 근거)

구 분	내 용
의 의	① 『개괄적 수권조항』이란 법률에 의한 개별적·구체적 수권 없이, 경찰권의 발동 권한을 포괄적으로 수권하는 규정을 의미한다. ② 입법기관이 경찰권의 모든 발동 상황을 예상해서 모든 요건을 법률에 구체적으로 규정하는 것은 불가능하므로, 개괄적 수권조항이 필요하다(예 : 「경찰관 직무집행법」 제2조 제7호의 규정). ③ 『일반적 수권조항』이라고도 한다.
장 점	개괄적 수권조항은 개별적인 법적 근거가 없더라도 경찰의 판단에 따라 경찰권을 발동할 수 있게 하여 **법집행의 탄력성을 높이고, 효율적인 경찰목적의 달성을 가능하게 한다.**
단 점	개괄적 수권조항은 경찰권의 발동범위가 확대됨으로써 법률유보의 원칙을 침해하여 국민의 기본권을 침해할 수 있다.

0449

경찰비례의 원칙에 관한 설명으로 가장 적절하지 않은 것은? (다툼이 있는 경우 판례에 의함)

| 23년 1차 순경 |

① 경찰비례의 원칙은 일반적 수권조항에 근거하여 경찰권을 발동하는 경우는 물론, 개별적 수권조항에 근거하여 경찰권을 발동하는 경우에도 적용된다.
② 적합성의 원칙은 경찰기관의 어떤 조치가 경찰목적 달성을 위해 필요한 경우라고 하여도 그 조치에 따른 불이익이 그 조치로 인해 발생하는 이익보다 큰 경우에는 경찰권을 발동해서는 안 된다는 원칙이다.
③ 필요성의 원칙(최소침해의 원칙)은 목적을 달성할 수 있는 수단이 여러 가지가 있는 경우에 적합한 여러 가지 수단 중에서 가장 적게 침해를 가져오는 수단을 선택해야 한다는 원칙이다.
④ 경찰비례의 원칙은 「행정기본법」 제10조, 「경찰관 직무집행법」 제1조 제2항 등에서 근거를 찾아볼 수 있다.

- **정답** ②
- **난이도**
- **해설**

①, ③, ④는 옳은 설명이며, ②는 틀린 설명이다.

② ✗ 『경찰비례의 원칙』의 세부내용은 단계적으로 적용되며 3가지 원칙 모두를 충족해야 적법한 행정작용이 될 수 있다. 즉, 경찰행정관청의 특정 행위가 ㉠ 공익 목적 달성을 위해 적합하고(적합성), ㉡ 국민에게 가장 피해가 적으며(필요성), ㉢ 달성되는 공익이 침해되는 사익보다 더 커야 한다(상당성). 따라서 보기의 설명은 적합성의 원칙에 관한 설명이 아니라, 상당성의 원칙에 관한 설명이다.

참고 경찰비례의 원칙의 내용

경찰비례의 원칙의 세부내용은 단계적으로 적용되며 3가지 원칙 모두를 충족해야 적법한 행정작용이 될 수 있다.

구 분	내 용
적합성의 원칙	경찰기관의 조치는 그 목적을 달성하는 데 적합하여야 한다.
필요성의 원칙 (최소침해의 원칙)	① 경찰기관의 조치는 그 목적달성을 위해 필요한 한도 이상으로 행해져서는 안 된다. ② 즉, 경찰목적을 달성할 수 있는 여러 가지의 수단이 있는 경우에, 경찰기관은 관계자에게 그 수단 중 가장 적은 부담을 주는 수단을 선택하여야 한다.
상당성의 원칙 (협의의 비례원칙)	경찰기관의 어떤 조치가 경찰목적 달성을 위해 필요한 경우라고 하더라도, 그 조치를 취함에 따른 불이익이 그 조치로 인해 발생하는 이익보다 큰 경우에는 그 조치를 취해서는 안 된다(공익 > 사익).

0450

경찰비례의 원칙에 대한 설명으로 가장 적절하지 않은 것은? | 20년 2차 순경 |

① 독일에서 경찰법상의 판례를 중심으로 발달하여 왔고 오늘날에는 행정법의 모든 영역에서 적용되는 원칙으로 이해되고 있다.
② 최소침해의 원칙은 협의의 비례원칙이라고도 불린다.
③ 「경찰관 직무집행법」 제1조 제2항이 명문으로 규정하고 있을 뿐만 아니라 헌법 제37조 제2항으로부터도 도출된다.
④ 적합성, 필요성, 상당성의 원칙으로 이루어져 있다.

정답 ②

난이도 하 중 상

해설
①, ③, ④는 옳은 설명이며, ②는 틀린 설명이다.

② ✗ 『경찰비례의 원칙』의 세부 내용은 단계적으로 적용되며 3가지 원칙 모두를 충족해야 적법한 행정작용이 될 수 있다. 즉, 경찰행정관청의 특정 행위가 ㉠ 공익 목적 달성을 위해 적합하고(적합성의 원칙), ㉡ 국민에게 피해가 가장 적으며(필요성의 원칙), ㉢ 달성되는 공익이 침해되는 사익보다 더 커야 한다(상당성의 원칙). 여기서 『필요성의 원칙』을 『최소침해의 원칙』이라고도 하며, 『상당성의 원칙』을 『협의의 비례원칙』이라고도 한다.

0451

경찰책임의 원칙에 관한 설명으로 가장 적절하지 않은 것은? | 19년 2차 순경 |

① 경찰책임의 원칙이란 경찰위반상태에 책임 있는 자에게만 경찰권이 발동되어야 한다는 원칙을 의미한다.
② 경찰책임의 예외로서 경찰긴급권은 급박성, 보충성 등의 요건이 충족되는 경우 경찰책임자가 아닌 제3자에게 경찰권 발동이 인정되는 경우를 의미한다. 법적근거는 요하지 않으나 제3자의 승낙이 있는 경우에 한하여 경찰긴급권의 발동이 허용된다. 다만 이 경우에도 생명·건강 등 제3자의 중대한 법익에 대한 침해는 허용되지 않는다.
③ 경찰책임의 종류에는 행위책임, 상태책임, 복합적 책임이 있다. 먼저 행위책임은 사람의 행위로 인해 경찰위반상태가 발생한 경우를 의미하며, 상태책임은 물건 또는 동물의 소유자·점유자·관리자가 그 지배범위 안에 속하는 물건·동물로 인해 경찰위반상태가 발생한 경우를 의미한다. 마지막으로 복합적 책임은 다수인의 행위책임, 다수의 상태책임 또는 행위·상태 책임이 중복되는 경우를 의미한다.
④ 경찰책임은 사회 공공의 안녕과 질서에 대한 객관적 위험상황이 존재하면 인정되며, 자연인·법인, 고의·과실, 위법성 유무, 의사·행위·책임능력의 유무 등을 불문한다.

- **정답** ②
- **난이도** 하 중 상
- **해설** ①, ③, ④는 옳은 설명이며, ②는 틀린 설명이다.
  ② ✗ 「경찰긴급권」은 경찰권은 경찰위반의 직접 책임자에게만 발동되는 것이 원칙이지만, 예외적으로 긴급한 필요가 있고 법령상의 근거에 기하여서만 질서위반의 책임이 없는 제3자에게 경찰권의 발동이 허용되는 경우를 말한다.

참고 경찰책임의 예외(경찰긴급권)

구분	내용
의의	① 「경찰긴급권」은 경찰권은 경찰위반의 직접 책임자에게만 발동되는 것이 원칙이지만, 예외적으로 ⊙ 긴급한 필요가 있고 ⓒ 법령상의 근거에 기하여서만 질서위반의 책임이 없는 제3자에게 경찰권의 발동이 허용되는 경우를 말한다. ② 경찰긴급권에 의한 조치는 「형법」상의 긴급피난과 동일한 법리에 의한 것이다.
법적 근거	① 경찰긴급권은 예외적인 것으로 목전에 급박한 위해를 제거하는 경우에 한하여 반드시 법령에 근거하여 행해져야 한다. ② 경찰긴급권에 대한 일반법은 존재하지 않으며, 개별법으로서 「소방기본법」, 「경찰관 직무집행법」, 「경범죄 처벌법」, 「수상에서의 수색·구조 등에 관한 법률」 등이 있다.

0452

경찰권 발동의 조리상 한계에 대한 설명으로 가장 적절하지 않은 것은? | 19년 1차 순경 |

① 경찰비례의 원칙이란 경찰작용에 있어 목적 실현을 위한 수단과 당해 목적 사이에 합리적인 비례관계가 있어야 한다는 원칙이다.
② 경찰비례의 원칙의 내용 중 상당성의 원칙은 경찰권 발동에 따른 이익보다 사인의 피해가 더 큰 경우 경찰권을 발동해서는 안 된다는 원칙으로서 최소침해의 원칙이라고도 한다.
③ 경찰책임의 원칙이란 경찰권은 경찰위반상태에 책임이 있는 자에게만 발동되어야 한다는 원칙이다.
④ 경찰책임의 원칙의 예외로서 긴급한 필요가 있는 경우 경찰책임 있는 자가 아닌 제3자에 대한 경찰권 발동이 허용되는 경우가 있다.

정답 ②

난이도 하 중 상

해설
①, ③, ④는 옳은 설명이며, ②는 틀린 설명이다.
② ✗ 경찰비례의 원칙 중 『상당성의 원칙』은 경찰기관의 어떤 조치가 경찰목적 달성을 위해 필요한 경우라고 하더라도, 그 조치를 취함에 따른 불이익이 그 조치로 인해 발생하는 이익보다 큰 경우에는 그 조치를 취해서는 안 된다는 원칙을 말한다. 『협의의 비례원칙』이라고도 한다.

0453

「경찰관 직무집행법」 제2조 제7호의 개괄적 수권조항 인정여부에 있어 찬성 측의 논거로 가장 적절하지 않은 것은? | 16년 2차 순경 |

① 경찰권의 성질상 경찰권의 발동사태를 상정해서 경찰권 발동의 요건·한계를 입법기관이 일일이 규정한다는 것은 불가능하다.
② 개괄적 수권조항은 개별조항이 없는 경우에만 보충적으로 적용하면 된다.
③ 개괄적 수권조항으로 인한 경찰권 남용의 가능성은 조리 상의 한계 등으로 충분히 통제가 가능하다.
④ 「경찰관 직무집행법」 제2조 제7호는 단지 경찰의 직무범위만을 정한 것으로서 본질적으로는 조직법적 성질의 규정이다.

 ④
 하 중 상

해설 ①, ②, ③은 옳은 설명이며, ④는 틀린 설명이다.
④ ✗ 「경찰관 직무집행법」 제2조 제7호의 <u>개괄적 수권조항(일반적 수권조항)을 부정하는 입장</u>에 따르면, 「경찰관 직무집행법」 제2조 제7호는 단지 경찰의 직무범위만을 정한 것으로, <u>본질적으로는 조직법적 성질의 규정</u>이라고 한다.

참고 「경찰관 직무집행법」 제2조 제7호의 개괄적 수권조항의 인정 여부

구 분		내 용
학설의 대립	긍정설	① 입법기관이 미리 경찰권의 발동사태를 상정해서 모든 요건들을 법률에 규정하는 것은 불가능하다. ② 개괄적 수권조항은 개별적 수권조항이 없는 때에 한하여 제2차적, 보충적으로 적용된다. ③ 개괄적 수권조항을 근거로 행한 경찰권 발동과 관련된 법원칙이 충분히 발달되어 통제할 수 있다.
	부정설	① 법률유보의 원칙에 따라 경찰권의 발동에는 개별 작용법에 의한 구체적인 수권조항이 필요하다. ② 「경찰관 직무집행법」 제2조 제7호는 경찰권의 발동근거에 관한 일반적 조항은 아니고 단지 경찰의 직무범위만을 규정한 것으로, <u>본질적으로는 조직법적 성질의 규정</u>이다.
판례의 태도		판례는 「경찰관 직무집행법」 제2조 제7호를 개괄적 수권조항으로 보고 있다.

0454

경찰비례의 원칙에 대한 설명으로 가장 적절하지 않은 것은? | 22년 승진 |

① 행정영역에서 적용되는 원칙으로서, 일반적 수권조항에 근거하여 경찰권을 발동하는 경우는 물론, 개별적 수권조항에 근거하여 경찰권을 발동하는 경우에도 적용된다.
② 경찰행정관청의 특정행위가 공적 목적 달성을 위해 적합하고, 국민에게 가장 피해가 적으며, 달성되는 공익이 침해되는 사익보다 더 커야 적법한 행정작용이 될 수 있다.
③ 상당성의 원칙(협의의 비례원칙)은 경찰기관의 어떤 조치가 경찰목적 달성을 위해 필요한 경우라고 하여도 그 조치에 따른 불이익이 그 조치로 인해 발생하는 이익보다 큰 경우에는 경찰권을 발동해서는 안된다는 원칙이다.
④ 경찰비례의 원칙은 법률에 명문의 규정은 존재하지 않지만 이를 위반한 경찰작용은 위법한 것으로 평가되어 행정소송의 대상이 되며, 국가배상청구의 대상이 될 수 있다.

정답 ④

난이도 하 중 상

해설 ①, ②, ③은 옳은 설명이며, ④는 틀린 설명이다.
④ ❌ 「경찰비례의 원칙」이란 경찰권은 공공의 안녕·질서의 유지를 위하여 묵과할 수 없는 장해가 발생한 경우에(경찰권 발동의 조건), 이를 해결하기 위하여 필요한 최소한도 범위 내에서 발동되어야 한다(경찰권 발동의 정도)는 원칙을 말한다. 경찰비례의 원칙은 「헌법」제37조 제2항, 「경찰관 직무집행법」제1조 제2항, 「행정기본법」제10조 등에 규정되어 있다.

0455

경찰비례의 원칙에 대한 설명 중 가장 적절하지 않은 것은?

| 20년 승진 |

① 경찰작용에 있어 목적실현을 위한 수단과 당해 목적 사이에 합리적인 비례관계가 있어야 한다는 것으로 「경찰관 직무집행법」에 명시적으로 규정되어 있다.
② 경찰비례의 원칙의 내용으로서 '적합성의 원칙', '필요성의 원칙', '상당성의 원칙'이 있으며 적어도 하나는 충족해야 위법하지 않다.
③ 경찰비례의 원칙을 위반한 국가작용은 행정소송의 대상이 되며, 국가배상책임이 성립할 수 있다.
④ '경찰은 대포로 참새를 쏘아서는 안 된다'는 법언은 상당성의 원칙을 잘 표현한 것이다.

- **정답** ②
- **난이도**
- **해설** ①, ③, ④는 옳은 설명이며, ②는 틀린 설명이다.
  ② ❌ 경찰비례의 원칙의 세부내용은 단계적으로 적용되며 3가지 원칙 모두를 충족해야 적법한 행정작용이 될 수 있다. 즉, 경찰행정관청의 특정 행위가 공익 목적 달성을 위해 적합하고(적합성의 원칙), 국민에게 가장 피해가 적으며(필요성의 원칙), 달성되는 공익이 침해되는 사익보다 더 커야 한다(상당성의 원칙).

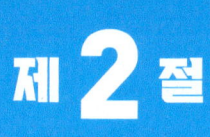

제 2 절 경찰상 행정행위

0456
경찰하명에 대한 설명으로 가장 적절한 것은 모두 몇 개인가?

| 70기 간부 |

가. 「경찰관 직무집행법」 제4조의 강제보호조치 대상자에 대한 응급을 요하는 구호조치에 따른 수인의무는 하명이 아니다.
나. 대간첩 지역이나 국가중요시설에 대한 접근제한명령이나 통행제한명령은 수인의무를 명하는 행위로서 하명의 성질이 아니다.
다. 「경찰관 직무집행법」 제5조 제1항 제3호의 관계인에게 '필요한 조치를 하게 하는 것'은 상대방이 필요한 조치를 하도록 명하는 행위이더라도 하명의 성질은 아니다.
라. 도로교통법 위반에 의한 과태료납부의무는 하명이 아니다.

① 없음
② 1개
③ 2개
④ 3개

- **정답** ①
- **난이도**
- **해설**

"가", "나", "다", "라" 모두 틀린 설명이다.

가. ✗ 강제보호조치 대상자는 반드시 보호조치를 해야 한다는 의미가 아니라, <u>대상자가 거절해도 강제로 보호조치를 할 수 있다</u>는 의미이다. 따라서 상대방은 실력행사를 감수하고 이에 저항하지 아니할 공법상 의무가 발생한다.

나. ✗ 경찰관서의 장은 대간첩작전의 수행이나 소요사태의 진압을 위하여 필요하다고 인정되는 상당한 이유가 있을 때에는 대간첩 작전지역 또는 경찰관서·무기고 등 국가중요시설에 대한 접근 또는 통행을 <u>제한하거나 금지할 수 있다</u>(「경찰관 직무집행법」 제5조 제2항). 따라서 <u>상대방은 실력행사를 감수하고 이에 저항하지 아니할 공법상 의무가 발생</u>한다.

다. ✗ 경찰관은 ㉠ <u>그 장소에 있는 사람</u>, ㉡ <u>사물의 관리자</u>, ㉢ <u>그 밖의 관계인</u>에게 위해를 방지하기 위하여 필요하다고 인정되는 조치를 하게 하거나, <u>직접 그 조치를 취할 수 있다</u>(「경찰관 직무집행법」 제5조 제1항 제3호). 따라서 <u>적극적으로 어떠한 행위를 하도록 의무를 명하는 경찰하명</u>이다.

라. ✗ 도로교통법 위반에 대한 <u>과태료납부의무는 금전 또는 물품의 급부의무를 과하는 경찰하명</u>이다.

0457

행정행위에 대한 설명으로 옳지 않은 것은?

| 70기 간부 |

① 경찰하명이란 일반통치권에 기인하여 경찰목적을 달성하기 위해 국민에 대하여 작위·부작위·급부·수인 등 의무의 일체를 명하는 법률행위적 행정행위를 말하며, 경찰관의 수신호나 교통신호등의 신호도 의무를 부과하는 행정행위로서 경찰하명에 해당한다.

② 부작위 하명의 유형으로는 절대적 금지와 상대적 금지가 있으며, 청소년에게 술이나 담배 판매금지는 절대적 금지이고, 유흥업소의 영업금지는 상대적 금지에 해당한다.

③ 법률행위적 행정행위는 명령적 행정행위(하명·허가·면제 등)와 형성적 행정행위(특허·인가·대리)로 구분할 수 있고, 준법률행위적 행정행위는 확인, 공증, 통지, 수리 등으로 구분할 수 있다.

④ 경찰하명에 위반하여 이루어진 행위는 원칙적으로 그 법적 효력에는 아무런 영향을 받지 않는다. 그러나 영업정지 명령에 위반하여 영업을 계속하였을 경우는 당해 영업에 대한 거래행위의 효력이 부인된다.

- **정답** ④
- **난이도**
- **해설**

①, ②, ③은 옳은 설명이며, ④는 틀린 설명이다.

④ ✗ 경찰하명에 위반하여 이루어진 행위는 원칙적으로 그 법적 효력에는 아무런 영향이 없다. 경찰상 의무 위반행위는 처벌의 대상이 된다. 그러나 경찰상 의무 위반행위의 사법상 효과가 무효로 되는 것은 아니다. 예를 들어 영업정지명령에 위반하여 영업을 계속 하였을 경우 당해 영업에 관한 거래행위의 효력까지 부인되는 것은 아니다.

참고 경찰하명의 효과

구분	내용
경찰상 의무의 발생	① 경찰하명의 상대방은 경찰하명의 내용에 따라 일정한 행위를 하여야 할 또는 하지 않아야 할 공법상 의무를 지게 된다. ② 그러나 경찰하명의 상대방은 행정주체(국가 또는 공공단체)에 대해서 경찰상 의무를 이행할 책임을 지며, 그 이외의 제3자에 대해서 책임을 부담하는 것은 아니다. ③ 따라서 경찰상 의무이행의 강제도 행정주체인 국가만이 가능하고 제3자는 의무이행을 강제할 수 없다. ④ 다만, 대물적 하명의 경우에는 그 대상인 물건에 대한 법적 지위를 승계한 자에게도 그 효과가 미친다.
의무위반행위의 효과	① 경찰상 의무위반행위는 처벌의 대상이 되지만, 경찰상 의무위반행위의 사법상 효과가 무효로 되는 것은 아니다. ② 예를 들어 영업정지명령에 위반하여 영업을 계속하였을 경우 당해 영업에 관한 거래행위의 효력까지 부인되는 것은 아니다.

0458

경찰허가의 효과를 제한 또는 보충하기 위하여 주된 의사표시에 부가된 종된 의사표시를 부관이라고 한다. 부관에 대한 설명으로 옳지 않은 것은? |70기 간부|

① 법정부관의 경우 처분의 효과제한이 직접 법규에 의해서 부여되는 부관으로서 이는 행정행위의 부관과는 구별되는 개념으로 원칙적으로 부관의 개념에 속하지 않는다.
② 부담은 그 자체가 하나의 행정행위이다. 즉, 하명으로서의 성격을 지니기 때문에 분리가 가능하지만, 그 자체가 독립적으로 행정쟁송 및 경찰강제의 대상이 될 수 없다.
③ 부담과 정지조건의 구별이 불분명한 경우에는 최소침해의 원칙에 따라 부담으로 보아야 한다.
④ 수정부담은 새로운 의무를 부과하는 것이 아니라 상대방이 신청한 것과는 다르게 행정행위의 내용을 정하는 부관을 말하며 상대방의 동의가 있어야 효력이 발생한다.

- **정답** ②
- **난이도** 하 중 상
- **해설** ①, ③, ④는 옳은 설명이며, ②는 틀린 설명이다.

② 『부담』이란 행정행위의 주된 의사표시에 부가하여 그 효과를 받는 상대방에게 작위·부작위·수인·급부의무를 명하는 행정청의 의사표시를 말한다. 부담은 독립성이 인정되지 않는 다른 부관과는 달리 그 자체가 하나의 독립된 행정행위이고 이는 하명으로서의 성질을 가진다. 부관은 행정행위의 일부이므로 원칙적으로 독립하여 쟁송대상으로 할 수 없으나, 독립적인 처분성이 인정되는 부담에 대해서는 독자적인 취소소송의 대상으로 할 수 있다. 부담은 허가·수익·특허 등 수익적 행정행위에 붙여지는 것이 보통이다. 부담은 사후부관의 형태로도 부가할 수 있고, 부담의 내용에 대해 행정청은 강제집행도 할 수 있다.

참고 부담과 조건과의 구별, 부담의 특징

구분	내용
조건과의 구별	① 정지조건은 조건의 성취에 의해 효력이 발생하나, 부담은 처음부터 완전히 효력이 발생한다. ② 부담과 정지조건의 구별이 불분명한 경우에는 최소침해의 원칙에 따라 부담으로 본다. ③ 해제조건은 조건의 성취에 의해 당연히 효력이 소멸하나, 부담은 그 불이행이 있더라도 당연히 효력이 소멸되는 것이 아니라 행정청의 철회의 의사표시가 있어야 효력이 소멸한다.
특징	① 부담은 독립성이 인정되지 않는 다른 부관과는 달리 그 자체가 하나의 독립된 행정행위이고 이는 『하명』으로서의 성질을 가진다. ② 부관은 행정행위의 일부이므로 원칙적으로 독립하여 쟁송대상으로 할 수 없으나, 독립적인 처분성이 인정되는 부담에 대해서는 독자적인 취소소송의 대상으로 할 수 있다. ③ 부담은 허가·특허 등 수익적 행정행위에 붙여지는 것이 보통이다. ④ 부담은 사후부관의 형태로도 부가할 수 있고, 부담의 내용에 대해 행정청은 강제집행도 할 수 있다.

0459

경찰하명에 대한 다음 설명 중 가장 옳지 않은 것은?

|65기 간부|

① 하명이란 법령에 의한 일반적·상대적 금지를 특정한 경우에 해제함으로써 일정한 행위를 직법하게 행할 수 있도록 자연의 자유를 회복시켜 주는 행정행위를 말한다.
② 작위, 부작위, 급부, 수인하명이 있으며, 그 효과는 원칙적으로 수명자에게만 발생한다.
③ 청소년 대상 주류 판매금지, 불량(부패)식품 판매금지 등은 부작위하명에 해당한다.
④ 위법한 하명으로 인하여 권리·이익이 침해된 자는 행정심판 또는 행정소송을 제기하여 하명의 취소 등을 구하거나, 손해배상소송을 제기하여 손해배상을 청구할 수 있다.

- **정답** ①
- **난이도** 상 중 하
- **해설** ②, ③, ④는 옳은 설명이며, ①은 틀린 설명이다.
  ① ✗ 『하명』이란 경찰상 목적을 달성하기 위하여, 국가의 일반통치권에 의거하여, 국민에 대하여 특정한 작위·부작위·수인·급부의 의무를 명하는 법률행위를 말한다. 보기에서의 설명은 『허가』에 대한 설명이다.

참고 경찰하명 – 내용에 의한 분류

구분	내 용
작위하명	① 『작위하명』은 적극적으로 어떠한 행위를 하도록 의무를 명하는 경찰하명이다(예: 사체에 대한 신고의무, 화재발생시 소방서 또는 경찰서에 신속히 통지할 의무 등). ② 경찰의무는 공공의 안녕·질서를 유지하기 위한 최소한의 의무이어야 하므로, 불특정한 일반인에게 적용되는 작위하명은 급박한 경우라든가 경미한 부담의 경우에 한하여 행사한다.
부작위하명	① 『부작위하명』은 소극적으로 어떠한 행위를 하지 아니할 의무를 명하는 경찰하명이다. 여기에는 ㉠ 절대적 금지와 ㉡ 상대적 금지로 구분된다. ② 『절대적 금지』는 어떠한 경우에도 절대적으로 해제할 수 없는 금지를 말한다. 이러한 절대적 금지는 법규하명의 형식으로 존재한다(예: 부패식품 판매금지, 인신매매금지, 매음금지, 마약의 제조·판매금지, 청소년에게 주류 및 담배판매 금지 등). ③ 『상대적 금지』는 특정한 경우에는 허가로서 해제할 수 있는 금지를 말한다. 이러한 상대적 금지는 허가를 유보한 금지로서 경찰허가라는 별도의 행정행위에 의해 비로소 금지가 해제된다(예: 건축금지, 주차금지, 유흥업소 영업금지, 총포소지·거래금지, 음식점 영업금지 등).
수인하명	① 『수인하명』은 경찰권 발동에 의한 자기의 신체·재산·가택에 대한 사실상의 침해를 감수하고, 이에 저항하지 않을 의무를 명하는 경찰하명이다(예: 『경찰관 직무집행법』에 의거하여 경찰관이 영업장소에 출입 시 영업주가 출입을 허용하는 것 등). ② 상대방은 실력행사를 감수하고 이에 저항하지 아니할 공법상 의무가 발생하며, 이에 위반하면 공무집행방해죄가 성립할 수 있다.
급부하명	『급부하명』은 금전 또는 물품의 급부의무를 과하는 경찰하명이다(예: 대집행의 비용징수, 운전면허시험의 수수료 납부의무부과 등).

0460

「행정기본법」에 관한 설명으로 가장 적절한 것은? |23년 2차 순경|

① 행정에 관한 나이는 다른 법령등에 특별한 규정이 있는 경우에도 출생일을 산입하지 않고 만(滿) 나이로 계산하고, 연수(年數)로 표시하되, 1세에 이르지 아니한 경우에는 월수(月數)로 표시할 수 있다.
② 행정작용은 그 행정작용이 의도하는 공익이 행정작용으로 인한 국민의 이익 침해보다 크지 않아야 한다.
③ 행정청은 법률로 정하는 바에 따라 완전히 자동화된 시스템(인공지능 기술을 적용한 시스템을 포함)으로 처분을 할 수 있으나, 처분에 재량이 있는 경우에는 그러하지 아니하다.
④ 공익 또는 제3자의 이익을 현저히 해칠 우려가 있는 경우에도 행정청은 권한 행사의 기회가 있음에도 불구하고 장기간 권한을 행사하지 아니하여 국민이 그 권한이 행사되지 아니할 것으로 믿을 만한 정당한 사유가 있는 경우에는 그 권한을 행사해서는 아니 된다.

- **정답** ③
- **난이도** 하 중 상
- **해설** ③은 옳은 설명이며, ①, ②, ④는 틀린 설명이다.
  - ① ✗ 행정에 관한 나이는 다른 법령등에 특별한 규정이 있는 경우를 제외하고는 출생일을 산입하여 만(滿) 나이로 계산하고, 연수(年數)로 표시한다. 다만, 1세에 이르지 아니한 경우에는 월수(月數)로 표시할 수 있다(「행정기본법」 제7조의2).
  - ② ✗ 행정작용은 그 행정작용으로 인한 국민의 이익 침해가 그 행정작용이 의도하는 공익보다 크지 아니하여야 한다(「행정기본법」 제10조 제3호).
  - ④ ✗ 행정청은 권한 행사의 기회가 있음에도 불구하고 장기간 권한을 행사하지 아니하여 국민이 그 권한이 행사되지 아니할 것으로 믿을 만한 정당한 사유가 있는 경우에는 그 권한을 행사해서는 아니 된다. 다만, 공익 또는 제3자의 이익을 현저히 해칠 우려가 있는 경우는 예외로 한다(「행정기본법」 제12조 제2항).

> **참고** 행정의 법원칙 – 비례의 원칙(「행정기본법」)
> 행정작용은 다음 각 호의 원칙에 따라야 한다(동법 제10조).
> ① 행정목적을 달성하는 데 유효하고 적절할 것(적합성의 원칙)
> ② 행정목적을 달성하는 데 필요한 최소한도에 그칠 것(필요성의 원칙 = 최소침해의 원칙)
> ③ 행정작용으로 인한 국민의 이익 침해가 그 행정작용이 의도하는 공익보다 크지 아니할 것(상당성의 원칙 = 협의의 비례원칙)

0461

행정상 법률관계에 관한 설명으로 가장 적절하지 <u>않은</u> 것은? (다툼이 있는 경우 판례에 의함)

| 23년 2차 순경 |

① 국유재산의 관리청이 그 무단점유자에 대하여 하는 변상금 부과처분은 순전히 사경제 주체로서 행하는 사법상의 법률행위이다.
② 국가나 지방자치단체에 근무하는 청원경찰은 「국가공무원법」이나 「지방공무원법」상의 공무원은 아니지만, 그 근무관계를 사법상의 고용계약관계로 보기는 어렵다.
③ 원천징수의무자가 비록 과세관청과 같은 행정청이라 하더라도 그의 원천징수행위는 법령에서 규정된 징수 및 납부의무를 이행하기 위한 것에 불과한 것이지, 공권력의 행사로서의 행정처분을 한 경우에 해당되지 아니한다.
④ 국립 교육대학 학생에 대한 퇴학처분은 행정처분이다.

- **정답** ①
- **난이도**
- **해설** ②, ③, ④는 옳은 설명이며, ①은 틀린 설명이다.
  ① 국유재산의 무단점유 등에 대한 변상금징수의 요건은 「국유재산법」에 명백히 규정되어 있으므로 변상금을 징수할 것인가는 처분청의 재량을 허용하지 않는 기속행위이다. 변상금 부과처분은 관리청이 공권력을 가진 우월적 지위에서 행하는 것으로서 행정처분이라고 보아야 하고, 그 부과처분에 의한 변상금징수권은 공법상의 권리로서 사법상의 채권과는 그 성질을 달리한다.

0462

행정행위의 부관은 (   )인 경우를 제외하고는 독립하여 행정소송의 대상이 될 수 없다. 빈칸에 들어갈 말로 가장 적절한 것은? (다툼이 있는 경우 판례에 의함)

| 23년 2차 순경 |

① 부담   ② 조건
③ 기한   ④ 기간

- **정답** ①
- **난이도**
- **해설** 문제의 내용은 행정행위의 내용 중 「부담」에 대한 설명이다. 「부담」은 독립성이 인정되지 않는 다른 부관과는 달리 그 자체가 하나의 독립된 행정행위이고 이는 「하명」으로서의 성질을 가진다. 부관은 행정행위의 일부이므로 원칙적으로 독립하여 쟁송대상으로 할 수 없으나, 독립적인 처분성이 인정되는 부담에 대해서는 독자적인 취소소송의 대상으로 할 수 있다.

0463

경찰하명에 관한 설명으로 가장 적절하지 않은 것은? (다툼이 있는 경우 판례에 의함) |23년 1차 순경|

① 경찰하명은 경찰상의 목적을 위하여 국가의 일반통치권에 의거, 개인에게 특정한 작위·부작위·수인 또는 급부의 의무를 명하는 행정행위이다.
② 부작위하명은 적극적으로 어떤 행위를 하지 말 것을 명하는 것으로 '면제'라 부르기도 한다.
③ 경찰하명에 위반한 행위는 강제집행이나 처벌의 대상이 되지만, 원칙적으로 사법(私法)상의 법률적 효력까지 부인하는 것은 아니다.
④ 위법한 경찰하명으로 인하여 권리·이익이 침해된 자는 행정쟁송 또는 손해배상을 청구할 수 있다.

정답 ②
난이도 하 중 상
해설 ①, ③, ④는 옳은 설명이며, ②는 틀린 설명이다.

② ✗ 「부작위하명」은 소극적으로 어떠한 행위를 하지 아니할 의무를 명하는 경찰하명이다. 여기에는 절대적 금지와 상대적 금지로 구분된다. ㉠ 「절대적 금지」는 어떠한 경우에도 절대적으로 해제할 수 없는 금지를 말한다. 이러한 절대적 금지는 법규하명의 형식으로 존재한다(예 : 부패식품 판매금지, 인신매매금지, 매음금지, 마약의 제조·판매금지, 청소년에게 주류 및 담배판매 금지, 아편흡식금지 등). ㉡ 「상대적 금지」는 특정한 경우에는 허가로서 해제할 수 있는 금지를 말한다. 이러한 상대적 금지는 허가를 유보한 금지로서 경찰허가라는 별도의 행정행위에 의해 비로소 금지가 해제된다(예 : 건축금지, 주차금지, 유흥업소 영업금지, 총포소지·거래금지, 음식점 영업금지 등).

참고 부작위하명

① 「부작위하명」은 소극적으로 어떠한 행위를 하지 아니할 의무를 명하는 경찰하명이다. 여기에는 ㉠ 절대적 금지와 ㉡ 상대적 금지로 구분된다.
② 「절대적 금지」는 어떠한 경우에도 절대적으로 해제할 수 없는 금지를 말한다. 이러한 절대적 금지는 법규하명의 형식으로 존재한다(예 : 부패식품 판매금지, 인신매매금지, 매음금지, 마약의 제조·판매금지, 청소년에게 주류 및 담배판매 금지 등).
③ 「상대적 금지」는 특정한 경우에는 허가로서 해제할 수 있는 금지를 말한다. 이러한 상대적 금지는 허가를 유보한 금지로서 경찰허가라는 별도의 행정행위에 의해 비로소 금지가 해제된다(예 : 건축금지, 주차금지, 유흥업소 영업금지, 총포소지·거래금지, 음식점 영업금지 등).

0464

「행정기본법」상 부관에 관한 설명으로 가장 적절하지 않은 것은?

| 23년 1차 순경 |

① 행정청은 처분에 재량이 있는 경우에는 부관을 붙일 수 있다.
② 행정청은 처분에 재량이 없는 경우에는 법률에 근거가 있는 경우에 부관을 붙일 수 있다.
③ 행정청은 부관을 붙일 수 있는 처분이 당사자의 동의가 있는 경우에는 그 처분을 한 후에도 부관을 새로 붙이거나 종전의 부관을 변경할 수 있다.
④ 부관은 해당 처분의 목적에 위배되지 아니하고, 실질적 관련이 없을 것을 요건으로 한다.

- **정답** ④
- **난이도**
- **해설** ①, ②, ③은 옳은 설명이며, ④는 틀린 설명이다.
  ④ ❌ 부관은 다음의 요건에 적합하여야 한다(「행정기본법」 제17조 제4항).
  ㉠ 해당 처분의 목적에 위배되지 아니할 것
  ㉡ 해당 처분과 실질적인 관련이 있을 것
  ㉢ 해당 처분의 목적을 달성하기 위하여 필요한 최소한의 범위일 것

참고 재량행위와 기속행위 – 부관과의 관계

구분	내용
재량행위	부관을 붙일 수 있다.
기속행위	법률에 특별한 규정이 없는 한 부관을 붙일 수 없다.

참고 사후부관의 인정 여부

행정청은 부관을 붙일 수 있는 처분이 다음의 어느 하나에 해당하는 경우에는 그 처분을 한 이후에도 부관을 새로 붙이거나 종전의 부관을 변경할 수 있다(「행정기본법」 제17조 제3항).
① 법률에 근거가 있는 경우
② 당사자의 동의가 있는 경우
③ 사정이 변경되어 부관을 새로 붙이거나 종전의 부관을 변경하지 아니하면 해당 처분의 목적을 달성할 수 없다고 인정되는 경우

0465

경찰재량에 관한 설명 중 가장 적절하지 않은 것은? (다툼이 있는 경우 판례에 의함) |22년 2차 순경|

① 「도로교통법」상 교통단속임무를 수행하는 경찰공무원을 폭행한 사람의 운전면허를 취소하는 것은 행정청이 재량여지가 없으므로 재량권의 일탈·남용과는 관련이 없다.
② 재량을 선택재량과 결정재량으로 나눌 경우, 경찰공무원의 비위에 대해 징계처분을 하는 결정과 그 공무원의 건강 등 제반사정을 고려하여 징계처분을 하지 않는 결정 사이에서 선택권을 갖는 것을 결정재량이라 한다.
③ 재량의 일탈·남용뿐만 아니라 단순히 재량권 행사에서 합리성을 결하는 등 재량을 그르친 경우에도 행정심판의 대상이 된다.
④ 재량권의 일탈이란 재량권의 내적 한계(재량권이 부여된 내재적 목적)를 벗어난 것을 말하며, 재량권의 남용이란 재량권의 외적한계(법적·객관적 한계)를 벗어난 것을 의미한다.

정답 ④
난이도
해설 ①, ②, ③은 옳은 설명이며, ④는 틀린 설명이다.
④ ✗ 행정청에 재량권이 부여되어 있는 경우에도 재량권은 무한정한 것은 아니며, 일정한 법적 한계가 있다. 재량권이 이 법적 한계를 넘는 경우에는 그 재량권의 행사는 위법한 것이 되며, 이를 재량권의 일탈·남용이라고 한다. ㉠『재량권의 일탈』이란 재량권의 외적 한계(즉, 법적·객관적 한계)를 벗어난 것을 말하고, ㉡『재량권의 남용』이란 재량권의 내적 한계(즉, 재량권이 부여된 내재적 목적)를 벗어난 것을 말한다. 판례는 재량권의 일탈과 남용에 대한 개념적 정의를 명확히 구분하지 않고, 재량권의 행사에 재량권의 일탈 또는 남용이 없는지 여부를 판단한다.

참고 재량행위

구분	내용
재량행위의 의의	『재량행위』란 행정관청이 법률에서 규정한 행위요건을 실현함에 있어서 복수행위 간에 선택의 자유가 인정되는 경우를 의미한다.
재량행위의 유형 — 결정재량	『결정재량』이란 법규가 허용한 조치를 할 수도 안할 수도 있는 재량을 의미한다.
재량행위의 유형 — 선택재량	『선택재량』이란 법규가 허용한 여러 조치들 중에서 어떤 조치를 할 것인지, 누구에 대해 조치를 할 것인지의 재량을 의미한다.
재량행위의 한계 (재량권의 일탈·남용)	① 『재량』이란 행정청의 완전한 자유재량이 아니라 의무에 합당한 재량을 의미한다. ② 재량권을 행사함에 있어 재량권을 일탈하거나 남용한 경우에는 위법하여 행정소송의 대상이 된다. ③ 『재량권의 일탈』이란 재량권의 외적 한계(즉, 법적·객관적 한계)를 벗어난 것을 말하고, 『재량권의 남용』이란 재량권의 내적 한계(즉, 재량권이 부여된 내재적 목적)를 벗어난 것을 말한다. ④ 판례는 재량권의 일탈과 남용에 대한 개념적 정의를 명확히 구분하지 않고, 재량권의 행사에 재량권의 일탈 또는 남용이 없는지 여부를 판단한다.

0466

강학상 경찰허가에 관한 설명 중 가장 적절한 것은? (다툼이 있는 경우 판례에 의함) |22년 2차 순경|

① 특별한 규정이 없는 한, 허가를 받게 되면 다른 법령상의 제한들도 모두 해제되는 것이 원칙이다.
② 특별한 규정이 없는 한, 허가는 법령이 부과한 작위의무, 부작위의무 및 급부의무를 모두 해제하는 것이다.
③ 강학상 허가와 강학상 특허는 당사자의 신청이 없어도 가능하다는 점에서 공통점이 있다.
④ 일반적으로 영업허가를 받지 아니한 상태에서 행한 사법상 법률행위는 유효하다.

- **정답** ④
- **난이도**
- **해설** ④는 옳은 설명이며, ①, ②, ③은 틀린 설명이다.
  ① ✗ 『경찰허가』는 허가가 유보된 상대적 금지에 한하여 인정되고 절대적 금지의 경우에 경찰허가는 인정되지 않는다.
  ② ✗ 『경찰허가』란 법령에 근거한 일반적·상대적 금지, 즉 부작위의무를 특정한 경우에 해제하여 적법하게 일정한 행위를 할 수 있게 하는 법률행위를 말한다. 보기의 내용은 『경찰면제』에 대한 설명이다.
  ③ ✗ 『경찰허가』는 당사자의 신청을 필요로 하는 쌍방적 행정행위이다. 그러나 예외적으로 신청(출원)없이도 가능하고 이 경우에는 불특정 다수인에게 효과가 발생한다. 행정행위인 『특허』는 쌍방적 행정행위로서 언제나 신청이 필요하다.

> **참고** 경찰면제
> ① 『경찰면제』란 법령에 의하여 일반적으로 부과된 경찰상 작위·수인·급부의무를 특정한 경우에 해제하여 주는 경찰상 법률행위를 말한다(예: 병역면제, 조세면제 등).
> ② 경찰면제는 경찰상의 의무를 해제하여 주는 행위이므로 명령적 행정행위에 속하며, 경찰면제의 발급 여부를 결정하는 것은 원칙적으로 경찰행정관청의 기속재량행위에 해당한다.
> ③ 경찰면제는 의무를 해제한다는 면에서는 경찰허가와 그 성질이 같지만, 경찰면제는 작위·수인·급부의무를 해제하는 반면에, 경찰허가는 부작위의무를 해제한다.

0467

다음 행정행위 중 강학상 특허에 해당하는 것은? (다툼이 있는 경우 판례에 의함) | 22년 1차 순경 |

① 자동차운전면허
② 재단법인의 정관변경 허가
③ 한의사 면허
④ 국유재산 등의 관리청이 행정재산의 사용·수익에 대하여 하는 허가

- **정답** ④
- **난이도** 하 중 상
- **해설** ④는 특허에 해당한다. ①, ③의 경우 강학상 허가에 해당하며, ②의 경우 강학상 인가에 해당한다.

참고 강학상 특허(상대방을 위한 행위)

① 『특허』란 직접 상대방을 위하여 권리·능력·기타 포괄적 법률관계를 설정·변경·소멸시키는 행위를 말한다.
② 특정인에 대해서만 가능하다.
③ 행정행위인 특허는 쌍방적 행정행위로서 언제나 신청이 필요하다.
④ 법규에 의한 특허(예: 법률의 규정에 의한 공법인의 설립행위)에는 출원(신청)이 요구되지 않는다.
⑤ 특허는 일반적으로 규정이 없는 한 재량행위로 본다.
⑥ 특허는 상대방에게 새로운 권리, 능력 기타 법률상의 힘을 발생시킨다.
⑦ 특허에 의해 창설되는 권리는 공권인 것이 보통이나 사권(예: 광업권, 어업권 등)인 경우도 있다.

참고 강학상 인가(제3자를 위한 행위)

① 『인가』란 행정객체가 제3자와 하는 법률적 행위를 보충함으로써 그 법률적 행위의 효력을 완성시켜 주는 행정행위를 말한다(예: 협동조합의 임원의 선출에 관한 행정청의 인가, 비영리법인 설립인가, 특허기업의 사업양도 허가, 감독청의 취임승인 등).
② 인가는 기속행위인 경우도 있고, 재량행위인 경우도 있다.
③ 인가의 대상은 제3자의 법률행위이며, 사실행위에 대한 인가는 인정되지 않는다.
④ 인가의 대상이 되는 행위는 공법상 행위(예: 재개발조합 설립인가 등)일 수도 있고, 사법상 행위(예: 사립학교 이사의 선임행위 등)일 수도 있다.
⑤ 인가는 언제나 행정행위 형식이며, 특정인에 대해서만 가능하다.
⑥ 인가는 법령에 명문의 규정이 없는 한 수정인가를 할 수 없다(다수설).
⑦ 인가는 기본행위에 하자가 있는 경우에는 기본행위를 쟁송으로 다투어야 하며, 인가행위를 다툴 것은 아니다(판례).
⑧ 무인가행위의 경우에는 무효가 됨이 원칙이다.

0468

경찰하명에 대한 설명으로 가장 적절하지 않은 것은? | 19년 1차 순경 |

① 경찰하명이란 경찰목적을 달성하기 위해 상대방에게 일성한 작위·부작위·수인·급부의 의무를 명하는 행정행위이다.
② 경찰하명 위반 시에는 경찰상 강제집행의 대상이 되거나 경찰벌이 과해질 수 있으나, 하명을 위반한 행위의 법적 효력에는 원칙적으로 영향을 미치지 않는다.
③ 경찰하명의 상대방인 수명자는 수인의무를 지므로 경찰하명이 위법하더라도 손해배상을 청구할 수 없다.
④ 경찰하명이 있는 경우, 상대방은 행정주체에 대하여만 의무를 이행할 책임이 있고 그 이외의 제3자에 대하여 법상 의무를 부담하는 것은 아니다.

- **정답** ③
- **난이도**
- **해설** ①, ②, ④는 옳은 설명이며, ③은 틀린 설명이다.
  ③ 위법·부당한 경찰하명의 경우 행정청은 감독권 발동에 의한 취소·정지를 할 수 있으며, **경찰하명의 상대방은 행정쟁송의 제기 또는 손해배상청구 등**을 할 수 있다.

참고 경찰하명에 대한 구제

구 분	내 용
적법한 경찰하명에 대한 구제	① 적법한 경찰하명으로 인하여 경찰하명의 상대방에게 손실이 발생하더라도 상대방은 수인의무를 지게 되므로, 국가에 대하여 손실보상을 청구할 수 없다. ② 그러나 예외적으로 경찰상 적법한 행위로 인하여 경찰하명의 상대방 또는 책임 없는 제3자에게 '특별한 희생'을 가한 경우에, 사유재산권 보장 및 공평의 이념에 배치될 때에는 그에 대한 손실보상청구가 가능하다.
위법·부당한 경찰하명에 대한 구제	위법·부당한 경찰하명의 경우 행정청은 감독권 발동에 의한 취소·정지를 할 수 있으며, 경찰하명의 상대방은 행정쟁송(행정심판, 행정소송)의 제기 또는 손해배상청구 등을 할 수 있다.

0469

허가에 대한 다음 설명 중 가장 적절한 것은? (다툼이 있는 경우 판례에 의함) |18년 3차 순경|

① 허가는 허가가 유보된 상대적 금지에 인정되며, 절대적 금지의 경우에는 인정되지 않는다.
② 허가는 행위의 유효요건일 뿐, 적법요건은 아니다.
③ 판례에 의하면 허가여부의 결정기준은 특별한 사정이 없는 한 원칙적으로 신청 당시의 법령에 의한다.
④ 허가는 법령에 의하여 과하여진 작위·급부·수인의무를 특정한 경우에 해제하여 주는 경찰상의 행정행위이다.

- **정답** ①
- **난이도** 하 중 상
- **해설**
  ①은 옳은 설명이며, ②, ③, ④는 틀린 설명이다.
  ② ✗ 『경찰허가』는 특정 행위를 사실상 적법하게 할 수 있도록 하는 적법요건에 불과하지 유효요건은 아니다. 따라서 무허가행위는 강제집행이나 행정벌의 대상은 되지만, 행위 자체의 효력은 유효하다(예 : 무허가로 유흥주점영업을 한 경우 손님들과 체결한 계약은 유효하다).
  ③ ✗ 『허가』는 원칙적으로 처분 당시의 법령 및 허가기준에 따른다(처분시설). 즉, 행정처분 전에 법령의 개정으로 허가기준에 변경이 있게 되면, 허가는 원칙적으로 개정법령에 따라야 한다(판례). 다만, 허가를 신청한 후 행정청이 정당한 이유 없이 지연하다가 법령이 개정되어 개정된 법령으로는 허가의 요건을 충족하지 못하는 경우에는 허가 신청 당시의 법령에 따라 허가를 행하여야 한다.
  ④ ✗ 『경찰허가』란 법령에 근거한 일반적·상대적 금지, 즉 부작위의무를 특정한 경우에 해제하여 적법하게 일정한 행위를 할 수 있게 하는 법률행위를 말한다. 경찰허가는 허가가 유보된 상대적 금지에 한하여 인정되고 절대적 금지의 경우에 경찰허가는 인정되지 않는다. 보기의 설명은 『경찰면제』에 해당한다.

판례 허가신청 후 허가기준이 변경된 경우 새로운 허가기준으로 처분을 하여야 하는지 여부

허가 등의 행정처분은 원칙적으로 처분시의 법령과 허가기준에 의하여 처리되어야 하고 허가신청 당시의 기준에 따라야 하는 것은 아니며, 비록 허가신청 후 허가기준이 변경되었다고 하더라도 그 허가관청이 허가신청을 수리하고도 정당한 이유 없이 그 처리를 늦추어 그 사이에 허가기준이 변경된 것이 아닌 이상 변경된 허가기준에 따라서 처분을 하여야 한다.

0470

경찰작용에 관한 설명으로 가장 적절하지 않은 것은? |23년 승진|

① 행정목적을 위하여 국가의 일반통치권에 의거 개인에게 특정한 작위·부작위·수인 또는 급부의 의무를 명하는 행정행위, 즉 개인에게 특정의무를 명하는 명령적 행정행위를 하명이라 한다.
② 법령에 의한 일반적·절대적 금지를 특정한 경우에 해제하여 적법하게 일정한 행위를 할 수 있게 하는 행정행위를 허가라 한다.
③ 부관은 조건·기한·부담·철회권의 유보 등과 같이 주된 처분에 부가되는 종된 규율로서, 주된 처분의 효과를 제한하거나 의무를 부과함으로써 국민의 권리·의무에 영향을 미치는 효과가 있다.
④ 행정지도는 일정한 행정목적을 달성하기 위해 상대방인 국민에게 임의적인 협력을 요청하는 비권력적 사실행위를 말한다.

- **정답** ②
- **난이도**
- **해설**

①, ③, ④는 옳은 설명이며, ②는 틀린 설명이다.

② ✗ 『경찰허가』란 법령에 근거한 일반적·상대적 금지, 즉 부작위의무를 특정한 경우에 해제하여 적법하게 일정한 행위를 할 수 있게 하는 법률행위를 말한다(예 : 운전면허의 허가, 총포영업의 허가, 총포소지의 허가, 건축허가, 수렵허가 등). 경찰허가는 허가가 유보된 상대적 금지에 한하여 인정되고 절대적 금지의 경우에 경찰허가는 인정되지 않는다. 법규명령으로서 금지한 절대적 금지는 경찰허가의 대상이 될 수 없다.

참고 명령적 행정행위(적법요건)

구분		내용
의의		① 『명령적 행정행위』란 공공의 필요에 의하여 인간이 본래 가지는 자연적 자유를 규율하는 행위로서, 행정행위의 상대방에 대하여 일정한 의무(작위·부작위·수인·급부)를 과하거나, 이미 과하여진 의무를 해제함을 내용으로 하는 행정행위를 말한다. ② 경찰작용은 일반적으로 명령적 행정행위에 해당하며, 이는 행위의 적법·위법만을 판단하므로 적법요건이라고도 한다.
종류	경찰하명	작위·부작위(금지)·급부·수인의무의 부과
	경찰허가	부작위(금지)의 해제(자연적 자유의 회복)
	경찰면제	작위·급부·수인의무의 해제

0471

경찰하명에 대한 설명 중 가장 적절하지 않은 것은?　　　　　　　　　　　|20년 승진|

① 경찰하명은 경찰목적을 위하여 국가의 일반통치권에 의거 개인에게 특정한 작위·부작위·수인 또는 급부의 의무를 명하는 행정행위이다.
② 부작위하명은 소극적으로 어떤 행위를 하지 말 것을 명하는 것으로 '금지'라 부르기도 한다.
③ 공공시설에서 공중의 건강을 위하여 흡연행위를 금지하는 것은 부작위하명이다.
④ 위법한 하명으로 인하여 권리·이익이 침해된 자는 손실보상을 청구할 수 있다.

- **정답** ④
- **난이도** 하 중 상
- **해설** ①, ②, ③은 옳은 설명이며, ④는 틀린 설명이다.
  ④ ❌ 위법·부당한 경찰하명의 경우 행정청은 감독권 발동에 의한 취소·정지를 할 수 있으며, 경찰하명의 상대방은 행정쟁송(행정심판, 행정소송)의 제기 또는 손해배상청구 등을 할 수 있다.

참고 적법한 경찰하명에 대한 구제

적법한 경찰하명으로 인하여 경찰하명이 상대방에게 손실이 발생하더라도 상대방은 수인의무를 지게 되므로, 국가에 대하여 손실보상을 청구할 수 없다. 그러나 예외적으로 경찰상 적법한 행위로 인하여 경찰하명의 상대방 또는 책임 없는 제3자에게 특별한 희생을 가한 경우에, 사유재산권 보장 및 공평의 이념에 배치될 때에는 그에 대한 손실보상청구가 가능하다.

0472

허가에 대한 설명으로 가장 적절한 것은?

| 19년 승진 |

① 허가란 법령에 의하여 과하여진 작위 · 급부 · 수인의무를 특정한 경우에 해제하여 주는 행정행위이다.
② 허가는 행위의 '적법요건'이지만 '유효요건'은 아니므로, 무허가 행위는 행정상 강제집행 또는 행정벌의 대상은 되지만, 행위 자체의 법적 효력은 영향을 받지 않는 것이 원칙이다.
③ 허가는 허가가 유보된 상대적 금지뿐만 아니라 절대적 금지의 경우에도 인정된다.
④ 허가는 상대방의 신청에 의하여 행하여지는 것으로 신청에 의하지 않고는 행하여질 수 없다.

정답 ②

난이도 상 중 하

해설 ②는 옳은 설명이며, ①, ③, ④는 틀린 설명이다.

① ❌ 『허가』란 법령에 근거한 일반적 · 상대적 금지, 즉 허가를 유보한 부작위의무를 특정한 경우에 해제하여 적법하게 일정한 행위를 할 수 있게 하는 법률행위이다. 허가는 행정주체의 의사표시를 구성요소로 하는 법률행위적 행정행위인 점에서 사실적 행위인 경찰강제와는 구별된다. 보기의 설명은 『경찰면제』에 해당한다.
③ ❌ 『허가』는 허가가 유보된 상대적 금지에 한하여 인정되고 절대적 금지의 경우에 허가는 인정되지 않는다. 법규명령으로서 금지한 절대적 금지는 허가의 대상이 될 수 없다.
④ ❌ 『경찰허가』는 당사자의 신청을 필요로 하는 쌍방적 행정행위이다. 그러나 예외적으로 신청(출원) 없이도 가능하고 이 경우에는 불특정 다수인에게 효과가 발생한다.

0473

행정에 관한 기간의 계산에 관한 설명 중 가장 적절하지 않은 것은? | 21년 2차 경행경채 |

① 행정에 관한 기간의 계산에 관하여는 「행정기본법」 또는 다른 법령 등에 특별한 규정이 있는 경우를 제외하고는 「민법」을 준용한다.
② 민원의 처리기간을 5일 이하로 정한 경우에는 민원의 접수시각부터 "시간" 단위로 계산하되, 공휴일과 토요일은 산입하지 아니한다.
③ 100일간 운전면허정지처분을 받은 사람의 경우, 100일째 되는 날이 공휴일인 경우에도 면허정지 기간은 그 날(공휴일 당일)로 만료한다.
④ 법령등(훈령·예규·고시·지침 등을 포함한다)의 시행일을 정하거나 계산할 때 법령 등을 공포한 날부터 일정 기간이 경과한 날부터 시행하는 경우 법령등을 공포한 날을 첫날에 산입한다.

- **정답** ④
- **난이도**
- **해설** ①, ②, ③은 옳은 설명이며, ④는 틀린 설명이다.
  ④ ✗ 법령 등을 공포한 날부터 일정 기간이 경과한 날부터 시행하는 경우 법령등을 공포한 날을 첫날에 산입하지 아니한다(「행정기본법」 제7조).

구 분	내 용
참고	행정에 관한 기간의 계산 등(「행정기본법」)
행정에 관한 기간의 계산	① 행정에 관한 기간의 계산에 관하여는 이 법 또는 다른 법령 등에 특별한 규정이 있는 경우를 제외하고는 「민법」을 준용한다(동법 제6조 제1항). ② 법령등 또는 처분에서 국민의 권익을 제한하거나 의무를 부과하는 경우 권익이 제한되거나 의무가 지속되는 기간의 계산은 다음 각 호의 기준에 따른다. 다만, 다음 각 호의 기준에 따르는 것이 국민에게 불리한 경우에는 그러하지 아니하다(동법 제6조 제2항). ㉠ 기간을 일, 주, 월 또는 연으로 정한 경우에는 기간의 첫날을 산입한다. ㉡ 기간의 말일이 토요일 또는 공휴일인 경우에도 기간은 그 날로 한다.
법령등 시행일의 기간 계산	법령등(훈령·예규·고시·지침 등을 포함한다)의 시행일을 정하거나 계산할 때에는 다음 각 호의 기준에 따른다(동법 제7조). ① 법령등을 공포한 날부터 시행하는 경우에는 공포한 날을 시행일로 한다. ② 법령등을 공포한 날부터 일정 기간이 경과한 날부터 시행하는 경우 법령등을 공포한 날을 첫날에 산입하지 아니한다. ③ 법령등을 공포한 날부터 일정 기간이 경과한 날부터 시행하는 경우 그 기간의 말일이 토요일 또는 공휴일인 때에는 그 말일로 기간이 만료한다.

0474

행정법상 부관에 관한 설명이다. 아래 ㉠부터 ㉤까지의 설명 중 옳은 것만을 모두 고른 것은? (다툼이 있는 경우 판례에 의함)

| 21년 2차 경행경채 |

> ㉠ 행정청이 수익적 행정처분을 하면서 부가한 부담의 위법 여부는 처분 당시 법령을 기준으로 판단하여야 한다.
> ㉡ 면허발급 당시에 붙이는 부관뿐만 아니라 면허발급 이후에 붙이는 부관도 법률에 명문 규정이 있거나 변경이 미리 유보되어 있는 경우 또는 상대방의 동의가 있는 경우 등에는 특별한 사정이 없는 한 허용된다.
> ㉢ 공유재산에 대한 40년간의 사용허가신청에 대해 행정청이 20년간 사용허가한 경우에 사용허가 기간에 대해서 독립하여 행정소송을 제기할 수 있다.
> ㉣ 종전 허가의 유효기간이 지나서 신청한 기간연장신청은 별도의 새로운 허가를 내용으로 하는 행정처분을 구하는 것이라기보다는 종전의 허가처분을 전제로 하여 단순히 그 유효기간을 연장하여 주는 행정처분을 구하는 것으로 보아야 한다.
> ㉤ 토지소유자가 토지형질변경행위허가에 붙은 기부채납의 부관에 따라 토지를 국가나 지방자치단체에 기부채납(증여)한 경우, 기부채납의 부관이 당연무효이거나 취소되지 아니한 이상 토지소유자는 그 부관으로 인하여 증여계약의 중요 부분에 착오가 있음을 이유로 증여계약을 취소할 수 없다.

① ㉠, ㉡, ㉢
② ㉠, ㉡, ㉤
③ ㉡, ㉢, ㉣
④ ㉢, ㉣, ㉤

  ②

㉠, ㉡, ㉤은 옳은 설명이며, ㉢, ㉣은 틀린 설명이다.

㉢ ✗ 공유재산에 대한 40년간의 사용허가신청에 대해 행정청이 20년간 사용허가한 경우에 사용허가 기간에 대해서 독립하여 행정소송을 제기할 수 없다. 『수정부담』이란 행정행위의 상대방이 신청한 것과 다르게 행정행위의 내용을 정하는 부관을 말한다. 다수설은 부관으로 보지 않는다. 부관은 행정행위의 일부이기 때문에 원칙적으로는 부관 자체만을 따로 구분하여 행정쟁송의 대상으로 할 수 없다. 다만, 그 부관이 『부담』인 경우에는 부담만의 독립적인 행정쟁송이 가능하다.

㉣ ✗ 기한의 도래 후의 갱신신청에 따른 허가는 별개의 새로운 허가이다. 이러한 경우 허가권자는 이를 새로운 허가신청으로 보아 법의 관계 규정에 의하여 허가요건의 적합 여부를 판단하여 그 허가 여부를 결정하여야 할 것이다.

참고 허가의 갱신

구분	내용
기한 도래 전 갱신	기한의 도래 전 갱신은 기존허가의 기간연장에 불과하여 허가의 효력을 지속시키는 것이지 종전허가와 무관한 새로운 행위가 아니다(판례).
기한 도래 후 갱신	① 기한의 도래 후의 갱신신청에 따른 허가는 별개의 새로운 허가이다. ② 이러한 경우 허가권자는 이를 새로운 허가신청으로 보아 법의 관계 규정에 의하여 허가요건의 적합 여부를 새로이 판단하여 그 허가 여부를 결정하여야 할 것이다(판례).

0475

행정처분의 취소와 철회에 관한 설명 중 가장 적절하지 않은 것은? (다툼이 있는 경우 판례에 의함)

| 21년 2차 경행경채 |

① 수익적 행정처분에 하자가 있음을 이유로 처분청이 이를 취소하는 경우, 그 처분의 하자가 당사자의 사실은폐나 기타 사위의 방법에 의한 신청행위에 기인한 것이라면, 처분의 상대방은 그 처분에 의한 이익이 위법하게 취득되었음을 알아 그 취소가능성도 예상하고 있었다고 할 것이므로 행정청이 당사자의 신뢰이익을 고려하지 아니하였다고 하여도 재량권의 남용이 되지 아니한다.

② 행정처분을 한 처분청은 처분의 성립에 하자가 있는 경우 별도의 법적 근거가 없더라도 직권으로 이를 취소할 수 있다고 봄이 원칙이므로, 「국민연금법」이 정한 수급요건을 갖추지 못하였음에도 연금지급결정이 이루어진 경우에는 이미 지급된 급여부분에 대한 환수처분과 별도로 지급결정을 취소할 수 있다.

③ 과세관청은 과세처분의 취소처분이 당연무효의 하자가 없는 한 이를 다시 취소함으로써 원 과세처분을 소생시킬 수 있으며 새로이 법률에서 정한 절차에 따라 동일한 내용의 처분을 다시 할 필요는 없다.

④ 수익적 행정처분에 대한 취소권 등의 행사는 기득권의 침해를 정당화할 만한 중대한 공익상의 필요 또는 제3자의 이익보호의 필요가 있는 때에 한하여 허용될 수 있다는 법리는, 처분청이 수익적 행정처분을 직권으로 취소·철회하는 경우에 적용되는 법리일 뿐 쟁송취소의 경우에는 적용되지 않는다.

- **정답** ③
- **난이도**
- **해설** ①, ②, ④는 옳은 설명이며, ③은 틀린 설명이다.

  ③ ✗ 행정행위를 일단 취소한 후에 그 취소처분 자체의 위법을 이유로 다시 그 취소처분을 취소함으로써 시초의 행정행위의 효력을 회복시킬 수 있는 것인가의 문제는 두 가지 경우로 나누어 생각해 볼 수 있다. 하나는 취소처분의 위법이 중대하고 명백함으로 인하여 그 <u>취소처분이 절대적으로 무효일 경우인데 이 경우에 있어서는 그 취소처분에 대한 무효선언으로서의 취소가 가능</u>하다. 다른 하나는 그 취소처분이 절대로 무효가 되는 경우가 아닌 단순위법인 경우인데 이 경우에도 취소처분에 대하여 법률이 명문으로 소원 또는 행정소송의 제기를 허용하고 있는 때에는 그 절차에 따라 해결하면 될 것이고 법률에 그와 같은 취소처분의 취소에 관한 명문의 규정이 없는 때에는, 취소처분은 비록 위법할지라도 <u>일단 유효하게 성립</u>하고, 따라서 행정행위의 효력을 확정적으로 상실시키는 것이므로, <u>취소처분의 취소에 의하여 이미 효력을 상실한 행정행위를 소생시킬 수는 없으며</u>, 소생시키기 위하여는 <u>원 행정행위와 동일한 내용의 새로운 행정행위를 행할 수 밖에 없는 것</u>으로 풀이하는 것이 타당할 것이다.

0476

다음 준법률적 행정행위 중 통지행위에 해당하는 것만을 모두 고른 것은? (다툼이 있는 경우 판례에 의함)

| 20년 2차 경행경채 |

> ㉠ 특허출원의 공고
> ㉡ 부동산등기부에의 등기
> ㉢ 귀화의 고시
> ㉣ 선거에 있어 당선인 결정
> ㉤ 대집행의 계고

① ㉠, ㉡, ㉢
② ㉢, ㉣, ㉤
③ ㉠, ㉢, ㉤
④ ㉡, ㉢, ㉣

- **정답** ③
- **난이도**
- **해설**
  ㉠, ㉢, ㉤은 준법률행위적 행정행위 중 통지행위에 해당하며, ㉡, ㉣은 준법률행위적 행정행위 중 통지행위에 해당하지 않는다.
  ㉡ ❌ 부동산등기부에의 등기는 준법률행위적 행정행위 중 『공증』에 해당한다.
  ㉣ ❌ 선거에 있어 당선인의 결정은 준법률행위적 행정행위 중 『확인』에 해당한다.

참고 준법률행위적 행정행위

구 분	종 류
확 인	당선인 결정, 국가시험 합격자의 결정, 행정심판의 재결, 이의신청의 결정, 교과서의 검정 등
공 증	등기부등록부에의 등기·등록, 각종 증명서의 발급, 운전면허증의 교부, 당선증 교부 등
통 지	대집행의 계고, 납세의 독촉, 사업인정의 고시, 특허출원의 공고, 귀화의 고시 등
수 리	사직서의 수리, 행정심판청구서의 수리, 혼인신고서의 수리 등

참고 법률행위적 행정행위와 준법률행위적 행정행위의 구분

구 분	법률행위적 행정행위	준법률행위적 행정행위
구성요소	의사표시(효과의사)	효과의사 이외의 정신작용
효 과	효과의사의 내용에 따라 법률적 효과가 발생	직접 법률에 규정되어 있는 바에 따라 법률효과가 발생
부관가능성	가능	불가능
재량성의 유무	재량이 있음	재량이 없음
형 식	일반적으로 불요식행위임	원칙적으로 요식행위임

0477

다음 강학상 허가에 대한 설명 중 옳고 그름의 표시(O, X)가 모두 바르게 된 것은? (다툼이 있는 경우 판례에 의함) | 20년 2차 경행경채 |

> ㉠ 「국토의 계획 및 이용에 관한 법률」상 용도지역 안에서 토지의 형질변경행위를 수반하는 건축허가는 재량행위에 속한다.
> ㉡ 한의사 면허는 경찰금지를 해제하는 명령적 행위인 강학상 허가에 해당한다.
> ㉢ 「하천법」상 하천의 점용허가는 일반인에게 하천이용권이라는 권리를 설정하여 주는 허가에 해당한다.
> ㉣ 「민법」 제45조와 제46조에서 말하는 재단법인의 정관변경 "허가"는 그 성질에 있어 일반적 금지를 해제하는 것으로 허가에 해당한다.

① ㉠ (O) ㉡ (X) ㉢ (X) ㉣ (O)
② ㉠ (X) ㉡ (O) ㉢ (O) ㉣ (X)
③ ㉠ (O) ㉡ (O) ㉢ (X) ㉣ (X)
④ ㉠ (X) ㉡ (X) ㉢ (O) ㉣ (O)

정답 ③

해설 ㉠, ㉡은 옳은 설명이며, ㉢, ㉣은 틀린 설명이다.

㉢ X 하천점용허가권은 강학상 『특허』의 일종에 해당한다. 이러한 『특허』는 상대방에게 새로운 권리, 능력 기타 법률상의 힘을 발생시킨다.

㉣ X 재단법인의 정관변경 허가는 강학상 『인가』의 일종에 해당한다.

0478

부관에 대한 설명으로 가장 적절하지 않은 것은? (다툼이 있는 경우 판례에 의함) |20년 2차 경행경채|

① 행정처분과 부관 사이에 실제적 관련성이 있다고 볼 수 없는 경우 공무원이 공법상의 제한을 회피할 목적으로 행정처분의 상대방과 사이에 사법상 계약을 체결하는 형식을 취하였다면 이는 법치행정의 원리에 반하는 것으로서 위법하다.
② 기한이란 행정행위 효력의 발생·소멸을 장래에 발생 여부가 확실한 사실에 종속시키는 부관을 말한다.
③ 부담의 이행으로서 하게 된 사법상 매매 등의 법률행위는 그 부담을 붙인 행정처분과는 어디까지나 별개의 법률행위이므로 그 부담의 불가쟁력의 문제와는 별도로 그 법률행위가 사회질서 위반이나 강행규정에 위반되는지 여부 등을 따져보아 그 법률행위의 유효 여부를 판단하여야 한다.
④ 부담은 그 자체로서 행정쟁송의 대상이 될 수 없다.

- **정답** ④
- **난이도**
- **해설**

①, ②, ③은 옳은 설명이며, ④는 틀린 설명이다.

④ ✗ 『부담』이란 행정행위의 주된 의사표시에 부가하여 그 효과를 받는 상대방에게 작위·부작위·수인·급부의무를 명하는 행정청의 의사표시를 말한다. 『부담』은 독립성이 인정되지 않는 다른 부관과는 달리 그 자체가 하나의 독립된 행정행위이고, 이는 『하명』으로서의 성질을 가진다. 이러한 독립적인 처분성이 인정되는 부담에 대해서는 독자적인 취소소송의 대상으로 할 수 있다. 부담은 허가·특허 등 수익적 행정행위에 붙여지는 것이 보통이다.

참고 부관 - 기한

구분		내용
의의		『기한』이란 행정행위의 효력의 발생 또는 소멸을 장래의 확실한 사실에 의존케 하는 행정청의 의사표시를 말한다. 이러한 기한에는 『시기』와 『종기』가 있다.
유형	시기	『시기』란 기한의 도래로 행정행위가 당연히 효력을 발생하는 경우를 말한다(예 : ○월 ○일부터 허가 등).
	종기	① 『종기』란 기한의 도래로 행정행위가 당연히 효력이 소멸하는 경우를 말한다(예 : ○월 ○일까지 허가 등). ② 장기계속성이 예정되는 행위에 부당하게 짧은 종기가 붙여진 경우 그것은 존속기간이 아니라 갱신기간으로 보아야 한다.

0479

행정행위의 부관에 대한 설명으로 가장 적절하지 않은 것은? (다툼이 있는 경우 판례에 의함)

| 18년 3차 경행경채 |

① 공유수면매립면허와 같은 재량적 행정행위에는 법률상의 근거가 없다고 하더라도 부관을 붙일 수 있다.

② 행정청이 관리처분계획에 대한 인가여부를 결정할 때에는 그 관리처분계획에 구「도시 및 주거환경정비법(2007. 12. 21. 법률 제8785호로 개정되기 전의 것)」제48조 및 구「도시 및 주거환경정비법 시행령(2009. 6. 30. 대통령령 제21590호로 개정되기 전의 것)」제50조에 규정된 사항이 포함되어 있는지, 그 계획의 내용이 구「도시 및 주거환경정비법(2007. 12. 21. 법률 제8785호로 개정되기 전의 것)」제48조 제2항의 기준에 부합하는지 여부 등을 심사·확인하여 그 인가 여부를 결정할 수 있고, 기부채납과 같은 다른 조건도 붙일 수 있다.

③ 수익적 행정처분에 있어서는 법령에 특별한 근거규정이 없다고 하더라도 그 부관으로 부담을 붙일 수 있고, 그와 같은 부담은 행정청이 행정처분을 하면서 일방적으로 부가할 수도 있지만 부담을 부가하기 이전에 상대방과 협의하여 부담의 내용을 협약의 형식으로 미리 정한 다음 행정처분을 하면서 이를 부가할 수도 있다.

④ 구「수산업법(1985. 7. 1. 법률 제3764호로 개정된 것)」제15조에 의하여 어업의 면허 또는 허가에 붙이는 부관은 그 성질상 허가된 어업의 본질적 효력을 해하지 않는 한도의 것이어야 하고 허가된 어업의 내용 또는 효력 등에 대하여는 행정청이 임의로 제한 또는 조건을 붙일 수 없다.

• **정답** ②
• **난이도** 하 중 상
• **해설** ①, ③, ④는 옳은 설명이며, ②는 틀린 설명이다.
② 대법원은 "관리처분계획 및 그에 대한 인가처분의 의의와 성질, 그 근거가 되는 도시정비법과 그 시행령상의 위와 같은 규정들에 비추어 보면, 행정청이 관리처분계획에 대한 인가 여부를 결정할 때에는 그 관리처분계획에 도시정비법 제48조 및 그 시행령 제50조에 규정된 사항이 포함되어 있는지, 그 계획의 내용이 도시정비법 제48조 제2항의 기준에 부합하는지 여부 등을 심사·확인하여 그 인가 여부를 결정할 수 있을 뿐 기부채납과 같은 다른 조건을 붙일 수는 없다고 할 것이다."고 판시하고 있다.

0480

행정행위의 하자에 관한 설명 중 가장 적절하지 <u>않은</u> 것은? (다툼이 있는 경우 판례에 의함)

| 14년 2차 경행경채 |

① 법률관계나 사실관계에 대하여 그 법률 규정을 적용할 수 없다는 법리가 명백히 밝혀지지 않아 다툼의 여지가 있는 때에는 행정청이 이를 잘못 해석하여 행정처분을 했더라도 이는 처분 요건사실을 오인한 것에 불과하여 하자가 명백하다고 할 수 없다.
② 행정처분의 근거 법률이 행정처분 후에 위헌으로 선언되면, 그 하자는 원칙적으로 무효사유가 된다.
③ 적법한 건축물에 대한 철거명령이 그 하자가 중대하고 명백하여 당연무효일 경우, 그 후행행위인 건축물철거 대집행 계고처분 역시 당연무효이다.
④ 행정처분의 내용상 하자에 대해서는 하자의 치유를 인정하지 아니한다.

정답 ②

난이도

해설
①, ③, ④는 옳은 설명이며, ②는 틀린 설명이다.
② ✗ 하자있는 행정처분이 당연무효가 되기 위하여는 그 하자가 중대할 뿐만 아니라 명백한 것이어야 하는데, 일반적으로 법률이 헌법에 위반된다는 사정이 헌법재판소의 위헌결정이 있기 전에도 객관적으로 명백한 것이라고 할 수는 없으므로 특별한 사정이 없는 한 이러한 하자는 위 행정처분의 취소사유에 해당할 뿐 당연무효사유는 아니라고 봄이 상당하다.

0481

기속행위와 재량행위에 대한 설명으로 옳지 않은 것은? (다툼이 있는 경우 판례에 의함)

| 20년 지방직 9급 |

① 「국토의 계획 및 이용에 관한 법률」상 개발행위허가는 허가기준 및 금지요건이 불확정 개념으로 규정된 부분이 많아 그 요건에 해당하는지 여부는 행정청의 재량판단의 영역이다.

② 기속행위와 재량행위의 구분은 당해 행위의 근거가 된 법규의 체계·형식과 그 문언, 당해 행위가 속하는 행정 분야의 주된 목적과 특성, 당해 행위 자체의 개별적 성질과 유형 등을 모두 고려하여 판단하여야 한다.

③ 처분을 할 것인지 여부와 처분의 정도에 관하여 재량이 인정되는 과징금 납부명령에 대하여 그 명령이 재량권을 일탈하였을 경우, 법원은 재량권의 범위 내에서 어느 정도가 적정한 것인지에 관하여 판단할 수 있고, 그 일부를 취소할 수 있다.

④ 마을버스운송사업면허의 허용 여부는 운수행정을 통한 공익실현과 아울러 합목적성을 추구하기 위하여 보다 구체적 타당성에 적합한 기준에 의하여야 할 것이므로 행정청의 재량에 속하는 것이라고 보아야 한다.

정답 ③

난이도 하 중 상

해설 ①, ②, ④는 옳은 설명이며, ③은 틀린 설명이다.

③ ✗ 처분을 할 것인지 여부와 처분의 정도에 관하여 재량이 인정되는 과징금 납부명령에 대하여 그 명령이 재량권을 일탈하였을 경우 법원으로서는 재량권의 일탈 여부만 판단할 수 있을 뿐이지 재량권의 범위 내에서 어느 정도가 적정한 것인지에 관하여는 판단할 수 없어 그 전부를 취소할 수 밖에 없고, 법원이 적정하다고 인정되는 부분을 초과한 부문만 취소할 수는 없다.

0482

행정행위의 부관에 대한 설명으로 옳지 않은 것은? (다툼이 있는 경우 판례에 의함) | 20년 소방직 |

① 사정변경으로 인하여 당초에 부담을 부가한 목적을 달성할 수 없게 된 경우에도 부관의 사후변경은 그 목적달성에 필요한 범위 내에서 예외적으로 허용된다는 것이 판례의 태도이다.
② 행정행위의 부관의 유형 중에서 장래의 불확실한 사실에 의해서 행정행위의 효력을 소멸시키는 것은 해제조건이다.
③ 지방국토관리청이 일부 공유수면매립지에 대하여 한 국가 또는 광역시 귀속 처분은 법률효과의 일부배제에 해당하는 것으로 행정행위의 부관의 유형으로 볼 수 없다는 것이 판례의 태도이다.
④ 부담과 조건의 구별이 명확하지 않은 경우에는 부담으로 보는 것이 행정행위의 상대방에게 유리하다고 본다.

정답 ③

난이도 상 중 하

해설
①, ②, ④는 옳은 설명이며, ③은 틀린 설명이다.
③ ✗ 지방국토관리청이 일부 공유수면매립지에 대하여 한 국가 또는 광역시 귀속 처분은 매립준공인가를 함에 있어서 매립의 면허를 받은 자의 매립지에 대한 소유권취득을 규정한 공유수면매립법 제14조의 효과 일부를 배제하는 부관을 붙인 것이고, 이러한 행정행위의 부관은 위 법리와 같이 독립하여 행정소송의 대상이 될 수 없다.

참고 부관 – 법률효과의 일부배제

구분	내용
의의	『법률효과의 일부배제』란 행정청의 주된 의사표시에 부가하여, 법률에서 일반적으로 그 행위에 부여한 법률효과 중의 일부의 발생을 배제하는 행정청의 의사표시를 말한다(예 : 도로점용을 허가하되 시간을 야간에만 제한하는 것, 격일제운행을 조건으로 하는 택시영업허가, 야간에만 개시할 것을 조건으로 하는 시장개설허가, 영업구역을 설정한 영업허가 등).
특징	법률효과의 일부배제는 법률이 부여한 행정행위의 효과를 배제하는 것이므로 원칙적으로 법률에 특별한 근거가 있을 때에 한하여 인정된다.

0483

인·허가 의제에 대한 설명으로 옳지 않은 것은? (다툼이 있는 경우 판례에 의함) | 18년 국가직 7급 |

① 인·허가 의제는 행정청의 소관사항과 관련하여 권한행사의 변경을 가져오므로 법령의 근거를 필요로 한다.
② 「국토의 계획 및 이용에 관한 법률」상의 개발행위허가가 의제되는 건축허가신청이 동 법령이 정한 개발행위허가기준에 부합하지 아니하면, 행정청은 건축허가를 거부할 수 있다.
③ 주된 인·허가 관한 사항을 규정하고 있는 법률에서 주된 인·허가가 있으면 다른 법률에 의한 인·허가를 받은 것으로 의제한다는 규정을 둔 경우, 주된 인·허가가 있으면 다른 법률에 의하여 인·허가를 받았음을 전제로 하는 그 다른 법률의 모든 규정들까지 적용되는 것은 아니다.
④ A허가에 대해 B허가가 의제되는 것으로 규정된 경우, A불허가처분을 하면서 B불허가사유를 들고 있으면 A불허가처분과 별개로 B불허가처분도 존재한다.

- **정답** ④
- **난이도**
- **해설** ①, ②, ③은 옳은 설명이며, ④는 틀린 설명이다.
  ④ ✗ 건축불허가처분을 하면서 그 처분사유로 건축불허가 사유뿐만 아니라 형질변경불허가 사유나 농지전용불허가 사유를 들고 있다고 하여 그 건축불허가처분 외에 별개로 형질변경불허가처분이나 농지전용불허가처분이 존재하는 것은 아니다(판례).

참고 인·허가의제

구분	내용
의의	「인허가의제」란 하나의 인허가(주된 인허가)를 받으면 법률로 정하는 바에 따라 관련된 여러 인허가(관련 인허가)를 받은 것으로 보는 것을 말한다(동법 제24조 제1항).
기준	① 인허가의제를 받으려면 주된 인허가를 신청할 때 관련 인허가에 필요한 서류를 함께 제출하여야 한다. 다만, 불가피한 사유로 함께 제출할 수 없는 경우에는 주된 인허가 행정청이 별도로 정하는 기한까지 제출할 수 있다(동법 제24조 제2항). ② 주된 인허가 행정청은 주된 인허가를 하기 전에 관련 인허가에 관하여 미리 관련 인허가 행정청과 협의하여야 한다(동법 제24조 제3항). ③ 관련 인허가 행정청은 협의를 요청받으면 그 요청을 받은 날부터 20일 이내에 의견을 제출하여야 한다. 이 경우 기간 내에 협의 여부에 관하여 의견을 제출하지 아니하면 협의가 된 것으로 본다(동법 제24조 제4항). ④ 협의를 요청받은 관련 인허가 행정청은 해당 법령을 위반하여 협의에 응해서는 아니 된다. 다만, 관련 인허가에 필요한 심의, 의견 청취 등 절차에 관하여는 법률에 인허가의제시에도 해당 절차를 거친다는 명시적인 규정이 있는 경우에만 이를 거친다(동법 제24조 제5항).
효과	① 협의가 된 사항에 대해서는 주된 인허가를 받았을 때 관련 인허가를 받은 것으로 본다(동법 제25조 제1항). ② 인허가의제의 효과는 주된 인허가의 해당 법률에 규정된 관련 인허가에 한정된다(동법 제25조 제2항).
사후관리 등	인허가의제의 경우 관련 인허가 행정청은 관련 인허가를 직접 한 것으로 보아 관계 법령에 따른 관리·감독 등 필요한 조치를 하여야 한다(동법 제26조 제1항).

0484

행정행위의 부관에 대한 설명으로 옳지 않은 것은? (다툼이 있는 경우 판례에 의함) | 18년 국가직 7급 |

① 법령에 특별한 근거규정이 없는 한 기속행위에는 부관을 붙일 수 없고 기속행위에 붙은 부관은 무효이다.
② 행정처분과의 실질적 관련성이 없어 부관으로 붙일 수 없는 부담은 사법상 계약의 형식으로도 부과할 수 없다.
③ 취소소송에 의하지 않으면 권리구제를 받을 수 없는 경우에는, 부담이 아닌 부관이라 하더라도 그 부관만을 대상으로 취소소송을 제기하는 것이 허용된다.
④ 부관의 일종인 사후부관은, 법률에 명문의 규정이 있거나 그것이 미리 유보되어 있는 경우 또는 상대방의 동의가 있는 경우에 허용되는 것이 원칙이다.

 ③
 상 중 하
 ①, ②, ④는 옳은 설명이며, ③은 틀린 설명이다.
③ ✗ 현행 행정쟁송제도 아래서는 부관 그 자체만을 독립된 쟁송의 대상으로 할 수 없는 것이 원칙이나, 행정행위의 부관 중에서도 행정행위에 부수하여 그 행정행위의 상대방에게 일정한 의무를 부과하는 행정청의 의사표시인 『부담』인 경우에는 다른 부관과는 달리 행정행위의 불가분적 요소가 아니고 그 존속이 본체인 행정행위의 존재를 전제로 하는 것일 뿐이므로 부담 그 자체로서 행정쟁송의 대상이 될 수 있다.

참고 부관의 요건 및 한계

구분		내용
요건		부관은 다음의 요건에 적합하여야 한다(「행정기본법」 제17조 제4항). ① 해당 처분의 목적에 위배되지 아니할 것 ② 해당 처분과 실질적인 관련이 있을 것 ③ 해당 처분의 목적을 달성하기 위하여 필요한 최소한의 범위일 것
한계	법률행위적 행정행위	① 법률행위적 행정행위에는 법적 근거가 없이도 부관을 붙일 수 있다. ② 부관은 『비례의 원칙』 및 『평등의 원칙』에 적합하여야 하며, 위반하면 위법한 부관이 된다.
	준법률행위적 행정행위	준법률행위적 행정행위는 의사표시를 요소로 하지 않으므로 부관을 붙일 수 없다는 것이 통설과 판례의 입장이다.
	재량행위	① 재량행위에는 부관을 붙일 수 있다. ② 다만, 재량행위의 경우에도 성질상 부관을 붙일 수 없는 경우가 있다.
	기속행위	일반적으로 기속행위나 기속적 재량행위에는 부관을 붙일 수 없고, 부관을 붙였다고 하더라도 이는 무효이다.

0485

행정행위의 부관에 대한 설명으로 옳지 않은 것은? (다툼이 있는 경우 판례에 의함) | 18년 지방직 9급 |

① 행정행위의 부관은 법령이 직접 행정행위의 조건이나 기한 등을 정한 경우와 구별되어야 한다.
② 재량행위에는 법령상의 제한에 근거한 것이 아니라 하더라도 공익상 필요에 의하여 부관을 붙일 수 있다.
③ 허가에 붙은 기한이 그 허가된 사업의 성질상 부당하게 짧은 경우와 그 기한은 허가조건의 존속기간이 아니라 허가 자체의 존속기간으로 보아야 한다.
④ 부담은 독립하여 항고소송의 대상이 될 수 있으며, 부담부행정행위는 부담의 이행여부를 불문하고 효력이 발생한다.

- 정답 ③
- 난이도 하 중 상
- 해설 ①, ②, ④는 옳은 설명이며, ③은 틀린 설명이다.
  ③ ✗ 허가에 붙은 기한이 그 허가된 사업의 성질상 부당하게 짧은 경우에는 이를 그 허가 자체의 존속기간이 아니라 그 허가조건의 존속기간으로 보아 그 기한이 도래함으로써 그 조건의 개정을 고려한다는 뜻으로 해석할 수 있다.

0486

행정행위의 하자에 대한 설명으로 옳지 않은 것은? (다툼이 있는 경우 판례에 의함) | 16년 국가직 7급 |

① 적법한 건축물에 대한 철거명령의 하자가 중대하고 명백하여 당연무효라고 하더라도 그 후행행위인 건축물철거 대집행 계고처분 역시 당연무효가 되는 것은 아니다.
② 계고처분의 후속절차인 대집행에 위법이 있다고 하더라도, 그와 같은 후속절차에 위법성이 있다는 점을 들어 선행절차인 계고처분이 부적법하다는 사유로 삼을 수는 없다.
③ 과세처분 이후 조세 부과의 근거가 되었던 법률규정에 대하여 위헌결정이 내려진 경우, 그 위헌결정의 효력에 위배하여 이루어진 체납처분은 당연무효이다.
④ 절차상 하자로 인하여 무효인 행정처분이 있은 후 행정청이 관계 법령에서 정한 절차를 갖추어 다시 동일한 행정처분을 하였다면 당해 행정처분은 종전의 무효인 행정처분과 관계없이 새로운 행정처분이라고 보아야 한다.

- 정답 ①
- 난이도 하 중 상
- 해설 ②, ③, ④는 옳은 설명이며, ①은 틀린 설명이다.
  ① ✗ 적법한 건축물에 대한 철거명령은 그 하자가 중대하고 명백하여 당연무효라고 할 것이고, 그 후행행위인 건축물철거 대집행 계고처분 역시 당연무효라고 할 것이다(판례).

제3절 경찰상 의무이행 확보수단

0487

경찰의무의 이행확보수단에 대한 설명으로 가장 적절한 것은?

| 72기 간부 |

① 형사처벌과 이행강제금을 병과하는 것은 헌법상의 이중처벌금지의 원칙에 위반된다.
② 경찰상의 강제집행의 실정법적 근거로는 「경찰관 직무집행법」이 유일하다.
③ 즉시강제는 경찰상의 이행을 확보하기 위한 가장 효과적인 수단이며, 공공의 안녕 또는 질서에 대한 급박한 위해가 존재하는 경우에는 국가는 그 위해를 제거하여 공공의 안녕과 질서를 유지할 자연법적 권리와 의무를 가지므로, 특별한 법률적 근거가 없다 하더라도 경찰상의 즉시강제가 가능하다.
④ 경찰상의 강제집행을 하기 위해서는 경찰의무를 부과하는 경찰하명의 근거가 되는 법률 이외에 경찰상의 강제집행을 위한 별도의 법적 근거가 있어야 한다.

- **정답** ④
- **난이도** 하 중 상
- **해설**
④는 옳은 설명이며, ①, ②, ③은 틀린 설명이다.
① 「경찰벌」은 과거의 법위반에 대한 제재를 주된 목적으로 하므로 「집행벌」(이행강제금)과는 그 규제의 목적이 달라 경찰벌(이행강제금)과 집행벌은 병과될 수 있다. 이행강제금과 형사처벌이 병과되더라도 이중처벌금지의 원칙에 반하지 않는다(판례).
② 「경찰상 강제집행」의 종류로는 대집행, 집행벌, 직접강제, 강제징수가 있다. ㉠ 「대집행」에 관한 일반적인 근거규범으로는 「행정기본법」, 「행정대집행법」이 있다. ㉡ 현행법상 「집행벌」의 일반법은 「행정기본법」이 있고, 개별법으로서 「건축법」의 이행강제금, 「농지법」상의 이행강제금, 「부동산 실권리자명의 등기에 관한 특별조치법」 등이 있다. ㉢ 「직접강제」의 실정법상 근거로서 일반법은 「행정기본법」이 있으며, 개별법으로서 「출입국관리법」상 강제퇴거, 「도로교통법」상 위험방지를 위한 조치, 「식품위생법」상 폐쇄조치, 「공중위생관리법」상 공중위생영업소의 폐쇄 등이 있다. ㉣ 「강제징수」의 일반법으로서 「행정기본법」, 「국세징수법」이 있고, 개별법으로는 「지방세법」, 「토지수용법」 등이 있다.
③ ✕ 「경찰상 즉시강제」는 의무를 전제로 하지 않고 국민의 신체·재산에 실력을 가하여 행정상 필요한 상태를 실현하는 작용이라는 점에서 엄격한 실정법적 근거를 요한다. 즉, 「경찰상 즉시강제」는 행정상의 의무존재와 의무불이행을 전제로 하지 않는다는 점에서 「경찰상 강제집행」과는 구별된다. 「경찰상 즉시강제」의 일반법으로는 「경찰관 직무집행법」이 있다.

0488

경찰상 강제집행의 수단에 대한 설명이다. 다음 중 옳은 것은? | 70기 간부 |

① 대집행의 절차는 계고 → 통지 → 비용의 징수 → 실행 순이다.
② 집행벌은 경찰벌과 병과해서 행할 수 없다.
③ 강제징수 절차는 독촉 → 체납처분(압류–매각–청산) → 체납처분의 중지 → 결손처분 순으로 진행한다.
④ 강제집행과 즉시강제는 선행의무 불이행을 전제하지 않는다.

- **정답** ③
- **난이도**
- **해설**

③은 옳은 설명이며, ①, ②, ④는 틀린 설명이다.

① ✗ 『대집행』이란 경찰상 대체적 작위의무를 진 자의 의무불이행시 경찰행정관청이 스스로 또는 제3자로 하여금 의무자가 하여야 할 행위를 하게 함으로써 의무의 이행이 있는 것과 같은 상태를 실현시킨 후, 그에 관한 비용을 의무자로부터 징수하는 경찰상 강제집행을 말한다. 대집행의 절차는 "대집행의 계고 → 대집행영장에 의한 통지 → 대집행의 실행 → 비용징수의 순"으로 진행된다.

② ✗ 『집행벌』이란 이행강제금이라고도 하는데, 경찰상 부작위의무 또는 비대체적 작위의무를 이행하지 않는 경우에, 그 의무의 이행을 간접적으로 강제하기 위한 심리적 압박수단으로 부과하는 수단을 말한다. 집행벌은 사후적 제재가 아니고 장래의 의무불이행을 담보한다는 점에서 일사부재리의 원칙에 반하지 않는다. 또한 집행벌은 경찰벌과 병과해서 행할 수 있으며 의무가 이행될 때까지 계속적인 부과도 가능하다.

④ ✗ 『경찰상 강제집행』이란 경찰하명에 따른 경찰의무의 불이행이 있는 경우에, 상대방의 신체·재산·주거 등에 실력을 행사하여 경찰권 자신이 강제적으로 의무를 이행시키거나 이행된 것과 동일한 상태를 실현시키는 작용을 말한다. 이러한 『경찰상 강제집행』은 경찰의무의 존재 및 그 불이행을 전제로 하는 점에서 『경찰상 즉시강제』와 구별된다.

참고 경찰상 강제집행의 의의, 성질, 종류

구분	내용
의의	① 『경찰상 강제집행』이란 경찰하명에 따른 경찰의무의 불이행이 있는 경우에, 상대방의 신체·재산·주거 등에 실력을 행사하여 경찰권 자신이 강제적으로 의무를 이행시키거나 이행된 것과 동일한 상태를 실현시키는 작용을 말한다. ② 이러한 경찰상 강제집행은 경찰의무의 존재 및 그 불이행을 전제로 하는 점에서 『경찰상 즉시강제』와 구별된다.
성질	① 경찰상 강제집행은 법치행정의 원칙이 엄격히 적용되는 영역에 해당한다. ② 또한 경찰상 강제집행은 자력강제인 점에서 민사상 강제집행과는 구별된다.
종류	경찰상 강제집행의 종류로는 ㉠ 대집행, ㉡ 집행벌(이행강제금), ㉢ 직접강제, ㉣ 강제징수가 있다.

0489

「질서위반행위규제법」에 대한 설명이다. 옳지 않은 것은? | 70기 간부 |

① 심신장애로 인하여 행위의 옳고 그름을 판단할 능력이 없거나 그 판단에 따른 행위를 할 능력이 없는 자의 질서위반행위는 과태료를 부과하지 아니한다.
② 2인 이상이 질서위반행위에 가담한 때에는 각자가 질서위반행위를 한 것으로 본다. 또한 신분에 의하여 성립하는 질서위반행위에 신분이 없는 자가 가담한 때에는 신분이 없는 자에 대하여도 질서위반행위가 성립한다.
③ 하나의 행위가 2 이상의 질서위반행위에 해당하는 경우에는 각 질서위반행위에 대하여 정한 과태료 중 가장 중한 과태료를 부과한다.
④ 과태료는 행정청의 과태료 부과처분이나 법원의 과태료 재판이 확정된 후 3년간 징수하지 아니하거나 집행하지 아니하면 시효로 인하여 소멸한다.

- **정답** ④
- **난이도**
- **해설** ①, ②, ③은 옳은 설명이며, ④는 틀린 설명이다.
    ④ ✗ 과태료는 행정청의 과태료 부과처분이나 법원의 과태료 재판이 확정된 후 5년간 징수하지 아니하거나 집행하지 아니하면 시효로 인하여 소멸한다(「질서위반행위규제법」 제15조). 행정청은 질서위반행위가 종료된 날(다수인이 질서위반행위에 가담한 경우에는 최종행위가 종료된 날)부터 5년이 경과한 경우에는 해당 질서위반행위에 대하여 과태료를 부과할 수 없다(「질서위반행위규제법」 제19조 제1항).

참고	질서위반행위의 처리(「질서위반행위규제법」)
다수인의 질서위반행위 가담	① 2인 이상이 질서위반행위에 가담한 때에는 각자가 질서위반행위를 한 것으로 본다(동법 제12조 제1항). ② 신분에 의하여 성립하는 질서위반행위에 신분이 없는 자가 가담한 때에는 신분이 없는 자에 대하여도 질서위반행위가 성립한다(동법 제12조 제2항). ③ 신분에 의하여 과태료를 감경 또는 가중하거나 과태료를 부과하지 아니하는 때에는 그 신분의 효과는 신분이 없는 자에게는 미치지 아니한다(동법 제12조 제3항).
수개의 질서위반행위의 처리	① 하나의 행위가 2 이상의 질서위반행위에 해당하는 경우에는 각 질서위반행위에 대하여 정한 과태료 중 가장 중한 과태료를 부과한다(동법 제13조 제1항). ② 제1항의 경우를 제외하고 2 이상의 질서위반행위가 경합하는 경우에는 각 질서위반행위에 대하여 정한 과태료를 각각 부과한다. 다만, 다른 법령에 특별한 규정이 있는 경우에는 그 법령으로 정하는 바에 따른다(동법 제13조 제2항).

0490

「질서위반행위규제법」에 관한 다음 설명 중 가장 옳지 않은 것은? | 67기 간부 |

① 이 법은 법률상 의무의 효율적인 이행을 확보하고 국민의 권리와 이익을 보호하기 위하여 질서위반행위의 성립요건과 과태료의 부과·징수 및 재판 등에 관한 사항을 규정하는 것을 목적으로 한다.
② 질서위반행위 후 법률이 변경되어 그 행위가 질서위반행위에 해당하지 아니하게 되거나 과태료가 변경되기 전의 법률보다 가볍게 된 때에는 법률에 특별한 규정이 없는 한 변경된 법률을 적용한다.
③ 심신장애로 인하여 행위의 옳고 그름을 판단할 능력이 없거나 그 판단에 따른 행위를 할 능력이 없는 자의 질서위반행위는 과태료를 부과하지 아니한다.
④ 19세가 되지 아니한 자의 질서위반행위는 과태료를 부과하지 아니한다. 다만, 다른 법률에 특별한 규정이 있는 경우에는 그러하지 아니하다.

• 정답 ④
• 난이도 상 중 하
• 해설 ①, ②, ③은 옳은 설명이며, ④는 틀린 설명이다.
④ "14세"가 되지 아니한 자의 질서위반행위는 과태료를 부과하지 아니한다. 다만, 다른 법률에 특별한 규정이 있는 경우에는 그러하지 아니하다(「질서위반행위규제법」 제9조).

| 참고 | 질서위반행위의 적용범위(「질서위반행위규제법」) |

구분	내용
시간적 범위	① 질서위반행위의 성립과 과태료 처분은 행위 시의 법률에 따른다(동법 제3조 제1항). ② ㉠ 질서위반행위 후 법률이 변경되어 그 행위가 질서위반행위에 해당하지 아니하게 되거나 ㉡ 과태료가 변경되기 전의 법률보다 가볍게 된 때에는 법률에 특별한 규정이 없는 한 변경된 법률을 적용한다(동법 제3조 제2항). ③ 행정청의 과태료 처분이나 법원의 과태료 재판이 확정된 후 법률이 변경되어 그 행위가 질서위반행위에 해당하지 아니하게 된 때에는 변경된 법률에 특별한 규정이 없는 한 과태료의 징수 또는 집행을 면제한다(동법 제3조 제3항).
인적 범위	① 자신의 행위가 위법하지 아니한 것으로 오인하고 행한 질서위반행위는 그 오인에 정당한 이유가 있는 때에 한하여 과태료를 부과하지 아니한다(동법 제8조). ② 14세가 되지 아니한 자의 질서위반행위는 과태료를 부과하지 아니한다. 다만, 다른 법률에 특별한 규정이 있는 경우에는 그러하지 아니하다(동법 제9조). ③ 심신장애로 인하여 행위의 옳고 그름을 판단할 능력이 없거나 그 판단에 따른 행위를 할 능력이 없는 자의 질서위반행위는 과태료를 부과하지 아니한다(동법 제10조 제1항). ④ 심신장애로 인하여 행위의 옳고 그름을 판단할 능력이 미약한 자의 질서위반행위는 과태료를 감경한다(동법 제10조 제2항). ⑤ 스스로 심신장애 상태를 일으켜 질서위반행위를 한 자에 대하여는 과태료의 면제 및 감경이 적용되지 아니한다(동법 제10조 제3항).

0491

행정상 의무이행의 확보수단에 관한 설명으로 가장 적절하지 않은 것은? (다툼이 있는 경우 판례에 의함)

| 23년 2차 순경 |

① 질서위반행위에 대하여 과태료 부과의 근거 법률이 개정되어 행위시의 법률에 의하면 과태료 부과 대상이었지만 재판 시의 법률에 의하면 과태료 부과대상이 아니게 된 때에는 개정 법률의 부칙에서 종전 법률 시행 당시에 행해진 질서위반행위에 대해서는 행위 시의 법률을 적용하도록 특별한 규정을 두지 않은 이상 재판 시의 법률을 적용하여야 하므로 과태료를 부과할 수 없다.
② 경찰서장이 범칙행위에 대하여 통고처분을 한 이상 통고처분에서 정한 범칙금 납부기간까지는 원칙적으로 경찰서장은 즉결심판을 청구할 수 없다.
③ 피고인이 즉결심판에 대하여 제출한 정식재판청구서에 피고인의 자필로 보이는 이름이 기재되어 있고 그 옆에 서명이 되어 있어 위 서류가 작성자 본인인 피고인의 진정한 의사에 따라 작성되었다는 것을 명백하게 확인할 수 있더라도 피고인의 인장이나 지장이 찍혀 있지 않다면 정식재판청구는 부적법하다고 보아야 한다.
④ 「질서위반행위규제법」에 따르면 고의 또는 과실이 없는 질서위반행위는 과태료를 부과하지 아니한다.

- **정답** ③
- **난이도** 하 중 상
- **해설** ①, ②, ④는 옳은 설명이며, ③은 틀린 설명이다.
  ③ ✗ 피고인이 즉결심판에 대하여 제출한 정식재판청구서에 피고인의 자필로 보이는 이름이 기재되어 있고 그 옆에 서명이 되어 있어 위 서류가 작성자 본인인 피고인의 진정한 의사에 따라 작성되었다는 것을 명백하게 확인할 수 있으며 형사소송절차의 명확성과 안정성을 저해할 우려가 없으므로, 정식재판청구는 적법하다고 보아야 한다. 피고인의 인장이나 지장이 찍혀 있지 않다고 해서 이와 달리 볼 것이 아니다.

0492

행정상 의무이행확보수단에 관한 설명으로 가장 적절하지 않은 것은? (다툼이 있는 경우 판례에 의함)

| 23년 1차 순경 |

① 과징금은 원칙적으로 행정법상의 의무를 위반한 자에 대하여 당해 위반행위로 얻게 된 경제적 이익을 박탈하기 위한 목적으로 부과하는 금전적인 제재이다.

② 「경찰관 직무집행법」 제6조 "경찰관은 범죄행위가 목전에 행하여지려고 하고 있다고 인정될 때에는 이를 예방하기 위하여 관계인에게 필요한 경고를 하고, 그 행위로 인하여 사람의 생명·신체에 위해를 끼치거나 재산에 중대한 손해를 끼칠 우려가 있는 긴급한 경우에는 그 행위를 제지할 수 있다"는 규정은 행정상 즉시강제에 해당한다.

③ 「경찰관 직무집행법」 제4조 제1항 제1호에서 규정하는 술에 취한 상태로 인하여 자기 또는 타인의 생명·신체와 재산에 위해를 미칠 우려가 있는 피구호자에 대한 보호조치는 행정상 강제집행에 해당한다.

④ 가산세는 개별 세법이 과세의 적정을 기하기 위하여 정한 의무이행을 확보할 목적으로 그 의무 위반에 대하여 세금의 형태로 가하는 행정상 제재이다.

- **정답** ③
- **난이도**
- **해설** ①, ②, ④는 옳은 설명이며, ③은 틀린 설명이다.

③ ❌ 「보호조치」란 경찰관이 응급구호를 요하는 자를 발견한 때에, 관계기관에 긴급구호를 요청하거나 경찰관서에 일시적으로 보호하여 구호하는 조치를 말한다. 「경찰관 직무집행법」상 「즉시강제」는 국민의 자유·권리를 제한하는 것임에 반해, 「보호조치」는 적극적으로 국민의 복리증진에 기여한다는 점에 그 특색이 있다. 「보호조치」는 경찰강제 중 대인적 즉시강제 수단의 성질을 가진다.

참고 경찰상 의무이행확보수단의 종류 – 전통적 수단과 새로운 수단

구 분	종 류	내 용
전통적 수단	경찰강제 (직접적 수단)	① 경찰상 강제집행(대집행, 집행벌, 직접강제, 강제징수) ② 경찰상 즉시강제(대인적·대물적·대가택적) ③ 경찰상 조사(현재는 독립적 영역으로 구분 인정)
	경찰벌 (간접적 수단)	① 경찰형벌(형벌 부과) ② 경찰질서벌(과태료 부과)
새로운 수단	금전적 제재	① 과징금(부가금) ② 가산세 ③ 가산금(중가산금)
	비금전적 제재	① 공급거부 ② 명단공개(경찰상 공표) ③ 관허사업의 제한 ④ 수익적 행정행위의 취소·철회 ⑤ 취업제한 ⑥ 해외여행제한

0493

「질서위반행위규제법」상 행정청의 과태료 부과 및 징수에 관한 설명으로 가장 적절하지 않은 것은?

| 23년 1차 순경 |

① 행정청은 법 제16조 제2항에 따라 당사자가 제출한 의견에 상당한 이유가 있는 경우에는 과태료를 부과하지 아니하거나 통지한 내용을 변경할 수 있다.
② 법 제20조 제1항에 따른 이의제기가 있는 경우에는 행정청의 과태료 부과처분은 그 효력을 상실하지 않는다.
③ 당사자가 법 제18조 제1항에 따라 감경된 과태료를 납부한 경우에는 해당 질서위반행위에 대한 과태료 부과 및 징수절차는 종료한다.
④ 행정청은 당사자가 납부기한까지 과태료를 납부하지 아니한 때에는 납부기한을 경과한 날부터 체납된 과태료에 대하여 100분의 3에 상당하는 가산금을 징수한다.

- **정답** ②
- **난이도**
- **해설**
  ①, ③, ④는 옳은 설명이며, ②는 틀린 설명이다.
  ② ✗ 행정청의 과태료 부과에 불복하는 당사자는 과태료 부과 통지를 받은 날부터 60일 이내에 해당 행정청에 서면으로 이의제기를 할 수 있다(「질서위반행위규제법」 제20조 제1항). 이의제기가 있는 경우에는 행정청의 과태료 부과처분은 그 효력을 상실한다(「질서위반행위규제법」 제20조 제2항).

참고 과태료 부과에의 불복 - 이의제기 및 법원에의 통보

구 분	내 용
이의제기의 기간	① 과태료 부과에 불복하는 당사자는 과태료 부과 통지를 받은 날부터 60일 이내에 해당 행정청에 서면으로 이의제기를 할 수 있다(동법 제20조 제1항). ② 당사자는 행정청으로부터 법원에의 통보 유무에 대한 통지를 받기 전까지는 행정청에 대하여 서면으로 이의제기를 철회할 수 있다(동법 제20조 제3항).
이의제기의 효력	이의제기가 있는 경우에는 행정청의 과태료 부과처분은 그 효력을 상실한다(동법 제20조 제2항).
법원에의 통보	이의제기를 받은 행정청은 이의제기를 받은 날부터 14일 이내에 이에 대한 의견 및 증빙서류를 첨부하여 관할 법원에 통보하여야 한다. 다만, 다음의 어느 하나에 해당하는 경우에는 그러하지 아니하다(동법 제21조 제1항). ① 당사자가 이의제기를 철회한 경우 ② 당사자의 이의제기에 이유가 있어 과태료를 부과할 필요가 없는 것으로 인정되는 경우

0494

행정조사에 관한 설명 중 가장 적절한 것은? (다툼이 있는 경우 판례에 의함) | 22년 2차 순경 |

① 「행정조사기본법」상 조사대상자의 자발적 협조를 얻어 조사를 실시하는 경우에는 법령의 근거를 요하지 아니하며 조직법상의 권한 범위 밖에서도 가능하다.
② 조사대상자의 자발적 협조로 조사가 이루어지는 경우일지라도 행정의 적법성 및 공공성 등을 높이기 위해서 조사목적 등을 반드시 서면으로 통보하여야 한다.
③ 경찰작용은 행정작용의 일환이므로 경찰의 수사에도 「행정조사기본법」이 적용되는 것이 원칙이다.
④ 행정조사는 행정기관이 향후 행정작용에 필요한 자료 및 정보를 얻기 위한 준비적·보조적 작용이다.

- **정답** ④
- **난이도** 하 중 상
- **해설** ④는 옳은 설명이며, ①, ②, ③은 틀린 설명이다.
  - ① ✗ 행정기관은 법령등에서 행정조사를 규정하고 있는 경우에 한하여 행정조사를 실시할 수 있다. 다만, 조사대상자의 자발적인 협조를 얻어 실시하는 행정조사의 경우에는 그러하지 아니하다(「행정조사기본법」 제5조). 법령의 근거는 없다고 하더라도, 조직법상의 권한 범위 이내에서 가능한 것이다.
  - ② ✗ 조사대상자의 자발적 협조로 조사가 이루어지는 경우에는 행정조사의 개시와 동시에 출석요구서 등을 조사대상자에게 제시하거나 행정조사의 목적 등을 조사대상자에게 구두로 통지할 수 있다(「행정조사기본법」 제17조 제1항).
  - ③ ✗ 경찰조사는 특별한 규정이 없는 한 원칙적으로 「행정조사기본법」에 따르나, 경찰수사는 「형사소송법」에 따른다.

> **참고** 자발적인 협조에 따라 실시하는 행정조사(「행정조사기본법」)
> ① 행정기관의 장이 조사대상자의 자발적인 협조를 얻어 행정조사를 실시하고자 하는 경우 조사대상자는 문서·전화·구두 등의 방법으로 당해 행정조사를 거부할 수 있다(동법 제20조 제1항).
> ② 행정조사에 대하여 조사대상자가 조사에 응할 것인지에 대한 응답을 하지 아니하는 경우에는 법령등에 특별한 규정이 없는 한 그 조사를 거부한 것으로 본다(동법 제20조 제2항).

0495

「질서위반행위규제법」에 관한 설명 중 가장 적절하지 않은 것은? | 22년 1차 순경 |

① 행정청의 과태료 처분이나 법원의 과태료 재판이 확정된 후 법률이 변경되어 그 행위가 질서위반행위에 해당하지 아니하게 된 때에는 변경된 법률에 특별한 규정이 없는 한 과태료의 징수 또는 집행을 면제한다.
② 고의 또는 과실이 없는 질서위반행위는 과태료를 부과하지 아니한다.
③ 자신의 행위가 위법하지 아니한 것으로 오인하고 행한 질서위반행위는 그 오인에 정당한 이유가 있는 때에도 과태료를 부과한다.
④ 과태료는 행정청의 과태료 부과처분이나 법원의 과태료 재판이 확정된 후 5년간 징수하지 아니하거나 집행하지 아니하면 시효로 인하여 소멸한다.

정답 ③

난이도 하 중 상

해설 ①, ②, ④는 옳은 설명이며, ③은 틀린 설명이다.
③ ❌ 자신의 행위가 위법하지 아니한 것으로 오인하고 행한 질서위반행위는 그 오인에 정당한 이유가 있는 때에 한하여 과태료를 부과하지 아니한다(「질서위반행위규제법」 제8조).

0496

행정상 즉시강제에 해당하는 것을 모두 고른 것은? (다툼이 있는 경우 판례에 의함) | 22년 1차 순경 |

- ㉠ 「경찰관 직무집행법」 제6조 범죄의 예방을 위한 제지
- ㉡ 「경찰관 직무집행법」 제4조 제1항 제1호에서 규정하는 술에 취한 상태로 인하여 자기 또는 타인의 생명·신체와 재산에 위해를 미칠 우려가 있는 피구호자에 대한 보호조치
- ㉢ 「행정대집행법」 제2조 대집행
- ㉣ 「국세징수법」 제24조 강제징수

① ㉠, ㉢   ② ㉡, ㉢
③ ㉠, ㉡   ④ ㉡, ㉣

- **정답** ③
- **난이도** 하 중 상
- **해설** ㉠, ㉡은 행정상(경찰상) 즉시강제에 해당하며, ㉢, ㉣은 행정상(경찰상) 강제집행에 해당한다.

참고 경찰상 강제집행과 경찰상 즉시강제의 구분

구분	내 용
공통점	① 경찰목적의 실현을 확보하기 위한 수단이다(권력적 사실행위). ② 국민의 신체·재산에 대한 실력행사이다. ③ 장래의 의무이행을 실현시키는 작용이다. ④ 행정권의 자력집행이다.
차이점	① 경찰상 강제집행은 사전적 의무 및 그 불이행을 전제로 하지만, 경찰 즉시강제는 의무불이행을 전제로 하지 않는다. ② 경찰상 강제집행의 법적 근거로는 「행정대집행법」, 「국세징수법」 등이 있으나, 경찰상 즉시강제의 법적 근거로는 「경찰관 직무집행법」 등이 있다. ③ 경찰상 강제집행의 수단으로는 대집행, 집행벌(이행강제금), 직접강제, 강제징수가 있으나, 경찰상 즉시강제의 수단으로는 대인적·대물적·대가택적 즉시강제가 있다.

0497

경찰상 강제집행 및 그 수단에 대한 설명으로 가장 적절하지 않은 것은? | 21년 1차 순경 |

① 경찰상 강제집행은 경찰하명에 의한 의무의 존재 및 그 불이행을 전제로 한다는 점에서 의무불이행을 전제로 하지 않는 경찰상 즉시강제와 구별된다.
② 경찰상 강제집행은 장래에 향하여 의무이행을 강제한다는 점에서 과거의 의무위반에 대한 제재인 경찰벌과 구별된다.
③ 강제징수란 의무자가 관련 법령상의 대체적 작위의무를 이행하지 않을 경우, 당해 경찰관청이 스스로 행하거나 또는 제3자로 하여금 의무자가 하여야 할 행위를 하게 함으로써 의무의 이행이 있는 것과 같은 상태를 실현시킨 후 그 비용을 의무자로부터 징수하는 것이다.
④ 대집행의 근거가 되는 일반법으로는 「행정대집행법」이 있다.

- **정답** ③
- **난이도**
- **해설**

①, ②, ④는 옳은 설명이며, ③은 틀린 설명이다.

③ ✗ 「강제징수」란 경찰상 금전급부의무를 이행하지 않는 경우에, 경찰기관이 의무자의 재산에 실력을 가하여 경찰상 의무의 이행이 있었던 것과 동일한 상태를 실현하는 작용을 말한다(「행정기본법」 제30조 제1항 제4호). 강제징수의 일반법으로서 「행정기본법」, 「국세징수법」이 있다. 보기의 내용은 「대집행」에 관한 설명이다.

참고 강제징수의 절차

구 분	내 용
독 촉 (준법률행위적 행정행위)	① 「독촉」은 의무자에게 금전급부의무의 이행을 최고하고 최고기한까지 납부하지 않을 때에는 체납처분을 하겠다는 뜻을 예고하는 통지행위로서, 준법률행위적 행정행위에 속한다. ② 독촉의 처분성은 인정된다. 다만, 반복된 독촉의 처분성은 부정한다(판례). ③ 독촉은 반드시 문서로 한다. 해당 문서는 납부기간 경과 후 10일 이내에 발부한다.
체납처분 — 압류	① 「압류」는 원칙상 의무자가 지정된 기한까지 금전급부의무를 이행하지 아니한 때 행하여지는 권력적 사실행위로서, 그 처분성이 인정되며, 항고소송의 대상이 된다. ② 압류는 법관의 영장이 필요하다.
체납처분 — 매각	① 압류한 재산은 금전환가를 위해 매각을 한다. ② 「매각」은 원칙적으로 공매(입찰 또는 경매)에 의하여야 한다. ③ 공매는 공법상 대리로서 행정소송의 대상이 된다.
체납처분 — 청산	① 「청산」은 압류재산의 매각대금 등 체납처분에 의해 취득한 금전을 국세·가산금과 체납처분비 기타의 채권에 분배하고, 배분한 금전에 잔액이 있을 때에는 이를 체납자에게 지급하는 행정절차이다. ② 체납처분은 부과처분의 집행을 위한 절차에 불과하므로 조세부과처분이 무효인 경우 체납처분도 무효이다(판례).
체납처분의 중지 및 결손처분	① 처분 목적물의 총 추산가액이 체납처분비 충당 후 잔여액이 없을 때 체납처분을 중지하고 결손처분한다. ② 체납처분의 중지·결손처분이 있더라도, 납세의무는 그대로 잔존한다.

0498

경찰상 즉시강제에 대한 설명으로 가장 적절하지 않은 것은?

| 20년 1차 순경 |

① 경찰상 즉시강제는 권력적 사실행위인 처분이기 때문에 행정쟁송이 가능하다.
② 즉시강제의 절차적 한계에 있어서 영장주의의 적용 여부에 대하여 영장필요설이 통설과 판례이다.
③ 경찰상 즉시강제 시 필요 이상으로 실력을 행사하여 경찰책임자 이외의 자에게 유형력을 행사하는 것은 위법이 된다.
④ 적법한 즉시강제에 대한 구제로 손실보상을 청구할 수 있으며, 일정한 요건하에서 「형법」상 위법성 조각사유에 해당하는 긴급피난도 가능하다.

- **정답** ②
- **난이도** 하 중 상
- **해설** ①, ③, ④는 옳은 설명이며, ②는 틀린 설명이다.
  ② ✗ 「경찰상 즉시강제」에도 영장주의를 인정하는 것이 원칙이다(통설). 그러나 예외적으로 행정목적의 달성을 위하여 불가피하다고 인정할 만한 합리적인 사유가 있는 경우에 한하여 영장주의의 적용이 배제될 수 있다(판례).

판례 경찰상 즉시강제의 조리상 한계

구분		내용
법규상 한계		경찰상 즉시강제는 의무를 전제로 하지 않고 국민의 신체·재산에 실력을 가하여 행정상 필요한 상태를 실현하는 작용이라는 점에서 엄격한 실정법적 근거를 요한다.
조리상 한계	급박성	경찰상 장해가 목전에 급박하여야 한다.
	소극성	공공의 안녕·질서를 유지하기 위해 필요한 한도 내에 그쳐야 한다.
	비례성	① 적합성, 필요성(최소침해의 원칙), 상당성의 원칙(협의의 비례원칙)을 갖추어야 한다. ② 경찰상 즉시강제의 경우 필요 이상으로 실력을 행사하여 경찰책임자 이외의 자에게 유형력을 행사하는 것은 위법이 된다.
	보충성	① 다른 수단으로는 경찰목적을 달성할 수 없어야 한다. ② 따라서 경찰상 강제집행으로 목적달성이 가능한 경우에는 경찰상 즉시강제는 불가능하다. ③ 행정강제는 행정상 강제집행을 원칙으로 하며, 법치국가적 요청인 예측가능성과 법적 안정성에 반하고, 기본권 침해의 소지가 큰 권력작용인 행정상 즉시강제는 어디까지나 예외적인 강제수단이라고 할 것이다(판례).
절차상 한계 (영장주의)		① 경찰상 즉시강제에도 영장주의를 인정하는 것이 원칙이다. ② 그러나 예외적으로 행정목적의 달성을 위하여 불가피하다고 인정할 만한 합리적인 사유가 있는 경우에 한하여 영장주의의 적용이 배제될 수 있다. ③ 행정상 즉시강제는 그 본질상 급박성을 요건으로 하고 있어 법관의 영장을 기다려서는 그 목적을 달성할 수 없다고 할 것이므로, 즉시강제의 특성상 사전적 절차와 친하기 어렵다는 점을 고려하면, 단속하기 전에 甲에게 사전통지나 의견제출의 기회를 부여하지 않았다고 하여 적법절차원칙에 위반되는 것으로는 볼 수 없다(판례).

0499

「질서위반행위규제법」에 대한 내용으로 가장 적절한 것은?

| 18년 2차 순경 |

① 18세가 되지 아니한 자의 질서위반행위는 과태료를 부과하지 아니한다. 다만, 다른 법률에 특별한 규정이 있는 경우에는 그러하지 아니하다.
② 행정청이 질서위반행위에 대하여 과태료를 부과하고자 하는 때에는 미리 당사자에게 대통령령으로 정하는 사항을 통지하고, 7일 이상의 기간을 정하여 의견을 제출할 기회를 주어야 한다. 이 경우 지정된 기일까지 의견 제출이 없는 경우에는 의견이 없는 것으로 본다.
③ 과태료는 행정청의 과태료 부과처분이나 법원의 과태료 재판이 확정된 후 3년간 징수하지 아니하거나 집행하지 아니하면 시효로 인하여 소멸한다.
④ 고의 또는 과실이 없는 질서위반행위는 과태료를 부과하지 아니한다.

- **정답** ④
- **난이도**
- **해설** ④는 옳은 설명이며, ①, ②, ③은 틀린 설명이다.
  ① ✗ 14세가 되지 아니한 자의 질서위반행위는 과태료를 부과하지 아니한다. 다만, 다른 법률에 특별한 규정이 있는 경우에는 그러하지 아니하다(「질서위반행위규제법」 제9조).
  ② ✗ 행정청이 질서위반행위에 대하여 과태료를 부과하고자 하는 때에는 미리 당사자에게 대통령령으로 정하는 사항을 통지하고, 10일 이상의 기간을 정하여 의견을 제출할 기회를 주어야 한다. 이 경우 지정된 기일까지 의견 제출이 없는 경우에는 의견이 없는 것으로 본다(「질서위반행위규제법」 제16조 제1항).
  ③ ✗ 과태료는 행정청의 과태료 부과처분이나 법원의 과태료 재판이 확정된 후 5년간 징수하지 아니하거나 집행하지 아니하면 시효로 인하여 소멸한다(「질서위반행위규제법」 제15조). 행정청은 질서위반행위가 종료된 날(다수인이 질서위반행위에 가담한 경우에는 최종행위가 종료된 날)부터 5년이 경과한 경우에는 해당 질서위반행위에 대하여 과태료를 부과할 수 없다(「질서위반행위규제법」 제19조 제1항).

0500

「질서위반행위규제법」에 대한 설명으로 가장 적절한 것은?　|17년 1차 순경|

① 질서위반행위의 성립과 과태료 처분은 처분 시의 법률에 따른다.
② 고의 또는 과실이 없는 질서위반행위에도 과태료를 부과한다.
③ 2인 이상이 질서위반행위에 가담한 때에는 각자가 질서위반행위를 한 것으로 본다.
④ 과태료는 행정청의 과태료 부과 처분이나 법원의 과태료 재판이 확정된 후 3년간 징수하지 아니하거나 집행하지 아니하면 시효로 인하여 소멸한다.

- **정답** ③
- **난이도** 상 중 하
- **해설** ③은 옳은 설명이며, ①, ②, ④는 틀린 설명이다.
  ① ✗ 질서위반행위의 성립과 과태료 처분은 행위 시의 법률에 따른다(「질서위반행위규제법」 제3조 제1항).
  ② ✗ 고의 또는 과실이 없는 질서위반행위는 과태료를 부과하지 아니한다(「질서위반행위규제법」 제7조).
  ④ ✗ 과태료는 행정청의 과태료 부과 처분이나 법원의 과태료 재판이 확정된 후 5년간 징수하지 아니하거나 집행하지 아니하면 시효로 인하여 소멸한다(「질서위반행위규제법」 제15조).

0501

경찰상 의무이행 확보수단에 대한 설명으로 가장 적절한 것은?

| 21년 승진 |

① 경찰상 강제집행은 경찰하명에 따른 경찰의무의 불이행이 있는 경우에 상대방의 신체 또는 재산이나 주거 등에 실력을 행사하여 경찰상 필요한 상태를 실현하는 작용으로 간접적 의무이행 확보수단이다.

② 강제징수란 국민이 국가 또는 공공단체에 대해 부담하고 있는 공법상의 금전급부의무를 이행하지 않는 경우에 행정청이 강제적으로 의무가 이행된 것과 같은 동일한 상태를 실현하는 작용으로 새로운 의무이행 확보수단이다.

③ 집행벌은 의무이행을 위한 강제집행이라는 점에서 의무위반에 대한 제재인 경찰벌과 구별되며, 경찰벌과 병과해서 행할 수 있고, 의무가 이행될 때까지 반복적으로 부과하는 것도 가능하다.

④ 해산명령 불이행에 따른 해산조치, 불법영업소의 폐쇄조치, 감염병 환자의 즉각적인 강제격리는 모두 즉시강제에 해당한다.

● 정답 ③

● 난이도

● 해설 ③은 옳은 설명이며, ①, ②, ④는 틀린 설명이다.

① ✗ 『경찰상 강제집행』이란 경찰하명에 따른 경찰의무의 불이행이 있는 경우에, 상대방의 신체·재산·주거 등에 실력을 행사하여 경찰권 자신이 강제적으로 의무를 이행시키거나 이행된 것과 동일한 상태를 실현시키는 작용을 말한다. 이러한 『경찰상 강제집행』은 직접적 의무이행 확보수단이다.

② ✗ 『강제징수』란 경찰상 금전급부의무를 이행하지 않는 경우에, 경찰기관이 의무자의 재산에 실력을 가하여 경찰상 의무의 이행이 있었던 것과 동일한 상태를 실현시키는 작용을 말한다. 이러한 『강제징수』는 전통적 의무이행 확보수단이다.

④ ✗ 해산명령 불이행에 따른 해산조치, 불법영업소의 폐쇄조치는 『경찰상 직접강제』에 해당한다. 그러나 감염병 환자의 즉각적인 강제격리는 『경찰상 즉시강제』에 해당한다.

참고 경찰상 의무이행확보수단의 종류 - 직접적 수단과 간접적 수단

구 분	내 용
직접적 수단	① 경찰상 강제집행(대집행, 직접강제, 강제징수) ② 경찰상 즉시강제(대인적·대물적·대가택적)
간접적 수단	① 경찰상 강제집행 중 집행벌 ② 경찰벌(경찰형벌, 경찰질서벌) ③ 금전적 제재 ④ 비금전적 제재

0502

다음 「질서위반행위규제법」 및 「질서위반행위규제법 시행령」에 대한 내용에서 괄호 안에 들어갈 숫자를 모두 더한 값은? | 21년 승진 |

> ㉠ 과태료는 행정청의 과태료 부과처분이나 법원의 과태료 재판이 확정된 후 (   )년간 징수하지 아니하거나 집행하지 아니하면 시효로 인하여 소멸한다.
> ㉡ 동법 제19조 제1항에 따라 행정청은 질서위반행위가 종료된 날부터 (   )년이 경과한 경우에는 해당 질서위반행위에 대하여 과태료를 부과할 수 없다.
> ㉢ (   )세가 되지 아니한 자의 질서위반행위는 과태료를 부과하지 아니한다.
> ㉣ 행정청은 당사자가 동법 제24조의3 제1항에 따라 과태료를 납부하기가 곤란하다고 인정되면 (   )년의 범위에서 과태료를 분할납부나 납부기일의 연기를 결정할 수 있다.
> ㉤ 행정청은 ㉣에 따라 과태료의 분할납부나 납부기일의 연기(이하 "징수유예등"이라 한다)를 결정하는 경우 그 기간을 그 징수유예등을 결정한 날의 다음 날부터 (   )개월 이내로 하여야 한다.

① 26 ② 28
③ 33 ④ 34

- **정답** ④
- **난이도**
- **해설**
  ㉠은 5, ㉡은 5, ㉢은 14, ㉣은 1, ㉤은 9이다. 따라서 5 + 5 + 14 + 1 + 9 = 34이다.
  - ㉠ 과태료는 행정청의 과태료 부과처분이나 법원의 과태료 재판이 확정된 후 5년간 징수하지 아니하거나 집행하지 아니하면 시효로 인하여 소멸한다(「질서위반행위규제법」 제15조).
  - ㉡ 동법 제19조 제1항에 따라 행정청은 질서위반행위가 종료된 날부터 5년이 경과한 경우에는 해당 질서위반행위에 대하여 과태료를 부과할 수 없다(「질서위반행위규제법」 제19조 제1항).
  - ㉢ 14세가 되지 아니한 자의 질서위반행위는 과태료를 부과하지 아니한다. 다만, 다른 법률에 특별한 규정이 있는 경우에는 그러하지 아니하다(「질서위반행위규제법」 제9조).
  - ㉣ 행정청은 당사자가 수급권자 등 사유에 해당하여 과태료를 납부하기가 곤란하다고 인정되면 1년의 범위에서 대통령령으로 정하는 바에 따라 과태료의 분할납부나 납부기일의 연기를 결정할 수 있다(「질서위반행위규제법」 제24조의3 제1항).
  - ㉤ 행정청은 과태료의 분할납부나 납부기일의 연기를 결정하는 경우 그 기간을 징수유예 등을 결정한 날의 다음 날부터 9개월 이내로 하여야 한다. 다만, 그 기간이 만료될 때까지 징수유예 등의 사유가 해소되지 아니하는 경우에는 1회에 한정하여 3개월의 범위에서 그 기간을 연장할 수 있다(「질서위반행위규제법 시행령」 제7조의2).

참고 과태료의 징수유예 등(「질서위반행위규제법」)

구 분	내 용
징수유예의 기간	① 행정청은 당사자가 다음의 어느 하나에 해당하여 과태료(체납된 과태료와 가산금, 중가산금 및 체납처분비를 포함한다)를 납부하기가 곤란하다고 인정되면 1년의 범위에서 대통령령으로 정하는 바에 따라 과태료의 분할납부나 납부기일의 연기를 결정할 수 있다(동법 제24조의3 제1항). ② 행정청은 과태료의 분할납부나 납부기일의 연기를 결정하는 경우 그 기간을 그 징수유예 등을 결정한 다음 날부터 9개월 이내로 하여야 한다(최초 징수유예). 다만, 그 기간이 만료될 때까지 징수유예 등의 사유가 해소되지 아니하는 경우에는 1회에 한정하여 3개월의 범위에서 그 기간을 연장(연장 징수유예)할 수 있다(동법 시행령 제7조의2).
징수유예의 신청	징수유예 등을 받으려는 당사자는 이를 행정청에 신청할 수 있다(동법 제24조의3 제2항).

0503

경찰상 강제집행의 수단에 대한 설명으로 가장 적절하지 않은 것은?　|20년 승진|

① 직접강제란 의무의 불이행이 있는 경우 직접 의무자의 신체·재산 등에 실력을 가하여 의무의 이행이 있었던 것과 같은 상태를 실현하는 작용을 말한다.
② 강제징수의 일반법으로서 「국세징수법」이 있다.
③ 집행벌은 반복적으로 부과하는 것도 가능하다.
④ 대집행이란 비대체적 작위의무의 불이행이 있는 경우 행정청이 의무자의 작위의무를 스스로 행하거나 또는 제3자로 하여금 이를 행하게 하고 그 비용을 의무자로부터 징수하는 것을 말한다.

- **정답** ④
- **난이도** 하 중 상
- **해설** ①, ②, ③은 옳은 설명이며, ④는 틀린 설명이다.
  ④ ✗ 「대집행」이란 경찰상 대체적 작위의무를 진 자의 의무불이행이 있는 경우 경찰행정관청이 스스로 또는 제3자로 하여금 의무자가 하여야 할 행위를 하게 함으로써 의무의 이행이 있는 것과 같은 상태를 실현시킨 후, 그에 관한 비용을 의무자로부터 징수하는 경찰상 강제집행을 말한다. 신체검사·증인출석의무와 같이 대체성이 없는 비대체적 작위의무는 대집행의 대상이 될 수 없다.

참고 대체적 작위의무와 비대체적 작위의무

구분	내용
대체적 작위의무 (대집행 ○)	「대체적 작위의무」란 타인이 대신하여 이행할 수 있는 작위의무를 말한다.
비대체적 작위의무 (대집행 ✗)	신체검사, 증인출석 의무, 사람이 점유하고 있는 토지·건물 등의 퇴거 또는 명도, 군복무를 위한 징집소환 영장에의 불응, 영업정지 기간 중 영업의 계속, 국유지로부터의 퇴거의무 등

0504

「질서위반행위규제법」에 대한 설명으로 가장 적절하지 않은 것은?

| 19년 승진 |

① 고의 또는 과실이 없는 질서위반행위는 과태료를 부과하지 아니한다.
② 과태료는 행정청의 과태료 부과처분이나 법원의 과태료 재판이 확정된 후 3년간 징수하지 아니하거나 집행하지 아니하면 시효로 인하여 소멸한다.
③ 행정청이 질서위반행위에 대하여 과태료를 부과하고자 하는 때에는 미리 당사자에게 대통령령으로 정하는 사항을 통지하고, 10일 이상의 기간을 정하여 의견을 제출할 기회를 주어야 한다. 이 경우 지정된 기일까지 의견 제출이 없는 경우에는 의견이 없는 것으로 본다.
④ 행정청의 과태료 부과에 불복하는 당사자는 과태료 부과 통지를 받은 날로부터 60일 이내에 해당 행정청에 서면으로 이의제기를 할 수 있다.

- **정답** ②
- **난이도**
- **해설**
  ①, ③, ④는 옳은 설명이며, ②는 틀린 설명이다.
  ② ❌ 과태료는 행정청의 과태료 부과처분이나 법원의 과태료 재판이 확정된 후 5년간 징수하지 아니하거나 집행하지 아니하면 시효로 인하여 소멸한다(「질서위반행위규제법」 제15조). 행정청은 질서위반행위가 종료된 날(다수인이 질서위반행위에 가담한 경우에는 최종행위가 종료된 날)부터 5년이 경과한 경우에는 해당 질서위반행위에 대하여 과태료를 부과할 수 없다(「질서위반행위규제법」 제19조 제1항).

0505

경찰상 강제집행의 수단에 대한 설명이다. ㉠부터 ㉣까지의 설명과 명칭이 가장 적절하게 연결된 것은?

| 18년 승진 |

> ㉠ 대체적 작위의무의 불이행이 있는 경우 행정청이 의무자의 작위의무를 스스로 행하거나 제3자로 하여금 이를 행하게 하고 그 비용을 의무자로부터 징수하는 행위
> ㉡ 경찰상 의무를 이행하지 않는 경우에 그 이행을 강제하기 위해 과하는 금전벌
> ㉢ 국민이 국가 또는 공공단체에 대해 부담하고 있는 공법상의 금전급부의무를 이행하지 않는 경우에 행정청이 강제적으로 의무가 이행된 것과 동일한 상태를 실현하는 작용
> ㉣ 경찰상 의무불이행에 대해 최후의 수단으로서 직접 의무자의 신체나 재산에 실력을 가하여 의무의 이행이 있었던 것과 동일한 상태를 실현하는 작용

① ㉠ – 대집행 ㉡ – 집행벌 ㉢ – 강제징수 ㉣ 직접강제
② ㉠ – 집행벌 ㉡ – 강제징수 ㉢ – 대집행 ㉣ 직접강제
③ ㉠ – 대집행 ㉡ – 강제징수 ㉢ – 직접강제 ㉣ 집행벌
④ ㉠ – 강제징수 ㉡ – 집행벌 ㉢ – 직접강제 ㉣ 대집행

• 정답 ①
• 난이도
• 해설 ㉠은 대집행, ㉡은 집행벌, ㉢은 강제징수, ㉣은 직접강제에 대한 설명이다.

0506

「행정대집행법」상 대집행에 관한 설명 중 가장 적절하지 않은 것은? (다툼이 있는 경우 판례에 의함)

| 21년 2차 경행경채 |

① 적법한 건축물에 대한 철거명령은 그 하자가 중대하고 명백하여 당연무효이고, 그 후행행위인 건축물 철거 대집행계고 역시 당연무효이다.
② 제1차로 철거명령 및 대집행계고를 한 데 이어 제2차로 대집행계고를 하였는데도 불응하여 대집행을 일부 실행한 후 철거의무자의 연기 요청을 받아들여 중단하였다가 그 기한이 지나 다시 제3차로 철거명령 및 대집행계고를 한 경우에 제3차로 한 철거명령 및 대집행계고는 항고소송의 대상이 되지 않는다.
③ 행정청이 행정대집행의 방법으로는 건물의 철거 등 대체적 작위의무의 이행을 실현할 수 있는 경우에는 따로 민사소송의 방법으로 그 의무의 이행을 구할 수 없다.
④ 행정대집행을 실시하기 위하여 지출한 비용은 민사소송절차에 의하여 그 비용의 상환을 청구할 수 있다.

- **정답** ④
- **난이도** 하 중 상
- **해설** ①, ②, ③은 옳은 설명이며, ④는 틀린 설명이다.
  ④ ✗ 「대집행」에 요한 비용은 「국세징수법」의 예에 의하여 징수할 수 있다(「행정대집행법」 제6조 제1항). 대한주택공사가 법 및 시행령에 의하여 대집행권한을 위탁받아 공무인 대집행을 실시하기 위하여 지출한 비용은 「행정대집행법」의 절차에 따라 「국세징수법」의 예에 의하여 징수할 수 있다고 봄이 상당하다.

> **참고** 대집행의 절차 – 계고

구분	내용
대집행의 계고 (준법률행위적 행정행위)	① 대집행을 하고자 할 때에는 상당한 이행기간을 정하여 그 기한까지 이행되지 아니할 때에는 대집행을 한다는 뜻을 미리 문서로써 계고하여야 한다. ② 『계고』란 행정기관이 일정기간 동안에 의무를 이행하도록 통지하는 것을 말한다. ③ 대집행의 계고는 <u>준법률행위적 행정행위(통지)</u>에 속한다. ④ 상당한 이행기간을 정하여 계고하지 않고 행한 행정대집행은 적법절차에 위반된 위법한 처분이다(판례). ⑤ 한 장의 문서로 위법건축물에 대한 자진철거를 명함과 동시에 그에 필요한 상당한 기간 경과 후에도 자진철거를 하지 않을 때에는 대집행할 뜻을 미리 계고한 경우 당해 계고처분은 적법하다(판례). ⑥ 위법건축물에 대한 철거대집행 계고처분에 불응하여 제2차, 제3차 계고처분을 한 경우, <u>제2차, 제3차의 계고처분은 새로운 철거의무를 부과한 것이 아니라 대집행기한의 연기통지에 불과</u>하므로 행정처분이 아니다. 제2차, 제3차 계고처분도 행정소송의 대상이 되지 않는다(판례).

0507

이행강제금, 과태료, 과징금, 가산세에 대한 설명 중 가장 적절하지 않은 것은? (다툼이 있는 경우 판례에 의함)

| 21년 2차 경행경채 |

① 「건축법」상 이행강제금 부과처분을 받은 자가 이행강제금을 납부기한까지 내지 아니하면 「지방행정제재·부과금의 징수 등에 관한 법률」에 따라 징수한다.

② 행정청의 과태료 처분이나 법원의 과태료 재판이 확정된 후 법률이 변경되어 그 행위가 질서위반행위에 해당하지 아니하게 되거나 과태료가 변경되기 전의 법률보다 가볍게 된 때에는 변경된 법률에 특별한 규정이 없는 한 과태료의 징수 또는 집행을 면제한다.

③ 공정거래위원회가 여러 개의 위반행위에 대하여 하나의 과징금 납부명령을 하였으나 여러 개의 위반 행위 중 일부 위반행위에 대한 과징금 부과만이 위법하고 소송상 그 일부 위반행위를 기초로 한 과징금액을 산정할 수 있는 경우에 그 일부 위반행위에 대한 과징금액에 해당하는 부분만을 취소하여야 한다.

④ 세법상 가산세는 납세의무자가 정당한 이유 없이 법에 규정된 신고, 납세 등 각종 의무를 위반한 경우에 법이 정하는 바에 따라 부과하는 행정상의 제재로서, 그 의무를 게을리한 점을 탓할 수 없는 정당한 사유가 있는 경우에는 부과할 수 없다.

- **정답** ②
- **난이도**
- **해설**
  ① ③ ④는 옳은 설명이며, ②는 틀린 설명이다.
  ② ✗ 행정청의 과태료 처분이나 법원의 과태료 재판이 확정된 후 법률이 변경되어 그 행위가 질서위반행위에 해당하지 아니하게 된 경우에는 변경된 법률에 특별한 규정이 없는 한 과태료의 징수 또는 집행을 면제한다(「질서위반행위규제법」 제3조 제3항). 과태료가 변경되기 전의 법률보다 가볍게 된 때에는 법률에 특별한 규정이 없는 한 변경된 법률을 적용한다(「질서위반행위규제법」 제3조 제2항).

0508

「행정조사기본법」에 대한 설명으로 가장 적절한 것은?　| 20년 2차 경행경채 |

① 행정기관의 장은 매년 12월말까지 다음 연도의 행정조사운영계획을 수립하여 국무총리에게 제출하여야 한다.
② 행정조사를 실시할 행정기관의 장은 행정조사를 실시하기 전에 다른 행정기관에서 동일한 조사대상자에게 동일하거나 유사한 사안에 대하여 행정조사를 실시하였는지 여부를 반드시 확인해야 한다.
③ 행정기관의 장은 법령등에 특별한 규정이 있는 경우를 제외하고는 행정조사의 결과를 확정한 날부터 7일 이내에 그 결과를 조사대상자에게 통지하여야 한다.
④ 행정조사를 실시하고자 하는 행정기관의 장은 출석요구서, 보고요구서·자료제출요구서 및 현장출입조사서를 조사개시 7일 전까지 조사대상자에게 구두로 통지하여야 한다.

- **정답** ③
- **난이도**
- **해설** ③은 옳은 설명이며, ①, ②, ④는 틀린 설명이다.
  ① ❌ 행정기관의 장은 매년 12월말까지 다음 연도의 행정조사운영계획을 수립하여 국무조정실장에게 제출하여야 한다(「행정조사기본법」 제6조 제1항).
  ② ❌ 행정조사를 실시할 행정기관의 장은 행정조사를 실시하기 전에 다른 행정기관에서 동일한 조사대상자에게 동일하거나 유사한 사안에 대하여 행정조사를 실시하였는지 여부를 확인할 수 있다(「행정조사기본법」 제15조 제2항).
  ④ ❌ 행정조사를 실시하고자 하는 행정기관의 장은 출석요구서, 보고요구서·자료제출요구서 및 현장출입조사서를 조사개시 7일 전까지 조사대상자에게 서면으로 통지하여야 한다(「행정조사기본법」 제17조 제1항).

0509

「행정대집행법」상 대집행에 대한 설명으로 가장 적절하지 않은 것은? (다툼이 있는 경우 판례에 의함)

| 19년 2차 경행경채 |

① 행정청의 명령에 의한 행위뿐만 아니라 법률에 의하여 직접 명령된 행위도 행정대집행의 대상이 된다.
② 도시공원시설인 매점에 대해서 관리청이 점유자에게 매점으로부터 퇴거하고 이에 부수하여 그 판매 시설물 및 상품을 반출하라고 명한 경우에 행정대집행을 할 수 있다.
③ 행정대집행의 절차가 인정되는 경우에 따로 민사소송의 방법으로 공작물의 철거를 구할 수는 없다.
④ 건물의 점유자가 철거의무자일 때에 행정청이 행정대집행의 방법으로 건물철거의무의 이행을 실현할 수 있는 경우에 건물철거 대집행 과정에서 부수적으로 그 건물의 점유자들에 대한 퇴거 조치를 할 수 있다.

- **정답** ②
- **난이도** 하 중 상
- **해설** ①, ③, ④는 옳은 설명이며, ②는 틀린 설명이다.
  ② ✗ 도시공원시설인 매점의 관리청이 그 공동점유자 중의 1인에 대하여 소정의 기간 내에 위 매점으로부터 퇴거하고 이에 부수하여 그 판매 시설물 및 상품을 반출하지 아니할 때에는 이를 대집행하겠다는 내용의 계고처분은 그 주된 목적이 매점의 원형을 보존하기 위하여 점유자가 설치한 불법 시설물을 철거하고자 하는 것이 아니라, 매점에 대한 점유자의 점유를 배제하고 그 점유이전을 받는 데 있다고 할 것인데, 이러한 의무는 그것을 강제적으로 실현함에 있어 직접적인 실력행사가 필요한 것이지 대체적 작위의무에 해당하는 것은 아니어서 직접강제의 방법에 의하는 것은 별론으로 하고 「행정대집행법」에 의한 대집행의 대상이 되는 것은 아니다.

0510

「행정조사기본법」상 행정조사에 관한 설명이다. 다음 중 가장 적절하지 않은 것은? | 15년 2차 경행경채 |

① 행정조사란 행정기관이 정책을 결정하거나 직무를 수행하는 데 필요한 정보나 자료를 수집하기 위하여 현장조사·문서열람·시료채취 등을 하거나 조사대상자에게 보고 요구·자료제출 요구 및 출석·진술요구를 행하는 활동을 말한다.
② 행정기관이 유사한 사안이라고 하여 공동조사 등을 실시하는 것은 국민의 권익을 침해할 수 있으므로 허용되지 않는다.
③ 조사대상자가 조사에 응할 것인지에 대한 응답을 하지 아니하는 경우에는 법령 등에 특별한 규정이 없는 한 그 조사를 거부한 것으로 본다.
④ 행정조사를 실시하고자 하는 행정기관의 장은 출석요구서 등을 조사 개시 7일 전까지 조사대상자에게 서면으로 통지하여야 한다.

- **정답** ②
- **난이도** 하 중 상
- **해설**
 ①, ③, ④는 옳은 설명이며, ②는 틀린 설명이다.
 ② ✗ 행정기관은 동일하거나 유사한 사안에 대하여는 공동조사 등을 실시함으로써 행정조사가 중복되지 아니하도록 하여야 한다(「행정조사기본법」 제4조 제3항).

참고 행정조사의 방법 – 공동조사(「행정조사기본법」)

① 행정기관의 장은 다음의 어느 하나에 해당하는 행정조사를 하는 경우에는 공동조사를 하여야 한다(동법 제14조 제1항).
 ㉠ 당해 행정기관 내의 2 이상의 부서가 동일하거나 유사한 업무분야에 대하여 동일한 조사대상자에게 행정조사를 실시하는 경우
 ㉡ 서로 다른 행정기관이 대통령령으로 정하는 분야에 대하여 동일한 조사대상자에게 행정조사를 실시하는 경우
② 행정조사의 사전통지를 받은 조사대상자는 관계 행정기관의 장에게 공동조사를 실시하여 줄 것을 신청할 수 있다. 이 경우 조사대상자는 신청인의 성명·조사일시·신청이유 등이 기재된 공동조사신청서를 관계 행정기관의 장에게 제출하여야 한다(동법 제14조 제2항).
③ 공동조사를 요청받은 행정기관의 장은 이에 응하여야 한다(동법 제14조 제3항).
④ 국무조정실장은 행정기관의 장이 제출한 행정조사운영계획의 내용을 검토한 후 관계 부처의 장에게 공동조사의 실시를 요청할 수 있다(동법 제14조 제4항).

0511

행정조사에 관한 설명으로 옳은 것은? | 17년 서울시 9급 |

① 행정조사는 사실행위의 형식으로만 가능하다.
② 조사대상자의 자발적 협조가 있을지라도 법령 등에서 행정조사를 규정하고 있어야 실시가 가능하다.
③ 조사대상자의 동의가 있는 경우 해가 뜨기 전이나 해가 진 뒤에도 현장조사가 가능하다.
④ 자발적인 협조에 따라 실시하는 행정조사에 대하여 조사대상자가 조사에 응할 것인지에 대한 응답을 하지 아니하는 경우에는 법령 등에 특별한 규정이 없는 한 그 조사에 동의한 것으로 본다.

- **정답** ③
- **난이도** 하 중 상
- **해설** ③은 옳은 설명이며, ①, ②, ④는 틀린 설명이다.
  ① ✗ 행정조사는 일반적으로 사실행위의 형식(예 : 질문, 출입검사 등)을 취하지만, 보완요구서, 자료제출요구, 출석·진술요구 등의 행정행위의 형식을 취하는 경우도 있다.
  ② ✗ 행정기관은 법령등에서 행정조사를 규정하고 있는 경우에 한하여 행정조사를 실시할 수 있다. 다만, 조사대상자의 자발적인 협조를 얻어 실시하는 행정조사의 경우에는 그러하지 아니하다(「행정조사기본법」제5조).
  ④ ✗ 행정조사에 대하여 조사대상자가 조사에 응할 것인지에 대한 응답을 하지 아니하는 경우에는 법령등에 특별한 규정이 없는 한 그 조사를 거부한 것으로 본다(「행정조사기본법」제20조 제2항).

0512

경찰상 의무이행 확보수단을 전통적 의무이행 확보수단과 새로운 의무이행 확보수단으로 구분할 때, 새로운 의무이행 확보수단에 해당하지 않는 것은?

| 23년 법학특채 |

① 과징금
② 수익적 행정행위의 취소·철회
③ 공급거부
④ 행정질서벌

- **정답** ④
- **난이도** 하 중 상
- **해설** ①, ②, ③은 옳은 설명이며, ④는 틀린 설명이다.
  ④ ✗ 『경찰상 의무이행확보수단』은 행정주체가 국민에게 의무를 부과하였음에도 불구하고 국민이 이를 이행하지 않는 경우 경찰목적을 달성하기 위한 필수불가결한 제도이다. 행정질서벌(경찰질서벌)은 전통적 의무이행 확보수단에 해당한다.

참고 경찰상 의무이행확보수단 - 전통적 확보수단과 새로운 확보수단

구 분	종 류	내 용
전통적 수단	경찰강제 (직접적 수단)	① 경찰상 강제집행(대집행, 집행벌, 직접강제, 강제징수) ② 경찰상 즉시강제(대인적·대물적·대가택적) ③ 경찰상 조사(현재는 독립적 영역으로 구분 인정)
	경찰벌 (간접적 수단)	① 경찰형벌(형벌 부과) ② 경찰질서벌(과태료 부과)
새로운 수단	금전적 제재	① 과징금(부가금) ② 가산세 ③ 가산금(중가산금)
	비금전적 제재	① 공급거부 ② 명단공개(경찰상 공표) ③ 관허사업의 제한 ④ 수익적 행정행위의 취소·철회 ⑤ 취업제한 ⑥ 해외여행제한

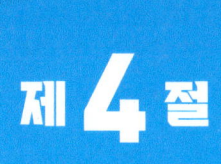

제4절 「경찰관 직무집행법」 등

0513

「경찰관 직무집행법」상 불심검문에 대한 설명으로 가장 적절하지 않은 것은? (다툼이 있는 경우 판례에 의함)

|73기 간부|

① 미리 입수된 용의자에 대한 인상착의와 일부 일치되지 않는 부분이 있다고 하더라도 그것만으로 경찰관이 불심검문 대상자로 삼은 조치가 위법하다고 볼 수 없다.

② 경찰관은 불심검문 대상자에게 질문을 하기 위하여 범행의 경중, 범행과의 관련성, 상황의 긴박성, 혐의의 정도, 질문의 필요성 등에 비추어 목적 달성에 필요한 최소한의 범위 내에서 사회통념상 용인될 수 있는 상당한 방법으로 대상자를 정지시킬 수 있고 질문에 수반하여 흉기의 소지 여부도 조사할 수 있다.

③ 경찰관이 신분증을 제시하지 않고 불심검문을 하였으나, 검문하는 사람이 경찰관이고 검문하는 이유가 범죄행위에 관한 것임을 피고인이 알고 있었던 경우, 그 불심검문이 위법한 공무집행이라고 할 수 없다.

④ 경찰관이 불심검문 대상자 해당 여부를 판단할 때에는 불심검문 당시의 구체적 상황은 물론 사전에 얻은 정보나 전문적 지식 등에 기초하여 불심검문 대상자인지를 객관적·합리적인 기준에 따라 판단하여야 하며, 불심검문 대상자에게 「형사소송법」에 의한 체포나 구속에 이를 정도의 혐의가 있을 것을 요한다.

 ④

 ①, ②, ③은 옳은 설명이며, ④는 틀린 설명이다.

④ ✗ 「경찰관 직무집행법」 제3조 제1항에 규정된 대상자 해당 여부를 판단할 때에는 불심검문 당시의 구체적 상황은 물론 사전에 얻은 정보나 전문적 지식 등에 기초하여 불심검문 대상자인지를 객관적·합리적인 기준에 따라 판단하여야 하나, 반드시 불심검문 대상자에게 형사소송법상 체포나 구속에 이를 정도의 혐의가 있을 것을 요한다고 할 수는 없다. 이 경우 통상의 사회평균인이 보더라도 의심을 긍정할 정도의 판단을 요한다.

> **참고** 불심검문의 요건

구 분	내 용
불심자의 판단기준	① 불심검문의 대상자에 해당하는지의 여부는 수상한 행동 기타 주위의 사정을 객관적이고 합리적으로 판단해 결정한다(예 : 복장, 언어, 장소, 소지품, 태도 등). ② 통상의 사회평균인이 보더라도 의심을 긍정할 정도의 판단을 요한다.
불심검문의 대상자 (거동불심자)	① ㉠ 어떠한 죄를 범하였거나 또는 범하려 하고 있다고 의심할 만한 상당한 이유가 있는 사람. ㉡ 이미 행하여진 범죄나 행하여지려고 하는 범죄행위에 관한 사실을 안다고 인정되는 사람을 그 대상으로 한다(동법 제3조 제1항). ② 불심검문은 범죄처벌 목적이 아니기 때문에 형사책임능력이 없는 어린이나 심신미약자라도 그 대상이 된다.

0514

「경찰관 직무집행법」상 보호조치에 대한 설명으로 가장 적절하지 않은 것은? (다툼이 있는 경우 판례에 의함)

| 73기 간부 |

① 「경찰관 직무집행법」에서 규정하는 술에 취한 상태로 인하여 자기 또는 타인의 생명·신체와 재산에 위해를 미칠 우려가 있는 피구호자에 대한 보호조치는 경찰행정상 즉시강제에 해당한다.
② 술에 취한 상태란 피구호자가 술에 만취하여 정상적인 판단능력이나 의사능력을 상실할 정도에 이른 것을 말하지 않는다.
③ 경찰공무원이 보호조치된 운전자에 대하여 음주측정을 요구하였다는 이유만으로 음주측정 요구가 당연히 위법하거나 보호조치가 당연히 종료된 것으로 볼 수는 없다.
④ 술에 취한 피구호자의 가족 등에게 인계할 수 있다면 특별한 사정이 없는 한 경찰관서에서 피구호자를 보호하는 것은 허용되지 않는다.

- 정답 ②
- 난이도 하 중 상
- 해설
 ①, ③, ④는 옳은 설명이며, ②는 틀린 설명이다.
 ② 「경찰관 직무집행법」 제4조 제1항 제1호에서 규정하는 술에 취한 상태로 인하여 자기 또는 타인의 생명·신체와 재산에 위해를 미칠 우려가 있는 피구호자에 대한 보호조치는 경찰행정상 즉시강제에 해당하므로, 그 조치가 불가피한 최소한도 내에서만 행사되도록 발동·행사 요건을 신중하고 엄격하게 해석하여야 한다. 따라서 술에 취한 상태란 피구호자가 술에 만취하여 정상적인 판단능력이나 의사능력을 상실할 정도에 이른 것을 말하고, 보호조치를 필요로 하는 피구호자에 해당하는지는 구체적인 상황을 고려하여 경찰관 평균인을 기준으로 판단하되, 그 판단은 보호조치의 취지와 목적에 비추어 현저하게 불합리하여서는 아니 되며, 피구호자의 가족 등에게 피구호자를 인계할 수 있다면 특별한 사정이 없는 한 경찰관서에서 피구호자를 보호하는 것은 허용되지 않는다.

0515

경찰관의 무기사용에 대한 설명으로 적절한 것은 모두 몇 개인가? (다툼이 있는 경우 판례에 의함)

| 73기 간부 |

> 가. 경찰관이 신호위반을 이유로 정지명령에 불응하고 도주하던 차량에 탑승한 동승자를 추격하던 중 수차례에 걸쳐 경고하고 공포탄을 발사했음에도 불구하고 계속 도주하자 실탄을 발사하여 사망케 한 경우, 위 총기사용 행위는 허용범위를 벗어난 위법행위이다.
> 나. 경찰관의 무기사용이 특히 사람에게 위해를 가할 위험성이 큰 권총의 사용에 있어서는 그 요건을 더욱 엄격하게 판단하여야 한다.
> 다. 「경찰관 직무집행법」상 무기란 사람의 생명이나 신체에 위해를 끼칠 수 있도록 제작된 권총·소총·도검 등을 말하며, 대간첩·대테러 작전 등 국가안전에 관련되는 작전을 수행할 때에는 개인화기 외에 공용화기를 사용할 수 있다.
> 라. 경찰관이 길이 40cm 가량의 칼로 반복적으로 위협하며 도주하는 차량절도 혐의자를 추적하던 중, 도주하기 위하여 등을 돌린 혐의자의 몸 쪽을 향하여 약 2m 거리에서 실탄을 발사하여 혐의자를 복부관통상으로 사망케 한 경우, 경찰관의 총기사용은 사회통념상 허용범위를 벗어난 위법행위이다.

① 1개 ② 2개
③ 3개 ④ 4개

정답 ④

난이도 하 중 상

해설 "가", "나", "다", "라" 모두 옳은 설명이다.

판례 무기사용의 한계

① 경찰관이 범인을 제압하는 과정에서 총기를 사용하여 범인을 사망에 이르게 한 사안에서, 경찰관이 총기사용에 이르게 된 동기나 목적, 경위 등을 고려하여 형사사건에서 무죄판결이 확정되었더라도 당해 경찰관의 과실의 내용과 그로 인하여 발생한 결과의 중대함에 비추어 민사상 불법행위책임을 인정하였다.

② 타인의 집대문 앞에 은신하고 있다가 경찰관의 명령에 따라 순순히 손을 들고 나오면서 그대로 도주하는 범인을 경찰관이 뒤따라 추격하면서 등 부위에 권총을 발사하여 사망케 한 경우, 위와 같은 총기사용은 현재의 부당한 침해를 방지하거나 현재의 위난을 피하기 위한 상당성 있는 행위라고 볼 수 없는 것으로서 범인의 체포를 위하여 필요한 한도를 넘어 무기를 사용한 것이다.

③ 경찰관이 길이 40cm 가량의 칼로 반복적으로 위협하며 도주하는 차량 절도 혐의자를 추적하던 중, 도주하기 위하여 등을 돌린 혐의자의 몸 쪽을 향하여 약 2m 거리에서 실탄을 발사하여 혐의자를 복부 관통상으로 사망케 한 경우, 경찰관의 총기사용은 사회통념상 허용범위를 벗어난 위법한 행위이다.

④ 야간에 술이 취한 상태에서 병원에 있던 과도로 대형 유리창문을 쳐 깨뜨리고 자신의 복부에 칼을 대고 할복자살하겠다고 난동을 부린 피해자가 출동한 2명의 경찰관들에게 칼을 들고 항거하였다고 하여도 위 경찰관 등이 공포를 발사하거나 소지한 가스총과 경찰봉을 사용하여 위 망인의 항거를 억제할 시간적 여유와 보충적 수단이 있었다고 보여지고, 또 부득이 총을 발사할 수 밖에 없었다고 하더라도 하체부위를 향하여 발사함으로써 그 위해를 최소한도로 줄일 여지가 있었다고 보여지므로, 칼빈소총을 1회 발사하여 피해자의 왼쪽 가슴 아래 부위를 관통하여 사망케 한 경찰관의 총기사용 행위는 총기사용의 한계를 벗어난 것이다.

0516

「경찰관 직무집행법」상 손실보상에 대한 설명으로 가장 적절하지 않은 것은? |73기 간부|

① 손실발생의 원인에 대하여 책임이 없는 자가 경찰관의 직무집행에 자발적으로 협조하거나 물건을 제공하여 생명·신체 또는 재산상의 손실을 입은 경우 정당한 보상을 하여야 한다.
② 손실발생의 원인에 대하여 책임이 있는 자가 자신의 책임에 상응하는 정도를 초과하는 생명·신체 또는 재산상의 손실을 입은 경우 정당한 보상을 하여야 한다.
③ 손실보상을 청구할 수 있는 권리는 손실이 발생한 날부터 3년, 손실이 있음을 안 날부터 5년간 행사하지 아니하면 시효의 완성으로 소멸한다.
④ 보상금이 지급된 경우 손실보상심의위원회는 대통령령으로 정하는 바에 따라 국가경찰위원회에 심사자료와 결과를 보고하여야 한다.

정답 ③

난이도

해설 ①, ②, ④는 옳은 설명이며, ③은 틀린 설명이다.

③ ❌ 손실보상을 청구할 수 있는 권리는 손실이 있음을 안 날부터 3년, 손실이 발생한 날부터 5년간 행사하지 아니하면 시효의 완성으로 소멸한다(「경찰관 직무집행법」 제11조의2 제2항).

참고 손실보상의 의의, 지급대상, 소멸시효(「경찰관 직무집행법」)

구 분	내 용
의 의	『손실보상』이란 공공의 필요에 의한 적법한 공권력의 행사로 인하여 개인의 생명·신체 또는 재산에 과하여진 특별한 희생에 대하여, 사유재산권의 보장과 전체적인 공평부담의 견지에서 행정주체가 행하는 조절적인 재산상 전보를 말한다.
지급대상	국가는 경찰관의 적법한 직무집행으로 인하여 다음의 어느 하나에 해당하는 손실을 입은 자에 대하여 정당한 보상을 하여야 한다(동법 제11조의2 제1항). ① 손실발생의 원인에 대하여 책임이 없는 자가 생명·신체 또는 재산상의 손실을 입은 경우(손실발생의 원인에 대하여 책임이 없는 자가 경찰관의 직무집행에 자발적으로 협조하거나 물건을 제공하여 생명·신체 또는 재산상의 손실을 입은 경우를 포함한다) ② 손실발생의 원인에 대하여 책임이 있는 자가 자신의 책임에 상응하는 정도를 초과하는 생명·신체 또는 재산상의 손실을 입은 경우
소멸시효	보상을 청구할 수 있는 권리는 손실이 있음을 안 날부터 3년, 손실이 발생한 날부터 5년간 행사하지 아니하면 시효의 완성으로 소멸한다(동법 제11조의2 제2항).

0517

경찰관의 직무수행 및 경찰장비의 사용과 관련한 재량의 범위 및 한계에 대한 설명으로 가장 적절하게 나열한 것은? (다툼이 있는 경우 판례에 의함)

|737| 간부|

> 불법적인 농성을 진압하는 방법 및 그 과정에서 어떤 경찰장비를 사용할 것인지는 (가)인 상황과 예측되는 피해발생의 (나) 위험성의 내용 등에 비추어 경찰관이 그 재량의 범위 내에서 정할 수 있다. 그러나 그 직무수행 중 특정한 경찰장비를 필요한 최소한의 범위를 넘어 관계 법령에서 정한 통상의 용법과 달리 사용함으로써 타인의 생명·신체에 위해를 가하였다면, 불법적인 농성의 진압을 위하여 그러한 방법으로도 해당 경찰장비를 사용할 필요가 있고 그로 인하여 발생할 우려가 있는 타인의 생명·신체에 대한 위해의 정도가 (다)으로 예견되는 범위 내에 있다는 등의 특별한 사정이 없는 한 그 직무수행은 위법하다고 보아야 한다. 나아가 경찰관이 농성 진압의 과정에서 경찰장비를 위법하게 사용함으로써 그 직무수행이 적법한 범위를 벗어난 것으로 볼 수밖에 없다면, 상대방이 그로 인한 생명·신체에 대한 위해를 면하기 위하여 (라)으로 대항하는 과정에서 그 경찰장비를 손상시켰더라도 이는 위법한 공무집행으로 인한 신체에 대한 현재의 부당한 침해에서 벗어나기 위한 행위로서 정당방위에 해당한다.

	(가)	(나)	(다)	(라)
①	구체적	추상적	특수적	간접적
②	추상적	구체적	통상적	직접적
③	구체적	추상적	통상적	직접적
④	구체적	구체적	통상적	직접적

- 정답 ④
- 난이도
- 해설 (가)는 구체적, (나)는 구체적, (다)는 통상적, (라)는 직접적이다.

판례 쌍용자동차 사건

경찰관의 직무수행 및 경찰장비의 사용과 관련한 재량의 범위 및 한계를 고려해 보면, 불법적인 농성을 진압하는 방법 및 그 과정에서 어떤 경찰장비를 사용할 것인지는 구체적 상황과 예측되는 피해 발생의 구체적 위험성의 내용 등에 비추어 경찰관이 재량의 범위 내에서 정할 수 있다. 그러나 그 직무수행 중 특정한 경찰장비를 필요한 최소한의 범위를 넘어 관계 법령에서 정한 통상의 용법과 달리 사용함으로써 타인의 생명·신체에 위해를 가하였다면, 불법적인 농성의 진압을 위하여 그러한 방법으로라도 해당 경찰장비를 사용할 필요가 있고 그로 인하여 발생할 우려가 있는 타인의 생명·신체에 대한 위해의 정도가 통상적으로 예견되는 범위 내에 있다는 등의 특별한 사정이 없는 한 그 직무수행은 위법하다고 보아야 한다. 나아가 경찰관이 농성 진압의 과정에서 경찰장비를 위법하게 사용함으로써 그 직무수행이 적법한 범위를 벗어난 것으로 볼 수밖에 없다면, 상대방이 그로 인한 생명·신체에 대한 위해를 면하기 위하여 직접적으로 대항하는 과정에서 경찰장비를 손상시켰더라도 이는 위법한 공무집행으로 인한 신체에 대한 현재의 부당한 침해에서 벗어나기 위한 행위로서 정당방위에 해당한다.

0518

경찰작용에 대한 판례의 설명으로 가장 적절하지 않은 것은?

| 73기 간부 |

① 경찰관이 구체적 상황에 비추어 인적 및 물적 능력의 범위 내에서 적절한 조치라는 판단에 따라 범죄의 진압 및 수사에 관한 직무를 수행한 경우에는 그러한 직무수행이 객관적 정당성을 상실하여 현저하게 불합리한 것으로 인정되지 않는 한 이를 위법하다고 할 수는 없다.

② 본래 범의를 가지지 아니한 자에 대하여 수사기관이 사술이나 계략 등을 써서 범의를 유발케 하여 범죄인을 검거하는 함정수사는 위법함을 면할 수 없고, 범의를 가진 자에 대하여 단순히 범행의 기회를 제공하는 것에 불과한 경우라도 위법한 함정수사이다.

③ 「경찰관 직무집행법」 제6조 제1항의 '경찰관의 제지에 관한 부분'은 범죄의 예방을 위한 경찰행정상 즉시강제, 즉 눈앞의 급박한 경찰상 장해를 제거하여야 할 필요가 있고 의무를 명할 시간적 여유가 없거나 의무를 명하는 방법으로는 그 목적을 달성하기 어려운 상황에서 의무불이행을 전제로 하지 않고 경찰이 직접 실력을 행사하여 경찰상 필요한 상태를 실현하는 권력적 사실행위에 관한 근거조항이다.

④ 주거지에서 음악소리를 크게 내거나 큰 소리로 떠들어 이웃을 시끄럽게 하는 행위는 「경범죄 처벌법」 제3조 제1항 제21호에서 경범죄로 정한 '인근소란 등'에 해당하고, 경찰관은 「경찰관 직무집행법」에 따라 경범죄에 해당하는 행위를 예방·진압·수사하고, 필요한 경우 제지할 수 있다.

①, ③, ④는 옳은 설명이며, ②는 틀린 설명이다.

② ✗ 「범죄유발형 함정수사」를 통해 수집한 증거는 「위법수집증거 배제법칙」에 의하여 증거능력이 부정된다. 다만, 「기회제공형 함정수사」를 통해 수집한 증거는 우리나라와 영미법계에서는 증거능력을 인정한다.

0519

「경찰관 직무집행법」상 불심검문에 대한 설명으로 적절한 것은 모두 몇 개인가? (다툼이 있는 경우 판례에 따름)

|72기 간부|

> 가. 경찰관은 동행한 사람의 가족이나 친지 등에게 동행한 경찰관의 신분, 동행 장소, 동행 목적과 이유를 알리거나 다른 사람으로 하여금 즉시 연락할 수 있는 기회를 주어야 하며, 변호인의 도움을 받을 권리가 있음을 알려야 한다.
> 나. 검문하는 사람이 경찰관이고 검문하는 이유가 범죄행위에 관한 것임을 충분히 알고 있었다고 보이는 경우에 신분증을 제시하지 않았다 하더라도 그 불심검문을 위법한 공무집행이라고 할 수 없다.
> 다. 경찰관은 불심검문시 그 장소에서 질문을 하는 것이 그 사람에게 불리하거나 교통에 방해가 된다고 인정될 때에는 질문을 하기 위하여 가까운 경찰청·경찰서·지구대·파출소 또는 출장소(해양경찰관서 미포함)로 동행할 것을 요구할 수 있다. 이 경우 동행을 요구받은 사람은 그 요구를 거절할 수 있다.
> 라. 경찰관은 질문을 하거나 동행을 요구할 경우 자신의 신분을 표시하는 증표를 제시하면서 소속과 성명을 밝히고 질문이나 동행의 목적과 이유를 설명할 수 있으며, 동행을 요구하는 경우에는 동행 장소를 밝힐 수 있다.

① 0개 ② 1개
③ 2개 ④ 3개

정답 ②

난이도 하 중 상

해설 "나"는 옳은 설명이며, "가", "다", "라"는 틀린 설명이다.

가. ✗ 경찰관은 동행한 사람의 가족이나 친지 등에게 동행한 경찰관의 신분, 동행 장소, 동행 목적과 이유를 알리거나 <u>본인으로 하여금(다른 사람으로 하여금 ✗)</u> 즉시 연락할 수 있는 기회를 주어야 하며, <u>변호인의 도움을 받을 권리가 있음을 알려야 한다</u>(「경찰관 직무집행법」 제3조 제5항).

다. ✗ 경찰관은 정지시킨 장소에서 질문을 하는 것이 ⑦ <u>그 사람에게 불리</u>하거나 ⓒ <u>교통에 방해</u>가 된다고 인정될 때에는 질문을 하기 위하여 가까운 경찰서·지구대·파출소 또는 출장소(지방해양경찰관서를 포함하며, 이하 "경찰관서"라 한다)로 동행할 것을 요구할 수 있다. 이 경우 <u>동행을 요구받은 사람은 그 요구를 거절할 수 있다</u>(「경찰관 직무집행법」 제3조 제2항).

라. ✗ 질문시 경찰관은 제복착용 여부와 관계없이 자신의 신분을 증명하는 증표를 제시하면서 소속과 성명을 밝히고 그 목적과 이유를 설명하여야 한다(「경찰관 직무집행법」 제3조 제4항). 여기서 <u>경찰관의 신분증을 증표하는 것은 원칙적으로 경찰공무원의 공무원증만을 인정</u>한다. 임의동행을 요구할 경우 경찰관은 자신의 신분을 표시하는 증표를 제시하면서 소속과 성명을 밝히고 그 목적과 이유를 <u>설명하여야</u> 하며, 동행 장소를 <u>밝혀야 한다</u>(「경찰관 직무집행법」 제3조 제4항).

0520

「경찰관 직무집행법」상 보호조치에 대한 설명으로 적절하지 않은 것만을 모두 고른 것은? |72기 간부|

> 가. 경찰관은 적당한 보호자가 없는 부상자에 대해 응급구호가 필요하다고 인정할 만한 사유가 있다면 본인이 구호를 거절하더라도 보호조치를 할 수 있다.
> 나. 경찰관은 보호조치를 하였을 때에는 지체 없이 구호대상자의 가족, 친지 또는 그 밖의 연고자에게 그 사실을 알려야 하며, 연고자가 발견되지 아니할 때에는 구호대상자를 적당한 공공보건의료기관이나 공공구호기관에 즉시 인계할 수 있다.
> 다. 경찰관이 구호대상자를 공공보건의료기관이나 공공구호기관에 인계하였을 때에는 해당 경찰관이 즉시 그 사실을 해당 공공보건의료기관 또는 공공구호기관의 장 및 그 감독행정청에 통보하여야 한다.
> 라. 경찰관은 구호대상자를 발견하였을 때 보건의료기관이나 공공구호기관에 긴급구호를 요청할 수 있고, 긴급구호를 요청받은 기관이 정당한 이유없이 이를 거절하는 경우「경찰관 직무집행법」에 따라 처벌하도록 규정되어 있다.

① 가, 나
② 나, 다
③ 나, 다, 라
④ 가, 나, 다, 라

정답 ④

해설

"가", "나", "다", "라" 모두 틀린 설명이다.

- 가. ✗ 미아, 병자, 부상자 등으로서 적당한 보호자가 없으며 응급구호가 필요하다고 인정되는 사람의 경우 보호조치 대상자에는 해당하지만, 본인이 구호를 거절하는 경우에는 보호조치를 할 수 없다(「경찰관 직무집행법」 제4조 제1항 제3호).
- 나. ✗ 경찰관이 응급구호를 요청하거나 경찰관서에 일시 보호하는 등 조치를 하였을 때에는 지체 없이 구호대상자의 가족·친지 또는 그 밖의 연고자에게 그 사실을 알려야 하며, 연고자가 발견되지 아니할 때에는 구호대상자를 적당한 공공보건의료기관이나 공공구호기관에 즉시 인계하여야 한다(「경찰관 직무집행법」 제4조 제4항).
- 다. ✗ 경찰관이 피구호자를 공공보건의료기관 또는 공공구호기관에 인계한 때에는 즉시 그 사실을 소속 경찰서장에게 보고하여야 한다(「경찰관 직무집행법」 제4조 제5항). 해당 보고를 받은 소속 경찰서장은 대통령령으로 정하는 바에 따라 구호대상자를 인계한 사실을 지체 없이 해당 공공보건의료기관 또는 공공구호기관의 장 및 그 감독행정청에 통보하여야 한다(「경찰관 직무집행법」 제4조 제6항).
- 라. ✗ 경찰관은 응급구호를 요하는 사람을 발견한 때에는 보건의료기관(예 : 국공립병원, 사설의료기관, 보건소 등)이나 공공구호기관(예 : 아동보호소, 고아원 등)에 긴급구호를 요청할 수 있다(「경찰관 직무집행법」 제4조 제1항). 경찰관의 응급구호를 요청받은 보건의료기관이나 공공구호기관은 정당한 이유 없이 긴급구호를 거절할 수 없다(「경찰관 직무집행법」 제4조 제2항). 거절한 경우에는 「경찰관 직무집행법」상에는 처벌규정이 없으나, 「응급의료에 관한 법률」에 의거하여 처벌이 가능하다.

0521

「경찰관 직무집행법」상 경찰장비에 대한 설명으로 적절한 것은 모두 몇 개인가?

| 72기 간부 |

> 가. 경찰관은 현행범이나 사형 · 무기 또는 장기 3년 이상의 징역이나 금고에 해당하는 죄를 범한 범인의 체포 또는 도주 방지의 직무를 수행하기 위하여 필요하다고 인정되는 상당한 이유가 있을 때에는 그 사태를 합리적으로 판단하여 필요한 한도에서 경찰장구를 사용할 수 있다.
> 나. 경찰관은 직무수행 중 경찰장비를 사용할 수 있다. 다만, 재산의 침해 또는 생명이나 신체에 위해를 끼칠 수 있는 경찰장비를 긴급하게 사용할 때에는 안전검사 없이 안전교육을 받은 후 사용할 수 있다.
> 다. 위해성 경찰장비는 필요한 최소한도에서 사용하여야 하며, 위해성 경찰장비의 종류 및 그 사용기준, 안전교육 · 안전검사의 기준 등은 행정안전부령으로 정한다.
> 라. 경찰청장은 위해성 경찰장비를 새로 도입하려는 경우에는 대통령령으로 정하는 바에 따라 안전교육을 실시하여 그 안전교육의 결과보고서를 국회 소관 상임위원회에 제출하여야 한다. 이 경우 안전교육에는 외부 전문가를 참여시킬 수 있다.

① 0개 ② 1개
③ 2개 ④ 3개

- **정답** ②
- **난이도**
- **해설** "가"는 옳은 설명이며, "나", "다", "라"는 틀린 설명이다.

   나. ❌ 경찰관은 직무수행 중 경찰장비를 사용할 수 있다(「경찰관 직무집행법」 제10조 제1항 본문). 사람의 생명이나 신체에 위해를 끼칠 수 있는 경찰장비, 즉 『위해성 경찰장비』를 사용할 때에는 필요한 <u>안전교육과 안전검사를 받은 후 사용</u>하여야 한다(「경찰관 직무집행법」 제10조 제1항 단서).

   다. ❌ 『위해성 경찰장비』는 필요한 최소한도에서 사용하여야 한다(「경찰관 직무집행법」 제10조 제4항). 『위해성 경찰장비』의 종류 및 그 사용기준, 안전교육 · 안전검사의 기준 등은 <u>대통령령으로 정한다</u>(「경찰관 직무집행법」 제10조 제6항).

   라. ❌ 경찰청장은 『위해성 경찰장비』를 새로 도입하려는 경우에는 대통령령으로 정하는 바에 따라 <u>안전성 검사(안전교육 ×)</u>를 실시하여 그 안전성 검사의 결과보고서를 <u>국회 소관 상임위원회(국가경찰위원회 ×)에 제출</u>하여야 한다. 이 경우 안전성 검사에는 <u>외부 전문가를 참여시켜야 한다</u>(「경찰관 직무집행법」 제10조 제5항).

참고 경찰장구의 사용요건(「경찰관 직무집행법」)

경찰관은 다음의 직무를 수행하기 위하여 필요하다고 인정되는 상당한 이유가 있을 때에는 그 사태를 합리적으로 판단하여 필요한 한도에서 경찰장구를 사용할 수 있다(동법 제10조의2 제1항).
① 현행범이나 사형 · 무기 또는 장기 3년 이상의 징역이나 금고에 해당하는 죄(긴급체포의 요건)를 범한 범인의 체포 또는 도주의 방지
② 자신이나 다른 사람의 생명 · 신체의 방어 및 보호
③ 공무집행에 대한 항거 제지

0522

「경찰관의 정보수집 및 처리 등에 관한 규정」상 경찰관이 정보 수집을 위해 상시적으로 출입해서는 안 되며, 정보활동을 위해 필요한 경우에 한정하여 일시적으로 출입할 수 있는 장소에 포함되지 <u>않는</u> 곳은?

|71기 간부|

① 언론·교육·종교·시민사회 단체 등 민간단체
② 민간기업
③ 정당의 사무소
④ 공기업

- **정답** ④
- **난이도** 하 중 상
- **해설** ①, ②, ③은 옳은 설명이며, ④는 틀린 설명이다.

참고 정보수집 등을 위한 출입의 한계

경찰관은 다음의 장소에 상시적으로 출입해서는 안 되며, 정보활동을 위해 필요한 경우에 한정하여 일시적으로만 출입해야 한다(「경찰관의 정보수집 및 처리 등에 관한 규정」 제5조).
① 언론·교육·종교·시민사회 단체 등 민간단체
② 민간기업
③ 정당의 사무소

0523

「경찰관 직무집행법」 제4조 보호조치에 대한 설명 중 옳지 <u>않은</u> 것은 모두 몇 개인가? | 69기 간부 |

> 가. 경찰관이 구호대상자를 경찰관서에 보호조치 하는 경우 지체 없이 해당 구호대상자의 가족, 친지 또는 그 밖의 연고자에게 그 사실을 알려야 하며, 연고자가 발견되지 아니할 때에는 구호대상자를 적당한 공공보건의료기관이나 공공구호기관에 즉시 인계하여야 한다.
> 나. 경찰관이 구호대상자를 공공보건의료기관이나 공공구호기관에 인계하였을 때에는 해당 경찰관이 즉시 그 사실을 해당 공공보건의료기관 또는 공공구호기관의 장 및 그 감독행정청에 통보하여야 한다.
> 다. 경찰관이 구호대상자를 경찰관서에 보호조치 하는 경우에 구호대상자가 휴대하고 있는 무기·흉기 등 위험을 일으킬 수 있는 것으로 인정되는 물건을 경찰관서에 임시로 영치하여 놓을 수 있다.
> 라. 구호대상자를 경찰관서에 보호하는 기간은 24시간을 초과할 수 없고, 물건을 경찰관서에 임시로 영치하는 기간은 10일을 초과할 수 없다.
> 마. 경찰관은 자살을 시도하는 것이 명백하고 응급구호가 필요하다고 믿을 만한 상당한 이유가 있는 구호대상자에 대하여 해당 구호대상자의 동의 여부와 관계없이 보호조치를 실시할 수 있다.

① 1개 ② 2개
③ 3개 ④ 4개

- **정답** ①
- **난이도** 하 중 상
- **해설** "가", "다", "라", "마"는 옳은 설명이며, "나"는 틀린 설명이다.
  - 나. ✗ 피구호자를 공공보건의료기관 또는 공공구호기관에 인계한 때에는 즉시 그 사실을 소속 경찰서장에게 보고하여야 한다(「경찰관 직무집행법」 제4조 제5항). 해당 보고를 받은 소속 경찰서장은 대통령령으로 정하는 바에 따라 구호대상자를 인계한 사실을 지체 없이 해당 공공보건의료기관 또는 공공구호기관의 장 및 그 감독행정청에 통보하여야 한다(「경찰관 직무집행법」 제4조 제6항).

참고 보호조치 이후의 사후조치(「경찰관 직무집행법」)

구 분	내 용
연고자 등에의 통지	경찰관이 응급구호를 요청하거나 경찰관서에 일시 보호하는 등 조치를 하였을 때에는 지체 없이 구호대상자의 가족·친지 또는 그 밖의 연고자에게 그 사실을 알려야 하며, 연고자가 발견되지 아니할 때에는 구호대상자를 적당한 공공보건의료기관이나 공공구호기관에 즉시 인계하여야 한다(동법 제4조 제4항).
소속 경찰서장에게 보고	① 피구호자를 공공보건의료기관 또는 공공구호기관에 인계한 때에는 즉시 그 사실을 소속 경찰서장에게 보고하여야 한다(동법 제4조 제5항). ② 해당 보고를 받은 소속 경찰서장은 대통령령으로 정하는 바에 따라 구호대상자를 인계 한 사실을 지체 없이 해당 공공보건의료기관 또는 공공구호기관의 장 및 그 감독행정청에 통보하여야 한다(동법 제4조 제6항).

0524

「경찰관 직무집행법」 및 「경찰관 직무집행법 시행령」상 손실보상에 대한 설명으로 옳지 않은 것은 모두 몇 개인가?

| 69기 간부 |

> 가. 국가는 경찰관의 적법한 직무집행으로 인하여 손실발생의 원인에 대하여 책임이 없는 자가 생명·신체 또는 재산상의 손실을 입은 경우 손실을 입은 자에게 정당한 보상을 하여야 한다.
> 나. 손실을 입은 물건을 수리할 수 있는 경우에는 수리비에 상당하는 금액으로 보상한다.
> 다. 손실을 입은 물건을 수리할 수 없는 경우에는 보상 당시의 해당 물건의 교환가액으로 보상한다.
> 라. 영업자가 손실을 입은 물건의 수리나 교환으로 인하여 영업을 계속할 수 없는 경우에는 기간 중 영업상 이익에 상당하는 금액으로 보상한다.
> 마. 물건의 멸실·훼손으로 인한 손실 외의 재산상 손실에 대해서는 직무집행과 상당한 인과관계가 있는 범위에서 보상한다.
> 바. 보상금은 다른 법률에 특별한 규정이 있는 경우를 제외하고는 현금으로 지급하여야 한다.

① 1개 ② 2개
③ 3개 ④ 4개

- **정답** ①
- **난이도** 하 중 상
- **해설** "가", "나", "라", "마", "바"는 옳은 설명이며, "다"는 틀린 설명이다.
  다. 손실을 입은 물건을 수리할 수 없는 경우에는 손실을 입은 당시의 해당 물건의 교환가액으로 보상한다(「경찰관 직무집행법 시행령」 제9조 제1항).

참고 손실보상의 기준 및 보상금액(「경찰관 직무집행법 시행령」)

구 분	내 용
물건을 멸실·훼손한 경우	손실보상을 할 때 물건을 멸실·훼손한 경우에는 다음의 기준에 따라 보상한다(동법 시행령 제9조 제1항). ① 손실을 입은 물건을 수리할 수 있는 경우 : 수리비에 상당하는 금액 ② 손실을 입은 물건을 수리할 수 없는 경우 : 손실을 입은 당시의 해당 물건의 교환가액 ③ 영업자가 손실을 입은 물건의 수리나 교환으로 인하여 영업을 계속할 수 없는 경우 : 영업을 계속할 수 없는 기간 중 영업상 이익에 상당하는 금액
물건의 멸실·훼손으로 인한 손실 외의 재산상 손실	물건의 멸실·훼손으로 인한 손실 외의 재산상 손실에 대하여는 직무집행과 상당한 인과관계가 있는 범위에서 보상한다(동법 시행령 제9조 제2항).
생명·신체상의 손실의 경우	손실보상을 할 때 생명·신체상의 손실의 경우에는 사망, 부상등급, 부상 등급 외의 부상으로 구분하여 보상한다(동법 시행령 제9조 제3항).
동일 원인으로 인한 중복수령에 해당되는 경우	보상금을 지급받을 사람이 동일한 원인으로 다른 법령에 따라 보상금 등을 지급받은 경우 그 보상금 등에 상당하는 금액을 제외하고 보상금을 지급한다(동법 시행령 제9조 제4항).

0525

「경찰관 직무집행법」상 '경찰장비'에 대한 설명으로 옳지 <u>않은</u> 것은?　|69기 간부|

① 경찰관은 직무수행 중 경찰장비를 사용할 수 있다. 다만, 사람의 생명이나 신체에 위해를 끼칠 수 있는 경찰장비를 사용할 때에는 필요한 안전교육과 안전검사를 받은 후 사용하여야 한다.
② "경찰장구"란 무기, 최루제와 그 발사장치, 살수차, 감식기구, 해안 감시기구, 통신기기, 차량·선박·항공기 등 경찰이 직무를 수행할 때 필요한 장치와 기구를 말한다.
③ 경찰청장은 사람의 생명이나 신체에 위해를 끼칠 수 있는 경찰장비를 새로 도입하려는 경우에는 대통령령으로 정하는 바에 따라 안전성 검사를 실시하여 그 안전성 검사의 결과보고서를 국회 소관 상임위원회에 제출하여야 한다. 이 경우 안전성 검사에는 외부 전문가를 참여시켜야 한다.
④ 경찰관은 경찰장비를 함부로 개조하거나 경찰장비에 임의의 장비를 부착하여 일반적인 사용법과 달리 사용함으로써 다른 사람의 생명·신체에 위해를 끼쳐서는 아니 된다.

정답 ②

난이도

해설
①, ③, ④는 옳은 설명이며, ②는 틀린 설명이다.
② ✗ 『경찰장구』란 수갑, 포승, 호송용 포승, 경찰봉, 호신용 경봉, 전자충격기, 방패, 전자방패를 말한다(「위해성 경찰장비의 사용기준 등에 관한 규정」 제2조). 보기의 내용은 경찰장비에 대한 설명이다. <u>경찰장비는 경찰장구를 포함하는 개념</u>이다.

참고 경찰장비의 의의 및 종류(「경찰관 직무집행법」)

구 분		내 용
의의		① 경찰관은 직무수행 중 경찰장비를 사용할 수 있다(동법 제10조 제1항 본문). ② 『경찰장비』란 무기, 경찰장구, 최루제와 그 발사장치, 살수차, 감식기구, 해안 감시기구, 통신기기, 차량·선박·항공기 등 경찰이 직무를 수행할 때 필요한 장치와 기구를 말한다(동법 제10조 제2항). ③ 경찰장비는 경찰장구, 무기, 분사기 및 최루탄, 기타 장비 모두를 포함하는 개념이다.
종류	경찰장구	수갑, 포승, 호송용 포승, 경찰봉, 호신용 경봉, 전자충격기, 방패, 전자방패
	무기	권총, 소총, 기관총(기관단총 포함), 산탄총, 유탄발사기, 박격포, 3인치포, 함포, 크레모아, 수류탄, 폭약류, 도검
	분사기·최루탄 등	근접분사기, 가스분사기, 가스발사총(고무탄 발사겸용 포함), 최루탄(그 발사장치 포함)
	기타 장비	가스차, 살수차, 특수진압차, 물포, 석궁, 다목적발사기, 도주차량 차단장비

0526

「위해성 경찰장비의 사용기준 등에 관한 규정」에 대한 설명 중 가장 옳은 것은?

| 68기 간부 |

① 경찰관은 최루탄발사기로 최루탄을 발사하는 경우 15도 이상의 발사각을 유지하여야 하고, 가스차·살수차 또는 특수진압차의 최루탄발사대로 최루탄을 발사하는 경우에는 30도 이상의 발사각을 유지하여야 한다.
② 경찰관은 14세 이하의 자 또는 임산부에 대하여 전자충격기 또는 전자방패를 사용하여서는 아니 된다.
③ 분사기·최루탄 등에는 근접분사기·가스분사기·가스발사총(고무탄 발사겸용을 제외) 및 최루탄(그 발사장치를 포함)이 있다.
④ 경찰관은 범인의 체포 또는 도주 방지, 타인 또는 경찰관의 생명·신체에 대한 방호, 공무집행에 대한 항거의 억제를 위하여 필요한 때에는 최소한의 범위 안에서 가스발사총을 사용할 수 있다. 이 경우 경찰관은 1미터 이내의 거리에서 상대방의 얼굴을 향하여 이를 발사하여서는 아니 된다.

- **정답** ④
- **난이도** 하 중 상
- **해설**

④는 옳은 설명이며, ①, ②, ③은 틀린 설명이다.

① ✗ 경찰관은 최루탄발사기로 최루탄을 발사하는 경우 30도 이상의 발사각을 유지(기30)하여야 하고, 가스차·살수차 또는 특수진압차의 최루탄발사대로 최루탄을 발사하는 경우에는 15도 이상의 발사각을 유지(대15)하여야 한다(「위해성 경찰장비의 사용기준 등에 관한 규정」제12조 제2항).
② ✗ 경찰관은 14세 미만의 자 또는 임산부에 대하여 전자충격기 또는 전자방패를 사용하여서는 아니 된다(「위해성 경찰장비의 사용기준 등에 관한 규정」제8조 제1항). 경찰관은 전극침 발사장치가 있는 전자충격기(테이저건)를 사용하는 경우 상대방의 얼굴을 향하여 전극침을 발사하여서는 아니 된다(「위해성 경찰장비의 사용기준 등에 관한 규정」제8조 제2항).
③ ✗ 분사기·최루탄 등에는 근접분사기·가스분사기·가스발사총(고무탄 발사겸용을 포함) 및 최루탄(그 발사장치를 포함)이 있다(「위해성 경찰장비의 사용기준 등에 관한 규정」제2조).

참고 분사기·최루탄 등의 사용기준(「위해성 경찰장비의 사용기준 등에 관한 규정」)

구 분	내 용
사용제한	경찰관은 ㉠ 범인의 체포 또는 도주 방지, ㉡ 타인 또는 경찰관의 생명·신체에 대한 방호, ㉢ 공무집행에 대한 항거의 억제를 위하여 필요한 때에는 최소한의 범위 안에서 가스발사총을 사용할 수 있다. 이 경우 경찰관은 1미터 이내의 거리에서 상대방의 얼굴을 향하여 이를 발사하여서는 아니 된다(동 규정 제12조 제1항).
최루탄 발사의 경우	경찰관은 「최루탄발사기」로 최루탄을 발사하는 경우 30도 이상의 발사각을 유지하여야 하고, 가스차·살수차 또는 특수진압차의 「최루탄발사대」로 최루탄을 발사하는 경우에는 15도 이상의 발사각을 유지하여야 한다(동 규정 제12조 제2항).

0527

「경찰관 직무집행법」 및 「경찰관 직무집행법 시행령」상 손실보상에 대한 다음 설명 중 옳지 않은 것은 모두 몇 개인가?

| 68기 간부 |

> 가. 국가는 경찰관의 적법한 직무집행으로 인하여 손실발생의 원인에 대하여 책임이 있는 자가 자신의 책임에 상응하는 정도를 초과하는 재산상의 손실을 입은 경우 손실을 입은 자에 대하여 정당한 보상을 하여야 한다.
> 나. 손실보상의 기준, 보상금액, 지급절차 및 방법, 손실보상심의위원회의 구성 및 운영, 그 밖에 필요한 사항은 행정안전부령으로 정한다.
> 다. 소속 경찰공무원의 직무집행으로 인하여 발생한 손실보상청구 사건을 심의하기 위하여 경찰청, 시·도경찰청 및 경찰서에 손실보상심의위원회(이하 "위원회"라 한다)를 설치한다.
> 라. 위원회는 위원장 1명을 포함한 5명 이상 7명 이하의 위원으로 구성한다. 이 경우 위원의 과반수 이상은 경찰공무원이 아닌 사람으로 하여야 한다.
> 마. 위원회의 위원은 소속 경찰공무원과 ㉠ 판사·검사 또는 변호사로 5년 이상 근무한 사람, ㉡ 고등교육법 제2조에 따른 학교에서 법학 또는 행정학을 가르치는 정교수 이상으로 5년 이상 재직한 사람, ㉢ 경찰업무와 손실보상에 관하여 학식과 경험이 풍부한 사람 중에서 경찰청장 등이 위촉하거나 임명한다.
> 바. 위원회의 회의는 재적위원 과반수의 출석으로 개의하고, 출석위원 과반수의 찬성으로 의결한다.

① 1개　　　　　　　　② 2개
③ 3개　　　　　　　　④ 4개

- **정답** ③
- **난이도**
- **해설** "가", "라", "바"는 옳은 설명이며, "나", "다", "마"는 틀린 설명이다.

　나. 손실보상의 기준, 보상금액, 지급절차 및 방법, 손실보상심의위원회의 구성 및 운영, 그 밖에 필요한 사항은 대통령령으로 정한다(「경찰관 직무집행법」 제11조의2 제7항).

　다. ✖ 손실보상신청 사건을 심의하기 위하여 『손실보상심의위원회』를 둔다(「경찰관 직무집행법」 제11조의2 제3항). 소속 경찰공무원의 직무집행으로 인하여 발생한 손실보상청구 사건을 심의하기 위하여 경찰청, 해양경찰청, 시·도경찰청, 지방해양경찰청에 『손실보상심의위원회』를 설치한다(「경찰관 직무집행법 시행령」 제11조 제2항). 경찰서는 손실보상심의위원회의 설치기관이 아니다.

　마. ✖ 위원회의 위원은 소속 경찰공무원과 ㉠ 판사·검사 또는 변호사로 5년 이상 근무한 사람, ㉡ 「고등교육법」 제2조에 따른 학교에서 법학 또는 행정학을 가르치는 부교수 이상으로 5년 이상 재직한 사람, ㉢ 경찰업무와 손실보상에 관하여 학식과 경험이 풍부한 사람 중에서 경찰청장 등이 위촉하거나 임명한다(「경찰관 직무집행법 시행령」 제11조 제3항).

0528

대통령령인 「위해성 경찰장비의 사용기준 등에 관한 규정」에 대한 다음 설명 중 옳지 않은 것은?

| 66기 간부 |

① 경찰관은 전극침 발사장치가 있는 전자충격기를 사용하는 경우 상대방의 얼굴을 향하여 전극침을 발사하여서는 아니 된다.
② 경찰관은 총기 또는 폭발물을 가지고 대항하는 경우를 제외하고는 14세 미만의 자 또는 임산부에 대하여 권총 또는 소총을 발사하여서는 아니 된다.
③ 경찰관은 가스발사총을 사용할 경우 1미터 이내의 거리에서 상대방의 얼굴을 향하여 이를 발사하여서는 아니 된다.
④ 경찰관은 최루탄발사기로 최루탄을 발사하는 경우 15도 이상의 발사각을 유지하여야 하고, 가스차·살수차 또는 특수진압차의 최루탄발사대로 최루탄을 발사하는 경우에는 30도 이상의 발사각을 유지하여야 한다.

- **정답** ④
- **난이도**
- **해설**

①, ②, ③은 옳은 설명이며, ④는 틀린 설명이다.

④ ✗ 경찰관은 최루탄발사기로 최루탄을 발사하는 경우 30도 이상의 발사각을 유지(기30)하여야 하고, 가스차·살수차 또는 특수진압차의 최루탄발사대로 최루탄을 발사하는 경우에는 15도 이상의 발사각을 유지(대15)하여야 한다(「위해성 경찰장비의 사용기준 등에 관한 규정」 제12조 제2항).

0529

「경찰관 직무집행법」에 대한 다음 설명 중 옳은 것은 모두 몇 개인가?

| 66기 간부 |

㉠ 미아·병자·부상자 등으로서 적당한 보호자가 없으며 응급의 구호를 요한다고 인정되는 경우 당해인이 이를 거절하는 때에도 보호조치를 할 수 있다.
㉡ 위험 발생의 방지를 위한 조치수단 중 긴급을 요할 때 '억류 또는 피난조치를 할 수 있는 대상자'로 규정된 자는 그 장소에 모인 사람, 사물의 관리자, 그 밖의 관계인이다.
㉢ 법 제10조의4에 따른 무기를 사용하는 경우 그 책임자는 사용 일시·장소·대상, 현장책임자, 종류, 수량 등을 기록하여 보관하여야 한다.
㉣ 이 법에 규정된 경찰관의 의무를 위반하거나 직권을 남용하여 다른 사람에게 해를 끼친 사람은 1년 이하의 징역이나 금고에 처한다.
㉤ 손실보상을 청구할 수 있는 권리는 손실이 있음을 안 날로부터 2년, 손실이 발생한 날로부터 5년간 행사하지 아니하면 시효의 완성으로 소멸한다.

① 1개 ② 2개
③ 3개 ④ 4개

- **정답** ②
- **난이도** 하 중 상
- **해설** ㉢, ㉣은 옳은 설명이며, ㉠, ㉡, ㉤은 틀린 설명이다.
  - ㉠ ❌ 미아·병자·부상자 등으로서 적당한 보호자가 없으며 응급구호가 필요하다고 인정되는 사람의 경우 보호조치 대상자에는 해당하지만, 본인이 구호를 거절하는 경우에는 보호조치를 할 수 없다(「경찰관 직무집행법」 제4조 제1항 제3호). 즉, 『임의보호조치 대상자』이다.
  - ㉡ ❌ 위험 발생의 방지를 위한 조치수단 중 긴급을 요할 때 억류 또는 피난조치를 할 수 있는 대상자로 규정된 자는 위해를 입을 우려가 있는 사람이다(「경찰관 직무집행법」 제5조 제1항 제2호). ① 그 장소에 모인(있는) 사람, ② 사물의 관리자, ③ 그 밖의 관계인의 경우에는 필요한 경고 및 직접적인 위해방지 조치를 할 수 있다.
  - ㉤ ❌ 손실보상을 청구할 수 있는 권리는 손실이 있음을 안 날로부터 3년, 손실이 발생한 날부터 5년간 행사하지 아니하면 시효의 완성으로 소멸한다(「경찰관 직무집행법」 제11조의2 제2항).

참고 위험발생의 방지의 수단(「경찰관 직무집행법」)

구 분	내 용
경고조치	① 경찰관은 ㉠ 그 장소에 모인 사람, ㉡ 사물의 관리자, ㉢ 그 밖의 관계인에게 필요한 경고를 할 수 있다(동법 제5조 제1항 제1호). ② 이는 관계자의 자율적 판단에 따른 위해방지조치를 기대하여 가능한 한 강제력의 행사를 피하기 위함이다.
억류 또는 피난조치	① 경찰관은 매우 긴급한 경우에는 위해를 입을 우려가 있는 사람을 필요한 한도에서 억류하거나 피난시킬 수 있다(동법 제5조 제1항 제2호). ② 억류또는 피난조치는 당사자의 의사에 반하여 강제로 행해질 수 있다.
직접적인 위해방지 조치	경찰관은 ㉠ 그 장소에 있는 사람, ㉡ 사물의 관리자, ㉢ 그 밖의 관계인에게 위해를 방지하기 위하여 필요하다고 인정되는 조치를 하게 하거나, 직접 그 조치를 취할 수 있다(동법 제5조 제1항 제3호).
접근 또는 통행의 제한 및 금지	① 경찰관서의 장은 대간첩작전의 수행이나 소요사태의 진압을 위하여 필요하다고 인정되는 상당한 이유가 있을 때에는 대간첩 작전지역 또는 경찰관서·무기고 등 국가중요시설에 대한 접근 또는 통행을 제한하거나 금지할 수 있다(동법 제5조 제2항). ② 접근 또는 통행의 제한·금지의 조치권자는 경찰공무원 개인이 아닌, 경찰관서의 장이다.

0530

「경찰관 직무집행법」상 불심검문에 대한 다음 설명 중 옳지 않은 것은 모두 몇 개인가? |66기 간부|

> ㉠ 경찰관은 거동불심자를 정지시켜 질문을 할 때에 그 사람이 흉기를 가지고 있는지 여부를 조사할 수 있다.
> ㉡ 경찰관은 거동불심자를 정지시켜 질문을 할 때에 미리 진술거부권이 있음을 상대방에게 고지하여야 한다.
> ㉢ 경찰관은 불심검문시 거동불심자를 정지시킨 장소에서 질문하는 것이 그 사람에게 불리하거나 교통에 방해가 된다고 인정될 때에는 질문을 하기 위하여 가까운 경찰관서로 동행할 것을 요구할 수 있다.
> ㉣ 거동불심자에 대한 동행요구시 당해인은 그 요구를 거절할 수 있으나, 이러한 내용이 「경찰관 직무집행법」에 규정되어 있는 것은 아니다.
> ㉤ 경찰관은 동행한 사람의 가족이나 친지 등에게 동행한 경찰관의 신분, 동행 장소, 동행 목적과 이유를 알리거나 본인으로 하여금 즉시 연락할 수 있는 기회를 주어야 하지만, 변호인의 도움을 받을 권리가 있음을 알릴 필요는 없다.

① 0개 ② 1개
③ 2개 ④ 3개

- **정답** ④
- **난이도** 하 중 상
- **해설** ㉠, ㉢은 옳은 설명이며, ㉡, ㉣, ㉤은 틀린 설명이다.
  - ㉡ ✗ 「질문」이란 경찰관이 특정인에 대하여 일정한 사항을 물어봄으로써, 경찰목적상 필요한 사항을 알아내는 것을 말한다. 여기서의 질문은 수사의 단서를 얻기 위한 것일 뿐 상대방을 피의자로서 조사하는 것은 아니므로 상대방에게 진술거부권을 고지할 필요는 없다.
  - ㉣ ✗ 임의동행은 불심검문 대상자를 정지시킨 장소에서 질문을 하는 것이 ㉠ 그 사람에게 불리하거나 ㉡ 교통에 방해가 된다고 인정될 경우와, ㉢ 반드시 상대방의 동의가 있을 경우에 할 수 있다. 이 경우 경찰관은 동행을 거부할 수 있음을 고지해야 할 의무는 없지만, 동행을 요구받은 사람은 동행 요구를 거절할 수 있다(「경찰관 직무집행법」 제3조 제2항). 또한 동행 후에도 언제든지 퇴거의 자유가 있다.
  - ㉤ ✗ 경찰관은 동행한 사람의 가족이나 친지 등에게 동행한 경찰관의 신분, 동행 장소, 동행 목적과 이유를 알리거나 본인으로 하여금(다른 사람으로 하여금 ✗) 즉시 연락할 수 있는 기회를 주어야 하며, 변호인의 도움을 받을 권리가 있음을 알려야 한다(「경찰관 직무집행법」 제3조 제5항). 여기서 변호인 조력권은 동행을 요구할 때에는 고지할 필요는 없으나, 경찰관서로 동행한 때에는 고지하여야 한다.

0531

「경찰관 직무집행법」에 관한 설명으로 가장 적절한 것은? | 23년 2차 순경 |

① 「경찰관 직무집행법」에 따르면 경찰관은 유실물을 인수할 권리자 확인의 직무를 수행하기 위하여 필요하면 관계인에게 출석하여야 하는 사유·일시 및 장소를 명확히 적은 출석요구서를 보내 경찰관서에 출석할 것을 요구할 수 있다.
② 「경찰관 직무집행법」에 따르면 위해성 경찰장비의 종류 및 그 사용기준, 안전교육·안전검사의 기준 등은 행정안전부령으로 정한다.
③ 「경찰관 직무집행법」 제11조의2 제1항에 따른 손실보상을 청구할 수 있는 권리는 손실이 있음을 안 날부터 3년, 손실보상이 확정된 때부터 5년간 행사하지 아니하면 시효의 완성으로 소멸한다.
④ 「경찰관 직무집행법」 제2조 직무의 범위에 "테러경보 발령·대테러 작전 수행"을 명시하고 있다.

- **정답** ①
- **난이도** 하 중 상
- **해설**
①은 옳은 설명이며, ②, ③, ④는 틀린 설명이다.
② ✗ 『위해성 경찰장비』의 종류 및 그 사용기준, 안전교육·안전검사의 기준 등은 대통령령으로 정한다(「경찰관 직무집행법」 제10조 제6항).
③ ✗ 손실보상을 청구할 수 있는 권리는 손실이 있음을 안 날부터 3년, 손실이 발생한 날부터 5년간 행사하지 아니하면 시효의 완성으로 소멸한다(「경찰관 직무집행법」 제11조 제2항).
④ ✗ 경비, 주요 인사 경호 및 대간첩·대테러 작전 수행은 경찰의 직무범위로 명시되어 있으나, 테러경보 발령은 명시적인 규정이 존재하지 않는다(「경찰관 직무집행법」 제2조 제3호).

참고 사실확인을 위한 출석요구(「경찰관 직무집행법」)

구분	내용
출석요구가 가능한 경우	경찰관은 다음의 직무를 수행하기 위해 필요하면 관계인에게 출석하여야 하는 사유·일시 및 장소를 명확히 적은 출석요구서를 보내 경찰관서에 출석할 것을 요구할 수 있다(동법 제8조 제2항). ① 미아를 인수할 보호자 확인 ② 유실물을 인수할 권리자 확인 ③ 사고로 인한 사상자 확인 ④ 행정처분을 위한 교통사고 조사에 필요한 사실 확인
출석요구가 불가능한 경우	행정목적이 아닌 수사목적을 위한 출석요구는 「경찰관 직무집행법」에 의해서는 할 수 없고, 「형사소송법」 등에 근거하여 출석을 요구할 수 있다.

0532

「경찰관 직무집행법」에 관한 설명으로 가장 적절한 것은? (다툼이 있는 경우 판례에 의함)

| 23년 2차 순경 |

① 경찰 병력이 행정대집행 직후 "A자동차 희생자 추모와 해고자 복직을 위한 범국민대책위원회"(이하 'A차 대책위'라 함)가 또다시 같은 장소를 점거하고 물건을 다시 비치하는 것을 막기 위해 당해 사건 장소를 미리 둘러싼 뒤 'A차 대책위'가 같은 장소에서 기자회견 명목의 집회를 개최하려는 것을 불허하면서 소극적으로 제지한 것은 범죄행위 예방을 위한 경찰행정상 즉시강제로서 적법한 공무집행에 해당한다.

② 「아동학대범죄의 처벌 등에 관한 특례법」에 따른 아동학대범죄가 행하여지려고 하거나 행하여지고 있어 타인의 생명·신체에 대한 위해 발생의 우려가 명백하고 긴급한 상황에서, 경찰관이 그 위해를 예방하거나 진압하기 위한 행위 또는 범인의 검거 과정에서 경찰관을 향한 직접적인 유형력 행사에 대응하는 행위를 하여 그로 인하여 타인에게 피해가 발생한 경우, 그 경찰관의 직무수행이 불가피한 것이고 필요한 최소한의 범위에서 이루어졌으며 해당 경찰관에게 고의 또는 중대한 과실이 없는 때에는 형을 감경하거나 면제한다.

③ 경찰관은 형사처벌의 대상이 되는 행위가 눈앞에서 막 이루어지려고 하는 것이 주관적으로 인정될 수 있는 상황이고 그 행위를 당장 제지하지 않으면 곧 인명·신체에 중대한 위해를 미치거나 재산에 손해를 끼칠 우려가 있는 상황이어서, 직접 제지하는 방법 외에는 위와 같은 결과를 막을 수 없는 급박한 상태일 때에만 「경찰관 직무집행법」 제6조에 의하여 적법하게 그 행위를 제지할 수 있다.

④ 「경찰관 직무집행법」은 제1조 제2항에서 "경찰관의 직권은 그 직무수행에 필요한 최소한도에서 행사되어야 하며 남용되어서는 아니 된다"라고 선언하여 경찰비례의 원칙을 명시적으로 규정하고 있는데, 이는 경찰행정 영역에서의 헌법상 과소보호 금지원칙을 표현한 것이다.

- **정답** ①
- **난이도** 하 중 상
- **해설** ①은 옳은 설명이며, ②, ③, ④는 틀린 설명이다.

② ❌ 다음 각 호의 범죄가 행하여지려고 하거나 행하여지고 있어 타인의 생명·신체에 대한 위해 발생의 우려가 명백하고 긴급한 상황에서, 경찰관이 그 위해를 예방하거나 진압하기 위한 행위 또는 범인의 검거 과정에서 경찰관을 향한 직접적인 유형력 행사에 대응하는 행위를 하여 그로 인하여 타인에게 피해가 발생한 경우, **그 경찰관의 직무수행이 불가피한 것이고 필요한 최소한의 범위에서 이루어졌으며 해당 경찰관에게 고의 또는 중대한 과실이 없는 때**에는 그 정상을 참작하여 형을 감경하거나 면제할 수 있다(「경찰관 직무집행법」 제11조의5).

　㉠ 「형법」 제2편 제24장 살인의 죄, 제25장 상해와 폭행의 죄, 제32장 강간과 추행의 죄 중 강간에 관한 범죄, 제38장 절도와 강도의 죄 중 강도에 관한 범죄 및 이에 대하여 다른 법률에 따라 가중처벌하는 범죄

　㉡ 「가정폭력범죄의 처벌 등에 관한 특례법」에 따른 가정폭력범죄, 「아동학대범죄의 처벌 등에 관한 특례법」에 따른 아동학대범죄

③ ❌ 경찰관은 형사처벌의 대상이 되는 행위가 눈앞에서 막 이루어지려고 하는 것이 객관적으로 인정될 수 있는 상황이고, 그 행위를 당장 제지하지 않으면 곧 인명·신체에 위해를 미치거나 재산에 중대한 손해를 끼칠 우려가 있는 상황이어서, 직접 제지하는 방법 외에는 위와 같은 결과를 막을 수 없는 절박한 사태일 때에만 「경찰관 직무집행법」 제6조 제1항에 의하여 적법하게 그 행위를 제지할 수 있고, 그 범위 내에서만 경찰관의 제지 조치가 적법한 직무집행으로 평가될 수 있는 것이다.

④ ❌ 「경찰관 직무집행법」 제1조 제2항은 "이 법에 규정된 경찰관의 직권은 그 직무수행에 필요한 최소한도 내에서 행사되어야 하며 이를 남용하여서는 아니 된다."라고 규정하여 『경찰비례의 원칙』을 명시적으로 선언하고 있다. 이는 경찰행정 영역에서의 헌법상 과잉금지원칙을 표현한 것으로서, 공공의 안녕과 질서유지라는 공익목적과 이를 실현하기 위하여 개인의 권리나 재산을 침해하는 수단 사이에는 합리적인 비례관계가 있어야 한다는 의미를 갖는다

0533

「경찰관 직무집행법」상 보호조치 등에 관한 설명으로 가장 적절한 것은? | 23년 1차 순경 |

① 긴급구호를 요청받은 공공보건의료기관이나 공공구호기관은 정당한 이유 없이 긴급구호를 거절할 수 있다.
② 경찰관은 보호조치를 하는 경우에 구호대상자가 휴대하고 있는 무기·흉기 등 위험을 일으킬 수 있는 것으로 인정되는 물건을 공공보건의료기관이나 공공구호기관에 임시로 영치하여 놓을 수 있다.
③ 경찰관은 보호조치를 하였을 때에는 지체 없이 구호대상자의 가족, 친지 또는 그 밖의 연고자에게 그 사실을 알려야 하며, 연고자가 발견되지 아니할 때에는 구호대상자를 적당한 공공보건의료기관이나 공공구호기관에 즉시 인계하여야 한다.
④ 구호대상자를 경찰관서에 보호하는 기간은 48시간을 초과할 수 없고, 물건을 공공보건의료기관이나 공공구호기관에 임시로 영치하는 기간은 10일을 초과할 수 없다.

- **정답** ③
- **난이도** 하 중 상
- **해설** ③은 옳은 설명이며, ①, ②, ④는 틀린 설명이다.
  ① ✗ 경찰관의 응급구호를 요청받은 보건의료기관이나 공공구호기관은 정당한 이유 없이 긴급구호를 거절할 수 없다(「경찰관 직무집행법」 제4조 제2항).
  ② ✗ 「임시영치」란 보호조치의 대상이 되는 구호대상자가 무기·흉기 등 위험을 일으킬 수 있는 것으로 인정되는 물건을 휴대하고 있는 경우에 일시적으로 그 점유를 박탈하여 경찰관서에 보관하는 것을 말한다(「경찰관 직무집행법」 제4조 제3항). 이 경우 상대방의 동의를 요하지 않는다.
  ④ ✗ 피구호자를 보호자나 관계기관에 인계할 때까지 또는 보호조치 사유가 해소될 때까지 일시적으로 보호하는 것으로서, 이 경우 구호대상자를 경찰관서에서 보호하는 기간은 24시간을 초과할 수 없다(「경찰관 직무집행법」 제4조 제7항). 임시영치의 기간은 10일을 초과할 수 없다(「경찰관 직무집행법」 제4조 제7항).

0534

다음은 「경찰관 직무집행법」상 범죄의 예방과 제지에 관한 사례이다. 이와 관련한 설명 중 가장 적절한 것은? (다툼이 있는 경우 판례에 의함) | 22년 2차 순경 |

> 甲은 평소 집에서 심한 고성과 욕설, 시끄러운 음악 소리 등으로 이웃 주민들로부터 수 회에 걸쳐 112신고가 있어 왔던 사람이다. 사건 당일에도 甲이 자정에 가까운 한밤중에 집 안에서 음악을 크게 켜놓고 심한 고성을 지른다는 112신고를 받고 경찰관이 출동하였다. 출동한 경찰관이 인터폰으로 甲에게 문을 열어달라고 하였으나, 甲은 심한 욕설을 할 뿐 출입문을 열어주지 않은 채, 소란행위를 멈추지 않았다. 이에 경찰관들이 甲을 만나기 위해 甲의 집으로 통하는 전기를 일시적으로 차단하여 甲이 집 밖으로 나오도록 유도하였다.

① 「경찰관 직무집행법」상 경찰관의 제지에 관한 부분은 눈앞의 급박한 경찰상 장해를 제거하여야 할 필요가 있고 의무를 명할 시간적 여유가 없거나 의무를 명하는 방법으로는 그 목적을 달성하기 어려운 상황에서 의무이행을 전제로 하지 않고 경찰이 직접 실력을 행사하여 경찰상 필요한 상태를 실현하는 비권력적 사실행위에 관한 근거조항이다.

② 甲의 행위는 「경범죄처벌법」상 '인근소란 등'에 해당하고 이로 인하여 인근 주민들이 잠을 이루지 못할 수 있으며 출동한 경찰관들을 만나지 않고 소란행위를 지속하고 있으므로, 甲의 행위를 제지하는 것은 경찰관의 직무상 권한이자 의무로 볼 수 있다.

③ 「경찰관 직무집행법」상 경찰관의 제지 조치의 위법 여부는 사후적으로 순수한 객관적 기준에서 판단해야 하고 제지 조치 당시의 구체적 상황을 기초로 판단하는 것은 아니다.

④ 경찰관의 조치는 사람의 생명·신체에 위해를 끼치거나 재산에 중대한 손해를 끼칠 우려가 있는 긴급한 경우로 보기는 어려워 즉시강제가 아니라 직접강제의 요건에 부합한다.

정답 ②

난이도

해설 ②는 옳은 설명이며, ①, ③, ④는 틀린 설명이다.

①, ④ ✗ 범죄의 예방을 위한 경고 및 제지는 <u>경찰상 「대인적 즉시강제」의 수단</u>이다.

③ ✗ 「경찰관 직무집행법」 제6조에서 경찰관의 제지에 관한 부분은 범죄의 예방을 위한 <u>경찰행정상 즉시강제에 관한 근거조항</u>이다. 행정상 즉시강제는 그 본질상 행정의 목적달성을 위하여 불가피한 한도 내에서 예외적으로 허용되는 것이므로, 위 조항에 의한 <u>경찰관의 제지 조치 역시 그러한 조치가 불가피한 최소한도 내에서만 행사되도록 그 발동·행사의 요건을 신중하고 엄격하게 해석하여야</u> 한다. 그러한 해석·적용의 범위 내에서만 우리 「헌법」상 신체의 자유 등 기본권 보장의 조항과 그 정신 및 해석의 원칙에 합치될 수 있다. 「경찰관 직무집행법」 제6조 제1항에 따른 경찰관의 제지 조치가 적법한 직무집행으로 평가될 수 있기 위해서는, 형사처벌의 대상이 되는 행위가 눈앞에서 막 이루어지려고 하는 것이 <u>객관적으로 인정될 수 있는 상황</u>이고, 그 행위를 당장 제지하지 않으면 곧 인명·신체에 위해를 미치거나 재산에 중대한 <u>손해를 끼칠 우려가 있는 상황</u>이어서, 직접 제지하는 방법 외에는 위와 같은 결과를 막을 수 없는 <u>절박한 사태</u>이어야 한다. 다만, 경찰관의 제지 조치가 적법한지 여부는 <u>제지 조치 당시의 구체적 상황을 기초로 판단</u>하여야 하고 <u>사후적으로 순수한 객관적 기준에서 판단할 것은 아니다</u>.

0535

「경찰관 직무집행법」상 즉시강제에 해당하는 것은 모두 몇 개인가? (다툼이 있는 경우 판례에 의함)

| 22년 2차 순경 |

㉠ 주택가에서 흉기를 들고 난동을 부리며 경찰관의 중지명령에 항거하는 사람에 대해 전자충격기를 사용하여 강제로 제압하는 것
㉡ 음주운전 등 교통법규 위반자에 대해 운전면허를 취소하는 것
㉢ 불법집회로 인한 공공시설의 안전에 대한 위해를 억제하기 위해 최루탄을 사용하는 것
㉣ 위험물의 폭발로 인해 매우 긴급한 경우에 위해를 입을 우려가 있는 사람을 억류하거나 피난시키는 것
㉤ 지정된 기한까지 체납액을 완납하지 않은 국세체납자의 재산을 압류하는 것
㉥ 무허가건물의 철거 명령을 받고도 이를 불이행하는 사람의 불법건축물을 철거하는 것

① 3개   ② 4개
③ 5개   ④ 6개

정답 ①

해설 「경찰상 즉시강제」란 목전의 급박한 경찰상 장해를 미연에 제거하고 장해발생을 예방하기 위하여 "미리 의무를 명할 시간적 여유가 없을 때" 또는 그 성질상 의무를 명하는 것으로는 그 목적을 달성하기 곤란할 때에 직접 국민의 신체 또는 재산에 실력을 가하여 경찰상 필요한 상태를 실현하는 작용을 말한다(「행정기본법」 제30조 제1항 제5호 및 제33조). ㉠은 범죄의 예방과 제지(「경찰관 직무집행법」 제6조), ㉢과 ㉣은 위험발생의 방지(「경찰관 직무집행법」 제5조)에 의해서 즉시강제에 해당한다.

㉡ ✗ 음주운전 등 교통법규 위반자에 대해 운전면허를 취소하는 것은 행정처분에 해당한다.
㉤ ✗ 지정된 기한까지 체납액을 완납하지 않은 국세체납자의 재산을 압류하는 것은 경찰상 강제집행 중 강제징수에 해당한다.
㉥ ✗ 무허가건물의 철거명령을 받고도 이를 불이행하는 사람의 불법건축물을 철거하는 것은 경찰상 강제집행 중 대집행에 해당한다.

0536

「경찰관 직무집행법」 및 「경찰관의 정보수집 및 처리 등에 관한 규정(대통령령)」상 경찰관이 정보활동을 위해 필요한 경우에 한정하여 일시적으로만 출입이 가능한 곳은 모두 몇 개인가? | 22년 2차 순경 |

> ㉠ 언론기관
> ㉡ 종교시설
> ㉢ 민간기업
> ㉣ 정당의 사무소
> ㉤ 시민사회 단체

① 2개 ② 3개
③ 4개 ④ 5개

- **정답** ④
- **난이도** 하 중 상
- **해설** ㉠, ㉡, ㉢, ㉣, ㉤ 모두 일시적으로만 출입이 가능한 곳이다.

참고 정보수집 등을 위한 출입의 한계

경찰관은 다음의 장소에 상시적으로 출입해서는 안 되며, 정보활동을 위해 필요한 경우에 한정하여 일시적으로만 출입해야 한다(「경찰관의 정보수집 및 처리 등에 관한 규정」 제5조).
① 언론·교육·종교·시민사회 단체 등 민간단체
② 민간기업
③ 정당의 사무소

0537

「위해성 경찰장비의 사용기준 등에 관한 규정」에 관한 설명 중 가장 적절하지 <u>않은</u> 것은?

| 22년 1차 순경 |

① 권총 · 소총 · 기관총 · 함포 · 크레모아 · 수류탄 · 가스발사총은 무기에 해당한다.
② 경찰관은 14세 미만의 자 또는 임산부에 대하여 전자충격기 또는 전자방패를 사용하여서는 아니된다.
③ 경찰관은 전극침(電極針) 발사장치가 있는 전자충격기를 사용하는 경우 상대방의 얼굴을 향하여 전극침을 발사하여서는 아니된다.
④ 경찰관(경찰공무원으로 한정한다)은 체포 · 구속영장을 집행하거나 신체의 자유를 제한하는 판결 또는 처분을 받은 자를 법률이 정한 절차에 따라 호송하거나 수용하기 위하여 필요한 때에는 최소한의 범위 안에서 수갑 · 포승 또는 호송용포승을 사용할 수 있다.

- **정답** ①
- **난이도**
- **해설** ②, ③, ④는 옳은 설명이며, ①은 틀린 설명이다.
  ① ❌ 권총 · 소총 · 기관총 · 함포 · 크레모아 · 수류탄은 『무기』에 해당하나, 가스발사총(고무탄 발사겸용 포함)은 『분사기 및 최루탄 등』에 해당한다.

참고	수갑 · 포승 또는 호송용포승의 사용기준(「위해성 경찰장비의 사용기준 등에 관한 규정」)
영장집행 등에 따른 수갑 등의 사용기준	경찰관은 체포 · 구속영장을 집행하거나 신체의 자유를 제한하는 판결 또는 처분을 받은 자를 법률이 정한 절차에 따라 호송하거나 수용하기 위하여 필요한 때에는 최소한의 범위 안에서 수갑 · 포승 또는 호송용 포승을 사용할 수 있다(동 규정 제4조).
자살방지 등을 위한 수갑 등의 사용기준	경찰관은 범인 · 술에 취한 사람 또는 정신착란자의 자살 또는 자해기도를 방지하기 위하여 필요한 때에는 수갑 · 포승 또는 호송용 포승을 사용할 수 있다. 이 경우 경찰관은 소속 국가경찰관서의 장(경찰청장 · 해양경찰청장 · 시 · 도경찰청장 · 지방해양경찰청장 · 경찰서장 또는 해양경찰서장 기타 경무관 · 총경 · 경정 또는 경감을 장으로 하는 국가경찰관서의 장)에게 그 사실을 "보고하여야 한다"(동 규정 제5조).

0538

「경찰관 직무집행법」 및 동법 시행령상 손실보상에 관한 내용 중 가장 적절하지 않은 것은?

| 22년 1차 순경 |

① 소속 경찰공무원의 직무집행으로 인하여 발생한 손실보상청구사건을 심의하기 위하여 경찰청, 해양경찰청, 시·도경찰청 및 지방해양경찰청에 손실보상심의위원회를 설치한다.
② 손실보상을 청구할 수 있는 권리는 손실이 있음을 안 날부터 3년, 손실이 발생한 날부터 5년간 행사하지 아니하면 시효의 완성으로 소멸한다.
③ 손실보상금 지급 청구서를 받은 경찰청장등은 손실보상심의위원회의 심의·의결에 따라 손실보상 여부 및 손실보상금액을 결정하되 손실보상 청구가 요건과 절차를 갖추지 못한 경우(다만, 그 잘못된 부분을 시정할 수 있는 경우는 제외한다) 그 청구를 기각하는 결정을 하여야 한다.
④ 손실보상금은 일시불로 지급하되, 예산 부족 등의 사유로 일시금으로 지급할 수 없는 특별한 사정이 있는 경우에는 청구인의 동의를 받아 분할하여 지급할 수 있다.

- **정답** ③
- **난이도**
- **해설** ①, ②, ④는 옳은 설명이며, ③은 틀린 설명이다.
  ③ ✗ 손실보상금 지급 청구서를 받은 경찰청장등은 『손실보상심의위원회』의 심의·의결에 따라 손실보상 여부 및 손실보상금액을 결정하되 손실보상 청구가 요건과 절차를 갖추지 못한 경우(다만, 그 잘못된 부분을 시정할 수 있는 경우는 제외한다) 그 청구를 각하하는 결정을 하여야 한다(「경찰관 직무집행법 시행령」 제10조 제3항).

참고 손실보상의 지급방법(「경찰관 직무집행법 시행령」)

구분	내용
현금 지급의 원칙	보상금은 다른 법률에 특별한 규정이 있는 경우를 제외하고는 현금으로 지급하여야 한다(동법 시행령 제10조 제5항).
일시불 지급의 원칙	보상금은 일시불로 지급하되, 예산 부족 등의 사유로 일시금으로 지급할 수 없는 특별한 사정이 있는 경우에는 청구인의 동의를 받아 분할하여 지급할 수 있다(동법 시행령 제10조 제6항).

0539

「경찰관 직무집행법」에 관한 내용 중 가장 적절하지 않은 것은? | 22년 1차 순경 |

① 경찰관서의 장은 직무 수행에 필요하다고 인정되는 상당한 이유가 있을 때에는 국가기관이나 공사(公私) 단체 등에 직무수행에 관련된 사실을 조회할 수 있다. 다만, 긴급한 경우에는 소속 경찰관으로 하여금 현장에 나가 해당 기관 또는 단체의 장의 협조를 받아 그 사실을 확인하게 할 수 있다.
② 국가경찰위원회 위원장은 경찰관이 「경찰관 직무집행법」 제2조(직무의 범위) 각 호에 따른 직무의 수행으로 인하여 민·형사상 책임과 관련된 소송을 수행할 경우 변호인 선임 등 소송 수행에 필요한 지원을 하여야 한다.
③ 경찰청장, 시·도경찰청장 또는 경찰서장은 「경찰관 직무집행법」 제11조의3 제2항에 따른 보상금심사위원회의 심사·의결에 따라 보상금을 지급하고, 거짓 또는 부정한 방법으로 보상금을 받은 사람에 대하여는 해당 보상금을 환수한다.
④ 보상금심사위원회는 위원장 1명을 포함한 5명 이내의 위원으로 구성한다.

- **정답** ②
- **난이도**
- **해설**

①, ③, ④는 옳은 설명이며, ②는 틀린 설명이다.
② ✗ 경찰청장과 해양경찰청장은 경찰관이 제2조 각 호에 따른 직무의 수행으로 인하여 민·형사상 책임과 관련된 소송을 수행할 경우 변호인 선임 등 소송 수행에 필요한 지원을 할 수 있다(「경찰관 직무집행법」 제11조의4).

참고 범인검거 등 공로자 보상금의 환수(「경찰관 직무집행법」, 「경찰관 직무집행법 시행령」)

구분	내용
환수사유	경찰청장, 시·도경찰청장 또는 경찰서장은 보상금심사위원회의 심사·의결에 따라 보상금을 지급하고, 거짓 또는 부정한 방법으로 보상금을 받은 사람에 대하여는 해당 보상금을 환수한다(동법 제11조의3 제5항).
서면통지	보상금을 환수하려는 경우에는 보상금심사위원회의 심사·의결에 따라 환수 여부 및 환수금액을 결정하고, 거짓 또는 부정한 방법으로 보상금을 받은 사람에게 환수사유, 환수금액, 납부기한, 납부기관을 서면으로 통지해야 한다(동법 시행령 제21조의2 제1항).
보상금의 징수 (국세 체납처분)	경찰청장, 시·도경찰청장 또는 경찰서장은 보상금을 반환하여야 할 사람이 통지일로부터 40일 이내의 범위에서 정한 기한까지 그 금액을 납부하지 아니한 때에는 국세 체납처분의 예에 따라 징수할 수 있다(동법 제11조의3 제6항 및 동법 시행령 제21조의2 제2항).

0540

「경찰관 직무집행법」상 보호조치 등에 대한 설명으로 가장 적절한 것은? | 21년 2차 순경 |

① 「경찰관 직무집행법」 제4조 제1항에 따라 긴급구호를 요청받은 보건의료기관이나 공공구호기관은 정당한 이유 없이 긴급구호를 거절할 수 없다. 만약, 긴급구호를 요청받은 응급의료종사자가 정당한 이유 없이 거절한 경우 「경찰관 직무집행법」에 따라 처벌한다.

② 경찰관은 「경찰관 직무집행법」 제4조 제1항의 조치를 하였을 때에는 지체 없이 구호대상자의 가족, 친지 또는 그 밖의 연고자에게 그 사실을 알려야 하며, 연고자가 발견되지 아니할 때에는 구호대상자를 적당한 관할경찰서에 즉시 인계하여야 한다.

③ 경찰관은 「경찰관 직무집행법」 제4조 제1항의 조치를 하는 경우에, 구호대상자가 휴대하고 있는 무기·흉기 등 위험을 일으킬 수 있는 것으로 인정되는 물건을 경찰관서에 임시로 영치하여 놓을 수 있다. 물건을 경찰관서에 임시로 영치하는 기간은 10일을 초과할 수 없다.

④ 미아, 병자, 부상자 등으로 적당한 보호자가 없으며 응급구호가 필요한 경우 본인이 구호를 거절하더라도 보호조치할 수 있다.

• 정답 ③

• 난이도 하 중 상

• 해설 ③은 옳은 설명이며, ①, ②, ④는 틀린 설명이다.

① ✗ 경찰관은 응급구호를 요하는 사람을 발견한 때에는 보건의료기관이나 공공구호기관에 긴급구호를 요청할 수 있다(「경찰관 직무집행법」 제4조 제1항). 경찰관의 응급구호를 요청받은 보건의료기관이나 공공구호기관은 정당한 이유 없이 긴급구호를 거절할 수 없다(「경찰관 직무집행법」 제4조 제2항). 거절한 경우에는 「경찰관 직무집행법」상에는 처벌규정이 없으나, 「응급의료에 관한 법률」에 의거하여 처벌이 가능하다.

② ✗ 경찰관이 응급구호를 요청하거나 경찰관서에 일시 보호하는 등 조치를 하였을 때에는 지체 없이 구호대상자의 가족·친지 또는 그 밖의 연고자에게 그 사실을 알려야 하며, 연고자가 발견되지 아니할 때에는 구호대상자를 적당한 공공보건의료기관이나 공공구호기관에 즉시 인계하여야 한다.

④ ✗ 미아, 병자, 부상자 등으로서 적당한 보호자가 없으며 응급구호가 필요하다고 인정되는 사람의 경우 보호조치 대상자에는 해당하지만, 본인이 구호를 거절하는 경우에는 보호조치를 할 수 없다(「경찰관 직무집행법」 제4조 제1항 제3호).

참고 보호조치의 대상자(「경찰관 직무집행법」)

구분	내용
강제보호조치 대상자 (본인의 의사 ✗)	① 정신착란을 일으키거나 술에 취하여 자신 또는 다른 사람의 생명·신체·재산에 위해를 끼칠 우려가 있는 사람의 경우 경찰관은 본인의 의사와는 관계없이 강제보호조치를 할 수 있다(동법 제4조 제1항 제1호). ② 자살을 시도하는 사람의 경우 경찰관은 본인의 의사와는 관계없이 강제보호조치를 할 수 있다(동법 제4조 제1항 제2호).
임의보호조치 대상자 (본인의 의사 ○)	미아, 병자, 부상자 등으로서 적당한 보호자가 없으며 응급구호가 필요하다고 인정되는 사람의 경우 보호조치 대상자에는 해당하지만, 본인이 구호를 거절하는 경우에는 보호조치를 할 수 없다(동법 제4조 제1항 제3호).

0541

「경찰관 직무집행법」 및 「경찰관 직무집행법 시행령」상 손실보상에 대한 설명으로 가장 적절한 것은?

| 21년 1차 순경 |

① 손실발생의 원인에 대하여 책임이 없는 자가 경찰관의 적법한 직무집행으로 인하여 생명·신체 또는 재산상의 손실을 입은 경우(손실발생의 원인에 대하여 책임이 없는 자가 경찰관의 직무집행에 자발적으로 협조하거나 물건을 제공하여 생명·신체 또는 재산상의 손실을 입은 경우를 제외한다) 국가는 그 손실을 입은 자에 대하여 정당한 보상을 하여야 한다.
② 경찰청장 또는 시·도경찰청장은 손실보상심의위원회의 심의·의결에 따라 보상금을 지급하고, 거짓 또는 부정한 방법으로 보상금을 받은 사람에 대하여는 해당 보상금을 환수할 수 있다.
③ 손실보상심의위원회는 위원장 1명을 포함한 5명이상 7명 이하의 위원으로 구성하며, 위원장이 부득이한 사유로 직무를 수행할 수 없는 때에는 상임위원, 위원 중 연장자순으로 위원장의 직무를 대행한다.
④ 보상금을 지급하기로 결정한 경우 경찰청장등(경찰청, 해양경찰청, 시·도경찰청 및 지방해양경찰청의 장)은 「경찰관 직무집행법 시행령」 제10조 제3항에 따른 결정일부터 10일 이내에 보상금 지급 청구승인 통지서에 결정 내용을 적어서 청구인에게 통지하여야 한다.

- **정답** ④
- **난이도** 하 중 상
- **해설** ④는 옳은 설명이며, ①, ②, ③은 틀린 설명이다.
  ① ✗ 손실발생의 원인에 대하여 책임이 없는 자가 경찰관의 적법한 직무집행으로 인하여 생명·신체 또는 재산상의 손실을 입은 경우(손실발생의 원인에 대하여 책임이 없는 자가 경찰관의 직무집행에 자발적으로 협조하거나 물건을 제공하여 생명·신체 또는 재산상의 손실을 입은 경우를 포함한다) 국가는 그 손실을 입은 자에 대하여 정당한 보상을 하여야 한다(「경찰관 직무집행법」 제11조의2 제1항).
  ② ✗ 경찰청장 또는 시·도경찰청장은 「손실보상심의위원회의 심의·의결」에 따라 보상금을 지급하고, 거짓 또는 부정한 방법으로 보상금을 받은 사람에 대하여는 해당 보상금을 환수하여야 한다(「경찰관 직무집행법」 제11조의2 제4항).
  ③ ✗ 「손실보상심의위원회」는 위원장 1명을 포함한 5명 이상 7명 이하의 위원으로 구성한다(「경찰관 직무집행법 시행령」 제11조 제2항). 위원장이 부득이한 사유로 직무를 수행할 수 없는 때에는 위원장이 미리 지명한 위원(= 지정대리)이 그 직무를 대행한다(「경찰관 직무집행법 시행령」 제12조 제3항).

0542

다음은 「위해성 경찰장비의 사용기준 등에 관한 규정」에 대한 설명이다. 적절한 것만을 고른 것은 모두 몇 개인가?

| 21년 1차 순경 |

> ⊙ 경찰관은 소요사태로 인해 타인의 법익이나 공공의 안녕질서에 대한 직접적인 위험이 명백하게 초래되어 살수차 외의 경찰장비로는 그 위험을 제거·완화시키는 것이 현저히 곤란한 경우에는 시·도경찰청장의 명령에 따라 살수차를 배치·사용할 수 있다.
> ⓒ 경찰관은 총기 또는 폭발물을 가지고 대항하는 경우를 제외하고는 14세 미만의 자 또는 임산부에 대하여 권총 또는 소총을 발사하여서는 아니 된다.
> ⓒ 「경찰관 직무집행법」 제10조 제5항 후단에 따라 안전성 검사에 참여한 외부 전문가는 안전성 검사가 끝난 후 3개월 이내에 신규 도입 장비의 안전성 여부에 대한 의견을 경찰청장에게 제출하여야 한다.
> ⓔ 국가경찰관서의 장(경찰청장·해양경찰청장·시·도경찰청장·지방해양경찰청장·경찰서장 또는 해양경찰서장 기타 경무관·총경·경정 또는 경감을 장으로 하는 국가경찰관서의 장을 말한다)은 폐기대상인 위해성 경찰장비 또는 성능이 저하된 위해성 경찰장비를 개조할 수 있으며, 소속 경찰관으로 하여금 이를 본래의 용법에 준하여 사용하게 할 수 있다.
> ⓜ 「위해성 경찰장비의 사용기준 등에 관한 규정」 제2조 제2호부터 제4호까지의 위해성 경찰장비(제4호의 경우에는 가스차만 해당한다)를 사용하는 경우 그 현장책임자 또는 사용자는 사용보고서를 작성하여 직근상급 감독자에게 보고하고, 직근상급 감독자는 이를 3년간 보관하여야 한다.

① 1개 ② 2개
③ 3개 ④ 4개

- **정답** ③
- **난이도**
- **해설** ⊙, ⓒ, ⓔ은 옳은 설명이며, ⓒ, ⓜ은 틀린 설명이다.

ⓒ ✗ 안전성 검사에 참여한 외부 전문가는 안전성 검사가 끝난 후 30일 이내에 신규 도입 장비의 안전성 여부에 대한 의견을 경찰청장에게 제출하여야 한다(「위해성 경찰장비의 사용기준 등에 관한 규정」 제18조의2 제3항). 경찰청장은 신규 도입 장비에 대한 안전성 검사를 실시한 후 3개월 이내에 안전성 검사 결과보고서를 국회 소관 상임위원회에 제출(국가경찰위원회에 제출 ✗)하여야 한다(「위해성 경찰장비의 사용기준 등에 관한 규정」 제18조의2 제4항).

ⓜ ✗ ⊙ 무기 ⓒ 분사기 및 최루탄 등 ⓒ 살수차를 사용하는 경우 그 현장책임자 또는 사용자는 사용보고서를 작성하여 직근 상급감독자에게 보고하고, 직근 상급감독자는 이를 3년간 보관하여야 한다(「위해성 경찰장비의 사용기준 등에 관한 규정」 제20조 제1항).

> **참고** 사용기록의 보관 등(『위해성 경찰장비의 사용기준 등에 관한 규정』)

구 분	내 용
사용기록의 보관	㉠ 무기 ㉡ 분사기 및 최루탄 등 ㉢ 살수차를 사용하는 경우 그 현장책임자 또는 사용자는 사용보고서를 작성하여 직근 상급감독자에게 보고하고, 직근 상급감독자는 이를 3년간 보관하여야 한다(동 규정 제20조 제1항).
무기사용의 보고	무기의 사용보고를 받은 직근상급 감독자는 지체 없이 지휘계통을 거쳐 경찰청장에게 보고하여야 한다(동 규정 제20조 제2항).

0543

「경찰관 직무집행법」 제4조의 보호조치에 대한 설명으로 가장 적절하지 않은 것은? | 20년 2차 순경 |

① 경찰관은 정신착란을 일으키거나 술에 취하여 자신 또는 다른 사람의 생명·신체·재산에 위해를 끼칠 우려가 있음이 명백하고 응급구호가 필요하다고 믿을 만한 상당한 이유가 있는 사람을 발견하였을 때 보건의료기관이나 공공구호기관에 긴급구호를 요청하거나 경찰관서에 보호할 수 있다.

② 미아, 병자, 부상자 등으로서 적당한 보호자가 없으며 응급구호가 필요하다고 인정되는 사람이 구호를 거절하지 않는 경우 경찰관은 보호조치를 할 수 있다.

③ 경찰관은 보호조치를 하였을 때에는 지체 없이 구호대상자의 가족, 친지 또는 그 밖의 연고자에게 그 사실을 알려야 하며, 구호대상자를 경찰관서에서 보호하는 기간은 6시간을 초과할 수 없다.

④ 경찰관은 보호조치를 하는 경우에 구호대상자가 휴대하고 있는 무기·흉기 등 위험을 일으킬 수 있는 것으로 인정되는 물건을 경찰관서에 임시로 영치할 수 있다.

- **정답** ③
- **난이도** 하 중 상
- **해설** ①, ②, ④는 옳은 설명이며, ③은 틀린 설명이다.

③ 경찰관이 응급구호를 요청하거나 경찰관서에 일시 보호하는 등 조치를 하였을 때에는 지체 없이 구호대상자의 가족·친지 또는 그 밖의 연고자에게 그 사실을 알려야 하며, 연고자가 발견되지 아니할 때에는 구호대상자를 적당한 공공보건의료기관이나 공공구호기관에 즉시 인계하여야 한다(「경찰관 직무집행법」 제4조 제4항). 이 경우 구호대상자를 경찰관서에 보호하는 기간은 24시간을 초과할 수 없다(「경찰관 직무집행법」 제4조 제7항). 따라서 24시간 이내에 보건의료기관 등에 인계하거나 귀가시켜서, 보호조치를 해제하여야 한다.

참고 임시영치(대물적 즉시강제)(「경찰관 직무집행법」, 「경찰관 직무집행법 시행령」)

구 분	내 용
의 의	① 「임시영치」란 구호대상자가 무기·흉기 등 위험을 일으킬 수 있는 것으로 인정되는 물건을 휴대하고 있는 경우에 일시적으로 그 점유를 박탈하여 경찰관서에 보관하는 것을 말한다(동법 제4조 제3항). ② 이 경우 상대방의 동의를 요하지 않는다.
법적 성질	임시영치는 경찰강제 중 『대물적 즉시강제』 수단의 성질을 가진다.
기 간	① 임시영치의 기간은 10일을 초과할 수 없다(동법 제4조 제7항). ② 기간이 만료되면 반환한다. ③ 임시영치를 하는 경우에는 24시간 이내에 임시영치보고서를 작성하여 소속 경찰관서의 장에게 보고하여야 한다(동법 시행령 제7조 제3호).
임시영치증명서의 교부	경찰공무원이 무기·흉기 등을 임시영치한 때에는 소속 국가경찰관서의 장은 그 물건을 소지하였던 자에게 임시영치증명서를 교부하여야 한다(동법 시행령 제2조).

0544

「경찰관 직무집행법」 및 「위해성 경찰장비의 사용기준 등에 관한 규정」상 경찰장비의 사용에 대한 설명으로 가장 적절한 것은?

| 20년 2차 순경 변형 |

① 경찰관은 범인의 체포 또는 도주의 방지, 자신이나 다른 사람의 생명·신체의 방어 및 보호, 공무집행에 대한 항거의 제지를 위하여 필요한 상당한 이유가 있는 경우 경찰장구를 사용할 수 있다.

② 경찰관은 불법집회·시위 또는 소요사태로 인하여 발생할 수 있는 타인 또는 경찰관의 생명·신체의 위해와 재산·공공시설의 위험을 억제하기 위하여 부득이한 경우에는 시·도경찰청장의 명령에 따라 필요한 최소한의 범위에서 가스차를 사용할 수 있다.

③ 제11조(사용기록의 보관)에 따라 살수차, 분사기, 전자충격기 및 전자방패, 무기를 사용하는 경우 그 책임자는 사용 일시·장소·대상, 현장책임자, 종류, 수량 등을 기록하여 보관하여야 한다.

④ 경찰관은 범인·주취자 또는 정신착란자의 자살 또는 자해기도를 방지하기 위하여 필요한 때에는 수갑·포승 또는 호송용포승을 사용할 수 있다. 이 경우 경찰관은 소속 국가경찰관서의 장에게 그 사실을 보고하여야 한다.

정답 ④

난이도 하 중 상

해설 ④는 옳은 설명이며, ①, ②, ③은 틀린 설명이다.

① ✗ 경찰관은 ⑦ 현행범이나 사형·무기 장기 3년 이상의 징역이나 금고에 해당하는 죄(긴급체포의 요건)를 범한 범인의 체포 또는 도주의 방지, ⓒ 자신이나 다른 사람의 생명·신체의 방어 및 보호(재산의 방어 및 보호 ✗), ⓒ 공무집행에 대한 항거의 제지를 위하여 필요하다고 인정되는 상당한 이유가 있을 때에는 그 사태를 합리적으로 판단하여 필요한 한도에서 경찰장구를 사용할 수 있다(「경찰관 직무집행법」 제10조의2 제1항). 다만, 단순한 불심검문에 불응했다고 하여 강제연행을 하거나 경찰장구를 사용해서는 안 된다.

② ✗ 경찰관은 불법집회·시위 또는 소요사태로 인하여 발생할 수 있는 ⑦ 타인 또는 경찰관의 생명·신체의 위해와 ⓒ 재산·공공시설의 위험을 억제하기 위하여 부득이한 경우에는 현장책임자의 판단에 따라 필요한 최소한의 범위에서 가스차를 사용할 수 있다(「위해성 경찰장비의 사용기준 등에 관한 규정」 제13조 제1항). 시·도경찰청장의 명령으로 배치·사용할 수 있는 경찰장비는 살수차이다.

③ ✗ 무기·분사기 및 최루탄 등·살수차를 사용하는 경우 그 현장책임자 또는 사용자는 사용보고서를 작성하여 직근 상급감독자에게 보고하고, 직근 상급감독자는 이를 3년간 보관하여야 한다(「위해성 경찰장비의 사용기준 등에 관한 규정」 제20조 제1항). 전자충격기 및 전자방패는 그 대상에 해당하지 않는다.

참고 경찰장비 사용 관련 현장책임자의 판단이 요구되는 경우

① 분사기·최루탄의 사용
② 가스차의 사용
③ 물포의 사용
④ 석궁의 사용

0545

「경찰관 직무집행법」에 대한 내용으로 옳지 <u>않은</u> 것은 모두 몇 개인가?

| 20년 1차 순경 |

> ⊙ 일반적 수권조항의 존재를 부정하는 학자들에 따르면 「경찰관 직무집행법」 제2조 제7호는 경찰의 직무범위만을 정한 것으로서 본질적으로 조직법적 성질의 규정에 해당한다고 주장한다.
> ⓒ 경찰관은 수상한 행동이나 그 밖의 주위 사정을 합리적으로 판단해 볼 때 보호조치대상자에 해당하는 것이 명백하고 응급구호가 필요하다고 믿을 만한 상당한 이유가 있는 사람을 발견하였을 때에는 보건의료기관이나 공공구호기관에 긴급구호를 요청하거나 경찰관서에 보호하는 등 적절한 조치를 하여야 한다.
> ⓒ 구호대상자를 경찰관서에서 보호하는 기간은 24시간을 초과할 수 없고, 물건을 경찰관서에 임시로 영치하는 기간은 10일을 초과할 수 없다.
> ⓔ 경찰관은 '현행범이나 사형·무기 또는 장기 3년 이상의 징역이나 금고에 해당하는 죄를 범한 범인의 체포 또는 도주 방지', '자신이나 다른 사람의 생명·신체 및 재산의 보호', '공무집행에 대한 항거 제지'의 직무를 수행하기 위하여 필요하다고 인정되는 상당한 이유가 있을 때에는 그 사태를 합리적으로 판단하여 필요한 한도 내에서 경찰장구를 사용할 수 있다.
> ⓜ 경찰청장 또는 시·도경찰청장은 손실보상심의위원회의 심의·의결에 따라 보상금을 지급하고, 거짓 또는 부정한 방법으로 보상금을 받은 사람에 대하여는 해당 보상금을 환수할 수 있다.

① 1개   ② 2개
③ 3개   ④ 4개

• 정답 ③

• 난이도 하 중 상

• 해설 ⊙, ⓒ은 옳은 설명이며, ⓒ, ⓔ, ⓜ은 틀린 설명이다.

　　ⓒ ❌ 경찰관은 수상한 행동이나 그 밖의 주위 사정을 합리적으로 판단해 볼 때 보호조치대상자에 해당하는 것이 명백하고 응급구호가 필요하다고 믿을 만한 상당한 이유가 있는 사람을 발견하였을 때에는 보건의료기관이나 공공구호기관에 긴급구호를 요청하거나 경찰관서에 보호하는 등 적절한 <u>조치를 할 수 있다</u>(「경찰관 직무집행법」 제4조 제1항).

　　ⓔ ❌ 경찰관은 ⊙ <u>현행범</u>이나 <u>사형·무기 또는 장기 3년 이상의 징역이나 금고</u>에 해당하는 죄를 범한 <u>범인의 체포 또는 도주 방지</u>, ⓒ <u>자신이나 다른 사람의 생명·신체의 방어 및 보호(재산의 방어 및 보호 ×)</u>, ⓒ <u>공무집행에 대한 항거 제지</u>의 직무를 수행하기 위하여 필요하다고 인정되는 상당한 이유가 있을 때에는 그 사태를 합리적으로 판단하여 필요한 한도 내에서 경찰장구를 사용할 수 있다(「경찰관 직무집행법」 제10조의2 제1항).

　　ⓜ ❌ 경찰청장 또는 시·도경찰청장은 <u>손실보상심의위원회의 심의·의결</u>에 따라 보상금을 지급하고, <u>거짓 또는 부정한 방법</u>으로 보상금을 받은 사람에 대하여는 해당 보상금을 <u>환수하여야 한다</u>(「경찰관 직무집행법」 제11조의2 제4항).

0546

「경찰관 직무집행법」상 불심검문에 대한 설명으로 가장 적절한 것은? | 19년 1차 순경 |

① 경찰관은 상대방의 신원확인이 불가능하거나 교통에 방해된다고 인정될 때에는 임의동행을 요구할 수 있다.
② 경찰관은 임의동행한 사람의 가족이나 친지 등에게 동행한 경찰관의 신분, 동행 장소, 동행 목적과 이유를 알리거나 본인으로 하여금 즉시 연락할 수 있는 기회를 주어야 하며, 변호인의 도움을 받을 권리가 있음을 알려야 한다.
③ 경찰관은 질문을 하거나 임의동행을 요구할 경우 자신의 신분을 표시하는 증표를 제시하면서 소속과 성명을 밝혀야 한다. 이때 증표는 경찰공무원증뿐만 아니라 흉장도 포함된다.
④ 경찰관이 불심검문 시 흉기조사뿐 아니라, 흉기 이외의 일반소지품 조사도 할 수 있다고 규정하고 있다.

- **정답** ②
- **난이도** 하 중 상
- **해설**

②는 옳은 설명이며, ①, ③, ④는 틀린 설명이다.

① ✗ 『임의동행』이란 불심검문은 그 장소에서 행하여지는 것이 원칙이나, 그 장소에서 질문하는 것이 ㉠ 본인에게 불리하거나 ㉡ 교통에 방해가 된다고 인정되는 때에는 ㉢ 본인의 동의를 얻어 부근의 경찰관서로 동행할 것을 요구할 수 있는 것을 말한다. 이 경우 동행을 요구받은 사람은 그 요구를 거절할 수 있다(「경찰관 직무집행법」 제3조 제2항).
③ ✗ 질문시 경찰관은 제복착용 여부와 관계없이 자신의 신분을 증명하는 증표를 제시하면서 소속과 성명을 밝히고 그 목적과 이유를 설명하여야 한다(「경찰관 직무집행법」 제3조 제4항). 여기서 경찰관의 신분증을 증명하는 것은 원칙적으로 경찰공무원의 공무원증만을 인정한다.
④ ✗ 경찰관은 불심검문 요건에 해당하는 사람에게 질문을 할 때에 그 사람이 흉기를 가지고 있는지를 조사할 수 있다(「경찰관 직무집행법」 제3조 제3항). 소지품검사의 대상은 오직 흉기의 소지 여부만을 조사하는 데 그쳐야 한다.

판례 경찰관의 신분증 제시의 적법성 여부

① 정복착용 경찰관들이 당시 정황상 객관적으로 경찰의 공무집행임을 누구나 인식할 수 있었고, 피검문자들이 경찰관에 대한 신분 확인을 요구하지 않았다면, 경찰관이 신분증을 제시하지 않았더라도 적법한 공무집행이라고 볼 수 있다.
② 경찰관의 신분증을 증표하는 것은 오로지 국가공무원의 공무원증만을 인정하고 있으므로 현행법상 그 외의 신분증표는 인정되지 않는다.

0547

「경찰관 직무집행법」상 보호조치에 대한 설명으로 가장 적절한 것은? | 18년 3차 순경 |

① 긴급구호를 요청받은 보건의료기관 또는 공공구호기관은 정당한 이유 없이 긴급구조를 거절할 수 없다고 명시되어 있다.
② 긴급구호나 보호조치의 경우 24시간 이내에 피구호자의 가족들에게 연락해 주어야 한다.
③ 자살기도자에 대하여는 경찰관서에 6시간 이내 보호가 가능하다.
④ 임시영치 기간은 10일을 초과할 수 없으며, 법적 성질은 대인적 즉시강제이다.

정답 ①

난이도 하 중 상

해설 ①은 옳은 설명이며, ②, ③, ④는 틀린 설명이다.
② ✗ 경찰관이 응급구호를 요청하거나 경찰관서에 일시 보호하는 등 조치를 하였을 때에는 지체 없이 구호대상자의 가족·친지 또는 그 밖의 연고자에게 그 사실을 알려야 하며, 연고자가 발견되지 아니할 때에는 구호대상자를 적당한 공공보건의료기관이나 공공구호기관에 즉시 인계하여야 한다(「경찰관 직무집행법」 제4조 제4항).
③ ✗ 자살을 시도하는 사람의 경우 경찰관은 본인의 의사와는 관계없이 강제보호조치를 할 수 있다(「경찰관 직무집행법」 제4조 제1항 제2호). 이 경우 구호대상자를 경찰관서에 보호하는 기간은 24시간을 초과할 수 없다(「경찰관 직무집행법」 제4조 제7항).
④ ✗ 『임시영치』의 기간은 10일을 초과할 수 없다(「경찰관 직무집행법」 제4조 제7항). 이러한 『임시영치』의 법적 성질은 경찰강제 중 『대물적 즉시강제』 수단의 성질을 가진다.

0548

「경찰관 직무집행법」에 대한 내용으로 가장 적절하지 않은 것은?　　　|18년 2차 순경 변형|

① 「경찰관 직무집행법」 제2조는 직무의 범위에서 '범죄피해자 보호'를 규정하고 있다.
② 법률에서 정한 절차에 따라 체포·구속된 사람 또는 신체의 자유를 제한하는 판결이나 처분을 받은 사람을 수용하기 위하여 경찰서와 해양경찰서에 유치장을 둔다.
③ 경찰관은 '현행범이나 사형·무기 또는 장기 3년 이상의 징역이나 금고에 해당하는 죄를 범한 범인의 체포 또는 도주 방지', '자신이나 다른 사람의 생명·신체의 방어 및 보호', '공무집행에 대한 항거 제지'의 직무를 수행하기 위하여 필요하다고 인정되는 상당한 이유가 있을 때에는 그 사태를 합리적으로 판단하여 필요한 한도에서 경찰장구를 사용할 수 있다.
④ 경찰청장은 위해성 경찰장비를 새로 도입하려는 경우에는 대통령령으로 정하는 바에 따라 안전성 검사를 실시하여 그 안전성 검사의 결과보고서를 국가경찰위원회에 제출하여야 한다. 이 경우 안전성 검사에는 외부 전문가를 참여시켜야 한다.

- **정답** ④
- **난이도**
- **해설**

①, ②, ③은 옳은 설명이며, ④는 틀린 설명이다.

④ ✗ 「경찰청장」은 위해성 경찰장비를 새로 도입하려는 경우에는 대통령령으로 정하는 바에 따라 <u>안전성 검사를 실시</u>하여 그 안전성 검사의 결과보고서를 <u>국회 소관 상임위원회에 제출(국가경찰위원회에 제출 ✗)</u>하여야 한다. 이 경우 안전성 검사에는 <u>외부 전문가를 참여시켜야 한다</u>(「경찰관 직무집행법」 제10조 제5항).

참고 신규 도입 장비의 안전성 검사(「위해성 경찰장비의 사용기준 등에 관한 규정」)

구분	내용
안전성 검사의 실시	경찰청장은 위해성 경찰장비를 새로 도입하려는 경우에는 안전성 검사를 실시하여 새로 도입하려는 장비가 사람의 생명이나 신체에 미치는 영향을 평가하여야 한다(동 규정 제18조의2 제1항).
외부전문가의 참여 및 의견제출	① 안전성 검사는 신규 도입 장비와 관련된 분야의 외부 전문가가 신규 도입 장비의 주요 특성이나 작동원리에 기초하여 제시하는 검사방법 및 기준에 따라 실시하되, 신규 도입 장비에 대하여 일반적으로 인정되는 합리적인 검사방법이나 기준이 있을 경우 그 검사방법이나 기준에 따라 안전성 검사를 실시할 수 있다(동 규정 제18조의2 제2항). ② 안전성 검사에 참여한 외부 전문가는 안전성 검사가 끝난 후 30일 이내에 신규 도입 장비의 안전성 여부에 대한 의견을 경찰청장에게 제출하여야 한다(동 규정 제18조의2 제3항).
경찰청장의 안전성 검사 결과보고서 제출	경찰청장은 신규 도입 장비에 대한 안전성 검사를 실시한 후 3개월 이내에 안전성 검사 결과보고서를 국회 소관 상임위원회에 제출하여야 한다(동 규정 제18조의2 제4항).

0549

「경찰관 직무집행법」 및 동법 시행령상 손실보상에 대한 설명으로 가장 적절하지 않은 것은?

| 18년 2차 순경 |

① 보상을 청구할 수 있는 권리는 손실이 있음을 안 날부터 3년, 손실이 발생한 날부터 5년간 행사하지 아니하면 시효의 완성으로 소멸한다.
② 소속 경찰공무원의 직무집행으로 인하여 발생한 손실보상청구 사건을 심의하기 위하여 경찰청, 해양경찰청, 시·도경찰청, 지방해양경찰청, 경찰서 및 해양경찰서에 손실보상심의위원회(이하 "위원회"라 한다)를 설치하며, 위원회는 위원장 1명을 포함한 5명 이상 7명 이하의 위원으로 구성한다.
③ 보상금은 일시불로 지급하되, 예산 부족 등의 사유로 일시금으로 지급할 수 없는 특별한 사정이 있는 경우에는 청구인의 동의를 받아 분할하여 지급할 수 있다.
④ 손실보상의 기준, 보상금액, 지급절차 및 방법, 손실보상심의위원회의 구성 및 운영, 그 밖에 필요한 사항은 대통령령으로 정한다.

정답 ②
난이도
해설 ①, ③, ④는 옳은 설명이며, ②는 틀린 설명이다.
② ✗ 손실보상신청 사건을 심의하기 위하여 『손실보상심의위원회』를 둔다(「경찰관 직무집행법」 제11조의2 제3항). 소속 경찰공무원의 직무집행으로 인하여 발생한 손실보상청구 사건을 심의하기 위하여 경찰청, 해양경찰청, 시·도경찰청, 지방해양경찰청에 『손실보상심의위원회』를 설치한다(「경찰관 직무집행법 시행령」 제11조 제1항). 즉, 경찰서는 손실보상심의위원회의 설치기관이 아니다. 위원회는 위원장 1명을 포함한 5명 이상 7명 이하의 위원으로 구성한다(「경찰관 직무집행법 시행령」 제11조 제2항).

참고 손실보상심의위원회(「경찰관 직무집행법」, 「경찰관 직무집행법 시행령」)

구분	내용
구성	위원회는 위원장 1명을 포함한 5명 이상 7명 이하의 위원으로 구성한다(동법 시행령 제11조 제2항).
위원의 위촉·임명	위원회의 위원은 소속 경찰공무원과 다음의 어느 하나에 해당하는 사람 중에서 경찰청장 등이 위촉하거나 임명한다. 이 경우 위원의 과반수 이상은 경찰공무원이 아닌 사람으로 하여야 한다(동법 시행령 제11조 제3항). ① 판사·검사 또는 변호사로 5년 이상 근무한 사람 ② 「고등교육법」 제2조에 따른 학교에서 법학 또는 행정학(경찰학 ×)을 가르치는 부교수 이상으로 5년 이상 재직한 사람 ③ 경찰업무와 손실보상에 관하여 학식과 경험이 풍부한 사람
위촉위원의 임기	위촉위원의 임기는 2년으로 한다(동법 시행령 제11조 제4항).

0550

「위해성 경찰장비의 사용기준 등에 관한 규정」에 대한 내용으로 가장 적절하지 않은 것은?

| 18년 1차 순경 |

① 경찰관은 범인·주취자 또는 정신착란자의 자살 또는 자해기도를 방지하기 위하여 필요한 때에는 수갑·포승 또는 호송용포승을 사용할 수 있다.
② 경찰관은 총기 또는 폭발물을 가지고 대항하는 경우를 제외하고는 14세 미만의 자 또는 임산부에 대하여 권총 또는 소총을 발사하여서는 아니 된다.
③ 경찰관은 최루탄발사기로 최루탄을 발사하는 경우 30도 이상의 발사각을 유지하여야 하고, 가스차·살수차 또는 특수진압차의 최루탄발사대로 최루탄을 발사하는 경우에는 15도 이상의 발사각을 유지하여야 한다.
④ 경찰청장은 신규 도입 장비에 대한 안전성 검사를 실시한 후 3개월 이내에 안전성 검사 결과보고서를 국무회의에 제출하여야 한다.

- **정답** ④
- **난이도**
- **해설** ①, ②, ③은 옳은 설명이며, ④는 틀린 설명이다.

   ④ ✗ 경찰청장은 신규 도입 장비에 대한 안전성 검사를 실시한 후 3개월 이내에 안전성 검사 결과보고서를 국회 소관 상임위원회에 제출(국가경찰위원회에 제출 ✗)하여야 한다(「위해성 경찰장비의 사용기준 등에 관한 규정」 제18조의2 제4항).

0551

「범인검거 등 공로자 보상에 관한 규정」에 대한 내용으로 가장 적절하지 않은 것은? | 18년 1차 순경 변형 |

① 사형, 무기징역 또는 무기금고, 장기 10년 이상의 징역 또는 금고에 해당하는 범죄에 대한 보상금 지급기준 금액은 30만원이다.

② 장기 10년 미만의 징역 또는 금고에 해당하는 범죄에 대한 보상금 지급기준 금액과 장기 5년 미만의 징역 또는 금고, 장기 10년 이상의 자격정지 또는 벌금형에 대한 보상금 지급기준 금액의 합계액은 80만원이다.

③ 동일한 사람에게 지급결정일을 기준으로 연간(1월 1일부터 12월 31일까지를 말한다) 5회를 초과하여 보상금을 지급할 수 없다.

④ 보상금 지급 심사·의결을 거쳐 지급이 이루어진 이후에는 동일한 사건에 대하여 보상금을 지급할 수 없다.

정답 ①

난이도 하 중 상

해설 ②, ③, ④는 옳은 설명이며, ①은 틀린 설명이다.

① ✗ 사형, 무기징역 또는 무기금고, 장기 10년 이상의 징역 또는 금고에 해당하는 범죄에 대한 보상금 지급기준 금액은 100만원이다.

참고 보상금의 지급기준(「경찰관 직무집행법 시행령」, 「범인검거 등 공로자 보상에 관한 규정」)

① 보상금의 최고액은 5억원으로 하며, 구체적인 보상금 지급 기준은 경찰청장이 정하여 고시한다(동법 시행령 제20조).

② 보상금의 지급 기준은 다음과 같다. 다만, 동일한 사람에게 지급 결정일을 기준으로 연간(1월 1일부터 12월 31일까지를 말한다) 5회를 초과하여 보상금을 지급할 수 없다.

 ㉠ 사형, 무기징역 또는 무기금고, 장기 10년 이상의 징역 또는 금고에 해당하는 범죄 : 100만원

 ㉡ 장기 10년 미만의 징역 또는 금고에 해당하는 범죄 : 50만원

 ㉢ 장기 5년 미만의 징역 또는 금고, 장기 10년 이상의 자격정지 또는 벌금형 : 30만원

③ 보상금 지급 심사·의결을 거쳐 지급이 이루어진 이후에는 동일한 사건에 대하여 보상금을 지급할 수 없다.

④ 범인검거 등 공로자가 2명 이상인 경우에는 각자의 공로, 당사자 간의 분배 합의 등을 감안해서 배분하여 지급할 수 있다.

0552

「경찰관 직무집행법 및 동법 시행령」상 손실보상에 대한 설명으로 가장 적절하지 않은 것은?

| 17년 2차 순경 |

① 국가는 경찰관의 적법한 직무집행으로 인하여 손실발생의 원인에 대하여 책임이 있는 자가 자신의 책임에 상응하는 정도를 초과하는 재산상의 손실을 입은 경우 손실을 입은 자에 대하여 정당한 보상을 하여야 한다.
② 보상을 청구할 수 있는 권리는 손실이 있음을 안 날부터 3년, 손실이 발생한 날부터 5년간 행사하지 아니하면 시효의 완성으로 소멸한다.
③ 경찰공무원의 직무집행으로 인하여 발생한 손실보상청구 사건을 심의하기 위하여 경찰청, 해양경찰청, 시·도경찰청 및 지방해양경찰청, 경찰서 및 해양경찰서에 손실보상심의위원회를 설치한다.
④ 손실보상심의위원회의 회의는 재적위원 과반수의 출석으로 개의(開議)하고, 출석위원 과반수의 찬성으로 의결한다.

- **정답** ③
- **난이도**
- **해설**

①, ②, ④는 옳은 설명이며, ③은 틀린 설명이다.
③ ✗ 손실보상청구 사건을 심의하기 위하여 『손실보상심의위원회』를 둔다(「경찰관 직무집행법」 제11조의2 제3항). **소속 경찰공무원의 직무집행으로 인하여 발생한 손실보상청구 사건을 심의하기 위하여 경찰청, 해양경찰청, 시·도경찰청, 지방해양경찰청에** 『손실보상심의위원회』를 설치한다(「경찰관 직무집행법 시행령」 제11조 제1항). **경찰서는 손실보상심의위원회의 설치기관이 아니다.**

참고 손실보상심의위원회의 운영 등(「경찰관 직무집행법 시행령」)

구 분	내 용
운 영	위원회의 회의는 재적위원 과반수의 출석으로 개의하고, 출석위원 과반수의 찬성으로 의결(일반의결정족수)한다(동법 시행령 제13조 제2항).
국가경찰위원회에의 보고	① 보상금이 지급된 경우 손실보상심의위원회는 국가경찰위원회에 심사 자료와 결과를 반기별로 보고하여야 한다(동법 시행령 제17조의3 제1항). ② 이 경우 국가경찰위원회는 손실보상의 적법성 및 적정성 확인을 위하여 필요한 자료의 제출을 요구할 수 있고, 손실보상심의위원회는 그 요청에 따라야 한다(동법 제11조의2 제5항 및 동법 시행령 제17조의3 제2항).

0553

「위해성 경찰장비의 사용기준 등에 관한 규정」에 대한 설명으로 가장 적절하지 않은 것은?

| 17년 1차 순경 |

① 경찰관은 총기 또는 폭발물을 가지고 대항하는 경우를 제외하고는 14세 미만의 자 또는 임산부에 대하여 권총 또는 소총을 발사하여서는 아니된다.
② 가스차·살수차·특수진압차·물포·석궁·다목적발사기 및 도주차량차단장비는 '기타장비'에 포함된다.
③ 근접분사기·가스분사기·가스발사총(고무탄 발사겸용은 제외) 및 최루탄(그 발사장치를 포함)은 '분사기·최루탄등'에 포함된다.
④ 권총·소총·기관총(기관단총을 포함)·산탄총·유탄발사기·박격포·3인치포·함포·크레모아·수류탄·폭약류 및 도검은 '무기'에 포함된다.

- **정답** ③
- **난이도**
- **해설** ①, ②, ④는 옳은 설명이며, ③은 틀린 설명이다.
  ③ ❌ 근접분사기·가스분사기·가스발사총(고무탄 발사겸용 포함) 및 최루탄(그 발사장치를 포함)은 「분사기 및 최루탄등」에 포함된다(「위해성 경찰장비의 사용기준 등에 관한 규정」 제2조).

0554

「경찰관 직무집행법」상 명시된 경찰관의 경찰장구·분사기·최루탄·무기 등의 사용 관련 규정에 대한 설명으로 가장 적절하지 않은 것은? |16년 2차 순경|

① 경찰장구는 사형·무기 또는 장기 3년 이상의 징역이나 금고에 해당하는 죄를 범한 범인의 체포 또는 도주 방지를 위해서 사용할 수 있다.
② 분사기 및 최루탄은 공무집행에 대한 항거의 제지를 위해서 사용할 수 있다.
③ "무기"라 함은 인명 또는 신체에 위해를 가할 수 있도록 제작된 권총·소총·도검 등을 말한다.
④ 살수차·분사기·최루탄·무기를 사용한 경우 그 책임자는 사용일시·장소·대상, 현장책임자, 종류, 수량 등을 기록하여 보관하여야 한다.

- **정답** ②
- **난이도**
- **해설**

①, ③, ④는 옳은 설명이며, ②는 틀린 설명이다.
② ✗ 분사기 및 최루탄은 ㉠ 범인의 체포 또는 범인의 도주 방지, ㉡ 불법집회·시위로 인한 자신이나 다른 사람의 생명·신체와 재산 및 공공시설의 안전에 대한 현저한 위해의 발생 억제를 위하여 사용할 수 있다.

참고 분사기·최루탄의 사용(「경찰관 직무집행법」)

구 분	내 용
분사기·최루탄의 의의	분사기 및 최루탄 등은 가스를 발생시켜 일시적으로 신체적·정신적 기능에 장애를 주는 화학탄의 일종이다.
분사기·최루탄의 사용요건	경찰관은 다음의 직무를 수행하기 위하여 부득이한 경우에는 현장책임자가 판단하여 필요한 최소한의 범위에서 분사기 또는 최루탄을 사용할 수 있다(동법 제10조의3). ① 범인의 체포 또는 범인의 도주 방지 ② 불법집회·시위로 인한 자신이나 다른 사람의 생명·신체와 재산 및 공공시설 안전에 대한 현저한 위해의 발생 억제
분사기·최루탄 사용의 한계	분사기 및 최루탄 등은 직무를 수행하기 위하여 부득이한 경우(필요성의 원칙), 현장책임자의 판단으로, 필요한 최소한의 범위(비례의 원칙)에서 사용할 수 있다.

0555

「경찰관 직무집행법」상 경찰장비에 관한 다음 설명 중 가장 적절하지 않은 것은? | 16년 1차 순경 |

① 경찰관은 직무수행 중 경찰장비를 사용할 수 있다. 다만, 사람의 생명이나 신체에 위해를 끼칠 수 있는 경찰장비(이하 "위해성 경찰장비"라 한다)를 사용할 때에는 필요한 안전교육과 안전검사를 받은 후 사용하여야 한다.

② 경찰청장은 위해성 경찰장비를 새로 도입하려는 경우에는 대통령령으로 정하는 바에 따라 안전성 검사를 실시하여 그 안전성 검사의 결과보고서를 국회 소관 상임위원회에 제출하여야 한다. 이 경우 안전성 검사에는 외부 전문가를 참여시킬 수 있다.

③ 경찰관이 휴대하여 범인 검거와 범죄 진압 등의 직무 수행에 사용하는 수갑, 포승, 경찰봉, 방패는 "경찰장구"에 해당한다.

④ 경찰관은 현행범이나 사형·무기 또는 장기 3년 이상의 징역이나 금고에 해당하는 죄를 범한 범인의 체포 또는 도주 방지를 위한 직무를 수행하기 위해서 필요하다고 인정되는 상당한 이유가 있을 때에는 그 사태를 합리적으로 판단하여 필요한 한도에서 경찰장구를 사용할 수 있다.

정답 ②

난이도

해설 ①, ③, ④는 옳은 설명이며, ②는 틀린 설명이다.

② ✗ 경찰청장은 위해성 경찰장비를 새로 도입하려는 경우에는 대통령령으로 정하는 바에 따라 안전성 검사를 실시하여 그 안전성 검사의 결과보고서를 국회 소관 상임위원회에 제출(국가경찰위원회 ×)하여야 한다. 이 경우 안전성 검사에는 외부 전문가를 참여시켜야 한다(「경찰관 직무집행법」 제10조 제5항).

참고 경찰장비의 사용 관련 규정(「경찰관 직무집행법」)

구 분	내 용
안전교육 및 안전검사 후 사용	사람의 생명이나 신체에 위해를 끼칠 수 있는 경찰장비, 즉 위해성 경찰장비를 사용할 때에는 필요한 안전교육과 안전검사를 받은 후 사용하여야 한다(동법 제10조 제1항 단서).
개조 및 임의 장비 부착의 금지	경찰관은 경찰장비를 함부로 개조하거나 경찰장비에 임의의 장비를 부착하여 일반적인 사용법과 달리 사용함으로써 다른 사람의 생명·신체에 위해를 끼쳐서는 아니 된다(동법 제10조 제3항).
필요한 최소한도에서의 사용	위해성 경찰장비는 필요한 최소한도에서 사용하여야 한다(동법 제10조 제4항). 위해성 경찰장비의 종류 및 그 사용기준, 안전교육·안전검사의 기준 등은 대통령령으로 정한다(동법 제10조 제6항).
새로운 위해성 경찰장비의 도입	경찰청장은 위해성 경찰장비를 새로 도입하려는 경우에는 대통령령으로 정하는 바에 따라 안전성 검사를 실시하여 그 안전성 검사의 결과보고서를 국회 소관 상임위원회에 제출하여야 한다. 이 경우 안전성 검사에는 외부 전문가를 참여시켜야 한다(동법 제10조 제5항).

0556

「위해성 경찰장비의 사용기준 등에 관한 규정」에 대한 설명으로 가장 적절하지 않은 것은?

| 16년 1차 순경 |

① 경찰관은 불법집회·시위로 인하여 발생할 수 있는 타인 또는 경찰관의 생명·신체의 위해와 재산·공공시설의 위험을 방지하기 위하여 필요한 때에는 최소한의 범위 안에서 경찰봉 또는 호신용 경봉을 사용할 수 있다.
② 경찰관은 14세 이하의 자 또는 임산부에 대하여 전자충격기 또는 전자방패를 사용하여서는 아니 된다.
③ 경찰관은 전극침 발사장치가 있는 전자충격기를 사용하는 경우 상대방의 얼굴을 향하여 전극침을 발사하여서는 아니된다.
④ 경찰관은 최루탄발사기로 최루탄을 발사하는 경우 30도 이상의 발사각을 유지하여야 하고, 가스차·살수차 또는 특수진압차의 최루탄발사대로 최루탄을 발사하는 경우에는 15도 이상의 발사각을 유지하여야 한다.

- **정답** ②
- **난이도**
- **해설** ①, ③, ④는 옳은 설명이며, ②는 틀린 설명이다.
  ② ✗ 경찰관은 14세 미만의 자 또는 임산부에 대하여 전자충격기 또는 전자방패를 사용하여서는 아니 된다(「위해성 경찰장비의 사용기준 등에 관한 규정」 제8조 제1항).

참고 경찰봉·호신용 경봉의 사용기준(「위해성 경찰장비의 사용기준 등에 관한 규정」)

경찰관은 불법집회·시위로 인하여 발생할 수 있는 타인 또는 경찰관의 생명·신체의 위해와 재산·공공시설의 위험을 방지하기 위하여 필요한 때에는 최소한의 범위 안에서 경찰봉 또는 호신용 경봉을 사용할 수 있다(동 규정 제6조).

0557

「경찰관 직무집행법」상 다음 (   )안에 들어갈 숫자의 합은?

| 15년 3차 순경 |

㉠ 불심검문을 위하여 가까운 경찰서로 검문대상자를 동행한 경우, 그 검문대상자로 하여금 (   )시간을 초과하여 경찰관서에 머물게 할 수 없다.
㉡ 경찰관은 보호조치를 하는 경우에 구호대상자가 휴대하고 있는 무기·흉기 등 위험을 일으킬 수 있는 것으로 인정되는 물건을 경찰관서에 임시로 영치하여 놓을 수 있다. 이 때 경찰관서에 임시로 영치하는 기간은 (   )일을 초과할 수 없다.
㉢ 손실보상을 청구할 수 있는 권리는 손실이 있음을 안 날부터 (   )년, 손실이 발생한 날로부터 5년간 행사하지 아니하면 시효의 완성으로 소멸한다.
㉣ 이 법에 규정된 경찰관의 의무를 위반하거나 직권을 남용하여 다른 사람에게 해를 끼친 사람은 (   )년 이하의 징역이나 금고에 처한다.

① 20 ② 21
③ 22 ④ 23

- 정답 ①
- 난이도 하 중 상
- 해설 ㉠은 6, ㉡은 10, ㉢은 3, ㉣은 1이다. 따라서 6+10+3+1=20이다.
  ㉠ 경찰관은 임의동행한 자를 <u>6시간</u>을 초과하여 경찰관서에 머물게 할 수 없다(동법 제3조 제6항).
  ㉡ 임시영치의 기간은 <u>10일</u>을 초과할 수 없다(동법 제4조 제7항).
  ㉢ 손실보상을 청구할 수 있는 권리는 손실이 있음을 <u>안 날부터 3년</u>, 손실이 <u>발생한 날부터 5년</u>간 행사하지 아니하면 시효의 완성으로 소멸한다(동법 제11조의2 제2항).
  ㉣ 이 법에 규정된 경찰관의 의무를 위반하거나 직권을 남용하여 다른 사람에게 해를 끼친 사람은 <u>1년 이하의 징역이나 금고</u>에 처한다(동법 제12조).

0558

「경찰관 직무집행법」상 불심검문에 대한 설명으로 <u>틀린</u> 것은 모두 몇 개인가?

| 15년 3차 순경 |

> ㉠ 경찰관은 수상한 행동이나 그 밖의 주위 사정을 합리적으로 판단하여 볼 때 어떠한 죄를 범하였거나 범하려고 있다고 의심할 만한 상당한 이유가 있는 사람을 정지시켜 질문하여야 한다.
> ㉡ 경찰관은 이미 행하여진 범죄나 행하여지려고 하는 범죄행위에 관한 사실을 안다고 인정되는 사람을 정지시켜 질문할 수 있다.
> ㉢ 경찰관은 불심검문 대상자를 정지시킨 장소에서 질문을 하는 것이 그 사람에게 불리하거나 교통에 방해가 된다고 인정될 때에는 질문을 하기 위하여 가까운 경찰관서로 동행할 것을 요구할 수 있다. 이 경우 동행을 요구받은 사람은 그 요구를 거절할 수 없다.
> ㉣ 경찰관은 불심검문 대상자에게 질문을 할 때에 그 사람이 흉기를 가지고 있는지를 조사하여야 한다.

① 1개 ② 2개
③ 3개 ④ 4개

정답 ③

난이도 하 중 상

해설 ㉡은 옳은 설명이며, ㉠, ㉢, ㉣은 틀린 설명이다.

㉠ ✗ 경찰관은 수상한 행동이나 그 밖의 주위 사정을 합리적으로 판단하여 볼 때 어떠한 죄를 범하였거나 범하려 하고 있다고 의심할 만한 상당한 이유가 있는 사람을 정지시켜 질문<u>할 수 있다</u>(「경찰관 직무집행법」 제3조 제1항).

㉢ ✗ 경찰관은 불심검문 대상자를 정지시킨 장소에서 질문을 하는 것이 ㉠ <u>본인에게 불리</u>하거나 ㉡ <u>교통에 방해</u>가 된다고 인정될 때에는 ㉢ <u>본인의 동의</u>를 얻어 질문을 하기 위하여 가까운 경찰관서로 동행할 것을 요구할 수 있다. 이 경우 <u>동행을 요구받은 사람은 그 요구를 거절할 수 있다</u>(「경찰관 직무집행법」 제3조 제2항).

㉣ ✗ 경찰관은 불심검문 대상자에게 질문을 할 때에 그 사람이 흉기를 가지고 있는지를 <u>조사할 수 있다</u>(「경찰관 직무집행법」 제3조 제3항). 이 경우 <u>소지품검사의 대상은 오직 흉기의 소지 여부만을 조사하는 데 그쳐야 한다</u>. 따라서 강제로 가방을 여는 행위는 할 수 없다. 현행 「경찰관 직무집행법」은 검사 요구에 대한 상대방의 거부가능성에 대하여 <u>별도의 규정을 두고 있지 않다</u>.

0559

경찰공무원의 무기휴대 및 사용에 대한 근거로서 가장 적절한 것은?

|15년 3차 순경 변형|

① 경찰공무원법(무기휴대) – 경찰관 직무집행법(무기사용)
② 경찰관 직무집행법(무기휴대) – 국가경찰과 자치경찰의 조직 및 운영에 관한 법률(무기사용)
③ 경찰공무원법(무기휴대) – 국가경찰과 자치경찰의 조직 및 운영에 관한 법률(무기사용)
④ 국가경찰과 자치경찰의 조직 및 운영에 관한 법률(무기휴대) – 경찰관 직무집행법(무기사용)

- **정답** ①
- **난이도** 하 중 상
- **해설** 무기휴대의 근거법은 「경찰공무원법」이며, 무기사용의 근거법은 「경찰관 직무집행법」이다.

참고 「경찰관 직무집행법」의 성격 – 근거법

① 경찰장구·분사기 및 최루탄 사용의 근거법이 된다.
② 무기사용의 근거법이 된다(무기휴대의 근거법은 「경찰공무원법」이다).
③ 유치장 설치의 근거법이 된다.

0560

「경찰관 직무집행법」상 경찰장구의 사용 기준으로 가장 적절하지 않은 것은?

| 15년 3차 순경 |

① 현행범이나 사형·무기 또는 장기 3년 이상의 징역이나 금고에 해당하는 죄를 범한 범인의 체포 또는 도주 방지
② 불법집회·시위로 인한 자신이나 다른 사람의 생명·신체와 재산 및 공공시설 안전에 대한 현저한 위해의 발생 억제
③ 자신이나 다른 사람의 생명·신체의 방어 및 보호
④ 공무집행에 대한 항거 제지

- 정답 ②
- 난이도 하 중 상
- 해설 ①, ③, ④의 경우에는 「경찰관 직무집행법」상 경찰장구의 사용 기준이며, ②의 경우에는 「경찰관 직무집행법」상 분사기 및 최루탄의 사용 요건이다.

참고 경찰장구의 사용요건(「경찰관 직무집행법」)

경찰관은 다음의 직무를 수행하기 위하여 필요하다고 인정되는 상당한 이유가 있을 때에는 그 사태를 합리적으로 판단하여 필요한 한도에서 경찰장구를 사용할 수 있다(동법 제10조의2 제1항).
① 현행범이나 사형·무기 또는 장기 3년 이상의 징역이나 금고에 해당하는 죄(긴급체포의 요건)를 범한 범인의 체포 또는 도주의 방지
② 자신이나 다른 사람의 생명·신체의 방어 및 보호
③ 공무집행에 대한 항거 제지

0561

「경찰관 직무집행법」에 관한 다음 설명 중 옳은 것은 모두 몇 개인가?

| 15년 2차 순경 |

㉠ 유치장에 관한 규정을 두고 있다.
㉡ "경찰장비"란 무기, 경찰장구, 최루제와 그 발사장치, 살수차, 감식기구, 해안 감시기구, 통신기기, 차량·선박·항공기 등 경찰이 직무를 수행할 때 필요한 장치와 기구를 말한다.
㉢ 손실보상청구권은 손실이 있음을 안 날부터 2년, 손실이 발생한 날부터 5년간 행사하지 아니하면 시효의 완성으로 소멸한다.
㉣ "경찰장구"란 경찰관이 휴대하여 범인 검거와 범죄 진압 등의 직무 수행에 사용하는 수갑, 포승, 경찰봉, 방패 등을 말한다.

① 1개 ② 2개
③ 3개 ④ 4개

정답 ③

난이도 하 중 상

해설 ㉠, ㉡, ㉣은 옳은 설명이며, ㉢은 틀린 설명이다.
㉢ ✗ 손실보상청구권은 손실이 있음을 안 날부터 3년, 손실이 발생한 날부터 5년간 행사하지 아니하면 시효의 완성으로 소멸한다(「경찰관 직무집행법」 제11조의2 제2항).

0562

「경찰관 직무집행법」상 불심검문에 관한 다음 설명 중 가장 적절하지 않은 것은? | 15년 2차 순경 |

① 경찰관은 불심검문 시 그 장소에서 질문을 하는 것이 그 사람에게 불리하거나 교통에 방해가 된다고 인정될 때에는 질문을 하기 위하여 가까운 경찰관서로 동행할 것을 요구할 수 있다. 이 경우 동행을 요구받은 사람은 그 요구를 거절할 수 있다.

② 경찰관은 질문을 하거나 동행을 요구할 경우 자신의 신분을 표시하는 증표를 제시하면서 소속과 성명을 밝히고 질문이나 동행의 목적과 이유를 설명하여야 하며, 동행을 요구하는 경우에는 동행 장소를 밝혀야 한다.

③ 질문을 받거나 동행을 요구받은 사람은 형사소송에 관한 법률에 따르지 아니하고는 신체를 구속당하지 아니하며, 그 의사에 반하여 답변을 강요당하지 아니한다.

④ 경찰관은 동행한 사람의 가족이나 친지 등에게 동행한 경찰관의 신분, 동행 장소, 동행 목적과 이유를 알리거나 본인으로 하여금 즉시 연락할 수 있는 기회를 주어야 하나, 변호인의 도움을 받을 권리가 있음을 알릴 필요는 없다.

- **정답** ④
- **난이도**
- **해설** ①, ②, ③은 옳은 설명이며, ④는 틀린 설명이다.

④ ✗ 경찰관은 동행한 사람의 가족이나 친지 등에게 동행한 경찰관의 신분, 동행 장소, 동행 목적과 이유를 알리거나 본인으로 하여금(다른 사람으로 하여금 ×) 즉시 연락할 수 있는 기회를 주어야 하며, 변호인의 도움을 받을 권리가 있음을 알려야 한다(「경찰관 직무집행법」 제3조 제5항). 여기서 **「변호인 조력권」은 동행을 요구할 때에는 고지할 필요는 없으나, 경찰관서로 동행한 때에는 고지**하여야 한다.

판례 임의동행에서의 상대방의 동의

① 수사관이 수사과정에서 당사자의 동의를 받는 형식으로 피의자를 수사관서 등에 동행하는 것은 오로지 피의자의 자발적인 의사에 의하여 수사관서 등에의 동행이 이루어졌음이 객관적인 사정에 의하여 명백하게 입증된 경우에 한하여, 그 적법성이 인정된다.

② 경찰관이 임의동행을 요구하며 손목을 잡고 뒤로 꺾어 올리는 등으로 제압하자 거기에서 벗어나려고 몸싸움을 하는 과정에서 경찰관에게 경미한 상해를 입힌 경우에는 그 위법성이 인정되지 않는다.

0563

「경찰관 직무집행법」상 다음 설명 중 가장 적절하지 않은 것은? | 15년 1차 순경 |

① 경찰관서의 장은 대간첩 작전의 수행이나 소요 사태의 진압을 위하여 필요하다고 인정되는 상당한 이유가 있을 때에는 대간첩작전지역이나 경찰관서·무기고 등 국가중요시설에 대한 접근 또는 통행을 제한하거나 금지할 수 있다.
② 경찰관은 범죄행위가 목전에 행하여지려고 하고 있다고 인정될 때에는 이를 예방하기 위하여 관계인에게 필요한 경고를 하고, 그 행위로 인하여 사람의 생명·신체에 위해를 끼치거나 재산에 중대한 손해를 끼칠 우려가 있는 긴급한 경우에는 그 행위를 제지할 수 있다.
③ 법률에서 정한 절차에 따라 체포·구속된 사람 또는 신체의 자유를 제한하는 판결이나 처분을 받은 사람을 수용하기 위하여 경찰서에 유치장을 둔다.
④ 경찰관 직무의 범위에 외국 정부기관 및 국제기구와의 국제협력은 규정되어 있지 않다.

- **정답** ④
- **난이도** 하 중 상
- **해설** ①, ②, ③은 옳은 설명이며, ④는 틀린 설명이다.
  ④ ✗ 경찰청장 또는 해양경찰청장은 이 법에 따른 경찰관의 직무수행을 위하여 외국 정부기관, 국제기구 등과 자료교환, 국제협력 활동 등을 할 수 있다(「경찰관 직무집행법」 제8조의3).

참고 범죄의 예방과 제지의 수단

구 분	내 용
경 고	『경고』란 범죄행위가 실행되려고 하는 사태에 직·간접적으로 관계가 있는 사람을 대상으로 하여 **범죄예방을 위해** 범죄행위로 나아가려고 하는 것을 중지하도록 통고하는 것을 말한다.
제 지	① 『제지』란 목전의 범죄를 범하려고 하는 자 또는 범죄행위를 실행 중인 자를 대상으로 하여 실력에 의한 행위를 통해 강제적 중지상태로 만드는 것을 말한다. ② 이러한 제지는 필요한 최소한도 내에서 행해져야 한다.

0564

「경찰관 직무집행법」상 경찰관의 무기사용 시 상대방에게 위해를 주어서는 아니 되는 경우로 가장 적절한 것은?

| 15년 1차 순경 |

① 자기 또는 타인의 생명·신체에 대한 방호
② 무장간첩이 투항명령을 받고도 불응하는 때
③ 「형법」상 정당방위·긴급피난에 해당하는 때
④ 무기를 소지한 자가 3회 이상 투기·투항명령에 불응하며 항거하는 때

- **정답** ①
- **난이도** 하 중 상
- **해설** ①의 경우에는 위해를 주어서는 아니 되는 무기사용의 요건에 해당하며, ②, ③, ④는 위해를 줄 수 있는 무기사용의 요건에 해당한다. 다만, 이러한 경우에도 경찰관은 필요하다고 인정되는 상당한 이유가 있을 때에는 그 사태를 합리적으로 판단하여 필요한 한도에서 무기를 사용할 수 있다(「경찰관 직무집행법」 제10조의4 제1항).

참고 | 무기사용의 요건(「경찰관 직무집행법」)

경찰관은 다음의 경우에 필요하다고 인정되는 상당한 이유가 있을 때에는 그 사태를 합리적으로 판단하여 필요한 한도에서 무기를 사용할 수 있다(동법 제10조의4 제1항).

구 분	내 용
위해의 수반 불가	① 범인의 체포 또는 범인의 도주 방지 ② 자신이나 다른 사람의 생명·신체의 방어 및 보호 ③ 공무집행에 대한 항거의 제지
위해의 수반 가능	① 「형법」에 규정된 정당방위와 긴급피난에 해당할 때 ② 대간첩작전 수행 과정에서 무장간첩이 항복하라는 경찰관의 명령을 받고도 따르지 아니할 때 ③ 사형·무기 또는 장기 3년 이상의 징역이나 금고에 해당하는 죄를 범하거나 범하였다고 의심할만한 충분한 이유가 있는 사람이 경찰관의 직무집행에 항거하거나 도주하려고 할 때 ④ 체포·구속영장과 압수·수색영장을 집행하는 과정에서 경찰관의 직무집행에 항거하거나 도주하려고 할 때 ⑤ 제3자가 위의 ③과 ④에 해당하는 사람을 도주시키려고 경찰관에게 항거할 때 ⑥ 범인이나 소요를 일으킨 사람이 무기·흉기 등 위험한 물건을 지니고 경찰관으로부터 3회 이상 물건을 버리라는 명령이나 항복하라는 명령을 받고도 따르지 아니하면서 계속 항거할 때

0565

「경찰관 직무집행법」상 손실보상에 대한 설명으로 틀린 것은 모두 몇 개인가?

 | 15년 1차 순경 |

> ㉠ 보상을 청구할 수 있는 권리는 손실이 있음을 안 날부터 1년, 손실이 발생한 날로부터 3년간 행사하지 아니하면 시효의 완성으로 소멸한다.
> ㉡ 소속 경찰공무원의 직무집행으로 인하여 발생한 손실보상청구사건을 심의하기 위하여 경찰청, 시·도경찰청 및 경찰서에 손실보상심의위원회를 설치한다.
> ㉢ 보상금은 다른 법률에 특별한 규정이 있는 경우를 제외하고는 현금으로 지급하여야 하고, 일시불로 지급하되 예산부족 등의 사유로 일시금으로 지급할 수 없는 특별한 사정이 있는 경우에는 청구인의 동의를 받아 분할하여 지급할 수 있다.
> ㉣ 물건의 멸실·훼손으로 인한 손실 외의 재산상 손실에 대해서는 직무집행과 상당한 인과관계가 있는 범위에서 보상한다.

① 1개 ② 2개
③ 3개 ④ 4개

- **정답** ②
- **난이도** 하 중 상
- **해설** ㉢, ㉣은 옳은 설명이며, ㉠, ㉡은 틀린 설명이다.
  - ㉠ ✗ 보상을 청구할 수 있는 권리는 손실이 있음을 <u>안 날부터 3년</u>, 손실이 <u>발생한 날로부터 5년</u>간 행사하지 아니하면 시효의 완성으로 소멸한다(「경찰관 직무집행법」 제11조의2 제2항).
  - ㉡ ✗ 손실보상신청 사건을 심의하기 위하여 『<u>손실보상심의위원회</u>』를 둔다(「경찰관 직무집행법」 제11조의2 제3항). 소속 경찰공무원의 직무집행으로 인하여 발생한 손실보상청구사건을 심의하기 위하여 <u>경찰청</u>, 해양경찰청, <u>시·도경찰청</u> 및 지방해양경찰청에 『<u>손실보상심의위원회</u>』를 설치한다(「경찰관 직무집행법 시행령」 제11조 제1항). <u>경찰서는 손실보상심의위원회의 설치 기관이 아니다.</u>

0566

「위해성 경찰장비의 사용기준 등에 관한 규정」상 다음을 경찰장구, 무기, 분사기·최루탄 등, 기타장비로 옳게 구분한 것은?

| 14년 2차 순경 |

> ㉠ 살수차
> ㉡ 산탄총
> ㉢ 포승
> ㉣ 전자충격기
> ㉤ 가스발사총
> ㉥ 석궁
> ㉦ 가스차
> ㉧ 경찰봉

① 경찰장구 3개, 무기 2개, 분사기·최루탄 등 2개, 기타장비 1개
② 경찰장구 2개, 무기 1개, 분사기·최루탄 등 2개, 기타장비 3개
③ 경찰장구 3개, 무기 1개, 분사기·최루탄 등 1개, 기타장비 3개
④ 경찰장구 2개, 무기 3개, 분사기·최루탄 등 1개, 기타장비 2개

- **정답** ③
- **난이도** 상 중 하
- **해설** ㉢, ㉣, ㉧은 경찰장구에 해당한다. ㉡은 무기에 해당한다. ㉤은 분사기·최루탄에 해당한다. ㉠, ㉥, ㉦은 기타장비에 해당한다.

참고 경찰장비의 의의 및 종류(「경찰관 직무집행법」)

구분		내용
의의		① 경찰관은 직무수행 중 경찰장비를 사용할 수 있다(동법 제10조 제1항 본문). ② 『경찰장비』란 무기, 경찰장구, 최루제와 그 발사장치, 살수차, 감식기구, 해안 감시기구, 통신기기, 차량·선박·항공기 등 경찰이 직무를 수행할 때 필요한 장치와 기구를 말한다(동법 제10조 제2항). ③ 경찰장비는 경찰장구, 무기, 분사기 및 최루탄, 기타 장비 모두를 포함하는 개념이다.
종류	경찰장구	수갑, 포승, 호송용 포승, 경찰봉, 호신용 경봉, 전자충격기, 방패, 전자방패
	무기	권총, 소총, 기관총(기관단총 포함), 산탄총, 유탄발사기, 박격포, 3인치포, 함포, 크레모아, 수류탄, 폭약류, 도검
	분사기·최루탄 등	근접분사기, 가스분사기, 가스발사총(고무탄 발사겸용 포함), 최루탄(그 발사장치 포함)
	기타 장비	가스차, 살수차, 특수진압차, 물포, 석궁, 다목적발사기, 도주차량 차단장비

0567

「경찰관 직무집행법」에 관한 다음 설명 중 옳지 <u>않은</u> 것은 모두 몇 개인가?

| 14년 2차 순경 |

> ㉠ 국민의 자유와 권리를 보호하고 사회공공의 질서를 유지하기 위한 경찰관(경찰공무원만 해당한다. 이하 같다)의 직무수행에 필요한 사항을 규정함을 목적으로 한다.
> ㉡ 제2조 제3호에는 경비, 주요 인사 경호 및 대간첩·대테러 작전 수행을 직무범위로 규정하고 있다.
> ㉢ 경찰공무원은 직무수행을 위하여 필요하면 무기를 휴대할 수 있다고 규정하고 있다.
> ㉣ 경찰관서의 장은 대간첩 작전의 수행이나 소요 사태의 진압을 위하여 필요하다고 인정되는 상당한 이유가 있을 때에는 대간첩 작전지역이나 경찰관서·무기고 등 국가중요시설에 대한 접근 또는 통행을 제한하거나 금지하여야 한다.
> ㉤ 이 법에 규정된 경찰관의 직권은 그 직무 수행에 필요한 최소한도에서 행사되어야 하며 남용되어서는 아니 된다는 비례의 원칙을 규정하고 있다.

① 1개 ② 2개
③ 3개 ④ 4개

- **정답** ②
- **난이도** 상 중 하
- **해설** ㉠, ㉡, ㉤은 옳은 설명이며, ㉢, ㉣은 틀린 설명이다.
  - ㉢ ✗ 경찰공무원의 무기 휴대에 관한 권한은 「경찰공무원법」에서 규정하고 있다. 즉, 경찰공무원은 직무수행을 위하여 필요한 때에는 무기를 휴대할 수 있다(「경찰공무원법」 제26조 제2항).
  - ㉣ ✗ 경찰관서의 장은 대간첩 작전의 수행이나 소요 사태의 진압을 위하여 필요하다고 인정되는 상당한 이유가 있을 때에는 대간첩 작전지역 또는 경찰관서·무기고 등 국가중요시설에 대한 접근 또는 통행을 제한하거나 금지할 수 있다(「경찰관 직무집행법」 제5조 제2항).

0568

다음은 「경찰관 직무집행법」 제4조 보호조치를 설명한 것이다. 가장 적절한 것은? | 14년 1차 순경 |

① 경찰관은 수상한 거동 기타 주위의 사정을 합리적으로 판단하여 보호조치대상자에 해당함이 명백하며 응급의 구호를 요한다고 믿을 만한 상당한 이유가 있는 자를 발견한 때에는 보건의료기관 또는 공공구호기관에 긴급구호를 요청하거나 경찰관서에 보호하는 등 적당한 조치를 하여야 한다.

② 경찰관이 보호조치를 한 때에는 지체 없이 이를 피구호자의 가족·친지 기타 연고자에게 그 사실을 통지하여야 하며, 연고자가 발견되지 아니할 때에는 피보호자를 적당한 공중보건의료기관이나 공공구호기관에 즉시 인계하여야 한다.

③ 경찰관서에서의 보호조치는 12시간을 초과할 수 없다.

④ 미아·병자·부상자 등으로서 적당한 보호자가 없으며 응급의 구호를 요한다고 인정되면 당해인이 거절하더라도 보호조치가 가능하다.

- **정답** ②
- **난이도** 하 중 상
- **해설** ②는 옳은 설명이며, ①, ③, ④는 틀린 설명이다.

  ① ✗ 경찰관은 수상한 행동 그 밖의 주위의 사정을 합리적으로 판단하여 보호조치 대상자에 해당함이 명백하며 응급의 구호를 요한다고 믿을 만한 상당한 이유가 있는 자를 발견한 때에는 보건의료기관 또는 공공구호기관에 긴급구호를 요청하거나 경찰관서에 보호하는 등 적당한 조치를 <u>할 수 있다</u>(「경찰관 직무집행법」 제4조 제1항). 이 경우 <u>경찰에 의한 직접적인 보호조치는 1차적으로 발동되어서는 안 되고, 최후의 보충적 수단으로 행해져야 한다.</u>

  ③ ✗ 구호대상자를 경찰관서에서 보호하는 기간은 <u>24시간</u>을 초과할 수 없다(「경찰관 직무집행법」 제4조 제7항). 따라서 24시간 이내에 보건의료기관 등에 인계하거나 귀가시켜서 보호조치를 해제하여야 한다.

  ④ ✗ <u>미아·병자·부상자 등</u>으로서 적당한 보호자가 없으며 응급구호가 필요하다고 인정되는 사람의 경우 보호조치 대상자에는 해당하지만, <u>본인이 구호를 거절하는 경우에는 보호조치를 할 수 없다</u>(「경찰관 직무집행법」 제4조 제1항 제3호).

판례 보호조치에 따른 보건의료기관의 치료행위의 성격

경찰관이 응급의 구호를 요하는 자를 보건의료기관에게 긴급구호요청을 하고, 보건의료기관이 이에 따라 치료행위를 하였다고 하더라도 국가와 보건의료기관 사이에 치료위임계약이 체결된 것으로는 볼 수 없다.

0569

「경찰관의 정보수집 및 처리 등에 관한 규정」에 대한 설명으로 가장 적절하지 않은 것은? |23년 승진|

① 경찰관의 정보수집·작성·배포에 있어 정보의 구체적인 범위에는 범죄의 예방과 대응에 필요한 정보가 포함된다.
② 경찰관은 정보를 수집하거나 정보의 수집·작성·배포에 수반되는 사실을 확인하려는 경우에는 상대방에게 자신의 신분을 밝히고 정보수집 또는 사실 확인의 목적을 설명해야 한다.
③ ②의 경우 강제적인 방법을 사용할 수 있다.
④ 범죄의 대응을 위한 정보활동에 현저한 지장을 초래할 우려가 있는 경우에는 ②의 절차를 생략할 수 있다.

 ③

 ①, ②, ④는 옳은 설명이며, ③은 틀린 설명이다.
③ ✗ 경찰관은 정보를 수집하거나 정보의 수집·작성·배포에 수반되는 사실을 확인하려는 경우에는 **상대방에게 자신의 신분을 밝히고 정보 수집 또는 사실 확인의 목적을 설명해야 한다**. 이 경우 **강제적인 방법을 사용해서는 안 된다**(「경찰관의 정보수집 및 처리 등에 관한 규정」 제4조 제1항).

0570

「경찰관 직무집행법」 제4조(보호조치 등)에 관한 설명으로 괄호 안의 내용을 가장 적절하게 연결한 것은? | 23년 승진 |

> 경찰관이 보호조치 등을 하였을 때에는 (㉠) 구호대상자의 가족, 친지 또는 그 밖의 연고자에게 그 사실을 알려야 하며, 연고자가 발견되지 아니할 때에는 구호대상자를 적당한 공공보건의료기관이나 공공구호기관에 즉시 인계하여야 한다. 구호대상자를 경찰관서에서 보호하는 기간은 (㉡)시간을 초과할 수 없고, 물건을 경찰관서에 임시로 영치하는 기간은 (㉢)일을 초과할 수 없다.

① ㉠ – 24시간 이내에, ㉡ – 12, ㉢ – 20
② ㉠ – 지체없이, ㉡ – 24, ㉢ – 10
③ ㉠ – 24시간 이내에, ㉡ – 24, ㉢ – 10
④ ㉠ – 지체없이, ㉡ – 12, ㉢ – 20

정답 ②

난이도

해설
㉠은 지체 없이, ㉡은 12, ㉢은 20이다.
㉠ 경찰관이 응급구호를 요청하거나 경찰관서에 일시 보호하는 등 조치를 하였을 때에는 지체 없이 구호대상자의 가족·친지 또는 그 밖의 연고자에게 그 사실을 알려야 하며, 연고자가 발견되지 아니할 때에는 구호대상자를 적당한 공공보건의료기관이나 공공구호기관에 즉시 인계하여야 한다(「경찰관 직무집행법」 제4조 제4항).
㉡, ㉢ 구호대상자를 경찰관서에서 보호하는 기간은 24시간을 초과할 수 없고, 물건을 경찰관서에 임시로 영치하는 기간은 10일을 초과할 수 없다(「경찰관 직무집행법」 제4조 제7항).

0571

「경찰관 직무집행법」 제5조(위험발생의 방지 등)에 관한 내용 중 가장 적절하지 않은 것은?

| 23년 승진 |

① 경찰관은 위험발생의 방지 등에 관한 조치 중 매우 긴급한 경우에 위해를 입을 우려가 있는 사람을 필요한 한도에서 억류하거나 피난시킬 수 있다.
② 경찰관은 위험발생의 방지 등에 관한 조치를 하였을 때에는 지체 없이 그 사실을 소속 경찰관서의 장에게 보고하여야 한다.
③ 경찰관서의 장은 대간첩 작전의 수행이나 소요 사태의 진압을 위하여 필요하다고 인정되는 상당한 이유가 있을 때에는 대간첩 작전지역이나 경찰관서·무기고 등 다중이용시설에 대한 접근 또는 통행을 제한하거나 금지할 수 있다.
④ 경찰관은 위험한 동물 등의 출현으로 인해 사람의 생명 또는 신체에 위해를 끼치거나 재산에 중대한 손해를 끼칠 우려가 있는 경우 위험발생 방지 등의 조치를 할 수 있다.

- **정답** ③
- **난이도**
- **해설** ①, ②, ④는 옳은 설명이며, ③은 틀린 설명이다.
  ③ ✗ **경찰관서의 장**은 대간첩 작전의 수행이나 소요 사태의 진압을 위하여 필요하다고 인정되는 상당한 이유가 있을 때에는 대간첩 작전지역이나 경찰관서·무기고 등 **국가중요시설(다중이용시설 ✗)에 대한 접근 또는 통행을 제한하거나 금지할 수 있다**(「경찰관 직무집행법」 제5조 제2항).

참고 위험발생의 방지의 수단(「경찰관 직무집행법」)

구분	내용
경고조치	① 경찰관은 ⊙ 그 장소에 모인 사람, ⓒ 사물의 관리자, ⓒ 그 밖의 관계인에게 필요한 경고를 할 수 있다(동법 제5조 제1항 제1호). ② 이는 관계자의 자율적 판단에 따른 위해방지조치를 기대하여 가능한 한 강제력의 행사를 피하기 위함이다.
억류 또는 피난조치	① 경찰관은 매우 긴급한 경우에는 위해를 입을 우려가 있는 사람을 필요한 한도에서 억류하거나 피난시킬 수 있다(동법 제5조 제1항 제2호). ② 억류또는 피난조치는 당사자의 의사에 반하여 강제로 행해질 수 있다.
직접적인 위해방지 조치	경찰관은 ⊙ 그 장소에 있는 사람, ⓒ 사물의 관리자, ⓒ 그 밖의 관계인에게 위해를 방지하기 위하여 필요하다고 인정되는 조치를 하게 하거나, 직접 그 조치를 취할 수 있다(동법 제5조 제1항 제3호).
접근 또는 통행의 제한 및 금지	① 경찰관서의 장은 대간첩작전의 수행이나 소요사태의 진압을 위하여 필요하다고 인정되는 상당한 이유가 있을 때에는 대간첩 작전지역 또는 경찰관서·무기고 등 국가중요시설에 대한 접근 또는 통행을 제한하거나 금지할 수 있다(동법 제5조 제2항). ② 접근 또는 통행의 제한·금지의 조치권자는 경찰공무원 개인이 아닌, 경찰관서의 장이다.

0572

「경찰관 직무집행법」 제6조(범죄의 예방과 제지) 및 제7조(위험방지를 위한 출입)에 관한 내용 중 가장 적절하지 않은 것은? (다툼이 있는 경우 판례에 의함) |23년 승진|

① 경찰관의 제지 조치가 적법한지는 제지 조치 당시의 구체적 상황을 기초로 판단하여야 하고 사후적으로 순수한 객관적 기준에서 판단할 것은 아니다.

② 경찰관은 위험방지를 위해 필요한 장소에 출입할 때에는 그 신분을 표시하는 증표를 제시하여야 하며, 함부로 관계인이 하는 정당한 업무를 방해해서는 아니 된다.

③ 경찰관의 경고나 제지는 범죄의 예방을 위하여 범죄행위에 관한 실행의 착수 전에 행하여질 수 있을 뿐만 아니라, 이후 범죄행위가 계속되는 중에 그 진압을 위하여도 당연히 행하여질 수 있다고 보아야 한다.

④ 경찰관은 범죄행위가 목전에 행하여지려고 하고 있다고 인정될 경우 이를 예방하기 위하여 관계인에게 필요한 제지를 하여야 한다.

- **정답** ④
- **난이도**
- **해설** ①, ②, ③은 옳은 설명이며, ④는 틀린 설명이다.
  ④ ❌ 경찰관은 범죄행위가 목전(目前)에 행하여지려고 하고 있다고 인정될 때에는 이를 예방하기 위하여 관계인에게 필요한 경고를 하고, 그 행위로 인하여 사람의 생명·신체에 위해를 끼치거나 재산에 중대한 손해를 끼칠 우려가 있는 긴급한 경우에는 그 행위를 제지할 수 있다(「경찰관 직무집행법」 제6조).

판례 경찰관의 제지 조치 발동의 해석

① 「경찰관 직무집행법」 제6조에서 경찰관의 제지에 관한 부분은 범죄의 예방을 위한 경찰행정상 즉시강제에 관한 근거조항이다. 행정상 즉시강제는 그 본질상 행정의 목적달성을 위하여 불가피한 한도 내에서 예외적으로 허용되는 것이므로, 위 조항에 의한 경찰관의 제지 조치 역시 그러한 조치가 불가피한 최소한도 내에서만 행사되도록 그 발동·행사의 요건을 신중하고 엄격하게 해석하여야 한다. 그러한 해석·적용의 범위 내에서만 우리 「헌법」상 신체의 자유 등 기본권 보장의 조항과 그 정신 및 해석의 원칙에 합치될 수 있다.

② 「집회 및 시위에 관한 법률」에 의하여 금지된 위법한 집회·시위가 장차 특정지역에서 개최될 것이 예상된다고 하더라도, 이와 시간적·장소적으로 근접하지 않은 다른 지역에서 그 집회·시위에 참가하기 위하여 출발 또는 이동하는 행위를 함부로 제지하는 것은 「경찰관 직무집행법」 제6조의 행정상 즉시강제인 경찰관의 제지의 범위를 명백히 넘어 허용될 수 없다.

0573

다음 설명으로 가장 적절하지 않은 것은? (다툼이 있는 경우 판례에 의함) | 22년 승진 |

① 「경찰관 직무집행법 시행령」상 경찰관의 적법한 직무집행으로 인하여 발생한 손실을 보상받으려는 사람은 보상금 지급 청구서에 손실내용과 손실금액을 증명할 수 있는 서류를 첨부하여 손실보상청구 사건 발생지를 관할하는 국가경찰관서의 장에게 제출하여야 한다.

② 「경찰관 직무집행법」에 따라 경찰관은 미아, 병자, 부상자 등으로서 적당한 보호자가 없으며 응급구호가 필요하다고 인정되는 사람은 본인이 구호를 거절하는 경우에도 보호조치를 할 수 있다.

③ 「경찰관 직무집행법」에 따라 경찰관이 불심검문을 하던 중 정지시킨 장소에서 질문하는 것이 불심자에게 불리하거나 교통에 방해가 된다고 인정될 때에는 질문을 하기 위하여 경찰관서로 동행할 것을 요구할 수 있다.

④ 「경찰관 직무집행법」상 '제지'는 행정상 즉시강제에 해당하며, 필요한 최소한도 내에서 행해져야 하므로 해당 집회 참가가 불법 행위라도, 집회 장소와 시간적·장소적으로 근접하지 않은 경우에는 이를 제지할 수 없다.

- **정답** ②
- **난이도** 하 중 상
- **해설** ①, ③, ④는 옳은 설명이며, ②는 틀린 설명이다.
  ② ✗ 미아, 병자, 부상자 등으로서 적당한 보호자가 없으며 응급구호가 필요하다고 인정되는 사람의 경우 보호조치 대상자에는 해당하지만, 본인이 구호를 거절하는 경우에는 보호조치를 할 수 없다(「경찰관 직무집행법」 제4조 제1항 제3호).

참고 보호조치의 대상자(「경찰관 직무집행법」)

구 분	내 용
강제보호조치 대상자 (본인의 의사 ✗)	① 정신착란을 일으키거나 술에 취하여 자신 또는 다른 사람의 생명·신체·재산에 위해를 끼칠 우려가 있는 사람의 경우 경찰관은 본인의 의사와는 관계없이 강제보호조치를 할 수 있다(동법 제4조 제1항 제1호). ② 자살을 시도하는 사람의 경우 경찰관은 본인의 의사와는 관계없이 강제보호조치를 할 수 있다(동법 제4조 제1항 제2호).
임의보호조치 대상자 (본인의 의사 ○)	미아, 병자, 부상자 등으로서 적당한 보호자가 없으며 응급구호가 필요하다고 인정되는 사람의 경우 보호조치 대상자에는 해당하지만, 본인이 구호를 거절하는 경우에는 보호조치를 할 수 없다(동법 제4조 제1항 제3호).

0574

「경찰관 직무집행법」에 대한 설명으로 가장 적절하지 않은 것은?

| 22년 승진 |

① 국민의 자유와 권리 및 모든 개인이 가지는 불가침의 기본적 인권을 보호하고 사회공공의 질서를 유지하기 위한 경찰관의 직무 수행에 필요한 사항을 규정함을 목적으로 한다.
② 경찰관은 범죄행위가 목전에 행하여지려고 하고 있다고 인정될 때에는 이를 예방하기 위하여 관계인에게 필요한 경고를 할 수 있다.
③ 경찰관이 위험방지를 위해 출입할 때에는 그 신분을 표시하는 증표의 제시의무는 없다.
④ 경찰관은 위험한 사태가 발생하여 사람의 생명·신체 또는 재산에 대한 위해가 임박한 때에 그 위해를 방지하거나 피해자를 구조하기 위하여 부득이하다고 인정하면 합리적으로 판단하여 필요한 한도에서 다른 사람의 토지·건물·배 또는 차에 출입할 수 있다.

- **정답** ③
- **난이도**
- **해설**

①, ②, ④는 옳은 설명이며, ③은 틀린 설명이다.
③ ❌ 경찰관은 위험방지를 위하여 필요한 장소에 출입할 때에는 그 신분을 표시하는 증표(공무원 신분증)를 제시하여야 하며, 함부로 관계인이 하는 정당한 업무를 방해해서는 아니 된다(「경찰관 직무집행법」 제7조 제4항).

참고 긴급출입, 예방출입, 검색출입의 구분

구 분	긴급출입	예방출입	검색출입
목 적	위해방지, 피해자의 구조	범죄예방, 위해예방	대간첩작전을 위한 검색
시 간	주·야를 불문(제한 없음)	영업시간·공개시간 내	주·야를 불문(제한 없음)
장 소	제한 없음	경찰상 공개된 장소	작전지역 안에서의 경찰상 공개된 장소
관리자의 동의	동의를 요하지 않음	동의를 요함	동의를 요하지 않음
비 고	위험방지를 위한 출입은 범죄수사에 이용할 수 없고, 영장을 필요로 하지 않는다.		

0575

경찰장비에 대한 설명이다. 아래 ㉠부터 ㉣까지의 설명 중 옳고 그름의 표시(O, X)가 바르게 된 것은?

| 22년 승진 |

㉠ 「경찰관 직무집행법」상 경찰청장은 위해성 경찰장비를 새로 도입하려는 경우에는 대통령령으로 정하는 바에 따라 안전성 검사를 실시하여 그 안전성 검사의 결과보고서를 행정안전부장관에게 제출하여야 한다.

㉡ 「위해성 경찰장비의 사용기준 등에 관한 규정」상 경찰관은 14세 미만의 자 또는 65세 이상의 고령자에 대하여 전자충격기를 사용하여서는 아니 된다.

㉢ 「경찰관 직무집행법」상 경찰관은 범인의 체포 또는 범인의 도주 방지를 위하여 부득이한 경우에는 현장책임자가 판단하여 필요한 최소한의 범위에서 「총포·도검·화약류 등의 안전관리에 관한 법률」에 따른 분사기를 사용할 수 있다.

㉣ 「경찰관 직무집행법」상 경찰관은 범인의 체포, 범인의 도주방지, 자신이나 다른 사람의 생명·신체의 방어 및 보호, 공무집행에 대한 항거의 제지를 위하여 필요하다고 인정되는 상당한 이유가 있을 때에는 그 사태를 합리적으로 판단하여 필요한 한도에서 무기를 사용할 수 있다.

① ㉠ (X) ㉡ (O) ㉢ (O) ㉣ (X)
② ㉠ (O) ㉡ (X) ㉢ (O) ㉣ (X)
③ ㉠ (X) ㉡ (X) ㉢ (X) ㉣ (O)
④ ㉠ (X) ㉡ (X) ㉢ (O) ㉣ (O)

- 정답 ④
- 난이도
- 해설 ㉢, ㉣은 옳은 설명이며, ㉠, ㉡은 틀린 설명이다.

㉠ ✗ 경찰청장은 위해성 경찰장비를 새로 도입하려는 경우에는 대통령령으로 정하는 바에 따라 안전성 검사를 실시하여 그 안전성 검사의 결과보고서를 국회 소관 상임위원회에 제출(국가경찰위원회에 제출 ×)하여야 한다. 이 경우 안전성 검사에는 외부 전문가를 참여시켜야 한다(「경찰관 직무집행법」 제10조 제5항).

㉡ ✗ 경찰관은 14세 미만의 자 또는 임산부에 대하여 전자충격기 또는 전자방패를 사용하여서는 아니 된다(「위해성 경찰장비의 사용기준 등에 관한 규정」 제8조 제1항). 경찰관은 전극침 발사장치가 있는 전자충격기를 사용하는 경우 상대방의 얼굴을 향하여 전극침을 발사하여서는 아니 된다(「위해성 경찰장비의 사용기준 등에 관한 규정」 제8조 제2항).

0576

「경찰관 직무집행법」 제4조 '보호조치 등'에 대한 설명으로 가장 적절한 것은?

| 21년 승진 |

① 경찰관은 자살기도자를 발견하여 경찰관서에 보호할 경우 지체 없이 구호대상자의 가족, 친지 또는 그 밖의 연고자에게 그 사실을 알려야 하며, 연고자가 발견되지 아니할 때에는 구호대상자의 의사와 상관없이 공공보건의료기관이나 공공구호기관에 인계할 수 있다.

② 경찰관은 보호조치 등을 하는 경우에 구호대상자가 휴대하고 있는 무기·흉기 등 위험을 일으킬 수 있는 것으로 인정되는 물건을 경찰관서에 임시로 영치하여 놓을 수 있고, 그 기간은 10일을 초과할 수 없다.

③ 긴급구호요청을 받은 응급의료종사자가 정당한 이유 없이 긴급구호요청을 거절할 경우,「경찰관 직무집행법」에 따라 3년 이하의 징역 또는 3천만원 이하의 벌금에 처한다.

④ 보호조치는 경찰관서에서 일시 보호하여 구호의 방법을 강구하는 것으로 경찰관의 재량행위에 해당하기 때문에 국가배상책임이 인정되는 경우는 없다.

  ②

②는 옳은 설명이며, ①, ③, ④는 틀린 설명이다.

① ❌ 경찰관은 자살기도자를 발견하여 경찰관서에 보호할 경우 지체 없이 구호대상자의 가족, 친지 또는 그 밖의 연고자에게 그 사실을 알려야 하며, 연고자가 발견되지 아니할 때에는 구호대상자를 적당한 공공보건의료기관이나 공공구호기관에 즉시 인계하여야 한다(「경찰관 직무집행법」 제4조 제4항). 그러나

③ ❌ 경찰관은 응급구호를 요하는 사람을 발견한 때에는 보건의료기관이나 공공구호기관에 긴급구호를 요청할 수 있다(「경찰관 직무집행법」 제4조 제1항). 경찰관의 응급구호를 요청받은 보건의료기관이나 공공구호기관은 정당한 이유 없이 긴급구호를 거절할 수 없다(「경찰관 직무집행법」 제4조 제2항). 거절한 경우에는 「경찰관 직무집행법」상에는 처벌규정이 없으나, 「응급의료에 관한 법률」에 의거하여 처벌이 가능하다.

④ ❌ 「보호조치」는 경찰강제 중 대인적 즉시강제 수단의 성질을 가진다. 또한 보호조치는 원칙적으로 재량적 행위이나, 예외적으로 구체적 상황(재량권의 0으로의 수축) 하에서는 기속성이 인정되어 국가배상책임의 문제가 발생할 수 있다. 주취자가 극도의 만취상태에서 병원후송조치까지는 필요가 없어 파출소에 보호하더라도 지속적으로 관찰하여 생명·신체에 위해가 생기지 않도록 보호조치를 취하여야 할 주의의무가 있다.

0577

「위해성 경찰장비의 사용기준 등에 관한 규정」에 대한 설명으로 가장 적절하지 않은 것은? | 21년 승진 |

① 경찰관은 불법집회·시위로 인하여 발생할 수 있는 경찰관의 생명·신체의 위해와 재산·공공시설의 위험을 방지하기 위해서는 경찰봉 또는 호신용경봉을 사용할 수 없다.

② 경찰관은 범인·술에 취한 사람 또는 정신착란자의 자살 또는 자해기도를 방지하기 위하여 필요한 때에는 수갑·포승 또는 호송용포승을 사용할 수 있다.

③ 경찰청장은 위해성 경찰장비를 새로 도입하려는 경우에는 신규 도입 장비에 대한 안전성 검사를 실시한 후 3개월 이내에 안전성 검사 결과보고서를 국회 소관 상임위원회에 제출하여야 한다.

④ 경찰관은 가스차·살수차 또는 특수진압차의 최루탄발사대로 최루탄을 발사하는 경우에는 15도 이상의 발사각을 유지하여야 하고, 최루탄발사기로 최루탄을 발사하는 경우 30도 이상의 발사각을 유지하여야 한다.

정답 ①

난이도 하 중 상

해설 ②, ③, ④는 옳은 설명이며, ①은 틀린 설명이다.

① ✗ 경찰관은 **불법집회·시위**로 인하여 발생할 수 있는 타인 또는 경찰관의 생명·신체의 위해와 재산·공공시설의 위험을 방지하기 위하여 필요한 때에는 최소한의 범위 안에서 경찰봉 또는 호신용 경봉을 사용할 수 있다(「위해성 경찰장비의 사용기준 등에 관한 규정」 제6조). 경찰관이 경찰봉 또는 호신용 경봉을 사용하는 때에는 인명 또는 신체에 대한 위해를 최소화하도록 주의하여야 한다(「위해성 경찰장비의 사용기준 등에 관한 규정」 제7조).

참고 경찰봉·호신용 경봉의 사용기준(「위해성 경찰장비의 사용기준 등에 관한 규정」)

경찰관은 **불법집회·시위**로 인하여 발생할 수 있는 타인 또는 경찰관의 생명·신체의 위해와 재산·공공시설의 위험을 방지하기 위하여 필요한 때에는 최소한의 범위 안에서 **경찰봉 또는 호신용 경봉을 사용할 수 있다**(동 규정 제6조).

0578

「경찰관 직무집행법」에 대한 설명으로 가장 적절하지 않은 것은?

| 20년 승진 |

① 동법에 규정된 경찰관의 직권은 그 직무 수행에 필요한 최소한도에서 행사되어야 하며 남용되어서는 아니 된다.
② 제2조 직무범위에서는 범죄피해자 보호도 경찰의 직무로 규정하고 있다.
③ 경찰관은 수상한 행동이나 그 밖의 주위 사정을 합리적으로 판단하여 볼 때 어떠한 죄를 범하였거나 범하려 하고 있다고 의심할 만한 상당한 이유가 있는 사람을 정지시켜 질문할 수 있다.
④ 불심검문 시 제복을 착용한 경찰관의 신분 증명을 면제한다.

 ④

 ①, ②, ③은 옳은 설명이며, ④는 틀린 설명이다.

④ ❌ 불심검문 시 제복을 착용한 경찰관의 신분증명을 면제하는 규정은 그 어디에서도 찾아볼 수 없다. 질문시 경찰관은 제복착용 여부와 관계없이 자신의 신분을 증명하는 증표를 제시하면서 소속과 성명을 밝히고 그 목적과 이유를 설명하여야 한다(「경찰관 직무집행법」 제3조 제4항). 여기서 경찰관의 신분증을 증표하는 것은 원칙적으로 경찰공무원의 공무원증만을 인정한다. 다만, 판례의 경우 경찰관의 신분증 제시의 적법성 여부와 관련하여 완화된 입장을 취하고 있다. 판례는 "정복착용 경찰관들이 당시 정황상 객관적으로 경찰관의 공무집행임을 누구나 인식할 수 있었고, 피검문자들이 경찰관에 대한 신분확인을 요구하지 않았다면, 경찰관이 신분증을 제시하지 않았더라도 적법한 공무집행이라고 볼 수 있다"고 판시하고 있다.

0579

「경찰관 직무집행법」 및 동법 시행령상 손실보상에 대한 설명으로 가장 적절하지 않은 것은?

| 20년 승진 |

① 국가는 경찰관의 적법한 직무집행으로 인하여 손해발생의 원인에 대하여 책임이 없는 자가 생명·신체 또는 재산상의 손실을 입은 경우 정당한 보상을 하여야 한다.
② 물건의 멸실·훼손으로 인한 손실 외의 재산상 손실에 대해서는 직무집행과 상당한 인과관계가 있는 범위에서 보상한다.
③ 손실보상을 청구할 수 있는 권리는 손실이 있음을 안 날부터 1년, 손실이 발생한 날부터 3년간 행사하지 아니하면 시효의 완성으로 소멸한다.
④ 손실보상심의위원회는 위원장 1명을 포함한 5명 이상 7명 이하의 위원으로 구성한다.

- **정답** ③
- **난이도** 하 주 상
- **해설** ①, ②, ④는 옳은 설명이며, ③은 틀린 설명이다.
  ③ ❌ 손실보상을 청구할 수 있는 권리는 손실이 있음을 안 날부터 3년, 손실이 발생한 날부터 5년간 행사하지 아니하면 시효의 완성으로 소멸한다(「경찰관 직무집행법」 제11조의2 제2항).

0580

「경찰관 직무집행법」상 보호조치에 대한 설명 중 가장 적절한 것은?

| 20년 승진 |

① 경찰관은 구호대상자를 발견하였을 때 보건의료기관이나 공공구호기관에 긴급구호를 요청할 수 있고, 긴급구호를 요청받은 기관이 정당한 이유 없이 이를 거절하는 경우 「경찰관 직무집행법」상 이에 대한 처벌규정이 있다.
② 본인이 구호를 거절하더라도 구호대상자 중 미아, 병자, 부상자에 대해 보호조치를 할 수 있다.
③ 경찰관은 보호조치를 하는 경우 구호대상자가 휴대하고 있는 무기·흉기 등 위험을 일으킬 수 있는 것으로 인정되는 물건을 임시로 영치할 수 있고, 임시로 영치할 수 있는 기간은 15일을 초과할 수 없다.
④ 경찰관은 보호조치를 하였을 때에는 지체 없이 구호대상자의 가족, 친지 또는 그 밖의 연고자에게 그 사실을 알려야 하고, 구호대상자를 경찰관서에 보호하는 기간은 24시간을 초과할 수 없다.

- **정답** ④
- **난이도**
- **해설**

④는 옳은 설명이며, ①, ②, ③은 틀린 설명이다.

① ✗ 경찰관은 응급구호를 요하는 사람을 발견한 때에는 보건의료기관이나 공공구호기관에 긴급구호를 요청할 수 있다(「경찰관 직무집행법」 제4조 제1항). 경찰관의 응급구호를 요청받은 보건의료기관이나 공공구호기관은 정당한 이유 없이 긴급구호를 거절할 수 없다(「경찰관 직무집행법」 제4조 제2항). 거절한 경우에는 「경찰관 직무집행법」상에는 처벌규정이 없으나, 「응급의료에 관한 법률」에 의거하여 처벌이 가능하다.

② ✗ 미아, 병자, 부상자 등으로서 적당한 보호자가 없으며 응급구호가 필요하다고 인정되는 사람의 경우 보호조치 대상자에는 해당하지만, 본인이 구호를 거절하는 경우에는 보호조치를 할 수 없다(「경찰관 직무집행법」 제4조 제1항 제3호).

③ ✗ 「임시영치」란 보호조치의 대상이 되는 구호대상자가 무기·흉기 등 위험을 일으킬 수 있는 것으로 인정되는 물건을 휴대하고 있는 경우에 일시적으로 그 점유를 박탈하여 경찰관서에 보호하는 것을 말한다(「경찰관 직무집행법」 제4조 제3항). 이 경우 상대방의 동의를 요하지 않는다. 임시영치의 기간은 10일을 초과할 수 없다(「경찰관 직무집행법」 제4조 제7항). 기간이 만료되면 반환한다.

0581

「경찰관 직무집행법」 및 동법 시행령상 손실보상에 대한 설명 중 가장 적절한 것은? | 20년 승진 |

① 국가는 손실 발생의 원인에 대하여 책임이 있는 자가 자신의 책임에 상응하는 정도를 초과하는 생명·신체 또는 재산상의 손실을 입은 경우 보상을 하지 않을 수 있다.
② 손실보상을 청구할 수 있는 권리는 손실이 있음을 안 날부터 5년, 손실이 발생한 날부터 3년간 행사하지 아니하면 시효의 완성으로 소멸한다.
③ 손실보상청구 사건을 심의하기 위하여 경찰청, 시·도경찰청에 손실보상심의위원회를 설치한다. 위원회는 위원장 1명을 포함한 5명 이상 7명 이하의 위원으로 구성하며, 위원장은 경찰청장 등이 지명한다.
④ 보상금은 일시불로 지급하되, 예산 부족 등의 사유로 일시금으로 지급할 수 없는 특별한 사정이 있는 경우에는 청구인의 동의를 받아 분할하여 지급할 수 있다.

정답 ④
난이도 하 중 상

해설 ④는 옳은 설명이며, ①, ②, ③은 틀린 설명이다.

① ✗ 국가는 경찰관의 적법한 직무집행으로 인하여 ㉠ 손실발생의 원인에 대하여 책임이 없는 자가 생명·신체 또는 재산상의 손실을 입은 경우, ㉡ 손실발생의 원인에 대하여 책임이 있는 자가 자신의 책임에 상응하는 정도를 초과하여 생명·신체 또는 재산상의 손실을 입은 경우에는 손실을 입은 자에 대하여 정당한 보상을 하여야 한다(「경찰관 직무집행법」 제11조의2 제1항).

② ✗ 손실보상을 청구할 수 있는 권리는 손실이 있음을 안 날부터 3년, 손실이 발생한 날부터 5년간 행사하지 아니하면 시효의 완성으로 소멸한다(「경찰관 직무집행법」 제11조의2 제2항).

③ ✗ 손실보상청구 사건을 심의하기 위하여 『손실보상심의위원회』를 둔다(「경찰관 직무집행법」 제11조의2 제3항). 소속 경찰공무원의 직무집행으로 인하여 발생한 손실보상청구 사건을 심의하기 위하여 경찰청 및 시·도경찰청에 위원회를 설치한다(「경찰관 직무집행법 시행령」 제11조 제1항). 위원회는 위원장 1명을 포함한 5명 이상 7명 이하의 위원으로 구성한다(「경찰관 직무집행법 시행령」 제11조 제2항). 위원회의 위원은 경찰청장 등이 위촉하거나 임명한다(「경찰관 직무집행법 시행령」 제11조 제3항). 위원장은 위원 중에서 호선한다(「경찰관 직무집행법 시행령」 제12조 제1항).

참고 손실보상심의위원회의 위원장(「경찰관 직무집행법 시행령」)

① 위원장은 위원 중에서 호선한다(동법 시행령 제12조 제1항).
② 위원장은 위원회를 대표하며, 위원회의 업무를 총괄한다(동법 시행령 제12조 제2항).
③ 위원장이 부득이한 사유로 직무를 수행할 수 없을 때에는 위원장이 미리 지명한 위원이 그 직무를 대행한다(동법 시행령 제12조 제3항).
④ 위원장은 위원회의 회의를 소집하고, 그 의장이 된다(동법 시행령 제13조 제1항).

0582

「경찰관 직무집행법」에 대한 설명으로 가장 적절한 것은?

| 19년 승진 |

① 경찰관은 이미 행하여진 범죄나 행하여지려고 하는 범죄행위에 관한 사실을 안다고 인정되는 사람에 대하여 질문을 하는 경우 자신의 신분을 표시하는 증표를 제시하면서 소속과 성명을 밝히고 질문의 목적과 이유를 설명하여야 하며 변호인의 도움을 받을 권리가 있음을 알려야 한다.

② 경찰관은 수상한 행동이나 그 밖의 주위 사정을 합리적으로 판단해 볼 때 구호대상자에 해당함이 명백하여 응급의 구호를 요한다고 믿을 만한 상당한 이유가 있는 자를 발견한 때에는 보건의료기관이나 공공구호기관에 긴급구호를 요청하거나 경찰관서에 보호하는 등 적절한 조치를 하여야 한다.

③ 경찰관은 범죄행위가 목전에 행하여지려 하고 있다고 인정될 때에는 이를 예방하기 위하여 관계인에게 필요한 경고를 하고 즉시 그 행위를 제지할 수 있다.

④ 경찰관은 자신이나 다른 사람의 생명·신체의 방어 및 보호를 위하여 필요하다고 인정되는 상당한 이유가 있을 때에는 그 사태를 합리적으로 판단하여 필요한 한도에서 경찰장구를 사용할 수 있다.

- **정답** ④
- **난이도** 하 중 상
- **해설** ④는 옳은 설명이며, ①, ②, ③은 틀린 설명이다.

① 불심검문은 ㉠ 어떠한 죄를 범하였거나 또는 범하려 하고 있다고 의심할 만한 상당한 이유가 있는 사람, ㉡ 이미 행하여진 범죄나 행하여지려고 하는 범죄행위에 관한 사실을 안다고 인정되는 사람을 그 대상으로 한다(「경찰관 직무집행법」 제3조 제1항). 불심검문은 범죄처벌 목적이 아니기 때문에 <u>형사책임능력이 없는 어린이나 심신미약자라도 그 대상</u>이 된다. 불심검문의 대상자에 해당하는지의 여부는 수상한 행동 기타 주위의 사정을 객관적이고 합리적으로 판단해 결정한다. 이 경우 통상의 <u>사회평균인이 보더라도 의심을 긍정할 정도의 판단</u>을 요한다. 질문시 경찰관은 <u>제복착용 여부와 관계없이</u> 자신의 신분을 증명하는 증표를 제시하면서 소속과 성명을 밝히고 그 목적과 이유를 설명하여야 한다(「경찰관 직무집행법」 제3조 제4항). 변호인의 도움을 받을 수 있는 권리가 있음을 알리는 것은 경찰관서로 동행한 때이다. <u>질문시에는 변호인조력권은 고지할 필요가 없다.</u> 또한 <u>질문시에는 진술거부권을 고지할 필요도 없다.</u>

② 경찰관은 수상한 행동이나 그 밖의 주위 사정을 합리적으로 판단해 볼 때 응급구호가 필요하다고 믿을 만한 상당한 이유가 있는 사람에 대해 보호조치할 수 있다(「경찰관 직무집행법」 제4조 제1항). 경찰관은 응급구호를 요하는 사람을 발견한 때에는 보건의료기관이나 공공구호기관에 긴급구호를 <u>요청할 수 있다</u>(「경찰관 직무집행법」 제4조 제2항).

③ 경찰관은 범죄행위가 목전에 행하여지려고 하고 있다고 인정될 때에는 이를 예방하기 위하여 관계인에게 필요한 경고를 하고, 그 행위로 인하여 사람의 생명·신체에 위해를 끼치거나 재산에 중대한 손해를 끼칠 우려가 있는 긴급한 경우에는 그 행위를 제지할 수 있다(「경찰관 직무집행법」 제6조).

0583

「경찰관 직무집행법」상 범인검거 등 공로자 보상에 대한 ㉠부터 ㉣까지의 내용 중 옳은 것을 모두 고른 것은?

| 19년 승진 |

> 제11조의3(범인검거 등 공로자 보상)
> ① 경찰청장, 시·도경찰청장 또는 경찰서장은 다음 각호의 어느 하나에 해당하는 사람에게 ㉠ 보상금을 지급하여야 한다.
>   1. 범인 또는 범인의 소재를 신고하여 검거하게 한 사람
>   ㉡ 2. 범인을 검거하여 경찰공무원에게 인도한 사람
>   ㉢ 3. 테러범죄의 예방활동에 현저한 공로가 있는 사람
> ② 경찰청장, 시·도경찰청장 및 경찰서장은 제1항에 따른 보상금 지급의 심사를 위하여 대통령령으로 정하는 바에 따라 각각 보상금심사위원회를 설치·운영하여야 한다.
> ③ 제2항에 따른 보상금심사위원회는 ㉣ 위원장 1명을 제외한 5명 이내의 위원으로 구성한다.

① ㉠, ㉡
② ㉠, ㉣
③ ㉡, ㉢
④ ㉡, ㉣

정답 ③

난이도 하 중 상

해설 ㉡, ㉢은 옳은 설명이며, ㉠, ㉣은 틀린 설명이다.

- ㉠ ✗ 경찰청장, 시·도경찰청장 또는 경찰서장은 다음의 어느 하나에 해당하는 사람에게 보상금을 지급할 수 있다(「경찰관 직무집행법」 제11조의3 제1항 및 동법 시행령 제18조).
- ㉣ ✗ 보상금심사위원회는 위원장 1명을 포함한 5명 이내의 위원으로 구성한다(「경찰관 직무집행법」 제11조의3 제3항). 보상금심사위원회의 위원은 소속 경찰공무원 중에서 경찰청장, 시·도경찰청장 또는 경찰서장이 임명한다(「경찰관 직무집행법」 제11조의3 제4항).

참고 범인검거 등 공로자 보상금의 지급대상(「경찰관 직무집행법」, 「경찰관 직무집행법 시행령」)

경찰청장, 시·도경찰청장 또는 경찰서장은 다음의 어느 하나에 해당하는 사람에게 보상금을 지급할 수 있다(동법 제11조의3 제1항 및 동법 시행령 제18조).
① 범인 또는 범인의 소재를 신고하여 검거하게 한 사람
② 범인을 검거하여 경찰공무원에게 인도한 사람
③ 테러범죄의 예방활동에 현저한 공로가 있는 사람
④ 범인의 신원을 특정할 수 있는 정보를 제공한 사람
⑤ 범죄사실을 입증하는 증거물을 제출한 사람
⑥ 범인검거와 관련하여 경찰 수사 활동에 협조한 사람 중 보상금 지급 대상자에 해당한다고 보상금심사위원회가 인정하는 사람

0584

다음은 「경찰관 직무집행법」 제5조 위험 발생의 방지조치를 설명한 것이다. 빈칸의 내용을 가장 적절하게 연결한 것은? |19년 승진|

> 경찰관은 사람의 생명 또는 신체에 위해를 끼치거나 재산에 중대한 손해를 끼칠 우려가 있는 천재, 사변, 인공구조물의 파손이나 붕괴, 교통사고, 위험물의 폭발, 위험한 동물 등의 출현, 극도의 혼잡, 그 밖의 위험한 사태가 있을 때에는 다음 각 호의 조치를 할 수 있다.
> 1. 그 장소에 모인 사람, 사물의 관리자, 그 밖의 관계인에게 필요한 (㉠)을(를) 하는 것
> 2. 매우 긴급한 경우에는 위해를 입을 우려가 있는 사람을 필요한 한도에서 (㉡)시키는 것
> 3. 그 장소에 있는 사람, 사물의 관리자, 그 밖의 관계인에게 위해를 방지하기 위하여 필요하다고 인정되는 조치를 하게 하거나 (㉢)을(를) 하는 것

① ㉠ 경고 ㉡ 제지 ㉢ 억류하거나 피난
② ㉠ 경고 ㉡ 억류하거나 피난 ㉢ 직접조치
③ ㉠ 직접조치 ㉡ 제지 ㉢ 억류하거나 피난
④ ㉠ 직접조치 ㉡ 억류하거나 피난 ㉢ 경고

- **정답** ②
- **난이도** 하 중 상
- **해설** ㉠은 경고, ㉡은 억류하거나 피난, ㉢은 직접조치이다.

참고 위험발생의 방지의 수단(「경찰관 직무집행법」)

구분	내용
경고조치	① 경찰관은 ㉠ 그 장소에 모인 사람, ㉡ 사물의 관리자, ㉢ 그 밖의 관계인에게 필요한 경고를 할 수 있다(동법 제5조 제1항 제1호). ② 이는 관계자의 자율적 판단에 따른 위해방지조치를 기대하여 가능한 한 강제력의 행사를 피하기 위함이다.
억류 또는 피난조치	① 경찰관은 매우 긴급한 경우에는 위해를 입을 우려가 있는 사람을 필요한 한도에서 억류하거나 피난시킬 수 있다(동법 제5조 제1항 제2호). ② 억류 또는 피난조치는 당사자의 의사에 반하여 강제로 행해질 수 있다.
직접적인 위해방지 조치	경찰관은 ㉠ 그 장소에 있는 사람, ㉡ 사물의 관리자, ㉢ 그 밖의 관계인에게 위해를 방지하기 위하여 필요하다고 인정되는 조치를 하게 하거나, 직접 그 조치를 취할 수 있다(동법 제5조 제1항 제3호).
접근 또는 통행의 제한 및 금지	① 경찰관서의 장은 대간첩작전의 수행이나 소요사태의 진압을 위하여 필요하다고 인정되는 상당한 이유가 있을 때에는 대간첩 작전지역 또는 경찰관서·무기고 등 국가중요시설에 대한 접근 또는 통행을 제한하거나 금지할 수 있다(동법 제5조 제2항). ② 접근 또는 통행의 제한·금지의 조치권자는 경찰공무원 개인이 아닌, 경찰관서의 장이다.

판례 직접적인 위험발생 방지조치를 취하지 않은 경우

경찰관이 농민들의 시위를 진압하고 시위과정에 도로상에 방치된 트랙터 1대에 대하여 이를 도로 밖으로 옮기거나 후방에 안전표지판을 설치하는 것과 같은 위험발생 방지조치를 취하지 아니한 채 그대로 방치하고 철수하여 버린 결과, 야간에 그 도로를 진행하던 운전자가 위 방치된 트랙터를 피하려다가 다른 트랙터에 부딪혀 상해를 입은 경우 국가배상책임을 인정한다.

0585

「위해성 경찰장비의 사용기준 등에 관한 규정」에 대한 설명으로 가장 적절하지 않은 것은? |19년 승진|

① 직무수행 중 위해성 경찰장비를 사용하는 경찰관은 위해성 경찰장비 사용을 위한 안전교육을 받아야 한다.

② 위해성 경찰장비를 사용하는 경찰관이 소속한 국가경찰관서의 장은 소속 경찰관이 사용할 위해성 경찰장비에 대한 안전검사를 기준에 따라 실시하여야 한다.

③ 경찰청장은 위해성 경찰장비를 새로 도입하려는 경우에는 안전성 검사를 실시하여 새로 도입하려는 장비가 사람의 생명이나 신체에 미치는 영향을 평가하여야 한다.

④ 위해성 경찰장비를 새로 도입하려는 경우에 안전성 검사에 참여한 외부 전문가는 안전성 검사를 실시한 후 3개월 이내에 안전성 검사 결과보고서를 국회 소관 상임위원회에 제출하여야 한다.

- **정답** ④
- **난이도**
- **해설** ①, ②, ③은 옳은 설명이며, ④는 틀린 설명이다.
  ④ ❌ 안전성 검사에 참여한 외부 전문가는 안전성 검사가 끝난 후 30일 이내에 신규 도입 장비의 안전성 여부에 대한 의견을 경찰청장에게 제출하여야 한다(「위해성 경찰장비의 사용기준 등에 관한 규정」 제18조의2 제3항). 경찰청장은 신규 도입 장비에 대한 안전성 검사를 실시한 후 3개월 이내에 안전성 검사 결과보고서를 국회 소관 상임위원회에 제출(국가경찰위원회에 제출 ×)하여야 한다(「위해성 경찰장비의 사용기준 등에 관한 규정」 제18조의2 제4항).

0586

「경찰관 직무집행법」상 위험방지를 위한 출입에 대한 설명으로 가장 적절하지 않은 것은? |19년 승진|

① 위험방지를 위한 출입의 성질은 대가택적 즉시강제이다.
② 경찰공무원은 여관에 불이 나서 객실에 쓰러져 있는 사람이 있는 경우에는 주인이 허락하지 않더라도 들어갈 수 있다.
③ 새벽 3시에 영업이 끝난 식당에서 주인만 머무르는 경우라도, 경찰공무원은 범죄의 예방을 위해 출입을 요구할 수 있고, 상대방은 이를 거절할 수 없다.
④ 경찰공무원은 위험방지를 위해 여관에 출입하는 경우에는 그 신분을 표시하는 증표를 제시하여야 하며, 함부로 관계인이 하는 정당한 업무를 방해해서는 아니 된다.

- 정답 ③
- 난이도
- 해설 ①, ②, ④는 옳은 설명이며, ③은 틀린 설명이다.
  ③ ✗ 보기의 내용은 위험방지를 위한 『예방출입』에 대한 설명이다. 흥행장·여관·음식점·역, 그 밖에 많은 사람이 출입하는 장소의 관리자나 그에 준하는 관계인은 경찰관이 범죄나 사람의 생명·신체·재산에 대한 위해를 예방하기 위하여 해당 장소의 영업시간이나 해당 장소가 일반인에게 공개된 시간에 그 장소를 출입하겠다고 요구하면 정당한 이유 없이 그 요구를 거절할 수 없다(「경찰관 직무집행법」 제7조 제2항). 따라서 예방출입이 가능한 시간은 영업시간 또는 공개시간 내에만 출입이 가능하다.

참고 긴급출입, 예방출입, 검색출입의 구분

구 분	긴급출입	예방출입	검색출입
목 적	위해방지, 피해자의 구조	범죄예방, 위해예방	대간첩작전을 위한 검색
시 간	주·야를 불문(제한 없음)	영업시간·공개시간 내	주·야를 불문(제한 없음)
장 소	제한 없음	경찰상 공개된 장소	작전지역 안에서의 경찰상 공개된 장소
관리자의 동의	동의를 요하지 않음	동의를 요함	동의를 요하지 않음
비 고	위험방지를 위한 출입은 범죄수사에 이용할 수 없고, 영장을 필요로 하지 않는다.		

0587

「경찰관 직무집행법」상 불심검문에 대한 설명으로 가장 적절하지 않은 것은?

| 19년 승진 |

① 불심검문 시 경찰관은 신분을 표시하는 증표를 제시하면서 소속과 성명을 밝히고 검문의 목적과 이유를 설명해야 한다.
② 불심검문 시 진술거부권은 반드시 고지해야 할 사항은 아니다.
③ 대상자가 신원을 밝히기를 거부한다는 이유로 인근 경찰관서로 임의동행을 요구할 수 없다.
④ 인근 경찰관서로 임의동행 시 가족 등에게 연락할 기회를 부여했다면 불심검문에 의한 임의동행은 체포나 구속이 아니므로 변호인의 도움을 받을 권리가 있음을 고지하지 않아도 된다.

- 정답   ④
- 난이도
- 해설 ①, ②, ③은 옳은 설명이며, ④는 틀린 설명이다.

④ ❌ 경찰관은 동행한 사람의 가족이나 친지 등에게 동행한 경찰관의 신분, 동행 장소, 동행 목적과 이유를 알리거나 본인으로 하여금(다른 사람으로 하여금 ✕) 즉시 연락할 수 있는 기회를 주어야 하며, 변호인의 도움을 받을 권리가 있음을 알려야 한다(「경찰관 직무집행법」 제3조 제5항). 여기서의 「변호인 조력권」은 동행을 요구할 때에는 고지할 필요는 없으나, 경찰관서로 동행한 때에는 고지하여야 한다.

0588

경찰관의 보호조치에 대한 내용으로 가장 적절한 것은? | 19년 승진 |

① 자신의 생명이나 신체가 아닌 재산에만 위해를 끼칠 우려가 있는 주취자는 경찰관 보호조치의 대상자로 볼 수 없다.
② 업무 중에 응급의료 요청을 받은 응급의료종사자가 정당한 사유 없이 응급의료를 거부할 경우 형사처벌이 가능하다.
③ ②에서의 형사처벌은 「경찰관 직무집행법」을 적용하여 가능하다.
④ 보호조치대상자에 대한 경찰관서에서의 보호조치는 10시간을 초과할 수 없다.

- 정답 ②
- 난이도
- 해설 ②는 옳은 설명이며, ①, ③, ④는 틀린 설명이다.
  ① ❌ 정신착란을 일으키거나 술에 취하여 자신 또는 다른 사람의 생명·신체·재산에 위해를 끼칠 우려가 있는 사람의 경우 경찰관은 본인의 의사와는 관계없이 강제보호조치를 할 수 있다(「경찰관 직무집행법」 제4조 제1항 제1호). 자살을 시도하는 사람의 경우 경찰관은 본인의 의사와는 관계없이 강제보호조치를 할 수 있다(「경찰관 직무집행법」 제4조 제1항 제2호). 미아, 병자, 부상자 등으로서 적당한 보호자가 없으며 응급구호가 필요하다고 인정되는 사람의 경우 보호조치 대상자에는 해당하지만, 본인이 구호를 거절하는 경우에는 보호조치를 할 수 없다(「경찰관 직무집행법」 제4조 제1항 제3호).
  ③ ❌ 경찰관은 응급구호를 요하는 사람을 발견한 때에는 보건의료기관이나 공공구호기관에 긴급구호를 요청할 수 있다(「경찰관 직무집행법」 제4조 제1항). 경찰관의 응급구호를 요청받은 보건의료기관이나 공공구호기관은 정당한 이유 없이 긴급구호를 거절할 수 없다(「경찰관 직무집행법」 제4조 제2항). 거절한 경우에는 「경찰관 직무집행법」상에는 처벌규정이 없으나, 「응급의료에 관한 법률」에 의거하여 처벌이 가능하다.
  ④ ❌ 구호대상자를 경찰관서에서 보호하는 기간은 24시간을 초과할 수 없다(「경찰관 직무집행법」 제4조 제7항). 따라서 24시간 이내에 보건의료기관 등에 인계하거나 귀가시켜서 보호조치를 해제하여야 한다.

0589

「경찰관 직무집행법 시행령」에서 위임받아 제정된 「범인검거 등 공로자 보상에 관한 규정」에 대한 설명으로 가장 적절하지 않은 것은?

|18년 승진 변형|

① 경찰청장, 시·도경찰청장 또는 경찰서장은 보상금 지급사유가 발생한 경우에는 반드시 보상금을 지급 받으려는 사람의 신청에 따라 보상금심사위원회의 심사·의결을 거쳐 보상금을 지급한다.
② 범인검거 등 공로자 보상금은 동일한 사람에게 지급 결정일을 기준으로 연간(1월 1일부터 12월 31일까지를 말한다) 5회를 초과하여 보상금을 지급할 수 없다.
③ 범인검거 등 공로자가 2명 이상인 경우에는 각자의 공로, 당사자간의 분배 합의 등을 감안해서 보상금을 배분하여 지급할 수 있다.
④ 보상금 지급 심사·의결을 거쳐 지급이 이루어진 이후에는 동일한 사건에 대하여 보상금을 지급할 수 없다.

- **정답** ①
- **난이도** 하 중 상
- **해설**
  ②, ③, ④는 옳은 설명이며, ①은 틀린 설명이다.
  ① ✗ 경찰청장, 시·도경찰청장 또는 경찰서장은 보상금 지급사유가 발생한 경우에는 직권으로 또는 보상금을 지급받으려는 사람의 신청에 따라 『보상금심사위원회』의 심사·의결을 거쳐 보상금을 지급한다(「경찰관 직무집행법 시행령」 제21조 제1항).

참고 보상금의 지급기준(「경찰관 직무집행법 시행령」, 「범인검거 등 공로자 보상에 관한 규정」)

① 보상금의 최고액은 5억원으로 하며, 구체적인 보상금 지급 기준은 경찰청장이 정하여 고시한다(동법 시행령 제20조).
② 보상금의 지급 기준은 다음과 같다. 다만, 동일한 사람에게 지급 결정일을 기준으로 연간(1월 1일부터 12월 31일까지를 말한다) 5회를 초과하여 보상금을 지급할 수 없다.
  ㉠ 사형, 무기징역 또는 무기금고, 장기 10년 이상의 징역 또는 금고에 해당하는 범죄 : 100만원
  ㉡ 장기 10년 미만의 징역 또는 금고에 해당하는 범죄 : 50만원
  ㉢ 장기 5년 미만의 징역 또는 금고, 장기 10년 이상의 자격정지 또는 벌금형 : 30만원
③ 보상금 지급 심사·의결을 거쳐 지급이 이루어진 이후에는 동일한 사건에 대하여 보상금을 지급할 수 없다.
④ 범인검거 등 공로자가 2명 이상인 경우에는 각자의 공로, 당사자 간의 분배 합의 등을 감안해서 배분하여 지급할 수 있다.

0590

「경찰관 직무집행법」에 대한 설명으로 가장 적절하지 않은 것은? |17년 승진|

① 경찰청장은 「경찰관 직무집행법」에 따른 경찰관의 직무수행을 위하여 외국 정부기관, 국제기구 등과 자료교환, 국제협력 활동 등을 할 수 있다.

② 경찰청장은 위해성 경찰장비를 새로 도입하려는 경우에는 대통령령으로 정하는 바에 따라 안전성 검사를 실시하여 그 안전성 검사의 결과보고서를 국회 소관 상임위원회에 제출할 수 있다.

③ 「경찰관 직무집행법」에 규정된 경찰관의 의무를 위반하거나 직권을 남용하여 다른 사람에게 해를 끼친 사람은 1년 이하의 징역이나 금고에 처한다.

④ 「경찰관 직무집행법」상 손실보상의 기준, 보상금액, 지급절차 및 방법, 손실보상심의위원회의 구성 및 운영, 그 밖에 필요한 사항은 대통령령으로 정한다.

정답 ②

난이도

해설
① , ③, ④는 옳은 설명이며, ②는 틀린 설명이다.

② ❌ 경찰청장은 위해성 경찰장비를 새로 도입하려는 경우에는 대통령령으로 정하는 바에 따라 안전성 검사를 실시하여 그 안전성 검사의 결과보고서를 국회 소관 상임위원회에 제출(국가경찰위원회에 제출 ×)하여야 한다. 이 경우 안전성 검사에는 외부 전문가를 참여시켜야 한다(「경찰관 직무집행법」 제10조 제5항). 안전성 검사에 참여한 외부 전문가는 안전성 검사가 끝난 후 30일 이내에 신규 도입 장비의 안전성 여부에 대한 의견을 경찰청장에게 제출하여야 한다(「위해성 경찰장비의 사용기준 등에 관한 규정」 제18조의2 제3항). 경찰청장은 신규 도입 장비에 대한 안전성 검사를 실시한 후 3개월 이내에 안전성 검사 결과보고서를 국회 소관 상임위원회에 제출(국가경찰위원회에 제출 ×)하여야 한다(「위해성 경찰장비의 사용기준 등에 관한 규정」 제18조의2 제4항).

0591

「경찰관 직무집행법」에 관한 설명으로 가장 적절하지 <u>않은</u> 것은? (다툼이 있는 경우 판례에 의함)

| 23년 법학특채 |

① 경찰관은 범인의 체포 또는 범인의 도주 방지, 불법집회·시위로 인한 자신이나 다른 사람의 생명·신체와 재산 및 공공시설 안전에 대한 현저한 위해의 발생 억제를 위해서 부득이한 경우에는 현장사용자가 판단하여 최소한의 범위에서 「총포·도검·화약류 등의 안전관리에 관한 법률」에 따른 분사기를 사용할 수 있다.
② 경찰관이 「경찰관 직무집행법」 제3조 제1항에 규정된 불심검문 대상자 해당 여부를 판단함에 있어서는 불심검문 당시의 구체적 상황은 물론 사전에 얻은 정보나 전문적 지식 등에 기초하여 불심검문 대상자인지 여부를 객관적·합리적인 기준에 따라 판단하여야 할 것이나, 반드시 불심검문 대상자에게 「형사소송법」상 체포나 구속에 이를 정도의 혐의가 있을 것을 요한다고 할 수는 없다.
③ 경찰관은 현행범이나 사형·무기 또는 장기 3년 이상의 징역이나 금고에 해당하는 죄를 범한 범인의 체포 또는 도주 방지를 위해서 필요하다고 인정되는 상당한 이유가 있을 때에는 그 사태를 합리적으로 판단하여 필요한 한도에서 수갑, 포승, 경찰봉, 방패 등을 사용할 수 있다.
④ 경찰관의 제지 조치가 적법한지 여부는 제지 조치 당시의 구체적 상황을 기초로 판단하여야 하고, 사후적으로 순수한 객관적 기준에서 판단할 것은 아니다.

- **정답** ①
- **난이도**
- **해설** ②, ③, ④는 옳은 설명이며, ①은 틀린 설명이다.
  ① ✗ 경찰관은 다음 각 호의 직무를 수행하기 위하여 <u>부득이한 경우에는 현장책임자(현장사용자 ×)가 판단하여 필요한 최소한의 범위에서 분사기 또는 최루탄을 사용할 수 있다</u>(「경찰관 직무집행법」 제10조의3).
    ㉠ 범인의 체포 또는 범인의 도주 방지
    ㉡ 불법집회·시위로 인한 자신이나 다른 사람의 생명·신체와 재산 및 공공시설 안전에 대한 현저한 위해의 발생 억제

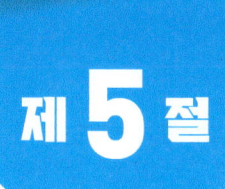

제 5 절 경찰 물리력 행사의 기준과 방법

0592

「경찰 물리력 행사의 기준과 방법에 관한 규칙」상 경찰 물리력 수준에 관한 설명으로 가장 적절하지 않은 것은?

| 23년 1차 순경 |

① 협조적 통제는 '순응' 이상의 상태인 대상자에 대해 사용할 수 있는 물리력 수준으로서, 대상자의 협조를 유도하거나 협조에 따른 물리력을 말한다.
② 접촉 통제는 '소극적 저항' 이상의 상태인 대상자에 대해 사용할 수 있는 물리력 수준으로서, 대상자 신체 접촉을 통해 경찰목적 달성을 강제하지만 신체적 부상을 야기할 가능성은 극히 낮은 물리력을 말한다.
③ 저위험 물리력은 '적극적 저항' 이상의 상태인 대상자에 대해 사용할 수 있는 물리력 수준으로서, 대상자가 통증을 느낄 수 있으나 신체적 부상을 당할 가능성은 낮은 물리력을 말한다.
④ 중위험 물리력은 '치명적 공격' 상태의 대상자로 인해 경찰관 또는 제3자의 생명·신체에 급박하고 중대한 위해가 초래될 가능성이 있는 경우 최후의 수단으로 사용할 수 있는 물리력 수준으로서, 대상자의 사망 또는 심각한 부상을 초래할 수 있는 물리력을 말한다.

정답 ④
난이도
해설 ①, ②, ③은 옳은 설명이며, ④는 틀린 설명이다.
④ ✗ 『중위험 물리력』은 폭력적 공격 이상의 상태의 대상자에 대해 사용할 수 있는 물리력 수준으로서, 대상자에게 신체적 부상을 입힐 수 있으나 생명·신체에 대한 중대한 위해 발생 가능성은 낮은 물리력을 말한다.

> **참고** 경찰관의 대응 수준 – 중위험 물리력과 고위험 물리력

중위험 물리력	「중위험 물리력」은 폭력적 공격 이상의 상태의 대상자에 대해 사용할 수 있는 물리력 수준으로서, 대상자에게 신체적 부상을 입힐 수 있으나 생명·신체에 대한 중대한 위해 발생 가능성은 낮은 물리력을 말한다. ① 손바닥, 주먹, 발 등 신체부위를 이용한 가격 ② 경찰봉으로 중요부위가 아닌 신체 부위를 찌르거나 가격 ③ 방패로 강하게 압박하거나 세게 미는 행위 ④ 전자충격기 사용
고위험 물리력	「고위험 물리력」은 치명적 공격 상태의 대상자로 인해 경찰관 또는 제3자의 생명·신체에 급박하고 중대한 위해가 초래될 가능성이 있는 경우 최후의 수단으로 사용할 수 있는 물리력 수준으로서, 대상자의 사망 또는 심각한 부상을 초래할 수 있는 물리력을 말한다. ㉠ 권총 등 총기류 사용 ㉡ 경찰봉, 방패, 신체적 물리력으로 대상자의 신체 중요 부위 또는 급소 부위 가격, 대상자의 목을 강하게 조르거나 신체를 강한 힘으로 압박하는 행위

0593

「경찰 물리력 행사의 기준과 방법에 관한 규칙」 제2장에 따른 대상자 행위에 대한 설명이다. 각 단계와 내용의 연결이 가장 적절하지 않은 것은? |22년 1차 순경|

① 소극적 저항 – 대상자가 경찰관의 지시, 통제를 따르지 않고 비협조적이지만 경찰관 또는 제3자에 대해 직접적인 위해를 가하지 않는 상태
② 적극적 저항 – 대상자가 자신에 대한 경찰의 체포·연행 등 정당한 공무집행을 방해하지만 경찰관 또는 제3자에 대해 위해 수준이 낮은 행위만을 하는 상태
③ 폭력적 공격 – 대상자가 경찰관 또는 제3자에 대해 신체적 위해를 가하는 상태
④ 치명적 공격 – 대상자가 경찰관에게 폭력을 행사하려는 자세를 취하여 그 행사가 임박한 상태, 주먹·발 등을 사용해서 경찰관에 대해 신체적 위해를 초래하고 있는 상태

- **정답** ④
- **난이도**
- **해설** ①, ②, ③은 옳은 설명이며, ④는 틀린 설명이다.
  ④ ✗ 『치명적 공격』이란 대상자가 경찰관 또는 제3자에 대해 사망 또는 심각한 부상을 초래할 수 있는 행위를 하는 상태를 말한다. 보기의 내용은 『폭력적 공격』에 대한 구체적인 사례이다.

참고	대상자의 행위 – 폭력적 공격과 치명적 공격
폭력적 공격	① 『폭력적 공격』이란 대상자가 경찰관 또는 제3자에 대해 신체적 위해를 가하는 상태를 말한다. ② 대상자가 경찰관에게 폭력을 행사하려는 자세를 취하여 그 행사가 임박한 상태, 주먹·발 등을 사용해서 경찰관에 대해 신체적 위해를 초래하고 있거나 임박한 상태, 강한 힘으로 경찰관을 밀거나 잡아당기는 등 완력을 사용해 체포에서 벗어나려고 하는 상태 등
치명적 공격	① 『치명적 공격』이란 대상자가 경찰관 또는 제3자에 대해 사망 또는 심각한 부상을 초래할 수 있는 행위를 하는 상태를 말한다. ② 총기류, 흉기, 둔기를 이용하여 경찰관, 제3자에 대해 위력을 행사하고 있거나 위해 발생이 임박한 경우, 경찰관이나 제3자의 목을 세게 조르거나 무차별 폭행하는 등 생명·신체에 대해 중대한 위해가 발생할 정도의 위험한 폭력을 행사하는 경우

0594

「경찰 물리력 행사의 기준과 방법에 관한 규칙」에 대한 설명으로 가장 적절하지 않은 것은?

| 20년 1차 순경 |

① 경찰관이 물리력 사용 시 준수하여야 할 기본원칙, 물리력 사용의 정도, 각 물리력 수단의 사용 한계 및 유의사항을 규정함으로써 국민과 경찰관의 생명·신체를 보호하고 인권을 보장하며 경찰법집행의 정당성을 확보하는 데에 그 목적이 있다.
② 경찰관은 성별, 장애, 인종, 종교 및 성정체성 등에 대한 선입견을 가지고 차별적으로 물리력을 사용하여서는 아니 된다.
③ 경찰관은 이미 경찰목적을 달성하여 더 이상 물리력을 사용할 필요가 없는 경우에는 물리력 사용을 즉시 중단하여야 한다.
④ 대상자가 경찰관의 지시, 통제를 따르지 않고 비협조적이지만 경찰관 또는 제3자에 대해 직접적인 위해를 가하지 않는 경우에 경찰봉이나 방패 등으로 대상자의 신체 중요 부위 또는 급소부위를 가격할 수 있다.

정답 ④

난이도

해설 ①, ②, ③은 옳은 설명이며, ④는 틀린 설명이다.

④ ✗ 대상자가 경찰관의 지시, 통제를 따르지 않고 비협조적이지만 경찰관 또는 제3자에 대해 직접적인 위해를 가하지 않는 경우는 『소극적 저항』에 해당한다. 이러한 소극적 저항 상태에서의 경찰관의 대응 수준은 『접촉 통제』이다. 따라서 경찰봉이나 방패 등으로 대상자의 신체 중요부위 또는 급소부위를 가격하여서는 아니 된다.

참고 대상자의 행위 – 소극적 저항
① 『소극적 저항』이란 대상자가 경찰관의 지시, 통제를 따르지 않고 비협조적이지만 경찰관 또는 제3자에 대해 직접적인 위해를 가하지 않는 상태를 말한다.
② 경찰관이 정당한 이동 명령을 발하였음에도 가만히 서 있거나 앉아 있는 등 전혀 움직이지 않는 상태, 일부러 몸의 힘을 모두 빼거나 고정된 물체를 꽉 잡고 버팀으로써 움직이지 않으려는 상태 등

참고 경찰관의 대응 수준 – 접촉 통제
『접촉 통제』는 소극적 저항 이상의 상태인 대상자에 대해 사용할 수 있는 물리력 수준으로서, 대상자 신체 접촉을 통해 경찰목적 달성을 강제하지만, 신체적 부상을 야기할 가능성은 극히 낮은 물리력을 말한다.
① 신체 일부 잡기·밀기·잡아끌기, 쥐기·누르기·비틀기
② 경찰봉 양 끝 또는 방패를 잡고 대상자의 신체에 안전하게 밀착한 상태에서 대상자를 특정 방향으로 밀거나 잡아당기기

0595

「경찰 물리력 행사의 기준과 방법에 관한 규칙」에서 정하는 대상자의 행위에 따른 경찰관의 대응 수준 중 중위험 물리력의 종류로 가장 적절하지 않은 것은?

|23년 법학특채|

① 손바닥, 주먹, 발 등 신체부위를 이용한 가격
② 경찰봉으로 중요부위가 아닌 신체부위를 찌르거나 가격
③ 분사기 사용
④ 방패로 강하게 압박하거나 세게 미는 행위

- **정답** ③
- **난이도** 상 중 하
- **해설** ①, ②, ④는 옳은 설명이며, ③은 틀린 설명이다.

  ③ ✗ 대상자의 행위에 따른 경찰관의 대응 수준에는 ㉠ 협조적 통제, ㉡ 접촉 통제, ㉢ 저위험 물리력, ㉣ 중위험 물리력, ㉤ 고위험 물리력이 있다. 여기서 『중위험 물리력』은 폭력적 공격 이상의 상태의 대상자에 대해 사용할 수 있는 물리력 수준으로서, 대상자에게 신체적 부상을 입힐 수 있으나 생명·신체에 대한 중대한 위해 발생 가능성은 낮은 물리력을 말한다(예: 손바닥·주먹·발 등 신체부위를 이용한 가격, 경찰봉으로 중요부위가 아닌 신체 부위를 찌르거나 가격, 방패로 강하게 압박하거나 세게 미는 행위, 전자충격기 사용). 보기에서의 분사기 사용은 『저위험 물리력』에 해당하는 경찰관의 대응 수준이다.

참고 대상자의 행위 – 적극적 저항

① 『적극적 저항』이란 대상자가 자신에 대한 경찰관의 체포·연행 등 정당한 공무집행을 방해하지만 경찰관 또는 제3자에 대해 위해 수준이 낮은 행위만을 하는 상태를 말한다.
② 대상자가 자신을 체포·연행하려는 경찰관으로부터 물리적으로 이탈하거나 도주하려는 행위, 체포·연행을 위해 팔을 잡으려는 경찰관의 손을 뿌리치거나, 경찰관을 밀고 잡아끄는 행위, 경찰관에게 침을 뱉거나 경찰관을 밀치는 행위 등

참고 경찰관의 대응 수준 – 저위험 물리력

『저위험 물리력』은 적극적 저항 이상의 상태인 대상자에 대해 사용할 수 있는 물리력 수준으로서, 대상자가 통증을 느낄 수 있으나 신체적 부상을 당할 가능성은 낮은 물리력을 말한다.
① 목을 압박하여 제압하거나 관절을 꺾는 방법, 팔·다리를 이용해 움직이지 못하도록 조르는 방법, 다리를 걸거나 들쳐 매는 등 균형을 무너뜨려 넘어뜨리는 방법, 대상자가 넘어진 상태에서 움직이지 못하게 위에서 눌러 제압하는 방법
② 분사기 사용

제 6 절 경찰의 적극행정과 소극행정

0596

「경찰청 적극행정 면책제도 운영규정」에 대한 설명으로 가장 적절하지 않은 것은?

| 73기 간부 |

① 적극행정이란 경찰청 및 그 소속기관의 공무원 또는 산하단체의 임·직원이 국가 또는 공공의 이익을 증진하기 위해 성실하고 능동적으로 업무를 처리하는 행위를 말한다.

② 면책이란 적극행정 과정에서 발생한 부분적인 절차상 하자 또는 비효율, 손실 등과 관련하여 그 업무를 처리한 경찰청 소속 공무원 등에 대하여 「경찰청 감사 규칙」 제10조 제1호부터 제3호까지 및 제6호와 「경찰공무원 징계령」에 따른 징계 및 징계부가금의 어느 하나에 해당하는 책임을 묻지 않거나 감면하는 것을 말한다.

③ 법령·행정규칙 등의 해석에 대한 이견 등으로 인하여 능동적인 업무처리가 곤란한 경우와 행정심판, 수사 중인 사안 등은 사전컨설팅 감사의 대상이다.

④ 사전컨설팅 감사란 불합리한 제도 등으로 인해 적극적인 업무수행이 어려운 경우, 해당 업무의 수행에 앞서 업무처리 방향 등에 대하여 미리 감사의 의견을 듣고 이를 업무처리에 반영하여 적극행정을 추진하는 것을 말한다.

정답 ③

난이도 하 중 상

해설
①, ②, ④는 옳은 설명이며, ③은 틀린 설명이다.
③ ✗ 행정심판, 소송, 수사 또는 타 기관에서 감사 중인 사항, 타 법령에서 정하고 있는 재심의 절차를 거친 사항 등은 <u>사전컨설팅 감사 대상에서 제외</u>한다(「경찰청 적극행정 면책제도 운영규정」 제15조 제2항).

참고 사전컨설팅 감사의 대상(「경찰청 적극행정 면책제도 운영규정」)

① 사전컨설팅 대상 기관등의 장은 다음 각 호의 어느 하나에 해당하는 업무를 수행하기 전에 감사관에게 사전컨설팅 감사를 신청할 수 있다(동 운영규정 제15조 제1항).
  ㉠ 인가·허가·승인 등 규제관련 업무
  ㉡ 법령·행정규칙 등의 해석에 대한 이견 등으로 인하여 능동적인 업무처리가 곤란한 경우
  ㉢ 그 밖에 적극행정 추진을 위해 감사관이 필요하다고 인정하는 경우
② 행정심판, 소송, 수사 또는 타 기관에서 감사 중인 사항, 타 법령에서 정하고 있는 재심의 절차를 거친 사항 등은 사전컨설팅 감사 대상에서 제외한다(동 운영규정 제15조 제2항).

0597

「적극행정 운영규정」 및 「경찰청 적극행정 면책제도 운영규정」에 관한 설명으로 가장 적절하지 않은 것은? | 23년 2차 순경 |

① 「적극행정 운영규정」상 공무원이 적극행정을 추진한 결과에 대해 그의 행위에 고의 또는 중대한 과실이 없는 경우에는 징계 관련 법령에 따라 징계의결 또는 징계부가금 부과의결을 하지 않는다.
② 「경찰청 적극행정 면책제도 운영규정」에 의한 면책은 경찰청 및 그 소속기관의 공무원 또는 산하단체의 임직원 등에게 적용된다.
③ 「경찰청 적극행정 면책제도 운영규정」 제5조 제1항 제3호의 요건을 적용하는 경우 자체감사를 받는 사람이 '대상 업무를 처리하면서 중대한 절차상의 하자가 없었을 것'과 '자체감사를 받는 사람과 대상 업무 사이에 사적인 이해관계가 없을 것'이라는 요건을 모두 갖추어 업무를 처리한 것으로 인정되는 경우에는 그 행위에 고의나 중대한 과실이 없는 경우에 해당하는 것으로 추정한다.
④ 「적극행정 운영규정」 제18조의3은 "누구든지 공무원의 소극행정을 국가인권위원회가 운영하는 소극행정 신고센터에 신고할 수 있다"고 규정하고 있다.

정답 ④

난이도 하 중 상

해설 ①, ②, ③은 옳은 설명이며, ④는 틀린 설명이다.
④ ✗ 누구든지 공무원의 소극행정을 소속 중앙행정기관의 장이나 제3항에 따른 소극행정 신고센터에 신고할 수 있다(「적극행정 운영규정」 제18조의3 제1항). 국민권익위원회는 중앙행정기관 소속 공무원의 소극행정 예방 및 근절을 위해 소극행정 신고센터를 운영하고, 중앙행정기관의 장에게 제1항에 따른 신고사항에 대해 적절한 조치를 하도록 권고할 수 있다(「적극행정 운영규정」 제18조의3 제3항).

참고 소극행정의 예방·근절(「적극행정 운영규정」)

구분	내용
소극행정의 신고	① 누구든지 공무원의 소극행정을 소속 중앙행정기관의 장이나 제3항에 따른 소극행정 신고센터에 신고할 수 있다(동 규정 제18조의3 제1항). ② 중앙행정기관의 장은 제1항에 따른 신고의 내용에 상당한 이유가 있다고 인정되는 경우에는 사실관계 확인을 위한 조사를 하여 신속한 업무처리를 하는 등 적절한 조치를 하고, 그 처리결과를 신고인에게 알려야 한다(동 규정 제18조의3 제2항). ③ 국민권익위원회는 중앙행정기관 소속 공무원의 소극행정 예방 및 근절을 위해 소극행정 신고센터를 운영하고, 중앙행정기관의 장에게 제1항에 따른 신고사항에 대해 적절한 조치를 하도록 권고할 수 있다(동 규정 제18조의3 제3항). ④ 제3항에 따른 소극행정 신고센터의 운영과 신고사항의 처리 절차 등에 관한 세부 사항은 국민권익위원회가 정한다(동 규정 제18조의3 제4항).
소극행정 예방 및 근절	징계의결등 요구권자는 소속 공무원의 소극행정이 발생한 경우 징계 관계 법령에 따라 징계의결등을 요구하는 등 필요한 조치를 해야 한다(동 규정 제19조).

0598

경찰의 적극행정에 관한 내용 중 가장 적절하지 않은 것은? | 23년 승진 |

① 「경찰청 적극행정 면책제도 운영규정」상 자체감사를 받는 사람은 적극행정 면책요건에 해당된다 하더라도 자의적인 법 해석 및 집행으로 법령의 본질적인 사항을 위반한 경우 면책대상에서 제외된다.
② 「공공감사에 관한 법률」상 자체감사를 받는 사람이 불합리한 규제의 개선 등 공공의 이익을 위하여 업무를 적극적으로 처리한 결과에 대하여 그의 행위에 고의나 중대한 과실이 없는 경우에는 징계 요구 또는 문책 요구 등 책임을 묻지 아니한다.
③ 「공무원 징계령 시행규칙」상 징계위원회는 징계등 혐의자와 비위 관련 직무 사이에 사적인 이해관계가 없었고 대상 업무를 처리하면서 중대한 절차상 하자가 없었을 경우 해당 비위가 고의 또는 중과실에 의하지 않은 것으로 추정한다.
④ 「적극행정 운영규정」상 "적극행정"이란, 공무원이 불합리한 규제를 개선하는 등 공공의 이익을 위해 창의성과 신속성을 바탕으로 적극적으로 업무를 처리하는 행위를 말한다.

- **정답** ④
- **난이도**
- **해설** ①, ②, ③은 옳은 설명이며, ④는 틀린 설명이다.

④ ✗ 「적극행정」이란 공무원이 불합리한 규제를 개선하는 등 **공공의 이익**을 위해 **창의성**과 **전문성**을 바탕으로 적극적으로 업무를 처리하는 행위를 말한다(「적극행정 운영규정」 제2조 제1호).

> **참고** 「적극행정 운영규정」상 관련 개념의 정리

적극행정	「적극행정」이란 공무원이 불합리한 규제를 개선하는 등 **공공의 이익**을 위해 **창의성**과 **전문성**을 바탕으로 적극적으로 업무를 처리하는 행위를 말한다(동 규정 제2조 제1호).
소극행정	「소극행정」이란 공무원이 부작위 또는 직무태만 등 소극적 업무행태로 국민의 권익을 침해하거나 국가 재정상 손실을 발생하게 하는 행위를 말한다(동 규정 제2조 제2호).
중앙행정기관	「중앙행정기관」이란 「정부조직법」 제2조 제2항에 따른 **중앙행정기관 및 국무조정실**을 말한다(동 규정 제2조 제3호).

제 8 장

경찰행정법 V - 경찰구제법

제1절 행정절차법

0599

「행정절차법」에 관한 다음 설명 중 옳지 않은 것은? | 67기 간부 |

① 당사자 등은 처분 전에 그 처분의 관할행정청에 서면이나 말로 또는 정보통신망을 이용하여 의견제출을 할 수 있다.
② 행정청이 당사자에게 의무를 부과하거나 권익을 제한하는 처분을 할 때, 청문을 실시하거나 공청회를 개최하는 경우 외에는 당사자 등에게 의견제출의 기회를 주어야 한다.
③ 행정청은 청문이 시작되는 날부터 10일 전까지 청문 주재자에게 청문과 관련된 필요한 자료를 미리 통지하여야 한다.
④ 청문 절차시 당사자 등으로부터 문서의 열람 또는 복사의 요청이 있는 경우, 행정청은 다른 법령에 따라 공개가 제한되는 경우를 제외하고는 이를 거부할 수 없다.

- **정답** ③
- **난이도** 하 중 상
- **해설** ①, ②, ④는 옳은 설명이며, ③은 틀린 설명이다.

③ ❌ 행정청은 「청문」을 하려면, 청문이 시작되는 날부터 10일 전까지 당사자 등에게 통지하여야 한다(「행정절차법」 제21조 제2항). 행정청은 청문이 시작되는 날부터 7일 전까지 청문 주재자에게 청문과 관련한 자료를 미리 통보하여야 한다(「행정절차법」 제28조 제2항).

참고 청문의 통지 및 주재(「행정절차법」)

청문의 통지	행정청은 청문을 하려면, 청문이 시작되는 날부터 10일 전까지 당사자 등에게 통지하여야 한다(동법 제21조 제2항).
청문의 주재	① 행정청은 소속 직원 또는 대통령령으로 정하는 자격을 가진 사람 중에서 청문 주재자를 공정하게 선정하여야 한다(동법 제28조 제1항). ② 행정청은 다음 각 호의 어느 하나에 해당하는 처분을 하려는 경우에는 청문 주재자를 2명 이상으로 선정할 수 있다. 이 경우 선정된 청문 주재자 중 1명이 청문 주재자를 대표한다(동법 제28조 제2항). 　㉠ 다수 국민의 이해가 상충되는 처분 　㉡ 다수 국민에게 불편이나 부담을 주는 처분 　㉢ 그 밖에 전문적이고 공정한 청문을 위하여 행정청이 청문 주재자를 2명 이상으로 선정할 필요가 있다고 인정하는 처분 ③ 행정청은 청문이 시작되는 날부터 7일 전까지 청문 주재자에게 청문과 관련한 자료를 미리 통지하여야 한다(동법 제28조 제3항). ④ 청문 주재자는 독립하여 공정하게 직무를 수행하며, 그 직무 수행을 이유로 본인의 의사에 반하여 신분상 어떠한 불이익도 받지 아니한다(동법 제28조 제4항). ⑤ 선정된 청문 주재자는 「형법」이나 그 밖의 다른 법률에 따른 벌칙을 적용할 때에는 공무원으로 본다(동법 제28조 제5항).

0600

「행정절차법」상 행정청이 처분을 할 때 청문을 하여야 하는 경우가 아닌 것은?

| 23년 1차 순경 |

① 다른 법령등에서 청문을 하도록 규정하고 있는 경우
② 해당 처분의 영향이 광범위하여 널리 의견을 수렴할 필요가 있다고 행정청이 인정하는 경우
③ 인허가 등의 취소의 처분을 하는 경우
④ 법인이나 조합 등의 설립허가의 취소의 처분을 하는 경우

- **정답** ②
- **난이도**
- **해설** ①, ③, ④는 옳은 설명이며, ②는 틀린 설명이다.
  ② ✗ 행정청이 처분을 할 때 다음의 어느 하나에 해당하는 경우에는 『청문』을 한다(「행정절차법」 제22조 제1항). 해당 처분의 영향이 광범위하여 널리 의견을 수렴할 필요가 있다고 행정청이 인정하는 경우는 『공청회』를 개최한다.

참고 청문의 사유(「행정절차법」)

행정청이 처분을 할 때 다음의 어느 하나에 해당하는 경우에는 청문을 한다(동법 제22조 제1항).
① 다른 법령 등에서 청문을 하도록 규정하고 있는 경우
② 행정청이 필요하다고 인정하는 경우
③ 인허가 등의 취소
④ 신분·자격의 박탈
⑤ 법인이나 조합 등의 설립허가의 취소

0601

「행정절차법」상 행정지도에 관한 설명 중 가장 적절하지 <u>않은</u> 것은?

| 22년 1차 순경 |

① 행정지도는 그 목적 달성에 필요한 최소한도에 그쳐야 하며, 행정지도의 상대방의 의사에 반하여 부당하게 강요하여서는 아니 된다.
② 행정기관은 행정지도의 상대방이 행정지도에 따르지 아니하였다는 것을 이유로 불이익한 조치를 하여서는 아니 된다.
③ 행정지도가 말로 이루어지는 경우에 상대방이 행정지도의 취지 및 내용과 신분의 사항을 적은 서면의 교부를 요구하면 그 행정지도를 하는 자는 직무 수행에 특별한 지장이 없으면 이를 교부하여야 한다.
④ 행정지도의 상대방은 해당 행정지도의 방식·내용 등에 관하여 행정기관에 의견제출을 할 수 없다.

- **정답** ④
- **난이도**
- **해설** ①, ②, ③은 옳은 설명이며, ④는 틀린 설명이다.
  ④ ✗ 행정지도의 상대방은 해당 행정지도의 방식·내용 등에 관하여 행정기관에 의견제출을 할 수 있다(「행정절차법」 제50조).

참고	행정지도의 방식 및 의견제출(「행정절차법」)
방식	① 행정지도를 하는 자는 그 상대방에게 당해 행정지도의 취지·내용 및 신분을 밝혀야 한다(「동법」 제49조 제1항). ② 행정지도가 말로 이루어지는 경우에 상대방이 서면의 교부를 요구하는 때에는 직무수행에 특별한 지장이 없는 한 이를 교부하여야 한다(「동법」 제49조 제2항). ③ 행정지도는 반드시 서면으로 하여야 하는 것은 아니다.
의견제출	행정지도의 상대방은 당해 행정지도의 방식·내용 등에 관하여 행정기관에 의견을 제출할 수 있다(「동법」 제50조).

0602

「행정절차법」상 행정지도에 대한 설명으로 가장 적절하지 않은 것은?

| 19년 1차 순경 |

① 반드시 문서의 형식으로 하여야만 한다.
② 임의성 원칙을 명문화하고 있다.
③ 행정기관이 그 소관 사무의 범위에서 일정한 행정목적을 실현하기 위하여 특정인에게 일정한 행위를 하거나 하지 아니하도록 지도, 권고, 조언 등을 하는 행정작용을 말한다.
④ 행정지도의 상대방은 해당 행정지도의 방식·내용 등에 관하여 행정기관에 의견제출을 할 수 있다.

- 정답 ①
- 난이도 하 중 상
- 해설

②, ③, ④는 옳은 설명이며, ①은 틀린 설명이다.

① ❌ 행정지도를 하는 자는 그 상대방에게 그 행정지도의 취지 및 내용과 신분을 밝혀야 한다(「행정절차법」 제49조 제1항). 행정지도가 말로 이루어지는 경우에 상대방이 서면의 교부를 요구하면, 그 행정지도를 하는 자는 직무수행에 특별한 지장이 없으면 이를 교부하여야 한다(「행정절차법」 제49조 제2항). 따라서 행정지도는 문서로도 가능하고, 구두로도 가능하다.

0603

「행정절차법」에 대한 설명으로 가장 적절하지 <u>않은</u> 것은? | 19년 승진 |

① 행정청이 당사자에게 의무를 부과하거나 권익을 제한하는 처분을 할 때 다른 법령에 특별한 규정이 없으면 청문을 거쳐야 한다.
② 행정청은 청문을 하려면 청문이 시작되는 날부터 10일 전까지 처분의 제목 등 일정한 사항을 당사자 등에게 통지하여야 한다.
③ 행정지도는 그 목적 달성에 필요한 최소한도에 그쳐야 하며, 행정지도의 상대방의 의사에 반하여 부당하게 강요하여서는 아니 된다.
④ 행정지도를 하는 자는 그 상대방에게 그 행정지도의 취지 및 내용과 신분을 밝혀야 하며, 행정지도의 상대방은 해당 행정지도의 방식·내용 등에 관하여 행정기관에 의견제출을 할 수 있다.

- **정답** ①
- **난이도** 하 중 상
- **해설** ②, ③, ④는 옳은 설명이며, ①은 틀린 설명이다.
  ① ✗ 행정청이 처분을 할 때 <u>다른 법령 등에서 청문을 하도록 규정하고 있는 경우</u> 청문을 한다(「행정절차법」 제22조 제1항).

참고 행정지도의 원칙(「행정절차법」)

임의성의 원칙	① 행정지도는 상대방의 임의적 협력을 필요로 한다. ② 행정지도는 상대방의 의사에 반하여 부당하게 강요하여서는 아니 된다(「동법」 제48조 제1항).
비례의 원칙	행정지도는 그 목적 달성에 있어서 필요한 최소한도에 그쳐야 한다(「동법」 제48조 제1항).
불이익 조치 금지	행정기관은 행정지도의 상대방이 행정지도에 따르지 아니하였다는 것을 이유로 불이익한 조치를 하여서는 아니 된다(「동법」 제48조 제2항).

0604

행정절차의 하자에 관한 설명 중 가장 적절하지 않은 것은? (다툼이 있는 경우 판례에 의함)

| 21년 2차 경행경채 |

① 임기가 정해진 별정직 공무원인 대통령기록관장을 직권면직하면서 당사자에게 사전통지를 하지 않고 의견제출의 기회를 주지 않았다고 하여 「행정절차법」을 위반하였다고 볼 것은 아니다.

② 징계와 같은 불이익처분절차에서 징계심의대상자에게 변호사를 통한 방어권의 행사를 보장하는 것이 필요하고, 징계심의대상자가 선임한 변호사가 징계위원회에 출석하여 징계심의대상자를 위하여 필요한 의견을 진술하는 것은 방어권 행사의 본질적 내용에 해당하므로, 행정청은 특별한 사정이 없는 한 이를 거부할 수 없다.

③ 해상 공유수면 매립지의 귀속 결정을 위한 지방자치단체중앙분쟁조정위원회의 심의·의결과정에서 공고 및 의견제출 절차를 통해 이해관계인의 의견제출 기회가 부여되어 A도지사가 여러 차례 서면으로 의견을 제출하였다면, 단지 최종 심의·의결 단계에서 A도 소속 공무원에게 구두로 의견을 진술할 기회를 부여하지 않았다는 사정만으로 위원회의 심의·의결에 절차적 정당성이 상실되었다고 볼 수는 없다.

④ 지방자치단체와 민간단체 등이 공동발족한 추모공원건립추진협의회가 시립화장장 후보지 선정을 위해 개최하는 공청회는 행정청이 도시계획시설결정을 하면서 개최한 공청회가 아니므로 「행정절차법」에서 정한 절차를 준수하여야 하는 것은 아니다.

- **정답** ①
- **난이도**
- **해설**

②, ③, ④는 옳은 설명이며, ①은 틀린 설명이다.

① ❌ 행정청이 침해적 행정처분을 하면서 당사자에게 사전통지를 하거나 의견제출의 기회를 주지 않았다면, 사전통지를 하지 않거나 의견제출의 기회를 주지 않아도 되는 예외적인 경우에 해당하지 않는 한, 그 처분은 위법하여 취소를 면할 수 없다. 공무원 인사관계 법령에 의한 처분에 관한 사항이라 하더라도 전부에 대하여 행정절차법의 적용이 배제되는 것이 아니라, 성질상 행정절차를 거치기 곤란하거나 불필요하다고 인정되는 처분이나 행정절차에 준하는 절차를 거치도록 하고 있는 처분의 경우에만 행정절차법의 적용이 배제되는 것으로 보아야 하고, 이러한 법리는 공무원 인사관계 법령에 의한 처분에 해당하는 별정직 공무원에 대한 직권면직 처분의 경우에도 마찬가지로 적용된다.

참고 행정절차가 적용되는 경우

적용되는 경우	① 처분, ② 신고, ③ 확약, ④ 위반사실 등의 공표, ⑤ 행정계획, ⑥ 행정상 입법예고, ⑦ 행정예고 ⑧ 행정지도의 절차에 관하여 다른 법률에 특별한 규정이 있는 경우를 제외하고는 이 법에서 정하는 바에 따른다(동법 제3조 제1항).
판례의 경우	① 진급예정자명단에 포함된 자에 대하여 의견제출의 기회를 부여하지 아니한 채 진급선발을 취소하는 처분을 한 경우 ② 별정직공무원에 대한 직권면직처분 ③ 육군3사관학교 생도에 대한 퇴학처분과 같이 신분을 박탈하는 징계처분 ④ 공정거래위원회의 시정조치 및 과징금납부명령 ⑤ 미국 국적을 가진 교민(외국인)에 대한 사증발급 신청에 대한 거부처분

0605

송달에 대한 설명으로 가장 적절하지 않은 것은? (다툼이 있는 경우 판례에 의함) | 20년 2차 경행경채 |

① 우편물이 등기취급의 방법으로 발송된 경우 그것이 도중에 유실되었거나 반송되었다는 특별한 사정에 대한 반증이 없는 한 그 무렵 수취인에게 배달되었다고 간주할 수 있다.
② 내용증명우편이나 등기우편과는 달리, 보통우편의 방법으로 발송된 경우 송달의 효력을 주장하는 측에서 증거에 의하여 이를 입증하여야 한다.
③ 납세고지서의 명의인이 다른 곳으로 이사하였지만 주민등록을 옮기지 아니한 채 주민등록지로 배달되는 우편물을 새로운 거주자가 수령하여 자신에게 전달하도록 한 경우, 그 새로운 거주자에게 우편물 수령권한을 위임한 것으로 보아 그에게 한 납세고지서의 송달은 적법하다.
④ 전자문서의 경우는 수신자가 관리하거나 지정한 전자적 시스템 등에 입력됨으로써 효력을 발생한다.

- **정답** ①
- **난이도** 하 중 상
- **해설** ②, ③, ④는 옳은 설명이며, ①은 틀린 설명이다.
  ① ✗ 송달은 다른 법령 등에 특별한 규정이 있는 경우를 제외하고는 해당 문서가 송달 받을 자에게 도달됨으로써 그 효력이 발생한다(「행정절차법」 제15조 제1항). 우편물이 등기취급(내용증명우편, 배달증명우편 등)의 방법으로 발송된 경우 그것이 도중에 유실되었거나 반송되었다는 특별한 사정에 대한 반증이 없는 한 그 무렵 수취인에게 배달되었다고 "추정"할 수 있다.

참고 송달의 효력(「행정절차법」)

① 송달은 다른 법령 등에 특별한 규정이 있는 경우를 제외하고는 해당 문서가 송달받을 자에게 도달됨으로써 그 효력이 발생한다(동법 제15조 제1항).
② 정보통신망을 이용하여 전자문서로 송달하는 경우에는 송달받을 자가 지정한 컴퓨터 등에 입력된 때에 도달된 것으로 본다(동법 제15조 제2항).
③ 관보 등 인터넷에 공고하는 경우에는 다른 법령 등에 특별한 규정이 있는 경우를 제외하고는 공고일부터 14일이 지난 때에 그 효력이 발생한다. 다만, 긴급히 시행하여야 할 특별한 사유가 있어 효력발생시기를 달리 정하여 공고한 경우에는 그에 따른다(동법 제15조 제3항).

0606

행정지도에 대한 설명으로 가장 적절한 것은? (다툼이 있는 경우 판례에 의함) | 20년 2차 경행경채 |

① 「행정절차법」상 행정지도는 의견제출과 사전통지절차에 대해 규정하고 있다.
② 「행정절차법」상 행정지도를 하는 자는 상대방이 서면의 교부를 요구하는 경우 그 행정지도의 내용과 신분을 적으면 되고 취지를 적을 필요는 없다.
③ 「국가배상법」상 직무행위에는 비권력적 사실행위가 포함되지 않으므로 행정지도는 직무행위에 포함되지 않는다.
④ 행정지도의 한계를 일탈하지 아니하였다면 그로 인하여 상대방에게 어떤 손해가 발생하였다 하더라도 행정기관은 그에 대한 손해배상책임이 없다.

- **정답** ④
- **난이도**
- **해설** ④는 옳은 설명이며, ①, ②, ③은 틀린 설명이다.
  - ① ✗ 「행정절차법」상 행정지도에는 의견제출에 대한 규정은 있으나, 사전통지절차에 대한 규정은 없다. 행정지도의 상대방은 해당 행정지도의 방식·내용 등에 관하여 행정기관에 의견제출을 할 수 있다(「행정절차법」 제50조).
  - ② ✗ 행정지도를 하는 자는 그 상대방에게 그 행정지도의 취지 및 내용과 신분을 밝혀야 한다(「행정절차법」 제49조 제1항).
  - ③ ✗ 「국가배상법」상 직무행위에는 법적 행위이든 사실행위이든 또는 작위·부작위이든 모두 포함된다. 준법률행위적 행정행위도 직무행위에 포함되고, 행정지도 등의 사실행위도 사경제주체로서의 활동이 아닌 한 직무행위에 포함된다. 다만, 통치행위는 사법심사의 대상이 아니므로 직무행위 범위에서 제한된다.

참고	행정지도에 대한 구제(「행정절차법」)
행정쟁송	① 행정지도는 상대방의 자발적인 협력이 없으면 아무런 효과도 발생하지 않는 비권력적 사실행위이기 때문에 그 처분성을 인정할 수 없으므로, 원칙적으로 행정지도는 행정쟁송의 대상이 될 수 없다. ② 다만, 사실상 강제력이 인정되는 행정지도의 경우 헌법재판소는 헌법소원의 대상이 된다고 보고 있다(예 : 교육인적자원부장관의 대학총장들에 대한 학칙시정요구 등).
손해배상	① 행정지도에 따를 것인지의 여부에 대해 상대방에게 완전한 자유가 보장되어 있는 경우 손해배상이나 손실보상은 원칙적으로 인정되지 않는다. ② 다만, 강제성을 띤 위법한 행정지도이거나 행정지도의 한계를 일탈하여 손해가 발생한 경우, 손해배상을 청구할 수 있다. ③ 「국가배상법」상 공무원의 직무에는 행정지도와 같은 비권력적 작용도 포함되므로 행정지도에는 직무행위성이 인정된다.

0607

다음 「행정절차법」이 규정하고 있는 내용 중 적절하지 <u>않은</u> 것만을 고른 것은 모두 몇 개인가?

| 20년 2차 경행경채 |

> ⊙ 행정청이 처분을 할 때에는 다른 법령 등에 특별한 규정이 있는 경우를 제외하고는 당사자등의 동의를 얻어 문서 또는 전자문서로 한다.
> ⓒ 청문 주재자는 직권으로 또는 당사자의 신청에 따라 필요한 조사를 할 수 있으나 당사자등이 주장하지 아니한 사실에 대하여는 조사할 수 없다.
> ⓒ 행정청은 청문을 하려면 청문이 시작되는 날부터 7일 전까지 「행정절차법」 제21조 제1항 각 호의 사항을 당사자등에게 통지하여야 한다.
> ② 행정청이 행하는 행정작용은 그 내용이 구체적이고 명확하여야 한다.
> ⓜ 「행정절차법」은 법령해석요청권과 부당결부금지의 원칙을 규정하고 있다.

① 2개 ② 3개
③ 4개 ④ 5개

정답 ③

해설 ②은 옳은 설명이며, ⊙, ⓒ, ⓒ, ⓜ은 틀린 설명이다.

- ⊙ ✗ 개별법에 특별한 규정이 있는 경우를 제외하고는 처분은 문서로써 하여야 하며, 전자문서로 하는 경우에는 당사자 등의 동의가 있어야 한다. 즉, 동의가 필요한 부분은 전자문서로 처분을 하는 경우이다(「행정절차법」 제24조 제1항).
- ⓒ ✗ 청문 주재자는 직권으로 또는 당사자의 신청에 따라 필요한 조사를 할 수 있으며, 당사자등이 주장하지 아니한 사실에 대하여도 조사할 수 있다(「행정절차법」 제33조 제1항).
- ⓒ ✗ 행정청은 청문을 하려면 청문이 시작되는 날부터 10일 전까지 「행정절차법」상 당사자 등에게 통지하여야 한다(「행정절차법」 제21조 제2항).
- ⓜ ✗ 「행정절차법」상 법령해석요청권과 부당결부금지의 원칙에 관한 명시적인 규정은 없다.

0608

「행정절차법」의 처분절차와 관련된 설명이다. 아래 ㉠부터 ㉣까지의 설명 중 옳고 그름의 표시(O, X)가 바르게 된 것은? (다툼이 있는 경우 판례에 의함) | 18년 2차 경행경채 |

㉠ 행정청이 신청내용을 모두 그대로 인정하는 처분을 하는 경우 당사자에게 그 근거와 이유를 제시하여야 한다.
㉡ 퇴직연금의 환수결정은 관련 법령에 따라 당연히 환수금액이 정하여지는 것이므로 퇴직연금의 환수결정에 앞서 당사자에게 의견진술의 기회를 주지 아니하여도 「행정절차법」 규정이나 신의칙에 어긋나지 아니한다.
㉢ '고시' 등 불특정 다수인을 상대로 의무를 부과하거나 권익을 제한하는 처분은 성질상 상대방을 특정할 수 없으므로, 이와 같은 처분에 있어서는 그 상대방에게 의견제출의 기회를 주지 않았다고 하여 위법하다고 볼 수는 없다.
㉣ 신청에 따른 처분이 이루어지지 않은 경우에는 아직 당사자에게 권익이 부과되지 않았으므로 특별한 사정이 없는 한 신청에 대한 거부처분이라고 하더라도 직접 당사자의 권익을 제한하는 것은 아니라 할 것이므로 처분의 사전통지 대상이 되지 않는다.

① ㉠(X) ㉡(O) ㉢(O) ㉣(O)
② ㉠(O) ㉡(X) ㉢(X) ㉣(X)
③ ㉠(O) ㉡(O) ㉢(X) ㉣(X)
④ ㉠(X) ㉡(X) ㉢(O) ㉣(O)

- **정답** ①
- **난이도**
- **해설** ㉡, ㉢, ㉣은 옳은 설명이며, ㉠은 틀린 설명이다.
  ㉠ X ① 신청의 내용을 그대로 인정하는 경우, ② 단순·반복적인 처분 또는 경미한 처분으로서 당사자가 그 이유를 명백히 알 수 있는 경우, ③ 긴급히 처분할 필요가 있는 경우에는 당사자에게 처분의 근거와 이유를 제시하지 아니할 수 있다(「행정절차법」 제23조 제1항).

참고 처분의 이유 제시(「행정절차법」)

원칙	행정청은 처분을 할 때에는 그 근거와 이유를 제시하여야 한다(동법 제23조 제1항). 즉, 이유부기에 관한 사항을 조문으로 명확히 규정하고 있다.
예외	다음의 어느 하나에 해당하는 경우에는 당사자에게 처분의 근거와 이유를 제시하지 아니할 수 있다(동법 제23조 제1항 단서). ① 신청 내용을 모두 그대로 인정하는 처분인 경우 ② 단순·반복적인 처분 또는 경미한 처분으로서 당사자가 그 이유를 명백히 알 수 있는 경우 ③ 긴급히 처분할 필요가 있는 경우

0609

행정절차에 대한 설명으로 가장 적절하지 <u>않은</u> 것은? (다툼이 있는 경우 판례에 의함)

| 18년 2차 경행경채 변형 |

① 「행정절차법」은 공법상 계약에 관해서는 별도의 규정이 없다.
② 「행정절차법」상 당사자등은 처분 전에 그 처분의 관할 행정청에 서면이나 정보통신망을 이용하여 의견을 제출할 수 있으나, 말로는 할 수 없다.
③ 「행정절차법」은 절차적 규정뿐만 아니라 신뢰보호원칙과 같이 실체적 규정을 포함하고 있다.
④ 행정청은 국내에 주소·거소·영업소 또는 사무소가 없는 외국사업자에 대하여 우편송달의 방법으로 문서를 송달할 수 있다.

정답 ②

난이도 하 중 상

해설 ①, ③, ④는 옳은 설명이며, ②는 틀린 설명이다.

② 개별법에 특별한 규정이 있는 경우를 제외하고는 <u>처분은 문서로써 하여야 하며, 전자문서로 하는 경우에는 당사자 등의 동의가 있어야 한다. 다만, 신속히 처리할 필요가 있거나 사안이 경미한 경우에는 말 또는 그 밖의 방법으로 할 수 있다.</u> 이 경우에도 당사자가 요청하면 지체 없이 처분에 관한 문서를 주어야 한다(「행정절차법」 제24조 제1항). 처분을 하는 문서에는 그 처분 행정청과 담당자의 소속·성명 및 연락처를 적어야 한다(「행정절차법」 제24조 제3항). 즉, <u>처분 실명제가 적용</u>된다.

참고 처분의 방식(「행정절차법」)

① 행정청이 처분을 할 때에는 다른 법령등에 특별한 규정이 있는 경우를 제외하고는 **문서로 하여야 하며**, 다음의 어느 하나에 해당하는 경우에는 **전자문서로 할 수 있다**(동법 제24조 제1항).
  ㉠ 당사자등의 동의가 있는 경우
  ㉡ 당사자가 전자문서로 처분을 신청한 경우
② 공공의 안전 또는 복리를 위하여 <u>긴급히 처분을 할 필요가 있거나 사안이 경미한 경우</u>에는 말, 전화, 휴대전화를 이용한 문자 전송, 팩스 또는 전자우편 등 <u>문서가 아닌 방법으로 처분을 할 수 있다</u>. 이 경우 당사자가 요청하면 지체 없이 처분에 관한 문서를 주어야 한다(동법 제24조 제2항).
③ 처분을 하는 문서에는 그 처분 행정청과 담당자의 소속·성명 및 연락처를 적어야 한다(동법 제24조 제3항).

0610

처분의 신청에 대한 「행정절차법」의 내용으로 옳은 것은?

| 16년 서울시 9급 |

① 행정청은 신청인의 편의를 위하여 다른 행정청에 신청을 접수하게 할 수 있다.
② 행정청에 처분을 구하는 신청은 문서로만 가능하다.
③ 처분을 신청할 때 전자문서로 하는 경우에는 신청인의 컴퓨터 등에 입력된 때에 신청한 것으로 본다.
④ 행정청은 신청에 구비서류의 미비 등 흠이 있는 경우에는 그 이유를 구체적으로 밝혀 접수된 신청을 되돌려 보내야 한다.

- **정답** ①
- **난이도**
- **해설**
  ①은 옳은 설명이며, ②, ③, ④는 틀린 설명이다.
  ② ✕ 행정청에 처분을 구하는 신청은 문서로 하여야 한다(「행정절차법」 제17조 제1항 본문). 다만, 다른 법령 등에 특별한 규정이 있는 경우와 행정청이 미리 다른 방법을 정하여 공시한 경우에는 그러하지 아니하다(「행정절차법」 제17조 제1항 단서).
  ③ ✕ 처분을 신청할 때 전자문서로 하는 경우에는 행정청의 컴퓨터 등에 입력된 때에 신청한 것으로 본다(「행정절차법」 제17조 제2항).
  ④ ✕ 행정청은 신청에 구비서류의 미비 등 흠이 있는 경우에는 보완에 필요한 상당한 기간을 정하여 지체 없이 신청인에게 보완을 요구하여야 한다(「행정절차법」 제17조 제5항). 행정청은 신청인이 그 기간 내에 보완을 하지 아니하였을 때에는 그 이유를 구체적으로 밝혀 접수된 신청을 되돌려 보낼 수 있다(「행정절차법」 제17조 제6항).

0611

「행정절차법」상 청문 또는 공청회 절차에 대한 설명으로 옳지 않은 것은? (다툼이 있는 경우 판례에 의함)

| 15년 국가직 9급 |

① 행정청이 청문을 거쳐야 하는 처분을 하면서 청문절차를 거치지 않는 경우에는 그 처분은 위법하지만 당연무효인 것은 아니다.
② 청문서가 행정절차법에서 정한 날짜보다 다소 늦게 도달하였을 경우에도, 당사자가 이에 대하여 이의를 제기하지 아니하고 청문일에 출석하여 의견을 진술하였다면 청문서 도달기간을 준수하지 않은 하자는 치유된다.
③ 행정청은 행정절차법 제38조에 따른 공청회와 병행하여서만 정보통신망을 이용한 공청회(전자공청회)를 실시할 수 있다.
④ 청문 주재자는 당사자등의 전부 또는 일부가 정당한 사유 없이 청문기일에 출석하지 아니한 경우라도 이들에게 다시 의견진술 및 증거제출의 기회를 주지 아니하고는 청문을 마칠 수 없다.

- **정답** ④
- **난이도** 하 중 상
- **해설** ①, ②, ③은 옳은 설명이며, ④는 틀린 설명이다.
  ④ ✗ 청문 주재자는 해당 사안에 대하여 당사자 등의 의견진술, 증거조사가 충분히 이루어졌다고 인정하는 경우에는 청문을 마칠 수 있다(「행정절차법」 제35조 제1항). 청문 주재자는 당사자 등의 전부 또는 일부가 정당한 사유 없이 청문 기일에 출석하지 아니하거나 의견서를 제출하지 아니한 경우에는 이들에게 다시 의견진술 및 증거제출의 기회를 주지 아니하고 청문을 마칠 수 있다(「행정절차법」 제35조 제2항).

참고 온라인공청회(「행정절차법」)

① 행정청은 제38조에 따른 공청회와 병행하여서만 정보통신망을 이용한 공청회를 실시할 수 있다(동법 제38조의2 제1항).
② 다음의 어느 하나에 해당하는 경우에는 온라인공청회를 단독으로 개최할 수 있다(동법 제38조의2 제2항).
  ㉠ 국민의 생명·신체·재산의 보호 등 국민의 안전 또는 권익보호 등의 이유로 제38조에 따른 공청회를 개최하기 어려운 경우
  ㉡ 제38조에 따른 공청회가 행정청이 책임질 수 없는 사유로 개최되지 못하거나 개최는 되었으나 정상적으로 진행되지 못하고 무산된 횟수가 3회 이상인 경우
  ㉢ 행정청이 널리 의견을 수렴하기 위하여 온라인공청회를 단독으로 개최할 필요가 있다고 인정하는 경우

제 2 절 국가배상법

0612

「국가배상법」상 경찰공무원의 배상책임에 대한 설명으로 가장 적절하지 않은 것은? (다툼이 있는 경우 판례에 의함)

| 73기 간부 |

① 경찰공무원이 공무를 수행하는 과정에서 위법행위로 타인에게 손해를 가한 경우에 국가 등이 손해배상책임을 지는 것 외에 그 개인은 고의 또는 중과실이 있는 경우에는 손해배상책임을 진다.

② 경찰공무원의 중과실이란 공무원에게 통상 요구되는 정도의 상당한 주의를 하지 않더라도 약간의 주의를 한다면 손쉽게 위법·위해한 결과를 예견할 수 있는 경우임에도 만연히 이를 간과한 경우와 같이, 거의 고의에 가까운 현저한 주의를 결여한 상태를 의미한다.

③ 경찰공무원이 직무를 수행함에 있어 경과실로 타인에게 손해를 입힌 경우에는 그로 인하여 발생한 손해에 대하여 경찰공무원 개인에게 배상책임을 부담시키지 아니하는 것은 공무원의 공무집행의 안정성을 확보하려는 데 있다.

④ 국민의 생명·신체·재산 등을 보호하는 것을 본래의 사명으로 하는 국가는 형식적 의미의 법령에 근거가 없다면 경찰공무원에 대하여 위험을 배제할 작위의무를 인정할 수 없으므로, 경찰공무원의 부작위를 이유로 국가배상책임을 인정할 수 없다.

- **정답** ④
- **난이도**
- **해설** ①, ②, ③은 옳은 설명이며, ④는 틀린 설명이다.

④ ❌ 공무원의 직무에는 **권력적 작용만이 아니라 행정지도와 같은 비권력적 작용도 포함**되며 단지 **행정주체가 사경제주체로서 하는 활동**만 제외된다. 국가의 입법·행정·사법의 모든 작용이 포함된다는 것이 일반적 견해이다. **법적 행위이든 사실행위이든 또는 작위·부작위이든 모두 포함**된다. 준법률행위적 행정행위도 직무행위에 포함되고, 행정지도 등의 사실행위도 사경제주체로서의 활동이 아닌 한 직무행위에 포함된다. 지방자치단체 소유의 임야에 많은 주민이 들어서 무허가 주택을 짓고 살고 있다 하더라도 그 주민을 대상으로 한 통·반이 조직되고 주민세를 부과하는 등의 관리행정까지 실시해왔다면 그 자치단체로서는 의당 주민들의 복리를 위하여 주택가 내에 돌출하여 위험이 예견되는 자연암벽을 사전에 제거하여야 할 의무도 부담한다 할 것인데, 그 의무를 해태(懈怠)한 부작위로 인하여 붕괴사고가 일어나서 주민들이 손해를 입었다면 그 자치단체로서는 「국가배상법」 제2조에 의한 책임을 면할 수 없다고 봄이 상당하다.

0613

「국가배상법」에 대한 설명으로 적절한 것은 모두 몇 개인가? (다툼이 있는 경우 판례에 따름)

| 72기 간부 |

> 가. 경찰관들의 시위진압에 대항하여 시위자들이 던진 화염병에 의하여 발생한 화재로 인하여 손해를 입은 주민이 국가를 상대로 국가배상을 청구한 경우에는 국가의 배상책임이 인정되지 않는다.
> 나. 시위진압 과정에서 가해공무원인 전투경찰이 특정되지 않더라도 손해배상책임이 인정된다.
> 다. 전투경찰순경은 「국가배상법」제2조 제1항 단서에 따라 손해배상청구가 제한되는 군인·군무원·경찰공무원 또는 예비군대원에 해당한다.
> 라. 경찰공무원이 전투·훈련 등 직무집행과 관련하여 순직한 경우에는 전투·훈련 또는 이에 준하는 직무집행뿐만 아니라 일반 직무집행에 관하여도 국가나 지방자치단체의 배상책임이 제한된다.
> 마. 「국가배상법」제5조에 따라 도로나 하천은 물론 경찰견도 영조물에 포함된다.

① 2개
② 3개
③ 4개
④ 5개

정답 ④

난이도 하 중 상

해설 "가", "나", "다", "라", "마" 모두 옳은 설명이다.

참고 고의·과실의 입증책임 - 조직과실이론

① 공무원의 고의 또는 과실에 대한 입증책임은 원고(피해자)가 진다.
② 「국가배상법」상의 과실은 당해 공무원의 주의의무위반이 아니라 당해 직무를 담당하는 평균적 공무원의 주의능력을 기준으로 판단되는 추상적 과실을 의미한다.
③ 어느 공무원의 행위인지가 판명되지 않더라도 가해행위가 공무원의 행위에 의한 것으로 보여지는 한 가해공무원의 특정은 필요하지 않다. 즉, 가해공무원의 특정이 없어도 『조직과실이론』으로 보아 국가배상이 인정된다.

참고 이중배상금지의 원칙(「국가배상법」)

① 군인·군무원·경찰공무원 또는 예비군대원이 전투·훈련 등 직무집행과 관련하여 전사·순직하거나 공상을 입은 경우에 본인이나 그 유족이 다른 법령에 따라 재해보상금·유족연금·상이연금 등의 보상을 지급받을 수 있을 때에는 이 법 및 「민법」에 따른 손해배상을 청구할 수 없다(동법 제2조 제1항 단서).
② 이중배상금지규정을 둔 취지는 위험성이 높은 직무에 종사하는 자에 대하여는 사회보장적 위험부담으로서의 국가배상제도를 별도로 마련함으로써 그것과 경합되는 국가배상청구를 배제하려는 취지이다.
③ 현역병으로 입대하였으나 교도소의 경비교도대로 된 자 또는 공익근무요원의 경우에는 이중배상청구가 제한되지 않는다.

0614

국가배상에 관한 설명 중 가장 적절하지 않은 것은?

| 22년 2차 순경 |

① 일반적으로 공무원이 직무를 집행함에 있어서 법령에 대한 해석이 그 문언 자체만으로는 명백하지 아니하여 여러 견해가 있을 수 있는 데다가 이에 대한 선례나 학설, 판례 등도 귀일된 바 없어 이의(異議)가 없을 수 없는 경우, 관계 국가공무원이 그 나름대로 신중을 다하여 합리적인 근거를 찾아 그 중 어느 한 견해를 따라 내린 해석이 후에 대법원이 내린 입장과 같지 않아 결과적으로 잘못된 해석에 돌아가고, 이에 따른 처리가 역시 결과적으로 위법하게 되어 그 법령의 부당집행이라는 결과를 가져오게 되었다고 하더라도「국가배상법」상 공무원의 과실을 인정할 수는 없다.

② 국가공무원이 고의 또는 과실로 직무상 의무를 위반하였을 경우라고 하더라도 국가는 그러한 직무상의 의무 위반과 피해자가 입은 손해 사이에 상당인과관계가 인정되는 범위 내에서만 배상책임을 지는 것이고, 이 경우 상당인과관계가 인정되기 위하여는 공무원에게 부과된 직무상 의무의 내용이 단순히 공공일반의 이익을 위한 것이거나 행정기관 내부의 질서를 규율하기 위한 것이 아니고 전적으로 또는 부수적으로 사회구성원 개인의 안전과 이익을 보호하기 위하여 설정된 것이어야 한다.

③ 외국인이 피해자인 경우 국가배상청구권은 해당 국가와 상호 보증이 있을 때에만 인정되므로, 그 상호 보증은 외국의 법령, 판례 및 관례 등에 의한 발생요건을 비교하여 인정되는 것이 아니라 반드시 당사국과의 조약이 체결되어 있어야 한다.

④ 국민의 생명, 신체 및 재산의 보호, 범죄의 예방·진압 및 수사, 기타 공공의 안녕과 질서유지 등의 직무를 수행하는 경찰은「경찰관 직무집행법」,「형사소송법」등 관련 법령에서 부여한 여러 권한을 제반 상황에 대응하여 적절하게 행사하여 필요한 조치를 취할 수 있고, 그 권한은 일반적으로 경찰관의 전문적 판단에 기한 합리적인 재량에 위임되어 있지만, 경찰관에게 권한을 부여한 취지와 목적에 비추어 볼 때 구체적인 사정에 따라 경찰관이 그 권한을 행사하여 필요한 조치를 하지 아니하는 것이 현저하게 불합리하다고 인정되는 경우에는 그러한 권한의 불행사는 직무상의 의무를 위반한 것이 되어 위법하게 된다.

정답 ③

난이도

해설 ①, ②, ④는 옳은 설명이며, ③은 틀린 설명이다.

③ ❌ 「상호보증」이라는 것은 외국이 우리나라의 확정판결의 효력을 인정하는 조건과 우리나라가 외국의 확정판결의 효력을 인정하는 조건을 비교형량할 때 대등하거나 적어도 앞의 요건이 뒤의 그것보다 관대한 경우를 말한다 라고 하고 있고, 이러한 상호보증을 위하여 조약이 체결되어 있을 필요는 없고 당해 외국에서 우리나라의 동종 판결을 승인한 사례가 없더라도 실제로 승인할 것이라고 기대할 수 있는 상태라면 충분하다. 따라서 조약이 체결되어 있는 경우라면 충분히 상호보증이 인정된다고 할 수 있을 것이나 조약이 체결되어 있지 아니하더라도 별도로 상호보증이 있다면 외국인이 피해자인 국가배상청구권도 인정될 수 있다.

0615

「국가배상법」 제5조에 관한 설명 중 가장 적절하지 <u>않은</u> 것은? (다툼이 있는 경우 판례에 의함)

| 21년 2차 경행경채 |

① 도로의 설치 및 관리에 있어 완전무결한 상태를 유지할 정도의 고도의 안전성을 갖추지 아니하였다고 해서 하자가 있다고 단정할 수는 없다.

② 하천정비기본계획 등에서 정한 계획홍수량 및 계획홍수위를 충족하여 하천이 관리되고 있다면 특별한 사정이 없는 한, 그 하천은 용도에 따라 통상 갖추어야 할 안전성을 갖추고 있다고 볼 수 있다.

③ 영조물이 물적 시설 자체의 물리적 흠결 등으로 이용자에게 위해를 끼칠 위험성이 있는 경우뿐만 아니라 영조물이 공공의 목적에 이용됨에 있어 그 이용 상태 및 정도가 일정한 한도를 초과하여 이용자에게 사회통념상 수인할 것이 기대되는 한도를 넘는 피해를 입히는 경우에도 영조물의 설치 또는 관리의 하자에 포함된다.

④ 위험의 존재를 인식하면서 그로 인한 피해를 용인하며 접근한 것으로 볼 수 있고 나아가 그 피해가 정신적 고통이나 생활방해의 정도에 그치며 그 침해행위에 고도의 공공성이 인정되는 때에는 위험에 접근한 후에 그 위험이 특별히 증대하였다는 등의 특별한 사정이 없는 이상 가해자의 면책을 인정하여야 하는 경우가 있다.

정답 ③

난이도

해설 ①, ②, ④는 옳은 설명이며, ③은 틀린 설명이다.

③ ✗ 「국가배상법」 제5조 제1항에 정하여진 『영조물』의 설치 또는 관리의 하자라 함은 공공의 목적에 공여된 영조물이 그 용도에 따라 갖추어야 할 <u>안전성을 갖추지 못한 상태</u>에 있음을 말하고, 안전성을 갖추지 못한 상태, 즉 타인에게 위해를 끼칠 위험성이 있는 상태라 함은 당해 영조물을 구성하는 물적 시설 그 자체의 물리적 흠결 등으로 이용자에게 위해를 끼칠 위험성이 있는 경우뿐만 아니라 영조물이 공공의 목적에 이용됨에 있어 그 이용 상태 및 정도가 <u>일정한 한도를 초과하여 "제3자"에게 사회통념상 수인할 것이 기대되는 한도를 넘는 피해를 입히는 경우에도 영조물의 설치 또는 관리의 하자에 포함</u>된다.

판례 위험에의 접근이론

매향리 주민 일부가 대한민국을 상대로 손해배상을 청구했고, 대법원은 2004년 "소음 등을 포함한 공해 등의 위험지역으로 이주하여 들어가서 거주하는 경우와 같이 위험의 존재를 인식하면서 그로 인한 피해를 용인하며 접근한 것으로 볼 수 있는 경우에 그 피해가 직접 생명이나 신체에 관련된 것이 아니라 정신적 고통이나 생활방해의 정도에 그치고, 그 침해행위에 상당한 고도의 공공성이 인정되는 때에는 위험에 접근한 후 실제로 입은 피해 정도가 위험에 접근할 당시에 인식하고 있었던 위험의 정도를 초과하는 것이거나 위험에 접근한 후에 그 위험이 특별히 증대하였다는 등의 특별한 사정이 없는 한 가해자의 면책을 인정하여야 하는 경우도 있을 수 있을 것이다. 그러나 일반인이 공해 등의 위험지역으로 이주하여 거주하는 경우라고 하더라도 위험에 접근할 당시에 그러한 위험이 문제가 되고 있지 아니하였고, 그러한 위험이 존재하는 사실을 정확하게 알 수 없었으며, 그 밖에 위험에 접근하게 된 경위와 동기 등의 여러 가지 사정을 종합하여 그와 같은 위험의 존재를 인식하면서 굳이 위험으로 인한 피해를 용인하였다고 볼 수 없는 경우에는 그 책임이 감면되지 아니한다고 봄이 상당하다."라고 판단하였다.

0616

국토교통부장관이 관리하는 국가하천(이하 A)의 유지·보수사무가 지방자치단체(이하 B)의 장에게 위임되고, B가 A의 유지·보수에 필요한 비용을 부담하며 이에 관한 국가의 보조금을 받아오던 중에, A의 관리상 하자로 인하여 그 이용자가 사망하는 사고가 발생하였다. 이에 관한 설명 중 가장 적절하지 <u>않은</u> 것은? (다툼이 있는 경우에 판례에 의함) | 21년 2차 경행경채 |

① 국가는 A의 설치·관리 사무의 귀속주체로서 배상책임을 진다.
② 국가는 A의 설치·관리 비용을 부담하는 자로서 배상책임을 진다.
③ B는 A의 설치·관리 사무의 귀속주체로서 배상책임을 진다.
④ B는 A의 설치·관리 비용을 부담하는 자로서 배상책임을 진다.

- **정답** ③
- **난이도** 상 중 하
- **해설**
  ①, ②, ④는 옳은 설명이며, ③은 틀린 설명이다.
  ③ ✗ 국가사무인 경우에는 국가, 지방자치사무인 경우에는 지방자치단체가 손해배상책임을 진다. 따라서 <u>국토교통부장관이 관리하는 국가하천에 관하여는 그 사무의 귀속주체가 국가가 되므로 국가에도 손해배상책임이 인정</u>된다. 설치·관리를 맡은 자와 비용을 부담하는 자가 동일하지 아니한 경우에는 모두 배상책임이 있다(「국가배상법」 제5조 제1항 및 제6조). 따라서 <u>B가 국가하천의 유지·보수에 필요한 비용을 부담하므로 B에 해당하는 지방자치단체도 손해배상책임이 인정</u>된다. 그리고 <u>B는 국가의 보조금을 받아 왔으므로 국가도 비용부담자로서 손해배상책임을 진다. 결론적으로 국가와 지방자치단체 모두 손해배상책임이 인정</u>된다. 다만, 국가하천인 A의 설치·관리의 사무주체로서 배상책임을 지는 것은 국가이지 지방자치단체가 사무 귀속의 주체로서 손해배상책임을 지는 것은 아니다.

참고 | 공공영조물의 설치·관리의 하자로 인한 손해배상책임의 배상책임자

원칙	국가사무인 경우에는 국가, 지방자치사무인 경우에는 지방자치단체가 손해배상책임을 진다.
예외	① 설치·관리를 맡은 자와 비용을 부담하는 자가 동일하지 아니한 경우에는 모두 배상책임이 있다(동법 제5조 제1항 단서, 동법 제6조). 따라서 피해자는 어느 쪽에 대하여도 선택적으로 손해배상을 청구할 수 있다. ② 영조물의 하자로 인한 배상책임에서 피해자에 대한 관계에서 비용부담자로서 배상책임을 지는 자는 영조물의 관리비용을 대외적으로 지급하는 자, 즉 형식상 비용부담자가 된다.

0617

「국가배상법」제2조의 '군인·군무원·경찰공무원 또는 예비군 대원이 전투·훈련 등 직무 집행과 관련하여 전사(戰死)·순직(殉職)하거나 공상(公傷)을 입은 경우'에 대한 설명으로 가장 적절하지 않은 것은? (다툼이 있는 경우 판례에 의함) | 19년 2차 경행경채 |

① 현역병으로 입영하여 소정의 군사교육을 마치고 전임되어 법무부장관에 의하여 경비교도로 임용된 자는 「국가배상법」제2조 제1항 단서에 따라 손해배상청구가 제한되는 군인·군무원·경찰공무원 또는 향토예비군대원에 해당한다고 할 수 없다.

② 전투경찰순경은 「국가배상법」제2조 제1항 단서에 따라 손해배상청구가 제한되는 군인·군무원·경찰공무원 또는 향토예비군대원에 해당한다고 보아야 한다.

③ 전투·훈련 등 직무집행과 관련하여 공상을 입은 군인이 「국가배상법」에 따라 손해배상금을 지급받은 다음에 「국가유공자 등 예우 및 지원에 관한 법률」이 정한 보훈급여금의 지급을 청구하는 경우, 국가는 「국가배상법」에 따라 손해배상을 받았다는 사정을 들어 보훈급여금의 지급을 거부할 수 있다.

④ 경찰공무원의 전투·훈련 등 직무집행과 관련하여 순직을 한 경우에는 전투·훈련 또는 이에 준하는 직무집행뿐만 아니라 일반 직무집행에 관하여도 국가나 지방자치단체의 배상책임이 제한된다.

정답 ③

난이도

해설 ①, ②, ④는 옳은 설명이며, ③은 틀린 설명이다.

③ ✗ 전투·훈련 등 직무집행과 관련하여 공상을 입은 군인이 「국가배상법」에 따라 손해배상금을 지급받은 다음에 「국가유공자 등 예우 및 지원에 관한 법률」이 정한 보훈급여금의 지급을 청구하는 경우, 국가는 「국가배상법」에 따라 손해배상을 받았다는 사정을 들어 보훈급여금의 지급을 거부할 수 없다. 즉, 다른 법률에 따른 보상금을 받고 난 이후에는 「국가배상법」의 손해배상금을 지급받을 수 없고, 먼저 「국가배상법」상의 손해배상금을 지급받고 나서 다른 법률에 따른 보상금을 지급받는 경우에는 이를 거부할 수 없다.

판례 이중배상금지의 원칙 관련 판례

① 이와 같은 「헌법」 및 「국가배상법」의 입법취지는, 국가 또는 공공단체가 위험한 직무를 집행하는 군인·군무원·경찰공무원 또는 향토예비군대원에 대한 피해보상제도를 운영하여, 직무집행과 관련하여 피해를 입은 군인 등이 간편한 보상절차에 의하여 자신의 과실 유무나 그 정도와 관계없이 무자력의 위험부담이 없는 확실하고 통일된 피해보상을 받을 수 있도록 하는 대신에, 피해 군인 등이 국가 등에 대하여 공무원의 직무상 불법행위로 인한 손해배상을 청구할 수 없게 함으로써, 군인 등의 동일한 피해에 대하여 국가 등의 보상과 배상이 모두 이루어짐으로 인하여 발생할 수 있는 과다한 재정지출과 피해 군인 등 사이의 불균형을 방지하고, 또한 가해자인 군인 등과 피해자인 군인 등의 직무상 잘못을 따지는 쟁송이 가져올 폐해를 예방하려는 것이라고 할 것이다.

② 경찰공무원 등이 전투·훈련 등 직무집행과 관련하여 순직 등을 한 경우 같은 법 및 「민법」에 의한 손해배상책임을 청구할 수 없다고 정한 「국가배상법」제2조 제1항 단서의 면책조항은 전투·훈련 또는 이에 준하는 직무집행뿐만 아니라 '일반 직무집행'에 관하여도 국가나 지방자치단체의 배상책임을 제한하는 것이다.

0618

「국가배상법」제6조(비용부담자 등의 책임)에 대한 설명으로 가장 적절하지 <u>않은</u> 것은? (다툼이 있는 경우 판례에 의함) | 19년 2차 경행경채 |

① 지방자치단체의 장이 기관위임된 국가행정사무를 처리하는 경우 국가로부터 내부적으로 교부된 금원으로 그 사무에 필요한 경비를 대외적으로 지출하는 지방자치단체는 「국가배상법」 제6조 제1항 소정의 비용부담자로서 손해를 배상할 책임이 있다.
② 지방자치단체의 장이 지방자치단체의 사무로서 교통신호기를 설치하고 그 관리권한을 관할 시·도경찰청장에게 위임한 경우에, 「국가배상법」 제5조(공공시설 등의 하자로 인한 책임)에 의한 배상책임을 부담하는 것은 국가라고 할 것이나 지방자치단체도 「국가배상법」 제6조 제1항 소정의 비용부담자로서 배상책임을 부담한다.
③ 국가와 지방자치단체 모두가 도로의 점유자 및 관리자, 비용부담자로서의 책임을 중첩적으로 지는 경우에는 모두가 「국가배상법」 제6조 제2항에 따라 궁극적으로 손해를 배상할 책임이 있는 자이고 그 내부적인 부담 부분은 분담비용 등 제반 사정을 종합하여 결정한다.
④ 「국가배상법」 제6조 제2항의 규정은 도로의 관리주체와 그 비용을 부담하는 경제주체 상호간에 내부적으로 구상의 범위를 정하는데 적용될 뿐이므로 이를 들어 구상권자인 공동불법행위자에게 대항할 수 없다.

- **정답** ②
- **난이도**
- **해설** ①, ③, ④는 옳은 설명이며, ②는 틀린 설명이다.
  ② 지방자치단체장이 설치하여 관할 시·도경찰청장에게 관리권한이 위임된 교통신호기의 고장으로 교통사고가 발생한 경우 궁극적인 배상책임은 영조물의 설치·관리권한자로서 그 권한을 위임한 지방자치단체라 할 것이나, 교통신호기를 관리하는 시·도경찰청장 산하 경찰관들의 봉급을 부담하는 국가도 비용을 부담하는 자로서 손해를 배상하여야 한다.

판례 공공영조물의 설치·관리의 하자로 인한 배상책임자 관련 판례

① 시장 등 권한의 위탁은 이른바 기관위임으로서 경찰서장 등은 권한을 위임한 시장 등이 속한 지방자치단체의 산하 행정기관의 지위에서 그 사무를 처리하는 것이므로, 경찰서장 등이 설치·관리하는 신호기의 하자로 인한 「국가배상법」 제5조 소정의 배상책임은 그 사무의 귀속 주체인 시장 등이 속한 지방자치단체가 부담한다.
② 지방자치단체장이 설치하여 관할 시·도경찰청장에게 관리권한이 위임된 교통신호기의 고장으로 교통사고가 발생한 경우 궁극적인 배상책임은 영조물의 설치·관리권한자로서 그 권한을 위임한 지방자치단체라 할 것이나, 교통신호기를 관리하는 시·도경찰청장 산하 경찰관들의 봉급을 부담하는 국가도 비용을 부담하는 자로서 손해를 배상하여야 한다.
③ 여의도광장은 서울특별시가 관리하고 있으며, 그 관리사무 중 일부를 영등포구청장에게 권한위임하고 있는 경우, 도로에 관한 비용은 건설부장관이 관리하는 도로 이외의 도로에 관한 것은 관리청이 속하는 지방자치단체의 부담으로 하도록 되어 있어 여의도광장의 관리비용부담자는 그 위임된 관리사무에 관한 한 관리를 위임받은 영등포구청장이 속한 영등포구가 되므로, 영등포구는 여의도광장에서 차량진입으로 일어난 인신사고에 관하여 소정의 비용부담자로서의 손해배상책임이 있다.

0619

공무원의 직무행위로 인한 손해배상에 대한 설명으로 가장 적절하지 않은 것은? (다툼이 있는 경우 판례에 의함)

| 18년 3차 경행경채 |

① 공무원이 통상의 근무지로 자기 소유 차량을 운전하여 출근하던 중 교통사고를 일으킨 경우, 특별한 사정이 없는 한 「국가배상법」 제2조 제1항에 따른 직무집행 관련성이 부정된다.
② 「국가배상법」이 정한 배상청구의 요건인 공무원의 직무에는 권력적 작용만이 아니라 행정지도와 같은 비권력적 작용도 포함된다.
③ 형사상 범죄행위를 구성하지 않는 침해행위라 하더라도 그것이 민사상 불법행위를 구성하는지 여부는 형사책임과 별개의 관점에서 검토하여야 한다.
④ 공무원이 재량준칙에 따라 행정처분을 하였는데 결과적으로 그 처분이 재량을 일탈·남용하여 위법하게 된 때에는 그에게 직무집행상의 과실이 인정된다.

- **정답** ④
- **난이도**
- **해설**

①, ②, ③은 옳은 설명이며, ④는 틀린 설명이다.

④ ✗ 공무원이 재량처분을 함에 있어 상급기관이 발한 훈령에서 정한 기준에 따라 하였는바, 사법심사의 결과 그 처분이 재량권의 남용에 해당한다고 하더라도 공무원에게 과실이 있다고 볼 수 없다. 또한 공무원이 법령대로만 직무를 수행한 경우 공무원의 부작위에 의한 고의·과실로 법령을 위반했다고도 할 수 없다.

참고 공무원의 위법한 직무행위로 인한 손해배상책임의 요건 – 법령에 위반한 행위

위법성의 판단기준	① 「국가배상법」상의 위법의 구체적 의미 및 내용에 관하여는 행위의 법규범에의 위반을 의미한다고 본다.
	② 행정규칙은 법규성이 없으므로, 행정규칙의 위반은 일반적으로 법령위반이 아니다.
	③ 부당한 재량처분의 경우에는 법령위반이 아니다. 다만, 재량권의 일탈·남용의 경우에는 위법이 된다.
	④ 공무원의 부작위로 인한 국가배상책임을 인정하기 위하여는 「국가배상법」 제2조 제1항의 요건이 충족되어야 하고, 이때 부작위의 위법성 인정을 위해 작위의무가 있어야 한다.
	  ㉠ 재량이 0으로 수축되면 작위의무가 인정된다. 이때의 의무위반은 위법이 된다.
	  ㉡ 조리상의 작위의무의 경우 위험방지 작위의무를 인정한다.
	  ㉢ 반사적 이익의 경우에는 원칙적으로 국가배상책임을 부정한다.
	  ㉣ 공무원의 권한 불행사가 위법한 것으로 되는 경우 특별한 사정이 없는 한 과실도 인정된다.
	  ㉤ 공무원이 법령대로만 직무를 수행한 경우 공무원의 부작위에 의한 고의·과실로 법령을 위반했다고 할 수 없다.
	⑤ 절차상의 위법도 「국가배상법」상의 법령위반에 해당한다.

0620

국가배상에 대한 설명으로 가장 적절하지 않은 것은? (다툼이 있는 경우 판례에 의함)

| 18년 2차 경행경채 |

① 「국가배상법」 제5조 소정의 '공공의 영조물'은 국가 또는 지방자치단체가 소유권, 임차권 그 밖의 권한에 기하여 관리하고 있는 경우뿐만 아니라 사실상의 관리를 하고 있는 경우도 포함된다.
② 「국가배상법」 제2조 제1항을 적용할 때 피해자가 손해를 입은 동시에 이익을 얻은 경우에는 손해배상액에서 그 이익에 상당하는 금액을 빼야 한다.
③ 국가나 지방자치단체는 공무원 또는 공무를 위탁받은 사인이 직무를 집행하면서 고의 또는 과실로 법령을 위반하여 타인에게 손해를 입히거나, 「자동차손해배상 보장법」에 따라 손해배상의 책임이 있을 때에는 「국가배상법」에 따라 그 손해를 배상하여야 한다.
④ 공무원이 직무수행 중 불법행위로 타인에게 손해를 입힌 경우에 국가 등이 국가배상책임을 부담하는 외에 공무원 개인도 고의가 있는 경우에만 불법행위로 인한 손해배상책임을 부담한다.

- **정답** ④
- **난이도** 하 중 상
- **해설** ①, ②, ③은 옳은 설명이며, ④는 틀린 설명이다.

　④ 「구상권」은 타인을 위해 변제를 한 사람이 그 타인에 대하여 가지는 반환청구의 권리로서의 성질을 가진다. 국가 등이 피해자 등에게 배상을 하고 위법행위를 한 공무원에게 국가가 그 배상을 청구하는 것을 말한다. 공무원에게 <u>고의 또는 중대한 과실</u>이 있으면 국가나 지방자치단체는 <u>그 공무원에게 구상할 수 있다</u>(「국가배상법」 제2조 제2항). 국가의 구상권은 고의 또는 중과실의 경우에 한한다. 경과실의 경우까지 공무원의 책임을 인정하는 것은 공무원에게 가혹할 뿐만 아니라 공무원의 직무집행을 위축시킬 우려가 있기 때문이다.

참고 공무원에 대한 구상(대내적 책임)(「국가배상법」)

구 분	내 용
구상권의 의의	① 「구상권」은 타인을 위해 변제를 한 사람이 그 타인에 대하여 가지는 반환청구의 권리로서의 성질을 가진다. 국가 등이 피해자 등에게 배상을 하고 위법행위를 한 공무원에게 국가가 그 배상을 청구하는 것을 말한다. ② 공무원에게 고의 또는 중대한 과실이 있으면 국가나 지방자치단체는 그 공무원에게 구상할 수 있다(동법 제2조 제2항). ③ 국가의 구상권은 고의 또는 중과실의 경우에 한한다(경과실 ×).
구상권의 인정여부	공무원은 국가에 대한 직무상 의무의 위반에 대하여 책임을 져야 할 지위에 있으므로 국가의 공무원에 대한 구상권은 당연하다고 보며, 국가의 구상에 대한 공무원의 책임은 행정내부적 변상책임으로서 책임불이행에 근거한 손해배상청구권에 유사한 것이라고 본다(헌법학계의 태도).
구상권의 조건	① 공무원의 고의 또는 중과실로 평가될 수 있어야 한다. ② 국가 또는 지방자치단체가 배상금을 지급한 때에 구상권 행사를 위한 조치가 가능하다.

0621

국가배상책임의 요건에 대한 설명으로 가장 옳지 않은 것은? (다툼이 있는 경우 판례에 의함)

| 19년 서울시 9급 |

① 공무원에는 조직법상 의미의 공무원뿐만 아니라 기능적 의미의 공무원이 포함된다.
② 공무원의 직무에는 국가나 지방자치단체의 권력적 작용, 비권력적 작용, 단순한 사경제의 주체로서 하는 작용이 포함된다.
③ 과실개념을 객관화하려는 태도는 국가배상책임의 성립을 용이하게 하려는 의도를 지니고 있다.
④ 헌법에 의하여 부과되는 국가의 구체적인 입법의무 자체가 인정되지 않는 경우에는 해당 부작위로 인한 불법행위가 성립할 여지가 없다.

- **정답** ②
- **난이도** 하 중 상
- **해설** ①, ③, ④는 옳은 설명이며, ②는 틀린 설명이다.
  ② ✗ 「국가배상법」이 정한 손해배상청구의 요건인 '공무원의 직무'에는 국가나 지방자치단체의 권력적 작용뿐만 아니라 비권력적 작용도 포함되지만, 단순한 사경제의 주체로서 하는 작용은 포함되지 않는다.

참고 공무원의 위법한 직무행위로 인한 손해배상책임의 요건 – 직무를 집행하면서

① 공무원의 직무에는 권력적 작용만이 아니라 행정지도와 같은 비권력적 작용도 포함되며 단지 행정주체가 사경제주체로서 하는 활동만 제외된다.
② 국가의 입법·행정·사법의 모든 작용이 포함된다는 것이 일반적 견해이다.
③ 법적 행위이든 사실행위이든 또는 작위·부작위이든 모두 포함된다.
④ 준법률행위적 행정행위도 직무행위에 포함되고, 행정지도 등의 사실행위도 사경제주체로서의 활동이 아닌 한 직무행위에 포함된다.
⑤ 통치행위는 사법심사의 대상이 아니므로 직무행위 범위에서 제한된다.

제3절 행정심판법

0622

「행정심판법」에 관한 설명으로 가장 적절한 것은?

① 대통령의 처분 또는 부작위에 대하여는 다른 법률에서 행정심판을 청구할 수 있도록 정한 경우 외에는 행정심판을 청구할 수 없다.
② 취소심판은 당사자의 신청에 대한 행정청의 위법 또는 부당한 거부처분이나 부작위에 대하여 일정한 처분을 하도록 하는 행정심판이다.
③ 처분 또는 부작위에 대한 행정심판은 청구서를 제출하거나 말로써 청구할 수 있다.
④ 행정심판위원회는 심판청구가 이유가 있다고 인정하는 경우에도 이를 인용(認容)하는 것이 공공복리에 크게 위배된다고 인정하면 그 심판청구를 기각하는 재결을 하여야 한다.

- **정답** ①
- **난이도** 상 중 하
- **해설** ①은 옳은 설명이며, ②, ③, ④는 틀린 설명이다.

② ❌ 『취소심판』은 행정청의 위법 또는 부당한 처분을 취소하거나 변경하는 행정심판이다(「행정심판법」 제5조 제1호). 당사자의 신청에 대한 행정청의 위법 또는 부당한 거부처분이나 부작위에 대하여 일정한 처분을 하도록 하는 행정심판은 『의무이행심판』이다(「행정심판법」 제5조 제3호).

③ ❌ 심판청구는 서면으로 하여야 한다(「행정심판법」 제28조 제1항). 행정심판을 청구하려는 자는 제28조에 따라 심판청구서를 작성하여 피청구인이나 위원회에 제출하여야 한다(「행정심판법」 제23조 제1항).

④ ❌ 보기의 내용은 『사정재결』에 대한 설명이다. 위원회는 심판청구가 이유가 있다고 인정하는 경우에도 이를 인용(認容)하는 것이 공공복리에 크게 위배된다고 인정하면 그 심판청구를 기각하는 재결을 할 수 있다. 이 경우 위원회는 재결의 주문(主文)에서 그 처분 또는 부작위가 위법하거나 부당하다는 것을 구체적으로 밝혀야 한다(「행정심판법」 제44조 제1항).

참고 행정심판의 종류(「행정심판법」)

구 분	내 용
취소심판	『취소심판』이란 행정청의 위법 또는 부당한 처분을 취소하거나 변경하는 행정심판을 의미한다(동법 제5조 제1호).
무효등확인심판	『무효등확인심판』이란 행정청의 처분의 효력 유무 또는 존재 여부를 확인하는 행정심판을 의미한다(동법 제5조 제2호).
의무이행심판	① 『의무이행심판』이란 당사자의 신청에 대한 행정청의 위법 또는 부당한 거부처분이나 부작위에 대하여 일정한 처분을 하도록 하는 행정심판을 의미한다(동법 제5조 제3호). ② 다만, 행정소송에 있어서는 의무이행소송이 인정되지 않는다.

0623

「행정심판법」상 재결에 관한 설명으로 가장 적절하지 <u>않은</u> 것은? (다툼이 있는 경우 판례에 의함)

| 23년 1차 순경 |

① 재결은 서면으로 한다.
② 위원회는 심판청구가 이유가 없다고 인정하면 그 심판청구를 기각(棄却)한다.
③ 위원회는 지체 없이 당사자에게 재결서의 등본을 송달하여야 하며, 재결서가 청구인에게 발송되었을 때에 그 효력이 생긴다.
④ 재결의 기속력은 재결의 주문 및 그 전제가 된 요건사실의 인정과 판단, 즉 처분 등의 구체적 위법사유에 관한 판단에만 미친다고 할 것이고, 종전 처분이 재결에 의하여 취소되었다 하더라도 종전 처분시와는 다른 사유를 들어서 처분을 하는 것은 기속력에 저촉되지 않는다.

- **정답** ③
- **난이도** 하 중 상
- **해설**
  ①, ②, ④는 옳은 설명이며, ③은 틀린 설명이다.
  ③ ✗ 『재결』이란 행정심판의 청구에 대하여 행정심판위원회가 행하는 종국적 판단으로서의 의사표시를 말한다(「행정심판법」 제2조 제3호). 위원회는 지체 없이 당사자에게 재결서의 정본을 송달하여야 한다. 이 경우 중앙행정심판위원회는 재결 결과를 소관 중앙행정기관의 장에게도 알려야 한다(「행정심판법」 제48조 제1항). 『재결』은 청구인에게 송달되었을 때에 그 효력이 생긴다(「행정심판법」 제48조 제2항).

참고 재결의 방식 및 범위(「행정심판법」)

구분	내용
방식	① 재결은 서면으로 한다(동법 제46조 제1항). ② 재결서에 적는 이유에는 주문 내용이 정당하다는 것을 인정할 수 있는 정도의 판단을 표시하여야 한다(동법 제46조 제3항).
범위	① 위원회는 심판청구의 대상이 되는 처분 또는 부작위 외의 사항에 대하여는 재결하지 못한다(동법 제47조 제1항). ② 위원회는 심판청구의 대상이 되는 처분보다 청구인에게 불리한 재결을 하지 못한다(동법 제47조 제2항).

참고 재결의 송달 및 효력 발생(「행정심판법」)

구분	내용
송달	① 위원회는 지체 없이 당사자에게 재결서의 정본을 송달하여야 한다. 이 경우 중앙행정심판위원회는 재결 결과를 소관 중앙행정기관의 장에게도 알려야 한다(동법 제48조 제1항). ② 위원회는 재결서의 등본을 지체 없이 참가인에게 송달하여야 한다(동법 제48조 제3항). ③ 처분의 상대방이 아닌 제3자가 심판청구를 한 경우 위원회는 재결서의 등본을 지체 없이 피청구인을 거쳐 처분의 상대방에게 송달하여야 한다(동법 제48조 제4항).
효력 발생	재결은 청구인에게 송달되었을 때에 그 효력이 생긴다(동법 제48조 제2항).

0624

「행정심판법」상 사정재결에 관한 설명 중 가장 적절하지 않은 것은? (다툼이 있는 경우 판례에 의함)

| 22년 2차 순경 |

① 사정재결은 인용재결의 일종이다.
② 무효등확인심판에서는 사정재결을 할 수 없다.
③ 사정재결을 하는 경우 반드시 재결주문에 그 처분 또는 부작위가 위법하다는 것을 명시해야 한다.
④ 사정재결 이후에도 행정심판의 대상이 처분등의 효력은 유지된다.

정답 ①

난이도 하 중 상

해설 ②, ③, ④는 옳은 설명이며, ①은 틀린 설명이다.

① ✗ 『인용재결』은 본안심리의 결과, 심판청구가 이유 있다고 인정하여 청구의 취지를 받아들이는 재결을 말한다. 『사정재결』은 위원회는 심판청구가 이유가 있다고 인정하는 경우에도, 이를 인용하는것이 공공복리에 크게 위배된다고 인정하면, 그 심판청구를 기각하는 재결을 할 수 있는 것을 말한다. 따라서, 사정재결은 『기각재결』의 일종으로 볼 수 있다.

참고 사정재결(「행정심판법」)

① 『사정재결』은 위원회는 심판청구가 이유가 있다고 인정하는 경우에도, 이를 인용하는 것이 공공복리에 크게 위배된다고 인정하면, 그 심판청구를 기각하는 재결을 할 수 있는 것을 말한다.
② 이 경우 위원회는 재결의 주문에서 그 처분 또는 부작위가 위법하거나 부당하다는 것을 구체적으로 밝혀야 한다(동법 제44조 제1항).
③ 위원회는 사정재결을 할 때에는 청구인에 대하여 상당한 구제방법(예 : 손해배상 등 직접구제)을 취하거나 상당한 구제방법을 취할 것을 피청구인에게 명할 수 있다(동법 제44조 제2항).
④ 사정재결은 『무효등확인심판』에는 적용하지 아니한다(동법 제44조 제3항). 즉, 사정재결은 『취소심판』과 『의무이행확인심판』에만 적용된다.

0625

「행정심판법」상 재결에 관한 설명 중 가장 적절한 것은? (다툼이 있는 경우 판례에 의함)

| 21년 2차 경행경채 |

① 피청구인이 거부처분을 취소하는 재결의 취지에 따라 다시 이전의 신청에 대한 처분을 하지 아니하는 경우에 행정심판위원회는 직접 처분을 할 수 있다.
② 피청구인이 당사자의 신청을 거부한 처분의 이행을 명하는 재결에도 불구하고 이전의 신청에 대하여 재결의 취지에 따라 처분을 하지 아니하는 경우에 행정심판위원회는 간접강제를 할 수 있다.
③ 재결이 확정되면 기판력이 인정되므로 처분의 기초가 된 사실관계나 법률적 판단이 확정되고 당사자들이나 법원은 이에 기속되어 모순되는 주장이나 판단을 할 수 없다.
④ 당사자가 합의한 사항을 조정서에 기재한 후 당사자가 서명 또는 날인하고 행정심판위원회가 이를 확인함으로써 성립하는 조정에 대하여는 제51조(행정심판 재청구의 금지)의 규정이 준용되지 않는다.

- **정답** ②
- **난이도** 하 중 상
- **해설** ②는 옳은 설명이며, ①, ③, ④는 틀린 설명이다.
  ① ✗ 위원회는 피청구인이 처분의 이행을 명하는 재결이 있었음에도 불구하고 처분을 하지 아니하는 경우에는 당사자가 신청하면 기간을 정하여 서면으로 시정을 명하고 그 기간에 이행하지 아니하면 직접 처분을 할 수 있다. 다만, 그 처분의 성질이나 그 밖의 불가피한 사유로 위원회가 직접 처분을 할 수 없는 경우에는 그러하지 아니하다(「행정심판법」 제50조 제1항).
  ③ ✗ 심판청구에 대한 재결이 있으면, 그 재결 및 같은 처분 또는 부작위에 대하여 행정심판을 청구할 수 없다(「행정심판법」 제51조). 다만, 재결에 불복하면 행정소송을 제기하여 당사자들이나 법원은 판단을 할 수 있다.
  ④ ✗ 당사자가 합의한 사항을 조정서에 기재한 후 당사자가 서명 또는 날인하고 행정심판위원회가 이를 확인함으로써 성립하는 조정에 대하여는 제51조(행정심판 재청구의 금지)의 규정을 준용한다.

참고 재결의 효력 – 위원회의 직접 처분(「행정심판법」)

① 위원회는 피청구인이 처분의 이행을 명하는 재결(동법 제49조 제3항)이 있었음에도 불구하고 처분을 하지 아니하는 경우에는 당사자가 신청하면 기간을 정하여 서면으로 시정을 명하고 그 기간에 이행하지 아니하면 직접 처분을 할 수 있다. 다만, 그 처분의 성질이나 그 밖의 불가피한 사유로 위원회가 직접 처분을 할 수 없는 경우에는 그러하지 아니하다(동법 제50조 제1항).
② 위원회의 직접 처분은 의무이행재결에만 인정된다.

0626

「행정심판법」상 의무이행심판에 대한 설명으로 가장 적절하지 않은 것은? (다툼이 있는 경우 판례에 의함) | 19년 2차 경행경채 |

① 당사자의 신청에 대한 행정청의 위법 또는 부당한 거부처분이나 부작위에 대하여 일정한 처분을 하도록 하는 행정심판을 말한다.
② 당사자의 신청을 거부하거나 부작위로 방치한 처분의 이행을 명하는 재결이 있으면 행정청은 지체 없이 이전의 신청에 대하여 재결의 취지에 따라 처분을 하여야 한다.
③ 행정심판위원회는 처분의 이행을 명하는 재결에도 불구하고 처분을 하지 아니하는 피청구인에게 배상을 할 것을 명할 수 있다.
④ 피청구인이 처분의 이행을 명하는 재결에도 불구하고 처분을 하지 않는다고 해서 행정심판위원회가 직접 처분을 할 수는 없다.

- **정답** ④
- **난이도**
- **해설**
①, ②, ③은 옳은 설명이며, ④는 틀린 설명이다.
④ ✗ 위원회는 피청구인이 처분의 이행을 명하는 재결이 있었음에도 불구하고 처분을 하지 아니하는 경우에는 당사자가 신청하면 기간을 정하여 서면으로 시정을 명하고 그 기간에 이행하지 아니하면 직접 처분을 할 수 있다. 다만, 그 처분의 성질이나 그 밖의 불가피한 사유로 위원회가 직접 처분을 할 수 없는 경우에는 그러하지 아니하다(「행정심판법」 제50조 제1항).

참고 재결의 효력 – 위원회의 간접강제(「행정심판법」)

① 위원회는 피청구인이 제49조 제2항 또는 제3항에 따른 처분을 하지 아니하면 청구인의 신청에 의하여 결정으로 상당한 기간을 정하고 피청구인이 그 기간 내에 이행하지 아니하는 경우에는 그 지연기간에 따라 일정한 배상을 하도록 명하거나 즉시 배상할 것을 명할 수 있다(동법 제50조의2 제1항).
② 위원회는 사정의 변경이 있는 경우에는 당사자의 신청에 의하여 제1항에 따른 결정의 내용을 변경할 수 있다(동법 제50조의2 제2항).
③ 위원회는 제1항 또는 제2항에 따른 결정을 하기 전에 신청 상대방의 의견을 들어야 한다(동법 제50조의2 제3항).
④ 청구인은 제1항 또는 제2항에 따른 결정에 불복하는 경우 그 결정에 대하여 행정소송을 제기할 수 있다(동법 제50조의2 제4항).
⑤ 제1항 또는 제2항에 따른 결정의 효력은 피청구인인 행정청이 소속된 국가·지방자치단체 또는 공공단체에 미치며, 결정서 정본은 제4항에 따른 소송제기와 관계없이 「민사집행법」에 따른 강제집행에 관하여는 집행권원과 같은 효력을 가진다(동법 제50조의2 제5항).

0627

「행정심판법」상 행정심판청구의 기간에 대한 설명으로 가장 적절하지 않은 것은? (다툼이 있는 경우 판례에 의함)

| 19년 2차 경행경채 |

① 행정심판의 처분이 있음을 알게 된 날부터 90일 이내에 청구하여야 한다. 다만, 청구인이 불가항력으로 인하여 심판청구를 할 수 없었을 때에는 그 사유가 소멸한 날부터 14일 이내에 행정심판을 청구할 수 있다.
② 행정심판은 처분이 있었던 날부터 180일이 지나면 청구하지 못한다. 다만, 정당한 사유가 있는 경우에는 그러하지 아니하다.
③ 행정청이 심판청구의 기간을 알리지 아니한 경우에는 처분이 있었던 날부터 180일 이내에 행정심판을 청구할 수 있다.
④ 취소심판의 경우와 달리 무효등확인심판과 의무이행심판의 경우에는 심판청구의 기간에 제한이 없다.

- **정답** ④
- **난이도** 하 중 상
- **해설** ①, ②, ③은 옳은 설명이며, ④는 틀린 설명이다.
  ④ ✗ 행정심판청구의 기간의 제한은 「취소심판」과 「거부처분에 대한 의무이행심판」에만 적용한다. 행정심판청구의 기간의 제한은 「무효등확인심판」과 「부작위에 대한 의무이행심판」에는 적용되지 않는다(「행정심판법」 제27조 제7항).

참고 행정심판청구의 기간(「행정심판법」)

구 분	내 용
원 칙	① 행정심판은 처분이 있음을 알게 된 날부터 90일 이내에 청구하여야 한다(동법 제27조 제1항). 처분이 있음을 알게 된 날이란 추상적으로 알 수 있었던 날을 의미하는 것이 아니라 현실적으로 알게 된 날을 의미한다. ② 행정심판은 처분이 있었던 날부터 180일이 지나면 청구하지 못한다. 다만, 정당한 사유가 있는 경우에는 그러하지 아니하다(동법 제27조 제3항). ㉠ 처분이 있었던 날이란 처분이 대외적으로 표시되어 효력을 발생한 날을 의미한다(판례). ㉡ 정당한 사유가 있는 경우에는 180일이 넘어도 제기할 수 있다. 여기서 정당한 사유란 건전한 사회통념에 의하여 판단되어야 한다(판례). ③ 위의 두 기간은 불변기간으로 한다(동법 제27조 제4항). 즉, 위의 두 기간 중 어느 하나라도 먼저 경과하면 심판청구를 제기할 수 없다.
예 외	① 청구인이 천재지변, 전쟁, 사변, 그 밖의 불가항력으로 인하여 제1항에서 정한 기간에 심판청구를 할 수 없었을 때에는 그 사유가 소멸한 날부터 14일 이내에 행정심판을 청구할 수 있다. 다만, 국외에서 행정심판을 청구하는 경우에는 그 기간을 30일로 한다(동법 제27조 제2항). ② 행정청이 심판청구 기간을 제1항(90일)에 규정된 기간보다 긴 기간으로 잘못 알린 경우 그 잘못 알린 기간에 심판청구가 있으면 그 행정심판은 제1항에 규정된 기간에 청구된 것으로 본다(동법 제27조 제5항). ③ 행정청이 심판청구 기간을 알리지 아니한 경우에는 제3항(180일)에 규정된 기간에 청구된 것으로 본다(동법 제27조 제6항).

0628

행정심판에 대한 설명으로 가장 적절하지 않은 것은? (다툼이 있는 경우 판례에 의함)

| 18년 3차 경행경채 |

① 행정심판에서 처분의 적법성 여부뿐만 아니라 법원이 판단할 수 없는 처분의 당·부당의 문제에 관해서도 심사를 받을 수 있다.
② 행정심판에서 행정심판위원회에 의한 형성적 재결이 있는 경우에는 그 대상이 된 행정처분은 재결 자체에 의하여 당연히 취소되어 소멸된다.
③ 처분청이 재조사 결정의 주문 및 그 전제가 된 요건사실의 인정과 판단, 즉 처분의 구체적 위법사유에 관한 판단에 반하여 당초 처분을 그대로 유지하는 것은 재조사 결정의 기속력에 저촉되지 않는다.
④ 이의신청을 제기해야 할 사람이 처분청에 표제를 '행정심판청구서'로 한 서류를 제출한 경우라 할지라도 서류의 내용에 이의신청 요건에 맞는 불복취지와 사유가 충분히 기재되어 있다면 이를 처분에 대한 이의신청으로 볼 수 있다.

정답 ③

난이도 하 중 상

해설 ①, ②, ④는 옳은 설명이며, ③은 틀린 설명이다.

③ ✗ "처분청은 재조사결정의 취지에 따라 재조사를 한 후 그 내용을 보완하는 후속처분만을 할 수 있다"고 하여 기속력을 인정하고, 따라서 재조사결정의 '주문' 뿐만 아니라 '그 전제가 된 요건사실의 인정과 판단, 즉 처분의 구체적인 위법사유에 관한 판단'에 반하여 당초처분을 유지하는 것은 재조사결정의 기속력에 저촉된다. 재조사결정은 재결청이 처분청에게 주문과 그 전제가 된 요건사실의 인정과 판단에 따라 재조사할 것을 명하는 결정이므로 그 범위 내에서만 기속력이 생기는 것이고, 처분청이 재조사의 취지에 따라 재조사를 한 후 당초처분을 유지하게 된 경우까지 재조사결정의 기속력에 반하는 것은 아니다.

0629

「행정심판법」상 행정심판에 대한 설명으로 옳지 않은 것은? (다툼이 있는 경우 판례에 의함)

| 19년 국가직 9급 |

① 대통령의 처분 또는 부작위에 대하여는 다른 법률에서 행정심판을 청구할 수 있도록 정한 경우 외에는 행정심판을 청구할 수 없다.
② 당사자의 신청에 대한 행정청의 부당한 거부처분에 대하여 일정한 처분을 하도록 하는 행정심판의 청구는 현행법상 허용되고 있다.
③ 행정심판은 사후적 심사제도라는 본질상 행정처분의 위법·부당 여부의 판단은 행위시의 법령 및 사실을 기준으로 하여 판단하여야 한다.
④ 행정심판 청구인이 경제적 능력으로 인해 대리인을 선임할 수 없는 경우에는 행정심판위원회에 국선대리인을 선임하여 줄 것을 신청할 수 있다.

- **정답** ③
- **난이도** 하 중 상
- **해설** ①, ②, ④는 옳은 설명이며, ③은 틀린 설명이다.
  ③ ✗ 행정심판은 사후적 심사제도라는 본질상 행정처분의 위법·부당 여부의 판단은 처분시의 법령 및 사실을 기준으로 하여 판단하여야 한다. 행정심판에 있어서 행정처분의 위법·부당 여부는 원칙적으로 "처분시"를 기준으로 판단하여야 할 것이나, 재결청은 처분 당시 존재하였거나 행정청에 제출되었던 자료뿐만 아니라, 재결 당시까지 제출된 모든 자료를 종합하여 처분 당시 존재하였던 객관적 사실을 확정하고 그 사실에 기초하여 처분의 위법·부당 여부를 판단할 수 있다.

참고 행정심판의 심리 – 위법·부당의 판단시점

행정심판은 사후적 심사제도라는 본질상 행정처분의 위법·부당 여부의 판단은 처분시의 법령 및 사실을 기준으로 하여 판단하여야 한다(판례).

참고 재결의 기간(「행정심판법」)

① 행정심판의 재결은 피청구인 또는 위원회가 심판청구서를 받은 날부터 60일 이내에 하여야 한다. 다만, 부득이한 사정이 있는 경우에는 위원장이 직권으로 30일을 연장할 수 있다(동법 제45조 제1항).
② 위원장은 재결기간을 연장할 경우에는 재결기간이 끝나기 7일 전까지 당사자에게 알려야 한다(동법 제45조 제2항).

0630

행정심판에 대한 설명으로 옳지 않은 것은? (다툼이 있는 경우 판례에 의함) | 16년 국가직 9급 |

① 행정청의 위법·부당한 거부처분이나 부작위에 대하여 일정한 처분을 하도록 하는 의무이행심판은 현행법상 인정된다.
② 행정심판위원회는 심판청구의 대상이 되는 처분보다 청구인에게 불리한 재결을 하지 못한다.
③ 행정심판의 재결에 대해서는 재결 자체에 고유한 위법이 있음을 이유로 하는 경우에 한하여 다시 행정심판을 청구할 수 있다.
④ 행정심판위원회는 당사자의 신청에 의한 경우는 물론 직권으로도 임시처분을 결정할 수 있다.

정답 ③

난이도 하 중 상

해설 ①, ②, ④는 옳은 설명이며, ③은 틀린 설명이다.

③ ✗ 심판청구에 대한 재결이 있으면, 그 재결 및 같은 처분 또는 부작위에 대하여 행정심판을 청구할 수 없다(「행정심판법」 제51조). 재결에 불복하면 행정소송을 제기할 수 있다. 「행정소송법」은 원처분주의를 채택하고 있어서, 행정심판이 기각된 경우 그 기각재결 자체를 행정소송의 대상으로 할 수 없다. 다만, 재결 자체에 고유한 위법이 있는 때에는 재결의 취소를 구하는 행정소송을 제기할 수 있다.

참고 행정심판청구의 효과(「행정심판법」)

구 분	내 용
집행부정지원칙 (예외 : 집행정지)	① 행정심판의 청구는 원칙적으로 처분의 효력이나 집행 또는 절차의 속행에 영향을 주지 아니한다(동법 제30조 제1항). 즉, 『집행부정지의 원칙』이 적용된다. 그러나 집행부정지의 원칙은 국민의 권리구제를 경시하는 결과를 초래할 염려가 있어 「행정심판법」은 예외적으로 집행정지를 규정하고 있다. ② 행정심판위원회는 처분, 처분의 집행 또는 절차의 속행 때문에 중대한 손해가 생기는 것을 예방할 필요성이 긴급하다고 인정할 때에는 직권으로 또는 당사자의 신청에 의하여 처분의 효력, 처분의 집행 또는 절차의 속행의 전부 또는 일부의 정지(집행정지)를 결정할 수 있다. 다만, 처분의 효력정지는 처분의 집행 또는 절차의 속행을 정지함으로써 그 목적을 달성할 수 있을 때에는 허용되지 아니한다(동법 제30조 제2항). ③ 집행정지는 공공복리에 중대한 영향을 미칠 우려가 있을 때에는 허용되지 아니한다(동법 제30조 제3항). ④ 위원회는 집행정지를 결정한 후에 집행정지가 공공복리에 중대한 영향을 미치거나 그 정지사유가 없어진 경우에는 직권으로 또는 당사자의 신청에 의하여 집행정지 결정을 취소할 수 있다(동법 제30조 제4항).
임시처분	① 『임시처분』은 행정심판위원회가 발하는 일종의 가구제 수단이다. ② 위원회는 처분 또는 부작위가 위법·부당하다고 상당히 의심되는 경우로서 처분 또는 부작위 때문에 당사자가 받을 우려가 있는 중대한 불이익이나 당사자에게 생길 급박한 위험을 막기 위하여 임시지위를 정하여야 할 필요가 있는 경우에는 직권으로 또는 당사자의 신청에 의하여 임시처분을 결정할 수 있다(동법 제31조 제1항). ③ 임시처분은 집행정지로 목적을 달성할 수 있는 경우에는 허용되지 아니한다(동법 제31조 제3항).

제 4 절 행정소송법

0631

경찰작용에 있어서 행정소송에 대한 설명으로 가장 적절한 것은 모두 몇 개인가? (다툼이 있는 경우 판례에 의함)

|73기 간부|

> 가. 관할 경찰청장은 운전면허와 관련된 처분권한을 각 경찰서장에게 위임하였고, 이에 따라 A경찰서장은 자신의 명의로 甲에게 운전면허정지처분을 하였다면, 甲의 운전면허정지처분 취소소송의 피고적격자는 A경찰서장이 아니라 관할 경찰청장이다.
> 나. 혈중알콜농도 0.13%의 주취상태에서 차량을 운전하다가 적발된 乙에게 관할 경찰청장이 「도로교통법」에 의거 운전면허취소처분을 하였을 경우, 乙은 행정심판을 거치지 않고 바로 행정소송을 제기할 수 있다.
> 다. 도로 외의 곳에서의 음주운전·음주측정거부 등에 대해서는 형사처벌도 가능하고 운전면허취소처분도 부과할 수 있다.
> 라. 경찰청장을 피고로 하여 취소소송을 제기하는 경우, 대법원 소재지를 관할하는 행정법원이 제1심 관할법원으로 될 수 있다.

① 1개 ② 2개
③ 3개 ④ 4개

- **정답** ①
- **난이도** 하 중 상
- **해설** "라"는 옳은 설명이며, "가", "나", "다"는 틀린 설명이다.

　가. 권한의 『위임』 또는 『위탁』이 있는 경우에는 수임 또는 수탁기관이 처분권한을 갖고, 수임 또는 수탁기관은 자신의 명의로 처분을 하게 되므로 수임 또는 수탁기관이 처분청이 된다. 따라서 피고적격자는 A경찰서장이다.

　나. 운전면허행정처분에 대한 행정소송은 행정심판의 재결을 거치지 아니하면 제기할 수 없다(「도로교통법」 제142조).

　다. 도로 외의 곳에서의 음주운전·음주측정거부 등에 대해서는 형사처벌만 가능하고 운전면허 취소·정지처분은 불가하다.

> **참고** 운전면허행정처분과 행정소송과의 관계(행정심판 필요적 전치)
>
> 운전면허행정처분으로서 해당 처분에 대한 행정소송은 행정심판의 재결을 거치지 아니하면 제기할 수 없다(「도로교통법」 제142조).

0632

다음 빈칸에 들어갈 말로 가장 적절한 것은? (다툼이 있는 경우 판례에 의함) | 23년 2차 순경 |

> 명예퇴직한 법관이 미지급 명예퇴직수당액에 대하여 가지는 권리는 명예퇴직수당 지급대상자 결정 절차를 거쳐 「명예퇴직수당규칙」에 의하여 확정된 공법상 법률관계에 관한 권리로서, 그 지급을 구하는 소송은 「행정소송법」의 (   )에 해당하며, 그 법률관계의 당사자인 국가를 상대로 제기하여야 한다.

① 취소소송
② 부작위위법확인소송
③ 기관소송
④ 당사자소송

- **정답** ④
- **난이도** 상 중 하
- **해설** 문제에서 설명하고 있는 내용은 행정소송의 종류 중 「당사자소송」에 대한 설명이다. 「당사자소송」은 행정청의 처분 등을 원인으로 하는 법률관계(예: 공무원의 지위확인을 구하는 소송 등)에 관한 소송 그 밖에 공법상의 법률관계에 관한 소송으로서 그 법률관계의 한쪽 당사자를 피고로 하는 소송을 말한다(「행정소송법」 제3조 제2호).

참고 당사자소송으로 본 판례
① 「토지보상법」에 따른 주거용 건물세입자의 주거이전비 보상청구권
② 전문직 공무원인 공중보건의사의 채용계약해지의 의사표시
③ 서울특별시립무용단 단원의 위촉 거부
④ 한국방송공사의 수신료 징수권한 여부를 다투는 소송
⑤ 재건축조합을 상대로 그 조합설립변경 결의 또는 사업시행계획 결의의 효력 등을 다투는 소송
⑥ 재개발조합에 대하여 조합원 자격확인을 구하는 소송
⑦ 주택재건축정비사업조합 조합총회결의의 효력을 다투는 소송
⑧ 「공무원연금법」의 개정 등으로 퇴직연금 중 일부 금액의 지급이 정지된 경우 미지급 퇴직연금의 지급을 구하는 소송
⑨ 광주민주화운동관련자 보상금지급결정취소에 대해 관련자 및 유족들이 갖게 되는 보상 등에 관한 권리
⑩ 명예퇴직한 법관의 미지급 명예퇴직수당 청구소송
⑪ 지방소방공무원의 지방자치단체를 상대로 한 초과근무수당 지급청구소송
⑫ 석탄가격안정지원금 청구소송
⑬ 태극무공훈장을 수여받은 자임에 대한 확인을 구하는 소송

참고 항고소송과 당사자소송의 구분

공통점	항고소송과 당사자소송 모두 공법상의 법률관계에 관한 소송이다.
차이점	① 「항고소송」은 개인이 행정청의 우월한 공권력 행사인 처분 등을 다투는 소송으로서 행정청을 피고로 하는 소송이다. ② 「당사자소송」은 서로 대등한 당사자 사이의 법률관계를 대상으로 하여 다투는 소송으로서 법률관계의 한쪽 당사자를 피고로 하는 소송이다.

0633

「행정소송법」상 항고소송에 해당하지 않는 것은?

| 22년 1차 순경 |

① 국가 또는 공공단체의 기관이 법률에 위반되는 행위를 한 때에 직접 자기의 법률상 이익과 관계없이 그 시정을 구하기 위하여 제기하는 민중소송
② 행정청의 처분등의 효력 유무 또는 존재여부를 확인하는 무효등 확인소송
③ 행정청의 부작위가 위법하다는 것을 확인하는 부작위위법확인소송
④ 행정청의 위법한 처분등을 취소 또는 변경하는 취소소송

- 정답 ①
- 난이도
- 해설 「민중소송」은 행정소송의 종류에는 해당하나, 항고소송에는 포함되지 않는다. 「항고소송」의 종류에는 ㉠ 취소소송, ㉡ 무효등확인소송, ㉢ 부작위위법확인소송의 3가지 종류가 있다.

참고 행정소송의 종류(「행정소송법」 제3조 및 제4조)

종류		내용
항고소송 (주관적 소송)		① 「항고소송」이란 행정청의 위법한 처분 등이나 부작위에 대하여 제기하는 소송을 의미한다(동법 제3조 제1호). ② 항고소송은 ㉠ 취소소송, ㉡ 무효등확인소송, ㉢ 부작위위법확인소송으로 구분한다(동법 제4조). ㉠ 「취소소송」이란 행정청의 위법한 처분 등을 취소 또는 변경하는 소송을 의미한다(동법 제4조 제1호). ㉡ 「무효등확인소송」이란 행정청의 처분 등의 효력 유무 또는 존재여부를 확인하는 소송을 의미한다(동법 제4조 제2호). ㉢ 「부작위위법확인소송」이란 행정청의 부작위가 위법하다는 것을 확인하는 소송을 의미한다(동법 제4조 제3호).
	당사자소송 (주관적 소송)	「당사자소송」이란 행정청의 처분 등을 원인으로 하는 법률관계에 관한 소송 그 밖에 공법상의 법률관계에 관한 소송으로서 그 법률관계의 한쪽 당사자를 피고로 하는 소송을 의미한다(동법 제3조 제2호).
	민중소송 (객관적 소송)	「민중소송」이란 국가 또는 공공단체의 기관이 법률에 위반되는 행위를 한 때에 직접 자기의 법률상 이익과 관계없이 그 시정을 구하기 위하여 제기하는 소송을 말한다(동법 제3조 제3호).
	기관소송 (객관적 소송)	「기관소송」이란 국가 또는 공공단체의 기관 상호간에 있어서의 권한의 존부 또는 그 행사에 관한 다툼이 있을 때에 이에 대하여 제기하는 소송을 의미한다. 다만, 헌법재판소의 관장사항으로 되는 소송은 제외한다(동법 제3조 제4호).

0634

「행정소송법」상 제소기간에 관한 설명 중 가장 적절하지 않은 것은? (다툼이 있는 경우 판례에 의함)

| 21년 2차 경행경채 |

① 동일한 행정처분에 대하여 무효확인소송을 제기하였다가 그 후 그 처분의 취소를 구하는 소송을 추가적으로 병합한 경우에 주된 청구인 무효확인소송이 적법한 제소기간 내에 제기되었다면 추가로 병합된 취소소송도 적법하게 제기된 것으로 보아야 한다.

② 「국세기본법」상 심판청구에 대한 재조사 결정에 따른 처분청의 처분에 대해서 심판청구를 거쳐서 그 결정의 통지를 받은 경우에 그 통지를 받은 날부터 90일 이내에 행정소송을 제기하여야 한다.

③ 행정청이 불가쟁력이 발생한 당초처분에 대해 양적 일부취소로서의 감액처분을 하면서 행정심판을 청구할 수 있다고 잘못 알린 경우에는 그에 따라 청구된 행정심판재결서 정본을 송달 받은 날부터 90일 이내에 당초처분 중 감액처분에 의하여 취소되지 않고 남은 부분의 취소를 구하는 소송을 제기하여야 한다.

④ 부작위위법확인소송도 행정심판 등 전심절차를 거친 경우에는 제20조(제소기간)의 규정이 적용된다.

- **정답** ③
- **난이도** 하 중 상
- **해설** ①, ②, ④는 옳은 설명이며, ③은 틀린 설명이다.

③ 이미 제소기간이 지남으로써 불가쟁력이 발생하여 불복청구를 할 수 없었던 경우라면 그 이후에 행정청이 행정심판청구를 할 수 있다고 잘못 알렸다고 하더라도, 그 때문에 처분 상대방이 적법한 제소기간 내에 취소소송을 제기할 수 있는 기회를 상실하게 된 것은 아니므로 이러한 경우에 잘못된 안내에 따라 청구된 행정심판 재결서 정본을 송달받은 날부터 다시 취소소송의 제소기간이 기산되는 것은 아니다.

참고 취소소송의 제소기간(「행정소송법」)

구 분	내 용
행정심판을 거치지 않은 경우	① 취소소송은 처분등이 있음을 안 날부터 90일 이내에 제기하여야 한다. 다만, 제18조 제1항 단서에 규정한 경우(행정심판전치주의)와 그 밖에 행정심판을 청구할 수 있는 경우 또는 행정청이 행정심판청구를 할 수 있다고 잘못 알린 경우에 행정심판청구가 있은 때의 기간은 재결서의 정본을 송달받은 날부터 기산한다(동법 제20조 제1항). ② 취소소송은 처분등이 있은 날부터 1년(제1항 단서의 경우는 재결이 있은 날부터 1년)을 경과하면 이를 제기하지 못한다. 다만, 정당한 사유가 있는 때에는 그러하지 아니하다(동법 제20조 제2항). ③ 「처분이 있음을 안 날」과 「처분이 있은 날」 중 어느 하나의 기간만이라도 경과하면 제소할 수 없다.
행정심판을 거친 경우	① 재결서의 정본을 송달받은 경우에는 재결서의 정본을 송달받은 날부터 90일 이내에 소송을 제기하여야 한다. ② 재결서의 정본을 송달받지 못한 경우에는 재결이 있은 날로부터 1년 내에 소송을 제기하여야 한다.

0635

「행정소송법」상 항고소송의 제소기간에 대한 설명으로 가장 적절한 것은? (다툼이 있는 경우 판례에 의함)

| 20년 2차 경행경채 |

① 취소소송은 처분 등이 있음을 안 날부터 90일 이내에 제기하여야 하는데, 행정심판청구를 할 수 있는 경우에 행정심판청구가 있을 때의 기간은 재결서의 정본을 송달받은 날부터 기산하며, 여기서 말하는 '행정심판'은 「행정심판법」에 따른 일반행정심판만을 의미한다.
② 처분이 있음을 안 날부터 90일을 넘겨 청구한 부적법한 행정심판청구에 대한 재결이 있은 후 재결서를 송달받은 날부터 90일 이내에 원래의 처분에 대하여 취소소송을 제기하면 취소소송은 제소기간을 준수한 것으로 본다.
③ 무효등확인소송의 경우에도 취소소송과 같이 제소기간에 제한이 있다.
④ 처분 당시에는 취소소송의 제기가 법제상 허용되지 않아 소송을 제기할 수 없다가 위헌결정으로 인하여 비로소 취소소송을 제기할 수 있게 된 경우에는 객관적으로는 '위헌결정이 있은 날', 주관적으로는 '위헌결정이 있음을 안 날' 비로소 취소소송을 제기할 수 있게 되어 이때를 제소기간의 기산점으로 삼아야 한다.

정답 ④

난이도 하 중 상

해설 ④는 옳은 설명이며, ①, ②, ③은 틀린 설명이다.
① ✗ 현행 「행정소송법」은 행정심판임의주의를 원칙으로 하고 있고, 예외적으로 행정심판전치주의를 인정한다. 여기서 말하는 행정심판은 「행정심판법」에 따른 행정심판에 한정하지 않는다.
② ✗ 행정처분의 취소를 구하는 항고소송의 전심절차인 행정심판청구가 기간도과로 인하여 부적법한 경우에는 행정소송 역시 전치의 요건을 충족치 못한 것이 되어 부적법 각하를 면치 못하는 것이고, 이 점은 행정청이 행정심판의 제기기간을 도과한 부적법한 심판에 대하여 그 부적법을 간과한 채 실질적 재결을 하였다 하더라도 달라지는 것은 아니다. 즉, 본안에 대한 재결이 있었다고 하더라도 심판전치의 요건은 충족하지 않았다고 본다.
③ ✗ 「무효등확인소송」의 경우에는 제소기간의 제한이 없다.

참고 「부작위위법확인소송」과 「무효등확인소송」의 제소기간(「행정소송법」)

① 제소기간의 요건은 처분의 상대방이 제기하는 소송을 제기하는 경우는 물론이고, 법률상 이익이 침해된 제3자가 소송을 제기하는 경우에도 적용된다.
② 「부작위위법확인소송」의 경우에는 행정심판을 거친 경우에는 재결서의 송달을 받은 날로부터 90일 이내에 소송을 제기하여야 하지만, 행정심판을 거치지 않은 경우에는 제소기간의 적용을 받지 않는다.
③ 「무효등확인소송」의 경우에는 제소기간의 제한이 없다. 다만, 무효를 선언하는 의미의 취소소송은 제소기간의 준수 등 취소소송의 제소요건을 갖추어야 한다.

0636

「행정소송법」상 항고소송의 대상에 대한 설명으로 가장 적절하지 않은 것은? (다툼이 있는 경우 판례에 의함)

| 19년 2차 경행경채 |

① 징계혐의자에 대한 감봉 1월의 징계처분을 견책으로 변경한 소청 결정 중 그를 견책에 처한 조치가 재량권의 남용 또는 일탈로서 위법하다는 사유는 소청 결정 자체에 고유한 위법을 주장하는 것으로 볼 수 없어 소청 결정의 취소사유가 될 수 없다.
② 변경처분에 의하여 유리하게 변경된 내용의 행정제재가 위법하다는 이유로 그 취소를 구하는 경우 취소소송의 대상은 변경된 내용의 당초처분이지 변경처분은 아니고, 제소기간의 준수 여부도 변경처분이 아닌 변경된 내용의 당초처분을 기준으로 판단하여야 한다.
③ 선행처분의 주요 부분을 실질적으로 변경하는 내용으로 후행처분을 한 경우에 선행처분은 특별한 사정이 없는 한 그 효력을 상실하지만, 후행처분이 있었다고 하여 일률적으로 선행처분이 존재하지 않게 되는 것은 아니다.
④ 후속처분이 종전처분의 유효를 전제로 그 내용 중 일부만을 추가·철회·변경하는 것이고 그 추가·철회·변경된 부분이 나머지 부분과 불가분적인 것인 경우에는 후속처분에도 불구하고 종전처분이 여전히 항고소송의 대상이 된다고 보아야 한다.

정답 ④
난이도 하 중 상
해설 ①, ②, ③은 옳은 설명이며, ④는 틀린 설명이다.

④ ✗ 기존의 행정처분을 변경하는 내용의 행정처분이 뒤따르는 경우, 후속처분이 종전처분을 완전히 대체하는 것이거나 그 주요 부분을 실질적으로 변경하는 내용인 경우에는 특별한 사정이 없는 한 종전처분은 그 효력을 상실하고 후속처분만이 항고소송의 대상이 되지만, 후속처분의 내용이 종전처분의 유효를 전제로 그 내용 중 일부만을 추가·철회·변경하는 것이고 그 추가·철회·변경된 부분이 그 내용과 성질상 나머지 부분과 불가분적인 것이 아닌 경우에는, 후속처분에도 불구하고 종전처분이 여전히 항고소송의 대상이 된다고 보아야 한다. 따라서 종전처분을 변경하는 내용의 후속처분이 있는 경우 법원으로서는, 후속처분의 내용이 종전처분 전체를 대체하거나 그 주요 부분을 실질적으로 변경하는 것인지, 후속처분에서 추가·철회·변경된 부분의 내용과 성질상 그 나머지 부분과 가분적인지 등을 살펴 항고소송의 대상이 되는 행정처분을 확정하여야 한다.

0637

「행정소송법」에 대한 설명으로 가장 적절하지 않은 것은? (다툼이 있는 경우 판례에 의함)

| 18년 3차 경행경채 |

① 경찰청장을 피고로 하여 취소소송을 제기하는 경우, 대법원소재지를 관할하는 행정법원이 제1심 관할법원으로 될 수 있다.
② 부작위위법확인소송은 처분의 신청을 한 자로서 부작위의 위법의 확인을 구할 법률상 이익이 있는 자만이 제기할 수 있다.
③ 법원은 필요하다고 인정할 때에는 직권으로 증거조사를 할 수 있고, 당사자가 주장하지 아니한 사실에 대하여도 판단할 수 있다.
④ 법원은 행정청이 소송의 대상인 처분을 소가 제기된 후 변경한 때에는 원고의 신청이 없더라도 결정으로써 청구의 취지 또는 원인을 변경할 수 있다.

- **정답** ④
- **난이도** 하 중 상
- **해설** ①, ②, ③은 옳은 설명이며, ④는 틀린 설명이다.
  ④ ✗ 법원은 행정청이 소송의 대상인 처분을 소가 제기된 후 변경한 때에는 원고의 신청에 의하여 결정으로써 청구의 취지 또는 원인의 변경을 허가할 수 있다(「행정소송법」 제22조 제1항). 이러한 원고의 신청은 처분의 변경이 있음을 안 날로부터 60일 이내에 하여야 한다(「행정소송법」 제22조 제2항).

참고 | 취소소송의 소의 변경(「행정소송법」)

구분	내용
소의 변경 (소의 종류 변경)	① 법원은 취소소송을 당해 처분 등에 관계되는 사무가 귀속하는 국가 또는 공공단체에 대한 당사자소송 또는 취소소송 외의 항고소송으로 변경하는 것이 상당하다고 인정할 때에는 청구의 기초에 변경이 없는 한 사실심의 변론종결시까지 원고의 신청에 의하여 결정으로써 소의 변경을 허가할 수 있다(동법 제21조 제1항). ② 소의 변경을 허가하는 경우 피고를 달리하게 될 때에는 법원은 새로이 피고로 될 자의 의견을 들어야 한다(동법 제22조 제2항). ③ 제1항의 규정에 의한 허가결정에 대하여는 즉시항고할 수 있다(동법 제21조 제3항). ④ 소의 변경을 허가하는 결정이 있게 되면 새로운 소는 구소를 제기한 때에 제기된 것으로 보며, 변경된 구소는 취하된 것으로 본다(동법 제21조 제4항).
처분변경으로 인한 소의 변경	① 법원은 행정청이 소송의 대상인 처분을 소가 제기된 후 변경한 때에는 원고의 신청에 의하여 결정으로써 청구의 취지 또는 원인의 변경을 허가할 수 있다(동법 제22조 제1항). ② 원고의 신청은 처분의 변경이 있음을 안 날로부터 60일 이내에 하여야 한다(동법 제22조 제2항). ③ 처분변경으로 인한 새로운 청구는 행정심판의 전치가 요구되는 경우에도 행정심판 전치요건을 갖춘 것으로 본다(동법 제22조 제3항).

0638

행정소송에 대한 설명으로 옳지 않은 것은? (다툼이 있는 경우 판례에 의함) | 16년 국가직 9급 |

① 재량행위의 경우 법원은 독자적 결론을 도출함이 없이 당해 행위에 재량권의 일탈·남용이 있는지의 여부만을 심사한다.
② 사정판결을 하는 경우 처분의 위법성은 변론종결시를 기준으로 판단하여야 한다.
③ 조례가 집행행위의 개입 없이도 그 자체로서 직접 국민의 권리·의무나 법적 이익에 영향을 미치는 경우에는 항고소송의 대상이 된다.
④ 취소소송의 기각판결이 확정되면 기판력은 발생하나 기속력은 발생하지 않는다.

- **정답** ②
- **난이도** 하 중 상
- **해설**
  ①, ③, ④는 옳은 설명이며, ②는 틀린 설명이다.
  ② X 『취소소송』에서 위법성은 처분시를 기준으로 판단한다. 『사정판결』에서도 처분의 위법성의 판단의 기준시는 처분시가 된다. 그러나 『사정판결』의 필요성 판단은 처분의 위법성 판단과는 달리 판결시(변론종결시)를 기준으로 하여야 한다.

참고 사정판결(『행정소송법』)

① 원고의 청구가 이유있다고 인정하는 경우에도 처분 등을 취소하는 것이 현저히 공공복리에 적합하지 아니한다고 인정하는 때에는 법원은 원고의 청구를 기각할 수 있다. 이 경우 법원은 그 판결의 주문에서 그 처분 등이 위법함을 명시하여야 한다(동법 제28조 제1항).
  ㉠ 사정판결이 인정되기 위해서는 처분등에 관한 취소소송이어야 한다.
  ㉡ 사정판결은 무효등확인소송, 당사자소송에는 허용되지 않는다.
  ㉢ 사정판결이 인정되기 위해서는 원고의 청구가 이유있어야 한다.
  ㉣ 사정판결이 인정되기 위해서는 원고의 청구를 인용함이 현저히 공공복리에 적합하지 않아야 한다.
② 사정판결의 필요성과 처분의 위법성의 판단에 대한 기준시점은 처분시설이 판례의 입장이지만, 공익성의 판단은 판결시(변론종결시)를 기준으로 한다(판례).
③ 법원이 사정판결을 함에 있어서는 미리 원고가 그로 인하여 입게 될 손해의 정도와 배상방법 그 밖의 사정을 조사하여야 한다(동법 제28조 제2항).
④ 원고는 피고인 행정청이 속하는 국가 또는 공공단체를 상대로 손해배상, 재해시설의 설치 그 밖에 적당한 구제방법의 청구를 당해 취소소송 등이 계속된 법원에 병합하여 제기할 수 있다(동법 제28조 제3항).
⑤ 사정판결이 있는 경우 원고의 청구가 이유 있음에도 불구하고 원고가 패소한 것이므로 소송비용은 승소자인 피고가 부담한다.
⑥ 사정판결이 있다고 하여 위법성이 치유되는 것은 아니며, 위법성을 가진 채로 그 효력을 지속하는데 불과한 것이다.

POLICE SCIENCE
서진호 경찰학 기출문제집

제 9 장

경찰행정학 - 경찰관리론

제1절 경찰행정학의 기초 - 경찰정책결정

0639
| 73기 간부 |

정책결정모델과 그에 대한 설명으로 가장 적절한 것은?

① 엘리트 모델에 의하면 정책결정자는 고도의 합리성을 기반으로 최선의 대안을 결정한다.
② 사이버네틱스 모델은 설정된 목표를 달성하기 위해 정보분석과 환류과정을 통해 자신의 행동을 스스로 조정해 나간다고 가정한다.
③ 혼합탐사 모델은 합리모델의 비현실성과 점증모델의 보수성을 극복하기 위한 모델로 기존의 정책을 바탕으로 이루어지는 점증주의 성향을 비판하면서, 새로운 정책을 내릴 때마다 정책방향도 다시 검토할 것을 주장한다.
④ 관료정치 모델에 의하면 정책결정시 정치적 합리성을 기반으로 기존 정책의 문제점을 부분적으로 수정하거나 약간의 향상을 가져오는 결정을 한다.

● **정답** ②
● **난이도** 하 중 상
● **해설** ②는 옳은 설명이며, ①, ③, ④는 틀린 설명이다.
　① ✗ 정책결정자가 고도의 합리성을 기반으로 최선을 대안을 결정하는 모델은 합리모델이다. 『합리모델』(rational model)은 관련된 모든 대안들을 고려할 수 있다는 객관적 합리성과, 주어진 목적달성의 극대화를 위하여 최대한의 노력을 한다는 주관적 합리성에 근거하여 합리적 인간을 전제로 한 이론모델이다.
　③ ✗ 보기의 내용은 최적모델에 대한 설명이다. 『최적모델』은 합리모델의 비현실성과 점증모델의 보수성을 극복하기 위하여 이상주의와 현실주의의 통합을 시도한 것으로서, 기존의 정책을 바탕으로 이루어지는 점증주의 성향을 비판하면서, 새로운 결정을 할 때마다 정책방향도 다시 검토할 것을 주장한다.
　④ ✗ 보기의 내용은 점진모델(=점증모델)에 대한 설명이다. 『점증모델』(incremental model)은 정책결정은 경제적 합리성만으로 이루어지는 것이 아니고, 시민과 정치인의 지지를 얻을 수 있는 정치적 합리성이 크게 작용한다는 이론모델이다(예 : 예산의 전년도 위주의 편성 등).

> **참고** 사이버네틱스모델
> ① 『사이버네틱스모델』(Cybernetics model)은 설정된 목표를 달성하기 위해 정보분석과 환류과정을 통해 자신의 행동을 스스로 조정해 나간다고 가정하는 이론모델이다.
> ② 시간의 흐름에 따라 환류되는 정보를 분석하여 잘못된 점이 있으면 수정·보완하는 방식이다.
> ③ 결과예측 후 합리적 대안을 선택하는 인과적 학습이 아니라, 도구적 학습에 의존한다. 즉, 시행착오적인 도구적 학습을 거쳐 터득된 표준운영절차(SPO)에 따라 점진적·자동적으로 적응해나가는 의사결정을 한다.

0640

정책결정이 일정한 규칙에 따라 이루어지는 것이 아니라 문제, 해결책, 선택기회, 참여자의 네 요소가 뒤죽박죽으로 움직이다가 어떤 계기로 만나게 될 때 이루어진다고 보는 정책결정모델은 무엇인가?

| 72기 간부 |

① 카오스모델 ② 쓰레기통모델
③ 아노미모델 ④ 혼합탐사모델

- **정답** ②
- **난이도** 하 중 상
- **해설** ②는 옳은 설명이며, ①, ③, ④는 틀린 설명이다.

참고 쓰레기통 모형

① 『쓰레기통 모형』(Garbage can model)은 정책결정이 일정한 규칙에 따라 이루어지는 것이 아니라, ㉠ 문제, ㉡ 해결책, ㉢ 선택 기회, ㉣ 참여자의 네 요소(문해선참)가 쓰레기통 속에서와 같이 뒤죽박죽 움직이다가 어떤 계기로 서로 만나게 될 때 이루어진다고 보는 정책결정 모형을 말한다.
② 이 모형은 갖가지 쓰레기가 우연히 한 쓰레기통에 모여지듯이 4가지의 구성요소, 즉 문제·선택·해결·참여자의 흐름이 제각기 시간을 달리하며 우연히 한 곳에 들어와 모여질 때 비로소 통일된 하나의 의사가 결정될 수 있는 것이라고 본다.

참고 혼합탐사모델

① 『혼합탐사모델』(Mixed scanning model)은 점증모델의 단점을 합리모델과의 통합을 통해서 보완하기 위해 주장한 것으로서, 정책결정을 『근본적 결정』과 『세부적 결정』으로 나누고, 합리적 결정과 점증적 결정을 적절하게 혼합하여 의사결정을 하는 것을 말한다.
② 혼합탐사모델은 『근본적 결정』의 경우 합리모형을, 『세부적 결정』의 경우 점증모형의 의사결정방식을 따른다.
③ 거시적이고 장기적인 안목에서 대안의 방향성을 탐색하는 한편, 그 방향성 안에서 심층적이고 대안적인 변화를 시도하는 것이 바람직하다.

0641

정책결정 모델에 대한 설명으로 가장 적절하지 않은 것은?

|71기 간부|

① 만족 모델(Satisfying model)은 정책결정자가 최선의 합리성을 추구하기 보다는, 시간적·공간적·재정적 측면에서 여러 요인을 고려하여 만족할 만한 수준에서 결정한다.

② 쓰레기통 모델(Garbage can model)은 설정된 목표를 달성하기 위해 정보분석과 환류과정을 통해 자신의 행동을 스스로 조정해 나간다고 가정하는 모델이다.

③ 혼합탐사 모델(Mixed scanning model)은 점증 모델(Incremental model)의 단점을 합리 모델(Rational model)과의 통합을 통해서 보완하기 위해 주장된 것이다. 정책결정을 근본적 결정과 세부적 결정으로 나누고, 합리적 결정과 점증적 결정을 적절하게 혼합하여 의사결정을 한다.

④ 최적 모델(Optimal model)은 합리 모델의 비현실성과 점증 모델의 보수성을 극복하기 위하여 이상주의와 현실주의의 통합을 시도한 것이다. 이 모델은 기존의 정책을 바탕으로 이루어지는 점증주의의 성향을 비판하면서, 새로운 결정을 내릴 때마다 정책방향도 다시 검토할 것을 주장한다.

- **정답** ②
- **난이도**
- **해설**
    ①, ③, ④는 옳은 설명이며, ②는 틀린 설명이다.
    ② ✗ 『쓰레기통 모형』은 정책결정이 일정한 규칙에 따라 이루어지는 것이 아니라, ㉠ 문제, ㉡ 해결책, ㉢ 선택 기회, ㉣ 참여자의 네 요소(문해선참)가 쓰레기통 속에서와 같이 뒤죽박죽 움직이다가 어떤 계기로 서로 만나게 될 때 이루어진다고 보는 정책결정 모형을 말한다. 이 정책결정 모형은 조직화된 혼란 상태(organized anarchy)에서의 결정을 다루고 있다. 이러한 모형에 해당하는 조직의 예로는 대학사회, 친목단체 등을 들 수 있다.

> **참고** 만족모델
> ① 『만족모델』(satisfying model)은 합리모형과는 달리, 완전한 합리성이 아닌 제한된 합리성에 기초한 이론모델이다.
> ② 인간의 합리성은 제한적이어서 정책결정자는 최선의 대안을 추구하기 어렵고 만족스러운 대안을 추구하게 된다.
> ③ 만족모형은 실제 의사결정자들이 모든 대안의 탐색이 아닌, 순차적으로 몇 개의 대안만을 탐색하여 만족할 만한 결과를 도출하면 의사결정을 종료한다.
> ④ 만족모델은 정책결정자가 최선의 합리성을 추구하기 보다는, 시간적 공간과 재정적 측면에서 여러 요인을 고려하여 만족할 만한 수준에서 결정한다.
>
> **참고** 최적모델
> ① 『최적모델』(optimal model)은 경제적 합리성뿐만 아니라 직관, 판단력, 창의력과 같은 '초합리적 요인'을 고려하는 이론모델이다.
> ② 최적모델은 합리모델의 비현실성과 점증모델의 보수성을 극복하기 위하여 이상주의와 현실주의의 통합을 시도한 것으로서, 기존의 정책을 바탕으로 이루어지는 점증주의 성향을 비판하면서, 새로운 결정을 할 때마다 정책방향도 다시 검토할 것을 주장한다.

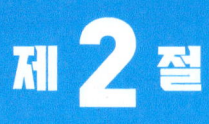

경찰조직관리

0642

경찰조직의 편성원리에 대한 설명으로 가장 적절하지 않은 것은?

| 73기 간부 |

① 계층제의 원리 – 권한 및 책임 한계가 명확하며 경찰행정의 능률성과 조직의 안정성을 확보할 수 있다.
② 분업의 원리 – 업무의 전문화를 통해 업무습득에 걸리는 시간을 단축할 수 있지만, 분업의 정도가 높아질수록 조직할거주의가 초래될 수 있다.
③ 명령통일의 원리 – 업무수행의 혼선을 방지하여 신속한 의사결정을 하도록 한다.
④ 통솔범위의 원리 – 업무의 종류가 단순할수록 통솔범위는 좁아지며 계층의 수가 많을수록 통솔범위는 넓어진다.

 ④

①, ②, ③은 옳은 설명이며, ④는 틀린 설명이다.
④ ✗ ㉠ 전문적·창의적·복잡한 업무보다는 동질적·단순한 업무일수록 통솔범위가 넓어진다. ㉡ 통솔범위는 계층의 수가 많아질수록 좁아지고, 계층의 수가 적어질수록 넓어진다. 즉, 통솔범위와 계층의 수는 반비례관계이다.

참고 통솔범위의 결정요인

구 분	내 용
조직의 규모	조직의 규모가 작을수록 비공식적 접촉의 가능성 증가로 인하여 통솔범위가 넓어진다.
조직 및 업무의 성질	전문적·창의적·복잡한 업무보다는 동질적·단순한 업무일수록 통솔범위가 넓어진다.
상황 조건	정상적인 상황이 아닌 위기상황일수록 통솔범위가 넓어진다.
공간적 요인	① 지리적 분포가 분산된 부서보다는 근접한 부서일수록 의사소통이나 협조의 용이성 때문에 통솔범위가 넓어진다. ② 교통기관이 발달할수록 통솔범위는 넓어진다.
시간적 요인	안정된 기성조직일수록 신설조직보다는 통솔범위가 넓다.
계층의 수	① 통솔범위는 계층의 수가 많아질수록 좁아지고, 계층의 수가 적어질수록 넓어진다. ② 즉, 통솔범위와 계층의 수는 반비례관계이다.
경찰관의 의사전달	① 경찰관 사이에 의사전달이 잘 될수록 통솔범위는 넓어진다. ② 정보통신기술이 발달할수록 통솔범위는 넓다.
관리자 및 부하의 능력	관리자 및 부하가 유능하고 훈련이 잘 된 경우일수록 통솔범위가 넓어진다.
참모기관과 정보관리체계	능률적인 참모제도나 정보관리체제는 통솔범위를 넓혀준다.

0643

경찰조직편성의 원리에 대한 설명으로 가장 적절하지 <u>않은</u> 것은?

| 72기 간부 |

① 통솔범위의 원리에서 조직의 역사, 교통통신의 발달, 관리자의 리더십, 부하의 능력 등은 통솔범위의 중요 요소이다.
② 통솔범위의 원리는 직무를 책임과 난이도에 따라 상하로 나누어 배치하고 상하계층간에 명령복종관계를 적용하는 조직편성원리로 상위로 갈수록 권한과 책임이 무거운 임무를 수행한다는 원리이다.
③ 무니(J. Mooney)는 조정·통합의 원리를 조직의 제1원리이며 가장 최종적인 원리라고 하였다.
④ 명령통일의 원리는 조직구성원 누구나 한 사람의 상관에게 보고하며 한 사람의 상관으로부터 명령을 받아야 한다는 원리이다.

- **정답** ②
- **난이도**
- **해설**
  ①, ③, ④는 옳은 설명이며, ②는 틀린 설명이다.
  ② ✗ 『통솔범위』(span of control)의 원리란 조직이 효과적으로 기능하기 위해서, 1인의 상관 또는 감독자가 효과적으로 직접 통솔할 수 있는 부하의 수에 관한 원리를 말한다. 이는 '관리자의 통솔범위로 적정한 부하의 수는 어느 정도인가?'라는 문제로서 관리의 효율성을 좌우하는 중요한 원리이다. 보기의 설명은 『계층제의 원리』에 대한 내용이다.

> **참고** 계층제의 원리의 의의
> ① 『계층제』(hierarchy)의 원리란 카톨릭의 교권조직에서 유래한 것으로서, 권한 및 책임의 정도에 따라 직무를 계층화함으로써, 상·하 계층간에 직무상 지휘·감독관계(상관과 부하의 관계)에 있도록 조직하는 원리를 말한다.
> ② 즉, 상위 계층으로 갈수록 권한과 책임이 무거운 직무를 수행하도록 편성하는 것이다.
> ③ 이러한 계층제의 원리는 가장 일반적인 조직의 편성원리이지만, 위원회와 같은 조직에는 적용이 곤란하므로 조직의 모든 부서에 적용되는 것은 아니다.

0644

다음에 설명하는 내용을 볼 때, 경찰조직에 필요한 조직편성의 원리로 가장 적절한 것은? |71기 간부|

> 경찰은 대부분의 경우 예기치 못한 사태가 돌발적으로 발생하며, 시급히 해결하지 않으면 피해를 회복하기 어려운 경우가 많아 신속한 집행을 필요로 하는데, 이때 지시가 분산되고 여러 사람으로부터 지시를 받는다면, 범인을 놓친다든지 사고처리가 늦어 인명이나 재산의 피해에 신속한 대응이 불가능하다.

① 계층제의 원리
② 통솔범위의 원리
③ 명령통일의 원리
④ 조정과 통합의 원리

정답 ③

난이도 상 중 하

해설 ③은 옳은 설명이며, ①, ②, ④는 틀린 설명이다. 지문의 설명은 지시의 분산 또는 혼잡의 경우에서 발생할 수 있는 문제점을 설명한 내용으로 「명령통일의 원리」의 중요성을 역설하고 있다. 「명령통일」(Unity of command)의 원리란 한 사람의 부하직원은 오직 한 사람의 상관으로부터 명령을 받고 그 상관에게만 보고하여야 한다는 원리를 말한다.

참고 명령통일의 원리의 장·단점

장점	① 둘 이상의 사람으로부터 지시나 명령을 받는 경우 모순된 지시 등으로 발생하는 업무수행의 혼선과 비능률적인 현상을 막아주는 기능을 한다. ② 판단이나 행동상의 잘못에 대한 책임을 명백히 함으로써 부하에 대한 통제가 가능하다. ③ 조직 내 혼란방지와 질서유지를 통한 조직의 안정성을 확보한다.
단점	① 실제 업무수행에 있어서 횡적 조정을 저해하여 행정능률을 저하시킬 수 있다. ② 분권화와 권한위임을 저해하고 업무의 상호 연관성이 높은 상황에서는 비능률적이다. ③ 관리자의 업무공백상태의 경우, 그 관리자로 인해 업무가 마비될 수 있다(이러한 단점을 보완하기 위해 권한의 위임 및 대리, 유고관리자 사전지정 등이 필요하다).

0645

| 67기 간부 |

경찰조직 편성의 원리에 관한 다음 설명 중 옳은 것은 모두 몇 개인가?

> 가. 계층제는 경찰조직의 일체감과 통일성을 확보하지만 조직의 경직화를 초래한다.
> 나. 둘 이상의 상관으로부터 지시나 명령을 받게 되면 업무수행의 혼선이 발생할 수 있으므로 명령통일의 원리가 중요하다.
> 다. Mooney는 조정의 원리를 제1의 원리라고 한다.
> 라. 구조조정의 문제와 깊은 관련성이 있는 것은 통솔범위의 원리이다.
> 마. 분업은 전문화라는 장점이 있지만 전체적인 통찰력을 약화시키는 단점이 있다.

① 2개
② 3개
③ 4개
④ 5개

- **정답** ④
- **난이도** 하 중 상
- **해설** "가", "나", "다", "라", "마" 모두 옳은 설명이다.

0646

조정과 통합의 원리에 대한 다음 설명 중 가장 옳지 않은 것은?

① 문제해결이 어려울 경우 갈등을 완화하고 양자 간의 타협을 도출해야 한다. 또한 관리자가 갈등을 초래할 수 있는 결정을 보류 또는 회피하는 것도 좋은 방법이다.
② 한정된 인력이나 예산으로 대안 선택에 갈등이 생기는 경우에는 가능하면 예산과 인력을 확보하고 업무추진의 우선순위를 지정할 필요가 있다.
③ 갈등해결 방안으로는 강제적, 공리적, 규범적 방안이 있을 수 있는 바, '상위목표의 제시'는 규범적 방안, '처벌과 제재'는 강제적 방안의 하나이다.
④ 갈등의 원인이 세분화된 업무처리에 있다면, 이를 더 전문화시키는 데 힘써야 한다.

정답 ④

난이도

해설 ①, ②, ③은 옳은 설명이며, ④는 틀린 설명이다.
④ ✗ 갈등이 세분화된 업무처리에서 나오는 것이라면 업무를 더 전문화하기보다는 업무처리과정을 통합하거나 대화채널을 확보하여야 한다.

참고 갈등의 조정과 통합방안

갈등 원인의 근원적 해결	① 갈등의 원인을 근원적으로 찾아내어 문제를 해결하여야 한다. ② 즉, 갈등이 세분화된 업무처리에서 나오는 것이라면 업무를 더 전문화하기보다는 업무처리과정을 통합하거나 대화채널을 확보하여야 한다.
상위목표 이해	더 높은 상위목표를 제시하고, 상호 간 이해와 양보를 유도하여야 한다.
업무처리 우선순위 결정	한정된 인력이나 예산을 가지고 갈등이 생기는 경우에는 가능하면 예산과 인력을 확보하고 업무추진의 우선순위를 관리자가 정해주어야 한다.
문제해결이 어려운 경우	갈등을 완화하거나, 양자 간의 타협을 도출하거나, 관리자가 갈등해결 결정을 보류 또는 회피하는 방식을 사용한다.
장기적 대응방안	조직구조, 보상체계, 인사 등의 제도개선과 조직원의 행태를 합리적으로 개선하여야 한다.

0647

경찰조직편성의 원리에 대한 설명으로 가장 옳지 않은 것은? |65기 간부|

① 계층제의 원리는 조직목적수행을 위한 구성원의 임무를 책임과 난이도에 따라 상하로 나누어 배치한다.
② 분업의 원리는 조직의 종류와 성질, 업무의 전문화 정도에 따라 기관별·개인별로 분담시킨다.
③ 조정의 원리는 조직구성원 간 행동양식을 조정하여 조직 목적을 효율적으로 달성하기 위해 노력한다.
④ 계층제의 원리는 '경찰업무처리의 신중성'이라는 측면에서 문제점이 제기된다.

 ④

①, ②, ③은 옳은 설명이며, ④는 틀린 설명이다.

④ ✗ 「계층제의 원리」는 카톨릭의 교권조직에서 유래한 것으로서, 권한 및 책임의 정도에 따라 직무를 계층화함으로써, 상·하 계층간에 직무상 지휘·감독관계에 있도록 조직하는 원리를 말한다. 이러한 계층제의 원리는 권한과 책임의 배분을 통하여 업무의 신중성을 기할 수 있는 장점이 있다. '경찰업무처리의 신중성'이라는 측면에서는 계층제의 원리가 문제점이 아닌 장점으로서 작용한다.

참고 계층제의 원리의 장·단점

장점	① 명령·지시, 권한의 위임이나 의사소통의 통로가 된다. ② 경찰행정목표를 설정하고 업무를 분담하는 통로가 된다. ③ 조직 내의 분쟁·갈등의 해결·조정과 내부통제의 확보수단이 된다. ④ 지휘·감독을 통하여 경찰의 질서유지와 조직의 일체감·통일성을 확보할 수 있다. ⑤ 명령과 지시를 통해 경찰행정의 능률성과 책임소재의 명확성을 보장하는 수단이 된다. ⑥ 경찰승진의 경로가 되어 사기를 진작시킨다. ⑦ 권한과 책임의 배분을 통하여 업무의 신중을 기할 수 있다.
단점	① 조직의 경직화를 초래하고 동태적인 인간관계의 형성을 저해한다. ② 환경변화에 신축성 있게 적응하기 어렵고, 새로운 지식·기술의 도입이 용이하지 않다. ③ 업무처리 과정이 지연되어 관리비용이 증가하게 된다. ④ 의사전달의 지연·왜곡이 가능하고, 하의상달이 곤란하다. ⑤ 계층제를 비합리적인 인간지배의 수단으로 인식하기 쉽다. ⑥ 조직 간 갈등으로 인한 조직할거주의를 초래한다(부서이기주의). ⑦ 기관장의 독단화 현상이 나타날 수 있다.

0648

경찰조직편성의 원리에 관한 설명으로 가장 적절하지 않은 것은? | 23년 2차 순경 |

① 분업의 원리 – 가급적 한 사람에게 동일한 업무를 분담시킴으로써 특정 분야에 대한 업무의 전문화 확보를 가능하게 한다.
② 계층제의 원리 – 권한과 책임의 정도에 따라 직무를 계층화함으로써 상·하 계층 간에 직무상 지휘·감독 관계에 있도록 한다.
③ 조정과 통합의 원리 – 구성원의 노력과 행동을 질서있게 배열하고 통일시키는 작용을 함으로써 경찰행정의 목표를 효율적으로 달성할 수 있게 한다.
④ 통솔범위의 원리 – 1인의 상관 또는 감독자가 직접 통솔할 수 있는 부하직원의 수를 의미하며, 무니(Mooney)는 이러한 통솔범위의 원리를 조직편성 제1의 원리라고 하였다.

정답 ④
난이도 하 중 상
해설 ①, ②, ③은 옳은 설명이며, ④는 틀린 설명이다.
④ ✗ 무니(J. D. Mooney)는 『조정 및 통합의 원리』에 대해서 '조직의 제1원리'임과 동시에 '가장 최종적인 원리'라고 하여 그 중요성을 강조하였다.

참고 조정 및 통합의 원리의 의의(조직의 제1원리)

① 『조정 및 통합』(coordination and integration)의 원리란 조직의 집단적 노력을 질서 있게 배열하는 과정으로서, 구성원이나 단위기관들의 개별적 활동을 전체적 관점에서 통일적으로 운영하여 조직의 목표 달성도를 높이려는 원리이다.
② 무니(J. D. Mooney)는 조정 및 통합의 원리에 대해서 '조직의 제1원리'임과 동시에 '가장 최종적인 원리'라고 하여 그 중요성을 강조하였다.

0649

경찰조직편성의 원리에 관한 설명으로 가장 적절하지 않은 것은?

| 23년 1차 순경 |

① 할거주의는 조정과 통합의 원리를 실현시키는 필수적 요소이다.
② 계층제는 조직의 경직화를 초래하여 환경변화에 대한 조직의 신축적 대응을 어렵게 한다.
③ 명령통일의 원리는 부하직원이 한 사람의 상관으로부터만 명령을 받고, 보고도 그 상관에게만 하도록 하는 것을 의미한다.
④ 통솔의 범위는 한 사람의 상관이 효과적으로 감독할 수 있는 최대한의 부하의 수를 의미한다.

- **정답** ①
- **난이도** 하 중 상
- **해설** ②, ③, ④는 옳은 설명이며, ①은 틀린 설명이다.
  ① ✗ 『전문화』(Specialization)의 원리란 『분업화』의 원리라고도 하는데, 경찰조직의 전체 기능을 성질별로 나누어, 가급적 한 사람에게 동일한 업무를 분담시켜야 한다는 원리를 말한다. 분업화의 정도가 높아질수록 조정과 통합이 어려워져서 조직할거주의가 초래될 수 있다.

참고 전문화의 원리의 장·단점

장점	① 업무지연을 최소화함으로써 직무수행의 능률과 질을 향상시킨다. ② 직무수행의 비용이 절감된다. ③ 구성원들에게 보다 큰 직무만족을 제공할 수 있다.
단점	① 분업화의 정도가 높아질수록 조정과 통합이 어려워져서 조직할거주의가 초래될 수 있다. ② 지나친 전문화는 과도한 경쟁을 초래하고, 비밀을 증가시킨다(전문가적 무능현상). ③ 시야가 좁아지고 전체적인 입장에서 보는 넓은 통찰력을 가지기 어렵다. ④ 전문가들은 조직의 기관장이나 지도자로 임명해서는 안 되고, 보조적 기능만을 수행하는 데 그쳐야 한다(전문가 경계의 법칙).

0650

경찰조직편성의 원리에 관한 설명 중 가장 적절하지 않은 것은? | 22년 1차 순경 |

① '통솔의 범위'는 한 사람의 상관이 효과적으로 감독할 수 있는 최대한의 부하의 수를 말한다.
② '계층제'는 권한과 책임의 정도에 따라 직무를 등급화 함으로써 상·하계층 간 직무상 지휘·감독관계에 놓이게 하는 것을 말한다.
③ '명령통일의 원리'는 조직구성원들은 한 사람의 상관으로부터만 명령을 받고, 보고도 그 상관에게만 하여야 한다는 것을 의미한다.
④ '할거주의'는 타기관 및 타부처에 대한 횡적인 조정과 협조를 용이하게 만드는 대표적인 요인으로 조정·통합의 원리에 필수적인 요소이다.

정답 ④
난이도
해설 ①, ②, ③은 옳은 설명이며, ④는 틀린 설명이다.
④ ✗ 『할거주의』란 관료제의 구조적 특성 때문에 조직구성원들이 자신이 소속된 기관과 부서만을 생각하고 다른 부서에 대해 배려하지 않는 편협한 태도를 취하는 현상을 말한다. 따라서 부정적인 의미이다. 『할거주의』는 타기관 및 타부처에 대한 횡적인 조정과 협조를 어렵게 만드는 대표적인 요인이다.

0651

경찰조직편성의 원리에 대한 설명으로 가장 적절하지 않은 것은? | 20년 1차 순경 |

① 계층제의 원리의 무리한 적용은 행정능률과 횡적 조정을 저해한다.
② 통솔범위의 원리에서 통솔범위는 계층 수, 업무의 복잡성, 조직 규모의 크기와 반비례 관계이다.
③ 관리자의 공백 등에 의한 업무의 공백에 대비하기 위하여 조직은 권한의 위임·대리 또는 유고관리자의 사전지정 등을 활용하여 명령통일의 한계를 완화할 수 있다.
④ 분업화의 정도가 높아질수록 조정과 통합이 어려워져서 할거주의가 초래될 수 있다.

정답 ①
난이도
해설 ②, ③, ④는 옳은 설명이며, ①은 틀린 설명이다.
① ✗ 『계층제의 원리』는 명령·지시를 통해 경찰행정의 능률성을 확보하는 수단으로서의 장점을 가진다. 횡적 조정을 저해하는 것은 『전문화의 원리』의 단점으로 볼 수 있다.

0652

경찰조직편성의 원리에 관한 설명으로 가장 적절하지 않은 것은? | 19년 2차 순경 |

① 통솔범위는 신설부서보다는 오래된 부서, 지리적으로 근접한 부서보다는 분산된 부서, 복잡한 업무보다는 단순한 업무의 경우에 넓어진다.
② 계층제는 조직의 경직화를 가져와 환경변화에 대한 조직의 신축적 대응을 어렵게 한다.
③ 조정의 원리는 구성원이나 단위기관의 활동을 전체적인 관점에서 통일하여 조직의 목표달성도를 높이려는 원리를 말한다.
④ 분업의 원리란 업무를 성질과 종류별로 구분하여 한 사람에게 한 가지의 동일한 업무만을 전담토록 하는 원리를 말한다.

 ①

 상 중 하

 ②, ③, ④는 옳은 설명이며, ①은 틀린 설명이다.
　① ✗ 「통솔범위」는 신설조직보다는 안정된 기성조직일수록 넓다. 「통솔범위」는 지리적 분포가 분산된 부서보다는 근접한 부서일수록 넓다. 「통솔범위」는 전문적·창의적·복잡한 업무보다는 동질적·단순한 업무일수록 넓다.

0653

경찰조직편성의 원리에 대한 설명 중 적절한 것을 모두 고른 것은?

| 18년 3차 순경 |

㉠ 계층제의 원리 – 책임과 난이도에 따라 상위로 갈수록 권한과 책임이 무거운 임무를 수행하도록 편성한다.
㉡ 통솔범위의 원리 – 신설조직보다 기성조직에서, 단순반복 업무보다 전문적 사무를 담당하는 조직에서 상관이 많은 부하직원을 통솔할 수 있다.
㉢ 명령통일의 원리 – 상위직에 부여된 권한과 책임을 하위자에게 분담시키는 권한의 위임제도를 적절히 활용하여 명령통일의 한계를 완화할 수 있다.
㉣ 조정과 통합의 원리 – 조직의 구조, 보상체계, 인사 등의 제도개선과 조직원의 행태를 합리적으로 개선하는 것은 갈등의 단기적인 대응방안이다.

① ㉠, ㉡
② ㉠, ㉢
③ ㉠, ㉣
④ ㉡, ㉢

정답 ②

난이도 하 중 상

해설 ㉠, ㉢은 옳은 설명이며, ㉡, ㉣은 틀린 설명이다.

㉡ ✗ 「통솔범위의 원리」는 신설조직보다는 기성조직이, 전문적·창의적·복잡한 업무보다는 동질적·단순한 업무일수록 더 넓어진다.

㉣ ✗ 조직구조, 보상체계, 인사 등의 제도개선과 조직원의 행태를 합리적으로 개선하는 것은 갈등의 장기적인 대응방안이다.

0654

경찰조직 편성원리에 관한 설명 중 옳지 않은 것을 모두 고른 것은?

| 23년 승진 |

> ㉠ 통솔범위의 원리는 관리자의 능률적인 감독을 위해서는 통솔하는 대상의 범위를 적정하게 제한하여야 한다는 것으로 관리의 효율성을 좌우하는 중요한 원리이다.
> ㉡ 조직의 집단적 노력을 질서있게 배열하는 과정으로 개별적인 활동을 전체적인 관점에서 통일하여 조직의 목표달성도를 높이려는 조직편성의 원리를 명령통일의 원리라고 한다.
> ㉢ 계층제의 원리는 관리자의 공백 등을 대비하여 대리, 위임, 유고관리자 사전지정 등이 필요하다.
> ㉣ 조정과 통합의 원리는 조직편성 원리의 장·단점을 조화롭게 승화시키는 원리로, 무니(Mooney)는 조정의 원리를 '제1의 원리'라고 하였다.

① ㉠, ㉡
② ㉠, ㉢
③ ㉡, ㉢
④ ㉢, ㉣

- **정답** ③
- **난이도** 하 중 상
- **해설** ㉠, ㉣은 옳은 설명이며, ㉡, ㉢은 틀린 설명이다.
  - ㉡ ✕ 조직의 집단적 노력을 질서있게 배열하는 과정으로서, 구성원이나 단위기관들의 개별적 활동을 전체적 관점에서 통일적으로 운영하여 조직의 목표 달성도를 높이려는 원리는 『조정 및 통합』(coordination and integration)의 원리이다.
  - ㉢ ✕ 『계층제』(hierarchy)의 원리란 카톨릭의 교권조직에서 유래한 것으로서, 권한 및 책임의 정도에 따라 직무를 계층화함으로써, 상·하 계층간에 직무상 지휘·감독관계(상관과 부하의 관계)에 있도록 조직하는 원리를 말한다. 보기의 설명은 『명령통일의 원리』에 대한 내용이다.

0655

한정된 인력이나 예산을 가지고 갈등이 생기는 경우에 업무추진의 우선순위를 지정하는 등의 방법으로 갈등을 해결하는 조직편성원리로 가장 적절한 것은?

| 21년 승진 |

① 조정과 통합의 원리 ② 명령통일의 원리
③ 계층제의 원리 ④ 통솔범위의 원리

- **정답** ①
- **난이도**
- **해설** ①은 옳은 설명이며, ②, ③, ④는 틀린 설명이다.

참고 갈등의 원인 및 조정과 통합방안

구분		내용
갈등의 원인	분업화	갈등의 가장 큰 원인으로서, 업무의 과다한 분화와 이로 인한 의사소통의 단절은 조직 목표달성에 장애가 된다.
	희소성	목표나 이해관계의 상충, 자원에 대한 경쟁, 가치관이나 신념의 차이, 지위나 신분역할의 애매성 등이 갈등의 원인이 된다.
	불공정성	지위나 신분이동의 불공정성에 대한 부분이 많은 갈등의 원인이 된다.
갈등의 조정과 통합방안	갈등 원인의 근원적 해결	① 갈등의 원인을 근원적으로 찾아내어 문제를 해결하여야 한다. ② 즉, 갈등이 세분화된 업무처리에서 나오는 것이라면 업무를 더 전문화하기보다는 업무처리과정을 통합하거나 대화채널을 확보하여야 한다.
	상위목표 이해	더 높은 상위목표를 제시하고, 상호 간 이해와 양보를 유도하여야 한다.
	업무처리 우선순위 결정	한정된 인력이나 예산을 가지고 갈등이 생기는 경우에는 가능하면 예산과 인력을 확보하고 업무추진의 우선순위를 관리자가 정해주어야 한다.
	문제해결이 어려운 경우	갈등을 완화하거나, 양자 간의 타협을 도출하거나, 관리자가 갈등해결 결정을 보류 또는 회피하는 방식을 사용한다.
	장기적 대응방안	조직구조, 보상체계, 인사 등의 제도개선과 조직원의 행태를 합리적으로 개선하여야 한다.

0656

경찰조직 편성원리에 대한 설명으로 가장 적절하지 않은 것은?

| 20년 승진 |

① 통솔범위의 원리란 조직목적수행을 위한 구성원의 임무를 책임과 난이도에 따라 상위로 갈수록 권한과 책임이 무거운 임무를 수행하도록 편성하는 것을 말한다.
② 명령통일의 원리란 조직 구성원 간에 지시나 보고를 주고받는 과정에서 지시는 한 사람만이 할 수 있고, 보고도 한 사람에게만 하여야 한다는 원칙을 말한다.
③ 명령통일의 원리에 따르면 관리자의 공백 등을 대비하여 대리, 위임, 유고관리자 사전지정 등이 필요하다.
④ 계층제의 원리는 권한과 책임의 배분을 통하여 신중한 업무처리가 가능하다는 장점이 있다.

- **정답** ①
- **난이도**
- **해설** ②, ③, ④는 옳은 설명이며, ①은 틀린 설명이다.
  ① ❌ 「통솔범위의 원리」란 조직이 효과적으로 기능하기 위해서, 1인의 상관 또는 감독자가 효과적으로 직접 통솔할 수 있는 부하의 수에 관한 원리를 말한다. 이는 '관리자의 통솔범위로 적정한 부하의 수는 어느 정도인가?'라는 문제로서 관리의 효율성을 좌우하는 중요한 원리이다. 경찰이나 기타 공공기관의 조직표는 일반적으로 피라미드 모양의 조직구조를 보인다. 조직의 피라미드 '높이'는 직위 및 계급제도에 따라 아래로 향한 권한에 따른 책임의 산물이며, 조직의 피라미드 바닥의 '넓이'는 통솔범위의 산물이다. 보기의 내용은 「계층제의 원리」에 대한 설명이다.

0657

막스 베버(M. Weber)의 '이상적 관료제'의 구조적 특성에 대한 설명 중 가장 적절하지 않은 것은?

| 20년 승진 |

① 관료의 권한과 직무 범위는 법규와 관례에 의해 규정된다.
② 직무의 수행은 서류에 의해 이루어진다.
③ 직무조직은 계층제적 구조로 구성된다.
④ 구성원 간 또는 직무 수행상 감정의 배제가 필요하다.

정답 ①

난이도 하 중 상

해설 ②, ③, ④는 옳은 설명이며, ①은 틀린 설명이다.
① ✗ 『관료제』란 자본주의적 합리성에 기초한 조직원리로서, 상관에 의한 통제의 정당성과 부하에 의한 복종의 의무에 근거하고 있다. 즉, 관료들은 권리·직위·계급에 근거를 둔 계층제적 명령에 따라 조직되어야 하고, 엄격한 규칙의 지배를 받아야 한다. 경찰조직의 구조는 군대식 조직에 가까운 관료제 형태를 띠고 있다. 관료의 권한과 직무범위는 엄격한 법규와 규칙에 의해 규정되고, 관례에 의하여 규정되지는 않는다.

참고 관료제의 기본적 특징

구 분	내 용
직무의 분할	조직의 목표를 달성하는데 필요한 모든 직무는 가능한 한 규모가 작은 단위로 체계적으로 분할되어 있다.
법규의 지배·규칙화	각 직무는 균일성과 통일성을 달성하기 위하여 법규의 지배를 받고, 설정된 규칙에 따라서 수행된다(관습의 지배 ×).
권한의 계층제	조직의 직위에는(리더로부터 가장 낮은 지위에 이르기까지) 권한뿐만 아니라 책임이 부여되어 있어야 한다. 그러므로 수직적 계층제(피라미드식)에 있어서 계급과 직위의 설정은 조직에 있어 가장 중요하다.
상관의 책임성	조직의 각 구성원이 내린 결정에 대하여 상관이 책임을 진다.
전문 관료에 의한 직무수행	모든 직무는 전문지식과 기술을 지닌 관료가 담당하며, 이들은 시험 또는 자격 등에 의해서 공개 채용된다.
관료의 전임화	관료는 직무수행의 대가로 급료를 정기적으로 받고, 승진 및 퇴직금 등의 보상을 받는다.
형식주의 (공식적 태도)	조직의 각 구성원은 비인간적이고 공식적인 태도를 갖고, 법규에 따라 임무를 수행한다. 직무의 수행은 문서에 의해서 이루어지며, 기록은 장기간 보존된다.

0658

조직 내부 갈등의 해결방법에 대한 설명으로 가장 적절하지 않은 것은?

| 19년 승진 |

① 부서 간이 갈등이 일어나고 있을 때는 더 높은 상위목표를 제시, 상호 간 이해와 양보를 유도하는 것이 바람직하다.
② 문제해결이 어려운 경우에는 갈등을 완화하거나 관리자가 갈등을 초래할 수 있는 결정을 보류 또는 회피하는 방식을 사용할 수 있다.
③ 갈등의 장기적 대응을 위해서 조직의 구조, 보상체계, 인사 등의 제도개선과 조직원의 행태를 합리적으로 개선하는 방안이 있다.
④ 갈등의 원인이 세분화된 업무처리에 있다면 업무추진의 우선순위를 정해주는 것이 바람직하고 한정된 인력이나 예산으로 갈등이 생기는 경우 전체적인 업무처리과정의 조정과 통합이 바람직하다.

 ④

 ①, ②, ③은 옳은 설명이며, ④는 틀린 설명이다.

④ ❌ 갈등의 원인이 세분화된 업무처리에서 나오는 것이라면 업무를 더 전문화하기보다는 <u>업무처리과정을 통합하거나 대화채널을 확보</u>해야 한다. 갈등의 원인이 한정된 인력이나 예산을 가지고 갈등이 생기는 경우에는 가능하면 예산과 인력을 확보하고 업무추진의 우선순위를 관리자가 정해주어야 한다.

0659

조직편성의 원리에 대한 설명으로 가장 적절하지 않은 것은? | 19년 승진 |

① 계층제의 원리 – 직무를 책임과 난이도에 따라 등급화하고 계층 간에 명령복종관계를 적용하는 원리로, 지휘계통을 확립하고 조직의 업무수행에 통일을 기할 수 있다.

② 통솔범위의 원리 – 1인의 상관 또는 감독자가 효과적으로 직접 통솔할 수 있는 부하의 수를 정하는 원리로, 통솔범위는 신설부서보다는 오래된 부서, 지리적으로 분산된 부서보다는 근접부서, 복잡한 업무보다는 단순한 업무의 경우에 넓어진다.

③ 명령통일의 원리 – 조직의 집단적 노력을 질서 있게 배열하는 과정으로서 개별적인 활동을 전체적인 관점에서 통일하여 조직의 목표달성도를 높이려는 원리로, 관리자의 공백 등을 대비하여 대리, 위임, 유고관리자 사전지정 등이 필요하다.

④ 조정의 원리 – 조직편성의 각각의 원리는 장단점을 가지고 있는바, 이러한 장단점을 조화롭게 승화시키는 원리로, 문제해결이 어려운 경우 관리자가 갈등을 초래할 수 있는 결정을 보류 또는 회피하는 방식을 사용할 수 있다.

- **정답** ③
- **난이도**
- **해설** ①, ②, ④는 옳은 설명이며, ③은 틀린 설명이다.

③ ✗ 『명령통일(Unity of command)의 원리』란 한 사람의 부하직원은 오직 한 사람의 상관으로부터 명령을 받고 그 상관에게만 보고하여야 한다는 원리를 말한다. 따라서 수사경찰이 간부경찰과 검사로부터 2중 지시를 받는 수사체계는 『명령통일의 원리』의 관점에서 바라볼 때 문제점으로 지적되었고, 이에 따라 경찰의 1차적 수사권 독립이 인정되었다. 명령통일의 원리에서는 관리자의 공백 등을 대비하여 대리, 위임, 유고관리자 사전지정 등이 필요하다. 조직의 집단적 노력을 질서 있게 배열하는 과정은 『조정 및 통합의 원리』를 말한다.

0660

조직편성의 원리 중 명령통일의 원리에 대한 설명으로 가장 적절하지 않은 것은?

| 18년 승진 |

① 조직의 구성원 간에 지시나 보고를 주고받는 과정에서 지시는 한 사람만이 할 수 있고, 보고도 한 사람에게만 하여야 한다는 원칙이다.
② 경찰의 경우에 수사나 사고처리 및 범죄예방활동에 이르기까지 거의 모든 업무수행에서 결단과 신속한 집행을 필요로 하는데, 이때 지시가 분산되고 여러 사람으로부터 지시를 받는다면, 범인을 놓친다든지 사고처리가 늦어 인명이나 재산의 피해에 신속한 대응이 불가하다.
③ 관리자의 공백 등을 대비하여 대리, 위임, 유고관리자 사전지정 등이 필요하다.
④ 조직목적수행을 위한 구성원의 임무를 책임과 난이도에 따라 상위로 갈수록 권한과 책임이 무거운 임무를 수행하도록 편성한다.

 ④
 상 중 하

해설 ①, ②, ③은 옳은 설명이며, ④는 틀린 설명이다.
④ ❌ 조직목적수행을 위한 <u>구성원의 임무를 책임과 난이도에 따라 상위로 갈수록 권한과 책임이 무거운 임무를 수행하도록 편성</u>하는 것은 조직편성의 원리 중 『계층제의 원리』에 해당한다.

0661

경찰조직편성의 원리 중 통솔범위의 원리에 관한 설명으로 가장 적절하지 않은 것은? | 23년 법학특채 |

① 업무의 종류가 동질적이고, 단순할수록 통솔범위는 넓어진다.
② 교통기관이 발달할수록 통솔범위는 넓어진다.
③ 조직규모가 작을수록 통솔범위는 작아진다.
④ 통솔범위의 원리는 구조조정의 문제와 깊은 관련성이 있다.

- **정답** ③
- **난이도** 하 중 상
- **해설** ①, ②, ④는 옳은 설명이며, ③은 틀린 설명이다.
  ③ ✗ <u>조직의 규모가 작을수록</u> 비공식적 접촉의 가능성 증가로 인하여 **통솔범위가 넓어진다**.

제3절 경찰인사관리

0662

직업공무원제도에 대한 설명이다. 아래 가.부터 라.까지 설명 중 옳고 그름의 표시(O, X)가 바르게 된 것은?

|73기 간부|

> 가. 직업공무원제도는 신분보장, 정치적 중립, 자격이나 능력 중시, 개방형 인력충원 방식의 선호라는 점에서 실적주의와 공통점을 가진다.
> 나. 직업공무원제도의 성공적인 정착을 위해서는 공직에 대한 사회의 높은 평가가 필요하며 퇴직 후의 불안해소와 생계보장을 위해 적절한 연금제도가 확립되어야 한다.
> 다. 직업공무원제도는 장기적인 발전가능성을 선발기준으로 삼고 있으며, 직위분류제가 계급제보다 직업공무원제도의 정착에 더 유리하다.
> 라. 직업공무원제도는 행정의 안정성과 독립성 확보에 용이하며 외부환경 변화에 신속하게 대응한다는 장점이 있다.

① 가(O), 나(O), 다(O), 라(X)
② 가(X), 나(O), 다(X), 라(X)
③ 가(O), 나(O), 다(X), 라(O)
④ 가(X), 나(O), 다(O), 라(X)

- **정답** ②
- **난이도** 상 중 하
- **해설** "나"는 옳은 설명이며, "가", "다", "라"는 틀린 설명이다.

  가. ❌ 『실적주의』는 직업공무원제로 발전되어 가는 기반이 되지만, 실적주의 자체가 바로 직업공무원제도를 의미하는 것은 아니라는 것이다. 즉, 실적주의가 직업공무원제도보다 더 넓은 개념이다. 『직업공무원제도』는 채용연령의 제한으로 공직에의 기회균등을 저해할 수 있다.

  다. ❌ 『계급제』가 『직위분류제』에 비하여 직업공무원제도의 정착에 더 유리하다.

  라. ❌ 『직업공무원제도』는 외부환경 변화에 신속하게 대응하지 못한다는 단점이 있다.

참고 경찰직업공무원제도

구 분	내 용
의 의	① 『직업공무원제도』란 유능한 인재를 경찰직에 흡수·확보함은 물론 이들이 경찰직을 일생의 영예로 생각하고 긍지를 느끼게 하는 공직관을 갖는 제도를 말한다. ② 여기서 주의할 것은, 실적주의는 직업공무원제로 발전되어 가는 기반이 되지만, 실적주의 자체가 바로 직업공무원제도를 의미하는 것은 아니라는 것이다. 즉, 실적주의가 직업공무원제도보다 더 넓은 개념이다.
장 점	① 장기근무 유도로 행정의 계속성·안정성·일관성을 확보할 수 있다. ② 행정의 정치적 중립성 및 독립성을 확보할 수 있다.
단 점	① 채용연령의 제한으로 공직에의 기회균등을 저해할 수 있다. ② 공직집단의 보수화·관료화로 행정통제 및 책임확보가 곤란할 수 있다.

0663

| 73기 간부 |

다음 학자와 그가 주장하는 이론에 대한 설명으로 적절한 것은 모두 몇 개인가?

> 가. 맥클리랜드(McClelland) – 개인마다 욕구의 계층은 차이가 있다고 보았으며 인간의 욕구를 성취 욕구, 자아실현 욕구, 권력 욕구로 구분하였다.
> 나. 허즈버그(Herzberg) – 주어진 일에 대한 성취감, 주변의 인정, 승진 가능성 등은 동기(만족)요인으로, 열악한 근무환경, 낮은 보수 등은 위생요인으로 구분하였으며 두 요인은 상호 독립되어 있다고 보았다.
> 다. 맥그리거(McGregor) – 인간의 욕구는 5단계의 계층으로 이루어지며 하위 욕구로부터 상위 욕구로 발달한다고 보았다.
> 라. 앨더퍼(Alderfer) – 인간의 욕구를 계층화하여 생존(Existence) 욕구, 존경(Respect) 욕구, 성장(Growth) 욕구의 3단계로 구분하였다.

① 1개
② 2개
③ 3개
④ 4개

정답 ①

난이도 하 중 상

해설 "나"는 옳은 설명이며, "가", "다", "라"는 틀린 설명이다.

가. ✗ 맥클리랜드는 인간의 욕구를 ⊙ 성취욕구, ⓒ 권력욕구, ⓒ 친교욕구로 구분하였다.
다. ✗ 맥그리거(McGregor)의 『X · Y이론』은 인간 본성에 대한 가정을 X와 Y 두 가지로 대별해 각각의 특성에 따른 관리전략을 처방한 이론을 말한다. 2가지의 인간본성을 제시하면서 Y이론에 입각한 관리가 적합하다고 주장하였다. 보기의 설명은 매슬로우의 『욕구계층이론』에 대한 내용이다.
라. ✗ 앨더퍼는 ⊙ 성장욕구, ⓒ 관계(Relatedness)욕구, ⓒ 존재욕구(= 생존욕구)로 구분하였다. 매슬로우는 인간이 아래에서 위로 순차적으로 상위에 것을 추구한 다고 주장했고, 하위의 것이 만족되면 반드시 상위의 욕구를 추구한다고 말했지만 앨더퍼는 하위 것을 만족하고 위의 것을 추구하다가 막히면 계속 그것을 추구하기 보다 나머지 두 가지에 더 집중한다고 주장한다. 또한 상위 단계를 추구하다 잘 안되면 하위단계에 더 집착한다고 한다. 또한 반드시 하위의 것을 충족해야만 위의 것을 추구하는 것이 아니라 하위의 것이 만족되지 않더라도 상위의 것을 추구할 수도 있다고 주장한다.

참고 앨더퍼의 ERG이론의 주요 내용

생존욕구(존재욕구) (existence)	『생존욕구』는 인간의 생존을 위하여 필요한 욕구로서, 이러한 욕구가 충족되지 못하면 인간의 생존이 위협받게 된다(예 : 굶주림, 목마름, 주거지, 임금, 복리후생 등).
관계욕구 (relatedness)	『관계욕구』는 인간이 인간답게 살기 위해 타인과의 관계를 유지하려는 욕구이다(예 : 가족, 친구, 동료, 상사 등).
성장욕구 (growth)	『성장욕구』는 창조적 · 개인적 성장을 위한 개인의 노력과 관련된 욕구로서, 개인의 잠재능력 개발과 관련되는 욕구이다(예 : 자아실현).

0664

경찰조직관리를 위한 동기부여이론을 내용이론과 과정이론으로 나눌 때 내용이론을 주창한 사람이 아닌 자는?

|72기 간부|

① 맥클랜드(McClelland)
② 허즈버그(Herzberg)
③ 아담스(Adams)
④ 매슬로우(Maslow)

- 정답 ③
- 난이도
- 해설 ①, ②, ④의 경우 동기부여이론 중 내용이론을 주장한 학자이며, ③의 경우 동기부여이론 중 과정이론을 주장한 학자이다.

참고 동기부여이론의 유형

내용이론	의 의	① 『내용이론』은 사람을 움직이고 일하게 하는 구체적인 실체가 인간의 마음 속에 있다는 이론이다. ② 내용이론은 사람이 동기부여되는 과정에서 인간의 욕구가 무엇인가에 대하여 초점을 둔다.
	종 류	내용이론의 종류에는 ① 매슬로우의 욕구계층이론, ② 알더퍼의 ERG이론 ③ 아지리스의 미성숙·성숙이론, ④ 허즈버그의 2요인이론, ⑤ 맥그리거의 X·Y이론, ⑥ 맥클랜드의 성취동기이론 등이 있다.
과정이론	의 의	『과정이론』은 인간의 욕구가 곧바로 인간행동을 유발하는 것이 아니라, 자신의 행동이 가져오는 결과를 고려하여 행동한다는 이론이다.
	종 류	과정이론의 종류에는 ① 포터와 롤러의 업적만족모형, ② 브룸의 기대이론, ③ 아담스의 공정성이론 등이 있다.

0665

직위분류제와 계급제를 비교한 것으로 가장 옳지 않은 것은?

| 65기 간부 |

① 계급제는 사람을, 직위분류제는 직무를 중요시한다.
② 직위분류제보다는 계급제가 공직을 평생직장으로 이해하는 직업공무원제도의 정착에 보다 유리하다.
③ 계급제는 인사배치가 비융통적이나 직위분류제는 보다 신축적이다.
④ 각국의 공직제도는 계급제와 직위분류제가 상호 융화하는 경향이 있다.

- **정답** ③
- **난이도**
- **해설** ①, ②, ④는 옳은 설명이며, ③은 틀린 설명이다.
  ③ ❌ 『계급제』의 경우에는 인사배치의 신축성과 적응성을 통한 부서간 협조와 조정이 용이하다는 장점이 있다. 『직위분류제』의 경우 인사배치에 있어서 비신축적이며, 직책에 따른 전문화로 기관과의 협조 및 조정 등에 있어 의사소통이 곤란할 수 있다는 단점이 있다.

참고 계급제와 직위분류제의 구분

구 분	계급제	직위분류제
적용국가	영국, 독일, 프랑스, 한국, 일본 등	1909년 미국의 시카고에서 처음 도입
중심개념	사람 중심(계급)	직무 중심(직위)
중심기준	사람의 차이 (자격 · 능력 · 학력 등)	직무의 차이 (종류 · 책임 · 난이도 등)
충원방식	폐쇄형(내부충원)	개방형(외부충원)
인사배치	신축성 · 융통성 · 탄력성	비신축성 · 비융통성 · 비탄력성
권한과 책임한계	불명확	명확
신분보장	안정적(민주적 통제가 어렵다)	불안정적(민주적 통제가 가능하다)
조정 및 협력관계	용이	곤란
직업공무원제	용이(신분의 안정성)	곤란(신분의 불안정성)
업무의 특성	일반행정가	전문행정가
보수형태	생활급(동일계급 동일보수)	직무급(동일직무 동일보수)

0666

동기부여이론 중 내용이론에 해당하는 것으로 가장 적절하지 않은 것은?

| 23년 1차 순경 |

① 매슬로우(Maslow)의 욕구단계이론
② 맥그리거(McGregor)의 X이론·Y이론
③ 포터와 롤러(Porter&Lawler)의 업적만족이론
④ 허즈버그(Herzberg)의 욕구충족요인 이원론(동기위생이론)

- 정답 ③
- 난이도 하 중 상
- 해설 ③은 동기부여이론 중 과정이론에 해당하며, ①, ②, ④는 동기부여이론 중 내용이론에 해당한다.

0667

계급제와 직위분류제에 관한 설명으로 가장 적절하지 않은 것은?

| 23년 1차 순경 |

① 직위분류제는 사람 중심 분류로서 계급제보다 인사배치의 신축성 측면에서 유리하다.
② 우리나라의 공직분류는 계급제 위주에 직위분류제적 요소를 가미한 혼합 형태라고 할 수 있다.
③ 직위분류제는 미국에서 실시된 후 다른 나라로 전파되었다.
④ 직위분류제는 계급제에 비해서 보수결정의 합리적인 기준을 제시하는 것이 장점이다.

- **정답** ①
- **난이도**
- **해설** ②, ③, ④는 옳은 설명이며, ①은 틀린 설명이다.
  ① ❌ 『직위분류제』란 직무의 특성에 중점을 두고 각 지위에 내포되어 있는 직무의 종류와 책임·난이도를 기준으로 하여 수직적·수평적으로 분류하는 공직분류방식이다. 직위분류제는 임용·보수 및 인사행정의 합리화를 수단으로 하는 객관적인 직무중심의 분류방법으로서, 1909년 미국 시카고에서 처음 도입되었다. 『직위분류제』는 계급제에 비하여 인사배치에 있어서 비신축적이다.

참고 직위분류제

구분	내용
의의	① 『직위분류제』란 직무의 특성에 중점을 두고 각 지위에 내포되어 있는 직무의 종류와 책임·난이도를 기준으로 하여 수직적·수평적으로 분류하는 공직분류방식이다. ② 직위분류제는 임용·보수 및 인사행정의 합리화를 수단으로 객관적인 직무중심의 분류방법으로서, 1909년 미국 시카고에서 처음 도입되었다.
장점	① 보수결정의 합리적 기초를 제공한다. ② 임용과 인사배치의 객관적 기준을 제시한다. ③ 행정의 전문화를 촉진할 수 있다. ④ 권한과 책임의 명확화를 도모할 수 있다.
단점	① 인사배치에 있어서 비신축적이다. ② 직책에 따른 전문화로 기관과의 협조 및 조정 등에 있어 의사소통이 곤란할 수 있다. ③ 신분의 불안전성이 야기된다.

0668

동기부여이론에 관한 설명과 학자가 가장 적절하게 연결된 것은?

| 22년 2차 순경 |

㉠ 인간은 자신의 욕구를 충족시키기 위해서 노력하며 하위 단계의 욕구가 충족되어야 다음 단계로 발전되는 순차적 특성을 갖는다.
㉡ Y이론적 인간형은 부지런하고, 책임과 자율성 및 창의성을 발휘하기를 좋아하고, 스스로 통제와 발전이 가능하기 때문에 민주적이고 인간적인 동기유발 전략이 필요한 유형이다.
㉢ 인간의 개인적 성격과 성격의 성숙과정을 '미성숙에서 성숙으로'라고 보고, 관리자는 조직 구성원을 최대의 성숙상태로 실현시켜야 한다고 하였다.
㉣ 위생요인을 제거해주는 것은 불만을 줄여주는 소극적 효과일 뿐이기 때문에, 근무태도 변화에 단기적 영향을 주어 사기는 높여줄 수 있으나 생산성을 높여주지는 못한다. 만족요인이 충족되면 자기실현욕구를 자극하여, 적극적 만족을 유발하고 동기유발에 장기적 영향을 준다.

	㉠	㉡	㉢	㉣
①	매슬로우(Maslow)	맥그리거(Mcgregor)	아지리스(Argyris)	허즈버그(Herzberg)
②	매슬로우(Maslow)	아지리스(Argyris)	맥그리거(Mcgregor)	허즈버그(Herzberg)
③	매슬로우(Maslow)	맥그리거(Mcgregor)	허즈버그(Herzberg)	아지리스(Argyris)
④	맥그리거(Mcgregor)	아지리스(Argyris)	허즈버그(Herzberg)	매슬로우(Maslow)

정답 ①

해설 ㉠은 매슬로우의 욕구계층이론, ㉡은 맥그리거의 X·Y이론, ㉢은 아지리스의 미성숙·성숙이론, ㉣은 허즈버그의 2요인이론에 해당한다.

0669

A경찰서장은 동기부여이론 및 사기이론을 활용하여 소속경찰관들의 사기를 높이기 위한 방안을 모색하였다. 이론의 적용으로 가장 적절하지 <u>않은</u> 것은? |20년 2차 순경|

① Maslow의 욕구계층이론에 따라 존경의 욕구를 충족시켜주기 위하여 권한책임을 확대하였다.
② Herzberg의 동기위생요인이론에 따르면 사기진작을 위해서는 동기요인이 강화되어야 하므로 적성에 맞는 직무에 배정하고 책임감과 성취감을 느낄 수 있도록 독려하였다.
③ McGregor의 X이론에 따르면 인간은 근본적으로 업무에 대한 의욕을 가지고 있기 때문에 이러한 의욕을 강화시키기 위해 금전적 보상과 포상제도를 강화하였다.
④ McGregor의 Y이론을 적용하여 상급자의 일방적 지시와 명령을 줄이고 의사결정 과정에 일선경찰관들의 참여를 확대시키도록 지시하였다.

정답 ③

난이도 하 중 상

해설 ①, ②, ④는 옳은 설명이며, ③은 틀린 설명이다.
③ ❌ 맥그리거(McGregor)의 『X이론』에 따르면 본래 인간은 태만하기 때문에 될수록 일을 적게 하려고 하며, 선천적으로 이기적이고 책임지기를 싫어하기 때문에 강압적·권위적 관리전략의 채택이 요구된다.

참고 맥그리거(McGregor)의 X·Y이론

구분	내용
의의	① 맥그리거(McGregor)의 『X·Y이론』은 인간 본성에 대한 가정을 X와 Y 두 가지로 대별해 각각의 특성에 따른 관리전략을 처방한 이론을 말한다. ② 2가지의 인간본성을 제시하면서 Y이론에 입각한 관리가 적합하다고 주장하였다.
주요내용 X이론	① 본래 인간은 태만하기 때문에 될수록 일을 적게 하려고 한다. ② 선천적으로 이기적이며, 책임지기를 싫어한다. ③ 주로 안정과 경제적인 만족을 추구한다.
주요내용 Y이론	① 조직 내에서 작업은 보람이 있도록 해야 한다. ② 조직은 신뢰, 공개 그리고 헌신을 촉진시켜야 한다. ③ 관리의 목표는 자아실현된 구성원들의 끊임없는 생산일 것이다.

0670

다음은 경찰직업공무원제도에 대한 설명이다. 옳은 것은 모두 몇 개인가? | 20년 1차 순경 |

> ㉠ 실적주의는 직업공무원제로 발전되어 가는 기반이 되지만, 실적주의가 바로 직업공무원 제도를 의미하는 것은 아니다.
> ㉡ 행정의 안정성, 계속성, 독립성, 중립성 확보가 용이하다.
> ㉢ 행정통제 및 행정책임 확보가 용이하다.
> ㉣ 젊은 인재의 채용을 위한 연령제한으로 공직 임용의 기회균등을 저해한다.

① 1개 ② 2개
③ 3개 ④ 4개

정답 ③

난이도 상 중 하

해설 ㉠, ㉡, ㉣은 옳은 설명이며, ㉢은 틀린 설명이다.
㉢ ✗ 『직업공무원제도』는 공직집단의 보수화·관료화로 행정통제 및 책임확보가 곤란할 수 있다.

참고 경찰직업공무원제도

구분	내용
의의	① 『직업공무원제도』란 유능한 인재를 경찰직에 흡수·확보함은 물론 이들이 경찰직을 일생의 영예로 생각하고 긍지를 느끼게 하는 공직관을 갖는 제도를 말한다. ② 여기서 주의할 것은, 실적주의는 직업공무원제로 발전되어 가는 기반이 되지만, 실적주의 자체가 바로 직업공무원제도를 의미하는 것은 아니라는 것이다. 즉, 실적주의가 직업공무원제도보다 더 넓은 개념이다.
장점	① 장기근무 유도로 행정의 계속성·안정성·일관성을 확보할 수 있다. ② 행정의 정치적 중립성 및 독립성을 확보할 수 있다.
단점	① 채용연령의 제한으로 공직에의 기회균등을 저해할 수 있다. ② 공직집단의 보수화·관료화로 행정통제 및 책임확보가 곤란할 수 있다.

0671

계급제와 직위분류제에 대한 설명으로 가장 적절하지 않은 것은?

| 19년 1차 순경 |

① 직위분류제의 경우 직무중심 분류로서 계급제보다 인사배치에 신축성을 기할 수 있다.
② 계급제의 경우 널리 일반적 교양, 능력을 갖춘 사람을 채용하여 장기간에 걸쳐 능력을 향상시키므로 공무원이 종합적, 신축적인 능력을 갖출 수 있다.
③ 직위분류제의 경우 동일한 직무를 장기간 담당하게 되어 행정의 전문화에 기여한다.
④ 우리나라의 공직분류는 계급제 위주에 직위분류제적 요소를 가미한 혼합 형태라고 할 수 있다.

- **정답** ①
- **난이도** 하 중 상
- **해설** ②, ③, ④는 옳은 설명이며, ①은 틀린 설명이다.
  ① ✗ 『직위분류제』란 직무의 특성에 중점을 두고 각 지위에 내포되어 있는 직무의 종류와 책임·난이도를 기준으로 하여 수직적·수평적으로 분류하는 공직분류방식이다. 이러한 『직위분류제』는 인사배치에 있어서는 비신축적이다.

0672

매슬로우(Maslow)의 욕구 이론에 대한 설명으로 가장 적절하지 않은 것은? |17년 2차 순경|

① 매슬로우는 욕구를 생리적 욕구(Physiological Needs), 안전의 욕구(Safety Needs), 사회적 욕구(Social Needs), 존경의 욕구(Esteem Needs), 자기실현 욕구(Self-actualization Needs)로 구분하였다.

② 안전의 욕구는 현재 및 장래의 신분이나 생활에 대한 불안 해소에 관한 것으로 신분보장, 연금제도 등을 통해 충족시켜 줄 수 있다.

③ 존경의 욕구는 동료·상사·조직 전체에 대한 친근감·귀속감 충족에 관한 것으로 인간관계의 개선, 고충처리 상담 등을 통해 충족시켜 줄 수 있다.

④ 생리적 욕구는 의·식·주 및 건강 등에 관한 것으로 적정보수제도, 휴양제도 등을 통해 충족시켜 줄 수 있다.

- **정답** ③
- **난이도** 하 중 상
- **해설**
  ①, ②, ④는 옳은 설명이며, ③은 틀린 설명이다.
  ③ ✗ 『존경의 욕구』는 타인의 인정·존중·신망을 받으려는 욕구를 의미한다. 이러한 『존경의 욕구』에는 성과급 인상, 참여의 확대, 권한의 위임, 제안제도, 동료와 상사의 인정, 포상제도 등이 있다. 보기의 내용은 『사회적 욕구』에 대한 설명이다.

참고 매슬로우(Maslow)의 욕구계층이론의 주요 내용

주요내용 (5단계)		
	생리적 욕구 (제1단계)	가장 기본적이고 강한 욕구로서 의식주 및 건강 등에 관한 욕구이다(예 : 냉·난방시설, 기본급여, 근무 및 휴식조건, 편안한 제복, 노동력 절약 장비, 휴양제도, 포상휴가 등).
	안전의 욕구 (제2단계)	안전, 안정, 보호에 관한 욕구이다(예 : 안전한 근무조건, 신분보장, 연금제도, 적절한 경찰기관의 정책, 보호장비 등).
	사회적 욕구 (제3단계)	동료·상사·조직전체에 대한 사랑, 귀속감을 충족하려는 욕구이다(예 : 인간관계의 개선, 고충처리, 어울릴 수 있는 동료, 전문화된 우정 등).
	존경의 욕구 (제4단계)	타인의 인정·존중·신망을 받으려는 욕구이다(예 : 성과급 인상, 참여 확대, 권한의 위임, 제안제도, 동료와 상사의 인정, 포상제도 등).
	자아실현의 욕구 (제5단계)	① 최상위의 욕구로 자기발전·자기완성과 관련되는 욕구이다(예 : 도전적인 직무, 창의성, 직무성취, 기획에의 참여, 합리적인 승진, 공무원단체 활용 등). ② 조직의 욕구와 가장 조화되기 어려운 욕구로서 갈등이 유발될 가능성이 높다.

0673

공직 분류 방식 중 계급제와 직위분류제에 대한 설명이다. 가장 적절하지 않은 것은? | 17년 1차 순경 |

① 계급제는 사람을, 직위분류제는 직무를 중요시한다.
② 직위분류제는 계급제보다 권한의 한계가 불명확하다.
③ 공직을 평생직장으로 이해하는 직업공무원제도의 정착에는 직위분류제보다 계급제가 유리하다.
④ 우리나라의 공직 분류는 계급제 위주에 직위분류제적 요소를 가미한 혼합형태라고 할 수 있다.

- 정답 ②
- 난이도
- 해설 ①, ③, ④는 옳은 설명이며, ②는 틀린 설명이다.
  ② ❌ 『직위분류제』는 계급제보다 권한과 책임의 명확화를 도모할 수 있다.

0674

다음은 공직 분류 방식 중 계급제와 직위분류제에 대한 설명이다. 옳은 것은 모두 몇 개인가?
| 16년 2차 순경 |

㉠ 직위분류제는 계급제에 비해서 보수결정의 합리적인 기준을 제시하는 것이 장점이다.
㉡ 계급제는 이해력이 넓어져 직위분류제에 비해서 기관 간의 횡적 협조가 용이한 편이다.
㉢ 직위분류제는 프랑스에서 처음 실시된 후 독일 등으로 전파되었다.
㉣ 우리나라의 공직 분류는 계급제 위주에 직위분류제적 요소를 가미한 혼합형태라고 할 수 있다.

① 1개　　② 2개
③ 3개　　④ 4개

- 정답 ③
- 난이도
- 해설 ㉠, ㉡, ㉣은 옳은 설명이며, ㉢은 틀린 설명이다.
  ㉢ ❌ 『직위분류제』는 임용·보수 및 인사행정의 합리화를 위한 수단으로 객관적인 직무중심의 분류방법으로서, 1909년 미국 시카고에서 처음 도입되었다.

0675

매슬로우(Maslow)가 주장하는 5단계 기본욕구와 그 욕구를 충족시키는 것을 바르게 연결한 것은?

| 15년 3차 순경 |

① 안전욕구 – 적정보수제도, 휴양제도
② 사회적 욕구 – 인간관계의 개선, 고충처리 상담
③ 존경욕구 – 신분보장, 연금제도
④ 생리적 욕구 – 참여확대, 권한의 위임, 제안제도, 포상제도

정답 ②

난이도 상 중 하

해설 ②는 옳은 설명이며, ①, ③, ④는 틀린 설명이다.
① ✗ 『안전의 욕구』는 안전, 안정, 보호에 관한 욕구이다(예 : 안전한 근무조건, 신분보장, 연금제도, 적절한 경찰기관의 정책, 보호장비 등).
③ ✗ 『존경의 욕구』는 타인의 인정·존중·신망을 받으려는 욕구이다(예 : 성과급 인상, 참여 확대, 권한의 위임, 제안제도, 동료와 상사의 인정, 포상제도 등).
④ ✗ 『생리적 욕구』는 가장 기본적이고 강한 욕구로서 의식주 및 건강 등에 관한 욕구이다(예 : 냉난방시설, 기본급여, 근무 및 휴식조건, 편안한 제복, 노동력 절약장비, 휴양제도 등).

참고 매슬로우(Maslow)의 욕구계층이론의 의의
① 매슬로우(Maslow)의 『욕구계층이론』은 인간의 5가지 기본욕구가 서로 연관되어 우선순위의 계층을 이루고 있어서, 한 단계의 욕구가 충족되어야 다음 단계의 욕구가 순차적·상향적으로 표출된다고 주장한다.
② 또한, 특정 단계의 욕구가 충족되면, 그 욕구는 더 이상 동기부여요인으로서의 의미가 없어진다고 본다.

0676

공직분류방식에 대한 설명으로 가장 적절한 것은?

| 19년 승진 |

① 계급제는 인간중심의 분류방법으로 널리 일반적 교양·능력을 가진 사람을 채용하여 신분보장과 함께 장기간에 걸쳐 능력이 키워지므로 공무원이 보다 종합적·신축적인 능력을 가질 수 있다.
② 직위분류제는 동일한 직무를 장기간 담당하게 되어 행정의 전문화에 유용하나, 권한과 책임의 한계가 불명확하다는 단점이 있다.
③ 계급제는 충원방식에서 폐쇄형을 채택하여 인사배치가 비융통적이나 직위분류제는 개방형을 채택하고 있어 인사배치의 신축성이 있다.
④ 직위분류제는 계급제에 비해서 보수결정의 합리적인 기준을 제시할 수 있으며, 직무분석을 통한 이해력이 넓어져 기관 간의 횡적 협조가 용이한 편이다.

- **정답** ①
- **난이도**
- **해설**

①은 옳은 설명이며, ②, ③, ④는 틀린 설명이다.
② 『직위분류제』는 동일한 직무를 장기간 담당하게 되어 행정의 전문화에 유용하며, 권한과 책임의 명확화를 도모할 수 있다.
③ ❌ 『계급제』는 충원방식에서 폐쇄형을 채택하여 인사배치가 융통적이나, 『직위분류제』는 개방형을 채택하고 있어 인사배치에 있어서 비신축적이다.
④ ❌ 『직위분류제』는 계급제에 비해서 보수결정의 합리적인 기준을 제시할 수 있으나, 직책에 따른 전문화로 기관과의 협조 및 조정 등에 있어 의사소통이 곤란할 수 있다.

참고 계급제와 직위분류제의 구분

구 분	계급제	직위분류제
적용국가	영국, 독일, 프랑스, 한국, 일본 등	1909년 미국의 시카고에서 처음 도입
중심개념	사람 중심(계급)	직무 중심(직위)
중심기준	사람의 차이 (자격·능력·학력 등)	직무의 차이 (종류·책임·난이도 등)
충원방식	폐쇄형(내부충원)	개방형(외부충원)
인사배치	신축성·융통성·탄력성	비신축성·비융통성·비탄력성
권한과 책임한계	불명확	명확
신분보장	안정적(민주적 통제가 어렵다)	불안정적(민주적 통제가 가능하다)
조정 및 협력관계	용이	곤란
직업공무원제	용이(신분의 안정성)	곤란(신분의 불안정성)
업무의 특성	일반행정가	전문행정가
보수형태	생활급(동일계급 동일보수)	직무급(동일직무 동일보수)

0677

계급제와 직위분류제를 비교한 것으로 가장 적절한 것은? | 19년 승진 |

① 계급제는 공직을 분류함에 있어서 행정기관을 구성하는 개개의 직위에 내포되어 있는 직무의 종류와 책임도 및 곤란도에 따라 여러 직종과 등급 및 직급을 분류하는 제도이다.
② 계급제는 보통 계급의 수가 적고 계급 간의 차별이 심하며, 동일한 직무를 장기간 담당하게 되어 직위분류제에 비해 행정의 전문화에 기여한다.
③ 직위분류제는 직무중심의 분류방법으로 시험·채용·전직의 합리적 기준을 제공하여 계급제에 비해 인사배치의 신축성을 기할 수 있다.
④ 직위분류제는 권한과 책임의 한계를 명확히 하는 장점이 있지만, 유능한 일반행정가의 확보 곤란, 신분보장의 미흡 등의 단점이 있다.

정답 ④

난이도 하 중 상

해설 ④는 옳은 설명이며, ①, ②, ③은 틀린 설명이다.
① ✗ 『계급제』는 개인의 자격·능력·학력을 기준으로 하여 계급을 부여하고 일정한 신분을 보장해 주는 것에 중점을 두는 공직분류방식이다. 보기의 내용은 『직위분류제』에 대한 설명이다.
② ✗ 『계급제』는 신분보장의 강화로 행정의 안정화에 기여한다. 『직위분류제』에 비해 행정의 전문화가 곤란할 수 있다.
③ ✗ 『직위분류제』는 계급제에 비하여 인사배치에 있어서 비신축적이다. 직위분류제는 시험·채용·전직의 객관적 기준을 제시하고, 또한 보수결정의 합리적 기초를 제공한다.

0678

매슬로우(Maslow)의 욕구계층이론에 대한 설명으로 가장 적절한 것은? | 19년 승진 |

① 경찰관이 포상휴가를 가는 것보다 유능한 경찰관이라는 인정을 받고 싶어서 열심히 범인을 검거하였다면 자아실현의 욕구를 충족하고 싶은 것이다.
② 매슬로우는 5단계 기본욕구가 우선순위의 계층을 이루고 있어 한 단계의 욕구가 충족되어야 비로소 다음 단계의 욕구가 발현된다고 보았다.
③ 소속 직원들 간 인간관계의 개선, 공무원 단체의 활용, 고충처리상담, 적정한 휴양제도는 사회적 욕구를 충족시켜 주기 위한 방안에 해당한다.
④ 경찰관에 대한 공정하고 합리적인 승진제도를 마련하고 권한의 위임과 참여를 확대하는 것은 자아실현의 욕구를 충족시켜 주기 위한 방안에 해당한다.

- 정답 ②
- 난이도
- 해설 ②는 옳은 설명이며, ①, ③, ④는 틀린 설명이다.
  ① ✕ 경찰관이 포상휴가를 가는 것보다 유능한 경찰관이라는 인정을 받고 싶어서 열심히 범인을 검거하였다면 존경의 욕구를 충족하고 싶은 것이다. 『존경의 욕구』에는 성과급 인상, 참여 확대, 권한의 위임, 제안제도, 동료와 상사의 인정, 포상제도 등이 있다.
  ③ ✕ 『사회적 욕구』에는 인간관계의 개선, 고충처리, 어울릴 수 있는 동료, 전문화된 우정 등이 있다. "공무원 단체의 활용"은 『자아실현의 욕구』에 해당하며, "적정한 휴양제도"는 『생리적 욕구』에 해당한다.
  ④ ✕ "권한의 위임과 참여를 확대"하는 것은 『존경의 욕구』를 충족시켜 주기 위한 방안에 해당한다.

0679

Maslow가 주장하는 5단계 기본욕구에 대한 설명으로 가장 적절하지 않은 것은? |17년 승진|

① 자아실현의 욕구는 장래에의 자기발전·자기완성의 욕구 및 성취감 충족에 관한 것으로 공정하고 합리적인 승진 또는 공무원단체 활용을 통해 충족시켜 줄 수 있다.
② 안전 욕구는 공무원의 현재 및 장래의 신분이나 생활에 대한 불안 해소에 관한 것으로 신분보장 또는 연금제도를 통해 충족시켜 줄 수 있다.
③ 존경 욕구는 동료·상사·조직 전체에 대한 친근감·귀속감 충족에 관한 것으로 인간관계의 개선, 고충처리 상담을 통해 충족시켜 줄 수 있다.
④ 생리적 욕구는 의·식·주 및 건강 등에 관한 것으로 적정보수제도 또는 휴양제도를 통해 충족시켜 줄 수 있다.

- **정답** ③
- **난이도** 상 중 하
- **해설** ①, ②, ④는 옳은 설명이며, ③은 틀린 설명이다.
  ③ ✗ 「존경의 욕구」는 타인의 인정·존중·신망을 받으려는 욕구이다. 이러한 존경의 욕구를 충족시켜 주는 방안에는 성과급 인상, 참여 확대, 권한의 위임, 제안제도, 동료와 상사의 인정, 포상제도 등이 있다. 보기의 내용은 「사회적 욕구」에 대한 설명이다.

0680

매슬로우(Maslow)의 욕구 5단계 이론에 관한 설명으로 가장 적절하지 않은 것은? | 23년 법학특채 |

① 생리적 욕구, 안전의 욕구, 애정욕구(사회적 욕구), 존경의 욕구, 자아실현 욕구로 구분하였으며, 이러한 인간의 5가지 욕구는 한 단계의 욕구가 충족되어야 비로소 다음 단계의 욕구로 순차적·상향적으로 진행된다.
② 생리적 욕구는 의·식·주 및 건강 등에 관한 것으로 신분보장, 연금제도 등을 통해 충족시켜 줄 수 있다.
③ 자아실현 욕구는 조직목표와 가장 조화되기 어려운 욕구이다.
④ 애정욕구(사회적 욕구)는 직원들의 불만·갈등을 평소 들어줄 수 있도록 상담창구 마련 등을 통해 충족시켜 줄 수 있다.

- **정답** ②
- **난이도** 하 중 상
- **해설**
  ①, ③, ④는 옳은 설명이며, ②는 틀린 설명이다.
  ② ✗ 매슬로우(Maslow)의 『욕구계층이론』은 인간의 5가지 기본욕구가 서로 연관되어 우선순위의 계층을 이루고 있어서, 한 단계의 욕구가 충족되어야 다음 단계의 욕구가 순차적·상향적으로 표출된다고 주장한다. 또한, 특정 단계의 욕구가 충족되면, 그 욕구는 더 이상 동기부여요인으로서의 의미가 없어진다고 본다. 여기서 『생리적 욕구』(제1단계)는 가장 기본적이고 강한 욕구로서 의식주 및 건강 등에 관한 욕구이다(예 : 냉·난방시설, 기본급여, 근무 및 휴식조건, 편안한 제복, 노동력 절약 장비, 휴양제도, 포상휴가 등). 신분보장과 연금제도 등은 『안전의 욕구』(제2단계)에 해당한다.

제4절 경찰예산관리

0681

|73기 간부|

「국가재정법」에 대한 설명으로 적절한 것은 모두 몇 개인가?

가. 기획재정부장관은 국무회의의 심의를 거쳐 대통령의 승인을 얻은 다음 연도의 예산안편성지침을 매년 1월 31일까지 각 중앙관서의 장에게 통보하여야 한다.
나. 각 중앙관서의 장은 예산의 목적범위 안에서 재원의 효율적 활용을 위하여 대통령령으로 정하는 바에 따라 국무회의 심의를 거친 후 대통령의 승인을 얻어 각 세항 또는 목의 금액을 전용할 수 있다.
다. 각 중앙관서의 장은 「국가회계법」에서 정하는 바에 따라 회계연도마다 작성한 결산보고서를 다음 연도 2월 말일까지 기획재정부장관에게 제출하여야 한다.
라. 기획재정부장관은 「국가회계법」에서 정하는 바에 따라 회계연도마다 작성하여 대통령의 승인을 받은 국가결산보고서를 다음 연도 5월 20일까지 감사원에 제출하여야 한다.

① 1개 ② 2개
③ 3개 ④ 4개

정답 ①

난이도

해설 "다"는 옳은 설명이며, "가", "나", "라"는 틀린 설명이다.

가. ✗ 기획재정부장관은 국무회의의 심의를 거쳐 대통령의 승인을 얻은 <u>다음 연도의 예산안 편성지침</u>을 <u>매년 3월 31일까지</u> 각 중앙관서의 장에게 통보하여야 한다(「국가재정법」 제29조 제1항).
나. ✗ 각 중앙관서의 장은 예산의 목적범위 안에서 재원의 효율적 활용을 위하여 대통령령으로 정하는 바에 따라 <u>기획재정부장관의 승인</u>을 얻어 각 세항 또는 목의 금액을 전용할 수 있다(「국가재정법」 제46조 제1항).
라. ✗ 기획재정부장관은 회계연도마다 국무회의의 심의를 거친 후 대통령의 승인을 얻어 <u>다음 연도 4월 10일까지</u> 감사원에 국가결산보고서를 제출하여야 한다(동법 제59조).

참고 경찰예산의 편성 - 예산안 편성지침 통보(기획재정부장관 → 경찰청장)
① 기획재정부장관은 국무회의의 심의를 거쳐 대통령의 승인을 얻은 다음 연도의 예산안 편성지침을 매년 3월 31일까지 각 중앙관서의 장에게 통보하여야 한다(동법 제29조 제1항).
② 기획재정부장관은 각 중앙관서의 장에게 통보한 예산안 편성지침을 국회 예산결산특별위원회에 보고하여야 한다(동법 제30조).

0682

「국가재정법」상 경찰예산에 대한 설명으로 가장 적절하지 않은 것은?

| 72기 간부 |

① 경찰청장은 매년 1월 31일까지 당해 회계연도부터 5회계연도 이상의 기간 동안의 신규사업 및 기획재정부장관이 정하는 주요 계속사업에 대한 중기사업계획서를 기획재정부장관에게 제출하여야 한다.
② 경찰청장은 예산이 확정된 후 사업운영계획 및 이에 따른 세입세출예산·계속비와 국고채무부담행위를 포함한 예산배정요구서를 기획재정부장관에게 제출하여야 한다.
③ 경찰청장은 세출예산이 정한 목적 외에 경비를 사용할 수 없다.
④ 경찰청장은 「국가재정법」 제29조의 규정에 따른 예산안편성지침에 따라 그 소관에 속하는 다음 연도의 세입세출예산·계속비·명시이월비 및 국고채무부담행위 요구서를 작성하여 매년 6월 30일까지 우선 행정안전부장관에게 제출하여야 한다.

- **정답** ④
- **난이도** 하 중 상
- **해설**
  ①, ②, ③은 옳은 설명이며, ④는 틀린 설명이다.
  ④ ❌ 각 중앙관서의 장은 예산안편성지침에 따라 그 소관에 속하는 다음 연도의 세입세출예산·계속비·명시이월비·국고채무부담행위 요구서를 작성하여, **매년 5월 31일까지** 기획재정부장관에게 제출하여야 한다(「국가재정법」 제31조 제1항). 기획재정부장관은 제출된 예산요구서가 예산안편성지침에 부합하지 아니하는 때에는 기한을 정하여 이를 수정 또는 보완하도록 요구할 수 있다(「국가재정법」 제31조 제3항).

> **참고** 경찰예산의 편성 – 예산요구서의 제출(경찰청장 → 기획재정부장관)
> ① 각 중앙관서의 장은 예산안 편성지침에 따라 그 소관에 속하는 다음 연도의 세입세출예산·계속비·명시이월비·국고채무부담행위 요구서를 작성하여, 매년 5월 31일까지 기획재정부장관에게 제출하여야 한다(동법 제31조 제1항).
> ② 기획재정부장관은 제출된 예산요구서가 예산안 편성지침에 부합하지 아니하는 때에는 기한을 정하여 이를 수정 또는 보완하도록 요구할 수 있다(동법 제31조 제3항).

0683

경찰예산 과정에 대한 설명으로 옳지 않은 것은?

① 경찰청장은 예산안편성지침에 따라 그 소관에 속하는 다음 연도의 예산요구서를 기획재정부장관에게 제출하고 기획재정부장관은 예산요구서에 따라 예산안을 편성하여 국무회의 심의를 거쳐 대통령의 승인을 얻은 후 회계연도 개시 120일 전까지 국회에 제출하여야 한다.

② 국회에 제출된 경찰예산안은 행정안전위원회에서 종합심사를 통해 구체적이고 실질적인 금액 조정이 이루어지며 종합심사가 끝난 예산안은 본회의에 상정되어 회계연도 개시 30일 전까지 본회의의 의결을 거침으로써 확정된다.

③ 경찰청장은 예산이 확정된 후 예산배정요구서를 기획재정부장관에게 제출하고 기획재정부장관은 예산배정요구서에 따라 분기별 예산배정계획을 작성하여 국무회의 심의와 대통령의 승인을 얻은 후 분기별 예산배정계획에 따라 경찰청장에게 예산을 배정한다.

④ 경찰청장은 결산보고서를 기획재정부장관에게 제출하여야 하며 정부는 감사원 검사를 거친 국가결산보고서를 다음 연도 5월 31일까지 국회에 제출하여야 한다.

정답 ②

난이도 하 중 상

해설 ①, ③, ④는 옳은 설명이며, ②는 틀린 설명이다.

② ✗ 정부의 예산안(경찰예산안)이 국회에 제출되면, 예산안 심의를 위한 국회가 개회되고, 예산안의 종합심사를 위하여 『예산결산특별위원회』가 활동한다. 예산결산특별위원회의 종합심사가 끝나면, 예산안은 본회의의 의결을 거침으로써 예산으로 확정된다. 국회는 회계연도 개시 30일 전까지 의결하여야 한다(「헌법」 제54조 제1항 및 제2항).

참고 경찰예산의 편성절차

중기사업계획서의 제출(1/31) → 예산안 편성지침의 통보(3/31) → 예산요구서의 제출(5/31) → 정부예산안의 국회 제출(120일 전) → 국회의 심의 · 의결(30일 전)

참고 경찰예산의 결산절차

중앙관서 결산보고서 작성 및 제출(2월말까지) → 국가결산보고서 작성 및 제출(4월 10일까지) → 감사원의 국가결산보고서 송부(5월 20일까지) → 국가결산보고서 국회 제출(5월 31일까지) → 국회의 예산결산심의

0684

예산제도에 대한 다음 설명 중 가장 옳지 않은 것은? | 66기 간부 |

① 품목별 예산제도는 기능의 중복을 피하기 위해 용이하지만, 행정책임의 소재와 회계책임을 명확히 할 수 없다는 단점이 있다.

② 품목별 예산제도는 통제지향적이라고 볼 수 있으며, 관계공무원에게 필요한 핵심적 기술로 회계기술을 꼽는다.

③ 성과주의 예산제도는 정부의 기능 · 활동 · 사업계획을 세부사업으로 분류하고 각 세부사업을 '단위원가×업무량=예산액'으로 표시하여 편성하는 예산제도이다.

④ 성과주의 예산제도는 일반국민이 정부사업에 대한 이해가 용이하다는 장점을 갖는다.

정답 ①

난이도 하 중 상

해설 ②, ③, ④는 옳은 설명이며, ①은 틀린 설명이다.

① X 『품목별 예산제도』는 지출의 대상 및 성질에 따라 세출예산을 인건비, 운영비, 시설비 등으로 구분하는 방법으로서, 지출품목마다 그 비용이 얼마인지에 따라 예산을 배정하는 제도이다. 우리나라 경찰은 이러한 『품목별 예산제도』를 채택하고 있다. 『품목별 예산제도』는 기능의 중복을 피하기 곤란하고, 행정책임의 소재와 회계책임을 명확히 할 수 있다.

참고 품목별 예산제도의 장 · 단점

장 점	① 회계책임을 명확하게 할 수 있다. ② 인사행정에 유용한 정보 및 자료를 제공할 수 있다(인사행정에 필요한 각 품목들을 계산하여 소요예산 등을 쉽게 산출할 수 있기 때문이다). ③ 예산운영과 지출의 합법성에 치중하는 재정통제 및 회계검사가 용이하다. ④ 행정관료의 재량범위를 축소하여 부정과 예산의 남용을 방지할 수 있다. ⑤ 경비 사용의 적정화를 도모할 수 있다.
단 점	① 투입 측면에만 초점을 두고 편성되므로 지출에 따른 성과의 측정이 곤란하다. ② 예산의 경직성으로 인하여, 한 품목에서 다른 품목으로 지출의 융통성 있는 대체가 허용되지 않는다. ③ 재정적 지출과 기관목표의 실질적 달성과의 관계가 결여되어 있다. ④ 기능의 중복을 피하기 곤란하고, 계획과 지출이 일치되지 못한다. ⑤ 의사결정을 위한 충분한 자료제시에 부족하다. ⑥ 품목과 비용을 따지는 미시적 관리로 인해 정부 전체 활동의 통합조정에 필요한 수단을 제공하지 못한다.

0685

예산제도에 관한 설명으로 가장 적절하지 않은 것은? | 23년 2차 순경 |

① 영기준 예산제도는 전년도 예산을 기준으로 하여 점증적으로 예산액을 결정하는 데서 생기는 폐단을 시정하려고 개발한 것이다.
② 품목별 예산제도는 일반 국민들이 정부사업에 대한 이해를 용이하게 하지만, 인건비 등 경직성 경비적용에 어려움이 있다.
③ 계획예산의 핵심은 프로그램 예산형식을 따르는 것으로서, 기획, 사업구조화, 예산을 연계시킨 시스템적 예산제도이다.
④ 준예산은 새로운 회계연도가 개시될 때까지 국회에서 예산안이 의결되지 못한 경우 예산안이 의결될 때까지 전년도 예산에 준하여 지출하는 예산이다.

정답 ②

난이도 상 중 하

해설
①, ③, ④는 옳은 설명이며, ②는 틀린 설명이다.
② ✗ 보기의 내용은 『성과주의 예산제도』에 해당하는 설명이다. 『성과주의 예산』(Performance Budget)은 예산의 통제보다는 정부가 수행하는 업무성과에 초점을 두며, 업무단위에 따른 비용과 업무량을 측정함으로써 정보의 계량화를 통하여 관리의 능률을 향상시키고자 하는 관리지향적 예산이다.

참고 성과주의 예산제도의 장·단점

장 점	① 사업계획별로 예산이 편성되어 정부가 무엇을 하는지 쉽게 이해할 수 있다. ② 단위원가의 과학적 계산에 의하여 예산편성에 있어서 자원배분을 합리화할 수 있다. ③ 예산의 집행에 있어서 신축성을 부여할 수 있다. ④ 예산집행 결과에 대한 평가를 통하여 해당 부서의 업무능률을 측정할 수 있다.
단 점	① 단위원가 계산에 어려움이 있다. ② 품목별 예산제도에 비하여 입법적 통제가 곤란하여 회계책임이 불분명하다. ③ 인건비 같은 고정성 경비에 적용이 어려워 기본경비에 대한 적용이 곤란하다. ④ 업무측정단위의 선정이 어렵다.

0686

「국가재정법」상 예산안의 편성과 집행에 관한 설명으로 가장 적절하지 <u>않은</u> 것은? |23년 1차 순경|

① 각 중앙관서의 장은 예산안편성지침에 따라 그 소관에 속하는 다음 연도의 세입세출예산·계속비·명시이월비 및 국고채무부담행위 요구서를 작성하여 매년 5월 31일까지 기획재정부장관에게 제출하여야 한다.
② 기획재정부장관은 예산요구서에 따라 예산안을 편성하여 국회의 심의를 거친 후 대통령의 승인을 받아야 한다.
③ 각 중앙관서의 장은 예산이 확정된 후 사업운영계획 및 이에 따른 세입세출예산·계속비와 국고채무부담행위를 포함한 예산배정요구서를 기획재정부장관에게 제출하여야 한다.
④ 기획재정부장관은 각 중앙관서의 장에게 예산을 배정한 때에는 감사원에 통지하여야 한다.

- **정답** ②
- **난이도** 하 중 상
- **해설** ①, ③, ④는 옳은 설명이며, ②는 틀린 설명이다.
  ② ✗ 기획재정부장관은 예산요구서에 따라 예산안을 편성하여, <u>국무회의의 심의</u>를 거친 후 <u>대통령의 승인</u>을 얻어야 한다(「국가재정법」 제32조). 정부는 대통령의 승인을 얻은 예산안을 <u>회계연도개시 120일 전까지</u> 국회에 제출하여야 한다(「국가재정법」 제33조).

> **참고** 경찰예산의 편성 – 정부예산안 국회 제출(기획재정부장관 → 국회)
> ① 기획재정부장관은 예산요구서에 따라 예산안을 편성하여, <u>국무회의의 심의</u>를 거친 후 <u>대통령의 승인</u>을 얻어야 한다(동법 제32조).
> ② 정부는 대통령의 승인을 얻은 예산안을 <u>회계연도개시 120일 전까지</u> 국회에 제출하여야 한다(동법 제33조).

0687

「국가재정법」상 예산 편성 및 집행에 관한 설명 중 가장 적절하지 않은 것은? | 22년 1차 순경 |

① 각 중앙관서의 장은 제29조의 규정에 따른 예산안편성지침에 따라 그 소관에 속하는 당해 연도의 세입세출예산·계속비·명시이월비 및 국고채무부담행위 요구서를 작성하여 매년 3월 31일까지 기획재정부장관에게 제출하여야 한다.

② 각 중앙관서의 장은 매년 1월 31일까지 해당 회계연도부터 5회계연도 이상의 기간 동안의 신규사업 및 기획재정부장관이 정하는 주요 계속사업에 대한 중기사업계획서를 기획재정부장관에게 제출하여야 한다.

③ 기획재정부장관은 각 중앙관서의 장에게 예산을 배정한 때에는 감사원에 통지하여야 한다.

④ 정부는 제32조의 규정에 따라 대통령의 승인을 얻은 예산안을 회계연도 개시 120일 전까지 국회에 제출하여야 한다.

정답 ①

난이도 하 중 상

해설 ②, ③, ④는 옳은 설명이며, ①은 틀린 설명이다.

① ✗ 각 중앙관서의 장은 예산안편성지침에 따라 그 소관에 속하는 <u>다음 연도</u>의 세입세출예산·계속비·명시이월비·국고채무부담행위 <u>요구서를 작성</u>하여, <u>매년 5월 31일까지</u> 기획재정부장관에게 제출하여야 한다(「국가재정법」 제31조 제1항).

참고 경찰예산의 집행 – 예산배정의 통지(기획재정부장관 → 감사원)

기획재정부장관은 각 중앙관서의 장에게 예산을 배정한 때에는 <u>감사원에 통지</u>하여야 한다(동법 제43조 제2항).

0688

다음은 경찰예산의 과정을 순서 없이 나열한 것이다. 과정의 순서를 가장 바르게 나열한 것은?

| 20년 2차 순경 |

> ㉠ 경찰청장은 다음 연도의 세입세출예산·계속비·명시이월비 및 국고채무부담행위 요구서를 작성하여 기획재정부장관에게 제출한다.
> ㉡ 기획재정부장관은 대통령의 승인을 받은 국가결산보고서를 감사원에 제출하여야 한다.
> ㉢ 정부는 국가결산보고서를 국회에 제출하여야 한다.
> ㉣ 경찰청장은 예산배정요구서를 기획재정부장관에게 제출하여야 한다.
> ㉤ 기획재정부장관은 국무회의 심의를 거쳐 대통령의 승인을 얻은 다음 연도의 예산안편성지침을 경찰청장에게 통보한다.
> ㉥ 정부는 대통령의 승인을 얻은 예산안을 국회에 제출하고 국회는 심의와 의결을 거쳐 예산안을 확정한다.

① ㉤-㉠-㉣-㉥-㉢-㉡
② ㉠-㉤-㉥-㉣-㉢-㉡
③ ㉤-㉠-㉥-㉣-㉡-㉢
④ ㉣-㉤-㉠-㉥-㉡-㉢

- **정답** ③
- **난이도**
- **해설**

경찰예산의 과정은 크게 경찰예산의 편성 → 경찰예산의 집행 → 경찰예산의 결산 순서로 진행된다.
  ㉤ 〈경찰예산의 편성절차〉로서, 기획재정부장관은 국무회의 심의를 거쳐 대통령의 승인을 얻은 다음 연도의 예산안 편성지침을 매년 3월 31일까지 경찰청장에게 통보하여야 한다(「국가재정법」 제29조 제1항).
  ㉠ 〈경찰예산의 편성절차〉로서, 경찰청장(각 중앙관서의 장)은 예산안편성지침에 따라 그 소관에 속하는 다음 연도의 세입세출예산·계속비·명시이월비 및 국고채무부담행위 요구서를 작성하여 매년 5월 31일까지 기획재정부장관에게 제출하여야 한다(「국가재정법」 제31조 제1항).
  ㉥ 〈경찰예산의 편성절차〉로서, 정부는 대통령의 승인을 얻은 예산안을 회계연도 개시 120일 전까지 국회에 제출하여야 한다(「국가재정법」 제33조). 국회는 회계연도 개시 30일 전까지 심의와 의결을 거쳐 예산안을 확정한다(「헌법」 제54조 제1항 및 제2항).
  ㉣ 〈경찰예산의 집행절차〉로서, 경찰청장(각 중앙관서의 장)은 예산배정요구서를 기획재정부장관에게 제출하여야 한다(「국가재정법」 제42조).
  ㉡ 〈경찰예산의 결산절차〉로서, 기획재정부장관은 회계연도마다 국무회의의 심의를 거친 후 대통령의 승인을 얻어 다음 연도 4월 10일까지 감사원에 국가결산보고서를 제출하여야 한다(「국가재정법」 제59조).
  ㉢ 〈경찰예산의 결산절차〉로서, 정부는 다음 연도 5월 31일까지 국가결산보고서를 국회에 제출하여야 한다(「국가재정법」 제61조).

0689

경찰예산에 관한 설명으로 가장 적절하지 않은 것은? | 19년 2차 순경 |

① 정부 예산안이 국회를 통과하여 확정된 후에 새롭게 발생한 사유로 인하여 이미 성립한 예산에 변경을 가할 필요가 있을 때 편성하는 예산은 추가경정예산이다.
② 예산의 집행은 예산의 배정으로부터 시작되므로 예산이 확정되더라도 해당 예산이 배정되지 않은 상태에서는 지출원인행위를 할 수 없다.
③ 품목별 예산제도는 세출예산의 대상·성질에 따라 편성한 예산으로 집행에 대한 회계책임을 명백히 하고 경비사용의 적정화에 유리한 장점이 있다.
④ 기획재정부장관은 예산안을 편성하여 국무회의 심의를 거쳐 대통령의 승인을 얻어야 하며, 정부는 이 예산안을 회계연도 개시 90일 전까지 국회에 제출하여야 한다.

- **정답** ④
- **난이도** 하 중 상
- **해설** ①, ②, ③은 옳은 설명이며, ④는 틀린 설명이다.
  ④ ✗ 기획재정부장관은 예산요구서에 따라 예산안을 편성하여, 국무회의의 심의를 거친 후 대통령의 승인을 얻어야 한다(「국가재정법」 제32조). 정부는 대통령의 승인을 얻은 예산안을 회계연도 개시 120일 전까지 국회에 제출하여야 한다(「국가재정법」 제33조).

> **참고** **추가경정예산**
>
> ① 예산이 국회를 통과하여 확정된 후 새로 발생한 사유로 예산을 변경할 필요가 있을 때, 본예산에 추가 또는 변경을 가한 예산을 『추가경정예산』이라고 한다.
> ② 정부는 다음의 어느 하나에 해당하게 되어 이미 확정된 예산에 변경을 가할 필요가 있는 경우에는 추가경정예산을 편성할 수 있다(동법 제89조 제1항).
>   ㉠ 전쟁이나 대규모 자연재해가 발생한 경우
>   ㉡ 경기침체·대량실업, 남북관계의 변화, 경제협력과 같은 대내외 여건에 중대한 변화가 발생하였거나 발생할 우려가 있는 경우
>   ㉢ 법령에 따라 국가가 지급하여야 하는 지출이 발생하거나 증가하는 경우

0690

「국가재정법」상 예산안의 편성에 대한 내용으로 가장 적절하지 <u>않은</u> 것은?

| 18년 1차 순경 |

① 각 중앙관서의 장은 매년 1월 31일까지 당해 회계연도부터 3회계연도 이상의 기간 동안의 신규사업 및 기획재정부장관이 정하는 주요 계속사업에 대한 중기사업계획서를 기획재정부장관에게 제출하여야 한다.

② 기획재정부장관은 국무회의의 심의를 거쳐 대통령의 승인을 얻은 다음 연도의 예산안편성지침을 매년 3월 31일까지 각 중앙관서의 장에게 통보하여야 한다.

③ 각 중앙관서의 장은 제29조의 규정에 따른 예산안편성지침에 따라 그 소관에 속하는 다음 연도의 세입세출예산·계속비·명시이월비·국고채무부담행위요구서를 작성하여 매년 5월 31일까지 기획재정부장관에게 제출하여야 한다.

④ 정부는 제32조의 규정에 따라 대통령의 승인을 얻은 예산안을 회계연도 개시 120일 전까지 국회에 제출하여야 한다.

- **정답** ①
- **난이도** 하 중 상
- **해설** ②, ③, ④는 옳은 설명이며, ①은 틀린 설명이다.
  - ① ✗ 각 중앙관서의 장은 매년 1월 31일까지 당해 회계연도부터 <u>5회계연도 이상의 기간 동안의 신규사업</u> 및 기획재정부장관이 정하는 주요 계속사업에 대한 중기사업계획서를 기획재정부장관에게 제출하여야 한다(「국가재정법」제28조).

> **참고** 경찰예산의 편성 - 중기사업계획서의 제출(경찰청장 → 기획재정부장관)
>
> 각 중앙관서의 장은 매년 1월 31일까지 당해 회계연도부터 <u>5회계연도 이상의 기간 동안의 신규사업</u> 및 기획재정부장관이 정하는 주요 계속사업에 대한 중기사업계획서를 기획재정부장관에게 제출하여야 한다(동법 제28조).

0691

「국가재정법」상 경찰예산의 집행에 대한 설명으로 가장 적절하지 않은 것은? | 15년 1차 순경 |

① 경찰청장은 예산이 확정된 후 사업운영계획 및 이에 따른 세입세출예산·계속비와 국고채무부담행위를 포함한 예산배정요구서를 기획재정부장관에게 제출하여야 한다.
② 기획재정부장관은 경찰청장에게 예산을 배정한 때에는 감사원에 통지하여야 한다.
③ 기획재정부장관은 예산집행의 효율성을 높이기 위하여 매년 예산집행에 관한 지침을 작성하여 경찰청장에게 통보하여야 한다.
④ 경찰청장은 세출예산이 정한 목적 외에 경비를 사용할 수 있다.

- **정답** ④
- **난이도** 상 중 하
- **해설** ①, ②, ③은 옳은 설명이며, ④는 틀린 설명이다.
  ④ ✗ 각 중앙관서의 장(경찰청장)은 세출예산이 정한 목적 외에 경비를 사용할 수 없다(「국가재정법」 제45조).

참고 경찰예산의 집행

구 분	내 용
예산배정요구서의 제출 (경찰청장 → 기획재정부장관)	① 예산의 집행은 예산의 배정으로부터 시작된다. ② 각 중앙관서의 장은 예산이 확정된 후 사업운영계획 및 이에 따른 세입세출예산·계속비와 국고채무부담행위를 포함한 예산배정요구서를 기획재정부장관에게 제출하여야 한다(동법 제42조).
예산배정계획서의 작성 (분기별 작성)	기획재정부장관은 예산배정요구서에 따라 분기별 예산배정계획서를 작성하여 국무회의 심의를 거친 후 대통령의 승인을 얻어야 한다(동법 제43조 제1항).
예산배정 (기획재정부장관 → 경찰청장)	① 기획재정부장관은 분기별 예산배정계획에 따라 각 중앙관서의 장에게 예산을 배정하며, 필요한 때에는 대통령령이 정하는 바에 따라 회계연도 개시 전에 예산을 배정할 수 있다(동법 제43조 제3항). ② 예산이 국회를 통과하여 확정되었다고 하더라도 해당 예산이 배정되지 않으면 지출원인행위를 할 수 없다.
예산배정의 통지 (기획재정부장관 → 감사원)	기획재정부장관은 각 중앙관서의 장에게 예산을 배정한 때에는 감사원에 통지하여야 한다(동법 제43조 제2항).
예산재배정 (경찰청장 → 산하기관의 장)	산하기관의 재정운영을 감독·통제하기 위하여 각 중앙관서의 장이 배정받은 예산의 범위 내에서 다시 각 산하기관에 분기별로 예산을 배정해 주는 절차를 말한다.

0692

「국가재정법」상 예산안의 편성 절차를 순서대로 나열한 것으로 가장 적절한 것은?

| 23년 승진 |

> ㉠ 기획재정부장관은 국무회의의 심의를 거쳐 대통령의 승인을 얻은 다음 연도의 예산안 편성지침을 각 중앙관서의 장에게 통보하여야 한다.
> ㉡ 기획재정부장관은 예산요구서에 따라 예산안을 편성하여 국무회의의 심의를 거친 후 대통령의 승인을 얻어야 한다.
> ㉢ 각 중앙관서의 장은 예산안편성지침에 따라 그 소관에 속하는 다음 연도의 세입세출예산·계속비·명시이월비 및 국고채무부담행위 요구서를 작성하여 기획재정부장관에게 제출하여야 한다.
> ㉣ 기획재정부장관은 각 중앙관서의 장에게 통보한 예산안편성지침을 국회 예산결산특별위원회에 보고하여야 한다.

① ㉠ → ㉡ → ㉢ → ㉣
② ㉠ → ㉣ → ㉢ → ㉡
③ ㉣ → ㉠ → ㉢ → ㉡
④ ㉣ → ㉢ → ㉠ → ㉡

- **정답** ②
- **난이도** 하 중 상
- **해설** 해당 문제의 예산안의 편성 절차의 순서는 ㉠ → ㉣ → ㉢ → ㉡의 순이다.
  - ㉠ 기획재정부장관은 국무회의의 심의를 거쳐 대통령의 승인을 얻은 다음 연도의 예산안편성지침을 매년 3월 31일까지 각 중앙관서의 장에게 통보하여야 한다(「국가재정법」 제29조 제1항).
  - ㉣ 기획재정부장관은 각 중앙관서의 장에게 통보한 예산안편성지침을 국회 예산결산특별위원회에 보고하여야 한다(「국가재정법」 제30조).
  - ㉢ 각 중앙관서의 장은 예산안편성지침에 따라 그 소관에 속하는 다음 연도의 세입세출예산·계속비·명시이월비·국고채무부담행위 요구서를 작성하여, 매년 5월 31일까지 기획재정부장관에게 제출하여야 한다(「국가재정법」 제31조 제1항).
  - ㉡ 기획재정부장관은 예산요구서에 따라 예산안을 편성하여, 국무회의의 심의를 거친 후 대통령의 승인을 얻어야 한다(「국가재정법」 제32조).

0693

「국가재정법」상 경찰 예산안의 편성에 대한 설명으로 가장 적절하지 않은 것은? |20년 승진|

① 경찰청장은 매년 1월 31일까지 당해 회계연도부터 5회계연도 이상의 기간 동안의 신규사업 및 기획재정부장관이 정하는 주요 계속사업에 대한 중기사업계획서를 기획재정부장관에게 제출하여야 한다.
② 기획재정부장관은 국무회의의 심의를 거쳐 대통령의 승인을 얻은 다음 연도의 예산안편성지침을 매년 3월 31일까지 경찰청장에게 통보하여야 한다.
③ 경찰청장은 예산안편성지침에 따라 그 소관에 속하는 다음 연도의 세입세출예산·계속비·명시이월비 및 국고채무부담행위 요구서를 작성하여 매년 5월 31일까지 기획재정부장관에게 제출하여야 한다.
④ 기획재정부장관은 예산요구서에 따라 예산안을 편성하여 국회의 심의를 거친 후 대통령의 승인을 얻어야 한다.

정답 ④

난이도

해설
①, ②, ③은 옳은 설명이며, ④는 틀린 설명이다.
④ ❌ 기획재정부장관은 예산요구서에 따라 예산안을 편성하여, 국무회의의·심의를 거친 후 대통령의 승인을 얻어야 한다(「국가재정법」 제32조). 정부는 대통령의 승인을 얻은 예산안을 회계연도개시 120일 전까지 국회에 제출하여야 한다(「국가재정법」 제33조). 정부의 예산안이 국회에 제출되면, 예산안 심의를 위한 국회가 개회되고, 예산안의 종합심사를 위하여 예산결산특별위원회가 활동한다. 예산결산특별위원회의 종합심사가 끝나면, 예산안은 본회의의 의결을 거침으로써 예산으로 확정된다. 국회는 회계연도개시 30일 전까지 의결하여야 한다(「헌법」 제54조 제1항 및 제2항).

참고 경찰예산의 편성 – 정부예산안 국회 제출 및 국회의 심의·의결

정부예산안 국회 제출 (기획재정부장관 → 국회)	① 기획재정부장관은 예산요구서에 따라 예산안을 편성하여, 국무회의의 심의를 거친 후 대통령의 승인을 얻어야 한다(동법 제32조). ② 정부는 대통령의 승인을 얻은 예산안을 회계연도개시 120일 전까지 국회에 제출하여야 한다(동법 제33조).
국회의 심의·의결	① 정부의 예산안이 국회에 제출되면, 예산안 심의를 위한 국회가 개회되고, 예산안의 종합심사를 위하여 예산결산특별위원회가 활동한다. ② 예산결산특별위원회의 종합심사가 끝나면, 예산안은 본회의의 의결을 거침으로써 예산으로 확정된다. ③ 국회는 회계연도개시 30일 전까지 의결하여야 한다(「헌법」 제54조 제1항 및 제2항).

0694

「국가재정법」상 예산의 집행에 대한 설명 중 가장 적절한 것은?

| 20년 승진 |

① 각 중앙관서의 장은 예산이 확정되기 전에 사업운영계획 및 이에 따른 세입세출예산·계속비와 국고채무부담행위를 포함한 예산배정요구서를 기획재정부장관에게 제출하여야 한다.
② 기획재정부장관은 예산배정요구서에 따라 분기별 예산배정계획서를 작성하여 국무회의의 심의를 거친 후 대통령의 승인을 얻어야 한다.
③ 예산이 확정되면 해당 예산이 배정되지 않은 상태라도 지출원인행위를 할 수 있다.
④ 경찰청장은 예산이 정한 각 기관 간 또는 각 장·관·항 간에 상호 이용할 수 있는 것이 원칙이다.

정답 ②

난이도 상 중 하

해설 ②는 옳은 설명이며, ①, ③, ④는 틀린 설명이다.
① ❌ 예산의 집행은 예산의 배정으로부터 시작된다. 각 중앙관서의 장은 예산이 확정된 후 사업운영계획 및 이에 따른 세입세출예산·계속비와 국고채무부담행위를 포함한 예산배정요구서를 기획재정부장관에게 제출하여야 한다(「국가재정법」 제42조).
③ ❌ 회계연도 개시 후가 아니면 지출할 수 없다. 또한 확정채무가 존재하고 그 이행시기가 도래하지 않으면 지출할 수 없다.
④ ❌ 『예산의 이용』은 예산집행상의 필요에 의하여 미리 국회의 의결과 기획재정부장관의 승인을 얻어 입법과목(장·관·항) 간에 상호 이용하는 것을 말한다. 각 중앙관서의 장은 예산이 정한 각 기관 간 또는 각 장·관·항 간에 상호 이용할 수 없다(「국가재정법」 제47조 제1항 본문).

0695

성과주의 예산제도에 대한 설명으로 가장 적절하지 않은 것은? | 20년 승진 |

① 경비를 지출하기 위한 사업이나 기능에 대하여 그 사업이나 기능을 수행하기 위하여 어느 정도의 예산이 소요되는지를 명백하게 나타내기 위한 제도이다.
② 인건비 등 경직성 경비에 대한 적용이 용이하다는 장점이 있다.
③ 해당 부서의 업무능률을 측정하여 다음 연도 예산에 반영할 수 있다는 장점이 있다.
④ 단위원가 계산이 곤란하고, 업무측정단위를 선정하기 어렵다는 단점이 있다.

정답 ②

난이도 하 중 상

해설
①, ③, ④는 옳은 설명이며, ②는 틀린 설명이다.
② ✗ 「성과주의 예산제도」는 예산의 통제보다는 정부가 수행하는 업무성과에 초점을 두며, 업무단위에 따른 비용과 업무량을 측정함으로써 정보의 계량화를 통하여 관리의 능률을 향상시키고자 하는 관리지향적 예산이다. 성과주의 예산은 지출될 품목이 마련되어 있지 않고, 경찰부서 내의 사업계획별로 예산이 할당된다. 즉, 사업계획을 세부사업으로 분류하고, 각 세부사업을 '단위원가 × 업무량 = 예산액'으로 표시하여 편성한다. 이러한 성과주의 예산은 성과단위 또는 업무측정 단위로써 계획된 산물이다. 따라서 사업이나 기능을 수행하기 위하여 어느 정도의 예산이 소요되는지를 명백하게 나타낼 수 있다. 인건비 등 경직성 경비에 대한 적용이 용이한 것은 「품목별 예산제도」이다.

0696

예산제도에 대한 설명으로 가장 적절한 것은?

| 19년 승진 |

① 품목별 예산제도는 지출의 대상·성질을 기준으로 세출예산의 금액을 분류하는 통제지향적 제도로 회계책임의 명확화를 통해 계획과 지출의 불일치를 극복할 수 있다는 장점이 있다.
② 성과주의 예산제도는 정부가 구입하는 물품보다 정부가 수행하는 업무에 중점을 두는 관리지향적 예산제도로 기능의 중복을 피하기가 곤란하고 인건비 등 경직성 경비에 적용이 어렵다.
③ 영기준 예산제도는 예산편성 시 전년도 예산을 기준으로 점증적으로 예산을 책정하는 폐단을 탈피하기 위한 예산제도이다.
④ 일몰법은 특정의 행정기관이나 사업이 일정기간 지나면 의무적·자동적으로 폐지되게 하는 예산제도로 행정부가 예산편성을 통해 정하며 중요사업에 대해 적용된다.

- **정답** ③
- **난이도** 하 중 상
- **해설** ③은 옳은 설명이며, ①, ②, ④는 틀린 설명이다.
  ① 『품목별 예산제도』는 지출의 대상 및 성질에 따라 세출예산을 인건비, 운영비, 시설비 등으로 구분하는 방법으로서, 지출품목마다 그 비용이 얼마인지에 따라 예산을 배정하는 제도이다. 우리나라 경찰은 이러한 『품목별 예산제도』를 채택하고 있다. 『품목별 예산제도는 통제지향적이라고 볼 수 있으며, 관계공무원에게 필요한 핵심적 기술은 회계기술이다. 품목별 예산제도는 기능의 중복을 피하기 곤란하고, 계획과 지출이 일치되지 못한다.
  ② 『성과주의 예산제도』는 예산의 통제보다는 정부가 수행하는 업무성과에 초점을 두며, 업무단위에 따른 비용과 업무량을 측정함으로써 정보의 계량화를 통하여 관리의 능률을 향상시키고자 하는 관리지향적 예산이다. 『성과주의 예산제도』는 예산편성에 있어서 자원배분을 합리화할 수 있다. 즉, 기능의 중복을 피할 수 있다.
  ④ ✗ 『일몰법』은 한시법이라고도 하며, 특정의 행정기관이나 사업이 일정기간이 지나면 의무적·자동적으로 폐지되게 하는 법률을 말한다. 행정부가 아닌 입법부에서 제정한다. 이러한 일몰법은 영기준 예산제도와 함께 감축지향적인 예산제도로서 중요한 의미를 가진다. 일몰법은 중요사업에는 적용하지 않는다.

참고 일몰법(한시법)

의의	① 『일몰법』(Sun-Set Law)이란 한시법이라고도 하며, 특정의 행정기관이나 사업이 일정기간이 지나면 의무적·자동적으로 폐지되게 하는 법률을 말한다. ② 행정부가 아닌 입법부에서 제정한다.
특징	① 이러한 일몰법은 영기준 예산제도와 함께 감축지향적인 예산제도로서 중요한 의미를 가진다. ② 일몰법은 중요사업에는 적용하지 않는다.

0697

경찰예산에 대한 설명으로 가장 적절한 것은? | 19년 승진 |

① 정부 예산안이 국회를 통과하여 확정된 후에 새롭게 발생한 사유로 인하여 이미 성립한 예산에 변경을 가할 필요가 있을 때 편성하는 예산은 수정예산이다.
② 준예산은 회계연도 개시 전까지 예산의 불성립시 전년도 예산에 준하여 지출하는 제도로 예산 확정 전에는 경찰공무원의 보수와 경찰관서의 유지·운영 등 기본경비에는 사용할 수 없다.
③ 관서운영경비는 관서운영경비 출납공무원이 아니면 지급할 수 없으며 관서운영경비 출납공무원은 관서운영경비를 금융회사 등에 예치하여 관리하여야 한다.
④ 예산의 집행은 예산의 배정으로부터 시작되며 예산이 확정되면 해당 예산이 배정되지 않은 상태에서도 지출원인행위를 할 수 있다.

- **정답** ③
- **난이도** 하 중 상
- **해설**

③은 옳은 설명이며, ①, ②, ④는 틀린 설명이다.
① ✗ 예산이 국회를 통과하여 확정된 후 새로 발생한 사유로 예산을 변경할 필요가 있을 때, 본예산에 추가 또는 변경을 가한 예산을 『추가경정예산』이라고 한다. 정부는 예산에 변경을 가할 필요가 있을 때에는 추가경정예산안을 편성하여 국회에 제출할 수 있다(『헌법』제56조).
② ✗ 『준예산』은 새로운 회계연도가 개시되기 전까지 예산안이 성립되지 못할 경우, 정부가 국회에서 예산안의 의결·확정될 때까지 전년도 예산에 준하여 지출하는 예산을 말한다(『헌법』제54조 제3항). 준예산은 ⊙ 헌법이나 법률에 의하여 설치된 기관 및 시설의 유지비·운영비(예 : 급여, 청사시설관리비 등), ⓒ 법률상 지출의 의무가 있는 경비(예 : 공무원의 보수, 사무처리에 관한 기본경비, 행정상 손해배상액 등), ⓒ 이미 예산으로 승인된 사업의 계속을 위한 경비 등(예 : 사업계속비 등)에는 사용할 수 있다.
④ ✗ 예산의 집행은 예산의 배정으로 시작된다. 즉, 예산이 국회를 통과하여 확정되었다고 하더라도 해당 예산이 배정되지 않으면 지출원인행위를 할 수 없다. 이 때 지출원인행위는 배정된 예산의 범위 내에서 수행되어야 한다.

참고	관서운영경비의 의의 및 지급	
의의	① 『관서운영경비』라 함은 관서를 운영하는 데 드는 경비로서 그 성질상 「국고금 관리법」 제22조에서 규정한 원칙적 절차규정에 따라 지출할 경우 업무수행에 지장을 가져 올 우려가 있는 경비를 말한다. ② 사무비를 출납공무원으로 하여금 지출관으로부터 교부받아 지급하게 함으로써 지출의 절차를 간단히 하여 그 책임과 계산 하에 사용하게 하는 경비를 의미한다(동법 제24조 제1항).	
지급	① 관서운영경비의 지급은 관서운영경비 출납공무원만 가능하며, 정부구매카드 사용을 원칙으로 한다. ② 다만, 경비의 성질상 정부구매카드를 사용할 수 없는 경우 예외적으로 계좌이체나 현금 지급 등의 방법을 병행할 수 있다(예 : 공공요금의 납부 등).	

0698

「국가재정법」상 경찰예산에 관한 설명으로 가장 적절하지 않은 것은? |17년 승진|

① 경찰청장은 매년 1월 31일까지 당해 회계연도부터 5회계연도 이상의 기간 동안의 신규사업 및 행정안전부장관이 정하는 주요 계속사업에 대한 중기사업계획서를 기획재정부장관에게 제출하여야 한다.

② 기획재정부장관은 국무회의의 심의를 거쳐 대통령의 승인을 얻은 다음 연도의 예산안편성지침을 매년 3월 31일까지 각 중앙관서의 장에게 통보하여야 한다.

③ 각 중앙관서의 장은 예산안편성지침에 따라 그 소관에 속하는 다음 연도의 세입세출예산·계속비·명시이월비 및 국고채무부담행위 요구서(이하 "예산요구서"라 한다)를 작성하여 매년 5월 31일까지 기획재정부장관에게 제출하여야 한다.

④ 기획재정부장관은 예산요구서에 따라 예산안을 편성하여 국무회의의 심의를 거친 후 대통령의 승인을 얻어야 한다.

- **정답** ①
- **난이도** 하 중 상
- **해설**
  ②, ③, ④는 옳은 설명이며, ①은 틀린 설명이다.
  ① ✗ 경찰청장(각 중앙관서의 장)은 매년 1월 31일까지 당해 회계연도부터 5회계연도 이상의 기간 동안의 신규사업 및 기획재정부장관이 정하는 주요 계속사업에 대한 중기사업계획서를 기획재정부장관에게 제출하여야 한다(「국가재정법」 제28조).

참고 경찰예산의 편성절차

중기사업계획서의 제출(1/31) → 예산안 편성지침의 통보(3/31) → 예산요구서의 제출(5/31) → 정부예산안의 국회 제출(120일 전) → 국회의 심의·의결(30일 전)

참고 경찰예산의 결산절차

중앙관서 결산보고서 작성 및 제출(2월말까지) → 국가결산보고서 작성 및 제출(4월 10일까지) → 감사원의 국가결산보고서 송부(5월 20일까지) → 국가결산보고서 국회 제출(5월 31일까지) → 국회의 예산결산심의

0699

예산제도에 관한 설명으로 가장 적절하지 않은 것은?

| 23년 법학특채 |

① 정부는 예산안을 국회에 제출한 후 부득이한 사유로 인하여 그 내용의 일부를 수정하고자 하는 때에는 국무회의 심의를 거쳐 대통령의 승인을 얻은 준예산안을 국회에 제출할 수 있다.
② 예산과정상 분류에서 본예산은 정부가 매년 정기적으로 다음 연도의 세입과 세출을 예산안으로 최초 편성하여 국회에서 심의·의결하여 확정된 예산을 말한다.
③ 성과주의 예산제도는 정부가 구입하는 물품보다 정부가 수행하는 업무에 중점을 두는 관리지향적 예산제도이다.
④ 중앙관서의 장은 예산의 목적 범위 안에서 재원의 효율적 활용을 위하여 대통령령이 정하는 바에 따라 기획재정부장관의 승인을 얻어 각 세항 또는 목의 금액을 전용할 수 있다.

정답 ①
난이도 상 중 하
해설 ②, ③, ④는 옳은 설명이며, ①은 틀린 설명이다.

① ✗ 『수정예산』은 정부가 예산안을 편성하여 국회에 제출한 이후 국회의 의결 전에 국회에서 심의 중인 예산안을 부득이한 사유로 일부 내용을 수정하여 다시 국회에 제출한 예산을 말한다. 정부는 수정예산안을 국회에 제출하고자 할 때에는 국무회의 심의를 거쳐 대통령의 승인을 얻은 수정예산안을 국회에 제출할 수 있다. 보기에서 설명하고 있는 『준예산』은 새로운 회계연도가 개시되기 전까지 예산안이 성립되지 못할 경우, 정부가 국회에서 예산안이 의결·확정될 때까지 전년도 예산에 준하여 지출하는 예산을 말한다(「헌법」 제54조 제3항).

참고 수정예산

① 『수정예산』은 정부가 예산안을 편성하여 국회에 제출한 이후 국회의 의결 전에 국회에서 심의 중인 예산안을 부득이한 사유로 일부 내용을 수정하여 다시 국회에 제출한 예산을 말한다.
② 정부는 수정예산안을 국회에 제출하고자 할 때에는 국무회의 심의를 거쳐 대통령의 승인을 얻은 수정예산안을 국회에 제출할 수 있다.

참고 준예산

『준예산』은 새로운 회계연도가 개시되기 전까지 예산안이 성립되지 못할 경우, 정부가 국회에서 예산안이 의결·확정될 때까지 전년도 예산에 준하여 지출하는 예산을 말한다(「헌법」 제54조 제3항).

제 5 절 경찰물품·장비·문서관리

0700

「경찰장비관리규칙」상 무기류관리에 대한 설명으로 가장 적절하지 않은 것은?

| 73기 간부 |

① 경찰기관의 장은 무기를 휴대한 자 중에서 직무상의 비위 등으로 인하여 징계대상이 된 자, 형사사건의 조사의 대상이 된 자, 경찰공무원 직무적성검사 결과 고위험군에 해당하는 자가 발생한 때에는 즉시 대여한 무기·탄약을 회수하여야 한다.
② 간이무기고는 근무자가 24시간 상주하는 지구대, 파출소, 상황실 및 112타격대 등 경찰기관의 장이 필요하다고 인정하는 상당한 이유가 있는 장소에 설치할 수 있다.
③ 탄약고 내에는 전기시설을 하여서는 아니되며, 조명은 건전지 등으로 하고, 방화시설을 완비하여야 한다. 단, 방폭설비를 갖춘 경우 전기시설을 설치할 수 있다.
④ 지구대 등의 간이무기고의 경우에는 소속 경찰관에 한하여 무기를 지급하되 감독자 입회(감독자가 없을 경우 반드시 타 선임경찰관 입회)하에 무기탄약 입출고부에 기재한 뒤 입출고하여야 한다. 다만, 긴급상황 발생시 경찰서장의 사전허가를 받은 경우의 대여는 예외로 한다.

- **정답** ①
- **난이도**
- **해설**

②, ③, ④는 옳은 설명이며, ①은 틀린 설명이다.
① ✗ 경찰기관의 장은 무기를 휴대한 자 중에서 다음에 해당하는 자가 발생한 때에는 즉시 대여한 무기·탄약을 회수하여야 한다(「경찰장비관리규칙」 제120조 제1항). 직무적성검사 결과 고위험군에 해당하는 자는 절대적 회수대상이 아니라 『임의적 회수·보관대상』이다.
㉠ 직무상의 비위 등으로 인하여 징계대상이 된 자
㉡ 형사사건으로 인하여 조사의 대상이 된 자
㉢ 사의를 표명한 자

참고 집중무기고·간이무기고의 설치(「경찰장비관리규칙」)

집중무기고의 설치 (설치한다)	집중무기고는 ① 경찰청, ② 시·도경찰청, ③ 경찰대학, 경찰인재개발원, 중앙경찰학교 및 경찰수사연수원, ④ 경찰서, ⑤ 경찰기동대, 방범순찰대 및 경비대, ⑥ 의무경찰대, ⑦ 경찰특공대, ⑧ 기타 경찰청장이 지정하는 경찰관서에 설치한다(동 규칙 제115조 제1항).
간이무기고의 설치 (설치할 수 있다)	근무자가 24시간 상주하는 지구대, 파출소, 상황실 및 112타격대 등 경찰기관의 장이 필요하다고 인정하는 상당한 이유가 있는 장소에 설치할 수 있다(동 규칙 제115조 제6항).

0701

「경찰장비관리규칙」에 관한 다음 설명 중 옳은 것은 모두 몇 개인가?

| 67기 간부 변형 |

> 가. 전자충격기는 물품관리관의 책임 하에 집중관리함을 원칙으로 하나, 운용부서에 대여하여 그 부서장의 책임 하에 관리·운용하게 할 수 있다.
> 나. 차량의 차종은 승용·승합·화물·특수용으로 구분하고, 차형은 차종별로 대형·중형·소형·경형·다목적형으로 구분한다.
> 다. 각 경찰기관의 업무용 차량은 운전요원의 부족 등 불가피한 사유가 없는 한 집중관리를 원칙으로 한다.
> 라. 부속기관 및 시·도경찰청의 장은 다음 년도에 소속기관의 차량정수를 증감시킬 필요가 있을 때에는 매년 3월말까지 다음 년도 차량정수 소요계획을 경찰청장에게 제출하여야 한다.
> 마. 경찰기관의 장은 무기를 휴대한 자 중에서 경찰공무원 직무적성검사 결과 고위험군에 있는 자, 정신건강상 문제가 우려되어 치료가 필요한 자, 정서적 불안상태로 인하여 무기 소지가 적합하지 않은 자로서 소속 부서장의 요청이 있는 자, 그 밖에 경찰기관의 장이 무기 소지 적격 여부에 대해 심의를 요청하는 자의 경우 대여한 무기·탄약을 회수할 수 있다.

① 2개 ② 3개
③ 4개 ④ 5개

- **정답** ④
- **난이도** 하 중 상
- **해설** "가", "나", "다", "라", "마" 모두 옳은 설명이다.

참고 전자충격기의 관리(「경찰장비관리규칙」)

① 전자충격기는 물품관리관의 책임 하에 집중관리함을 원칙으로 하나, 운용부서에 대여하여 그 부서장의 책임 하에 관리·운용하게 할 수 있다(동 규칙 제79조 제1항).
② 전자충격기를 사용할 경우에는 다음의 안전수칙을 준수하여야 한다(동 규칙 제79조 제2항).
  ㉠ 사용 전 배터리 충전여부를 확인한다.
  ㉡ 전극침이 발사되는 전자충격기의 경우 안면을 향해 발사해서는 아니 된다.
  ㉢ 14세 미만의 자 또는 임산부에 대하여 사용하여서는 아니 된다.

0702

「경찰장비관리규칙」상 무기 및 탄약관리에 관한 설명으로 가장 적절하지 않은 것은? |23년 2차 순경|

① 간이무기고란 경찰인력 및 경찰기관별 무기책정기준에 따라 배정된 개인화기와 공용화기를 집중보관·관리하기 위하여 각 경찰기관에 설치된 시설을 말한다.
② 무기·탄약을 대여 받은 자는 그 무기를 휴대하고 근무하는 경우를 제외하고는 무기고에 보관하여야 하며, 근무 종료시에는 감독자 입회아래 무기탄약 입출고부에 기재한 뒤 즉시 입고하여야 한다.
③ 경찰기관의 장은 무기를 휴대한 자가 형사사건의 조사의 대상이 된 때에는 즉시 대여한 무기·탄약을 회수하여야 한다.
④ 경찰기관의 장은 무기를 휴대한 자가 상사의 사무실을 출입할 경우 대여한 무기·탄약을 무기고에 보관하도록 하여야 한다.

- **정답** ①
- **난이도** 하 중 상
- **해설** ②, ③, ④는 옳은 설명이며, ①은 틀린 설명이다.
  ① ✗ 「간이무기고」란 경찰기관의 각 기능별 운용부서에서 효율적 사용을 위하여 집중무기고로부터 무기·탄약의 일부를 대여 받아 별도로 보관·관리하는 시설을 말한다(「경찰장비관리규칙」 제112조 제4호). 보기의 내용은 「집중무기고」에 대한 설명이다.

참고 집중무기고·간이무기고의 의의(「경찰장비관리규칙」)

집중무기고	「집중무기고」란 경찰인력 및 경찰기관별 무기책정기준에 따라 배정된 개인화기와 공용화기를 집중보관·관리하기 위하여 각 경찰기관에 설치된 시설을 말한다(동 규칙 제112조 제2호).
간이무기고	「간이무기고」란 경찰기관의 각 기능별 운용부서에서 효율적 사용을 위하여 집중무기고로부터 무기·탄약의 일부를 대여 받아 별도로 보관·관리하는 시설을 말한다(동 규칙 제112조 제4호).

0703

「경찰장비관리규칙」상 무기고 및 탄약고 설치에 관한 설명 중 가장 적절하지 않은 것은?

| 22년 1차 순경 |

① 무기고와 탄약고의 비상벨은 상황실과 숙직실 등 초동조치 가능 장소와 연결하고, 외곽에는 철조망 장치와 조명등 및 순찰함을 설치하여야 한다.
② 탄약고 내에는 전기시설을 하는 것이 원칙이나, 조명은 건전지 등으로 하고 방화시설을 완비하여야 한다.
③ 무기고와 탄약고의 환기통 등에는 손이 들어가지 않도록 쇠창살시설을 하고, 출입문은 2중으로 하여 각 1개소 이상씩 자물쇠를 설치하여야 한다.
④ 탄약고는 무기고와 분리되어야 하며 가능한 본 청사와 격리된 독립 건물로 하여야 한다.

- **정답** ②
- **난이도**
- **해설** ①, ③, ④는 옳은 설명이며, ②는 틀린 설명이다.
  ② ✗ 탄약고 내에는 전기시설을 설치하여서는 아니 되며, 조명은 건전지 등으로 하고 방화시설을 완비하여야 한다. 단, 방폭설비를 갖춘 경우 전기시설을 설치할 수 있다(「경찰장비관리규칙」 제115조 제7항).

참고	무기고 · 탄약고의 설치 및 관리(「경찰장비관리규칙」)	
무기고와 탄약고의 설치	① 무기고와 탄약고는 견고하게 만들고 환기·방습장치와 방화시설 및 총가시설 등이 완비되어야 한다(동 규칙 제115조 제2항). ② 탄약고는 무기고와 분리되어야 하며, 가능한 한 본 청사와 격리된 독립 건물로 하여야 한다(동 규칙 제115조 제3항). ③ 무기고와 탄약고의 환기통 등에는 손이 들어가지 않도록 쇠창살 시설을 하고, 출입문은 2중으로 하여 각 1개소 이상씩 자물쇠를 설치하여야 한다(동 규칙 제115조 제4항).
무기고와 탄약고의 관리	① 무기고와 탄약고의 비상벨은 상황실과 숙직실 등 초동조치 가능 장소와 연결하고, 외곽에는 철조망 장치와 조명등 및 순찰함을 설치하여야 한다(동 규칙 제115조 제5항). ② 탄약고 내에는 전기시설을 설치하여서는 아니되며, 조명은 건전지 등으로 하고 방화시설을 완비하여야 한다. 단, 방폭설비를 갖춘 경우 전기시설을 설치할 수 있다(동 규칙 제115조 제7항).

0704

「행정업무의 운영 및 혁신에 관한 규정」상 공문서에 관한 설명 중 가장 적절하지 않은 것은?

| 22년 1차 순경 변형 |

① '지시문서'란 훈령·지시·예규·일일명령 등 행정기관이 그 하급기관이나 소속 공무원에 대하여 일정한 사항을 지시하는 문서를 말한다.
② '공고문서'란 고시·공고 등 행정기관이 일정한 사항을 일반에게 알리는 문서를 말한다.
③ '일반문서'란 민원인이 행정기관에 허가, 인가, 그 밖의 처분 등 특정한 행위를 요구하는 문서와 그에 대한 처리문서를 말한다.
④ '법규문서'란 헌법·법률·대통령령·총리령·부령·조례·규칙 등에 관한 문서를 말한다.

- **정답** ③
- **난이도**
- **해설**
  ①, ②, ④는 옳은 설명이며, ③은 틀린 설명이다.
  ③ ✗ 『일반문서』란 법규문서, 공고문서, 지시문서, 비치문서, 민원문서에 속하지 아니하는 모든 문서를 말한다. 보기의 내용은 『민원문서』에 대한 설명이다.

참고 공문서의 종류(「행정업무의 운영 및 혁신에 관한 규정」)

구 분	내 용(동 규정 제4조)
법규문서	① 「헌법」·법률·명령·총리령·부령 및 조례·규칙에 관한 문서이다. ② 특별한 규정이 있는 경우를 제외하고는 관보게재 후 20일이 경과하면 효력이 발생한다.
공고문서	① 고시 및 공고 등과 같이 일정한 사항을 일반인 모두에게 알리기 위한 문서이다. ② 특별한 규정이 없으면 고시·공고 후 5일이 경과하면 효력이 발생한다.
지시문서	① 훈령·지시·예규·일일명령 등 행정기관이 그 하급기관 또는 소속 공무원에 대하여 일정한 사항을 지시하는 문서이다. ② 상대방에게 도달한 때 그 효력이 발생한다.
비치문서	행정기관이 일정한 사항을 기록하여 행정기관 내부에 비치하면서 업무에 활용하는 문서이다.
민원문서	민원인이 행정기관에 대하여 허가·인가·기타 처분 등 특정한 행위를 요구하는 문서이다.
일반문서	위의 문서들에 속하지 아니하는 모든 문서이다.

0705

「물품관리법」상 물품관리에 대한 내용으로 가장 적절한 것은? | 18년 1차 순경 |

① 기획재정부장관은 각 중앙관서의 장이 수행하는 물품관리에 관한 업무를 총괄·조정한다.
② 각 중앙관서의 장은 물품관리관의 사무의 일부를 분장하는 분임물품관리관을 대통령령으로 정하는 바에 따라 두어야 한다.
③ 분임물품관리관이란 물품출납공무원의 사무의 일부를 분장하는 공무원을 말한다.
④ 물품관리관으로부터 대통령령으로 정하는 바에 따라 물품의 사용에 관한 사무를 위임받은 공무원을 물품운용관이라 한다.

정답 ④

난이도

해설 ④는 옳은 설명이며, ①, ②, ③은 틀린 설명이다.
① ✗ 『기획재정부장관』은 물품관리에 관한 제도 및 정책을 총괄 관장한다(「물품관리법」 제7조 제1항). 각 중앙관서의 장이 수행하는 물품의 관리에 관한 업무를 총괄·조정하는 주체는 『조달청장』이다(「물품관리법」 제7조 제2항).
②, ③ ✗ 『분임물품관리관』은 물품관리관의 사무의 일부를 분장하는 공무원을 말한다. 각 중앙관서의 장이 둘 수 있다 (「물품관리법」 제12조 제1항).

0706

「경찰장비관리규칙」상 무기 및 탄약관리에 대한 설명으로 가장 적절하지 않은 것은?

| 17년 2차 순경 변형 |

① '집중무기고'란 경찰인력 및 경찰기관별 무기책정기준에 따라 배정된 개인화기와 공용화기를 집중 보관·관리하기 위하여 각 경찰기관에 설치된 시설을 말한다.
② 탄약고는 무기고와 분리되어야 하며 가능한 본 청사와 격리된 독립 건물로 하여야 한다.
③ 경찰서에 설치된 집중무기고의 열쇠는 일과시간은 경무과장, 일과 후는 상황관리관이 보관·관리한다. 다만, 휴가·비번 등으로 관리책임자 공백 시는 별도 관리책임자를 지정하여야 한다.
④ 경찰기관의 장이 무기를 휴대한 자 중에서 대여한 무기·탄약을 즉시 회수하여야 하는 대상은 '직무상의 비위 등으로 인하여 징계대상이 된 자', '형사사건의 조사의 대상이 된 자', '사의를 표명한 자', '그 밖에 경찰기관의 장이 무기 소지 적격 여부에 대해 심의를 요청하는 자'이다.

- **정답** ④
- **난이도**
- **해설**

①, ②, ③은 옳은 설명이며, ④는 틀린 설명이다.

④ ✗ 경찰기관의 장이 무기를 휴대한 자 중에서 대여한 무기·탄약을 즉시 회수하여야 하는 대상은 ㉠ 직무상의 비위 등으로 인하여 징계대상이 된 자, ㉡ 형사사건의 조사의 대상이 된 자, ㉢ 사의를 표명한 자이다(「경찰장비관리규칙」 제120조 제1항). 즉, 절대적 회수대상에 해당한다. '그 밖에 경찰기관의 장이 무기 소지 적격 여부에 대해 심의를 요청하는 자'의 경우에는 『임의적 회수·보관대상』이다(「경찰장비관리규칙」 제120조 제2항).

참고 무기고·탄약고 열쇠관리책임자(「경찰장비관리규칙」)

집중무기·탄약고	일과시간의 경우 무기 관리부서의 장(정보화장비과장, 운영지원과장, 총무과장, 경무과장 등), 일과시간 이후 또는 토요일·공휴일의 경우에는 당직업무 책임자(상황관리관 등)가 관리한다(동 규칙 제117조 제2항).
간이무기고	① 상황실 간이무기고는 112종합상황실(팀)장, ② 지구대 등 간이무기고는 지역경찰관리자, ③ 그 밖의 간이무기고는 일과시간의 경우 설치부서 책임자, 일과시간 후 또는 토요일·공휴일의 경우 당직 업무(청사방호) 책임자가 관리한다(동 규칙 제117조 제2항).

0707

「경찰장비관리규칙」상 무기·탄약의 회수 및 보관에 대한 설명 중 가장 적절한 것은? |20년 승진|

① 경찰기관의 장은 무기를 휴대한 자 중에서 사의를 표명한 자에게 대여한 무기·탄약을 즉시 회수하여야 한다.
② 경찰기관의 장은 무기를 휴대한 자 중에서 경찰공무원 직무적성검사 결과 고위험군에 해당되는 자에게 대여한 무기·탄약을 즉시 회수하여야 한다.
③ 경찰기관의 장은 무기를 휴대한 자 중에서 형사사건의 조사의 대상이 된 자에게 대여한 무기·탄약을 무기 소지 적격 심의위원회의 심의를 거쳐 회수할 수 있다.
④ 경찰기관의 장은 무기를 휴대한 자 중에서 정신건강상 문제가 우려되어 치료가 필요한 자에게 대여한 무기·탄약을 즉시 회수하여야 한다.

- **정답** ①
- **난이도** 하 중 상
- **해설** ①은 옳은 설명이며, ②, ③, ④는 틀린 설명이다.
  ② ✗ 무기를 휴대한 자 중에서 경찰공무원 직무적성검사 결과 고위험군에 해당하는 자는 「임의적 회수대상」이다.
  ③ ✗ 무기를 휴대한 자 중에서 형사사건의 조사의 대상이 된 자는 「절대적 회수대상」이다.
  ④ ✗ 무기를 휴대한 자 중에서 정신건강상 문제가 우려되어 치료가 필요한 자는 「임의적 회수대상」이다.

참고 무기·탄약의 회수 및 보관(「경찰장비관리규칙」 제120조)

구분	내 용
절대적 회수대상 (회수하여야 한다)	① 직무상의 비위 등으로 인하여 징계대상이 된 자 ② 형사사건으로 인하여 조사의 대상이 된 자 ③ 사의를 표명한 자
임의적 회수·보관대상 (회수할 수 있다)	① 경찰공무원 직무적성검사 결과 고위험군에 해당되는 자 ② 정신건강상 문제가 우려되어 치료가 필요한 자 ③ 정서적 불안상태로 인하여 무기 소지가 적합하지 않은 자로서 소속부서장의 요청이 있는 자 ④ 그 밖에 경찰기관의 장이 무기 소지 적격 여부에 대해 심의를 요청하는 자
일시적 보관대상 (하여야 한다)	① 술자리 또는 연회장소에 출입할 경우 ② 상사의 사무실을 출입할 경우 ③ 기타 정황을 판단하여 필요하다고 인정되는 경우

0708

「경찰장비관리규칙」상 차량관리에 대한 설명으로 적절하지 <u>않은</u> 것을 모두 고른 것은? |18년 승진|

> ㉠ 차량은 용도별로 전용·지휘용·행정용·순찰용·특수구난용 차량으로 구분한다.
> ㉡ 부속기관 및 시·도경찰청의 장은 다음 연도에 소속기관의 차량정수를 증감시킬 필요가 있을 때에는 매년 11월 말까지 다음 연도 차량정수 소요계획을 경찰청장에게 제출하여야 한다.
> ㉢ 차량교체를 위한 불용 대상차량은 주행거리와 차량의 노후상태를 최우선적으로 고려하여 선정하여야 하고, 주행거리가 동일한 경우에는 차량사용기간, 사용부서 등을 추가로 검토한다.
> ㉣ 차량운행 시 책임자는 1차 선임탑승자, 2차 운전자(사용자), 3차 경찰기관의 장으로 한다.

① ㉠, ㉣   ② ㉠, ㉡, ㉢
③ ㉡, ㉢, ㉣   ④ ㉠, ㉡, ㉢, ㉣

- **정답** ④
- **난이도** 하 중 상
- **해설** ㉠, ㉡, ㉢, ㉣ 모두 틀린 설명이다.
  - ㉠ ✗ 차량은 용도별로 전용·지휘용·업무용·순찰용·특수용 차량으로 구분(전지업순특)한다(「경찰장비관리규칙」 제88조 제2항).
  - ㉡ ✗ 부속기관 및 시·도경찰청의 장은 다음 연도에 소속기관의 차량정수를 증감시킬 필요가 있을 때에는 매년 3월 말까지 다음 연도 차량정수 소요계획을 경찰청장에게 제출하여야 한다(「경찰장비관리규칙」 제90조 제1항). 예기치 못한 치안수요의 발생 등 특별한 사유로 조기에 증감 필요가 있을 경우에는 차량 제작기간 등을 감안하여 사전에 경찰청장에게 요구할 수 있다(「경찰장비관리규칙」 제90조 제2항).
  - ㉢ ✗ 차량교체를 위한 불용 대상차량은 내용연수 경과 여부 등 차량사용기간을 최우선적으로 고려하여 선정한다(「경찰장비관리규칙」 제94조 제1항). 즉, 불용 대상차량의 선정에는 주행거리를 최우선으로 고려하지 않는다.
  - ㉣ ✗ 차량운행 시 책임자는 1차 운전자, 2차 선임탑승자(사용자), 3차 경찰기관의 장으로 한다(「경찰장비관리규칙」 제98조 제3항).

참고 차량운행 중의 관리책임, 신임운전요원 교육(「경찰장비관리규칙」)

차량운행 중의 관리책임	차량운행시 책임자는 1차 운전자, 2차 선임탑승자(사용자), 3차 경찰기관의 장으로 한다(동 규칙 제98조 제3항).
신임운전요원 교육	전·의경 신임운전요원은 4주 이상 운전교육을 실시한 후에 운행하도록 하여야 한다(동 규칙 제102조 제2항).

0709

「경찰장비관리규칙」상 경찰기관의 장이 무기를 휴대한 자 중에서 즉시 대여한 무기·탄약을 회수하여야 할 사유로 가장 적절하지 않은 것은? | 17년 승진 |

① 직무상의 비위 등으로 인하여 징계대상이 된 자
② 형사사건의 조사의 대상이 된 자
③ 술자리 또는 연회장소에 출입한 자
④ 사의를 표명한 자

- 정답 ③
- 난이도
- 해설 ①, ②, ④는 절대적 회수대상에 해당하며, ③은 일시적 보관대상에 해당한다.
  ③ 경찰기관의 장은 무기를 휴대한 자 중에서 ⊙ 술자리 또는 연회장소에 출입할 경우, ⓒ 상사의 사무실을 출입할 경우, ⓒ 기타 정황을 판단하여 필요하다고 인정되는 경우에는 대여한 무기·탄약을 무기고에 보관하도록 하여야 한다(「경찰장비관리규칙」 제120조 제4항).

0710

「물품관리법」상 물품관리기관에 대한 설명으로 가장 적절한 것은? | 17년 승진 |

① 조달청장은 물품관리의 제도와 정책에 관한 사항을 관장한다.
② 기획재정부장관은 각 중앙관서의 장이 수행하는 물품관리에 관한 업무를 총괄·조정한다.
③ 각 중앙관서의 장으로부터 물품관리에 관한 사무의 위임을 받은 공무원을 물품출납공무원이라 한다.
④ 물품관리관으로부터 물품의 사용에 관한 사무를 위임받은 공무원을 물품운용관이라 한다.

- 정답 ④
- 난이도
- 해설 ④는 옳은 설명이며, ①, ②, ③은 틀린 설명이다.
  ① 「조달청장」은 각 중앙관서의 장이 행하는 물품의 관리에 관한 업무를 총괄 조정한다(「물품관리법」 제7조 제2항).
  ② 「기획재정부장관」은 물품관리에 관한 제도 및 정책을 총괄 관장하며 물품관리에 관한 정책의 결정을 위하여 필요하면 조달청장이나 각 중앙관서의 장으로 하여금 물품관리 상황에 관한 보고를 하게 하거나 필요한 조치를 할 수 있다(「물품관리법」 제7조 제1항).
  ③ 「물품관리관」은 각 중앙관서의 장으로부터 물품의 관리에 관한 사무의 위임을 받은 공무원을 말한다(「물품관리법」 제9조 제2항). 물품관리에 관한 사무의 위임은 특정한 직위를 지정하여 할 수 있다(「물품관리법」 제9조 제3항).

0711

「경찰장비관리규칙」상 무기관리에 대한 설명으로 가장 적절하지 않은 것은?

| 17년 승진 |

① 무기는 인명 또는 신체에 위해를 가할 수 있도록 제작된 권총·소총·도검 등을 말한다.
② 무기·탄약고 비상벨은 상황실과 숙직실 등 초동조치 가능 장소와 연결하고, 외곽에는 철조망장치와 조명등 및 순찰함을 설치할 수 있다.
③ 탄약고는 무기고와 분리되어야 하며, 가능한 본 청사와 격리된 독립 건물로 하여야 한다.
④ 간이무기고는 근무자가 24시간 상주하는 지구대, 파출소, 상황실 및 112타격대 등 경찰기관의 장이 필요하다고 인정하는 상당한 이유가 있는 장소에 설치할 수 있다.

● 정답 ②

● 난이도

● 해설
①, ③, ④는 옳은 설명이며, ②는 틀린 설명이다.
② ✗ 무기고와 탄약고의 비상벨은 상황실과 숙직실 등 초동조치 가능 장소와 연결하고, 외곽에는 철조망 장치와 조명등 및 순찰함을 설치하여야 한다(「경찰장비관리규칙」 제115조 제5항).

참고 ─ 무기고·탄약고의 설치 및 관리(「경찰장비관리규칙」)

무기고와 탄약고의 설치	① 무기고와 탄약고는 견고하게 만들고 환기·방습장치와 방화시설 및 총가시설 등이 완비되어야 한다(동 규칙 제115조 제2항). ② 탄약고는 무기고와 분리되어야 하며, 가능한 한 본 청사와 격리된 독립 건물로 하여야 한다(동 규칙 제115조 제3항). ③ 무기고와 탄약고의 환기통 등에는 손이 들어가지 않도록 쇠창살 시설을 하고, 출입문은 2중으로 하여 각 1개소 이상씩 자물쇠를 설치하여야 한다(동 규칙 제115조 제4항).
무기고와 탄약고의 관리	① 무기고와 탄약고의 비상벨은 상황실과 숙직실 등 초동조치 가능 장소와 연결하고, 외곽에는 철조망 장치와 조명등 및 순찰함을 설치하여야 한다(동 규칙 제115조 제5항). ② 탄약고 내에는 전기시설을 설치하여서는 아니되며, 조명은 건전지 등으로 하고 방화시설을 완비하여야 한다. 단, 방폭설비를 갖춘 경우 전기시설을 설치할 수 있다(동 규칙 제115조 제7항).

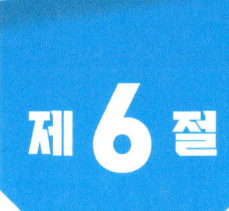

제6절 경찰보안관리

0712

「보안업무규정」 및 동 시행규칙에 대한 설명으로 가장 적절하지 않은 것은?

| 72기 간부 |

① 누설되는 경우 국가안전보장에 손해를 끼칠 우려가 있는 비밀은 Ⅲ급 비밀로 하며, Ⅱ급 비밀은 누설되는 경우 국가안전보장에 막대한 지장을 초래할 우려가 있는 비밀을 말한다.
② 비밀취급 인가권자는 업무상 조정·감독을 받는 기업체나 단체에 소속된 사람에 대하여 소관 비밀을 계속적으로 취급하게 하여야 할 필요가 있을 때에는 미리 경찰청장과의 협의를 거쳐 해당하는 사람에게 Ⅱ급 이하의 비밀취급을 인가할 수 있다.
③ 제한구역이란 비인가자가 비밀, 주요시설 및 Ⅲ급 비밀 소통용 암호자재에 접근하는 것을 방지하기 위하여 안내를 받아 출입하는 구역을 말한다.
④ 비밀열람기록전의 자료는 비밀과 함께 철하여 보관·활용하고, 비밀의 보호기간이 만료되면 비밀에서 분리한 후 각각 편철하여 5년간 보관해야 한다.

정답 ②
난이도 하 중 상
해설 ①, ③, ④는 옳은 설명이며, ②는 틀린 설명이다.
② ✗ 비밀취급 인가권자는 업무상 조정·감독을 받는 기업체나 단체에 소속된 사람에 대하여 소관 비밀을 계속적으로 취급하게 하여야 할 필요가 있을 때에는 미리 국가정보원장과의 협의를 거쳐 해당하는 사람에게 Ⅱ급 이하의 비밀취급을 인가할 수 있다(「보안업무규정 시행규칙」 제13조 제1항).

참고 비밀열람기록전(「보안업무규정 시행규칙」)

① 개별 비밀에 대한 열람자 범위를 파악하기 위하여 각각의 비밀문서 끝 부분에 비밀열람기록전을 첨부한다. 이 경우 문서 형태 외의 비밀에 대한 열람기록은 따로 비밀열람기록전(철)을 비치하고 기록·유지한다(동 규정 시행규칙 제45조 제2항).
② 비밀열람기록전은 그 비밀의 생산기관이 첨부하며, 비밀을 파기하는 때에는 비밀에서 분리하여 따로 철하여 보관하여야 한다(동 규정 시행규칙 제45조 제3항).
③ 비밀열람자는 비밀을 열람하기에 앞서 비밀열람기록전에 정해진 사항을 기재하고 서명 또는 날인한 후 비밀을 열람하여야 한다(동 규정 시행규칙 제45조 제4항).
④ 비밀열람기록전(철)은 해당 비밀의 보호기간이 만료된 후 5년간 보존하여야 한다.

0713

「보안업무규정 시행규칙」상 비밀의 관리방법으로 옳은 것은 모두 몇 개인가?　| 69기 간부 변형 |

> 가. 비밀보관책임자는 보관비밀을 대출하는 때에는 비밀대출부에 관련사항을 기록·유지한다.
> 나. Ⅰ급 비밀은 반드시 금고에 보관하여야 하며, 다른 비밀과 혼합하여 보관하여서는 아니 된다.
> 다. 모든 비밀에는 예고문을 기재할 수 있다.
> 라. 각급 기관에서 공통으로 사용할 암호자재나 각급기관의 장이 요청하는 암호자재는 국가정보원장이 개발·제작·변경·배부한다.
> 마. 각급기관에서 사용하는 Ⅲ급 비밀 소통용 암호자재는 국가정보원장이 인가하는 암호체계에 따라 그 기관의 장이 개발·제작·변경·배부한다.
> 바. 비밀의 보관용기 외부에는 비밀의 보관을 알리거나 나타내는 어떠한 표시도 해서는 아니 된다.

① 2개　② 3개
③ 4개　④ 5개

정답　③

난이도

해설　"가", "나", "라", "바"는 옳은 설명이며, "다", "마"는 틀린 설명이다.
　　다. ✗ 모든 비밀에는 예고문을 기재해야 한다(「보안업무규정 시행규칙」 제18조 제1항).
　　마. ✗ 각급기관에서 사용하는 Ⅲ급 비밀 소통용 암호자재는 국가정보원장이 인가하는 암호체계에 따라 그 기관의 장이 개발·제작·변경·배부할 수 있다(「보안업무규정 시행규칙」 제3조 제2항).

참고 암호자재 제작·공급 및 반납(「보안업무규정」)

구 분	내 용
암호자재의 제작·공급	국가정보원장은 비밀 소통용 암호자재를 제작하여 필요한 기관에 공급한다. 다만, 국가정보원장이 필요하다고 인정하는 암호자재의 경우 그 암호자재를 사용하는 기관은 국가정보원장이 인가하는 암호체계의 범위에서 암호자재를 제작할 수 있다(동 규정 제7조 제1항).
암호자재의 반납	① 암호자재를 사용하는 기관의 장은 사용기간이 끝난 암호자재를 지체 없이 그 제작기관의 장에게 반납하여야 한다(동 규정 제7조 제2항). ② 즉, ⊙ 국가정보원장이 제작하였을 경우에는 국가정보원장에게, ⓒ 사용기관의 장이 제작하였을 경우에는 사용기관의 장에게 반납하여야 한다.

0714

「보안업무규정」상 비밀에 대한 다음 설명 중 옳은 것은 모두 몇 개인가? |68기 간부|

> 가. 비밀은 그 중요성과 가치의 정도에 따라 Ⅰ급, Ⅱ급, Ⅲ급 비밀로 구분된다.
> 나. 누설될 경우 국가안전보장에 해를 끼칠 우려가 있는 경우 Ⅱ급 비밀로 분류한다.
> 다. 외국 정부나 국제기구로부터 접수한 비밀은 그 접수기관이 필요로 하는 정도로 보호할 수 있도록 분류하여야 한다.
> 라. 비밀은 적절히 보호할 수 있는 최고등급으로 분류하되, 과도하거나 과소하게 분류해서는 아니 된다.
> 마. 국가정보원장은 비밀 소통용 암호자재를 제작하여 필요한 기관에 공급한다. 다만, 국가정보원장이 필요하다고 인정하는 암호자재의 경우 그 암호자재를 사용하는 기관은 국가정보원장이 인가하는 암호체계의 범위에서 암호자재를 제작할 수 있다.
> 바. 암호자재를 사용하는 기관의 장은 사용기간이 끝난 암호자재를 지체 없이 국가정보원장에게 반납하여야 한다.

① 1개   ② 2개
③ 3개   ④ 4개

정답 ②

해설 "가", "마"는 옳은 설명이며, "나", "다", "라", "바"는 틀린 설명이다.

- 나. ✗ 누설될 경우 국가안전보장에 해를 끼칠 우려가 있는 비밀은 『Ⅲ급 비밀』로 분류한다(「보안업무규정」 제4조).
- 다. ✗ 외국 정부나 국제기구로부터 접수한 비밀은 그 생산기관이 필요로 하는 정도로 보호할 수 있도록 분류하여야 한다(「보안업무규정」 제12조).
- 라. ✗ 비밀은 적절히 보호할 수 있는 최저등급으로 분류하되, 과도하거나 과소하게 분류하여서는 아니 된다(「보안업무규정」 제12조).
- 바. ✗ 암호자재를 사용하는 기관의 장은 사용기간이 끝난 암호자재를 지체 없이 그 제작기관의 장에게 반납하여야 한다(「보안업무규정」 제7조 제2항).

참고 비밀의 구분(「보안업무규정」)

구분	내용
Ⅰ급 비밀	누설될 경우 대한민국의 외교관계가 단절되고 전쟁을 일으키며, 국가의 방위계획·정보활동 및 국가방위에 반드시 필요한 과학과 기술의 개발을 위태롭게 하는 등의 우려가 있는 비밀을 말한다.
Ⅱ급 비밀	누설될 경우 국가안전보장에 막대한 지장을 끼칠 우려가 있는 비밀을 말한다.
Ⅲ급 비밀	누설될 경우 국가안전보장에 해를 끼칠 우려가 있는 비밀을 말한다.

0715

「보안업무규정 시행규칙」에 관한 다음 설명 중 가장 옳지 않은 것은? | 67기 간부 |

① 비밀취급 인가권자는 소속 직원의 인사기록카드에 기록된 비밀취급의 인가 및 인가해제 사유와 임용시의 신원조사 회보서에 따라 새로 신원조사를 하지 아니하고 비밀취급을 인가할 수 있다. 다만, Ⅰ급비밀 취급을 인가할 때에는 새로 신원조사를 하여야 한다.

② 비밀취급 인가권자는 업무상 조정·감독을 받는 기업체나 단체에 소속된 사람에 대하여 소관 비밀을 계속적으로 취급하게 하여야 할 필요가 있을 때에는 미리 국가정보원장과의 협의를 거쳐 해당하는 사람에게 Ⅱ급 이하의 비밀취급을 인가할 수 있다.

③ Ⅱ급비밀 및 Ⅲ급비밀은 금고 또는 이중 철제캐비닛 등 잠금장치가 있는 안전한 용기에 보관하여야 하며, Ⅱ급비밀과 Ⅲ급비밀을 같은 용기에 혼합하여 보관할 수 있다.

④ 보관용기에 넣어서 보관할 수 없는 비밀은 제한지역에 보관하는 등 그 내용이 노출되지 아니하도록 특별한 보호대책을 마련하여야 한다.

- **정답** ④
- **난이도** 하 중 상
- **해설** ①, ②, ③은 옳은 설명이며, ④는 틀린 설명이다.
  ④ ✗ 보관용기에 넣을 수 없는 비밀은 <u>제한구역 또는 통제구역에 보관</u>하는 등 그 내용이 노출되지 않도록 특별한 보호대책을 마련하여야 한다(「보안업무규정 시행규칙」 제33조 제4항).

참고	비밀의 보관(「보안업무규정 시행규칙」)
보관기준	① 비밀은 일반문서나 암호자재와 혼합하여 보관하여서는 아니 된다(동 규정 시행규칙 제33조 제1항). ② Ⅰ급 비밀은 반드시 금고에 보관하여야 하며, 다른 비밀과 혼합하여 보관하여서는 아니 된다(동 규정 시행규칙 제33조 제2항). ③ Ⅱ급 비밀 및 Ⅲ급 비밀은 금고 또는 이중 철제캐비닛 등 잠금장치가 있는 안전한 용기에 보관하여야 하며, 보관책임자가 Ⅱ급 비밀 취급 인가를 받은 때에는 Ⅱ급 비밀과 Ⅲ급 비밀을 같은 용기에 혼합하여 보관할 수 있다(동 규정 시행규칙 제33조 제3항). ④ 보관용기에 넣을 수 없는 비밀은 제한구역 또는 통제구역에 보관하는 등 그 내용이 노출되지 않도록 특별한 보호대책을 마련하여야 한다(동 규정 시행규칙 제33조 제4항).
외부표시 불가	① 비밀의 보관용기 외부에는 비밀의 보관을 알리거나 나타내는 어떠한 표시도 하여서는 아니 된다(동 규정 시행규칙 제34조 제1항). ② 보관용기의 잠금장치의 종류 및 사용방법은 보관책임자 외의 사람이 알지 못하도록 특별한 통제를 하여야 하며, 다른 사람이 알았을 때에는 즉시 이를 변경하여야 한다(동 규정 시행규칙 제34조 제2항).

0716

대통령훈령인 「보안업무규정 시행규칙」에 대한 다음 설명 중 옳지 않은 것은 모두 몇 개인가?

| 66기 간부 변형 |

> ㉠ Ⅰ급비밀은 반드시 금고에 보관하여야 하며, 보관책임자가 Ⅰ급비밀 취급인가를 받은 때에는 Ⅰ급비밀을 Ⅱ, Ⅲ급비밀과 혼합 보관할 수 있다.
> ㉡ 비밀의 보관용기 외부에는 비밀의 보관을 알리거나 나타내는 어떠한 표시도 하여서는 아니 된다.
> ㉢ 비밀열람기록전은 그 비밀을 파기 시에 같이 파기하는 것이 아니라 분리하여 따로 철하여 보관하여야 한다.
> ㉣ 비밀열람기록전의 보존기간은 5년이다.

① 0개 ② 1개
③ 2개 ④ 3개

정답 ②

난이도 하

해설 ㉡, ㉢, ㉣은 옳은 설명이며, ㉠은 틀린 설명이다.

㉠ Ⅰ급비밀은 반드시 금고에 보관하여야 하며, 다른 비밀과 혼합하여 보관하여서는 아니 된다(「보안업무규정 시행규칙」제33조 제2항). Ⅱ급비밀 및 Ⅲ급비밀은 금고 또는 이중 철제캐비닛 등 잠금장치가 있는 안전한 용기에 보관하여야 하며, 보관책임자가 Ⅱ급비밀 취급 인가를 받은 때에는 Ⅱ급비밀과 Ⅲ급비밀을 같은 용기에 혼합하여 보관할 수 있다(「보안업무규정 시행규칙」제33조 제3항).

0717

「보안업무규정」상 다음의 설명 중 가장 옳지 않은 것은?

| 65기 간부 |

① Ⅱ급 비밀은 누설될 경우 국가안전보장에 막대한 지장을 끼칠 우려가 있는 비밀을 말한다.
② Ⅲ급 비밀은 누설될 경우 국가안전보장에 해를 끼칠 우려가 있는 비밀을 말한다.
③ 비밀분류의 원칙은 과도 또는 과소분류 금지의 원칙, 독립분류의 원칙, 외국비밀 존중의 원칙이 있다.
④ 비밀은 그 중요성과 가치에 따라 Ⅰ급, Ⅱ급, Ⅲ급, 대외비로 구분된다.

- **정답** ④
- **난이도**
- **해설** ①, ②, ③은 옳은 설명이며, ④는 틀린 설명이다.
  ④ ✗ 비밀을 작성하거나 생산하는 자가 그 비밀내용의 중요성과 가치의 정도에 따라 Ⅰ급 비밀, Ⅱ급 비밀, Ⅲ급 비밀로 분류한다(「보안업무규정」 제4조). 보안의 대상이 되는 문서는 일반문서와 비밀문서를 모두 포함하며, Ⅰ·Ⅱ·Ⅲ급의 비밀표시가 되어 있지 않은 문서라도 국가기밀에 해당하는 문서는 보안의 대상이 된다. 「대외비」는 비밀은 아니지만, 직무수행상 일시적으로 누설을 방지하기 위하여 특별히 보호가 필요한 사항으로 보호기간을 명시하고 비밀과 같은 방법으로 취급·관리한다.

0718

「보안업무규정」상 비밀보호에 관한 설명으로 가장 적절하지 않은 것은? | 23년 2차 순경 |

① 각급기관의 장은 비밀의 작성·분류·접수·발송 및 취급 등에 필요한 모든 관리사항을 기록하기 위하여 비밀관리기록부를 작성하여 갖추어 두어야 한다. 다만, Ⅱ급 이상 비밀관리기록부는 따로 작성하여 갖추어 두어야 한다.
② 각급기관의 장은 비밀문서의 접수·발송·복제·열람 및 반출 등의 통제에 필요한 규정을 따로 작성·운영할 수 있다.
③ 각급기관의 장은 연2회 비밀 소유 현황을 조사하여 국가정보원장에게 통보하여야 한다.
④ 중앙행정기관등의 장은 국가안전보장을 위하여 국민에게 긴급히 알려야 할 필요가 있다고 판단될 때에는 그가 생산한 비밀을 「보안업무규정」 제3조의3에 따른 보안심사위원회의 심의를 거쳐 공개할 수 있다. 다만, Ⅰ급 비밀의 공개에 관하여는 국가정보원장과 미리 협의하여야 한다.

정답 ①

난이도 하 중 상

해설 ②, ③, ④는 옳은 설명이며, ①은 틀린 설명이다.
① ✗ 각급기관의 장은 비밀의 작성·분류·접수·발송 및 취급 등에 필요한 모든 관리사항을 기록하기 위하여 비밀관리기록부를 작성하여 갖추어 두어야 한다. 다만, Ⅰ급 비밀관리기록부는 따로 작성하여 갖추어 두어야 하며, 암호자재의 경우에는 암호자재 관리기록부로 관리한다(「보안업무규정」 제22조 제1항).

참고 비밀 소유 현황 통보(각급 기관의 장→국가정보원장)(「보안업무규정」)

국가정보원장에게 통보	각급기관의 장은 연 2회 비밀 소유 현황을 조사하여 국가정보원장에게 통보하여야 한다(동 규정 제31조 제1항).
미공개의 원칙	조사 및 통보된 비밀 소유 현황은 공개하지 않는다(동 규정 제31조 제2항).

0719

「보안업무규정」상 비밀보호에 관한 설명으로 가장 적절하지 않은 것은? | 23년 1차 순경 |

① 비밀은 그 중요성과 가치의 정도에 따라 구분되는데, 누설될 경우 대한민국과 외교관계가 단절되고 전쟁을 일으키며 국가의 방위계획·정보활동 및 국가방위에 반드시 필요한 과학과 기술의 개발을 위태롭게 하는 등의 우려가 있는 비밀은 'Ⅰ급비밀'에 속한다.
② 비밀은 해당 등급의 비밀취급 인가를 받은 사람만 취급할 수 있으며, 암호자재는 해당 등급의 비밀 소통용 암호자재취급인가를 받은 사람만 취급할 수 있다.
③ 검찰총장, 국가정보원장, 경찰청장은 Ⅰ급비밀 취급 인가권자와 Ⅰ급 및 Ⅱ급비밀 소통용 암호자재 취급 인가권자에 해당한다.
④ 비밀은 적절히 보호할 수 있는 최저등급으로 분류하되, 과도하거나 과소하게 분류해서는 아니 된다.

- **정답** ③
- **난이도** 하 중 상
- **해설** ①, ②, ④는 옳은 설명이며, ③은 틀린 설명이다.
  ③ ❌ 검찰총장과 국가정보원장은 Ⅰ급 비밀취급 인가권자와 Ⅰ급 및 Ⅱ급 비밀 소통용 암호자재 취급 인가권자에 해당하며(「보안업무규정」 제9조 제1항), 경찰청장은 Ⅱ·Ⅲ급 비밀 및 Ⅲ급 비밀 소통용 암호자재 취급 인가권자에 해당한다(「보안업무규정」 제9조 제2항).

참고 Ⅱ·Ⅲ급 비밀 및 Ⅲ급 비밀 소통용 암호자재 취급 인가권자(「보안업무규정 시행 세부규칙」)

경찰의 경우	경찰청장, 경찰대학장, 경찰인재개발원장, 중앙경찰학교장, 경찰수사연수원장, 경찰병원장, 시·도경찰청장이 Ⅱ급 및 Ⅲ급비밀 취급인가권을 가진다(동 규정 시행 세부규칙 제11조 제1항).
비밀 취급인가권의 위임	시·도경찰청장은 경찰서장, 기동대장에게 Ⅱ급 및 Ⅲ급 비밀 취급인가권을 위임한다. 이 경우 경정 이상의 경찰공무원을 장으로 하는 단위 경찰기관의 장에게도 위임할 수 있다(동 규정 시행 세부규칙 제11조 제2항).
비밀 취급인가권의 재위임 금지	Ⅱ급 및 Ⅲ급 비밀 취급인가권을 위임받은 경찰기관의 장은 이를 다시 위임할 수 없다(동 규정 시행 세부규칙 제11조 제3항).

0720

「보안업무규정」상 비밀에 관한 설명 중 가장 적절하지 않은 것은? | 22년 1차 순경 |

① Ⅱ급 비밀은 누설될 경우 국가안전보장에 막대한 지장을 끼칠 우려가 있는 비밀을 말한다.
② 비밀은 적절히 보호할 수 있는 최고등급으로 분류하되, 과도하거나 과소하게 분류해서는 아니 된다.
③ 비밀은 보관하고 있는 시설 밖으로 반출해서는 아니 된다. 다만, 공무상 반출이 필요할 때에는 소속 기관의 장의 승인을 받아야 한다.
④ 비밀을 휴대하고 출장 중인 사람은 비밀을 안전하게 보호하기 위하여 국내 경찰기관 또는 재외공관에 보관을 위탁할 수 있으며, 위탁받은 기관은 그 비밀을 보관하여야 한다.

정답 ②

난이도 하 중 상

해설 ①, ③, ④는 옳은 설명이며, ②는 틀린 설명이다.
② ✗ 비밀은 적절히 보호할 수 있는 <u>최저등급으로 분류</u>하되, 과도하거나 과소하게 분류하여서는 아니 된다.

참고 비밀분류의 3대 원칙(「보안업무규정」)

과도·과소분류 금지의 원칙	① 비밀은 적절히 보호할 수 있는 최저등급으로 분류하되, 과도하거나 과소하게 분류하여서는 안 된다는 원칙을 말한다. ② 암호자재는 Ⅱ급 이상, 음어자재는 Ⅲ급 비밀, 약호자재는 대외비 이상으로 분류한다.
독립분류의 원칙	① 비밀은 그 자체의 내용과 가치의 정도에 따라 분류하여야 하며, 다른 비밀과 관련하여 분류하여서는 안 된다는 원칙이다. ② 상급부서가 하급부서에게 획일적으로 보고문서에 대한 비밀등급을 지시하였을 경우 독립분류의 원칙에 반한다. ③ 상급부서의 지시문서가 Ⅱ급이라고 해서 하급부서의 보고문서까지 Ⅱ급으로 분류해서는 안 된다.
외국비밀 존중의 원칙	외국 정부나 국제기구로부터 접수한 비밀은 그 생산기관이 필요로 하는 정도로 보호할 수 있도록 분류하여야 한다는 원칙을 말한다.

0721

「보안업무규정 시행 세부규칙」에서 제한구역에 해당하는 것은 모두 몇 개인가?

| 21년 2차 순경 |

> ㉠ 전자교환기(통합장비)실
> ㉡ 정보통신관제센터
> ㉢ 정보보안기록실
> ㉣ 경찰청 및 시·도경찰청 항공대
> ㉤ 종합상황실

① 2개   ② 3개
③ 4개   ④ 5개

- 정답 ②
- 난이도
- 해설 ㉠, ㉡, ㉣은 제한구역에 해당하며, ㉢, ㉤은 통제구역에 해당한다.

참고 통제구역(「보안업무규정 시행 세부규칙」)

의 의	보안상 매우 중요한 구역으로서 비인가자의 출입이 금지되는 구역을 말한다.
종 류	① 암호취급소 ② 정보보안기록실 ③ 무기창·무기고 및 탄약고 ④ 종합상황실·치안상황실 ⑤ 암호장비관리실 ⑥ 정보상황실 ⑦ 비밀발간실 ⑧ 종합조회처리실

0722

「보안업무규정」에 대한 설명으로 가장 적절한 것은? | 18년 3차 순경 |

① 각급기관의 장은 비밀의 작성·분류·접수·발송 및 취급 등에 필요한 모든 관리사항을 기록하기 위하여 비밀관리기록부를 작성하여 갖추어 두어야 한다. 다만, Ⅱ급 이상 비밀관리기록부는 따로 작성하여 갖추어 두어야 하며, 암호자재는 암호자재관리기록부로 관리한다.

② 그 생산자가 특정한 제한을 하지 아니한 것으로서 해당 등급의 비밀취급 인가를 받은 사람이 공용(共用)으로 사용하는 경우 Ⅰ급비밀의 일부 또는 전부에 대하여 모사(模寫)·타자(打字)·인쇄·조각·녹음·촬영·인화(印畫)·확대 등 그 원형을 재현(再現)하는 행위를 할 수 있다.

③ 비밀취급 인가를 받지 아니한 사람에게 비밀을 열람하거나 취급하게 할 때에는 국가정보원장이 정하는 바에 따라 소속 기관의 장(비밀이 군사와 관련된 사항인 경우에는 국방부장관)이 미리 열람자의 인적사항과 열람하려는 비밀의 내용 등을 확인하고 열람 시 비밀 보호에 필요한 자체 보안대책을 마련하는 등의 보안조치를 하여야 한다. 다만, Ⅰ급비밀의 보안조치에 관하여는 국가정보원장과 미리 협의하여야 한다.

④ 각급기관의 장은 보안 업무의 효율적인 수행을 위하여 필요하다고 인정되는 경우에는 국가정보원장의 승인하에 해당 비밀의 보존기간 내에서 그 사본을 제작하여 보관할 수 있다.

정답 ③

난이도 하 중 상

해설 ③은 옳은 설명이며, ①, ②, ④는 틀린 설명이다.

① ✗ 각급기관의 장은 비밀의 작성·분류·접수·발송 및 취급 등에 필요한 모든 관리사항을 기록하기 위하여 비밀관리기록부를 작성하여 갖추어 두어야 한다. 다만, Ⅰ급 비밀관리기록부는 따로 작성하여 갖추어 두어야 하며, 암호자재의 경우에는 암호자재관리기록부로 관리한다(「보안업무규정」 제22조 제1항).

② ✗ Ⅱ급비밀 및 Ⅲ급비밀은 그 생산자가 특정한 제한을 하지 아니한 것으로서 해당 등급의 비밀취급 인가를 받은 사람이 공용으로 사용하는 경우에는 원형을 재현하는 행위가 가능하다(「보안업무규정」 제23조 제1항).

④ ✗ 각급기관의 장은 보안 업무의 효율적인 수행을 위하여 필요하다고 인정되는 경우에는 해당 비밀의 보존기간 내에서 그 사본을 제작하여 보관할 수 있다(「보안업무규정」 제23조 제2항). 이 경우에는 국가정보원장의 승인 등은 필요하지 아니하다.

참고 비밀의 열람

구분	내용
원칙	비밀은 해당 등급의 비밀취급 인가를 받은 사람 중 그 비밀과 업무상 직접적 관계가 있는 사람만 열람할 수 있다(「보안업무규정」 제24조 제1항).
예외	비밀취급 인가를 받지 아니한 사람에게 비밀을 열람하거나 취급하게 할 때에는 국가정보원장이 정하는 바에 따라 소속 기관의 장(비밀이 군사와 관련한 사항인 경우에는 국방부장관)이 미리 열람자의 인적사항과 열람하려는 비밀의 내용 등을 확인하고 열람 시 비밀보호에 필요한 자체 보안대책을 마련하는 등의 보안조치를 하여야 한다. 다만, Ⅰ급 비밀의 보안조치에 관하여는 국가정보원장과 미리 협의하여야 한다(「보안업무규정」 제24조 제2항).

0723

「보안업무규정」상 비밀보호에 관한 설명으로 <u>틀린</u> 것은 모두 몇 개인가?

| 16년 1차 순경 |

> ㉠ 각급기관의 장은 비밀의 분류·취급·유통 및 이관 등의 모든 과정에서 비밀이 누설되거나 유출되지 아니하도록 보안대책을 수립하여 시행하여야 한다.
> ㉡ 비밀은 해당 등급의 비밀취급 인가를 받은 사람만 취급할 수 있다.
> ㉢ 비밀은 적절히 보호할 수 있는 최고등급으로 분류하되, 과도하거나 과소하게 분류해서는 아니 된다.
> ㉣ 비밀은 그 자체의 내용과 가치의 정도에 따라 분류하여야 하며, 다른 비밀과 관련해서 분류해서는 아니 된다.
> ㉤ 경찰청장은 Ⅱ급 및 Ⅲ급비밀 취급 인가권자이다.

① 1개 ② 2개
③ 3개 ④ 4개

- **정답** ①
- **난이도**
- **해설** ㉠, ㉡, ㉣, ㉤은 옳은 설명이며, ㉢은 틀린 설명이다.
  ㉢ ❌ 「과도·과소분류 금지의 원칙」은 비밀은 적절히 보호할 수 있는 <u>최저등급으로 분류</u>하되, 과도하거나 과소하게 분류하여서는 안 된다는 원칙을 말한다.

0724

「보안업무규정」상 비밀에 대한 설명으로 가장 적절하지 않은 것은? | 15년 1차 순경 |

① 비밀이란 그 내용이 누설되는 경우 국가안전보장에 유해로운 결과를 초래할 우려가 있는 국가기밀로서 이 영에 의하여 비밀로 분류된 것을 말한다.
② 비밀은 그 중요성과 가치의 정도에 따라 Ⅰ급비밀·Ⅱ급비밀 및 Ⅲ급비밀로 구분한다.
③ 누설되는 경우 대한민국과 외교관계가 단절되고 전쟁을 유발하며, 국가의 방위계획·정보활동 및 국가방위상 필요불가결한 과학과 기술의 개발을 위태롭게 하는 등의 우려가 있는 비밀은 이를 Ⅰ급비밀로 한다.
④ 누설되는 경우 국가안전보장에 손해를 끼칠 우려가 있는 비밀은 이를 Ⅱ급비밀로 한다.

정답 ④

난이도 하 중 상

해설 ①, ②, ③은 옳은 설명이며, ④는 틀린 설명이다.
④ ✗ 누설되는 경우 국가안전보장에 해를 끼칠 우려가 있는 비밀은 이를 『Ⅲ급 비밀』로 한다.

참고 비밀의 구분(「보안업무규정」)

Ⅰ급 비밀	누설될 경우 대한민국의 외교관계가 단절되고 전쟁을 일으키며, 국가의 방위계획·정보활동 및 국가방위에 반드시 필요한 과학과 기술의 개발을 위태롭게 하는 등의 우려가 있는 비밀을 말한다.
Ⅱ급 비밀	누설될 경우 국가안전보장에 막대한 지장을 끼칠 우려가 있는 비밀을 말한다.
Ⅲ급 비밀	누설될 경우 국가안전보장에 해를 끼칠 우려가 있는 비밀을 말한다.

0725

다음 중 「보안업무규정 시행규칙」상 비밀 또는 주요시설 및 자재에 대한 비인가자의 접근을 방지하기 위하여 그 출입에 안내가 요구되는 보호구역은?

| 14년 1차 순경 |

① 통제구역
② 통제지역
③ 제한지역
④ 제한구역

- **정답** ④
- **난이도**
- **해설** 「제한구역」이란 비인가자가 비밀, 주요시설 및 Ⅲ급비밀 소통용 암호자재에 접근하는 것을 방지하기 위하여 "안내를 받아 출입하여야 하는 구역"을 말한다.

참고 제한구역(「보안업무규정 시행 세부규칙」)

의의	비인가자가 비밀, 주요시설 및 Ⅲ급 비밀 소통용 암호자재에 접근하는 것을 방지하기 위하여 안내를 받아 출입하여야 하는 구역을 말한다.
종류	① 전자교환기(통합장비)실, 정보통신실 ② 발간실 ③ 송신 및 중계소, 정보통신관제센터 ④ 경찰청 및 시·도경찰청 항공대 ⑤ 작전·경호·정보·안보업무 담당부서 전역 ⑥ 과학수사센터

0726

비밀에 대한 설명으로 가장 적절하지 않은 것은?  | 22년 승진 |

① 「보안업무규정 시행 세부규칙」상 모든 경찰공무원은(전투경찰순경을 포함한다)은 임용과 동시 Ⅲ급 비밀취급권을 가진다.
② 「보안업무규정 시행 세부규칙」상 정보부서에 근무하는 경찰공무원은 그 보직발령과 동시에 Ⅱ급 비밀취급권을 인가받은 것으로 한다.
③ 「보안업무규정」과 「보안업무규정 시행규칙」상 보호지역 중 제한구역은 비인가자가 비밀, 주요시설 및 Ⅲ급 비밀 소통용 암호자재에 접근하는 것을 방지하기 위하여 안내를 받아 출입하여야 하는 구역을 말한다.
④ 「보안업무규정」상 비밀은 그 중요성과 가치의 정도에 따라 구분하며 누설될 경우 국가안전보장에 해를 끼칠 우려가 있는 비밀은 Ⅱ급 비밀에 해당한다.

 ④

①, ②, ③은 옳은 설명이며, ④는 틀린 설명이다.

④ ✗ 비밀을 작성하거나 생산하는 자가 그 비밀내용의 중요성과 가치의 정도에 따라 Ⅰ급비밀, Ⅱ급비밀, Ⅲ급비밀로 분류한다(「보안업무규정」 제4조). 보안의 대상이 되는 문서는 일반문서와 비밀문서를 모두 포함하며, Ⅰ·Ⅱ·Ⅲ급의 비밀표시가 되어 있지 않은 문서라도 국가기밀에 해당하는 문서는 모두 보안의 대상이 된다. 누설될 경우 국가안전보장에 해를 끼칠 우려가 있는 비밀은 「Ⅲ급 비밀」에 해당한다.

0727

「보안업무규정 시행규칙」에 대한 설명으로 가장 적절하지 않은 것은?

| 20년 승진 |

① Ⅰ급비밀은 반드시 금고에 보관하여야 하며, 다른 비밀과 혼합하여 보관하여서는 아니 된다.
② 비밀의 보관용기 외부에는 비밀의 중요성과 가치에 따라 구분하여 표시하여야 한다.
③ 제한구역이란 비인가자가 비밀, 주요시설 및 Ⅲ급 비밀 소통용 암호자재에 접근하는 것을 방지하기 위하여 안내를 받아 출입하여야 하는 구역을 말한다.
④ 통제구역이란 보안상 매우 중요한 구역으로서 비인가자의 출입이 금지되는 구역을 말한다.

- 정답 ②
- 난이도
- 해설 ①, ③, ④는 옳은 설명이며, ②는 틀린 설명이다.
  ② ✗ 비밀의 보관용기 외부에는 비밀의 보관을 알리거나 나타내는 어떠한 표시도 하여서는 아니 된다(「보안업무규정 시행규칙」 제34조 제1항). 보관용기의 잠금장치의 종류 및 사용방법은 보관책임자 외의 사람이 알지 못하도록 특별한 통제를 하여야 하며, 다른 사람이 알았을 때에는 즉시 이를 변경하여야 한다(「보안업무규정 시행규칙」 제34조 제2항).

0728

「보안업무규정 시행 세부규칙」에 따른 제한구역을 모두 고른 것은? | 20년 승진 |

- ㉠ 정보통신실
- ㉡ 과학수사센터
- ㉢ 암호취급소
- ㉣ 발간실
- ㉤ 치안상황실
- ㉥ 작전·경호·정보·보안업무 담당부서 전역

① ㉠, ㉡, ㉢, ㉣
② ㉠, ㉢, ㉤, ㉥
③ ㉠, ㉡, ㉣, ㉥
④ ㉡, ㉢, ㉤, ㉥

• 정답 ③
• 난이도 하 중 상
• 해설 ㉠, ㉡, ㉣, ㉥은 제한구역에 해당하며, ㉢, ㉤은 통제구역에 해당한다.

참고	통제구역(「보안업무규정 시행 세부규칙」)
의의	보안상 매우 중요한 구역으로서 비인가자의 출입이 금지되는 구역을 말한다.
종류	① 암호취급소 ② 정보보안기록실 ③ 무기창·무기고 및 탄약고 ④ 종합상황실·치안상황실 ⑤ 암호장비관리실 ⑥ 정보상황실 ⑦ 비밀발간실 ⑧ 종합조회처리실

0729

「보안업무규정」 제12조에 규정된 비밀분류의 원칙에 대한 설명으로 적절하지 않은 것은 모두 몇 개인가?

| 20년 승진 변형 |

> ㉠ 알 사람만 알게 하고 한 번에 다량의 비밀이나 정보가 유출되지 않도록 하여야 한다.
> ㉡ 외국 정부나 국제기구로부터 접수한 비밀은 그 생산기관이 필요로 하는 정도로 보호할 수 있도록 분류하여야 한다.
> ㉢ 비밀은 적절히 보호할 수 있는 최저등급으로 분류하되, 과도하거나 과소하게 분류해서는 아니 된다.
> ㉣ 비밀은 그 자체의 내용과 가치의 정도에 따라 분류하여야 하며, 다른 비밀과 관련하여 분류해서는 아니 된다.
> ㉤ 암호자재는 Ⅱ급 이상, 음어자재와 약호자재는 Ⅲ급 비밀로 분류한다.
> ㉥ 상급부서의 지시문서가 Ⅱ급일 경우에는 하급부서의 보고문서도 Ⅱ급으로 분류하여야 한다.

① 2개　　　　　　　　　　② 3개
③ 4개　　　　　　　　　　④ 5개

- **정답** ②
- **난이도**
- **해설**

㉡, ㉢, ㉣은 옳은 설명이며, ㉠, ㉤, ㉥은 틀린 설명이다.
- ㉠ ✗ 「보안업무규정」 제12조에서 규정하고 있는 비밀분류의 원칙은 ㉠ 과도·과소분류 금지의 원칙, ㉡ 독립분류의 원칙, ㉢ 외국비밀 존중의 원칙이다. 『알 사람만 알아야 하는 원칙』(한정의 원칙)은 『보안업무의 3대 원칙』에 해당한다. 즉, 『비밀분류의 원칙』과 『보안업무의 3대 원칙』을 반드시 구별하여야 한다.
- ㉤ ✗ 암호자재는 Ⅱ급 이상, 음어자재는 Ⅲ급 비밀, 약호자재는 대외비 이상으로 분류한다.
- ㉥ ✗ 상급부서의 지시문서가 Ⅱ급이라고 해서 하급부서의 보고문서까지 Ⅱ급으로 분류해서는 안 된다. 이는 『독립분류의 원칙』에 반한다.

참고 비밀분류의 3대 원칙(「보안업무규정」)

과도·과소분류 금지의 원칙	① 비밀은 적절히 보호할 수 있는 최저등급으로 분류하되, 과도하거나 과소하게 분류하여서는 안 된다는 원칙을 말한다. ② 암호자재는 Ⅱ급 이상, 음어자재는 Ⅲ급 비밀, 약호자재는 대외비 이상으로 분류한다.
독립분류의 원칙	① 비밀은 그 자체의 내용과 가치의 정도에 따라 분류하여야 하며, 다른 비밀과 관련하여 분류하여서는 안 된다는 원칙이다. ② 상급부서의 지시문서가 Ⅱ급이라고 해서 하급부서의 보고문서까지 Ⅱ급으로 분류해서는 안 된다.
외국비밀 존중의 원칙	외국 정부나 국제기구로부터 접수한 비밀은 그 생산기관이 필요로 하는 정도로 보호할 수 있도록 분류하여야 한다는 원칙을 말한다.

0730

「보안업무규정」에 대한 설명으로 가장 적절하지 않은 것은? | 19년 승진 |

① 비밀이란 그 내용이 누설될 경우 국가안전보장에 해를 끼칠 우려가 있는 국가 기밀로서 그 중요성과 가치에 따라 Ⅰ급, Ⅱ급, Ⅲ급 비밀로 구분된다.

② 누설될 경우 국가안전보장에 막대한 지장을 끼칠 우려가 있는 비밀을 Ⅱ급 비밀로 하며, 누설될 경우 국가안전보장에 해를 끼칠 우려가 있는 비밀을 Ⅲ급 비밀로 한다.

③ 비밀은 다른 비밀과 관련하여 분류해서는 아니 되고, 외국 정부나 국제기구로부터 접수한 비밀은 그 생산기관이 필요로 하는 정도로 보호할 수 있도록 분류하여야 한다.

④ 공무원 또는 공무원이었던 사람은 어떠한 경우에도 소속 기관의 장이나 소속되었던 기관의 장의 승인 없이 비밀을 공개해서는 아니 된다.

- **정답** ④
- **난이도** 상 중 하
- **해설** ①, ②, ③은 옳은 설명이며, ④는 틀린 설명이다.
  ④ ✗ 공무원 또는 공무원이었던 사람은 <u>법률에서 정하는 경우를 제외하고는 소속 기관의 장이나 소속되었던 기관의 장의 승인 없이 비밀을 공개해서는 아니 된다</u>(「보안업무규정」 제25조 제2항).

0731

「보안업무규정」상 비밀보호에 대한 설명으로 가장 적절하지 않은 것은? |19년 승진|

① I 급 비밀은 그 생산자의 허가를 받은 경우에도 모사 · 타자 · 인쇄 · 조각 · 녹음 · 촬영 · 인화 · 확대 등 그 원형을 재현하는 행위를 할 수 없다.
② 비밀은 해당 등급의 비밀취급 인가를 받은 사람 중 그 비밀과 업무상 직접 관계가 있는 사람만 열람할 수 있다.
③ 공무원 또는 공무원이었던 사람은 법률에서 정하는 경우를 제외하고는 소속 기관의 장이나 소속되었던 기관의 장의 승인 없이 비밀을 공개해서는 아니 된다.
④ 비밀은 보관하고 있는 시설 밖으로 반출해서는 아니 된다. 다만, 공무상 반출이 필요할 때에는 소속 기관의 장의 승인을 받아야 한다.

- **정답** ①
- **난이도**
- **해설**

②, ③, ④는 옳은 설명이며, ①은 틀린 설명이다.
① ❌ 비밀의 일부 또는 전부나 암호자재에 대해서는 모사 · 타자 · 인쇄 · 조각 · 녹음 · 촬영 · 인화 · 확대 등 그 원형을 재현하는 행위를 할 수 없다(「보안업무규정」 제23조 제1항 본문). 그러나 「Ⅰ급 비밀」의 경우에는 해당 비밀의 생산자의 허가를 받은 경우에는 원형을 재현하는 행위가 가능하다(「보안업무규정」 제23조 제1항 단서).

참고 비밀의 복제 · 복사 제한(「보안업무규정」)

구분	내용
원칙	① 비밀의 일부 또는 전부나 암호자재에 대해서는 모사 · 타자 · 인쇄 · 조각 · 녹음 · 인화 · 확대 등 그 원형을 재현하는 행위를 할 수 없다(동 규정 제23조 제1항 본문). ② 각급기관의 장은 필요하다고 인정되는 경우에는 해당 비밀의 보존기간 내에서 그 사본을 제작하여 보관할 수 있다(동 규정 제23조 제2항). ③ 비밀의 사본을 보관할 때에는 그 예고문이나 비밀등급을 변경해서는 아니 된다. 다만, 비밀을 재분류하는 경우에는 그러하지 아니하다(동 규정 제23조 제3항). ④ 비밀을 복제하거나 복사한 경우에는 그 원본과 동일한 비밀등급과 예고문을 기재하고, 사본 번호를 매겨야 한다(동 규정 제23조 제4항).
예외 (가능한 경우)	① Ⅰ급 비밀 : 해당 비밀의 생산자의 허가를 받은 경우 ② Ⅱ급 비밀 및 Ⅲ급 비밀 : 그 생산자가 특정한 제한을 하지 아니한 것으로서 해당 등급의 비밀취급 인가를 받은 사람이 공용으로 사용하는 경우

제 7 절 경찰홍보관리

0732

「언론중재 및 피해구제 등에 관한 법률」에 대한 설명으로 가장 적절한 것은?

|72기 간부|

① 피해자가 정정보도청구권을 행사할 정당한 이익이 없더라도 피해자 권리 보호를 위해 해당 언론사는 정정보도의 청구를 거부할 수 없다.
② 정정보도 청구를 받은 언론사 등의 대표자는 7일 이내에 그 수용여부에 대한 통지를 청구인에게 발송하여야 한다.
③ 경찰관이 사실적 주장에 관한 언론보도가 진실하지 아니함으로 피해를 입은 경우 해당 언론보도가 있음을 안 날부터 3개월 이내에 해당 언론사 대표에게 서면으로 그 언론보도 내용에 관한 정정보도를 청구할 수 있다.
④ 청구된 정정보도의 내용이 국가·지방자치단체 또는 공공단체의 공개회의와 법원의 공개재판절차의 사실보도에 관한 것인 경우에는 언론사 등은 정정보도 청구를 거부할 수 없다.

- **정답** ③
- **난이도**
- **해설** ③은 옳은 설명이며, ①, ②, ④는 틀린 설명이다.
  ① ✗ 피해자가 정정보도청구권을 행사할 정당한 이익이 없는 경우에는 언론사 등은 정정보도청구를 거부할 수 있다(「언론중재 및 피해구제 등에 관한 법률」 제15조 제4항).
  ② ✗ 정정보도 청구를 받은 언론사 등의 대표자는 3일 이내에 그 수용 여부에 대한 통지를 청구인에게 발송하여야 한다. 이 경우 정정의 대상인 언론보도 등의 내용이 방송이나 인터넷신문, 인터넷뉴스서비스 및 인터넷 멀티미디어 방송의 보도과정에서 성립한 경우에는 해당 언론사 등이 그러한 사실이 없었음을 입증하지 아니하면 그 사실의 존재를 부인하지 못한다(「언론중재 및 피해구제 등에 관한 법률」 제15조 제2항).
  ④ ✗ 청구된 정정보도의 내용이 국가·지방자치단체 또는 공공단체의 공개회의와 법원의 공개재판절차의 사실 보도에 관한 것인 경우에는 언론사 등은 정정보도청구를 거부할 수 있다(「언론중재 및 피해구제 등에 관한 법률」 제15조 제4항).

참고 정정보도청구의 거부(「언론중재 및 피해구제 등에 관한 법률」)

다음의 어느 하나에 해당하는 사유가 있는 경우에는 언론사 등은 정정보도청구를 거부할 수 있다(동법 제15조 제4항).
① 피해자가 정정보도청구권을 행사할 정당한 이익이 없는 경우
② 청구된 정정보도의 내용이 명백히 사실과 다른 경우
③ 청구된 정정보도의 내용이 명백히 위법한 내용인 경우
④ 정정보도의 청구가 상업적인 광고만을 목적으로 하는 경우
⑤ 청구된 정정보도의 내용이 국가·지방자치단체 또는 공공단체의 공개회의와 법원의 공개재판절차의 사실 보도에 관한 것인 경우

0733

지역사회 내의 각종 기관 및 주민들과 유기적인 연락 및 협조체계를 구축하여 지역사회 각계 각층의 문제·요구·책임을 발견하고 지역사회의 문제해결과 적극적인 지역사회 프로그램을 위해 경찰과 지역사회가 공동으로 노력하는 것을 무엇이라고 하는가?

| 71기 간부 |

① Public Relations(PR : 공공관계)
② Police-Press Relations(PPR : 경찰과 언론관계)
③ Police-Media Relations(PMR : 경찰과 대중매체관계)
④ Police-Community Relations(PCR : 경찰과 지역사회관계)

- **정답** ④
- **난이도**
- **해설**

④는 옳은 설명이며, ①, ②, ③은 틀린 설명이다.

① ✗ 『공공관계』(PR)란 유인물, 인쇄매체 등 각종 매체를 통해 개인이나 단체의 <u>좋은 점을 일방적으로 알리는 활동</u>이다. 공공관계는 주로 협의의 홍보를 의미한다.

② ✗ 『언론관계』(PPR)란 신문, 잡지, TV, 라디오 등의 <u>보도기능에 대응하는 활동</u>으로서, 대개 사건·사고에 대한 <u>기자들의 질의에 답하는 대응적이고 소극적인 홍보활동</u>이다.

③ ✗ 『대중매체관계』(PMR)란 종합적인 홍보활동으로 신문·방송 및 영상물 등 <u>각종 대중매체 제작자와 긴밀한 협조관계를 구축</u>하여, 대중매체의 필요를 충족시켜 주면서 경찰의 긍정적인 측면을 알리는 <u>적극적인 활동</u>을 말한다. 종합적인 홍보활동의 요구로 인하여 전직 언론인·문화사업종사자 등 전문가를 채용하여 활용하고 있다.

0734

경찰관이 언론사를 상대로 정정보도를 청구하려고 한다. 법률과 판례에 따를 때 옳지 <u>않은</u> 것은?

| 70기 간부 |

① 사실적 주장에 관한 언론보도가 진실하지 아니함으로 피해를 입은 경우 해당 언론보도가 있음을 안 날부터 3개월 이내에 해당 언론사 대표에게 서면으로 그 언론보도 내용에 관한 정정보도를 청구할 수 있다.

② 사실적 주장이란 의견표명에 대치되는 개념으로서 사실적 주장과 의견표명이 혼재할 경우 양자를 구별할 때에는 해당 언론보도의 객관적인 내용과 아울러 해당 언론보도가 게재한 문맥의 보다 넓은 의미나 배경이 되는 사회적 흐름 및 시청자에게 주는 전체적인 인상도 함께 고려하여야 한다.

③ 복잡한 사실관계를 알기 쉽게 단순하게 만드는 과정에서 일부 특정한 사실관계를 압축, 강조하거나 대중의 흥미를 끌기 위해 실제 사실관계에 장식을 가하는 과정에서 다소의 수사적 과장이 있더라도 전체적인 맥락에서 보아 보도내용의 중요 부분이 진실에 합치한다면 그 보도의 진실성은 인정된다.

④ 정정보도를 청구하는 경우에 그 언론사의 고의·과실이나 위법성을 필요로 하는 것은 아니며, 그 언론사는 언론보도가 진실하다는 것에 대한 증명책임을 부담한다.

- **정답** ④
- **난이도**
- **해설** ①, ②, ③은 옳은 설명이며, ④는 틀린 설명이다.
  - ④ ✗ 정정보도의 청구에는 언론사 등의 고의·과실이나 위법성 등을 <u>필요로 하지 아니한다</u>(「언론중재 및 피해구제 등에 관한 법률」 제14조 제2항). 정정보도청구의 경우 <u>보도의 허위성에 대한 입증책임은 원칙적으로 정정보도를 청구하는 원고에게 있다</u>.

판례 사실적 주장의 의의

① 『사실적 주장』이란 의견표명에 대치되는 개념으로서 사실적 주장과 의견표명이 혼재할 경우 양자를 구별할 때 해당 언론보도의 객관적인 내용과 아울러 해당 언론보도가 게재한 문맥의 보다 넓은 의미나 배경이 되는 사회적 흐름 및 시청자에게 주는 전체적인 인상도 함께 고려하여야 한다.

② 복잡한 사실관계를 알기 쉽게 단순하게 만드는 과정에서 일부 특정한 사실관계를 압축, 강조하거나 대중의 흥미를 끌기 위해 실제 사실관계에 장식을 가하는 과정에서 다소의 수사적 과장이 있더라도 전체적인 맥락에서 보아 보도내용의 중요 부분이 진실에 합치된다면 그 보도의 진실성은 인정된다.

0735

「언론중재 및 피해구제 등에 관한 법률」에 대한 설명 중 옳지 않은 것을 모두 고른 것은? |69기 간부|

> 가. 정정보도 청구를 받은 언론사 등의 대표자는 3일 이내에 그 수용 여부에 대한 통지를 청구인에게 발송하여야 한다.
> 나. 피해자가 정정보도청구권을 행사할 정당한 이익이 없는 경우 언론사는 정정보도 청구를 거부할 수 있다.
> 다. 청구된 정정보도의 내용이 명백히 사실과 다른 경우 언론사는 정정보도 청구를 거부할 수 있다.
> 라. 청구된 정정보도의 내용이 명백히 위법한 내용인 경우 언론사는 정정보도 청구를 거부할 수 있다.
> 마. 정정보도의 청구가 공익적인 광고만을 목적으로 하는 경우 언론사는 정정보도 청구를 거부할 수 있다.
> 바. 청구된 정정보도의 내용이 국가·지방자치단체 또는 공공단체의 공개회의와 법원의 비공개재판절차의 사실보도에 관한 것인 경우 언론사는 정정보도 청구를 거부할 수 있다.

① 가, 나, 마
② 다, 마, 바
③ 라, 바
④ 마, 바

- 정답 ④
- 난이도
- 해설 "가", "나", "다", "라"는 옳은 설명이며, "마", "바"는 틀린 설명이다.
  - 마. ❌ 정정보도의 청구가 상업적인 광고만을 목적으로 하는 경우 언론사는 정정보도 청구를 거부할 수 있다(「언론중재 및 피해구제 등에 관한 법률」 제15조 제4항 제4호).
  - 바. ❌ 청구된 정정보도의 내용이 국가·지방자치단체 또는 공공단체의 공개회의와 법원의 공개재판절차의 사실 보도에 관한 것인 경우 언론사는 정정보도 청구를 거부할 수 있다(「언론중재 및 피해구제 등에 관한 법률」 제15조 제4항 제5호). 즉, 공개된 내용에 대한 보도의 경우에는 정정보도 청구를 거부할 수 있다.

0736

「언론중재 및 피해구제 등에 관한 법률」상 언론중재위원회에 대한 설명 중 가장 옳지 않은 것은?

| 68기 간부 |

① 언론 등의 보도 또는 매개로 인한 분쟁의 조정·중재 및 침해사항을 심의하기 위하여 언론중재위원회(이하 "중재위원회"라 한다)를 둔다.
② 중재위원회는 40명 이상 90명 이내의 중재위원으로 구성하며, 중재위원은 문화체육관광부장관이 위촉한다.
③ 중재위원회에 위원장 1명과 2명 이내의 부위원장 및 2명 이내의 감사를 두며, 각각 중재위원 중에서 호선한다.
④ 위원장·부위원장·감사 및 중재위원의 임기는 각각 2년으로 하며, 한 차례만 연임할 수 있다.

- **정답** ④
- **난이도** 상 중 하
- **해설** ①, ②, ③은 옳은 설명이며, ④는 틀린 설명이다.
  ④ ✗ 『언론중재위원회』의 위원장·부위원장·감사 및 중재위원의 임기는 각각 3년으로 하며, 한 차례만 연임할 수 있다(「언론중재 및 피해구제 등에 관한 법률」 제7조 제5항). 중재위원은 명예직으로 한다. 다만, 대통령령으로 정하는 바에 따라 수당과 실비보상을 받을 수 있다(「언론중재 및 피해구제 등에 관한 법률」 제7조 제10항).

참고	언론중재위원회의 구성, 임기, 신분(「언론중재 및 피해구제 등에 관한 법률」)
구성	① 언론중재위원회는 40명 이상 90명 이내의 중재위원으로 구성한다(동법 제7조 제3항). ② 언론중재위원회에는 위원장 1명과 2명 이내의 부위원장 및 2명 이내의 감사를 두며, 각각 중재위원 중에서 호선한다(동법 제7조 제4항).
임기	위원장·부위원장·감사 및 중재위원의 임기는 각각 3년으로 하며, 한 차례만 연임할 수 있다(동법 제7조 제5항).
신분	중재위원은 명예직으로 한다. 다만, 대통령령으로 정하는 바에 따라 수당과 실비보상을 받을 수 있다(동법 제7조 제10항).

0737

다음은 「언론중재 및 피해구제 등에 관한 법률」에 대한 내용이다. 괄호 안에 들어갈 숫자의 총합은?

| 66기 간부 |

> ㉠ 사실적 주장에 관한 언론보도가 진실하지 아니함으로 인하여 피해를 입은 자는 당해 언론보도가 있음을 안 날로부터 ( )개월 이내, 당해 언론보도가 있은 후 ( )개월 이내에 정정보도를 청구할 수 있다.
> ㉡ 정정보도 청구를 받은 언론사 등의 대표자는 ( )일 이내에 그 수용 여부에 대한 통지를 청구인에게 발송하여야 한다.
> ㉢ 언론사 등이 정정보도 청구를 수용한 때에는 지체 없이 피해자 또는 그 대리인과 정정보도의 내용·크기 등에 관하여 협의한 후, 그 청구를 받은 날부터 ( )일 이내에 정정보도문을 방송하거나 게재하여야 한다.

① 18　　　　　　　　　　　② 19
③ 24　　　　　　　　　　　④ 25

- 정답 ②
- 난이도 하 중 상
- 해설
㉠은 3과 6, ㉡은 3, ㉢은 7이다. 따라서 3 + 6 + 3 + 7 = 19이다.
　㉠ 사실적 주장에 관한 언론보도 등이 진실하지 아니함으로 인하여 피해를 입은 자는 해당 언론보도등이 있음을 안 날부터 3개월 이내에 언론사 등에게 그 언론보도 등의 내용에 관한 정정보도를 청구할 수 있다. 다만, 해당 언론보도 등이 있은 후 6개월이 지났을 때에는 정정보도를 청구할 수 없다(「언론중재 및 피해구제 등에 관한 법률」 제14조 제1항).
　㉡ 정정보도 청구를 받은 언론사 등의 대표자는 3일 이내에 그 수용 여부에 대한 통지를 청구인에게 발송하여야 한다(「언론중재 및 피해구제 등에 관한 법률」 제15조 제2항).
　㉢ 언론사 등이 정정보도 청구를 수용할 때에는 지체 없이 피해자 또는 그 대리인과 정정보도의 내용·크기 등에 관하여 협의한 후, 그 청구를 받은 날부터 7일 이내에 정정보도문을 방송하거나 게재하여야 한다(「언론중재 및 피해구제 등에 관한 법률」 제15조 제3항).

0738

보도 관련 용어에 대한 다음 설명 중 가장 옳지 않은 것은?

| 65기 간부 |

① issue : 기사 내용을 요약해서 1~2줄 정도로 간략하게 쓴 글
② deadline : 취재된 기사를 편집부에 넘겨야 하는 마감시간
③ embargo : 어느 시한까지 보도하지 않을 것을 전제로 자료 제공이 이루어지는 관행
④ off the record : 보도하지 않을 것을 조건으로 하는 자료나 정보제공

정답 ①

난이도 하 중 상

해설 ②, ③, ④는 옳은 설명이며, ①은 틀린 설명이다.
① ✗ 『이슈』(Issue)란 일정시점에서 중요시되어 토론·논쟁이나 갈등의 요인이 되는 사회·문화·정치적 관점 또는 사건·사고를 말한다. 전문으로 기사 내용을 요약해서 1~2줄 정도 간략하게 쓴 글은 『리드』(Lead)라고 한다.

참고 경찰홍보관련 주요 용어

구 분	내 용
엠바고	『엠바고』(Embargo)는 어느 시한까지 보도하지 않을 것을 전제로 자료제공이 이루어지는 관행을 말한다.
보도용 설명	① 『보도용 설명』(on the record)은 제공하는 정보를 즉시 기사화할 수 있는 경우를 말하며, 취재원의 이름과 직책이 기사에 이용될 수 있다. ② 대부분의 보도자료 제공에 사용되는 방법이다.
비보도	① 『비보도』(off the record)는 보도하지 않을 것을 조건으로 하는 자료나 정보의 제공을 말한다. ② 비보도에는 전면적 비보도, 취재원 및 소속기관 비보도, 취재원 비보도가 있다.
가십	① 『가십』(Gossip)은 원래 험담이나 루머 등 확인되지 않은 뉴스를 말한다. ② 우리 언론에서는 스트레이트로 처리하기 힘든 흥밋거리, 뒷이야기, 스케치 등을 함축성 있게 처리한 기사로 사용하고 있다.
크레디트	『크레디트』(Credit)는 외신 기사머리에 발신·통신사명 등을 밝히는 것이다.
이슈	『이슈』(Issue)는 일정시점에서 중요시되어 토론·논쟁이나 갈등의 요인이 되는 사회·문화·정치적 관점 또는 사건·사고를 말한다.
데드라인	『데드라인』(Deadline)은 취재된 기사를 편집부에 넘겨야 하는 기사 마감시간을 말한다.
리드	『리드』(Lead)는 전문으로 기사 내용을 요약해서 1~2줄 정도로 간략하게 쓴 글을 말한다.
피처	① 『피처』(Feature)는 신문잡지의 기획기사를 말한다. ② 단순한 사건내용의 보도가 아닌, 사건의 내막을 해설한 기사이다.
콘티	『콘티』(Continuity)는 방송용의 비드라마 대본이나 준비된 방송자료를 말한다.

0739

「언론중재 및 피해구제 등에 관한 법률」에 관한 설명 중 가장 적절하지 않은 것은? |22년 1차 순경|

① '정정보도'란 언론의 보도 내용의 전부 또는 일부가 진실하지 아니한 경우 이를 진실에 부합되게 고쳐서 보도하는 것을 말한다.
② 「언론중재 및 피해구제 등에 관한 법률」 제16조 제1항, 제2항에 따르면, 사실적 주장에 관한 언론보도등으로 인하여 피해를 입은 자는 그 보도 내용에 관한 반론보도를 언론사등에 청구할 수 있고, 이러한 청구에는 언론사등의 고의·과실이나 위법성을 필요로 하지 아니하며, 보도 내용의 진실 여부와 상관없이 그 청구를 할 수 있다.
③ 「언론중재 및 피해구제 등에 관한 법률」 제19조 제3항에 따르면, 제2항의 출석요구를 받은 신청인이 2회에 걸쳐 출석하지 아니한 경우에는 조정신청을 취하한 것으로 보며, 피신청 언론사등이 2회에 걸쳐 출석하지 아니한 경우에는 조정신청 취지에 따라 정정보도등을 이행하기로 합의한 것으로 본다.
④ 언론중재위원회는 40명 이상 90명 이내의 중재위원으로 구성하며, 위원장 1명과 2명 이내의 부위원장 및 2명 이내의 감사를 두는데, 위원장·부위원장·감사 및 중재위원의 임기는 각각 3년으로 하며, 연임할 수 없다.

정답 ④

난이도 하 중 상

해설 ①, ②, ③은 옳은 설명이며, ④는 틀린 설명이다.
④ ✗ 언론중재위원회는 40명 이상 90명 이내의 중재위원으로 구성한다(「언론중재 및 피해구제 등에 관한 법률」 제7조 제3항). 언론중재위원회에는 위원장 1명과 2명 이내의 부위원장 및 2명 이내의 감사를 두며, 각각 중재위원 중에서 호선한다(「언론중재 및 피해구제 등에 관한 법률」 제7조 제4항). 위원장·부위원장·감사 및 중재위원의 임기는 각각 3년으로 하며, 한 차례만 연임할 수 있다(「언론중재 및 피해구제 등에 관한 법률」 제7조 제5항). 중재위원은 명예직으로 한다.

참고 조정의 합의 등의 효력(「언론중재 및 피해구제 등에 관한 법률」)
다음의 어느 하나의 경우에는 재판상 화해와 같은 효력이 있다(동법 제23조).
① 조정 결과 당사자 간에 합의가 성립한 경우
② 피해자 또는 언론사 등이 2회에 걸쳐 출석을 하지 아니하여 합의가 이루어진 것으로 보는 경우
③ 직권조정결정에 대하여 이의신청이 없는 경우

0740

「언론중재 및 피해구제 등에 관한 법률」에서 침해구제에 대한 설명으로 가장 적절하지 않은 것은?

| 21년 2차 순경 |

① 사실적 주장에 관한 언론보도등이 진실하지 아니함으로 인하여 피해를 입은 자는 해당 언론보도등이 있음을 안 날부터 3개월 이내에 언론사, 인터넷뉴스서비스사업자 및 인터넷멀티미디어 방송사업자에게 그 언론보도등의 내용에 관한 정정보도를 청구할 수 있다. 다만, 해당 언론보도등이 있은 후 6개월이 지났을 때에는 그러하지 아니하다.

② 「언론중재 및 피해구제 등에 관한 법률」에 따른 정정보도청구등과 관련하여 분쟁이 있는 경우 피해자 또는 언론사등은 중재위원회에 조정을 신청할 수 있다.

③ 당사자 양쪽은 정정보도청구등 또는 손해배상의 분쟁에 관하여 중재부의 종국적 결정에 따르기로 합의하고 중재를 신청할 수 있다. 중재결정은 확정판결과 동일한 효력이 있다.

④ 사실적 주장에 관한 언론보도등으로 인하여 피해를 입은 자는 그 보도 내용에 관한 반론보도를 언론사등에 청구할 수 있다. 반론보도청구는 언론사등의 고의·과실이나 위법성을 필요로 한다.

정답 ④

난이도 하 중 상

해설 ①, ②, ③은 옳은 설명이며, ④는 틀린 설명이다.

④ ✗ 사실적 주장에 관한 언론보도 등으로 인하여 피해를 입은 자는 그 보도 내용에 관한 반론보도를 언론사 등에 청구할 수 있다(「언론중재 및 피해구제 등에 관한 법률」 제16조 제1항). <u>반론보도의 청구에는 언론사 등의 고의·과실이나 위법성을 필요로 하지 아니하며, 보도 내용의 진실 여부와 상관없이 그 청구를 할 수 있다</u>(「언론중재 및 피해구제 등에 관한 법률」 제16조 제2항).

참고 반론보도의 청구(「언론중재 및 피해구제 등에 관한 법률」)

① 사실적 주장에 관한 언론보도 등으로 인하여 피해를 입은 자는 그 보도 내용에 관한 반론보도를 언론사 등에 청구할 수 있다(동법 제16조 제1항).

② 반론보도의 청구에는 언론사 등의 고의·과실이나 위법성을 필요로 하지 아니하며, 보도 내용의 진실 여부와 상관없이 그 청구를 할 수 있다(동법 제16조 제2항).

③ 반론보도 청구에 관하여는 따로 규정된 것을 제외하고는 정정보도 청구에 관한 이 법의 규정을 준용한다(동 규정 제16조 제3항).

0741

「언론중재 및 피해구제 등에 관한 법률」에 관한 설명으로 가장 적절하지 않은 것은? |19년 2차 순경|

① 사실적 주장에 관한 언론보도등이 진실하지 아니함으로 인하여 피해를 입은 자는 해당 언론보도등이 있음을 안 날부터 6개월 이내에 그 내용에 관한 정정보도를 청구할 수 있다.
② 언론등의 보도 또는 매개로 인한 분쟁의 조정·중재 및 침해사항을 심의하기 위하여 언론중재위원회를 둔다.
③ 정정보도는 해당 언론보도등이 있은 후 6개월이 경과하면 청구할 수 없다.
④ 정정보도의 청구를 받은 언론사의 대표자는 3일 이내에 그 수용 여부에 대한 통지를 청구인에게 발송하여야 한다.

- 정답 ①
- 난이도
- 해설 ②, ③, ④는 옳은 설명이며, ①은 틀린 설명이다.
  ① ❌ 사실적 주장에 관한 언론보도등이 진실하지 아니함으로 인하여 피해를 입은 자는 해당 언론보도등이 있음을 <u>안 날부터 3개월 이내</u>에 언론사 등에게 그 언론보도 등의 내용에 관한 정정보도를 청구할 수 있다. 다만, <u>해당 언론보도 등이 있은 후 6개월이 지났을 때</u>에는 정정보도를 청구할 수 없다(「언론중재 및 피해구제 등에 관한 법률」 제14조 제1항).

0742

「언론중재 및 피해구제 등에 관한 법률」상 언론중재위원회에 대한 내용으로 ㉠부터 ㉣에 들어갈 숫자를 모두 합한 값은?

| 18년 1차 순경 |

- 중재위원회는 (㉠)명 이상 (㉡)명 이내의 중재위원으로 구성한다.
- 중재위원회에는 위원장 1명과 (㉢)명 이내의 부위원장 및 (㉣)명 이내의 감사를 두며, 각각 중재위원 중에서 호선한다.

① 124
② 125
③ 134
④ 135

정답 ③

난이도

해설

㉠은 40, ㉡은 90, ㉢은 2, ㉣은 2이다. 따라서 40 + 90 + 2 + 2 = 134이다.

㉠, ㉡ 언론중재위원회는 <u>40명 이상 90명 이내의 중재위원으로 구성</u>한다(「언론중재 및 피해구제 등에 관한 법률」제7조 제3항).

㉢, ㉣ 언론중재위원회에는 <u>위원장 1명과 2명 이내의 부위원장 및 2명 이내의 감사</u>를 두며, 각각 <u>중재위원 중에서 호선</u>한다(「언론중재 및 피해구제 등에 관한 법률」제7조 제4항).

0743

「언론중재 및 피해구제 등에 관한 법률」상 언론중재위원회(이하 "중재위원회"라 한다)의 설치에 관한 내용으로 가장 적절하지 않은 것은? | 16년 1차 순경 |

① 중재위원회는 40명 이상 90명 이내의 중재위원으로 구성한다.
② 중재위원회에는 위원장 1명과 2명 이내의 부위원장 및 2명 이내의 감사를 두며, 각각 중재위원 중에서 호선한다.
③ 위원장, 부위원장, 감사 및 중재위원의 임기는 각각 2년으로 하며, 연임할 수 없다.
④ 중재위원회의 회의는 재적위원 과반수의 출석과 출석위원 과반수의 찬성으로 의결한다.

- **정답** ③
- **난이도**
- **해설** ①, ②, ④는 옳은 설명이며, ③은 틀린 설명이다.
  ③ ✗ 위원장, 부위원장, 감사 및 중재위원의 임기는 각각 3년으로 하며, 한 차례만 연임할 수 있다(「언론중재 및 피해구제 등에 관한 법률」 제7조 제5항). 중재위원은 명예직으로 한다. 다만, 대통령령으로 정하는 바에 따라 수당과 실비보상을 받을 수 있다(「언론중재 및 피해구제 등에 관한 법률」 제7조 제10항).

참고 언론중재위원회의 회의 및 의결(「언론중재 및 피해구제 등에 관한 법률」)
중재위원회의 회의는 재적위원 과반수의 출석과 출석위원 과반수의 찬성으로 의결(일반의결정족수)한다(동법 제7조 제9항).

0744

「언론중재 및 피해구제 등에 관한 법률」에 관한 설명 중 가장 적절하지 않은 것은? | 23년 승진 |

① 언론중재위원회에 위원장 1명과 2명 이내의 부위원장 및 3명의 감사를 두며, 각각 언론중재위원 중에서 호선(互選)한다.

② 사실적 주장에 관한 언론보도등이 진실하지 아니함으로 인하여 피해를 입은 자는 해당 언론보도등이 있음을 안 날부터 3개월 이내에 언론사, 인터넷뉴스서비스사업자 및 인터넷 멀티미디어 방송사업자에게 그 언론보도등의 내용에 관한 정정보도를 청구할 수 있다. 다만, 해당 언론보도등이 있은 후 6개월이 지났을 때에는 그러하지 아니하다.

③ 언론중재위원회는 40명 이상 90명 이내의 중재위원으로 구성하며, 중재위원은 문화체육관광부장관이 위촉한다.

④ 피해자가 정정보도청구권을 행사할 정당한 이익이 없는 경우에는 언론사등은 정정보도 청구를 거부할 수 있다.

정답 ①

난이도

해설 ②, ③, ④는 옳은 설명이며, ①은 틀린 설명이다.

① ✗ 언론중재위원회는 <u>40명 이상 90명 이내의 중재위원으로 구성</u>한다(「언론중재 및 피해구제 등에 관한 법률」 제7조 제3항). 언론중재위원회에는 <u>위원장 1명과 2명 이내의 부위원장 및 2명 이내의 감사</u>를 두며, 각각 <u>중재위원 중에서 호선</u>한다(「언론중재 및 피해구제 등에 관한 법률」 제7조 제4항).

0745

「언론중재 및 피해구제 등에 관한 법률」상 정정보도청구에 대한 설명으로 가장 적절하지 않은 것은?

|20년 승진|

① 사실적 주장에 관한 언론보도 등이 진실하지 아니함으로 인하여 피해를 입은 자는 해당 언론보도 등이 있음을 안 날부터 3개월 이내에 언론사 등에게 그 언론보도 등의 내용에 관한 정정보도를 청구할 수 있다. 다만, 해당 언론보도 등이 있은 후 6개월이 지났을 때에는 그러하지 아니하다.

② 정정보도 청구는 언론사 등의 대표자에게 서면으로 하여야 하며, 청구서에는 피해자의 성명·주소·전화번호 등의 연락처를 적고, 정정의 대상인 언론보도 등의 내용 및 정정을 청구하는 이유와 청구하는 정정보도문을 명시하여야 한다.

③ 청구된 정정보도의 내용이 법원의 공개재판절차의 사실보도에 관한 것인 경우 언론사 등은 정정보도 청구를 거부할 수 없다.

④ 이 법에 따른 정정보도청구 등과 관련하여 분쟁이 있는 경우 피해자 또는 언론사 등은 중재위원회에 조정을 신청할 수 있다.

- **정답** ③
- **난이도** 하 중 상
- **해설** ①, ②, ④는 옳은 설명이며, ③은 틀린 설명이다.
  ③ ✗ 청구된 정정보도의 내용이 국가·지방자치단체 또는 공공단체의 공개회의와 법원의 공개재판절차의 사실 보도에 관한 것인 경우 언론사 등은 정정보도청구를 거부할 수 있다(「언론중재 및 피해구제 등에 관한 법률」 제15조 제4항).

참고 정정보도청구의 거부(「언론중재 및 피해구제 등에 관한 법률」)

다음의 어느 하나에 해당하는 사유가 있는 경우에는 언론사 등은 정정보도청구를 거부할 수 있다(동법 제15조 제4항).
① 피해자가 정정보도청구권을 행사할 정당한 이익이 없는 경우
② 청구된 정정보도의 내용이 명백히 사실과 다른 경우
③ 청구된 정정보도의 내용이 명백히 위법한 내용인 경우
④ 정정보도의 청구가 상업적인 광고만을 목적으로 하는 경우
⑤ 청구된 정정보도의 내용이 국가·지방자치단체 또는 공공단체의 공개회의와 법원의 공개재판절차의 사실 보도에 관한 것인 경우

0746

다음 ( )안에 들어갈 인물을 바르게 나열한 것은? | 18년 승진 |

> 경찰과 대중매체의 관계를 '단란하고 행복스럽지 않더라도, 오래 지속되는 결혼생활'에 비유한 사람은 (㉠)이고, '경찰과 대중매체는 서로를 필요로 하기 때문에 둘 사이에는 공생관계가 발달한다.'고 주장한 사람은 (㉡)이다.

① ㉠ Ericson ㉡ Crandon
② ㉠ Crandon ㉡ Sir Robert Mark
③ ㉠ Sir Robert Mark ㉡ Ericson
④ ㉠ Sir Robert Mark ㉡ Crandon

- **정답** ④
- **난이도** 하 중 상
- **해설** ㉠은 '로버트 마크'의 주장이며, ㉡은 '크랜돈'의 주장이다.

참고 경찰과 대중매체의 관계

로버트 마크 (R. Mark)	영국 수도경찰청장을 지낸 『로버트 마크』는 경찰과 대중매체의 관계를 단란하고 행복스럽지는 않더라도, 오래 지속되는 결혼생활에 비유하였다.
크랜돈 (G. Crandon)	경찰학자인 『크랜돈』은 경찰과 대중매체는 서로를 필요로 하기 때문에 둘 사이에는 공생관계가 발달되어 있다는 것을 강조하였다.
에릭슨 (R. Ericson)	① 경찰과 대중매체는 서로 연합하여 그 사회의 일탈에 관한 개념을 규정하며, 도덕성과 정의를 규정짓는 사회적 엘리트 집단을 구성한다고 주장하였다. ② 경찰과 대중매체는 서로 얽혀서 범죄와 정의, 사회질서의 현실을 해석하고 규정짓는 사회기구의 역할을 수행한다.

0747

「언론중재 및 피해구제 등에 관한 법률」에 규정된 내용이다. 아래 ㉠부터 ㉥까지의 내용 중 옳지 않은 것을 모두 고른 것은?

| 17년 승진 |

> 제15조 제2항 – 정정보도 청구를 받은 언론사 등의 대표자는 ㉠ 7일 이내에 그 수용 여부에 대한 통지를 청구인에게 발송하여야 한다.
>
> 제15조 제4항 – 다음 각 호의 어느 하나에 해당하는 사유가 있는 경우에는 언론사 등은 정정보도 청구를 거부할 수 있다.
> 1. ㉡ 피해자가 정정보도청구권을 행사할 정당한 이익이 없는 경우
> 2. ㉢ 청구된 정정보도의 내용이 명백히 사실인 경우
> 3. ㉣ 청구된 정정보도의 내용이 명백히 위법한 내용인 경우
> 4. ㉤ 정정보도의 청구가 상업적인 광고만을 목적으로 하는 경우
> 5. ㉥ 청구된 정정보도의 내용이 국가·지방자치단체 또는 공공단체의 비공개회의와 법원의 비공개재판절차의 사실보도에 관한 것인 경우

① ㉠, ㉢, ㉥
② ㉠, ㉣, ㉤
③ ㉡, ㉢, ㉤
④ ㉡, ㉣, ㉥

- **정답** ①
- **난이도**
- **해설**

㉡, ㉣, ㉤은 옳은 설명이며, ㉠, ㉢, ㉥은 틀린 설명이다.

- ㉠ ✗ 정정보도 청구를 받은 언론사 등의 대표자는 **3일 이내**에 그 수용 여부에 대한 통지를 청구인에게 발송하여야 한다. 이 경우 정정의 대상인 언론보도 등의 내용이 방송이나 인터넷신문, 인터넷뉴스서비스 및 인터넷 멀티미디어 방송의 보도과정에서 성립한 경우에는 해당 언론사 등이 그러한 사실이 없었음을 입증하지 아니하면 그 사실의 존재를 부인하지 못한다(「언론중재 및 피해구제 등에 관한 법률」 제15조 제2항).
- ㉢ ✗ 청구된 정정보도의 내용이 **명백히 사실과 다른 경우**에는 언론사 등은 정정보도청구를 **거부할 수 있다**.
- ㉥ ✗ 청구된 정정보도의 내용이 국가·지방자치단체 또는 공공단체의 **공개회의**와 법원의 **공개재판절차**의 사실보도에 관한 것인 경우에는 언론사 등은 정정보도청구를 **거부할 수 있다**.

참고 정정보도청구의 거부(「언론중재 및 피해구제 등에 관한 법률」)

다음의 어느 하나에 해당하는 사유가 있는 경우에는 언론사 등은 정정보도청구를 **거부할 수 있다**(동법 제15조 제4항).
① 피해자가 정정보도청구권을 행사할 **정당한 이익이 없는 경우**
② 청구된 정정보도의 내용이 **명백히 사실과 다른 경우**
③ 청구된 정정보도의 내용이 **명백히 위법한 내용인 경우**
④ 정정보도의 청구가 **상업적인 광고만을 목적으로 하는 경우**
⑤ 청구된 정정보도의 내용이 국가·지방자치단체 또는 공공단체의 **공개회의**와 법원의 **공개재판절차**의 사실 보도에 관한 것인 경우

제8절 경찰행정통제

0748

「경찰 감찰 규칙」상 감찰활동에 대한 설명으로 가장 적절하지 않은 것은?

|71기 간부|

① 경찰기관의 장은 의무위반행위가 자주 발생하거나 그 발생가능성이 높다고 인정되는 시기, 업무분야 및 경찰관서 등에 대하여는 일정기간 동안 전반적인 조직관리 및 업무추진 실태 등을 집중 점검할 수 있다.
② 감찰관은 소속공무원의 의무위반행위에 관한 단서(현장인지, 진정·탄원 등을 포함한다)를 수집·접수한 경우 소속 경찰기관의 장에게 보고하여야 한다.
③ 감찰관은 직무상 조사를 위한 출석, 질문에 대한 답변 및 진술서 제출, 증거품 등 자료 제출, 현지조사의 협조를 요구할 수 있다.
④ 경찰기관의 장은 상급 경찰기관의 장의 지시에 따라 소속 감찰관으로 하여금 일정기간 동안 다른 경찰기관 소속 직원의 복무실태, 업무추진 실태 등을 점검하게 할 수 있다.

 ②

 ①, ③, ④는 옳은 설명이며, ②는 틀린 설명이다.
② ✗ 감찰관은 소속공무원의 의무위반행위에 관한 단서(현장인지, 진정·탄원 등을 포함한다)를 수집·접수한 경우 소속 경찰기관의 **감찰부서장에게 보고**(소속 경찰기관의 장 ✗)하여야 한다(「경찰 감찰 규칙」 제15조 제1항). **감찰부서장은 보고를 받은 경우 감찰 대상으로서의 적정성을 검토한 후 감찰활동 착수 여부를 결정**하여야 한다(「경찰 감찰 규칙」 제15조 제2항).

참고	감찰활동의 착수 및 감찰활동의 결과의 보고·처리(「경찰 감찰 규칙」)
감찰활동의 착수	① 감찰관은 소속공무원의 의무위반행위에 관한 단서(현장인지, 진정·탄원 등을 포함)를 수집·접수한 경우 소속 경찰기관의 감찰부서장에게 보고(소속 경찰기관의 장 ✗)하여야 한다(동 규칙 제15조 제1항). ② 「의무위반행위」란 소속공무원이 「국가공무원법」 등 관련 법령 또는 직무상 명령 등에 따른 각종 의무를 위반한 행위를 말한다(동 규칙 제2조 제1호). ③ 감찰부서장은 보고를 받은 경우 감찰 대상으로서의 적정성을 검토한 후 감찰활동 착수 여부를 결정하여야 한다(동 규칙 제15조 제2항).
감찰활동의 결과의 보고·처리	감찰관은 감찰활동 결과 소속공무원의 의무위반행위, 불합리한 제도·관행, 선행·수범직원 등을 발견한 경우 이를 소속 경찰기관의 장에게 보고하여야 한다(동 규칙 제19조 제1항).

0749

경찰통제의 유형에 대한 설명 중 옳은 것은?

| 69기 간부 |

① 행정절차법, 국회에 의한 예산결산권은 사전통제에 해당한다.
② 경찰청의 감사관, 시·도경찰청의 청문감사인권담당관, 경찰서의 청문감사인권관은 외부통제에 해당한다.
③ 국가인권위원회의 통제는 협의의 행정통제로서 외부통제에 해당한다.
④ 행정안전부장관의 경찰청장과 국가경찰위원회 위원의 임명제청권은 행정통제로서 외부통제에 해당한다.

- **정답** ④
- **난이도**
- **해설**

④는 옳은 설명이며, ①, ②, ③은 틀린 설명이다.

① ❌ 『행정절차법』상 의견청취절차인 청문, 공청회, 의견제출 제도는 사전통제에 해당한다. 입법기관인 국회의 국정감사·조사권, 예산결산권, 경찰청장 탄핵소추권 등은 사후통제에 해당한다.

② ❌ 『감사관제도』는 경찰조직 내에서 자체 통제를 기하는 조직으로 경찰청에는 감사관을, 시·도경찰청에는 시·도경찰청별로 청문감사인권담당관을, 경찰서에는 청문감사인권관을 두고 있다. 경찰청의 감사관은 고위공무원단에 속하는 일반직공무원 또는 경무관으로 보한다(『경찰청과 그 소속기관 직제』 제6조 제1항). 『감사관제도』는 내부통제에 해당한다.

③ ❌ 『국가인권위원회』는 인권침해행위에 대한 조사 및 구제 등의 업무를 수행하게 되는데, 특히 경찰서 유치장이나 사법경찰관리가 그 직무수행을 위하여 사람을 조사·유치 또는 수용하는 데 사용하는 시설에 대한 방문조사권을 가지고 있다. 특히, 경찰청장은 인권의 보호와 향상에 영향을 미치는 내용을 포함하고 있는 법령을 제정 또는 개정하고자 하는 경우에 미리 국가인권위원회에 통보해야 한다. 『국가인권위원회』의 통제는 행정통제로서 외부통제에 해당한다. 협의의 행정통제와는 무관하다.

0750

「경찰 감찰 규칙」에 대한 설명 중 가장 옳은 것은? | 제68기 간부 변형 |

① 감찰관은 감찰조사를 위해서 조사대상자의 출석을 요구할 때에는 조사기일 7일 전까지 출석요구서 또는 구두로 조사일시, 의무위반행위사실 요지 등을 통지하여야 한다. 다만, 사안이 급박한 경우에는 즉시 조사에 착수할 수 있다.
② 감찰관은 소속 경찰공무원 등의 의무위반사실에 대한 민원을 접수하였을 때에는 접수일로부터 1개월 내에 신속히 처리하여야 한다.
③ 감찰관은 다른 경찰기관 또는 검찰, 감사원 등 다른 행정기관으로부터 통보받은 소속 직원의 의무위반행위에 대해서는 통보받은 날로부터 2개월 이내에 신속히 처리하여야 한다.
④ 경찰기관장은 1년 이상 성실히 근무한 감찰관에 대해서는 희망부서를 고려하여 전보한다.

- **정답** ④
- **난이도**
- **해설** ④는 옳은 설명이며, ①, ②, ③은 틀린 설명이다.
  - ① ✗ 감찰관은 감찰조사를 위해서 조사대상자의 출석을 요구할 때에는 조사기일 3일 전까지 출석요구서 또는 구두로 조사일시, 의무위반행위사실 요지 등을 통지하여야 한다. 다만, 사안이 급박한 경우 또는 조사대상자의 요청이 있는 경우에는 즉시 조사에 착수할 수 있다(「경찰 감찰 규칙」 제25조 제1항).
  - ② ✗ 감찰관은 소속공무원의 의무위반사실에 대한 민원을 접수한 경우 접수일로부터 2개월 내에 신속히 처리하여야 한다(민원통보사건). 다만, 부득이한 사유로 민원을 기한 내에 처리할 수 없을 때에는 소속 경찰기관의 감찰부서장에게 보고하고 그 처리 기간을 연장할 수 있다(「경찰 감찰 규칙」 제35조 제1항).
  - ③ ✗ 감찰관은 다른 경찰기관 또는 검찰, 감사원 등 다른 행정기관으로부터 통보받은 소속공무원의 의무위반행위에 대해서는 통보받은 날로부터 1개월 이내에 신속히 처리(기관통보사건)하여야 한다(「경찰 감찰 규칙」 제36조 제1항). 「기관통보사건」의 경우에는 처리 기간 연장규정은 없다.

참고 감찰조사 출석요구(「경찰 감찰 규칙」)

① 감찰관은 감찰조사를 위해서 조사대상자의 출석을 요구할 때에는 조사기일 3일 전까지 출석요구서 또는 구두로 조사일시, 의무위반행위사실 요지 등을 통지하여야 한다. 다만, ㉠ 사안이 급박한 경우 또는 ㉡ 조사대상자의 요청이 있는 경우에는 즉시 조사에 착수할 수 있다(동 규칙 제25조 제1항).
② 조사일시 등을 정할 때에는 조사대상자의 의견을 존중하여야 한다(동 규칙 제25조 제2항).
③ 감찰관은 의무위반행위와 관련된 내용을 조사할 때에는 사전에 준비를 철저히 하여 잦은 출석으로 인한 피해를 주지 않도록 하여야 한다(동 규칙 제25조 제3항).

0751

「공공기관의 정보공개에 관한 법률」에 대한 설명 중 가장 옳지 않은 것은?

| 68기 간부 |

① 청구인은 공공기관으로부터 정보공개 여부의 결정 통지를 받은 날 또는 정보공개 청구 20일이 경과한 날부터 30일 이내에 당해 공공기관에 문서로 이의신청을 할 수 있다.
② 공공기관은 이의신청을 받은 날부터 7일 이내에 그 이의신청에 대하여 결정하고 그 결과를 청구인에게 지체 없이 문서로 통지하여야 한다. 다만, 부득이한 사유로 정하여진 기간 이내에 결정할 수 없을 때에는 그 기간이 끝나는 날의 다음 날부터 기산하여 7일의 범위에서 연장할 수 있으며, 연장 사유를 청구인에게 통지하여야 한다.
③ 공공기관은 공개청구된 공개대상정보의 전부 또는 일부가 제3자와 관련이 있다고 인정되는 때에는 그 사실을 제3자에게 지체 없이 통지하여야 하며, 필요한 경우에는 그의 의견을 청취할 수 있다. 공개청구된 사실을 통지받은 제3자는 통지 받은 날부터 3일 이내에 당해 공공기관에 대하여 자신과 관련된 정보를 공개하지 아니할 것을 요청할 수 있다.
④ 정보공개위원회는 위원장과 부위원장 각 1명을 포함한 7명의 위원으로 구성한다.

정답 ④

난이도

해설
①, ②, ③은 옳은 설명이며, ④는 틀린 설명이다.
④ ❌ 정보공개위원회는 **성별을 고려하여 위원장과 부위원장 각 1명을 포함한 11명의 위원으로 구성**한다(「공공기관의 정보공개에 관한 법률」 제23조 제1항). 이 경우 **위원장을 포함한 7명은 공무원이 아닌 사람으로 위촉**하여야 한다(「공공기관의 정보공개에 관한 법률」 제23조 제2항).

참고 정보공개위원회의 구성(「공공기관의 정보공개에 관한 법률」)

① 정보공개위원회는 **성별을 고려하여 위원장과 부위원장 각 1명을 포함한 11명의 위원으로 구성**한다(동법 제23조 제1항).
② 위원회의 위원은 다음의 사람이 된다. 이 경우 **위원장을 포함한 7명은 공무원이 아닌 사람으로 위촉하여야 한다**(동법 제23조 제2항).
  ㉠ 대통령령으로 정하는 관계 중앙행정기관의 차관급 공무원이나 고위공무원단에 속하는 일반직공무원
  ㉡ 정보공개에 관하여 학식과 경험이 풍부한 사람으로서 **행정안전부장관이 위촉하는 사람**
  ㉢ 시민단체에서 추천한 사람으로서 **행정안전부장관이 위촉하는 사람**

0752

다음은 경찰의 사전통제와 사후통제, 내부통제와 외부통제를 구분 없이 나열한 것이다. 이 중 사전통제와 내부통제에 관한 것으로 올바르게 짝지어진 것은? | 66기 간부 변형 |

〈사전통제와 사후통제〉	〈내부통제와 외부통제〉
가. 행정절차법에 의한 청문 나. 국회의 입법권 다. 국회의 국정감사·조사권 라. 사법부에 의한 사법심사 마. 국회의 예산심의권	㉠ 국가경찰위원회의 심의·의결 ㉡ 감사원에 의한 직무감찰 ㉢ 청문감사관 제도 ㉣ 경찰청장의 훈령권 ㉤ 중앙행정심판위원회의 심리·재결

① 사전통제 : 가, 나   내부통제 : ㉠, ㉢
② 사전통제 : 나, 다   내부통제 : ㉢, ㉣
③ 사전통제 : 라, 마   내부통제 : ㉡, ㉤
④ 사전통제 : 나, 마   내부통제 : ㉢, ㉣

정답 ④

난이도

해설 ④는 옳은 설명이며, ①, ②, ③은 틀린 설명이다.
"가"의 「행정절차법」에 의한 청문은 사전통제에 해당한다.
"나"의 국회의 입법권은 사전통제에 해당함과 동시에 외부통제에 해당한다.
"다"의 국회의 국정감사·조사권은 사후통제에 해당함과 동시에 외부통제에 해당한다.
"라"의 사법부에 의한 사법심사는 사후통제에 해당함과 동시에 외부통제에 해당한다.
"마"의 국회의 예산심의권은 사전통제에 해당함과 동시에 외부통제에 해당한다.
㉠의 국가경찰위원회의 심의·의결권은 외부통제에 해당함과 동시에 민주적 통제에 해당한다.
㉡의 감사원에 의한 직무감찰은 외부통제에 해당한다.
㉢의 청문감사관 제도는 내부통제에 해당한다.
㉣의 경찰청장의 훈령권은 내부통제에 해당한다.
㉤의 중앙행정심판위원회의 심리·재결은 외부통제에 해당한다.

0753

「공공기관의 정보공개에 관한 법률」에 대한 다음 설명 중 옳은 것은 모두 몇 개인가? | 66기 간부 |

> ⊙ 공공기관이 보유·관리하는 정보는 국민의 알권리 보장 등을 위하여 이 법에서 정하는 바에 따라 적극적으로 공개하여야 한다.
> ⓒ 공공기관은 정보공개의 청구를 받으면 그 청구를 받은 날부터 7일 이내에 공개 여부를 결정하여야 한다.
> ⓒ 공공기관은 공개 청구된 공개대상정보의 전부 또는 일부가 제3자와 관련이 있다고 인정할 때에는 그 사실을 제3자에게 지체 없이 통지하여야 하며, 필요한 경우에는 그의 의견을 들을 수 있다.
> ② 청구인은 공공기관으로부터 정보공개 여부의 결정 통지를 받은 날 또는 정보공개 청구 후 20일이 경과한 날부터 30일 이내에 당해 공공기관에 문서로 이의신청을 할 수 있다.
> ⓜ 공공기관은 이의신청을 받은 날부터 10일 이내에 그 이의신청에 대하여 결정하고 그 결과를 청구인에게 지체 없이 문서로 통지하여야 한다.
> ⓗ 자기와 관련된 정보공개청구사실을 통지받은 제3자는 통지받은 날부터 3일 이내에 해당 공공기관에 대하여 자신과 관련된 정보를 공개하지 아니할 것을 요청할 수 있다.

① 1개　　② 2개
③ 3개　　④ 4개

- **정답** ④
- **난이도** 하 중 상
- **해설** ⊙, ⓒ, ②, ⓗ은 옳은 설명이며, ⓒ, ⓜ은 틀린 설명이다.

　　ⓒ ✗ 공공기관은 정보공개의 청구를 받으면 그 청구를 받은 날부터 **10일 이내**에 공개 여부를 결정하여야 한다(「공공기관의 정보공개에 관한 법률」제11조 제1항). 공공기관은 **부득이한 사유로** 위의 기간 이내에 공개 여부를 결정할 수 없을 때에는 <u>그 기간이 끝나는 날의 다음 날부터 기산</u>(그 기간이 끝난 날부터 ✗)하여 10일의 범위에서 공개 여부 결정기간을 연장할 수 있다. 이 경우 공공기관은 연장된 사실과 연장 사유를 청구인에게 지체 없이 문서로 통지하여야 한다(「공공기관의 정보공개에 관한 법률」제11조 제2항).

　　ⓜ ✗ 공공기관은 이의신청을 받은 날부터 **7일 이내**에 그 이의신청에 대하여 결정하고 그 결과를 청구인에게 지체 없이 문서로 통지하여야 한다. 다만, **부득이한 사유로** 정하여진 기간 이내에 결정할 수 없을 때에는 <u>그 기간이 끝나는 날의 다음 날부터 기산</u>(그 기간이 끝난 날부터 ✗)하여 7일의 범위에서 연장할 수 있으며, 연장 사유를 청구인에게 통지하여야 한다(「공공기관의 정보공개에 관한 법률」제18조 제3항).

0754

「경찰 감찰 규칙」에 대한 설명 중 틀린 것은 모두 몇 개인가? | 65기 간부 변형 |

> ㉠ 감찰관은 소속 경찰기관의 관할구역 안에서 활동하는 것을 원칙으로 한다. 다만, 필요한 경우에는 관할구역 밖에서도 활동할 수 있다.
> ㉡ 경찰기관의 장은 상급 경찰기관의 장의 지시에 따라 소속 감찰관으로 하여금 일정기간 동안 다른 경찰기관 소속 직원의 복무실태, 업무추진 실태 등을 점검하게 할 수 있다.
> ㉢ 감찰관은 다른 경찰기관 또는 검찰, 감사원 등 다른 행정기관으로부터 통보받은 소속 직원의 의무위반행위에 대해서는 통보받은 날로부터 2개월 이내에 신속히 처리하여야 한다.
> ㉣ 감찰관은 소속 경찰공무원 등의 의무위반 사실에 대한 민원을 접수하였을 때에는 접수일로부터 1개월 내에 신속히 처리하여야 한다.
> ㉤ 경찰기관장은 1년 이상 성실히 근무한 감찰관에 대해서는 희망부서를 고려하여 전보한다.

① 0개 ② 1개
③ 2개 ④ 3개

정답 ④

난이도

해설 ㉡, ㉤은 옳은 설명이며, ㉠, ㉢, ㉣은 틀린 설명이다.

㉠ ✗ 감찰관은 소속 경찰기관의 관할구역 안에서 활동하여야 한다. 다만, 상급 경찰기관의 장의 지시가 있는 경우에는 관할구역 밖에서도 활동할 수 있다(「경찰 감찰 규칙」 제12조).

㉢ ✗ 감찰관은 다른 경찰기관 또는 검찰, 감사원 등 다른 행정기관으로부터 통보받은 소속 공무원의 의무위반행위에 대해서는 통보받은 날로부터 1개월 이내에 신속히 처리(기관통보사건)하여야 한다(「경찰 감찰 규칙」 제36조 제1항).

㉣ ✗ 감찰관은 소속 경찰공무원 등의 의무위반 사실에 대한 민원을 접수한 경우 접수일로부터 2개월 내에 신속히 처리하여야 한다(민원통보사건). 다만, 부득이한 사유로 민원을 기한 내에 처리할 수 없을 때에는 소속 경찰기관의 감찰부서장에게 보고하여 그 처리 기간을 연장할 수 있다(「경찰 감찰 규칙」 제35조 제1항).

참고 감찰활동의 관할(「경찰 감찰 규칙」)

원칙	감찰관은 소속 경찰기관의 관할구역 안에서 활동하여야 한다. 다만, 상급경찰기관의 장의 지시가 있는 경우에는 관할구역 밖에서도 활동할 수 있다(동 규칙 제12조).
특별감찰	경찰기관의 장은 의무위반행위가 자주 발생하거나 그 발생 가능성이 높다고 인정되는 시기, 업무분야 및 경찰관서 등에 대하여는 일정기간 동안 전반적인 조직관리 및 업무추진 실태 등을 집중 점검할 수 있다(동 규칙 제13조).
교류감찰	경찰기관의 장은 상급 경찰기관의 장의 지시에 따라 소속 감찰관으로 하여금 일정기간 동안 다른 경찰기관 소속 직원의 복무실태, 업무추진 실태 등을 점검하게 할 수 있다(동 규칙 제14조).

0755

「경찰 감찰 규칙」에 관한 설명으로 가장 적절하지 않은 것은? |23년 2차 순경|

① "감찰"이란 복무기강 확립과 경찰행정의 적정성을 확보하기 위해 경찰기관 또는 소속공무원의 제반 업무와 활동 등을 조사·점검·확인하고 그 결과를 처리하는 감찰관의 직무활동을 말한다.
② 감찰부서장은 소속 감찰관에 대하여 감찰관 보직 후 3년마다 적격심사를 실시하여 인사에 반영하여야 한다.
③ 경찰기관의 장은 의무위반행위가 자주 발생하거나 그 발생 가능성이 높다고 인정되는 시기, 업무분야 및 경찰관서 등에 대하여는 일정기간 동안 전반적인 조직관리 및 업무추진 실태 등을 집중점검할 수 있다.
④ 감찰관은 감찰관 본인이 의무위반행위로 인해 감찰대상이 된 때에는 당해 감찰직무(감찰조사 및 감찰업무에 대한 지휘를 포함한다)에서 제척된다.

 ②

①, ③, ④는 옳은 설명이며, ②는 틀린 설명이다.
② ❌ 경찰기관의 장은 소속 감찰관에 대하여 감찰관 보직 후 **2년마다** 적격심사를 실시하여 인사에 반영하여야 한다(「경찰 감찰 규칙」 제8조 제1항).

참고 감찰관의 신분보장 및 적격심사(「경찰 감찰 규칙」)

신분보장	① 경찰기관의 장은 **1년 이상** 성실히 근무한 감찰관에 대해서는 **희망부서를 고려하여 전보한다**(동 규칙 제7조 제2항). ② 경찰기관의 장은 다음의 경우를 제외하고는 **2년 이내**에 본인의 의사에 반하여 전보하여서는 아니 된다. 다만, 승진 등 인사관리상 필요한 경우에는 그러하지 아니하다(동 규칙 제7조 제1항). ㉠ 결격사유에 해당되는 것으로 밝혀졌을 경우 ㉡ 징계사유가 있는 경우 ㉢ 형사사건에 계류된 경우 ㉣ 질병 등으로 감찰업무를 수행할 수 없거나 직무수행 능력이 현저히 부족하다고 판단되는 경우 ㉤ 고압·권위적인 감찰활동을 반복하여 물의를 야기한 경우
적격심사	경찰기관의 장은 소속 감찰관에 대하여 감찰관 보직 후 **2년마다** 적격심사를 실시하여 인사에 반영하여야 한다(동 규칙 제8조 제1항).

0756

다음 경찰통제의 유형 중 내부적 통제에 해당하는 것은 모두 몇 개인가?

| 23년 1차 순경 |

⊙ 청문감사인권관제도
ⓒ 국민권익위원회
ⓒ 국가경찰위원회
ⓔ 소청심사위원회
ⓜ 경찰청장의 훈령권
ⓗ 국회의 입법권

① 2개
② 3개
③ 4개
④ 5개

정답 ①

난이도

해설 경찰통제의 유형 중 내부적 통제에 해당하는 것은 ⊙과 ⓜ이다.
ⓒ 국민권익위원회는 경찰통제의 유형 중 외부적 통제에 해당한다.
ⓒ 국가경찰위원회는 경찰통제의 유형 중 외부적 통제에 해당함과 동시에 민주적 통제에 해당한다.
ⓔ 소청심사위원회는 경찰통제의 유형 중 외부적 통제에 해당한다.
ⓗ 국회의 입법권은 외부적 통제에 해당함과 동시에 사전적 통제에 해당한다.

0757

경찰작용 및 경찰공무원을 통제하는 행정기관의 역할과 기능에 관한 설명 중 옳은 것을 모두 고른 것은?

| 22년 2차 순경 |

> ㉠ 행정심판위원회는 경찰관청의 위법한 처분 및 대통령의 부작위에 대해서 심리하여 침해된 국민의 권리를 구제하고 경찰행정의 적정한 운영을 도모한다.
> ㉡ 시·도자치경찰위원회는 자치경찰사무 담당 경찰공무원에 대한 징계를 요구할 수 있다.
> ㉢ 국민권익위원회는 누구든지 경찰공무원 등의 부패행위를 알게 된 때에는 무기명으로 신고할 수 있도록 하고 있다.
> ㉣ 인사혁신처에 소청심사위원회를 설치하여, 경찰공무원의 징계처분, 그 밖에 그 의사에 반하는 불리한 처분이나 부작위를 구제받을 수 있도록 하고 있다.
> ㉤ 국가인권위원회는 경찰기관 및 경찰공무원 등에 의한 인권침해행위 또는 차별행위에 대해 조사하고 구제할 수 있다.
> ㉥ 감사원은 국회·법원 및 헌법재판소를 포함한 모든 국가기관 및 그에 소속한 공무원의 사무를 감찰하여 비위를 적발하고 시정한다.

① ㉠, ㉢, ㉤
② ㉡, ㉣, ㉤
③ ㉡, ㉢, ㉣
④ ㉢, ㉣, ㉥

정답 ②

난이도 하 중 상

해설 ㉡, ㉣, ㉤은 옳은 설명이며, ㉠, ㉢, ㉥은 틀린 설명이다.

㉠ ✗ 행정청 등의 처분 또는 부작위에 대한 행정심판의 청구에 대하여는, 국민권익위원회에 설치되어 있는 중앙행정심판위원회가 심리·재결함으로써, 행정의 위법은 물론 부당한 문제에 대해서도 통제를 가할 수 있다. 대통령의 부작위는 그 대상이 되지 않는다.

㉢ ✗ 국무총리 소속 하에 설치된 국민권익위원회는 고충민원의 처리와 이에 관련된 불합리한 행정제도를 개선하고, 부패의 발생을 예방하며 부패행위를 효율적으로 규제함으로써, 국민의 권익을 보호하고 행정의 적정성을 확보하며 청렴한 공직 및 사회풍토의 확립에 이바지함을 그 목적으로 한다(「부패방지 및 국민권익위원회의 설치와 운영에 관한 법률」 제1조). 신고를 하려는 자는 본인의 인적사항과 신고취지 및 이유를 기재한 기명의 문서로써 신고하여야 하며, 신고대상과 부패행위의 증거 등을 함께 제시하여야 한다(「부패방지 및 국민권익위원회의 설치와 운영에 관한 법률」 제58조).

㉥ ✗ 감사원은 경찰기관의 세입·세출의 결산뿐만 아니라, 경찰기관 및 경찰공무원의 직무에 대한 감찰을 통하여 경찰을 통제한다. 국회·법원 및 헌법재판소는 그 대상에 포함되지 않는다.

0758

「공공기관의 정보공개에 관한 법률」상 정보공개의 절차에 관한 설명 중 가장 적절한 것은?

| 22년 1차 순경 |

① 정보의 공개를 청구하는 자는 해당 정보를 보유하거나 관리하고 있는 공공기관에 정보공개 청구서를 제출하여 정보의 공개를 청구할 수 있으나, 말로써 정보의 공개를 청구할 수 없다.
② 공공기관은 부득이한 사유로 「공공기관의 정보공개에 관한 법률」 제11조 제1항에 따른 기간 이내에 공개 여부를 결정할 수 없을 때에는 그 기간이 끝난 날부터 기산하여 10일의 범위에서 공개여부 결정기간을 연장할 수 있다. 이 경우 공공기관은 연장된 사실과 연장 사유를 청구인에게 지체 없이 구두로 통지하여야 한다.
③ 공공기관은 전자적 형태로 보유·관리하는 정보에 대하여 청구인이 전자적 형태로 공개하여 줄 것을 요청하는 경우에는 그 정보의 성질상 현저히 곤란한 경우를 제외하고는 청구인의 요청에 따라야 한다.
④ 정보의 공개 및 우송 등에 드는 비용은 실비의 범위에서 공공기관이 부담한다.

정답 ③

난이도 하 중 상

해설 ③은 옳은 설명이며, ①, ②, ④는 틀린 설명이다.
① ✗ 정보의 공개를 청구하는 자는 해당 정보를 보유하거나 관리하고 있는 공공기관에 정보공개청구서를 제출하거나 말로써 정보의 공개를 청구할 수 있다(「공공기관의 정보공개에 관한 법률」 제10조 제1항). 청구인이 말로써 정보의 공개를 청구할 때에는 담당 공무원 또는 담당 임직원의 앞에서 진술하여야 하고, 담당 공무원 등은 정보공개 청구조서를 작성하여 이에 청구인과 함께 기명날인하거나 서명하여야 한다(「공공기관의 정보공개에 관한 법률」 제10조 제2항).
② ✗ 공공기관은 정보공개의 청구를 받으면 그 청구를 받은 날부터 10일 이내에 공개 여부를 결정하여야 한다(「공공기관의 정보공개에 관한 법률」 제11조 제1항). 공공기관은 부득이한 사유로 위의 기간 이내에 공개 여부를 결정할 수 없을 때에는 그 기간이 끝나는 날의 다음 날부터 기산(그 기간이 끝난 날부터 기산 ✗)하여 10일의 범위에서 공개 여부 결정기간을 연장할 수 있다. 이 경우 공공기관은 연장된 사실과 연장사유를 청구인에게 지체 없이 문서로 통지하여야 한다(「공공기관의 정보공개에 관한 법률」 제11조 제2항).
④ ✗ 정보의 공개 및 우송 등에 소요되는 비용은 실비의 범위 안에서 청구인이 부담한다(「공공기관의 정보공개에 관한 법률」 제17조 제1항). 공개를 청구하는 정보의 사용 목적이 공공복리의 유지·증진을 위하여 필요하다고 인정되는 경우에는 비용을 감면할 수 있다(「공공기관의 정보공개에 관한 법률」 제17조 제2항).

참고 정보공개의 청구방법(「공공기관의 정보공개에 관한 법률」)

① 정보의 공개를 청구하는 자는 해당 정보를 보유하거나 관리하고 있는 공공기관에 정보공개청구서를 제출하거나 말로써 정보의 공개를 청구할 수 있다(동법 제10조 제1항).
② 청구인이 말로써 정보의 공개를 청구할 때에는 담당 공무원 또는 담당 임직원의 앞에서 진술하여야 하고, 담당 공무원 등은 정보공개 청구조서를 작성하여 이에 청구인과 함께 기명날인하거나 서명하여야 한다(동법 제10조 제2항).

0759

경찰통제에 관한 설명 중 가장 적절하지 않은 것은? | 22년 1차 순경 |

① 국회는 입법권과 예산심의권을 통해 경찰을 사전 통제할 수 있다.
② 「부패방지 및 국민권익위원회의 설치와 운영에 관한 법률」 및 동법 시행령에 따르면, 18세 이상의 국민은 경찰 등 공공기관의 사무처리가 법령위반 또는 부패행위로 인하여 공익을 현저히 해하는 경우, 100명 이상의 국민의 연서로 감사원에 감사를 청구할 수 있다.
③ 상급자의 하급자에 대한 직무명령권은 내부적 통제의 일환이다.
④ 경찰의 위법한 처분에 대한 행정소송제도는 사법통제로서 외부적 통제 장치이다.

정답 ②

난이도

해설 ①, ③, ④는 옳은 설명이며, ②는 틀린 설명이다.
② ✗ 우리나라는 경찰조직의 민주성 확보를 위한 통제로서 『국민감사청구제도』가 도입되어 있다. <u>18세 이상의 국민은 경찰을 비롯한 공공기관의 사무처리가 법령위반 또는 부패행위로 인하여 공익을 현저히 해하는 경우, 300인 이상의 연서로 감사원에 감사를 청구할 수 있다</u>(「부패방지 및 국민권익위원회의 설치와 운영에 관한 법률」 제72조 제1항). 다만, <u>수사 · 재판 및 형집행에 관한 사항 등은 감사청구의 대상에서 제외</u>된다.

참고 국민감사청구에 따른 감사의 실시(「부패방지 및 국민권익위원회의 설치와 운영에 관한 법률」)
① 감사원 또는 당해 기관의 장은 감사를 실시하기로 결정한 날부터 60일 이내에 감사를 종결하여야 한다. 다만, 정당한 사유가 있는 경우에는 그 기간을 연장할 수 있다(동법 제75조 제1항).
② 감사원 또는 당해 기관의 장은 감사가 종결된 날부터 10일 이내에 그 결과를 감사청구인에게 통보하여야 한다(동법 제75조 제2항).

0760

「경찰청 감사 규칙」상 감사결과의 처리기준에 관한 설명 중 옳은 것은 모두 몇 개인가? | 22년 1차 순경 |

㉠ 변상명령 : 감사결과 경미한 지적사항으로서 현지에서 즉시 시정 · 개선조치가 필요한 경우
㉡ 경고 · 주의 요구 : 감사결과 위법 또는 부당하다고 인정되는 사실이 있으나 그 정도가 징계 또는 문책사유에 이르지 아니할 정도로 경미하거나, 감사대상기관 또는 부서에 대한 제재가 필요한 경우
㉢ 시정 요구 : 감사결과 법령상 · 제도상 또는 행정상 모순이 있거나 그 밖에 개선할 사항이 있다고 인정되는 경우
㉣ 개선 요구 : 감사결과 문제점이 인정되는 사실이 있어 그 대안을 제시하고 감사대상기관의 장 등으로 하여금 개선방안을 마련하도록 할 필요가 있는 경우

① 0개　② 1개
③ 2개　④ 3개

정답 ②

난이도 하 중 상

해설 ⓒ은 옳은 설명이며, ㉠, ㉢, ㉣은 틀린 설명이다.

㉠ ✗ 『변상명령』이란 「회계관계직원 등의 책임에 관한 법률」이 정하는 바에 따라 변상책임이 있는 경우를 의미한다. 보기의 내용은 『현지조치』에 대한 설명이다.

㉢ ✗ 『시정 요구』란 감사 결과 위법 또는 부당하다고 인정되는 사실이 있어 추징·회수·환급·추급 또는 원상복구 등이 필요하다고 인정되는 경우를 의미한다. 보기의 내용은 『개선 요구』에 대한 설명이다.

㉣ ✗ 『개선 요구』란 감사결과 법령상·제도상 또는 행정상 모순이 있거나 그 밖에 개선할 사항이 있다고 인정되는 경우를 의미한다. 보기의 내용은 『권고』에 대한 설명이다.

참고 감사결과의 처리기준(『경찰청 감사 규칙』)

구 분	내 용(동 규칙 제10조).
징계·문책 요구	「국가공무원법」과 그 밖의 법령에 규정된 징계 또는 문책사유에 해당하거나 정당한 사유 없이 자체검사를 거부하거나 자료의 제출을 게을리한 경우
시정 요구	감사 결과 위법 또는 부당하다고 인정되는 사실이 있어 추징·회수·환급·추급 또는 원상복구 등이 필요하다고 인정되는 경우
경고·주의 요구	감사결과 위법 또는 부당하다고 인정되는 사실이 있으나 그 정도가 징계 또는 문책사유에 이르지 아니할 정도로 경미하거나, 감사기관대상 또는 부서에 대한 제재가 필요한 경우
개선 요구	감사결과 법령상·제도상 또는 행정상 모순이 있거나 그 밖에 개선할 사항이 있다고 인정되는 경우
권 고	감사결과 문제점이 인정되는 사실이 있어 그 대안을 제시하고 감사대상기관의 장 등으로 하여금 개선방안을 마련하도록 할 필요가 있는 경우
통 보	감사결과 비위 사실이나 위법 또는 부당하다고 인정되는 사실이 있으나 제1호부터 제5호까지의 요구를 하기에 부적합하여 감사대상기관 또는 부서에서 자율적으로 처리할 필요가 있다고 인정되는 경우
변상명령	변상책임이 있는 경우
고 발	감사결과 범죄 혐의가 있다고 인정되는 경우
현지조치	감사결과 경미한 지적사항으로서 현지에서 즉시 시정·개선조치가 필요한 경우

0761

경찰통제에 대한 설명으로 가장 적절하지 않은 것은?

| 20년 2차 순경 |

① 국가경찰위원회제도와 국민감사청구제도는 경찰행정에 대하여 국민들의 참여를 보장하는 민주적 통제장치이다.
② 경찰의 위법행위에 대한 국가배상판결이나 행정심판에 의한 통제는 사법통제이며, 국가인권위원회와 국민권익위원회에 의한 통제는 행정통제이다.
③ 상급기관이 갖는 훈령권·직무명령권은 하급기관의 위법이나 재량권 행사의 오류를 시정할 수 있는 내부적 통제장치이다.
④ 국회가 갖는 입법권과 예산심의권은 사전통제에 해당하나 예산결산권과 국정감사·조사권은 사후통제에 해당한다.

- **정답** ②
- **난이도** 하 중 상
- **해설** ①, ③, ④는 옳은 설명이며, ②는 틀린 설명이다.
  ② ✗ 경찰의 위법행위에 대한 국가배상판결은 사법부에 의한 통제에 해당하며, 행정심판에 의한 통제는 행정부에 의한 통제에 해당한다. 국가인권위원회와 국민권익위원회에 의한 통제는 행정통제(행정부에 의한 통제)이다.

0762

경찰통제의 유형이 가장 바르게 연결된 것은?

| 19년 1차 순경 변형 |

① 내부통제 : 청문감사관 제도, 국가경찰위원회, 직무명령권
② 외부통제 : 국민권익위원회, 소청심사위원회, 국민감사청구제도
③ 사전통제 : 행정예고제, 상급기관의 하급기관에 대한 감독권
④ 사후통제 : 사법부에 의한 사법심사, 국회의 입법권·예산심의권

- **정답** ②
- **난이도** 하 중 상
- **해설** ②는 옳은 설명이며, ①, ③, ④는 틀린 설명이다.
  ① ✗ 청문감사관 제도와 직무명령권은 내부통제에 해당하나, 국가경찰위원회는 외부통제에 해당한다.
  ③ ✗ 행정예고제도는 사전통제에 해당하나, 상급기관의 하급기관에 대한 감독권·감사권 등은 사후통제에 해당한다.
  ④ ✗ 사법부에 의한 사법심사는 사후통제에 해당하나, 국회의 입법권·예산심의권은 사전통제에 해당한다.

0763

「경찰청 감사 규칙」에 대한 설명으로 가장 옳지 않은 것은? | 18년 3차 순경 변형 |

① 감사의 종류는 종합감사, 특정감사, 재무감사, 성과감사, 복무감사, 일상감사로 구분한다.
② 종합감사의 주기는 1년에서 3년까지 하되, 치안수요 등을 고려하여 조정 실시한다
③ 경찰청 감사관은 감사계획 수립에 필요한 경우 시·도자치경찰위원회 및 시·도경찰청장과 감사일정을 협의하여야 한다.
④ 감사관은 매년 1월말까지 연간 감사계획을 수립하여 감사대상기관에 통보한다.

- **정답** ④
- **난이도** 하 중 상
- **해설** ①, ②, ③은 옳은 설명이며, ④는 틀린 설명이다.
  ④ ✗ 감사관은 매년 2월말까지 연간 감사계획을 수립하여 감사대상기관에 통보한다(「경찰청 감사 규칙」 제5조 제2항).

참고 감사의 종류 및 주기(「경찰청 감사 규칙」)

감사의 종류	감사의 종류는 ㉠ 종합감사, ㉡ 특정감사, ㉢ 재무감사, ㉣ 성과감사, ㉤ 복무감사, ㉥ 일상감사로 구분한다(동 규칙 제4조 제1항).
감사의 주기 (종합감사)	종합감사의 주기는 1년에서 3년까지 하되, 치안수요 등을 고려하여 조정 실시한다. 다만, 직전 또는 당해 연도에 감사원 등 다른 감사기관이 감사를 실시한 감사대상기관에 대해서는 감사의 일부 또는 전부를 실시하지 아니할 수 있다(동 규칙 제4조 제2항).

0764

다음은 「공공기관의 정보공개에 관한 법률」상 이의신청에 대한 설명이다. ㉠부터 ㉤까지에 들어갈 숫자를 모두 합한 값은?

| 18년 2차 순경 |

- 청구인이 정보공개와 관련한 공공기관의 비공개 결정 또는 부분 공개 결정에 대하여 불복이 있거나 정보공개 청구 후 (㉠)일이 경과하도록 정보공개 결정이 없는 때에는 공공기관으로부터 정보공개 여부의 결정 통지를 받은 날 또는 정보공개 청구 후 (㉡)일이 경과한 날부터 (㉢)일 이내에 해당 공공기관에 문서로 이의신청을 할 수 있다.
- 공공기관은 이의신청을 받은 날부터 (㉣)일 이내에 그 이의신청에 대하여 결정하고 그 결과를 청구인에게 지체 없이 문서로 통지하여야 한다. 다만, 부득이한 사유로 정해진 기간 이내에 결정할 수 없을 때에는 그 기간이 끝나는 날의 다음 날부터 기산하여 (㉤)일의 범위에서 연장할 수 있으며, 연장사유를 청구인에게 통지하여야 한다.

① 84
② 90
③ 94
④ 100

정답 ①

해설 ㉠은 20, ㉡은 20, ㉢은 30, ㉣은 7, ㉤은 7이다. 따라서 20 + 20 + 30 + 7 + 7 = 84이다.

㉠, ㉡, ㉢ 청구인이 정보공개와 관련한 ① 공공기관의 비공개 결정 또는 부분 공개 결정에 대하여 불복이 있거나 ② 정보공개 청구 후 20일이 경과하도록 정보공개 결정이 없는 때에는 공공기관으로부터 정보공개 여부의 결정 통지를 받은 날 또는 정보공개 청구 후 20일이 경과한 날부터 30일 이내에 해당 공공기관에 문서로 이의신청을 할 수 있다(「공공기관의 정보공개에 관한 법률」 제18조 제1항).

㉣, ㉤ 공공기관은 이의신청을 받은 날부터 7일 이내에 그 이의신청에 대하여 결정하고 그 결과를 청구인에게 지체 없이 문서로 통지하여야 한다. 다만, 부득이한 사유로 정해진 기간 이내에 결정할 수 없을 때에는 그 기간이 끝나는 날의 다음 날부터 기산(그 기간이 끝난 날부터 기산 ×)하여 7일의 범위에서 연장할 수 있으며, 연장 사유를 청구인에게 통지하여야 한다(「공공기관의 정보공개에 관한 법률」 제18조 제3항).

참고 이의신청(「공공기관의 정보공개에 관한 법률」)

이의신청 기간	청구인이 정보공개와 관련한 ㉠ 공공기관의 비공개 결정 또는 부분공개 결정에 대하여 불복이 있거나 ㉡ 정보공개 청구 후 20일이 경과하도록 정보공개 결정이 없는 때에는 공공기관으로부터 정보공개 여부의 결정 통지를 받은 날 또는 정보공개 청구 후 20일이 경과한 날부터 30일 이내에 해당 공공기관에 문서로 이의신청을 할 수 있다(동법 제18조 제1항).
이의신청에 대한 결정	① 공공기관은 이의신청을 받은 날부터 7일 이내에 그 이의신청에 대하여 결정하고 그 결과를 청구인에게 지체 없이 문서로 통지하여야 한다. 다만, 부득이한 사유로 정해진 기간 이내에 결정할 수 없을 때에는 그 기간이 끝나는 날의 다음 날부터 기산하여 7일의 범위에서 연장할 수 있으며, 연장사유를 청구인에게 통지하여야 한다(동법 제18조 제3항). ② 공공기관은 이의신청을 각하 또는 기각하는 결정을 한 경우에는 청구인에게 행정심판 또는 행정소송을 제기할 수 있다는 사실을 알려야 한다(동법 제18조 제4항).

0765

「공공기관의 정보공개에 관한 법률」에 대한 설명으로 가장 적절하지 <u>않은</u> 것은? | 17년 1차 순경 |

① 공공기관이 보유·관리하는 정보는 국민의 알권리 보장 등을 위하여 이 법에서 정하는 바에 따라 적극적으로 공개하여야 한다.
② 청구인이 정보공개와 관련한 공공기관의 결정에 대하여 불복이 있거나 정보공개 청구 후 20일이 경과하도록 정보공개 결정이 없는 때에는 「행정심판법」에서 정하는 바에 따라 행정심판을 청구할 수 있다.
③ 공공기관은 청구인의 정보공개청구가 있을 때에는 원칙적으로 청구를 받은 날부터 10일 이내에 공개 여부를 결정하여야 한다.
④ 공공기관은 이의신청을 받은 날부터 7일 이내에 그 이의신청에 대하여 결정하고 그 결과를 청구인에게 지체 없이 문서로 통지하여야 한다. 다만, 부득이한 사유로 정하여진 기간 이내에 결정할 수 없을 때에는 그 기간이 끝나는 날부터 기산하여 7일의 범위에서 연장할 수 있으며, 연장 사유를 청구인에게 통지하여야 한다.

정답 ④

난이도

해설 ①, ②, ③은 옳은 설명이며, ④는 틀린 설명이다.
④ ✗ 공공기관은 이의신청을 받은 날부터 7일 이내에 그 이의신청에 대하여 결정하고 그 결과를 청구인에게 지체 없이 문서로 통지하여야 한다. 다만, 부득이한 사유로 정하여진 기간 이내에 결정할 수 없을 때에는 그 기간이 끝나는 날의 다음 날부터 기산(그 기간이 끝난 날부터 기산 ×)하여 7일의 범위에서 연장할 수 있으며, 연장 사유를 청구인에게 통지하여야 한다(「공공기관의 정보공개에 관한 법률」 제18조 제3항).

참고 정보공개 여부의 결정(「공공기관의 정보공개에 관한 법률」)

① 공공기관은 정보공개의 청구를 받으면 그 청구를 받은 날부터 10일 이내에 공개 여부를 결정하여야 한다(동법 제11조 제1항).
② 공공기관은 부득이한 사유로 위의 기간 이내에 공개 여부를 결정할 수 없을 때에는 그 기간이 끝나는 날의 다음 날부터 기산하여 10일의 범위에서 공개 여부 결정기간을 연장할 수 있다. 이 경우 공공기관은 연장된 사실과 연장 사유를 청구인에게 지체 없이 문서로 통지하여야 한다(동법 제11조 제2항).
③ 공공기관은 공개 청구된 공개 대상정보의 전부 또는 일부가 제3자와 관련이 있다고 인정할 때에는 그 사실을 제3자에게 지체 없이 통지하여야 하며, 필요한 경우에는 그 의견을 들을 수 있다(동법 제11조 제3항).

0766

「경찰 감찰 규칙」에 대한 설명으로 가장 적절한 것은?

| 17년 1차 순경 변형 |

① 감찰관은 심야(오후 10시부터 오전 6시까지를 말한다)에 조사를 하여서는 아니 된다. 다만, 사안에 따라 신속한 조사가 필요하고, 조사대상자로부터 심야조사 동의서를 받은 경우에는 심야에도 조사할 수 있다.

② 감찰관은 소속 경찰기관의 관할구역 안에서 활동하는 것을 원칙으로 한다. 다만, 상급 경찰기관의 장의 지시가 있는 경우에는 관할구역 밖에서도 활동할 수 있다.

③ 감찰관은 검찰·경찰, 그 밖의 수사기관으로부터 수사개시 통보를 받은 경우에는 징계의결 요구권자의 결재를 받아 해당 기관으로부터 수사결과의 통보를 받을 때까지 감찰조사, 징계의결요구 등의 절차를 진행해야 한다.

④ 감찰관은 감찰조사를 실시하기 전에 조사대상자에게 의무위반행위 사실의 요지를 알릴 수 없지만 다른 감찰관의 참여를 요구할 수 있음은 고지하여야 한다.

- **정답** ②
- **난이도**
- **해설** ②는 옳은 설명이며, ①, ③, ④는 틀린 설명이다.
  - ① ✗ 감찰관은 심야(자정부터 오전 6시까지를 말한다)에 조사를 하여서는 아니 된다(「경찰 감찰 규칙」 제32조 제1항). 감찰관은 조사대상자 또는 그 변호인의 심야조사 요청이 있는 경우에는 예외적으로 심야조사를 할 수 있다. 이 경우 심야조사의 사유를 조서에 명확히 기재하여야 한다(「경찰 감찰 규칙」 제32조 제2항).
  - ③ ✗ 감찰관은 검찰·경찰, 그 밖의 수사기관으로부터 수사개시 통보를 받은 경우에는 징계의결 요구권자의 결재를 받아 해당 기관으로부터 수사결과의 통보를 받을 때까지 감찰조사, 징계의결 요구 등의 절차를 진행하지 아니할 수 있다(「경찰 감찰 규칙」 제36조 제2항).
  - ④ ✗ 감찰관은 감찰조사를 실시하기 전에 조사대상자에게 의무위반행위 사실의 요지를 알려야 한다(「경찰 감찰 규칙」 제29조 제1항).

참고 감찰사건의 처리(「경찰 감찰 규칙」)

기관통보사건	① 감찰관은 다른 경찰기관 또는 검찰, 감사원 등 다른 행정기관으로부터 통보받은 소속공무원의 의무위반행위에 대해서는 통보받은 날로부터 1개월 이내에 신속히 처리하여야 한다(동 규칙 제36조 제1항). ② 처리기간(1개월 이내)의 연장규정은 없다. ③ 감찰관은 검찰·경찰, 그 밖의 수사기관으로부터 수사개시 통보를 받은 경우에는 징계의결요구권자의 결재를 받아 해당 기관으로부터 수사결과의 통보를 받을 때까지 감찰조사, 징계의결요구 등의 절차를 진행하지 아니할 수 있다(동 규칙 제36조 제2항).

0767

「경찰 감찰 규칙」에 대한 설명으로 가장 적절하지 <u>않은</u> 것은?

| 16년 2차 순경 변형 |

① 경찰기관장은 1년 이상 성실히 근무한 감찰관에 대해서는 희망부서를 고려하여 전보한다.
② 감찰관은 소속 경찰공무원 등의 의무위반사실에 대한 민원을 접수하였을 때에는 접수일로부터 2개월 내에 신속히 처리하여야 한다.
③ 감찰관은 심야(오후 10시부터 오전 6시까지를 말한다)에 조사를 하여서는 아니 된다. 다만, 사안에 따라 신속한 조사가 필요하고, 조사대상자로부터 심야조사 동의서를 받은 경우에는 심야에도 조사할 수 있다.
④ 경찰기관의 장은 상급 경찰기관의 장의 지시에 따라 소속 감찰관으로 하여금 일정기간 동안 다른 경찰기관 소속 직원의 복무실태, 업무추진 실태 등을 점검하게 할 수 있다.

- **정답** ③
- **난이도**
- **해설** ①, ②, ④는 옳은 설명이며, ③은 틀린 설명이다.
  ③ ✗ 감찰관은 심야(자정부터 오전 6시까지를 말한다)에 조사를 하여서는 아니 된다(「경찰 감찰 규칙」 제32조 제1항). 감찰관은 조사대상자 또는 그 변호인의 심야조사 요청이 있는 경우에는 예외적으로 심야조사를 할 수 있다. 이 경우 심야조사의 사유를 조서에 명확히 기재하여야 한다(「경찰 감찰 규칙」 제32조 제2항).

참고	심야조사의 금지 및 휴식시간의 부여(「경찰 감찰 규칙」)
심야조사의 금지	① 감찰관은 심야(자정부터 오전 6시까지를 말한다)에 조사를 하여서는 아니 된다(동 규칙 제32조 제1항). ② 감찰관은 조사대상자 또는 그 변호인의 심야조사 요청이 있는 경우에는 예외적으로 심야조사를 할 수 있다. 이 경우 심야조사의 사유를 조서에 명확히 기재하여야 한다(동 규칙 제32조 제2항).
휴식시간의 부여	① 감찰관은 조사에 장시간이 소요되는 경우 특별한 사정이 없는 한 **조사 도중에 최소한 2시간마다 10분 이상**의 휴식시간을 부여하여 조사대상자가 피로를 회복할 수 있도록 노력하여야 한다(동 규칙 제33조 제1항). ② 감찰관은 조사대상자가 조사 도중에 휴식시간을 요청하는 때에는 조사에 소요된 시간, 조사대상자의 건강상태 등을 고려하여 적정하다고 판단될 경우 휴식시간을 부여하여야 한다(동 규칙 제33조 제2항). ③ 감찰관은 조사 중인 조사대상자의 건강상태에 이상 징후가 발견되면 의사의 진료를 받게 하거나 휴식을 취하게 하는 등 필요한 조치를 취하여야 한다(동 규칙 제33조 제3항).

0768

「공공기관의 정보공개에 관한 법률」상 불복절차에 관한 다음 설명 중 가장 적절하지 않은 것은?

| 16년 1차 순경 |

① 공공기관은 이의신청을 받은 날부터 10일 이내에 그 이의신청에 대하여 결정하고 그 결과를 청구인에게 지체 없이 문서로 통지하여야 한다. 다만, 부득이한 사유로 정하여진 기간 이내에 결정할 수 없을 때에는 그 기간이 끝나는 날의 다음 날부터 기산하여 10일의 범위에서 연장할 수 있으며, 연장 사유를 청구인에게 통지하여야 한다.
② 청구인이 정보공개와 관련한 공공기관의 결정에 대하여 불복이 있거나 정보공개 청구 후 20일이 경과하도록 정보공개 결정이 없는 때에는 「행정심판법」에서 정하는 바에 따라 행정심판을 청구할 수 있다.
③ 청구인은 이의신청 절차를 거치지 아니하고 행정심판을 청구할 수 있다.
④ 청구인이 정보공개와 관련한 공공기관의 결정에 대하여 불복이 있거나 정보공개 청구 후 20일이 경과하도록 정보공개 결정이 없는 때에는 「행정소송법」에서 정하는 바에 따라 행정소송을 제기할 수 있다.

- **정답** ①
- **난이도** 하 중 상
- **해설** ②, ③, ④는 옳은 설명이며, ①은 틀린 설명이다.
  ① ✗ 공공기관은 이의신청을 받은 날부터 7일 이내에 그 이의신청에 대하여 결정하고 그 결과를 청구인에게 지체 없이 문서로 통지하여야 한다. 다만, 부득이한 사유로 정하여진 기간 이내에 결정할 수 없을 때에는 그 기간이 끝나는 날의 다음 날부터 기산(그 기간이 끝난 날부터 기산 ×)하여 7일의 범위에서 연장할 수 있으며, 연장 사유를 청구인에게 통지하여야 한다(「공공기관의 정보공개에 관한 법률」 제18조 제3항).

참고 정보공개 불복 구제절차 – 행정심판, 행정소송(「공공기관의 정보공개에 관한 법률」)

행정심판	청구인은 정보공개와 관련한 공공기관의 결정에 대하여 불복이 있거나 정보공개 청구 후 20일이 경과하도록 정보공개 결정이 없는 때에는 이의신청 절차를 거치지 아니하고도 「행정심판법」에서 정하는 바에 따라 행정심판을 청구할 수 있다(동법 제19조 제1항 및 제2항).
행정소송	① 청구인이 정보공개와 관련한 공공기관의 결정에 대하여 불복이 있거나 정보공개 청구 후 20일이 경과하도록 정보공개 결정이 없는 때에는 「행정소송법」에서 정하는 바에 따라 행정소송을 제기할 수 있다(동법 제20조 제1항). ② 재판장은 필요하다고 인정하면 당사자를 참여시키지 아니하고 제출된 공개 청구 정보를 비공개로 열람·심사할 수 있다(동법 제20조 제2항).

0769

「공공기관의 정보공개에 관한 법률」에 대한 설명으로 틀린 것은 모두 몇 개인가?

| 15년 3차 순경 |

㉠ 공공기관이 보유·관리하는 정보는 국민의 알권리 보장 등을 위하여 이 법에서 정하는 바에 따라 적극적으로 공개하여야 한다.
㉡ 모든 국민은 정보의 공개를 청구할 권리를 가진다. 외국인의 정보공개 청구에 관하여는 대통령령으로 정한다.
㉢ 청구인이 정보공개와 관련한 공공기관의 비공개 결정 또는 부분 공개 결정에 대하여 불복이 있거나 정보공개 청구 후 20일이 경과하도록 정보공개 결정이 없는 때에는 공공기관으로부터 정보공개 여부의 결정 통지를 받은 날 또는 정보공개 청구 후 20일이 경과한 날부터 30일 이내에 해당 공공기관에 문서로 이의신청을 할 수 있다.
㉣ 정보공개위원회는 위원장과 부위원장 각 1명을 포함한 7명의 위원으로 구성한다. 이 경우 위원장을 포함한 5명은 공무원이 아닌 사람으로 위촉할 수 있다.
㉤ 행정안전부장관은 정보공개위원회가 정보공개제도의 효율적 운영을 위하여 필요하다고 요청하면 공공기관(국회·법원·헌법재판소 및 중앙선거관리위원회를 포함한다)의 정보공개제도 운영실태를 평가할 수 있다.

① 1개 ② 2개
③ 3개 ④ 4개

정답 ②

난이도

해설 ㉠, ㉡, ㉢은 옳은 설명이며, ㉣, ㉤은 틀린 설명이다.

㉣ ✗ 「정보공개위원회」는 성별을 고려하여 위원장과 부위원장 각 1명을 포함한 11명의 위원으로 구성한다(「공공기관의 정보공개에 관한 법률」 제23조 제1항). 이 경우 위원장을 포함한 7명은 공무원이 아닌 사람으로 위촉하여야 한다(「공공기관의 정보공개에 관한 법률」 제23조 제2항).

㉤ ✗ 행정안전부장관은 정보공개위원회가 정보공개제도의 효율적 운영을 위하여 필요하다고 요청하면 공공기관(국회·법원·헌법재판소 및 중앙선거관리위원회는 제외한다)의 정보공개제도 운영실태를 평가할 수 있다(「공공기관의 정보공개에 관한 법률」 제24조 제2항).

참고 정보공개제도의 총괄(「공공기관의 정보공개에 관한 법률」)

① 행정안전부장관은 정보공개제도의 정책 수립 및 제도 개선 사항 등에 관한 기획·총괄 업무를 관장한다(동법 제24조 제1항).
② 행정안전부장관은 위원회가 정보공개제도의 효율적 운영을 위하여 필요하다고 요청하면 공공기관(국회, 법원, 헌법재판소 및 중앙선거관리위원회는 제외한다)의 정보공개제도 운영실태를 평가할 수 있다(동법 제24조 제2항).
③ 행정안전부장관은 평가를 실시한 경우에는 그 결과를 위원회를 거쳐 국무회의에 보고한 후 공개하여야 한다(동법 제24조 제3항).
④ 행정안전부장관은 정보공개에 관하여 필요할 경우에 공공기관의 장에게 정보공개 처리 실태의 개선을 권고할 수 있다(동법 제24조 제4항).

0770

「공공기관의 정보공개에 관한 법률」에 관한 다음 설명 중 가장 적절하지 않은 것은? | 15년 2차 순경 |

① 모든 국민은 정보의 공개를 청구할 권리를 가진다.
② 공공기관이 보유·관리하는 정보는 국민의 알권리 보장 등을 위하여 이 법에서 정하는 바에 따라 적극적으로 공개하여야 한다.
③ 공공기관은 정보공개의 청구를 받으면 그 청구를 받은 날부터 10일 이내에 공개 여부를 결정하여야 한다.
④ 정보의 공개 및 우송 등에 드는 비용은 실비의 범위에서 공공기관이 부담한다.

- 정답 ④
- 난이도 상 중 하
- 해설 ①, ②, ③은 옳은 설명이며, ④는 틀린 설명이다.
  ④ ✗ 정보의 공개 및 우송 등에 소요되는 비용은 실비의 범위 안에서 청구인이 부담한다(「공공기관의 정보공개에 관한 법률」 제17조 제1항). 공개를 청구하는 정보의 사용 목적이 공공복리의 유지·증진을 위하여 필요하다고 인정되는 경우에는 비용을 감면할 수 있다(「공공기관의 정보공개에 관한 법률」 제17조 제2항).

0771

경찰통제의 유형 중 가장 적절하게 연결된 것은? | 23년 승진 |

① 민주적 통제 – 국가경찰위원회, 국민감사청구, 국가배상제도
② 사전통제 – 입법예고제, 국회의 예산심의권, 사법부의 사법심사
③ 외부통제 – 소청심사위원회, 행정소송, 훈령권
④ 사후통제 – 행정심판, 국정감사·조사권, 국회의 예산결산권

- 정답 ④
- 난이도 상 중 하
- 해설 ④는 옳은 설명이며, ①, ②, ③은 틀린 설명이다.
  ① ✗ 국가경찰위원회와 국민감사청구제도는 민주적 통제에 해당하나, 국가배상제도는 사법적 통제에 해당한다.
  ② ✗ 입법예고제도와 국회의 예산심의권은 사전통제에 해당하나, 사법부의 사법심사는 사후통제에 해당한다.
  ③ ✗ 소청심사위원회(행정부에 의한 통제)와 행정소송(사법부에 의한 통제)은 외부통제에 해당하나, 훈령권은 내부통제에 해당한다.

0772

「공공기관의 정보공개에 관한 법률」상 정보공개의 절차상 내용으로 가장 적절하지 않은 것은?

| 23년 승진 |

① 공공기관은 비공개대상 정보에 해당하는 정보가 기간의 경과 등으로 인하여 비공개의 필요성이 없어진 경우에는 그 정보를 공개대상으로 하여야 한다.
② 정보의 공개를 청구하는 자는 해당 정보를 보유하거나 관리하고 있는 공공기관에 정보공개청구서를 제출하거나 말로써 정보의 공개를 청구할 수 있다.
③ 공공기관은 부득이한 사유로 정보공개의 청구를 받은 날부터 10일 이내에 공개 여부를 결정할 수 없을 때에는 그 기간이 끝나는 날부터 기산하여 10일의 범위에서 공개 여부 결정기간을 연장할 수 있다. 이 경우 공공기관은 연장된 사실과 연장사유를 청구인에게 지체 없이 문서로 통지하여야 한다.
④ 청구인이 공개청구한 정보가 비공개대상 정보에 해당하는 부분과 공개 가능한 부분이 혼합되어 있는 경우 공개청구의 취지에 어긋나지 아니하는 범위에서 두 부분을 분리할 수 있는 경우에는 비공개대상 정보에 해당하는 부분을 제외하고 공개하여야 한다.

정답 ③

난이도 하 중 상

해설 ①, ②, ④는 옳은 설명이며, ③은 틀린 설명이다.
③ ✗ 공공기관은 정보공개의 청구를 받으면 그 청구를 받은 날부터 10일 이내에 공개 여부를 결정하여야 한다(「공공기관의 정보공개에 관한 법률」 제11조 제1항). 공공기관은 부득이한 사유로 위의 기간 이내에 공개 여부를 결정할 수 없을 때에는 그 기간이 끝나는 날의 다음 날부터 기산(그 기간이 끝난 날부터 기산 ✗)하여 10일의 범위에서 공개 여부 결정기간을 연장할 수 있다. 이 경우 공공기관은 연장된 사실과 연장 사유를 청구인에게 지체 없이 문서로 통지하여야 한다(「공공기관의 정보공개에 관한 법률」 제11조 제2항).

참고 부분공개(「공공기관의 정보공개에 관한 법률」)
공개 청구한 정보가 비공개 대상정보에 해당하는 부분과 공개 가능한 부분이 혼합되어 있는 경우로서 공개 청구의 취지에 어긋나지 아니하는 범위에서 두 부분을 분리할 수 있는 경우에는 비공개 대상정보를 제외하고 공개하여야 한다(동법 제14조).

0773

「공공기관의 정보공개에 관한 법률」과 관련된 설명으로 가장 적절하지 않은 것은?

| 21년 승진 |

① 민원인이 경찰관서에서 현재 수사 중인 '폭력단체 현황'에 대한 정보공개를 요청한 경우, 국민의 알 권리를 충족시킨다는 차원에서 해당 정보를 공개하여야 한다.
② 공공기관은 비공개 대상 정보가 기간의 경과 등으로 인하여 비공개의 필요성이 없어진 경우에는 그 정보를 공개대상으로 하여야 한다.
③ 공공기관은 부득이한 사유로 정보공개의 청구를 받은 날부터 10일 이내에 공개 여부를 결정할 수 없을 때에는 그 기간이 끝나는 날의 다음 날부터 기산하여 10일의 범위에서 공개 여부 결정기간을 연장할 수 있다.
④ 공공기관은 공개 청구된 공개 대상 정보의 전부 또는 일부가 제3자와 관련이 있다고 인정할 때에는 그 사실을 제3자에게 지체 없이 통지하여야 하며, 통지를 받은 제3자는 그 통지를 받은 날부터 3일 이내에 해당 공공기관에 자신과 관련된 정보를 공개하지 아니할 것을 요청할 수 있다.

- **정답** ①
- **난이도**
- **해설** ②, ③, ④는 옳은 설명이며, ①은 틀린 설명이다.
  ① ✗ 진행 중인 재판에 관련된 정보와 범죄의 예방, 수사, 공소의 제기 및 유지, 형의 집행, 교정, 보안처분에 관한 사항으로서 공개될 경우 그 직무수행을 현저히 곤란하게 하거나 형사피고인의 공정한 재판을 받을 권리를 침해한다고 인정할 만한 상당한 이유가 있는 정보는 공개하지 아니할 수 있다(「공공기관의 정보공개에 관한 법률」 제9조 제1항 제4호). 또한 판례는 경찰의 ⊙ 보안관찰 관련 통계자료, ⓒ 폭력단체 현황에 관한 정보 등을 비공개대상정보로 인정하고 있다.

참고 정보공개의 적용범위(「공공기관의 정보공개에 관한 법률」)

원칙	① 정보의 공개에 관하여는 다른 법률에 특별한 규정이 있는 경우를 제외하고는 이 법에서 정하는 바에 따른다(동법 제4조 제1항). ② 지방자치단체는 그 소관 사무에 관하여 법령의 범위에서 정보공개에 관한 조례를 정할 수 있다(동법 제4조 제2항).
예외	국가안전보장에 관련되는 정보 및 보안 업무를 관장하는 기관에서 국가안전보장과 관련된 정보의 분석을 목적으로 수집하거나 작성한 정보에 대해서는 이 법을 적용하지 아니한다. 다만, 정보목록의 작성 · 비치 및 공개에 대해서는 그러하지 아니하다(동법 제4조 제3항).
판례	① 판례는 ⊙ 국공립학교에서의 성적평가에 관한 사항, ⓒ 조세의 부과징수 또는 환급에 관한 사항, ⓒ 학력기능 및 채용에 관한 사항 등을 공개대상정보로 인정하였다. ② 판례는 ⊙ 경찰의 보안관찰 관련 통계자료, ⓒ 폭력단체 현황에 관한 정보 등을 비공개대상정보로 인정하였다.

0774

「경찰 감찰 규칙」에 대한 설명으로 가장 적절하지 않은 것은? | 21년 승진 |

① 감찰관은 소속 경찰기관의 관할구역 안에서 활동하여야 하나, 상급 경찰기관의 장의 지시가 있는 경우에는 관할구역 밖에서도 활동할 수 있다.
② 감찰관은 소속공무원의 의무위반행위에 관한 단서(현장인지, 진정·탄원 등을 포함한다)를 수집·접수한 경우 소속 경찰기관의 감찰부서장에게 보고하여야 한다.
③ 경찰기관의 장은 감찰관이 제5조에 따른 결격사유에 해당되는 것으로 밝혀졌을 경우와 제7조 제1항 각 호의 어느 하나에 해당하는 경우를 제외하고는 3년 이내에 본인의 의사에 반하여 전보하여서는 아니 된다. 다만, 승진 등 인사관리상 필요한 경우에는 그러하지 아니하다.
④ 경찰기관의 장은 1년 이상 성실히 근무한 감찰관에 대해서는 희망부서를 고려하여 전보한다.

정답 ③

난이도 하 중 상

해설 ①, ②, ④는 옳은 설명이며, ③은 틀린 설명이다.
③ ✗ 경찰기관의 장은 다음의 경우를 제외하고는 <u>2년 이내</u>에 본인의 의사에 반하여 전보하여서는 아니 된다. 다만, 승진 등 인사관리상 필요한 경우에는 그러하지 아니하다(「경찰 감찰 규칙」 제7조 제1항).
㉠ 결격사유에 해당되는 것으로 밝혀졌을 경우
㉡ 징계사유가 있는 경우
㉢ 형사사건에 계류된 경우
㉣ 질병 등으로 감찰업무를 수행할 수 없거나 직무수행 능력이 현저히 부족하다고 판단되는 경우
㉤ 고압·권위적인 감찰활동을 반복하여 물의를 야기한 경우

0775

「경찰청 감사 규칙」상 감사결과의 조치기준에 대한 설명으로 옳은 것을 모두 고른 것은?

| 20년 승진 변형 |

> ㉠ 시정요구 – 감사 결과 법령상·제도상 또는 행정상 모순이 있거나 그 밖에 개선할 사항이 있다고 인정되는 경우
> ㉡ 권고 – 감사결과 문제점이 인정되는 사실이 있어 그 대안을 제시하고 피감사기관의 장 등으로 하여금 개선방안을 마련하도록 할 필요가 있는 경우
> ㉢ 징계 또는 문책 요구 – 국가공무원법과 그 밖의 법령에 규정된 징계 또는 문책사유에 해당하거나 정당한 사유 없이 자체감사를 거부하거나 자료의 제출을 게을리한 경우
> ㉣ 변상명령 – 감사결과 위법 또는 부당하다고 인정되는 사실이 있어 추징·회수·환급·추급 또는 원상복구 등이 필요하다고 인정되는 경우

① ㉠, ㉡
② ㉡, ㉢
③ ㉠, ㉢
④ ㉢, ㉣

- **정답** ②
- **난이도** 하 중 상
- **해설** ㉡, ㉢은 옳은 설명이며, ㉠, ㉣은 틀린 설명이다.
  - ㉠ ✗ 「시정요구」는 감사 결과 위법 또는 부당하다고 인정되는 사실이 있어 추징·회수·환급·추급 또는 원상복구 등이 필요하다고 인정되는 경우이다.
  - ㉣ ✗ 「변상명령」은 「회계관계직원 등의 책임에 관한 법률」이 정하는 바에 따라 변상책임이 있는 경우이다.

참고 감사결과의 처리기준(「경찰청 감사 규칙」)

구 분	내 용(동 규칙 제10조).
징계·문책 요구	「국가공무원법」과 그 밖의 법령에 규정된 징계 또는 문책사유에 해당하거나 정당한 사유 없이 자체검사를 거부하거나 자료의 제출을 게을리한 경우
시정 요구	감사 결과 위법 또는 부당하다고 인정되는 사실이 있어 추징·회수·환급·추급 또는 원상복구 등이 필요하다고 인정되는 경우
경고·주의 요구	감사결과 위법 또는 부당하다고 인정되는 사실이 있으나 그 정도가 징계 또는 문책사유에 이르지 아니할 정도로 경미하거나, 감사기관대상 또는 부서에 대한 제재가 필요한 경우
개선 요구	감사결과 법령상·제도상 또는 행정상 모순이 있거나 그 밖에 개선할 사항이 있다고 인정되는 경우
권 고	감사결과 문제점이 인정되는 사실이 있어 그 대안을 제시하고 감사대상기관의 장 등으로 하여금 개선방안을 마련하도록 할 필요가 있는 경우
통 보	감사결과 비위 사실이나 위법 또는 부당하다고 인정되는 사실이 있으나 제1호부터 제5호까지의 요구를 하기에 부적합하여 감사대상기관 또는 부서에서 자율적으로 처리할 필요가 있다고 인정되는 경우
변상명령	변상책임이 있는 경우
고 발	감사결과 범죄 혐의가 있다고 인정되는 경우
현지조치	감사결과 경미한 지적사항으로서 현지에서 즉시 시정·개선조치가 필요한 경우

0776

「공공기관의 정보공개에 관한 법률」에 대한 설명으로 가장 적절한 것은? | 20년 승진 |

① 정보의 공개를 청구하는 자는 해당 정보를 보유하거나 관리하고 있는 공공기관에 대하여 서면으로만 정보공개를 청구할 수 있다.
② 정보의 공개 및 우송 등에 드는 비용은 실비의 범위에서 정보공개청구를 받은 행정청이 부담한다.
③ 청구인이 정보공개와 관련한 공공기관의 결정에 대하여 불복하는 경우 이의신청 절차를 거치지 않아도 행정심판을 청구할 수 있다.
④ 공공기관은 정보공개 청구를 받으면 그 청구를 받은 날부터 7일 이내에 공개 여부를 결정하여야 한다.

정답 ③

난이도

해설 ③은 옳은 설명이며, ①, ②, ④는 틀린 설명이다.

① ❌ 정보의 공개를 청구하는 자는 해당 정보를 보유하거나 관리하고 있는 공공기관에 정보공개청구서를 제출하거나 말로써 정보의 공개를 청구할 수 있다(「공공기관의 정보공개에 관한 법률」 제10조 제1항). 청구인이 말로써 정보의 공개를 청구할 때에는 담당 공무원 또는 담당 임직원의 앞에서 진술하여야 하고, 담당 공무원 등은 정보공개 청구조서를 작성하여 이에 청구인과 함께 기명날인하거나 서명하여야 한다(「공공기관의 정보공개에 관한 법률」 제10조 제2항).

② ❌ 정보의 공개 및 우송 등에 소요되는 비용은 실비의 범위 안에서 청구인이 부담한다(「공공기관의 정보공개에 관한 법률」 제17조 제1항). 공개를 청구하는 정보의 사용 목적이 공공복리의 유지·증진을 위하여 필요하다고 인정되는 경우에는 비용을 감면할 수 있다(「공공기관의 정보공개에 관한 법률」 제17조 제2항).

④ ❌ 공공기관은 정보공개의 청구를 받으면 그 청구를 받은 날부터 10일 이내에 공개 여부를 결정하여야 한다(「공공기관의 정보공개에 관한 법률」 제11조 제1항).

0777

경찰통제에 대한 설명 중 가장 적절하지 않은 것은? | 20년 승진 |

① 19세 이상의 국민은 경찰을 비롯한 공공기관의 사무처리가 법령 위반 또는 부패행위로 인하여 공익을 현저히 해하는 경우 200인 이상의 연서로 감사원에 감사를 청구할 수 있다.
② 국가경찰위원회 제도는 경찰의 주요정책 등에 관하여 심의·의결하는 권한을 가지고 있으므로 민주적 통제에 해당하고, 행정안전부 소속으로 외부적 통제에도 해당한다.
③ 청문감사관 제도는 경찰 내부적 통제이다.
④ 행정절차법은 입법예고, 행정예고 등 행정에 대한 사전통제를 규정하고 있다.

정답 ①

해설 ②, ③, ④는 옳은 설명이며, ①은 틀린 설명이다.

① ✗ 우리나라는 경찰조직의 민주성 확보를 위한 통제로서 『국민감사청구제도』가 도입되어 있다. 18세 이상의 국민은 경찰을 비롯한 공공기관의 사무처리가 법령위반 또는 부패행위로 인하여 공익을 현저히 해하는 경우, 300인 이상의 연서로 감사원에 감사를 청구할 수 있다(「부패방지 및 국민권익위원회의 설치와 운영에 관한 법률」 제72조 제1항). 다만, 수사·재판 및 형집행에 관한 사항 등은 국민감사청구의 대상에서 제외된다.

0778

「경찰 감찰 규칙」상 감찰활동에 대한 설명 중 가장 적절하지 않은 것은?

| 20년 승진 |

① 감찰관은 직무상 조사를 위한 출석, 질문에 대한 답변 및 진술서 제출, 증거품 등 자료 제출, 현지조사의 협조를 구할 수 있다.
② ①과 같은 요구를 받은 소속공무원은 정당한 사유가 없는 한 그 요구에 응하여야 한다.
③ 감찰관은 다른 경찰기관 또는 검찰, 감사원 등 다른 행정기관으로부터 통보받은 소속공무원의 의무위반행위에 대해서는 통보받은 날로부터 1개월 이내에 신속히 처리하여야 한다.
④ 감찰관은 심야(오후 10시부터 오전 6시까지를 말한다)에 조사를 하여서는 아니 된다.

- **정답** ④
- **난이도**
- **해설**

①, ②, ③은 옳은 설명이며, ④는 틀린 설명이다.

④ ❌ 감찰관은 심야(자정부터 오전 6시까지를 말한다)에 조사를 하여서는 아니 된다(「경찰 감찰 규칙」 제32조 제1항). 감찰관은 조사대상자 또는 그 변호인의 심야조사 요청이 있는 경우에는 예외적으로 심야조사를 할 수 있다. 이 경우 심야조사의 사유를 조서에 명확히 기재하여야 한다(「경찰 감찰 규칙」 제32조 제2항).

0779

「공공기관의 정보공개에 관한 법률」에 대한 설명으로 가장 적절한 것은? | 19년 승진 |

① 모든 국민은 정보의 공개를 청구할 권리를 가지며, 공공기관이 보유·관리하는 정보는 국민의 알권리 보장 등을 위하여 이 법에서 정하는 바에 따라 적극적으로 공개할 수 있다.

② 공공기관은 공개 청구된 공개 대상 정보의 전부 또는 일부가 제3자와 관련이 있다고 인정할 때에는 그 사실을 제3자에게 지체 없이 통지하여야 하며, 그의 의견을 들어야 한다.

③ 정보의 공개를 청구하는 자는 해당 정보를 보유하거나 관리하고 있는 공공기관에 대하여 서면으로 정보공개를 청구하여야 한다.

④ 공개될 경우 국민의 생명·신체 및 재산의 보호에 현저한 지장을 초래할 우려가 있다고 인정되는 정보는 공개하지 아니할 수 있다.

정답 ④

난이도

해설 ④는 옳은 설명이며, ①, ②, ③은 틀린 설명이다.

① ✗ 모든 국민은 정보의 공개를 청구할 권리를 가진다(「공공기관의 정보공개에 관한 법률」 제5조 제1항). 공공기관이 보유·관리하는 정보는 국민의 알 권리 보장 등을 위하여 이 법에서 정하는 바에 따라 적극적으로 공개하여야 한다(「공공기관의 정보공개에 관한 법률」 제3조).

② ✗ 공공기관은 공개 청구된 공개 대상 정보의 전부 또는 일부가 제3자와 관련되어 있다고 인정할 때에는 그 사실을 제3자에게 지체 없이 통지하여야 하며, 필요한 경우에는 그의 의견을 청취할 수 있다(「공공기관의 정보공개에 관한 법률」 제11조 제3항). 제3자는 그 통지를 받은 날부터 3일 이내에 해당 공공기관에 대하여 자신과 관련된 정보를 공개하지 아니할 것을 요청할 수 있다(「공공기관의 정보공개에 관한 법률」 제21조 제1항).

③ ✗ 정보의 공개를 청구하는 자는 해당 정보를 보유하거나 관리하고 있는 공공기관에 정보공개청구서를 제출하거나 말로써 정보의 공개를 청구할 수 있다(「공공기관의 정보공개에 관한 법률」 제10조 제1항). 청구인이 말로써 정보의 공개를 청구할 때에는 담당 공무원 또는 담당 임직원의 앞에서 진술하여야 하고, 담당 공무원 등은 정보공개 청구조서를 작성하여 이에 청구인과 함께 기명날인하거나 서명하여야 한다(「공공기관의 정보공개에 관한 법률」 제10조 제2항).

참고 제3자의 보호(「공공기관의 정보공개에 관한 법률」)

제3자에의 통지	① 공개청구된 공개대상 정보의 전부 또는 일부가 제3자와 관련되어 있다고 인정할 때에는 그 사실을 제3자에게 지체 없이 통지하여야 하며, 필요한 경우에는 그의 의견을 청취할 수 있다(동법 제11조 제3항). ② 제3자는 그 통지를 받은 날부터 3일 이내에 해당 공공기관에 대하여 자신과 관련된 정보를 공개하지 아니할 것을 요청할 수 있다(동법 제21조 제1항).
제3자의 불복	제3자의 비공개 요청에도 불구하고 공공기관이 공개 결정을 할 때에는 공개결정 이유와 공개 실시일을 분명히 밝혀 지체 없이 문서로 통지하여야 하며, 제3자는 해당 공공기관에 문서로 이의신청을 하거나 행정심판 또는 행정소송을 제기할 수 있다. 이 경우 이의신청은 통지를 받은 날부터 7일 이내에 하여야 한다(동법 제21조 제2항).
공개 결정일과 공개 실시일	공공기관은 제2항에 따른 공개 결정일과 공개 실시일 사이에 최소한 30일의 간격을 두어야 한다(동법 제21조 제3항).

0780

「공공기관의 정보공개에 관한 법률」에 대한 설명으로 가장 적절한 것은? | 19년 승진 |

① 공공기관이 보유·관리하는 정보는 국민의 알권리 보장 등을 위하여 「공공기관의 정보공개에 관한 법률」에서 정하는 바에 따라 적극적으로 공개하여야 한다.

② 공공기관은 공개 청구된 공개 대상 정보의 전부 또는 일부가 제3자와 관련이 있다고 인정할 때에는 그 사실을 제3자에게 3일 이내에 통지하여야 하며, 필요한 경우에는 그의 의견을 들을 수 있다.

③ 청구인이 정보공개와 관련한 공공기관의 부분 공개 결정에 대하여 불복이 있는 때에는 공공기관으로부터 정보공개 여부의 결정통지를 받은 날부터 20일 이내에 이의신청을 하여야 한다.

④ 공공기관은 이의신청을 받은 날부터 7일 이내에 그 이의신청에 대하여 결정하고 그 결과를 청구인에게 3일 이내에 문서로 통지하여야 한다.

- **정답** ①
- **난이도**
- **해설**

①은 옳은 설명이며, ②, ③, ④는 틀린 설명이다.

② ✗ 공공기관은 공개 청구된 공개 대상 정보의 전부 또는 일부가 제3자와 관련되어 있다고 인정할 때에는 그 사실을 제3자에게 지체 없이 통지하여야 하며, 필요한 경우에는 그의 의견을 청취할 수 있다(「공공기관의 정보공개에 관한 법률」 제11조 제3항). 제3자는 그 통지를 받은 날부터 3일 이내에 해당 공공기관에 대하여 자신과 관련된 정보를 공개하지 아니할 것을 요청할 수 있다(「공공기관의 정보공개에 관한 법률」 제21조 제1항).

③ ✗ 청구인이 정보공개와 관련한 ㉠ 공공기관의 비공개 결정 또는 부분 공개 결정에 대하여 불복이 있거나 ㉡ 정보공개 청구 후 20일이 경과하도록 정보공개 결정이 없는 때에는 공공기관으로부터 정보공개 여부의 결정 통지를 받은 날 또는 정보공개 청구 후 20일이 경과한 날부터 30일 이내에 해당 공공기관에 문서로 이의신청을 할 수 있다(「공공기관의 정보공개에 관한 법률」 제18조 제1항).

④ ✗ 공공기관은 이의신청을 받은 날부터 7일 이내에 그 이의신청에 대하여 결정하고 그 결과를 청구인에게 지체 없이 문서로 통지하여야 한다. 다만, 부득이한 사유로 정하여진 기간 이내에 결정할 수 없을 때에는 그 기간이 끝나는 날의 다음 날부터 기산(그 기간이 끝난 날부터 기산 ×)하여 7일의 범위에서 연장할 수 있으며, 연장 사유를 청구인에게 통지하여야 한다(「공공기관의 정보공개에 관한 법률」 제18조 제3항).

0781

「경찰 감찰 규칙」에 의한 감찰활동에 대한 설명으로 가장 적절하지 않은 것은? | 19년 승진 변형 |

① 경찰기관의 장은 상급 경찰기관의 장의 지시에 따라 소속 감찰관으로 하여금 일정기간 동안 다른 경찰기관 소속 직원의 복무실태, 업무추진 실태 등을 점검하게 할 수 있다.
② 감찰관은 감찰조사를 위해서 의무위반행위와 관련된 경찰공무원 등의 출석을 요구할 때에는 조사기일 3일 전까지 출석요구서 또는 구두로 조사일시, 의무위반행위사실 요지 등을 통지하여야 한다. 다만, 사안이 급박한 경우에는 즉시 조사에 착수할 수 있다.
③ 감찰관은 경찰공무원 등의 의무위반행위에 관한 첩보, 진정·탄원 등이 있을 때 그 사실을 확인한 후 의무위반혐의가 있다고 판단될 때에는 감찰업무 담당 부서장에게 보고하여야 한다. 감찰부서장은 보고를 받은 경우 감찰 대상으로서의 적정성을 검토한 후 감찰활동 착수 여부를 결정하여야 한다.
④ 감찰관은 검찰·경찰, 그 밖의 수사기관으로부터 수사개시 통보를 받은 경우에는 해당 기관으로부터 수사결과의 통보를 받을 때까지 감찰조사, 징계의결요구 등의 절차를 진행해서는 아니 된다.

- **정답** ④
- **난이도** 하 중 상
- **해설** ①, ②, ③은 옳은 설명이며, ④는 틀린 설명이다.
  ④ X 감찰관은 검찰·경찰, 그 밖의 수사기관으로부터 수사개시 통보를 받은 경우에는 징계의결요구권자의 결재를 받아 해당 기관으로부터 수사결과의 통보를 받을 때까지 감찰조사, 징계의결요구 등의 절차를 진행하지 아니할 수 있다(「경찰 감찰 규칙」 제36조 제2항).

참고 감찰활동의 착수 및 감찰활동의 결과의 보고·처리(「경찰 감찰 규칙」)

감찰활동의 착수	① 감찰관은 소속공무원의 의무위반행위에 관한 단서(현장인지, 진정·탄원 등을 포함)를 수집·접수한 경우 소속 경찰기관의 감찰부서장에게 보고(소속 경찰기관의 장 X)하여야 한다(동 규칙 제15조 제1항). ② 「의무위반행위」란 소속공무원이 「국가공무원법」 등 관련 법령 또는 직무상 명령 등에 따른 각종 의무를 위반한 행위를 말한다(동 규칙 제2조 제1호). ③ 감찰부서장은 보고를 받은 경우 감찰 대상으로서의 적정성을 검토한 후 감찰활동 착수 여부를 결정하여야 한다(동 규칙 제15조 제2항).
감찰활동의 결과의 보고·처리	감찰관은 감찰활동 결과 소속공무원의 의무위반행위, 불합리한 제도·관행, 선행·수범직원 등을 발견한 경우 이를 소속 경찰기관의 장에게 보고하여야 한다(동 규칙 제19조 제1항).

0782

「경찰 감찰 규칙」에 대한 설명으로 가장 적절한 것은?

| 18년 승진 변형 |

① 감찰관은 소속 경찰공무원등의 의무위반사실에 대한 민원을 접수하였을 때에는 부득이한 사유로 민원을 기한 내에 처리할 수 없는 경우가 아닌 한 접수일로부터 2개월 내에 신속히 처리하여야 한다.
② 감찰관은 직무상 증거품 등 자료 제출, 현지조사의 협조 등을 요구할 수 있으며, 경찰공무원등은 정당한 사유가 없더라도 감찰관의 요구에 응하지 않을 수 있다.
③ 감찰관은 감찰조사를 위해서 조사대상자의 출석을 요구할 때에는 조사기일 5일 전까지 출석요구서 또는 구두로 조사일시, 의무위반행위사실 요지 등을 통지하여야 한다. 다만, 사안이 급박한 경우에는 즉시 조사에 착수할 수 있다.
④ 감찰관은 조사대상자에게 진술을 거부할 수 있음을 사전에 고지할 의무는 없다.

정답 ①

난이도

해설

①은 옳은 설명이며, ②, ③, ④는 틀린 설명이다.
② ✗ 감찰관은 조사를 위한 출석, 질문에 대한 답변 및 진술서 제출, 증거품 등 자료 제출, 현지조사의 협조 등을 요구할 수 있다(「경찰 감찰 규칙」 제17조 제1항). 소속공무원은 감찰관으로부터 위의 요구를 받은 때에는 정당한 사유가 없는 한 응하여야 한다(「경찰 감찰 규칙」 제17조 제2항).
③ ✗ 감찰관은 감찰조사를 위해서 조사대상자의 출석을 요구할 때에는 조사기일 3일 전까지 출석요구서 또는 구두로 조사일시, 의무위반행위사실 요지 등을 통지하여야 한다. 다만, 사안이 급박한 경우 또는 조사대상자의 요청이 있는 경우에는 즉시 조사에 착수할 수 있다(「경찰 감찰 규칙」 제25조 제1항).
④ ✗ 감찰관은 조사대상자에게 진술을 거부할 수 있음을 사전에 고지하여야 한다(「경찰 감찰 규칙」 제27조 제2항).

참고 감찰조사 유의사항(「경찰 감찰 규칙」)

변호사의 선임	① 조사대상자는 변호사를 변호인으로 선임할 수 있다. 다만, 감찰부서장의 승인을 받은 경우에는 변호사가 아닌 사람을 특별변호인으로 선임할 수 있다(동 규칙 제26조 제1항). ② 조사대상자의 변호인으로 선임된 사람은 그 위임장을 미리 감찰관에게 제출하여야 한다(동 규칙 제26조 제2항).
진술거부권	① 조사대상자는 진술하지 아니하거나 개개의 질문에 대하여 진술을 거부할 수 있다(동 규칙 제27조 제1항). ② 감찰관은 조사대상자에게 진술을 거부할 수 있음을 사전에 고지하여야 한다(동 규칙 제27조 제2항).
고 지	감찰관은 감찰조사를 실시하기 전에 조사대상자에게 의무위반행위 사실의 요지를 알려야 한다(동 규칙 제29조 제1항).

0783

「공공기관의 정보공개에 관한 법률」상 '불복 구제 절차'에 대한 내용으로 가장 적절하지 않은 것은?

|18년 승진|

① 청구인이 정보공개와 관련한 공공기관의 비공개 결정 또는 부분 공개 결정에 대하여 불복이 있거나 정보공개 청구 후 20일이 경과하도록 정보공개 결정이 없는 때에는 공공기관으로부터 정보공개 여부의 결정 통지를 받은 날 또는 정보공개 청구 후 20일이 경과한 날부터 60일 이내에 해당 공공기관에 문서로 이의신청을 할 수 있다.

② 공공기관은 이의신청을 받은 날부터 7일 이내에 그 이의신청에 대하여 결정하고 그 결과를 청구인에게 지체 없이 문서로 통지하여야 한다. 다만, 부득이한 사유로 정하여진 기간 이내에 결정할 수 없을 때에는 그 기간이 끝나는 날의 다음 날부터 기산하여 7일의 범위에서 연장할 수 있으며, 연장 사유를 청구인에게 통지하여야 한다.

③ 청구인이 정보공개와 관련한 공공기관의 결정에 대하여 불복이 있거나 정보공개 청구 후 20일이 경과하도록 정보공개 결정이 없는 때에는 「행정심판법」에서 정하는 바에 따라 행정심판을 청구할 수 있으며, 이 경우 이의신청 절차를 거치지 아니하고 행정심판을 청구할 수 있다.

④ 청구인이 정보공개와 관련한 공공기관의 결정에 대하여 불복이 있거나 정보공개 청구 후 20일이 경과하도록 정보공개 결정이 없는 때에는 「행정소송법」에서 정하는 바에 따라 행정소송을 제기할 수 있다.

정답 ①

난이도 하 중 상

해설 ②, ③, ④는 옳은 설명이며, ①은 틀린 설명이다.

① ✗ 청구인이 정보공개와 관련한 ㉠ 공공기관의 비공개 결정 또는 부분 공개 결정에 대하여 불복이 있거나 ㉡ 정보공개 청구 후 20일이 경과하도록 정보공개 결정이 없는 때에는 공공기관으로부터 정보공개 여부의 결정 통지를 받은 날 또는 정보공개 청구 후 20일이 경과한 날부터 30일 이내에 해당 공공기관에 문서로 이의신청을 할 수 있다(공공기관의 정보공개에 관한 법률」 제18조 제1항).

참고 이의신청에 대한 결정(공공기관의 정보공개에 관한 법률」)

① 공공기관은 이의신청을 받은 날부터 7일 이내에 그 이의신청에 대하여 결정하고 그 결과를 청구인에게 지체 없이 문서로 통지하여야 한다. 다만, 부득이한 사유로 정하여진 기간 이내에 결정할 수 없을 때에는 그 기간이 끝나는 날의 다음 날부터 기산하여 7일의 범위에서 연장할 수 있으며, 연장사유를 청구인에게 통지하여야 한다(동법 제18조 제3항).

② 공공기관은 이의신청을 각하 또는 기각하는 결정을 한 경우에는 청구인에게 행정심판 또는 행정소송을 제기할 수 있다는 사실을 알려야 한다(동법 제18조 제4항).

0784

「경찰청 감사 규칙」상 감사결과의 처리기준과 그 내용을 연결한 것으로 가장 적절한 것은?

| 18년 승진 변형 |

① 개선 요구 – 감사결과 문제점이 인정되는 사실이 있어 그 대안을 제시하고 감사대상기관의 장 등으로 하여금 개선방안을 마련하도록 할 필요가 있는 경우
② 권고 – 감사결과 법령상·제도상 또는 행정상 모순이 있거나 그 밖에 개선할 사항이 있다고 인정되는 경우
③ 변상명령 – 감사결과 위법 또는 부당하다고 인정되는 사실이 있어 추징·회수·환급·추급 또는 원상복구 등이 필요하다고 인정되는 경우
④ 통보 – 감사결과 비위 사실이나 위법 또는 부당하다고 인정되는 사실이 있으나 징계 또는 문책 요구, 시정요구, 경고·주의, 개선요구, 권고를 하기에 부적합하여 감사대상기관 또는 부서에서 자율적으로 처리할 필요가 있다고 인정되는 경우

- **정답** ④
- **난이도** 하 중 상
- **해설** ④는 옳은 설명이며, ①, ②, ③은 틀린 설명이다.
  ① ✗ 『개선 요구』란 감사결과 법령상·제도상 또는 행정상 모순이 있거나 그 밖에 개선할 사항이 있다고 인정되는 경우를 말한다. 보기의 내용은 『권고』에 대한 설명이다.
  ② ✗ 『권고』란 감사결과 문제점이 인정되는 사실이 있어 그 대안을 제시하고 감사대상기관의 장 등으로 하여금 개선방안을 마련하도록 할 필요가 있는 경우를 말한다. 보기의 내용은 『개선 요구』에 대한 설명이다.
  ③ ✗ 『변상명령』은 「회계관계직원 등의 책임에 관한 법률」이 정하는 바에 따라 변상책임이 있는 경우를 말한다. 보기의 내용은 『시정 요구』에 대한 설명이다.

0785

「공공기관의 정보공개에 관한 법률」에 대한 설명으로 가장 적절하지 않은 것은? | 17년 승진 |

① 모든 국민은 정보의 공개를 청구할 권리를 가지며, 외국인의 정보공개 청구에 관하여는 대통령령으로 정한다.
② 정보의 공개를 청구하는 자는 해당 정보를 보유하거나 관리하고 있는 공공기관에 정보공개 청구서를 제출하거나 말로써 정보의 공개를 청구할 수 있다.
③ 정보의 공개 및 우송 등에 드는 비용은 실비의 범위에서 정보공개 청구를 받은 행정청이 부담한다.
④ 청구인은 이의신청 절차를 거치지 아니하고 행정심판을 청구할 수 있다.

정답 ③

난이도 하 중 상

해설 ①, ②, ④는 옳은 설명이며, ③은 틀린 설명이다.

③ ✗ 정보의 공개 및 우송 등에 소요되는 비용은 실비의 범위 안에서 청구인이 부담한다(「공공기관의 정보공개에 관한 법률」 제17조 제1항). 공개를 청구하는 정보의 사용 목적이 공공복리의 유지·증진을 위하여 필요하다고 인정되는 경우에는 비용을 감면할 수 있다(「공공기관의 정보공개에 관한 법률」 제17조 제2항).

0786

「경찰 감찰 규칙」에 대한 설명으로 가장 적절하지 않은 것은? | 17년 승진 |

① 경찰기관의 장은 1년 이상 성실히 근무한 감찰관에 대해서는 희망부서를 고려하여 전보한다.
② 감찰관은 소속 경찰기관장의 지시에 따라 일정기간 동안 소속 경찰기관이 아닌 다른 경찰기관의 소속 직원의 복무실태, 업무추진 실태 등을 점검할 수 있다.
③ 감찰관은 다른 경찰기관 또는 검찰, 감사원 등 다른 행정기관으로부터 통보받은 소속직원의 의무위반행위에 대해서는 통보받은 날로부터 1개월 이내에 신속히 처리하여야 한다.
④ 감찰관은 심야(자정부터 오전 6시까지를 말한다)에 조사를 하여서는 아니 된다. 다만, 사안에 따라 신속한 조사가 필요하고, 조사대상자로부터 심야조사 동의서를 받은 경우에는 심야에도 조사할 수 있다.

- **정답** ②
- **난이도**
- **해설** ①, ③, ④는 옳은 설명이며, ②는 틀린 설명이다.
  ② ❌ 경찰기관의 장은 상급 경찰기관의 장의 지시에 따라 소속 감찰관으로 하여금 일정기간 동안 소속 경찰기관이 아닌 다른 경찰기관의 소속 직원의 복무실태, 업무추진 실태 등을 점검하게 할 수 있다(「경찰 감찰 규칙」 제14조). 이는 감찰활동의 종류 중 『교류감찰』에 해당한다.

참고 감찰활동의 관할(「경찰 감찰 규칙」)

원칙	감찰관은 소속 경찰기관의 관할구역 안에서 활동하여야 한다. 다만, 상급경찰기관의 장의 지시가 있는 경우에는 관할구역 밖에서도 활동할 수 있다(동 규칙 제12조).
특별감찰	경찰기관의 장은 의무위반행위가 자주 발생하거나 그 발생 가능성이 높다고 인정되는 시기, 업무분야 및 경찰관서 등에 대하여는 일정기간 동안 전반적인 조직관리 및 업무추진 실태 등을 집중 점검할 수 있다(동 규칙 제13조).
교류감찰	경찰기관의 장은 상급 경찰기관의 장의 지시에 따라 소속 감찰관으로 하여금 일정기간 동안 다른 경찰기관 소속 직원의 복무실태, 업무추진 실태 등을 점검하게 할 수 있다(동 규칙 제14조).

0787

경찰통제에 관한 설명으로 가장 적절한 것은?

| 23년 법학특채 |

① 대통령에 의한 통제, 감사원에 의한 통제, 국민권익위원회에 의한 통제, 중앙행정심판위원회에 의한 통제, 소청심사위원회에 의한 통제, 경찰청장에 대한 탄핵소추의결권에 의한 통제는 외부통제로서 사법통제에 해당한다.
② 경찰서의 감사·감찰업무, 민원인의 고충 상담, 인권보호 상황을 확인·점검하는 감사관제(청문감사인권관)는 내부통제에 해당한다.
③ 국가경찰위원회는 심의·의결하는 권한을 가지고 있으므로, 민주적 통제에 해당하고 내부통제에 해당된다.
④ 사법부에 의한 사법심사(행정소송) 및 국회에 의한 예산결산권, 국정감사권·조사권은 사전통제에 해당된다.

 ②

②는 옳은 설명이며, ①, ③, ④는 틀린 설명이다.
① ✗ 대통령에 의한 통제, 감사원에 의한 통제, 국민권익위원회에 의한 통제, 중앙행정심판위원회에 의한 통제, 소청심사위원회에 의한 통제, 경찰청장에 대한 탄핵소추의결권에 의한 통제는 외부통제에 해당된다. 다만, 대통령에 의한 통제, 감사원에 의한 통제, 국민권익위원회에 의한 통제, 중앙행정심판위원회에 의한 통제, 소청심사위원회에 의한 통제는 행정부에 의한 통제이며, 경찰청장에 대한 탄핵소추의결권에 의한 통제는 입법부에 의한 통제이다.
③ ✗ 국가경찰위원회제도는 민주적 통제에 해당하며, 외부통제에 해당한다.
④ ✗ 사법부에 의한 사법심사(행정소송) 및 국회에 의한 예산결산권, 국정감사권·조사권은 사후통제에 해당된다.

서진호 경찰학 기출문제집

단원별 최근 10년 1200제

1권 총론

경찰채용
경찰간부
경찰승진

최신 (~24.3.) 개정법령 반영

상세한 해설 및 문제 관련 이론 요약 수록

마이패스북스

발 행 일	2024년 1월 30일
발 행 처	마이패스북스
주 소	서울시 관악구 대학6길 51 3층
문 의	mypass@mypassjob.com
홈페이지	www.dokgong.com
정 가	40,000원

이 도서의 판권은 마이패스북스에 있으며, 수록된 모든 내용에 대해서는 발행처의 허가 없이 무단으로 사용하거나, 복제 및 변형할 수 없습니다.
Copyright © 2024 MYPASSBOOKS Co. All right reserved.